中華禮藏

禮樂卷　樂典之屬

第一冊

浙江大學出版社
ZHEJIANG UNIVERSITY PRESS

中華禮藏編纂委員會

總　序

　　中華民族的禮義傳統積澱了人與人、人與社會、人與自然和諧相處的經驗與秩序，從而形成了一種"標誌着中國的特殊性"（錢穆語）的生存方式。《禮記·曲禮上》對此有概括的說明："道德仁義，非禮不成；教訓正俗，非禮不備；分争辨訟，非禮不決；君臣上下，父子兄弟，非禮不定；宦學事師，非禮不親；班朝治軍，涖官行法，非禮威嚴不行；禱祠祭祀，供給鬼神，非禮不誠不莊。"千百年來，正因爲中華民族各個階層對"禮"的認同與踐行，不僅構建了中華民族的精神家園，彰顯了民族文化的獨特面貌，也爲人類社會樹立了一個"禮義之邦"的文化典範。實際上，對"禮"的認同，體現了對文化的認同，對民族的認同，對國家的認同。

　　在不同文化交流日益頻繁的今天，弘揚傳統文化，提升文化實力，强化精神歸屬，增强民族自信，已是社會各界的共識，也是刻不容緩的要務。温故籍以融新知，繼傳統而闡新夢，大型專業古籍叢書的整理與編纂，分科別脈，各有專擅，蔚然已成大觀。然而對於當今社會有重要意義的禮學文獻的整理與編纂，至今仍付之闕如。即使偶有禮學文獻被整理出版，因未形成規模而不成系統，在傳統觀念的影響下往往還被視爲經學典籍，既不能反映中華禮學幾千年的總體面貌與發展軌迹，也直接影響了在弘揚優秀傳統文化的前提下重建體現民族精神的禮儀規範。醪澄莫饗，孰慰饑渴。浙江大學古籍研究所全體同仁爲順應時代要求，發揮學科特色與優勢，在學校的大力支持下，願精心整理、編纂傳統禮學文獻，謹修《中華禮藏》。

　　自從歷史上分科治學以來，作爲傳統體用之學之致用部分的禮學就失去了學科的獨立性。漢代獨尊儒術，視記載禮制、禮典、禮義的《周禮》、《儀禮》、《禮記》爲儒家的經學典籍。《漢書·藝文志》著録禮學文獻十三家，隸屬於六藝，與《易》、《書》、《詩》、《樂》、《春秋》、《論語》、《孝經》相提並論。迄至清修《四庫全書》，采用經、史、子、集四分法，將禮學原典及歷代研究禮學原典的文獻悉數歸於經學，設《周禮》之屬、《儀禮》之屬、《禮記》之屬、三禮總義之屬、通禮之屬、雜禮之屬六個門類著録纂輯禮學文獻，又於史部政書類下設典禮之屬著録纂輯本屬於禮學範疇的文獻，至於記載區域、家族、個人禮儀實踐的文獻則又散見於多處。自《漢書·藝文志》至於《四庫全書》，著録纂輯浩如煙海的禮學文獻，不僅使禮學失去了學科的獨立性，而且還使禮學本身變得支離破碎。因此，編纂《中華禮藏》，既以專門之學爲標幟，除了裒輯、點校等方面的艱苦工作外，還面臨着如何在現代學術語境中界定禮學文獻範圍的難題。

　　《説文》云：“禮，履也，所以事神致福也。”事神以禮，即履行種種威儀以表達敬畏之義而得百順之福。禮本是先民用來提撕終極關懷的生存方式，由此衍生出了在政治生活和社會生活中表達尊讓、孝悌、仁慈、敬畏等禮義的行爲規範。《禮記·禮器》云：“禮器，是故大備。”以禮爲器而求成人至道，與儒學亞聖孟子的“禮門義路”之論頗相一致。然而踐履之禮、大備之禮的具體結構又是怎樣的呢？《禮記·樂記》云：“簠簋俎豆、制度文章，禮之器也；升降上下、周還裼襲，禮之文也。故知禮樂之情者能作，識禮樂之文者能述。作者之謂聖，述者之謂明。明聖者，述作之謂也。”根據黃侃《禮學略説》及沈文倬《略論禮典的實行和〈儀禮〉書本的撰作》的論述，所謂“禮之文”、“禮之情”又被稱爲“禮儀”和“禮意”。禮器、禮儀用以呈現和表達禮意，此即所謂“器以藏禮，禮以行義”（《左傳·成公二年》）。三者之中，禮儀和禮意的内容相對明確，而禮器的内容則比較複雜，具目則可略依《樂記》所論分爲三種：物器（簠簋俎豆之類）、名器（制度之類）和文器（文章之類）。基於這樣的理解，參考歷代分門別類著録匯輯專業文獻的經驗，可以將歷史上遺留下來的全部傳統禮學文獻析分爲如下三個部分。

第一部分是作爲源頭的禮學原典和歷代研究禮學的論著。根據文獻的性質，又可細分爲兩類。

1. 禮經類。《四庫提要》經部總序所謂“經稟聖裁，垂型萬世”，乃“天下之公理”之所，爲後世明體達用、返本開新的源頭活水。又經部禮類序云：“三《禮》並立，一從古本，無可疑也。鄭康成注，賈公彦、孔穎達疏，於名物度數特詳。宋儒攻擊，僅摭其好引讖緯一失，至其訓詁則弗能逾越。……本漢唐之注疏，而佐以宋儒之義理，亦無可疑也。”《周禮》是制度之書，《儀禮》主要記載了士大夫曾經踐行過的各種典禮儀式，《禮記》主要是七十子後學闡發禮義的匯編。雖然三《禮》被列爲儒家研習的典籍之後變成了經學，然而從禮學的角度來看，於《周禮》可考名物典章制度，於《儀禮》可見儀式典禮的主要儀節及揖讓周旋、坐興起跪的威儀，於《禮記》可知儀式典禮及日常行爲的種種威儀皆有意義可尋。若再從更加廣泛的禮學角度審視先秦兩漢的文獻，七十子後學闡釋禮義的文獻匯編還有《大戴禮記》，漢代出現的禮緯也蘊藏着不見於其他文獻記載的禮學内容。因此，禮經類除三

《禮》之外還應該包括《大戴禮記》與禮緯。至於後人綜合研究禮經原典而又不便歸入任何一部經典之下的文獻,宜倣《四庫全書》設通論之屬、雜論之屬分別纂輯。

2. 禮論類。此類文獻特指歷代綜合禮學原典與其他文獻,突破以禮學原典爲經學典籍的傳統觀念,自擬論題,自定體例,結合禮儀實踐、禮學原典與禮學理念等進行研究而撰作的文獻,如朱熹的《儀禮經傳通解》、任啓運的《天子肆獻祼饋食禮纂》、秦蕙田的《五禮通考》等都宜歸入禮論類。此類文獻與禮經類中綜論性質的文獻容易混淆,最大的區别就在於禮經類中綜論性質的文獻是對禮學原典的闡釋,而禮論類文獻則是對各類文獻所記禮儀實踐與理念的綜合探索,二者研究的問題、對象,特别是研究目的皆有所不同。

第二部分是基於對禮儀結構的觀察而針對某一方面進行獨立研究而撰作的文獻。根據文獻關注的焦點,又可分爲三類。

3. 禮器類。根據前引《禮記·樂記》的説明,禮器包括物器、名器和文器。物器爲禮器之代表形態,自來皆無疑議。名器所涉及之制度、樂舞、數術,因逐漸發展而略具專業特點,有相對的獨立性,固當别爲門類。就制度、樂舞、數術本屬於禮儀實踐活動而言,可分别以禮法、禮樂、禮術概之。又文器亦皆因器而顯,故宜附於禮器類中。因此,凡專門涉及輿服、宮室、器物的禮學文獻,如聶崇義的《新定三禮圖》、張惠言的《冕弁冠服圖》和《冕弁冠服表》、程瑶田的《釋宫小記》、俞樾的《玉佩考》等都屬禮器類文獻。

4. 禮樂類。據《禮記·樂記》所言"樂統同,禮辨異,禮樂之説,管乎人情矣",可知禮與樂本是關乎人情的兩個方面。因此,禮之所至,樂必從之。考察歷代各個階層踐行過的許多儀式典禮,若不借助於禮樂則無以行禮。《通志·樂略第一》云:"禮樂相須以爲用,禮非樂不行,樂非禮不舉。"禮與樂既相將爲用,則凡涉及禮樂的文獻,皆當歸入禮樂類。然而歷史上因囿於經學爲學科正宗、樂有雅俗之分的觀念,故有將涉及禮樂的文獻一分爲二分別纂輯的方法。《四庫提要》樂類云:"大抵樂之綱目具於《禮》,其歌詞具於《詩》,其鏗鏘鼓舞則傳在伶官。漢初制氏所記,蓋其遺譜,非別有一經爲聖人手定也。特以宣豫導和,感神人而通天地,厥用至大,厥義至精,故尊其教得配於經。而後代鐘律之書亦遂得著録於經部,不與藝術同科。顧自漢代以來,兼陳雅俗,豔歌側調,並隸《雲》、《韶》。於是諸史所登,雖細至箏琶,亦附於經末。循是以往,將小説稗官未嘗不記言記事,亦附之《書》與《春秋》乎?悖理傷教,於斯爲甚。今區別諸書,惟以辨律吕、明雅樂者仍列於經,其謳歌末技,弦管繁聲,均退列雜藝、詞曲兩類中。用以見大樂元音,道侔天地,非鄭聲所得而奸也。"此乃傳統文獻學之舊旨,今則據行禮時禮樂相將的事實,凡涉及禮樂的文獻不分雅俗兼而存之,一並歸於禮樂類。

　　5. 禮術類。《禮記·表記》載孔子之語云:"昔三代明王,皆事天地之神明,無非卜筮之用。"卜筮之用在於"決嫌疑,定猶與"(《禮記·曲禮上》)。歷代踐行的各種儀式典禮,正式行禮之前往往都有卜筮的儀節,用於判斷時空、賓客、牲牢等的吉凶,本是整個儀式典禮的組成部分。《儀禮》於《士冠禮》、《士喪禮》、《既夕禮》、《特牲饋食禮》、《少牢饋食禮》皆記卜筮的儀節,而於其他儀式典禮如《士婚禮》等皆略而不具。沈文倬先生已指出,《儀禮》一書,互文見義,其實每一個儀式典禮都有卜筮的儀節。因儀式典禮所用數術方法有相對的獨立性，故歷代禮書多有專論。秦蕙田《五禮通考》立“觀象授時”之目，黃以周《禮書通故》設“卜筮通故”之卷。自《漢書・藝文志》數術略分數術爲六類：天文、曆譜、五行、蓍龜、雜占、形法，又於諸子略中收有與數術相關的陰陽家及兵陰陽文獻之目，至清修《四庫全書》子部術數類分爲六目：數學（三易及擬易書）、占候、相宅相墓、占卜、命書相書、陰陽五行（栻占曆數），分類著録纂輯數術文獻，各有錯綜，亦因時爲變以求其通耳。因此，就歷代各個階層踐行的儀式典禮皆有卜筮的儀節而言，凡涉及卜筮的文獻宜收入禮術類。

第三部分是基於對歷代禮儀實踐的規模、等級、性質的考察而撰作的文獻，又可以分爲如下四類。

6. 禮制類。《左傳・桓公二年》載晉大夫師服之語云：“禮以體政，政以正民，是以政成而民聽，易則生亂。”《國語・晉語四》記寧莊子之語云：“夫禮，國之紀也，……國無紀不可以終。”凡此皆説明禮在政治生活和社會生活中有重要的主導作用，故自春秋戰國之際禮崩樂壞之後，歷代皆有制禮作樂的舉措。《隋書・經籍志》云：“儀注之興，其所由來久矣。自君臣父子，六親九族，各有上下親疏之别，養生送死、弔恤賀慶則有進止威儀之數，唐虞已上分之爲三，在周因而爲五，《周官》宗伯所掌吉、凶、賓、軍、嘉，以佐王安邦國，親萬民，而太史執書以協事之類是也。是時典章皆具，可履而行。周衰，諸侯削除其籍；至秦，又焚而去之；漢興，叔孫通定朝儀，武帝時始祀汾陰后土，成帝時初定南北之郊，節文漸具；後漢又使曹褒定漢儀，是後相承，世有制作。”歷代踐行的禮，不僅僅是進止威儀之數，而是對文明制度的實踐。因此，歷代官方頒行的儀注典禮皆可稱爲禮制，是朝野實現認同的文化紐帶,涉及禮制的文獻世有撰作。漢代以後,此類文獻也往往被稱爲儀注,傳統目録學多歸入史部。今則正本清源,一並歸入禮制類。

7. 禮俗類。從人類學的角度來看,禮俗的産生先於禮制並成爲歷代制禮作樂的基礎。所謂"禮失而求諸野",正説了俗先於禮、禮本於俗。實際上,歷代踐行的禮制,根基都在於風俗,長期流行於民間的風俗若得到官方認可並制度化就是禮制。因此,禮俗者,禮儀之於風俗也,特指在民間習慣上形成而具備禮儀特點的習俗,其特點是以民間生活爲基礎、以禮儀制度爲主導,在一定程度上兼具形式的自發性和内容的複雜性。早在先秦時代,荀子就曾説:"儒者在本朝則美政,在下位則美俗。"又説:"遇君則修臣下之義,遇鄉則修長幼之義,遇長則修子弟之義,遇友則修禮節辭讓之義,遇賤而少者則修告導寬容之義。無不愛也,無不敬也,無與人爭也,恢然如天地之苞萬物。如是則賢者貴之,不肖者親之。"因此,自漢代應劭《風俗通義》以來,歷代有識之士往往述其所聞、條其所遇之禮俗,或筆記偶及,或著述專論,數量之多,可汗馬牛,以爲美俗、修義之資糧,故立禮俗類以集其精華,以見禮儀風俗具有强大的生命力且早已滲透到民族精神之中。此類文獻在傳統的文獻學中分佈較廣,史部的方志、譜牒,子部的儒家、農家、雜家乃至小説家,集部中的部分著作,皆有涉及禮俗的篇章,固當集腋成裘,匯編爲册,歸於禮俗類中。

8. 家禮類。《左傳·隱公十一年》云:"禮,經國家、定社稷、序民人、利後嗣者也。"禮之於國,則爲國家禮制;禮之於家,則爲家禮。家禮一詞,最早見於先秦禮書。《周禮·春官》云:"家宗人掌家祭祀之禮，凡祭祀致福。國有大故，則令禱祠，反命，祭亦如之。掌家禮，與其衣服、宮室、車旗之禁令。"自古以來，家禮就是卿大夫以下至於庶人修身、齊家的要器，上至孝悌謹信等倫理觀念，下至婚喪嫁娶之居家禮儀，無不涵蓋於其中。家禮包括家庭内部的禮儀規範和倫理觀念：禮儀規範主要涉及冠婚喪祭等吉凶禮儀以及居家雜儀；倫理觀念則包括父慈子孝、兄友弟恭、夫義婦順等綱常。涉及家禮的文獻源於《周禮》，經《孔子家語》、《顔氏家訓》的發展，定型於司馬光的《書儀》、《家範》和朱熹的《朱子家禮》，其中《朱子家禮》成了宋代以來傳統家禮的範本。因國家禮制的"宏闊"和民間禮俗的"偏狹"，故素負修身、齊家、治國、平天下之理想的有識之士，往往博稽文獻、出入民俗而備陳家禮儀節之曲目與要義，以爲齊家之據、易俗之本。家禮類文獻中以此種撰作爲代表形態，延伸則至於鄉約、學規之類的文獻。

9. 方外類。中華民族是一個多種文化相互融合的共同體，整理、編纂《中華禮藏》不能不涉及佛、道兩家有關儀軌的文獻。佛教儀軌是規範僧尼、居士日常生活與行爲之戒律清規以及用於各種節日與法事活動之科儀，雖然源於印度，與中華本土文化長期互動交融，固已成爲中華禮樂文明不可分割的一部分。佛教儀軌與儒家禮儀相互影響，在一定程度上改變、重塑了中華傳統的禮樂文明。道教是中國的本土宗教，深深根植於中國的現實社會，具有鮮明的中國特色與社會調節功能。魯迅曾指出："中國根柢全在道教。"道教儀軌有其特定的從教規範，體現了道教的思想信仰，規範着教徒的生活方式，體現了儀式典禮的特點。另外，佛教儀軌和道教儀軌保存相對完整，也是重建中華禮

樂文明制度的重要參考。因此，凡涉及佛教儀軌和道教儀軌的
文獻分別歸入方外佛教類和方外道教類。

　　綜上所述，《中華禮藏》的編纂是因類設卷，卷内酌分子目，
子目内的文獻依時代順序分册纂輯（其中同書異注者則以類相
從），目的是爲了充分展示中華禮儀實踐和禮學研究的全貌以及
發展變化的軌迹。

　　編纂《中華禮藏》不僅僅是爲了完成一項學術事業，更重要
的現實意義是爲了通過整理、編纂傳統禮學文獻，從中提煉出滲
透了民族精神的價值觀和價值體系，爲民族國家認同提供思想
資源，爲制度文明建設提供借鑒，爲構建和諧社會提供禮儀
典範。

《中華禮藏》編委會

二〇一六年

凡 例

一、整理工作包括題解、録文和校勘等項。

二、題解除揭示書名、卷數、内容及著者生平事迹、版本流變等情況外,亦須交代已有的重要校勘研究成果,其具有創見性的校勘意見則别於校記中加以采納。

三、底本原文中明確的錯誤(訛奪衍乙)一般皆直接改正,並用校記加以説明。其不影響文意表達的兩可之異文,則酌情忽略不校。至於文意不通或懷疑有誤之處,則適當以校記形式提出疑問或給出可能的詮釋理路。

四、録文一依底本,個别生僻的異體字、俗體字等改作通行字,然不甚生僻而爲古籍通用者,保留底本文字原樣。鑒於俗寫"扌"旁與"木"旁、"巾"旁與"忄"旁、"衤"旁與"礻"旁以及"己"與"已""巳"、"瓜"與"爪"、"曰"與"日"之類相混無别,一般皆徑據文意録定,其不影響文意的則不别爲出校説明。

五、避諱字一律改爲通行繁體字,但須在題解或首見條下説明。

六、底本所用省代符等一律改爲相應的本字。

七、底本缺字用"□"號表示,缺幾字用幾個"□"號,不能確定者用長條形符號(長度爲三個空格字,其中原文一行的上部或前部殘缺用"▢▢▢▢",中部殘缺用"▢▢▢▢",下部或後部殘缺用"▢▢▢▢")表示。模糊不清無法録出者用"▨"號表示,有幾個字不清楚就用幾個"▨"號。

八、文本的段落格式一依今日之文意理解重行設計，不必盡依原書之舊貌。

九、底本圖片如果可以重繪者，則自行改繪，以便觀覽。

總目録

樂　書

陳　暘　撰

束景南　蔡堂根　點校

【題解】

《樂書》二百卷，北宋陳暘撰。陳暘字晉之，閩清人。其生卒年月史無載，唯《梅阪陳氏族譜》有云："公生於宋神宗熙寧元年戊申四月十六日丑時，享壽六十一歲，卒於高宗建炎二年戊申三年初一日。"稱其享壽六十一歲有誤，故謂其生年爲熙寧戊申亦不可信。據《宋史》卷四百三十二《陳暘傳》云："陳暘，字晉之，福州人。中紹聖制科，授順昌軍節度推官。徽宗初，進《迓衡集》，以勸導紹述，得太學博士、秘書省正字。禮部侍郎趙挺之言，暘所著《樂書》二十卷（按：當作二百卷）貫穿明備，乞援其兄祥道進《禮書》故事給札。既上，遷太常丞，進駕部員外郎，爲講議司參詳禮樂官。魏漢津議樂，用京房二變四清。暘曰：'五聲十二律，樂之正也；二變四清，樂之蠹也。二變以變宮爲君，四清以黃鍾清爲君。事以時作，固可變也，而君不可變；太蔟、大呂、夾鍾，或可分也，而黃鍾不可分。豈古人所謂尊無二上之旨哉？'時論方右漢津，絀暘議。進鴻臚太常少卿，禮部侍郎，以顯謨閣待制提舉醴泉觀。嘗做事奪，已而復之。卒，年六十八。"按陳暘《進〈樂書表〉》中自言"閉孫敬之戶，餘四十年；廣姬公之書，成二百卷"，明是言陳暘上《樂書》時四十一歲（按：宋人凡稱"餘××年"，都特指過××年一點點，即不超過一年，與稱"××餘年"意思不同），其上《樂書》在建中靖國元年，由建中靖國元年上推四十一年，則在嘉祐六年，陳暘當生於嘉祐六年。下推六十八年，則爲建炎二年卒，正合《梅阪陳氏族譜》所載。

陳暘爲北宋宮廷雅樂派代表人物，其禮樂思想深受其兄陳祥道影響。陳祥道精通禮樂，早有志於作禮書與樂書，以爲宋朝廷制禮作樂之用。其積二十餘年之功寫成《禮書》一百五十卷，於嘉祐四年進獻朝廷，陳暘《〈樂書〉序》云：

> 臣先兄祥道是時直經東序，慨然有志禮、樂，上副神考修禮文、正雅樂之意。既而就《禮書》一百五十卷，哲宗皇帝祗適先志，詔給筆札，繕寫以進，有旨下太常議焉。臣兄且喜且懼，一日語臣曰："禮、樂

者,治道之急務,帝王之極功,闕一不可也。此雖籠絡今昔上下數千載間,殆及成書,亦已勤矣。顧雖窺窬在樂,而情力不逮也。"囑臣其勉成之,臣應之曰:"小子不敏,敬聞命矣。"臣因編修論次,未克有成。

可見陳祥道在作《禮書》同時亦究心於樂,已在搜集資料作《樂書》,後因精力不逮,乃付授陳暘勉成之,而陳暘當時即據祥道搜集提供的資料編修論次,一時未能有成。陳暘最終作成《樂書》,是在其任太學博士與秘書省正字之時,《〈樂書〉序》云:"臣因編修論次,未克有成。先帝擢寘上庠,陛下升之文館,積年於兹,著成《樂書》二百卷。"所謂"擢寘上庠",指爲太學博士,"先帝"指哲宗,時在紹聖元年;"升之文館",指任秘書省正字,"陛下"指徽宗,時在元符三年正月以後。陳暘自述木自分明,《宋史》本傳所说大異,竟誤將陳暘任太學博士與秘書省正字二事混爲同時。疑"徽宗初"當是"哲宗初"之誤。此顯是陳暘先在紹聖元年九月中制科,授順昌軍節度推官;旋即其又進《迓衡集》以勸導紹述,遂得太學博士,故應稱"紹聖初"爲是。至於陳暘除秘書省正字,斷在徽宗即位以後,即元符三年正月以後,至次年建中靖國元年,陳暘即上《樂書》矣。自紹聖元年至建中靖國元年,即陳暘所云"積年於兹,著成《樂書》二百卷"也。所謂"勸導紹述",自必是紹聖初之時,徽宗初即位時並無"紹述"之事。若陳暘任太常博士與秘書省正字同在"徽宗初"(建中靖國元年),又如何可謂"積年於兹"? 其誤自不待辨。《宋史》本傳顯將陳暘哲宗初任太學博士與徽宗初任秘書省正字誤混爲一。

陳暘作《樂書》,自謂欲爲朝廷"修禮文、正雅樂"之用,其書實爲一部大型音樂學巨著,今人譽爲中國乃至世界第一部音樂百科全書。舉凡中國自先秦以來源遠流長的樂學、樂理、樂律、樂圖、樂論、樂禮、樂史,無不包舉囊括,綜羅百代,可謂規模宏遠,體系宏大。全書分二百卷,前九十五卷爲通論,廣引《儀禮》、《周禮》、《禮記》、《詩經》、《尚書》、《春秋》、《周易》、《孝經》、《論語》、《孟子》等十部儒經中有關音樂的論述,逐一詳加訓義;後一百零五卷爲分論,詳論律吕本義、樂圖、歷代樂舞、樂器、雜樂、百戲、典禮等,對雅、俗、胡三部樂均有詳述。陳暘在音樂学上是保守派,崇尚雅樂,對俗樂、胡樂持否定態度。在樂律音階上,反對用變宮、變徵二音;在音域上,主張只用一個八度之内的音。故他提出廢除四清二變:廢四清,即只用一個八度内的十二個半音,而將八度以上的四個半音去掉,如宋代樂制以變鐘、變磬之説,每架十六具,陳暘則主張只用十二具;廢二變,即只要宫、商、角、徵、羽,不要變宮、變徵,也即只要五聲音階,不要七聲音階。然陳暘音樂思想雖守舊狹隘,却並没有影響到他的《樂書》的宏大撰述,在撰寫《樂書》上他采取了寬大開放的態度,視野宏闊,對歷代的音樂理論與音樂史實均予廣搜博采,巨細不遺,精密考證,詳盡記録了歷代樂律的發展、樂器的形制、樂章樂譜及音樂典禮;尤注重挖掘那些向不爲封建統治者與士大夫所重視的民間音樂與外來音樂(俗樂、胡樂、夷樂等),對雅、俗、胡三部樂都作了全面著録;廣泛开掘采集各種原始音樂資料,均予重視引證,其中有的是爲封建统治者與士大夫歷來所鄙視不屑一顧的音樂資料,有的是已經散佚、極爲罕見的前朝樂書資料,如《唐樂圖》、《樂法圖》、《律吕樂圖》、《大周正樂》等,尤具有寶貴的歷史文献價值。楊萬里《〈樂書〉序》稱贊其書"遠自唐虞時代,近逮漢唐本朝;上自六經,下逮子史百氏;内自王制,外逮戎索,網羅放失,貫綜煩悉"。故可以説,《樂書》對宋以前的中國樂學與樂史作了集大成的歷史總結。

《樂書》因卷帙重大,宋以來刊刻甚少。今存《樂書》版本主要有:

宋刊本《樂書》二百卷、目録一卷(日本國立國會圖書館);

元至正七年福州路儒學刻明修本《樂書》二百卷、目録二十卷(國家圖書館、上海圖書館、南京圖書館、浙江圖書館);

清陳氏居敬堂抄本《樂書》二百卷(上海圖書館);

四庫全書抄本《樂書》二百卷;

光緒丙子廣州刻本《樂書》二百卷、目録一卷(上海圖書館)。

另有多種殘本:

宋刊本《樂書》(存八十二至一百卷,一百七十至一百八十一卷,國家圖書館）；

　　宋刻元印本《樂書》（存六十六卷，國家圖書館）；

　　宋刊明印本《樂書》（存八十四卷，國家圖書館）；

　　清孫氏平津館抄本《樂書》（存八十二卷，上海圖書館）。

　　按宋元明清各種《樂書》刻本皆從宋刻本傳刻而來，故版本多有相同缺損誤字，亦多有整版缺頁，刻字尤漫漶模糊，幾不可識。四庫全書抄本所據之本，提要云出“福建巡撫採進本”，似與元明清刻本非同一系統，中多有元明清刻本所缺版刻文字。今整理《樂書》，即以四庫本《樂書》爲底本，校以元至正七年福州路儒學刻明修本（簡稱“元刻明修本”），光緒丙子廣州刻本（簡稱“光緒刻本”）。另外，又參校以南宋樓鑰的《樂書正誤》。《文獻通考》中《樂考》多引《樂書》之文，亦用以參校。各種樂圖，則擇善本而從。

　　《樂書》共二百卷，前一百卷由浙江理工大學蔡堂根副教授點校整理，後一百卷由浙江大學束景南教授點校整理。

目　録

樂　書

（上）

陳　暘　撰

蔡堂根　點校

三山陳先生《樂書》序①

宋自藝祖基命，順應天人。太宗集統，清一文軌。真宗懿文，倬彼雲漢。仁宗深仁，天地大德。英宗廣淵，克省四聖。至於神宗，厲精天綱，發憤王道，丕釐制作，緝熙百度。集五朝之大成，出百王而孤雄。聲明文物，焕乎有章。相如所謂五三六經之傳，揚雄所謂泰和在唐虞成周，不在我宋熙豐之隆，其將焉在？於是太常博士臣陳祥道上體聖意，作爲《禮書》一百有五十卷，其弟太學博士臣陳暘作爲《樂書》二百卷，然未就也。至哲宗時，祥道以《禮書》獻；至徽宗時，暘以《樂書》獻。中更多難，二書見之者鮮焉。今年二月丙子，朝奉大夫、權發遣建昌軍事三山陳侯岐送似《樂書》一編，且以書抵萬里，曰："岐學殖荒落，稽古刺經，則岐豈敢？然幼師先君樞密，嘗因請業而問焉，曰：'士奚若而成於樂？'先君曰：'聖門之樂，驟而語，未可也。抑從先儒而問津焉，則鄉先生陳公晉之有《樂書》在。小子志之。'岐自是求其書，老而後得之。舒鼎昭兆，不足爲古；璀琕紀甈，不足爲珍。然不敢私也，是用刻棗，與學者公之。願執事發揮而潤色之，以詮次於先生序篇之左方，俾學者有稽焉。"萬里發書披編而三讀之。蓋遠自唐虞三代，近逮漢唐本朝；上自六經，下逮子史百氏；内自王制，外逮戎索，網羅放失，貫綜煩悉。放鄭而壹之雅，引今而復之古。使人味其論，玩其圖，忽乎先王金鐘天球之音，鏘如於左右

---

① 元刻明修本原有《三山陳先生〈樂書〉序》、《〈樂書〉序》、《進〈樂書〉表》、《尚書禮部》、《詔》等，四庫本未收，今據元刻明修本、光緒刻本補録。又，元刻明修本中，《〈樂書〉序》在《進〈樂書〉表》之後，《尚書禮部》、《詔》二文則在全書目録之後，今據光緒刻本調整。

也；粲乎前代鷺羽玉戚之容，躍如於前後也。後有作者，不必求之於野，證之於杞宋，而損益可知矣。讀之至《女樂》之篇，曰：女樂之爲禍，大矣；齊人遺魯，孔子行；秦人遺戎，由余去。晉出宋禕帝疾愈；虞受二八邦政亂。則執編而歎曰：鑠哉，言乎！其有國者之膏肓，而醫國者之玉札丹砂乎？斯人也不有斯疾也，上也；斯人也有斯疾也，而服斯藥也，次也；斯人也有斯疾也，而吐斯藥也，無次矣。慶元庚申，通議大夫、寶文閣待制致仕楊萬里序。

《樂書》序

臣聞，先天下而治者在禮樂，後天下而治者在刑政。三代而上，以禮樂勝刑政，而民德厚；三代而下，以刑政勝禮樂，而民風偷。是無他，其操術然也。恭維神宗皇帝，超然遠覽，獨觀昭曠之道。革去萬蠹，鼎新百度。本之爲禮樂，末之爲刑政。凡所以維綱治具者，靡不交修畢振，而典章文物，一何煥歟？臣先兄祥道，是時直經東序，慨然有志禮、樂，上副神考修禮文、正雅樂之意。既而就《禮書》一百五十卷，哲宗皇帝祗遹先志，詔給筆札，繕寫以進，有旨下太常議焉。臣兄且喜且懼，一日語臣曰：“禮、樂，治道之急務，帝王之極功，闕一不可也。此雖籠絡今昔上下數千載間，殆及成書，亦已勤矣。顧雖寤寐在樂，而情力不逮也。”囑臣其勉成之。臣應之曰：“小子不敏，敬聞命矣。”臣因編修論次，未克有成。先帝擢寘上庠，陛下升之文館。積年於兹，著成《樂書》二百卷。曲蒙陛下誤恩，特給筆札，俾錄上進，庶使臣兄弟以區區所聞，得補聖朝製作，討論萬一。其爲榮幸，可勝道哉！雖然，纖埃不足以培泰、華之高，勺水不足以資河、海之深，亦不敢不盡心焉爾。臣竊謂古樂之發，中則和，過則淫。三才之道，參和爲沖氣；五六之數，一貫爲中合。故沖氣運而三宮正焉，參兩合而五聲形焉；三五合而八音生焉，二六合而十二律成焉。其數度雖不同，要之，一會歸中聲而已。過此，則胡鄭哇淫之音，非有合於古也。是知樂以太虛爲本，聲音律吕以中聲爲本，而中聲又以人心爲本也。故不知情者，不可與言作；不知文者，不可與言述。況後世泯泯棻棻，復有不知而述作者乎？嗚呼！《樂經》之亡久矣！情文本末，湮滅殆盡。心達者體知而無師，知之者欲教而無徒。後世之士，雖有論撰，亦不過出入先儒臆説而已。是以聲音所以不和者，以樂不正也；樂所以不正者，以經不明也。臣之論載，大致據經考傳，尊聖人，折諸儒，追復治古而是正之。囊括載集，條分匯從，總爲六門，別爲三部。其書冠以經義，所以正本也；圖論冠以雅部，所以抑胡、鄭也。經義已明，而六律六吕正矣；律吕已正，而五聲八音和矣。然後發之聲音而爲歌，形之動静而爲舞。人道性術之變，蓋盡於此。苟非寓諸五禮，則樂爲虛器，其何以行之哉？是故循乎樂之序，君子以成焉；明乎樂之義，天下以寧焉。然則樂之時用，豈不大矣哉？繇是觀之，五聲十二律，樂之正也；二變四清，樂之蠹也。蓋二變以變宮爲君，四清以黃鐘清爲君。事以時作，固可變也，而君不可變；太簇、大吕、夾鐘或可分也，而黃鐘不可分。既有宮矣，又有變宮焉；既有黃鐘矣，又有黃鐘清焉。是兩之也，豈古人所謂"尊無二上"之旨哉？爲是説者，古無有也，聖人弗論也。其漢唐諸儒傅會之説歟？存之則傷教而害道，削之則律正而聲和。臣是敢辭而辟之，非好辯也。志在華國，義在尊君，庶幾不失仲尼"放鄭聲"、"惡亂雅"之意云爾。臣謹序。

進《樂書》表

臣某言:臣聞,百王之治一是,無尚文明;六經之旨同歸,莫先禮樂。將光華於盛旦,必若稽於大猷,固豈小臣所宜輕議!臣誠惶誠懼,頓首頓首!臣竊以禮因天澤而制,樂象地雷而成。實本自然,非由或使。帝王殊尚,不相襲而相沿;文質從宜,爲可傳而可繼。自商周之損益,更秦漢而陵遲。樂謝夔襄,音流鄭衛。浸廢修聲之瞽,上下何幾?更乖旋律之宮,尊卑莫辨。或指胡部爲和奏,或悦俗調爲雅音。一變興而五序愆期,四清作而中氣爽應。欲召和於天地,其道無繇;思饗德於鬼神,何修而可?是故稽度數以適正,省文采而趨中。勿用夷以亂華,罔俾哇而害雅。息諸儒好異之説,歸大樂統同之和。自然百獸舞庭,符虞帝九成之奏;四靈覽德,顯周王六變之功。恭惟皇帝陛下,席奕世積累之基,御百年富庶之俗;恩涵萬國之雨露,威霽四夷之雷霆。期月之間,大功數十;寰海之内,萬物盛多。將畢入於形容,宜莫如於制作。斯文未喪,俟君子而後成;與治同興,豈腐儒之能預?如臣學非精博,才昧變通。黽勉父兄之義方,寤寐聖賢之彝訓。夷考治世之成法,紹復先王之舊章。志大而心愈勞,力多而功益少。閉孫敬之户,餘四十年;廣姬公之書,成二百卷。人多嗤爲傳癖,世或指爲經癡。自信皓首而不疑,孰意近臣之過采。囊章朝奏,俄簡在於宸衷;筆札暮班,靡遄遺於瞽説。雖無裨於國論,庶有紹於家聲。私竊爲榮,居慚浮實,敢擬倫於玉爵,甘並質於瓦甒。仰瀆離明,俯增震恐。萬幾多暇,儻垂甲夜之觀;一得不遺,願贊太平之化。臣所撰《樂書》並目録二百二十卷,謹繕寫成一百二十册,隨表上進以聞。臣誠惶誠懼.頓首頓首,謹言。

宣德郎、秘書省正字臣陳暘上進。

尚書禮部

近准建中靖國元年正月九日勑,中書省禮部侍郎兼侍讀、實錄修撰趙挺之劄子奏:"臣聞,六經之道,禮樂爲急,方當盛時,所宜稽考情文,以飾治具。然非博洽該通之士,莫能盡也。臣竊見秘書省正字陳暘著成《樂書》二百卷,貫穿載籍,頗爲詳備。陳暘制策登科,其兄祥道,亦著《禮書》,講閲古今制度曲盡。元祐中,嘗因臣寮薦舉,蒙朝廷給筆札、畫工,録其書,以付太常寺。今暘所著《樂書》,卷帙既多,無力繕寫以進。臣欲乞依祥道例,特賜筆吏畫工三五人,寫録圖畫進獻。如蒙聖覽,以爲可采,乞付太常寺,與祥道所著《禮書》同共施行。取進止。"正月八日,三省同奉聖旨,依奏。本部尋下太常寺,抄録到元祐四年十二月二十三日勑,中書省臣寮上言,曾論奏:"乞朝廷量給筆札,及差楷書畫工等付太常博士陳祥道,録進《禮書》,未蒙降勑指揮。方今朝廷講修治具,以《禮書》爲先。臣切知所撰《禮書》,累歲方成,用功精深,頗究先王之藴。然而卷帙浩大,又圖寫禮器之屬不一。祥道家貧,無緣上進。伏望聖慈,特降指揮,量給紙札,並差楷書三五人,畫工一二人,付祥道處。俾圖録進,以備聖覽,必有所補。取進止。"十二月二十二日,三省同奉聖旨,依奏。内楷書許差三人,畫工一人,須知公文,牒請照會施行。謹牒。建中靖國元年正月二十七日牒。

朝散郎、員外郎許幾,朝散郎、員外郎宋景,郎中闕,侍郎闕,朝散大夫、權尚書兼侍讀豐稷。

　　吏部尚書臣執中等一十九人同議：竊聞近降朝旨，令講議司臣寮詳定樂制。其陳暘所撰《樂書》二百卷，元係朝廷特給筆札，許繕寫進呈。於四月二十三日，奉聖旨送臣等看詳。臣等竊謂，朝廷講明制作之時，而暘獨能考古按經，不牽傳注之習，積年成書，獻於朝廷，有補治體。欲乞朝廷察其勞效，特加優獎，以爲多士之勸。所有暘欲考定音律，以正中聲，更乞送講議司，令知音律之人，相度施行。

　　詔從之。

詔

　　敕宣德郎、守尚書禮部員外郎陳暘：先王制作之文，隕缺弗嗣，後世湮汨，寖日益微，搢紳先生難言之。以爾學博聞多，誦說有法，究觀樂律，本末該明。攘斥諸家，考證六藝，成書甚富，衆論所稱。差進厥官，以爲爾寵。毋忘稽古，服我茂恩。

樂書卷一　禮記訓義

曲禮上　曲禮下　檀弓上

曲禮上

先生書策、琴瑟在前，坐而遷之，戒勿越。

道雖不在書策，而學道者必始於書策；道雖不在琴瑟，而樂道者必始於琴瑟。古之所謂先生者，非爲其長於我也，爲其聞道先乎吾而已。聞道先乎吾，吾從而師之，不特見其人而尊敬之也。雖見其載道之書策、樂道之琴瑟，亦必尊而敬之。非敬書策、琴瑟而已，所以敬道也。道之所在，聖人尊之，而況其凡乎？故"先生書策、琴瑟在前，坐而遷之，戒勿越"，其斯以爲敬之至歟！今夫爲人子者，於父植之桑梓則必敬，於三賜之車馬則不及；爲人婦者，於舅姑之席、簟、枕、几則不傳，於杖、屨則不敢近；爲人臣者，見君之几杖則起，遭乘輿則下。皆以其所敬在此而敬之在彼，況弟子於先生書策、琴瑟，其可不以越之爲戒乎？雖然，琴瑟，先生所常御焉，故《詩》曰："琴瑟在御，莫不静好。"然亦有所謂不御者，其惟親疾之時乎？

臨樂不歎，當食不歎。

樂生於情之所有餘，歎起於言之所不足。"臨樂不歎"，則言無不足，而情爲有餘矣。故誠於執紼者，不期哀而哀，何笑之有？誠於臨樂者，不期樂而樂，何歎之有？執紼不笑，臨樂不歎，非爲安而行之者言之，爲勉强而行之者言故也。《中庸》曰：“喜怒哀樂未發，謂之中；發而皆中節，謂之和。”“臨樂而歎”，非所謂發而中節者也，其去中、和不亦遠乎？昔曹太子來朝，享初獻，樂奏而歎。施父曰：“曹太子其有憂乎？”非歎所也。何曹太子之不知禮，施父之知禮邪？“臨樂而歎”，則心存憂患而不知樂；“當食而歎”，則口含芻豢而不知味。雖未害乎禮之大體，亦非所以爲禮之委曲者歟？

曲禮下

喪復常[①]，讀樂章。居喪，不言樂。

　非喪而讀喪禮，則非人子之情；居喪而不讀喪禮，不失之過，則失之不及。未葬而讀祭禮，則非孝子之情；既葬而不讀祭禮，不失之黷，則失之怠。喪未除而讀樂章，則哀不足；喪復常而不讀樂章，則樂必崩。故曰：居喪，讀喪禮；既葬，讀祭禮；喪復常，讀樂章。宰予欲短喪而爲樂，孔子以爲不仁；閔騫、子夏援琴而哀樂，孔子皆以爲君子。則“喪復常，讀樂章”，先王之中制也。夫斬衰之喪，唯而不對；齊衰之喪，對而不言；大功之喪，言而不及議；小功之喪，議而不及樂。又況大於此而可言樂乎？

---

① “喪復常”，光緒刻本作“喪服常”。

祭事不縣。

通變之謂事，鍾磬之謂縣。《周官·大司樂》：“大札①、大凶、大裁，令弛縣。”古者歲凶，年穀不登，君膳不祭肺，祭事不縣。按特弛而不用，通變以憂民而已。司巫大旱則舞雩，女巫大裁歌哭而請，則所謂不縣，固非無樂。其祭，則有禱而無祀；其樂，則有歌舞而無縣故也。《大司徒》荒政十有二，而眚禮、蕃樂豫焉。君膳不祭肺，眚禮也。祭事不縣，蕃樂也。然大夫以粱爲加食，君膳不祭肺，故大夫不敢食粱。士無故不去琴瑟，君弛縣，故士不敢飲酒以樂。是大夫所視而效之者在君，士所視而效之者在大夫。然則爲人上者，可不謹歟？

君無故玉不去身，大夫無故不徹縣，士無故不徹琴瑟。

君子不可斯須離禮，斯須離禮，則易慢之心入之矣；不可斯須離樂，斯須離樂，則鄙詐之心入之矣。故“君無故玉不去身”，禮也；“大夫無故不徹縣，士無故不徹琴瑟”，樂也。鍾尚羽而象地，磬尚聲而象水，皆待縣之以致用也。瑟亦琴類也，其所異者，特絲分而音細爾。樂之大者在鐘磬，大夫，以智帥人之大者也，故不徹縣。其常御者在琴瑟，士則事人有常心者也，故不徹琴瑟。於玉言君，則大夫、士可知。《玉藻》謂天子佩白玉，公侯佩山玄玉②，大夫佩水蒼玉，士佩瓀玟是也。於樂言大夫、士，則天子、諸侯可知。《周官》謂王

① “大札”，原作“大禮”，據元刻明修本、光緒刻本改。
② “玄玉”，元刻明修本、光緒刻本均作“元玉”。

宮縣，諸侯軒縣，卿大夫判縣，士特縣是也。太史公言："古者，天子諸侯聽鐘磬，未嘗離於庭；卿大夫聽琴瑟之音，未嘗離於前。"與此異者，《曲禮》別而言之，大夫不徹鐘磬之縣，士不徹琴瑟；太史公通而言之，大夫未必不用縣。

檀弓上

君子有終身之憂，而無一朝之患，故忌日不樂。

　君子之於親，有終制之喪，有終身之喪。終制之喪，三年是也；終身之喪，忌日是也。人之有哀樂，猶天之有陰陽，陰陽不同時，哀樂不同日。文王之於親，忌日必哀而不樂。豈非能全終身之憂乎？昔人"鄰有喪，舂不相，里有殯，不巷歌"，況親喪乎？臨喪不笑，執紼不笑，望柩不歌，適墓不歌，況忌日乎？《祭義》曰："忌日不用，非不祥也。言夫日，志有所至，而不敢盡其私也。"忌日猶不舉事，其不樂可知矣。古者有忌月無忌年，有忌日無忌月。唐於忌日，欲不合樂，可謂知終身之憂矣。申屠蟠於忌日，三日不食，非禮意也。禮不云乎："毀不滅性。"忌日歸哭于宗室，蓋有終身之憂，仁也；無一朝之患，義也。此主忌日不樂言之，孟子主憂不如舜言之，其辭雖同，其意則異。

　魯人有朝祥而暮歌者，子路笑之。夫子曰："由，爾責於人，終無己夫！三年之喪，亦已久矣夫。"子路出，夫子曰："又多乎哉？踰月則其善也。"

喪，凶禮也。祭，吉禮也。畢凶禮之喪，猶爲吉禮之禫①，未全乎吉也。吉事兆見於此矣，得不謂之祥乎？魯人祥、歌同日，失之太速，不足爲善禮；子路笑之，失之太嚴，不足爲知時。此孔子所以恕魯人而抑子路之責人無已也。《記》曰：“制祥之日，鼓素琴瑟不爲非，而歌則爲未善者。”琴自外作，歌由中出故也。孔子五日而彈琴，十日而成笙歌，則琴與歌不同可知矣。孔子十日而成笙歌，不待踰月者，蓋十日固已踰月矣。《記》曰：“祥而縞，徙月樂。”

孟獻子禫，縣而不樂，比御而不入。夫子曰：“獻子加於人一等矣②。”

三年之喪，二十五月而祥，中月而禫。期之喪，十三月而祥，十五月而禫。父在，爲母爲妻亦如之。蓋三年之喪則久矣，故祥月而禫者，以義斷恩也。期之喪則近矣，故間月而禫者，以恩伸義也。《記》曰：“禫而内無哭者，樂作矣。”又曰：“禫而從御，吉祭而復寢。”由此觀之，“孟獻子祥，縣而不樂，比御而不入”，則過乎此矣，故孔子稱之。今夫先王制禮，以中爲界。子夏、子張援琴於除喪之際，孔子皆以爲君子。伯魚、子路過哀於母、姊之喪，孔子皆非之。然則，孟獻子之過於禮，孔子反稱之者，非以爲得禮也，特稱其加諸人一等而已。

---

① “吉禮”，元刻明修本、光緒刻本均作“吉祭”。
② “一等矣”，元刻明修本、光緒刻本均作“一等”。

孔子既祥,五日彈琴而不成聲;十日而成笙歌。

舜琴歌《南風》,有孝思之意存焉。笙象物生於東方,有生意存焉。故孔子既祥五日,則於去喪爲未遠,其心不絶乎孝思,猶未全於生意也。雖彈琴矣,而聲不成焉。十日則於去喪爲遠,而有全於生意,故笙歌之聲成焉。蓋制祥之日可以鼓素琴,君子所以與人同。五日彈琴,君子所以與人異。彈之者,禮之所不可廢也。不成聲者,仁之所不忍也。絲不如竹,竹不如肉,故彈琴而後成笙歌。此言彈琴而後成笙歌,《儀禮·鄉飲酒》言授瑟而後成笙歌者,二十五絃之瑟,比五絃之琴,則琴小而瑟大,或舉大見小,或舉小見大,其成笙歌一也。

太公封於營丘。比及五世,皆反葬於周。君子曰:"樂,樂其所自生;禮,不忘其本。古之人有言曰:'狐死正丘首。'仁也。"

君子之所謂禮,言而履之者也。所謂樂,行而樂之者也。《書》曰:"以禮制心。"《記》曰:"樂者,其本在人心之感於物也。"禮樂同出於人心,而仁者,人也,亦出於人心而已。故"人而不仁,如禮何?人而不仁,如樂何"?則禮樂之道,不過章德報情而反始也。太公封於營丘,比及五世,皆反葬於周。夫豈僞爲之哉?行吾仁以全禮樂之道而已。狐死猶正丘首,況仁人孝子乎[1]?

顏淵之喪,饋祥肉。孔子出受之,入彈琴,而后食之。

---

① "孝子",光緒刻本作"君子"。

《儀禮》曰："薦此嘗事，又期而大祥。"又曰："薦此祥事，中月而禫①。"祥祭而饋，則鬼事畢而人事始矣。顔淵之喪，饋祥肉，孔子必出受之，仁也。必彈琴而後食之，義也。禮之道無他，節文仁義而已矣。

子夏既除喪而見。予之琴，和之而不和，彈之而不成聲。作而曰："哀未忘也，先王制禮而弗敢過也。"子張既除喪而見。予之琴，和之而和，彈之而成聲。作而曰："先王制禮，不敢不至焉。"

子夏之喪親，曾子責其無聞。其除喪，《家語》、《毛氏傳》謂其援琴而樂，是子夏忘哀於纔三年之際。子張割哀於已三年之後。然則，師之於喪也過，商之於喪也不及，竊意《檀弓》誤以子夏爲子張，子張爲子夏歟？子騫之於親，有類子張，故《檀弓》舉子張以見子騫，《家語》、《毛氏傳》舉子騫以見子張，彼其於哀樂之分，皆能以禮終。故或言"先王制禮弗敢過也"，或言"先王制禮弗敢不至焉"。孔子皆以爲君子，豈非無所不用其極邪？《記》曰："惟君子爲能知樂，知樂則幾於禮矣。"三子與有焉。

弔於人，是日不樂。

天之道，陰陽不同時，則當寒而燠者，逆道也；人之理，哀樂不同日，弔日而樂者，逆理也。"鄰有喪，舂不相。里有殯，不巷歌"，況弔日乎？行弔之日，不飲酒食肉，況樂乎？《論語》："子於是日哭，則不歌。"《曲禮》亦曰："哭日不歌。"用其至故也。

---

① "祥事中月而禫"，光緒刻本作"嘗事奠虞祔祥"。

樂書卷二　禮記訓義

檀弓下　王制

檀弓下

人喜則斯陶,陶斯咏,咏斯猶,猶斯舞,舞斯慍,慍斯戚,戚斯歎,歎斯辟,辟斯踊矣。品節斯,斯之謂禮。

其喜心感者,其聲發以散。發以散,陽也,其極必反陰焉。其慍心感者,其聲粗以厲。粗以厲,陰也,其極必反陽焉。蓋喜氣不泄則已,泄則口不得不咏。慍氣不震則已,震則氣不得不歎。咏文事,心志猶其優游;咏武事,心志猶其奮疾。夫然則憂患去而樂生矣。樂生而舞,樂至於手之舞之,則樂極而哀從之矣。故舞斯慍,慍斯歎,歎斯戚,戚斯辟,辟斯踊。則不知胸之撫之,足之踊之。雖正,明目而視,不可得而見也;傾耳而聽,不可得而聞也。豈非陽極反陰,樂極反哀之意邪?《左傳》所謂"樂有歌舞,哀有哭泣"者,此歎①? 品於斯,哀樂莫不有隆殺;節於斯,哀樂莫不中節。則知禮之爲道,其去戎狄之道遠矣。今夫陶包陰陽之氣,憂樂無所泄如之。喜斯陶,樂之無所泄者也;鬱陶乎,予心憂之無所泄者也。《爾雅》以鬱陶爲喜,其有見乎一偏歟?《傳》曰:"齊楚燕趙之歌,異傳而皆樂;九夷八蠻之聲,異哭而皆

---

① "此",原缺,據元刻明修本、光緒刻本補。

哀。"夫何故哀樂之情同也？然而君子不與之者，爲其不能品節於斯以爲禮，未免爲戎狄之道也。

知悼子卒，未葬，平公飲酒。師曠、李調侍，鼓鐘。杜蕢自外來，聞鐘聲，曰："安在？"曰："在寢。"杜蕢入寢，歷階而升，酌曰："曠，飲斯！"又酌曰："調，飲斯！"又酌，堂上北面坐，飲之。降，趨而出。平公呼而進之，曰："蕢，曩者爾心或開予，是以不與爾言。爾飲曠，何也？"曰："子卯不樂。知悼子在堂，斯其爲子卯也，大矣。曠也，大師也，不以詔，是以飲之也。""爾飲調，何也？"曰："調也，君之褻臣也，爲一飲一食，忘君之疾，是以飲之也。""爾飲，何也？"曰："蕢也，宰夫也，非刀匕是共，又敢與知防，是以飲之也。"平公曰："寡人亦有過焉，酌而飲寡人。"杜蕢洗而揚觶。公謂侍者曰："如我死，則必毋廢斯爵也。"至于今，既畢獻，斯揚觶，謂之杜舉。

《周官・大司樂》："凡諸侯薨，令去樂。大臣死，令弛縣。"故叔弓卒，魯昭公去樂，卒祭，君子善之。仲遂卒，宣公《萬》入，猶繹，君子非之。然則，知悼子之未葬，斯其爲子卯大矣。如之何鼓鐘而燕樂乎？此杜蕢所以升酌而譏之也。古者以晉鼓鼓金奏，燕禮，賓入門而金奏《肆夏》，則平公飲酒而至於鼓鐘，豈非鼓金奏邪？今夫爲人臣者患於不忠，忠而患於不勇；爲人君者患於不智，智而患於不義。則杜蕢所存者，忠也；所敢爲者，勇也；平公知悔者，智也。不掩善者，義也。非杜蕢之忠勇，不能改平公之過於當時；非平公之智義，不能彰杜蕢之善於後世。《左傳》謂杜蕢責樂工以不聰，責嬖叔以不明，責已以不善味，其傳聞雖不同，其實一也。

鄭司農以爲五行子卯自刑，翼奉亦曰："貪狼必待陰賊而後
動，陰賊必待貪狼而後用。二陰並行①，是以王者忌。"子卯
是也。鄭康成曰："紂以甲子死，桀以乙卯亡。"失之矣。昔
魏道武以甲子討賀驎，晁崇曰："紂以甲子死，兵家忌之。"道
武曰："周武不以甲子勝乎？"是後世之所忌子卯者，不爲桀
紂也。

仲遂卒于垂，壬午猶繹，《萬》入去籥。仲尼曰："非禮也，卿
卒不繹。"

　　《爾雅》曰："繹，又祭也。周曰繹，商曰肜，夏曰復胙。"
古者復祭，必賜胙焉。夏禮尚質，故以復胙名之。肜有飾物
之文，商禮浸文，故以肜日名之，《商書·高宗肜日》是也。
繹有端緒之義，周禮則極文矣，故以繹其義名之，《周頌·絲
衣》"繹賓尸"是也。《春秋·宣八年》："辛巳，有事于太廟，
仲遂卒于垂。壬午，猶繹。《萬》入，去籥。"蓋祭，吉禮也；臣
卒，凶禮也，固不可以同日。故宣公有事于太廟，仲遂卒于
垂，則壬午繹祭，可已而不已，且《萬》入去籥而卒事，無乃戾
於《周官》"弛縣"之意歟？古者君之於臣，疾必問，卒必弔，
比葬不食肉，比卒哭不舉樂，比祭而聞其卒，如之何不輟吉
禮之祭而去樂乎？此孔子所以謂之非禮，而有"卿卒不繹"
之説也。以《春秋》之法繩之，宣公難免乎當世之誅矣。
《傳》曰："《萬》者，何工舞也。"説者謂武王以萬人定天下，故
其舞謂之《萬舞》，然則《商頌》嘗謂"庸鼓有斁，《萬舞》有

---

① "二陰"，元刻明修本、光緒刻本均作"一陰"。

奕”，孰謂《萬舞》始於武王耶？

王制

天子五年一巡守。命典禮，考時月，定日，同律、禮、樂、制度、衣服，正之。變禮易樂者爲不從，不從者君流。

天下有道，禮樂自天子出；天下無道，禮樂自諸侯出。故天子巡諸侯所守，考時月，定日，所以和天道於上。正同律、禮、樂、制度、衣服，所以齊人道於下。諸侯之於邦國，一有襲禮沿樂，而君爲之加地進律；一有變禮易樂，而君流之於四裔。然則禮樂之權，有不管於一人者乎？天子賜諸侯樂[1]，則以柷將之，賜伯、子、男樂，則以敔將之。四時始於春，天道兆於北。春爲四時之長，而柷之爲樂，春分之音也；北爲四方之兆，而敔之爲樂，冬至之音也。柷先衆樂，有兄之道焉，諸侯之於伯、子、男，則兄道也，故天子賜之樂而以柷將之。伯、子、男之於諸侯，則於五等爲之兆而已，故天子賜之樂而以敔將之。柷則三擊而止，敔則九奏乃成。豈非名位不同，樂亦異數邪？《記》曰：“德盛而教尊者，賞之以樂。”《傳》曰：“能使民和樂者，賜以樂。”然則賜樂必有以將之，與獻車馬者執策綏以將之、獻甲者執胄以將之同意。言諸侯、伯、子、男，而不及公者，舉卑以見尊也，與《書》舉六宗以見太祖同意；賜樂不稱王而稱天子者，以柔克待之也，與覲禮稱天子同意。敔兆在上，與磬聲在上同意[2]；柷兆在右，

---

[1]　“天子”，光緒刻本作“故”。

[2]　“磬”，原作“磬”，據光緒刻本改。

與韶音在左同意。《虞書》：“下管鼗鼓，合止柷敔。”《周官·小師》：“掌教鼓鼗柷敔。”是鼗之與鼓，柷之與敔，未有獨用者也。然此言柷不言敔，以敔非以先之故也①。言鼗不言鼓，以鼓非兆奏故也。

三年耕，必有一年之食。九年耕，必有三年之食。以三十年之通，雖有凶旱水溢，民無菜色。然後天子食，日舉以樂。

古者天子大喪大荒大札②，則不舉。天地有菑，邦有大故，則不舉。至於荒政則蕃樂，大凶則弛縣。然則以三十年之通，雖有凶旱水溢，民無菜色，然後天子食，日舉以樂，豈不宜哉？蓋天子能承順天地，和理神人，使無菑害變故，然後可以饗備味，聽備樂。故餽用六穀，膳用六牲，飲用六清，珍用八物，羞百有二十品，醬百有二十器，齊醯六十物，鼎十有二物。其舉備味如此，則侑以備樂可知。豈非王者憂以天下、樂以天下之意乎？《膳夫》：“王乃食。卒食，以樂徹于造。”《大司樂》：“王大食，皆令奏鐘鼓。”夫以天子一飲食之際，未嘗不關天下憂樂，與夫獨樂而不與民同者，豈不有間歟？

樂正崇四術，立四教，順先王，《詩》、《書》、《禮》、《樂》以造士。春秋教以《禮》、《樂》，冬夏教以《詩》、《書》。

樂工之所取正者，小樂正也；小樂正之所取正者，大樂

---

① “以敔非以先之”，光緒刻本作“非以先之”。
② “大札”，原作“大禮”，據光緒刻本改。

正也。昔舜命夔爲樂正,則樂正之職二帝之世已然,三王特因而循之而已。蓋《詩》者,中聲之所止也,説志者莫辨焉;《書》者,政事之紀也,説事者莫辨焉;《禮》之敬文也,説體者莫辨焉①;《樂》之中和也,説樂者莫辨焉。崇之爲四術,使士有所尊;立之爲四教,使士有所從。"順先王,《詩》、《書》、《禮》、《樂》以造士",崇四術以造之也。"春秋教以《禮》、《樂》,冬夏教以《詩》、《書》",立四教以教之也。樂正之職有在於是,豈非人君有樂育人材之意,而樂正有以輔成之歟?《周官・大司樂》:"掌成均之法,以教國子。"蓋本諸此。《詩》、《書》、《禮》、《樂》,謂之四術,亦謂之四教,猶父子、君臣、夫婦、長幼、朋友,謂之五典,亦謂之五教也。然不言《易》與《春秋》者,爲其非造士之具,不可驟而語之故也。孔子之於《易》,必待五十而後學。游、夏之於《春秋》,雖一辭莫贊,其意蓋可見矣。荀卿欲隆《禮》、《樂》,殺《詩》、《書》,是不知崇四術之意也。

凡入學以齒。將出學,小胥、大胥、小樂正簡不帥教者,以告于大樂正,大樂正以告于王。王命三公、九卿、大夫、元士皆入學;不變,王親視學;不變,王三日不舉,屏之遠方。西方曰棘,東方曰寄,終身不齒。

《周官・大胥》:"掌學士之版,以待致諸子。春,入學,釋菜合舞;秋,頒學合聲。"《小胥》:"掌學士之徵令而比之,觵其不敬者,巡舞列而撻其怠慢者。"大胥待致以教之,小胥

---

① "體",四庫本、元刻明修本作"體",光緒刻本作"禮"。

觵撻以贊之。則簡不帥教者，小胥、大胥預有力焉①。《樂師》："掌國學之政，以教國子。凡樂官，掌其政令，聽其治訟。"則簡不帥教者，小樂正亦預有力焉。《大司樂》："掌成均之法，以治建國之學政。"凡王之事，皆在所令焉，則簡不帥教以告于大樂正者，小胥、大胥、小樂正也；以之告于王者，大樂正也。鄉簡不帥教者，耆老皆朝于庠，大樂正告不帥教者。王命三公、九卿、大夫、元士皆入學，而王又親視學焉，蓋重棄之也。與《周官·鄉士》《遂士》"王命三公會其期"同意。"王三日不舉"，与《文王世子》"不舉为之變"同意②。蓋教之，仁也；簡不帥，義也；"王親視學"，"三日不舉"，仁也；"屏之遠方"，"終身不齒"，義也。

---

① "有"，原作"爲"，據元刻明修本、光緒刻本改。
② "王三日不舉"至"同意"，原缺，據元刻明修本、光緒刻本補。

樂書卷三　禮記訓義

王制　曾子問　文王世子

王制

大樂正論造士之秀者，以告于王而升諸司馬，曰進士。

　　"論造士之秀者，以告于王而升諸司馬，曰進士"[①]，所以勸之也。簡不帥教者以告于王，屏之遠方，終身不齒，所以沮之也。王者勸、沮天下之術，大樂正實預焉，其職豈不重哉？後世有樂正氏、司馬氏，豈因其世官名之耶？

曾子問

孔子曰："嫁女之家，三夜不息燭，思相離也。取婦之家，三日不舉樂，思嗣親也。"

　　古者婚禮在所不賀，嘉事在所不善，况取婦之家，可舉樂乎？蓋取婦之禮，本以嗣親也。親既老矣，而以子婦嗣之，傷之可也，樂之非也。昔裴嘉有婚會，薛方士預焉，酒中而樂作，方士非之而出。王通聞之曰："薛方士知禮矣，然猶在君子之後乎。"蓋善其知禮而不善其不預告之也。雖然，娶婦之家必爲酒食以召鄉黨僚友，雖曰以厚其別，亦不舉樂也。舉之，其在三日之後乎。前乎三日而舉樂，是忘親也；

---

① "論造士"至"進士"，原缺，據元刻明修本、光緒刻本補。

後乎三日而不舉，是忘賓也。不忘親，仁也；不忘賓，義也。
先王制禮，豈遠乎哉？ 節文仁義而已矣。

文王世子

凡學，世子及學士必時。春夏學干戈，秋冬學羽籥，皆於
東序。

世以傳父統，而子則事父者也；學以致其道，而士則事
道者也。凡學，先世子，貴貴也；次學士①，尊賢也。貴貴、尊
賢，其義一也。其可不均以時，敎於東序乎？ 春夏，陽用事
之時也，必敎以干戈之武舞，天事武故也；秋冬，陰用事之時
也，必敎以羽籥之文舞②，地事文故也。東序，夏后氏之學，
而序之爲言，射也。敎異異用，用異異功，然則行同能偶者，
舍射何別乎？ 然干戈羽籥，樂之器，而樂豈器哉？ 凡敎世子
及學士，必以是者，欲其因器以達意故也。《王制》之教造
士，春秋以《禮》、《樂》，冬夏以《詩》、《書》。《文王世子》之
學，世子春夏以干戈，秋冬以羽籥者，升於學之造士，則其才
嚮於有成，其教之也易，故先其難者，而以《詩》、《書》後於
《禮》、《樂》；貴驕之世子，則其性誘於外物，其敎之也難，故
先其易者，而以干戈羽籥先於《禮》、《樂》、《詩》、《書》。《周
官》師氏教國子在司徒教民之後，《記》言“教國之子弟”在鄉
遂之後。其教之難易，蓋可見矣。雖然，《王制》主於教造
士，而王太子、王子、羣后之太子、卿大夫元士之適子亦預

---

① “次”，原作“及”，據元刻明修本、光緒刻本改。
② “文舞”，原作“文武”，據元刻明修本、光緒刻本改。

焉。《文王世子》主於敦世子，而國之學士亦及焉，特其所主者異，教之所施有先後爾。

小樂正學干，大胥贊之。籥師學戈，籥師丞贊之。

以政正之謂之正，以教教之謂之師。大胥之所相者，小樂正也；籥師丞之所奉者，籥師也。蓋干陽戈陰也，干謂之干，盾亦謂之干，兵戈勾戟，矛也。《書》曰：“比爾干，稱爾戈。”干則直兵而其形欲立，戈則勾兵而其形欲倒，皆自衛之兵，非伐人之器也。古之教舞者，朱其干，玉其戚，則尚道不尚事，尚德不尚威。是以敦干在小樂正，而以大胥贊之。敦戈在籥師，而以籥師丞贊之。干戈之事，寓之於樂，如此則武不可覿之意覿矣。《周官·樂師》“掌國之學政，教國子以干籥之小舞”；《大胥》“掌學士之版，以待致諸子。春，入學，舍菜合舞，秋，頒學合聲”；《籥師》“掌教國子舞羽吹籥”。由此觀之，小樂正不特敦干，籥師不特敦戈也。春夏敦干戈，秋冬學羽籥，言學干戈則羽籥舉矣。《周官》有樂師而無小樂正，有籥師而無丞，豈三代之制因革，固不同耶？

胥鼓《南》。

《周官·大胥》：“以六樂之會正舞位，凡祭祀之用樂者，以鼓徵學士。”《小胥》：“掌學士之徵令。”而胥以鼓徵學士而令之者，不過六代之樂，所謂象箾南籥者而已，非鄭康成所謂南夷之樂也。鞮鞻氏掌四夷之樂，旄人教舞夷樂。則夷樂固鞮鞻氏所掌，旄人所教，非大胥、小胥之職也。上言小樂正學干，大胥贊之，則所謂“胥鼓《南》”之胥，豈小胥歟？

周之化，自北而南，則文王象箾所奏，亦不是過也。

春誦夏絃，大師詔之瞽宗。

　　樂語有六，誦居一焉。樂音有八，絃居一焉。誦則詩頌，人聲也。絃則琴瑟，樂聲也。温柔敦厚，詩教也。以春誦之，春温故也。鼓鼙，北方革音，而其聲讙，主陽生而言也。琴瑟，南方絲音，而其聲哀，主陰生而言也。夏絃之義，有見於此。商人尚聲名，學以瞽宗，是瞽宗主以樂教衆，瞽之所宗也。春教以樂語，夏教以樂音，其義爲難知，非大師詔之瞽宗，孰知其所以然哉？《周官》：大司樂死以爲樂祖，而祭之瞽宗，則春誦夏絃，太學之教，非小學之道也。詔樂於瞽宗，又言禮在瞽宗者，古之教人，興於詩者，必使之立於禮，立於禮者，必使之成於樂。故周之辟雍，亦不過辟之以禮，雍之以樂，使之樂且有儀。而瞽宗雖主以樂教，禮在其中矣。《周官》禮樂同掌於春官，《禮記》禮樂同詔之瞽宗，其義一也。敎舞於東序，而別之以射，敎禮樂於瞽宗，而詔之以義，君子之深教也。此言春誦夏絃，秋學《禮》，冬讀《書》，《王制》言春秋教以《禮》、《樂》，冬夏教以《詩》、《書》者，言《書》、《禮》，則知誦之爲《詩》，絃之爲《樂》。言絃、誦，則知《禮》之爲行，《書》之爲事也。蓋春秋陰陽之中，而《禮》、《樂》皆欲其中，故以二中之時教之；冬夏陰陽之至，而《詩》、《書》皆欲其至，故以二至之時教之。凡此合而教之也。分而教之，則誦《詩》以春，絃《樂》以夏，學《禮》以秋，讀《書》以冬。《學記》曰：“太學之教也，時。”以此。

凡祭與養老、乞言、合語之禮，皆小樂正詔之於東序。大樂正學舞干戚，語説、命乞言，皆大樂正授數。

《周官》大司樂教國子，始之以樂德，中之以樂語，卒之以樂舞。故凡祭與養老之禮，乞言、語説，古之樂語也；學舞干戚，古之樂舞也。蓋德爲樂之實，樂爲德之華。則樂語，德言也。樂舞，德容也。凡祭與養老、乞言、合語之禮，其命之在大樂正，而小樂正特以義詔之東序而已，敎舞授數不與焉。大樂正學舞干戚，語説，命乞言，以數授之而已。論其道而説之，不與焉。此論説在東序，所以責之大司成也。《經》曰：“天子視學，適東序，釋奠於先老，遂設三老、五更、羣老之席位焉。適饌省醴，養老之珍具，遂發咏焉。反，登歌《清廟》，既歌而語，以成之也。言父子、君臣、長幼之道，合德音之致，禮之大者也。下管《象》，舞《大武》，大合衆以事。”由是觀之，凡祭，豈釋奠之禮歟？凡養老，豈老更、羣老歟？合語之禮，豈德音之致歟？學舞干戚，豈舞《大武》之舞歟？言舞則歌可知矣。《王制》曰：“夏后氏養國老於東序，養庶老於西序。”然此下管《象》，舞《大武》，周樂而已。以東序言之，豈周人兼用之耶？

凡釋奠者，必有合也，有國故則否。凡大合樂，必遂養老。

學者，禮樂之教所自出。故凡釋奠於先聖先師者，必有合也。釋奠者，禮也；必有合者，樂也。《周官·大胥》：“春，入學，舍菜合舞；秋，頒學合聲。”所謂必有合者，合舞與聲而已。“有國故則否”，與《大司樂》“國有大故，去樂弛縣”，《曲禮》“凶年祭事不縣”同意。“凡大合樂，必遂養老”，與《周官

·大司樂》“以六律、六同、五聲、八音、六舞，大合樂”同意。必遂養老者，特釋奠先聖、先師，而天子視學，實與焉，故下文言：天子視學，命有司行事，興秩節，祭先師、先聖焉；有司卒事，適東序，釋奠於先老，適饌省醴，養老之珍具，遂發咏焉[①]；登歌《清廟》，下管《象》，舞《大武》，大合衆以事，終之以仁而已。蓋釋奠於先聖、先師、先老，所以教敬也。必遂養老，所以教孝也。一釋奠、合樂之故，而孝敬之教行焉。如此則禮樂豈不爲天下大教歟？凡釋奠必有合者，主行禮以合樂也；凡大合樂必遂養老者，主合樂以行禮也。

始立學者，既興器，用幣，然後釋菜，不舞不授器。乃退儐于東序，一獻，無介，語可也。

凡家，造祭器爲先，養器爲後。國亦如之。諸侯之國，命之教而始立，學者亦必以祭器爲先。則興器者，造祭器之謂也。《大胥》“春，入學，釋菜合舞”，《司戈盾》“祭祀，授舞者兵”，是釋菜未嘗不舞不授器。其所以不舞不授器者，非四時釋菜之中祀，特始入學者行一獻之禮而已。與《周官》凡小祭祀不興舞同意。授數，則天子八佾，諸侯六佾之類也；授器，則文以羽籥，武以干戚之類也。數則可陳，其義爲難知；器則可用，其象爲難求。苟由可陳之數，精難知之義；因可用之器，得難求之象，則禮由己而已。豈淺識之士所能豫哉？

---

① “咏”，元刻明修本、四庫本作“味”，據光緒刻本改。

樂書卷四　禮記訓義

文王世子　禮運

文王世子

凡三王教世子,必以禮樂。樂所以修内也,禮所以修外也。禮樂交錯於中,發形於外,是故其成也懌,恭敬而温文。

古之人致樂以治心,致禮以治躬。故中心斯須不和不樂[①],而鄙詐之心入之矣,非樂何以修内乎? 外貌斯須不莊不敬,而易慢之心入矣,非禮何以修外乎? 樂雖修内,未嘗不發形於外,禮雖修外,未嘗不交錯於中。《易》曰:"蒙雜而著。"交錯於中,所以爲雜;發形於外,所以爲著。教世子以禮樂,使之至於雜而著,則其德成矣。故樂之成也,心術形而悦懌;禮之成也,恭敬而温文。三王之於世子,必始終於此而已,不易之道也。故曰:樂正司業,父師司成,一有元良,萬國以正,世子之謂也。非特王德之人爲然,雖帝舜命夔教胄子以樂[②],而曰:"直而温,寬而栗,剛而無虐,簡而無傲。"則其成也懌,恭敬而温文,禮樂亦無乎不備矣。保氏養國子以六藝,而禮樂居其先,亦此意也。蓋禮樂法而不説:

---

① "中心",四庫本、元刻明修本作"中心",光緒刻本作"心中"。
② 自"故曰"至"然雖",原缺,據元刻明修本、光緒刻本補。"以樂",原缺,據元刻明修本、光緒刻本補。

其法也，發形於外，天下共由之；其不説也，心術形而悦懌。
恭敬而温文，有天下至賾存焉。

天子視學，大昕鼓徵，所以警衆也。衆至，然後天子至。乃
命有司行事，興秩節，祭先師、先聖焉，有司卒事反命，始之養也。
適東序，釋奠於先老，遂設三老、五更、羣老之席位焉。適饌省
醴，養老之珍具，遂發咏焉，退修之以孝養也。反，登歌《清廟》，
既歌而語，以成之也。言父子、君臣、長幼之道，合德音之致，禮
之大者也。下管《象》，舞《大武》，大合衆以事，達有神，興有德
也。正君臣之位、貴賤之等焉，而上下之義行矣。有司告以樂
闋，王乃命公、侯、伯、子、男及羣吏曰：“反養老幼于東序。”終之
以仁也。是故聖人之記事也，慮之以大，愛之以敬，行之以禮，修
之以孝，養紀之以義，終之以仁。是故古之人一舉事，而衆皆知
其德之備也。古之君子舉大事必慎其終始，而衆安得不喻焉。

　天子莫重於視學，亦莫重於養老。故老更者，爲其血氣
既衰，而養以佚之，仁也。飲食之珍具，親執而奉之，禮也。
憲行以善吾之行，乞言以廣吾之聞，智也。父事之不疑其所
謂父，兄事之不疑其所謂兄，義也。有親者，視之而興孝；有
兄者，視之而興悌，信也。夫以一舉養老之事，衆皆知其德
之備者，以此而已。蓋釋奠於先老，所以明其不忘本也。適
饌省醴，所以明其不敢慢也。樂則《清廟》、《象》、《武》之頌，
所以示德與事也。語則父子[①]、君臣、長幼之道，所以辨君與
親也。然咏歌者，樂之聲；管者，樂之器；舞者，樂之容。養

---

① “語”，光緒刻本作“詔”。

老之樂，始而發咏，中而管舞，卒而樂闋。則堂上、堂下之樂和，樂而不流也。其所以命羣后、羣吏“反養老幼于東序”者，不過示父子、君臣、長幼之道，合德音之致，始之以養，終之以仁而已。古之君子，必慎其終始如此，而衆安得不喻之乎？然則，養老必歌《清廟》，下管《象》者，以文王善養老故也。舞《大武》者，以武王善繼志述事故也。雖然，養老於東序，必兼幼言之，何邪？曰：先王之於耆老孤子，未嘗不兼所養，特其所重者老而已。

禮運

夫禮之初，始諸飲食。其燔黍捭豚，汙尊而抔飲，蕢桴而土鼓，猶若可以致其敬於鬼神。

飲食者，養人之本，人之大欲存焉。禮者，飲食之節，豈人所大欲哉？古之聖人以人之所大欲者，寓之於非所欲之禮，則人情必至於不相悦者矣。是故禮之所設，樂必從之。此禮樂之所由始也。蓋食之禮，始於燔黍捭豚；飲之禮，始於汙尊抔飲。禮之所始，樂亦始焉。蕢桴而土鼓，其樂之始歟？《明堂位》曰：“土鼓、蕢桴、葦籥，伊耆氏之樂也。”然樂以中聲爲本，土於位爲中央，於氣爲冲氣，而籥之爲器，又所以通中聲者也。伊耆氏之樂始於土鼓，中聲作焉；中於蕢桴，中聲發焉；終於葦籥，中聲通焉。樂之所始，本於中聲如此，豈不爲中和之紀乎？《周官・籥章》：“中春，晝擊土鼓，龡豳詩以逆暑。中秋，夜迎寒，亦如之。凡國祈年于田祖，龡豳雅，擊土鼓，以樂田畯。國祭蜡，則龡豳頌，擊土鼓以息老物。”其意以謂，王業之起本於豳，樂之作本於籥，始於土鼓。逆暑迎寒，祈年祭蜡，皆本始民事而息老物。故所擊者土鼓，所歙者幽籥，所歌者幽詩，有報本反始之義焉，豈在夫聲音節奏之末節哉？此所以猶若可以致其敬於鬼神。

列其琴、瑟、管、磬、鐘、鼓。

　　先王作樂，莫不文之以五聲，播之以八音。故列琴瑟於南，列管於東，列磬於西北，列鐘於西，列鼓於北，所以正其位也。然琴瑟，絲音也，與瓦同於尚宫。管，竹音也，與匏同於利制。鼓，革音也，與木同於 ·聲。磬，石音也；鐘，金音也。故舉絲以見瓦，舉竹以見匏，舉革以見木，而五聲八音具矣。後聖有作爲樂，如此其備，則蕢桴、土鼓雖鄙樸不足尚，先王必存而不廢者，貴本始之意也。與用二酒不廢玄酒，用簟蓆不廢藁秸同意①。

五聲、六律、十二管，旋相爲宫。

　　《周官》：凡樂，圜鐘爲宫，黄鐘爲角，太蔟爲徵，姑洗爲羽。凡樂，函鐘爲宫，太蔟爲角，姑洗爲徵，南吕爲羽。凡樂，黄鐘爲宫，大吕爲角，太蔟爲徵，應鐘爲羽。蓋天五、地六，天地之中合也。故律不過六，而聲亦不過五，其旋相爲宫，又不過三，以備中聲而已。樂以中聲爲本，而倡和清濁②，迭相爲經。故以仲春之管爲天宫，仲冬之管爲人宫，中央長夏之管爲地宫。《國語》有四宫之説，不亦妄乎？今夫

①　"秸"，原作"桔"，據元刻明修本、光緒刻本改。
②　"倡和"，光緒刻本作"唱和"。

旋宮之樂,十二律以主之,五聲以文之,故圜鐘爲宮而無射爲之合,黃鐘爲角而大呂爲之合,太蔟爲徵而應鐘爲之合,姑洗爲羽而南呂爲之合,凡此宮之旋而在天者也;函鐘爲宮,太蔟爲角,姑洗爲徵,南呂爲羽,而交相合焉,凡此宮之旋而在地者也,故其合降而爲三;黃鐘爲宮,大呂爲角,太蔟爲徵,應鐘爲羽,而兩兩合焉,凡此宮之旋而在人者也,故其合又降而爲二。在《易》,上經言天地之道,下經言人道,而元亨利貞之德,《乾》別爲四,《坤》降爲二,《咸》又降爲一,亦此意也。蓋一陰一陽之謂道,天法道,其數參而奇,雖主乎陽,未嘗不以一陰成之[①],故其律先陰而後陽;地法天,其數兩而偶,雖主乎二陰,未嘗不以二陽配之,故其律或上同於天而以陰先陽,或下同於人而以陽先陰;人法地,則以同而異,此其律所以一於陽先乎陰歟[②]? 大抵旋宮之制,與蓍卦六爻之數常相爲表裏。蓍之數分而爲二,以象兩儀;掛一以象三才;揲之以四,以象四時;歸奇於扐,以象閏。而六爻之用,抑又分陰分陽,迭用柔剛[③],則知陰陽之律,分而爲二,亦象兩儀之意也。其宮則三,亦象三才之意也。其聲則四,亦象四時之意也。餘律歸奇,亦象閏之意也。分樂之序則奏律歌呂,亦分陰分陽之意也。三宮之用,則三才迭旋,亦迭用柔剛之意也。十有二律之管,禮天神以圜鍾爲首,禮地示以函鍾爲首,禮人鬼以黃鍾爲首,三者旋相爲宮,而商、角、徵、羽之管亦隨而運焉。則尊卑有常而不亂,猶十二辰之

① "以一陰成之",光緒刻本作"以陰成之"。
② "歟",光緒刻本作"故"。
③ "迭",原作"也",據元刻明修本、光緒刻本改。

位，取三統三正之義，亦不過子丑寅而止耳。《禮運》曰："五聲、六律、十二管，旋相爲宮。"如此而已。先儒以十有二律均旋爲宮，又附益之以變宮、變徵，而爲六十律之準，不亦失聖人取中聲寓尊卑之意邪？後世之失，非特此也，復以黃鐘爲宮，爲羽，大吕爲二商，太蔟爲商、爲徵，圜鐘爲徵、爲羽，姑洗爲宮、爲商，蕤賓爲徵、爲角，函鍾爲徵、爲羽，夷則爲羽、爲角，南吕爲徵、爲商，無射爲角、爲商，應鐘爲角、爲羽，抑又甚矣。然則天人之宮，一以太蔟爲徵者，祀天於南郊，而以祖配之。則天人同致故也。三宮不用商聲者，商爲金聲，而周以木王，其不用則避其所尅而已。《太師》："掌六律、六同，以合陰陽之聲。皆文之以五聲：宮、商、角、徵、羽。"則五聲之於樂，闕一不可。周之作樂，非不備五聲，其無商者，文去實不去故也。荀卿以審《詩》商爲太師之職，然則《詩》爲樂章，商爲樂聲，樂章之有商聲，太師必審之者，爲避所尅而已。與周之佩玉，左徵角、右宮羽，亦不用商同意。夫豈爲祭尚柔，而商堅剛也哉？先儒言天宮不用中吕、函鐘、南吕、無射，人宮避函鐘、南吕、姑洗、蕤賓。不用者，卑之也；避之者，尊之也。以謂天地之宮不用地宮之律，人宮避天地之律，然則人宮用黃鐘，孰謂避天地之律耶？

天子以德爲車，以樂爲御。

德者，性之端；樂者，德之華。故古之人安德以樂，而聞樂知德。是德之與樂，未嘗不相須而成也。蓋一器之成而工聚焉者，車也；疏、數、疾、徐而有度數存焉者，御也。天子之於天下，所以安而行之者，在德不在車，然非車不足以喻

德；所以行而樂之者，在樂不在御，然非御不足以喻樂。車
者，器也；御者，人也；德者，實也；樂者，文也。車非御不運，
德非樂不彰。以德爲車，則無運而非德也，法何與焉？以樂
爲御，則無作而非樂也，禮何與焉？若夫大夫以法相序，諸
侯以禮相與，其去德不亦遠乎？

樂書卷五　禮記訓義

禮器　郊特牲

禮器

故禮有擯詔，樂有相步，溫之至也。

擯所以輔賓，相所以導瞽。《孟子》曰：禮之於賓，主有擯以輔賓而詔之。以其義，則賓主之情通矣，故曰"禮有擯詔"。《周官·眡瞭》"凡樂事相瞽"，有相以導瞽，而使之步亦步，則周旋之節得矣，故曰"樂有相步"。蓋禮以和爲用，而有擯以詔之，則凡自外作者，罔不和矣；樂以和爲體，而有相以導之，則凡由中出者，罔不和矣。外和而內或否焉，內和而外或否焉，皆非所以爲溫之至也。然則所謂"溫之至"者，得非內外俱進於和歟？雖然，禮有擯詔，亦有所謂不詔者。"凶事不詔，朝事以樂"是也。

廟堂之上，罍尊在阼，犧尊在西。廟堂之下，縣鼓在西，應鼓在東。君在阼，夫人在房。大明生於東，月生於西。此陰陽之分，夫婦之位也。君西酌犧、象，夫人東酌罍尊。禮交動乎上，樂交應乎下，和之至也。

道之在天爲陰陽，在人爲禮樂。故陰陽之辨，象爲日月，分爲夫婦，位爲上下，方爲東西，居爲阼房，器爲鼓尊。

是以廟堂之上，罍尊象陽，動而在東，夫人在房而東酌之，是
陰上交乎陽也；犧尊象陰，静而在西，君在阼而西酌之，是陽
下交乎陰也。禮交動乎廟堂之上者如此。縣鼓以陽唱，始
而在西，是以陽下交乎陰也，應鼓以陰和，終而在東，是亦陰
上交乎陽也。樂之所以交動乎廟堂之下者如此。蓋禮由陰
作而極下，有以交乎上；樂由陽來而極上，有以交乎下。天
地交通，成和之道，盡於此矣。有不爲和之至邪？《周官·
太宰》之禮與《宗伯》之《大司樂》，皆曰“以和邦國，以諧萬
民”，是禮樂之情同，明王以相沿也。均謂和之至，不亦可
乎？《禮器》之論禮樂，有言“温之至”，有言“和之至”，何也？
曰：四時之運，春則陽中而暄氣以爲温，夏居中央而冲氣以
爲和，《語》曰：“色思温。”《莊子》曰：“心莫若和。”是温在外
而爲和之始，和在内而爲温之成。或問泰和，揚子對曰：“其
在唐虞成周乎？觀《書》及《詩》，温温乎其和可知也。”然則
唐虞之所以致温和者，其在禮樂之備乎？上言禮樂之末節，
故言温；此言禮樂之妙用，故言和。《祭義》言“日出於東，月
生於西”，此言“大明生於東，月生於西”者，言月則知大明之
爲日，言大明則知月之爲小明而已①。在《易》，坎爲月，離爲
日，《晉》之爲卦，離上坤下而曰順，而麗乎大明，則日之明大
於月也，信矣。

禮也者，反其所自生；樂也者，樂其所自成。是故先王之制

---

① “小明”，元刻明修本、光緒刻本均作“明小”。

禮也，以節事①；修樂以道志。故觀其禮樂而治亂可知也②。

禮，反本者也，故必反其所自生；樂，象成者也，故必樂其所自成。是以醴酒之用必尚玄酒，割刀之用必貴鸞刀，莞簟之安必設藁稭。以至俎尚腥魚，鼎尚大羹，無非反其所自生之意也。黃帝之《咸池》，堯之《大章》，舜之《大韶》，禹之《大夏》，樂雖不同，而同於昭文德。湯之《大濩》、武之《大武》，樂雖不同而同於耀武功。無非樂其所自成之意也。禮自外作，先王以之節事，以治外。樂由中出，先王以之道志，以治内。反是，未有不兆亂者矣。是禮樂者，治亂之聲形；治亂者，禮樂之影響也。然則觀其禮樂而不知治亂者，古今末諸。雖然，禮以節事於外，未嘗不施於内，《書》曰“以禮制心”是也。樂以道志於内，未嘗不施於外，《記》曰“樂和民聲”是也。

大饗，其王事與？三牲、魚、腊，四海九州之美味也；籩豆之薦，四時之和氣也；内金示和也，束帛加璧，尊德也；龜爲前列，先知也；金次之，見情也；丹、漆、絲、纊、竹、箭，與衆共財也。其餘無常貨，各以其國之所有，則致遠物也。其出也，《肆夏》而送之，蓋重禮也。

孝莫大於寧親，寧親莫大於寧神，寧神莫大於得四表之懽心。故孔子曰：“明王之以孝治天下也，不敢遺小國之臣，而況公、侯、伯、子、男乎？”故得萬國之懽心，以事其先王，此大饗

---

① “制禮也以節事”，元刻明修本、四庫本同；光緒刻本作“制禮以節事”。
② “觀”，元刻明修本、四庫本同；光緒刻本作“視”。

先王所以爲王事歟？明王行大饗之禮，四海諸侯各以其職來
祭。其祭而入也，各貢國之所有以修職；其畢而出也，王奏《肆
夏》之樂而送之。《國語》曰："金奏《肆夏》，天子所以享元侯
也。"大饗之禮，天子以所以享元侯之樂，送所以來祭之諸侯，
非重禮而何？今夫歌《皇華》以送之，天子所以待使臣也；歌
《采薇》以送之，天子所以待帥臣也；奏《肆夏》以送之，天子所
以待諸侯也。於大饗言《肆夏》以送之，則有送而無迎，臣之而
弗賓故也。於饗燕言，賓入門而奏《肆夏》，則有迎而無送，賓
之而弗臣故也。若夫兩君相見之禮，入門而縣興，客出以
《雍》，而《肆夏》不預焉。此諸侯之樂，所以不敢抗天子歟？晉
侯以之享穆叔，《春秋》罪之，趙文子奏之於家，《禮經》非之，爲
僭天子故也。

郊特牲

饗、禘有樂，而食、嘗無樂，陰陽之義也。凡飲養陽氣也，凡
食養陰氣也[①]。故春禘而秋嘗，春饗孤子，秋食耆老，其義一也，
而食嘗無樂。飲，養陽氣也，故有樂；食，養陰氣也，故無聲。凡
聲，陽也。

　饗、食之禮，所以仁賓客也；禘、嘗之禮，所以仁昭穆也。
饗以飲爲主，有鄉之之意，所以養陽氣而致敬也；食以食爲
主，有養之之意，所以養陰氣而致愛也。凡祠、禘皆陽義也，
莫盛於禘；嘗、烝皆陰義也，莫盛於嘗。春，陽中也；秋，陰中
也。凡聲，陽也；凡味，陰也。故禘以享先王，饗以待孤子，

---

① 　自"食養"至本段末"非周制也"，光緒刻本缺。

皆用樂焉，所以象雷之發聲於春也。嘗以享先王，食以待耆
老，皆不用樂焉，所以象雷之收聲於秋也。《月令》“於仲春，
雷乃發聲”，言習樂於仲秋，雷乃收聲，而不及樂，豈亦饗、禘
有樂，食、嘗無樂之意歟？《記》曰：“凡養老，商人以食禮，食
老更於大學，冕而摠干。”《商頌》言顧予烝、嘗，有鞉鼓、筦磬
之聲。《周雅》言以往烝、嘗，有鐘鼓送尸之樂。則嘗非無樂
也。《周官》凡饗、食，樂師鐘師奏燕樂，籥師鼓羽籥之舞，則
食非無樂也。然則食、嘗無樂，非商、周之制歟？凡“食嘗無
樂”兩言之者，疑下衍文也。此與《祭義》言春禘、秋嘗，《王
制》《祭統》言夏禘、秋嘗者，以《周官》考之，周人春祠夏禴，
則春夏之禘，非周制也。

賓入大門而奏《肆夏》，示易以敬也，卒爵而樂闋，孔子屢歎
之。奠酬而工升歌，發德也。歌者在上，匏竹在下，貴人聲也。
樂由陽來者也，禮由陰作者也，陰陽和而萬物得。

　　古者燕饗之賓，情意之所未通，懽忻之所未接，不必親
相與言也，以禮樂相示而已。故賓至而饗之，所以爲禮；奏
樂以樂之，所以爲樂。賓始入門，則奏《肆夏》以示易敬之
意①，既卒爵之後，則奠酬升歌，以發賓主之德。卒爵則以進
爲文，而禮意有所不傳；樂闋則以反爲文，而樂意有所不喻。
是相與之誠，言常不足於意，而意常有餘於言。故言之發有
不足以盡意，其聲至於嗟，其氣至於歎者，豈言之不足，故嗟
歎之之謂乎？孔子於饗賓之際，卒爵而樂闋，其歎且至於屢

---

① 　自段首“賓入大門”至“肆夏以”，光緒刻本缺。

者，蓋異乎觀上之歡，豈一倡而三歎之謂乎？言孔子屢歎之，繼以工之升歌，豈嗟嘆之不足，故咏歌之謂乎？樂以無所因爲上，以有所待爲下。歌者在上，貴人聲故也。匏竹在下，賤器用故也。《記》曰"聲莫重於升歌[①]"者，此歟？蓋賓入門而奏《肆夏》，示情也；奠酬而工升歌，示德也；匏竹在下，示事也。樂由天作，其來自乎陽；禮以地制，其作自乎陰。陰陽不和，萬物不得；禮樂不交，賓主不懽。是饗燕朝聘之設，在禮樂不在陰陽，然非陰陽，吾無以見禮樂矣；在賓主不在萬物，然非萬物，吾無以見賓主矣。《傳》曰："禮樂法而不説。其法也，可視而見，可聞而知；其不説也，有天下至賾存焉。"非得意忘象之士，惡足與議此？《哀公問》言入門而金作，不止於《肆夏》，言升歌止於《清廟》，言下管止於象篇；此言入門而奏，止於《肆夏》，言升歌不及《清廟》，言匏竹不及象篇者，《哀公問》言大饗之禮，此兼燕禮而言故也。

庭燎之百，由齊桓公始也。大夫之奏《肆夏》也，由趙文子始也。

　　禮樂之所謹者，名數而已。齊桓公始用庭燎之百，是諸侯僭用天子禮之數也；趙文子始奏《肆夏》，是大夫僭用天子樂之名也。後世之失，非特大夫僭天子之樂，而諸侯亦用之以享大夫矣。然則穆叔所以不敢拜晉之享者[②]，孰謂穆叔而不知禮乎？齊桓公僭其數，與季氏八佾同意。趙文子僭其名，與三家以《雍》徹同意。

---

① "升歌"，元刻明修本、光緒刻本均作"聲歌"。
② "拜"，光緒刻本作"當"，元刻明修本模糊不清。

諸侯之宮縣，而祭以白牡，擊玉磬朱干，設錫冕而舞《大武》，乘大輅，諸侯之僭禮也。

《周官·小胥》："正樂縣之位，王宮縣，諸侯軒縣。"則諸侯之宮縣，僭天子樂縣也。舜之鳴球，以象天帝玉磬之音。諸侯之擊玉磬，僭天子樂器也。天子朱干玉戚，冕而舞《大武》，諸侯亦設錫而用之，僭天子樂舞也。祭以白牡，僭天子用牲之禮也。乘以大輅，僭天子乘車之禮也。蓋天下有道，禮樂自天子出，諸侯莫得而僭之；天下無道，禮樂自諸侯出，其不僭竊而用之，未之有也。言諸侯僭禮，則樂可知矣。朱干用白金以覆其背，所謂朱干設錫是也；玉戚用玉以飾其柄，楚工尹路謂剝圭以爲戚柲是也①，凡此，魯不特用於周公之廟，而羣公之廟亦用焉，故子家駒譏之。不特用於魯之羣廟，而諸侯廟亦用焉，故於此譏之。循緣積習，八佾舞於季氏之庭②，《萬》舞振於文夫人之側，而先王之樂自是掃地矣。

昏禮不用樂，幽陰之義也。樂，陽氣也。

樂由陽來，而聲爲陽氣；禮由陰作，而昏爲陰義。故《周官》大司徒以陰禮教親，則民不怨。然則昏之爲禮，其陰禮歟？曾子曰："娶婦之家，三日不舉樂，思嗣親也。"然則昏禮不用樂，其思嗣親歟？古之制禮者，不以吉禮干凶禮，不以陽事干陰事，故昏禮不用樂，幽陰之義也。昔裴嘉有婚會，酒中而樂作，薛方士非之，可謂知其義矣。

---

① "工"，光緒刻本作"土"。
② "舞"，元刻明修本、光緒刻本均作"作"。

樂書卷六　禮記訓義

郊特牲　内則　玉藻　明堂位

郊特牲

殷人尚聲，臭味未成，滌蕩其聲，樂三闋，然後出迎牲。聲音之號，所以詔告於天地之間。

《易》曰："雷出地奮，豫。先王以作樂崇德，殷薦之上帝，以配祖考。"蓋周人郊祀后稷，以配天，宗祀文王於明堂，以配上帝。均配以祖考者，惟商人爲然，以其尚聲故也。凡聲，陽也，商人之祭，先求諸陽而已，《商頌・那》祀成湯也，樂之所依者磬，聲其名，學以瞽宗，則主以樂教，瞽之所宗，皆尚聲之意也。蓋日三成朏，月三成時，歲三成閏，然則樂不三闋，何以成樂哉？今夫禮減而進①，以進爲文；樂盈而反，以反爲文②。滌蕩其聲，則盈矣。必繼以三闋者，以反爲文也。樂三闋則減矣。然後出迎牲者，以進爲文也。然明則有禮樂，幽則有鬼神。鬼者歸也，歸之以從地；神者申也，申之以從天。詔告鬼神於天地之間，捨聲音之號，何以哉？凡樂皆文之以五聲，播之以八音。禽獸知聲而不知音，衆庶

---

① "進"，元刻明修本、光緒刻本均作"退"。
② "反"，元刻明修本、光緒刻本均作"退"。

知音而不知樂①。通聲音之號而知樂者，其惟鬼神之靈乎？如之何不詔告？以此。《傳》曰："樂所以蕩滌，反其邪惡也。"其説是歟？

內則

十有三年，學樂，誦詩，舞《勺》。成童，舞《象》。二十而冠，始學禮，舞《大夏》。

人之生也，比形天地以成體，受氣陰陽以成性。彼其所學，曷嘗不因時循理以順陰陽之數哉？十三陽數也，二十陰數也。樂由陽來而十三學之，禮由陰作而二十學之，其理斷可識矣。且成王之《勺》告成，《大武》則武舞也，其顯在事而易習，故十三可以教之。文王之《維清》奏，《象》舞則文舞也，其微在理而難知②，故十五而後教之。禹之《大夏》，則適文武之中而大焉，非童子所能盡，成人所及者而已，故二十而後舞之。《周官》以羽舞、干舞爲小舞，則《夏》爲大舞可知。此《夏》所以特言大而異於《勺》、《象》也。《樂記》曰："凡音之起，由人心生也。感物而動，故形於聲。聲相應，故生變，變成方謂之音。比音而樂之，及干戚羽旄謂之樂。樂以聲音爲始，以舞爲成。教人必期成人而後已，此所以必先舞也。夔教胄子，大司樂教國子，皆先樂者，仁言不如仁聲之入人深故也。始學者，必由樂以之乎禮；及其成也，又立禮而後成於樂。所謂樂者，有不爲學者終始歟？以先後序

---

① "知音"，元刻明修本、光緒刻本均作"知聲"。
② "微"，原作"徵"，據元刻明修本、光緒刻本改。

之,《大夏》而後《象》,《象》而後《勺》。以義序之,《勺》而後
《象》,《象》而後《大夏》。蓋教者其施,欲不陵節,學者其進,
欲不躐等。故不序以先後,特以義序之也。《墨子》謂武王
自作樂曰《象》,成王因先王之樂曰《騶虞》,誤矣。

玉藻

御瞽,幾聲之上下。

　　《周官·典同》言"高聲硍,下聲肆,正聲緩",則所謂中
聲者,非高而硍,非下而肆,一適於正緩而已。蓋樂以中聲
爲本,而一上一下,非所以爲中也。古者神瞽考中聲以作
樂,蓋本諸此。然則御於君所之瞽,其察樂聲,有不以中聲
爲量乎?今夫齊音敖僻驕志,則聲失之高而上者也。宋音
燕女溺志,則聲失之卑而下者也。上非中聲也,下亦非中聲
也,御瞽在所幾焉。若夫不上不下而要宿於中,則中和之紀
於是乎在,尚何幾察爲哉?有瞽以幾聲樂,則人主無流湎之
心;有史以書言動,則人主無過舉之行。

年不順成,則天子素服,乘素車,食無樂。

　　年順成,則通蜡祭以移民,所以備禮也,而樂可知矣。
年不順成,則天子食無樂,所以蕃樂也,而禮可知矣。《周
官》蕃樂於大司徒,其政謂之荒;弛縣於大司樂,其凶謂之
大。然則侑食之樂,安得不徹之乎?此所以見天子憂樂不
在一身,而在天下也。夫以天子受天下備味,享天下備樂,
年不順成而食且無樂,況士之飲酒,其可樂耶?

古之君子必佩玉。右徵角，左宮羽，趨以《采齊》，行以《肆夏》，周旋中規，折旋中矩①，進則揖之，退則揚之，然後玉鏘鳴也。故君子在車則聞鸞和之聲，行則鳴佩玉，是以匪僻之心無自入也。

在《易》之乾，以純、粹、精爲德，以金玉爲象。金，陰精之純者也；玉，陽精之純者也。君子體乾象以爲德，所以必佩玉者，比德故也。蓋環佩之聲，莫不各有所合。合徵者，其德爲禮；合角者，其德爲仁；合宮者，其德爲信；合羽者，其德爲智。右則有事於用，故其德出而爲仁禮。左則無事於用，故其德復而爲智信。周以木德王天下，其不用商者，避所尅者而已。與《周官》三宮不用商音同意。《荀子》曰："審《詩》商，太師之職也。"詩有商音，必審而去之者，其意亦若此歟？三宮不用商者，樂也；佩玉不用商者，禮也。主乎樂者，未必不因乎禮；主乎禮者，未必不兼乎樂。故趨以《采齊》，行以《肆夏》，是佩之聲中乎樂之節也。周還中規，折還中矩，是佩之容中乎禮之節也。進則揖之於前，退則揚之於後，然後玉鏘鳴焉。則仁、智、禮、信之德不離於身，而匪僻之心無自入也。古之君子必佩玉，"右徵角，左宮羽"者，君之佩也。君在不佩玉，左結佩，右設佩者，臣之佩也。

明堂位

周公六年，朝諸侯於明堂，制禮作樂，頒度量而天下大服。

---

① "周旋"、"折旋"，元刻明修本、光緒刻本均作"周還"、"折還"。

　　昔周公將制禮作樂，以爲將大作[1]，恐天下莫我知也；將小作，是爲人子不能揚父之功德也。故優游之三年不能作，然後營洛，以期天下之心。而四方諸侯，各率其黨以攻其庭，示之力役，且猶至此，況導之以禮樂乎？此六年朝諸侯於明堂，所以制禮作樂，頒度量於天下也。蓋律呂之器寓於陰陽，陰陽之數周於十二，陽六爲律，陰六爲呂，其本於黃鍾一也。故度起於黃鍾之長，其方象矩，所以度長短也，禮之意寓焉；量起於黃鍾之龠，其員象規，所以量多寡也，樂之意寓焉。禮雖起於度，未有不資於量，故荀卿論禮，必齊以度量。樂雖起於量，未有不資於度，故《樂記》論樂，必稽之度數。《王制》謂用器，兵車不中度，布帛廣狹不中量，皆禮之所禁。《典同》"以十有二律爲之度數，十有二聲爲之齊量"，皆樂之所本。是禮樂，道也；度量，器也。周公制禮作樂而頒度量，則以道寓器，以器明道。夫然後天下得以因器會道，中心悦而誠服矣。《語》所謂"謹權量，四方之政行焉"者，此也。方其始頒也，出以内，宰掌以司市；及其既頒也，慮其或不一也，以合方氏一之；慮其或不同，以行人同之。其同民心，出治道如此，天下烏有不大服者哉[2]？然此特禮樂與政而已，未及乎刑也[3]。禮樂刑政相爲表裏，而王道備，其極未始不一也。故又以服大刑而天下大服終焉。莊周乃欲絶滅禮樂，剖斗折衡，而天下人始不争。彼非不知周公不能捨是服天下也。彼然而言之者，將以使民反素復樸，救末

---

① "制禮作樂以爲"，元刻明修本、光緒刻本均作"作禮樂以謂"。
② "烏"，元刻明修本、光緒刻本均作"惡"。
③ "乎"，元刻明修本、光緒刻本均作"夫"。

世文勝之弊故也。

升歌《清廟》，下管《象》，朱干玉戚，冕而舞《大武》，皮弁素積，裼而舞《大夏》。

　　魯以禘禮祀周公於大廟，自牲用白牡，至俎用梡嶡，無非天子之禮也。自升歌《清廟》，至納夷蠻之樂於太廟，無非天子之樂也。周公有大臣不可及之勳勞，成王賜之以人臣不得行之禮樂。蓋所以褒康周公，非廣魯於天下也。言廣魯於天下，豈非魯儒誇大其國而溢美之耶？《周官》太師之職，大祭祀，帥瞽登歌，下管，播樂器。於歌言升，則知管之爲降，於管言下，則知歌之爲上。升歌《清廟》，所以示德，堂上之樂也。下管《象》，所以示事，堂下之樂也。歌永其聲，管播其器，舞動其容。《大武》，武樂也，所以象征誅，必朱干玉戚，冕而舞之者，以武不可覿故也。《大夏》，文樂也，所以象揖遜，必皮弁素積，裼而舞之者，以文不可匿故也。今夫裼襲未嘗相因也，干戚羽籥未嘗並用也。於《大夏》言“裼而舞”，則《大武》冕而舞，必用襲也；於《大武》之舞言干戚，則《大夏》之舞必用羽籥也。《公羊》謂朱干玉戚以舞《大夏》，八佾以舞《大武》，誤矣。

昧，東夷之樂也；任，南蠻之樂也。納夷、蠻之樂於太廟，言廣魯於天下也。

　　四夷之樂，《周官》掌之以鞮鞻氏，教之以旄人、韎師。是東夷之樂爲韎，南蠻之樂爲任，西戎之樂爲株離，北狄之樂爲禁。蓋萬物出乎震，則草昧而已；相見乎離，則任孕而長矣；説乎兑，則成實而離根株；勞乎坎，則收藏而閉禁於下矣。《樂元語》先儒謂：東夷之樂曰昧，持干助時生；南夷之樂曰任，持弓助時養；西夷之樂曰株離，持鉞助時殺；北狄之樂曰禁，持楯助時藏。皆於四門之外右辟，於義或然。其意以爲夷不可亂華，哇不可雜雅，四夷之樂雖在所不可廢，蓋亦後之而弗先，外之而弗内也。是故夾谷之會，侏儒之樂奏於前，孔子誅之。元日之會，磾國之樂陳於庭[①]，陳襌非之。然則魯納夷蠻之樂於太廟而弗外之，雖欲廣魯於天下，其能不爲君子譏歟？然天子用先王之樂，明有法也；用當代之樂，明有制也；用四夷之樂，明有懷也。魯廟特用夷蠻之樂，不及戎狄者，以魯於周公之廟，雖得用天子禮樂，亦不敢用備樂，以明分故也。《虞傳》曰：“伯陽之樂舞株離。”是不知株離西夷之樂，非東夷之樂也。《白虎通》亦以株離爲東樂，昧爲南樂。班固以侏爲兜，以禁爲伶，以靺爲侏。是皆臆説，以滋惑後世歟？

---

① “磾”，元刻明修本、光緒刻本均作“揮”。

樂書卷七　禮記訓義

明堂位　少儀^①

明堂位

土鼓、蕢桴、葦籥，伊耆氏之樂也。

　　中央爲土，天地沖和之氣在焉。樂也者，鍾沖氣之和者也。以土爲鼓，則中聲具焉；以蕢爲桴，則中聲發焉；以葦爲籥，則中聲通焉。籥之爲器，如笛而三孔，通中聲故也。古之作樂，自伊耆氏始，而蜡祭之禮，亦始於此。故《周官》有伊耆氏之職，而以下士爲之，則伊耆氏非古有天下者之號也，特古之本始禮樂者而已。《周官》籥章掌土鼓豳籥，以爲周之王業始於豳。樂之作，本於籥，始於土鼓；逆暑迎寒祈年，皆本始民事之祭，有復本反始之義。然則伊耆氏本始禮樂者也，推而名之，不亦可乎？《禮運》曰："夫禮之初，始諸飲食，其燔黍捭豚，汙尊而抔飲，蕢桴而土鼓，猶若可以致敬於鬼神。"豈非伊耆氏本始禮樂之迹邪？後聖有作而八音備，豈特土鼓、葦籥而已哉？

拊搏、玉磬、揩、擊、大琴、大瑟、中琴、小瑟，四代之樂器也。

　　《樂記》曰："金石絲竹，樂之器也。"荀卿曰："金石絲竹，

---

^①　"少儀"，原缺，據元刻明修本、光緒刻本補。

所以道樂也。”蓋先王本道以制器，因器以導樂。凡爲樂器，數度齊量雖本於鍾律，要皆文以五聲，播以八音。然則四代之樂器，雖損益不同，其能外乎八物哉？《虞書》述舜樂曰：“戞擊鳴球，搏拊琴瑟以詠。”是樂器成於有虞氏，備於三代也。拊之爲器，韋表糠裏，狀則類鼓，聲則和柔，倡而不和，或搏或拊，所以作樂也。《書傳》謂以韋爲鼓，《白虎通》謂拊韋而糠是已。荀卿曰：“縣一鍾而尚拊。”《大戴禮》曰：“縣一磬而尚拊。”一鍾一磬，特縣之樂也。拊設於一鍾一磬之東，其爲衆樂之倡歟？《書》謂搏拊，此謂拊搏者，以其或搏或拊，莫適先後故也。磬之爲器尚聲，衆聲之依也，呂不韋曰：“昔堯命夔擊石拊石，以象上帝玉磬之音，以舞百獸。”《春秋》臧文仲以玉磬如齊告糴，則玉磬，《書》之“鳴球”是也。玉之於石類也，玉磬則出乎其類矣。柷、敔之爲器，樂之合止用焉。柷也者，擊之以合樂者也。敔也者，揩之以止樂者也。《書》言“戞擊”，此言“揩擊”者，以樂勝則流，而以反爲文故也。凡言樂，皆先節後奏，與此同意。《書大傳》曰：“大琴練絃達越，大瑟朱絃達越。”《爾雅》：“大琴謂之離，大瑟謂之灑。”琴瑟之器，士君子常御焉，所以導心者也。故用大琴必以大瑟配之，用中琴必以小瑟配之，然後大者不陵，細者不抑，聲應相保而爲和矣。自“拊搏”至“琴瑟”，皆堂上樂也；自“土鼓”至“葦籥”，皆堂下樂也。魯之用樂，推而上之，極於伊耆氏，推而下之，及於四代，則文質具矣。施之周公之廟，固足以報功；施之魯國，亦難乎免於僭矣。

夏后氏之鼓足，殷楹鼓，周縣鼓。

正北之坎爲革，則鼓爲冬至之音，而冒之以啟蟄之日；其聲象雷，其形象天，其於樂象君。故鼓柷、鼓敔、鼓瑟、鼓琴、鼓鍾、鼓簧、鼓缶，皆謂之鼓，以聲非鼓不和故也。《學記》曰：“鼓無當於五聲，五聲弗得不和。”此其意歟？蓋鼓制自伊耆氏始，夏后氏加四足，謂之足鼓；商人貫之以柱，謂之楹鼓；周人縣而擊之，謂之縣鼓。春秋之時，楚伯棼射王鼓跗，豈夏后氏遺制歟？《周官·大僕》“建路鼓大寢之門外”，《儀禮·大射》“建鼓在阼階西南鼓”，則其所建楹也，是楹鼓爲一楹而四稜焉，貫鼓於其端，猶四植之桓圭也。《莊子》曰：“負建鼓。”建鼓可負，則以楹貫而置可知，《商頌》曰“置我鞉鼓”是也。《周官·鼓人》“晉鼓，鼓金奏”，《鎛師》“掌金奏之鼓”，所謂縣鼓也。《禮》曰：“縣鼓在西，應鼓在東。”《詩》曰：“應棘縣鼓①。”則縣鼓，周人新造之器，始作而合乎祖者也。以應鼓爲和終之樂，則縣鼓其倡始之樂歟？蓋宮縣設之四隅，軒縣設之三隅，判縣設之東西。説者謂西北隅之鼓合應鍾、黃鍾、大吕之聲；東北隅之鼓合太蔟、夾鍾、姑洗之聲；東南隅之鼓合仲吕、蕤賓、林鍾之聲；西南隅之鼓合夷則、南吕、無射之聲。依月均而考擊之，於義或然。且三代所尚之色，夏后氏以黑，商人以白，周人以赤，則鼓之色，稱之亦可知矣。夏后稱氏，而商、周稱人者，蓋“后”者繼體之名，“氏”其派嗣之别，而“人”則盡人道而已。三王皆繼體也，夏獨曰后氏者，以别無其繼而不禪，自此始也。王皆人道也，商周獨曰人者，以其盡人道而人歸之，自此始也。《春

---

① “應棘縣鼓”，元刻明修本作“棘田縣鼓”，光緒刻本作“應田縣鼓”。

秋》之法，凡繼世者皆氏，凡微者皆人，其稱氏與夏后同，稱人與商、周異。古之命氏者，固不一矣。姜氏、李氏，以氏配姓，臧州氏以氏配族①，哭於賜氏以氏配名②，不念伯氏以氏配字，滅赤狄潞氏以氏配國，母氏聖善以氏配親，言告師氏以氏配尊，夏后氏所配皆非此族，特別世代所繼而已。其不稱人者以上文見之。

垂之和鍾，叔之離磬。

《禮器》曰：“内金示和也。”《郊特牲》曰：“以鍾次之，以和居參之也。”蓋鍾之爲樂，過則聲淫，中則聲和。垂之和鍾，和聲之鍾，非淫聲之鍾也。磬之爲樂，編之則雜，離之則特。叔之離磬，特縣磬，非編縣之磬也。鍾，秋分之音也，大者十分其鼓間，以其一爲之厚；小者十分其鉦間，以其一爲之厚。已厚則石，已薄則播，侈則柞，弇則鬱，甬則震，大而短則聲疾而短聞，小而長則聲舒而遠聞。所謂和鍾者，一適厚薄、侈弇、小大、長短之齊，以合六律、六同之和而已。《左傳》謂“鍾，音之器也，小者不窕，大者不槬”，則和於物者此也。磬，立秋之音也，倨句一矩有半，以其博爲一，股爲二，鼓爲三。參分其股博，去一以爲鼓博；參分其鼓博，以其一爲之厚。已上則摩其旁，已下則摩其耑。所謂離磬者，一適博厚、上下、清濁之齊，以爲專簨之器而已。磬師掌教擊磬者，此也。《爾雅》曰：“大鍾謂之鏞，大磬謂之馨。”然則“垂

---

① “州”，光緒刻本作“周”。
② “賜”，光緒刻本作“陽”。

之和鍾，叔之離磬”，皆非小而編縣之者，特縣之大者而已。和鍾始於垂，或謂之鼓延景爲之，或謂營援爲之。離磬始於叔，或謂古母句氏爲之，或謂伶倫爲之。豈皆有所傳聞然邪？

女媧之笙、簧。

　　古者造笙，以匏爲母，列管匏中，施簧管端，宮管在中[①]，道達陰陽之冲氣，象物之植而生，故有長短焉，太蔟之音也。蓋其制法鳳凰以象其鳴，大者十九簧而以巢名之，以其衆管在匏，有鳳巢之象也。小者十三簧而以和名之，以其大者唱，則小者和也。《大射禮》三笙一和而成聲是已。《詩》曰“吹笙鼓簧”，則笙簧，笙中之簧也。笙簧始於女媧，而《世本》謂隋爲之，豈隋因而循之者歟？《詩》曰“並坐鼓簧”，又曰“左執簧”，《傳》曰“鼓振虡之簧”，則簧又非笙中之簧也。簧之爲物，非特施於笙，又施於竽。笙簧十三或十九，水火合數也。竽簧三十六，水數也。

夏后氏之龍簨虡，殷之崇牙，周之璧翣。

　　樂出於虛而寓於器，本於情而見於文。寓於器則器異異虡，見於文則文同同簨。鍾虡飾以贏屬，磬虡飾以羽屬，器異異虡故也。鍾磬之簨皆飾以鱗屬，其文若竹筍然，文同同簨故也。簨則橫之，設以崇牙，則其形高以峻；虡則植之，故以業，則其形直以舉。是簨之上有崇牙，崇牙之上有業，業之兩端又有璧翣。鄭氏謂“戴璧垂羽”是也。蓋簨虡所以

---

① “中”，光緒刻本作“内”。

縣鍾磬，崇牙、璧翣所以飾筍虡。夏后氏飾以龍而無崇牙，殷飾以崇牙而無璧翣，至周則極文而三者具矣。設業、設虡，崇牙樹羽是也。《鬻子》謂大禹銘於筍虡曰："教我以道者擊鼓，教我以義者擊鍾，教我以事者振鐸，教我以憂者擊磬，教我以獄者揮鞀。"其言雖不經見，彼蓋有所授，亦足考信矣。《周官·典庸器》"祭祀，帥其屬設筍虡"，吉禮也；"大喪廞筍虡"，凶禮也。喪禮，旌旐之飾亦有崇牙①，棺牆之飾亦有璧翣，與筍虡同者，爲欲使人勿之有惡焉爾。筍亦爲簨者②，竹生東南故也；虡亦爲虡者③，樂出虛故也。

凡四代之服、器、官，魯兼用之。是故魯，王禮也，天下傳之久矣。君臣未嘗相弑也，禮、樂、刑、法、政、俗未嘗相變也，天下以爲有道之國，是故天下資禮樂焉。

　　天下有道，禮樂自天子出；天下無道，禮樂自諸侯出。魯，侯國也，安得用天子禮，兼四代服、器、官爲哉？蓋周公有王者勳勞，其祭之也，報以王者禮樂。故用之周公廟則可，用之魯國則僭矣，孰謂魯王禮乎？春秋之時，魯君三弑，孰謂君臣未嘗相弑乎？士之有誄，由莊公始；婦之髽而弔，由臺駘始，孰謂禮、樂、刑、法、政、俗未嘗相變乎？由是觀之，天下不道之國莫甚於魯，苟資禮樂焉，亦不免於僭矣。鄭氏以爲近誣，真篤論歟！然而《魯頌》頌僖公君臣有道，是亦彼善於此而已。

----

① "旌旐之飾"，四庫本、元刻明修本均作"旌旐之禮飾"，據光緒刻本改。
② "筍亦爲"，元刻明修本、光緒刻本均作"筍有亦爲"。
③ "虡亦爲虡"，光緒刻本作"虡亦爲虛"。

少儀

問大夫之子長幼。長，則曰"能從樂人之事"；幼，則曰"能正於樂人"，"未能正於樂人"。

古之學校，樂正崇四術，立四教，以造士；將出學，小樂正簡不帥教者以告于大樂正。是樂正之職，主於正國子而教之者也。大夫之子，國子之次者也。古之教國子，始之以樂德，中之以樂語，終之以樂舞。樂人之事盡於此矣。故問大夫之子長幼，長則曰"能從樂人之事矣"，幼則曰"能正於樂人"，"未能正於樂人"。《樂記》曰："樂者，非謂黃鍾、大呂、絃歌、干揚也，樂之末節也，故童者舞之。"《內則》曰："十三舞《勺》，成童舞《象》，二十舞《大夏》。"自成童而上皆長，自成童而下皆幼，曰"能正於樂人"，以其能舞《勺》故也；"未能正於樂人"，未能舞《象》故也。蓋樂者，人之所成終始也，始乎樂，舜命夔以樂教冑子是也；終于樂，孔子曰"成於樂"是也。三王之於世子，教之必以禮樂，況大夫之子，教之不以是乎？然則《曲禮》言"問大夫之子，長曰能御矣，幼曰未能御也"，與此異，何邪？曰：禮、樂、射、御、書、數，無非藝也。禮然後樂，言樂則禮舉矣；射然後御，言御則射舉矣。人之於六藝，闕一不可。大夫之子既能禮、樂、射、御，則書、數蓋亦無不能矣。其不言者，以人生六年固已教之名數，十年固已學書計故也。《曲禮》言"能御""未能御"而不及事，則禮而已，非儀也。《少儀》言"能從樂人之事"、"能正於樂人"，則儀而已，非禮也。

樂書卷八　禮記訓義

學記　樂記[①]

學記

《宵雅》肆三,官其始也。

《儀禮·鄉飲酒》、《燕禮》皆工歌《鹿鳴》、《四牡》、《皇皇者華》,《春秋·襄三年》穆叔如晉,亦歌是三篇而已。蓋《鹿鳴》主於和樂,《四牡》主於君臣,《皇皇者華》主於忠信。習《小雅》之三,則和樂、君臣、忠信之道得而可以入官矣。以此勸始入學之士,則所入易以深矣。古之教世子必以禮樂,則其教學者,亦必以禮樂,故皮弁祭菜而示之,使敬教以禮也;《小雅》肆三而誘之,使勸教以樂也。禮以教性之中,而易慢之心不萌;樂以教情之和,而鄙詐之心不入。則由教者在所進而不帥者在所懲,故入學,鼓、篋而孫,以出其業,所以進之也;夏、楚二物而扑,以收其威,所以懲之也。《周官·小胥》“掌學士之徵令而比之”,“撻其怠慢者”。“徵而比之”,鼓、篋孫業之謂也;“撻其怠慢者”,夏、楚收其威之謂也。然則,教之大倫,先禮樂者,六經之道同歸,禮樂之用爲急故也。天子之學曰“辟雝”,辟之以禮,雝之以樂,則太學始教以禮樂可知。由是觀之,禮樂豈不爲教之始終歟?

---

① 樂記,原缺,據元刻明修本、光緒刻本補。

不學操縵，不能安絃。不學博依，不能安詩。不學雜服，不能安禮。不興其藝，不能樂學。

　　“不學操縵，不能安絃”，以至“不學雜服，不能安禮”，學者之於業也。“不興其藝，不能樂學”，教者之於人也。凡物操之則急，縱之則慢，故縵之爲樂，鍾師、磬師教而奏之[①]。所謂“操縵”，則燕樂而已，此固音之所存而易學者也。凡物雜爲文，色雜爲采。古者冠而後服備，未冠則衣冠不純素，所服，采服之雜服而已。此固禮之所存而易學者也。《子衿》之詩曰：“青青子衿，子寧不嗣音。”蓋“嗣音”，絃歌之音也；青衿，雜服之類也。未冠之士，責以“嗣音”，服以青衿，則安絃、安禮，始學者之事也。然則安詩、安樂，何獨不然？詩有六義，比、興與存焉；“學博依”，則多識鳥獸草木之名，比、興以名之也。教有三物，六藝與存焉，興其藝，則德行成於外，賓興以勸之也。賓興以勸之，則人人未有不自勸而樂學矣。然操縵、博依、雜服之類，音學之末節，始學者之所及也。故安絃必始於操縵，安詩必始於博依，安禮必始於雜服。是皆先其易者，後其節目，可謂善學矣。安絃而後安詩，學樂誦詩之意也。安詩而後安禮，興詩而後立禮之意也。夔教胄子，必始於樂；孔子語學之序，則成於樂。《内則》就外傅，必始於書計；孔子述志道之序，則終於游藝。豈非樂與藝，固學者之終始歟？

---

① “奏”，光緒刻本作“委”。

善歌者使人繼其聲，善教者使人繼其志。

　　善歌者，直己而陳德，未嘗無可繼之聲；善教者，易直以開道①，未嘗無可繼之志。其聲爲可繼，則氣盛而化神；其志爲可繼，則德盛而教尊。其故何哉？其爲言也，約而達，微而臧，罕譬而喻故也。

古之學者比物醜類。鼓無當於五聲，五聲弗得不和；水無當於五色，五色弗得不章；學無當於五官，五官弗得不治；師無當於五服，五服弗得不親。

　　夫聲中於宮，觸於角，驗於徵，章於商，宇於羽，倡和清濁，迭相爲經，非得鼓爲之君而唱節之，則五聲雖奏而不和者有矣。夫色，青於震，白於兌，赤於離，黑於坎，黃於坤，相有以章，相無以晦，非得水爲之主，則潤色雖施而不章者有矣②。耳、目、鼻、口、形，能各有接而不相能者，是之謂天官，心居中虛以治五官，是之爲天君。蓋五官不思而蔽於物，物交物則引之而已。善假學以治之，使目非是無欲見，斯徹而爲明矣；使耳非是無欲聞，斯徹而爲聰矣；使口非是無欲言，斯隸乎善矣；使心非是無欲慮，斯凝於神矣。《莊子》曰："五官皆備謂之天。"樂蓋本諸此。不然，則六鑿相攘，心從而壞矣③。衰有斬、有齊，功有大、有小，而總則一焉，所謂五服也。或以恩以義而制，或以節以權而制，升數有多寡，歲月有久近，凡稱情爲之，隆殺而已。非假師以訓迪之，而五服

---

① "開道"，元刻明修本、光緒刻本均作"開道人"。
② "則"，元刻明修本、光緒刻本均作"而"。
③ "壞"，光緒刻本作"攘"。

之制不明於天下。而學士、大夫欲短喪者有之，此百姓不親，五品不遜，所以有待契之敷教也。總而論之，鼓非與乎五聲，而五聲待之而和，水非與乎五色，而五色待之而章；學非與乎五官，而五官待之而治；師非與乎五服，而五服待之而親。是五聲、五色、五官、五服雖不同，而同於有之以爲利。鼓也、水也、學也、師也雖不一，而一於無之以爲用。然則古之學者比物醜類而精微之意有寓於是，非夫窮理之至者，孰能與此？

樂記

凡音之起，由人心生也。人心之動，物使之然也。感於物而動，故形於聲。聲相應，故生變，變成方，謂之音；比音而樂之，及干戚羽旄，謂之樂。

　　禮自外作而文，樂由中出而靜。虛一而靜者，其人心乎此。凡音之起，所以由人心生也。人心離靜而動，豈自爾哉？有物引之而已。今夫去心以感物，雖動猶靜，由心以感物，無靜而非動。無靜而非動，則物足以撓之，其能不形於聲乎？形於聲，故有鼓宮宮動，鼓角角應，而以同相應也。彈羽而角應，彈宮而徵應，而以異相應也。以同相應，則一倡一和，而未始不有常。以異相應，則流行散徙，不主故常而生變矣。然心動不生心而生聲，聲動不生聲而生音，語樂則未也。比音而樂之，動以干戚之武舞，飾以羽旄之文舞，然後本末具而樂成焉。是豈不謂發於聲音，形於動靜，有以盡性術之變歟？由是觀之，樂者，心之動也；聲者，樂之象也；文采節奏，聲之飾也；羽籥干戚，樂之器也。君子動其本，樂其象，然後治其飾，舉其器。則凡音之起由人心生者，其本也；形於聲而生變者，其象也；變成方者，其飾也；比音而樂之，及干戚羽旄者，其器也。四者備矣，樂之所由成也。《周官》大司樂以五聲攷八音，以八音節六舞，而大合樂焉，是樂至舞然後大成也。舜作樂以賞諸侯，而曰“觀其舞而知其德[①]”；孔子語樂於顏淵，而曰“樂則《韶舞》”，其知此歟？言變成方謂之音，又言聲成文謂之音，何也？曰：方有東西南北之異域，非變之曲折不足以成之，則倡和有應，回邪曲直各歸其分，聲之所以成方也；文有青、黃、赤、黑之異飾，非聲之雜比不足以成之，則比物以飾節，節奏合以成文，聲之所以成文也。變成方將以成樂，音之始也；聲成文必寓於政，音之終也。《經》不云乎：“審樂以知政而治道備矣。”言凡音之起，由人心生，不言聲者，音之所起由乎聲，聲之所起由乎心，聲音具而樂成；言音之所起由人心生，則聲固不待言而喻矣。

樂者，音之所由生也，其本在人心之感於物也。是故其哀心感者，其聲噍以殺；其樂心感者，其聲嘽以緩；其喜心感者，其聲發以散；其怒心感者，其聲粗以厲；其敬心感者，其聲直以廉；其愛心感者，其聲和以柔。六者非性也，感於物而後動，是故先王慎所以感之者。

樂出於虛，必託乎音然後發；音生於心，必感乎物然後動。是樂者音之所由生，其本在人心之感於物也。蓋人心其靜乎，萬物無足以撓之，而性情之所自生者也。攝動以靜，則

---

① “觀”，光緒刻本作“視”。

喜怒哀樂未發而爲中，則性也，君子不謂之情；離靜以動，則喜怒哀樂中節而爲和，則情也，君子不謂之性。其故何哉？人函天地、陰陽、五行之氣，有哀、樂、喜、怒、敬、愛之心，然心以情變，聲以心變。其哀心感者，未始不戚戚，故其聲噍以殺；其樂心感者，未始不蕩蕩，故其聲嘽以緩；其喜心感者，多毗於陽，故其聲發以散；其怒心感者，多毗於陰，故其聲粗以厲；敬心感者，内直而外方，故聲必直以廉；愛心感者，内諧而外順，故聲必和以柔。則志微噍殺之音作而民憂思①，哀心所感然也；嘽諧易簡之音作而民康樂，樂心所感然也；流散滌濫之音作而民淫亂，喜心所感然也；粗厲猛起之音作而民剛毅，怒心所感然也；廉直莊誠之音作而民肅敬，敬心所感然也；寬裕順和之音作而民慈愛，愛心所感然也。凡此六者，非性之正也，感於物而後動，則其情而已。乃若其情，則能慎其所以感之，窮人心之本，知六者之變②，使姦聲不留聰明，淫樂不接心術，合生氣之和，道五常之行，使之陽而不散，陰而不密，剛氣不怒，柔氣不懾，各安其位而不相奪，則正人足以副其誠，邪人足以防其失，而治道舉矣。若夫不知慎所以感之，則彼必有悖逆詐僞之心，淫泆作亂之事，以强脅弱，以衆暴寡，以智詐愚，以勇苦怯，窮人欲，滅天理者矣。其欲君子以好善，小人以聽過，移風易俗，天下皆寧，不尤難哉？此言哀、樂、喜、怒、敬、愛，感物之序也；《禮運》言喜、怒、哀、懼、愛、惡、欲，自然之序也。

---

① “憂思”，原作“思憂”，據元刻明修本、光緒刻本改。
② “知”，光緒刻本作“待”，元刻明修本模糊不清。

　　故禮以道其志，樂以和其聲，政以一其行，刑以防其姦，禮樂刑政，其極一也，所以同民心而出治道也。

　　聖人之於《易》，制禮於《謙》，作樂於《豫》，明政於《賁》，致刑於《豐》。則禮樂者，政刑之本；政刑者，禮樂之輔。古之人所以同民心，出治道，使天下如一家，中國如一人者，不過舉而措之而已。今夫姦聲感人而逆氣應之，逆氣成象而淫樂興焉。正聲感人而順氣應之，順氣成象而和樂興焉。先王之作樂也，必謹所以感之。故禮自外作而道志於內，樂由中出而和聲於外，政以一不齊之行，刑以防不軌之姦，謹所以感之之術也。其極則一於同民心，使之無悖逆詐偽之心，一於出治道，使之無淫泆作亂之事，謹所以感之之效也。《易》曰：“聖人感人心而天下和平。”本諸此歟？此因人心之感物而動，故先王謹所以感之，而以禮樂政刑出治道；下文因人之好惡無節，故先王以人爲之節，而以禮樂政刑備治道，相爲終始故也。

樂書卷九　禮記訓義

樂記

凡音者，生人心者也，情動於中，故形於聲，聲成文，謂之音。是故治世之音安以樂，其政和；亂世之音怨以怒，其政乖；亡國之音哀以思，其民困。聲音之道與政通矣。

心以感物而動爲情，情以因動而形爲聲。聲者，情之所自發；而音者，又雜比而成者也。治世以道勝欲，其音安以樂，《雅》、《頌》之音也，政其有不和乎？亂世以欲勝道，其音怨以怒，鄭衛之音也，政其有不乖乎？亡國之音則桑間濮上，非特哀以思而已，其民亦已困矣。孔子曰："君子之音以養生育之氣，憂愁之感不加乎心，暴厲之動不存乎體，治安之風也。小人之音以象殺伐之氣，中和之感不載于心，溫柔之動不存乎體，爲亂之風也。"由是觀之，世異異音，音異異政，夫豈聲音自與政通耶？蓋其道本於心與情然也。《書》曰"八音在治忽"，《國語》曰"政象樂"，亦斯意歟？自繼代以論世，未嘗無治亂；自封域以論國，未嘗無興亡。治亂言世不言國，則國以世舉；亡國不言世，則國亡而世從之矣。治亂言政不言民，亡國言民不言政，亦可類推也。言樂者，音之所由生，繼之以六者之聲；言宮、商、角、徵、羽，繼之以五者之音，何也？曰：聲以單出爲名，音以雜比爲辨，論音之散而單出，雖音也亦可謂之聲。論聲之合而雜比，雖聲也亦可

謂之音。此言"情動於中"，又言"形於聲"；《詩序》言"情動
於中而形於言"，又言"情發於中而形於聲"者。動者，喜怒
哀樂之未發者也；發者，發而中節，動不足以言之。動發於
中而形於言與聲，詩之所以寓於音也。動於中而形於聲，樂
之所以通於政也。《詩序》兼始終言之，《樂記》特原其始而
已，故其辨如此。

宮爲君，商爲臣，角爲民，徵爲事，羽爲物，五者不亂，則無怗
懘之音矣。

先王作樂，以聲配日，以律配辰。原樂聲之始，五聲未
始不先律；要樂器之成，十二律未始不先聲。《書》曰"詩言
志，歌永言，聲依永，律和聲"，原樂聲之始也；《周官·大師》
"掌六律、六同，以合陰陽之聲，皆文之以宮、商、角、徵、羽之
聲"，樂器之成也。古者考律均聲，必先立黃鍾以本之。黃
鍾之管以九寸爲度，觸類而長之。數多者上，生而有餘；數
少者下，生而不足。一損一益，皆不出三才之數而已。故參
分益一，上生之數也；參分損一，下生之數也。今夫樂始於
聲，聲始於宮，宮，土音也，其數八十一，其聲最大而中，固足
以綱四聲，覆四方，君之象也；參分宮數，損一而下生徵，徵，
火音也，其數五十四，其聲微清而生變，事之象也；參分徵
數，益一而上生商，商，金音也，其數七十二，其聲則濁而下，
次於宮，臣之象也；參分商數，損一而下生羽，羽，水音也，其
數四十八，其聲最清而足以致飾，物之象也；參分羽數，益一
而上生角，角，木音也，其數六十四，其聲一清一濁，其究善
觸而已。宮、徵、商、羽、角，上下相生之次也；宮、商、角、徵、

羽,君臣民事物之次也。《傳》曰:"宮者,音之主。"蓋商非宮,則失其所守,不足以爲臣;角非宮,則失其所治,不足以爲民;徵非宮,則失其所爲,不足以爲事;羽非宮,則失其所生,不足以爲物。五行主土,五事主思,亦猶是也[①]。晏子道景公以《徵招》《角招》,作君臣相説之樂,雖主興發以爲事,補不足以爲民,亦舉中見上下之意歟? 然角調於春,徵調於夏,宮調於季夏,商調於秋,羽調於冬,此五聲適四時之正也。若夫師文之鼓琴,當春而叩商絃,涼風隨至;當夏而叩羽絃,雪霜交下;當秋而叩角絃,温風徐廻;當冬而叩徵絃,陽光熾烈,命宮而總四絃,則慶風景雲不旋踵而會。是又五聲召四時之妙,非所以爲常也。語其常,則五者之音倡和,清濁迭相爲經而不亂,尚何有恧懘之淫聲乎?

宮亂則荒,其君驕;商亂則陂,其官壞;角亂則憂,其民怨;徵亂則哀,其事勤;羽亂則危,其財匱。五者皆亂,迭相陵,謂之"慢"。如此則國之滅亡無日矣。鄭衛之音,亂世之音也,比於慢矣。桑間濮上之音,亡國之音也,其政散,其民流,誣上行私而不可止也。

天五與地十,合而生土於中,其聲爲宮;地四與天九,合而生金於右,其聲爲商;天三與地八,合而生木於左,其聲爲角;地二與天七,合而生火於上,其聲爲徵;天一與地六,合而生水於下,其聲爲羽。天數五奇,地數五偶,奇偶相資而五聲成焉。蓋宮、商、角、徵、羽,五聲之名也;君、臣、民、事、

---

① "主思亦猶是",光緒刻本作"主恩亦由是",元刻明修本模糊不清。

物,五聲之實也。實治則聲從而治,實亂則聲從而亂。宮亂聲荒而不治,則君驕而不敬;商亂聲陂而不斂,則官壞而不修[①];角亂聲憂而不喜,則民怨而不和;徵亂聲哀而不樂,則事勤而不濟;羽亂聲危而不平,則財匱而不給。《國語》曰:"有和平之聲,則有蕃殖之財。"豈不信歟?《傳》曰:"聞宮音使人溫舒而廣大,聞商音使人方正而好義,聞角音使人惻隱而愛人,聞徵音使人樂善而好施,聞羽音使人整齊而好禮。"宮亂而君驕,失溫舒廣大之意也;商亂而官壞,失方正好義之意也;角亂而民怨,失惻隱愛人之意也;徵亂而事勤,失好施而爲之之意也;羽亂而財匱,失好禮而節之之意也。先儒謂宮聲方正而好義,角聲堅齊而好禮,誤矣。《傳》曰:"聲應相保曰和,細大不踰曰平。"細抑大陵非和也,聽聲越遠非平也。五聲皆亂而不治,則倡和清濁,迭相陵犯而不相爲經,非所謂聲應相保而爲和,細大不踰而爲平。氣有滯陰,亦有散陽,而惉懘之淫聲作矣,慢孰甚焉,如此則國之滅亡無日矣。鄭音好濫淫志,衛音趨數煩志,内足以發疾,外足以傷人,亂世之音也。雖未全於亡國之慢,亦比近於慢而已。師延爲桑間濮上之音,則紂朝歌北鄙靡靡之樂,亡國之音也,其政散而無紀,其民流而不反,誣上行私而不可止者也。《大司樂》:"凡建國,禁其淫聲、過聲、凶聲、慢聲。"淫聲不止,過聲不中,凶聲不善,慢聲不肅。是聲莫輕於淫,莫甚於慢,亂國之淫聲未至於慢,亡國之慢聲其去淫遠矣。《記》者所以再言之,大司樂所以禁之者,示深戒之意也。極而論

---

① "官壞",光緒刻本作"臣壞"。

之,《大司樂》"凡圜鍾爲宮,黃鍾爲角,大蔟爲徵,姑洗爲
羽",以禮天神;繼之以"函鍾爲宮,大蔟爲角,姑洗爲徵,南
呂爲羽",以禮地示;終之以"黃鍾爲宮,大呂爲角,大蔟爲
徵,應鍾爲羽",以禮人鬼。所謂五聲、十二律還相爲宮,不
過是三宮而已,猶之夏、商、周三正三統之義也。孰謂五聲
之外復有變宮、變徵,而十二律之外復有六十律,三百六十
音邪?漢焦延壽、京房之徒謂宓犧作《易》紀陽氣之初,以爲
六十律法,建日至之聲,黃鍾爲宮,大蔟爲商,姑洗爲角,林
鍾爲徵,南呂爲羽,應鍾爲變宮,蕤賓爲變徵。甚者謂律有
六十音,因而六之爲三百六十音,以當一歲之日。考之於經
則無據,施之於樂則不龢,豈非遷就傅會,以滋後世之惑歟?

凡音者,生於人心者也。樂者,通倫理者也。

　　樂爲音之蘊,音爲樂之發,故樂足以該音,而音不足以
盡樂。音雖生於人心,未始不通於倫理,"八音克諧,無相奪
倫"是也。樂雖通倫理,未始不生於人心,"樂者心之動"是
也。蓋倫則天人之道存而有先後,理則三才之義貫而有度
數。故行而倫清以爲樂,論倫無患以爲情,近而親疏貴賤之
理形,遠而天地萬物之理著。然則樂通倫理,雖不離先後度
數之間,蓋將載道而與之俱往來而不窮矣。彼禽獸知聲而
不知音,衆庶知音而不知樂,豈足與語此?凡音由人心生,
以心爲主也①。凡音生於人心,以音爲主也。

---

① "心",光緒刻本作"之"。

是故知聲而不知音者，禽獸是也；知音而不知樂者，衆庶是也。惟君子爲能知樂，是故審聲以知音，審音以知樂，審樂以知政，而治道備矣。

心感於内，情形於外而單出者，樂之聲也；曲折成方，交錯成文而雜比者，樂之音也。樂發於聲，則中之爲宫，章之爲商，觸之爲角，驗之爲徵，宇之爲羽，此五聲原於五行者也。聲寓於器，則金石以動之，絲竹以行之，匏以宣之，瓦以贊之，革木以節之，此八音以遂八風者也。《大司樂》曰：“凡樂皆文之以五聲，播之以八音。”《傳》曰：“五聲和，八音諧而樂成。”則樂者，比五聲八音而成之者也。《國語》曰：“政象樂，樂從和。”《經》曰：“聲音之道與政通。”則政者，通乎聲音之道而正之者也。是不知聲者，不可與言音；不知音者，不可與言樂。禽獸知聲而不知音，六馬仰秣於伯牙之琴，流魚出聽於瓠巴之瑟是已。衆庶知音而不知樂，魏文倦於聽古樂，晉平喜於聞新聲是已。君子則不然，仁足以盡性術，智足以通倫理，其於知樂也何有？孔子聞《韶》於齊，爲之三月不知肉味，非窮神知化，孰究此哉？然聲，樂之象；音，樂之興。故審聲之清濁，則知音之高下；審音之高下，則知樂之和否；審樂之和否，則知政之得失①，而治道備矣。豈非所謂和大樂以成政道之意歟？觀《大司樂》以五聲、八音、六舞大合樂，以致鬼神示，以和邦國，以諧萬民，以安賓客，以説遠人，以作動物。則五聲所以成八音，審聲以知音也；八音所以節舞而合樂，審音以知樂也。幽足以致鬼神示，明足以和

---

① “政”，光緒刻本作“世”。

邦國，内足以諧萬民，外足以安賓客，遠足以説遠人，微足以作動物，是則審樂以知政而治道備，豈外是歟？子張問政，孔子對之以明禮樂之道。此論知政，特言審樂者，審樂則禮可知矣。

是故不知聲者，不可與言音；不知音者，不可與言樂。知樂則幾於禮矣。

宮主周覆，生於黃鍾之九寸，而其聲宏以舒；徵主合驗，生於林鍾之六寸，而其聲貶以疾；商主商度，生於大蔟之八寸，而其聲散以明；羽主翕張，生於南呂之五寸，而其聲散以虛；角主善觸，生於姑洗之七寸，而其聲防以約。凡此，雖度數不同，其因而九之則一也。凡物皆動而有聲，聲變而成音，故金尚角，瓦、絲尚宮，匏、竹尚徵，而無清濁之常，革、木一聲而無濟濁之變，此《傳》所謂以律呂和五聲，施之八音，合之成樂也。是知音必自聲始，故不知聲不可與言音；知樂必自音始，故不知音不可與言樂。蓋禮主節，樂主和。和勝則流而有以節之，則不至慢易以犯節，流湎以忘本。其於禮也，亦何嘗遠之有？且幾者，近而不遠之辭，知樂之情，則樂常幾於禮而未嘗遠禮，是樂不徒作，必有禮焉。豈非以禮爲理，以樂爲節之意歟？自迹求之，聖人作爲鞉、鼓、椌、楬、塤、箎，以道德音之音；然後鍾、磬、竽、瑟以和之，干、戚、旄、狄以舞之。執其干戚，習其俯仰詘伸，容貌得莊焉；行其綴兆，要其節奏，行列得正焉，進退得齊焉。施之祭祀，所以獻酬交酢也；施之饗燕，所以官序貴賤得其宜也；施之鄉射，所以示後世有尊卑、長幼之序也。然則樂之所樂，禮之所節，未始不行於其間，曷嘗不幾於禮歟？《周官》："以樂禮教和，則民不乖。"荀卿曰："先王貴禮樂而賤邪音，禮樂廢而邪音起，危削侮辱之本也。"可謂知樂矣。何妥謂"知樂則幾於道"，諒哉①！此言君子爲能知樂，《孔子閒居》言"君子，達禮樂者"，《莊子》曰"知道者必達於理，達理者必明於權"，是知之者不如達之者，達之者不如明之者。君子之於禮樂，知之於始，達之於中，明之於終，其序然也。

---

① "諒"，光緒刻本作"詭"。

樂書卷十　禮記訓義

樂記

禮樂皆得謂之有德，德者得也。

揚子曰："人而無禮，焉以爲德。"《易》曰："先王以作樂崇德。"則禮爲德之容，樂爲德之華。人而不仁，如禮樂何哉？今夫伯夷得於禮而不得於樂，非有德也；夔得於樂而不得於禮，亦非有德也。所謂有德者，禮樂皆得於身而已。《關雎》之詩以樂而不淫美后妃之德。則樂者，樂也；不淫者，禮也。《静女》之詩以城隅彤管刺夫人無德，則俟我城隅，禮也；貽我彤管，樂也。后妃以得禮樂爲有德，豈不信哉？《老子》曰："上德不德，是以有德；下德不失德，是以無德。"由是觀之，德者，得也，能無失乎禮樂，皆得謂之有德。未能以無德爲德，而德乎不德，非體道者也，同於不失德者而已。其德雖與上德同，其所以有德則異矣。莊周謂性情不離，安用禮樂？固非周不知言也，其亦救文勝之弊歟？

是故樂之隆，非極音也。食饗之禮，非致味也。《清廟》之瑟，朱絃而疏越，一倡而三歎[①]，有遺音者矣。大饗之禮，尚玄酒

---

① "一倡而三歎"，多次出現，四庫本"一"、"壹"混用，元刻明修本、光緒刻本均作"一"，故統一爲"一倡而三歎"。

而俎腥魚，大羹不和，有遺味者矣。

　　德爲禮樂之本，禮樂爲德之文，樂之隆在德不在音，非極五音之鏗鏘而已；大饗之禮在德不在味，非致五味之珍美而已。《清廟》之瑟爲樂之隆，則大饗之禮其禮之隆歟？《傳》曰：“《清廟》之歌，一倡而三嘆，朱絃而疏越①。”一也。蓋《清廟》頌文王之德，升歌《清廟》而以朱絃疏越之瑟和之，絃朱則其音濁而不清，越疏則其音遲而不數。倡之一而嘆之者三而止耳，使人知樂意所尚，非在乎極音者也。且得無遺音乎？《老子》所謂“大音希聲”此也。《周官·大司樂》：“以肆獻裸享先王，以饋食享先王。”蓋天祀用物氣而貴精，地祭用物形而貴幽，鬼享用人義而貴時。故羞其肆而酌獻焉，則以裸猶生事之有饗也；羞其孰而饋食焉，則以食猶生事之有食也。饗以陽爲主，而其祭爲禘；食以陰爲主，而其祭爲祫。由是觀之，食饗之禮未嘗不致味。謂之非致味者，豈大饗之禮而誤爲食饗歟？《曲禮》“大饗不饒富”，《郊特牲》曰“郊血大饗腥”，故大饗之禮，尊尚玄酒，俎尚腥魚，豆尚大羹，貴飲食之本也。聖人爲禮貴本始以示之，使人知禮意所尚，非在乎致味者也。且得無遺味乎？《左傳》所謂“大羹不致”，此也。《傳》曰：“朱絃洞越，大羹玄酒，所以防其淫侈，救其彫敝。”則《清廟》之瑟，至於遺音者，防其淫侈之意也；大饗之禮至於遺味者，救其彫敝之意也。《列子》曰：“有聲者，有聲聲者；有味者，有味味者。”聲之所聲者聞矣，而聲聲者未嘗發；味之所味者嘗矣，而味味者未嘗呈。然則未嘗

---

① “疏”，原作“通”，据光緒刻本補。

發之聲，未嘗呈之味，豈所謂有遺音、遺味者乎？昔朱襄氏之時，陽氣凝積，物鮮成實，故使士達制爲五絃之瑟，以來陰氣，以定羣生。然後四時和，萬物成，而天下治也。後世瞽瞍判五絃之瑟而爲十五絃，舜益以八而爲二十三絃，莫不寓君臣之節，臣子之義。固足以絜齊人情，使之淳一於行也。觀大司樂以雲和之琴瑟祀天神，空桑之琴瑟祭地示，龍門之琴瑟享人鬼，是知《書大傳》舉《清廟》大琴練絃以見瑟，此舉《清廟》之瑟以見琴矣。漢武帝作二十五絃之瑟①，以祠太一后土而已，其去古也遠矣。今夫大饗之名則一，而其別有四：郊明堂之饗帝，宗廟之饗先王，王之饗諸侯，兩君之相見而已。《易》曰“饗于帝”，《月令》“季秋饗上帝”，饗帝之禮也。此與《禮器》所謂“大饗”，饗先王之禮也；《大司樂》所謂“大饗”，饗諸侯之禮也；《哀公問》所謂“大饗”，兩君相見之禮也。與春秋之饗老孤，諸侯之饗聘②，大夫之相饗異矣。《清廟》之瑟，一倡而三歎，有遺音者，以寓至樂有無窮之意也，與所謂五帝三代之遺音者異矣。

是故先王之制禮樂也，非以極口腹耳目之欲也，將以教民平好惡而反人道之正也。人生而静，天之性也；感於物而動，性之欲也。

　　《清廟》之歌，一倡而三嘆，朱絃而疏越，一也。尊之尚玄酒，俎之尚腥魚，豆之先大羹，一也。然則先王因人性而

---

① “二十五”，光緒刻本作“十五”，元刻明修本模糊不清。
② “饗聘”，原作“饗聘”，據元刻明修本、光緒刻本改。

制禮，順人情而制樂，非以極音致味，窮口腹耳目之欲也，將以教民平好惡，反人道之正而已。蓋各當其分之謂平，復其本之謂反。平其好，非作好也，遵王之道而已。平其惡，非作惡也，遵王之路而已。教民如此，有不反人道之正耶？《易》曰：“利貞者①，性情也。”利動而主情，貞静而主性，平其好惡而使人各當其分，則情有所若矣。反人道之正而使人止於一，則性有所復矣。然則以五禮防民之僞而教之中，以六樂防民之情而教之和，非本此歟？今夫人生而静，《書》所謂惟民生厚也，有不爲天之性乎？感於物而動，《書》所謂因物有遷也，有不爲性之欲乎？史遷以性之動爲性之頌，音容。誤矣。夫道有君子必有小人，性有善必有惡，知惻②原闕

養而其政散，老幼孤獨不得其所而其民流，非大治之道也。豈足以同民心哉？自好惡無節於内，至滅天理而窮人欲，不能平好惡之患也。自有悖逆詐僞之心，至老幼孤獨不得其所，不能反人道之正之患也。由是觀之，先王之於禮、樂、刑、政獨可已乎？

是故先王之制禮樂，人爲之節。衰麻哭泣，所以節喪紀也；鐘鼓干戚，所以和安樂也；昏姻冠笄，所以别男女也；射鄉食饗，所以正交接也。

　　禮始於冠，本於昏，重於喪祭，尊於朝聘，和於射鄉。故昏姻之禮廢，則夫婦之道衰而淫僻之罪多矣；鄉飲酒之禮

---

① “利貞”，元刻明修本、光緒刻本均作“利正”。
② 自“知惻”至“養而其政散”，元刻明修本、四庫本、光緒刻本均缺。

廢，則骨肉之恩薄而背死忘生者衆矣；朝聘之禮廢，則君臣之位失而侵陵之患起矣，故先王之制禮樂而人爲之節。因人性有哀死之情，爲制衰麻哭泣以節之；因人性有和樂之情，爲制鐘鼓干戚以和之；有男女之情，爲制昏姻冠笄以別之；有賓主之情，爲制射鄉食饗以正之。蓋居喪以哀爲主，其發於衣服容體。則斬衰以三爲升數，而其貌若苴；齊衰以四五六爲升數，其貌若枲；大功以十八九爲升數，而其貌若止；小功緦麻以十五爲升數，而去其半則容貌可也。其發於言語聲音，則斬衰唯而不對，其哭若往而不反；齊衰對而不言，其哭若往而反；大功言而不議，其哭三曲而偯；緦麻議而不及，樂則哀容可也。女至於擊胸傷心，男至於稽顙觸地，所以節喪紀者如此。有文事必有武備，有武事必有文備，故鐘鼓以聲文事，先王以之飾喜焉；干戚以容武事，先王以之飾怒焉。喜則天下和之，怒則暴亂者畏之，所以和安樂者如此[1]。婦曰昏，陰爲昏故也；夫曰姻，陽爲大故也。陽大而小因之，陰昏而明合之，則二姓之好自此和，室家之道自此正，所以別男女之親也。男娶以三十，則參天之陽數，女嫁以二十，則兩地之陰數。則陽數者必成以陰，故始之以二十之冠；則陰數者必成以陽，故始之以十五之笄，所以別男女之成也。《周禮》所謂“婚冠親成男女”，如此而已。諸侯之射，先行燕禮；卿大夫之射，先行鄉飲酒禮。旌以詔之，鼓以節之，扑以戒之[2]，定其位有物，課其功有筭，使人存爭心於揖

---

[1]　自“養而其政散”至“所以和安樂者”，元刻明修本、光緒刻本均缺。

[2]　“扑”，光緒刻本作“朴”。

遜之間，奮武事於燕樂之際。德行由是可觀，齒位由是可正，所以正交接於鄉黨也。食以養陰，而食在所主焉；饗以養陽，而飲在所主焉。故諸侯饗禮七獻，食禮七舉，而諸伯如之。諸子饗禮五獻，食禮五舉，而諸男如之。禮事相於世婦，樂事序於樂師，所以正交接於賓客也。然亂多而刑五，治多而禮五，故天之所秩不過五禮，有庸而已。《大宗伯》以吉禮事邦國之鬼神示，以凶禮哀邦國之憂，以賓禮親邦國，以軍禮同邦國，以嘉禮親萬民。由是觀之，節喪紀而使之不過者，凶禮也；和安樂而使之不乖者，吉禮也；別男女而使之不雜者，嘉禮也；正交接而使之不瀆者，賓禮也。不言軍禮者，舉干戚與射以見之。《禮運》言“禮必本於天，殽於地，列於鬼神，達於喪、祭、射、御、冠、婚、朝、聘”，又言“禮必本於天，動而之地”，繼之以“其居人也曰養，其行之以飲、食、冠、婚、喪、祭、射、御、朝、聘”。然則《樂記》不及祭、御、朝、聘者，舉喪以見祭，舉射以見御，舉和樂以見朝聘故也。言衰麻哭泣之禮於其始，言昏姻、冠笄、射鄉、食饗之禮於其終，而以鍾鼓干戚之樂居其中者，以明有禮必有樂以和之，亦舉中見上下之意也。

禮節民心，樂和民聲，政以行之，刑以防之。禮、樂、刑、政四達而不悖，則王道備矣。

帝道成於虞，王道備於周。周之時，禮掌於宗伯，樂掌於司樂，政掌於司馬，刑掌於司寇。以爲化民於未偽之前者，在禮樂而不在刑政。治民於已偽之後者，在刑政而不在禮樂。四者交達，順理而不悖，則王道備而無缺矣。禮樂譬則陽也，刑政譬則陰也。陰積於無用之地，不時出以佐陽，則天道不成。刑政委於不急之務，不時用以佐禮樂，則王道不備。然則急刑政，緩禮樂，其霸道歟？禮自外作而節民心，以外節内也。與《書》以禮制心同意。樂由中出而和民聲，以内和外也，與《書》以義制事同意。然志，氣之帥也；心，形之君也。君行而帥從，心動而志隨。樂以道其志，順而出之也。禮以節民心，逆而反之也。禮、樂、刑、政一也，所以同民心於内，則治道之所自出，王道之始也。四達不悖於其外，則天下往矣，王道之所由備，豈特出治道而已哉？《詩序》言“王道成”，此言“王道備”者，成則無虧而已，備則成不足言之。

樂書卷十一　禮記訓義

樂記

樂者爲同，禮者爲異。同則相親，異則相敬。樂勝則流，禮勝則離。合情飾貌者，禮樂之事也。

雷出地奮，《豫》之所以作樂也，先王以之道天地之和。上天下澤，《履》之所以爲禮也，先王以之明天地之別。故樂主和而爲同，凡天下所謂同者，麗焉；禮主別而爲異，凡天下所謂異者，麗焉①。《周官》大司徒以樂禮教和，以儀辨等。《記》曰：“仁近於樂，義近於禮。”教和則其仁足以相親而不乖，辨等則其義足以相敬而不越，二者不可偏勝也。樂勝禮，無以節之，則流而忘本；禮勝樂，無以和之，則離而乖義。《詩》曰“好樂無荒”，戒其流也；《易》曰“履和而至”，戒其離也。樂者爲同而有異焉，故樂雖合愛，未嘗不異文；禮者爲異而有同焉，故禮雖殊事，未嘗不合敬。要之，樂同禮異者，特其所主爾。以樂防情而教之和，故足以合相親之情。以禮防僞而教之中，故足以飾相敬之貌。是禮樂之事，非禮樂之道也。及其至也，極乎天，蟠乎地，行乎陰陽，通乎鬼神，窮高極遠而測深厚，斯所以爲禮樂之道歟？然立於禮，成於樂，學道之序也。樂者爲同，禮者爲異，先樂而後禮者，《樂

---

①　“焉”，四庫本、元刻明修本作“焉”，光緒刻本作“也”。

記》以樂爲主故也。言樂由中出，禮自外作，大樂必易，大禮必簡之類，亦此意歟？

禮義立，則貴賤等矣；樂文同，則上下和矣；好惡著，則賢不肖別矣；刑禁暴，爵舉賢，則政均矣。仁以愛之，義以正之，如此則民治行矣。

禮自外作，有數存焉，而其本在義；樂由中出，有情存焉，而其末在文。禮粗而顯，而以義微之；樂妙而幽，而以文闡之。故禮非義立，則貴賤之位不等；樂非文同，則上下之情不和。天尊地卑而君臣定，卑高已陳而貴賤位，禮義立則貴賤等之謂也。節奏合而成文，父子以之和親，君臣以之和敬，樂文同，則上下和之謂也。好賢如《緇衣》，好之至也；惡惡如《巷伯》，惡之至也。因禮樂以好惡，則好惡著而賢不肖別矣。刑以禁暴，與衆棄之也。爵以舉賢，與士共之也。因好惡以施刑爵，則人人勸賞畏刑而政均矣①。爵以舉賢，仁不可勝用也；刑以禁暴，義不可勝用也。仁以立人而有以愛之，義以立我而有以正之，則禮、樂、刑、政四達而不悖，固足以同民心，出治道，而民治不行未之有也。莊周謂“愚智處宜，貴賤履位，仁賢不肖襲情，終之以太平，治之至者”，此歟？前言政以一其行，刑以防其姦，別而言之；此兼刑以爲政，何哉？曰：孔子將爲政於衛，嘗謂禮樂不興則刑罰不中；子張問政於孔子，則對之明於禮樂而已。是禮樂者，政之本；刑罰者，政之助。以刑爲政，古人有之而非所以先之也，

---

① “均”，四庫本、元刻明修本作“均”，光緒刻本作“舉”。

故孔子論爲政,齊之以禮爲先,而刑次之。

樂由中出,禮自外作。樂由中出故静,禮自外作故文。

　　瑩天功,明萬物,陽之道也,樂由之來焉,則域乎動矣。幽無形,深不測,陰之道也,禮由之作焉,則域乎静矣。方陽之復也,雖動而静,此樂由中出,所以爲静也。方陰之出也,雖静而動,此禮自外作,所以爲文也。《易》言"乾之静專,坤之爲文",如此而已。言静則知文爲動,言文則知静爲質。人之心也,静而與物辨,則在性而質;動而與物雜,則在貌而文。原樂之始,則静而已;及要終焉,未始不動乎外也。要禮之終,則文而已;及原始焉,未始不中正以爲質也。以《易》求之,樂生於天一之水,而其聲爲可聽;禮生於地二之火,而其形爲可視。坎,水也,於卦爲陽,而至陰藏焉,故静;離,火也,於卦爲陰,而至陽出焉,故文。豈非坎者,物之所以歸根而復静;離者,物之所以嘉會而文明故耶?

大樂必易,大禮必簡。

　　夫乾,天下之至健,其德行常易以知險,所以示人者,一於易而已;夫坤,天下之至順,其德行常簡以知阻,所以示人者,一於簡而已。易則於性有所因,簡則於理有所循。樂也者,性之不可變者也,其作自乎天,其來自乎陽,其所以著者,在於太始,未嘗不與乾同德焉,此大樂所以必易也;禮也者,理之不可易者也,其制自乎地,其作自乎陰,其所以居者，在於成物①，未嘗不與坤同德焉，此大禮所以必簡也。《清廟》之瑟，朱絃而疏越，一倡而三嘆，有遺音者矣，非易而何？大饗之禮，尚玄酒而俎腥魚②，大羹不和，有遺味者矣，非簡而何？然樂失則奢，非樂之大也；禮失則煩，非禮之大也。禮樂之所以大者，未離於域中，其聲可得而聞也，其形可得而見也。若夫聲泯於不可聞之希，形藏於不可見之夷，言所不能論，意所不能致，豈所以爲禮樂之妙歟？大樂之易，大禮之簡，言“必”者，不易之理也。《易》曰：“易簡之善配至德。”然則禮樂皆得，豈不謂之有德邪？

樂至則無怨，禮至則不爭，揖讓而治天下者，禮樂之謂也。

　　樂不至，不可以言極和；禮不至，不可以言極順。內極和則不乖於心，何怨之有？外極順則不逆於行，何爭之有？樂以治內爲同，禮以修外爲異。同則相親而無怨，異則相敬而不爭。蓋怨，乖道也，無怨則人道盡矣；爭，逆德也，無爭則人德極矣。揖讓而治天下③，動無我非者，禮樂而已。此《傳》所謂“陳禮樂，盛揖遜之容而天下治也”。堯舜至治之極，不過法度彰，禮樂著，拱俟天民之阜而已④，豈非古人所謂揖讓而治天下者，其惟禮樂乎？荀卿曰：“樂者，出以征誅，則莫不聽從。入以揖讓⑤，則莫不從服。”《記》言治天下及揖讓，而不及征誅者，禮樂以文德爲備故也。對而言之，

---

① “於”，四庫本、元刻明修本作“於”，光緒刻本作“乎”。
② “玄”，元刻明修本、光緒刻本均作“元”。
③ “揖讓”，本段中的“揖讓”，元刻明修本、光緒刻本均作“揖遜”。
④ “俟”，元刻明修本、光緒刻本均作“視”。
⑤ “入”，原作“文”，據元刻明修本、光緒刻本改。

樂主於無怨，禮主於不爭；通而言之，禮亦可以無怨，樂亦可以不爭。故《經》言樂則曰"瞻其顏色，而民不與爭"，《禮器》言禮則曰"内諧而外無怨也"。言無怨則容或有焉，與詩稱無妬忌同意；言不爭則直不爲爾，與詩稱不妬忌同意。周道之衰，民之無良，相怨一方，則樂不至可知；受爵不讓至于己斯亡，則禮不至可知。《傳》謂"禮樂徧行，則天下亂矣"，其亦矯枉之過論歟？言禮樂之至，先樂而後禮；言治天下，先禮而後樂者。樂出於虛，載道而與之俱，形而上者也；禮成於實，與器而大備，形而下者也。自形而上言，則樂先乎禮，與《易・繫》言"易簡"，先乾後坤同；自形而下言，則禮先乎樂，與《易》言"闔闢"，先坤後乾同。然治天下在禮樂而不在道德，在宥天下在道德而不在禮樂。苟自禮樂而進於道德①，則無爲而在宥天下，尚何事揖讓之勞以治之乎？莊周曰："聞在宥天下，不聞治天下。"

暴民不作，諸侯賓服，兵革不試，五刑不用，百姓無患，天子不怒，如此則樂達矣。合父子之親，明長幼之序，以敬四海之内，天子如此，則禮行矣。

先王之於天下，達禮樂之原，舉而措之而已。舉樂而措之，則暴民不作於下，諸侯賓服於上，大則兵革不試，小則五刑不用。百姓無患而有所謂和，天子不怒而有所謂威，如此則樂無不達矣。舉禮而措之，則父子天性也，有以合其親而不離；長幼天倫也，有以明其序而不亂。以敬四海之内，則

---

① "進"，光緒刻本作"退"。

立愛自親始，而足以教民睦；立敬自長始，而足以教民順。天子如此，則德教加於百姓，刑于四海，而禮無不行矣。蓋達者必行，行者未必達。禮爲樂之始，故言行；樂爲禮之成，故言達。樂雖達矣，有所謂行；禮雖行矣，有所謂達。樂行而倫清，則中國如出乎一人，故言諸侯、百姓，而以天子不怒終焉。禮達而分定，則天下如出乎一家，故言父子、長幼，而以敬四海之内終焉。然則兵革言試，五刑言用者，兵革必試而後用，與《詩》言師干之試同義；五刑用而不必試，與《書》言五刑、五用同義。

大樂與天地同和，大禮與天地同節。和故百物不失節，故祀天祭地。

天地之氣，春夏與物交而爲和，秋冬與物辨而爲節。和則有聲，而大樂出焉；節則有形，而大禮出焉。樂之本，出於天地自然之和；禮之本，出於天地自然之節，而其用實同之。故同於和者，和亦得之，同於節者，節亦得之，非成天地之能而官之者也，故可名於大矣。乃若樂者，天地之和；禮者，天地之序。則直與之爲一，非特同之而已。“同之”與《易》所謂“與天地相似”同意，與《易》所謂“與天地準”同意。《中庸》言“溥博如天，淵泉如淵”，繼之“淵淵其淵，浩浩其天”，豈不終始一致歟？樂以統同，其和則百物不失；禮以辨異，其節則祀天祭地。《易》曰：“乾道變化，各正性命，保合大和，乃利貞。”和故百物不失之謂也。孔子曰：“非禮，無以節祀天地之神。”“節”，故祀天祭地之謂也。天神遠人而尊，致禮以祀之，是以道寧之也；地示近人而親，致禮以祭之，是以物接之也。或致道以寧之，或備物以接之，非特報其生成百物之功而已，亦所以寓節莫重於祭之意也，均是和也。或謂百物不失，或謂百物皆化者，蓋樂也者，道天地沖氣之和，所以合天地之化，百物之産者也。故其大與天地同和，其妙爲天地之和。與天地同和，其功淺，故止於百物；不失爲天地之和，其功深，故至於百物皆化。自天地訴合，陰陽相得，至胎生者不殰，卵生者不殈，所謂百物皆化也。百物不失則不能與此，特不失其道理而已。故《詩序》曰："崇丘廢，則萬物失其道理矣。"大樂必易，大禮必簡，禮樂之德也。大樂與天地同和，大禮與天地同節，禮樂之功也。

明則有禮樂，幽則有鬼神，如此則四海之内，合敬同愛矣。

　　大樂與天地同和而主乎施，大禮與天地同節而主乎報。主乎施則生成百物而無所失，主乎報則祀天祭地以報其生成之功而已。用是以觀，明則有禮樂，幽則有鬼神，得非《傳》所謂"動天地，感鬼神，莫近於禮樂"，《經》所謂"極乎天，蟠乎地，通乎鬼神"者歟？萬物莫不尊天而親地。樂由天作而其道尊，禮以地制而其道親；神則聖人之精氣，屬乎陽而尊，鬼則賢智之精氣，屬乎陰而親。彼尊而我尊之，敬之所由生也；彼親而我親之，愛之所由生也。《經》曰："樂者敦和，率神而從天。禮者別宜，居鬼而從地。"是禮樂則合敬同愛於其明，鬼神則合敬同愛於其幽；明寓愛敬於禮樂，幽寓愛敬於鬼神。如此則推而放諸四海之内，未有不合敬同愛者也。然仁近於樂而同愛者，仁之情也；義近於禮而合敬者，義之情也。仁於愛親，有以同四海之愛；義於敬長，有以合四海之敬。則是人人親其親，長其長，而天下平矣。孔子曰："愛敬盡於事親，德教加於百姓，刑于四海。如此而已。"兩謂之合，一謂之同。禮主敬而爲異，故言合；樂主愛而爲同，故言同，與儒有合志同方同意。若夫自禮樂之情同言之，則禮之敬也，樂之愛也，以異而同而已，均謂之合，不亦可乎？雖然，合敬同愛，禮樂之情，非禮樂之文也；合情飾貌，禮樂之事，非禮樂之道也。

樂書卷十二 禮記訓義

樂記

禮者，殊事合敬者也；樂者，異文合愛者也。

　無事而不有禮，無文而不有情。禮也者，理之不可易者也，語其事，未嘗不通變以從宜，如之何不殊乎？樂也者，情之不可變者也，語其文，未嘗不比物以飾節，如之何不異乎？禮雖殊事而不殊乎合敬，禮之本故也；樂雖異文而不異於合愛，樂之本故也。禮雖殊事而有所謂文，所謂升降上下，周旋裼襲，禮之文是也；樂雖異文而有所謂事，大司樂凡樂事遂，以聲展之是也。特絕謂之殊，不同謂之異。禮之事則相絕遠矣，故言殊；樂之文特不同而已，故言異。別言之如此，合言之一也。故《詩》曰："殊異乎公路。"五帝殊時，三王異世，亦可類推矣。

禮樂之情同，故明王以相沿也，故事與時並，名與功偕。

　莊敬恭順，皆禮也，情主於合敬；欣喜歡愛，皆樂也，情主於合愛。禮樂殊事而同道，異物而合用，其情所以同也。《天官》太宰以禮典和邦國，諧萬民；《春官》大司樂以六樂和邦國，諧萬民。則禮以和爲用，樂以和爲體，其情同故也。明王之於禮樂，有改制之名，無變情之實。禮之損益，雖事與時並；樂之象成，雖名與功偕，要其情同，明王未嘗不相沿也。今夫禮以時爲大，而先王因時以作事。故堯舜之時，有事於揖遜，無事於征伐；湯武之時，有事於征伐，無事於揖遜。則事曷嘗不與時並哉？樂以功爲主，而先王因功成以作樂。故堯舜功成於揖遜，而樂以《大章》、《大磬》名之；湯武功成於征伐，而樂以《大濩》、《大武》名之，則名曷嘗不與功偕哉？蓋事在人，時在天，事與時並，則與之併而爲一也。名在彼，功在我，名與功偕，則與之偕而相比也。今夫明王所以相沿者，禮樂之情也；所以不相襲者，禮樂之文也。五帝殊時，不相沿樂，三王異世，不相襲禮，豈曰情之云乎？《經》曰：“事不節則無功。”《孟子》曰：“有其事必有其功。”《荀子》曰：“無昏昏之事者，無赫赫之功。”莊周曰：“聖人躊躇以興事，以每成功。”是事者，功之始；功者，事之成。禮制於治定，而爲功之始，故以事言；樂作於功成，而爲事之成，故以功言。敵而言之如此①，總而言之，雖發揚蹈厲之蚤，亦曰及時事也。

故鍾鼓管磬、羽籥干戚，樂之器也；屈伸俯仰、綴兆舒疾，樂之文也。簠簋俎豆、制度文章，禮之器也；升降上下、周旋裼襲，禮之文也。故知禮樂之情者能作，識禮樂之文者能述。作者之謂聖，述者之謂明，明聖者，述作之謂也。

先王之爲樂也，發之聲音。則鑄之金而爲鍾，其用統實以象地；節之革而爲鼓，其用大麗以象天②；越之竹而爲管

---

① “敵”，光緒刻本作“散”。
② “大”，光緒刻本作“文”。

簫，則發猛以象星辰日月；磨之石而爲磬，則廉制以象水。形之動靜，則羽簫以舞《大夏》，干戚以舞《大武》。此樂之器也，而象實寓焉。執其干戚，習其俯仰屈伸，容貌得莊焉。行其綴兆，要其節奏，行列得正焉，進退得齊焉。其治逸者，其行綴遠；其治勞者，其行綴短。一舒一疾，莫不要鍾鼓拊會之節而兼天道焉。此樂之文也，而質實寓焉。其爲禮也，著之齊量，則外方以正，内圓以應，有父道焉，有夫道焉，簠之所以爲器也；内方以守，外圓以從，有子道焉，有妻道焉，簋之所以爲器也。暉之度數，其數以陽奇，俎之所以爲器也；其數以陰偶，豆之所以爲器也。又制度以等異之，文章以藻色之，禮之器然也，象在其中矣。龍之爲物，出入隱見，莫之能制，而裼襲如之。裼則見而成章，襲則隱而成體，故一升一降，上下周旋，以合其儀。裼襲以美其身，禮之文然也，質在其中矣。然禮樂之情寓於象，質之微而難知，其文顯於器數之粗而易識。故知其情者，能作之於未有，則聖之事非明之所及也；識其文者，能述之於已然，則明之事而已，聖不與焉。蓋聖者明之出，明者神之顯，故知而作之者爲聖，識而述之者爲明。其知，神之所爲乎？《曲禮》曰：“聖人作，爲禮以教人。”又曰：“君子退遜以明禮。”聖作明述之辨也。別而言之，先作後述者，聖明之序也；合而言之，先明後聖者，述作之序也。古之制器者，智創之，巧述之。創業者，父作之，子述之。然則禮樂以聖作，以明述，亦豈異此？孔子述而不作，非不足於聖也，特不居而已。蓋有不知而作者，又在所不與焉。《詩》曰：“不識不知，知則知人。”所爲識，則識其面目而已。是識之外矣，知之内矣；識之淺矣，知

之深矣。禮樂之情存乎内而深，故稱知；其文存乎外而淺，
故稱識。

樂者，天地之和也；禮者，天地之序也。和故百物皆化，序故
羣物皆別。

　　至陰肅肅，至陽赫赫。肅肅出乎天，赫赫發乎地，兩者
交通而成者，天地之和也，樂實與之俱焉。天尊地卑，神明
位矣；以春夏先，秋冬後，四時序矣。天地至神而有尊卑先
後者，天地之序也，禮實與之俱焉。是樂者，天地之和；禮
者，天地之序。和則不乖，故百物因形移易而皆化；序則不
亂，故羣物萌區有狀而皆別。樂之敦和，禮之別宜，亦如此
而已。天無爲以之清，地無爲以之寧，兩無爲相合，萬物以
化而至樂得矣，和故百物皆化之謂也。天高地下，萬物散
殊，而禮制行矣，序故羣物皆別之謂也。樂統同也，嫌於不
異，故言百物以辨之，與《易·乾》稱六龍同意；禮辨異也，嫌
於不同，故言羣物以統之，與《易·乾》稱羣龍同意。言禮者
天地之序，又言天地之別，何也？曰：天地故有序矣，所謂別
者，因其序以別之。原禮之始，則爲天地之序；要禮之終，則
爲天地之別。《經》不云乎：“序故羣物皆別，祭有昭穆，所以
別父子、遠近、長幼、親疏之序，而無亂也。”

樂由天作，禮以地制。過制則亂，過作則暴。明於天地，然
後能興禮樂也。

　　樂者天地之和，禮者天地之序，則合異以爲同；樂由天
作，禮以地制，則散同以爲異。蓋由天作，則有所循而體自

123

然,與《孟子》稱"由仁義"之意同;以地制,則有所裁而節之,與《孟子》稱行仁義之意同。對之則其辨如此,通之則禮亦可以言由與作矣。故曰:"樂由陽來,禮由陰作。"古者治定制禮,功成作樂。禮未可制而制之,是過制也;樂未可作而作之,是過作也。過制則失序矣,離而爲慝,禮能無亂乎?過作則失和矣,流而爲淫,樂能無暴乎?《孟子》曰:"文武興則民好善,幽厲興則民好暴。"好暴反乎好善,而過作則暴,豈非未盡善之意歟? 樂由天作,禮以地制,先作後制,禮樂之序也;過制則亂,過作則暴,先制後作,制作之序也。由是觀之,明於天地然後能興禮樂,而制之非成能之,聖人疇克之哉! 明於天地然後能興禮樂,明王制作之始也;舉禮樂而天地將爲昭焉,明王制作之效也。故曰:"禮樂之情同,明王以相沿也。"

論倫無患,樂之情也;欣喜歡愛,樂之官也。

　　樂有情有文,微情文之顯以之神,則非意之所能致,言之所能論也;闡情文之幽以之明,則意之所能致,言之所能論也。故其文不息,其情無患,皆得而論焉。《詩》曰:"於論鼓鐘。"豈兼情文之義而論之歟? 蓋"八音克諧,無相奪倫",論乎陰陽而無散密之患,論乎剛柔而無怒懾之患,各安其位而其倫清矣。非樂之文也,樂之情而已。《孟子》曰:"欣欣然皆有喜色。"《傳》曰:"歡然有恩以相愛。"則欣喜在色而主乎外,歡愛在心而主乎内。非樂之君也,樂之官而已,莫非樂之情也。論倫無患者,情之和;窮本知變者,情之中。和則審一而足,以率一道;中則通上下而足,以理萬變。此樂所以爲中和之紀歟？若夫休樂而無形①，幽昏而無聲，於人論者謂之冥冥，所以論情而非情也。

中正無邪，禮之質也。

　　誠非禮不著，僞非禮不去。誠著則中正，僞去則無邪。中正無邪，則釋回增美質矣，豈不爲禮之質乎？禮非特有質，蓋亦有本焉。夫禮本於太一，成於太素。則太一，本之始也；太素，質之始也。《禮運》言五行、四時、十二月，還相爲本，繼之五味、六和、十二食，還相爲質。聖人作則必以天地爲本，繼之五行以爲質。《語》曰：“本立而道生。”《傳》曰：“性者，生之質。”是本先於根而存乎道，質先於幹而存乎性，忠則不欺於道而爲德之正，信則不疑於道而爲德之固，此禮之在道者也，故謂之本。行有所修而不廢，未必不顧言；言有所道而由行之，未必不顧行，此禮之在性者也②，故謂之質。本固不止於忠信，故孔子之言儉戚，左氏之言孝，亦謂之本焉；質固不止於言行，故其德中正，其行無邪，亦謂之質焉。蓋儉戚非禮之中，孝非禮之末，故與忠信同爲禮之本。《乾》之九三：重剛不中而與時行，忠信以進德，修辭立誠以居業。其於禮之本，可謂體之矣。擬言於法，言得其正；擬行於德，行得其中，故中正無邪與行修言道同爲禮之質。《乾》之九二：龍德而正中，抑又閑邪存其誠，言行謹，信而不伐。其於禮之質，可謂體之矣。以行修言，道爲禮之質，則

---

① “夫休”，元刻明修本作“夫林”，光緒刻本作“大林”。
② “者”，原作“孝”，據元刻明修本、光緒刻本改。

修身踐言爲禮之文可也；以忠信爲禮之本，而以義理爲之文，則不可矣。今夫義出於道德，理出於性命，人心之所同然①，聖之所先得者也。以之爲禮之文，殆非聖人之言，豈漢儒附益之妄邪？

---

① “同”，四庫本、元刻明修本作“同”，光緒刻本作“固”。

樂書卷十三　禮記訓義

樂記

莊敬恭順，禮之制也。

坤也者，地也，以敬爲德，以順爲道。故言敬以直内，而莊舉矣；言坤道其順乎，而恭舉矣。外貌斯須不莊不敬，則易慢之心入，而臨之以莊則敬矣，是外莊則内敬也。貌曰恭，恭近於禮，而禮又極順焉，是外恭而内順也。禮以地制，莊恭乎其外，敬順乎其内，則因物以裁之而已，有不爲之制乎[①]？《易》曰："巽，德之制。"《表記》曰："義者，天下之制。"蓋巽不主一節，因物而已；義不主故常，度宜而已。禮之因物節文以從宜，亦何異此？ 禮之制，先莊敬後恭順；禮之教，先恭儉後莊敬。何也？ 曰：責難之謂恭，閑邪之謂敬。其教則閑邪後於責難，其制則德先於道，故其異如此。言樂則情而後官，言禮則質而後制者，蓋司伺末者也，官探本者也。樂之情則易流而已，無官以主之，或至於忘本，此官所以後乎情；禮之質則樸素而已，無制以裁之，或不足於華藻，此制所以後乎質。

若夫禮樂之施於金石，越於聲音，用於宗廟社稷，事乎山川

---

① "爲"，原作"謂"，據元刻明修本、光緒刻本改。

鬼神，則此所與民同也。

　　均是樂也，施於金石，樂之器也；越於聲音，樂之象也。均是禮也，用之宗廟社稷，內祭之禮也；事乎山川鬼神，外祭之禮也。《禮運》曰："夫禮之初，始諸飲食，其燔黍捭豚，汙尊而抔飲，蕢桴而土鼓，猶若可以致敬於鬼神。"由是觀之，金石、聲音，雖主乎樂，而禮在其中矣。《周官・大司樂》："分樂而序之，乃奏黃鍾，歌大呂，舞《雲門》，以祀天神；乃奏大蔟，歌應鍾，舞《咸池》，以祭地示；乃奏姑洗，歌南呂，舞《大磬》，以祀四望；乃奏蕤賓，歌函鍾，舞《大夏》，以祭山川；乃奏夷則，歌小呂，舞《大濩》以享先妣；乃奏無射，歌夾鍾，舞《大武》，以享先祖。凡六樂皆文之以五聲，播之以八音。"此樂施於宗廟、社稷、山川、鬼神者也[1]。於器舉金石，則絲竹之類舉矣；於象舉聲音，則歌舞之類舉矣。大宗伯之職，"掌建邦之天神、地示、人鬼之禮，以禋祀祀昊天上帝，以實柴祀日月星辰，以槱燎祀司中、司命、風師、雨師，以血祭祀社稷、五祀、五嶽，以貍沈祭山林、川澤，以疈辜祭四方百物。以肆獻祼、饋食、祠、禴、嘗、烝，以享先王"；小宗伯"掌建國之神位，右社稷，左宗廟，兆五帝於四郊，四望、四類亦如之，兆山川、丘陵、墳衍，各因其方"。此禮施於宗廟、社稷、山川、鬼神者也。凡祭祀，以天地、宗廟爲大，日月、星辰、社稷、五祀、五嶽爲次，司中、司命、風師、雨師、山川、百物爲小。於大祭祀舉宗廟，則天神地示之類舉矣；於小祭祀舉山川鬼神，則風雨百物之類舉矣。《書》曰："禋于六宗，類于上

---

[1]　"者"，光緒刻本作"示"。

帝。"則用之宗廟、社稷矣。"望秩于山川",則事于山川矣。徧于羣神,則事乎鬼神矣。神無方也,在天所謂天神,在人所謂乃聖乃神,在鬼凡所謂鬼神是也。然則謂之山川、鬼神者,其山林、川谷、丘陵,能出雲爲風雨,見怪物者之謂歟?《禮器》曰:"夫政必本於天,殽以降命。命降于社之謂殽地,降于祖廟之謂仁義,降于山川之謂興作,降于五祀之謂制度。"又曰:"禮行於郊而百神受職焉,禮行於社而百貨可極焉,禮行於祖廟而孝慈服焉,禮行於五祀而正法則焉。"蓋禮樂用之宗廟,則仁義而孝慈;服用之社稷,則殽地而百貨極;事乎山川鬼神,則興作制度而百度正。凡此無非寓之政治而與民同者也。論倫無患,至於莊敬恭順者,禮樂之本,先王之所以與人異。及夫施於金石,越於聲音,用之宗廟社稷,事乎山川鬼神者,禮樂之用,先王所以與人同。不以所異者與人,不以所同者處己,夫是之謂"議道自己,置法以民"。然則記禮者,先宗廟後社稷,《周官》先社稷後宗廟,何也? 曰:社則五土之神,生物之主者也;稷則五穀之神,養人之本者也。宗廟則祖妣所居,族類之本者也。《周官》先社稷後宗廟,以位左右序之;記禮者,先宗廟後社稷,以本仁義序之。於宗廟社稷言,用以見事;於山川鬼神言,事以見用,互備故也。

王者功成作樂,治定制禮。

　　不有王者之德而有王者之位,不敢作禮樂焉。不有王者之位而有王者之德,亦不敢作禮樂焉。故孔子有德無位,於禮不敢作也,執之而已;於樂不敢作也,正之而已。況其每下者乎？蓋功不至於鳥鷟，不可以言成；治不至於既濟，不可以言定。王者德位兼隆於天下，雖有可以制作之道，必適乎可以制作之時，故禮雖可以義起，必待乎治定；樂雖可以理作，必待乎功成。此周之禮所以備於內外之既治，而樂所以聲於無競惟烈之後也。揚子曰："周之禮樂，庶事之備。"不其然乎？王通嘗謂五行不相沴，則王者可以制禮矣；四靈以爲畜，則王者可以作樂矣。是雖拘之三十年，不猶愈於齊魯二生期之以百年邪？漢去二代雖近，然兵革未偃於天下，遽起綿蕝之制，其爲智亦疏矣。然則如之何而可宜？莫若效周公所爲而已。《中庸》言非天子不敢作禮樂，此特言王者，天子以德，王者以功故也。

其功大者其樂備，其治辨者其禮具。干戚之舞，非備樂也；執亨而祀，非達禮也。

功有小大，治有詳略。功大者其樂備，治辨者其禮具。周之興也，作樂合乎祖而簫管備舉，樂之所以備也。烝畀祖妣以洽百禮，禮之所以具也。蓋全之之謂備，小備之謂具。《祭義》曰："比時具物，不可以不備。"荀卿曰："始終具，而聖人之道備。"是具於備爲微，備於具爲全也。聲變成方謂之音，比音而樂之，及干戚羽旄，謂之樂。然則文武之舞不全，非所以爲備樂也。治人之道，莫急於禮。禮有五經，莫重於祭。然則腥熟之薦不兼，非所以爲具禮也。《周官》以六代文武之舞爲大合樂，《禮運》以血毛腥熟合亨爲禮之大成，則備樂具禮，於是覩矣①。變具禮爲達禮者，禮不具不足爲天下之通禮故也。古者之舞，有以干配戚者，“朱干玉戚，以舞《大武》”是已；有以干配戈者，“春夏學干戈”是已；有兼而用之者，“干戈戚揚”是已。干則朱飾之盾也，有扞蔽之材，而仁禮之意寓焉；戚則玉飾之斧也，有剛斷之材，而仁義之意寓焉。彼其於武舞之器如此，豈非有武事必有文備之意歟？今夫冕而摠干，以樂皇尸，而天下樂之者，天子之所獨而人臣無與焉。惟周公有大勳勞於天下，魯得以用而祀之，然則隱公考仲子之宮，楚子圍館於王宮之側②，而將擅干萬舞之奏，豈得逃《春秋》之誅耶③？對而言之，樂言備，禮言具。散而言之，樂亦可謂之具，《詩》曰“樂具入奏”是也；禮亦可謂之備，《經》曰“禮備而不偏”是也。

五帝殊時，不相沿樂；三王異世，不相襲禮。

五帝體天道而官天下，故以帝號而同乎天；三王盡人道而家天下，故以王號而應乎人。蓋三月成時，三十年成世。時則陰陽運量，有法度存焉，天之所爲也；世則前後推遷，有歷數存焉，人之所因也。五帝傳賢，同乎天而殊時，非不用禮也，而莫尚乎樂，樂由天作故也。三王傳子，應乎人而異世，非不用樂也，而莫尚乎禮，禮因人情，爲之節文故也。詳而求之，伏羲之《扶來》，神農之《下謀》，黃帝之《咸池》，堯之《大章》，舜之《大韶》，皆因時作之，以象成而已，惡得而相

---

① “覩”，光緒刻本作“觀”。
② “圍”，光緒刻本作“元”，自“楚子圍”以下至本段末，元修明刻本缺。
③ “擅干萬舞之奏豈”，光緒刻本作“振干戚之万焉且”。

沿？夏后氏之禮尚質，周人尚文，商人文質之中，皆因世制之，以從宜而已，惡得而相襲？顏淵問爲邦，孔子告之以夏時、商輅、周冕之禮，有虞氏《韶》舞之樂。語樂於帝，語禮於王，亦與是相爲表裏矣。觀孔子之論五帝，以爲法始乎伏羲，著於神農，而成於黄帝，堯舜蓋嘗詳之於《易》矣。孔安國以唐虞預五帝，則是以少昊、顓帝、高辛爲之，不知奚據而云，是亦不求聖人之意也。

樂極則憂，禮粗則偏矣。及夫敦樂而無憂，禮備而不偏者，其唯大聖乎？

　　樂由陽來而主乎盈，不期極而極焉。禮由陰作而主乎減，不期粗而粗焉。樂極矣而不以反，爲文則冥豫而已，能無憂乎？禮粗矣而不以進，爲文則跛履而已，能無偏乎？及夫敦樂而不偷，則適吾之性，何憂之有？禮備而不缺，則情文俱盡，何偏之有？今夫樂道極和，禮道極中。極和則樂而不憂，極中則正而不偏，致中和以位天地。育萬物者大，聖人之事也，自非以禮樂合天地之化，百物之産者疇克爾哉。

天高地下，萬物散殊，而禮制行矣；流而不息，合同而化，而樂興焉。

　　天高地下，尊卑奠矣，禮所以爲天地之序也。萬物散殊，小大分矣，禮所以爲天地之别也。流而不息，陰陽運矣，樂所以爲天地之和也。合同而化，形質易矣[1]，樂所以合天

---

① “易”，光緒刻本作“異”。

地之化也。在《易》，上天下澤《履》，君子以辨上下，定民志，豈不爲禮制行乎？在《記》，陰陽相摩，天地相蕩，而百化興焉，豈不爲樂之興乎？禮以相敬爲異，必資制而後行；樂以相親爲同，無所資而自興。故於禮之行言制，而異於樂之興也，會而言之如此。通而言之，明於天地然後能興禮樂，則禮非不可以言興；樂行而倫清，則樂非不可以言行。天高地下以位言，天尊地卑以分言，流而不息以氣言，論而不息以文言。

春作夏長，仁也；秋斂冬藏，義也。仁近於樂，義近於禮。

　　春則物作而始之，天造草昧之時也；秋則物斂而實之，人爲輔成之時也；夏則物出而相見，人道之戒也；冬則物藏而相辨，天道之復也。自春徂夏，爲天出而之人，所以爲仁；自秋徂冬，爲人反而之天，所以爲義。蓋樂由陽來而仁近之，仁陽屬故也；禮由陰作而義近之，義陰屬故也。仁主乎愛而樂合之，義主乎敬而禮合之，豈亦仁藏於禮樂之意歟？然仁近於樂而樂非仁也，義近於禮而禮非義也，仁義非禮樂不行，禮樂非仁義不立，此荀卿所以言“仁義禮樂，其致一也”。凡此，論四時之仁義爲然，若夫語仁義大全，豈止近禮樂而已哉？孔子以“人而不仁如禮樂何”，合而言之也，與言堯舜之道孝弟同意。孟子以禮節文仁義，而以樂樂之，別而言之也，與言孝近王，弟近霸同意。莊周謂“道德不廢，安取仁義？性情不離，安用禮樂？”雖退而賓之可也[1]，彼豈以仁

---

[1]　“賓”，四庫本、元刻明修本作“賓”，光緒刻本作“擯”。

義禮樂爲不美哉？誠欲慄慄爲天下渾心而已。《鄉飲酒義》
以天子之立，左聖鄉仁，右義背藏，配四時之序。與此異者，
彼主鄉飲酒之禮言之，非別禮樂而言故也。

樂書卷十四　禮記訓義

樂記

樂者敦和,率神而從天。禮者別宜,居鬼而從地。

　　樂極和,不有以惇之,未必能統同;禮從宜,不有以別之,未必能辨異。天法道者也,人法地者也。神由天道而無方,非樂之員而神,不足以率之;鬼由人道而有歸,非禮之方以智,不足以居之。率則有循而體自然,非有以强之也;居則有方而止其所,非有以行之也。明有禮樂,幽有鬼神,而其從天地如此,亦各從其類故也。樂,陽也,主於率神以從天,而鬼與焉;禮,陰也,主於居鬼以從地,而神與焉。莊子以鬼神守其幽爲樂,《禮器》以順於鬼神爲禮,然則禮樂之用,豈不殊事而同道哉?

故聖人作樂以應天,制禮以配地。禮樂明備,天地官矣。

　　天以至陽而職氣覆,地以至陰而職形載。樂由天作,而至陽之氣存焉;禮以地制,而至陰之形存焉。聖人職教化者也,爲能因陰陽以統形氣,故作樂以應天,制禮以配地。蓋樂有聲而無形,作之以應天,則聲氣同故也;禮有形而無聲,制之以配地,則形體異故也。禮樂明矣,而不昧備矣,而不偏,非徒足以官天地,天地亦將爲我官矣。聖人始而應配之以成位,終而官之以成能,庸詎知禮樂非天地耶? 天地非禮樂耶？荀卿謂聖人清其天君，以至養其天情，則天地官而萬物役矣。是雖非主禮樂而言，要之爲聖人之事一也。"作樂以應天，制禮以配地"，別而言之；"禮樂明備，天地官矣"，合而言之。聖人制禮作樂而天地官者，作者之事也；大人舉禮樂而天地昭者，述者之事也。言天地官，則天地雖大亦受於禮樂矣；言天地昭，則天地雖幽亦不能匿其情矣。

天尊地卑，君臣定矣。卑高已陳，貴賤位矣。

　　分無兩隆，有尊必有卑；位無兩盛，有貴必有賤。貴以高爲本，賤以卑爲基。是高卑以天地，尊卑而後陳；貴賤以君臣，定而後位。言定則知位爲辨，言位則知定爲分，分位不同，禮亦異數。此君臣所以別於朝廷，貴賤所以別於天下也。然卑高者，位之積；貴賤者，位之序。貴以卑而後形，故言卑以敵貴；賤以高而後顯，故言高以敵賤。《詩》曰："穆穆皇皇，宜君宜王。"蓋穆穆者王德之容，皇皇者君德之容，穆穆而後皇皇，貴賤之序也；宜君而後宜王，卑高之序也，與此同意。然君可以言貴，貴不必皆君也；臣可以言賤，賤不必皆臣也。故於君臣言尊卑，於貴賤言卑高以別之。天尊地卑，自然之分也；天高地下，自然之位也。《易》言乾坤，此言君臣者，《易》以乾坤爲首，禮以君臣爲大故也。

動靜有常，小大殊矣。

　　天道成規，其常在動；地道成矩，其常在靜。以動爲常，無小而不大，凡物之所謂大者，皆麗焉。以靜爲常，無大而不小，凡物之所謂小者，皆麗焉。因其大而大之，因其小而小之，則大小殊矣。然則禮豈不爲天地之别乎？禮者，天地之序，序故羣物皆别，天高地下，萬物散殊而禮制行，如此而已。變易之剛柔，斷言小大殊者，此主禮有小大言之，異乎《易》主乾坤而言也。動靜有常，小大殊者，禮也。一動一靜，天地之間者，禮樂也。由是觀之，禮由陰作，雖主乎靜，未始不動；樂由陽來，雖主乎動，未始不靜。《經》曰："禮動於外，樂由中出故靜。"不其然乎？

方以類聚，物以羣分，則性命不同矣。

天地之間有域者必有方，而方不能無類聚；有生者必有物，而物不能無羣分。蓋獨陽不生，獨陰不成，相辨以成體，相與以致用。相辨以成體，則陽與陽爲類，凡非陽類者，斯乖而不親；陰與陰爲類，凡非陰類者，斯離而不合。故乾位西北，至陽也，震、坎、艮之陽聚焉；坤位西南，至陰也，巽、離、兌之陰聚焉。豈非方以類聚邪？揚雄謂"人人物物，各由厥彙"是也。相與以致用，則陽物不能無偶，分之以羣乎陰；陰物不能獨立，分之以羣乎陽。則天地以道相際，山澤以氣相通，雷風以聲相搏，水火以性相逮，豈非物以羣分耶？揚雄謂"分羣偶物"是也。方以類聚，物以羣分，豈天地使然哉？各因性命不同而已。禮之道，以敬爲體而有以相辨，以和爲用而有以相與，使天下之衆，萬物之繁，靜安性命之理，動安性命之情，亦何異此？言性命不同，不言吉凶生者，《易》原吉凶所生，以同民患；禮推性命不同①，以辨名分故也。

① "推"，光緒刻本作"惟"。

在天成象，在地成形。如此，則禮者天地之別也。

夫禮必本於太一，分而爲天地。在天成象，則凡物有象者，皆資成焉，非特日月星辰之垂象而已。在地成形，則凡物之有形者，皆資成焉，非特山川草木之流形而已。象成而上，形成而下，暉之本數，係之末度，孰非天地之別乎？在《易》，繼之"變化見"，在禮，繼之"天地別"者，《易》員而神，禮方以智，故言妙於《易》，言粗於禮。

地氣上齊，天氣下降，陰陽相摩，天地相蕩，鼓之以雷霆，奮之以風雨，動之以四時，煖之以日月，而百化興焉。如此，則樂者天地之和也。

樂之道，形而爲天地，氣而爲陰陽。天地譬形體也，待陰陽而後變化；陰陽譬榮衛也，待天地而後流通。故地氣不上隮，則蕭蕭之陰何以出乎天？天氣不下降，則赫赫之陽何以發乎地？兩者交通成和，一上一下，陰陽所以相摩也；一先一後，天地所以相蕩也。相摩與《易》言"剛柔相摩"，莊周言"木與木相摩"同意。相蕩與《易》"八卦相盪"，《大玄》言"歲歲相盪"同意；蓋陰陽之氣運行乎天地之間，其相薄也，感而爲雷，激而爲霆；其偏勝也，怒而爲風，和而爲雨。雷霆以震之，凡物之有聲者，莫不鼓矣；風雨以潤之，凡物之有心者，莫不奮矣。一噓爲春夏，一吸爲秋冬，四時之行也。有以動化之，或循星以進退，或應日以死生，日月之運有以煖煊①之，如此則一寒一暑，一晝一夜，而百昌之化興焉②。然則，樂有不爲天地之和邪？莫神於《易》，莫明於禮，微之而爲乾坤，顯之而爲禮樂，其所以同異詳略，亦相爲表裏而已。煖之者日也，月亦預焉；潤之者雨也，風亦預焉，相須而成故也。

化不時則不生，男女無辨則亂升，天地之情也。

禮偵天地之情，非特與之同節而已，實天地之序也。樂偵天地之情，非特與之同和而已③，實天地之和也。和故百物皆化，化不時則不生，樂失其和故也。序故羣物皆別，男女無辨則亂升，禮失其別故也。《列子》曰："常生常化者，無時不生，無時不化。陰陽爾，四時爾。"然則化不時則不生，有不本天地之情邪？《易》曰："男正位乎外，女正位乎内，天地之大義也。"然則男女無辨則亂升，有不本天地之情邪？蓋天地之情，去心以感物，於卦爲《咸》；存心以久其道，於卦爲《恒》。《咸》言男女之感，《象》曰"天地感而萬物生"；《恒》言男女之常，《象》曰"天地之道，常久而不已④"。由是觀之，善言天地者以人事，善言人事者以天地。化不時則不生，以天地明人事也；男女無辨則亂升，以人事明天地也。

及夫禮樂之極乎天而蟠乎地，行乎陰陽而通乎鬼神，窮高極遠而測深厚。

---

① "煊"，光緒刻本作"烜"，元刻明修本模糊不清。
② "昌"，四庫本、元刻明修本作"昌"，光緒刻本作"物"。
③ "和"，四庫本、元刻明修本作"和"，光緒刻本作"化"。
④ "常"，光緒刻本作"恒"。

禮樂之道，建神而天之，有以極乎天之所覆；觸地而田之，有以蟠乎地之所載。與陰陽埏其化，行之於無止；與鬼神即其靈，通之於不窮。窮高極遠，其運無乎不在也；測深與厚，其至無乎不察也。由是觀之，禮樂之道其可以方體求耶？黃帝張《咸池》之樂於洞庭之野，充滿天地，包裹六極，上極乎天，下蟠乎地也。陰陽調和，流光其聲，行乎陰陽也。鬼神守其幽，通乎鬼神也。動於無方，居於杳冥，窮高極遠而測深厚也。言樂如此[1]，則禮可知矣。窮高極遠，況下且近者乎？測深與厚，況淺且薄者乎？極乎天，蟠乎地者，禮樂也；上際於天，下蟠於地者，精神也；測深極遠者，禮樂也；鉤深致遠者，蓍龜也。莊周以明道故言精神，《易》以窮神故言蓍龜。《記》言人道而已，此所以詳於禮樂歟？

樂著太始，而禮居成物。

一陰一陽之謂道。麗乎一陽者，其道爲乾；麗乎一陰者，其道爲坤。蓋生於子，成於丑，而乾位亥前，故所知者太始。生於午，成於未，而坤位未後，故所作者成物。然太始形之始，未離乎象；成物器之終，未離乎形。乾能知太始，不能著其微而顯之，著其微而顯之者，樂也；坤能作成物，不能居其所而有之，居其所而有之者，禮也。樂以陽來，以天作，凡在天成象者，皆資之顯焉。豈非著太始之意歟？禮以陰作，以地制，凡在地成形者，皆資之居焉。豈非居成物之意歟？太始，父道也，尊而不親；成物，母道也，親而不尊。樂

---

[1]　"如"，原作"知"，據元刻明修本、光緒刻本改。

尊而不親，太始待之以著，自形而上言之；禮親而不尊，成物
待之以居，自形而下者言之。凡物以陽顯，以陰晦，以陽流，
以陰止。樂，陽以顯，故言著，與樂著萬物之理同；禮，陰以
止，故言居，與禮別宜居鬼同。乾知太始，坤作成物，天地之
道；樂著太始，禮居成物，禮樂之道也。言樂著太始，則禮之
所著者太一也，故曰禮必本於太一；言禮居成物，則樂之所
居者化物也，故曰和故百物皆化。不言太初而言太始者，有
初然後有始。太初，氣之始也；太始，形之始也。形之始，故
可得而著；氣之始則未形，孰得而著之邪？

著不息者，天也；著不動者，地也。一動一靜者，天地之間
也。故聖人曰“禮樂云”。

　　乾則自彊不息，坤則至靜德方。天確而動，故其運不
息，“著不息”者，樂之所以冥乎天也；地隤而靜，故其處不
動，“著不動”者，禮之所以冥乎地也。有天地然後有萬物，
萬物之情，非動則靜，而禮樂如之。樂主動，由中出，則靜
矣；禮主靜，交乎下，則動矣。萬物盈於天地之間，或類聚，
或羣分。或動者有時而靜①，或靜者有時而動②，一動一靜而
不主故常者，無適而非禮樂也。非聖人知禮樂之情，其孰能
究此，故此繼之“聖人曰‘禮樂云’”。然則禮樂有不爲天地
之父母，聖人有不爲禮樂之君師邪？言“著不息者，天也；著
不動者，地也”，與《易》闔户謂之《乾》，闢户謂之《坤》同意。

---

① “或”，四庫本、元刻明修本作“域”，據光緒刻本改。
② “或”，四庫本、元刻明修本作“域”，據光緒刻本改。

“一動一静，天地之間”，與《易》“一闔一闢謂之變”同意。樂主於著，未始不居，莊周言《咸池》之樂，曰“居於窈冥”是也；禮主於居，未始不著，此言“著不動者地”是也。

樂書卷十五　禮記訓義

樂記

昔者舜作五絃之琴，以歌《南風》。

順天地之和莫如樂①，窮樂之趣莫如琴，蓋八音以絲爲君，絲以琴爲君。而琴又以中徽爲君②，所以禁淫邪、正人心者也。洞越練朱之制，雖起於羲農③，而作五絃以歌《南風》，合五音之調，實始於舜而已。《爾雅·釋樂》：“宫謂之重，商謂之敏，角謂之經，徵謂之迭，羽謂之抑。”蓋宫音重而尊，商音明而敏，角音約而易制，徵音泛而不流，羽音涣散而抑。被之五絃之琴，則五音無適不調矣。舜以之歌《南風》，亦不過詠父母生養之德，以解吾憂而已。何以明之，《凱風》美孝子之盡道，《南陔》美孝子相戒以養，况舜之孝，大足以配天，至足以配地，其歌《南風》之意，亦誠在此，豈特解民愠、阜民財而已乎？且《南風》者，生養之氣；琴者，夏至之音。舜以生養之德，播夏至之音。始也，其親底豫而天下化；終也，底豫而天下之爲父子者定。古人所謂琴音調而天下治，無若乎五音，其在兹歟？揚子曰④：“舜彈五絃之琴而天下化。”

---

① “順”，元刻明修本、光緒刻本均作“䪻”。
② “徽”，元刻明修本、光緒刻本均作“暉”。
③ “羲”，元刻明修本、光緒刻本均作“犧”。
④ “揚”，四庫本、光緒刻本作“楊”，據元刻明修本改。

《傳》曰："舜彈五絃之琴，詠《南風》之詩，不下堂而天下治。"
自非能樂與天地同意，何以與此？然則舜爲《南風》之歌，其
興也勃焉；紂爲北鄙之聲，其廢也忽焉，亦足監矣。由是觀
之，五絃之琴以應五音，蓋不可得而損益也，聲存而操變則
有之矣。後世振奇好異之士，或記陶唐氏有少宫、少商之
調，或託周王有文絃武絃之名①，因益之爲七絃，以應七始之
數。其説蓋始於《夏書》，而曼衍於《左氏》、《國語》，是不知
《夏書》之在治忽，有五聲、六律、八音而無七始，豈爲左氏者
求其説不得而遂傅會之邪？

夔始制樂，以賞諸侯。故天子之爲樂也，以賞諸侯之有德者
也。德盛而教尊，五穀時孰，然後賞之以樂。

昔舜使重黎舉夔於草莽之中，以爲樂正。重黎又欲益
求人，舜謂之曰："聖人爲能知樂之本，而夔能和之，以平天
下②，若夔者，一而足矣。"遂命典樂，教胄子，八音克諧，無相
奪倫。信乎夔之達於樂矣。舜，君之聖者也，作琴歌《南
風》，所以合乎天；夔，臣之明者也，制樂賞諸侯，所以合乎
人。和同天人之際而無間，此所以醇天地、育萬物、和天下
也。天下有道，禮樂自天子出；天下無道，禮樂自諸侯出。
舜之時，大道之行久矣，禮樂不自諸侯出而自天子，故諸侯
有德，天子得爲樂以賞之。非剛克之道也，以柔克遇之而
已。與《詩》彤弓錫有功，諸侯稱天子同意。夫德者，性之

---

① "託"，光緒刻本作"記"。
② "平"，光緒刻本作"和"。

端；樂者，德之華。德盛於内而日新，教尊於外而日隆，則人和於下矣。五穀種之美而以時毓焉，則天地之和應於上矣。人和於下，天地應於上，則德教治而民氣樂，其賞之樂以彰有德，不亦宜乎？與《經》言民有德而五穀昌，然後正六律、和五聲同意。且夔之爲樂，薦之郊廟鬼神享，作之朝廷庶尹諧，立之學官天下服。近足以儀覽，德之鳳凰；遠足以舞難，馴之百獸。豈特賞諸侯而已哉？彼然而言之者，因歌《南風》而發，亦見賞以春夏之意也。《祭統》發爵賜服，必於夏禘，以順陽義，意協於此。然賞諸侯以樂，前此無有也，後此則因夔而已。故以始制言之，此後世所以推爲樂祖而祭之瞽宗歟？《王制》曰："天子賜諸侯樂，則以柷將之；賜伯子男樂，則以鼗將之。"舜賞諸侯之樂，雖無經見，其大致亦不是過也。此言"德盛而教尊"，《文王世子》言"德成而教尊"，何也？《易》不云乎："成言乎《艮》，終萬物，始萬物，莫盛乎《艮》。"成德則終始無虧，盛德則終始惟一。德成而教尊，世子之事也；德盛而教尊，諸侯之事也。文王教世子以禮樂，將以成其德，故以德成言之；天子賞諸侯以樂，將以崇其德，故以德盛言之。及其成功一也，均謂之尊，不亦可乎？

故其治民勞者，其舞行綴遠；其治民逸者，其舞行綴短。故觀其舞，知其德；聞其謚，知其行也。

《周官》大胥以六樂之會正舞位，小胥巡舞列。《經》曰："行其綴兆[①]，行列得正焉。"蓋位則鄭也，所以爲綴；列則佾

---

① "行"，光緒刻本作"舞"。

也，所以爲行。正之以辨其序，巡之以肅其慢。則治民勞者，鄭遠而佾寡，德殺故也；治民逸者，鄭短而佾多，德盛故也。非故不同，凡各稱德而已。天子之於諸侯，生則旌以舞，没則表以謚。觀其舞之行綴，足以知臨民之德；聞其謚之異同，足以知爲治之行。然則爲諸侯者，孰不敏德敦行以法天下後世爲哉？夫舞所以節八音，八音克諧而樂成焉。故舞必以八人爲列，自天子達於士，降殺以兩。衆仲曰：天子用八，諸侯用六，大夫四，士二。鄭伯納晉悼公女樂二八，晉賜魏絳以一八。用是推之，服虔所謂天子八八，諸侯六八，大夫四八，士二八，不易之論也。然則舞行綴遠，豈六佾歟？舞行綴短，豈四佾歟？杜預謂：凡天子、諸侯、大夫、士之舞，一列遞減二人，至士四人而止。豈復成樂舞邪？世衰道微，禮樂交喪於天下，諸侯僭天子者有之，大夫僭諸侯者有之，及其甚也，大夫不僭諸侯而僭天子，陪臣不僭大夫而僭諸侯。魯公初去八佾，獻六羽，諸侯僭天子而知反正者也。季氏舞八佾於庭，大夫僭天子而不知反正者也。彼豈知舜以樂舞賞諸侯之意哉？言舜樂始歌而終舞者，蓋樂者天地之和也，溢乎心而以歌聲之，充乎體而以舞容之，永歌之不足，則不知手之舞之，則歌爲樂之端，舞爲樂之成。《書》謂“琴瑟以詠”，其歌也；《語》謂“樂則《韶舞》”，其舞也。始歌終舞，其樂之序歟？熊氏以歌《南風》爲《凱風》，司馬遷以舞之行綴爲行級，失之矣。然舜之時固有謚矣，《檀弓》以爲周道，何也？曰：舜時生而有號，死或襲之以爲謚，不若周道號謚之有別也。

《大章》，章之也；《咸池》，備矣；《韶》，繼也；《夏》，大也，殷周之樂盡矣。

堯命瞽瞍作《大章》，以其煥乎其有文章也。黃帝命營援作《咸池》，以其感物而潤澤之也。蓋五帝之樂，莫著於黃帝，至堯修而用之，然後一代之樂備。故曰：“《大章》章之也，《咸池》備矣。”舜紹堯之俊德，而以后夔作《韶》；禹成治水之大功，而以皋陶作《夏》；成湯能護民於塗炭而澤之，故伊尹爲之作《濩》焉；武王以武定禍亂而正之，故周公爲之作《武》焉。是帝樂莫備於堯舜，而王樂全三土，無復餘蘊矣。故曰《韶》繼也，《夏》大也，殷周之樂盡矣。此三代之道所以具異乎？堯之所謂備也，堯曰《大章》，又曰《雲門》、《大卷》者，《雲門》，樂之體也；《大章》、《大卷》，樂之用也。雲之爲物，出則散而成章，其仁所以顯；入則聚而爲卷，其智所以藏。堯之俊德，望之如日，就之如雲，《雲門》之實也。其仁如天，《大章》之實也；其智如神，《大卷》之實也。《雲門》、《大章》、《大卷》，堯之天道格于上者也；《咸池》，堯之地道格於下者也。《韶》則舜繼堯之樂也，繼其天道如天之無不覆燾[1]，繼其地道如地之無不持載，雖甚盛德蔑以加於此矣。“磬”又作“韶”者，凡六樂，皆文之以五聲，播之以八音，而“磬”居一焉。自文之五聲言之，“磬”之上聲所以紹五聲也；自播之八音言之，“韶”之左音所以紹八音也。舜欲聞五聲八音在治忽，概見於此。《周官》六樂皆謂之大，此特言《夏》大者，禮以時爲大，故六樂同謂之大。以道別之，則禹之本

---

① “燾”，元刻明修本、四庫本作“燾”，光緒刻本作“幬”。

始王道，亦可謂之大矣。五帝殊時，不相沿樂，此特以堯舜言之，何哉？曰：《書》斷自唐虞，樂斷自堯舜，聖人定《書》正樂之意也。

天地之道，寒暑不時則疾，風雨不節則饑。教者，民之寒暑也，教不時則傷世；事者，民之風雨也，事不節則無功。然則先王之爲樂也，以法治也，善則行象德矣。

一陰一陽，天地之道也。運爲四時，則寒暑相推而歲成焉；散而育萬物，則風雨相資而化興焉。樂道天地之和，而其教與事實體之也。蓋寒暑所以生成萬物，而風雨又所以輔成歲功也。教所以化成天下，而事又所以輔成治功也。是教者，民之寒暑，不可不時；事者，民之風雨，不可不節。寒暑不時而愆伏，其能不疾而傷世乎？風雨不節而凄苦，其能不饑而無功乎？以迹求之，春誦夏弦，春合舞，秋合聲，以至先王之所著，君子之所廣以成教者，孰非法寒暑之時邪？凡樂之事，或以聲展之，或以舞正之，以至律小大之稱，比終始之序，以象事行，孰非法風雨之節邪？然則先王爲樂，法寒暑風雨之治，教有時，事有節，以善民心，如此則民之行也，未有不象上之德矣。在《易·益》之九五，上則有孚惠心，下則有孚惠我德。豈非以法治也？善則民之行象德歟？若夫以法治也，不善，則教不時有所謂傷世，事不節有所謂無功，尚何行象德之有乎？《易》曰：“成象之謂乾，效法之謂坤。”則象於法爲略，法於象爲詳，上法而下象之，則先王處已可謂詳，待人可謂略矣。

樂書卷十六　禮記訓義

樂記

夫豢豕爲酒，非以爲禍也，而獄訟益繁，則酒之流生禍也，是故先王因爲酒禮。壹獻之禮，賓主百拜，終日飲酒而不得醉焉。此先王之所以備酒禍也。

天食人以五氣，地食人以五味。豕，天産也；酒，地味也。豢豕而食，所以養陰；爲酒而飲，所以養陽。飲食雖人之大欲，不能不速訟；陰陽雖人之資養，不能不爲寇。然則豢豕爲酒所以爲禮，非以爲禍而獄訟益繁，則酒之流湎生禍亦已大矣。莊周謂以禮飲酒始乎治常，卒乎亂者，此也。先王知其然，於《書》有彝酒之戒，羣飲之誅；於禮有幾酒之察，屬飲之禁。猶以爲未也，又寓教戒之意於器皿之間。彝皆有舟，其載有量；尊皆有罍，其鼓有節；爵以角，觥以兕；以至傷而爲觴，單而爲觶，孤而爲觚，戔而爲醆，散而爲散，止而爲禁。無非備酒禍也，故因是爲酒禮。則饗以訓恭儉，爵盈而不敢飲，爲禮而已，酒正所謂共賓客之禮酒是也；燕以示慈惠，而謂之飲酒，酒人所謂共賓客之飲酒是也。古之人饗禮，上公九獻，侯伯七獻，子男五獻。凡大國之孤，執皮帛以繼小國之君，凡諸侯之卿，其禮各下其君二等，以下及其士大夫，皆如之。《禮器》曰："三獻之介，君專席而酢焉。"季孫宿曰："得賜不過三獻。"由此推之，孤同子男之君五獻，卿大夫下其君之等三獻①，則一獻之禮，非士之燕禮，士之饗禮而已。一獻之禮非不簡也，而賓主至於百拜；終日飲酒，非不久也，而不得醉焉。是以華實副爲禁②，而以進爲文者也。然則先王爲禮以備酒禍，可謂至矣。言士之饗禮如此，則自士而上可知也。今夫饗禮以仁賓客，豈獨備禍邪？蓋僞不去則誠不著，不足爲禮之經故也。彼昧是者，以賓主百拜爲華，日昃不飲爲過，抑何不知先王爲禮之意也？春秋之時，晉侯享季孫宿以加籩之禮③，鄭伯享趙孟具五獻之籩豆焉④，是以子男之禮享大夫也，豈禮意歟？此言終日飲酒而不得醉，《詩》言"厭厭夜飲，不醉無歸"者。終日飲而不得醉，爲行饗禮故也；不醉無歸，爲燕同姓故也。

故酒食者，所以合歡也；樂者，所以象德也；禮者，所以綴淫也。是故先王有大事，必有禮以哀之；有大福，必有禮以樂之。哀樂之分，皆以禮終。

　　荀卿曰："爲之鍾鼓、管磬、琴瑟、竽笙，使足以合歡定和而已。"蓋酒食，禮之物，而物非禮也；合歡，樂之官，而官非樂也。酒食以合歡，則禮之所施樂，未嘗不有以通之也。知樂幾於禮，則樂之所施，禮未嘗不有以節之也。然合歡以爲樂，非特樂其情而已，必有以象德而形容之也；酒食以爲禮，非特淫其德而已，必有以綴淫而攣屬之也。在《易》之《需》，

① "三獻"，元刻明修本、光緒刻本均作"二獻"。
② "禁"，光緒刻本作"禮"，元刻明修本模糊不清。
③ "晉侯"，四庫本、元刻明修本作"晉侯"，光緒刻本作"魯侯"。
④ "趙孟"，四庫本、元刻明修本作"趙孟"，光緒刻本作"趙伯"。

言"君子以飲食燕樂",酒食合歡之意也;《豫》言"先王作樂崇德",樂以象德之意也。《曲禮》曰:"富貴而知,好禮則不驕不淫。"禮以綴淫之意也。先王於事之大者,必有禮以哀之;於福之大者,必有禮以樂之。死亡凶札禍裁,天事之大者也;圍敗寇亂,人事之大者也。大宗伯皆以凶禮哀之,所謂"有大事,必有禮以哀之"也。以脤膰之禮親兄弟之國,而與之同福禄;以慶賀之禮親異姓之國,而與之和安樂,所謂"有大福,必有禮以樂之"也。彼哀而我哀之,彼樂而我樂之,哀樂之分雖異情而皆以禮終,則禮達而分定矣。孰謂禮者先王爲之以强世哉?老氏以爲忠信之薄而亂之首,蓋亦有爲而言。然樂所以象德,又言樂章德;禮所以綴淫,又言刑以坊淫者①。象以像之,所以形容之也;章以彰之,所以著明之也。禮以綴淫而使之不縱,刑以坊淫而使之不溢,相爲表裏故也。

樂也者,聖人之所樂也,而可以善民心。其感人深,其移風易俗,故先王著其教焉。

聖人之於樂,非志於獨樂而已,將以爲治也。顯之爲德教,可以善民心;妙之爲道化,可以感人深。善民心,則惻隱羞惡之心達而爲仁義,恭敬是非之心達而爲禮智,有若泉之始達也;感人深則動蕩血脉,通流精神,非若水之可測也。《詩》曰"宜民宜人",《語》曰"節用而愛人,使民以時",則人有十等,非特民也。善民心,則通賤者之欲而已,貴者不與焉;感人深,則貴賤雖在所感,而風俗或未周焉。孔子曰:

---

① "坊淫",四庫本、元刻明修本作"坊淫",光緒刻本作"防淫",下同。

"移風易俗，莫善於樂。"由是觀之，百里不同之風，其氣有剛柔；千里不同之俗，其習有善惡。樂之善民心，感人深，則至剛之風可移而爲柔，至惡之俗可易而爲善。移風而使之化，易俗而使之變，爲樂之效如此，而先王著之以爲教，則一道德，同風俗，天下爲一家，中國爲一人矣。豈非以防民情而教之和然邪？樂行而倫清，卒乎移風易俗，天下皆寧者，此也。是篇始之以聖人所樂之情，終之以先王著教之文，非神明於至德妙道[①]，孰能與此？夏氏多辟[②]，受德昏淫，樂北里之哇[③]，悦傾宮之艷，靡靡然以常舞爲風，朝歌爲俗，而不知所以移易之者，豈不爲聖王罪人乎？樂則移風易俗，《詩》止於移風，何也？曰：《詩》，仁言也；樂，仁聲也。仁言不如仁聲之入人深也，故其異如此。雖然，風可得而移，俗可得而易，人之風俗也；修其教不易其俗，齊其政不易其宜，天之風俗也。《記》之言樂，或曰"先王著其教"，或曰"君子成其教"者，蓋樂之爲教，著必有驗乎微，成必有驗乎虧。著其微者，非一世之積，故言"先王"；成其虧者，非成德者不能，故言"君子"。

夫民有血氣心知之性，而無哀樂喜怒之常，應感起物而動，然後心術形焉。是故志微、噍殺之音作，而民思憂；嘽諧、慢易、繁文、簡節之音作，而民康樂；粗厲、猛起、奮末、廣賁之音作，而民剛毅；廉直、勁正、莊誠之音作，而民肅敬；寬裕、肉好、順成、和動之音作，而民慈愛；流辟、邪散、狄成、滌濫之音作，而民淫亂。

---

①　"神明於至德妙道"，光緒刻本作"備内聖外王之道"，元刻明修本模糊不清。
②　"夏氏"，光緒刻本作"夏政"，元刻明修本模糊不清。
③　"北里"，原作"比里"，據元刻明修本、光緒刻本改。

民生而静，有血氣心知之常性；應感起物而動，無哀樂喜怒之常情。以有常之性託無常之情，則心術之形固非我也，實自物而已。蓋樂以音變，音以民變。是故志微、噍殺之音作而民思憂，哀心所感然也；嘽諧、慢易、繁文、簡節之音作而民康樂，樂心所感然也；粗厲、猛起、奮末、廣賁之音作而民剛毅，怒心所感然也；廉直、勁正、莊誠之音作而民肅敬，敬心所感然也；寬裕、肉好、順成、和動之音作而民慈愛，愛心所感然也；流辟、邪散、狄成、滌濫之音作而民淫亂，喜心所感然也。由前則以心論聲，而其辭略；由後則以音論民，而其辭詳①，此其序所以不同也。總而論之，其音作而民思憂，亡國之音也；其音作而民康樂，治世之音也；其音作而民淫亂，亂世之音也。治世之音居亂亡之中者，以謂世治而不知戒，不亡則亂矣，此記樂者之微意也。今夫肉倍好者，璧也；好倍肉者，瑗也；肉好如一，旋而不可窮者，環也。肉好之音，豈其音旋而不可窮邪？樂音謂之狄，猶夷狄謂之狄，以有禽獸之道也。順成之音，則其音順而治；狄成之音，則其音逆而亂。

是故先王本之情性，稽之度數，制之禮義，合生氣之和，道五常之行。

凡樂生於音，而人心存焉；凡音生於人心，而情性係焉。故其音角者，情喜而性仁；其音商者，情怒而性義；其音徵者，情樂而性禮；其音羽者，情悲而性智；其音宮者，情恐而

---

① 自“而其辭詳”至段末“逆而亂”，元刻明修本、光緒刻本均缺。

性信。則自人有血氣心知之性，以至五者之音作，而民應之無非本之情性也。蓋樂者，根之人心，本之情性，其在度數則枝葉而已，故求樂必自五音始，求五音必自黃鍾始。自黃鍾之長而以黍累之，則別於分，忖於寸，蒦於尺，張於丈，信於引，而五度審矣；自黃鍾之數而以一推之，則紀於一，協於十，長於百，大於千，衍於萬，而五數備矣。然度數之在天下，被之於文，則久而必息；寓之節奏，則久而必絶。要在稽之而已，稽之勿疑，則其數足以正其度，而音正矣。既稽之度數，使百度得數而有常；又制之禮義，使百體齊運而順正。其大足以合天地生氣之和而不乖，其微足以道人性五常之行而不悖，則天下之理得而成，位乎其中矣。今夫至陽赫赫，至陰肅肅，赫赫應乎地①，肅肅出乎天，兩者交通咸和而物生焉者②，生氣之和也。樂有以合而同之，宮動脾而和正信，商動肺而和正義，角動肝而和正仁，徵動心而和正禮，羽動腎而和正智者，五常之行也。樂有以道而達之，故天地訢合，陰陽相得，區萌達，羽翼奮，胎生者不殰，卵生者不殈，合生氣之和之效也。樂行而倫清，耳目聰明，血氣和平，移風易俗，天下皆寧，道五常之行之效也。所謂樂通倫理，如此而已。然人之情性，在禮爲中和，在《易》爲利貞。利貞③，天德也；中和，人道也。説天者莫辨乎《易》，説人者莫辨乎禮，故其别若此。聖人作樂以應天，此言先王者，自内言之爲聖，自外言之爲王，其實一也。

---

① 自段首"是故先王"至"赫赫应"，元刻明修本、光緒刻本均缺。
② "咸"，光緒刻本作"成"。
③ "利貞"，光緒刻本作"利正"。

使之陽而不散，陰而不密，剛氣不怒，柔氣不懾，四暢交於中而發作於外，皆安其位而不相奪也。

夫樂者，音之所由生，其本在人心之感於物也。故喜心感者，其聲發以散；哀心感者，其聲噍以殺，是陽易失之散，陰易失之密也。怒心感者，其聲粗以厲；愛心感者，其聲和以柔，是剛氣易失之怒，柔氣易失之懾也。先王知樂之感人如此，故合天地生氣之和，道人性五常之行，使之陽氣宜散而不散，陰氣宜密而不密，一適天地之和以暢之而已，《周語》言“氣無滯陰亦無散陽”是也。剛氣宜怒而不怒，柔氣宜懾而不懾，一適人性之和以暢之而已，《記》言“樂行而倫清，血氣和平”是也。《周官》典同掌六律、六同之和，以辨陰陽之聲；陂聲散，險聲斂，正聲緩。陂則陽而散，斂則陰而密，陽而不至於散，陰而不至於密，其正聲之緩乎？論陰陽如此，則剛柔可知矣。凡四暢交於一體之中，而發作於一體之外，則陰陽皆安其位，而陽不奪陰而散，陰不奪陽而密。剛柔皆安其位，而柔不奪剛而懾，剛不奪柔而怒。夫然則聲應相保而爲和，細大不踰而爲平，而樂之道歸焉耳。《書》以“八音克諧，無相奪倫”爲舜樂之成，《詩》以“笙磬同音，以籥不僭”爲周樂之美，皆此意歟？《記》言宮、商、角、徵、羽之音，而曰“五者皆亂迭相陵謂之慢”。然則，“五者皆亂”，非所謂皆安其位；“迭相陵”，非所謂不相奪，是亦怨怒哀思之音而已。豈識所謂治世之音安以樂哉？剛柔言氣而陰陽不言者，陰陽氣之大者也，於氣言剛柔，則陰陽舉矣。陰陽之氣，自得之於天者言之；剛柔之氣，自得之於地者言之。

樂書卷十七　禮記訓義

樂記

然後立之學等，廣其節奏，省其文采，以繩德厚。律小大之稱，比終始之序，以象事行，使親疏、貴賤、長幼、男女之理皆形見於樂。故曰"樂觀其深矣"。

教不可陵節，學不可躐等。先王之於樂，本之情性以爲情，稽之度數以爲文，制之禮義以爲節，非獨以善吾身，又將以教諸人也。故始之以中和、祗庸、孝友之樂德；中之以興道、諷誦、言語之樂語；終之以二帝、三王之樂舞。始之以十三舞《勺》，中之以成童舞《象》，終之以二十舞《大夏》。其立之樂等，用其才之差，而使習之如此。抑又使之廣其節奏而不爲簡節之音；省其文采，而不爲繁文之樂。則德之充實而端厚者，故足繩之使不淫矣。《周官》小師掌六樂之節，鍾師掌九夏之奏，節奏之辨也。樂之止有節，其作有奏，兩者合而成文，則文采而已。采爲文之實，文爲采之華，節奏文采，均聲之飾而已。君子動其本然後治其飾，治飾之道，欲始博而終約。始博之節奏，不可以不廣，終約之文采，不可以不省。廣節奏，省文采，以繩德厚，則能使人復性之静，而不逐物之動，又何窮人欲、滅天理之有？誠推而行之，通萬世而無弊矣。律，述此者也；比，輔此者也。樂之於天下，其體固有小大，其用固有終始，蓋難以一隅舉述之。以小大之稱，則大小相成而無輕重之不等，輔之以終始之序，則終始相生而無先後之不倫，以此象乎事行，則事容有小大終始矣。繩德厚以爲性，象事行以爲行，則越之聲音，形之動靜，一遠一近而親疏之理存焉，一上一下而貴賤之理存焉，一先一後而長幼之理存焉，一內一外而男女之理存焉。能使是理莫不形見於樂，豈不原於律小大之稱、比終始之序以使之邪？統而論之，先王本之情性，則合生氣之和，道五常之行，使夫陰陽剛柔皆安其位而不相奪，所以觀其和之深也；稽之度數，則立之學等，廣其節奏，省其文采，以繩德厚，而使之戒謹，所以觀其德之深也；制之禮義，則律小大之稱，比終始之序，以象事行而使之可，則所以觀其事之深也；使之親疏、貴賤、長幼、男女之理皆形見於樂，所以觀其理之深也。故曰“樂觀其深矣”。乃若芒忽而無形，幽昏而無聲，居於杳冥而已。則又樂深之又深，載道而與之俱微妙玄通，且將不可識，況得而觀之乎？

土敝則草木不長，水煩則魚鼈不大，氣衰則生物不遂，世亂則禮慝而樂淫。故其聲哀而不莊，樂而不安，慢易以犯節，流湎以忘本，廣則容姦，狹則思欲，感條暢之氣，而滅平和之德，是以君子賤之也。

土非作乂則敝，敝則草木爲之不長；水非適可則煩，煩則魚鼈爲之不大；氣非充盛則衰，衰則生物爲之不遂；世非平治則亂，亂則禮慝而樂淫。此天地自然之理，人道必至之患也。蓋禮以順人情爲善，一有不順，是慝禮已；樂以適中正爲雅，一有不適，是淫樂已。禮慝不足以善物，樂淫不足以化俗。故其聲哀矣，外貌爲之不莊；其聲樂矣，中心爲之不安。或慢易以簡節，反以犯其節；或流湎以逐末，反以忘其本。廣則嘽緩而容姦以亂正，狹則急數而思欲以害道，如此則感動條暢之順氣，而殄滅和平之至德，其何以動四氣之和，奮至德之光乎？是以君子賤之也。蓋同異相濟爲和，高下一致爲平。《詩》曰："神之聽之，終和且平。"《易》曰："聖人感人心而天下和平。"《國語》曰："物得其常曰樂，極樂之所集曰聲，聲應相保曰和，細大不踰曰平。"則陽而不散，陰而不密，剛氣不怒，柔氣不懾，是和之德也；四暢交於中而發作於外，皆安其位而不相奪，是平之德也。感條暢之氣而滅平和之德，非治世之樂也，亂世之音而已。君子賤之，不亦宜乎？荀卿有云："先王貴禮樂而賤邪音。其在序官也，修憲命，審詩商，禁淫聲，以時順脩，使夷俗、邪音不敢亂雅，太師之事也。"由是觀之，禮慝而樂淫，雖有司失職，亦世亂所致而已。然則君子賤之，其有意於復先王所貴者邪？《傳》不云乎："煩手淫聲，慆湮心耳，君子賤之。"又曰："樂所以成政也，故先王貴之。"《史記》以條暢之氣爲滌蕩之氣，是不知商人滌蕩其聲，所以爲盛美之意也。

凡姦聲感人，而逆氣應之，逆氣成象而淫樂興焉；正聲感人，而順氣應之，順氣成象而和樂興焉。倡和有應，回邪曲直，各歸其分，而萬物之理各以類相動也。

聲，樂之象也，其發而感人，不能無姦正；氣，體之充也，其出而應聲，不能無逆順。蓋樂者，天地之和、正聲之所止者也，而姦聲則乖此而已；人者，天地之委和、順氣之所鍾者也，而逆氣則反此而已。然氣合於無，象見於有，相感而文生。文之所生，則象之所見也；象之所見，則樂之所形也。《易》曰：“見乃謂之象，形乃謂之器也。”凡奸聲感人而逆氣應之[1]，逆氣成象而淫樂興焉，則新樂之發非治世之音也；正聲感人而順氣應之，順氣成象而和樂興焉，則古樂之發非亂世之音也。今夫命有正有不正，性有善有不善，道有君子有小人，德有凶有吉。然則，聲有奸正，氣有逆順，樂有淫和，不亦感應自然之符耶？聲之奸正既異其所倡，則氣之逆順亦異其所和，可謂“倡和有應”矣。逆氣成象而淫樂興，順氣成象而和樂興，可謂“回邪曲直，各歸其分”矣。凡此，非特人爲然，萬物有成理而不説，亦莫不各以氣類相感動也。古之人當春叩商弦以召南吕，涼風忽至，草木成實；及秋而叩角弦以激夾鐘，温風徐回，草木發榮；當夏而叩羽弦以召黄鐘，雪霜交下，川池暴冱；及冬而叩徵弦以激蕤賓，陽光熾烈，堅冰立散。終歲命宫而總四弦，則景風翔，慶雲浮，甘露降，澧泉湧。以至瓠巴鼓琴而鳥舞魚躍，師曠奏角而雲行雨施，鄒衍吹律而寒谷黍滋，豈非萬物之理各以類相動耶？荀卿曰：“凡奸聲感人而逆氣應之，逆氣成象而亂生焉；正聲感人而順氣應之，順氣成象而治生焉。唱和有應，善惡相象，故君子謹其所去就也。”《樂記》本樂之和、淫言之，繼之以“回邪曲直，各歸其分”；荀卿本世之治、亂言之，繼之以“善惡相象”，相爲始終故也。君子于此，可不謹所感乎？

---

[1]　自“也凡奸聲感人”至本段結尾“可不謹所感乎”，四庫本原缺，据元刻明修本、光緒刻本補；但元刻明修本此處存在錯頁。

　　是故君子反情以和其志[①]，比類以成其行。奸聲亂色不留聰明，淫樂慝禮不接心術，惰慢邪辟之氣不設於身體，使耳目口鼻心知百體皆由順正，以行其義。

　　　天下之情，以正聲感之則和，以姦聲感之則蕩。天下之行，以非類成之則惡，以正類成之則善。能反情以和其志，則好濫之音莫能淫，燕女之音莫能溺，其心一於和而已。能比類以成其行，則以道制欲，而不以欲忘道，其迹一於善而已。君子之於樂，智及之而其志成於和，仁能守之而其行歸於善，則其德全矣。德全則性全，而耳目聰明者，性全故也。性全則神全，而心術內通者，神全故也。性全矣，雖有姦聲亂色，必去之而不留；神全矣，雖有淫樂慝禮，必却之而不接。然姦聲可以爲淫樂，而淫樂不止於姦聲；亂色可以爲慝禮，而慝禮不止於亂色。姦聲亂色其入人也淺，不能累吾聰明於其外；淫樂慝禮其入人也深，不能蔽吾心術於其內。夫然則惰慢、邪辟之氣不設於身體，使夫耳徹爲明，鼻徹爲顫，口徹爲甘，心徹爲知，知徹爲德，而百體所由，無逆而非順，無邪而非正。以行吾義，防淫泆而已，尚何淫樂慝禮之有乎？《傳》曰："樂音，君子之所養義者。"此也。若夫天機不張，而五官皆備，則天樂而已。聖人之事也，君子之由順正，蓋又不足道。然則君子反情以和其志，豈徒然哉？以之成己，則比類以成其行；以之成物，則廣樂以成其教。要之，以反爲文，一也。

---

　　① "是故君子反情"至"以行其義"，四庫本原缺，據元刻明修本、光緒刻本補；但元刻明修本此處存在錯頁。

然後發以聲音，而文以琴瑟，動以干戚，飾以羽旄，從以簫管，奮至德之光，動四氣之和，以著萬物之理。

君子之於樂，反情以和其志，比類以成其行，本之情性也。姦聲亂色不留聰明，淫樂慝禮不接心術，惰慢邪辟之氣不設於身體，稽之度數也。使耳、目、鼻、口、心、知、百體，皆由順正，以行其義，制之禮義也。本之情性以爲情，稽之度數以爲文，制之禮義以爲節，則樂之道備矣。夫然後發以聲音而爲德音之音，文以琴瑟而爲德音之器，動以干戚而爲武德之容，飾以羽旄而爲文德之容，從以簫管而爲備成之樂，則性術之變盡矣。此《詩》所以有簫管備舉之説歟？以《書》推之，"戛擊鳴球，搏拊琴瑟以詠"，爲堂上之樂；"下管鼗鼓"至"《簫韶》九成"，爲堂下之樂。則發以聲音，文以琴瑟，堂上之樂也；動以干戚，飾以羽旄，從以簫管，堂下之樂也。琴瑟作於堂上，象廟朝之治；簫管作於堂下，象萬物之治。則德自此顯，足以奮至德之光；氣自此調，足以動四氣之和。夫然則可以贊化育而與天地參矣。萬物之理何微而不著乎？《吕氏春秋》謂朱襄氏使士達作五絃之琴，以和陰陽，以定羣生。《白虎通》亦謂瑟有君臣之節，臣子之義，然後四時和，萬物生。由一器推之如此，則備成之樂足以奮至德之光，動四氣之和，以著萬物之理，其勢然也。黄帝張樂於洞庭之野，奏之以人，徵之以天，行之以禮義，建之以太清，四時迭起，萬物循生①，則又進乎此矣。荀卿曰："鳳凰于飛，其翼若干，其聲若簫。"簫以比竹爲之，其狀鳳翼，其音鳳聲，大

---

① "循生"，光緒刻本作"類生"。

者二十三管，小者十六管，是簫雖有管而非管，夏至之音也。管則合兩以致用，象簫而非簫，十二月之音也。《周官》之於簫管，教之以小師，播之以瞽矇，吹之以笙師。則簫管異器而同用，要皆堂下之樂而已。《燕禮》"下管《新宮》"，《記》曰"下管《象》"，以管爲堂下之樂，則簫亦可知也。荀卿謂"君子以鐘鼓道志，以琴瑟樂心；動以干戚，飾以羽旄，從以磬管"；《周頌》謂"鐘鼓喤喤，磬筦將將"。是皆合堂上、下之樂而雜論之，非分而序之故也。

樂書卷十八　禮記訓義

樂記

是故清明象天，廣大象地，終始象四時，周還象風雨。

天職氣覆而清明，氣之上達者也；地職形載而廣大，形之旁礴者也。運行乎天地之間，一變一通，而終則有始者，其四時乎；一散一潤，而周則復還者，其風雨乎。樂之道，本末具舉，情文兼盡。其聲清而不可溷，明而不可掩者，仰有以象乎天也，非特人聲而已；其體廣而不可極，大而不可圍者，俯有以象乎地也，非特鐘鼓而已。六舞終於《大武》，始於《雲門》；八音終於革木，始於金石；六律終於無射，始於黃鐘；六同終於夾鐘，始於大吕。皆象乎四時也，非特宫羽而已。五聲、六律、十二管，還相爲宫，舞動其容，以要鐘鼓拊會之節[①]，千變萬化，惟意所適，皆象乎風雨也，非特舞之一端而已。雖然，用此象彼，則異體而同用，猶非其至也。語其至則樂行而倫清，皎然而文明，則清明與天爲一矣。和正以廣，其大必易，則廣大與天地爲一矣。比終始之序，動四氣之和，則終始與四時俱矣。鼓之以雷霆，奮之以風雨，則周還與風雨俱矣。豈曰象之而已哉？若夫黃帝張樂於洞庭

---

① “拊會”，元刻明修本、光緒刻本均作“俯會”。

之野，建之以太清，燭之以日月，文明復居於窈冥而已①，則清明不足多也。以物爲量，儻然立於四虛之道，則復動於無方而已，則廣大不足多也。四時迭起，萬物循生，其卒無尾，其始無首，則終始不足多也。一盛一衰，一清一濁，行流散徙，所常無窮，則周還不足多也。《記》之所言，姑道所象之末節云爾。蓋樂之有是四象，猶《易》之有四象。《易》有四象所以示人神矣，樂有四象所以示人明矣。《經解》曰"潔静精微，易教也；廣博易良，樂教也。"斯不亦示人神明之辨歟？荀卿有之："其清明象天，其廣大象地，其俯仰隨還，有似於四時。"言之詳略與此不同者，各有攸趨也。

五色成文而不亂。

樂之於天下，寓之節奏爲五聲，著之文采爲五色。蓋聲出於脾，合口而通之，謂之宮；聲出於肺，開口而吐之，謂之商；聲出於肝，而張齒湧吻，謂之角；聲出於心，而齒合吻開，謂之徵；聲出於腎，而齒開吻聚，謂之羽。宮，土也，其性員而居中，故主合，有若牛之鳴窌者矣；商，金也，其性方而成器，故主張，有若羊之離羣者矣；角，木也，其性直而崇高，故主湧，有若雉之鳴木者矣②；徵，火也，其性烈而善燭，故主分，有若豕之負駭者矣；羽，水也，其性潤而澤物，故主吐，有若馬之鳴野者矣。五聲之於樂，近取諸身以盡性，遠取諸物以窮理，如是則節奏合爲文采，莫不雜比成文而不亂矣。五

---

① "文明"，光緒刻本作"之明"。
② "雉"，元刻明修本、光緒刻本均作"雞"。

色成文而不亂，則宮爲君，足以御臣；商爲臣，足以治民；角爲民，足以興事；徵爲事，足以成物；羽爲物，足以致用。夫然則各得其所，不相陵犯而無渰懘之音矣。聲成文謂之音，豈不信然？苟五聲皆亂而不成文，迭相陵犯而不相爲經，不亦淫慢之音乎？不言五聲而言五色者，爲聲成文而言故也。

八風從律而不姦。

揚雄曰：“雕割匏竹，革木土金，擊石彈絲，以和天下，挍擬之八風。”左氏之論八音則曰：“以遂八風。”論舞則曰：“節八音而行八風①。”《白虎通》曰：“八風象八卦。”由此推之，八風象八卦者也，其所以擬而遂之者，八音；所以節而行之者，八修之舞而已。蓋主翔易者，坎也，故其音革，其風廣莫；爲果瓜者，艮也，故其音匏，其風融；震爲竹，故其音竹，其風明庶；巽爲木，故其音木，其風清明；兌爲金，故其音金，其風閶闔；乾爲玉，故其音石，其風不周；瓦，土器也，故坤音瓦，而風涼；靁，火精也，故離音絲，而風景。是正北之風從黃鐘之律，而黃鐘冬至之氣也；東北之風從大吕、大簇之律，而大吕、大簇，大寒啟蟄之氣也；正東之風從夾鐘之律，而夾鐘春分之氣也；東南之風從姑洗、仲吕之律，而姑洗、仲吕，穀雨小滿之氣也；正南之風從蕤賓之律，而蕤賓夏至之氣也；西南之風從林鐘、夷則之律，而林鐘、夷則，大暑處暑之氣也；正西之風從南吕之律，而南吕秋分之氣也；西北之風從無射、應鐘之律，而無射、應鐘，霜降小雪之氣也。豈非《傳》所

---

① “節八音而行八風”至段末“可謂知理矣”，原缺，據元刻明修本、光緒刻本補。

謂"樂生於風"之謂乎？八方之風周於十二律，如此則順氣應之，和樂興而正聲格矣，尚何奸聲之有乎？《傳》曰："律呂不易，無奸事也。"如此而已。《大司樂》："以六律、六同、五聲、八音、六舞大合樂。凡六樂皆文之以五聲，播之以八音。"《大師》："掌六律六同以合陰陽之聲，皆文之以五聲：宮、商、角、徵、羽；皆播之以八音：金、石、土、革、絲、木、匏、竹。"以是求之，五色成文而不亂，文之以五聲之和也；八風從律而不奸，播之以八音之諧也。百度得數而有常，節之以十二律之度也。吳季札觀樂於魯而曰："五聲和，八聲平，節有度，守有序，盛德之所同也。"五色成文而不亂，"五聲和"之謂也；八風從律而不奸，"八風平"之謂也；百度得數而有常，"節有度守有序"之謂也。昔人嘗謂顓帝始作樂風，《承雲》之樂，以效八風之音；舜以夔爲樂正，正六律和五聲，以通八風而天下服。此之謂歟？且古人之制聲律，蓋皆有循而體自然，不可得而損益者也，何則？五聲在天爲五星，在地爲五行，在人爲五常；以五聲可益而爲七音，然則五星之於天，五行之于地，五常之於人，亦可得而益之乎？十有二律以應十有二月之氣，以十二律可益而六十律、三百六十律，然則十二月之於一歲亦可得而益之乎？劉焯以京房爲妄，田琦以何妥爲當，可謂知理矣。

百度得數而有常[①]。

———————————

① 　自段首"百度得數而有常"至"其數五十"，原缺，據元刻明修本、光緒刻本補。

　　凡物以三成，聲以五立①，以三參五而八數成矣。人以八尺爲尋，物以八竅卵生，故凡十二律之音，皆隔八生焉。道生一則奇而爲陽，一生二則偶而爲陰，二生三則參和而爲沖氣，故日三成胐，月三成時，歲三成閏。祭以三飯爲禮，喪以三踊爲節，兵重三軍之制，國重三卿之治。以三參物而數成矣，故十有二律之寸而黄鐘稱是焉。蓋天之中數五，地之中數六，五六相合而生黄鐘。黄鍾，子之氣，十一月建焉，而辰在星紀，其數八十一；大吕，丑之氣，十二月建焉，而辰在玄枵，其數七十六；太蔟，寅之氣，正月建焉，而辰在娵訾，其數七十二；夾鍾，卯之氣，二月建焉，而辰在降婁，其數六十八；姑洗，辰之氣，三月建焉，而辰在大梁，其數六十四；中吕，巳之氣，四月建焉，而辰在實沈，其數六十；蕤賓，午之氣，五月建焉，而辰在鶉首，其數五十七；林鍾，未之氣，六月建焉，而辰在鶉火，其數五十四；夷則，申之氣，七月建焉，而辰在鶉尾，其數五十一；南吕，酉之氣，八月建焉，而辰在壽星，其數四十八；無射，戌之氣，九月建焉，而辰在大火，其數四十五；應鍾，亥之氣，十月建焉，而辰在析木，其數四十二。是先王因天地陰陽之氣，辨十有二辰；即十有二辰，生十有二律。其長短有度，其多寡有數，而天下之度數出焉。要之，皆黄鍾以本之也。《傳》曰：“律所以立均出度。”揚雄曰：“泠竹爲管，室灰爲候，以揆百度。百度既設，濟民不誤。”然則百度得數而有常，豈不原於十二律邪？説者以百刻爲百度，何其誤也。五音有變宮、變徵之數，琴絃有少宮、少商之

————————

① “立”，光緒刻本作“律”。

調，皆非先王制樂度數之常也。抑其變而已矣，豈不流於鄭聲之淫乎？

小大相成，終始相生，倡和清濁，迭相爲經。

先王之作樂，文之以五聲之和，播之以八音之諧，節之以十二律之度，則聲音律呂，發越於樂縣之間。其體有小大，不相廢而相成；其用有終始，不相戾而相生。一倡一和，一清一濁，迭相爲經，而所常未始有窮也。蓋音莫不有適而衷也者，適也。太清，則志危，以危聽清，則耳谿極，谿極則不鑒，不鑒則竭矣；太濁，則志下，以下聽濁，則耳不收，不收則不搏，不搏則怒矣，皆非所謂適也。一清一濁，迭相爲經，要合清濁之衷而已，安往而不適哉？百度得數而有常，有常之常也；倡和清濁，迭相爲經，無常之常也。有常以爲體，無常以爲用，非知真常者，孰能究此？鄭氏謂蕤賓至應鍾爲清，黃鍾至中呂爲濁，豈所謂迭相爲經之意邪？

故樂行而倫清，耳目聰明，血氣和平，移風易俗，天下皆寧。

《莊子》曰：“不雜則清，莫動則平。”樂行而倫清，則八音克諧，無相奪倫，其倫之固已清而無患矣。確乎鄭衛之音，莫能入而雜之也。以之行乎一身，耳目聰明於其外，血氣和平於其內，則中國雖大，若出乎一人矣；以之行乎天下，移風易俗於其始，天下皆寧於其終，則天下雖廣，若出乎一家矣。《國語》曰：“夫樂必聽和而視正。”聽和則聰，視正則明，其耳目聰明之謂乎？《傳》曰：“樂者，所以動蕩血脉，通流精神，而和正其心。”其血氣和平之謂乎？昔王豹處淇而河西善謳

《縣駒》，處高唐而齊右善歌。夫以匹夫之歌且能感人深如此，又況人君擅天下利勢，而以先王之樂感人，未有不移風易俗者矣。太伯之於吳，率以仁義，化以道德，而風俗移易，舉欣欣然遷善遠罪而不自知。一國尚爾，況天下乎？楚越以好勇之風，成輕死之俗，而有蹈水赴火之歌；鄭衛以好淫之風，成輕蕩之俗，而有桑間濮上之曲。姦聲尚爾，況和樂乎？孔子曰："移風易俗，莫善於樂。"信矣。荀卿言"樂行而志清"，自人言之也；此言"樂行而倫清"，自樂言之也。

故曰樂者，樂也。君子樂得其道，小人樂得其欲，以道制欲，則樂而不惑，以欲忘道，則惑而不樂。

　　人生而靜，天之性也，率之則爲道；感物而動，人之情也，徇之則爲欲。君子所樂，樂得其性而已，故言道；小人所樂，樂得其情而已，故言欲。以道制欲，是順性者也，故樂而不惑；以欲忘道，是犯性者也，故惑而不樂。孔子聞《韶》，其樂至於三月不知肉味，魏文聽古樂，其惑至於倦而欲寐，則君子小人之情覩矣。齊景公欲比先王之觀，晏子告以先王無流連之樂、荒亡之行，卒使之作君臣相悅之樂。誠以君子之道事其君，欲其以道制欲而不以欲忘道也。齊人夾谷之舉，不亦晏子罪人乎？

是故君子反情以和其志，廣樂以成其教，樂行而民鄉方，可以觀德矣。

　　《經》曰："樂者，情之不可變。"荀卿曰："樂者，和之不可變。"是情爲和之本，和爲情之用。君子反情以和其志，則是志以道寧，而其仁足以成己。廣樂以成其教，則是以樂教和，而其智足以成物。樂教行於上，而民鄉方於下，則上所廣之教，無非德教，下所鄉之方，莫不背僞而趨德，豈不可以觀之哉？古之諸侯必德盛教尊，然後賞之以樂，子貢之稱孔子，知其德必始於聞樂，亦本諸此。《傳》曰："樂中平則民和而不流，樂肅莊則民齊而不亂。"如是則百姓莫不安其處，樂其鄉，以至足其上矣①。樂行而民鄉方，其教有至於此，可謂入人深，化民速矣。蓋樂之於天下，所以同民心，出治道，廣之足以爲教②，行之足以成政。然則聲音之道，庸詎不與政相通邪③？樂行而倫清，鄭衛之音不可得而雜也，樂行而民鄉方，天下之俗有可得而易也？

————————

① "上矣"，四庫本原缺，據光緒本補；元刻明修本本段缺。
② "爲"，光緒刻本作"成"；元刻明修本本段缺。
③ "相通"，光緒刻本作"治道"；元刻明修本本段缺。

樂書卷十九　禮記訓義

樂記

德者，性之端也；樂者，德之華也。

　　天命之謂性，率性之謂道，得道之謂德，則德固不足盡性之全，特性之端而已。仁之實，事親是也；義之實，從兄是也；樂之實，樂斯二者是也。則樂固不足既德之實，特德之華而已。以德爲性之端，則道其性之本歟？以樂爲德之華，則德其樂之實歟？先王作樂以崇德，奏之於詩爲德言，詠之於歌爲德音，形之於舞爲德容。故堯之《大章》，舜之《大韶》，禹之《大夏》，湯之《大濩》，豈皆足以既德之實邪？不過形容其英華而已。由是觀之，明君務以德稱樂，而日趨於治，其本先立矣；暴君務以樂蕩德，而日趨於亂，其本先亡矣。德，本也；樂，末也。知所本末，可與論樂矣。樂爲德之華，其不可去如此。《老子》曰"五音令人耳聾"，《莊子》亦曰"擢亂六律，鑠絕竽瑟，塞瞽曠之耳，而天下人始含其明矣"。非老、莊與聖人異意也，方其救末以復本，其言不得不爾。夏以榮華爲功，秋以毀折反根，其意亦何異此？莫非華也。禮爲道之華，樂爲德之華。

金、石、絲、竹，樂之器也。

　　樂出於虛，寓於實。出於虛，則八音冥於道；寓於實，則八音麗於器。器具，而天地萬物之聲可得而考焉。故凡物之盈於天地之間，若堅、若脆、若勁、若韌、若實、若虛、若沉、若浮，皆得效其響焉，故八物各音而同和也。自葛天氏作八闋之樂，少昊氏效八風之調，而八音固已大備。後世雖有作者，皆不能易茲八物矣。金聲舂容，秋分之音也，而莫尚於鍾；石聲溫潤，立冬之音也，而莫尚於磬；絲聲纖微，夏至之音也，而莫尚於琴瑟；竹聲清越，春分之音也，而莫尚於管籥；匏聲崇聚，立春之音也，而笙竽繫焉；土聲函胡，立秋之音也，而壎缶繫焉；革聲隆大，冬至之音也，而鼗鼓繫焉；木聲無餘，立夏之音也，而柷敔繫焉。然金多失之重，石多失之輕，絲失之細，竹失之高，匏失之長，土失之下，革失之洪，木失之短。要之，八者不相奪倫①，然後其樂和而無失也。《記》論八音多矣，舉其始言之，不過曰"施之金石"；要其終言之，不過曰"匏竹在下"；兼始中終言之，則曰"金、石、絲、竹，樂之器也"。乃若論其詳，舍《周官》太師之職，何以哉？蓋樂器重者從細，輕者從大，大不踰宮，細不踰羽，細大之中則角而已。莫重於金，故尚羽；莫輕於瓦、絲，故尚宮；輕於金，重於瓦、絲者，石也，故尚角。匏、竹非有細大之從也，故尚議，革、木非有清濁之變也，故一聲。然金、石則土類，西凝之方也，故與土同位於西；匏、竹則木類，東生之方也，故與木同位於東；絲成於夏，故琴瑟在南；革成於冬，故鼗鼓在北。大師之序八音，以金、石、土爲先，革、絲次之，木、匏、竹爲後者，蓋西者以秋時言之，聲之方也；虛者，樂所自出，聲

---

①　"八者"，光緒刻本作"八音"。

之本也，故音始於西而成於東。於西則金、石先於土者，以陰逆推其所始故也；於東則匏、竹後於木者，以陽順序其所生故也。革、絲居南北之正，先革而後絲者，豈亦先虛之意歟？此言樂之器，荀卿言“所以道德”者，德待器而後達故也。

詩言其志也，歌咏其聲也，舞動其容也。

在心爲志，發言爲詩。詩也者，言之合於法度而志至焉者也，故詩之所言，在志不在聲，怒則爭鬭，喜則詠歌；歌也者，志之所甚可而聲形焉者也，故歌之所詠，在聲不在志，哀則辟踊，樂則舞蹈；舞也者，蹈屬有節而容成焉者也，故舞之所動，非志也，非聲也，一於容而已矣。以《詩序》求之，詩者，志之所之。情動於中而形於言，詩言其志也；言之不足，故嗟嘆之，嗟嘆之不足，故永歌之，歌咏其聲也；歌詠不足，故不知手之舞之，足之蹈之，舞動其容也。蓋詩爲樂之章，必待歌之抗墜端折，然後其聲足以合奏；歌爲樂之音，必待舞之周旋詘信，然後其容足以中節。歌登於堂而合奏，舞降於庭而中節，則至矣盡矣，不可以有加矣。其化豈有不神，其神豈有不盡邪？《記》曰：“歌之爲言也，長言之也。説之，故言之；言之不足，故長言之。”均是歌也，或長其言，或咏其聲，以言心聲故也。歌先之，舞次之者，樂以無所因爲上，有所待爲下故也。古之教六詩者，以六德爲之本，以六律爲之音。以六德爲本，故自樂器推而上之，及於“德者，性之端；樂者，德之華也”；以六律爲音，故自樂器推而下之，及於“歌咏其聲，舞動其容也”。由是觀之，聖人非惡歌也，惡其酣爾；非惡舞也，惡其屢爾。故“酣歌恒舞”，《商書》儆之；“屢舞躚躚”，《周詩》刺之。然則《書》美舜樂，則曰“詩言志，歌永言，聲依永，律和聲”，而不及舞。《大司樂》序周樂，則奏律歌吕而舞六樂者，豈非帝者德全而樂簡，王者業大而樂備故邪？揚雄曰：“周之禮樂，庶事之備。”信乎[①]！原闕也，類皆執羽[②]，《大濩》而下，武舞也，類皆執干。則大舞必用小舞之儀，小舞不必用大舞之章。征誅揖遜之義，盡於此矣。非窮神知化，孰究之哉？然則太司樂祀天神祭地示有歌，致天神地示則無歌；小師大祭祀大饗登歌，小祭祀小樂事則不登歌。何也？曰：致天神地示無歌，猶大神之不祼也；小祭祀小樂事不登歌，猶小祭祀之不興舞也。

樂者，心之動也；聲者，樂之象也；文采節奏，聲之飾也。君子動其本，樂其象，治其飾。

容從聲生，聲從志起，志從心發，是知詩與歌舞合而爲樂，皆本於心焉。蓋心者，道之主宰，反者道之動，樂以反爲文，體道之動者也，故曰“樂者，心之動也”。人心之動，物使之然，感於物而動，故形於聲；形於聲，則有胥於器而非器，猶爲之象而已，故曰“聲，樂之象也”。青與赤謂之文，五色備謂之采，則文於采爲略，采於文爲備；止樂謂之節，作樂謂之奏，則奏於樂爲始，節於樂爲終。要皆非聲之質也，聲之飾而已，故曰“文采節奏，聲之飾也”。君子致樂以治心，則

---

①　段首“诗言其志”至“信乎”，元刻明修本、光緒刻本均缺。

②　“信乎”以下至“也類皆執羽”，元刻明修本、四庫本、光緒刻本均缺。

易、直、子、諒之心油然生矣,動其本之謂也。施於金石,越
於聲音①,樂其象之謂也;省其文采,廣其節奏,治其飾之謂
也。君子之於樂,以動其心爲本,則樂其象者幹也,治其飾
者末也。以樂其聲爲象,則動其本者道也,治其飾者器也。
幹則非本非末,而本末待之而立,道則非象非器,而象器待
之而成。然則君子豈不爲道之幹邪? 樂必先奏而後節,此
先節後奏,何也? 曰:六經之道同歸,而禮樂之用爲急。 禮
勝則離,而以進爲文,故《曲禮》以毋不敬爲先;樂勝則流,而
以反爲文,故作樂以節先乎奏。 節先乎奏,與《書》先戛後擊
同意。 荀卿論禮亦謂"節奏陵而文",然以禮爲節則是,以之
爲奏則非矣。

---

① "越於聲音",元刻明修本、光緒刻本均作"越之聲音"。

樂書卷二十　禮記訓義

樂記

先鼓以警戒，三步以見方，再始以著往，復亂以飭歸。奮疾而不拔，極幽而不隱。獨樂其志，不厭其道，備舉其道，不私其欲。情見而義立，樂終而德尊，君子以好善，小人以聽過，生民之道，樂爲大焉。

凡兵以鼓進，以金止。《大武》之樂，"先鼓以警戒"，出而治兵也；"三步以見方"，武始而北出也；"再始以著往"，再成而滅商也；"復亂以飭歸"，入而振旅也；"奮疾而不拔"，太公之志也；"極幽而不隱"，周召之治也；"獨樂其志，不厭其道"，志以道寧也；"備舉其道，不私其欲"，以道制欲也。凡此，又舞動其容而已。乃若詩發乎情，則"情見而義立"者，武王仗義以平亂也。歌陳乎德，則"樂終而德尊"者，武王偃武以修文也。義立則天下歸之以爲王，德尊則天下宗之以爲君。君子履之，莫不惡惡而好善，小人視之，莫不懋功而聽過。移風易俗，天下皆寧，由此其本也。然則生民之道，有不以樂爲大乎？此六樂所以均謂之大歟？荀卿曰："樂者，治人之盛者也。而墨子非之，則墨子之於道，猶瞽之於白黑、聾之於清濁，之楚而北求也。"斯言信矣！孔子曰："民之所由生，禮爲大。"又曰："所以治愛人，禮爲大。"由此觀之，生民之道，豈特樂爲大哉？雖禮亦然。故曰：先王之道，禮樂可謂盛矣。孔子曰:“《武》盡美矣,未盡善也。”可欲之謂善,翦商之事,非人所欲,故有厭而不樂者矣。然武王獨樂其志,不厭其道,豈私一己之欲爲哉?果斷濟功,以天下之心爲心而已。若《韶》則既盡美矣,又盡善也。雖甚盛德,蔑以加於此。孔子聞之於後世,猶足樂而忘味,獨樂而不厭。蓋有不足言者矣。且先鼓以警戒,非特行師爲然,視學亦如之。故《文王世子》曰:“天子視學,大昕鼓徵,所以警衆也。”

樂也者,施也;禮也者,報也。

　樂由天作,禮以地制,別而言之;樂者天地之和,禮者天地之序,合而言之。自其別言之,樂由陽來,天道也;禮由陰作,地道也。天覆萬物,施其德以養之,與而不取,故曰“樂也者,施也”;地載萬物,因其材而長之,與而取之,故曰“禮也者,報也”。詩於上帝,祈而不報,於社稷,則報之而已,亦是意也。自其合言之,春夏散天地仁氣而之乎施①,秋冬歛天地義氣而歸乎報。施者,天下之至德;報者,天下之大利。仁近於樂而主施,義近於禮而主報,亦是意也。雖然,樂以施爲主,而不遺於報,故以之章德,又所以反始也;禮以報爲主,而不遺於施,故禮尚往來,而務施報也。故曰禮之報,樂之反,其義一也。樂施而禮報,猶《易》所謂闢戶謂之乾,闔戶謂之坤也;樂施而有報,禮報而有施,猶《易》所謂一闔一闢謂之變也。

---

① “之乎”,光緒刻本作“見乎”。

樂，樂其所自生；禮，反其所自始。樂章德，禮報情，反始也。

先王因德以作樂，緣情以制禮，則德也者，樂之所自生，情也者，禮之所自始。樂，樂其所自生，所以章德，施之道也；禮，反其所自始，所以報情，報之道也。豈萬物並作，各歸其根之意歟？離而言之則然，合而言之，一於反始而已。樂主章德，非無情也，故曰"樂也者，情之不可變者也"；禮主報情，非無德也，故曰"禮樂皆得，謂之有德"。此言"樂，樂其所自生；禮，反其所自始"；《禮器》言"禮也者，反其所自生；樂也者，樂其所自成"；《檀弓》言"樂，樂其所自生；禮，不忘其本"。其不同，何也？曰：物之在天下，乾始之，坤生之；春生之，秋成之。始之然後生，生之然後成，自然之序也，而禮樂如之。《禮器》主乎禮，故先言"禮也者，反其所自生"，而以"樂，樂其所自成"繼之；《樂記》主乎樂，故先言"樂，樂其所自生"，而以"禮，反其所自始"繼之。然則禮不言"所自成"，樂不言"所自始"者，蓋天下之理，粗而顯者，聖人未嘗不欲微之以之神；妙而幽者，聖人未嘗不欲闡之以之明。禮也者，微而之神，故推而上之，有及於所自始；樂也者，闡而之明，故推而下之，有至於所自成。是禮由陰作，陰則能生而已，成歲功者不與焉；樂由陽來，陽則主成歲功，而生亦得而兼之，君統臣功之意也。若夫《檀弓》之論禮樂，主太公五世反葬於周言之，故變始而言本，以人本乎祖故也。

樂書卷二十一　禮記訓義

樂記

所謂大輅者，天子之車也。

《書》曰“大輅在賓階面”，《禮器》、《郊特牲》曰“大路繁纓一就”，《明堂位》曰“乘大路”。大路，商路也。孔子曰：“乘殷之輅[①]。”則商尚質，其大路則木路而已。周尚文，其大路豈玉路歟？周馭玉路者，謂之大馭，則玉路爲大路明矣。大輅，天子之車，所以贈諸侯，蓋商制非周制也。《雜記》諸侯之贈有“乘黃大路”，則諸侯之大路蓋金路，非玉路、木路也。金路謂之大路，猶熊侯謂之大侯也。《春秋傳》稱王賜晉文公以大路之服，祝鮀言先王分魯、衛、晉以大路；王賜鄭子僑、叔孫豹以大路。杜氏以賜魯、衛、晉之大路爲金路，賜鄭子僑、叔孫豹之大路爲革、木二路。於義或然，何以明之？玉路，大路也，以其於四路爲大故也；金路，綴路也，以其綴於玉路故也；先路，象路也，以其行道所先故也；次路，革路、木路也，以其次於象路故也。蓋周天子之路，以玉爲大，諸侯以金爲大，大夫以革、木爲大。其爲大同，其所以爲大異矣。大路一就，先路三就，則次路容有五就、七就者矣。鄭氏釋禮以七就爲誤，是不知《書》以次路兼革、木二路之意

---

① “乘殷之輅”，元刻明修本、光緒刻本均作“乘商之路”。

也。史遷《樂書》易車爲輿，是不知車可以統輿，輿不可以兼車之意也。《世本》云：“奚仲始造車。”考之《易》理，伏犧畫卦，寓大輿之象；有虞氏之路，有鸞車之制。奚仲夏之車，正而已，安得謂之始造乎？

龍旂九旒，天子之旌也。

《周官・司常》：“日月爲常，交龍爲旂。”“全羽爲旞，析羽爲旌。”別之，則旌、旂異制；合之，則旂亦可謂之旌。《爾雅》曰：“素錦綢杠，纁帛縿，素陞龍于縿，練旒九，飾以組，維以縷。”蓋揭旗以杠，綢杠以錦，正幅爲縿，屬縿爲旒。旒亦謂之縿，斾以纁[1]，則旒旖矣，《左傳》謂“旆旃”是也。升龍素則降龍青矣，《曲禮》謂“左青龍”是也。青，陽也，仁之色也；素，陰也，義之色也。陽上而降，陰下而升，交泰之道也，君德之用存焉。《商頌》曰“龍旂十乘”，則“龍旂九旒”，所以象火，火而養信，蓋商天子之旌，非周制也。周制則巾車、王乘、玉路，建大常十有二旒以祀。《郊特牲》曰：“旂十有二旒，龍章而設日月，象天也。”日月爲常，諸侯亦謂之常行人。公侯、伯、子、男，建常是也。交龍爲旂，天子之常，亦謂之旂。覲禮，天子載大旂是也。同是常也，天子謂之大常；同是旂也，天子謂之大旂，尊卑之等然也。司馬法謂“旗章，夏以日月上明，商以虎上威，周以龍章上文”，不亦誤乎？

青黑緣者，天子之寶龜也，從之以牛羊之羣，所以贈諸侯也。

---

[1] “斾以纁”，光緒刻本作“飾以纁”。

　　《周官·龜人》“掌六龜之屬，各有名物：天龜曰靈屬，地龜曰繹屬，東龜曰果屬，西龜曰雷屬，南龜曰獵屬，北龜曰若屬。各以其方之色與其體辨之。”《公羊傳》曰“龜青純”，何休曰“龜甲頓也，千歲之龜青頓”，然則六龜之色，蓋亦各視其頓而已。《爾雅》龜有十種，寶龜居一焉，《禮器》“諸侯以龜爲寶，家不寶龜”，《儀禮》“大夫士祭筮而已”。由是觀之，寶龜則天子諸侯之禮也。天子尺有二寸①，諸侯八寸，而大夫不預焉。此臧文仲居蔡，所以爲僭。《逸禮》言“大夫六寸②”，未免爲誤也。蓋《易》有卦而彖，緣之衣有依而系，緣之龜有甲而頓。緣之青入爲黑，北方之色也，而智於是乎藏；黑出爲青，東方之色也，而仁於是乎顯。青黑緣天子之寶龜，爲其能顯仁藏智也。天子之贈諸侯，以大輅、龍旂、寶龜爲正，牛羊之羣則從之而已。凡以報其所施禮樂之道也，以其有安民之德，故報以天子之車；以其有君民之德，故報以天子之旂；以其有守國之智，故報以天子之龜；以其有養民之道，故報之以牛羊之羣。車服以庸，其意如此。司馬遷易寶爲葆，亦好奇之過也。

　　樂也者，情之不可變者也；禮也者，理之不可易者也。

　　在天有性命之理，在人有性命之情。樂，天道也，必成之以人，故曰“樂也者，情之不可變者也”；禮，人道也，必成之以天，故曰“禮也者，理之不可易者也”。《經》曰：“樂者，

---

①　“二寸”，光緒刻本作“一寸”。
②　自“逸禮言”至卷末“極言其終”，元刻明修本、光緒刻本均缺。

人情之所不免也；禮也者，理也。”其意如此。對而言之則然，通而言之，樂通倫理，非特主乎情；禮緣人情，非特主乎理。變則革而不徇，故易則化而不離；形則變之於易爲重，易之於變爲輕。樂重而禮輕，故於樂言變，於禮言易。莊周於命言不可變，於性言不可易，其意亦由是也。彼變禮易樂者，何足以知此？

樂統同，禮辨異，禮樂之説管乎人情矣。

　　樂出於天地之和，莫適而非同；禮出於天地之别，莫適而非異。樂之統同，非求同於樂也，因其自同本和以統之而已。禮之辨異，非求異於禮也，因其自異别宜以辨之而已。同有所統，異有所辨，而禮樂之説，蓋有所不能忘焉。然禮樂法而不説，亦不過管乎人情者而已。荀卿曰：“樂合同，禮别異。禮樂之統，管乎聖人矣。”蓋統之必有宗，故言“管乎聖人”；説之不過乎人情，故言“管乎人情”。是人情者禮樂之管，而聖人又人情之管也。《記》有言禮樂之事與道，有言禮樂之情與文，有言禮樂之原與説者。事不若道之妙，文不若情之深，説不若原之遠也。“禮樂之説”與《少儀》“工游於説”、《鳧氏》“爲鐘有説”同意。

窮本知變，樂之情也。

　　樂者，音之所由生，其本在人心之感於物也。故本於哀心感者，其聲之變也，噍以殺；本於樂心感者，其聲之變也，嘽以緩；本於喜心感者，其聲之變也，發以散；本於怒心感者，其聲之變也，粗以厲。至於敬心感者，其聲直以廉；愛心感者，其聲和以柔。要之，皆非性也，感於物而後動，則情而已。此窮人心之本，知聲音之變，所以爲樂之情也。《易》以"窮神知化"爲德之盛，則"窮本知變"，其樂情之至歟？今夫禮樂之情同，禮非無情也，其情不過合敬而已；樂非無經也，其經特倡和清濁，迭相爲之而已。此言"窮本知變"，荀卿言"窮本極變"者，知言其始，極言其終。

樂書卷二十二　禮記訓義

樂記

著誠去僞，禮之經也。

誠者，性之德；僞者，性之賊。著誠則正，人足以副其誠；去僞則邪，人足以防其失。君子之於禮，有所竭情盡慎致其敬而誠若，非著誠歟？以五禮防萬民之僞而教之中，非去僞歟？禮，天之經也，著誠去僞，則全於天真而不汩於人僞①，其於禮之經也，何有？《書》所謂"天秩有禮"者，此也。孔子曰："禮也者，敬而已矣。"《孟子》："陳善閉邪謂之敬。""陳善"，所以著人之誠；"閉邪"，所以去人之僞。然則所謂敬者，豈不爲禮之經乎？夫禮釋回增美，質領惡而全好，與此同意。荀卿謂"生於聖人之僞"，是亦不爲知隆禮者也。極而論之，豈惟禮去僞哉？雖樂亦不可爲僞矣。凡物有微著，有去取，言著誠，則僞在所微矣；言去僞，則誠在所取矣。

禮樂偵天地之情，達神明之德，降興上下之神，而凝是精粗之體，領父子君臣之節，是故大人舉禮樂，而天地將爲昭焉。

天地先禮樂而形，禮樂後天地而作，故天地陰陽之情，禮樂得以偵而出之也。蓋天地之道，其明爲禮樂，其幽爲神

---

① "汩"，元刻明修本、光緒刻本均作"湛"。

明，其位爲上下，其物爲精粗，内之爲父子，外之爲君臣。先王原天地之序以制禮，道天地之和以作樂。偵天地之情於後，而使幽者闡；達神明之德於外，而使顯者微。神之在上而不可知也，則降而下之；在下而不可知也，則興而上之。夫然後陰陽交通，而物體之精粗有所凝矣。父父，子子，君君，臣臣，而人倫之大節有所領矣。“凝”與“唫則凝形”同義，“領”與“領天下國家”同義。今夫禮則有常，而天地所常之情見於《恒》；樂則有感，而天地所感之情見於《咸》，則“偵天地之情”也。夫天宙然示人神矣，而樂率之以從天；夫地佗然示人明矣，而禮居之以從地，則“達神明之德”也。六變而天神降，八變而地示出，皆可得而禮焉，是樂也，而禮與焉；德産之致也精微，而物體之精者凝焉，德發揚詡萬物，而物體之粗者凝焉，是禮也，而樂與焉，則“凝是精粗之體”也。禮則異數，樂則異文，而父子君臣之節，莫不統是焉，則“領父子君臣之節”也。蓋聖人相天地以成能者也，故制作禮樂而天地官矣。大人配天地以成位者也，故舉禮樂而天地將爲昭焉。自“偵天地之情”，至“領父子君臣之節”，則禮樂之所同；自“天地訴合”，至“卵者不殈”，則樂之所獨。在《易》，《咸》、《恒》、《萃》皆言“天地萬物之情”，《大壯》止言“天地之情”，與此同意。太史公以“偵天地之情”爲“順天地之誠”，非也。

天地訴合，陰陽相得，煦嫗覆育萬物，然後草木茂，區萌達，羽翼奮，角觡生，蟄蟲昭蘇。羽者嫗伏，毛者孕鬻，胎生者不殰，而卵生者不殈，則樂之道歸焉耳。

天地者，萬物之父母也；陰陽者，萬物之男女也。天地訢合而化醇，陰陽相得而化生，其於煦嫗覆育萬物也何有？自物之無情者言之，草木則皆茂①，區萌則上達。自物之有情言之，“羽翼奮”，則凡排空而飛者舉矣；“角觡生”，則凡摭實而走者舉矣；“蟄蟲昭蘇”，則鱗介之物遂矣；“羽者嫗伏，毛者孕鬻”，則羽毛之物蕃矣；九竅者胎生，無內敗之殰；八竅者卵生，無外裂之殈，則樂之道歸是矣。蓋有生不生，有化不化；不生者能生生，不化者能化化。然則所謂樂之道，豈非不生而生生，不化而化化者邪？《經》曰：“樂者，天地之和，和故百物皆化。”又曰：“大樂與天地同和，和故百物不失。”則“羽者嫗伏，毛者孕鬻”，百物皆化之意也；“胎生者不殰，卵生者不殈”，百物不失之意也。樂之於物如此，則凡變而有所致，且得無是理哉？昔黃帝張樂於洞庭之野，而萬物至於循生，則又進乎此矣。此言“天地訢合，陰陽相得”，先天地後陰陽；上言“陰陽相摩，天地相蕩”，先陰陽後天地者，蓋天地體也，陰陽用也。自樂之出體致用言之，故先天地；自樂之攝用歸體言之，故先陰陽。

樂者，非謂黃鍾、大吕、弦歌、干揚也，樂之末節也，故童者舞之。鋪筵席，陳尊俎，列籩豆，以升降爲禮者，禮之末節也，故有司掌之。樂師辨乎聲詩，故北面而弦。宗、祝辨乎宗廟之禮，故後尸。商祝辨乎喪禮，故後主人。是故德成而上，藝成而下，行成而先，事成而後。是故先王有上有下，有先有後，然後可以有制於天下也。

---

① “皆”，元刻明修本作“未”，光緒刻本作“暢”。

陽六爲律，而黃鍾其首也；陰六爲呂，而大呂其首也。古之作樂，必奏律而歌呂，則黃鍾、大呂，合而和聲者也。弦之以琴瑟，歌之以雅頌，堂上之樂也；盾謂之干，鉞謂之揚，武舞執焉，堂下之樂也。蓋樂之本在人心，禮之本在人情，一管乎人君而已。故黃鍾、大呂以爲律，弦歌以爲聲，干揚以爲器，則樂之末節而非其本者也。故童子舞之，童子習末故也。“鋪筵席”，司几筵之職也；“陳尊俎”，司尊彝、内外饔之職也；“列籩豆”，籩人、醢人之職也。即是而以升降爲禮，則禮之末節而非其本者也。故有司掌之，司伺末故也。仲尼之告子張，不以鋪几筵、升降、酌獻、酬酢爲禮，而以“言而履之”爲禮；不以行綴、兆興、羽籥、作鍾鼓爲樂，而以“行而樂之”爲樂。君子力此二者，以南面而立，是以天下太平也。《周官》大師掌六律、六同，以合陰陽之聲，而教六詩焉。則得乎聲詩之意南面而立者，人君也；辨乎聲詩之用，北面而弦者，樂師而已。樂師北面而弦，與司盟北面而詔明神同意。今夫吉禮五，而莫先於祭，凶禮五而莫重於喪[1]。尸，象神者也，而宗廟之敬繫焉；主人，主喪者也，而致喪之哀繫焉。大祝掌六祝之辭，以事鬼神示，辨六號九祭，逆尸相尸。禮則辨宗廟之禮，後尸而相之者，宗祝之職也。古者祝，習夏禮謂之夏祝，習商禮謂之商祝。故《士喪禮》“主人反即位[2]，商祝襲祭服，褖衣次[3]”，繼之“主人襲反位，商祝掩瑱，設幎目”。則辨喪禮後主人而相之者，商祝之職也。蓋禮樂

---

① “五”，光緒刻本作“三”。
② “反”，元刻明修本、光緒刻本均作“入”。
③ “褖”，原作“褖”，據光緒刻本改。

之於天下，得之斯爲德，行之斯爲行，能之斯爲藝，執之斯爲事。德必有行，而行不全德者有矣；藝必兼事，而事不全藝者有矣。《郊特牲》曰："禮之所尊，尊其義也。失其義，陳其數，祝史之事也；知其義而敬守之，天子之事也。"《祭統》曰："禘、嘗之義大矣，明其義者君也，能其事者臣也。"由是觀之，禮樂之本在人君，而其末繫於童子、有司、樂師。是"禮成而上，藝成而下"也。宗廟之敬在尸，而致喪之哀在主人。祝也者，相尸主以接神者也，特後之以辨其事而已，是"行成而先，事成而後"也。先王有制於天下，使諸侯朝，萬物服體，而百官莫敢不承事者，豈有他哉？不過上先下後，不失本末之施而已。莊周有之："本在於上，末在於下，要在於主，詳在於臣。"其大致然也。

樂書卷二十三　禮記訓義

樂記

魏文侯問於子夏曰："吾端冕而聽古樂，則唯恐卧；聽鄭衛之音，則不知倦[①]。敢問古樂之如彼何也？新樂之如此何也？"

樂之於天下，中則和，過則淫。故黄帝之《咸池》，堯之《大章》，舜禹之《韶》、《夏》，商周之《武》、《濩》，其聲足樂而不流，其文足論而不息，此所謂中則和，古樂之發也。鄭之好濫，宋之燕女，衛之促數，齊之敖辟，慢易以犯節，流湎以忘本，此所謂過則淫，新樂之發也。今夫中人以下，可以語下，亦可以語上。以上語之，則倦而不樂；以下語之，則樂而不倦。故魏武之於徐無鬼，聞《詩》、《書》、禮、樂，則未嘗啟齒；聞相狗馬則大悦。秦孝公之於商鞅，聞帝王之道未嘗概意，聞霸道則前席是聽。言則對，誦言如醉，古之下流者皆然，豈特魏文之於樂哉？莊周曰："大聲不入俚耳，《折揚》[②]、《皇華》，則嗑然而笑。"豈是謂邪？蓋文侯之於古樂，則在所外而唯恐卧；於新樂，則在所内而不知倦，此其問所以有彼此之辭也。然則聽樂必端冕何邪？曰：端，取其端以正己也；冕，取其俛以接物也。諸侯玄端以祭，則端冕，諸侯之祭

---

① "則"，原作"而"，據元刻明修本、光緒刻本改。
② "折"，元刻明修本、光緒刻本均作"析"。

服也。文侯以祭服聽樂，猶檜君以朝服逍遥，其好鄭衛之音不已甚乎？古者端衣，或施於冠，或施於冕。《冠禮》："冠者玄端，緇布冠；既冠易服，玄冠玄端。"《特牲禮》："主人冠冕玄。"《内則》："子事父母，冠、綏、纓、端、韠。"公西華曰："宗廟之事，如會同，端章甫。"以至晉侯端委以入武宫，晏平仲端委以立虎門，端之施於冠者也。《荀子》"端衣玄裳，絻而乘路"，《大戴禮》"武王端冕受丹書"，與此所謂端冕，端之施於冕者也，要之，皆非朝服。而朝服，則天子以素，諸侯以緇，未聞以玄端也。鄭氏釋《儀禮》謂"玄端則朝服之衣，易其裳"；《爾釋》、《玉藻》曰"朝服，玄端，素裳"，不知奚據而云。《雜記》："襲，朝服一，玄端一；襚禮，受朝服自西階，受玄端自堂。"然則玄端不得爲朝服明矣。

子夏對曰[①]："今夫古樂，進旅退旅，和正以廣，弦匏笙簧，會守拊鼓。"

古者舞列，天子八，諸侯六，大夫四，士二。旅之爲義，生於師旅之旅，其陳足以成列也。其陳以成列，則衆故也。然則所謂"進旅退旅"，豈非行其綴兆，要其節奏，而進退成列邪？正聲感人而和樂興焉，姦聲感人而淫樂興焉。其樂和而不淫，其聲正而不姦者，以志意廣故也。廣則容，姦狹則思欲，以廣而後和正，雖廣而不容姦矣。"進旅退旅"，進退得齊焉，"和正以廣"，志意得廣焉。抑又作之堂上，弦之以琴瑟；作之堂下，匏之以笙簧。堂上非特琴瑟也，又會守

---

① "子夏"，原作"子貢"，據元刻明修本、光緒刻本改。

拊焉；堂下非特笙簧也，又會守鼓焉。夫乘水者，付之沭；作樂者，付之拊。磬之或擊或拊，磬聲大小之辨也；拊之或搏或拊，拊聲大小之辨也。搏拊之搏，有父之用焉。荀卿曰："縣一鍾而尚拊。"《大戴禮》曰："縣一磬而尚拊。"則拊設於一鍾一磬之東，其衆器之父歟？《學記》曰："鼓無當於五聲，五聲弗得不和。"荀卿曰："鼓，樂之君。"則鼓以作樂，其衆聲之君歟？蓋衆謂之會，待謂之守。堂上之樂衆矣，其所待以作者在拊；堂下之樂衆矣，其所待以作者在鼓。"會守拊鼓"，則衆樂備舉矣。然堂上則門內之治以拊爲之父①，堂下則門外之治以鼓爲之君。內則父子，外則君臣，人之大倫也，而樂實有以合和之。古樂之發，修身及家，均平天下②，如此而已。與夫新樂之發，俳優侏儒，獶雜子女，不知父子者，豈不有間乎？今夫拊之爲器，韋表糠裏，狀則類鼓，聲則和柔，倡而不和，非徒鏗鏘而已。《書傳》謂"以韋爲鼓"，《白虎通》謂"拊革而糠"是也。其設則堂上，《書》所謂"搏拊"是也；其用則先歌，禮所謂"登歌則令奏擊拊"是也。《書》謂之"搏拊"，《明堂位》謂之"拊搏"者，以其或拊或搏，莫適先後故也。

始奏以文，復亂以武，治亂以相，訊疾以雅，君子於是語，於是道古，修身及家，平均天下，此古樂之發也。

　　《周官·大司樂》："教國子，舞《雲門》、《大卷》、《大咸》、

---

① "治"，原作"洽"，據元刻明修本、光緒刻本改。
② "均平"，元刻明修本、光緒刻本均作"平均"。

《大磬》、《大夏》、《大濩》、《大武》。"《大夏》而上，文舞也；《大濩》而下，武舞也。古之樂舞，始奏以文，復亂以武。維清奏《象舞》，其文也；武奏《大武》，其武也。文先之，武次之，有安不忘危之意，而揖讓征誅之義盡矣。豈非莊周所謂"文武經綸"邪？"治亂以相"之"亂"，與"武亂"之"亂"同；"訊疾以雅"之"訊"，與"三刺之訊"同。然干羽之舞，雜然並奏，容有失行列而不治，并疾速而不刺者矣①。是故"治亂以相"，有文明以節之，使之和而不流也。"訊疾以雅"，有法度以正之，使之奮而不拔也。荀卿之論舞，以爲"目不自見，耳不自聞，然而治俯仰、詘信、進退、遲速，莫不廉制，盡筋骨之力以要鍾鼓拊會之節，而靡有悖逆者"，在相與雅而已。《書》曰"恒舞于宮"，無相以節之故也；《詩》曰"屢舞僛僛"，無雅以正之故也。樂終於舞如此，則樂終而德尊，故明樂之君子於是語以告之，道古以明之，而君子小人未有不好善而聽過者矣。《文王世子》曰："大樂正敎舞干戚語說。"《鄉射禮》曰②："古者於旅也語。"不過如此。"修身及家，平均天下"，而天下皆寧矣。然相之爲器，所以節文舞也，蓋生於"春不相"之"相"，《笙師》"掌敎春"是已。昔梁王築城，以小鼓爲節，而役者以杵和之，蓋其遺制也。鄭氏謂"相以節樂"則是，謂之爲拊則非，豈惑於《方言》"以穗爲相"之說歟？雅之爲器，所以正武舞也，《笙師》"掌敎雅，以敎《祴》樂"是已。賓出以雅，欲其醉不失正也；工舞以雅，欲其訊疾不失正也。賓出

---

① "并"，元刻明修本、光緒刻本均作"甚"。
② "禮"，元刻明修本、光緒刻本均作"記"。

以雅，有《祴》夏之樂，則工舞以雅，其樂可知矣。二鄭之論雅制，類皆約漢法爲言，疑其有所受之。《周官》以興道、諷誦、言語爲樂語，此特説語與道，古者豈舉上下見中之意邪？

今夫新樂，進俯退俯，姦聲以濫，溺而不止，及優、侏儒，獶雜子女，不知父子，樂終，不可以語，不可以道古，此新樂之發也。

荀卿曰："鄭衛之音，使人之心淫；舞《韶》歌《武》，使人之心莊。"然則新樂之異古，其來尚矣。形於動静，則"進俯退俯"，其陳不足以成列也；發於聲音，則"姦聲以濫，溺而不止"，其聲不足以合奏也。豈非政散民流，誣上行私而不可止之謂邪？蓋古樂之發，始奏以文，復亂以武，而不聞"及優、侏儒"也；治亂以相，訊疾以雅，而不聞"獶雜子女"也。弦匏笙簧，會守拊鼓，而不聞"不知父子"也。夫然後足以使長幼、男女之理，父子、君臣之節，皆形見於樂而有別矣。其有不可以語且道古耶？《文王世子》曰"既歌而語以成之，言父子、君臣、長幼之道，合德音之致"者，此也。若夫及優、侏儒，獶雜子女，不知父子，如檀長卿所爲[1]，古無有也，君子不道也。不過知聲而不知音，知舞而不知節，禽獸之歸而已。豈知夾谷之戲，孔子所以請誅；齊人之饋，孔子所以遂行歟？古樂言始奏以見終，新樂言樂終以見始，互發故也。

---

[1]　"檀"，光緒刻本作"禮"，元刻明修本模糊不清。

樂書卷二十四　禮記訓義

樂記

今君之所問者樂也，所好者音也。夫樂者，與音相近而不同。

　　古以德音謂之樂，今以溺音爲之，則非樂也，淫濫之音而已。是樂與音固相近而不同也。文侯所問在樂，所好在音，是知音而不知樂，真衆庶之見爾①，非君子之道也。孔子惡鄭聲之亂《雅》，及顔淵問爲邦，而告之以《韶》舞爲可，則鄭聲爲可放。其貴禮樂，賤邪音如此。是子夏所學，則孔子也。然則文侯聽古樂惟恐卧，聽鄭衞之音而不知倦，必叩其兩端而竭焉，以盡陳善閉邪之道。孰謂子夏不知尊夫子之道而敬其君歟？孟子以齊王不能同樂於民，故語之以今樂猶古，所以引而進之也。子夏以文侯好音而不知樂，故對之以今樂異古，所以抑而攻之也。

　　文侯曰："敢問何如？"子夏對曰："夫古者，天地順而四時當，民有德而五穀昌，疾疢不作，而無妖祥，此之謂'大當'。然後聖人作，爲父子君臣，以爲紀綱。紀綱既正，天下大定。然後正六律，和五聲，弦歌詩頌，此之謂德音，德音之謂樂。《詩》曰：'莫其

---

　　①　"真"，光緒刻本作"直"，元刻明修本模糊不清。

德音,其德克明。克明克類,克長克君。王此大邦,克順克俾。俾于文王,其德靡悔。既受帝祉,施于孫子。'此之謂也。"

　　天地非四時不運,民非五穀不養。則四時者,天地之使候也;穀者,民之司命也。蓋天地以順動則四時不忒,是天地順理,然後四時各當其分也。德者,成和之修,則民有德人之和也,而五穀昌,天地之和應之也,如此災害不生而無疾疢,禍亂不作而無妖祥。合是數者,無適而不當,則三才之理得,豈不謂之"大當"乎?天下大當,然後作爲父子君臣之禮,以爲紀綱,蓋人倫之至也。與夫新樂之發,獶雜子女,不知父子,以亂人之大倫者異矣。荀卿曰:"禮者,法之大分,類之綱紀也。"故一家紀綱在父子,天下綱紀在君臣。內外相維而紀綱正,則天下之動貞夫一而大定矣①。在《易·既濟》,定也,本於剛柔,正而位當;《家人》,家道正也,而終於天下定。然則天下大當而禮可行天下,大定而樂可作,固其時。夫然後正六律而使之和聲,和五聲而使之協律,弦之琴瑟,歌之詩頌,則中聲所止,無非盛德之形容焉,庸詎不爲德音之樂邪?《周官·大師》"掌教六詩,以六德爲之本,以六律爲之音";《瞽矇》"掌鼓琴瑟、九德六詩之歌以役大師",此之謂也。周之世,世修德莫若文王,詩之形容文王之德,莫若《靈臺》,而《靈臺》所美,又不過"虡業維樅,賁鼓維鏞,矇瞍奏公"而已。然則文王之樂,豈不原於德音邪?且王季以一諸侯之微,卒能比德文王而靡悔,以王大邦,受帝祉,施孫子,如此其盛者,貊其德音故也。魏文侯果能放溺而好

---

①　"貞",元刻明修本、光緒刻本均作"正"。

德，則古樂之道是誠在我，德成而上比，雖文王亦我師也。患不閑邪存誠以馴致之爾，由是知子夏之於君，夫豈以其不能而遂賊之邪？蓋作爲父、子、君、臣，以爲紀綱者，禮也；作爲鼗、鼓、椌、楬、壎、篪，以爲德音者，樂也。識其文者能述而明，知其情者能作而聖，均謂之聖人，不亦可乎？今夫古樂之發，六律固正矣，而後世四清興焉，律之所以不正也；五聲固和矣，而後世二變興焉，聲之所以不和也。然四清之名起於鐘磬，縣之二八之文，非古制也，豈鄭氏傅會“漢得石磬十六”而妄爲之説邪？二變之名起於六十律旋宮之言，非古制也，豈京房傅會左氏“七音以奉五聲”之説邪？是不知左氏所謂七音即八音也。八音以土爲主，是以金、石、絲、竹、匏與革、木皆待之而後和焉。故《虞書》、《樂記》、《國語》之論八音，皆虛土音以爲之主，猶之“天地之數五十有五，而大衍虛其五”之意也。由是觀之，樂之音有八，雖謂之七音可也，孰謂合二變而七之乎？前説“詩言其志，歌咏其聲”，此説“弦歌詩頌”，先後不同，何也？曰：前則本詩而爲歌，故詩爲先，與《書》“詩言志，歌永言”同意；此則本所歌之詩言之，故詩爲後，與《瞽矇》“弦歌誦詩”同意。至於以“貊”爲“莫”，“比”爲“俾”，其亦傳聞之誤歟？

“今君之所好者，其溺音乎！”文侯曰：“敢問溺音何從出也？”子夏對曰：“鄭音好濫淫志，宋音燕女溺志，衛音趨數煩志，齊音敖辟喬志。此四者，淫於色而害於德，是以祭祀弗用也。《詩》云：‘肅雍和鳴，先祖是聽。’夫肅，肅敬也；雍，雍和也。夫敬以和，何事不行？”

　　夫樂者，音之所由生，其本在人心之感於物也。故在音爲樂，在心爲志。鄭音好濫而志從以淫，宋音燕女而志從以溺，衛音趨數而志從以煩，齊音敖辟而志從以喬。志淫則心蕩，志煩則心亂，志溺則心下，志喬則心高，皆非中聲所止，非所以爲德音之樂也。蓋樂所以放淫，亦所以誨淫；所以章德，亦所以敗德。故放淫章德，古樂之發也。古樂之發，肅肅乎其敬而制之以禮，雖雖乎其和而制之以義。如此則外不淫色，内不害德，舉而措之天下，何事不行？況用之祭祀而先祖不是聽邪？《書》謂"八音克諧，無相奪倫，神人以和"者，此也。新樂之發反是，其何以行之哉？鄭衛齊宋之樂均出於溺音。詳而論之，鄭之音淫於宋，衛之音淫于齊，故魏文侯問鄭衛而不及齊宋；細而別之，衛之淫風流行，又不若鄭國之盛，故孔子之對顔淵與惡其亂雅，又略衛而語鄭也。子夏言齊音之淫色害德，本衰世言之；師乙謂齊音見利而讓，本盛時言之。

樂書卷二十五　禮記訓義

樂記

"爲人君者，謹其所好惡而已矣。君好之，則臣爲之；上行之，則民從之。《詩》云：'誘民孔易。'此之謂也。"

　　君者，臣之倡；上者，下所儀^①。故君以心好之，則臣未有不爲之於朝；上以迹行之，則民未有不從之於下。然則人君之於民，所以觸而發之者^②，豈難也哉？不過謹吾好惡示之，使知禁而已。上之好惡可不謹歟？子夏之於《詩》，仲尼蓋嘗引而進之^③，不可謂不達其意矣。始以"貊其德音"美王季之德，中以"肅雍和鳴"頌成王之樂，終又以"誘民孔易"勉之^④，是子夏之於魏，欲使是君爲成周之君，是民爲成周之民，彼其用心不亦仲尼欲爲東周之意乎？文侯誠能移溺音之好而好是德音，內以和心^⑤，外以肅敬^⑥，則樂行而民嚮方，天下皆寧矣，豈特魏哉？如不能乎^⑦，其好惡反周道之正而已。然子路之於祭，君子以爲知禮；子夏之於魏，君子以爲

---

① "下所儀"，光緒刻本作"民之儀"。
② "觸"，光緒刻本作"開"，元刻明修本模糊不清。
③ "引"，光緒刻本作"悅"，元刻明修本模糊不清。
④ "誘"，原作"牖"，據光緒刻本改。
⑤ "心"，光緒刻本作"志"，元刻明修本模糊不清。
⑥ "肅敬"，光緒刻本作"成教"，元刻明修本模糊不清。
⑦ "如"，光緒刻本作"患"，元刻明修本模糊不清。

知樂。至孔子論帝王之禮樂，不以告回者語之，夫豈以二子
爲不知之邪？要之，得禮樂以成德，克允蹈而行之者，惟回
而已。莊周亦謂“回忘禮樂”，孰謂周也詭於聖人？

“然後聖人作爲鞉、鼓、椌、楬、壎、篪，此六者，德音之音也。
然後鍾、磬、竽、瑟以和之，干、戚、旄、狄以舞之，此所以祭先王之
廟也，所以獻酬酳酢也，所以官序貴賤各得其宜也，所以示後世
有尊卑長幼之序也。”

　　見乃謂之象，形乃謂之器。聖人作樂，以發諸聲音者寓
之象，以稽諸度數者寓之器。是故作革以爲鞉、鼓，而鞉所
以兆奏鼓者也；作木以爲椌、楬，而楬所以止合樂者也。作
土爲壎而始有所倡，作竹爲篪而終有所和。則播鞉而鼓從
之，中聲以發焉；擊椌而楬止之，中聲以節焉；吹壎而篪應
之，中聲以和焉。蓋弦歌詩頌，中聲之所止也，而謂之德音，
則鞉、鼓、椌、楬、壎、篪，中聲之所出也。謂之德音之音，不
亦宜乎？樂以中和爲用，而和以中爲始。故《國語》之論八
音，不過曰“道之以中德，詠之以中音”。然則德音之音，豈
不存於中聲乎[①]？聖人既作爲六者之器，以寓德音之樂，抑
又越之金、石，以爲鍾、磬，宣之匏、絲，以爲竽、瑟，所以諧其
聲；舞武以干戚，舞文以旄狄，所以動其容。則八音克諧，無
相奪倫，而神人奚適不和哉？此所以祭先王之廟，而幽足以
交於神；獻酬酳酢，而明足以交於人；行之當時，而官序貴賤
莫不得其宜；示之後世，而尊卑長幼莫不得其序也。何害德

---

①　“聲”，原作“德”，據光緒刻本改。

淫色之有？孰謂古樂之發不可用之祭祀邪？大司樂奏宗廟之樂，始於鼛鼓管磬，終於《九德》之歌、《九磬》之舞者，此也。今夫樂之在器，以鼓爲君，以相爲相；在聲，以宫爲君，以商爲臣。歌在上而貴，舞在下而賤，凡理之形見於樂者，未有不寓貴賤、尊卑、長幼之意，是樂之所樂而禮未嘗不行於其間。不亦知樂幾於禮之意歟？不言柷、敔而言椌、楬者，柷以中虚爲用而聲出焉，故又謂之椌；敔以伏虎爲形而聲伏焉，故又謂之楬。蓋聲之出也，樂由之合焉；聲之伏也，樂由之止焉，亦陰陽之義也。《書》不云乎："合止柷敔。"

"鍾聲鏗，鏗以立號，號以立横，横以立武，君子聽鍾聲，則思武臣；石聲磬，磬以立辨，辨以致死，君子聽磬聲，則思死封疆之臣；絲聲哀，哀以立廉，廉以立志，君子聽琴瑟之聲，則思志義之臣；竹聲濫，濫以立會，會以聚衆，君子聽竽、笙、簫、管之聲，則思畜聚之臣；鼓鼙之聲讙，讙以立動，動以進衆，君子聽鼓、鼙之聲，則思將帥之臣。君子之聽音，非聽其鏗鎗而已也，彼亦有所合之也。"

　　古者，上農捄土出金以爲鍾，上工磨石出玉以爲磬。鍾於五行爲金，於五事爲言，於五藏爲氣，於五性爲義。金則奏而爲鏗鎗，言則發而爲號令，直其氣所以立横，方其義所以立武，此聽其聲所以思武臣也。磬於八音爲石，於八卦爲乾，石則其形曲折而有别，乾則其行剛健而不陷。有别所以立辨，不陷所以致死，此聽其聲所以思死封疆之臣也。琴、瑟則静好而其音同出於絲，絲聲則噍殺而哀、潔静而廉，依義以立志而已，此聽其聲所以思志義之臣也。竽、笙、簫、管

則發猛而其音同出於竹，竹聲則動濁而濫，合比而會，有聚
衆之義焉，此聽其聲所以思畜聚之臣也。鼓爲樂之君，而鼙
則卑者所鼓，其爲革聲，一也。士譁而謹，羣趨而動，有進衆
之義焉，此聽鼓、鼙之聲所以思將帥之臣也。蓋有死封疆之
臣，則外足以保疆場；有志義之臣，則内足以厲風俗；有畜聚
之臣，其衆足以順治；有勇武將帥之臣，其威足以無敵。爲
國之道無競，惟人而已。君子之於音，聽之在心不在耳，彼
其音之所發亦誠有所合之也，豈在悦鄭衛之鏗鏘而已哉？
魏文侯之爲君，蓋不知此，子夏所以深諭之也。合而謂之^①，
言鍾聲、鼓鼙之聲，則知絲之爲琴、瑟，竹之爲竽、笙、簫、管
也；言絲聲、竹聲，則知鍾之爲金，鼓、鼙之爲革也；言石聲
磬，則金聲鍾之類見矣；言竹聲濫，則石聲清之類見矣。匏、
竹異制，言竹則匏在其中矣；革、木一聲，言革則木在其中
矣。就八者單出言之，故謂之聲；由聽其雜比言之，故謂之
音。聽音必言君子者，惟君子爲能知樂故也。八音不言土
者，以七音待土贊之而後和故也。鄭康成以“石聲磬”當爲
“磬”字之誤，豈經旨哉？於《傳》有之：“金聲鏗，鏗以立橫，
橫以勁武^②，金聲正則人思武矣；石聲硜，硜以立別，別以致
死，石聲正則人思死節矣；絲聲哀，哀以立廉，廉以立志，絲
音正則人將立操矣；竹音濫，濫以立會，會以聚衆，竹音正則
人思和治矣^③；土音濁，濁以立太，太以含育，土音正則人思
寬厚；革音譁，譁以進衆，革音正則人思毅勇；匏音啾，啾以

---

① “謂”，四庫本、元刻明修本作“謂”，光緒刻本作“論”。
② “勁”，四庫本、元刻明修本作“勁”，光緒刻本作“動”。
③ “治”，元刻明修本、光緒刻本均作“洽”。

立清，清以忠謹，匏音正則人思恭愛；木音直，直以立正，正以寡欲，木音正則人思潔己。”亦足發明此矣。古人嘗謂："與其有聚斂之臣，寧有盜臣。"然則，"畜聚之臣"，何足思哉？蓋"畜聚之臣"則畜衆而使之聚，若鄉遂之官是已，非所謂聚斂之臣也。聚斂之臣，孔子嘗欲鳴鼓而攻之，則子夏學於孔子者也，其肯語而思之乎？琴瑟之音言哀、鼓鼙之音言謹者，蓋琴瑟夏至之音，一陰生之時也；鼓鼙冬至之音，一陽生之時也。陽主樂，陰主哀；陽主謹，陰主静，此其音所以不同。

樂書卷二十六　禮記訓義

樂記

賓牟賈侍坐於孔子，孔子與之言及樂，曰："夫《武》之備戒之已久，何也？"對曰："病不得衆也。""咏嘆之，淫液之，何也？"對曰："恐不逮事也。""發揚蹈厲之已蚤，何也？"對曰："及時事也。""《武》坐，致右憲左，何也？"對曰："非《武》坐也。""聲淫及商，何也？"對曰："非《武》音也。"子曰："若非《武》音，則何音也？"對曰："有司失其傳也。若非有司失其傳，則武王之志荒矣。"子曰："唯。丘之聞諸萇弘，亦若吾子之言是也。"

古之善論兵者，以齊之技擊不可遇魏之武卒，魏之武卒不可遇秦之銳士，秦之銳士不可當桓、文之節制，桓、文之節制不可敵武王之仁義①。仁則愛人，而惡人之害之也；義則循理，而惡人之亂之也。未有下不得人和，上不得天時者矣，夫豈以衆之不得爲病，事之不逮爲恐，時之不及爲慮哉？其所以備戒如此者，出而與民同患，人之所畏不可不畏爾。觀其誓師之辭曰："肆予小子，誕以爾衆士，殄殲乃讎，爾衆士其尚敵果毅②，以登乃辟，功多有厚賞，不迪有顯戮。""尚弼予一人，永清四海，時哉弗可失。"其意亦可見矣。人之左

---

① 兩處"桓文"，元刻明修本、光緒刻本均作"威文"。
② "敵"，元刻明修本、光緒刻本均作"迪"。

手足不如右强，則左者無事於用，而右者有事於用也。武舞之行列亂矣，而皆坐是致其有用者，憲其無用者，以文止武而已①，非所謂非《武》坐也②。故賓牟賈之言，孔子無取焉爾，故曰：“《武》亂皆坐，周召之治也。”武王之勝商遏劉，應天順人而已，非利天下也，尚何聲淫及商之有乎？《武》樂之聲淫及商，非武王之志然也，有司失其傳而已。故賓牟賈之言，孔子有取焉爾，故曰：“唯。丘聞諸萇弘，亦若吾子之言是也。”然則，賓牟賈之言樂及此，與夫蘇夔言聲而不及雅者異矣。

賓牟賈起，免席而請曰：“夫《武》之備戒之已久，則既聞命矣。敢問遲之，遲而又久，何也？”子曰：“居，吾語女。夫樂者，象成者也。摠干而山立，武王之事也；發揚蹈厲，太公之志也；《武》亂皆坐，周、召之治也。且夫《武》始而北出；再成而滅商；三成而南；四成而南國是疆；五成而分，周公左，召公右；六成復綴，以崇天子。夾振之而駟伐，盛威於中國也；分夾而進，事蚤濟也；久立於綴，以待諸侯之至也。”

兵者，不祥之器，而干者，非伐人之兵也。“摠干而山立”，其象武王征而不伐之意歟？君無爲而逸，臣無不爲而勞，“摠干而山立”，象武王征而不伐之事，以君逸故也。“發揚蹈厲”，象太公時維鷹揚之志，以臣勞故也。孔子語魯太師之樂，以翕如爲作，以繹如爲成。是樂以始作，以變成，武

---

① “止”，元刻明修本、光緒刻本均作“王”。
② 第二个“非”原缺，據元刻明修本、光緒刻本補。

王之樂六成，則六變而已。“始而北出”，三步以見方也；“再成而滅商”，再始以著徃也；“三成而南”，自北而南也；“四成而南國是疆”，正域彼江漢汝墳也；“五成而分，周公左，召公右”，不私其欲也；“六成復綴，以崇天子”，樂終而德尊也。樂象武功之成，如此而已。蓋不疆南國而分陝以治，未可也；不分陝以治而使之復綴以崇天子，未可也。分治繫於臣，故別而爲二，復綴統於君，故合而爲一。然始而北出爲治，兵所以尚威武也。終夾振之而駟伐，盛威於中國，則入爲振旅，所以反尊卑也。蓋《大武》之舞以鼓進，以金止。以鼓進則分左右，夾而進之，所以欲事功之蚤濟也；以金止，則久立於綴兆之位而遲之，所以待諸侯之至也。其所以如此者，匪棘其欲也，致天討除人害，以對于天下而已。然則《武》樂六成，《韶》樂九成，何也？曰：二與四爲六，而坤用之，兩地之數也；一三五爲九，而乾用之，參天之數也。《武》，武樂也，而屬乎陰，其成以兩地之數；《韶》，文樂也，而屬乎陽，其成以參天之數。象成莫大乎形，而數如之，亦節奏自然之符也。

“且女獨未聞牧野之語乎？武王克殷反商，未及下車，而封黃帝之後於薊，封帝堯之後於祝，封帝舜之後於陳；下車，而封夏后氏之後於杞，投殷之後於宋。”

　　昔武王誅殘賊，反牧野，非心利天下，以棘吾欲也；棘於裂地封先代之後，與之共守而已。蓋黃帝爲有熊，而封其後於薊；帝堯爲陶唐，而封其後於祝；帝舜爲有虞，而封其後於陳，所以備三恪也。禹爲夏后，而別以姒氏；契爲商姓，而別以子氏；或封杞，或封宋，所以備二代也。帝，德也，封之備三恪，崇德故也；王，業也，封之備二代，尊業故也。帝則德備事簡，不必修其禮物焉，雖不待下車，封之可也；王則業大事煩，必修其禮物然後可以封，雖欲不待下車，信乎其未能矣。均是二王之後，一則以封，一則以投，何邪？曰：古者，在賢則封之，不賢則投之。禹之後非若武庚，以三監叛也。封之以仁，所以崇先代；投之以義，所以戒後世。孔子定《書》正禮，皆斷自唐虞，此封先代之後，必及黄帝者，豈二帝三王之君[①]，皆出於黄帝故邪？與商周禘嚳同意。《史記》并論封神農之後於焦言之，第弗深考爾。

"封王子比干之墓，釋箕子之囚，使之行商容而復其位。庶民弛政，庶士倍禄。濟河而西，馬散之華山之陽而弗復乘，牛散之桃林之野而弗復服，車甲釁而藏之府庫而弗復用，倒載干戈，包之以虎皮，將帥之士使爲諸侯，名之曰'建櫜'，然後天下知武王之不復用兵也。"

商王賊虐諫輔，而比干以諫死；囚奴正士，而箕子以智奴；剥喪元良，而商容以仁隱。皇天震怒，命武王誅之。夫豈使之利廣土衆民爲哉？蘄於繼絕，世獲仁人而已。以謂既死者不可復作，封其墓以旌異之可也。生者猶可因任，囚者釋之，而使以德；隱者起之，而復其位，急親賢故也。商政之施於民者，可謂虐矣，弛之使從寬，所以安之禄之；加於士者，可謂薄矣。倍之使加厚，所以勸之，急先務故也。《書》

---

① "三"，原作"二"，據元刻明修本、光緒刻本改。

曰“乃反商政，政由舊者”，此歟？馬者，兵介之用，散之華山而弗復乘；牛者，引重之具，散之桃林而弗復服，示天下不復用兵畜矣。車甲，所以備敵者也，衅而藏之於府庫；干戈，所以勝敵者也，倒載而包之以虎皮，示天下不復用兵械矣。將帥之士，使之列爵分土而爲諸侯，示天下不復用武臣矣。凡此，名之曰“建櫜”，而實以偃兵也。荀卿曰：“古者明王之舉大事，立大功也。”大事已博①，大功已立，則君享其成，羣臣享其功，是以爲善者勸，爲不善者沮，如此而已。《考工記》言“櫜之欲，其約也”，《詩》曰“載櫜弓矢”。蓋旗之爲物，令士卒者也。令士卒，以用之爲常，其建之，則必揭而用之。櫜之爲物，約弓矢者也。約弓矢，以不用爲常，其建之，則必束而不用矣。故建之與旗同，其所以建之與旗異。然則《武成》以歸馬華山、放牛桃林爲先，釋箕子囚、封比干墓、式商容閭爲後，與此異②，何邪？曰：昔者厩焚，孔子問以傷人爲先，而馬次之。先人後物，古之君子皆然。夫詎武王偃兵③，獨先物後賢邪？是知《武成》簡編錯誤，而《記》之所載爲不失其序。《書》言箕子、比干而不及微子者④，豈以微子之分封於宋⑤，以代武庚爲商後故邪？此先比干，後箕子者，豈以箕子之利貞⑥，不若比干輔相之爲至邪？與《孟子》論賢人之序同意。《書》先箕子，後比干者，以比干之死在箕子爲奴之

---

① “博”，元刻明修本、四庫本作“愽”，光緒刻本作“舉”。
② 元刻明修本之“與此異”後有錯頁。
③ “詎”，光緒刻本作“豈”，元刻明修本模糊不清。
④ “書”，光緒刻本作“此”，元刻明修本模糊不清。
⑤ “分封於宋”，光緒刻本作“賢姑存之”，元刻明修本模糊不清。
⑥ “利貞”，元刻明修本作“利正”，光緒刻本作“行正”。

後也，與孔子論三仁之序同意。封二王之後，所以戒後世之
爲君者；封比干之墓，所以勸後世之爲臣者。式商容之閭言
其始，行商容而復其位言其終，釋者以商容爲商之禮樂，失
之遠矣。

樂書卷二十七　禮記訓義

樂記

"散軍而郊射，左射《貍首》，右射《騶虞》，而貫革之射息也。"

武王翦商之後，六軍之士皆散，歸之六鄉，而天子諸侯始講郊射之禮。蓋六遂之地謂之野，六鄉之地謂之郊。古者，虞庠在國之西郊，而諸侯之學亦在郊，則知郊射必於郊之學焉①。武王克商，行郊射之禮，猶即商學而已，何則？周人之學有東西，無左右，商人之學有左右，無東西；地道尊右而卑左，故諸侯郊射於左，學以《貍首》爲節；天子郊射於右，學以《騶虞》爲節也。然君子之於射，有揖遜之取，有勇力之取。不主皮之射，揖遜之取也；貫革之射，勇力之取也。散軍郊射而"貫革之射息"，則尚揖遜不尚勇力矣。今夫貍之爲物，其性善搏，其行則止而擬度焉，射者必持弓矢審固奠而後發，亦擬度之意也。《騶虞》見於《周南》，而《貍首》無所經見，逸詩有之："曾孫侯氏，四正具舉。大夫君子，凡以庶士。小大莫處，御于君所。以燕以射，則燕則譽。"豈《貍首》之詩邪？《檀弓》曰："貍首之班然，執女手之卷然。"豈《貍首》之歌邪？《貍首》樂御而射以禮，則小大御于君所而會之，有時而然也。故《射義》曰："諸侯以《貍首》爲節，樂時會

① "焉"，原缺，據元刻明修本、光緒刻本補。

也。"騶虞，義獸也，又其色白宜正，以殺爲事而不殺，是亦仁之至也。《騶虞》樂仁而殺以時，則庶類蕃殖而朝廷治，朝廷治，則百官備而無曠職矣。故《射義》曰："天子以《騶虞》爲節，樂官備也。"《儀禮》：大射，樂正命大師奏《貍首》；鄉射，奏《騶虞》。蓋亦如此。

"裨冕搢笏，而虎賁之士說劍也。"

《周官·司服》："公之服，自衮冕而下，如王之服。侯伯之服，自鷩冕而下，如公之服。子男之服，自毳冕而下，如侯伯之服。孤之服，自希冕而下，如子男之服。卿大夫之服，自玄冕而下，如孤之服。"由是觀之，子男之君視公、侯、伯，爲卑，而孤、卿大夫又視子男爲卑。此子男之君所以與孤、卿大夫同服裨冕也。裨之爲言埤也，埤與裨皆非正，卑道故也。《玉藻》言"諸侯裨冕以祭"；《儀禮》言"侯氏裨冕"，舉子男以見侯伯也；荀卿言"大夫裨冕"，《記》言"大夫冕而祭於公"，舉大夫以見孤卿也。古者，虎賁之士雖多，其所以統之者，不過下大夫二人而已。武王勝商之後，天子郊射以《騶虞》爲節，諸侯郊射以《貍首》爲節，而貫革之射息。孤卿大夫服裨冕搢笏，而虎賁之士說劍，則偃武修文之意可見矣。古之造字者，武欲止，旗欲偃，干欲立，戈欲倒，弓欲弛，矢欲入，劍欲歛，然則虎賁之士說劍，固武王所欲也。彼其用之者，豈所欲哉？鄭康成謂："裨衣，衮之屬也。"孔穎達因謂"天子六服，以大裘爲上，其餘爲裨"，不亦誤乎？

"祀乎明堂，而民知孝；朝覲，然後諸侯知所以臣；耕藉，然後諸侯知所以敬。五者，天下之大教也。"

　　天子以保四海爲孝，諸侯以保社稷爲孝，是四海之民爲重，而諸侯之社稷次之也。《孝經》宗祀文王於明堂，以配上帝，則嚴父之孝莫大於此。天子以孝致明堂之祀，而四海之民莫不觀化而知孝，老吾老以及人之老故也。不然，則臣子恩薄而倍死忘生者衆矣。故曰"祀乎明堂而民知孝"也。存省聘頫，臣之禮也；朝覲宗遇，君之禮也。大宗伯以賓禮親邦國，而朝覲居其一。朝春以圖天下之事，覲秋以比邦國之功，然後諸侯不敢一於制節，抑又知謹度以修臣道焉。不然，則君臣之位失，諸侯之行惡，而倍畔侵陵之敗起矣，故曰"朝覲，然後諸侯知所以臣"也。公田謂之藉，借民力治之故也。王所親耕，謂之藉，借民力終之故也。四海之内，各以其職來助祭，而王必躬耕以共齍盛者，以爲祭不自致，則如不祭。以此率諸侯事其先君，夫孰不知所以敬哉？不然，則匱神祀，困民財，而天下將有不藉之譏矣，故曰"耕藉，然後諸侯知所以敬"也。道千乘之國者，莫先於敬事而信，故成王戒諸侯於廟以敬爾，在公爲始，誥康叔於國，以式克敬典爲重，則諸侯知所以敬，固當務之爲急也。言孝則知敬之爲養，言臣則知孝之爲子。武王一舉事而天下知所以父子、君臣、上下之教，得非有言前之信，令外之誠然邪？自郊射而息貫革之射，冕笏而説虎賁之劍，偃武之教也；祀明堂以教孝，朝覲以教臣，耕藉以教敬，修文之教也。五者並行於天下，豈不爲教之大者歟？《祭義》言："祀乎明堂，所以教諸侯之孝；食三老五更於太學，所以教諸侯之弟；祀先賢於西學，所以教諸侯之德；耕藉，所以教諸侯之養；朝覲，所以教諸侯之臣。爲天下之大教五。"與此詳略不同，何也？曰：繼治者其道同，繼亂者其道變。《祭義》論先王治世之常法，故以食老更、祀先賢次於祀明堂，以耕藉先於朝覲者，以諸侯資孝弟以成德，然後能盡爲人臣、子之道，而民不興焉[1]。《樂記》論武王牧野，一時之權宜，故以偃武爲先，修文爲後，使民知孝爲先，諸侯之敬爲後。抑又將帥之士使爲諸侯，未必知朝覲，又急於耕藉，此施教所以不純乎先王之序也[2]，與宣王之雅不純文武之序同意。今夫夏后氏世室、商人重屋、周人明堂，論治世常法而曰"祀乎明堂"可也；武王牧野之事亦曰"祀明堂"，可乎？曰：明堂之制，周法然也，武王牧野之事，未必有是。《記》者言之，豈追成周之制言之歟？文王爲西伯之時，而《詩》以"皋門應門，造舟爲梁"，追美之義協於此。

"食三老五更於大學，天子袒而割牲，執醬而饋，執爵而酳，冕而揔干[3]，所以教諸侯之弟也。"

　　天地人之數，以三成，以五備。故天統三辰五星於上，地統三極五行於下，人統三德五事於其中，然則三老五更之數亦視諸此。王建國，必立三卿；鄉飲酒，必立三賓；養老，必立三老。故《禮運》曰："三公在朝，三老在學。"三賓之於鄉，三卿之於國，三公之於朝，皆非一人爲之。則三老五更之於學，豈皆以一人名之邪？後世以尉元爲三老，游明根爲五更之類，皆以一人爲之，非古意也。古者，十年以長，則父

---

① "興"，光緒刻本作"與"，元刻明修本模糊不清。
② "教"，四庫本、元刻明修本均作"教"，光緒刻本作"敬"。
③ "揔"，四庫本、元刻明修本作"總"，光緒本作"緫"，據前后文与《樂記》原文改。

事之；五年以長，則兄事之。況老更乎？三老有成人之德，近於父者也，先王以父道事之。五更，更事之久，近於兄者也，先王以兄道事之。然君者，所事也，非事人者也。其所以事人，不過"親袒割牲，執醬而饋，執爵而酳"以禮之，"冕而揔干"以樂之而已。以此教諸侯，然而有不弟者，未之有也。今夫養老之禮，五十養於鄉，六十養於國，七十養於學，則食之於大學，七十者而已。有虞氏以燕禮，夏后氏以饗禮，商人以食禮，則以食禮食之者，商人而已。《文王世子》言："天子視學，釋奠於先老，遂設三老、五更、羣老之席位焉。適饌省醴，養老之珍具，遂發咏焉。"言"親袒割牲"，則適饌可知；言"執醬而饋"，則珍具可知；言"執爵而酳"，則省醴可知；言"冕而揔干"，則發咏可知。凡大合樂，必遂養老，豈非天子視學之禮邪？武王牧野之事，以五教爲急，食老更爲緩，故其序如此。《祭義》亦於五教之後語及是者，所繼之教，雖治亂不同，及其成功一也。彼播棄不廸者，譏之於書，召之訊夢者，刺之於詩，亦豈知先王所以食老更之意哉？射有左右學，鄉學也；食老更於太學，國學也。《學記》言黨庠術序，繼之以"國有學"，與此同意。然則，養老，有虞氏以深衣，夏后氏以燕衣，周人以玄衣；食禮而服縞者，惟商人爲然。縞衣非冕服，必冕而揔干者，以舞者樂之成，故特服冕，所以重其事也。"冕而揔干"，施於食禮，而《記》稱"食嘗無樂"者。考之於《詩》，《商頌》言"顧予烝嘗"，而有鍾鼓、鞉鼓、筦、磬之聲；《周雅》言"以往烝嘗"，而有鼓鍾送尸之樂，則嘗非無樂也。《周官》凡饗食，樂師、鍾師奏燕樂，籥師鼓羽籥之舞，則食非無樂也。謂之"食嘗無樂"，蓋非商、周制歟？

“若此，則周道四達，禮樂交通，則夫《武》之遲久，不亦宜乎？”

樂者，德之聲；舞者，德之容。武王偃武修文之後，習射服冕，祀明堂，講朝覲，耕藉田，食老更①，而禮樂之教交修于天下。是雖因於商人，而周之制作，實兼修而用之，則周道四達，禮樂交通。而樂舞之遲，猶四時之運，陽積而成暑，非一日也。孔子謂：“《武》盡美矣，未盡善也。”盡美矣，故其成必久；未盡善，故非所以爲備樂。何獨至久，立於綴而疑之歟？路之四達謂之逵，道之四達謂之皇，故誅賞廢興資此以成，禮樂刑政資此以備，然則周道四達，亦可知。

---

① “食”，光緒刻本作“養”。

樂書卷二十八　禮記訓義

樂記

君子曰："禮樂不可斯須去身。"致樂以治心，則易、直、子、諒之心，油然生矣；易、直、子、諒之心生，則樂，樂則安，安則久，久則大，大則神。天則不言而信，神則不怒而威，致樂以治心者也。

陂則險，平則易，邪則曲，正則直。易則易知，性之所以爲智也；直則内敬，性之所以爲禮也；子者，天性之愛，所以爲仁也；諒者，天性之誠，所以爲信也。蓋性者，心之地；心者，天之君，神之舍者也。致樂以治心，而易、直、子、諒之心油然生矣；易、直、子、諒之心生，則於性之所受者能樂；於性之所受者能樂，則於事之所遇者能安。此《易》所謂"樂天安土"之意也。於事之所遇者能安，則不失其所而其德可久矣。此《坤》之"安貞吉"，《老子》謂"地久"之意也。孔子曰："智者樂，仁者壽。"又曰："仁者安仁，智者利仁。"則樂者，智者之道也；安者，仁者之道也。《易》曰："可久則賢人之德。"《孟子》曰"聖人之於天道則久"者，賢人之地道也。天者，聖人之天道也。神則聖而不可知，雖陰陽且不能測，況於人乎？《老子》曰："人法地，地法天，天法道，道法自然。"由是觀之，久則地道，天則天道。然則仁智有人道，而神有不爲自然者邪？蓋不離於宗謂之天，不離於精謂之神。古之學者自仁率之至於天道，自善充之至於神。致樂以治心，而至於天則神，固其理也。《孟子》曰："樂則生矣，生則惡可已。"荀卿曰："誠心守仁則形，形則神。"如此而已。今夫待言而信者，以人有意故也①，天則無待於言而畏矣②。待怒而威者，以人有情故也，神則無待於怒而威矣③。《易》曰："不言而信存乎德行。"又曰："神武不殺。"《書》曰："德威惟畏。"《荀子》曰："至德嘿然而喻，不怒而威。"樂也者，章德者也，豈待言而後信，怒而後威邪？子思論至誠不息則久，卒至於不見而章，不動而變，無爲而成。其意亦何異此？離而言之，天與神異；合而言之，則一。故《莊子》曰："神而不可不爲者，天也。"《易》曰："觀天之神道，而四時不忒。"是已。《老子》言"天乃道，道乃久"，此言"久則天，天則神"者，豈久者又天，道之始終歟？《記》有之："不閉其久，是天道也。"蓋天可以兼地，地不可以兼天，猶形而上者可以言器，形而下者不可以言道。

致禮以治，躬則莊敬，莊敬則嚴威。

　　孔子曰："臨之以莊則敬。"是莊爲敬之始，而敬不止於莊。《書》曰："嚴恭寅畏。"《傳》曰："有威可畏謂之威。"則嚴爲威之始，而威不止於嚴。蓋身主信，躬主詘，致禮以治，躬則自卑而尊人，撙節退讓以明之而已，非主乎信者也。其於治，躬也何有？然貌肅則莊敬，重則嚴威，是嚴威以莊敬爲本，莊敬以嚴威爲文也。禮也者，資莊敬以爲教，待威嚴而

---

① "意"，光緒刻本作"慂"，元刻明修本模糊不清。
② "而畏"，光緒刻本作"而信立"，元刻明修本模糊不清。
③ "而威"，光緒刻本作"而威行"，元刻明修本模糊不清。

後行。然《樂記》先嚴而後威，先後之序也；《曲禮》先威而後嚴，重輕之序也。致禮以治，躬則馴致有漸，不得不以先後序之；班朝治軍，涖官行法，則分守致嚴，不得不以重輕序之。

心中斯須不和不樂，而鄙詐之心入之矣；外貌斯須不莊不敬，而易慢之心入之矣。

　　樂由中出而本乎心，則和樂者，心之發於天真者也。禮自外作而見乎貌，則莊敬者，貌之形於肅括者也。故致樂以治心，心中斯須不和不樂，而鄙詐之心入之矣。致禮以治躬，外貌斯須不莊不敬，而易慢之心入之矣，況其久者乎？周之末造，《鹿鳴》廢則和樂缺矣，《菁莪》廢則無禮儀矣，況能治心於內，治躬於外，以全所謂一體者乎？然鄙詐之心反乎子諒者也，易慢之心反乎莊敬者也。言反乎子諒者，推而上之，以見易直；言反乎莊敬者，推而下之，以見嚴威，言之法也。且古人於禮樂，不可以斯須去身。斯須去身而為心害如此，況三年不為，其害將如之何哉？宰我之説，蓋有為而言；《記》言鄙詐易慢之心，以內明外也；太史公言暴慢姦邪之行，以外明內也。

故樂也者，動於內者也；禮也者，動於外者也。樂極和，禮極順。內和而外順，則民瞻其顏色而弗與爭也，望其容貌而民不生易慢焉。故德煇動於內，而民莫不承聽；理發諸外，而民莫不承順。故曰：致禮樂之道，舉而錯之天下，無難矣。

　　禮樂之於天下，辨上下之位，則禮交動乎上，樂交應乎下，相通以致用也。定内外之分，則樂動於内，禮動於外，相辨以立體也。其爲體用雖殊，而所以職乎動則一而已。豈非天下之動，貞夫一歟？《記》者兩言之，爲更端異故也。今夫保合大和者，其乾乎？天下至順者，其坤乎？樂由天作，未有不本乾之和；禮以地制，未有不本坤之順。樂非特和而已，有以極天下之和也；禮非特順而已，有以極天下之順也。曾子言：君子動容貌，斯遠暴慢矣；正顔色，斯近信矣。誠信達之於顔色，恭敬達之於容貌。君子内和於心以達誠信，則民瞻其顔色而弗與爭焉，以内信外也；外順於貌以達恭敬，則望其容貌而民不生易慢之心焉，以外直内也。《曲禮》曰："執爾顔，正爾容。"《祭義》曰："有愉色者，必有婉容。"《冠義》曰："禮義之始，在於正容體，齊顔色。"是顔色之於容貌爲内，容貌之於顔色爲外，故於内和之樂言顔色，外順之禮言容貌。樂也者，德之不可匿者也，故德煇動乎内，而民莫不承聽。禮也者，理之不可易者也，故理發諸外，而民莫不承順。君子所爲民視聽而以之者也，豈不爲民之耳目乎？揚雄曰："天之肇，降生民[1]，使其目見耳聞，是以視之禮，聽之樂。如視不禮，聽不樂，雖有民焉，得而塗諸。"可謂知比矣[2]。由是觀之，致禮樂之道，舉而錯之天下之民，無難矣。患内不用志、外不用力焉耳。子張問政，孔子對之"君子明於禮樂，舉而錯之而已"。然則致禮樂之道，舉而錯之天下，則安上治民，移風易俗，猶反掌耳。爲政豈難哉？此孔子將

---

① "民"，光緒刻本作"臣"，元刻明修本模糊不清。
② "比"，光緒刻本作"此"，元刻明修本模糊不清。

爲政於衛，所以深悼禮樂之不興也。樂雖主和，未嘗不順，
和順積中是也。禮雖主順，未嘗不和，禮之用，和爲貴是也。
樂雖章德，而禮非不以德，人而無禮，焉以爲德是也。禮雖
主理，而樂非不以理，樂通倫理是也。樂也者，動於内；禮也
者，動於外，主禮樂言之。樂所以修内，禮所以修外，主教世
子言之。

樂書卷二十九　禮記訓義

樂記

樂也者，動於内者也；禮也者，動於外者也①。故禮主其減，樂主其盈。禮減而進，以進爲文；樂盈而反，以反爲文。禮減而不進則銷，樂盈而不反則放，故禮有報而樂有反。禮得其報則樂，樂得其反則安。禮之報，樂之反，其義一也。

禮樂之於天下，無主不止，無文不行。故其情則中，有主而能止；其文則外，有正而能行。是主減主盈者，禮樂之情也；以進以反者，禮樂之文也。言減則盈爲增，言盈則減爲虛，言進則反爲退，言反則進爲出。禮主虛以減，則人情之所憚行，必以進爲文。所以推而進之也，豈“卑者舉之，罄者與之”之意歟？樂主增以盈，則人情之所樂趨，必以反爲文。所以抑而退之也，豈“高者下之，饒者取之”之意歟？今夫禮以地制，未嘗不主減。然而饗必至於百拜，儀必至於三千，則禮減而進，以進爲文可知。樂由天作，未嘗不主盈。然而合樂必止三終，奏《韶》必止九成，則樂盈而反以反爲文可知。以《易》言之，上者陽之位，下者陰之位，陽上進，陰下退，則於卦爲《復》。禮主其減，樂主其盈者，《復》之道也。

---

① 元刻明修本、光緒刻本均“禮”句在前，“樂”句在后；但《樂記》原文與四庫本同。

外者陽之域，内者陰之域，陽内入，陰外出，則於卦爲《姤》。禮以進爲文，樂以反爲文者，《姤》之道也。在《風》之《蟋蟀》，儉必欲中，禮樂必欲無荒；在《雅》之《楚茨》，禮儀欲其既備，鍾鼓欲其既戒。亦此意歟？禮減而不進，則人病於難爲，不足以致富，銷之道也。樂盈而不反，則人病於太侈，不足以致謹①，放之道也。銷則鑠於外物，不能以自强，入於魯人之跛倚者有之。然則禮也者，其可以無進乎②？放則逐於外物，不能以自反，入於魏侯之忘倦者有之。然則樂也者，其可以無反乎？故禮得其報，其情樂而不惑；樂得其反，其情安而不危。禮之報情，樂之反始，其數雖異，其義一也。孔子言“《謙》以制禮”，繼之“《復》以自知”；“《豫》以作樂”，繼之“嚮晦入宴息”，義協於此。史遷謂君子以謙退爲禮，而不知其文主進；以減損爲樂，而不知其情主盈，未爲深於禮樂者也。《郊特牲》言“春禘秋嘗，春饗孤子，秋食耆老，其義一”者，以禘嘗饗食，有春秋陰陽之義也。言“天先乎地，君先乎臣，其義一”者，以天地君臣，有先後尊卑之義也。此言“禮之報，樂之反，其義一”者，以禮樂有報反之義也。其義同，其所以爲義異。

夫樂者，樂也，人情之所不能免也。樂必發於聲音，形於動静，人之道也。聲音動静，性術之變，盡於此矣。

　　君子小人同樂而異得，故曰“樂者，樂也”。君子樂得其

---

① “謹”，光緒刻本作“禮”，元刻明修本模糊不清。
② “進”，光緒刻本作“報”，元刻明修本模糊不清。

道，小人樂得其欲，人情同樂而合道，故曰"樂者樂也，人情之所不能免也"。必發於聲音，形於動静，人之道也。蓋樂發於聲音爲歌，於動静爲舞，歌舞皆人所爲，道實在焉；道之所在，性實藏焉。然則人道著於聲音動静，非性術之常也，特其變者爾。有言心術，有言性術者，道無所不行，而術則述其末焉。喜怒哀樂所以形者，非心之本，心之末而已；聲音動静所以變者，非性之本，性之末而已，此心與性所以皆謂之術。《孟子》曰："盡其心者，知其性。"則心術者，性術之用；性術者，心術之體。言"性術之變，盡於此矣"，尚何底藴之有乎？

故人不耐無樂，樂不耐無形，形而不爲道，不耐無亂。先王耻其亂，故制《雅》、《頌》之聲以道之，使其聲足樂而不流，使其文足論而不息，使其曲直、繁瘠、廉肉、節奏足以感動人之善心而已矣，不使放心邪氣得接焉，是先王立樂之方也。

情動於中而形於言，人之所以爲詩也；情樂於内而形於外，人之所以爲樂也。凡此天機之發而不能自已，非有以使之然也，是人而不耐無樂，樂不耐無形，形而不爲之道，達則始乎治，常卒乎亂矣。先王得不制爲《雅》、《頌》之聲以道之乎？蓋王政廢興在《雅》不在《風》，盛德形容在《頌》不在《雅》，制爲《雅》、《頌》之聲以道之，則審樂足以知政，聞樂足以知德。使其聲足樂而不流，取是以節之也；使其文足論而不息，取是以行之也。然聲，樂之象，非樂之道也，故可樂，樂而至於不流。得非以道制象者乎？文，樂之飾，非樂之情也，故可論，論而至於不息。得非以情成文者乎？聲足樂而不流故安，文足論而不息故久，中正之《雅》不過是爾。此所以能使曲直、繁瘠、廉肉、節奏足以感動人之善心，不使放心邪氣得接焉，確乎多哇之鄭不能入也。蓋廉直之音作而民肅敬，繁簡之音作而民康樂，肉好之音作而民慈愛。先王制爲《雅》、《頌》以道曲直、繁瘠、廉肉之聲，抑又節奏合而成文，其有不足感動人之善心邪？今夫心中斯須不和不樂，而鄙詐之心入之矣，況放心得接乎？姦聲感人，逆氣應之而淫樂興焉，況邪氣得接乎？先王反情以和其志，廣樂以成其教，凡淫溺之樂不接於心術，邪僻之氣不設於身體，卒至於奮至德之光，動四氣之和，以著萬物之理者，立樂之效也。墨子非之，奈何？雖然，先王制《雅》、《頌》之聲以道之，不過發之聲音，形之動靜，特樂之一方，非道之大全也。語其大全，則道可載而與之俱休。樂而無形，則人不能無樂，樂而不能無形，不足道也；幽昏而無聲，則其聲足樂而不流，其文足論而不息，不足道也；充滿天地，包裹六極，則感動人之善心，不足道也；動於無方，居於窈冥，則立樂之方，不足道也。上文論六音，此及廉直、繁簡、肉好而不及噍殺、粗厲、滌濫者，不合《雅》、《頌》之聲故也。

樂書卷三十　禮記訓義

樂記

是故樂在宗廟之中，君臣上下同聽之，則莫不和敬；在族長鄉里之中，長幼同聽之，則莫不和順；閨門之内，父子兄弟同聽之，則莫不和親。

聖人作，爲君臣、上下、父子、兄弟、長幼，以爲紀綱。紀綱既正，天下大定。然後正六律，和五聲。律小大之稱，比終始之序，使君臣、上下、父子、兄弟、長幼之理皆形見於樂；合生氣之和，道五常之行，使主敬、主親、主順之道皆會歸於和。是故祭祀奏之宗廟之中，君臣上下同聽之，莫不和敬而不慢；射鄉奏之族長鄉里之中，長幼同聽之，莫不和順而不逆；燕私奏之閨門之内，父子、兄弟同聽之，莫不和親而不疏。《經》所謂“樂極和”，《傳》所謂“聽和則聰”者，此也。蓋宗廟之中，未施敬而人敬，以和敬在心故也；事兄悌，其順可移於長，以和順在行故也；父子之道出於天性，以和親在性故也。然樂之感人也深，其化人也速。父子兄弟和親於閨門，樂之化行乎一家也；長幼和順於族長鄉里，樂之化行乎鄉遂也；君臣上下和敬於宗廟，樂之化行乎一國與天下也。古樂之發，修身及家，平均天下，如此而已。若夫新樂之發，獲雜子女，不知父子，況君臣、上下、兄弟、長幼者乎？《大司樂》：“凡樂，冬日至，於地上之圓丘奏之，則天神皆降；夏日至，於澤中之方丘奏之，則地示皆出。"於宗廟之中奏之，則人鬼可得而禮。言在宗廟之中，則圓丘、方澤之祭可知矣。《儀禮》"凡鄉飲、鄉射、燕禮皆用樂"，《大師》"大祭祀，師瞽登歌，令奏擊拊，下管播樂器，令奏鼓棘。大饗亦如之"。言在族長、鄉里之中，則朝廷之上燕饗可知矣。《爾雅》："宫中之門謂之闈，小者謂之閨。"而燕禮有房中之樂，豈非作於閨門之内者歟？昔齊桓公閨門之内縣樂，亦其遺制也。然化之行也，必自貴而賤，自外而内，故先君臣上下，而長幼次之，父子兄弟爲後。荀卿先君臣，父子兄弟，而後及長少者，尊尊而後親親，親親而後長長，治之序也。

故樂者，審一以定和，比物以飾節，節奏合以成文，所以合和父子、君臣，附親萬民也。是先王立樂之方也。

　　一者，數之所始；物者，器之所寓。一雖不足以盡樂，而樂未離數，不可以不審；物雖不足以顯樂，而樂未離器，不可以不比。今夫天得一以清，地得一以寧，樂得一以和。然則將欲定和，其可不審一乎？獸有比肩，不比不行；禽有比翼，不比不飛，況樂欲飾節，其可不比物乎？蓋五聲所以爲一者，以宫爲之君也；十二律所以爲一者，以黄鍾爲之本也。故審宫聲，則五聲之和定；審黄鍾，則十二律之和定，"審一以定和"也。金石以動之，絲竹以行之，革木以節之，"比物以飾節"也。節以止樂，而奏以作之，一節一奏，合雜以成文采，"節奏合而成文"也。指八音而言，謂之比音；指八音之物而言，謂之比物，其實一也。"審一以定和"者，樂之情；"比物以飾節"者，樂之節；"節奏合而成文"者，樂之文，三者

備矣。在閨門之内，所以合和父子也；在宗廟之中，所以合
和君臣也；在族長鄉里之中，所以附親萬民也。合和父子君
臣，則天下如出乎一家，附親萬民則中國如出乎一人。先王
立樂之方[①]，不過如此。自所立之始言之，制《雅》、《頌》之聲
以道之，至不使放心邪氣得接焉是也；自所立之成言之，樂
在宗廟之中，至合和父子，附親萬民是也。由前則先君臣，
後父子，重輕之序也，與《曲禮》論“非禮不定”之序同意。由
後則先父子，後君臣，先後之序也，與《易·序卦》論“禮義有
所措”之序同意。此言“先王立樂之方”，荀卿言“立樂之
術”。《儒行》曰：“合志同方，營道同術。”《莊子》曰：“天下之
治方術者多矣。方則在物，一曲而有所嚮，非所以爲全也。
術則述其末而行之，非所以爲本也。”二者之言相爲表裏爾。
若夫論樂之全而不域於一方，論樂之本而不蔽於末節，又非
先王所得而立之也。

　　故聽其《雅》、《頌》之聲，志意得廣焉；執其干戚，習其俯仰詘
伸，容貌得莊焉；行其綴兆，要其節奏，行列得正焉，進退得齊焉。

　　季札觀周樂於魯，歌《大雅》，曰：“廣哉，熙熙乎。”歌
《頌》，曰：“至矣哉，廣而不宣。”師乙言樂於賜，謂“廣大而静
者，宜歌《大雅》，寬而静者，宜歌《頌》”。是《雅》爲王政之
興，《頌》爲王功之成，其體未嘗不廣也，況聽其聲乎？ 蓋内
之爲志意，外之爲容貌，陳之爲行列，變之爲進退。聽《雅》、
《頌》之聲，則知反情以和志，故志意得廣焉；執其干戚，習其

---

① “方”，四庫本、元刻明修本均作“力”，據光緒刻本改。

俯仰詘伸，則不至慢易以犯節[①]，故容貌得莊焉；行其綴兆，要其節奏，則回邪曲直，各歸其分，故行列得正焉，進退得齊焉。然《雅》、《頌》之聲，詩之歌也；干戚，舞之器也；俯仰詘伸，舞之容也；綴兆，舞之位也；節奏，聲之飾也。言《雅》、《頌》，則《風》舉矣；言干戚，則羽籥舉矣；言俯仰詘伸，則疾舒舉矣；言綴兆，則遠短舉矣；言節奏，則文采舉矣。耳之所聽，志意得廣而有容；手之所執，體之所習，容貌得莊而有敬；足之所行，心之所要，行列得正，可畏而愛之，進退得齊，可則而象之。如此，則五官皆備而天樂全矣。其於出則征誅，入則揖遜，天下莫不聽而從服也。何有？荀卿謂“歌清盡，舞意天道兼”，繼之“目不自見，耳不自聞”，然而治俯仰屈信，進退疾徐，莫不兼制盡筋骨之力，以要鐘鼓拊會之節，如此而已。有言制《雅》、《頌》之聲，有言聽《雅》、《頌》之聲者。制其聲以爲樂章者，在先王；聽而得之，以廣志意者，豈特先王而已哉？

故樂者，天地之命，中和之紀，人情之所不能免也。

　　樂出於虛，藏於無；天地麗於實，形於有。實必受命於虛，有必受命於無，此樂所以能生天地，非天地所生也。萬物非天地不生，天地非樂不生，則樂者，天地之命也。今夫始天始地者，太始也，樂有以著之，以至六變而天神降，八變而地示出，自非能命天地而不命於天地，孰能與此？莊周謂“調之以自然之命”者，幾是歟？喜怒哀樂未發而爲中者，性

①　“至”，原作“知”，據元刻明修本、光緒刻本改。

也，天下之大本存焉；發皆中節而爲和者，情也，天下之達道存焉。先王作樂，以情性爲綱，以中和爲紀。無中以紀之，則蕩而至於過；無和以紀之，則異而至於乖。古之神瞽考中聲而量之以制度，所道者中德，所詠者中聲，使夫德音不愆，以合神人，以中紀之也。合生氣之和，道五常之行，使夫陽而不散，陰而不密，剛氣不怒，柔氣不懾，以和紀之也。《經》曰：“樂也者，節也。”又曰：“樂至則無怨。”節則不過，所以爲中；無怨則太平①，所以爲和。中和之發，在協民情而已②，此人情之所不能免也。然樂之道，推而上之，以觀其妙，斯爲天地之命；推而下之，以觀其徼③，斯爲中和之紀。以樂爲中和之紀，則禮者，中之紀而已，與《易》於《乾》言“變化”，於《坤》特言“化”同意。此言“天地之命”，自其妙言之；荀卿言“天下之大齊”，自其粗言之。要之，終於中和之紀，皆不可得而異也。《禮器》以禮爲衆之紀，紀散則衆亂；則樂爲中和之紀，紀散則樂淫矣。

---

① “太平”，光緒刻本作“不乖”，元刻明修本模糊不清。
② “協”，光緒刻本作“哲”，元刻明修本模糊不清。
③ “徼”，光緒刻本作“微”，元刻明修本模糊不清。

樂書卷三十一　禮記訓義

樂記

夫樂者，先王之所以飾喜也；軍旅鈇鉞者，先王之所以飾怒也。故先王之喜怒皆得其儕焉。喜則天下和之，怒則暴亂者畏之。先王之道，禮樂可謂盛矣。

藝有六，樂居一焉；禮有五，軍居一焉。樂由陽來，而喜者陽也；禮由陰作，而怒者陰也。形而上者謂之道，形而下者謂之器，則樂者，道也；鈇鉞者，器也。荀卿曰：“凡禮，軍旅飾威也。”以飾喜爲樂，則飾怒爲禮矣；以鈇鉞爲禮之器，則鍾鼓爲樂之器矣。先王以樂飾喜，樂以天下者也，故天下安治者，莫不和之以爲樂焉；以禮飾怒，憂以天下者也，故天下暴亂者，莫不畏之以爲威焉。孟子言“今王鼓樂於此，百姓聞之，舉欣欣然有喜色”，所謂“樂所以飾喜”也。繼之“相告曰：‘吾王庶幾無疾病歟？’”所謂“喜則天下和之”也。言“王赫斯怒，爰整其旅”，所謂“軍旅鈇鉞，所以飾怒”也；繼之“一怒而安天下之民”，所謂“怒則暴亂者畏之”也。先王之於喜、怒，未嘗容私，皆得其儕焉，夫豈爲道之過哉？由是知先王之道，禮樂正其盛者也。有子謂“先王之道，以禮之用和爲美”，則兼樂言之。有不爲盛者乎？然而墨子非之，豈不猶之楚而北求也哉？此言“喜怒得其儕”，荀卿言“得其齊”者，“儕”之爲言，類也；“齊”之爲言，中也。喜怒得其儕，則喜怒必以其類矣,與《春秋傳》謂"喜怒以類"同意;喜怒得其齊,則喜怒必適於中矣,與《中庸》謂"喜怒未發謂之中"同意。

子贛見師乙而問焉,曰:"賜聞聲歌各有宜也,如賜者,宜何歌也?"師乙曰:"乙賤工也,何足以問所宜? 請誦其所聞,而吾子自執焉。夫歌者,直己而陳德也,動己而天地應焉,四時和焉,星辰理焉,萬物育焉。"

《周官·大司樂》"宗廟奏九德之歌",《瞽矇》"掌九德六詩之歌,以役大師"。《記》曰:"弦歌詩頌,此之謂德音。"則詩言其志,德音之所止也;歌咏其聲,德音之所形也。人之生也直,而德則直心而行之;歌以發德,而德則直己而陳之。直己,則循理而無所詘,不亦簡乎? 陳德,則因性而無所隱,不亦易乎? 易簡而天地之理得,成位乎其中矣。然則歌之所發,豈自外至哉? 在《易》之《坤》曰:"六二之動,直以方也。"動以静息,直以動顯,故萬物直乎東,則之動而已。是直己者必動,而動己者直在其中矣。人之歌也,與陰陽相爲流通,物象相爲感應,故聲和則形和,形和則氣和,氣和則象和,象和則物和。動己而天地應焉,其形和也;四時和焉,其氣和也;星辰理焉,其象和也;萬物育焉,其物和也。三才相通而有感,有感斯應矣。四時變化而不乖,不乖斯和矣。星辰各有度數而不亂,能勿理乎? 萬物各有成理而自遂,能勿育乎? 黄帝張樂於洞庭之野,奏之以陰陽之和,燭之以日月之明,四時迭起,萬物循生,信乎! 歌之氣盛而化神矣。秦青聲振林木,響遏行雲,亦幾是歟? 師乙,賤工也,對子贛之問，有及於此。是知古之審聲以知音，審音以知樂者，豈特君子哉？

故寬而静，柔而正者，宜歌《頌》；廣大而静，疏達而信者，宜歌《大雅》；恭儉而好禮者，宜歌《小雅》；正直而静，廉而謙者，宜歌《風》。

人之受命於無，莫不具五行之氣；成形於有，莫不備五行之聲。氣異異聲，聲異異歌，歌異異宜。此聲歌所以各有宜，而宜定者，不出所位也[①]。《中庸》曰：“寬裕温柔，足以有容，齊莊中正，足以有敬。”又曰：“寬柔以教，不報無道，南方之强也，君子居之。”是寬柔者，君子之容德也；静正者，君子之敬德也。以仁存心而不失之寬柔，仁德莫盛焉；以禮存心而不失之静正，禮德莫盛焉。《頌》者，美盛德之形容者也，故寬而静，柔而正者宜歌之。《雅》以政而後成，政以德而後善。君子之德有小大，大則崇化。其體廣大，嫌於離静以即動，不可不鎮之以静；其用疏達，嫌於去信以近誣，不可不成之以信。《大雅》德逮黎庶，政之大者也，故廣大而静、疏達而信者宜歌之。小則川流，其性恭儉以爲德，其性好禮以爲行。恭儉而知好禮，則恭而能安，不失之大遜；儉而能廣，不失之太陋。《小雅》譏小己之得失，政之小者也，故恭儉而好禮者宜歌之。《頌》之所以爲頌者，《雅》積之也；《雅》之所以爲雅者，《風》積之也。正直爲正，正曲爲直，《洪範》之論君德，以正直爲始；論王道，以正直爲終。正直，則不倚於剛，

---

① “位”，四庫本、元刻明修本均作“位”，光緒刻本作“伍”。

亦不倚於柔，一適乎中而已。《易》曰：“六二之動，直以方也。”《象》曰①：“直，其正也。”正直則離静以動，不濟之以静，則其正不足以有守，其直不足以有行矣。不污以爲廉，而不以物累己；不亢以爲謙，而不以己絕物。廉而濟之以謙，則廉不失之隘，謙不失之輕矣。正直而静，君子之德性也；廉而謙，君子之德行也。《風》出於德性，繫一人之本者也，故正直而静，廉而謙者宜歌之。以《書》之“九德”考之：“寬而静”，則“寬而栗”也；“柔而正”，則“柔而立”也；“廣大而静，廉而謙”，則“簡而廉”也；“疏達而信”，則“剛而塞”也；“恭儉”則“愿而恭”也；“好禮”則“亂而敬”也；“正直而静”，則“直而温”也。昔季札觀周樂於魯，爲之歌《頌》曰：“至矣哉，直而不倨，曲而不屈，近而不偪，遠而不攜，遷而不淫，復而不厭，哀而不愁，樂而不荒，用而不匱，廣而不宣，施而不費，取而不貪，處而不底，行而不流，盛德之所同也。”非寬而静、柔而正者能之乎？爲之歌《大雅》曰：“廣哉，熙熙乎！曲而有直，體文王之德也。”非廣大而静、疏達而信者能之乎？至於歌《小雅》則曰：“美哉，思而不貳，怨而不言，其周德之衰乎？”歌《周南》、《召南》則曰：“美哉，始基之矣，然勤而不怨。”歌《豳》則曰：“美哉，蕩蕩乎，然樂而不淫。”季札之論《頌》與《大雅》，則是；論《小雅》與《風》，未容無失也。《小雅》，周之所以致逸樂之盛者也②，孰謂“德之衰”乎？《關雎》，樂而不淫者也③，孰謂“勤而不怨”乎？豳俗，勤而不怨

---

① “《象》”，當爲“《坤·文言》”之誤。
② “盛”，光緒刻本作“成”，元刻明修本模糊不清。
③ “也”，原作“乎”，據元刻明修本、光緒刻本改。

者也，孰謂"樂而不淫"乎？然則，歌之所宜，《頌》則寬而靜，《大雅》則廣大而靜者，蓋歌以聲爲本，聲以靜爲容。此歌《風》、《雅》、《頌》，所以皆本於靜歟？

肆直而慈愛者，宜歌《商》。

五帝之聲不可得而見，所可見於《書》者，不過"詩言志，歌永言"而已。商人識之，蓋不得其詳，所得而歌之者，不過五帝之遺聲而已。商之聲，其體肆而不拘，直而不屈；其用，則恤下以爲慈，利物以爲愛。則肆，直義也；慈，愛仁也。仁之實盡於事親，義之實盡於事兄。樂也者，節文仁義而已。然則歌商之音，非肆直而慈愛者，豈所宜哉[①]？昔曾子商歌，莊周悦而與之；寧戚商歌，齊桓悦而用之。聞其聲，知其德性然也。蓋肆直而慈愛者，存乎仁義；臨事而屢斷者，存乎勇。具仁義之道而勇以行之，此所以爲天下達德也，顧豈不賢者能歌之乎？

溫良而能斷者，宜歌《齊》。

太公之於齊，其文足以附衆而溫良，其武足以制衆而能斷。溫良者，仁之本；能斷者，義之用。三代之道，不過如此。蓋三代得天下以仁，未嘗不始於溫良；行仁以義，未嘗不始於能斷。故湯之代虐以寬，溫良也；布昭聖武，能斷也。言湯如此，則夏、周可知。季札之歌《齊》曰："泱泱乎大風也哉！表東海者，其太公乎？國未可量也。"《傳》曰："仁而無

---

① "所"，四庫本、元刻明修本均作"所"，光緒刻本作"能"。

武，無能達也。温良而能斷，則仁且有武而能達矣。彼國其可量哉？"《齊》之音温良而已，非若《頌》之寬而静也；能斷而已，非若《商》之臨事而屢斷也，然則歌之者有不貴於此歟？

樂書卷三十二　禮記訓義

樂記　雜記　大記　祭義　祭統

樂記

"《商》者，五帝之遺聲也，商人識之，故謂之《商》；《齊》者，三代之遺聲也，齊人識之，故謂之《齊》。明乎《商》之音者，臨事而屢斷；明乎《齊》之音者，見利而讓。臨事而屢斷，勇也；見利而讓，義也。有勇有義，非歌孰能保此？"

文久而滅，節奏久而絶，故《商》非全五帝之聲，《齊》非全三代之聲，特其遺聲而已。文之五聲謂之聲，播之八音謂之音。歌也者，詠聲以諧音者也。故明乎《商》之音者，臨事而屢斷，勇以行之故也。明乎《齊》之音者，見利而讓，義以守之故也。勇者，正直之德；義者，剛克之德。歌者，直己而陳德者也，非歌孰能保此勿失乎？周人兼用六代之樂，而正考甫得《商頌》於周之太師，得非五帝之遺聲乎？周之禮樂盡在於魯，而魯太師摯適齊，得非三代之遺聲乎？遺聲與《記》所謂"遺味"、"遺音"之"遺"異，與《傳》所謂"遺直"、"遺愛"之"遺"同。子贛達於政，非不能臨事而屢斷也，累於貨殖，未必能見利而讓也，然則子贛所宜歌，亦可知矣。其曰"商之遺聲"，疑衍文歟？

“故歌者，上如抗，下如隊，曲如折，止如槁木，倨中矩，句中鈎，累累乎端如貫珠。故歌之爲言也，長言之也。説之，故言之；言之不足，故長言之；長言之不足，故嗟嘆之；嗟嘆之不足，故不知手之舞之，足之蹈之也。”《子貢問樂》

　　性術之變，發諸聲音爲歌，形諸動静爲舞。歌咏其聲，則終始有倫，先王登之於堂，所以貴人聲也；舞動其容，則蹈厲有節，先王降之於庭，所以極歡心也。蓋永言之歌，上則揚之如抗，下則垂之如隊，曲則屈之如折，止則立如槁木，倨則折還中矩，句則回旋中鈎，累累乎端如貫珠，則繹如以成矣。是歌之爲言，長言之也；長言之不足，其聲不能無嗟，其氣不能無歎；嗟歎之不足，則手之所舞，足之所蹈，發於天機自動，亦孰知其所以然而然哉？《經》曰：“凡音，由人心生也。感於物而動，故形於聲；聲相應，故生變；變成方，謂之音；比音而樂之，及干戚羽旄，謂之樂。”是歌出於聲音文采而爲樂之始，舞見於干戚羽旄而爲樂之成。故孔子論舜之樂而曰《韶》舞，《周頌》序文王之樂而曰《象》舞，然則舞豈不爲樂之成歟？故記樂者，至舞而終焉。《周官》樂師以六舞教國子，而終於人舞，豈亦記樂者之意歟？此與《詩序》先手舞後足蹈，《孟子》先足蹈後手舞者，自情動於中形於外言之，則始而有終，故手舞先足蹈；自樂之惡可已言之，則終而復始，故足蹈先手舞。觀仲尼門人，或詠舞於雩祭，或弦歌於武成，或執干而舞，或正坐而弦，或援琴而成聲，或登木而託音，其所問及樂者，子貢而已。豈子貢達於《詩》，仲尼嘗悦而進之歟？然子貢知問而不知樂，子夏知樂而不能忘[1]。知而忘之者，其回也歟？《子貢問樂》，有其目而亡其辭，不過若《詩》之《南陔》、《崇丘》，《書》之《藁飫》、《汩作》[2]，《周禮》之《司禄》、《司空》，《論語》之《問王》、《知道》[3]，皆闕文爾，學者置而勿論可也。

雜記

父有服，宮中子不與於樂；母有服，聲聞焉，不舉樂；妻有服，不舉樂於其側。大功將至，辟琴瑟；小功至，不絶樂。

父，生我者也，尊而不親，故父有服，宮中子不得與於聞樂，況舉樂乎？母，鞠我者也，親而不尊，故母有服，不得以舉樂，雖聲聞焉可也。妻，齊我者也，敵體而已，故妻有服，不舉樂於其側。雖不於其側，舉之可也。是人子有服於母，其情殺於父；而於妻，又殺於母也。樂不止於琴瑟，而琴瑟特常御者而已，《曲禮》曰：“君子無故不徹琴瑟。”大功之親有服，其將至，則爲有故矣，雖辟琴瑟可也，未至則不必辟琴瑟矣。小功之親有服，雖不至絶樂，其將至，又可知矣。雖然，“小功至，不絶樂”，若夫於己有小功之喪，議而及樂，又禮之所棄也。古者由命士以上，父子異宮；謂之宮中子，是與父同宮者也。異宮之子，雖與於樂，不亦可乎？

君於卿大夫，比葬不食肉，比卒哭不舉樂；爲士，比殯不舉樂。

---

① “忘”，元刻明修本、光緒刻本均作“正”。
② “汩”，原作“泪”，據元刻明修本、光緒刻本改。
③ “知”，光緒刻本作“如”。

諸侯五月而葬，同等至七月而卒哭；大夫三月而葬，同位至五月而卒哭；士三月而葬，外姻至是月而卒哭。君之喪，五日而殯；大夫，三日而殯；士，二日而殯。君於卿大夫，比葬不食肉，比卒哭不舉樂，則比殯可知矣；爲士，比殯不舉樂，則比葬、比卒哭可知矣。《王制》言“三日而殯”，合大夫、士、庶言之，豈先王禮意哉？

大記

疾病，君、大夫徹縣，士去琴瑟。

　　古者父母有疾，琴瑟不御，笑不至矧，則君、大夫、士之疾病，如之何不徹縣，去琴瑟乎？先王之制，天子宮縣，諸侯軒縣，大夫判縣，士特縣。君與大夫雖尊卑不同，其徹樂、縣一也。士不徹縣而去琴瑟，豈未命之士歟？《曲禮》曰：“大夫無故不徹縣，士無故不徹琴瑟。”然則君、大夫徹縣，士去琴瑟，豈有故然歟？

祥而外無哭者，禫而内無哭者，樂作矣故也。

　　昔魯人朝祥而暮歌，孔子以爲“踰月則其善”也；孟獻子禫，縣而不樂，孔子以爲“加於人一等”矣。蓋朝祥暮歌者，於禮爲不及，故必踰月然後善。禫，縣而不樂者，於禮爲過，故不謂之知禮，特謂“加於人一等”而已。故祥而縞，是月禫，徙月樂。然則祥而外無哭者，禫而内無哭者，非樂當作之時也。祥而踰月，禫而徙月，樂作之時也。祥、禫而樂作，豈先王因人情而爲之節文邪？

祭義

樂以迎來，哀以送往。故禘有樂，而嘗無樂。

春爲陽中，萬物以生，故禘於春，以象陽義，是以有樂焉；秋爲陰中，萬物以成，故嘗於秋，以象陰義，是以無樂焉。先王之於祖宗，迎來則樂作，情在於樂也；送往則樂闋，情在於哀也。舜之作樂，祖考來格；周之作樂，先祖是聽。樂以迎來如此，則送往可知矣。蓋一陰一陽，天之道也；一哀一樂，人之情也。君子合諸天道，豈他求哉？反吾情而已矣。此主祭祀而言，故禘有樂而嘗無樂，《郊特牲》兼饗食而言，故饗禘有樂而食嘗無樂。

祭之日，樂與哀半，饗之必樂，已至必哀。

君子之於親，生，事之以禮，故事之之日，喜與懼半，所謂“父母之年不可不知，一則以喜，一則以懼”是也；死，祭之以禮，故祭之之日，樂與哀半，所謂“饗之必樂，已至必哀”是也。已至必哀，原其始也；哀以送往，要其終也。

祭統

君子非有大事也，非有恭敬也，則不齊。及其將齊也，防其邪物，訖其嗜欲，耳不聽樂，故《記》曰：“齊者不樂。”言不敢散其志也。

祭祀之齊，君子所以致精明之德。心不苟慮，必依於道，手足不苟動，必依於禮，夫然後可以交神明矣。其將齊也，不敢聽樂以散其志，況已齊者乎？《周官·膳夫》“王以樂侑食，而齊則不樂”者，此其意歟？然此祭祀之齊，非心齊也。心齊，則聖人以神明其德是已，彼其哀樂欲惡將簡之而弗得，尚何物之能累哉？雖然，知致一於祭祀之齊，則其於心齊也庶幾焉。

及入舞，君執干戚就舞位。君爲東上，冕而摠干，率其羣臣，以樂皇尸。是故天子之祭也，與天下樂之；諸侯之祭也，與竟內樂之。冕而摠干，率其羣臣，以樂皇尸，此與竟內樂之之義也。

尸所以象神，而皇尸則君而尊之者也。故尸在廟門外，則疑於臣，在廟中，則全於君；君在廟門外，則疑於君，入廟門，則全於臣。天子諸侯之於尸，非特備禮物以薦之，抑又就舞位以樂之。蓋廟中在天子則天下之象也，在諸侯則境內之象也。故天子之祭，“冕而摠干，率其羣臣，以樂皇尸”，非徒樂之，所以與天下樂之也；諸侯之祭，冕而摠干，率其羣臣，亦與境內樂之而已。天子樂以天下，諸侯樂以境內，孰謂獨樂勝於與人？與少勝於與衆哉？故《記》曰：“禮樂之施於金石，越於聲音，用於宗廟，則此所以與民同也。若夫所以與人異，則動於無方，居於窈冥，休樂而無形，幽昏而無聲，載道而與之俱矣。”古者，人君之於廟享，藉則親耕，牲則親殺，酒則親獻，尸則親迎。然則，樂則親舞，不爲過矣。此言“皇尸”，以道名之；《詩》言“公尸”，以德名之。

樂書卷三十三　禮記訓義

祭統　經解　仲尼燕居

祭統

夫祭有三重焉：獻之屬莫重於祼，聲莫重於升歌，舞莫重於《武宿夜》，此周道也。凡三道者，所以假於外，而以增君子之志也。故與志進退，志輕則亦輕，志重則亦重，輕其志而求外之重也，雖聖人弗能得也。君子之祭也，必自盡也，所以明重也。道之以禮，以奉三重，而薦諸皇尸，此聖人之道也。

禮莫大於祭祀，祭祀莫重於三道，故祼所以降其神，歌所以咏其聲，舞所以動其容。獻之屬有九，而莫重於祼，是以降神者爲重，凡獻、卿大夫及羣有司，皆其輕者也；“聲莫重於升歌”，是以貴人聲者爲重，凡見於下管，《象》、《武》之器，皆其輕者也；“舞莫重於《武宿夜》”，是以當時者爲重，凡見於前代者，皆其輕者也。凡此周道爲然，若夫夏、商之禮，則獻不必重祼，聲不必重升歌，舞不必重《武宿夜》矣。祭之有是，假諸物而在外者也。君子之志，資諸己而在內者也。德盛者，其志重；德薄者，其志輕。志重於內，凡假於外者，安得不重邪？志輕於內，凡假於外者，安得不輕耶？聖人之祭，必假三重以增其志，故其祭也，必身自盡以明重，然後奉之以禮而薦諸皇尸，則三重之道得矣。苟輕其志以求外之重,雖聖人弗能得也,況下是者乎? 祭有三重,則周之所獨;天下有三重,則夏、商所同。言周道,又言聖人之道;言三道,又言三重者,禮樂之道大備於周,而聖人之道亦不過禮樂而已[①]。知此禮樂之情者能作,所以謂之聖也。然禮樂之道成於三,謂之三道,自由而行者言之;謂之三重,自時所尚者言之。

昔者,周公旦有勳勞於天下。周公既没,成王、康王追念周公之所以勳勞者,而欲尊魯,故賜之重祭:外祭則郊、社是也,内祭則大嘗、禘是也。夫大嘗、禘,升歌《清廟》,下而管《象》,朱干、玉戚以舞《大武》,八佾以舞《大夏》,此天子之樂也。康周公,故以賜魯也。子孫纂之,至于今不廢,所以明周公之德,而又以重其國也。

禮以祭祀爲先,樂以歌舞爲備。郊、社,天子外祭之重者;大嘗、禘,天子内祭之重者。天子秋嘗以享先王,謂之大嘗;夏禘以享先王,謂之大禘。則諸侯嘗、禘,不得謂之大矣。周公之廟得用天子之禮,雖祭祀以之,可也。《清廟》頌文王清明之德,歌於堂上以示之;《維清》奏文王《象》舞之事,管於堂下以示之。《大武》,武王之樂也,朱干、玉戚以舞之,所以象征誅;《大夏》,姒禹之樂也,八佾以舞之,所以象揖遜。周公之廟得用天子之樂,雖歌舞以之,可也。大嘗、禘用天子禮樂如此,則郊、社可知矣。周公封於魯而不之魯,魯之子孫纂之,于今不廢。用之周公廟,足以明周公之

---

① "而聖人",光緒刻本作"正聖人"。

德；用之魯公廟，雖欲尊魯以重其國，未免爲僭矣。孔子曰：
"我觀魯之郊、禘，非禮也，周公其衰矣。"夫《記》言升歌《清
廟》者四，《仲尼燕居》主於饗賓，《文王世子》、《祭統》、《明堂
位》主於祭祀，何也？《老子》曰："天得一以清。"《莊子》曰：
"天無爲以之清。"《樂記》曰："清明象天。"則清者，天德也。
《莊子》曰："不明於天者，不純於德。"又曰："不雜則清。"文
王之德之純，清矣而不雜，則天之德，文王之德也。賓客主
恭，祭祀主敬，恭則不侮人，而立賓以象天，所以恭之也；敬
則不慢神，而對越在天，所以敬之也。荀卿曰："歌清盡。"以
清盡之聲，歌《清廟》之詩，用之大饗則天其賓，用之祭祀則
天其神，恭敬之至也。

經解

孔子曰："入其國，其教可知也。其爲人也，温柔敦厚，《詩》
教也；疏通知遠，《書》教也；廣博易良，《樂》教也；潔静精微，《易》
教也；恭儉莊敬，《禮》教也；属辭比事，《春秋》教也。故《詩》之
失，愚；《書》之失，誣；《樂》之失，奢；《易》之失，賊；《禮》之失，煩；
《春秋》之失，亂。其爲人也，温柔敦厚而不愚，則深於《詩》者也；
疏通知遠而不誣，則深於《書》者也；廣博易良而不奢，則深於
《樂》者也；潔静精微而不賊，則深於《易》者也；恭儉莊敬而不煩，
則深於《禮》者也；属辭比事而不亂，則深於《春秋》者也。"

六經之道同歸，禮樂之用爲急。大樂必易，廣博易良而
不奢，深於《樂》教者也；大禮必簡，恭儉莊敬而不煩，深於
《禮》教者也。然奢者，《樂》之失；煩者，《禮》之失。極其深，
救其失，則《禮》、《樂》之教常興而不廢。然則入其國，其教

有不知之耶？荀卿曰："琴婦好、瑟易良①。"然則易良，《樂》教也，豈特瑟之一器而已哉？

其在朝廷，則道仁、聖、禮、義之序；燕處，則聽《雅》、《頌》之音；行步，則有環佩之聲；升車，則有鸞和之音。

天子之於天下，禮樂不可斯須去身。言而履之，無非禮也；仁而樂之②，無非樂也。蓋仁入而爲聖，聖德也；禮入而爲義，賢德也。天子在朝廷之上，由仁、聖、禮、義之序；在閨門之内，聽《雅》、《頌》之音；行步於堂，有環佩之聲；升車於道，有鸞和之音。確乎鄭衛不能入也。《周官》樂師之教樂儀，行以《肆夏》，趨以《采薺》，車亦如之。環拜以鍾鼓爲節③，則環拜，佩環而拜也，車亦如之④，不無鸞和之音矣⑤。二者皆以鍾鼓爲節，則珮佩之聲⑥，鸞和之音，孰不以鍾鼓爲節哉？

仲尼燕居

樂得其節。

禮樂之於天下，未嘗不相爲終始，故禮得樂然後和，樂得禮然後節。故孔子曰："樂也者，節也。"樂得其節，則政事得其施；樂失其節，則政事失其施。是聲音之道，未嘗不與

---

① "婦"，四庫本、元刻明修本均作"婦"，光緒刻本作"静"。
② "仁"，四庫本、元刻明修本均作"仁"，光緒刻本作"行"。
③ "環拜"，光緒刻本作"環佩"。
④ "拜也車"，四庫本缺，元刻明修本模糊不清，據光緒刻本補。
⑤ "鸞和"，四庫本缺，元刻明修本模糊不清，據光緒刻本補。
⑥ "則珮"，四庫本、元刻明修本均作"則珮"，光緒刻本作"以環"。

政通也。故審聲以知音，審音以知樂，審樂以知政，舍君子何以哉？

子曰："慎聽之，女三人者，吾語女：禮，猶有九焉，大饗有四焉。苟知此矣，雖在畎畝之中，事之，聖人已。兩君相見，揖讓而入門，入門而縣興。揖讓而升堂，升堂而樂闋，下管《象》、《武》、《夏》、《籥》序興，陳其薦俎，序其禮樂，備其百官。如此而後，君子知仁焉。行中規，還中矩，和鸞中《采齊》，客出以《雍》，徹以《振羽》，是故君子無物而不在禮矣。入門而金作，示情也；升歌《清廟》，示德也；下而管《象》，示事也。是故古之君子，不必親相與言也，以禮樂相示而已。

大饗之禮，兩國之君相見，不必親相與言也，以禮樂相示而已。揖讓而入門，禮也；入門而縣興，樂也。揖讓而升堂，禮也；升堂而樂闋，樂也。下管《象》、《武》、《夏》、《籥》序興，樂也。陳其薦俎，備其百官，禮也。《語》曰："人而不仁，如禮何？人而不仁，如樂何？"是禮見於揖讓而爲仁之容，樂見於興闋而爲仁之聲。大饗所以仁賓客者也，接以禮者，必樂之以樂；樂以樂者，必節之以禮。苟明乎此，而後君子知仁焉。至於行中規，還中矩，則饗禮之末儀也。和鸞中《采薺》，客出以《雍》，徹以《振羽》，則饗樂之末節也。言無物而不在禮，則樂可知矣。德成而上，故升歌於堂上；事成而下，故管《象》於堂下。金於四時爲秋，秋於天爲旻，在五行爲義，義於德爲和。旻者，情之閔①；和者，情之利。故入門而

①　"閔"，原作"門"，據元刻明修本、光緒刻本改。

金作，所以示情也。《禮器》曰："内金示和也。"又曰："金次之，見情也。"亦此意歟？今夫禮有吉、凶、軍、賓、嘉之五者，合大饗之四而九焉。先儒以金再作，升歌《清廟》，下管《象》、《武》，爲大饗有四，於義或然。觀春秋之時，一言之不讎，一拜之不中，而兩國爲之暴骨，是無他，禮廢樂壞，無以示之故也。然則諸侯相見之禮，得用王者《清廟》、《象》、《武》之樂，何邪？曰：諸侯具王者之體而微者也，斯須之饗，用王者之樂，不亦可乎？《傳》曰："禮盛可以進取者。"此也。是篇始之聖人，終之君子者，聖人作禮樂者也，作者之謂聖，述者之謂明。子張、子貢、言游之於禮樂，蓋未能豫，是故仲尼縱言及此，欲其由述者之明以及乎作者之聖而後止。荀卿曰："學止諸至足曰聖。"然則聖人誨人不倦之意於此見矣。《書》曰："羽畎夏翟。"《詩》曰："左手執籥，右手秉翟。"《周官》有羽籥之舞。言籥則知夏之爲翟矣。翟雉五色備，爲夏，言"夏籥序興"，則羽籥之舞以序而興，所謂興羽籥是也。以夏籥爲羽籥之文舞，則武爲干戚之武舞矣。先武舞，後文舞者，周家以武勝敵，以文守成之序也。

樂書卷三十四　禮記訓義

仲尼燕居　孔子閒居

仲尼燕居

子曰："禮也者，理也；樂也者，節也。君子無理不動，無節不作。"

禮煩則亂，非所以爲理也；樂勝則流，非所以爲節也。故曰："禮也者，理也；樂也者，節也。"君子循理而動，無動而非中也；應節而作，無作而非和也。故曰："君子無理不動，無節不作。"一動一作，而禮樂存焉。顧豈小人所能與哉？蓋詩出於人情，禮緣人情而爲之節文，則興於詩者未有不及於禮。故不能詩，於禮必失之無序，能無謬乎？樂不徒作，必有禮焉，則知樂者未有不幾禮。故不能樂者，於禮必失之無文[①]，能無素乎？人而無德，焉以爲禮？則道以德者未有不齊以禮，故薄於德，於禮必失之無實，能無虛乎？人之於詩、樂，有能有不能，其於德則足乎己，無待於外，非有能有不能也，特所得有厚薄而已。

子曰："制度在禮，文爲在禮，行之其在人乎。"子貢越席而對曰："敢問夔其窮與？"子曰："古之人與？古之人也，達於禮而不

---

① "文"，光緒刻本作"義"。

達樂，謂之素；達於樂不達於禮，謂之偏。夫夔達於樂而不達於禮，是以傳於此名也，古之人也。”

　　樂之於天下，稽之度數，莫不有制度；求之情文，莫不有文爲。制度文爲雖同出於樂，要其所以制度文爲，實在禮焉。推而行之，其不在人乎？由是觀之，凡禮樂之道，未嘗不相爲表裏。一人而兼禮樂者，其古有德之成人歟？《語》曰：“文之以禮樂，亦可以爲成人矣。”蓋達於禮不達於樂，是直有質而無文以飾之也，君子謂之素；達於樂不達於禮，是失之沈湎而無禮以正之也，君子謂之偏。夔雖達於樂而不達於禮，非不知制度文爲也，謂之偏可矣，謂之窮可歟？觀夔教胄子，以直、寬、剛、簡之德，達之以溫柔，戒之以無虐、無傲，則以樂禮教和，亦不過如此。是夔固非不知禮也，特禮不勝樂而已。彼其於樂雖粗而偏，然以名論實，亦未免爲滯古不知合變之人也。子貢以爲窮，惡可哉？

　　子張問政，子曰：“師乎，前，吾語女乎。君子明於禮樂，舉而錯之而已。”子張復問，子曰：“師，爾以爲鋪几筵、升降、酌獻、酬酢，然後謂之禮乎？爾以爲必行綴兆、興羽籥、作鍾鼓，然後謂之樂乎？言而履之，禮也；行而樂之，樂也。君子力此二者，以南面而立，夫是以天下太平也。諸侯朝，萬物服體，而百官莫敢不承事矣。”

　　子張問政，孔子對之君子明於禮樂，舉而錯之而已，以禮樂不可斯須去身，身立則政立故也。蓋修身之道，以踐言爲始，而和行終之。言而履之，是能踐言者也，非禮而何？行而樂之，是能和行者也，非樂而何？在《易》，上乾下兌而於卦爲《履》,君子踐言以爲禮也。苟力此不怠,南面而立,則諸侯朝,萬物服體,而百官莫敢不承事矣。夫是之謂太平,治之至也。《樂記》曰"揖讓而天下治",禮樂之謂也,如此而已。孰謂鋪几筵、升降、酌獻、酬酢,然後謂之禮?行綴兆、興羽籥、作鍾鼓,然後謂之樂乎?《樂記》曰:"樂者,非謂黄鍾大吕、弦歌干揚也,樂之末節也,故童者舞之;鋪筵席、陳尊俎、列籩豆,以升降爲禮者,禮之末節也,故有司掌之。"由此觀之,子張必以鋪几筵之類爲禮,作鍾鼓之類爲樂,未免乎以末節論之也。子張能莊不能同,而難與並爲仁,是蔽於末而不知本者也,故孔子因其問政而語及是者,欲其由末探本故也。

孔子閒居

孔子閒居,子夏侍。子夏曰:"敢問《詩》云'凱弟君子,民之父母',何如斯可謂民之父母矣?"孔子曰:"夫民之父母乎,必達於禮樂之原,以致'五至'而行'三無',以横於天下,四方有敗,必先知之,此之謂民之父母矣。"子夏曰:"民之父母既得而聞之矣,敢問何謂'五至'?"孔子曰:"志之所至,詩亦至焉,詩之所至,禮亦至焉;禮之所至,樂亦至焉;樂之所至,哀亦至焉;哀樂相生。是故正明目而視之,不可得而見也;傾耳而聽之,不可得而聞也;志氣塞乎天地。此之謂'五至'。"子夏曰:"'五至'既得而聞之矣,敢問何謂'三無'?"孔子曰:"無聲之樂,無體之禮,無服之喪,此之謂'三無'。"子夏曰:"'三無'既略得而聞之矣,敢問何詩近之?"孔子曰:"'夙夜基命宥密',無聲之樂也;'威儀逮逮,不可選也',無體之禮也;'凡民有喪,匍匐救之',無服之喪也。"子夏曰:

“言則大矣，美矣，盛矣！言盡於此而已乎？”孔子曰：“何爲其然也？君子之服之也，猶有五起焉。”子夏曰：“何如？”孔子曰：“無聲之樂，氣志不違；無體之禮，威儀遲遲；無服之喪，内恕孔悲。無聲之樂，氣志既得；無體之禮，威儀翼翼；無服之喪，施及四國。無聲之樂，氣志既從；無體之禮，上下和同；無服之喪，以畜萬邦。無聲之樂，日聞四方；無體之禮，日就月將；無服之喪，純德孔明。無聲之樂，氣志既起；無體之禮，施及四海；無服之喪，施于孫子。”

　　凱者，喜也，樂之所由生也；弟者，順也，禮之所由生也。君子之於禮樂，豈他求哉？不過舉斯心，措諸彼而已。然則不達禮樂之原，惡足爲民父母乎？蓋凱弟出於君子之德性，而禮樂皆得，斯謂之有德矣。然達於禮而不達於樂，君子謂之素；達於樂而不達於禮，君子謂之偏，爲其不達禮樂之原故也。苟達禮樂之原，則致“五至”，行“三無”，以横於天下，自無不可矣。志之所至，詩亦至焉；詩之所至，禮亦至焉；禮之所至，樂亦至焉；樂之所至，哀亦至焉。此之謂“五至”。無聲之樂，無體之禮，無服之喪，此之謂“三無”。致“五至”而至於志氣塞乎天地，不亦大乎？行“三無”而至於施及四海，施于孫子，不亦遠乎？子夏可與言詩，至於門人事洒掃、應對、進退之末，是雖達詩人之意，未必達禮樂之原也。故孔子因其所問而告之以致“五至”，行“三無”，反覆以詩明之。蓋所以長其善，救其失也。然言“五至”，禮必先樂；言“三無”，樂必先禮。何也？曰：“五至”爲粗矣，致之必自此以至妙，故先乎禮；“三無”爲妙矣，行之必自此以之粗，故先乎樂。

樂書卷三十五　禮記訓義

中庸　喪服四制　投壺　儒行

中庸

雖有其位，苟無其德，不敢作禮樂焉；雖有其德，苟無其位，亦不敢作禮樂焉。

聖人之大寶曰位，天下之至善曰德；位待德而後興，德資位而後叙。雖外有尊位，苟内無盛德以居之；雖内有盛德，苟外無尊位以行之，皆非所謂德爲聖人、貴爲天子也。況敢作禮樂乎？蓋德者，得也，禮樂皆得，謂之有德。唐虞之著，周家之備，是無他，德位兼隆而已。仲尼非無盛德也，於禮則執而不敢制，於樂則正而不敢作，無尊位故也。周公非有尊位也，制禮作樂，頒度量而天下大服，攝政故也。由是觀之，位有餘於德，德有餘於位者，如之何敢作禮樂哉？

喪服四制

斬衰唯而不對，齊衰對而不言，大功言而不議，小功、緦麻議而不及樂，此哀之發於言語者也。

唯者，應而對，而對不止於唯；對者，答而言，而言不止於對；言則直述而不議，而議不止於言；議則論説而不及樂，而樂不止於議。斬衰之哭，若往而不反，故唯而不對；齊衰之哭，若往而反，故對而不言；大功之哭，三曲而偯，故言而不議；小功、緦麻，哀容可也，故議而不及樂。哀之發於聲音、言語如此，夫豈僞爲哉？凡稱情以爲文，發於天機自然而已。《喪服四制》論五服之喪，正與此同。特緦、小功之喪，其序與此異者，此以隆殺爲序，故小功先於緦，《喪服四制》以輕重爲序，故緦先於小功。

投壺

投壺之禮，主人奉矢，司射奉中，使人執壺。主人請曰：“某有枉矢、哨壺，請以樂賓。”賓曰：“子有旨酒、嘉肴，某既賜矣，又重以樂，敢辭。”主人曰：“枉矢、哨壺，不足辭也，敢固以請。”賓曰：“某既賜矣，又重以樂，敢固辭。”主人曰：“枉矢、哨壺，不足辭也，敢固以請。”賓曰：“某固辭不得命，敢不敬從！”賓再拜受。主人般還，曰：“辟。”主人阼階上拜送。賓般還，曰：“辟。”已拜，受矢。進即兩楹間，退反位，揖賓就筵。司射進度壺，間以二矢半，反位，設中，東面，執八筭，興。請賓曰：“順投爲入，比投不釋，勝飲不勝者。正爵既行，請爲勝者立馬，一馬從二馬，三馬既立，請慶多馬。”請主人亦如之。命弦者曰：“請奏《貍首》，間若一。”大師曰：“諾。”

古者投壺之禮，大致與射相爲表裏，故鄉射之禮命太師奏《騶虞》，間若一。投壺之禮命弦者曰：請奏《貍首》，亦間若一。以投壺，射之細故也。大射，樂正命大師奏《貍首》。蓋貍之爲物，其性善搏，其行則止而擬度焉，投壺者必奠而後發，亦猶是也。《貍首》之詩無所經見，唯逸詩有“曾孫侯氏，四正具舉。大夫君子，凡以庶士。小大莫處，御于君所。以燕以射，則燕則譽”，豈《貍首》之詩邪？《檀弓》曰：“貍首之班然①，執女手之卷然②。”豈《貍首》之歌邪？《貍首》之於射，樂御而射以禮，則投壺之義亦如之。觀《鄉射》，“工四人、二瑟，瑟先。相者皆左何瑟，面鼓執越③，內弦，右手相”。則知命弦者，何瑟之工也。觀《大師》“掌六律、六同，皆文之以五聲，播之以八音”，則知“大師曰‘諾’”者，以奏《貍首》必諧六律、六同、五聲、八音也。“命弦者‘請奏《貍首》，間若一’，大師曰‘諾’”，其節比於樂也；命酌者曰“諾”，其容比於禮也。噫！君子之於禮樂，不可斯須去身如此。後世有驍壺之樂，亦本於是歟？

鼓：□□○○○□□○○○□；半：□○□○□○○○□□□○，魯鼓。○□○○○□□○○○□□○□○○○□□○，半：□○□○○○□□○，薛鼓。取“半”以下爲投壺禮，盡用之爲射禮。司射、庭長，及冠士立者，皆屬賓黨；樂人及使者、童子，皆屬主黨。魯鼓：○□○○○□□○○；半：□○□○□○○○□□○。薛鼓：□□○○○□○□○《□○○○□□○□○；半：□□□○□○○○○□○④。

《少儀》曰：“侍射則約矢，侍投則擁矢，勝則洗而以請，客亦如之。”是投壺之禮，大致與射禮無異者，特繁簡不同爾。以魯、薛鼓節論之，圓者擊鼙，方者擊鼓。“取半以下爲投壺禮，盡用之爲射禮”，聞鼓節則知其事矣。魯、薛所令之

① “班然”，元刻明修本作“班兮”，光緒刻本作“斑兮”。
② “然”，元刻明修本、光緒刻本均作“兮”。
③ “執”，光緒刻本作“挎”，元刻明修本模糊不清。
④ 此段中的符號，光緒刻本缺。

辭，所制之鼓，雖見於經，其詳不可得而知也。觀春秋之時，齊、晉之君蓋嘗講此，中行穆子相之，晉侯先。穆子曰："有酒如淮，有肉如坻，寡君中此，爲諸侯師。"中之，齊侯舉矢曰："有酒如澠，有肉如陵，寡人中此，與君代興。"古人以此行燕禮，爲會同之主，於其中否以卜興衰。其重投壺之禮如此，則魯、薛之詳，亦不是過也。

儒行

禮，節者，仁之貌也；歌，樂者，仁之和也。

《周官》掌禮樂以春官，禮樂資仁以立也。大饗之禮，備其禮，樂繼之，君子知仁焉，禮樂待仁以行也。孔子曰："人而不仁，如禮何？人而不仁，如樂何?"是仁爲禮樂之本，禮樂爲仁之文也。有禮，斯有節；有歌，斯有樂。《樂記》曰："合情飾貌，禮樂之事也。"禮節所以飾貌，故爲仁之貌；歌樂所以合情，故爲仁之和。貌，外也，禮自外作故也；和，內也，樂由中出故也。《語》曰："文之以禮樂，亦可以爲成人矣。"《儒行》之論儒者，十五而以仁，與禮樂終焉，則成人之道，盡於此矣。孔子未嘗與門人以仁，與禮樂，所與特顏子一人而已。然則顏子之去聖人，其出入亦不遠矣。莊周謂回忘仁義禮樂，豈其然哉？合之則禮樂皆本於仁，離之則仁近於樂，義近於禮矣。孔子以孝悌爲仁之本，孟子以事親爲仁之實，從兄爲義之實，其致一也。

樂書卷三十六　禮記訓義

鄉飲酒義　射義　聘義

鄉飲酒義

工入，升歌，三終，主人獻之；笙入，三終，主人獻之；間歌，三終；合樂，三終。工告樂備，遂出。一人揚觶，乃立司正焉，知其能和樂而不流也。

鄉飲酒之禮，“工升自西階，北面坐。相者東面坐，遂授瑟，乃降”，所謂“工入”也。“工歌《鹿鳴》、《四牡》、《皇皇者華》”，所謂“升歌，三終”也。“卒歌，主人獻工。工左瑟，一人拜，不興，受爵。主人阼階上，拜送爵，獻脯醢，使人相祭。工飲，不拜。既爵，授主人爵。衆工則不拜，受爵，祭，飲。辯有脯醢，不祭。大師則爲之洗。賓、介降，主人辭降。工不辭洗”，所謂“主人獻之”之禮也。“笙入堂下，磬南，北面立，樂《南陔》、《白華》、《華黍》”，所謂“笙入，三終”也。“主人獻之，于西階上。一人拜，盡階，不升堂，受爵，主人拜送爵。階前坐祭，立飲，不拜。既爵，升，受主人爵。衆笙則不拜，受爵，坐祭，立飲。辯有脯醢，不祭”，亦“主人獻之”之禮也。“乃間歌《魚麗》，笙《由庚》；歌《南有嘉魚》，笙《崇丘》；歌《南山有臺》，笙《由儀》”，所謂“間歌，三終”也。“乃合樂：《周南·關雎》、《葛覃》、《卷耳》，《召南·鵲巢》、《采蘩》、《采蘋》",所謂"合樂,三終"也。"工告于樂正:'歌備。'樂正告于賓。乃降",所謂"工告樂備,遂出"也。"作相爲司正,司正洗觶,升自西階,阼階上,北面受命于主人。主人曰:'請安于賓。'司正告于賓,賓禮辭,許",所謂"一人揚觶,乃立司正"也。由此觀之,歌者在上,故升歌堂上;匏竹在下,故笙入堂下。間歌則笙、歌間作,與升歌異矣。合樂則聲音並奏,又不特歌而已。然皆三終者,雖主於詩篇,亦樂成於三,以反爲文之意也。孔子謂魯太師曰:"樂其可知也,始作翕如也,縱之純如也、皦如也、繹如也,以成。"豈非樂成於三之意歟?然樂勝則流,必有禮以節之,故"工入,升歌,三終","笙入,三終",皆繼之以"主人獻之"者,以禮節樂於其始也;"間歌,三終;合樂,三終",必繼之"一人揚觶,乃立司正"者,以禮節樂於其終也。鄉飲酒之禮,作樂以行禮,由禮以節樂,則賓主之情,斯和樂而不流矣。以《儀禮》考之,鄉飲酒之禮凡言洗觶、實觶、奠觶、執觶,皆責之司正,則揚觶者不過一人而已。荀卿以二人言之,豈惑於《射義》"公罔之裘序,點二人揚觶"而遂誤歟?

射義

故射者,進退必中禮,內志正,外體直,然後持弓矢審固;持弓矢審固,然後可以言中。此可以觀德行矣。其節,天子以《騶虞》爲節,諸侯以《貍首》爲節,卿大夫以《采蘋》爲節,士以《采蘩》爲節。《騶虞》者,樂官備也;《貍首》者,樂會時也;《采蘋》者,樂循法也;《采蘩》者,樂不失職也。是故天子以備官爲節,諸侯以時會爲節,卿大夫以循法爲節,士以不失職爲節。故明乎其節之志，以不失其事，則功成而德行立，德行立則無暴亂之禍矣。功成則國安，故曰"射者所以觀盛德也"。

　　古者，君臣相與盡志於射，以習禮樂，内志正，外體直，其容體比於禮，其節比於樂。故《周官‧樂師》："凡射以《騶虞》爲節，諸侯以《貍首》爲節，大夫以《采蘋》爲節，士以《采蘩》爲節。"《射人》："以射法治射儀，王以六耦射三侯，三獲三容，樂以《騶虞》，九節。諸侯以四耦射二侯，二獲二容，樂以《貍首》，七節。孤、卿大夫以三耦射一侯，一獲一容，樂以《采蘋》，五節。士以三耦射豻侯，一獲一容，樂以《采蘩》，五節。"自天子達於士，名位不同，節亦異數，蓋所以定志而明分也。故明乎其節之志，以不失其事，則功成而德行立，德行立則無暴亂之禍，而國安矣。其有不可以觀盛德乎？《易》曰："終萬物，始萬物者，莫盛乎《艮》。"是《艮》者，物之終始也；射者，人之終始也。終始惟一，時乃日新，其於觀盛德也何有？《鍾師》："凡射，王奏《騶虞》，諸侯奏《貍首》，卿大夫奏《采蘋》，士奏《采蘩》。"王道成於《騶虞》，則王奏之可也。大夫妻能循法度於《采蘋》，則大夫奏之可也。至於《采蘩》，夫人不失職之詩，而士奏之可乎？曰：《王制》"天子元士，視附庸之君"，其用諸侯夫人之詩，亦在所可也。蓋士則事人，爵之尤卑者也，卑者不嫌於抗尊，故先王制禮，多推而進之。是以齊冠不嫌於同諸侯，齊車不嫌於同大夫，况射節乎？不言卿、孤，則以《射人》見之矣。

　　是故古者天子以射選諸侯、卿大夫、士。射者，男子之事也，因而飾之以禮樂也。故事之盡禮樂而可數爲以立德行者，莫若射，故聖王務焉。是故古者天子之制，諸侯歲獻貢士於天子①，天子試之於射宮，其容體比於禮，其節比於樂，而中多者得與於祭；其容體不比於禮，其節不比於樂，而中少者，不得與於祭。數與於祭，而君有慶；數不與於祭，而君有讓。數有慶而益地，數有讓而削地，故曰："射者，射爲諸侯也。"是以諸侯君臣盡志於射，以習禮樂。夫君臣習禮樂而以流忘者，未之有也。故《詩》曰："曾孫侯氏，四正具舉。大夫君子，凡以庶士。小大莫處，御于君所。以燕以射，則燕則譽。"言君臣相與盡志於射，以習禮樂，則安則譽也。是以天子制之，而諸侯務焉。此天子之所以養諸侯而兵不用，諸侯自爲正之具也。

古者，男子生，用桑弧蓬矢六，以射天地四方，所以示男子之有事也。天子爲是以射選諸侯、卿大夫、士，必先察其有志於其所事，然後因飾以禮樂焉。蓋禮樂皆得謂之有德，飾之以禮樂，則德行立，亦可以爲成人矣。然則行同能耦者，可不以是別之乎？古者以禮射，則張侯而主之以德；以力射，則張侯而主之以獲。故天子大射謂之射侯，射中，則得爲諸侯而與祭；不中，則不得爲諸侯而不與祭。與祭者，君有慶而益地；不與祭者，君有責而削地。則射雖於德行爲末，而諸侯習禮樂，實在焉。豈非"天子所以養諸侯而兵不用，諸侯自爲正之具也"哉？《書大傳》稱諸侯之於天子，三年一貢士。一適謂之好德，再適謂之賢賢，三適謂之有功。一不適謂之過，再不適謂之傲，三不適謂之誣。其適也，有衣服、弓矢、秬鬯、虎賁之賞；其不適也，有絀爵之罰。蓋亦表裏於此矣。《儀禮》鄉射

---

① "獻"，四庫本、元刻明修本均缺，據光緒刻本及《射義》原文補。

合樂，大射不合樂者，鄉射屬民，欲以同其意，大射擇士與祭，欲以嚴其事故也。

孔子曰："射者何以射？何以聽？循聲而發，發而不失正鵠者，其唯賢者乎？若夫不肖之人，則彼將安能以中？

畫謂之正棲，皮謂之鵠。鵠之爲物，遠舉而難中，射以及遠，中鵠爲善，故正鵠欲其不失，所以爲賢也。射者何以射爲？不主皮而射也；何以聽爲？循樂節之聲而發也。《郊特牲》曰："射之以樂也。"如此而已。蓋不主皮而射，則其容體比於禮；循聲而發，則其節比於樂。禮樂由賢者出，故持弓矢審固，可以言中。若夫不肖之人，事勇力，忘禮樂，彼將安能守哉①？故孔子曰："射不主皮，爲力不同科，古之道也。"此先"何以射"，而後"何以聽"，主禮而言也；《郊特牲》先"何以聽"，而後"何以射"，主樂而言也。

聘義

垂之如隊，禮也；叩之其聲，清越以長，其終詘然，樂也。

義近禮，仁近樂。仁義，人道也，禮樂資之以爲本；禮樂，人文也，仁義資之以爲用。"垂之如隊，禮也"，以卑爲尚故也。"叩之其聲，清越以長，其終詘然，樂也"，以反爲文故也。君子比德於玉，而禮樂與焉。豈非禮樂皆得謂之有德歟？

---

① "守"，光緒刻本作"中"，元刻明修本缺失。

樂書卷三十七　周禮訓義

天官

　膳夫

地官

　大司徒　鄉大夫　封人　鼓人

　　膳夫

膳夫，以樂侑食。卒食，以樂徹于造。

　　禮者，天地之節也；樂者，天地之樂也。君子知禮之初始諸飲食，人之大欲存焉，故節之於頤以爲禮，樂之於《需》以爲樂。然則天子一食之間，有不在禮樂乎？蓋王日一舉鼎，十有二物，則天數也。"以樂侑食，卒食，以樂徹于造"者，無大喪、大荒、大札①，無天地之裁、邦之大故，則王可以樂之時，孟子所謂"樂以天下"者也。《語》曰："亞飯干適楚，三飯繚適蔡，四飯缺適秦。"每飯異樂，每樂異工，侑食之樂大致如此。然"王日一舉，以樂侑食"者，膳夫之職；至於"大食三侑"，又大司樂之職也。古者飲必告飽，告飽必侑，特牲三飯告飽而侑，則九飯三侑矣。荀卿、《大戴》皆言三侑之不食，則以樂侑食至於三，禮之大成也。禮之大成者，皆令奏

---

①　"札"，四庫本、光緒刻本均作"扎"，元刻明修本模糊不清。

鐘鼓，則知非三侑之食，無鐘鼓矣。《傳》曰："王者飲食，有食舉之樂，所以順天地，養神明，求福應。"蓋本諸此。

大司徒

大司徒以樂禮教和，則民不乖。

大宰之於禮典，小宰之於禮職，大司樂之於合樂，皆"和邦國，諧萬民"。是禮以敬爲本，而其用在和；樂以樂爲用，而其本在和。故禮交動乎上，樂交應乎下，和之至也。蓋禮樂於六藝爲首，和於六德爲終，以樂禮之藝，達六德之和以教民，則有以同民心，出治道，可使向方而觀德矣。其於移風易俗也，何有？先王著之以爲教，君子廣以成之，不過如此。《書》曰："契爲司徒，敬敷五教在寬。"《記》曰："司徒修六禮以節民性①，明七教以興民德。"是爲樂禮以教和者，王也；佐王以樂禮教和者，大司徒也。穆王命君牙爲大司徒，弘敷五典，式和民則，非以樂教而何？蓋父子之道，天性也，古之教者，必自父子始。至於長幼和順於鄉遂，君臣和敬於朝廷，莫不自此移之矣。故曰：樂者，審一以定和，所以合和父子君臣，附親萬民，是先王立樂之方也。然以此教民，非樂之至也。語其至，則奏之以無怠之聲，謂之以自然之命，道可載而與之俱矣。

以五禮防萬民之僞，而教之中；以六樂防萬民之情，而教之和。

①　"性"，元刻明修本、光緒刻本均作"心"。

　　禮者，天秩之經，存乎天而有陰陽；樂者，人道之大，存乎人而有文武。吉、嘉、賓禮之屬乎陽也，凶與軍禮之屬乎陰也。《雲門》、《大咸》、《大磬》、《大夏》，樂之本乎文也；《大濩》、《大武》，樂之本乎武也。五禮自外作，皆本之忠信，文之義理，以之防民僞而教之中，使之因性以復命也；六樂由中出，皆文之五聲，播之八音，以之防民情而教之和，使之因情以復性也。蓋喜怒哀樂，未發謂之中，而禮所以制之；發而皆中節，謂之和，而樂所以道之。故曰[①]："利貞者，性情也。"中出於性而近貞，和出於情而近利。利貞，天道也，惟聖人爲能與[②]，故於《乾》言之。中和，人道也，惟賢人能之，故於《大司徒》言之。然教敬以祀禮，教讓以陽禮，教遜以陰禮，教和以樂禮，此因民常而施教，所以輔相之也。"以五禮防萬民之僞而教之中，以六樂防萬民之情而教之和"，此防其情僞而教之，所以裁成之也。古之人所以致禮樂，明備天地官者，本諸此歟？禮主防僞以教中，而樂非不豫焉，《記》曰："惟樂不可以爲僞。"樂者，中和之紀是也。樂主防情以教和，而禮非不豫焉，《記》曰："禮者，因人情而爲之節文。"禮之用，和爲貴是也。

鄉大夫

　　鄉大夫之職，鄉射之禮五物詢衆庶，一曰和，二曰容，三曰主皮，四曰和容，五曰興舞。

---

① "故"，光緒刻本作"易"，元刻明修本模糊不清。
② "與"，光緒刻本作"之"。

古者諸侯之射，必先行燕禮。以燕禮考之：升歌《鹿鳴》，下管《新宫》，笙入，三成，遂合鄉樂，若舞則《勺》。然則鄉射之禮興舞，亦如之矣。蓋鄉射之禮，升歌於堂上，降管於堂下，然後舞動其容，而不知手足之舞蹈，是雖爲所樂之極，亦特其末者而已。《記》曰："樂者，非謂黄鍾、干揚也，樂之末節也，故童子舞之。"射之興舞，非特於鄉爲然。王之燕射，樂師帥射夫以弓矢舞；大射，大司樂詔諸侯以弓矢舞。是知自王達於庶人，凡射未嘗不以舞終焉。衞之賢者仕於伶官，詩人謂皆可以承事王者，不過美其"公庭萬舞，執籥秉翟"而已。然則鄉大夫賓興賢能而所詢及此，不亦宜乎？《國語》謂親戚爲詢，拘矣。古者射不主皮，此言"主皮"者："不主皮"，所以觀德，行之本；"主皮"，所以觀藝，儀之末。本在於上，非衆庶所知故也。

封人

封人，凡祭祀，飾其牛牲，設其楅衡，置其絼，共其水藁，歌舞牲及毛炮之豚。

歌詠其聲於堂，貴人聲也；舞動其容於庭，容斯爲下矣。先王於祭祀之牲，貴牡不貴牝，貴小不貴大，貴純不貴厖，貴充不貴疾，其出入奏《昭夏》，其設飾則歌舞之。豈特樂其牲爲哉[①]？廼所以樂神也。然必責之封人者，封人所掌者土事，牲之所資以養者土物，資養於土物者，使掌土事者歌舞之，以明樂於所供，而不以物儉其神故也。

---

① "牲"，光緒刻本作"性"。

鼓人

鼓人掌六鼓四金之音聲，以節聲樂，以和軍旅，以正田役。

聖人作《易》，參天兩地而倚數。因參而三之，其數六；因兩而兩之，其數四。鼓，陽也，而六之，參天之數也；金，陰也，而四之，兩地之數也。凡物動而有聲，聲變而成音。其爲聲也，或虛實相成，或幽顯相形，雖有萬不同，其本則一而已；其爲音也，或雜比成文，或曲折成方，雖當愆不同，其音亦一而已。六鼓四金，皆文之以五聲，播之以八音。而鼓人掌教之者，以爲聲樂易以流，吾以是節之；軍旅易以乖，吾以是和之；田役易以亂，吾以是正之。節聲樂，所以飾喜也；和軍旅[1]，所以飾怒也；正田役，所以飾事也。《記》曰："樂也者，節也。"豈節聲樂之意邪？《易》曰："悦以先民，民忘其勞；悦以犯難，民忘其死。"豈和軍旅、正田役之意邪？六鼓四金，必掌以鼓人者，鼓爲樂之君故也。

----

① "軍"，原作"革"，據元刻明修本、光緒刻本改。

樂書卷三十八　周禮訓義

地官

鼓人①

教爲鼓而辨其聲用，以雷鼓鼓神祀，以靈鼓鼓社祭，以路鼓鼓鬼享，以鼖鼓鼓軍事，以鼛鼓鼓役事，以晉鼓鼓金奏。

　　鼓異異聲，聲異異用。故雷鼓天聲也，以鼓神祀；靈鼓地聲也，以鼓社祭；路鼓人聲也，以鼓鬼享；鼖之於軍，鼛之於役，晉之於金奏，亦若是矣。鼓人非特教其爲之，又辨其聲用焉②，以言其爲用故也。神祀，《太宰》所謂大神是也；社祭，《大司樂》所謂土示類也。於天言神，以見大示；於地言社，以見天之眾神，與《記》言“郊社之禮，郊以明天道，社以神地道”同意。《大司樂》言雷鼓、靈鼓、路鼓，皆有鼗，而《鼓人》言鼓不及鼗，《眡瞭》播鼗不及鼓者，以《鼓人》言鼓以見鼗，《眡瞭》言鼗以見鼓故也。鬼享之鼓謂之路，軍事之鼓謂之鼖，皆以爲大者，國之大事在祀與戎故也。然六鼓之用不同而有所謂同，故路鼓、晉鼓、鼖鼓，或施之軍事，《大司馬》教戰，“王執路鼓，諸侯執鼖，軍將執晉”是也。路鼓或施之朝政，《大僕》“建路鼓，以達窮者與遽令”是也。鼖鼓或施之

---

① “鼓人”，原作“鼓人舞師”，元刻明修本、光緒刻本均如此。但下文並無“舞師”內容，故刪除。

② “又”，光緒刻本作“文”，元刻明修本作“又”，但似有缺失。

金奏，《靈臺》“蘉鼓維鏞”是也。蘉或爲賁，蘉以賁爲義也；鏞或爲皋，鏞以皋爲義也。

以金錞和鼓，以金鐲節鼓，以金鐃止鼓，以金鐸通鼓。

六鼓之有四金，猶六律之有六吕也。故錞之聲熟，鐲之聲濁，鐃之聲高，鐸之聲明。熟則陰與陽和，故可以和鼓；濁則承陽而節之，故可以節鼓；高則陰勝陽而止之，故可以止鼓；明則陰與陽通[①]，故可以通鼓。在《易》，《艮》則位之終止也，其究也必窮，故以《漸》進繼焉；《既濟》則治之終止也，其究也必亂，故以《未濟》終焉。此六鼓終於通鼓之意也。《大司馬》言鐲、鐃，則鳴之而已，鐸則或振或攠，其用則先鐸後鐃。與此不同者，此言理之序，《大司馬》言用之序故也。錞之於兵，雖無經見，《國語》曰：“戰以錞于、丁寧，儆其民也。”黄池之會，吴王“親鳴鍾鼓、丁寧、錞于，振鐸”，則兵法固有之矣。

凡祭祀百物之神，鼓兵舞、帗舞者。

先王作樂，發諸聲音而以鼓爲之君，形諸動静而以舞爲之容。故凡神在天地之間，自有聲至於無聲，吾皆有以鼓之；自有形至於無形，吾皆有以舞之。然則鼓之、舞之有不盡神者乎？《祭法》曰：“山林、川谷、丘陵，能出雲爲風雨見怪物，皆曰神，有天下者祭百神。”《舞師》：“掌教兵舞，帥而舞山川之祭祀；教帗舞，帥而舞社稷之祭祀。”由此觀之，凡

---

① “通”，四庫本、元刻明修本均作“通”，光緒刻本作“適”。

祭祀百物之神，舞之在舞師，則鼓之在鼓人矣。其兵舞、帗舞，扞蔽被除災害故也。扞蔽則災害未然者不至，帗除則災害已然者去矣。黨正祭禜，族師祭酺，皆此意歟？《舞師》"凡小祭祀不興舞"，則百物之神有舞者，非小祭祀也。《記》言"聚萬物而索饗之"，則蜡而已。祭祀百物之神，非特蜡也。先王之於百物，致而祭之以夏，索而饗之以冬，謂之"凡祭祀百物"，則不主一時可知矣。

凡軍旅，夜鼓鼜，軍動則鼓其衆，田役亦如之。

　　不虞之患多起於夜，故古人於無事之時，猶或待暴有柝，守國有鼜，況軍旅乎？此挈壺氏所以序聚柝，鼓人所以鼓鼜也。鎛師掌固，皆夜三鼜，大司馬辨軍之夜事，則鼓人所鼓、所辨亦可知矣。兵法有鼓首、鼓馬①、鼓徒、鼓手、鼓足之説，則"軍動鼓其衆"，亦不過如此。昔魯莊公戰于長勺，未可鼓而欲鼓，曹劌違之，爲其失之遽也。宋襄公戰于泓，可以鼓而不鼓，子魚非之，爲其失之緩也。先王鼓衆之法，無失也，軍動則鼓之而已。今夫田者，養禽獸而取之，以爲人利者也；役者執殳從事，而與戍異者也。古人以鼖鼓鼓軍事，以鼛鼓鼓役事，而不及田，何邪？曰：先王教軍旅之法，常寓於四時之田。在《易》之《師》，有田禽之象；司馬之田，有如戰之陣。則軍旅田獵之制，同法而異用，言軍事則田事舉矣。《大僕》"軍旅田役，贊王鼓"，則贊之在大僕，鼓之在鼓人故也。

---

① "馬"，光緒刻本作"焉"，元刻明修本模糊不清。

救日月，則詔王鼓；大喪，則詔大僕鼓。

“救日月，則詔王鼓”者，鼓皆以助陽也。月食而助陽，則月之明遡於日而已，日月食皆陰爲之災也。今夫天子理陽道，后治陰德。故男教不修，日爲之食，天子素服修六宮之職，以蕩天下之陽事；婦順不修，月爲之食，后素服修六宮之職，以蕩天下之陰事。是天子之與后，猶日之與月，陰之與陽，則救日詔王鼓可也。救月亦詔之，可乎？曰：陰所以佐陽而主成功者，在陽不在陰；后所以佐王而主成功者，在王不在后。然則救日月食，均詔王鼓可也。《詩》曰：“彼月而食，則維其常。此日而食，于何不臧。”則月者，缺也，以食爲常；日者，實也，以食爲變。故《春秋》書日食三十六，《書》述季秋朔辰，弗集于房，皆未嘗及月焉。《鼓人》、《昏義》兼日月言者，蓋《書》與《春秋》皆出於史，史法常事不書，變則書之，不得不與二禮異也。《書》曰：“瞽奏鼓，嗇夫馳，庶人走。”《春秋》書“日有食之，鼓用牲於社”者三，則救日月用鼓尚矣。左丘明謂：“惟正月之朔，慝未作，於是用幣于社，伐鼓于朝。”然日食奏鼓，先王之禮也，《春秋》特譏用牲而已，非爲九月六月不鼓也。古人救日月之法，非特乎此，庭氏又有救日之弓，救月之矢。日月食，皆陰爲之災，必以鼓者，所以進陽也[①]。以鼓進陽，以弓退陰，尚何天變之有？雖然，君子以爲文，庶人以爲神矣。此言“救日月，詔王鼓”，《大僕》“日月食，贊王鼓”，何也？曰：大僕之職，內與王正其身，外

———————

① “進”，光緒刻本作“追”。

與王同憂懼，故王鼓得以贊之。鼓人之職卑矣，內不可與王正其身，外不可與王同憂懼，特以鼓詔之而已。

樂書卷三十九　周禮訓義

地官

　舞師

春官

　大宗伯　内宗　外宗　大司樂

舞師

舞師掌教兵舞,帥而舞山川之祭祀;教帗舞,帥而舞社稷之祭祀;教羽舞,帥而舞四方之祭祀;教皇舞,帥而舞旱暵之事。凡野舞則皆教之。

執干揚而舞之,兵舞也;列五采繒爲之,帗舞也;析衆羽爲之,羽舞也;以鳳羽爲之,皇舞也;以旄牛尾爲之,旄舞也。舞師先兵舞、帗舞,繼之以羽舞、皇舞;樂師先帗、羽、皇、旄,繼之以干與人者。樂師以教其義爲主,則先其飾之盛者;舞師以教其用爲主,則先其事之急者故也。人君之於天下,有山川以阻固,然後能保社稷,有社稷以祓除,然後可以有事於四方,有四方以爲翼蔽,然後可以待變。事此山川、社稷、四方,所以言祭祀而先之於旱暵,所以言事而後之也。鄭司農曰:“社稷以帗,宗廟以羽,四方以皇,辟雍以旄,兵事以干,星辰以人。”鄭康成曰:“四方以羽,宗廟以人,山川以干,旱暵以皇。”是不知大祭祀有備樂,必有備舞也。《春秋》、

《書》有事于太廟，萬入去籥，則宗廟用干與羽；散而用之，則山川以干，社稷以帗，四方以羽，旱暵以皇矣。《大司樂》曰"舞《咸池》以祭地示"，則社稷不特帗舞也；舞《大夏》以祭山川，則山川不特兵舞也。於《咸池》之類，言其章不言其器；於帗舞之類，言其器不言其章，互備故也。樂師備六舞，先羽而後干，舞師止於四舞，先兵而後羽，何也？曰：樂師主教國子，而舞不可不備；舞師主教野人，特其用者而已。教國子先文，與《大司樂》同意；教野人先武，以野人朴而武故也。《書》言"舞干羽于兩階"，《樂記》言"比音而樂之，及干戚羽旄謂之樂"，《郊特牲》、《明堂位》、《祭統》言"朱干、玉戚以舞《大武》，皮弁、素積以舞《大夏》"，《簡兮》詩言"碩人俁俁，公庭萬舞"，繼之"左手執籥，右手秉翟"，皆先武後文者。蓋堯舜揖遜，其舞先干而後羽者，以苗民逆命故也；湯武征伐，其舞先武而後文者，以武功定天下故也。《魏志》曰："舞師馮肅，曉知先代舞名。"然則魏立舞師，豈本此歟？

凡小祭祀則不興舞。

先王之於祭祀，有歌以咏其聲於堂，有舞以動其容於庭，故舞師於山川、社稷、四方、旱暵之祭，皆興舞，則歌可知矣。《小師》"凡小祭祀、小樂事鼓朄"，而不及升歌，則舞可知矣。蓋祭祀小大，有不繫之神而繫之事者：百物之神，小祀也，有所謂非小祀；先聖先師，非小祀也，有所謂小祀。故鼓人言祀百物之神，有兵、帗之舞，是百物之神有時不以小祀之禮祀之也。《文王世子》言"釋菜于先聖先師則不舞"，是先聖有時以小祀之禮祀之也。然則鼓人、舞師不列之春官而在地官何也？曰：六官之屬，各以其類，然有非其類而列之者，義有所主也。甸師，地事也，屬之天官，以所主者耕，王藉共粢盛故也。職方氏、土方氏、形方氏、川師、原師之類亦地事也，屬之夏官，以所主者辨四方邦國故也。弁師，禮事也，屬之夏官，以弁甲異服而同飾，與序官先弁師，後司甲同意。行人、小行人、司儀之類，亦禮事也，屬之秋官，以禮刑相爲表裏，與《洪範》八政先司寇、後賓同意。由是推之，司干不屬夏官而屬春，司民不屬地官而屬秋①，鼓人、舞師不屬春官而屬地，槩可見矣。

大宗伯

大宗伯之職，以天産作陰德，以中禮防之；以地産作陽德，以和樂防之。以禮樂合天地之化、百物之産，以事鬼神，以諧萬民，以致百物。

天産養精，故以作陰德，所以行陰禮者也，以中禮防之，則使其不淫；地産養形，故以作陽德，所以行陽禮者也，以和樂防之，則使其不怠。蓋乾坤示人而度數，從之度數有常，而中禮行焉。聲音感人而順氣，從之順氣成象，而和樂興焉。中而不和，不足以合天地之化；和而不中，不足以合百物之産。兩者交相爲用而與天地同流，其於合天地之化，百物之産也，何有？蓋道判而爲禮樂，道足以範圍天地之化而不過，禮樂姑能合天地之化而已；道足以曲成萬物而不遺，禮樂姑能合百物之産而已。《記》曰：“禮者，天地之序；樂

---

① “属春司民”，四庫本、元刻明修本均作“属春司民”，光緒刻本作“属司春氏”。

者,天地之和。"豈非合天地之化邪?序故羣物皆別,和故百
物皆化,豈非合百物之産邪?言事鬼神,則地示可知;言諧
萬民,則邦國、賓客、遠人可知;言致百物,則羽、臝、鱗、毛、
介、象物可知。

内宗

内宗掌宗廟之祭祀,薦加豆籩。及以樂徹,則佐傳豆籩。賓
客之饗食,亦如之。

外宗

外宗掌宗廟之祭祀,佐王后薦玉豆,眂豆籩。及以樂徹,亦
如之。王后以樂羞齍,則贊。凡王后之獻,亦如之。

　　天子父天下,王后母天下,其政位雖有内外,要之,於廟
享薦以禮、徹以樂,蓋未始不一。天子聽外治,故及於賓客
之饗;王后聽内治,止於羞獻而已。豈非《易》所謂"在中饋
無攸遂"之意邪?天子雖主外治,而以同族之内宗佐之,以
内佐外也;王后雖主内治,而以異族之外宗佐之,以外佐
内也。

大司樂

大司樂掌成均之灋,以治建國之學政,而合國之子弟焉。凡
有道者、有德者,使教焉。死則以爲樂祖,祭於瞽宗。

　　凡學,天子曰辟廱,諸侯曰頖宫,故《周詩》言"於樂辟
廱","鎬京辟廱","于彼西廱"之類,天子之制也。《魯頌》言
"在泮獻囚","在泮獻功"、"獻馘"之類,諸侯之制也。《禮

記》曰：“於成均取爵於上尊。”又曰：“禮在瞽宗。”周自文武以“辟廱”名學，至成王命之“成均”，所以成人材之虧，均其過不及而已矣。以大司樂掌之者，以其合國子弟，王以樂教故也。生爲樂職之長而教於成均，死爲樂祖而祭於瞽宗，禮所謂有功德於民，則祭之是也。《序官》有上瞽、中瞽、下瞽，《詩》曰：“有瞽有瞽，在周之庭。”則瞽宗主於樂教，衆瞽之所宗也。《明堂位》曰：“瞽宗，殷學也。”《文王世子》曰：“春誦夏弦，大師詔之瞽宗。”是殷之教學在瞽宗，周人兼而用之。豈殷人尚聲，因以名其學邪？在《易》之《豫》：“先王以作樂崇德，殷薦之上帝，以配祖考。”作樂崇德，自古以固然。故言先王至於以樂薦上帝，配祖考，蓋始於殷人，則殷人以樂名學，信矣！先儒以成均爲五帝學，祭於瞽宗爲廟中，不知奚據而云。然成王之成均，特改制之名而已，非有變辟廱之實也。故其樂育才之詩曰：“菁菁者莪，在彼中阿，既見君子，樂且有儀。”言中阿，則無有過不及之意[①]，成均之實也。樂之所以爲雝之之樂，有儀所以爲辟之之禮。辟廱之實、成均之法，王之所制，而以大司樂掌焉，豈非寓人君樂育人材之意邪？

---

① “無有”，光緒刻本作“均其”，元刻明修本模糊不清。

樂書卷四十　周禮訓義

春官

大司樂

以樂德教國子，中、和、祇、庸、孝、友。

“中”以本，道之先①；其順達而爲“和”②，其敬達而爲“祇”；“祇”則順行所成，“庸”則友行所成；“友”以事師長，“孝”以事父母。則樂德所成終成始，聖人之德無以加，於孝則人道而已。若通之於天道③，則聖人難以言之④。然則自世胄而言，謂之胄子；自合國子弟而言，謂之國子，其實一也。帝則德全而教略，故舜命夔教胄子以直、寬、剛、簡之四德；王則業大而教詳，故周命大司樂教國子，以中、和、祇、庸、孝、友之六德。古者教人之道⑤，未嘗不始終以樂，《文王世子》曰：“三王之教世子，必以禮樂。”孔子曰：“成於樂。”則樂者，固教之始終也。大學之教，先“入學釋菜⑥”，以示之禮；繼之“《小雅》肆三”，以示之樂；學雜服者，達之以安禮；學操縵者，達之以安樂。是知教人始終以樂，豈特國子而已

---

① “先”，光緒刻本作“體”，元刻明修本模糊不清。
② “順”，光緒刻本作“義”，元刻明修本模糊不清。
③ “通”，元刻明修本作“夫”，光緒刻本作“聖”。
④ “聖人難”，光緒刻本作“孝不足”，元刻明修本模糊不清。
⑤ “者”，原作“有”，據光緒刻本改。
⑥ “入學釋菜”，原作“入文”，據光緒刻本改。

哉？雖萬民之衆，司徒固以五禮教之中，六樂教之和矣。周之教國子非特樂德也，蓋並與樂語、樂舞而教之。豈舜教胄子不足於此邪？以《經》求之，"詩言志，歌永言"，非無樂語也；樂則《韶舞》，非無樂舞也，特舉樂德該之而已。樂德必始于中和者，樂爲中和之紀故也。荀卿亦曰："樂者，中和之節也。"①

以樂語教國子②，興、道、諷、誦、言、語。

　　興、道、諷爲樂語之蘊，誦、言、語爲樂語之用，其實一也。《文王世子》曰："凡學，世子及士，必時，春誦夏弦，大師詔之瞽宗。大樂正學舞干戚，語説，命乞言，皆大樂正授數。"又言："天子視學、養老之禮，登歌《清廟》，既歌而語以成之也。言父子、君臣、長幼之道，合德音之致，禮之大者也。"《鄉射記》曰："古者於旅也，語。"《樂記》曰："樂終可以語，可以道古。瞽矇掌弦歌諷誦。"《詩傳》曰："樂語有五均。"是知大司樂以樂語教國子，大致不過如此。先樂德，後樂語者，德爲樂之實，語爲樂之文，與四科先德行，後言語同序。

以樂舞教國子，舞《雲門》、《大卷》、《大咸》、《大磬》、《大夏》、《大濩》、《大武》。

　　先王之樂多矣，大司樂用以教國子，則此六樂而已。人

---

①　本段自"大學之教，先入"至段末"中和之節也"，四庫本每行缺失九至十字，共八行，元刻明修本缺失更多，據光緒刻本補。

②　"子"，原作"之"，據元刻明修本、光緒刻本補。

之情哀則辟踊，樂則舞蹈。先王因六樂而爲之節文，制爲文武之舞。大司樂以教國子，均以大名之者，禮樂各以時爲大故也。堯命瞽瞍作《大章》，以其煥乎其有文章也。黃帝命營援作《咸池》，以其感物而潤澤之也。蓋五帝之樂，莫著於黃帝，至堯修而用之，然後一代之樂備。故《記》曰："《大章》，章之也；《咸池》，備矣。"舜紹堯之俊德，故以夔作《大韶》。禹成治水之大功，故以皋陶作《大夏》。湯能護民於塗炭而澤之，故伊尹作《大濩》焉。武王能以武定禍亂而止之，故周公作《大武》焉。是帝樂莫備於堯舜，而王樂至三王則無復餘蘊矣。故《記》曰："《韶》，繼也；《夏》，大也，殷周之樂盡矣。"此三才之道所以具異乎堯之所謂備也。堯曰《大章》，又曰《雲門》、《大卷》者，《雲門》，樂之體，《大章》、《大卷》，樂之用。雲之爲物，出則散而成章，其仁所以顯；入則聚而爲卷，其智所以藏。堯之俊德望之如日，就之如雲，《雲門》之實也；其仁如天①，《大章》之實也；其智如神，《大卷》之實也。《雲門》、《大章》、《大卷》，堯之天道格于上者也；《咸池》，堯之地道格于下者也。《韶》，舜繼堯之樂也。繼其天道如天之無不覆燾；繼其地道，如地之無不持載。雖甚盛德，蔑以加於此矣。"韶"又作"韶"者，凡六樂皆文之以五聲，播之以八音，而《韶》居一焉。自文之五聲言之，則"韶"以聲爲上，所以紹其五聲也；自播之八音言之，則"韶"以音爲左，所以紹其八音也。舜欲聞五聲、六律、八音以作樂，概見於此矣。五帝殊時不相沿樂，此特以堯舜言者，《書》斷自

----

① "天"，原作"大"，據元刻明修本、光緒刻本改。

唐虞，樂斷自堯舜，固聖人定《書》正樂之意也。然天性得而爲德，心聲發而爲語[1]，德容達而爲舞。大司樂之教國子，始於樂德，本之情性也；中於樂語，發之聲音也；終於樂舞，形之動靜也。人道性術之變，蓋盡此歟？

以六律、六同、五聲、八音、六舞大合樂，以致鬼神示，以和邦國，以諧萬民，以安賓客，以説遠人，以作動物。

　　萬物孳萌於子，紐牙於丑，引達於寅[2]，冒茆於卯，振美於辰，已盛於巳，咢布於午，昧薆於未，申堅於申，留孰於酉，畢入於戌，該閡於亥。建子之律，陽氣鍾於黃泉，故謂之黃鍾，其管九寸，其數八十一，其日壬癸，其月爲辜，其歲困敦，其風廣莫，其宿虛，其次須女，其辰合星紀，其候冬至，在卦則《乾》之初九也，故合於大呂而下生林鍾焉。建丑之律，陰氣旅助於陽，故謂之大呂，其管八寸五分，其數七十六，其月爲涂，其歲赤奮[3]，其宿牽牛，其次建星，其辰合玄枵，其候太寒，在卦則《坤》之六四也，故合於黃鍾而下生夷則焉。建寅之律，萬物莫不湊地而生，故謂之大蔟，其管八寸，其數七十二，其月爲陬，其歲攝提，其風條風，其宿箕，其次尾，其辰合娵訾，其候啟蟄，在卦則《乾》之九二也，故合於應鍾而下生南呂焉。建卯之律，陰陽之氣相夾而聚，故謂之夾鍾，其管七寸六分，其數六十八，其日甲乙，其月爲如，其歲單閼，其風明庶，其宿心，其次房，其辰合降婁，其候春分，在卦則

---

① “心聲發”，原作“心發聲”，據元刻明修本、光緒刻本改。
② “達”，原作“遠”，據元刻明修本、光緒刻本改。
③ “赤奮”，原作“赤奮若”，據元刻明修本、光緒刻本改。

《坤》之六五也，故合於無射而下生焉。建辰之律，萬物且然絜齊^①，故謂之姑洗，其管七寸二分，其數六十四，其月爲病，其歲執徐，其宿氐，其次亢，其辰合大梁，其候清明，在卦則《乾》之九三也，故合於南呂而下生應鍾焉。建巳之律，萬物盡旅而西行，故謂之中呂，其管六寸八分，其數六十，其月爲余，其歲荒落，其風清明，其宿軫，其次翼，其辰合實沈，其候小滿，在卦則《坤》之上六也，故合於夷則而上生黄鍾焉。建午之律，陰繼於陽而賓之，故謂之蕤賓，其管六寸四分，其數五十七，其日丙丁，其月爲皋，其歲敦牂，其風景風，其宿張，其次星紀，其辰合鶉首，其候夏至，在卦則《乾》之九四也，故合於林鍾而上生大呂焉。建未之律，萬物成熟而衆多，故謂之函鍾，其管六寸，其數五十四，其日戊己，其月爲且_{音徂}^②，其歲協洽^③，其宿弧，其次狼，其辰合鶉火，其候大暑，在卦則《坤》之初六也，故合於蕤賓而上生太蔟焉。建申之律，陰潛賊陽故爲之夷則，其管五寸六分，其數五十一，其月爲相，其歲涒灘，其宿伐，其次參，其辰合鶉尾，其候處暑，在卦則《乾》之九五也，故合於小呂而上生夾鍾焉。建酉之律，南氣族入故謂之南呂^④，其管五寸三分寸之一，其數四十八，其日庚辛，其月爲壯，其歲作噩，其宿噣，其次留，其辰合壽星，其候秋分，在卦則《坤》之六二也，故合於姑洗而上生焉。建戌之律，陽氣無餘，故謂之無射，其管五寸一分，其數四十五，

---

① “且”，光緒刻本作“旦”，元刻明修本不很清晰。
② “且（音徂）”，原作“徂”，元刻明修本作“且（音徂）”，光緒刻本作“且（音俎）”。
③ “洽”，元刻明修本、光緒刻本均作“合”。
④ “族”，元刻明修本、光緒刻本均作“旋”。

其月爲玄，其歲閹茂，其宿胃，其次奎，其辰合大火，其候霜降，在卦則《乾》之上九也，故合於夾鍾而上生仲呂焉。建亥之律，陰與陽交應故謂之應鍾，其管四寸七分之五，其數四十三，其月爲陽，其歲大淵，其宿壁，其次室危，其辰合析木，其候小雪，在卦則《坤》之六三也，故合於太蔟而上生蕤賓焉。由是觀之，本乎乾爻者爲六律，本乎坤爻者爲六同，六律左旋而生同，則爲同位，所以象夫婦；六同右轉而生律，則爲異位，所以象子母。間八而生，所以象八卦，旋之爲宮，所以象三才。文之以聲不過乎五，播之以音不過乎八，成之以舞不過乎六。大司樂以六律、六同考五聲，以五聲成八音，以八音成六舞，以六舞大合樂。用之大祭祀，足以致鬼神示；用之大朝會，足以和邦國；用之教萬民[①]，足以諧萬民；用之大饗食，足以安賓客；用之待四夷，足以説遠人；用之大蜡，足以作動物。觀舜之作樂，“祖考來格”，則致鬼神示可知；“羣后德讓”，則和邦國諧萬民可知；“虞賓在位”，則安賓客、説遠人可知；“鳥獸蹌蹌，鳳凰來儀”，則作動物可知。此言大合樂，樂神之樂也；旋宮之樂，降神之樂也。大司樂之大合樂，“以和邦國，以諧萬民”；大宰禮典，小宰禮職，亦曰“以和邦國，以諧萬民”者，《禮器》曰：“禮交動乎上，樂交應乎下，和之至也。”《左傳》曰：“如樂之和，無所不諧。”則和者有異而無乖，諧者有徧而無殊，是和未至於諧也。邦國則異而易乖，故欲其和；萬民則衆而難徧，故欲其諧。禮以和諧爲用，樂以和諧爲體，均謂之“和邦國，諧萬民”者，其情同

---

① “民”，光緒刻本作“物”。

也。大司馬之法，以治邦國爲主，故言比小事大，以和邦國，而萬民不預焉；大宗伯之禮樂以防萬民爲主，故言合天地之化，以諧萬民，而邦國不預焉。非特此也，掌交和諸侯之好，調人司萬民之難，而諧之亦輔禮樂之不至爾。

樂書卷四十一　周禮訓義

春官

大司樂

乃分樂而序之，以祭、以享、以祀。乃奏黄鍾，歌大吕，舞《雲門》，以祀天神；乃奏太蔟，歌應鍾，舞《咸池》，以祭地示；乃奏姑洗，歌南吕，舞《大磬》，以祀四望；乃奏蕤賓，歌函鍾，舞《大夏》，以祭山川；乃奏夷則，歌小吕，舞《大濩》，以享先妣；乃奏無射，歌夾鍾，舞《大武》，以享先祖。

先王制六律、六同之器，以合六陰、六陽之聲，黄鍾、太蔟、姑洗、蕤賓、夷則、無射，六陽聲也；大吕、應鍾、南吕、函鍾、小吕、夾鍾，六陰聲也。蓋日月所會之辰，在天而右轉，斗柄所建；在地而左旋，交錯貿見如表裹然。故子合於丑，寅合於亥，辰合於酉，午合於未，申合於巳，戌合於卯。黄鍾，子之氣，十一月建焉，而辰在星紀；大吕，丑之氣，十二月建焉，而辰在玄枵；太蔟，寅之氣，正月建焉，而辰在娵訾；應鍾，亥之氣，十月建焉，而辰在析木；姑洗，辰之氣，三月建焉，而辰在大梁；南吕，酉之氣，八月建焉，而辰在壽星；蕤賓，午之氣，五月建焉，而辰在鶉首；林鍾，未之氣，六月建焉，而辰在鶉火；夷則，申之氣，七月建焉，而辰在鶉尾；中吕，巳之氣，四月建焉，而辰在實沈；無射，戌之氣，九月建焉，而辰在大火；夾鍾，卯之氣，二月建焉，而辰在降婁。故祀天神,奏黃鍾,歌大呂;祭地示,奏太蔟,歌應鍾;祀四望,奏姑洗,歌南呂;祭山川,奏蕤賓,歌函鍾;享先妣,奏夷則,歌小呂;享先祖,奏無射,歌夾鍾。無非以陰合陽,以斗合辰而已。《鍾師》"凡樂事,以鍾鼓奏《九夏》",《鎛師》"凡祭祀,鼓其金奏之樂"。然則以鍾鼓奏樂,則編鐘在焉,非不具六律、六同也,其施於鬼神示者,各有所主云爾。凡六代之樂,皆文之以五聲,播之以八音,惡有不具律同之理哉?言奏則堂下之樂,言歌則堂上之樂,《春秋傳》曰:"晉侯饗穆叔,奏《肆夏》,歌《文王》、《大明》、《緜》。"又曰:"晉侯歌鍾二肆,取半以賜魏絳。"則奏之與歌,雖有堂上、下之辨,其實不離於六律、六同也。分律而序之,自黃鍾以至無射;分同而序之,自大呂以至夾鍾;分舞而序之,自《雲門》以至《大武》。然先妣在先祖上,則姜嫄也。姜嫄特祀,後世以爲禖神,而序之先祖之上,則先祖所自出故也。

凡六樂者,文之以五聲,播之以八音。

《樂記》曰:"發諸聲音,形諸動靜,性術之變盡於此矣。"自形諸動靜言之,謂之六舞;自發諸聲音言之,謂之六樂,其實一也。"大宗伯之職,以吉禮事邦國之鬼神示。以禋祀祀昊天上帝,以實柴祀日、月、星、辰,以槱燎祀司中、司命、風師、雨師,以血祭祭社稷、五祀、五嶽,以貍沈祭山林、川澤,以疈辜祭四方百物,以肆獻祼享先王。"至於大司樂以《雲門》之樂祀天神,非特昊天上帝也,凡五帝、日、月、星、辰之類,無不舉矣;以《咸池》之樂祭地示,非特社稷也,凡五祀之類,無不舉矣;以《大磬》之樂祀四望,非特五嶽也,凡司中、司命之類，無不舉矣；以《大夏》之樂祭山川，非特山林、川澤也，凡四方百物羣小祀之類，無不舉矣。《大宗伯》舉先王以見先妣、先祖，舉親以見尊也；《大司樂》舉先妣、先祖以見先王，舉遠以見近也。《司服》："祀昊天上帝，則大裘而冕；祀五帝，亦如之；享先王則袞冕；享先公、饗射，則鷩冕；祀四望、山川，則毳冕；祭社稷、五祀則希冕；祭羣小祀則玄冕。"《司服》則別先公爲二，合四望、山川爲一，與《大司樂》不同者，王公之服有等降，四望、山川之服無同異，非若樂之致詳故也。

凡六樂者，一變而致羽物及川澤之示，再變而致臝物及山林之示，三變而致鱗物及丘陵之示，四變而致毛物及墳衍之示，五變而致介物及土示，六變而致象物及天神。

先王之作樂，合生氣之和，著萬物之理，而萬物莫不以類相動[1]。故后夔奏簫《韶》，鳳凰爲之來儀；師曠奏《清角》，玄鶴爲之率舞；瓠巴鼓瑟，六馬爲之仰秣；伯牙鼓琴，游魚爲之出聽。然則當大蜡萬物索饗之時，其六樂所致固不能無是理也。《經》曰："禮樂合天地之化、百物之産。"不過如此。今夫武樂六成，文樂九成，六樂則文武備矣。必以六變爲言者，豈非即六代之樂，各一變而言歟？《大司徒》"山林宜毛物，川澤宜鱗物，丘陵宜羽物，墳衍宜介物，原隰宜臝物"，此以羽物配川澤，臝物配山林，鱗物配丘陵，毛物配墳衍，介物配土示。不同者，《大司徒》言物之所宜，此言物之所致難易故也。

---

[1]　"動"，光緒刻本作"同"。

　　凡樂，圜鍾爲宫，黄鍾爲角，大蔟爲徵，姑洗爲羽，雷鼓、雷鼗、孤竹之管、雲和之琴瑟、《雲門》之舞，冬日至，於地上之圜丘奏之，若樂六變，則天神皆降，可得而禮矣；凡樂，函鍾爲宫，大蔟爲角，姑洗爲徵，南吕爲羽，靈鼓、靈鼗、孫竹之管、空桑之琴瑟、《咸池》之舞，夏日至，於澤中之方丘奏之，若樂八變，則地示皆出，可得而禮矣；凡樂，黄鍾爲宫，大吕爲角，大蔟爲徵，應鍾爲羽，路鼓、路鼗、陰竹之管、龍門之琴瑟、九德之歌、《九磬》之舞，於宗廟之中奏之，若樂九變，則人鬼可得而禮矣。

　　天五地六，天地之中合也，故律不過六而聲亦不過五。其旋相爲宫，又不過三，以備中聲而已。蓋天以圓覆爲體，其宫之鍾不謂之夾而謂之圜，與《易·乾》爲圜同意，爲其爲帝所出之方也。地以含容爲德，其宫之鐘不謂之林而謂之函，與《易·坤》含弘同意，爲其萬物致養之方也。人位天地之中以成能，其宫之鍾稱黄，與《易》黄中通理同意，爲其爲死者所首之方也。且樂以中爲本，而倡和清濁，迭相爲經，故以仲春之管爲天宫，仲冬之管爲人宫，中央長夏之管爲地宫。《國語》有“四宫”之説，不亦妄乎？今夫圜鍾爲宫，無射爲之合；黄鍾爲角，大吕爲之合；大蔟爲徵，應鍾爲之合；姑洗爲羽，南吕爲之合，凡此，宫之旋而在天者也，故其合别而爲四。函鍾爲宫，蕤賓爲之合；大蔟爲角，應鍾爲之合；姑洗爲徵，南吕爲羽而交相合焉，凡此，宫之旋而在地者也，故其合降而爲三。黄鍾爲宫，大吕爲角，大蔟爲徵，應鍾爲羽，而兩兩合焉，凡此，宫之旋而在人者也，故其合又降而爲二。在《易》，上經言天地之道，下經言人道，而元亨利貞之德，

《乾》別爲四,《坤》降爲二,《咸》又降爲一,亦此意也。蓋一陰一陽之謂道,天法道,其數參而奇,雖主乎三陽,未嘗不以一陰成之,故其律先陰而後陽;地法天,其數兩而偶,雖主乎二陰,未嘗不以二陽配之,故其律或上同於天而以陰先陽,或下同於人而以陽先陰;人法地,則以同而異,此其律所以一於陽先乎陰歟?大抵旋宮之制,與蓍卦六爻之數常相爲表裏。蓍卦之數,分而爲二,以象兩儀,掛一以象三才,揲之以四,以象四時,歸奇於扐,以象閏。而六爻之用,抑又分陰分陽,迭用柔剛,則知陰陽之律,分而爲二,亦象兩儀之意也。其宮則三,亦象三才之意也;其聲則四,亦象四時之意也;三宮所不該者,亦象閏之意也。分樂之序,則奏律歌呂,亦分陰分陽之意也。三宮之用,則三才迭用柔剛之意也。十有二律之管,禮天神以圜鍾爲首,禮地示以函鍾爲首,禮人鬼以黃鍾爲首。三者旋相爲宮,而商、角、徵、羽之管,亦隨而運焉。如此則尊卑有常而不亂,猶之十二辰之位,取三統三正之義,亦不過子、丑、寅而止耳。《禮運》曰:“五聲、六律、十二管,旋相爲宮。”如此而已。先儒以十有二律,均旋爲宮,又附益之以變宮、變徵而爲六十律,律之準不亦失聖人取中聲寓尊卑之意邪?後世之失,非特此也。復以黃鍾爲宮、爲羽,大呂爲二商,太蔟爲商、爲徵,圜鍾爲徵、爲羽,姑洗爲宮、爲羽,中呂爲宮、爲商,蕤賓爲徵、爲角,函鍾爲徵、爲羽,夷則爲羽、爲角,南呂爲徵、爲商,無射爲角、爲商,應鍾爲角、爲羽,抑又甚矣。然天人之宮,一以大蔟爲徵者,祀天於南郊而以祖配之,則天人同致故也。三宮不用商聲者,商爲金聲,而周以木王,其不用則避其所剋而已。大師掌六律、六同，以合陰陽之聲，皆文之以五聲，宮、角、徵、羽①，則古樂之聲闕一不可。周之作樂，非不備五聲，其無商者，文去而實不去故也。荀卿以"審詩商"爲大師之職，然則詩爲樂章，商爲樂聲，樂章之有商聲，大師必審之者，爲避所剋而已。與周之佩玉，左徵、角，右宮、羽，亦不用商同意，夫豈爲祭尚柔而商堅剛也哉？先儒言天宮不用中吕、函鍾、南吕、無射，人宮避函鍾、南吕、姑洗、蕤賓。不用者，卑之也；避之者，尊之也。以爲天地之宮不用人宮之律②，人宮避天地之律，然則人宮用黃鍾，孰謂避天地之律邪？

---

① "宮角徵羽"，四庫本、元刻明修本均作"宮角徵羽"，光緒刻本作"宮商角徵羽"。

② "以爲"，光緒刻本作"而謂"，元刻明修本模糊不清。

樂書卷四十二　周禮訓義

春官

大司樂

雷鼓、雷鼗，靈鼓、靈鼗，路鼓、路鼗。

《鼓人》：“掌教六鼓、四金之音聲，以節聲樂。教爲鼓而辨其聲用，以雷鼓鼓神祀，以靈鼓鼓社祭，以路鼓鼓鬼享。”則鼓之聲用，莫先於此。《爾雅》：“大鼗謂之麻，小者謂之料。”《儀禮·大射》：“鼗倚于頌磬西紘。”《書·舜典》：“下管鼗鼓。”則鼗之爲器，如鼓而小，掌之於小師，播之於瞽矇、眡瞭。則鼗之聲用，未嘗不兆奏鼓矣。蓋《坎》主朔易，而其音革，則鼗鼓皆冬至之音，堂下之樂也。雷，天聲也；靈，地德也；路，人道也。天神之樂六變，而雷鼓、雷鼗六面；地示之樂八變，而靈鼓、靈鼗八面。人鬼之樂九變，而路鼓、路鼗四面者，金之爲物，能化不能變，鬼亦如之。金非土不生，以土之五加金之四，其樂所以九變歟？鄭司農謂“雷鼗六面”，則是；“靈鼓、靈鼗，四面”，“路鼓、路鼗，兩面”，非也。古之人辨其聲用，《鼓人》“救日月，則詔王鼓”，以救日月，亦天事故也。《冥氏》“攻猛獸，以靈鼓歐之”，以攻猛獸，亦地事故也。司馬振鐸，王執路鼓，大僕“建路鼓于大寝之門外，以達窮者與遽令”，以田獵。達窮與遽令，亦人事故也，其不同者，特不用鼗耳。《月令》“修鞀鞞”，《世本》“帝嚳命倕作鞀”[①]。鞞而與麻同，小謂之鞀而與料同，則鼗、鞀一也。先儒以鼓爲春分之音，鞀爲《震》之氣，是不考《坎》音革之過也。

孤竹之管，孫竹之管，陰竹之管。

　　《爾雅》：“大管謂之簥，中謂之篞，小謂之篎。”蓋其狀如篪、笛而六孔，倂兩而吹之，所以道陰陽之聲，十二月之音也。《書》曰：“下管鼗鼓。”《燕禮》、《大射》：“下管新宮。”《記》曰：“下而管《象》。”則管之爲樂，以利制爲用，堂下之樂也。女媧始爲都良管，以一天下之音；爲班管，以合日月星辰之會。帝嚳又次笭展管，則管爲樂器，其來尚矣。至周，教之於小師，播之於瞽矇，吹之於笙師。辨其聲明，則孤竹之奇，以禮天神；孫竹之衆，以禮地示；陰竹之幽，以禮人鬼，各從其聲類故也。“管”或作“筦”，《詩》曰“磬筦將將”是也；或作“琯”，《傳》稱“白玉琯”是也。《廣雅》：“管象簫，長尺，圍寸，八孔，無底。”豈以當時之制爲言歟？

雲和之琴瑟，空桑之琴瑟，龍門之琴瑟。

　　古者琴瑟之用，各以聲類所宜。雲和，陽地也，其琴瑟宜於圜丘奏之；空桑，陰地也，其琴瑟宜於方澤奏之；龍門，人功所鑿而成也，其琴瑟宜於宗廟奏之。顓帝生處空桑，伊尹生于空桑，禹鑿龍門，皆以地名之。則“雲和”，豈《禹貢》所謂“雲土”者歟？瞽矇掌鼓琴瑟，《詩·鹿鳴》：“鼓瑟鼓

---

① 　“世本”，光緒刻本作“世紀”，元刻明修本模糊不清。

琴。"《書》曰："琴瑟以詠。"《大傳》亦曰："大琴練絃，達越大瑟，朱絃達越。"《明堂位》曰："大琴大瑟、中琴小瑟，四代之樂器也。"《爾雅》曰："大琴謂之離，大瑟謂之灑。"由是觀之，琴瑟，堂上之樂，君子所常御，所以樂心者也。然琴則易良，瑟則静好，一於尚宮而已，未嘗不相須而用。故《鄉飲酒禮》："二人，皆左何瑟，後首，挎越。"《燕禮》："小臣左何瑟而執越。"《樂記》曰："《清廟》之瑟，朱絃而疏越。"皆不及琴者，舉大故也。後世高漸離之筑、蒙恬之箏、漢之琵琶箜篌、晉之阮咸，皆放琴瑟爲之，非古制歟？

《雲門》之舞，冬日至，於地上之圜丘奏之；《咸池》之舞，夏日至，於澤中之方丘奏之；《九德》之歌，《九磬》之舞，於宗廟之中奏之。

夫宮，音之主也，第以及羽，故樂器重者從細，輕者從大。是以金尚羽，石尚角，瓦絲尚宮，匏竹尚議，革木一聲凡三宮。既文之以五聲，必播之以八音。言鼓鼗，舉革以見木也；言管，舉竹以見匏也；言琴瑟，舉絲以見瓦也。《鐘師》"凡樂事以鐘鼓奏《九夏》"，然則言奏之圜丘、方澤、宗廟，豈舉金以見石歟？前言分樂以祀天神、祭地示，有歌；此旋樂以禮天神、地示，無歌。《小師》："大祭祀、大饗登歌，小祭祀小樂事，不登歌。"何邪？曰：禮天神地示無歌，猶大神不裸也。小祭祀小樂事不登歌，猶小祭祀不興舞也。天地不歌，尊之也；宗廟有歌，親之也。然天祀莫大於圜丘，地祭莫大於方澤，鬼享莫大於禘、袷。作旋宮之樂以降神，特施祭之大者故也。天神以《雲門》，則天氣也；地示以《咸池》，法地澤也。人鬼以《九德》之歌、《九磬》之舞者，以舜以繼體而帝，禹以繼體而王，皆足以承宗廟奉祭祀故也。

若樂六變，則天神皆降，可得而禮矣；若樂八變，則地示皆出，可得而禮矣；若樂九變，則人鬼可得而禮矣。

　　聲本於日，律本於辰，故甲之數九，乙庚八，丙辛七，丁壬六，戊癸五，此聲之數也；子午之數九，丑未八，寅申七，卯酉六，辰戌五，巳亥四，此律之數也。蓋圜鍾，卯位之律也，而丁爲之幹，故其樂六變；函鍾，未位之律也，而乙爲之幹，故其樂八變；黃鍾，子位之律也，而甲爲之幹，故其樂九變。天神以陽升，卒有以降而禮之者，六變之樂有以召之也；地示以陰藏，卒有以出而禮之者①，八變之樂有以召之也；人鬼域於陰陽之間而無不之，卒有以接而禮之者，九變之樂有以召之也。成王制禮作樂，而神祇祖考至於安樂之者，本諸此歟？

凡樂事，大祭祀，宿縣，遂以聲展之。

　　《大師》：“大祭祀，帥瞽登歌，令奏擊拊，下管播樂器，令奏鼓。”《小師》：“大祭祀登歌，擊拊下管，擊應鼓徹歌。凡小祭祀、小樂事，鼓朄。”則大師、小師所職，無非樂事也，大司樂則摠其凡而已。《小胥》：“正樂縣之位，王宮縣，諸侯軒縣，卿大夫判縣，士特縣。辨其聲。”《眡瞭》：“掌大師之縣。”則“大祭祀宿縣，遂以聲展之”，則王之宮縣而已，非中、小祭祀之樂也。何以明之？古者將祭，散齋七日，宿齋三日，所

---

① “禮”，光緒刻本作“祀”，元刻明修本模糊不清。

謂前期十日，帥執事而卜日，遂戒也。"大祭祀宿縣"，則縣之於前期，宿齊之時也。惟樂不可以爲僞，而縣之於宿齊之時，其誠亦已至矣。"遂以聲展之"，則審一以定和，亦所以達其誠歟？"展聲"之"展"，與"展牲"之"展"同。《詩》曰："允矣君子，展也大成。"《爾雅》曰："展，誠也。"由是觀之，凡大祭祀，宿縣而展其聲，其達誠之意可知矣。先儒謂大祭祀宿縣，則中、小祭祀亦與焉，是不知中、小祭祀非皆前期十日而遂戒也。不然，則宿縣、展聲何以獨稱大祭祀乎？

王出入，則令奏《王夏》；尸出入，則令奏《肆夏》；牲出入，則令奏《昭夏》。帥國子而舞，大饗不入牲，其他皆如祭祀。

《春秋傳》曰："水、火、金、木、土、穀，謂之六府；正德、利用、厚生，謂之三事。六府、三事謂之九功。九功之德，皆可歌也，謂之《九歌》。"《書》曰："勸之以《九歌》，俾勿壞。"《瞽矇》："掌《九德》之歌，以役大師。"《大司樂》："奏《九德》之歌，《九磬》之舞。"由是言之，《磬》，舜樂也，謂之《九磬》之舞；《夏》，禹樂也，《九德》之歌得不爲《九夏》乎？宗廟九變之樂，必奏《九德》之歌，《九磬》之舞，豈非舜行天道以治人，禹行人道以奉天，而其樂有以相成歟？《九夏》之樂以《王夏》爲首，以明王道自禹始故也。王於尸爲尊，必北面事之，以其在廟門内則全於君故也。乃若廟門外，則疑於臣，此王所以先尸也；牲所以奉神，而尸則象神而已，此所以先牲也。王也，尸也，牲也，方宗廟祭祀之時，其出入未始不均也。王則中心無爲以守至正，非有出入也；其出入，則以送尸與牲而已。故王出入，令奏《王夏》；繼之以尸出入，令奏《肆夏》；

牲出入，令奏《昭夏》也。大饗之禮，有施之祭祀者，有施之賓客者。《禮記》“郊血大饗，不問卜”，此施之祭祀也；“大饗尚腶脩，大饗有四”，此施之賓客也。是大饗之禮，非特仁鬼神於幽，亦所以仁賓客於明矣。古人之饗賓，如承大祭，其所異者，特不入牲而已。蓋饗鬼神在廟門内，故君子必入牲而親殺之；既祭，饗賓，則在廟門外，其何入牲之有？

大射，王出入，令奏《王夏》；及射，令奏《騶虞》，詔諸侯以弓矢舞。

庶人有主皮之射而無賓射、燕射，士有賓射、燕射而無大射，大射惟王於諸侯爲然。蓋先王將祭，擇士豫焉，爲其行同能耦，無以别也，使射而擇之。其射也，有大禮焉，故謂之大射。射之爲禮，有旌以詔之，有鼓以節之，有扑以戒之，定其位有物，課其功有筭，軍旅之事，如斯而已。故《傳》曰：“出則征誅，入則揖讓。”其義一也。大射之樂，王出入，大司樂令鐘師奏《王夏》，如大祭、大饗之儀，明其大一統也[①]。及射[②]，令奏《騶虞》，明其樂仁而殺以時也。詔諸侯以弓矢舞，明其擇士以觀其容也[③]。大祭、大饗帥國子而舞，固大司樂之職也。至於大射之諸侯，非大司樂所得專，特以義詔之使舞而已。天子摠干而舞，所以樂尸；諸侯執弓矢而舞，所以樂王也。然則王射以《騶虞》，大夫、士之鄉射亦以《騶虞》者，鄉射詢衆庶，亦欲官備於天子故也。《大射》記“鐘人以

① “一”，元刻明修本、光緒刻本作“舞”。
② “及射”，原作“乃射”，據元刻明修本、光緒刻本改。
③ “擇”，元刻明修本、光緒刻本作“舞”。

鐘鼓奏《陔夏》",此奏《王夏》者,奏《王夏》主王出入言之;以
鐘鼓奏《陔夏》,主射節言之。大射以鐘鼓奏《陔夏》,鄉射特
以鼓奏《陔夏》,何也?曰:君尊故有鐘鼓,大夫、士卑,特用
鼓而已。大司樂所令,言饗不及燕,言射不及賓,奏《騶虞》
不及《貍首》,詔諸侯不及大夫者,以大司樂司其大故也。

樂書卷四十三　周禮訓義

春官

　大司樂　樂師

　　大司樂

王大食，三侑，皆令奏鍾鼓。

　　《膳夫》：“掌王之飲食、膳羞，以養王。王日舉，鼎十有二物，以樂侑食。卒食，以樂徹于造。”凡此，王常食之食，非大食之食也。常食之食以樂侑之，則大食以樂侑之可知矣①。公食大夫禮，三飯而後侑，則以樂侑食，猶《儀禮》以幣侑食也。三侑之樂，皆令奏鍾鼓。則鍾鼓，樂之盛也；大食，禮之盛也。有盛禮，必有盛樂以樂之，非王者以大臨物，安足享此？禮成於三而樂亦如之。故王大食，則其禮具；三侑，則其樂備。王者以樂侑食，豈特樂吾一身爲哉？乃所以樂天下也。文王言三皇五帝，有勸戒之器名“侑卮”，而荀卿有“宥坐”之器，釋者以謂“宥”與“侑”同，則知《大司樂》與《膳夫》不害字異而實同也。《春秋傳》“饗醴皆曰宥”，與此同意。荀卿以“三宥”爲“三臭”，誤矣。

---

① “知”，四庫本、元刻明修本均作“知”，光緒刻本作“必”。

王師大獻，則令奏愷樂。

　　風謂之愷風，天地之怒氣散焉故也；王師大獻奏樂，謂之愷樂，人之怒氣已焉故也。昔晉文公敗楚於城濮，猶且振旅愷以入于晉，況王者親征之師，大獻功於社乎？奏禮樂，有司之事也，大司樂則令之而已。令之者尊，奏之者卑，凡言“令”者，類皆如此。古者作大事，動大衆，必告社而後行，《詩》曰“乃立冢土，戎醜攸行”，大祝曰“大師宜於社”是也。及其有功，未必不獻焉，《大司馬》“若師有功，則愷樂獻于社”是也。鄭氏謂“大獻捷於祖”，趙商詰之，不亦宜乎？

凡日月食，四鎮五嶽崩，大傀異，諸侯薨，令去樂。大札、大凶、大烖、大臣死，凡國之大憂，令弛縣。

　　憂之日短，則去樂而已；憂之日長，則令弛縣焉。“凡日月食”，天變之見於象者也，若《春秋》書日食三十六之類是已[1]。“四鎮五嶽崩”，地變之見於形者也，若《春秋》書沙鹿、梁山崩之類是已。“大傀異”、“烖”，人鬼之爲怪異者也，與《老子》所謂“其鬼不神”者異矣。“大札”，若屬疫而死是也；“大災”，若齊大災是也。“凡國之大憂”，若國有大故是也。大宗伯之職，以凶禮哀邦國之憂，以喪禮哀死亡，以荒禮哀凶、札。禮之所哀，則樂之所當弛也。然則《膳夫》“大喪、大荒、大札，天也有烖[2]，邦有大故，則不舉”，《司服》“大札、大荒、大災素服”，與此不同者，蓋先王吉凶與民同患，憂樂以

───────────

[1]　“三十六”，元刻明修本、光緒刻本均作“二十六”。
[2]　“也”，元刻明修本、四庫本作“也”，光緒刻本作“地”。

天下。其憂以天下也，大則去樂，小則弛縣；及其極也，又"素服"、"不舉"焉。"素服"則以喪禮處之，飾乎其外而已；"不舉"則減常膳、徹樂縣，豈特飾外而已哉？故"素服"止於大荒、大札、大災，而"不舉"又及於大喪、大故也。《曲禮》曰"大夫無故不徹縣"，此言"弛縣"者，弛則存而不用，徹則屏而去之，豈特不用乎？"弛縣"與大夫"徹縣"異，"去樂"與叔弓卒"去樂"同。

凡建國，禁其淫聲、過聲、凶聲、慢聲。

　　昔顏淵問爲邦，孔子對以樂則《韶》舞，放鄭聲之淫音①。蓋樂聲有四，慢則不肅，不若凶之不善；凶則不善，不若過之不中；過則不中，不若淫之不正。爲邦以禮樂爲急，樂以放鄭聲爲先，故建國所禁之聲，其序如此。《樂記》曰："凡姦聲感人而逆氣應之，逆氣成象而淫樂興焉；正聲感人而順氣應之，順氣成象而和樂興焉。"淫樂則多哇之鄭也，和樂則中正之雅也。先王建國不先禁淫樂，則鄭聲得以亂雅矣。古之人將欲揚善②，必先遏惡；將欲存誠，必先閑邪，意亦類此。然禮樂之道同歸，故《曲禮》論安民之禮，以"毋不敬"爲先；《周官》論建國之樂，以禁四聲爲先。

大喪，涖廞樂器；及葬，藏樂器，亦如之。

　　古者居喪以哀爲主，而葬亦如之。故哭則不歌，哀則不

---

① "音"，原作"者"，據元刻明修本、光緒刻本改。
② "揚"，光緒刻本作"得"，元刻明修本模糊不清。

樂，人情之常也。大喪，弛縣樂器；及葬，而藏亦如之，因人情爲之節文故也。喪禮之於樂器，弛之在大司樂，帥之在大師，而小師則與之而已。《大師》不言樂器，葬，奉而藏之，以《笙師》見之也。

樂師

樂師掌國學之政，以教國子小舞。

《學記》曰：“家有塾，黨有庠，術有序。”所謂設庠序以教於邑也[1]，國有學，所謂立大學以教於國也。蓋有王國[2]、有邦國，學之政，則王國而已。《大司樂》“掌成均之法，以治建國之學政”，則“成均”者，國學也；“建國之學政”，則邦國之學亦豫焉。以成均之法治建國之學政，故諸侯必命之教然後爲學，如此則政教一於天子，國無異政，家無殊習矣。

凡舞，有帗舞，有羽舞，有皇舞，有旄舞，有干舞，有人舞。

哀則辟踊，樂則舞蹈，則舞者蹈屬有節，非若詩言其志，歌詠其聲也，一於動容而已。帗舞，《封人》“鼓帗舞”是也，以《大司樂》見之也，或言奉而藏之，或皆不言，則皆及也[3]；羽舞，《籥師》“鼓羽籥之舞”是也；皇舞，《舞師》“以舞旱暵”是也；旄舞，旄人所教之舞是也；干舞，《司干》“授舞器”是也；人舞，所謂手舞足蹈是也。《記》曰：“樂者，非謂弦歌、干

---

① “教”，光緒刻本作“化”，元刻明修本模糊不清。
② “蓋有”至段末“家無殊習矣”，四庫本、元刻明修本有多處缺失，據光緒刻本補。
③ “哀則辟踊”至“皆及”，四庫本、元刻明修本有多處缺失，據光緒刻本補。

揚也，樂之末節也，故童子舞之。"又曰："十有三年舞《勺》，
成童舞《象》，二十舞《大夏》。"古之教國子以六舞，而干舞居
一焉。以干揚爲童子之舞，則以干舞之類教國子小舞，不亦
宜乎？《記》曰："比音而樂之，及干戚羽旄謂之樂。"又曰：
"干戚旄狄以舞之。"皆先干戚後羽旄，與《樂師》之序不同
者。教人，則先文後武，故先羽旄，與《大司樂》"教國子以六
舞"同意；作樂，則先武後文，故先干戚，與《夏書》"舞干羽于
兩階"同意。言羽又言狄者，《内司服》"掌后之六服：褘衣、
揄狄、闕狄"。褘衣繢翬狄於衣，《爾雅》謂素質，五色皆備成
章者也；揄狄繢揄狄於衣，《爾雅》謂青質，五色皆備成章者
也。所謂羽者，豈翬狄、揄狄之羽歟？狄言體，羽言用，其實
一也。

樂書卷四十四　周禮訓義

春官

樂師

教樂儀,行以《肆夏》,趨以《采薺》,車亦如之。環拜以鐘鼓爲節。

堂上謂之行,堂下謂之步,門外謂之趨。樂師教樂之儀,堂下行以《肆夏》,門外趨以《采薺》,車亦如之。《大馭》:"凡路,行以《肆夏》,趨以《采薺》。凡馭路儀,以和鸞爲節。"《記》曰"和鸞中《采薺》"是也。車出,以鐘鼓奏《九夏》。然則教樂之儀,或行、或趨、或環佩,而拜如之何不以鐘鼓爲節乎?《禮》曰:"升車有鸞和之聲,行步有環佩之聲。"則環佩而拜,其聲與鐘鼓之節相應,固其理。《書大傳》:"天子左五鍾,右五鍾。出撞黄鐘,右五鍾皆應,然後太師奏登車,告出也;入撞蕤賓,左五鍾皆應,然後少師奏登堂就席,告入也。"由是觀之,黄鍾所以奏《肆夏》也,蕤賓所以奏《采薺》也。出撞陽鍾而陰應之,是動而節之以止,《易·序卦》"物不可以終動"之意也;入撞陰鍾而陽應之,是止而濟之以動,《易·序卦》"不可以終止"之意也。此言"行以《肆夏》",先於"趨以《采薺》",豈主出言之邪?《禮記》"趨以《采薺》"先於"行以《肆夏》",豈主入言之邪?《大戴禮》言"步中《采薺》,趨中《肆夏》",誤矣。後世奏永至之樂,爲行步之節,豈傚古《采

薺》、《肆夏》之制歟？《采薺》之詩雖不經見，大致亦不過若
《采蘩》、《采蘋》之類也。

凡射，王以《騶虞》爲節，諸侯以《貍首》爲節，大夫以《采蘋》
爲節，士以《采蘩》爲節。

古者君臣之射，以習禮樂。内志正，外體直，其容體比
於禮，其節比於樂。故天子以備官爲節，樂仁而殺以時也。
諸侯以時會爲節，樂御而射以禮也。大夫則樂循法而已；士
則樂不失職而已。《射人》：“以射法治射儀，王以六耦射三
侯，三獲三容，樂以《騶虞》，九節；諸侯以四耦射二侯，二獲
二容，樂以《貍首》，七節；孤卿大夫以三耦射一侯，一獲一
容，樂以《采蘋》，五節；士以三耦射豻侯，一獲一容，樂以《采
蘩》，五節。”自天子達於士，名位不同，節亦異數，所以定志
而明分也。故明乎其節之志，以不失其事，則功成而德行
立，德行立則無暴亂之禍，而國安矣。其於觀盛德也，何有？
《記》曰：“左射《貍首》，右射《騶虞》。”騶虞，義獸也，又其色
白宜正，以殺爲事而不殺，是亦仁之至也。《騶虞》樂仁而殺
以時，則庶類蕃殖而朝廷治，朝廷治則百官備而無曠職，庸
非樂官備之意乎？貍之爲物，其性善搏，其行則止而擬度
焉，射者必持弓矢審固，奠而後發，亦擬度之意也。《騶虞》
之詩見於《周南》，而《貍首》無所經見，惟逸詩有之[①]：“曾孫
侯氏，四正具舉。大夫君子，凡以庶士。小大莫處，御于君
所。以燕以射，則燕則譽。”豈《貍首》之詩邪？《檀弓》曰：

---

① “詩”，原作“書”，據元刻明修本、光緒刻本改。

"貍首之班然，執女手之卷然①。"豈《貍首》之歌邪？《貍首》樂御而射以禮，則小大御于君所而會之，有時而然也。《儀禮·大射》"樂正命大師奏《貍首》，鄉射奏《騶虞》"，蓋以此歟？大夫、士投壺之禮奏《貍首》，亦大夫鄉射奏《騶虞》之意也。射士，職也，不言孤卿，則以射人見之矣。

凡樂，掌其序事，治其樂政；凡國之小事用樂者，令奏鐘鼓。

《大宰》政典居事典之先，《禮記·祭統》"政行則事成"。冉子退朝之晏，則事也，孔子不謂之政；魯子叔奉君命以弔滕，則政也，惠伯不謂之事。是政者，事之本，上之所施以正人者也；事者，政之末，下之所爲以治職者也。故凡樂序事，雖政之末，而樂師掌之，知所先後故也；凡樂之政，則事之本，而樂師治之，以掌國學之政故也。《禮器》曰："晉人將有事於河，必先有事於惡池。"《左傳》曰："國之大事在祀。"然則祭祀之禮，無非事也，以大祀爲大事，則祭祀之小者，小事而已。祭祀之事雖大小不同，其用樂一也。故凡大祭祀，宿縣，大事之用樂者也；凡國之小事，令奏鐘鼓，小事之用樂者也。然則鐘鼓樂之盛，亦用之小事可乎。曰：凡樂事以鐘鼓奏《九夏》，雖用有等降，要之以鐘鼓爲節，無時而可廢。

凡樂成，則告備，詔來瞽皋舞。及徹，帥學士而歌徹，令相。饗食諸侯，序其樂事，令奏鐘鼓，令相，如祭之儀。

禮以陳爲備，樂以奏爲備，故禮則告備而後行禮，樂則

---

① "班然"、"卷然"，元刻明修本、光緒刻本均作"班兮"、"卷兮"。

樂成而後告備。古者鄉飲、鄉射、燕禮、大射，皆於樂成告于樂正，曰："正歌備。"所謂"樂成告備"也。"瞽"則瞽矇之職，而詔之使來；舞則舞人之職，而詔之使緩者。樂師主以樂教，非特知可陳之數，又達難知之義焉。所以詔瞽與舞，非以事也，以義而已。然則詔舞使緩，豈非訊疾以《雅》乎？《大胥》："掌學士之版，以待致諸子。凡祭祀用樂，以鼓徵學士。"《小胥》"掌學士徵令"，《樂師》"掌國學之政，以教國子"。所謂學士者，學樂之士，非國子則諸子也。方祭祀之時，樂師"凡樂成告備，詔來瞽皋舞"，則凡發諸聲音，形諸動靜者，亦已盡矣。"及徹，又帥學士而歌徹，令相"，豈《詩》所謂"樂具入奏，廢徹不遲"之意歟？饗食諸侯，序其樂事，令奏鐘鼓爲節，與夫相瞽之禮，如祭祀之儀，是待賓客如事神，敬之至也。然樂師所掌，特饗而已；大饗、大食，則有大司樂存焉。

燕射，帥射夫以弓矢舞。

　　凡射禮，卿大夫、士三耦，天子六耦，《車攻》詩曰："射夫既同，助我舉柴。"《賓之初筵》詩曰："射夫既同，獻爾發功。"與此所謂射夫者，耦射之夫，其智足以帥人者也。《祭統》曰："及入舞，君執干戚就舞位，率其羣臣，以樂皇尸。"則舞動其容，雖天子必有執也，必有帥也，況射夫乎？《司弓矢》："大射、燕射，共弓矢如數并夾。"則燕射之夫，其舞率以樂師，其執則以弓矢，容必比禮，節必比樂。非特內志正，外體直而已，又將見內順治，外無敵而可以觀盛德也。《詩》曰："鐘鼓既設，舉醻逸逸。大侯既抗，弓矢斯張。發彼有的，以祈爾爵。"此大射之禮也。"籥舞笙鼓①,樂既和奏。各奏爾能,賓載手仇。室人入又,酌彼康爵,以奏爾時。"此燕射之禮也。《射義》曰:"古者諸侯射,必先行燕禮,所以明君臣之義也。"然則燕射,樂師、射夫以弓矢舞,則亦使之行君臣之義而已。帥之而舞,非特樂師之於射夫爲然,大司樂之於國子,舞師之於祭祀,亦莫不在所帥焉。詔之而舞者,以義帥之,而舞者以身。

樂出入,令奏鐘鼓。

　　樂固非有出入,其出入,則應彼而已。故王出入,則令以鐘鼓奏《王夏》;尸出入,則令以鐘鼓奏《肆夏》;牲出入,則令以鐘鼓奏《昭夏》。《鐘師》"凡樂事以鐘鼓奏《九夏》"是也。《楚茨》詩曰:"鼓鐘送尸。"言送以見逆,又曰:"樂具入奏。"言入以見出。《記》曰:"入門而金作,出以雍。"蓋送尸者,以樂之出入,見於燕禮也。出以徹歌,入以金作,是又享禮也。樂之出入②,大致如此。孰謂笙歌舞者及其器哉?

凡軍大獻,教愷歌,遂倡之。

　　《泮水》之頌曰:"矯矯虎臣,在泮獻馘。淑問如皋陶,在泮獻囚。不告于訩,在泮獻功。"凡軍大獻,非特獻馘、獻囚而已,功亦在所獻焉。《傳》曰:"《清廟》之歌,一倡而三歎。"則"教愷歌"在樂師,而"遂倡之"在學士。凡軍大獻如此,則

---

① "鼓",光緒刻本作"歌"。
② "樂",光緒刻本作"禮"。

其大獻于祖，得無所待乎？樂師之教國子，非特小舞也，凡形之爲樂儀，聲之爲愷歌，亦然。《記》所謂“樂師辨乎聲詩”，此也。若夫大司樂，則并與樂德、樂語、樂舞而教之，豈特聲歌、儀容，小舞之末哉？然言愷歌，不足以該樂；言愷樂，則歌在其中矣。與《鄉射》奏《騶虞》，又歌之同意。

凡喪，陳樂器，則帥樂官。及序哭，亦如之。

凡喪，陳樂器而不作，與《檀弓》謂“琴瑟張而不平，竽笙備而不和，謂之明器”異矣。

凡樂官，掌其政令，聽其治訟。

凡司，伺末；官，探本。大司樂所司，猶至於末，則凡樂之本，無不舉矣。樂官非能如大司樂，并與本末而舉之，僅能各探一器之本，元一官之職而已①。雖謂之官，可也。凡樂官，大有政令，樂師不得而專也，掌之而已；小有治訟，樂師得以專聽之。豈非大事從其長，小事則專達歟？

_____

① “元”，光緒刻本作“原”。

樂書卷四十五　周禮訓義

春官

　大胥　小胥

大胥

大胥掌學士之版，以待致諸子。

　　《文王世子》曰："凡學，世子及學士必時：春夏學干戈，秋冬學羽籥，皆於東序。小樂正學干，大胥贊之。胥鼓《南》。"言大胥，則知胥，小胥也；言大胥贊小樂正，則知小樂正，樂師也。《夏官》諸子之職言"國子之倅"，是知世子之類，則國子也；"國子之倅"，則學士諸子也。自其學樂事言之，謂之學士；自其爲倅言之，謂之諸子，其實一也。大胥序樂師之後者，以贊樂師故也；小胥又序大胥之後者，以贊大胥故也。胥以養人爲義，大胥以中士爲之，小胥以下士爲之。其養人也，特贊相之而已，與凡樂職之胥又異矣。

春，入學，舍菜合舞；秋，頒學合聲。

　　《月令》：孟春，命樂正，入學，習舞；仲春上丁，命樂正習舞，釋菜；孟夏，命樂師，習合禮樂；季秋上丁，命樂正，入學，習吹；季冬，命樂師大合吹而罷。《夏小正》亦曰："丁亥，萬用入學。"由是觀之，春夏舞，秋冬重聲矣。春入學，釋菜，合舞，則舉春以見夏，必略夏而言春者，以容貌達而爲舞，春則貌之時故也；秋入學合聲，則舉秋以見冬，必略冬而言秋者，以聲音發而爲言，秋則言之時故也。謂之合舞，會六樂而舞也；謂之合聲，會六樂而吹也。若夫《燕義》"凡國之政事，國子存游倅"，使之春合諸學以順陽義①，秋合諸射以順陰義，則又因其有文武之才而達之，非爲言貌而發也。

以六樂之會正舞位，以序出入舞者。比樂官，展樂器。

六樂之會，文武備矣。文舞九成而在左，武舞六成而在右，行列得正而不忿，所以正舞位也。出象征誅，入象揖遜，先後有倫而不亂，所以序出入舞也。比樂官，則比而聯之；展樂器，則陳而眠之。樂師則凡樂官掌其政令，聽其治訟，非特比之而已。《大司樂》"凡大祭祀②，宿縣，遂以聲展之"，非特其器而已。今夫農精於田，不可以爲田師；賈精於市，不可以爲賈師；工精於器，不可以爲器師。然則爲樂師者，豈精於樂者所能爲哉？

凡祭祀之用樂者，以鼓徵學士，序宮中之事。

禮有五經，莫重於祭祀，非一，故言"凡"以該之。小祭祀不興舞，則知凡祭祀用樂，豈其大而中者邪？《文王世子》曰："天子視學，大昕鼓徵，所以警衆也。"凡用樂，大胥以鼓徵學士，其意亦何異此？大胥之於樂舞，非特郊廟爲然，凡

---

① "學"，光緒刻本作"樂"。
② "凡"，原作"又"，據元刻明修本、光緒刻本改。

宮中之樂事，亦序之而已。《樂師》"凡樂，掌其序事"，則又不特宮中也。序宮中之事，與《舍人》"平宮中之政"異矣。宮中之事，士、庶子、學士之職也，有宮正以掌其戒令糾禁，有宮伯以掌其政令秩序，則大胥特序其樂事[1]，以鼓徵之而已。

小胥

小胥掌學士之徵令而比之，觵其不敬者，巡舞列而撻其怠慢者。

《大胥》："掌學士之版，以待致諸子。凡祭祀之用樂者，以鼓徵學士。"則掌學士之版籍，鳴鼓而徵之者，大胥之職也。小胥則掌其徵令，以比之而已。比樂官者，大胥也；比學士者，小胥也。《傳》曰："敬勝怠則吉，怠勝敬則凶。"故慢令者爲不敬，進退不齊者爲怠慢。不敬由中出，而觵以罰之，使中；怠慢自外入，而撻以刑之，使肅。《王制》曰："凡入學以齒，將出學，小胥、大胥、小樂正以簡不帥教者，以告于大樂正，大樂正以告于王[2]。"繼之"屏之遠方，終身不齒"，亦此意也。蓋舞所以節八音，八音克諧，然後樂成焉。故舞必以八人爲列，自天子達於士，降殺以兩。衆仲曰："天子用八，諸侯用六，大夫四，士二。"鄭伯約納晉悼公女樂二八；晉賜魏絳以一八。由是推之，服虔所謂"天子八八，諸侯六八，大夫四八，士二八"，不易之論也。然則《記》所謂"舞行綴

---

① "秩序則"，光緒刻本作"秩叙而"，元刻明修本模糊不清。
② "樂"，原作"學"，據元刻明修本、光緒刻本改。

遠”，豈六佾歟？“舞行綴短”，豈四佾歟？杜預以爲凡天子、
諸侯、大夫之舞，一列遞減二人，至士四人而止。豈復成樂
舞哉？後世禮樂交喪，僭竊公行於天下，故魯公初去八佾，
獻六羽，諸侯僭天子而知反正者也；季氏舞八佾於庭，大夫
僭天子而不知反正者也。彼豈知先王之時，巡舞列以肅其
慢爲哉？然小胥巡舞列而已，若夫以六樂之會正舞位，使之
行其綴兆，要其節奏，行列得正焉，進退得齊焉，是又大胥之
職也。然祭以懲怠慢爲先，學以懲怠慢爲急，故肆師之誅，
小胥之撻，皆所不後也。

正樂縣之位，王宮縣，諸侯軒縣，卿大夫判縣，士特縣。辨其
聲。凡縣鐘磬，半爲堵，全爲肆。

　　先王之樂，以十有二律爲之度數，以十有二聲爲之齊
量。故伶州鳩曰：“古者神瞽，考中聲而量之以制度。”律均
紀之以三①，平之以六，成於十二，天之道也。然則即十二辰
以正樂縣之位，豈徒然哉？凡以應聲律，齊量度數②，考中
聲，順天道而已。蓋縣鐘十二爲一堵，如墻堵然，二堵爲一
肆③。《春秋傳》“歌鐘二肆”是也。宮縣四面，象宮室，王以
四方爲家故也。軒縣闕其南，避王南面故也。判縣東西之，
象卿大夫左右王也。特縣則一肆而已，象士之特立獨行也。
《郊特牲》譏諸侯宮縣，豈王宮縣歟？《春秋》譏桓子請曲縣，
豈諸侯軒縣歟？晉以二肆之半賜魏絳，豈大夫判縣歟？《鄉

---

① “律”，四庫本、元刻明修本作“律”，光緒刻本作“肆”。
② “齊”，四庫本、元刻明修本缺，據光緒刻本補。
③ “肆”，原作“律”，據元刻明修本、光緒刻本補。

射》"笙入于縣中，西面"，則東縣磬而已。《鄉飲》"磬階縮
霤，笙入磬南"，則縮縣，縣磬而已，豈士特縣歟？然則鄉射
有鄉大夫詢衆庶之事，鄉飲酒乃鄉大夫之禮，皆特縣者，以
詢衆庶賓賢能，非爲己也，故皆從士制燕禮。諸侯之禮而工
止四人，以從大夫之制，意亦類此。以《儀禮》考之，《大射》：
"樂人宿縣于阼階東，笙磬西面，其南笙鐘，其南鑮，皆南陳。
建鼓在阼階西南鼓，應鼙在其東南鼓。西階之西，頌磬東
面，其南鐘，其南鑮，皆南陳。一建鼓在其南東鼓，朔鼙在其
北。一建鼓在西階之東，南面。簜在建鼓之間，鞀倚于頌磬
西紘。"由是觀之，宫縣四面，軒縣三面，皆鐘、磬、鑮也。判
縣有鐘、磬而無鑮，特縣有磬而無鐘。以王制論之則然，以
侯制論之，又半於王制矣。王之卿大夫判縣東西各一肆，則
諸侯之卿大夫東西各一堵；王之士特縣南一肆，則諸侯之士
一堵可知矣。鄭康成曰："鐘磬二八在一虡，爲一堵。"杜預
曰："縣鐘十六爲一肆。"而後世四清之聲興焉，是亦傅會漢
得石磬十六，遷就而爲之制也。服虔一縣十九鐘之説，不亦
詭哉？

樂書卷四十六　周禮訓義

春官

大師

大師掌六律六同以合陰陽之聲。陽聲：黃鐘、大簇、姑洗、蕤賓、夷則、無射；陰聲：大呂、應鐘、南呂、函鐘、小呂、夾鐘。皆文之以五聲：宮、商、角、徵、羽。皆播之以八音：金、石、土、革、絲、木、匏、竹。

陰陽之數不過十二，在天列而爲十二次，在地位而爲十二辰。日月會於十二次而右轉，聖人制六同以象之；斗柄運於十二辰而左旋，聖人制六律以象之。六律，陽也，左旋以合陰；六同，陰也，右轉以合陽。故大司樂奏黃鐘祀天神，歌大呂以合之；奏大簇祭地示，歌應鐘以合之；奏姑洗祀四望，歌南呂以合之；奏蕤賓祭山川，歌函鐘以合之；奏夷則享先妣，歌小呂以合之；奏無射享先祖，歌夾鐘以合之。聖人以六律六同合陰陽之聲爲未足也，文之以五聲，使聲待是而和；播之以八音，使音待是而諧。然則，律同有不爲聲音之橐籥歟？《國語》曰：“黃鐘所以宣養六氣九德也；大簇所以金奏，贊陽出滯也；姑洗所以修潔百物，考神納賓也；蕤賓所以安靖神人，獻酬交酢也；夷則所以詠歌九則，平民無貳也；無射所以宣布哲人令德，示民軌儀也。大呂，助宣氣也；夾鐘，出四隙之細也；仲呂，宣中氣也；林鐘，和展百事，俾莫不任肅純恪也；南呂，贊陽秀也；應鐘，均利器用，俾應復也。律呂不易，無奸事也。”概見於此。然陽盡變以造始，故每律異名；陰體常以效法①，故止於三鐘三呂而已。則鐘，物所聚也；呂，物所匹也。夾鐘亦謂之圜鐘，以春主規言之；函鐘亦謂之林鐘，主夏庇物言之。南呂亦謂之南事，則陰之所成者事而已；中呂亦謂之小呂，則陰之所萌者小而已。六律謂之六始，始六陰也；六呂謂之六間，間六陽也，亦謂之六同，同六陽也。律呂言其體，始言其用，間言其位，同言其情。總而論之，皆述陽氣而通上下焉，所以均用之十二律也。《月令》十二月皆言律中某律，特中央言律中黃鐘之宮者，蓋四時本於中央，十二律本於黃鐘，五聲本於宮，八音本於土。以中央無正律而中聲出焉，故取黃鐘之宮爲聲律之本。“量中黃鐘之宮”，亦此意歟？

教六詩，曰風，曰賦，曰比，曰興，曰雅，曰頌。以六德爲之本，以六律爲之音。

　　六德以中和爲首，六律以黃鐘爲本，則六詩本之情性，中聲之所止也；六德制之禮義，中聲之所本也；六律稽之度數，中聲之所寓也。大師教中聲所止之詩，以六德爲之本，以六律爲之音，則所道者中德，所詠者中音。然則樂也者，有不爲中和之紀邪？大司樂之於律同，則以之大合樂，而大師則合陰陽之聲而已；大司樂之於國子，則教之樂德、樂語、

---

① 自段首“大師掌六律六同”至“陰體”，四庫本原缺，據元刻明修本、光緒刻本補。

樂舞，而大師則教六詩而已。是尊者其治，詳以大；卑者其治，略以小。

大祭祀，帥瞽登歌，令奏擊拊；下管，播樂器，令奏鼓朄。大饗，亦如之。

《瞽矇》"掌九德六詩之歌，以役大師"，《小師》"大祭祀登歌，擊拊，下管，擊應鼓，徹歌，大饗亦如之"。由是推之，大祭祀登歌，奏擊拊，堂上之樂也；下管，播樂器，奏鼓朄，堂下之樂也。於歌言登，則知管之爲降；於管言下，則知歌之爲上。堂上之樂衆矣，其所待以作者，在乎奏擊拊；堂下之樂衆矣，其所待以作者，在乎奏鼓朄。舜之作樂，言拊詠於上，言戞鼓於下，《樂記》亦曰"會守拊鼓"而已。蓋拊爲衆器之父，鼓朄爲衆聲之君。以拊爲父，凡樂待此而作者，有子道焉；以鼓朄爲君，凡樂待此而作者，有臣道焉。《記》曰："聲，樂之象也；金石絲竹，樂之器也。"象，形而上；器，形而下。於下管言"播樂器"，則登歌以詠其聲，得不爲樂之象乎？凡此，雖瞽矇、小師之職，其帥而歌之者，大師而已。非特大祭祀爲然，大饗亦如之。《文王世子》曰"登歌《清廟》，下管《象》、《武》，達有神，興有德"，此祭祀之樂也。《郊特牲》曰"歌者在上，匏竹在下"，貴人聲也。《仲尼燕居》曰"升歌《清廟》"，示德也；"下而管《象》"，示事也。故古之君子不必親相與言也，以禮樂相示而已，此大饗之樂也。昔者，周公有勳勞於天下，成王賜之重祭，升歌《清廟》，下而管《象》，不過使之施於周公廟而已。是所以賜周公,非賜魯也①。記禮者彼然而言之,豈爲知禮意哉?

大射,帥瞽而歌射節。

　　怒則爭鬪,喜則詠歌。則歌者,志之所可甚而形容焉者也②。然則歌之所詠,豈特其聲哉?凡以直己陳德而已。蓋瞽矇"掌九德六詩之歌役大師",則王射而歌射節,雖在瞽矇,其帥而歌者,實大師役之也。《大司樂》"大射令奏《騶虞》",《樂師》"凡射,王以《騶虞》爲節",《射人》"王以《騶虞》九節",《鍾師》"凡射,王奏《騶虞》"。此言"歌射節"者,射之有節,即度數,自然以制之而已。《射人》"以《騶虞》九節",節之數也;《樂師》"以《騶虞》爲節",節之用也。奏《騶虞》在樂師,而令之在大司樂,歌之在瞽矇,而帥之在大師。以大令小而奏之以鐘鼓,堂下之事也;以大帥小而歌之以人聲,堂上之事也。王之大射,堂上以人聲歌《騶虞》,堂下以鐘鼓奏之,則其聲足以合奏,可審一而定和矣。《儀禮・大射》"奏《貍首》,間若一",《鄉射》"奏《騶虞》,間若一",又曰"歌《騶虞》,若《采蘋》,皆五終",亦歌奏備舉之意也。今夫射以傷物爲事,人之所斁也,故有燕樂之事。必射以所斁,附所樂而習焉,則人之從之也輕。其歌射節不亦宜乎?

大師,執同律以聽軍聲,而詔吉凶。

———————

① "也",原缺,據元刻明修本、光緒刻本補。
② "志之所可甚而形容焉者也",元刻明修本、光緒刻本均作"志之所甚可而聲形焉者也"。

古之用師，内有必勝之道，外有佐勝之術。“大師執同律以聽軍聲而詔吉凶”，以佐勝之術，行必勝之道故也。聽軍聲有道，執同律聽之之道也；詔吉凶有道，聽軍聲詔之之道也。蓋聽商聲，知戰勝而士强；聽宫聲，知軍和而士附，其吉可得而詔也。聽角聲，知軍擾而心喪；聽徵聲，知將急而士勞；聽羽聲，知兵弱而威奪，其凶可得而詔也。古之人吉凶不待陣而知，勝負不待戰而決，不過如此。《易》曰：“師出以律，否臧凶。”《傳》曰：“望敵知吉凶，聞聲知勝負①。”豈不信哉？《大師》“執同律以聽軍聲”，主帥出言之，所以存豫戒之智也；《大司馬》“若師有功，左執律，愷樂獻於社”，主帥旋言之，所以示愷樂之仁也。然周之出師，有太史抱天時，大卜正龜兆，又以同律詔吉凶，則先王謹戎事，重民命，亦可謂至矣。《大宗伯》“以軍禮同邦國”，而“大師之禮用衆”居一焉，惟行“大師之禮用衆”，而大師始“執同律聽軍聲而詔吉凶”。然則，軍禮之師有小於此，又非大師所與也。

大喪，帥瞽而廞，作匶謚。凡國之瞽矇正焉。

《檀弓》：“公叔文子卒，其子戍請於君曰：‘日月有時，將葬矣，請所以易其名者。’”則謚爲特葬時制也。《曾子問》曰：“賤不誄貴，幼不誄長，禮也。唯天子稱天以誄之。”《春秋公羊》謂“讀誄制謚於南郊”，則制謚自誄始也。然誄而謚之，古無有也，周道然也。《序官》“大師，下大夫二人；瞽矇，上瞽四十人，中瞽百人，下瞽百有六十人。”凡國之瞽矇，皆

---

① “知”，元刻明修本、光緒刻本均作“效”。

正於大師，以治樂政，故統大師之職言之。大祭祀，帥瞽登歌之類①，吉禮也，大饗亦如之；大射，帥瞽而歌射節，賓禮、嘉禮也；大師執同律以聽軍聲，軍禮也；大喪，帥瞽而廞，凶禮也。小師異於是，語祭祀而不及聽軍聲，語喪、饗而不及大射，此大小隆殺之辨也。由是觀之，大師、小師雖主乎樂，而五禮未嘗不在焉；大宗伯雖主乎禮，而和樂未嘗不在焉。

---

① “帥”，原作“師”，據光緒刻本改。

樂書卷四十七　周禮訓義

春官

　　小師　瞽矇

　　　　小師

小師掌教鼓鼗、柷、敔、塤、簫、管、弦歌。

　　大司樂以雷鼓、雷鼗禮天神，靈鼓、靈鼗禮地示，路鼓、路鼗禮人鬼，則鼗於鼓爲小，而其音革，所以兆奏鼓者也。《書》曰“合止柷敔”，《詩》曰“鼗磬柷圉”，則柷以合之，敔以止之，而其音木，所以節衆樂者也。塤則其形圓，其音土，樂之所待以和鳴者也。簫、管則其器細，其音竹，樂之所待以備舉者也。小師所以教堂下之樂如此。絃之以琴瑟，歌之以《雅》、《頌》，小師所以教堂上之樂如此。《樂記》曰：“聖人作爲鼗、鼓、椌、楬、壎、篪，此六者，德音之音也[①]。然後鐘、磬、竽、瑟以和之，干、戚、旄、狄以舞之。”然則小師之教瞽矇，止於鼗、鼓、柷、敔、塤、簫、管、絃歌，而不及鍾、磬、竽、篪與舞者；不言竽、篪，以簫、管見之，不言鐘、磬、瑟、舞，以絃歌見之。小師之所言不過聲音，形器之末節；而舞又樂之極而樂成焉，非小師所及也。若夫大師之教六詩，以六德爲之

---

① “音”，原缺，據元刻明修本、光緒刻本補。

本①，以六律爲之音，豈特末節而已哉？

大祭祀，登歌擊拊。

　　拊之爲器，韋表穅裏，狀則類鼓，聲則和柔，倡而不和，非徒鏗鏘而已②。《書傳》謂“以韋爲鼓”，《白虎通》謂“拊革而穅”是也。其設堂上，《書》所謂“搏拊”是也；其用先歌，《大師》所謂“登歌，則令奏擊拊”是也。《書》謂之“搏拊”，《明堂位》謂之“拊搏”者，以其或搏或拊，莫適先後故也。既謂之搏拊，又謂之擊拊者，拊之或擊或拊，拊聲小大之辨。《書》以“擊石拊石”爲磬聲，小大之辨，意亦如此。荀卿曰：“縣一鍾而尚拊”，《大戴禮》曰“縣一磬而尚拊”，蓋一鐘一磬，特縣之樂也。拊設於一鐘一磬之東，其爲衆樂之倡可知矣。大祭祀登歌擊拊，固小師之職也，大師則令奏之而已。

下管，擊應鼓，徹歌。大饗，亦如之。

　　道以無所因爲上，以有所待爲下。管之爲器，有所待而聲發焉，非若歌之出於人聲而無所因者也。故管謂之堂下之樂，《儀禮》曰“下管新宮”是也。堂下之樂以管爲本，器之尤小者也；應之爲鼓，鞞之尤小者也，“下管，擊應鼓”，蓋言稱也。《禮器》曰：“縣鼓在西，應鼓在東。”《詩》曰：“應田縣鼓。”《爾雅》曰：“大鼓謂之鼖，小鼓謂之應。”大祭祀，“下管，擊應鼓”，是作樂及其小者，乃所以爲備也。《大師》“大祭祀

---

①　“以”，原缺，據元刻明修本、光緒刻本補。
②　“鏗鏘”，原作“鏘鏘”，據元刻明修本、光緒刻本改。

擊拊鼓柷”，亦此意歟？《儀禮·有司徹》：“卒饗，有司官徹
饋，饌于室中西北隅，南面，如饋之設。”《語》曰：“以《雍》
徹。”蓋大祭祀告利成之後，有司徹室饋饌，禮之終也；徹必
歌《雍》，樂之終也。古之祭祀有樂以迎來，必有樂以徹食。
大饗之禮不入牲，其他亦如之。諸侯大饗之禮，下管《象》、
《武》，徹以振羽，則王之大饗可知矣。然小師下管，止於“擊
應鼓”，非若大師“播樂器，令奏鼓柷”之爲備也。小師登歌
與大師同，徹歌與大師異者，豈以徹歌爲祭祀之末，非大師
所當親歟？小師之於大師，猶樂師之於大司樂。大師及徹，
帥學士徹，尊故也；小師徹歌，卑故也。

大喪與廞。

　　《大師》：“大喪，帥瞽，廞樂器，作匶謚。”《小師》“大喪與
廞”而已①，“作匶謚”，又非所與也。

凡小祭祀、小樂事，鼓柷。

　　大師所掌，大祭祀、大樂事而已，凡小祭祀、小樂事不與
焉。此小師“大祭祀，登歌”，所以與大師同；小祭祀②、小樂
事鼓柷，所以與大師異也。《儀禮·大射》：“建鼓在阼階西
南鼓，一建鼓在其南東鼓，朔鼙在其北。”《大射》有朔鼙、應
鼙，《有瞽》之詩曰：“應田縣鼓。”先儒以田爲柷，則朔鼓也。
以其引鼓，故曰柷；以其始鼓，故曰朔。《儀禮》有朔無柷，

---

① “而已”，原缺，據元刻明修本、光緒刻本補。
② “祀”，原作“事”，據元刻明修本、光緒刻本改。

《周禮》有楝無朔，猶《儀禮》之“玄酒”，《周禮》之“明水”，名異而實同也。鄭氏以應、楝、朔爲三鼓，未必然也。鼓楝，小師之職，大師非不與也，特令奏之而已。

掌六樂聲音之節與其和。

《地官》“鼓人掌教六鼓、四金之聲，以節聲樂，以和軍旅”，繼之以“金錞和鼓，以金鐲節鼓”。和鼓者，鼓倡而和之；節鼓者，鼓行而節之。陰始於和，陽中於節。《小師》：“掌六樂聲音之節與其和。”則所謂節者，以節聲音也；所謂和者，以和聲音也。《爾雅》曰：“和樂謂之節，徒吹謂之和。”其和、節與《小師》同，其所以爲和、節，異矣。小師掌先王六樂、五聲、八音之節與其和者，不過即六樂聲音之自然以輔之而已。《傳》曰：“舞所以節八音也。”《記》曰：“鐘鼓干戚，所以和安樂也。”故語聲音之節，則凡所謂舞者舉矣；語聲音之和，則凡所謂鐘鼓者舉矣。《大師》：“掌六律、六同，皆文之以五聲，播之以八音”。至於聲音之節與和，特其小者耳，此所以掌之於小師歟？大師凡大祭祀、大饗、大射、大喪，皆帥瞽，小師不言帥，何也？曰：《序官》“大師，下大夫二人。小師，上士四人”，貳焉。大夫以智帥，人之大者；士則事人而微故也。樂師言帥，大胥、小胥不與焉，豈樂師亦以大夫，而大胥、小胥亦以士邪？

瞽矇

瞽矇掌播鼗、柷、敔、塤、簫、管、絃歌。

耳目，形也；聰明，神也。聾瞶者，其神在目不在耳，故

以之司視而掌火；瞽矇者，其神在耳不在目，故以之司聽而
鼓樂。其使人也，可謂器之矣。《傳》曰：“黄帝使神瞽考中
聲。”《夏書》曰：“瞽奏鼓。”《禮》曰：“御瞽，幾聲之上下。”
《詩》曰：“有瞽有瞽，矇瞍奏公。”《國語》曰：“矇瞍修聲。”則
瞽矇之職，自古以固然，非特周也。《爾雅》：“大鼗謂之麻，
小者謂之料。”鼗雖有大小不同，其播而不建，一也。小師掌
教鼓鼗，瞽矇、眡瞭止於播鼗，不及鼓，則鼓爲樂之君，而鼗，
特兆奏鼓而已。鼓大而鼗小，小師主以樂教，而瞽矇則主鼓
樂，而非教樂者也。豈小師總其大，瞽矇專其小故邪？然瞽
矇非特掌播鼗而已，抑又掌柷、敔、塤、簫、管焉①，故於鼗言
播，以别之。

----

① “簫”，光緒刻本作“篪”，元刻明修本模糊不清。

樂書卷四十八　周禮訓義

春官

　　瞽矇　眡瞭

　　　瞽矇

諷誦詩，世奠繫，鼓琴瑟。

　　世帝繫必以瞽矇掌之者，以五帝不相沿樂故也；琴瑟必以瞽矇鼓之者，以其修身故也。“世奠繫”，故《書》爲“世帝繫”。《國語》曰：“教之世，爲之昭，明德是也。”

掌九德、六詩之歌，以役太師。

　　《春秋傳》云：“水、火、金、木、土、穀，謂之六府；正德、利用、厚生，謂之三事。六府、三事，謂之九功。”九功之德皆可歌也。《大司樂》以九德之歌爲禹樂，然則《九夏》得不爲禹之《大夏》乎？《大師》：“掌教六詩，以六德爲之本，以六律爲之音。”則德與詩者，大師所教，而歌不與焉。掌其歌而役於大師者，惟矇瞽而已。蓋大師，師人者也[1]；瞽矇，役於人者也。瞽矇役於大師，正於小師。是役之者有以帥之故也，正之者有以教之故也。

---

[1] “師”，元刻明修本、光緒刻本均作“役”。

瞽瞭

瞽瞭掌凡樂事播鼗，擊頌磬、笙磬。

《大射禮》曰："樂人宿縣于阼階東，笙磬西面，其南笙鍾，其南鎛，皆南陳。"又曰"西階之西，頌磬東面，其南鍾，其南鎛，皆南陳。"《笙師》："凡祭祀、饗射，共其笙鍾之樂。"蓋鍾磬之應歌者，爲頌鍾、頌磬；應笙者，爲笙鍾、笙磬。《記》曰："人不耐無樂，樂不耐無形。形而不爲道，不耐無亂。先王恥其亂也①，故制《雅》、《頌》之聲以道之。"然則頌鍾、頌磬、雅琴、頌琴之類，豈非合《雅》、《頌》之聲然邪？"頌磬"與《春秋傳》"歌鍾"同意，"笙磬"與《詩》"笙磬"同音同意。先儒謂磬在東曰笙，笙，生也；在西曰頌，頌或作庸，庸，功也，豈其然哉？《儀禮·大射》"鼗倚于頌磬西紘"，《詩》曰"鼗磬柷圉"。蓋鼗，堂下之樂也；磬，堂上之樂也。堂下之鼗播，則堂上之磬作矣。故瞽瞭以播鼗爲先，而擊頌磬、笙磬次之。《商頌》言"鞉鼓淵淵"，繼之"依我磬聲"，亦是意也。《孟子》曰："存乎人者，莫良於眸子。"胸中正，眸子瞭焉；胸中不正，眸子眊焉。火燎曰燎，火之明也；目瞭曰瞭，目之明也。瞽瞭之職，以三百人爲率，府、史、胥、徒不與焉。則其瞽之明，其本非不同也，所異者，末流之派別而已。故其明雖與瞽矇異，而瞽矇實賴之，是以凡樂事又使之相焉。《儀禮》、《鄉飲酒》、《鄉射》、《燕禮》、《大射》皆言"工相"者，此也。樂之事有大小，言"凡樂事"，則大小無不在所掌矣。瞽

---

① "恥"，元刻明修本、光緒刻本均作"惡"。

瞭所掌如此，非瞽矇所及也，故止於修聲以役大師而已。

掌大師之縣，凡樂事相瞽。

小胥正樂縣之位，所以辨名分。大司樂大祭祀宿縣，所以備聲。用眡瞭掌大師之縣，則大師之職實職樂縣，而眡瞭特掌之而已。大師掌六律、六同，皆播之以八音，而鐘磬居二焉。凡縣鐘磬，半爲堵，全爲肆，其音莫不協五聲，其聲莫不協律同，實在大師，名在眡瞭，互備故也。樂縣之制，天子用宮，其形圓；諸侯用軒，其形曲。大祭祀宿縣，天子之制也；入門而縣興，諸侯之制也。後世禮廢樂壞，諸侯僭天子者有矣，大夫僭諸侯者有矣。《郊特牲》曰“諸侯之宮縣”，諸侯之僭禮也；《春秋》“請曲縣”，大夫之僭禮也。

大喪，廞樂器。大旅，亦如之。

《爾雅》曰：“旅，衆也，陳也。”師旅之旅，非常陳也，必待乎變；故旅祭之旅，亦非常陳也，必待乎災。故《禹貢》曰“荆岐既旅”，“蔡蒙旅平”，“九山刊旅”，皆以洪水爲災，然後旅其神而祭之。彼於山祭猶若是，況國有變故而祭之，其可不謂之乎？《掌次》：“王大旅上帝，張氈案，設皇邸。”《大宗伯》：“國有大故，則旅上帝及四望。”《典瑞》：“四圭有邸，以旅上帝；兩圭有邸，以旅四望。大旅，共其玉器而奉之。”《龜人》：“若有祭事，則奉龜以往，旅亦如之。”《職金》：“旅上帝，則共其金版。”由是觀之，旅固有大小，大則禮隆，小則禮殺，是大旅之禮，莫若天帝之爲至也。故《禮器》曰：“一獻之禮不足以大饗，大饗之禮不足以大旅，大旅具矣，不足以饗帝。"若夫旅四望、山川，則所次不以氈案。皇邸所用，不以金版，所秉特兩圭有邸而已，則其禮殺可知也。《司尊彝》："大喪存奠彝，大旅亦如之。"喪旅之禮也。《眡瞭》："大喪，廞樂器，大旅，亦如之。"《笙師》："大喪廞其樂器，大旅則陳之。"喪旅之樂也。眡瞭，喪、旅之樂一也，故言"大旅亦如之"。笙師，喪、祭之樂大同而小異，故樂器於喪言廞，於旅言陳。季氏旅於泰山，孔子誅之，豈以其僭行之乎？

賓射，皆奏其鐘鼓。

　　禮有五，賓居一焉；藝有六，射居一焉。因賓而射禮行焉[1]，賓射之禮也；因賓射而樂作焉，賓射之樂也。《鐘師》："凡射，王奏《騶虞》。"《鎛師》："凡祭祀，鼓其金奏之樂。賓射亦如之。"孔子曰："射之以樂也。何以聽？何以射？循聲而發，發而不失正鵠者，其唯賢者乎？若夫不肖之人，彼將安能以中？"推此，則賓射而眡瞭奏鐘鼓，使夫與射之；賓循所奏之聲，奠而後發，發而不失正鵠，而賢不肖覿矣。夫射有三：大射也，賓射也，燕射也。《司裘》："於王共虎侯、熊侯，豹侯，設其鵠。諸侯共熊侯、豹侯，大夫共麋侯，皆設其鵠。"大射之侯也，《梓人》"張皮侯而棲鵠"是已。《射人》："以射法治射儀，王射三侯五正，諸侯二侯三正，卿大夫一侯二正，士豻侯二正。"賓射之侯也，《梓人》"張五采之侯"是已。《鄉射記》曰："天子熊侯，白質；諸侯麋侯，赤質；大夫布侯，畫以虎豹；士畫以鹿豕。"燕射之侯也，《梓人》"張獸侯以

---

① "行"，光緒刻本作"作"，元刻明修本模糊不清。

息燕”是已。大射有鵠，猶賓射之有正；射飾其側，猶賓射之有皮。賓射側皮而中五采，大射側中皆皮；其側同，其所異者中而已。賓射之樂，眡瞭奏之；大射之樂，大司樂令之；燕射之樂，樂師帥之①。

鼖②，愷獻亦如之鼖音戚③。

《鼗師》：“凡軍之夜三鼖皆鼓之。守鼖，亦如之。”《掌固》曰：“夜三鼖以戒號。”鄭氏皆謂鼓之以鼗鼓，然鼗雖鼓人用之以鼓軍事，諸侯執之以振旅，要皆非警夜之鼖鼓也。《司馬法》曰：“昏鼓四通爲大鼖，夜半三通爲晨戒，平旦五通爲發明。”三鼖之制大率若此。鄭氏之説不亦昧乎？《樂志》曰：“長丈二尺曰鼖鼓，凡守備及役事，鼓之。”其言守備則是，及鼓役事則非矣。《鼓人》不云乎：“鼖鼓鼓役事。”蓋役事，上之所以役下；警守，下之所以事上。役下必以仁，未嘗不欲緩，故以皋鼓鼓之；事上必以義，未嘗不欲亟，故以鼖鼓鼓之。皋與鼖，字殊而理一。《考工記》：“韗人爲皋鼓。”《春秋傳》曰“魯人之皋”，又曰“皋下隰”。《詩》曰“鶴鳴于九皋”。則皋爲下隰之地，其土濕以緩，故皋與鼖皆有緩意，其名鼓不亦可乎？大旅之祭比大喪爲輕，故先言“大喪”，而“大旅亦如之”。鼖、愷之樂比賓射爲輕，故先言“賓射”，而“鼖、愷獻亦如之”。然軍之警夜以鼖，所以同憂戚者也；獻功以愷，所以同和樂者也。惟能同憂戚，然後可與同和樂，

---

① “帥”，光緒刻本作“司”。
② “鼖”，原缺，據元刻明修本、光緒刻本補。
③ “鼖音戚”，原缺，據元刻明修本、光緒刻本補。

故愷樂獻于社；而眡瞭奏鐘鼓以樂之，則人人孰不出死斷亡
而愉哉？

樂書卷四十九　周禮訓義

春官

　　典同　磬師

　　　　典同

　　典同掌六律、六同之和，以辨天地四方、陰陽之聲，以爲樂器。

　　　　陽六爲律，自黃鍾至無射，陽聲也；陰六爲同，自大呂至應鍾，陰聲也。陽聲左旋，故始於子，終於巳；陰聲右旋，故始於丑，終於卯，而天地四方陰陽之聲具焉。蓋乾位西北，氣覆而爲天，衆陽之主也；坤位東南，形載而爲地，衆陰之主也。然天雖爲衆陽之主而有陰焉，故曰"立天之道，曰陰與陽"，此天所以有陰陽之聲也；地雖爲衆陰之主而有陽焉，故曰"立地之道，曰柔與剛"，此地所以有陰陽之聲也。麗乎乾者，於卦爲震、爲坎；麗乎坤者，於卦爲離、爲兑。震、坎，陽卦也，然而多陰；離、兑，陰卦也，然而多陽。語其位，則正四方之卦而已，此四方所以各有陰陽之聲也。天地四方，陰陽之聲出於自然者也；六律、六同，陰陽之聲出於人爲者也。即人爲之聲辨自然之聲而爲樂器[①]，此揚子所謂"作者貴其有循而體自然"者也。

----

① "即"，四庫本、元刻明修本作"即"，光緒刻本作"節"。

道生一，則奇而爲陽；一生二，則偶而爲陰；二生三，則陰陽參
和而爲冲氣；三生萬物，而樂器取具焉。是雜比十有二聲而
和之，取中聲以爲樂器之意也。《易》曰"制器者尚象"，《記》曰
"聲，樂之象也"，即十有二聲以爲樂器，得不爲"制器尚象"者
乎？典同所掌者器也，大師所掌者聲也。器異異聲，故言掌
六律、六同之和，以辨天地四方陰陽之聲。聲則各有所合，故
言掌六律、六同以合陰陽之聲。

凡聲，高聲硍，正聲緩；下聲肆，陂聲散；險聲歛，達聲贏[①]；微
聲韽，回聲衍；侈聲筰，弇聲鬱；薄聲甄，厚聲石。

　　古者鳧氏爲鍾，厚薄之所震動，清濁之所由出，侈弇之
所由興，皆有説焉。故鍾已厚則石，已薄則播，侈則柞，弇則
鬱，長甬則震。是故大鍾十分其鼓間，以其一爲之厚；小鍾
十分其鉦間，以其一爲之厚。鍾大而短，則其聲疾而短聞；
鍾小而長，則其聲舒而遠聞。爲遂六分其厚，以其一爲之深
而圜之；六分其金，而錫居一，謂之鍾鼎之齊。先王之制鍾
也，大不出鈞，重不過石，律度量衡於是乎生，小大器用於是
乎出。所制有齊而無高下、厚薄之偏，所容有量而無達回、
侈弇之過，其聲一歸正緩之中和而已。《記》曰："樂者中和
之紀。"荀子曰："樂之中和也。"《國語》曰："古者神瞽考中
聲，而量之以制度，律均鍾。"《左傳》曰："中聲以降，五降之
後不容彈矣。"然則樂器之尚中聲其已久矣。古之制樂器，
始於伊耆氏，以葦爲籥，以土爲鼓。籥則三孔而中聲通焉，

① "贏"，四庫本作"嬴"，元刻明修本、光緒刻本作"羸"。

土則冲氣而中聲鍾焉。由是推之，辨十有二聲，雜比而和之，取中聲焉，以爲樂器，豈不信哉？周景王將鑄無射而爲之大林，單穆公非之，失是故也。

凡爲樂器，以十有二律爲之數度，以十有二聲爲之齊量。

昔黄帝命伶倫斷竹，制十有二律；命營援鑄金，作十有二鍾。故爲樂器莫不以律爲之數度，以鍾爲之齊量。故言十有二律，則知聲之爲鍾；言十有二聲，則知律之爲管。《樂記》先王作樂而言“稽之度數”，《考工記》槖氏爲量而言“聲中黄鍾之宫”，蓋本諸此。别而言之，律與同異；合而言之，同亦律而已。此所以又有十二律之説也。不言十有二鍾而言聲者，鍾於八音爲金，金於五行爲言，秋言之時，聲所自出，此所以言聲以見鍾也。

凡和樂，亦如之。

形而上者謂之道，形而下者謂之器。先王作樂，以形而上者之道，寓之形而下者之器，雖非數度而不離於數度，雖非齊量而不離於齊量。其爲數度也，即十有二律而已；其爲齊量也，即十有二聲而已。非特樂器爲然，凡以鍾律和樂，亦如之。《書》所謂“律和聲”者，此也。先儒謂調其故器，豈其然乎？古者上農掘土出金，上工磨石出玉，琨瑶篠簜，齒革羽毛，而樂器備矣。《樂記》曰：“金石絲竹，樂之器也。”荀卿曰：“金石絲竹，所以道樂也。”由此觀之，先王本道以制器，因器以導樂。凡爲樂器，數度齊量，雖本於鍾律，要皆文以五聲，播以八音。然則樂器雖多，其能外乎八物哉？大師於樂器言播，亦播八音之意也。伶州鳩曰："樂器重者從細，輕者從大。"是以金尚羽，石尚角，推此可類舉矣。

磬師

磬師掌教擊磬，擊編鐘。

石，樂之器也；聲，樂之象也。古之人爲磬尚象以制器，豈貴夫石哉？尚聲以盡意而已。故舜命夔典樂，擊石拊石，以象上帝玉磬之音。則磬之爲器，其音石，其卦乾，其位西北，而天屈之，以爲無有曲折之形焉。所以立辨也，故於方有西、有北，於時有秋、有冬，於物有金、有玉，以分有貴賤，以位有上下，而親疏、長幼之理皆辨於此矣。古人之論磬，謂其有貴賤焉，有親疏焉，有長幼焉；此三者行，然後萬物成，天下樂之。故在廟朝聞之，君臣莫不和敬；閨門聞之，父子莫不和親；族黨聞之，長幼莫不和順。夫以一器之成，而功化之敏有至於此，則磬之尚聲可知矣。《書》之言球必以鳴先之者，亦此意歟？磬師所掌，不過教眡瞭擊之而已。《眡瞭》言"掌擊笙磬、頌磬"，則鐘舉矣。《小胥》"凡縣鐘磬，半爲堵，全爲肆"，則鐘磬皆在所編也。於鐘言編，則磬舉矣。鐘磬常相待以爲用，《國語》曰"金石以動之"是也。有編者，必有不編者存焉，《明堂位》曰"叔之離磬"，編則雜，特則離。離磬則特縣之磬，非編磬也。言磬如此，則鍾可知矣。荀卿言"縣一鐘"，《戴禮》言"縣一磬"，言"特縣鐘磬"，如此則編鐘、編磬亦可知矣。《爾雅》曰："大磬謂之馨，大鐘謂之鏞。"豈特縣者乎？磬師於磬言擊，舉特縣以見其編者也；於鐘言編，舉編縣以見特縣者也。鐘之特縣，有鐘師掌之，其不言宜矣。凡爲樂器，以十有二律爲之數度，以十有二聲爲之齊量。則編鐘、編磬不過十二，古之制也。後世加以四清，而先儒有編縣二八之説，不亦悮乎？《論語》曰“擊磬襄入於海”，豈亦周之樂師歟？孔子擊磬於衛，而荷蕢者謂其有心，是不知孔子擊磬於衛，欲其辨父子君臣之名而正之，非有心於爲己故也。

樂書卷五十　周禮訓義

春官

　磬師　鐘師

　　磬師

教縵樂、燕樂之鐘磬。

　　《學記》曰："不學操縵，不能安絃。"縵之爲樂，操之爲敬[1]，縱之而慢，在始學者爲易習。比朝祭，爲尤縵，雜聲之和樂者也。凡祭祀用焉，非大祭祀之時也。《儀禮·燕禮》[2]："若與四方賓客燕，有房中之樂。"蓋人君之於天下，其智足以知避就，知出入，則可以樂矣。嚮明而治，體天道在南方之時，出而與萬物相見者也；嚮晦入燕息，體天道在北方之時，入而與萬物相辨者也。入而與物辨，則無爲也，以飲食燕樂而已。燕樂之樂雖施於賓客，凡房中亦用焉。磬師雖非主教縵樂、燕樂，然於鐘磬，則磬師實豫教之[3]。《關雎》之詩曰"樂得淑女，琴瑟友之"，繼之以"樂得淑女，鐘鼓樂之"，豈古房中之樂邪？房中之樂未嘗不用鐘磬，而鄭氏以爲不用焉，是不考磬師之過也。

---

①　"爲"，元刻明修本、光緒刻本均作"而"。

②　"燕禮"，原作"燕居"，據元刻明修本，光緒刻本改。

③　"然於鐘磬則"，元刻明修本、光緒刻本均作"然其鐘磬而"。

凡祭祀，奏縵樂。

人之於樂，有奏者，有奏之者。磬師凡祭祀，以鐘磬奏縵樂，非奏者也，奏之者而已。磬師以鐘鼓奏縵樂，而鐘師又以鐘鼓鼓之者，凡作樂，皆曰鼓。所以鼓柷謂之止，所以鼓敔謂之籈，徒鼓鐘謂之修，徒鼓磬謂之寋，以至鼓琴、鼓瑟、鼓簧、鼓缶，皆以鼓爲[①]。則縵樂謂之鼓，不亦可乎？

鐘師

鐘師掌金奏。

《樂記》曰："鐘聲鏗，鏗以立號；號以立橫，橫以立武。"《左傳》曰："鐘，音之器也。小者不窕，大者不槬，則和於物。"《爾雅》曰："大鐘謂之鏞，其中謂之剽，小者謂之棧。"蓋鐘之爲器，於物爲金，於方爲西，秋分之音也。其輕重有齊，多寡有量，小大有宜，聲音有適。先王以鳧氏爲之，鐘師掌之，奏之以爲樂節而已。鐘師掌金奏，而不及金奏之鼓，鎛師掌金奏之鼓而不及四金之音聲，有鼓人之職存焉。鐘師中士四人，下士八人。而府、史、胥、徒，皆在所統，謂之鐘師，不亦宜乎？鐘以止聚爲義，先儒謂"鐘之爲言，動也"，疏矣。

凡樂，事以鐘鼓，奏《九夏》：《王夏》、《肆夏》、《昭夏》、《納夏》、《章夏》、《齊夏》、《族夏》、《祴夏》、《驁夏》。

---

① "爲"，原作"焉"，據元刻明修本、光緒刻本改。

杜子春曰："王出入，奏《王夏》；尸出入，奏《肆夏》；牲出入，奏《昭夏》；四方賓來，奏《納夏》；臣有功，奏《章夏》；夫人祭，奏《齊夏》；族人侍，奏《族夏》；客醉而出，奏《祴夏》；公出入，奏《驁夏》。"蓋王者之於天下，出而與物相見，則粲然有文明之華、功業之大。然多故常生於豐大之時，而無故每見於随時之義，則其出而與民同患，又不可不思患而預爲之戒也。禹作《九夏》之樂，本九功之德以爲歌，而《夏書》曰"勸之以《九歌》，俾勿壞"，曷嘗不先慮患而戒之哉？且天下之民以王爲之君，《九夏》之樂以《王夏》爲之君，故王出入，奏《王夏》。尸非神也，象神而已，然尸之於神，在廟則均全於君，是與之相敵而無不及矣，故尸出入，奏《肆夏》。牲所以食神，實以召之也，神藏於幽微而有以召之，則洋洋乎如在其上，如在其左右，不亦昭乎？故牲出入，奏《昭夏》。外之爲出，内之爲納，四方之賓或以朝而來，王或以祭而來，享非可却而外之也。容而納之，係而屬之，安賓客，悦遠人之道也，故四方賓來，奏《納夏》。東南爲文，西南爲章，則章者文之成，明之著也。人臣有功，不錫樂以章之，則其功卒於黯闇不明，非崇德報功之道也，故臣有功，奏《章夏》。古者將祭，君致齊於外，夫人致齊於内，心不苟慮，必依於道，手足不苟動，必依於禮，夫然後致精明之德，可以交神明矣，故夫人祭，奏《齊夏》。族人之侍王，内朝以齒，明父子也；外朝以官，體異姓也。合族之道，不過是矣，故族人侍，奏《族夏》。既醉而出，並受其福，醉而不出，是謂伐德，非特於禮爲然，樂亦如之。是以先王於樂，未嘗不以祴示戒焉，故客醉而出，奏《祴夏》。大射，公入驁，則公與王同德，爵位莫重焉，然位不期驕而驕至，禄不期侈而侈生，則自放驕傲之患，難乎免於身矣。是以先王之於樂①，未嘗不以驚示戒焉，故公出入，奏《驁夏》。蓋禮勝易離，樂勝易流，《九夏》之樂，必終於减驚者，以反爲文故也②。若然尚何壞之有乎？《詩》言"鐘鼓既戒"，與此同意。《九夏》之樂，有其名而亡其辭，蓋若《幽雅》、《幽頌》矣。《國語》曰："金奏《肆夏》。"《禮器》曰："其出也，《肆夏》而送之。蓋重禮也。"《郊特牲》曰："賓入門而奏《肆夏》，示易以敬也。"又曰："大夫之奏《肆夏》，由趙文子始也。"《玉藻》言"君子佩玉，行以《肆夏》"，《春秋・襄四年》："晉侯享穆叔，奏《肆夏》。"燕禮奏《肆夏》。由此觀之，夏之樂，天子用之於祭，則送逆尸；用之於享，則逮元侯；其施於身，則行步、登車、佩玉而已。以其所以施於身者，行於祭、享之間，蓋重禮也。諸侯謹度於王，有臣道焉；制節於國，有君道焉。故燕禮與賓入門而奏《肆夏》，以有君道也。兩君相見奏《肆夏》，可也，若夫以君而享臣，爲臣而用之，豈先王之禮哉？此晉侯以享穆叔，《春秋》所以譏之；趙文子奏於家，《郊特牲》所以非之也。古者上農掘土出金以爲鐘，其聲尚角；上工磨石以爲磬，其聲尚羽。故磬師掌教擊磬，未嘗不及鼓。要之，磬師以磬爲主，故以磬先鐘；鐘師以鐘爲主，故以鐘先鼓。然樂之作也，先鼓以警戒，後鐘以應之，故《虞書》論堂下之樂，以鼗鼓爲先，笙鏞次之。商《詩》以"置我鞉鼓"爲先，"庸鼓"次之；周《詩》以"鼛鼓"爲先，"惟鏞"次

---

① "以"，光緒刻本作"故"。
② "反"，元刻明修本、光緒刻本均作"交"。

之。是故鼓大麗而象天，鐘統實而象地；天先而地從之，鼓先而鐘從之，是先王立樂之方也。鄭氏謂先擊鐘，次擊鼓，以奏《九夏》，是徒知鐘鼓之文，而不知用鐘鼓之意也。仲尼曰："樂云樂云，鐘鼓云乎哉？"以爲樂在於鐘鼓，則鐘鼓，樂之器，而器非樂也；以爲不在於鐘鼓，則鐘鼓不奏①，吾無以見聖人矣。

凡祭祀，饗食，奏燕樂。

《禮記》曰："嘗、禘之禮，所以仁昭穆也。食、饗之禮，所以仁賓客也。"又曰："食、饗所以正交接也。"蓋先王之交鬼神也，非祭則祀；其接賓客也，非饗則食。祭之以其物，有養而親之之意，所以致愛也。祀之以其道，有止而寧之之意，所以致敬也。饗以飲爲主，有鄉之之意，亦所以致敬也。食以食爲主，有養之之意，亦所以致愛也。燕之爲禮，雖與祭祀、饗食不同，要之，亦不過致愛敬而已。故文王《鹿鳴》之燕，羣臣既飲食之，又實幣帛以將其意②，是致愛也；待之以嘉賓之禮，是致敬也。然則，凡祭祀、饗食如之何不奏燕樂乎？以《儀禮》考之，食有侑食，故有侑幣；饗有酬爵，故有酬幣。燕亦如之。又《大宗伯》以饗燕之禮，親四方之賓客，饗食之禮既同，則其樂亦不嫌於同矣。以鐘鼓奏《九夏》，則奏燕樂以鐘鼓，亦可類舉矣。鐘，陰聲也。在天，則陰陽和然後萬物得；在樂，則鐘鼓應然後八音諧。故獨鐘不能以和

---

① "奏"，元刻明修本、光緒刻本均作"抎"。
② "將其意"後，光緒刻本插入了卷七十九中的兩段錯頁。

聲，獨鼓不能以成樂。是以鐘師掌金奏，必以鼓倡之；鼓人掌六鼓，必以四金和之。然則於論鼓鐘，其義豈不深且遠哉？凡祭祀用樂，亦有所謂不用焉，《祭義》曰"禘有樂而嘗無樂"是也。凡饗食用樂，亦有所謂不用焉，《郊特牲》曰"饗有樂而食無樂"是也。周制，四時之祭，有祠而無禘，其食又以樂侑之。則禘、饗有樂，而食、嘗無樂，非周制也。奏樂先祭祀，後饗食者，禮莫重於祭故也。

樂書卷五十一　周禮訓義

春官

　鐘師　笙師　鎛師

　　鐘師

凡射，王奏《騶虞》，諸侯奏《貍首》，大夫奏《采蘋》，士奏《采蘩》。

　　古者，天子以射選諸侯、卿大夫，因而飾之以禮樂。故諸侯之射，必先行燕禮；卿大夫、士之射，必先行鄉飲禮。燕禮行，而君臣之義明矣；鄉飲禮行，而長幼之序明矣。故凡射，上自王侯，下逮卿士，莫不各有所奏焉。大射之禮，鐘人以鐘鼓奏《陔夏》，鄉射以鼓奏《陔夏》。諸侯尊，以鐘鼓奏之；大夫、士卑，特用鼓而已。蓋自王達於士，其奏射樂，宜皆以鐘鼓爲節，不然，《九夏》之樂安得並以鐘鼓之乎？眡瞭，賓射奏其鐘鼓是也。然王道成於《騶虞》，王奏之可也。大夫妻能循法度於《采蘋》，大夫奏之可也。至於《采蘩》，夫人不失職之詩，而士奏之可乎？至天子元士①，視附庸之君，其用諸侯夫人之詩，亦在所可也。士則事人爵之尤卑者也②，卑者不嫌於抗尊，故先王制禮，多推而進之。是以齊冠

---

① “至”，元刻明修本、光緒刻本均作“王”。
② “事人”，原缺，據元刻明修本、光緒刻本補。

不嫌於同諸侯，齊車不嫌於同大夫，況樂乎？《儀禮》鄉射合樂，大射不合樂者，鄉射屬民，欲以同其意；大射擇士與祭，欲以嚴其事故也。

掌鼖鼓、縵樂。

古者振旅，王執路鼓，諸侯執賁鼓，軍將執晉鼓，師帥執提，旅帥執鼙。旅帥於將帥爲卑，其執鼙鼓，其鼓之卑者歟？《樂記》曰：“鼓鼙之聲讙，讙以立動，動以進衆。君子聽鼓、鼙之聲，則思將帥之臣。”蓋本諸此。考之《儀禮·大射》：“建鼓在阼階西，南鼓，應鼙在其東；建鼓在其南，東鼓，朔鼙在其北。”《爾雅》曰：“大鼓謂之鼖，小者謂之應。”先儒以應爲鼙，則鼙與鼓比建而鼙常在左矣。鍾師鼓縵樂而擊鼙以和之，蓋縵樂於朝祭爲慢，鼙於衆鼓爲卑，以鼙鼓和縵樂，夫是之謂稱。

笙師

笙師掌教龡竽、笙、塤、籥、簫、篪、籈。

古者造笙，以匏爲母，列管匏中，施簧管端，大者十九簧，小者十三簧。竽之爲器，三十六簧。是皆美在其中而宫聲出焉。塤之爲器，平底六孔，内虛而上鋭，其音土，其形員，而天地冲氣存焉。以至三孔之籥、二十三管之簫、八孔之篪、五孔之籈、併吹之管，無非道中聲也，故笙師掌而龡之。此言龡笙，《詩》言“吹笙鼓簧”者，龡以龠爲主而貴中聲，吹以口爲主而尚人氣故也。

舂牘、應、雅，以教祴樂。

《祴夏》之樂，先王所以示戒也。故笙師教之必先歈竽、笙、塤、籥、篪、簫、篴者，所以作之也。繼之舂牘、應、雅者，所以節之也。《曲禮》曰“舂不相”，《樂記》曰：“治亂以相。”言牘、應、雅，則知舂之爲相；於相言舂，則知牘、應、雅無非舂也。牘猶簡牘之牘，殺其聲而使小者也；應猶鷹之應物，因其聲而應之也[1]；雅猶佳而且順，放淫邪而正之也。笙師之教祴樂，有舂以相之，牘以殺之，應以應之，雅以正之，確乎鄭衛不能亂也。《儀禮·鄉飲》“賓出奏《陔》”，《鄉射》“賓興奏《陔》”，《燕禮》、《大射》“賓醉奏《陔》”，先儒以“陔”爲“祴”，則“陔”、“祴”字殊而義一，其示戒一也。《九夏》以此終，而行禮亦至是終焉，豈《書》所謂“勸之以《九歌》，俾勿壞”之意歟？

凡祭祀、饗、射，共其鐘、笙之樂。燕樂，亦如之。

天子會諸侯、卿大夫、士之射，必飾以禮樂。諸侯之射，必先行燕禮；卿大夫、士之射，必先行鄉飲禮。故《大射》“樂人宿縣于阼階東，笙磬西面，其南笙鐘，其南鑮，皆南陳”，《鄉射》“笙入，立于縣中，西面，乃合樂：《周南·關雎》、《葛覃》、《卷耳》，《召南·鵲巢》、《采蘩》、《采蘋》”。而歌，笙間不與焉。《鄉飲酒》“笙入堂下，磬南，北面立”，《燕禮》“笙入，立于縣中。乃間歌《魚麗》，笙《由庚》；歌《南有嘉魚》，笙《崇丘》；歌《南山有臺》，笙《由儀》”。即是推之，燕、射之禮

---

[1]　“因”，四庫本、元刻明修本均作“因”，光緒刻本作“同”。

均用鐘笙之樂，則祭祀與饗用之，亦可類見矣。凡祭祀、饗、射與燕，而笙師共鐘、笙之樂者，蓋笙師總而合於上，府、史、胥、徒之類共供之於下。《儀禮》所謂"笙一人"，豈笙師歟？所謂"衆笙"，豈府、史、胥、徒之類歟？《爾雅》曰："大笙謂之巢，小者謂之和。"《鄉射記》曰："三笙一和而成聲。"和非笙，無以倡始；笙非和，無以成聲。笙必入于縣中者，以有鐘、磬之縣，而笙獨處中，與之相應故也。磬師有笙、磬之樂，笙師有鐘、笙之樂，相與聯事合治故也。後世以竽笙、巢笙、和笙爲三笙，失之遠矣。

大喪，廞其樂器。及葬，奉而藏之。大旅，則陳之。

　　笙師之於樂器，大喪則廞之而不作，以不聽樂故也。"及葬，奉而藏之"，以葬也者，藏故也。"大旅，則陳之"，饌處而已，不必涖縣故也。

鎛師

鎛師，掌金奏之鼓。

　　周人名官，多以小見大，故鎛師掌金奏之鼓，謂之鎛師。猶守廟祧謂之守祧，典同律謂之典同也。今夫細鈞有鐘無鎛，昭其大也；大鈞無鐘，甚大有鎛，鳴其細也。細鈞，角、徵也，必和之以大，故有鐘無鎛；大鈞，宮、商也，必和之以細，故有鎛。則鎛，小鐘也。《晉語》、《左氏》：鄭伯嘉納魯之寶鎛，晉人賂魯侯歌鐘二肆及其鎛。韋昭、杜預皆以爲小鐘言歌鐘及其鎛，則鎛小鐘大可知。鐘師"掌金奏"，則大鐘也；鎛師"掌金奏"，則小鐘也。鄭康成曰："鎛如鐘而大。"孫炎、郭璞釋《爾雅》："大鐘謂之鏞，鏞亦名鎛。"不亦失小大之辨乎？許慎曰："鎛，淳于之屬①，所以應鐘磬也。"於理或然。鐘師掌金奏之鼓，蓋有金而無鼓，不足以作樂，故鼓人掌六鼓、四金之音聲，而晉鼓、鼓、金奏居一焉。然則鎛師掌金奏之鼓，豈晉鼓歟？

---

① "淳"，元刻明修本、光緒刻本均作"鎛"。

樂書卷五十二　周禮訓義

春官

鎛師　靺師　旄人

鎛師

凡祭祀，鼓其金奏之樂。饗食、賓射，亦如之。

乾之爲卦，位乎西北之維，而於物爲金玉。金，陰精之純而直乎西，其材從革，其聲始隆而終殺，先王鏗之以爲鍾[①]。玉，陽精之純而直乎北，其材不變，其聲清越以長而無殺，先王戛之以爲磬。古之作樂，磬常後於鍾，而鍾又大於鎛；鍾鎛皆以金爲之，而其磬未始不相應，均謂之金奏可也。《大射》：“樂人宿縣于阼階東，笙磬西面，其南笙鍾，其南鎛[②]，皆南陳。建鼓在阼階西南鼓，應鼙在其東南鼓，西階之西，頌磬東面，其南鍾，其南鎛，皆南陳。一建鼓在其南東鼓，朔鼙在其北。”《爾雅》曰：“大鐘謂之鏞，其中謂之剽，小者謂之棧。”凡樂象成，以民功爲大。大謂之鏞，以其能考大功故也；小謂之棧，以其聲淺且柞故也。大而不鏞，小而不棧，其聲輕疾而以剽名之，與楚人以相輕爲剽同意[③]。《大射

①　“鏗”，四庫本、元刻明修本均作“鏗”，光緒刻本作“鑄”。
②　“鎛”，原作“鎛”，據元刻明修本、光緒刻本改。
③　“剽”，元刻明修本、光緒刻本均作“僄”。

禮》鍾先而鎛後，則先大後小。鍾鎛處磬鼓之間，則聲常與磬鼓相應，故鍾師奏《九夏》，眂瞭掌播鼗、擊磬，未嘗不以鐘、鼓，況鎛師"掌金奏之樂"而不以鼓乎？由是觀之，鐘鼓之於樂，猶君之於國，父之於家也。一國之事必本之君，一家之事必本之父，然則凡樂事必本鐘鼓可知矣。《鍾師》言"凡祭祀"、"饗食"，而不及賓射者，以鍾師奏《九夏》，未嘗不及賓；凡射奏《騶虞》之類，未嘗不及射故也。《鎛師》言"凡祭祀鼓其金奏之樂，饗食、賓射亦如之"，而不及燕者，燕禮之縣，有鐘磬而無鎛故也。考之《序官》："鍾師，中士四人，下士八人，胥六人，徒六十人。"鎛師則"中士二人，下士四人，胥二人，徒二十人"而已。是鐘之爲器重以大，其官屬不得不多；鎛之爲器輕以小，其官屬不得不少也。抑又鎛者，迫也，而其字從薄；迫則其量小，薄則其舉輕，則鎛爲小鐘明矣。昔黃帝鑄十有二鎛，加五音，以詔英韶後；周亦以十二鎛相生擊之，聲韻克諧。則鎛，鐘之小者，蓋編縣之器，非特縣者也。先儒以之爲特縣，豈誤以爲大鐘耶？

軍大獻，則鼓其愷樂。

古者行軍，止則以車爲營衛，動則以之勝敵，固足以包軍矣。萬二千五百人爲軍，天子取之六鄉，大國取之三鄉，以至次國二軍，小國一軍，要皆取足包敵而已。軍大獻奏愷樂而言"凡"者，非兼侯國之軍，特天子之制也。凡爲王敵所愾者，獻功於王，而王使獻之於社，則歸功於神而已。謂之大獻，與苟有所獻者異矣。"軍大獻"，獻者之職也；使鎛師"鼓其愷樂"，受獻者之事也。

凡軍之夜三鼜皆鼓之。守鼜，亦如之。

天以日月爲晦明，日月以晝夜爲分晝。日出爲晝，而於卦爲《晉》；日入爲夜，而於卦爲《明夷》。《序卦》曰："明夷，傷也。"傷之者至，可不思患而預爲之戒乎？《鼓人》："凡軍旅夜鼓鼜，軍動則鼓其衆。"《眡瞭》："賓射，皆奏其鐘鼓。鼜，愷獻，亦如之。"凡軍之夜三鼜，鎛師皆以金奏之鼓鼓之。然則備守之鼜雖非施於夜，其鼓金奏之鼓，亦視諸此。《眡瞭》先鼜後愷，以其能與同憂，然後可與同樂也。《鎛師》先愷後鼜，以其雖主於獻功，其樂又可以爲守戒之備也[1]。

大喪，廞其樂器，奉而藏之。

《鎛師》："掌金奏之鼓，凡祭祀之吉禮，鼓其金奏之樂。"則大喪之凶禮，"廞其樂器"，其"奉而藏之"者，不過金奏之器也[2]。吉凶之禮雖異，而其器固未嘗異[3]，其所異者，特奏與廞而已[4]。

韎師

韎師掌教韎樂。祭祀，則帥其屬而舞之。大饗，亦如之。

---

①　"其樂又可以爲守戒之備也"，光緒刻本作"其樂又不可忘守戒之備也"，元刻明修本缺失。

②　"其'奉而藏之'者，不過金奏之器也"，光緒刻本作："其奉而藏之，亦不過金奏之器也"，元刻明修本缺失。

③　"其器"，光緒刻本作"其樂器"，元刻明修本本段缺失。

④　"其所異者，特奏與廞而已"，光緒刻本作"所異者，特奉與廞而已"。

一之爲數，道之所生，德之所由以成。故藏之内^①，則一陽伏而爲朱；達之上，則一陽升而爲赤。古之舞者^②，朱干以舞《大武》，則赤戚以舞不過武事而已^③。《詩》曰："韎韐有奭，以作六師。"《左傳》謂韎韋之跗注，凡兵事^④，韋弁服，而以韎韐之服作六師，則韎師所教之舞爲武事^⑤，信矣。豈特舞東夷之樂而已哉？朱干以象德之本，赤戚以象德之末，樂至於舞，則所樂之極，樂之大成者也。非豐光盛大之時，不足以講此。故舞雖蹈厲有節^⑥，要之，不出乎動德之容而已。故本德之舞，教之於大司樂；末德之舞，教之於韎師。豈非本在上，末在下之意邪？韎師之於韎樂，非特以言教之也，至於祭祀、大饗，又以身帥其屬而舞之。蓋"韎師，下士二人，舞十有六人"，以二下士帥十有六人而舞，則兩佾而已。其爲末德之舞，又可知矣。鄭康成謂"如韎韐之韎"，則是；鄭司農讀如味食飲之味，杜子春讀爲喋喋者之喋^⑦，皆臆論也。

旄人

旄人掌教舞散樂，舞夷樂，凡四方之以舞仕者，屬焉。

樂師以六舞教國子之小舞，旄舞居一焉。昔葛天氏之

---

①　"故藏"，四庫本原缺，元刻明修本整段缺失，據光緒刻本補。
②　"赤古"，原缺，據光緒刻本補；"之"，光緒刻本作"人"。
③　"而已"，原缺，據光緒刻本補。
④　"注凡兵"，原缺，據光緒刻本補。
⑤　"之"，原缺，據光緒刻本補。
⑥　"故"、"雖"原缺，據光緒刻本補。
⑦　"喋喋者"，光緒刻本作"喋莖著"。

樂，三人操犛牛尾而歌八闋。既操之以歌，未有不操之以舞矣。犛牛之尾，舞者所持以指麾，猶旌旗注犛牛之毛，卿士所設，以標識者也。散樂非在官之樂也，夷樂非華夏之樂也。旄人之職，非特教舞而已，凡四方以舞而仕者，莫不在所屬焉。故旄人下士四人，而舞者衆寡無數。凡此，特屬之而已，未必皆在所教也。古者有常産之民，有間居之民。在官之樂，猶常産之民也；散樂，猶間居也①。散樂猶教之，則教無微而不舉；夷樂猶教之，則教無遠而不逮。夫以散樂之微，内自華夏，外達四方②，而樂教皆行乎其中③，夷夏有不爲一家，一國有不爲一人者乎？

凡祭祀、賓客，舞其燕樂。

　　凡祭祀、饗食，奏燕樂者，鐘師也④；凡祭祀、賓客，舞燕樂者，旄人也。奏之則發之聲音，舞之則形之動静，性術之變，盡於此矣。

---

①　此處兩个"間居"，光緒刻本作"間民"。
②　"外達四方"，光緒刻本作"外逮四裔"，元刻明修本整段缺失。
③　"而樂教皆"，原缺，據光緒刻本補。
④　"燕樂者鐘"，原缺，據光緒刻本補。"也"，原缺，據光緒刻本補。

樂書卷五十三　周禮訓義

春官

籥師　籥章　鞮鞻氏

籥師

籥師掌教國子舞羽,龡籥。

《明堂位》曰:"蕢桴、土鼓、葦籥,伊耆氏之樂也。"籥之爲器,如笛而三孔,主中聲而上下之,春分之音也。三孔則冲氣出焉,春分則陰陽中焉,此律吕之所由生也。始乎葦伊耆氏,施於索饗之祭是已;成乎竹,周人以之教《陔》樂是已。《詩》之《簡兮》曰:"左手執籥,右手秉翟。"《賓之初筵》曰:"籥舞笙鼓,樂既和奏。"《鐘鼓》曰:"以雅以南,以籥不僭。"《春秋》書仲遂卒于垂,壬午猶繹,萬入去籥。《公羊》曰:"去其有聲者,存其無聲者。"以是考之,籥之爲樂,笙、鼓資之,然後和奏,雅、南資之,然後不僭,一要宿於中聲而已。聲之所謂文者如此。羽之爲物,物得之以自飾,人得之以飾物。舞者執籥於左而龡之,秉羽於右而舞之,其容一應乎聲而已。容之所謂文者如此。籥師掌教國子,有在於是,豈非上以贊大司樂之教大舞,下以成樂師之教小舞邪?《爾雅》曰:"大籥謂之産,中謂之仲,小謂之箹。"籥之大者,其聲生出不窮,非所以爲約也;小者其聲則約而已。若夫大不至於不

窮，小不至於太約，此所以謂之仲也。然則鄭、郭三孔之籥，
豈其中者歟？毛萇六孔之籥，豈其大者歟？雖然，皆不出乎
中聲。而《廣雅》有“籥七孔謂之笛”之説，豈傅會七音之説
而遂誤乎①？

祭祀，則鼓羽籥之舞，賓客、饗食，則亦如之。大喪，廞其樂
器，奉而藏之。

　　太宰以禮待賓客之治，行人掌大賓之禮及大客之儀。
統而言之，賓客皆以禮待之；分而言之，以禮待賓，以儀待
客，則賓尊而客卑矣。敵主者，賓也，休戚利害同焉；承主
者，客也，休戚利害異焉。《大宗伯》“以饗燕之禮，待四方之
賓客”，《內宗》“掌宗廟之祭祀，薦加豆邊。賓客之饗食，亦
如之”。別之，則賓客、饗食未嘗或同；合之，則賓客者，饗食
之人，饗食者，賓客之禮，未嘗不會而爲一也。蓋王之於諸
侯，有主道焉；諸侯臣之於王，有客道焉。所謂賓者，不過諸
侯爾，故上公饗禮九獻，食禮九舉；諸侯饗禮七獻，食禮七
舉，而諸伯如之；諸子饗禮五舉，而諸男如之。則諸侯之臣
亦可類見矣。祭祀、賓客、饗食之禮如此，則所鼓之樂亦可
知矣。古之舞者未嘗不節之以鼓，《詩》曰：“籥舞笙鼓。”又
曰：“鼓咽咽醉。”言舞鼓其“羽籥之舞”，則執其羽籥，習其俯
仰屈伸，容貌得莊焉；行其綴兆，要其節奏，進退得齊焉。夫
然以事鬼神而祭祀，以待賓客而饗食，而籥師能之，則其職
業修舉可知。然籥師“鼓羽籥之舞”，則文舞而已，干戚之武

---

① “音之説而遂誤乎”，光緒刻本缺。

舞不與焉者，以掌籥爲主故也；司干掌舞器，則武舞而已，羽籥之文舞不與焉者，以掌干爲主故也。《文王世子》："春夏學干戈，秋冬學羽籥，皆於東序。小樂正學干，大胥贊之，籥師學戈，籥師丞贊之。"《仲尼燕居》曰："夏籥序興。"則夏籥者，用夏翟以爲籥舞也。周之時，皆以籥羽舞文樂，而《文王世子》使籥師學戈，豈夏商之制歟？

籥章

籥章掌土鼓、豳籥。

土之爲行，天五，其生數也，地十，其成數也；水之爲行，天一，其生數也，地六，其成數也。土成於地十，則足以勝水，使地十反於天一，有復本反始之意也。《禮運》曰："夫禮之初，始諸飲食，其燔黍捭豚，汙尊而抔飲，蕢桴而土鼓，猶若可以致其敬於鬼神。"《明堂位》曰："土鼓、蕢桴、葦籥，伊耆氏之樂也。"《郊特牲》曰："伊耆氏始爲蜡。"蜡也者，索也。歲十二月，合聚萬物而索饗之。主先嗇而祭司嗇也。土爰稼穡，而黍，土産也；坎爲豕，而豚，水畜也。燔黍以爲飲，捭豚以爲食，雖曰禮之初始於此，然亦即此而作樂焉。則樂亦始於此矣。蜡祭之禮，蕢桴土鼓，葦籥之樂，皆起於伊耆氏。彼其爲索饗之祭，亦因土反其宅，水歸其壑之時，行報本反始之禮焉。然則籥章用土鼓、豳籥以致報本反始之義，亦祖述乎此也。且蜡之祭也，主先嗇而祭司嗇。先嗇，神農也；司嗇，后稷也。周家王業本始於后稷，後世因之以行禮，蓋有由始也。杜子春以土鼓爲瓦鼓，而以革飾之，是不知伊耆氏之世，未有范金合土之制，與壺涿氏炮土之鼓異矣。

中春，晝擊土鼓、龡豳詩，以逆暑。中秋，夜迎寒，亦如之。凡國祈年于田祖，龡豳雅，擊土鼓以樂田畯。國祭蜡，則龡豳頌，擊土鼓，以息老物。

《風》、《雅》、《頌》合而爲《詩》，成而爲章，《詩序》曰："情發於聲，聲成文謂之音。"蓋詩者，中聲之所止也；籥者，中聲之所出也；土者，中聲之質存焉。籥章所歌者豳詩，所擊者土鼓，所龡者豳籥，以之逆暑迎寒，必本中春晝、中秋夜。祈年祭蜡，必龡豳雅、豳頌者，以中聲之詩，奏之中聲之鼓，龡之中聲之籥，則所道者中德，所詠者中聲，所順者中氣，無往不爲中和之紀矣。今夫豳雅、豳頌之名雖存，其辭與義亡之久矣。鄭康成自"七月流火，九月授衣"至"我心傷悲①，迨及公子同歸"爲豳風，自"七月流火，八月萑葦"至"爲此春酒，以介眉壽"爲豳雅，自"七月食瓜，八月斷壺"至"稱彼兕觥，萬壽無疆"爲豳頌。固哉，鄭氏之爲詩也。然則《雅》、《頌》，天子之詩也，豳可得而有乎？曰：武王末受命，周公成文武之德，追王太王王季以天子之禮，故文武之功實起於后稷，既追王以天子之禮，亦必追以天子之樂。其用天子之詩，不亦宜乎？暑言逆，主之也；寒言迎，客之也。

鞮鞻氏②

鞮鞻氏掌四夷之樂與其聲歌，祭祀則龡而歌之。燕，亦如之。

---

① "我"，元刻明修本、光緒刻本均作"女"。
② "氏"原缺，據元刻明修本、光緒刻本補。

　　王者用先王之樂，明有法也；用當代之樂，明有制也；用四夷之樂，明有懷也。東夷之樂曰昧，持矛以助時生；南夷之樂曰任，持弓以助時養；西夷之樂曰株離，持鉞以助時殺；北夷之樂曰禁，持楯以助時藏。皆於四門之外，右辟四夷之樂也。東夷之舞緩弱而淫褻，南夷之舞蹻迅而促速，西夷之舞急轉而不節，北夷之舞沉壯而不揚，四夷之舞也。四夷樂舞如之，則聲歌可知。其不言舞者，以鞮師、旄人見之也。先王之於夷樂，雖有所不廢，然夷不可亂華，哇不可亂雅。蓋亦後之而弗先，外之而弗内，此夾谷之會，齊人奏之，孔子所以却之歟？然夷樂必使鞮鞻氏掌之，何也？曰：以《王制》推之[①]，被髮文身爲東夷，雕題交趾爲南夷，衣羽毛爲北夷，至於西夷，則被髮衣皮。而謂西方曰狄鞮，則鞮鞻氏以衣皮名官也。鞮則去毛以爲革，有去彼適我之意，而所履者有是而無非矣，揚雄所謂“東鞮”亦是意也。匈奴謂漢曰若鞮，豈知禮義者之言乎？土婁之塿，婁土而聚之；木婁之樓，婁木而搆之；然則革婁之鞻，豈非婁革而爲之乎？由是觀之，鞮鞻蓋四夷所履也，記禮者以之名方，《周禮》以之名官，非特所履爲然。鞮師以所服名之，旄人以所執名之，是夷人之樂，不可得而詳，所可得而知者，不過是三者而已。《明堂位》曰：“納夷蠻之樂於太廟，言廣魯於天下也。”今夫四夷之樂，惟天子得用之，豈魯以蕞爾之國，亦得用之乎？以爲周公有人臣不可及之功，用之於太廟可也，以爲廣魯於天下，是啟魯公僭亂之心，非達禮者之言也。竊意魯之俗儒溢美

---

①　“曰以王制”，光緒刻本作“由先王制”，元刻明修本模糊不清。

其國，張大其言，以欺惑後世歟？旄人言人，鞮鞻言氏，又何
也？曰：《春秋》之法，凡繼世者皆稱氏，凡微者皆稱人。微
者稱人，如齊人、衛人①、曹人伐宋，齊人、衛人伐鄭之類是
也。若夫稱氏者，所配固不一矣，姜氏、子氏，以氏配姓；李
氏、臧氏，以氏配族；哭於賜氏，以氏配名；不念伯氏之言，以
氏配行②；滅赤狄潞氏，以氏配國；母氏聖善，以氏配親；言告
師氏，以氏配尊。旄人稱人，微者故也；鞮鞻稱氏，非繼體
也③，別旄人鞻師而已。

---

① "衛人"，光緒刻本作"陳人"。
② "行"，光緒刻本作"字"，元刻明修本模糊不清。
③ "體"，光緒刻本作"世"，元刻明修本模糊不清。

樂書卷五十四　周禮訓義

春官

典庸器　司干　大祝　司巫　女巫

典庸器

典庸器,掌藏樂器、庸器。

《莊子》曰:"庸也者,用也。用也者,通也。通也者,得也。適得而幾矣。因是已,已而不知其然,謂之道。"《樂記》曰:"禮樂皆得謂之有德。"蓋得也者,德也。德則幾道而未全於道,以其未能,不知其然故也。揚子曰:"芒芒聖德,遠人咸慕,上也;武義璜璜,兵征四方,次也。"由是觀之,先王之於遠人,豈事征伐爲哉? 以爲以德來之而不吾懷也,然後用征伐以勝之,得其人則俘之爲臣妾,得其物則藏之爲庸器。《春秋傳》季氏以所得齊兵作林鍾而銘魯功,得非庸器之謂乎? 庸器以有民功爲主,而藏之爲可久;樂器以同民心爲主,而藏之爲可樂。二者均以典庸器掌之,言庸器則樂器在其中矣。

及祭祀,帥其屬而設筍虡,陳庸器。饗食、賓射,亦如之。大喪,廞筍虡。

樂出於虛而寓於器,本於情而見於文。寓於器,則器異異虡；見於文，則文同同筍。古者以梓人爲筍虡，鍾虡飾以贏屬，磬虡飾以羽屬，器異異虡故也；鍾磬之筍，皆飾以鱗屬，其文若竹筍然，文同同筍故也。筍則橫之而設以崇牙，其形高以峻；虡則植之而設以業，其形直以舉。《靈臺》詩曰：“虡業維樅，賁鼓維鏞。”《有瞽》詩曰：“設業設虡，崇牙樹羽。”《明堂位》曰：“夏后氏之龍簨①虡。”由是推之，筍虡之制，非特商周有之，自夏后氏已然也。《鬻子》曰：“大禹銘於筍虡，教寡人以道者擊鼓，教以義者擊鐘，教以事者振鐸，語以憂者擊磬，語以訟獄者揮鞀。”其言雖不經見，彼蓋有所受，亦足考信矣。古者祭祀，設筍虡以顯先王之業，陳庸器以昭先王之功，饗食、賓射亦然，君子敬則用祭器之意也。典庸器之於庸器，無事以藏之爲善，有事以陳之爲貴。其於筍虡也，吉事設之以飾喜，凶事廞之以飾哀。筍亦爲簨者，竹生於東南故也；虡亦爲虞者，樂出虛故也。

司干

司干掌舞器。祭祀，舞者既陳，則授舞器。既舞，則受之。賓饗，亦如之。大喪，廞舞器。及葬，奉而藏之。

　　見乃謂之象，形乃謂之器。先王因象以制器，由器以明象，則聖人制作之意，豈徒然哉？《周頌・維清》奏《象》舞，則舞器雖於樂爲末，亦未嘗不尚象而爲之也。故文舞以象德，武舞以象功，形異必異名，分異必異守。凡爲器皆然，況文武之舞乎？司干，掌舞器者也，祭祀、賓饗之際，舞者既

---

①　卷首“典庸器”至“夏后氏之龍簨”，元刻明修本、光緒刻本均缺失。

陳，則以器授之，既舞，則受而藏之。此吉禮所以異於凶
也①。大喪則廞之，既葬則奉而藏之，此凶禮所以異於吉也。
《諸子》：“凡樂，授舞器。”主教國子之倅言之，與凡舞者既陳
異矣。《司兵》、《司干盾》“祭祀授舞者兵”，不言“受之”，以
《司干》見之也。凡稱樂器，聲音之器也；凡稱舞器，形容之
器也。聲音之器，以十有二律爲之數度，以十有二聲爲之齊
量；形容之器，以干戚飾其武，以羽籥飾其文。《書》曰：“舞
干羽于兩階。”《郊特牲》曰：“朱干設錫②，冕而舞《大武》。”
《明堂位》曰：“朱干玉戚，冕而舞《大武》③，皮弁素積，裼而舞
《大夏》④。”《祭統》：“君執干戚就舞位，冕而摠干，率其羣臣，
以樂皇尸。”又曰：“朱干玉戚，以舞《大武》，八佾以舞《大
夏》。”《詩》曰：“日之方中，公庭萬舞。左手執籥，右手秉
翟。”蓋干戚，武舞之器；羽籥，文舞之器。而器豈武哉？然
武舞之器，干飾以朱，所以象事；戚飾以玉，所以象德。或以
干配戚，《記》所謂“干戚以舞之”是也；或以干配戈，《記》所
謂“春夏學干戈”是也；或以干配揚，《記》所謂“弦歌干揚”是
也。然干之爲器，所以自衛，非所以伐人也。武舞以自衛爲
主，此鼓人舞師所以先兵舞，君舞所以重摠干，名官所以用
司干也。言武舞之器如此，則文舞之器亦可知矣。故舞社
稷以帗，四方以羽，旱暵以皇，四夷以旌，無非文舞之器也。
或以羽配旌，《記》所謂“飾以羽旌”是也；或以旌配狄，《記》

① “吉”，原作“言”，據光緒刻本改。
② “設錫”，光緒刻本作“戚錫”。
③ “冕而”，原作“以”，據元刻明修本、光緒刻本改。
④ “裼”，四庫本、元刻明修本作“褐”，據光緒刻本改。

所謂"旄狄以舞之"是也；或以翟配籥，《簡兮》之詩是也。文舞，陽也，陽主聲；武舞，陰也，陰主形。干則形也，武舞莫先焉；籥則聲也，文舞莫先焉，此鼓羽籥之舞所以名官以籥師也。於文舞言裼，則武舞必襲矣；於武舞言冕，則文舞必弁矣。武舞言萬舞，則文舞不必萬人矣；文舞言八佾，則武舞可知矣。《公羊》言"八佾舞《大武》"，可也；以朱干玉戚爲舞《大夏》，不亦誤乎？

大祝

大祝，隋釁，逆牲，逆尸，令鐘鼓；右，亦如之。來瞽，令皋舞。

《大司樂》："尸出入，令奏《肆夏》；牲出入，令奏《昭夏》。"大饗不入牲，其佗如祭祀。蓋祭祀逆牲、逆尸之時，令奏《肆夏》、《昭夏》在大司樂，其令以鐘鼓奏之者，大祝而已。《彤弓》之詩，天子所以饗諸侯者也，始言"鐘鼓既設，一朝饗之"，繼言"鐘鼓既設，一朝右之"。祭饗之禮，均令以鐘鼓；繼之"右，亦如之"，豈饗而右之邪？與享右、祭祀之右同意。先儒以"右"當爲"侑"，未必然也。

司巫

司巫，若國大旱，則帥巫而舞雩。

昔湯有七年之旱，設爲雩祭以禱之，曰："政不節歟？使民疾歟？宮室榮歟[①]？婦謁盛歟？苞苴行歟？讒夫興歟？何以不雨至斯極也。"由是知雨雩之祭，爲大旱而設，號嗟而

---

① "榮"，光緒刻本作"崇"。

請之者歟？《爾雅》曰："舞號，雩也。"《女巫》："凡邦之大災，歌哭而請。"宣其然乎？《司巫》："若國大旱，則帥女巫無數而舞之。"凡以達陰中之陽，使雲徂而雨作矣。雖然，非以爲得求焉，與民同憂，以文之故也。《穀梁》以得雨爲雩，不得爲旱，與杜預以"雩"爲"遠"，誤矣。《春秋》上下二百四十年間，書大旱二，書大雩十有九，何大旱少而雩多邪？今夫國大旱，然後雩，則《春秋》書雩，多非大旱而爲之，抑又僭天子之禮而行之也。其稱"大"，譏其僭也，與書大事于太廟同意。《小祝》："掌小祭祀，逆時雨，寧風旱。"則其爲旱亦小矣，小旱則小祝寧之而已，不必帥巫而舞也。帥巫而舞，其爲大旱可知矣。若夫穆公素不有憂民之心，迨天不雨，然後欲暴愚婦之巫而望之，毋乃已疏乎？《記》曰："雩禜，祭水旱也。"《黨正》"春秋祭禜"，《論語》舞雩於"春服既成"。然則雩祭或春或秋，遇旱而爲之，非有常時也。左氏必以爲龍見而雩，過則書之；《月令》以大雩，帝用盛樂，在仲夏之月。是不知仲夏龍見之時，非常旱之月也。鄭氏言"凡祈澤曰雩"①，則是稱大國徧雩也，勤民之祀也，故誌之，毋乃已失乎？《爾雅》曰："雩②，虹也。蜺爲挈貳，螮蝀謂之雩。"《孟子》曰："若大旱之望雲霓也。"雲出天之正氣，霓出地之貳氣。雄謂之虹，雌謂之霓。則雲陽物也，霓陰物也，陰陽和而既雨，則雲散而霓見矣。雲則有氣可望，霓則有形可望，此大旱民所以望之也。螮蝀，陽物也，陽亢而旱暵至矣。舞

<hr>

① "鄭氏"，元刻明修本、光緒刻本均作"趙"。
② "雩"，光緒刻本作"螮蝀"，元刻明修本模糊不清。

雩之時也，因以名之，不亦可乎？

女巫

女巫旱暵則舞雩。凡邦之大烖，歌哭而請。

　　陰陽和則爲雨，陽既亢矣，陰莫能干之，則爲旱；陽爲難矣，陰莫能制之，則爲暵。暵雖爲旱甚，非太甚者也，猶未爲大旱焉。《中谷有蓷》之詩言“暵其乾矣”，繼之“暵其脩矣”，終之“暵其濕矣”，旱暵之謂也；《雲漢》之詩言“旱既太甚，藴隆蟲蟲”，繼之“則不可推，則不可沮”，終之“黽勉畏去，散無友紀”，大旱之謂也。大旱則司巫帥羣女巫而舞之，旱暵則不必帥之，特女巫舞之而已。《舞師》：“掌教皇舞，帥而舞旱暵之事。”蓋歌以致神，哭以祈哀。鳳，陽物也；皇，陰物也。旱暵之禮，以皇舞之，亦助達陰中之陽之意也。魯以南門爲雩門①，董仲舒有閉南門之説，是皆溺於陰陽者流，非經意也。

---

① “雩”，元刻明修本、光緒刻本均作“雲”。

樂書卷五十五　周禮訓義

夏官

　大司馬　掌固　射人

　諸子　大僕　司戈盾　大馭

大司馬

大司馬之職，中春，教振旅，辨鼓鐸鐲鐃之用，王執路鼓，諸侯執賁鼓，軍將執晉鼓，師帥執提，旅帥執鼙，卒長執鐃，兩司馬執鐸，公司馬執鐲，以教坐作、進退、疾徐、疏數之節。

　　"鼓鐸鐲鐃"，以節行也，故於振旅辨之。"王執路鼓"，軍事，非王所執也，以道御衆而已；"諸侯執賁鼓"，則執事焉；"軍將執晉鼓"，則將之事，有進而已；"師帥執提"，則鄭氏以爲鼓之有柄者，然無所經見；"旅帥執鼙"，則卑故也；"卒長執鐃"，以止鼓也；"兩司馬執鐸"，以通鼓也；"公司馬執鐲"，以節鼓也。鼓，陽也，故尊者執之；金，陰也，故卑者執之。止鼓，則與陽更用事焉，故卒長執之；通鼓、節鼓則佐陽而已，故兩司馬、公司馬執之。蓋大司馬之職，中春教振旅，中夏教茇舍，中秋教治兵，中冬教大閱。自王侯至於旅帥，所執異鼓；自卒長至於公司馬，所執異金。尊卑莫不有辨，進止莫不有節，教成於四時之田，功收於四方之戰；則兵常寓於農，戰常寓於獵，以守則固，以征則强，而常適中焉，由此其本也。《軍政》曰："言不相聞,故爲鼓鐸;視不相見,故爲旌旗。"所以一人之耳目也。夜戰多火鼓,晝戰多旌旗,所以變人之耳目也。豈非師之耳目在吾旗鼓邪?

若師有功,則左執律,右秉鉞,以先,愷樂獻于社。若師不功,則厭而奉主車。

君子居則貴左,用兵則貴右。"若師有功,左執律",示居而不用之意。殺人衆多,以悲哀泣之,戰勝以喪禮處之。"若師不功,厭而奉主車",示悲哀而泣之之意。由是觀之,先王之於兵,不得已而用之,夫豈樂於殺人爲哉?

掌固

掌固,晝三巡之,夜亦如之。夜三鼜以號戒。

古者軍法:立則三表,車則三發,徒則三刺,令則三鼓,戒則三闋。然則掌固、掌士、庶子及其衆庶之守,凡守者受法焉。"晝三巡之,夜亦如之,夜三鼜以號戒"者,皆推用兵之法而爲之。以守則固,以征則克,其致一也。

射人

射人,以射法治射儀。王以六耦射三侯,三獲三容,樂以《騶虞》,九節五正。諸侯以四耦射二侯,二獲二容,樂以《貍首》,七節三正。孤卿大夫以三耦射一侯,一獲一容,樂以《采蘋》,五節二正。士以三耦射豻侯,一獲一容,樂以《采蘩》,五節二正。

天子、諸侯尚威,孤卿大夫尚才,士尚志。威以服猛爲事,而虎、熊、豹皆猛獸也,故天子大射之侯以之。才以除害

爲職，而麋害穀者也，故大夫大射之侯以之。士以有志四方
爲能，以勝夷狄之守爲善，而豻，胡犬也，故士賓射之侯以
之。然燕射，天子降以熊，諸侯降以麋，大夫升以虎豹，士用
鹿豕者，息燕勞功則禮殺於祭祀、賓客。故天子諸侯殺其
威，然後能下下，孤卿大夫隆其才，然後能衛上。大夫隆其
才以至於威，士隆其志以至於才，則燕之爲禮所以異大射、
賓射者，嚴分守也。天子三侯皆五正，諸侯二侯皆三正。鄭
康成謂三侯五正三正二正之侯，二侯三正二正之侯，一侯二
正而已，其説非也。《司裘》“諸侯大射二侯”，《射人》諸侯賓
射亦二侯，畿内諸侯也，若畿外者，三侯矣①。二侯四耦，則
三侯六耦矣。昔晉范獻子聘于魯，魯侯享之射者三耦。公
臣不足，取於家臣。方是時，公室卑矣，不能如禮故也。《典
命》“凡國家宫室、車旗、衣服，上公皆以九爲節，侯伯皆以七
爲節，子男皆以五爲節”者，先王之禮也。《射人》“王以《騶
虞》九節，諸侯以《狸首》七節，卿大夫以《采蘋》五節，士以
《采蘩》五節”者，先王之樂也②。《典命》不及王者，爲諸侯以
下制故也。《射人》士節與子男同者，士卑無嫌故也。

諸子

諸子，掌國子之倅，凡樂事，正舞位，授舞器。

以六樂之會正舞位，大胥之職也，故“掌學士之版，以待
致諸子”。諸子之正舞位，不必以版也，特戒令治而已。凡

---

① “若畿外者，三侯矣”，光緒刻本作“若畿外，則三侯矣”。
② 本段自“賓射者嚴分守也”至“先王之樂”也，四庫本有多處缺失，元刻明修本
亦缺失，據光緒刻本補。

祭祀、賓饗，舞者既陳而授舞器，司干之職也。故既舞則受之諸子，不必既受也，特以其器授之而已。《文王世子》曰："不舞不授器。"《司兵》："祭祀授舞器。"豈不在興舞之時乎？

大僕

大僕，建路鼓于大寢之門外而掌其政，以待窮遽者與遽令①。聞鼓聲，則速逆御僕與庶子。

路鼓之建於寢，猶晉鼓之建於軍也。吳與越戰，載常建鼓，豈軍將所執之鼓歟？《鼓人》以路鼓鼓鬼享、田獵，達窮者與遽令，亦用之。豈王所執之鼓歟？《鼓人》言"詔王鼓"，《大僕》言"軍旅、田役，贊王鼓"，《戎右》"詔贊王鼓"。先儒謂王擊一面，大僕、戎右佐，擊兩面，惟前一面不擊。觀此，則路鼓四面可知矣。

司戈盾

司戈盾，掌戈盾之物而頒之。祭祀，授旅賁殳，故士戈盾。授舞者兵，亦如之。

天生五材，而兵居一焉；舞有四等，而兵居首焉。蓋兵之源，發於人之爭心，而五兵之制有象自然之物類，矛屬春，戟屬夏，戈屬秋，鍛屬冬，各適其用而已。五兵之用，有施於車者，有施於步者。戈、殳、戟、酋矛、夷矛，施於車者也；無夷矛而有弓矢，施於步者也。授舞者兵，則施於步者，非施於車者也。故大僕王射則贊弓矢，大司樂王射詔諸侯以弓

---

① "窮遽"，四庫本、元刻明修本作"窮遽"，光緒刻本作"遽窮"。

矢舞。然則武舞之器，豈特朱干玉戚哉？弓矢亦在其中矣。然干欲立，戈欲倒，弓欲弛，矢欲止，而武又欲止戈焉，司兵、司戈盾皆授舞者兵，而寓意於此，夫豈以樂殺人爲哉？授舞者兵，不言既舞受之，則以干見之也。

大馭

大馭，掌馭玉路以祀。凡馭路，行以《肆夏》，趨以《采薺》。凡馭路儀，以和鸞爲節。

《爾雅》云：“堂上謂之行，堂下謂之步，門外謂之趨，中庭謂之走。”《曲禮》曰：“堂上不趨，堂上接武，堂下布武。”則行於步爲敬，趨於走爲緩也。《釋草》云：“薪蒢，大薺”，“蒫，薺實”，“姚莖，涂薺”。《詩》曰：“誰謂荼苦，其甘如薺。”薺之爲物，多生於車涂之間，其老則爲大，其實則爲蒫，草則不薺①而薺②，則齊焉所以致一□；荼則味苦，而薺則甘焉，所以反一也。一在木下爲本，一在木上爲末，《詩》曰：“采采芣苢，薄言采之。”則物之可采不過其末而已。采薺，則所采雖末，而未始離於本，凡馭如之。《老子》曰：君子終日，行不離輜，重不離於□故也。車非能自行也，亦非能自趨也，其行其趨，不失乎疏數、疾徐之節，若有數存於其間，凡以馭得其儀而已。故王之玉路，行以《肆夏》而示易以敬，趨以《采薺》而示齊以一。故《記》曰：“行中規，旋中矩，和鸞中《采薺》。”又曰：“古之君子必佩玉，右徵、角，左宮、羽，趨以《采薺》，行以

---

① “草則不薺”，原缺，據元刻明修本、光緒刻本補。
② 自“而薺”至段末“與薺異矣”，元刻明修本、光緒刻本均缺失。

《肆夏》。”蓋古人升車以鸞和之音爲節，行步以環佩之聲爲節，是以非僻之心無自入也。《大馭》則自堂徂門而以出序之，《記》則自門升堂而以入序之，故其異如此。《采薺》、《肆夏》，皆古逸詩名，當時奏之爲樂章者也。薺之爲物，古人固采之以致味，而賓祭用焉，若《詩》之《采蘩》、《采蘋》之類也。先儒以薺當爲楚齊之齊，是不知《詩》之《楚茨》之茨與薺異矣。

樂書卷五十六　儀禮訓義

鄉飲酒禮

鄉飲酒之禮，主人就先生而謀賓、介云云。設席于堂廉，東上。工四人，二瑟，瑟先。相者二人，皆左何瑟，後首，挎越，內弦，右手相。樂止先立于西階東，工入，升自西階，北面坐。相者東面坐，授瑟，乃降。

朱襄氏之時，陽氣凝積，物鮮成實，故使士達制爲五弦之瑟，以來陰氣，以定羣生，然後四時和，萬物成，天下治也。《世本》曰："庖犧作瑟五十弦，黃帝使素女鼓之，哀不自勝，乃破爲二十五弦。堯使瞽瞍拌二十五弦之瑟，爲十五弦，命之曰《大章》，舜益之爲二十三弦。"莫不寓君父之節，臣子之義，固足以潔齊人情，使之淳一於行也。蓋琴瑟，堂上之樂，君子所常御，所以樂心者也。故工入，升堂，然後受而奏之。古之樂工，必以瞽矇者爲，其精於聽者也。有工必有相之者，爲其有眡瞭之職也。《周官·瞽矇》"掌鼓瑟"，《詩》曰"鼓瑟鼓琴"，《書》曰"琴瑟以詠"。《大傳》亦曰："大琴練弦，達越大瑟，朱弦達越。"《明堂位》曰："大琴大瑟，中琴小瑟，四代之樂器也。"由是觀之，君子無故不去琴瑟，未嘗不相須而用。此言瑟不及琴者，舉大以見小也。

工歌《鹿鳴》、《四牡》、《皇皇者華》。卒歌，主人獻工。工左瑟，一人拜，不興，受爵。主人阼階上，拜送爵，薦脯、醢，使人相祭。工飲，不拜。既爵，授主人爵。衆工則不拜，受爵，祭，飲。辯_{今文辯爲徧}有脯、醢，不祭。太師則爲之洗。賓、介降，主人辭降，工不辭洗。

　　《鹿鳴》，文王燕羣臣、嘉賓之詩也。《四牡》文王勞使臣之原闕[①]

樂書卷五十七　儀禮訓義

鄉飲酒禮　　鄉射禮

鄉飲酒禮

乃合樂：《周南》：《關雎》、《葛覃》、《卷耳》；《召南》：《鵲巢》、《采蘩》、《采蘋》。工告于樂正曰："正歌備。"樂正告于賓，乃降。主人降席自南方，側降，作相爲司正。司正禮辭，許諾。主人拜，司正答拜。主人升，復席。司正洗觶，升自西階，阼階上，北面受命于主人。主人曰："請安于賓。"司正告于賓，賓禮辭許。司正告于主人，主人阼階上再拜，賓西階上答拜，司正立于楹間以相拜，皆揖，復席。

《周南》，周公之所以化聖人之事，王者之風也；《召南》，召公之所以教賢人之事，諸侯之風也。蓋王者之正，始於家，終於天下，二南之詩爲之始而已；王者之化，至於法度彰，禮樂著，然後可以言成，二南之詩爲之基而已。今夫《關雎》則樂而不淫，哀而不傷，后妃之德也。《葛覃》則志在女功，躬儉節用，后妃之本也。《卷耳》內有進賢之實，外無干政之事，后妃之志也。乃合樂《周南》，則一於后妃之事而已。至於《鵲巢》，則均一如《鳲鳩》，夫人之德也。《采蘩》則致禮以奉祭祀，夫人之職也。《采蘋》則循法以共祭祀，大夫妻之職也。乃合樂《召南》，則不一於夫人之事，必兼大夫妻之事而已。此諸侯之樂所以殺於王者歟？然工歌，則琴瑟以詠而已，笙不豫焉；笙入，則衆笙而已，間歌不與焉；間歌，則歌吹間作，未至於合樂也；合樂，則工歌、笙入、間歌並作，而樂於是乎備矣。大用之天下，小用之一國，其於移風易俗，無自不可，況用之鄉人乎？風天下而正夫婦，實始諸此①。然則觀之者豈不知王道之易易也哉？《鄉飲酒義②》曰："工入，升歌三終，主人獻之；笙入三終，主人獻之；間歌三終；合樂三終。工告樂備③，遂出。一人揚觶，乃立司正焉，知其能和樂而不流也。"由是觀之，"工歌《鹿鳴》、《四牡》、《皇皇者華》"，所以寓君臣之教，則"升歌三終"也；"笙入堂下，磬南，北面立，樂《南陔》、《白華》、《華黍》"，所以寓父子之教，則"笙入三終"也；"間歌《魚麗》，笙《由庚》；歌《南有嘉魚》，笙《崇丘》；歌《南山有臺》，笙《由儀》"，所以寓上下之教，則"間歌三終"也；"合樂：《周南》：《關雎》、《葛覃》、《卷耳》，《召南》：《鵲巢》、《采蘩》、《采蘋》"，所以寓夫婦之教，則"合樂三終"也。三終雖主於詩篇，亦樂成於三，以反爲文故也。蓋道生一，則奇而爲陽；一生二，則偶而爲陰；二生三，則陰陽之中，交通成和而爲冲氣。是樂成於三者，冲氣以爲和，中聲所止而不流者也。然樂不徒作，必有禮以節之，故"升歌"、"笙入"皆繼之。主人獻之者，以禮節樂於其始也，"間歌"、"合樂"，必繼之。"一人揚觶，乃立司正焉"者，以禮

---

① "始諸"，光緒刻本作"本於"，元刻明修本模糊不清。
② "義"，四庫本作"禮"，元刻明修本模糊不清，據光緒刻本改。
③ "告"，元刻明修本、光緒刻本均作"歌"。

合樂於其終也①。

升，坐，乃羞。無筭爵，無筭樂，賓出，奏《陔》。

　　禮主其減，樂主其盈。禮減而進，以進爲文；樂盈而反，以反爲文。鄉飲酒之禮，賓主有事，"升，坐，乃羞"，而繼之以"無筭爵"者，禮減而進，以進爲文故也。樂至於"無筭"，繼之以"賓出，奏《陔》"，以示戒者。樂盈而反，以反爲文故也。鐘師以鐘鼓奏《九夏》，而《祴夏》居一焉，則奏《陔夏》必有鐘鼓矣。《詩》曰："既醉而出，並受其福。醉而不出，是謂伐德。"爵至於無筭而樂隨之，可謂既醉矣。既醉而出，奏《陔夏》以送之，則有受禮之實，無伐德之愆。然則先王之於禮，豈不爲有節乎？《儀禮》變《祴》爲《陔》者，陔於文從阜從亥，阜起於山而高於山，則阜山之窮者也；十二辰始於子而終於亥，則亥辰之窮者也；階陔之陔，則階之窮者也。物窮而不戒，危莫甚焉，其字雖殊，而所以示戒一也。

鄉樂惟欲。

　　鄉飲酒之禮，卒樂而賓出，主人拜送于門外。賓若有尊者②，主人釋朝服，更玄端，息司正以爲賓，不殺而無俎，羞不必備也，唯其所有而已；召不必賓也，惟其所欲而已；樂不必具也，鄉樂惟欲而已。蓋鄉樂在《周南》不過《關雎》、《葛覃》、《卷耳》；在《召南》不過《鵲巢》、《采蘩》、《采蘋》，惟所欲

---

① "合"，元刻明修本、光緒刻本均作"節"。
② "尊"，元刻明修本、光緒刻本均作"遵"。

焉。則作之不必以序興也，以樂爲主而已。與夫行禮以作樂，而以司正糾之，使和樂而不流者異矣。鄉射亦然。

凡舉爵，三作而不徒爵。樂作，大夫不入。獻工與笙，取爵于上篚；既獻，奠于下篚。其笙，則獻諸西階上；磬，階間縮霤，北面鼓之。

工，升歌者也；笙，下管者也。大夫特縣，“磬，階間縮霤，北面鼓之”，特縣之磬也。凡物縮則爲從，衡則爲横。《記》曰：“古之冠也縮縫，今之冠也衡縫。”是也。鄉飲酒之禮，凡舉爵，三作，獻賓、獻大夫、獻工，皆有薦也，不徒爵而已。“樂作，大夫不入”，則所入者賓而已。大夫後賓，尊鄉人之賢故也。工入，升自階西，北面坐；笙入堂下，磬南，北面立。主人獻工，不言所在；至於獻笙，則於西階上，以工升歌在堂上故也。

樂正命奏《陔》，賓出，至于階，《陔》作。

《周官·笙師》：“掌春牘、應、雅，以教祴樂。”《鐘師》：“凡樂事，以鐘鼓奏《九夏》。”杜子春曰：“客醉而出，奏《陔夏》。”《陔夏》之樂，命以作之在樂正，教之奏之在笙師、鐘師者，以笙與鐘同聲相應故也。“凡祭祀、饗射，共其鐘、笙之樂”，其謂是歟？

鄉射禮

縣于洗東北，西面。

周禮，鄉老及鄉大夫，三年大比，獻賢能之書於王，退而

以鄉射之禮五物詢衆庶。諸侯之鄉大夫既貢士於其君，亦
用禮射而詢衆庶乎？《鄉飲酒》“磬，階間縮霤，北面鼓之”，
則鄉射之禮；“縣於洗東北，西面”，士特縣之磬而已。必於
洗東者，避射位故也。

樂書卷五十八　儀禮訓義

鄉射禮

席工于西階上，少東。樂正先升，北面立于其西。工四人，二瑟，瑟先，相者皆左何瑟，面鼓，執越，內弦。右手相，入，升自西階，北面東上。工坐。相者坐授瑟，乃降。笙入，立于縣中，西面。乃合樂：《周南》：《關雎》、《葛覃》、《卷耳》，《召南》：《鵲巢》、《采蘩》、《采蘋》。工不興，告于樂正，曰："正歌備。"樂正告于賓，乃降。主人取爵於上笙，獻工。大師則爲之洗。賓降，主人辭降。工不辭洗。卒洗，升，實爵。工不興，左瑟，一人拜受爵。主人阼階上拜送爵，薦脯醢，使人相祭。工飲不拜，既爵，授主人爵。衆工不拜，受爵，祭飲，辯有脯醢。不祭，不洗，遂獻笙于西階上。笙一人拜于下，盡階，不升堂受爵，主人拜送爵。階前坐祭，立飲，不拜，既爵，升，授主人爵。衆笙不拜，受爵，坐祭，立飲，辯有脯醢，不祭。主人以爵降，奠于笙，反升，就席。

《鄉飲》：席工"于堂廉，東上。工四人，二瑟，瑟先。樂正升，立于西階東；工入，升自西階，北面坐"。此言"席工于西階上，少東，樂正先升，北面立于其西。工四人，二瑟，瑟先，工升自西階，北面東上"，則瑟西歌，歌西，則樂正立于席西階東矣。不歌、不笙、不間，特合鄉樂而已，以志在射，不在樂故也。樂以人聲爲主①,故合樂亦謂之歌;樂貴不流,故謂之"正歌"。主人獻工,"左瑟,一人拜受爵",而餘不拜。笙者,一人拜,盡階受爵,餘不拜受,以一人可以統衆故也。主人爲太師洗,而餘不洗,以君所賜,尊之也。"左瑟"祭酒祭薦,工則祭飲而已,笙工則不祭,此又等降之別也。言"工"又言"衆工",言"笙"又言"衆笙"者,《周官·瞽矇》"掌九德六詩之歌,以役太師",《序官》"上瞽四十人,中瞽百人,下瞽百有六十人"。則上瞽所謂"工"也,中瞽、下瞽,"衆工"也。《笙師》"凡饗射,共其鐘、笙之樂",《序官》"笙師中士二人,下士四人,府、史、胥、徒不與焉"。則中士所謂"笙"也,下士以下所謂"衆笙"也。

樂正適西方,命弟子贊工,遷樂于下。弟子相工,如初入;降自西階,阼階下之東南,堂前三笴,西面北上坐。樂正北面,立于其南。

始也,歌瑟在堂上;今也②,徙之于下,所以避射也。始也,左何瑟,右面鼓,執越,内弦,右手相,入。今相之以降亦然,故曰"如初入"。《王制》、《文王世子》有大樂正、小樂正,夏商之制也。周制有大司樂、樂師,而無小大樂正,有大師而無少師。然則《儀禮》所謂樂正、少師,非周制也,其雜夏商之制歟? 由是知《儀禮》周公所作,先儒之妄也,如曰不然,《士冠禮》何以有"孔子曰"之文邪?

---

① "以人聲",元刻明修本、四庫本均作"以人聲",光緒刻本作"又以聲"。
② "今",元刻明修本、光緒刻本均作"命"。

舉旌以宫，偃旌以商。

宫，土音也，其數八十一，其聲最大，固足以綱四聲，覆四方，君之象也；商，金音也，其數七十二，其聲濁而次於宫，臣之象也。鄉射之禮“舉旌以宫”，尊君故也；“偃旌以商”，卑臣故也。《大射》“負侯者皆許諾，以宫趨，直西，及乏南[①]，又諾以商，至乏，聲止”。鄉射則聲不絶而已。蓋尊者以聲爲節，卑者以聲告事可也。《周禮》三宫相旋之樂，有宫、角、徵、羽而無商，避其所尅而已。然則“偃旌以商”，非周制明矣。

司射與司馬交于階前，去扑，襲，升，請以樂樂于賓。賓許諾。司射降，搢扑，東面命樂正，曰：“請以樂樂于賓，賓許。”司射遂適階間堂下北面，命曰：“不鼓不釋。”上射揖司射退，反位。樂正東面命大師，曰：“奏《騶虞》，間若一。”大師不興，許諾。樂正退，反位。乃奏《騶虞》以射。三耦卒射，賓、主人、大夫、衆賓繼射，釋獲如初。

射禮成於三，始則司射與三耦誘射，次則三耦與衆耦俱射，終則三耦及衆耦復射。誘射不釋筭，俱射釋筭，而樂未作，終射然後樂作焉。蓋樂未作，欲其容體比於禮也，故命之曰：“不貫不釋。”樂作，則欲其節比於樂也，故命之曰：“不鼓不釋。”《射義》曰：“天子以《騶虞》爲節。”又曰：“《騶虞》，樂官備也。”鄉射歌《騶虞》者，以其詢衆庶，亦欲官於天子，樂仁而射以時也。耦射則八矢，八矢則樂四終可也。必五

---

① “乏”，原作“之”，據元刻明修本、光緒刻本改。

終者，一節先聽也。樂先以聽，欲其聞之審；獲者舉旌，欲其見之審。如此，則射而不中者，鮮矣。凡射，王奏《騶虞》，諸侯奏《貍首》，卿大夫奏《采蘋》，士奏《采蘩》。大射則公卿、大夫之射也，不奏《采蘋》、《采蘩》，而奏《騶虞》，何也？曰：公、卿、大夫、士，則於諸侯爲卑者也，卑者不嫌於抗尊，其用王所奏之詩，亦在所可也。天子沐梁而士亦用焉，與此同意。

無筭樂。賓興，樂正命奏《陔》。賓降及階，《陔》作。賓出，衆賓皆出，主人送于門外，再拜。

　　鄉飲、鄉射，賓主敵禮也。然鄉飲之禮至於無筭樂，必待賓出然後奏《陔》，則其禮略鄉射之禮。至於“無筭樂，賓興，命奏《陔》。賓降及階，而《陔》作”，不必待乎賓出，此其禮又詳於鄉飲也。鄉飲以湛樂爲主，其禮宜略；鄉射以威儀爲主，其禮宜詳，蓋言稱也。

樂作，大夫不入。樂正與立者齒。三笙一和而成聲。獻工與笙，取爵于上篚。既獻，奠于下篚。其笙，則獻諸西階上。

　　大笙謂之巢，小者謂之和。以和爲小，則笙爲大矣；以小爲和，則大爲倡矣。“三笙一和而成聲”，凡四人也，豈皆下士歟？所倡者多，所和者寡，則其聲無虧而和樂興焉。“三笙一和而成聲”，皆其單出者也。若夫雜比則比八音而樂之，聲不足道也。

司射在司馬之北，司馬無事不執弓。始射，獲而未釋獲；復，

釋獲；復，用樂行之。

矢中人曰獲。孔子曰："射者何以射？何以聽？循聲而發，發而不失正鵠者，其唯賢者乎？""復，釋獲；復，用樂行之"，循聲而發故也。

樂書卷五十九　儀禮訓義

鄉射禮　燕禮

鄉射禮

歌《騶虞》，若《采蘋》，皆五終。射無筭。古者於旅也語。

　　古者三耦及主人，大夫射則有筭，衆賓繼射則無筭。有筭者，歌《騶虞》；無筭者，歌《采蘋》。歌《騶虞》若《采蘋》，皆五終，與升歌、笙入、間歌、合樂三終者異矣。古者每一耦射，歌五終，歌《騶虞》、《采蘋》五終，非主詩篇言之，主射節而言故也。《周官·射人》“大夫以三耦射，樂以《采蘋》，五節”，則主鄉大夫射而言①，五終不亦宜乎？鄉大夫歌《采蘋》可也，王歌《騶虞》而大夫用之可乎？曰：大夫於天子爲尤卑，士於諸侯爲尤卑，士射以《采蘩》爲節，則大夫射兼歌《騶虞》，皆卑者不嫌抗尊之意也。孔子曰：“吾觀於鄉而知王道之易易也。”王道寓於鄉如此，則鄉大夫用王所奏之歌，亦聖人寓教之微意也。大夫雖歌《騶虞》，不敢用王之九節，亦終於五節而止，不然，不幾於僭乎？言歌《騶虞》、《采蘋》，繼之以“古者於旅也語”，既歌而語以成之也，《文王世子》：合語之禮，皆小樂正詔之於東序，大學正則敎而説之，以言父子、君臣、長幼之道，合德音之致者也。然則“古者於旅也語”，

---

① 本段三个“鄉大夫”，光緒刻本均作“卿大夫”。

豈非古樂之發然邪？

燕禮

燕禮，小臣戒與者。膳宰具官饌于寢東，樂人縣。

士無故不徹琴瑟，國君無故不徹縣，《大射》樂人宿縣。此不宿縣者，燕禮輕故也。《春秋》凡微者稱人，此言樂人者，指微者故也。其言笙人、鐘人亦此意歟？

席工于西階上，少東。樂正先升，北面立于其西。小臣納工，工四人，二瑟。小臣左何瑟，面鼓，執越，內弦右手。相入，升自西階，北面東上坐。小臣坐授瑟，乃降，工歌《鹿鳴》、《四牡》、《皇皇者華》。卒歌，主人洗，升獻工。工不興，左瑟，一人拜受爵。主人西階上，拜送爵。薦脯醢，使人相祭。卒爵，不拜。主人受爵。眾工不拜，受爵坐祭，遂卒爵。辯有脯醢，不祭。主人受爵，降奠于篚。公又舉奠觶。唯公所賜。以旅于西階上，如初。卒。笙入，立于縣中。奏《南陔》、《白華》、《華黍》。主人洗，升，獻笙于西階上。一人拜，盡階，不升堂，受爵，降。主人拜送爵，階前坐祭，立卒爵，不拜。既爵，升，授主人。眾笙不拜，受爵，降，坐祭，立卒爵。辯有脯醢，不祭。乃間歌《魚麗》，笙《由庚》；歌《南有嘉魚》，笙《崇丘》；歌《南山有臺》，笙《由儀》。遂歌鄉樂，《周南》：《關雎》、《葛覃》、《卷耳》，《召南》：《鵲巢》、《采蘩》、《采蘋》。大師告于樂正曰："正歌備。"樂正由楹內、東楹之東，告于公，乃降，復位。

後首者不面鼓，面鼓者後首；後首者拀越，面鼓者執越。

鄉黨之禮，射主樂而飲酒主禮，故鄉射面鼓，鄉飲酒後首。

朝廷之禮燕主樂而大射主禮，故燕面鼓，而大射後首。鄉言惟公所酬，以賓言之也，所以正君臣之禮，此與下言"惟公所賜"，則以君臨之也，所以明君臣之義。《鄉飲酒》"主人阼階上，獻工"，《燕禮》"西階上獻"，以非正主也。《鄉飲酒》大師則爲洗，《燕禮》大師不洗，以大師賤也。《鄉飲》樂正告于賓，《燕禮》告于工者，以工在則賓屈也。《燕禮》工歌、笙入、間歌、合樂，與《鄉飲》同，其所異者，特遂歌爾。然則《燕禮》行君臣之義，《鄉飲》明長幼之序。在國則君臣，在鄉則長幼，其義一也。樂之同也，不亦宜乎[①]？

公有命徹冪，則卿大夫皆降，西階下北面東上，再拜稽首。公命小臣辭。公答再拜，大夫皆辟。遂升反坐。士終旅於上，如初。無算樂。[②]

饗訓恭儉以致義，故《詩》曰"鐘鼓既設，一朝饗之"，致義故也[③]。燕示慈惠以致仁，故燕禮以飲則無算爵，以俯則無算樂[④]，致仁故也。

賓醉，北面坐，取其薦脯以降。奏《陔》。賓所執脯以賜鐘人於門內霤[⑤]，遂出。

《周禮·鐘師》"以鐘鼓奏《陔夏》"，《鄉飲》、《鄉射》、《大射》、《燕禮》，皆賓出奏《陔》。蓋《陔夏》之樂，先王所以示戒

---

① "亦宜乎"，原缺，據光緒刻本補。

② "公有命"至"無算樂"，原缺，據光緒刻本補。

③ "饗之致義"，原缺，據光緒刻本補。

④ "算爵以俯"，原缺，據光緒刻本補。

⑤ "賜鐘人"，原缺，據光緒刻本補。"内"，原缺，據光緒刻本補。

也。《詩》之《南陔》美孝子相戒以養[1]，《書》之《禹謨》述禹《九夏》之樂，而以"戒之用威，俾勿壞"終焉。則賓出奏《陔》以示戒[2]，以反爲文故也[3]。賓用所執脯以賜鐘人者，以燕之所樂在樂，而樂之始作在鐘，故持以賜之。然有鐘未嘗無鼓，言鐘則鼓可知矣。以鐘鼓奏《陔》，堂下之樂，非堂上之樂也。

若以樂納賓，則賓及庭，奏《肆夏》，賓拜酒，主人答，拜而樂闋。公拜受爵，而奏《肆夏》；公卒爵，主人升，受爵以下，而樂闋。升歌《鹿鳴》，下管《新宫》，笙入三成。遂合鄉樂。若舞，則《勺》。

　古之燕禮，與卿燕，則大夫爲賓；與大夫燕，亦大夫爲賓。卿大夫有王事之勞，設爲燕禮，而以樂納之，則賓之而弗臣矣。賓之而弗臣，則及庭受爵而奏《肆夏》，示易以敬也。主人答拜，升，受爵而樂闋，示以反爲文也。"升歌《鹿鳴》"，所以示臣德也。"下管《新宫》"，所以示臣事也。"笙入三成"，所以告成也。"遂合鄉樂"，所以告備也。《周禮·舞師》"凡小祭祀不興舞"，則禮之輕者，雖不舞，可也，故《燕禮》言，若舞，則《勺》而已。《内則》十三舞《勺》，成童舞《象》，二十舞《大夏》。君燕其臣與四方之賓，則升歌《鹿鳴》，下管《新宫》，而舞《勺》，燕禮輕故也。兩君相見，升歌《清廟》，下管《象》、《武》，夏籥序興，饗禮重故也。古之燕禮言燕而已，饗禮則謂之大焉。《新宫》之詩無所經見，豈古之

---

① "美"，原缺，據光緒刻本補。
② "賓"，原缺，據光緒刻本補。
③ "故"，原缺，據光緒刻本補。

逸詩歟？射有《貍首》，燕有《新宮》，其義一也。然則兩君相見之禮，入門而縣興，《肆夏》不預焉，是諸侯之樂不敢抗於天子。而此奏《肆夏》，何也？曰：饗以恭儉爲主，其禮嚴，故不及《肆夏》；燕以慈惠爲主，其禮恕，故進取《肆夏》，無嫌也。[①]

君與射，則爲下射，袒朱襦[②]，樂作而后就物。小臣以巾授矢，稍屬。不以樂志。既發，則小臣受弓以授弓人。

君與士射則爲下射，降尊以就卑也。君樂作而後就物，優尊以異卑也。君不揸矢，故授以小臣，君之於物不可徒執，故藉以巾，不以樂志，則不必比於樂也。既發，則小臣受弓授弓，則不必執也。

若與四方之賓燕，媵爵，曰：“臣受賜矣。臣請贊執爵者。”相者對曰：“吾子無自辱焉，有房中之樂。”

四方之賓燕而有房中之樂，所以致愛也。毛氏釋《詩》，以“招我由房”爲房中之樂，又謂弦歌《周南》、《召南》而不用鐘磬之節，后、夫人之所諷誦以事君子也。蓋《周南》、《召南》，后、夫人之事，而漢房中樂，乃夫人所作，則弦歌《周南》、《召南》之説，理固然也。《關雎》之詩曰“鐘鼓樂之”，《周禮》教燕樂以磬師，則房中之樂非不用鐘、磬也。鄭氏言不用鐘、磬，又言教以磬師，是自惑也。賈公彦曰：“房中樂以祭祀，則有鐘、磬。”不知奚據而云。

---

① 本段自“公拜受爵”至“豈古之逸詩歟”，四庫本有多處缺失，據光緒刻本補。

② “襦”，原缺，據光緒刻本補。

樂書卷六十　儀禮訓義

大射儀[①]

樂人宿縣於阼階東，笙磬西面，其南笙鐘，其南鎛，皆南陳。建鼓在阼階西南鼓，應鞞在其東南鼓。西階之西，頌磬東面，其南鐘，其南鎛，皆南陳。一建鼓在其南東鼓，朔鞞在其北。一建鼓在西階之東，南面，簜在建鼓之間，鼗倚于頌磬西紘。

小鐘曰鎛，小鼓曰鞞。建鼓，有跗可植者也，鼗，有柄可播者也，簜，笙、簫之屬也。或言鼓，或言面，互相備也。鐘、磬之應歌者，曰頌鐘、頌磬，其應笙者，曰笙鐘、笙磬。《春秋傳》有歌鐘[②]，與頌鐘、頌磬之義同；《周禮》有鐘笙，與笙鐘、笙磬之義同。先儒謂磬在東曰笙，笙，生也；在西曰頌，頌或作庸，庸功也，豈其然乎？夫頌磬在西，笙磬在東，朔鞞在西，應鞞在東，是堂下之樂貴西，堂上之樂上東也。貴西，所以禮賓上東於西階之上，亦以其近賓故也。建鼓、應鞞不設於東縣之南，而在阼階西；應鞞不設於建鼓之北，而在其東；又北位無鐘磬，而笙磬之旁無鼗，何也？曰：建鼓，應鞞不設於東縣之南者，以耦次在洗東南故也；應鞞不設於建鼓之北者，以北不可以縮陳故也；北位無鐘磬，以君於其臣備三面

---

① “大射儀”，原作“大射禮”，據元刻明修本、光緒刻本改。
② “歌鐘”，光緒刻本作“鼓鐘”。

而己，非軒縣也；笙磬之旁無鏄，以鏄設之於西，亦所以禮賓也。《周禮》“鎛師掌金奏之鼓”，《國語》“伶州鳩曰：‘細鈞有鐘無鏄，昭其大也；大鈞有鏄無鐘，甚大無鏄，鳴其細也。’”蓋細鈞，角、徵也；大鈞，宮、商也。細必和之以大，故有鐘無鏄；大必和之以細，故有鏄無鐘，則鏄，小鐘爾。韋昭釋《國語》，杜預釋《左傳》，皆以鏄爲小鐘，特鄭康成曰鏄如鐘而大，孫炎、許慎、沈約之徒，亦以爲大鐘。然《爾雅》“大鐘謂之鏞”，不謂之鏄；又《儀禮》鏄從薄，與錢鏄之鏄同，則鏄爲小鍾，於埋或然。

樂闋，賓西階上，北面坐。

　　燕禮若以樂納賓，則賓及庭，奏《肆夏》。賓拜酒，主人答拜，而樂闋。公拜受爵而奏《肆夏》。公卒爵，主人升，受爵以下，而樂闋。蓋賓及庭而樂作，則闋於未卒爵之前；公爵而樂乃作，則闋於卒爵之後。

　　乃席工于西階上，少東。小臣納工，工六人，四瑟。僕人正徒相大師[①]，僕人師相少師，僕人士相上工。相者皆左何瑟，後首，內弦，挎越，右手相。後者徒相入。小樂正從之，升自西階，北面東上，坐，授瑟，乃降。小樂正立于西階東，乃歌《鹿鳴》，三終。主人洗，升實爵，獻工。工不興，左瑟；一人拜受爵。主人西階上，拜送爵。薦脯醢，使人相祭。卒爵，不拜。主人受虛爵。衆工不拜，受爵，坐祭，遂卒爵。辯有脯醢，不祭。主人受爵，降

---

① “僕人”，原作“侯人”，據元刻明修本、光緒刻本改。

奠于篚，復位。大師及少師、上工皆降，立于鼓北，羣工陪于後。乃管《新宮》三終。卒管，大師及少師、上工皆東坫之東南，西面北上，坐。

　　燕則工四人、二瑟；大射則工六人、四瑟。燕則小臣相瑟者；大射有僕人正徒相大師，僕人師相少師，僕人士相上工。以燕禮輕則工少，大射禮重則工多也。燕則樂正先升，然後工升；大射則工升，小樂正從之。以工少，則長者帥而先，工多則長者紓而後也。燕歌《鹿鳴》之三，《南陔》之三，間歌《魚麗》之三，笙《崇丘》之三，遂歌《周南》之三，《召南》之三；大射則歌《鹿鳴》、管《新宮》而已，以主於歡者其樂煩①，主於射者其樂簡故也。燕則工歌之後笙奏之，前爲大夫舉旅；大射歌笙之後，猶未旅，至射卒，乃爲大夫舉旅者，以燕主於飲，大射主於射故也。《燕禮》記曰：“若以樂納賓，升歌《鹿鳴》，下管《新宮》，笙入三成，遂合鄉樂。若舞則《勺》。”蓋燕而以樂納賓，則又管《新宮》，不特歌笙間、合而已。

　　司射與司馬交於階前，倚扑於階西，適阼階下，北面請以樂於公。公許。司射反，搢扑，東面命樂正曰：“命用樂！”樂正曰：“諾。”司射遂適堂下，北面視上射，命曰：“不鼓不釋！”上射揖。司射退，反位。樂正命大師，曰：“奏《狸首》，間若一。”大師不興，許諾。樂正反位。奏《狸首》以射，三耦卒射。賓待於物如初。

---

　　① 自“主於歡者”至本卷結尾“與燕大射同”，四庫本、元刻明修本均缺失，據光緒刻本補。

公樂作而後就物，稍屬，不以樂志。其他如初儀。

其容體不比於禮，其節不比於樂，不足爲善射。故初射以禮，以觀其動容；再射以樂，以觀其循聲，然後可以擇士矣。《射義》曰："諸侯以《狸首》節樂，會時也。"先儒以"曾孫侯氏，四正具舉。大夫君子，凡以庶士。小大莫處，御於君所"爲《狸首》之詩。觀其詞，究其義，則"御於君所"者，會時之謂也。或以原壤所歌"狸首之班然"爲《狸首》之歌，近是；或以狸爲來，言射不來朝諸侯之首，則非。《周官》有射人而無司射，謂之司射，非周制也。《儀禮》有夏祝、商祝而無周祝，竊意《儀禮》非周公作，周人依倣而爲之也。

無算樂。宵，則庶子執燭於阼階上，司宮執燭於西階上，甸人執大燭於庭，閽人爲燭於門外。賓醉，北面坐取其薦脯以降，奏《陔》。賓所執脯，以賜鐘人於門內霤，遂出。卿、大夫皆出，公不送。公入，《驁》。

庶子位於下，與士同，獻於士後，與士異，與小臣均授爵於阼階，與司宮、甸人均執燭於階庭。而謂堂教庶子者，其賤如此，誤矣。鄉飲、鄉射，賓出無取脯之禮；燕、大射則取脯，所以榮君賜也。鄉飲、鄉射，主人有拜送之禮，而燕、大射無之，則不送所以正尊君也。大射畢，公入，《驁》；而燕畢，公不《驁》。則入《驁》自郊，所以異於寢也。冠子脯以見於母，母不在，則使人受脯於西階下。昏禮，使者歸，以所執脯告，其取脯，與燕、大射同。

樂書卷六十一　詩訓義

詩序　周南國風

關雎

詩序

詩者，志之所之也。在心爲志，發言爲詩。情動於中而形於言，言之不足，故嗟嘆之；嗟嘆之不足，故永歌之；永歌之不足，故不知手之舞之，足之蹈之也。

在心爲志，發言爲詩，則詩也者，言之合於法度而志至焉者也，故詩之所言在志不在聲；怒則争鬥，喜則詠歌，則歌也者，志之所甚可而聲形焉者也，故歌之所咏在聲不在志。哀則辟踊，樂則舞蹈，則舞也者，蹈厲有節而容成焉者也。故舞之所動非志也，非聲也，一於容而已矣。《樂記》曰："詩言其志也，歌咏其聲也，舞動其容也。"是詩者，志之所之，情動於中而形於言，則詩言其志也；言之不足故嗟嘆之，嗟嘆之不足故永歌之，則歌咏其聲也；永歌之不足，故不知手之舞之足之蹈之，則舞動其容也。蓋詩爲樂之章，必待歌之抗墜端折，然後其聲足以合奏；歌爲樂之音，必待舞之周旋詘信，然後其容足以中節。歌登於堂而合奏，舞降於庭而中節，則至矣盡矣，不可以有加矣。其化豈有不神，其神豈有不盡邪？《記》曰："歌之爲言也，長言之也。説之故言之，言之不足故長言之。”均是歌也，或長言之，或柔其聲，以言心聲故也。歌先之，舞次之者，樂以無所由爲上，有所待爲下故也。此與《樂記》言“手之舞之，足之蹈之”，《孟子》言“足之蹈之手之舞之”，何也？曰：自主情動於中形於外言之，則始而後終①，故先手舞後足蹈；自主樂之生惡可已言之，則終而有始，故先足蹈後手舞。《周官》樂師以六舞教國子，而人舞與居終焉，豈終之以手舞足蹈之意歟？

情發於聲，聲成文謂之音，治世之音安以樂，其政和；亂世之音怨以怒，其政乖；亡國之音哀以思，其民困。

　　單出爲聲，雜比爲音，故《孟子》於鐘鼓謂之聲，於管籥謂之音也。蓋聲出於情而有宮、商、角、徵、羽之別，音生於聲而有金、石、絲、竹、匏、土、革、木之雜。故情不發無以見其聲，則聲所以達情者也；聲不成文無以見其音，則音所以著聲者也。中正之雅，治世之音也；淫哇之鄭②，亂世之音也；桑間濮上，亡國之音也。治世之音嘽以緩，則樂心所感而已，故安以樂；亂世之音粗以厲，則怒心所感而已，故怨以怒；亡國之音噍以殺，則哀心所感而己，故哀以思。孔子曰：“君子之音以象生育之氣，憂愁之感不加於心，暴厲之動不存乎體，治安之風也；小人之音以象殺伐之氣，中和之感不載于心，温柔之動不存乎體，爲亂之風也。”由是觀之，世異異音，音異異政，夫豈聲音自與政通邪？蓋其道本於心與情

---

① “後”，元刻明修本、光緒刻本均作“有”。
② “淫”，元刻明修本、光緒刻本均作“多”。

然也。《書》曰："八音在治忽。"《國語》曰："政象樂。"亦斯意歟？自繼代以論世，未嘗無治亂；自封域以論國，未嘗無興亡。治亂言世不言國，則國以世舉；亡國不言世，則國亡而世從之矣。治亂言政不言民，亡國言民不言政，其意亦可類推也。此言"聲成文謂之音"，《樂記》又言"變成方謂之音"者，蓋文有青、黃、白、赤、黑之異色，方有東、西、南、北之異宜，色異則雜比而不純，宜異則曲折而有節。雜比而不純者，音之體，與《記》言"比物以飾節，節奏合而成文"同意。曲折而有節者，音之用，與《記》言"回邪曲直，各歸其分"同意。此言"情動於中而形於言"，又言"情發於中而形於聲"，《樂記》言"情動於中"，又言"形於聲"者，蓋動者，喜怒哀樂之未發而發者；發而中節，動不足以言之。動發於中而形於言與聲，詩之所以寓於音也；動於中而形於聲，樂之所以通於政也。《詩序》兼始終言之，《樂記》特原其始而已，故其辨如此。

關雎

參差荇菜，左右采之。窈窕淑女，琴瑟友之。參差荇菜，左右芼之。窈窕淑女，鐘鼓樂之。

古者后妃有房中之樂，是詩特取琴、瑟、鐘、鼓者，得無意乎？曰：《虞書》以琴瑟爲堂上之樂，以鼓、鏞爲堂下之樂。后妃之於淑女，不無上下之分焉，故詩人取之所以寓名分也。荀卿謂"君子以琴、瑟樂心，以鐘、鼓道志"。后妃之於淑女，不無心志之交焉，故詩人取之所以寓交際也。后妃之於淑女，至誠樂與，以共圖職業，憂勤以始之，不倦以終之，內則心志交而不疑，外則上下辨而不越。夫然雖友以敬之而不敢慢，樂以愛之而不敢惡，而淑女終不失事，后妃之道此所以爲樂而不淫，其於配文王之孝也，何有？然《召南》諸侯之風^①，而《鵲巢》之詩終於“百兩成之”者，不過爲禮而已。畏天者，保其國之事也；樂天者，保天下之事也。《周南》，王者之風，而《關雎》之詩終於“鐘鼓樂之”者，乃其樂也，禮不足以言之。《樂記》曰：“禮樂皆得，謂之有德。”是以《召南》主乎禮，而首以《鵲巢》，夫人之德；《周南》主乎樂，而首以《關雎》，后妃之德。然則一人而兼統禮樂者，其惟文王乎？此先琴瑟，後鐘鼓，《鼓鐘》之詩，先鼓鐘後琴瑟者，蓋琴瑟者，樂之常；鐘鼓者，樂之盛。《關雎》主后妃樂，得淑女至誠，有加而無已，故由常以至盛；《鼓鐘》主幽王好樂而不厭，故先其盛者，所以甚刺之也。

---

① “風”，元刻明修本、四庫本均作“風”，光緒刻本作“樂”。

樂書卷六十二　詩訓義

邶國風

　　簡兮　　静女

鄘國風

　　定之方中

王國風

　　君子陽陽

　　　　簡兮

《簡兮》，刺不用賢也。衛之賢者仕於伶官，皆可以承事王者也。

　　　昔黄帝命伶倫取嶰谷之竹，爲十有二律，樂之所由始也，故後世樂官以伶人名之。然伶之非能自樂樂也，非能與衆樂樂也，人之所令而已。莫非臣也，具三德者，可以爲大夫之臣；具六德者，可以爲諸侯之臣；具九德者，然後可以爲王者之臣。則大夫之臣，一家之臣也；諸侯之臣，一國之臣也；王者之臣，天下之臣也。衛之賢者仕於伶官，皆可以承事王者，則天下之臣而已，豈特止於仕一家一國而已哉？此所以爲賢之至，荀卿所謂有聞道而好爲天下之人也。蓋賢者能爲人所不能，在朝則美政，仰足以助上，造成其爲君之德;在位則美俗,俯足以利下,造成其爲民之行。衛有賢者不用,又使仕於伶官,或"公庭萬舞",以示武功之容;或"執籥秉翟",以示文德之容,蓋非一。人皆可以承事王者,固非衛君之所能獨容,衛國之所能獨有,達可行於天下而後行之者也,故曰:"彼美人兮,西方之人兮。"

簡兮簡兮,方將萬舞。日之方中,在前上處。碩人俣俣,公庭萬舞。有力如虎,執轡如組。左手執籥,右手秉翟。

《周官·籥師》:"掌教國子舞羽,龡籥。祭祀,則鼓羽籥之舞。賓客、饗食,亦如之。"《傳》曰:"翟,山雉也。"蓋籥之爲器,中虛而善應,所以通中聲也;翟之爲物,備五色成章,所以飾德容也。古者鼓羽籥之舞,必執籥於左者,以聲爲陽而左陽位故也;必秉翟於右者,以容爲陰而右陰位故也。《春秋》書:"萬入,去籥。"萬者,何干舞也;籥者,何籥舞也。是干舞所以爲武,籥舞所以爲文。則"公庭萬舞"者,武舞也;"左手執籥,右手秉翟"者,文舞也。文舞用籥翟,則武舞用干戚矣。《記》曰"八佾以舞《大夏》,干戚以舞《大武》"是也。《祭統》以翟爲樂吏之賤[①],則萬舞執籥秉翟者,無非賤者之職也。衛之賢者備文武全才,彼其仕於伶官,從事於文武之舞而不以爲賤者,將借此以顯其才,庶幾衛君能察而用之故也。然而當至明易見之時,舞於至近易察之地,而衛君卒莫能見而察,察而用,此詩人所以刺也。先儒謂周武王以萬人定天下,故其舞謂之萬舞,然則《商頌》"庸鼓有斁,萬舞

① "吏",光緒刻本作"史",元刻明修本本段缺失。

有奕”，孰謂萬舞始於周邪？

静女

静女其變，貽我彤管。彤管有煒，説懌女美。匪女之爲美，美人之貽。

《爾雅》“大管謂之簥”，聲高故也；“小管謂之篎”，聲小故也。大小雖不同，要之，達爲六孔，併兩而吹之。其所主治，以爲終始①，以道六陰、六陽之聲，十二月之音也。蓋有敵愾之功而以文明之物旌之，謂之彤弓；有安人之德而以文明之物昭之，謂之彤几。然則有美德而以文明發之謂之彤管，不亦可乎？樂之爲道，和順積中，英華發外，而其節不可亂，信乎！不可以爲僞矣。“貽我彤管”，樂也；“俟我於城隅”，禮也。静女以至静爲德，有禮以節之，不至於盈而淫；有樂以和之，不至於乖而亂。節之以禮則爲可愛，故繼之“愛而不見，搔首踟蹰”；和之以樂則爲可悦，故繼之“彤管有煒，悦懌女美”。有禮爲可愛，則反是者在所可惡矣；有樂爲可悦，則反是者在所可厭矣。子夏曰：“衛音促數煩志②，淫於色而害於德。”然則衛之夫人無德而淫亂，詩人取是以刺之，豈不宜哉？《傳》曰：“禮樂，德之則也。”

---

① “以”，光緒刻本作“相”，元刻明修本缺失。
② “促”，四庫本、元刻明修本均作“促”，光緒刻本作“趨”。

定之方中

椅桐梓漆，爰伐琴瑟。

《爾雅》曰：“櫬梧榮桐木。”蓋桐之爲木，其質則柔，其心則虚，柔則能從而同乎外，虚則能受而同乎内；其究也，無我而已，此所以常榮而不辱也，其琴瑟之良材歟？若梧，則有我而親，非若桐之一於同也。椅之爲木，其實則梓，其表則桐，非梓之正也，特其外同而已。《爾雅》以椅梓爲楸，以椵鼠梓爲虎梓，亦楸屬也。古之爲琴瑟，必以桐，其屑必以梓，則椅、桐、梓皆琴瑟良材。而漆之爲物，所以固而節之者也。《山有樞》曰：“山有漆，隰有栗。子有酒食，何不日鼓瑟。”正謂此爾。《春秋傳》“穆公擇美檟，自爲頌琴”，《孟子》曰“養其樲棘而舍其梧檟”，豈檟亦琴瑟良材歟？蓋榛栗所以爲禮，悦我口者也，椅、桐、梓、漆所以爲樂，悦我心者也。荀卿不云乎：“琴瑟以樂心。”

君子陽陽

君子陽陽，左執簧，右招我由房，其樂只且。君子陶陶，左執翿，右招我由敖，其樂只且。

《鹿鳴》詩曰“吹笙鼓簧”，《樂記》曰“弦匏笙簧”，則簧之爲物，竽、笙有焉。其美在中[①]，所以鼓中聲也。《宛丘》詩曰：“值其鷺羽，值其鷺翿。”《周官》舞師掌教羽舞，則翿之爲物，舞者翳焉，其羽可用爲儀，所以動德容也。古之爲樂，發

---

① “美”，光緒刻本作“義”，元刻明修本本字殘缺。

諸聲音而有簧以鼓之，形諸動静而有翿以容之，樂莫大焉。當周之末世，内小人，外君子，而君子莫不相招爲禄仕，閉其聲容，全身遠害而已。雖窮而不失其樂焉，故詩人取此以見意得意，雖忘象可也。

樂書卷六十三　詩訓義

鄭國風

　　女曰雞鳴　　子衿

唐國風

　　山有樞

秦國風

　　車鄰

　　　女曰雞鳴

琴瑟在御，莫不静好。

　　八音以絲爲君，絲以琴爲君。琴之爲樂，出乎器，入乎
覺，而瑟實類之。其所異者，特絲分而音細爾。《明堂位》
曰：“大琴大瑟，中琴小瑟，四代之樂器也。”《爾雅》曰：“大琴
謂之離，大瑟謂之灑。”蓋琴則易良，瑟則静好。其聲尚宫，
其音主絲，士君子常御，所以樂得其道，堂上之樂也。故用
大琴必以大瑟配之，用中琴必以小瑟配之，然後大者不陵，
細者不抑，足以禁淫邪，正人心矣。故荀卿曰：“琴瑟以樂
心。”蓋静能勝欲，好能勝惡，静好在德，欲惡在色。君子以
道制欲，則悦德而不好色；小人以欲忘道，則好色而不悦德。
鄭音好濫淫志，淫於色而害於德，是以鄭人因時之不悦德而

好色，故作《女曰雞鳴》，陳古義以刺之。孔子曰："吾未見好德如好色者。"蓋有爲而言也。雖然，琴瑟，君子常御之樂，亦有所謂不御，《曲禮》"親疾，琴瑟不御"是也。

子衿

青青子衿，悠悠我心。縱我不往，子寧不嗣音。

　　《文王世子》曰："春誦夏弦，大師詔之瞽宗。"《樂記》曰："樂者非謂弦歌干揚也，樂之末節也，故童者舞之。"《學記》曰："不學操縵，不能安弦。"由是觀之，"青青子衿"，童子之服也；嗣弦歌之音，童子之職也。弦歌之音謂之德音，德音謂之樂。古者三年不爲禮，禮必壞；三年不爲樂，樂必崩。信乎！嗣音不可忘矣。蓋仁言不如仁聲之入人也深，故古之教者，必以樂而終始之。后夔之教胄子，文王之教世子，必始於樂；孔子語學之序，《大傳》語治之序，必成於樂。是樂者，其學之終始歟？先王之立學校，天子曰辟廱，則辟之以禮，廱之以樂，天子之教也。諸侯曰頖宮，則禮樂半於天子，諸侯之教也。商之名學以瞽宗而主以樂教，周之名學以成均而以大司樂掌其法，然則鄭之學校廢於鄉黨，詩人責之，"子寧不嗣音"，豈爲不知務哉？《記》曰："比音而樂之，及干戚羽旄謂之樂。"則嗣音者，樂之始；干戚羽旄以爲舞者，樂之成也。故《內則》"十有三年舞《勺》，成童舞《象》"，是童子之事必至舞而後成，非特嗣音而已。詩人責之以"不嗣音"，而不及舞者，以謂樂之始者且不知嗣之，況爲樂之成者乎？

山有樞

子有鐘鼓，弗鼓弗考。子有酒食，何不日鼓瑟。

陳之幽公，"坎其擊鼓，宛丘之下。無冬無夏，值其鷺羽。坎其擊缶，宛丘之道。無冬無夏，值其鷺翿"，樂之過者也；晉之昭公，有鐘鼓而"弗鼓弗考"，有酒食而"不日鼓瑟"，樂之不及者也。過則至於游蕩無度，而《宛丘》刺之；不及則至於不能自樂，而《山有樞》刺之。由是觀之，樂雖不可過[①]，亦不可不及，然則如之何而可？亦曰好樂無荒而已。此與《車鄰》言瑟不及琴者，琴則五弦，瑟則二十五弦，言瑟不及琴，舉大以見之也。與《儀禮·鄉飲》、《燕禮》皆言"左何瑟"，《樂記》言"《清廟》之瑟"以見琴同意。言"何不日鼓瑟"，而《鐘鼓》不言"日"者，以琴瑟常御之樂故也，與"士無故不徹琴瑟"同意。

車鄰

阪有漆，隰有栗。既見君子，並坐鼓瑟。今我不樂，逝者其耋。

《定之方中》曰："椅桐梓漆，爰伐琴瑟。"則"阪有漆"，君子所以爲樂也。《東門之墠》曰："東門之栗，有踐家室。"則"隰有栗"，君子所以爲禮也。漆爲樂之飾，而飾非樂也；栗爲禮之物，而物非禮也。《曲禮》曰："並坐不橫肱。"則並坐者，禮也；鼓瑟者，樂也。秦仲始大有禮樂之好，是禮樂自諸侯出，非所以爲美，而《車鄰》美之者，變中之美也。昔朱襄

---

① "過"，元刻明修本、光緒刻本均作"極"。

氏之時，陽氣凝積，物鮮成實，故使士達制爲五弦之瑟，以來
陰氣，以定羣生，然後四時和，萬物成而天下治也。《世本》
曰："庖犧作瑟五十弦。黃帝使素女鼓之，哀不自勝，迺破爲
二十五弦。堯使瞽瞍拌其弦而十五之，命之曰《大章》。舜
益之爲二十三弦。"莫不寓君父之節，臣子之義，固足以絜齊
人情而使之淳，壹於行也。《爾雅》"大瑟謂之灑"，而郭璞以
八尺一寸爲長，尺有八寸爲廣，豈大瑟邪？《風俗通》以五尺
五寸爲器，豈其中者邪？《爾雅》"徒鼓瑟謂之步"，然則鼓
瑟、鼓簧，豈徒鼓之謂乎？

樂書卷六十四　詩訓義

秦國風

　車鄰

陳國風

　宛丘　東門之枌

小雅

　鹿鳴　四牡　皇皇者華

　　車鄰

阪有桑，隰有楊，既見君子，並坐鼓簧。今者不樂，逝者其亡。

　　玄，天道也；黃，地道也。天道用九，而九者陽數之窮也；地道用六，而六者陰數之中也。黃於色爲中，而簧則美在其中，發而爲中聲者也。笙、竽之爲物，以匏爲母，列管匏中，施簧管端，吹笙、竽則簧鼓矣。然笙之大者，簧十有九；小者十有三。而竽則三十六簧焉。三九，陽數也；十，陰數也。大笙之數九，金數也，而以陰十主之，金土合數也；小笙之數三，木數也，而以陰十主之，木土合數也；竽三十六簧，水數也，長四尺二寸①，水火合數也。《書》以琴瑟爲堂上之

---

① “尺”，元刻明修本、光緒刻本均作“十”。

樂，笙簫爲堂下之樂。則鼓瑟堂上，常御之樂也；鼓簧堂下，甚盛之樂也。先鼓瑟，後鼓簧，與《關雎》先琴瑟後鐘鼓同意。秦仲有禮樂之好如此，而國人又悦之，欲其與之及時娛樂，豈非樂民之樂者，民亦樂其樂哉？晉之昭公有財不能用，不足以爲禮；有鐘鼓不能樂，不足以爲樂，國人莫不哀而刺之。與夫《車鄰》悦而美之，豈不有間邪？

宛丘

坎其擊鼓，宛丘之下。無冬無夏，值其鷺羽。坎其擊缶，宛丘之道，無冬無夏，值其鷺翿。

革音鼓，冬至之音也；土音缶，立秋之音也。古者盎謂之缶，則缶之爲器，中虛而善容，外圓而善應，中聲之所自出者也。唐堯之時，有擊壤而歌者，因使鄖以麋鞈，冥缶而鼓之，是以《易》之“盈缶”見於《比》，“用缶”見於《坎》，“鼓缶而歌”見於《離》。《詩》之“擊缶”見於《宛丘》，是缶之爲樂，自唐至周，所不易也。昔秦王爲趙王擊缶，亦因是已，孰謂始於西戎乎？今夫犧象不出門，嘉樂不野合，陳之幽公游蕩無度，不釋冬夏而爲之，擊鼓於宛丘之下，又擊缶於宛丘之道，是嗜音而不知反者也。既值所執之鷺羽，又值所建之鷺翿，是常舞而不知反者也，豈特合樂於野而已哉？彼其所樂如此，然而百姓不厭而苦之，未之有也。

東門之枌

《東門之枌》，疾亂也。幽公淫荒，風化之所行，男女棄其舊業，亟會於道路，歌舞於市井爾。東門之枌，宛丘之栩。子仲之子，婆娑其下。榖旦于差，南方之原。不績其麻，市也婆娑。榖旦于逝，越以鬷邁。

男子正位乎外，女子正位乎内，天地之大義也；男子業耕，女子業織，生民之常職也。蓋上爲一下爲二，故上之所好，下必有甚焉者矣。幽公淫荒昏亂，游蕩無度，無冬無夏，鼓舞於宛丘之道，則國人更化而從之。男子非特不正乎外以業耕，而婆娑於枌栩之野；女子非特不正乎内以業織，而婆娑於日中之市。及其久也^①，非特男女棄其舊業而已，雖國人亦越以鬷邁。然則風化之所行，有以動蕩其心，感移其俗，亦豈有善惡之間哉？《爾雅》曰：“婆娑，舞也。”《詩》言婆娑，則舞而已。《序》兼歌言之者，言歌不必見舞，言舞則歌在其中矣。《詩序》曰：“永歌之不足，故嗟嘆之；嗟嘆之不足，故不知手之舞之足之蹈之也。”

鹿鳴

我有嘉賓，鼓瑟吹笙。吹笙鼓簧，承筐是將。我有嘉賓，鼓瑟鼓琴。鼓瑟鼓琴，和樂且湛。

卦有八，離居一焉；音有八，絲居一焉。離，馬也，而與蠶同祖，則其音絲而已。《易》曰：“離，麗也。”麗以離爲體，離以麗爲用。故大琴謂之離，以其聲有所麗而明也；大瑟謂之灑，以其聲有所麗而澤也。大笙謂之巢，以其列管匏中，施簧管端，鳳巢之象也；小笙謂之和，以其大者唱，則小者和也。《爾雅》曰：“所以鼓柷謂之止，所以鼓敔謂之籈。徒鼓

---

① “及”，光緒刻本作“又”，元刻明修本模糊不清。

鐘謂之脩，徒鼓磬謂之寋。”由是觀之，凡所以作樂者，古人皆以爲鼓，則所以作琴、瑟、笙、簧，謂之鼓，不亦可乎？文王之燕羣臣嘉賓，始則“鼓瑟吹笙，吹笙鼓簧”者，以其樂主盈遇之之誠，有加而無已也；終則“鼓瑟鼓琴”，先瑟而後琴者，以反爲文，示以有常而無變也。“吹笙鼓簧”，“鼓瑟鼓琴”皆兩言之者，以笙簧琴瑟大小備舉故也。笙簧，象物生而有所示，故以示我周行終焉；琴瑟，君子以樂心而已，故以燕樂嘉賓之心終焉。《詩序》曰：“《鹿鳴》廢則和樂缺矣。”《樂記》曰：“中心須斯不和不樂，而鄙詐之心入之矣。”蓋禮之於賓主，義之於君臣，文王之於羣臣，不以君臣之義接之，而推賓主之禮以待之，雖和樂且湛，亦不出禮之防閑而已[①]，與《賓之初筵》所謂“其湛曰樂”，豈異致哉？

四牡

《四牡》，勞使臣之來。有功而見，知則説也。

皇皇者華

《皇皇者華》，君遣使臣也。送之以禮樂，言遠而有光華也。

《序》曰：“《四牡》廢，則君臣缺矣；《皇皇者華》廢，則忠信缺矣。”蓋君之於使臣，有事功之勞，不有以知而勞之，不足以全君臣之道。使臣之於君，既受命於聘好，不能延譽於四方，不足以全忠信之德。遣之勞之者，禮也；歌詩以叙其情者，樂也。君之於臣，必先遣而後勞，序詩者必先勞而後遣，蓋所以示勸也。

---

① “防”，光緒刻本作“大”，元刻明修本模糊不清。

樂書卷六十五　詩訓義

小雅

　常棣　　伐木　　采薇　　出車

　杕杜　　彤弓　　菁菁者莪

　　常棣

妻子好合，如鼓瑟琴。

　　琴瑟同音而相合，而妻子好合如之，故曰："妻子好合，如鼓瑟琴。"塤篪異音而同和，而君民之和如之，故曰："天之牖民，如塤如篪。"《常棣》主燕兄弟而言妻子者，以至于兄弟，必自刑寡妻始故也；《板》主言君之於民而言天者，以君之所爲，天實使之故也。是詩先瑟後琴者，以弦多寡序之，與《鹿鳴》鼓鐘、鼓瑟、鼓琴同意；《關雎》先琴後瑟者，以音大細序之，與《女曰鷄鳴》"琴瑟在御"同意。《車鄰》言瑟不及琴，《車舝》言琴不及瑟，詩人之意各有所主爾。

　　伐木

坎坎鼓我，蹲蹲舞我。

　　《傳》曰："坎坎，蹲蹲，喜也。"樂之所由生也；《易》曰"鼓之舞之"，以盡神樂之樂也。古者作樂，始於鼓以作其聲，終於舞以動其容。"坎坎鼓我"，則發諸聲音而以反爲文也；

"蹲蹲舞我"則形諸動靜而蹈厲有節也。人道性術之變，盡於此矣。文王燕朋友故舊而爲樂至此，亦仁之至、義之盡也。竊嘗究《周官》燕樂鐘磬教之於磬師，笙鐘供之於笙師，奏其樂以鐘師，舞其樂以旄人，歙而歌之以鞮鞻氏；《儀禮》之燕禮，樂人設縣，小臣何瑟面鼓，工升卒歌，笙入立奏，下管《新宫》，若舞則《勺》。是燕以示慈惠而樂固無不備舉矣。觀文王燕羣臣於《鹿鳴》，其樂不過笙簧琴瑟，燕朋友故舊於《伐木》，其樂不過於鼓舞，至於《常棣》燕兄弟，未嘗及樂，其故何哉？以《伐木》考之，"籩豆有踐，兄弟無遠"，而以鼓舞繼之，是燕兄弟固未嘗無樂也。不然《常棣》之詩何以謂之"和樂"、"且孺"、"且湛"哉？《鹿鳴》不言鼓舞，非無鼓舞也，《伐木》不言笙簧琴瑟，非無笙簧琴瑟也，蓋亦互備而已。

采薇　出車　杕杜

《采薇》，遣戍役也。文王之時，西有昆夷之患，北有玁狁之難，以天子之命，命將率遣戍役，以守衛中國，故歌《采薇》以遣之。《出車》，以勞還；《杕杜》，以勤歸也。

文王之時，《天保》以上治内，《采薇》以下治外，西攘昆夷之患，北伐玁狁之難。方出而行師，則將、役均在所遣，故歌《采薇》以遣之，所以一貴賤之心也，與荀卿所謂"百將一心，三軍同力"同意。及旋而班師，則尊卑不可不辨，故歌《出車》以勞率，歌《杕杜》以勞役，所以明貴賤之分也，與《禮記》所謂"賜君子小人不同日"同意。天地之於萬物，出乎《震》，所以遣之也；歸乎《坎》，所以勞之也。文王之於將役，致義以遣之，致仁以勞之，亦何異此？遣之勞之，禮也；必歌

《詩》以樂之，樂也。

彤弓

鐘鼓既設，一朝饗之；鐘鼓既設，一朝右之；鐘鼓既設，一朝醻之。

古者諸侯有功於王室，天子非特賜之彤弓以旌之，抑又行獻醻酢之禮以禮之，設鐘鼓之樂以樂之也。《周官·樂師》："饗食諸侯，序其樂事，令奏鐘鼓。"《鎛師》："凡饗祀，鼓其金奏之樂。"《典庸器》："帥其屬而設筍虡。饗食，亦如之。"由是觀之，饗禮不終朝，以訓恭儉，要之，賓主百拜而酒三行，其樂未嘗不令奏鐘鼓也。然錫彤弓必因饗禮，《笙師》"饗射共笙鐘"之意也，《鐘師》"饗奏燕"，異禮而同樂，是燕亦以鐘鼓爲主也。觀文王之燕羣臣，其樂有及於琴瑟笙簧；燕朋友故舊，其樂有及於鼓舞。然則饗樂固與燕同，是詩特及鐘鼓者，非不用琴瑟笙舞也，所主者鐘鼓而已。先言"饗之"，次又"右之"，與《周官·大祝》"以享右祭祀"同意。

菁菁者莪

菁菁者莪，在彼中阿。既見君子，樂且有儀。菁菁者莪，在彼中沚。既見君子，我心則喜。

文武之學曰辟廱，成王之學曰成均，而大司樂掌其法焉。蓋辟之以禮，廱之以樂，成其虧，均其過不及，學校之教也。成王有改辟廱之名，無變辟廱之實，其長育人材而成之者，亦不過禮樂而已。"既見君子，樂且有儀"，有儀者，禮也；樂之者，樂也。然則禮樂豈不爲君子之深教歟？"樂且有儀”，《序》所謂“樂育材”也。“我心則喜”，《序》所謂“天下喜樂之”也。辟廱之制，環之以水，則所謂“中沚”，辟廱之實也；以中爲義，成均之實也。諸侯之制半於天子，其學謂之泮宫。《魯頌·泮水》之詩曰“思樂泮水，言采其芹”，所以喻禮；繼之以“載色載笑，匪怒伊教”，所以爲樂。天子、諸侯之制雖不同，其教曷嘗不一本禮樂哉？《六月》之序曰：“《菁菁者莪》廢，則無禮儀。”而不及樂，何也？孔子曰：“不能樂，於禮素。”《樂記》曰：“知樂則幾於禮矣。”古之育人材，以立於禮爲始，以成於樂爲終。是足於禮者，未嘗不知樂；足於樂者，未嘗不知禮。《詩》兼始終言之，《序》特原始稱之而已。

樂書卷六十六　詩訓義

小雅

　　何人斯　　鼓鐘　　楚茨

　　　何人斯

伯氏吹壎,仲氏吹篪。

　　壎之爲器,平底六孔,水之數也;中虛上銳,火之形也。壎以水火相合然後成器,亦以水火相和然後成聲,故大者聲合黄鐘、大吕,小者聲合太蔟、夾鐘,一要宿中聲之和而已。先儒謂圍五寸有半,長三寸有半,蓋取諸此。篪之爲器,大者尺有四寸,陰數也;其圍三寸,陽數也;小者尺有二寸,則全於陰數而已。要皆有翹焉,一孔上達,寸有三分,而横吹之。篪爲不齊者也。《爾雅》曰:"大壎謂之嘂,大篪謂之沂①。"嘂則六孔交鳴而喧譁,沂則出於一孔而其聲清以辨也。土,王於長夏,而壎土音也,有伯氏之意焉;竹,王於仲春,而篪竹音也,有仲氏之意焉,故曰:"伯氏吹壎,仲氏吹篪。"《板》詩曰:"天之牖民,如壎如篪。"是壎、篪異器而同樂,伯仲異體而同氣,故詩人取以況焉。觀《周官》小師教壎,瞽矇播之,笙師兼篪而教之。詳於壎略於篪者,以壎主

---

① "大篪",元刻明修本、光緒刻本均作"六篪"。

倡始,不得不詳,籧主和終而已,不得不略,不亦寓伯仲之旨乎？昔暴公之於蘇公,以義相友,有兄弟之親,以情相歡,有塤籧之樂,是雖"靡不有初,而鮮克有終",真餘、耳之光初,蕭、朱之隙末也,喪其本心亦已甚矣。譙周曰："幽王之時,暴辛公善塤,蘇成公善籧。"由是觀之,豈詩人因其所善取譬耶？《世本》曰："暴公作塤,蘇公作籧。"是不知塤籧之作,其來尚矣。塤又作塤籧,又作鼺者焉,金方而土員,水平而火銳。一從熏,火也,其徹爲黑[①],則水而已；一從員,則土之形也[②]。籥本起黄鍾之龠,如笛而三孔,所以通中聲也。籧或作鼺者,與龠不齊故也。

鼓鐘

鼓鐘鏘鏘,淮水湯湯,憂心且傷。淑人君子,懷允不忘。鼓鐘喈喈,淮水湝湝,憂心且悲。淑人君子,其德不回。鼓鐘伐鼛,淮有三洲,憂心且妯。淑人君子,其德不猶。鼓鐘欽欽,鼓瑟鼓琴。

《周官・鎛師》："掌金奏之鼓,凡祭祀鼓其金奏之樂。"《禮記》："晉平公鼓鐘,杜蕢聞鐘聲,曰：'安在？'"《爾雅》曰："徒鼓鐘謂之脩。"蓋《鼓鐘》之詩,刺幽王爲流連之樂,鼓作其鐘於淮水之上,樂而忘反者也。非持鼓鐘以自娱,抑又伐鼛以勞人,而琴、瑟、笙、磬、管、籥之樂無不備舉,亦異乎先王所爲而已。昔齊景公欲爲流連之樂,而晏子以謂先王無

---

① "徹",元刻明修本、光緒刻本均作"中"。
② "土",元刻明修本、光緒刻本均作"一"。

是之樂，卒能出舍於郊，興發以補不足，作徵招角招，君臣相悅之樂，是得《易》所謂“冥豫成有渝無咎”者也。幽王流連而不知反，曾齊景公之不若，詩人如之何不刺之邪？

笙磬同音

凡音之起，由人心生也，妙有以通八卦之德，顯有以類萬物之情。故離音絲，其發爲琴瑟；震音竹，其發爲笙；乾音石，其發爲磬。《周官》眡瞭掌擊笙磬，笙師掌共鐘笙之樂，《儀禮·大射》：“樂人宿縣于阼階東，笙磬西面，其南笙鐘。”是磬與笙同爲陽聲，擊應笙之磬而笙亦應之也。鐘與笙則一陰一陽而已，鼓應笙之鐘而笙亦應之也。笙、磬作於堂之上、下，異器而同音；笙、鏞均作於堂下，異音而同樂，此《書》《詩》所以異致歟？“鼓鐘欽欽”，雖敬而有不足之意，“鼓瑟鼓琴”，則先大後小，皆以反爲文者也。“笙磬同音”，則聲應相保而爲和；“以雅以南，以籥不僭”，則節之以中聲而不亂，皆不至慢易以失節者也。言以反爲文，刺幽王之不知反；言不至慢易以失節，刺幽王之不知節，陳善閉邪之道也。

以雅以南，以籥不僭。

雅者，中國之樂也；南者，南夷之樂也。《春秋》《書》“萬入去籥”，萬，武舞也；籥，文舞也。謂之“雅”，則聲音節奏合於雅言，雅則頌可知矣；謂之“南”，則南夷之樂，言南則三方可知矣；籥則文舞，言籥則萬可知矣。華、夷之樂雖殊，要之，播於中聲之籥而執以舞之，則聲容有節而不僭矣。先王作樂崇德，始也，鼓鐘以致其敬；中也，"鼓瑟鼓琴"，"笙磬同音"以致其和；終也，"以雅以南，以籥不僭"，以致其節。《周官·鼓人》："掌六鼓四金之音聲，以節聲樂，以和軍旅。"《大師》："掌六樂聲音之節，與其和。"《禮》曰："夫敬以和，何事不行。"蓋敬勝則乖而離，必以和濟之，《語》所謂"禮之用，和爲貴"之意也；和勝則蕩而流，必以節正之，《語》所謂"知和，而和以禮節之"之意也。作樂終始不失乎禮，《周官》所謂"樂禮"是已。若然，庸詎有流湎慢易之患耶？幽王徒有是樂而無德以宜之，《鼓鐘》之刺曷可已哉？

楚茨

禮儀既備，鐘鼓既戒。

禮樂之於天下，無主不止，無文不行。故主減與盈者，禮樂之情也；以進與反者，禮樂之文也。禮儀欲其既備，是禮主其減而以進爲文也，豈"卑者舉之，磬者與之"之意歟？鐘鼓欲其既戒，是樂主其盈而以反爲文也，豈"高者下之，饒者取之"之意歟？古之行聘禮，酒清人渴而不敢飲，肉乾人飢而不敢食，日莫人倦而不敢惰，得非禮儀欲其既備耶？以鐘鼓奏《九夏》而終之以《祴夏》、《驁夏》，九叙惟歌，而終之以"戒之用休"，得非鐘鼓欲其既戒耶？禮樂所施如此，則其用於祭祀以交神人，亦何獨不然？蓋賢君子之祭也，致其誠信，與其忠敬，奉之以物，道之以禮，安之以樂，參之以時，明薦之而已矣。不求其爲此，孝子之心也。《楚茨》之詩，君子思古之賢君，得四海之歡心而與之祭祀。"我孔熯矣，式禮

莫愆①",致誠信忠敬之謂也;"苾芬孝祀",奉之以物之謂也;
"禮儀既備",道之以禮之謂也;"鼓鐘既戒",安之以樂之謂
也。孝子之心如此而已,此所以"孝孫徂位,工祝致告"也。
《祭義》曰:"反饋樂成,薦俎。""序其禮樂,備其百官,奉承而
進之。於是喻其志意,以其恍惚以與神明交,庶或饗之。"此
之謂歟?

①　"莫",光緒刻本作"是"。

樂書卷六十七　詩訓義

小雅

楚茨　莆田　車舝　賓之初筵

楚茨

鼓鐘送尸，神保聿歸，諸宰君婦，廢徹不遲。

惟聖人爲能饗帝，惟孝子爲能饗親。故祭之日，樂與哀半，饗必樂，已至必哀，是樂之所以迎來，哀之所以送往也。然則"鼓鐘送尸，神保聿歸"，則反樂而不哀者，豈孝子之情也哉？哀以送往，孝子之心也；"鼓鐘送尸"，先王之禮也。以禮廢心則不仁，以心忘禮則不智，二者並行，夫然後全之盡之也。《周官・大司樂》"凡樂事，尸出入則奏《肆夏》"，《鐘師》"凡樂事以鐘鼓奏《九夏》"。然則"鼓鐘送尸"，庸非奏《肆夏》之樂乎？《内宗》："掌宗廟之祭祀，薦加豆籩。及以樂徹，則佐傅豆籩。"《外宗》："掌宗廟之祭祀，佀王后薦玉豆，眡豆籩。及以樂徹，亦如之。"則諸宰君婦之徹有樂，可知矣。古之作樂，鐘鼓既設，未嘗不終之以舞，則送尸之樂，雖不言舞，以鐘鼓見之也。《祭統》曰："及入舞，君執干戚，就舞位，君爲東上，冕而總干，率其羣臣，以樂皇尸。"是故天子之祭也，與天下樂之；諸侯之祭也，與竟内樂之。"鼓樂送尸，神保聿歸"，繼之以"諸父兄弟，備言燕私。樂具入奏,以綏後禄①",豈非鼓舞以樂皇尸,與天下樂之之意耶?

樂具入奏

　　《周官·樂師》:"凡樂出入,令奏鐘鼓。"蓋樂之用於天下,明則有燕饗,幽則有祭祀。先王於祭祀之末,既歸賓客之俎矣,又能備燕私以親諸父兄弟,則仁之至,義之盡也。樂也者,不過樂斯二者而已。宗廟之禮既畢,復具入奏於燕私之所,則鐘鼓備設,所以親同姓,成和樂也。《湛露》,天子所以燕諸侯,其詩曰:"厭厭夜飲,在宗載考。"亦此意歟? 古之作樂,奏黃鐘者,必歌大呂,舞《雲門》;奏太蔟者,必歌應鐘,舞《咸池》。言"樂具入奏",則歌舞具舉,豈特鐘鼓而已哉?

甫田

琴瑟擊鼓,以御田祖。

　　古者有事於釋奠祭先師,有事於瞽宗祭樂祖,養老祭先老,執爨祭先炊,馬祭先牧,食祭先飯。然則於田祭田祖,亦示不忘本始而已。蓋備物而祭之者,禮也;作樂而御之者,樂也。然離音絲而琴瑟以之,南方之樂也;坎音革而擊鼓以之,北方之樂也。南方至陽,用事而陰萌焉,故萬物自是而之死。北方至陰,用事而陽萌焉,故萬物自是而之生。《甫田》之御田祖,必琴瑟擊鼓者,以自冬徂春,農事則終而復始,百穀則死而復生,故作是樂以御之,各有度數存焉。用

---

① "後",原缺,據元刻明修本、光緒刻本補。

是以祈甘雨，則陰陽和，百穀生，其於介、稷、黍、穀、士、女也，何有？《周官・籥章》：“凡國祈年于田祖，龡豳雅，擊土鼓，以樂田畯；國祭蜡，則龡豳頌，擊土鼓，以息老物。”又曰：“國索鬼神而祭祀，則以禮屬民而飲酒于序。”以《詩》推之，“攸介攸止，烝我髦士。以我齊明，與我犧羊，以社以方”，則蜡以息民之祭也；“琴瑟擊鼓，以御田祖，以祈甘雨”，則祈年之祭也。於蜡祭，言禮以見樂；於祈年之祭，言樂以見禮。詩，人之法言也。

車舝

四牡騑騑，六轡如琴。

《鄭風》曰：“琴瑟在御，莫不静好。”則琴常御之樂也。《衛風》曰：“公庭萬舞，在前上處。”則舞前處之樂也。以六轡御四牡，和正而有節，無以異於常御之琴，故《車舝》以“如琴”言之；兩驂在前，疾徐而有節，無以異於前處之舞，故《太叔于田》以“如舞”言之。

賓之初筵

鐘鼓既設，舉醻逸逸。

庶人有主皮之射而無賓射、燕射，士有賓射、燕射而無大射，大射惟王於諸侯爲然。《周官・大司樂》：“大射，王出入，令奏《王夏》，及射，令奏《騶虞》，詔諸侯以弓矢舞。”蓋《賓之初筵》“鐘鼓既設”，不過奏《王夏》、《騶虞》而已。奏《王夏》明其大一統也，奏《騶虞》明其樂仁而殺以時也。然則王射以《騶虞》，大夫士之鄉射亦以《騶虞》者，鄉射詢衆庶，亦欲官備於天子也。《大射記》鐘人以鐘鼓奏《陔夏》，大司樂奏《王夏》，鄉射特以鼓奏《陔夏》，何也？曰：奏《王夏》，主王出入言之；以鐘鼓奏《陔夏》，主射節言之。君尊故有鐘鼓，大夫士卑特用鼓而已。考之《大射記》①，"樂人宿縣于阼階東，笙磬西面，其南笙鐘，其南鎛，皆南陳。建鼓在西，南鼓，應鼙在其東，南鼓。西階之西，頌磬東面，其南鼓，其南鎛，皆南陳。一建鼓在西階之東，南面。簜在建鼓之間，鼗倚于頌磬西紘。"以至瑟歌《鹿鳴》，三終；下管《新宮》，三終；舉旌以宮，偃旌以商；始奏《肆夏》，中奏《貍首》，卒奏《陔驁》。是詩特言設鐘鼓者，舉大以該之也。《彤弓》言"鐘鼓既設"，爲饗有功諸侯，故此言"鐘鼓既設"，爲大射擇士故也。

---

① 本段中的兩處"大射記"，疑爲"大射儀"之誤。

樂書卷六十八　詩訓義

小雅

　賓之初筵

大雅

　靈臺

　　賓之初筵

籥舞笙鼓,樂既和奏。

　　道生一則奇而爲陽,一生二則偶而爲陰,二生三因陰陽參合而爲冲氣。籥之爲器,如笛而三孔,律度量衡所出,陰陽冲氣所宣,一龠之實所不能述,而册之所書亦不能記也。伊耆氏用葦以始之,後世用竹以易之,律度所生,陰陽合焉,所以通中聲也。故大者謂之產,以其聲生出不窮也;小者謂之筊,以其聲不至流縱也;中者謂之仲,則適細大之中而已。要之,皆道春分之音,應文舞之節也。《周官·籥師》:"掌教國子舞羽,龡籥。鼓羽籥之舞。"《笙師》:"掌教龡笙、籥。"則舞羽龡籥,所謂籥舞也;鼓羽籥之舞而以笙師教龡籥焉,所謂笙鼓也。《笙師》:"凡饗射,共鐘笙之樂。燕樂,亦如之。"則燕射之樂,籥舞笙鼓,無所不備。此《儀禮》所謂"篎在建鼓之間",蓋所以備和奏,洽百禮矣。然笙之爲樂,有配鐘言之,《書》所謂"笙、鏞以間"是也;有配磬言之,《鼓鐘》所謂

“笙磬同音”是也；有配瑟言之，《鹿鳴》所謂“鼓瑟吹笙”是
也；有配歌言之，《儀禮》所謂“歌《魚麗》，笙《由庚》”是也。
由此推之，笙之於八音，固無所不應，豈特應鼓而已哉？觀
燕射之禮，樂人設縣，射人告具，工歌三終，左瑟面鼓，卒而
奏《陔》舞《勺》，凡所以言其志，永其聲，動其容者，靡不具
焉。是《詩》特以“籥舞笙鼓”爲言，舉終始以見之也。《大司
樂》“大射，詔諸侯，以弓矢舞”，《樂師》“燕射帥射夫，以弓矢
舞”。故《賓之初筵》始言大射之禮，而曰“大侯既抗，弓矢斯
張。射夫既同，獻爾發功”；繼言燕射之禮，而曰“賓載手仇，
室人入又。酌彼康爵，各奏爾時①”。是《大司樂》之“諸侯”，
“既同”之“射夫”也，《樂師》之“射夫”，“入又”之“室人”也。
射雖不同如此，其執弓矢舞，曷嘗不一哉？

舍其坐遷，屢舞僊僊。亂我籩豆，屢舞僛僛。側弁之俄，屢
舞傞傞。

　　先王未嘗不用盟也，所不貴者，屢盟而已；未嘗不用舞
也，所不貴者，屢舞而已。《書》譏“常舞”，《詩》譏“屢舞”，其
致一也。蓋以禮飲酒者，始乎治常，卒乎亂。況幽王飲酒不
以禮，而臣下化之至於屢舞，如此豈足怪哉？陳幽公之民，
男子休耕農而野舞，女子休蠶織而市舞，序《詩》者推本風化
之所行而刺之。然則幽王飲酒無度，天下化之，固勢所不免
也。古人皆以“幽”謚之，豈其均有不智之實耶？

---

① “各”，光緒刻本作“以”，元刻明修本此段缺失。

靈臺

虡業維樅，賁鼓維鏞。

　　天下之大獸五：脂者、膏者、贏者、羽者、鱗者。先王於此以脂者、膏者爲牲，以贏者、羽者、鱗者爲筍虡。擊其所縣而由其虡鳴，則虡之爲器，中實虛焉，樂之所由出也，惟道集虛，而文王之道寓是焉；橫謂之筍，筍上設版謂之業，以象業成於上，樂作於下，而文王之業寓是焉。今夫木之性仁，檜之爲木，柏葉松身，則葉與身皆曲，以曲而會之，故音會計之檜；樅之爲木，松葉柏身，則葉與身皆直，以直而從之，故音從容之樅。而文王以德行仁，如之。物大謂之賁，道大謂之路，賁異於路鼓者，事之生作之大故也；凡樂象成，民功爲大，夫鐘謂之鏞者，以其能考民功之大故也。文王有靈德，妙之而爲道，顯之而爲業，苟不假仁以行之，則民亦孰知其爲靈而樂附之耶？《傳》曰："積恩爲愛，積愛爲仁，積仁爲靈。"《靈臺》之所以爲靈者，積仁故也。由是觀之，文王之德所以降而在民，散而在物，民物共由之，莫知其所以然而然者，以德行仁之效也。作樂以形容之，其誰曰不宜？古者作樂，所以道陰陽之和者也，文爲陽，而鼓所以作陽聲也；武爲陰，而鐘所以聚陰聲也。文王以文治，故《靈臺》之樂先鼓而後鐘；武王以武功，故《執競》之樂先鐘而後鼓，惟其時物而已。然文王之樂以鼓鐘言之，則大矣而未備；至武王，然後磬管將將；成王，然後簫管備舉。此《靈臺》所以列於《雅》，《執競》、《有瞽》所以在《頌》也。

於論鼓鐘。

　　鼓者，冬至之音，其大麗似天；鐘者，立秋之音，其統實似地。“樂云樂云，鐘鼓云乎哉？”是鐘鼓樂之器，而樂非器也，有精微之義存焉，然鐘鼓不論，吾無以知其義矣。古之論樂者，“論倫無患”，則論其情而已，非論其義也；其文足論而不息，則論其文而已，亦非論其義也。論其義，則得之於耳而心喻之，得之於心而神受之，豈特悅其鏗鏘而已哉？荀卿曰：“鐘鼓以道志。”“於論鼓鐘”，則以意逆志爲得之矣。莫非鼓也，而大者謂之賁；莫非鐘也，而大者謂之鏞。於論賁鼓，其義見於作大事也；於論維鏞，其義見於考大功也。文王受命，而民樂其有靈德以及鳥獸昆蟲，而始附之者，以其有事功之大，素信於民故也。文王之樂，其琴、瑟、笙、簧見於《鹿鳴》，其鼓、舞見於《伐木》，是詩特詳於鐘鼓者，舉其大而已。此《大雅》言樂，所以異於《小雅》歟？

於樂辟廱。

　　夏后氏以序名學，則主以禮射而略於樂；商人以瞽宗名學，則主以樂教而略於禮；周人兼而用之，而名其學以辟廱。辟者，法之所自出，本之以爲禮；廱者，和之所自生，本之以爲樂。辟廱以本之，則禮樂之教，足以同人心，出治道，其於安上治民，移風易俗也，何有？蓋樂則生矣，生則惡可已？以至不知手之舞之、足之蹈之者也。故樂，吾成己之道，自仁之於父子，充之至於聖人，之於天道；樂，吾成物之道也，自盡人之性，推之至於盡物之性。道志道事以詩書，道行道和以禮樂，樂，吾允文之道也；受成出師，資之以爲謀，反奠獻馘，歸之以爲功，樂，吾允武之道也。文王之道見於“雝雝在宫”者，不以善服人，而以善養之。及其卒也，壯者抗强行之志而有造，老者激已惰之氣而無斁。樂道之效至於如此，豈特樂輪奐而已哉？文王立辟廱於豐，武王廣之於鎬，自西自東自南自北，無不中心悦而誠服，皞皞如也，彼亦孰知其樂爲哉？魯僖公之頌“思樂泮水，言采其芹”，不過樂其禮教而已，語其道，則未也。鐘鼓言“於論”，辟廱言“於樂”，必兩言之者，所以歎美之，有言之不足之意故也。

樂書卷六十九　詩訓義

大雅

靈臺　行葦　假樂　卷阿

靈臺

鼉鼓逢逢，矇瞍奏公。

《中庸》曰："今夫水一勺之多，及其不測，黿鼉蛟龍生焉。"則鼉之爲物，其性静而惡聒，喜夜自鳴而已。蓋出乎黿之類，其聲大而遠聞者也。《國語》曰："矇瞍修聲。"蓋耳目形也，聰明神也。聾聵者其神在目不在耳，故以之司視而掌火；矇瞍者其神在耳不在目，故以之司聽而鼓樂。則矇者非無目也，有蒙之者焉；瞍者可使幾聲，審吉凶者也。"鼉鼓逢逢"，而樂得其性，如此則文王靈德所及深矣。以"矇瞍奏公"而形容之，則樂之象成，豈私樂吾一身爲哉？必有以樂人物遂性而已，此所以不言事而言公也。然《雅》爲王政之興，《頌》爲王功之成，《靈臺》言樂，止於鼓鐘者，原王政之所由興故也。《維清》所奏及於象舞者，要王功之所自成故也。

行葦

或歌或咢。

徒歌謂之謡，徒擊鼓謂之咢。歌起於嗟歎之不足，適心之所可而已,樂之正也;咢則有逆於心而喧焉,徒擊鼓而爲之,非樂之正也。或歌於堂上,或咢於堂下,而樂之正與不正者,靡不具舉,其於養老也,亦可謂至矣。或獻、或酢、或燔、或炙,養老之禮也;或歌、或咢,養老之樂也。

假樂

《假樂》,嘉成王也。

人之百骸,假皮以自營,又假物之皮以營其外,二者胥假也。真則至矣,無所復假。然欲有所至,必有所假焉。故假舟楫而絕江河,假輿馬而至千里,此假樂,所以爲至於樂也。蓋立人而不忘我之謂仁,立我而不忘人之謂義。周之興也,文武之功起於后稷,而《生民》推之以配天,所以盡尊尊之義也。周家忠厚本於仁,及草木而《行葦》,推之以睦族,所以盡親親之仁也。積而至於《既醉》之太平,《鳧鷖》之守成,則仁之至,義之盡也。樂也者,不過樂斯二者而已。成王能持盈守成,至於神祇祖考安樂之,則樂之實兆於此矣。語其至於樂,其在於《假樂》之嘉乎?《莊子》曰:“與人和者謂之人樂,與天和者謂之天樂。”“假樂君子,宜民宜人”,與人和者也;“受祿于天,自天申之”,與天和者也。天而不人,人而不天,皆非所以爲至,所謂至於樂者,天人之樂兼備而已。故曰:知天之所爲,知人之所爲者,至矣。

卷阿

矢詩不多,維以遂歌。

德音之謂樂,咏其聲之謂歌;樂爲歌之實,歌爲樂之文。

《記》曰："歌之爲言，長言之也。説之不足故言之，言之不足故長言之。""矢詩不多"，"言之不足"之謂也；"維以遂歌"，"長言"之謂也。歌之爲樂，出於民性自然，非可以强爲也。治民至此，其治之至歟？觀禹之時，六府三事允治，未有不自乎不得賢以爲己憂矣。蓋人君之於賢[①]，有《卷阿》屈納之禮；賢者之於民，有飄風化養之道。有化之道，則其德成而四方以爲則，此三事之所自成也；有養之道，則其政舉而四方以爲綱，此六府之所自成也。周自后稷教民稼穡，公劉厚民事，則六府固已修矣。民德歸厚，見於《伐木》；俾爾單厚，見於《天保》。積而至於忠厚之《行葦》，則成王復何爲哉？作樂以歌其成而已。夫然則至矣盡矣，不可以有加矣，故以召康公三篇之戒終焉。此"九叙惟歌"，繼之以"戒之用休，俾勿壞"之意也。然其戒始於《公劉》之厚民事，所以急先務也；終於《卷阿》之求賢，所以急親賢也。堯舜仁智不過如此，是則召康公之於成王，亦伊尹俾厥后，惟堯舜之心歟？《傳》曰："歌者，直己而陳德。"由是知召康公矢詩以歌之，雖曰樂成王治功之成，亦所以直己而陳德也。與夫蘇公"作此好歌，以極反側"者，異矣。

---

① 本卷自卷首"鼉鼓逢逢"至"人君之於賢"，元刻明修本、光緒刻本均缺失。

樂書卷七十　詩訓義

周頌

維清　執競　有瞽

維清

《維清》，奏《象》舞也。

吉事有祥，象事知器。"維周之楨"，則福之先見，事之有祥者也；《象》舞，則王事兆見，事之知器者也。以吉事之祥，寓於象事之器，則文王之舞所以象成者，孰非有天下之象耶？《樂記》曰："樂者，非謂弦歌干揚也，樂之末節也，故童子舞之。"《內則》曰："成童舞《象》。"蓋文王之時，雖王事兆見，而大統猶未既集也。以未既集之統，舞之以未成人之童，此所以謂之《象》舞歟？《文王世子》、《明堂位》、《祭統》、《仲尼燕居》皆言下而管《象》，《春秋傳》亦曰："《象》箾南。"蓋文王之樂，歌《維清》於堂上，奏鐘鼓舞《象》於堂下。其所形容者，熙邦國之典而已，未及於法則；肇上帝之禋而已，未及於羣祀也。熙邦國之典，則人受之矣；肇上帝之禋，則天受之矣。然則"維周之楨"，豈過是哉？先儒以《象》爲武王樂，誤矣。

執競

鐘鼓喤喤，磬筦將將。

古之王者治定制禮，功成作樂。故商之功成在成湯，其詩曰"衎我烈祖"，繼之以"鞉鼓淵淵，嘒嘒管聲"；周之功成在武王，其詩曰"無競維烈"，繼之以"鐘鼓喤喤，磬筦將將"。蓋"鞉鼓淵淵"，則聞之必遠，象其能廣祖之聲教也；"嘒嘒管聲"，則作之必備，象其能成祖之事業也；"鐘鼓喤喤"，則聲之美[①]，以象武王之烈至是而充實也；"磬筦將將"，則聲之大以象武王之烈至是而輝光也。《傳》曰："夫樂象成者也。"如此而已。然鐘與鼓應，則磬與筦應矣。《小雅》曰："笙磬同音。"《周官·磬師》"掌擊笙磬。"由是推之，筦雖不一，而應磬之筦，則笙之筦而已。"磬筦將將"，非"笙磬同音"而何？荀卿亦曰："從以磬管。""鐘鼓喤喤"爲武王之美，而"鼓鐘欽欽"反爲幽王之刺者，以幽王作流連之樂而不知反，其音比於慢矣，故言欽欽之敬以刺之。《周頌》作"筦"，《商頌》作"管"者，蓋伺末爲司，探本爲官，筦於禮器爲末[②]，管於樂器爲本故也。自探樂器之本言之，謂之管；自完十二律之管言之，謂之筦，其實一也。《爾雅》曰："鍠鍠，樂也。"或從口主聲言之，或從金主器言之，其爲樂之美一也。

有瞽

《有瞽》，始作樂而合乎祖也。

明則有禮樂，幽則有鬼神。周之禮樂，庶事之備也，故作樂於明而合祖於幽。彼其所作非苟然也，蓋亦有循體自

---

①　"美"，元刻明修本、四庫本均作"美"，光緒刻本作"大"。
②　"筦"，元刻明修本、四庫本均作"筦"，光緒刻本作"筍"。

427

然而已。然周之作樂，文王見於《靈臺》、《維清》，武王見於《執競》與《武》，豈始作於《有瞽》耶？其所以言始作者，作備樂故也。《周官・大司樂》"以六律、六同、五聲、八音、六舞大合樂，以致鬼神示。"庸非始作備樂，以合乎祖之謂歟？雖然，有瞽特作於宗廟之中，非郊兵之祭也，故止言先祖是聽而已。作樂而合乎先祖之聽，豈徒爲鏗鏘以樂吾心哉？實有以形容祖之功德，合乎祖之所聽故也。

有瞽有瞽，在周之庭。

《周官》瞽矇之職，"上瞽四十人，中瞽百人，下瞽百有六十人"，則其言"有瞽有瞽"，兼上、中、下瞽而言之也。蓋瞽之字，上從鼓，以其主於鼓樂故也；下從目，以其下目一於聽故也。其來則大司樂詔之，其歌則大師帥之，相之則在眠瞭焉。孔子言相師之道，豈非眠瞭之職歟？"有瞽有瞽，在周之庭"，蓋有眠瞭相之，不待及階及席而已。商人以瞽宗名學，周之主以樂教者，祭之瞽宗。必言在周之庭，明非商學故也。

設業設虡，崇牙樹羽。

樂出於虛而寓於器，本於情而見於文。寓於器，則器異異虡；見於文，則文同同筍。鐘虡飾以贏屬，磬虡飾以羽屬，器異異虡故也。鐘磬之筍，皆飾以鱗屬；其文若竹筍然，文同同筍故也。筍則橫之，設以崇牙，其形高以峻；虡則植之，設以業，其形直以舉。是筍之上有崇牙，崇牙之上有業，業之兩端又有璧翣，鄭氏謂"戴璧垂羽"是也。蓋筍虡所以縣鐘磬，崇牙璧翣所以飾筍虡。夏氏飾以龍而無崇牙，殷飾以崇牙而無璧翣，至周則極文而三者具矣。此所以言"設業設虡，崇牙樹羽"也。喪禮，旌旂之飾亦有崇牙，棺牆之飾亦有璧翣，而與筍虡同者，爲欲使人勿知有惡焉爾。《靈臺》之詩言虡業而不及管，言維樅以爲崇牙而不及樹羽，爲其非作備樂故也。《靈臺》先虡而後業，是詩先業而後虡者，虡於業爲大，業於虡爲小。文王之樂大矣而未備，故先其大者；成王之樂不舉小不足以見其備，故先其小者。

樂書卷七十一　詩訓義

周頌

有瞽

應田縣鼓。

《爾雅》曰:"大鼓謂之鼖,小者謂之應。"《周官·大師》:"大祭祀,令奏鼓棘。大饗,亦如之。"《小師》:"凡小祭祀、小樂事,鼓棘。"蓋鼓小鼓之棘,小師之職也,祭饗用焉,大師則令之而已。《儀禮·大射》"建鼓在阼階西,南鼓,應鼙在其東①,南鼓,一建鼓在其南,東鼓,朔鼙在其北。"大射有朔鼙、應鼙,是《詩》有"應田縣鼓"。先儒以田爲棘,則朔鼙、棘鼓皆小鼓也。以其引鼓,故曰棘;以其始鼓,故曰朔。《儀禮》有朔無棘,《周禮》有棘無朔,猶《儀禮》之"玄酒",《周禮》之"明水",名異而實同也。先儒謂商人加左鞞右應,以爲衆樂之節,蓋亦有所受之也。昔少昊氏造建鼓,夏后氏加四足謂之足鼓,商人貫之以柱謂之楹鼓,周人縣而擊之謂之縣鼓。《明堂位》曰"夏后氏之足鼓,殷楹鼓,周縣鼓"是也。然縣鼓本出於建鼓,則縣鼓,大鼓也。"應田縣鼓"則先小後大,所以爲備樂也。設業然後設虡,亦此意歟?《記》曰:"其功大

---

① "鞞",元刻明修本、四庫本均作"鞞",光緒刻本作"鼙"。

者其樂備。”言其備樂如此，則功可知矣。鄭氏以田爲上報①，非也。

鞉磬柷圉。

　　《爾雅》“大鼗謂之麻”，以其聲大而散故也；“大磬謂之馨”，以其聲清而高故也。“柷”於衆樂先之而已，非能成之也，有兄之道焉；“圉”於樂能以反爲文，非特不失已也，有禁過之義焉。柷以合樂而作之，必鼓之欲止者，戒之於早也；敔以節樂而止之②，必鼓之欲籈者，潔之於後也。《傳》曰：“柷敔者，終始之聲。”斯言信矣。蓋鼗所以兆奏，鼓堂下之樂也；磬則上聲而遠聞，堂上之樂也；堂上堂下之樂備奏，其合止有時，制命於柷圉而已。《書》曰“戞擊”，《禮》曰“楷擊”，《樂記》曰“聖人作爲控楬”，《荀子》曰“鞉柷拊椌楬似萬物”。則柷圉以椌楬爲體，椌楬以楷擊爲用也。今夫堂上之樂象廟朝廷之治，堂下之樂象萬物之治。荀卿以堂下“鞉柷椌楬爲似萬物”，則是以堂上之拊亦似之，誤矣；柷圉椌楬一物而異名，荀卿以柷椌離而二之，亦誤矣。鞉又作鼗者，鞉，兆在右，右之也；鼗，兆在上，先之也。圉又作敔者，以其樂而止之，故爲敔；以其禁樂之過焉，故爲圉，其實一也。《周官·眡瞭》“掌凡樂事，播鼗擊頌磬、笙磬”，《小師》“掌教鼓鼗、柷、敔、塤、簫、管”，《瞽矇》“掌播鼗、柷、敔、塤、簫、管”。是皆先鼗而磬次之，先柷、敔而簫、管次之，是《詩》言“鼗磬

①　“上”，元刻明修本、光緒刻本均作“大”。
②　“敔”，元刻明修本、四庫本均作“敔”，光緒刻本作“圉”。

431

柷圉”，繼之“簫管備舉”，固作樂之序也。

既備乃奏，簫管備舉。

大簫謂之言，以其管二十四，無底而善應故也；小者謂之筊，以其管十六，有底而交鳴故也。大管謂之簥，以其聲大而高也；小者謂之篎，以其聲小而深也；其中謂之篞，則其聲不大不小，不高不深，如黑土之在水中也。蓋簫以比竹爲之，其狀鳳翼，其音鳳聲，雖有管而非管，夏至之音也；管則合兩以致用，象簫而非簫，十二月之音也。《周官》之於簫管，鼓之小師，播之瞽矇，吹之笙師，則簫管異器而同用，要皆堂下之樂，器之尤小者也。舉器之尤小，尤見樂之，所以爲備也，與《商頌》“嘒嘒管聲”同意。《易》於《既濟》言“亨小”，《詩》於萬物盛多言“魚之微”，言微物以見其盛多，言亨小以見其既濟，然則於樂，舉其尤小者，其爲備樂可知矣。古之作樂，一音不備不足以爲備樂，故金石以動之，絲竹以行之，匏以宣之，瓦以贊之，革木以節之，然後爲備奏矣。蓋“應田縣鼓”，鞉，革音也；柷圉，木音也；簫管，竹音也；磬，石音也。不言金音者，以石見之；不言絲音者，以竹見之；不言匏音，笙竽有焉。《記》曰：“君子聽竽笙簫管之聲，則思畜聚之臣。”則匏亦以簫管見之也。八音以土爲主，故《虞書》、《樂記》之論八音，皆不言土。《春秋傳》曰：“爲之七音，以奉五聲。”言七音則瓦舉矣。《記》曰：“干戚而舞，非備樂也。”此論備樂而不及舞者，舞所以節八音也，言八音則舞舉矣。不然詩人何以謂之“備奏”、“備舉”邪？《記》言“金石絲竹，樂之器也”，繼之“文采節奏，聲之飾也”，蓋有是器然後有是

飾。“設業設虡，崇牙樹羽”，所謂文采也；“應田縣鼓，鞉磬
柷圉，既備乃奏”，所謂節奏也。《楚茨》詩曰“樂具入奏”，此
言備奏者，小備謂之具，故《樂記》於禮言具，於樂言備。荀
卿亦曰：“終始具而聖人之道備矣。”是具可以言備，而備不
止於具。《楚茨》非論備樂，故止言具奏而已。

喤喤厥聲，肅雝和鳴，先祖是聽。

　　肅者，敬之在心；雝者，和之在形。心敬者其形和，則肅
雝存乎人。樂者，審一以定和，使夫陽而不散，陰而不密，剛
氣不怒，柔氣不懾，則和鳴存乎樂。《記》曰：“勁正莊誠之音
作，而民肅敬；順成和動之音作，而民慈愛。”豈非肅雝在人，
和鳴在樂之謂歟？成王始作備樂以合乎祖，八音克諧，無相
奪倫。故聞其聲之喤喤者，其人未有不肅雝；觀其人之肅雝
者，其樂未有不和鳴。《記》曰：“樂在宗廟之中，上下同聽
之，莫不和敬。”於此見矣。若夫鄭音好濫淫志，宋音燕女溺
志，衛音趨數煩志，齊音敖僻喬志，皆淫於色而害於德，是以
祭祀弗用也。子夏論樂及此，必繼之肅雝和鳴者，以謂其人
非肅雝，其樂非和鳴，且不可用於祭祀以感神，況可用以感
人乎？幽有以感神而“先祖是聽”，明有以感人而“我客戾
止[1]”，其於“永觀厥成”也何有？舜之作樂，“戛擊鳴球，搏拊
琴瑟以詠”，“下管鼗鼓，合止柷敔，笙鏞以間”，“《簫韶》九
成”，卒至於“祖考來格，虞賓在位，羣后德讓”，亦何異此？
言聲又言和鳴者，聲則在樂，鳴則取諸物而已。《梓人》爲筍

---

[1]　“戾”，元刻明修本、四庫本作“於”，據光緒刻本改。

虡，取贏屬，聲大而宏者以爲鐘虡；取羽屬，聲清揚而遠聞者①以爲磬虡②。故擊其所縣，皆由其虡鳴。至於取鱗屬以爲筍，且其匪色，必似鳴矣；措其匪色，必似不鳴矣。管夷吾之論五聲，有似馬之鳴野者，有似雉之鳴木者，有似牛之鳴窌者，豈非其聲在樂，其鳴取諸物耶？莊周有之："金石有聲，不考不鳴。"蓋鐘聲金，磬聲石，皆待考然後鳴；其鳴也，必由其虡而已。《學記》之言鐘，"叩之小則小鳴，叩之大則大鳴"；《虞書》之言磬亦曰"鳴球而已"，蓋取諸此。

---

① "遠聞者"，元刻明修本、四庫本作"遠間者"，據光緒刻本改。
② "磬"，元刻明修本、四庫本作"聲"，據光緒刻本改。

樂書卷七十二　詩訓義

周頌

　有瞽　　有客　　武　　酌

　　有瞽

我客戾止，永觀厥成。

　　昔孔子之喪，有自燕來觀者；滕定公之葬，有四方來觀者，觀禮之成也。"我客戾止，永觀厥成"者，觀樂之成也。子語魯太師曰："樂其可知也；始作，翕如也；從之，純如也，皦如也，繹如也。以成。"蓋樂之一變爲一成，文樂九成，九變故也；武樂六成，六變故也。周始作備樂而合乎祖，不過主《大武》而已，其成於六變，可知也。《記》曰："《武》始而北出，再成而滅商，三成而南，四成而南國是疆，五成而封，周公左召公右，六成復綴，以崇天子。"二王之後國於杞、宋，其來助祭，則賓之而弗臣，有客之道焉。"我客戾止"，豈特有《振鷺》之容，善習於禮，以永終譽爲哉？將以永觀吾作樂之成而已。《傳》曰："夫樂，象成也者。"武樂之成終於崇天子，是則二王之後戾止而觀成，得非所以崇天子之意歟？與《商頌》"我有嘉客，亦不夷懌"同義。觀《有客》之頌曰："有客有客，亦白其馬。"特美微子之臣而已，是詩所謂我客者，亦不過二王之後之臣也。言其臣戾止如此，則其君可知矣。

有客

既有淫威，降福孔夷。

殺伐之威在征討[①]，道德之威在禮樂。古之人以射御之事寓之禮，干戚之舞寓之樂，然則禮樂之於天下有不爲人主之威乎？蓋王者之於禮樂，實所以自出也，有之固足以爲宜；二王後之於禮樂，非所宜有也，有之斯爲過矣。此《有客》所以言“既有淫威”也。今夫二王之後在周，有不純臣之義，非若在庭之臣也，以其有不純臣之義待之，以不純臣之禮使之，統承先王，用王者禮樂，所以優異之也。彼雖得用王者禮樂，亦不過施先王之廟而已，若夫非先王之廟而用之，亦未免乎僭矣。然則魯非二王之後，亦得用王者禮樂，故《閟宫》之頌“白牡騂剛”以爲禮，“萬舞洋洋”以爲樂者，以周公有王者之勳勞，錫之以王者之禮樂，其有淫威亦不害與二王之後同也。

武

《武》，奏《大武》也。

《春秋傳》曰：“於文，止戈爲武。”戈則器也，所以示事；止則象也，所以示志。《序》曰：“桓講武，類禡也；桓武志也。”言武志，則講武其事也；《大武》之所以爲《武》，不過如此。《周官·大司樂》：“奏黃鍾，歌大呂，舞《雲門》，以祀天神；奏太蔟，歌應鍾，舞《咸池》，以祭地示；奏姑洗，歌南吕，

---

① “伐”，元刻明修本、光緒刻本均作“罰”。

舞《大磬》，以祀四望；奏蕤賓，歌函鍾，舞《大夏》，以祭山川；奏夷則，歌小呂，舞《大濩》，以享先妣；奏無射，歌夾鍾，舞《大武》，以享先祖。"由是觀之，武奏《大武》，則歌《武》詩而舞之可知矣。《樂師》"凡樂，出入，令奏鐘鼓"，《鐘師》"凡樂事，以鐘鼓奏《九夏》"，至於《執競》祀武王，首之以"鐘鼓喤喤"，則《武》奏《大武》，豈不以鐘鼓耶？

酌

《酌》，告成大武也。言能酌先祖之道，以養天下也。

文王以文治，武王以武功。所以致太平之治者，文王也，故《維天之命》太平，告文王也；所以立大武之功者，武王也，故《酌》告成大武也[①]。《大武》之樂，武王作之於前，成王述之於後，成之有道；《酌》先祖之道，以養天下，成之之道也。《傳》曰："武有七德，禁暴、戢兵、保大、定功、安民、和衆、豐財者也。"《酌》之詩，其事則武，其道則養天下。武本毒天下，反以養天下者，安民、和衆、豐財之德而已。今夫勺水爲勺，酌酒爲酌，則酌也者，有挹而損之之道焉。周之興也，建邦啟土於后稷，肇基王迹於太王，篤前烈於公劉，勤王家於王季。至文王，然後受方以朝諸侯，受國以有天下。其所以積行累功，致王業艱難者，無非養天下之道。成王酌先祖之道以養天下，可謂成之有道矣，其作樂告成而形容之，不亦可乎？故其詩曰："我龍受之，蹻蹻王之造。載用有嗣，實維爾公允師。""爾公"，爲言事也，《大武》則王事而已，其

---

① 自"也故酌"至段末"一何疏耶"，光緒刻本缺失。

所以衆允者，以其一怒而安天下之民，非私乎一身也。成王酌先祖之道以成之，則王事終始無虧，尚何未盡善之有乎？是詩不言奏者，以其告成而已，與武奏《大武》異矣；不言舞者，以《維清》見之，與《武》奏《大武》同意矣。《燕禮》言"若舞則《勺》"，《記》言"十有三年舞《勺》，成童舞《象》"，皆小舞也；"朱干玉戚，冕而舞《大武》[①]，皮弁素積，裼而舞《大夏》"，皆大舞也[②]。《周官》大舞以大司樂掌之，小舞以樂師掌之，由此以觀周之舞也，豈不重《武宿夜》歟？此《酌》與《象》所以不言大，異乎《大武》配六樂而謂之大也。豈非周之大統大勳，至是然後集耶？《傳》曰："舜樂莫盛於《韶》，周樂莫盛於《酌》。"以《韶》爲盛，則是以《酌》爲盛，是不知舞莫重於《武宿夜》之説也。《白虎通》謂之周公之樂曰《酌》，一何疏耶？

① "大武"，原作"大舞"，據元刻明修本改。
② "皆大"，原作"大皆"，元刻明修本上也作"大皆"，但"大皆"上有乙號，故據此改。

樂書卷七十三　詩訓義

魯頌

　　有駜　泮水　閟宫

商頌

　　那

有駜

振振鷺,鷺于下。鼓咽咽,醉言舞。于胥樂兮。振振鷺,鷺于飛。鼓咽咽,醉言歸。于胥樂兮。

　　在《易・坎》之九五,君也;六四,臣也。君臣以近,相與不過"樽酒簋貳",以示禮;"用缶",以示樂。然則《有駜》頌魯君臣有道,捨禮樂何以哉?蓋鷺之爲物,其質潔白,閑水而善捕魚。其質潔白,"在公明明"之譬也,閑水則習禮之譬,善捕魚則得民之譬也。"于下"則在水而已,與《雎鳩》"在河之洲"同意。"于飛"則言歸而已,與"歸飛提提"同意。人臣之道,潔白以明其德,習禮以莊其容。始也,于下以從君,鼓舞以致其樂;終也,于飛以言歸,鼓節以致其禮。既和之以樂,又節之以禮,則君臣之間,禮樂皆得而不失道,未有不得民者矣。魯王禮也,天下傳之久矣,君臣未嘗相弒也,禮、樂、刑、法、政、俗未嘗相變也,天下以爲有道之國,是故天下資禮樂焉。然以王者之法繩之,天下有道,禮樂自天子出；天下無道，禮樂自諸侯出。魯，侯國也，安得用天子禮樂，兼四代服、器、官爲哉？蓋周公有王者之勳勞，其祭之也，報以王者之禮樂，故用之周公廟則可，用之魯國則僭矣，孰謂魯王禮耶？春秋之時，魯君三弒，孰謂君臣未嘗相弒乎？士之有誄，由莊公始，婦人髢而弔，由臺駘始，孰謂禮、樂、刑、法、政、俗未嘗相變乎？由是觀之，天下無道之國，莫甚於魯，苟資禮樂焉，亦不免於僭。鄭氏以爲近誣，真篤論歟！是詩頌僖公君臣有道，是亦彼善於此而已。後世以鷺飾鼓，因謂之鷺爲鼓精，豈惑越王不經之事而爲之説乎？

泮水

思樂泮水，薄采其芹。

　　天子之學曰辟雍，諸侯之學曰泮宮。辟，生於墻壁之壁，所以限制内外，而法如之，禮之所由出也；廱，生於雝渠之雝，飛鳴相濟，而和如之，樂之所由生也。天子之教，辟廱以本之，未有不先禮樂，則諸侯之教，泮宮以本之，雖不全乎禮樂，亦半於天子而已。故辟廱之制，猶天子宮架也；泮宮之制，猶諸侯軒架也。蓋水有泮，適各得半焉；所謂泮宮，亦半水而已。水所以比禮[①]，而芹、藻、茆，禮之物也。“思樂泮水”者，悦其樂也；薄采芹、藻、茆者，悦其有禮也。文武隆禮樂之教於西雝，而自西自東自南自北，無思不服者，近者悦之，遠者懷之，大學之道也。僖公隆禮樂之教於泮水，不過“屈此羣醜”，“淮夷攸服”而已，以道有遠近，德有小大故也。

---

① “比”，四庫本原缺，元刻明修本作“此”，據光緒刻本改。

鄭之學校廢於子衿，而其詩曰"縱我不往，子寧不來"，以刺
其禮廢；"子寧不嗣音"，以刺其樂壞，禮樂之教不可一日廢
於學校也如此。《明堂位》曰："頖宮，周學也。"《禮器》曰：
"魯人將有事於上帝，必先有事於頖宮。"則頖宮周人之制，
魯之大學也。魯之大學在郊，故將有事上帝，則於之有事
焉。然則序與瞽宗，蓋設於頖宮左右，而"米廩其公"，宮南
之小學歟？

閟宮

萬舞洋洋。

《明堂位》曰："成王以周公爲有勳勞於天下，封曲阜，命
魯公世世祀之以天子之禮樂。是以季夏六月，以禘禮祀周
公於大廟，牲用白牡，尊用犧、象、山罍，鬱尊用黃目，灌用玉
豆、雕篹，爵用玉琖仍雕，加以璧散、璧角，俎用梡、嶡，升歌
《清廟》，下管《象》，朱干玉戚，冕而舞《大武》。皮弁素積，裼
而舞《大夏》。《昧》，東夷之樂也；《任》，南蠻之樂也。納夷
蠻之樂於大廟，言廣魯於天下也。"由是觀之，"白牡騂剛，犧
尊將將。毛炰胾羹，籩豆大房"，天子之禮也；"萬舞洋洋"，
天子之樂也。於禮言"犧尊"、"籩豆"，則罍、黃目、雕、篹、
梡、嶡之類舉矣；於樂言"萬舞"，則升歌、下管、《大夏》、蠻夷
之樂舉矣。後世禮廢樂壞，僭八佾於羣公之廟，獻六羽於仲
子之宮，《春秋》譏之，又況卒仲遂、叔弓不以禮乎？宣八年
辛巳，"有事于大廟，仲遂卒于垂。壬午，猶繹。萬入，去
籥"，譏其以輕妨重也。昭十五年癸酉，"有事于武宮。籥
入，叔弓卒。去樂，卒事"。譏其以小廢大也。

那

《那》，祀成湯也。微子至于戴公，其間禮樂廢壞。有正考甫者，得《商頌》十二篇於周之大師，以《那》爲首。

六經之道同歸，而禮樂之用爲急。古之王者，治定必制禮，以廣業；功成必作樂，以崇德。所以昭先烈、遺來世，爲一代制作之盛典也。商之成湯，革夏以爲商，拯民於塗炭之中，寘之治，安之域，則其治既定而禮制，其功既成而樂作；後世孫子追述當時制作之意，形容於美盛德之頌，因歌而祀之，此《那》之所以作也。自微子國於宋，統承先王，修其禮樂，至于戴公，凡數世矣，其間先王禮樂或廢而不興，或壞而不修，而樂正雅頌所存蔑如也。有孔氏之先考甫者，至孔子時又亡七篇，是《商頌》得正考甫而僅存，至孔子而後不泯。《語》曰："周因於商禮，所損益可知也。"《語》曰："商者，五帝之遺聲也。"商人識之，故謂之商。明乎商之音者，臨事而屢斷。莊周謂曾子"曳屣而歌商頌，聲滿天地，若出金石"。由是觀之，商禮之所以損益，樂之所以聲音，後世不可得而考也；所可知者，特其恭敬之實，《大濩》之名而已。其不言商之《風》、《雅》者，非無《風》、《雅》也，久而不傳故也。《商頌》固不止十二篇，正考甫得於周之太師，止是而已，其《風》、《雅》不存又可知矣。王通曰："《詩》三百始終於周。而存《商頌》者，亦所以爲周戒。"《詩》不云乎："殷鑒不遠[1]，在夏后之世。"然則周鑒豈不在於商乎？

---

[1] "殷"，元刻明修本、光緒刻本均作"商"。

樂書卷七十四　詩訓義

商頌

那

猗與那與，置我鼗鼓。奏鼓簡簡，衎我烈祖。湯孫奏假[①]，綏我思成。

正北之坎爲革，則鼓爲冬至之日音，而冒之以啟蟄之日，其聲象雷，其形象天，其於樂象君，故鼓柷、鼓敔、鼓瑟、鼓鐘、鼓簧、鼓缶，皆謂之鼓，以五聲非鼓不和故也。《記》曰：鼓無當於五聲，五聲弗得不和。此其意歟？蓋其制始於伊耆氏之土鼓，備於夏后氏之足鼓，商人貫之以柱，謂之楹鼓。《周官》以大僕建路鼓于大寢門之外，《儀禮·大射》"建鼓在阼階西南鼓"，則其所建楹鼓，爲一楹四稜焉，貫鼓於其端，猶四植之桓圭也。《莊子》曰"負建鼓"，可負必以楹貫而置之矣，所謂"置我鼗鼓"者如此。鼗，兆奏鼓者也；言"奏鼓簡簡"，則鼗從之矣。《禮記》曰："禮，反其所自生；樂，樂其所自成。"湯之孫子奏鼗鼓以衎烈祖，假有廟，非特昭先祖之功而已，亦所以樂其所自成也，烈祖庸詎釋我而不綏之邪？在《易》之《豫》："先王作樂，殷薦之上帝，以配祖考。"殷人郊丘之祭，以祖考配上帝，猶且以樂薦而先之，況宗廟烝嘗之

---

① "假"，元刻明修本、四庫本作"假"，光緒刻本作"格"。

祭乎？此《那》祀成湯，所以先樂後禮之意也，豈非《記》所謂殷人尚聲耶？

鞉鼓淵淵，嘒嘒管聲。

　　革音兆於北方，則播而爲鞉鼓；竹音運乎十二月，則發而爲管聲。《周官・大司樂》：雷鼓雷鼗，以禮天神；靈鼓靈鼗，以禮地示；路鼓路鼗，以禮人鬼。則“鞉鼓淵淵”，非雷鼓雷鼗、靈鼓靈鼗也，路鼓路鼗而已。以孤竹之管禮天神，孫竹之管禮地示，陰竹之管禮人鬼，則“嘒嘒管聲”，非孤竹之管也，陰竹之管而已。言“鞉鼓”繼之以“淵淵”，言“管聲”先之以“嘒嘒”，何也？蓋鞉鼓必待奏之然後聞其聲，管聲與鞉鼓合奏，聞其嘒嘒之聲，知爲管聲而已。此細大不踰，無相奪倫之意也。

既和且平，依我磬聲。

　　先王作樂，本之以五行，文之以五聲，參之以八卦，播之以八音。八卦之所君者，乾也；八音之所主者，磬也，故磬音出於乾而已。蓋乾位西北而天屈之，以爲無有曲折之形焉，所以立辨也。故方有西、有北，時有秋、有冬，物有金、有玉，分有貴、有賤，位有上、有下，而親疏、長幼之理，皆辨於此矣。古人論磬，嘗謂有貴賤焉，有親疏焉，有長幼焉；三者行，然後萬物成，天下樂之。故在廟朝聞之，君臣莫不和敬；閨門聞之，父子莫不和親；族黨聞之，長幼莫不和順。夫以一器之成而功化有至於此，則磬之所尚，豈在夫石哉？凡尚聲，爲衆聲所依而已。商樂以磬爲主，故言“依我磬聲”；舜樂以簫爲主，故言“簫《韶》九成”。

庸鼓有斁，萬舞有奕。

　　庸鼓，鐘鼓之大者也；萬舞，舞之大者也。商之作樂在湯①，則“奏鼓簡簡”，大矣而未備；在湯孫，則“嘒嘒管聲”，備其細以成大。《記》曰：“商人尚聲，臭味未成，滌蕩其聲，樂三闋，然後出迎牲。聲音之號，所以詔告於天地之間。”豈不以樂之大然耶？觀舜堂上之樂，“戞擊鳴球，搏拊琴瑟以詠”，所以貴人聲也；堂下之樂，則“管鞀鼓，合止柷敔，笙鏞以間”，所以賤樂器也。《那》祀成湯之樂，堂上言“依我磬聲”，則“戞擊鳴球，搏拊琴瑟”之類舉矣；堂下言“鞀鼓管鏞”，則柷敔笙簫之類舉矣。《國語》曰：“聲應相保曰和，細大不踰曰平。”商之作樂，細大和，高下平，上下諧，遠有以廣聲教，備有以成事業，其於致太平也，何有？《那》祀成湯，詳於樂而略於禮者，以其祖有功而樂象功故也。《烈祖》祀中宗，言“清酤”、“和羹”之禮而不及樂者，以其宗有德而禮成德故也。《閟宮》言“萬舞洋洋”，美其形容之衆大也；此言“萬舞有奕”，美其綴兆之衆大也。由是觀之，萬舞之舞，在商爲《大濩》，在周爲《大武》。周官皆以大司樂掌之，其爲衆大可知。先儒謂以武王用萬人定天下言之，不考《商頌》之過也。

---

① “湯”，原作“蕩”，元刻明修本不清晰，據光緒刻本改。

樂書卷七十五　尚書訓義

虞書

五帝殊時不相沿樂，非無禮也，以其行天道以治人，樂勝乎禮故也；三王異世不相襲禮，非無樂也，以其行人道以奉天，禮勝乎樂故也。是以仲尼對顔淵之問，於商周特言輅冕，於唐虞特言《韶》舞，豈不表裏於此歟？《周官》述二帝之樂：堯曰《大章》，舜曰《大韶》。《樂記》釋二樂之義：《大章》，章之也；《韶》，繼也。蓋堯放上世之勳，焕乎其有文章，故後世語功德尤章者，必稽焉；舜重堯帝之華，有以盡繼體之道，故後世語善繼人之志者，必稽焉。揚雄曰：“襲堯之爵，行堯之道，法度彰，禮樂著，垂拱而視天民之阜。”然則禮樂之功豈不至矣哉？《樂記》曰：“禮至則無怨，樂至則不争。揖遜而天下治者，禮樂之謂也。”其舜之謂乎？今夫聖人定《書》，必斷自堯舜，其論樂亦斷自二帝[①]，夫豈以黄帝而上爲不足取也？誠以禮義哨哨，而樂之情文未盡，不足以法後世故耶。

舜典

三載，四海，遏密八音。

先王制爲喪服之禮，其恩厚者其服重，故爲父斬衰三

---

① “其”，原缺，據元刻明修本、光緒刻本補。

年，以恩制者也。資於事父以事君而敬同，故爲君亦斬衰三年，以義制者也。彼中國之近者，報君之禮，蓋亦不及如此。若夫四海之遠者，其報未必如是之重，姑遏密八音而已。蓋樂出爲虛，寓於實則八音各麗於器，器具而天地萬物之聲可得而考焉。故物之盛於天地之間，若堅，若脆，若勁，若靭，若實，若虛，若沉，若浮，皆得効其響焉，故八物各音而同和也。考之於經，堯舜之時，八音固已大備，後世雖有作者，皆不能易茲八物矣。蓋主朔易者坎也，故其音革；爲果蓏者艮也，故其音匏；震爲竹，故其音竹；巽爲木，故其音木；兌爲金，故其音金；乾爲玉，故其音石；瓦土器也，故坤音瓦；鼉，火精也，故離音絲。革聲隆大，冬至之音也，鼗鼓繫焉；匏聲崇聚，立春之音也，笙竽繫焉；竹聲清越，春分之音也，管籥繫焉；木聲無餘，立夏之音也，柷敔繫焉；金聲舂容，秋分之音也，莫尚於鐘；石聲溫潤，立冬之音也，莫尚於磬；土聲函胡，立秋之音也，莫尚於壎缶；絲聲纖微，夏至之音也，莫尚於琴瑟。革失之洪，匏失之長，竹失之高，木失之短，金失之重，石失之輕，土失之下，絲失之細。要之，八音從律而不姦，然後爲和樂也。《禮記》論八音多矣，曰“施之金石”，舉其始言之；曰“匏竹在下”，要其終言之；“金石絲竹，樂之器也”，兼始、中、終言之。并與三者而詳言之，《周官》大師之職而已。蓋樂器重者從細，輕者從大；大不踰宮，細不踰羽，細大之中，則角而已。莫重於金，故尚羽；莫輕於瓦絲者，石也，故尚角；匏竹非有細大之從也，故尚議；革木非有清濁之變也，故一聲。然則金石則土類，西凝之方也，故與土同位於西；匏竹則木類，東生之方也，故與木同位於東；絲成於夏，故琴瑟在南；革成於冬，故鼗鼓在北。大師之序八音，以金、石、土爲先，革、絲次之，木、匏、竹爲後者。蓋西者，秋成之時[①]，聲之方也；虛者，樂所自出，聲之本也，故音始於西，成於東。於西，金、石先於土者，以陰逆推其所始故也；於東，匏、竹後於木者，以陽順序其所生故也。革、絲居南北之正，先革而後絲者，豈亦先虛之意歟？由是推之，堯舜之樂雖不可詳究，其音之大致亦不過如此。

帝曰："夔，命汝典樂，教胄子，直而溫，寬而栗，剛而無虐，簡而無傲。"

　　昔舜使重黎舉夔於草莽之中，以爲樂正，重黎又欲益求人，舜謂之曰："聖人爲能知樂之本，而夔能和之；以平天下，若夔者，一而足矣。"遂命典樂，教胄子。則夔之達於樂，不亦深乎？帝則德全而教略，故舜命夔教胄子以四德："直而溫，寬而栗，剛而無虐，簡而無傲"是也。王則業大而教詳，故命大司樂教國子以六德：中、和、祇、庸、孝、友是也。古者教人以道，未嘗不始終之以樂。《文王世子》曰："三王之教世子也，必以禮樂。"孔子成於樂，則教以樂者，固所以爲教人始終之道歟？《學記》之教人，先之"入學釋菜"，以示禮；繼之"《小雅》肆三"，以示樂。學雜服者，達之以安禮；學操縵者，達之以安樂；以至"十三舞《勺》，成童舞《象》，二十舞《大夏》"。由是觀之，教人以樂而始終之，豈特施於胄子哉？教之以"直而溫，寬而栗"，則知教之所由興；教之以"剛而無

---

① "成"，元刻明修本、光緒刻本均作"言"。

虐，簡而無傲”，則知教之所由廢。既知教所由興，又知教所由廢，夫然後可以爲人師矣。夔教胄子如此，其於爲人師之道，固裕如也，孰謂夔其窮歟？觀《周官》大司樂之教國子，非特樂德也，蓋并與樂語、樂舞而教之，豈舜之教胄子不足於此耶？以經求之，其曰“詩言志，歌永言”，非無樂語也；其曰“樂則《韶舞》”，非無樂舞也，特舉樂德以該之而已。

詩言志，歌永言。

　　在心爲志，發言爲詩，則詩也者，言之合於法度而志至焉者也，故詩之所言，在志不在言。怒則爭鬭，喜則詠歌，則歌也者，志之所甚可而言形焉者也，故歌之所永，在言不在志。是以《卷耳》作，見后妃求賢之志；《泉水》作，見衛女思歸之志；《鴟鴞》作，而周公救亂之志明；《雲漢》作，而宣王撥亂之志著。此詩所以言志也。皋陶《賡歌》所以永吾歸美之言，禹之《九歌》所以永吾勸戒之言，《卷阿》之遂歌所以永吾用賢之言，《四牡》之所歌所以永吾將母之言，《何人斯》之好歌所以永吾惡讒之言。此歌所以“永言”也。楊子曰：“說志者，莫辨乎詩。”《傳》曰：“詩以道志。”豈“詩言志”之意耶？師乙曰：“歌之爲言也，長言之也，說之故言之，言之不足故長言之。”豈歌“永言”之意耶？蓋《詩》，人言也，歌，人聲也，人言不如人聲之入人也深，故詩爲先，歌次之。以《詩序》求之，“在心爲志，發言爲詩，情動於中而形於言”，《詩》言其志也；“言之不足，故嗟歎之，嗟歎之不足，故永歌之”，永其言也；“永歌之不足，故不知手之舞之足之蹈之”，舞動其容也。此曰“詩言志，歌永言”，終之以“八音克諧”，而不及舞者，古者舞,以八人爲佾,所以節八音者也,言八音則舞舉矣。或永其言,或咏其聲,以言心聲故也。《書》述夔之所教而曰"詩言志,歌永言",別言之,以辨異也;《周官》述瞽矇所掌而曰"九德",言"六詩之歌",合言之,以統同也。《記》曰"絃歌詩頌",《瞽矇》"弦歌諷誦詩",皆先歌後詩,與《書》異,何也?曰:《書》先詩後歌者,原歌之所始者,自乎詩也;二禮先歌後詩者,序樂之所歌者,不過詩而已。

樂書卷七十六　尚書訓義

虞書

　舜典　大禹謨

　　舜典

聲依永，律和聲。

　　人之生也，鍾五行之秀氣，其出爲五言之永，律必和五行之聲。蓋詠以永爲體，永以詠爲用。故舜之作樂，“琴瑟以詠”，所以爲聲依永也；“笙鏞以間”，所以爲律和聲也。故歌《風》而聲不依永，無以見德性之微；歌《雅》而聲不依永，無以著法度之正；歌《頌》而聲不依永，無以顯功德之成。如此則聲詩不協，失其所謂中聲所主者矣，此聲所以不可不依永也。宮爲君，不以律和之，則其聲荒，其君驕；商爲臣，不以律和之，則其聲陂，其臣壞；角爲民，不以律和之，則其聲憂，其民怨；徵爲事，不以律和之，則其聲哀，其事勤；羽爲物，不以律和之，則其聲危，其財匱。如此則聲律不諧，失其所謂中聲所歸者矣，此律所以不可不和聲也。《周官·大師》：“掌六律、六同，皆文之以五聲。教六詩以六德爲之本，以六律爲之音。”豈亦“聲依永，律和聲”之意歟？今夫陽六爲律，則黃鍾、太蔟、姑洗、蕤賓、夷則、無射，皆聲之屬乎陽，所謂律也；陰六爲吕，則大吕、應鍾、南吕、函鍾、中吕、夾鍾，皆聲之屬乎陰，所謂呂也。別而言之，律與呂異；合而言之，呂亦謂之律，此《禮運》所以有五聲十二律之説也。古之言律，或謂之六律，或謂之六始；配律者，或以呂，或以同，六始，則六間配之可也①。謂之七音，何也②？曰：述天地自然之氣，數謂之律，以陽造始謂之始，匹於陽爲呂③，間於陽爲間，同於一陽爲同；呂命以體④，間命以位，同命以情，合陽六陰六言之，均謂之六律也。此特以律爲言，豈非合而言之耶？

八音克諧，無相奪倫，神人以和。

　先王之作樂，主之以六律、六同，而播之以八音。金石以動之，絲竹以行之，匏以宣之，瓦以贊之，革木以節之。所道者中德，所詠者中音。故氣無滯陰，亦無散陽，細不至於抑，大不至於陵，一於回邪曲直，各歸其分而已。此《樂記》所謂“先王合生氣之和，道五常之行，使之陽而不散，陰而不密，剛氣不怒，柔氣不懾，四暢交於中，而發作於外，皆安其位而不相奪也”，庸非“八音克諧，無相奪倫”之謂耶？蓋樂者，天地之和，先王審一以定之者也。故奏之宗廟則肅雝和鳴，先祖是聽；作之天下則長幼和順，兄弟和親。以之率神從天，故其神和；以之反情和志，故其人和。神和則其鬼不神，亦不傷人矣；人和則移風易俗，天下皆寧矣。《國語》曰：

① “可”，元刻明修本、光緒刻本作“何”。
② “何”，元刻明修本、光緒刻本作“可”。
③ “匹”，元刻明修本、四庫本作“匹”，光緒刻本作“焉”。
④ “呂命以體”，四庫本、元刻明修本均作“呂間以命體”，據光緒刻本改。

“德音不愆，以合神人。”神是以和，民是以寧，豈特“祖考來格，羣后德讓”而已哉？今夫禮以辨異，則治神人而使之不亂；樂以統同，則和神人而使之無間。言神則知人之爲鬼，言人則知神之爲天，言天神人鬼，則地示之禮可知。《周官》宗伯掌邦禮，治神人，亦足發明於此矣。然則《書》美舜樂曰：“詩言志，歌永言，聲依永，律和聲，八音克諧。”而不及舞，《大司樂》序周樂，則奏律歌而吕舞六樂者，豈非帝者德全而樂簡，王者業大而樂備故耶？揚雄有之：“周之禮樂，庶事之備也。”可不信乎？

大禹謨

水、火、金、木、土、穀，惟修；正德、利用、厚生，惟和。九功惟叙，九叙惟歌。戒之用休，董之用威，勸之以九歌，俾勿壞。六府三事允治，時乃功。

《春秋傳》曰：“水、火、金、木、土、穀，謂之六府；正德、利用、厚生，謂之三事。六府三事，謂之九功。九功之德皆可歌也，謂之《九歌》。”蓋王者治定制禮，功成作樂。然則禹之“九功惟叙，九叙惟歌”，豈非以禹功之成，不可不作樂以形容之耶？“戒之用休”，仁之至也；“董之用威”，義之至也；“勸之以《九歌》，俾勿壞”，使之樂斯二者，必至有成而無壞也。始而戒之，終而勸之，與秦《終南》之詩同意。《周官·大司樂》言“奏《九德》之歌，《九磬》之舞”，《瞽矇》“掌九德之歌，以役大師”。《大磬》，舜樂也，謂之《九磬》之舞，則《大夏》，禹樂也，謂之“九德之歌”，得非《九夏》乎？《鐘師》：“以鐘鼓奏《九夏》：《王夏》、《肆夏》、《昭夏》、《納夏》、《章夏》、

《齊夏》、《族夏》、《祴夏》、《驁夏》。"杜子春曰："王出入，奏
《王夏》；尸出入，奏《肆夏》；牲出入，奏《昭夏》；四方賓來，奏
《納夏》；臣有功，奏《章夏》；夫人祭，奏《齊夏》；族人侍，奏
《族夏》；客醉而出，奏《祴夏》；公出入，奏《驁夏》。"蓋王者之
於天下，出而與物相見，以同民患，是雖有文明之華，功業之
大而多，故或生焉，又不可不思患而預爲之戒也。禹作《九
夏》之樂，本九功之德以爲歌，而曰："勸之以九歌，俾勿壞"，
豈非先患慮患而戒之乎？今夫天下之民以王者爲之君也，
夏之樂以《王夏》爲之君，故王出入，奏《王夏》。尸非神也，
象神而已，惟在廟則均全於君，是與之相敵而無不及矣，故
尸出入，奏《肆夏》。牲所以食神，實以召之也，神藏於幽微
而有以召之，則洋洋乎如在其上，如在其左、右，不亦昭乎？
故牲出入，奏《昭夏》。外之爲出，内之爲納，四方之賓或以
朝而來王，或以祭而來享，非可却而外之也；容而納之，繫而
屬之，安賓客，悦遠人之道也，故四方賓來，奏《納夏》。東南
爲文，西南爲章，則章者，文之成，明之著也；人臣有功不錫
樂以章之，則其功卒於黯闇不明，非崇德報功之道也，故臣
有功，奏《章夏》。古者將祭，君致齋於外，夫人致齋於内，心
不苟慮，必依於道，手足不苟動，必依於禮，夫然後致精明之
德，可以交神明矣，故夫人祭，奏《齊夏》。族人之侍王，内朝
以齒，明父子也；外朝以官，體異姓也，合族之道不過是矣，
故族人侍，奏《族夏》。既醉而出，並受其福，醉而不出，是謂
伐德，非特於禮爲然，樂亦如之，是以先王之樂未嘗不以祴
示戒焉，故客醉而出，奏《祴夏》。大射，公入驁，則公與王同
德爵，位莫重焉，然位不期驕而驕，禄不期侈而侈，則自放驕

傲之患，難乎免於身矣，是以先王於樂，未嘗不以驚示戒焉，故公出入，奏《驚夏》。蓋禮勝易離，樂勝易流，《九夏》必始之《王夏》，以王道自禹始也；終之《驚夏》，以反爲文也。若然，尚何壞之有哉？《詩》言“鐘鼓既戒”，與此同意。《九夏》之樂有其名而亡其辭，蓋若幽《雅》幽《頌》矣。

樂書卷七十七　尚書訓義

虞書

大禹謨　益稷

大禹謨

帝乃誕敷文德,舞干羽于兩階。

舞有文武,有大小,文武雖殊,其所以象德一也;大小雖殊,其所以爲文武一也。《周官》大司樂舞《雲門》、《咸池》之類,文舞之大者也;舞《大濩》、《大武》之類,武舞之大者也。舞師、樂師羽舞之類,文舞之小者也;干舞之類,武舞之小者也。舜舞干羽,特舞之小者而已。蓋羽者,文德之容;干者,武德之器。武舞以扞蔽之,干所以示威;文舞以翼蔽之,羽所以示懷。兩者並用而不孤立,雖有苗之頑,未有不畏懷而來格矣。昔市南宜僚弄丸而兩家之難解,孫叔敖甘寢秉羽而郢人投兵①。然則舜舞干羽,而七旬有苗格,豈足怪哉?始伐以武而逆命,猶《孟子》所謂“以善服人未有能服人”也;終懷以文而來格,猶《孟子》所謂“以善養人然後能服天下”也。舞干必於賓主兩階者,以其班師振振,則無事於征誅,有事於揖遜。揖遜於兩階者,禮;舞干羽者,樂也,豈非揖遜

---

① “羽”,原作“明”,據元刻明修本、光緒刻本改。

而天下治者,禮樂之謂歟?《樂記》言"比音而樂之,及干戚羽旄謂之樂",《郊特牲》《明堂位》《祭統》皆言"朱干玉戚,以舞《大武》,皮弁素積,以舞《大夏》",《簡兮》之詩言"碩人俣俣,公庭萬舞",繼之"左手執籥,右手秉翟",皆先文後武者。堯舜揖遜,其舞先干者,以苗民逆命故也;湯武征誅,其舞先萬者,以武功爲大故也。然則舜之"誕敷文德"而"有苗格",文王於崇,非不修德,卒不免用師。故《詩》曰:"執訊連連,攸馘安安",豈文王之德不及禹耶?時異而已矣。

益稷

予欲聞六律、五聲、八音,在治忽,以出納五言,汝聽。

《周官·大師》:"掌六律、六同,以合陰陽之聲。陽聲黃鐘、太蔟、姑洗、蕤賓、夷則、無射;陰聲大呂、應鐘、南呂、函鐘、小呂、夾鐘。皆文之以五聲:宮、商、角、徵、羽。皆播之以八音:金、石、土、革、絲、木、匏、竹。六詩:曰風,曰賦,曰比,曰興,曰雅,曰頌。以六德爲之本,以六律爲之音。"蓋六律所以考五聲,五聲所以成八音,八音所以察治忽,此樂之所由以成,五言所由以出納者也。今夫詩言其志,歌永其言,則教六詩以六德爲之本,言之所以納也;以六律爲之音,言之所以出也。言之變雖無窮,而出納皆不過五,則所道者,孰非中德,所詠者,孰非中聲耶?揚雄謂"中聲莫盛乎五",荀卿謂"詩者中聲之所止",如此而已。嘗試論之,古樂之發,六律固正矣,而後世四清興焉,律之所以不正也;五聲固和矣,而後世二變興焉,聲之所以不和也。然四清之名起於鐘磬,二八之文非古制也,豈鄭氏傅會漢得石磬十六而妄爲之説耶？二變之名起於六十律旋宫之言，非古制也，豈京房、班固傅會左丘明爲之七音以奉五聲之説耶？不知丘明所謂七音即八音也，八音以土爲主，是以金、石、絲、竹、匏與革、木，皆待之而後和焉。故《虞書》、《樂記》、《國語》之論八音，皆虚土音以爲之主，猶天地之數五十有五，而大衍虚其五之意也。由是觀之，樂音有八，孰謂合二變而七之乎？《大司樂》以六律、六同、五聲、八音、六舞大合樂，則舜欲聞六律、五聲、八音以作樂，則舞可知矣。

工以納言，時而颺之。

　　舜之於臣民，趨操同者，躬禮樂以帥之；趨操異者，推禮樂以教之。自"予欲觀古人之象"，至"作服汝明"者，躬禮以帥之也；自"予欲聞六律五聲八音"，至"出納五言汝聽"者，躬樂以率之也；自"庶頑讒説"至"欲並生哉"者，推樂以教之也。工之颺，言若風之揚物，則巽以入之，非特言之者無罪，而聞之者亦足勸矣。蓋舜之於股肱耳目之官，欲左右有民而責之使翼，欲宣力四方而責之使爲，則法度彰矣；欲觀古象以作服而責之使明，欲聞音律以作樂而責之使聽，則禮樂著矣。如此，則夫何爲哉？垂拱視天民之阜而已。

夔曰：戛擊。

　　戛擊如以戈。戛以止樂，器之所以爲敔也；擊以作樂，器之所以爲柷也。此六經之道同歸，禮樂之用爲急。禮勝則離而以進爲文，故《曲禮》以毋不敬爲先；樂勝則流而以反爲文，故作樂先戛而後擊，與《樂記》所謂"節奏，先節後奏"

同意。今夫論倫無患，樂之情也，樂之所終，患以生焉。然則作樂戛而後擊，是以禮節樂而使之無奪倫之患，豈不爲得樂之情也歟？《爾雅》曰：“戛，禮也。”禮節樂故也。

鳴球。

《禮記·郊特牲》言諸侯之宮縣而“擊玉磬”，《明堂位》言四代之樂器而“搏拊玉磬”。春秋之時，齊侯以玉磬賂晉止兵，臧文仲以玉磬如齊告糴，則玉之於石類也，玉磬則出乎其類者矣。《顧命》言“天球在東序”，《吕氏春秋》言堯命夔“擊石拊石”，以象上帝玉磬之音。則天球，玉之自然可以爲鳴；球，衆聲之所求而依之者也。《傳》曰：“金石有聲，不考不鳴。”《禮記》言玉之聲“清越以長者，樂也，謂之鳴球”。雖出於所考，要之，其聲清越以長，無異於禽之鳴也。

搏拊。

乘水者，付之沠；作樂者，付之拊。拊之爲器，韋表糠裏，狀則類鼓，聲則和柔，倡而不和，非徒鏗鏘而已。《書·傳》謂“以韋爲鼓”，《白虎通》謂“拊革而糠”是也。其設則堂上，此所謂“搏拊”是也；其用則先歌，大師所謂“登歌，則令奏擊拊”是也。既曰“搏拊”，又曰“擊拊”者，拊之或搏、或擊，拊聲大小之辨也，與所謂“擊石拊石，爲磬聲小大之辨”同意。荀卿曰：“縣一鐘而尚拊。”《大戴禮》曰：“縣一磬而尚拊。”蓋一鐘一磬，特縣之樂也。拊設於一鐘一磬之東，其爲衆樂之倡可知矣。大祝"登歌擊拊"①，固小師之職也；大師則令之使奏擊而已。此先戛擊後搏拊，《禮記》先搏拊者，《書》以作樂序之，《記》以樂器序之，故其先後不得不異。

---

① "祝"，原作"杌"，據元刻明修本、光緒刻本改。

樂書卷七十八　尚書訓義

虞書

益稷

琴瑟以詠，祖考來格，虞賓在位，羣后德讓①。

　　八音以絲爲主，絲以琴爲君。琴之樂出乎器入乎覺，而瑟實類之，其所異者，特絲分而音細耳。《明堂位》曰：“大琴大瑟，中琴小瑟，四代之樂器也。”《爾雅》曰：“大琴謂之離，大瑟謂之灑。”蓋琴則易良，瑟則静好，其聲尚宫，其音主絲，士君子所常御，所以樂得其道，堂上之樂也。故用大琴必以大瑟配之，用中琴必以小瑟配之，然後大者不陵，細者不抑，足以禁淫邪，正人心矣。荀卿曰：“琴瑟以樂心。”豈虚言哉？《周官·大司樂》：“雲和之琴瑟，以禮天神；空桑之琴瑟，以禮地示；龍門之琴瑟，以禮人鬼。”是琴瑟之用，各以聲類所宜。雲和，陽地也，琴瑟宜於圜丘奏之；空桑，陰地也，琴瑟宜於方澤奏之；龍門，人功所鑿而成也，琴瑟宜於宗廟奏之。此言“琴瑟以詠”，繼之“祖考來格”，則樂以迎來，亦舉宗廟見圜丘方澤之意也。《儀禮·鄉飲酒禮》“二人，皆左何瑟，後首，挎越”，《燕禮》“小臣左何瑟，面執越”，《樂記》曰“清廟之瑟，朱絃而疏越”。皆不及琴者，瑟二十五絃，琴則五絃而

已，亦舉大見小之意也。《大司樂》："以六律、六同、五聲、八音、六舞大合樂，以致鬼神示，以和邦國，以諧萬民，以安賓客，以説遠人，以作動物。"舜之作樂，"祖考來格"，則"致鬼神示"可知；"虞賓在位"，則"安賓客"，"説遠人"可知；"羣后德遜"，則"和邦國"，"諧萬民"可知；"鳥獸蹌蹌，鳳凰來儀"，則"作動物"可知。虞、周之樂，相爲表裏而已。

下管。

　　《禮記·文王世子》曰："登歌《清廟》，下管《象》舞，達有神，興有德。"《郊特牲》曰："歌者在上，匏竹在下，貴人聲也。"《仲尼燕居》曰："升歌《清廟》，示德也；下而管《象》，示事也。"《祭統》曰："昔周公有勳勞於天下，成王賜之重祭，升歌《清廟》，下而管《象》。"《燕禮·大射》曰："升歌《鹿鳴》、《四牡》、《皇皇者華》。下管《新宮》。"蓋周之升歌，不過《清廟》、《鹿鳴》、《四牡》、《皇皇者華》。下管不過《象》、《武》、《新宮》。則舜升歌下管之詩，雖無經，要之，歌以示德，管以示事，一也。德成而上歌，以詠之於堂上；事成而下管，以吹之於堂下。豈非以無所因者爲上，有所待者爲下耶？今夫堂下之樂，以木爲末，以竹爲本，故《爾雅》"大管謂之簥，中謂之篞，小者謂之篎"。蓋其狀如篪、笛而六孔，併兩而吹之，其所主治相爲終始，所以道陰陽之聲，十二月之音也。女媧始爲都良管，以一天下之音；爲班管，以合日月星辰之會。帝嚳又吹笭展管。則管爲樂器，其來尚矣。至周而大備，教之於小師，播之於瞽矇，吹之於笙師。辨其聲用，則孤竹以禮天神，孫竹以禮地示，陰竹以禮人鬼，凡各從其聲類故也。管或作筦,《詩》曰"磬筦將將"是也;或作琯,《傳》稱"白玉琯是也"。《廣雅》曰:"管象簫,長八尺,圍寸,八孔,無底。"豈以後世之制爲言歟?

鼗鼓。

鼓,所以作樂者也;鼗,所以兆奏鼓者也。天道兆於北方,其於卦爲坎,其於音爲革,則鼗鼓冬至之音,堂下之樂也。《爾雅》"大鼓謂之麻",以其聲大而散故也;"小者謂之料",以其聲小而迷故也。《月令》"修鞀鞞",《世紀》"帝嚳命倕作鞀鞞",大謂之鞞而與麻同,小謂之鞀而與料同,則鼗鞀一也。以之作樂爲鼓,作已而爲槃,則鼓槃一也①。周人辨其聲用,雷鼓雷鼗以樂天神,靈鼓靈鼗以樂地示,路鼓路鼗以樂人鬼。鼓人掌教其鼓而不及鼗,《儀禮‧大射》"鼗倚于頌磬西紘",而不及鼓,互備故也。先儒以鼓爲春分之音,鞀爲震之氣,是不知坎音革之意也。

合止柷敔。

《周官‧小師》"掌教播鼗、柷、敔",《周頌‧有瞽》亦曰"鼗磬柷圉"。蓋堂下樂器,以竹爲本,以木爲末,則管者本也,柷敔者末也。柷之爲器,方二尺四寸,深一尺八寸。陰,始於二四,終於八十;陰數四八,而以陽一主之,所以作樂則於衆樂先之而已,非能成之也,有兄之道焉。敔之爲器,狀

---

① "爲槃"、"鼓槃",光緒刻本作"爲磬"、"鼓磬"。

類伏虎者，西方之陰物也，背有二十七鉏鋙者①，三九之數也，櫟之長尺十之數也。陽，成於三，變於九，而以陰十勝之，所以止樂，則樂能以反爲文，非特不至於流而失已，有足禁過者焉。《書》曰“戛擊”，《禮》曰“楷擊”，《樂記》曰“聖人作爲柷楬”，荀卿曰“鞉柷拊柷楬似萬物”。蓋柷敔以柷楬爲體，柷楬以戛楷擊爲用也。《爾雅》曰“所以鼓柷爲之籈”，則柷以合樂而作之，必鼓之欲其止者，戒之於蚤也；敔以節樂而止之，必鼓之欲其籈者，潔之於後也。今夫樂出於虛，故其作之也，虡必欲虛，控必欲空，琴必用桐，拊必用糠，皆以虛爲本也。及其止，則歸於實焉，此敔所以爲伏虎之形歟？然則樂之張陳、戛擊，必於堂上，柷敔必於堂下，何耶？曰：柷敔，器也；戛擊，所以作器也。器則卑而在下，作器者尊而在上，貴賤之等也。堂上之樂象廟朝之治，堂下之樂象萬物之治。荀卿以堂下之鞉柷柷楬爲似萬物，則是以堂下之拊亦似之，誤矣。今夫柷柷一物而異名，荀卿離而二之，亦誤矣。

① “鉏”，元刻明修本、光緒刻本作“鉏”。

樂書卷七十九　尚書訓義

虞書

益稷

笙鏞以間，鳥獸蹌蹌。

　　大笙謂之巢，以眾管在匏，有巢之象焉；小者謂之和，以大者倡，則小者和也。大鐘謂之鏞，以能考大功也；小者謂之鎛，以其薄而小也。蓋笙之爲器，以匏爲之，包竹總而植，以象物之生，其音則象鳥矣；鏞之爲器，以金爲之，能宮，能商，始隆而終殺，其聲則象獸矣。《儀禮·大射儀》：“樂人宿縣于阼階東，笙磬西面，其南笙鐘。”笙，震音也，於方爲陽；鏞，兑音也，於方爲陰。《周官·笙師》“掌共鐘笙之樂”，是鼓應笙之鐘，而笙亦應之也。《詩》曰“笙磬同音”，《周官·眂瞭》“掌擊笙磬”，則磬，乾音也，與笙同爲陽聲，是擊應笙之磬，而笙亦應之也。《儀禮》有眾笙之職，則笙之所職，固不一矣，笙磬則異器而同音，笙鏞則異音而同樂。蓋樂之作也，先鼓以警戒，後鐘以應之，故《虞書》論堂下之樂，以籈鼓爲先，笙鏞次之。《商詩》以“置我鞉鼓”爲先，“鏞鼓”次之。《周詩》以籈鼓爲先，維鏞次之，則鼓大麗而象天，鐘統實而象地，天先而地從之，鼓先而鏞從之，先王立樂之方也。鄭氏謂先擊鐘，次擊鼓，以奏《九夏》，是徒知鐘鼓之文，不知用鐘鼓之意也。仲尼曰：“樂云樂云，鐘鼓云乎哉。”以爲樂在於鐘鼓，則鐘鼓，樂之器，而器非樂也。以爲不在於鐘鼓，則鐘鼓不拸，吾無以見聖人矣。以詠則升歌，以貴人聲，所謂"聲依永"也；以間則下管，以賤樂器，所謂"律和聲"也。堂上之樂主乎"聲依永"，非不以律和之；堂下之樂主乎"律和聲"，非不以聲依之。夫然後上下合和而不失乎中和之紀矣。六始爲律，六間爲吕，言間則律舉矣，與《周官》言律同而以典同名官同意。自虞至周，鏞大而鐘小，自周公制禮，有鐘師、鎛師，則鐘大而鎛小矣。故鐘師"掌金奏"，太鐘也；鎛師"掌金奏"，小鐘也。《國語》曰："細鈞有鐘無鎛，昭其大也。大鈞有鎛無鐘，鳴其細也。"此其辨歟？鄭氏謂鎛如鐘而大，孫炎釋《爾雅》鏞亦名鎛，不亦失小大之實乎？

《簫韶》九成。

大簫謂之言，以其管二十四，無底而善應故也；小者謂之筊，以其管十六，有底而交鳴故也。簫，陰氣之管，故大者四六，小者二八，其器則細，其音肅如，亦各從其類也。荀卿曰："鳳凰于飛，其翼如干，其聲若簫。"蓋簫以比竹爲之，其狀鳳翼，其音鳳聲，雖有管而非管，夏至之音也；管則合兩以致用，象簫而非簫，十二月之音也。《周官》之於簫管，鼓之小師，播之瞽矇，吹之笙師，則簫管異器而同用，要皆堂下之樂而已。《燕禮》"下管《新宮》"，《記》曰"下管《象》、《武》"，以管爲堂下之樂，則簫亦可知也。《詩》曰"簫管備舉"，以簫爲樂之大成，則管亦可知也。《列子》曰："一變而爲七，七變而爲九。"九者究也，故王道至九變而後明，賞罰至九變而後行，樂至九變而後淳氣洽，則"《簫韶》九成，鳳凰來儀"，淳氣

洽所致也。古者功成作樂，舜命九官以亮天功率，至於“庶
績咸熙”，則其樂九變亦不過形容乎此而已。惟樂爲能著萬
物之理，而萬物亦莫不以類相動，故師曠奏清角而玄鶴爲之
率舞，瓠巴鼓瑟而六馬爲之仰秣，伯牙鼓琴而流魚出聽，周
作六樂而六物自致。然則夔奏簫《韶》而鳳凰來儀，固不能
無是理也。《經》曰“禮樂合天地之化，百物之産”，不過如
此。《大司樂》言九德之歌，《九韶》之舞，然則簫《韶》九成，
而舞可類舉矣。《韶》樂九成，武樂六成，何也？曰：二與四
爲六，而坤用之，兩地之數也；一三五爲九[①]，而乾用之，參天
之數也。《武》，武樂也，而屬乎陰，其成以兩地之數；《韶》，
文樂也，而屬乎陽，其成以參天之數。象成莫大乎形，而數
如之，亦節奏自然之符也。《韶》又作《磬》者，《經》曰：“凡六
樂皆文之以五聲，播之以八音，而《大磬》居一焉。”自文之五
聲言之，則磬之上聲，所以紹五聲也；自播之八音言之，則韶
之左音，所以紹八音也。舜欲聞“五聲八音，在治忽”，槩見
於此。

鳳凰來儀。

　　萬物辨於北，交於南。辨於北，正固之時也，其性智，其
情悲，其類爲介，有龜蚘之象也；交於南，嘉會之時也，其性
禮，其情樂，其類爲羽，有鳳凰之象也。凡鳥以翼右掩左爲
雄，以翼左掩右爲雌，故桃蟲鷦而其雌鴱鷗，鳳而其雌皇。
蓋鳳凰之爲物，其羽可用爲儀，所以爲禮；其鳴中律呂，所以

①　“一三五”，四庫本作“一二五”，光緒刻本作“一二立”，據元刻明修本改。

爲樂。至于其羽若干，其聲若簫，《韶》之爲樂，雖作於治定制禮之後，亦所以象鳳凰聲形而已。鳳，陽物也，動而唱始；凰，陰物也，静而和終。其羽雖皆可用爲儀，其來亦未嘗不以匹也，故天下治則以匹而見，天下亂則以匹而隱。人君以仁治天下，法度彰，禮樂著，則鳳凰爲之應，亦各從其類也。舜襲堯爵，行堯道，法度固已彰，禮樂固已著，則其作樂以道陰陽之和，凡所謂陰陽之物，未有不爲之感應，則“鳳凰來儀”，固其理也。《傳》不云乎：“夫樂，象成者也。”故《韶》之成也，虞氏之恩被動植矣。烏鵲之巢可俯而窺也，鳳凰何爲而藏乎？

樂書卷八十　尚書訓義

虞書

　　益稷

夏書

　　五子之歌

商書

　　仲虺之誥　伊訓

周書

　　顧命

　　　益稷

夔曰：於，予擊石拊石，百獸率舞，庶尹允諧。

　　小華之山，其陰多磬；鳥危之山①，其陽多磬；高山深水出焉，其中多磬。磬石所出，固雖不一，要之，一適陰陽之和者。泗濱所貢，浮磬而已，然其制造之法：倨句一，矩有半，外之爲股，内之爲鼓。其博厚莫不有數存於其間，已上，則摩其旁，而失之太清；已下，則摩其耑，而失之太濁。要之，一適清濁之中者，薄以廣，短以厚而已。有虞氏命夔典樂，

---

① "鳥"，光緒刻本作"焉"。

"擊石拊石"，至於"百獸率舞，庶尹允諧"者，繇此其本也。蓋八卦以乾爲君，八音以磬爲主，故磬之爲器，其音石，其卦乾。乾位西北而天居之，以爲無有曲折之形焉，所以立辨也。故方有西、有北，時有秋、有冬，物有金、有玉，分有貴、有賤，位有上、有下，而親疏、長幼之理，皆辨於此矣。古人之論磬，嘗謂有貴賤焉，有親疏焉，有長幼焉，三者行然後萬物成，天下樂之。故在廟朝聞之，君臣莫不和敬；閨門聞之，父子莫不和親；族黨聞之，長幼莫不和順。夫以一器之成而功化之敏有至於此，則磬之所尚，豈在夫石哉？存乎其聲而已。然則言球必以鳴先之者，豈非以磬尚聲，爲衆聲所依耶？"擊石拊石"，堂上之樂也；"百獸率舞"，堂下之治也。堂上之樂足以兼堂下之治，堂下之樂不足以兼堂上之治也。

帝庸作歌曰："勅天之命，惟時惟幾。"乃歌曰："股肱喜哉，元首起哉，百工熙哉。"皋陶拜手，稽首颺言，曰："念哉，率作興事，慎乃憲。欽哉，屢省乃成。欽哉。乃賡載歌，曰：元首明哉，股肱良哉，庶事康哉。"又歌曰："元首叢脞哉，股肱惰哉，萬事墮哉。"帝拜曰："俞，往欽哉。"

一物不得其樂，未足以爲樂之至；一人不得其和，未足以爲和之至。舜之治功大成，而以樂形容之，百獸至於率舞，則無一物之不得其樂者矣；庶尹至於允諧，則無一人不得其和者矣。如此則至矣盡矣，不可以有加矣。上下宜相勅戒之時也，歌如之何不作乎？蓋君之於臣有下下之道，故其歌所以先股肱、後元首；臣之於君有報上之道，故其歌所以先元首、後股肱。在《詩》，《鹿鳴》之下下，天保之，報上亦何異此。然臣之"賡歌"，始之以"元首明"，"股肱良"，"庶事康"，以明上好要而下交，時之所以泰也；終之以"元首叢脞"，"股肱惰"，"萬事墮"，以明上好詳而不交，時之所以否也。然則君臣聞之，其不勸戒之乎？蓋古之君臣不以無過爲能，而以能戒爲善。雖虞舜之時尚爾，況其他乎？然王，人道也，故禹至於"六府三事允治，戒之用休，俾勿壞"而已；帝，天道也，舜至於獸舞尹諧，而戒之以"勑天之命，惟時惟幾"，豈不宜哉？昔齊景公之時，作君臣相悅之樂，不過於《徵招》、《角招》，則舜作君臣相戒之歌，庸詎知非歌招乎？舜作《韶》樂而歌之可也，齊人之樂亦得謂之招者，豈非以陳公子完奔齊而有是樂乎？不然，孔子何以在齊聞《韶》，有至於窮神知化而三月不知肉味爲哉？

五子之歌

太康失邦，昆弟五人須于洛汭，作五子之歌。

　夫歌者，直己而陳德，生於嗟歎之不足者也。故五子之怨太康，猶小弁之怨親親，五子之怨太康，盡爲弟之義也；小弁之怨親親，盡爲子之仁也。

甘酒嗜音，有一于此，未或不亡。

　酒所以養德，亦所以覆德；音所以昭德，亦所以喪德。故酒可節而不可甘，音可聽而不可嗜。禹惡旨酒，未嘗甘酒也；好善言，未嘗嗜音也。故甘酒而及亂，嗜音而溺志，適自取亡而已。太康失邦，有在於是，此《五子之歌》所以深訓之也。《孟子》曰："先王無流連之樂，荒亡之行。"誠哉是言歟！

然則禹之聲尚，文王之聲非不尚音也，特不嗜之而已。

仲虺之誥

惟王不邇聲色，不殖貨利。

古之賢王姦聲亂色，不留聰明，故成湯之在商，亶聰明，作元后，樂道而已，未嘗邇乎姦聲也，耳其有不聰乎？悦德而已，未嘗邇乎亂色也，目其有不明乎？“不邇聲色”，則不役耳目矣；“不殖貨利”，則百度惟貞矣。湯之於此，非苟知之，以淑諸身，亦允蹈之，以淑諸人矣。故其制官刑，儆有位，曰“敢有恒舞于宮，酣歌于室，時謂巫風”，不邇聲色以率之也；“敢有殉于貨色，恒于遊畋，時謂淫風”，不殖貨利以率之也。“不邇聲色”，與《中庸》所謂化民之聲色者異矣；“不殖貨利”，與子貢而貨殖焉者異矣。然則，湯之不邇聲樂如此，《記》言“商人尚聲”，何也？曰：自三代異尚言之，則尚聲者一時之制也；自其檢身言之，則不邇聲者，終身之行也。

伊訓

制官刑，儆于有位，曰：敢有恒舞于宮，酣歌于室，時謂巫風。

孔子與人歌而善，然後和之，是君子未嘗不歌也。所不貴者，酣歌于室而已。曾點從遊於舞雩之下，詠而歸，是君子未嘗不舞也，所不貴者，恒舞于宮而已。此所以謂之巫風，官刑之所以儆者也。若夫陳姬好巫，而一國之民多棄舊業，巫會於道路，歌舞於市井，不特恒舞于宮[①]，酣歌于室而

---

① “恒”，元刻明修本、光緒刻本均作“常”。

已。此《東門之枌》所以疾亂，而巫風又不足道也。

顧命

天球，在東序。胤之舞衣，鼖鼓，在西房。

德成而上，事成而下。天球，堂上之樂，先王所以象德而樂天者也，故在東序，東則陽位，而陽極上故也；舞衣鼖鼓，堂下之樂，先王所以象事而樂人者也，故在西序，西則陰位，而陰極下故也。舞衣之制，其詳不可得而聞，其見於經者，不過"皮弁素積，以舞《大夏》"，《祭服》之"冕以舞《大武》"而已。"胤之舞衣"，豈胤國之服，爲不失古人之制歟？漢放五方之色爲舞者之衣，謂之五行舞，彼蓋有所受之也。

樂書卷八十一　春秋訓義

隱公　莊公　文公　宣公　昭公

隱公

隱公五年九月，考，仲子之宫，初獻六羽。

《春秋》之法，凡公與夫人之廟，非志災則不書也，非失禮則不書也。志災而書，若新宫火，僖宫災之類是已；失禮而書，若丹桓宫楹，立武宫煬宫之類是已。仲子之於惠公，非夫人也，特隱公妾母爾。《禮・喪服小記》“妾母不世祭”，況立宫而考之乎？天王使宰咺來歸惠公仲子之賵，君子猶以爲非禮，況考其宫而獻六羽乎？書“仲子”，蓋賤之以正名分也；書“六羽”，蓋辨之以謹名數也。然文莫重於羽舞，武莫重於干舞，皆所以節八音而成樂，故舞必以八人爲佾，自天子達於士，降殺以兩，故天子用八八，諸侯用六八，大夫四八，士二八，先王之制也。《明堂位》言魯祀周公用天子禮樂，是魯於周公廟得用八佾之舞，於羣公廟不過用六佾而已。後世禮壞，僭八佾于羣公之廟，蓋有之矣。隱公始復六羽，公、穀以爲始僭，是不知諸侯以六佾爲正也。左氏雖知諸侯六佾之正，而謂《春秋》善隱公復正而書之，是不知用於羣公廟爲正，用於仲子宫非正也。不然則善其復正自常事爾，《春秋》何爲書之耶？隱公用諸侯之舞於仲子之宫，《春秋》且書而罪之，季氏用天子之舞於家廟之庭，孔子謂"是可忍也，孰不可忍也"，不亦宜乎？言"考仲子之宮"，與《詩·斯干》宣王"考室"之"考"同，孰謂成之爲夫人耶？言"初獻六羽"與所謂"初稅畝"之"初"異，孰謂猶爲僭諸公耶①？此稱"獻羽"，舉文以見武，與卒叔弓言"籥入"同意。孰謂婦人無武事耶？不然《閟宮》祀姜嫄之詩，何以美"萬舞洋洋"乎？杜預謂天子、諸侯、大夫、士之舞，一列遞減二人，至士四人而止，殆非古樂舞之制也。

莊公　文公②

莊公三十年九月，庚午，朔，日有食之，鼓，用牲于社。

文公十有五年六月，辛丑，日有食之，鼓，用牲于社。

　　古者天子，立三公、九卿、二十七大夫、八十一元士，以聽天下之外治，章明天下之男教。男教不修，陽事不得，謫見於天，日爲之食，則天子素服而修六官之職，以蕩天下之陽事。《小雅》亦曰："十月之交，朔日辛卯，日有食之，亦孔之醜。"則知日者，陽精也，君之象也；食者，陰侵陽也，臣蔽君之象也。人君能修德政，則變消而福至；反是，則災起而禍成。故日食之變三十有六，《春秋》皆書之，非特傷周道之衰，且以謹人君之戒也。孰謂惟正陽之月，君子忌之哉？《夏書》曰："乃季秋，月朔，辰，弗集于房。瞽奏鼓，嗇夫馳，庶人走。"由是觀之，凡日食鼓于社，助陽以責陰，禮也；用

---

① "猶爲"，元刻明修本、光緒刻本均作"猶人爲"。

② "莊公文公"，原分列于兩段文字之前，據元刻明修本、光緒刻本改。

牲,非禮也。孔子書"鼓用牲"者,非謂九月、六月不鼓也,特譏其"用牲"爾。左氏謂"日有食之,天子不舉,伐鼓于社,諸侯用幣于社,伐鼓于朝。"是不知《書》述天子"瞽奏鼓,嗇夫馳"之意也。

宣公

宣公八年辛巳,有事于太廟,仲遂卒于垂。壬午,猶繹。《萬》入,去籥。

《禮記》"齊人將有事於太山,晉人將有事於頖林",則所謂有事于太廟者,常祭之禮也。《周頌·絲衣》"繹賓尸",則所謂"猶繹"者,明日又祭之禮也。萬者,何干舞也;籥者,何籥舞也。干舞有形而無聲,籥舞則聲發而形從之,先王之樂所以備文武者,不是過也。春秋之時,禮樂不出于天子而出於諸侯,非僭行之即僞爲之而已。蓋廟祭,吉禮也;臣卒,凶事也。吉凶之禮固不可同日,故宣公辛巳有事于太廟,仲遂卒于垂,則壬午繹祭固在所可廢也。繹祭可廢,且萬入去籥而卒事,則君臣之恩亦已薄矣。與其萬入去籥而不爲樂,孰若廢繹祭之爲愈哉?此仲尼所以言非禮而稱"猶"也。《春秋》書"猶"其義有二:有可以通之之辭,是幸其猶如此,若"不郊,猶三望","不告朔,猶朝廟"是也;有可以已之之辭,是甚其猶如此,則"壬午猶繹"是也。然則,公子遂、公子翬,其事固同,獨卒仲遂,何也?曰:翬之於隱公,君臣之義深;宣公之於遂,君臣之恩薄。聖人於經没翬而著遂者,所以示褒貶也。蓋仲遂死於王事也,故卒而字之;不言"公子"者,宣公失父道故也,與"僖十六年,卒公子季友"異矣。商、周

皆以萬人定天下，故其舞謂之《萬舞》，則《萬舞》，天子之樂
也。言"壬午猶繹，《萬》入去籥"，非特譏繹祭，抑又譏僭用
天子之樂爾。傳者以爲"《萬》入去籥"，以其爲之變譏之也，
其曰："仲，疏之也，是不卒者也。"其言譏之則是，言不卒則
非。《春秋》所書爲宣公失禮，不爲仲之不忠於子赤也；果爲
不忠於子赤，奚待卒而後正之哉？

昭公

昭公十有五年二月，癸酉，有事於武宫，籥入。叔弓卒，去
樂。卒事。

　　籥之爲樂，起於黄鐘之侖，窾而爲三，則冲氣出焉，先王
所以通中聲也。蓋宗廟之祭，事之大而重者也；大夫卒，事
之小而輕者也。先王之禮不以大廢小，亦不以輕妨重。宣
八年辛巳，"有事于太廟，仲遂卒于垂。壬午，猶繹。《萬》
入，去籥"，是譏其以輕妨重也。昭十五年癸酉，"有事武宫，
籥入。叔弓卒，去樂，卒事"，是譏其以小廢大也。言"《萬》
入"以舞爲主，言"籥入"以聲爲主。卒仲遂于垂，爲死王事
故也；卒叔弓不言地，爲涖事而卒故也。

樂書卷八十二　周易訓義[①]

需　師　豫　比

需

《需》，☵坎上乾下。《象》曰："雲上於天，《需》。君子以飲食燕樂。"

天之所需，以爲雨者，雲也；君子所需，以爲燕樂者，飲食也。飲以養陽，天産也；食以養陰，地産也。《需》非飲食也，飲食之道而已，此君子所以需朋友故舊，以爲燕樂歟？蓋以飲食燕之者，禮也；其樂之者，樂也。文王之於周，以《鹿鳴》燕羣臣嘉賓，則曰"以燕樂嘉賓之心"；以《常棣》燕兄弟，則曰"和樂且湛"；以《伐木》燕朋友故舊，則曰"坎坎鼓我，蹲蹲舞我"。由是觀之，酒食所以合歡，豈虚言哉？若夫九五體飲食之道以養天下，非特施禮樂於燕樂之間而已，故曰："酒食貞吉，以中正也。"與"困于酒食"異矣。

師

《師》，☷坤上坎下。《象》曰："地中有水。"《師》初六："師出以律，否臧凶。"《象》曰："師出以律，失律凶也。"

古之用師，内有必勝之道，外有佐勝之術。"師出以律"，

---

① "周"，原缺，據元刻明修本、光緒刻本之目録補。

以佐勝之術，行必勝之道故也。人生天地之間，一氣之消息，一體之盈虛，未嘗不與陰陽流通，與物類相爲感應。律也者，述陰陽之氣數，通物類之終始，故凡聲音所加，吉凶所兆，發冥冥，應昭昭者，皆得考其祥焉。然則以同律聽軍聲，使吉凶不待陳而知，勝負不待戰而決，豈有他哉？本諸五聲而已。蓋角主軍擾而士心失，商主戰勝而軍士彊，徵主將急而軍士勞，羽主兵弱而威明喪，宮主軍和而士心寧。其聞而聽之，聽而詔之，則吉可馴致，凶可豫防，而坐收百勝萬全之效焉。此所以武王知商之不敵，師曠知楚之不功也。《傳》曰：「望敵知吉凶，聞聲效勝負。」不過如此。在《易·師》之初六，以柔下之才，處一卦之始，師始出之象也。據坎之體於象爲耳而主聽，以律之象也。方是時，吉凶未明，勝負未決，以律則惠迪吉，失律則從逆凶。《春秋傳》曰：「執事順成爲臧，逆爲否。」以律不臧無害爲吉，不失勝之道故也；失律而臧無害爲凶，失勝之道故也。昔王良從禽爲之範，終朝不獲一，君子不以爲失；爲之詭遇，一朝而獲十，君子不以爲善。彼從禽猶若是，況行師乎？其「否臧凶」宜矣。《老子》曰：「妄爲而要中，功成不足塞責，事敗足以滅身。」此之謂歟？周之出師，有太史抱天時，太卜正龜兆，大師執同律，皆所以慎戎事，重民命。則《易》之興，當周之盛德，其師出以律，豈不信然？以初六爲師出之始，則上六，師旋之時也。「出而以律」，所以存豫戒之智；旋而左執之，所以示愷樂之仁。非憂樂與民同，孰與此哉？古之言律，或謂六律，或謂六始，配律者，或以呂，或以同。六始則以六間配之，何也？曰：述天地自然之氣謂之律，以陽造始謂之始，匹於陽爲呂，間於陽爲間，同於陽爲同，呂命以體，間命以位，同命以情。合陽六、陰六言之，均謂之六律也。是卦特以律爲言，豈非合而言之耶？

豫

《豫》，☷☳坤下震上[①]。《象》曰："雷出地奮，《豫》。先王以作樂崇德，殷薦之上帝，以配祖考。"

雷在地中，一陽之復也；雷行天上，四陽之壯也。《豫》"雷出地"，則非一陽之復，亦非四陽之壯，適陽中之時也，天之中聲於是發矣。總一卦言之，在《彖》，"天地以順動，日月不過，而四時不忒"；在爻初，則"鳴豫"而"志窮"，上則"渝"、"冥"而"無咎"，則《豫》之貴中，非特乎象也。然則以"雷出地"爲中聲之發，明矣。蓋電有形而無聲，雷有聲而無形。秋，陰中也，雷聲收焉，蟄蟲應之以坏户；春，陽中也，雷聲發焉，蟄蟲應之以啟户。啟户則蟄者奮，雷出地奮之象也。鼓之以雷霆，記禮者以爲樂之和；驚之以雷霆，莊周以爲《咸池》之感。則"雷出地奮"，豫先王作樂之象也。然作樂崇德，振古如兹，故稱先王焉。至於以之薦上帝，配祖考，因時以行典禮，惟殷時爲然，以殷人之祭尚聲故也。《明堂位》曰："瞽宗，殷學也。"殷學主以樂教，瞽之所宗。又《那》祀成湯，以樂爲主，則殷人尚聲可知矣。蓋《易》之興也，當殷之末世，故卦爻有稱"帝乙歸妹"，有稱"高宗伐鬼方"，有稱"東鄰殺牛，不如西鄰之禴祭"，則《易》之述殷，非特薦上帝、配

---

① "坤下震上"，四庫本、元刻明修本、光緒刻本均作"坤上震下"，誤，據《周易》改。

祖考而已。周之盛時，雷鼓雷鼗，以降天神，以六律、六同、五聲、八音、六舞大合樂，以致鬼神示，非不體"雷出地"之象，作樂以薦天神、配人鬼也。然郊祀后稷以配天，宗祀文王於明堂，以配上帝，則異於殷之薦上帝，一以祖考配也。豈非禮樂略於殷，至周然後大備耶？世德下衰，樂廢以淫，鄭衛好濫而趨數，宋齊燕女而敖辟，類皆感條暢之氣，滅和平之德；君子不聽，祭祀弗用者，明不足以崇德，幽不足以薦鬼神故也。

比

《比》，䷇坎上坤下。《象》曰："地上有水，《比》。"初六："有孚，比之無咎。有孚盈缶，終來有它，吉。"《象》曰："《比》之初六，有他吉也。"

《爾雅》曰："盎，謂之缶。"缶之爲器，內虛以容，外圓以應，土音出焉，八音之主也；宮爲土聲，信德出焉，五聲之君也。《記》曰："樂者，樂也。"《雜卦》曰："比，樂也。"樂，爲樂之實；缶，爲樂之器。初六陰柔之質，缶之象也。其爲器虛而能實，"有孚盈缶"之象也。誠信之德充實於內而人樂之，君子樂得其道而來，小人樂得其欲而來，吉孰甚焉，非有他而何？《周官》六鄉之民，入則爲比，出則爲師，《比》"有孚盈缶""終來有他吉"，與民同吉之意也；"師出以律""否臧凶"，與民同凶之意也。非憂樂以天下，孰能與此？

樂書卷八十三　周易訓義

坎　離　萃　升　既濟　繫辭

坎

《坎》䷜坎上坎下。六四：“樽酒簋貳用缶，納約自牖。”《象》曰：“‘樽酒簋貳’，剛柔際也。”

酒所以養陽，而其器爲樽；食所以養陰，而其器爲簋。樽則其體外員，陽類也，故其數奇；簋則其體内方，陰類也，故其數偶。“樽酒簋貳”，禮之至薄者也；用缶，樂之至質者也。六四以柔正而無應乎陽，九五以剛正而無應乎陰。當《坎》之時，能免乎險者，惟剛柔各得其正者能之，以正而相與，以近而相得，行至薄之禮，用至質之樂，其誠有不足以相際乎？《禮》曰：“古之人不必親相與言，以禮樂相示而已。”此之謂也。《魯頌》以“于胥樂兮”爲君臣有道之頌，《孟子》以《徵招》、《角招》爲君臣相悦之樂，蓋本諸此。然人之相與以誠則約，以僞則費。“納約”者，致其誠之謂也；室之有牖，則幽明通，剛柔相濟之意也，蓋相際者禮也，相接者恩也。君臣之間，恩不隆於禮，故《坎》言“剛柔際”；父子之間，禮不隆於恩，故《蒙》言“剛柔接”。然《解》之初六言“剛柔之際”，與《坎》異者，坎之六四、九五以近相與，不必有所之，故言“剛柔際”；《解》之初六、九四以遠相與，不能無所之，故言

"剛柔之際"也。

離

《離》☲離上離下。九三："日昃之離，不鼓缶而歌，則大耋之嗟，凶。"《象》曰："'日昃之離'，何可久也。"

　　徒鼓鐘謂之脩，徒鼓磬謂之寋，所以鼓柷謂之止，所以鼓敔謂之籈，以至彈琴謂之鼓琴，鏗瑟謂之鼓瑟，吹笙謂之鼓簧。然則擊缶謂之鼓缶，不亦宜乎？六二，陰也，缶象也。九三，陽也，其用，動以吐，歌象也。九三以炎上之性，履過中之位，不能反炎上之性。鼓六二之缶，以歌樂，則"大耋之嗟"，不期至而自至矣，其能久而無凶乎？《詩》曰："今我不樂，逝者其耋。"此之謂也。《比》之初六，《坎》之六四，《離》之六二，皆陰爻，其取缶象，一也。然《比》取其情，以樂者樂此故也；《坎》取其聲，以《坎》其擊缶故也；《離》取其象，以《離》虛中善應故也。

萃

《萃》，䷬坤下兌上。《象》曰："澤上於地，《萃》。"六二："引吉，無咎，孚乃利用禴。"《象》曰："'引吉無咎'，中未變也。"

升

《升》，䷭巽下坤上。《象》曰："地中生木，《升》。"九二："孚乃利用禴，無咎。"《象》曰："九二之孚，有喜也。"

既濟

《既濟》，☲☵離下坎上。《象》曰："水在火上，《既濟》。"九五："東鄰殺牛，不如西鄰之禴祭，實受其福。"《象》曰："東鄰殺牛，不如西鄰之時也。'實受其福'，吉大來也。"

天地之間，凡負陰抱陽而生者，莫不具剛柔之性。盡柔之性而有孚者，《萃》之六二也；盡剛之性而有孚者，《升》之九二也。然孚者，誠之至；誠者，性之德。《萃》不以孚，則其聚易散；《升》不以孚，則其升易困，詎能無咎乎？且陽道常饒，饒則豐；陰道常乏，乏則約。六二以陰居陰，九二以陽居陰，其爲物，則約而非豐；其爲禮則不隆，於樂用禴之象也。古之人致孝乎鬼神，以誠不以物，雖澗溪沼沚之毛，蘋蘩蘊藻之菜，猶可以薦之，況事上乎？然則君臣相與，顧豈以位之上下爲間哉？亦在夫誠而已。此六二以柔中而順乎上，九二以剛中而巽乎上，所以皆盡"孚乃利用禴"之道也。時以用禴爲利，則不用禴能無害乎？以禮推之，夏商之時，春祭曰礿，夏祭曰禘，秋祭曰嘗，冬祭曰烝。天子犆礿，祫禘，祫嘗，祫烝；諸侯礿則不禘，禘則不嘗，嘗則不烝，烝則不礿。至周則春祠、夏禴、秋嘗、冬烝，以享先王。《周雅》亦曰[1]："禴祠烝嘗，于公先王。"是《易》興於殷之末世，周之盛德，故祭多以禴爲言，則礿、禴之祭一也。以飲爲主，故稱礿；以樂爲主，故稱禴，則飲必有樂，先王之禮也。《郊特牲》曰："饗、禘有樂，而食、嘗無樂。"飲，養陽氣也，故有樂；食，養陰氣

---

[1] "周雅"，光緒刻本作"小雅"，元刻明修本此段大部缺失。

也，故無聲。以飲爲主，則用樂可知矣。樂以中聲爲本，而三孔之龠，先王所以通中聲也。凡聲皆陽也，故《萃》、《升》、《既濟》，皆於中爻言之。然《萃》之陽資乎五，《升》之陽資乎己[1]，無適而非材也。《萃》之六二陰也，必待九五之陽引之，然後用禴；《升》之九二陽也，不待六五之陰引之然後用焉，故《升》之九二以用禴爲先，異乎《萃》之六二，序於“引吉”之後也。《既濟》九五“東鄰殺牛，不如西鄰之禴祭”，則禴祭主六二言之，與《萃》六二同意。然《既濟》禴祭則用儉以持盈，是有大而能謙，必豫可以用樂之時也；成王以《鳧鷖》持盈而有《假樂》之嘉者，以此。

繫辭

天尊地卑，乾坤定矣。卑高以陳，貴賤位矣。動靜有常，剛柔斷矣。方以類聚，物以羣分，吉凶生矣。在天成象，在地成形[2]，變化見矣。是故剛柔相摩，八卦相盪，鼓之以雷霆，潤之以風雨，日月運行，一寒一暑，乾道成男，坤道成女。

自“天尊地卑”至“在天成象，在地成形”，此禮者，天地之別也。自“剛柔相摩”至“乾道成男，坤道成女”，此樂者，天地之和也。樂以崇德，禮以廣業，而禮樂由賢者出，故以賢人德業終焉。

變而通之以盡利，鼓之舞之以盡神。

---

[1]　“己”，光緒刻本作“二”，元刻明修本此段大部分缺失。
[2]　自“成形”至卷末，光緒刻本缺失。

天下之事,"變而通之以盡利"者,禮之禮也;天下之物"鼓之舞之以盡神"者,樂之樂也。

樂書卷八十四　孝經訓義

三才　紀孝行　廣要道

三才

曾子問曰:"甚哉？孝之大也。"子曰:"夫孝,天之經也,地之義也,民之行也。天地之經,而民是則之。則天之明,因地之利,以順天下。是以其教不肅而成,其政不嚴而治。先王見教之可以化民也,是故先之以博愛,而民莫遺其親;陳之以德義,而民興行;先之以敬讓,而民不争;導之以禮樂,而民和睦;示之以好惡,而民知禁。《詩》云:'赫赫師尹,民具爾瞻。'"

先王因人性而制禮,緣人情而作樂。禮雖出於人性,而天地之序實在焉;樂雖本於人情,而天地之和實在焉。蓋孝之爲道,其運無乎不在:仰而視之在乎上,天之經是也;俯而視之在乎下,地之義是也;中而視之存乎人,民之行是也。則天之明以順天下之性,因地之利以順天下之情。以性化性,天下無異性;以情化情,天下無殊情。然則先王之爲禮樂,豈拂人性,逆人情而爲之哉？是故以之成教,天下之教不肅而自成;以之治政,天下之政不嚴而自治。此孔子言導之以禮樂而民和睦,所以先之以"天地之經而民是則之"也。今夫禮樂之於天下,猶陰之與陽也①,陰陽之氣贊天地以成

---

① "與",四庫本、元刻明修本作"與",光緒刻本作"於"。

歲功，禮樂之教同民心以成治道。然民之爲道，非徒無常産也，亦無常心焉。苟制之以刑、政，則民乖離而無恥，苟導之以禮樂，則民和睦而不悖。故導之以禮，非特使之知昏定、晨省而已，必使之交相親而爲睦矣；導之以樂，非特使之知下氣柔聲而已，必使之去乖陵而爲和矣。《記》曰："禮至則無怨，樂至則不争。揖遜而天下治者，禮樂之謂也。"由此觀之，先王導民以禮樂，其效必至於揖遜而天下治，豈特其民和睦而已哉？孔子言孝之教可以化民，必止於是者，爲民而言故也。蓋和則有異而無乖，猶五味之和也；睦則有親而無疏，猶九族之睦也。一人和睦，一家化之；一家和睦，一國化之；一國和睦，天下化之。所導者寡，所化者衆。然則禮樂之於化民，豈曰末之云乎？然禮樂之道，廣而充之於内，則藏而爲愛敬，《記》曰"禮者，殊事合敬者也；樂者，異文同愛者也。"發而揮之於外，則形而爲好惡，故《記》曰："禮義立則貴賤等矣；樂文同則上下和矣；好惡著則賢不肖别矣。"是以孔子之論禮樂，必始之"先之以博愛，而民莫遺其親；陳之以德義，而民興行；先之以敬遜，而民不争"，所以明禮樂之本也；終之"示之以好惡，而民知禁"，所以明禮樂之用也。無本不立，無用不行，有本有用，舉而措之天下之民，民孰有不具瞻者哉？故《記》曰："樂極和，禮極順。"内和而外順，則民瞻其顔色而弗與争也，望其容貌而民不生易慢焉。故德煇動於内而民莫不承聽，理發諸外而民莫不承順，故曰："致禮樂之道，舉而措之天下，無難矣。"豈非導之以禮樂，民具爾瞻之謂乎？

紀孝行

子曰："孝子之事親也，居則致其敬，養則致其樂。"

《孟子》曰："仁之實，事親是也；義之實，從兄是也。禮之實，節文斯二者是也；樂之實，樂斯二者是也。"蓋仁爲事親之實，禮樂爲事親之文，然則孝子之事親也，居則致其敬，所以爲禮；養則致其樂，所以爲樂。敬其父則子説，敬其兄則弟説，所敬者寡而説者衆，以禮事親之效也。瞽瞍底豫而天下化，瞽瞍底豫而天下之爲父子者定，以樂事親之效也。古之孝子事親，以禮樂如此，固豈不仁者能之乎？故曰："人而不仁如禮何？人而不仁如樂何？"然言致其敬，則敬孝也，則知致其樂者愛孝而已。故不敬其親而敬他人，非所以爲禮也；不愛其親而愛他人，非所以爲樂也。由是觀之，"禮云禮云，玉帛云乎哉？樂云樂云，鐘鼓云乎哉？"其本實在於孝而已矣。

廣要道

子曰："教民親愛，莫善於孝；教民禮順，莫善於悌；移風易俗，莫善於樂。安上治民，莫善於禮。"

孝悌者，人子之高行也；禮樂者，君子之深教也。以人子之高行，寓君子之深教，其所因者本而已矣。因親以教愛，而民莫不親愛；因嚴以教敬，而民莫不禮順。言禮順，則親愛者樂也；言親愛，則禮順者敬也。《書》曰："立愛惟親，立敬惟長，始于家邦，終于四海。"《記》曰："立愛自親始，教民睦也；立敬自長始，教民順也。"古者教民之道，未嘗不始於愛敬而成於禮樂，故孔子言"教民親愛，莫善於孝；教民禮順，莫善於悌"，繼之以"移風易俗，莫善於樂；安上治民，莫善於禮"也。今夫百里不同之風，其氣有剛柔；千里不同之俗，其習有厚薄。樂之善民心，感人深，則至剛之風可移而爲柔，至薄之俗可易而爲厚。移風而使之化，易俗而使之變，非樂而何？《樂記》曰："樂行而倫清，移風易俗，天下皆寧。"豈非樂之效耶？夫有禮則安，無禮則危，所謂安上者，舍禮何以哉？禮之所興，民之所治；禮之所廢，民之所亂。所謂治民者，舍禮何以哉？《記》曰："君位危則法無常，法無常則禮無列。"又曰："禮者，下以治人之情；終之以天下、國家可得而正也。"豈非禮之效也？然則，詩止於移風俗，樂則移風易俗，何也？蓋詩仁言也，樂仁聲也，仁言不如仁聲之入人也深，故其異如此。然風可得而移，俗可得而易，人之風俗也；修其教不易其俗，齊其政不易其宜，天之風俗也。別而言之，上欲其安，民欲其治；通而論之，民雖在所治，亦未嘗不在所安也。故《曲禮》言"毋不敬"而其效至於安民，《論語》言"修己以敬"而其效至於安百姓。

樂書卷八十五　論語訓義

八佾

孔子謂季氏："八佾舞於庭，是可忍也，孰不可忍也。"三家者以《雍》徹，子曰："'相維辟公，天子穆穆。'奚取於三家之堂？"

天下有道，禮樂自天子出，故揚雄曰："周之禮樂，庶事之備也。"天下無道，禮樂自諸侯出，故韓宣子曰："周之禮樂，盡在魯矣。"周德下衰，禮廢樂壞，太師摯適齊，亞飯干適楚，三飯繚適蔡，四飯缺適秦，鼓方叔入於河，播鼗武入於漢，少師陽擊磬襄入於海。故諸侯僭天子者有之，大夫僭諸侯者有之，陪臣僭大夫者有之。及其甚也，陪臣不僭大夫而僭天子，季氏之八佾、三家之《雍》徹，陪臣之僭天子者也。其爲不仁不智也，甚矣。蓋舞所以行八風，節八音，八音克諧而樂成焉。故舞必以八人爲佾，自天子達於士，降殺以兩，士二之，大夫四之，諸侯六之，惟天子得以備數而用八焉。八佾凡六十四人矣，季氏陪臣也，不舞二佾而舞八佾，是僭用天子之數也。三家不御琴瑟而歌《雍》徹，是僭用天子之名也。《傳》曰："名位不同，禮亦異數，禮樂所謹者，名數而已。"《文王世子》曰："大樂正學舞干戚，授數。"《傳》曰："惟名與器，不可以假人，亦不可以假於人。"古之人謹名數如此，而陪臣之微且僭竊而用之，則禮樂所存無幾矣。"八佾"，季氏所獨，故特言季氏；《雍》徹三家所同，故言三家。

歌貴聲於上，故於《雍》徹言堂，與"歌者在上"同意；舞動容於下，故於八佾言庭，與"公庭萬舞"同意。《傳》曰："歌者象德，在堂上；舞者象功，在堂下。"君子上德而下功，於義或然。《周官・樂師》"凡國之小事，帥學士而歌徹"，《小師》"下管，擊應鼓，徹歌"，《内宗》"及以樂徹，則佐傳豆籩"，《外宗》"以樂徹，則眂豆籩"，《膳夫》"以樂徹于造"。則天子歌徹，不過乎《雍》，非諸侯之《振羽》也。《雍》歌於禘，又用於徹，與《鹿鳴》燕羣臣，又用於鄉飲酒同義。杜預謂凡天子、諸侯、大夫、士之舞，一列遞減二人，至士四人而止。非先王樂舞之意也。《傳》曰："天子八佾，諸侯四佾，所以別尊卑也。"其言天子八佾則是，言諸侯四佾則非。

人而不仁，如禮何？人而不仁，如樂何？

五常以仁爲首，六藝以禮樂爲先。仁者，禮樂之質；禮樂者，仁之文。《周官》掌禮樂以春官，明禮樂以仁而立也。《孟子》言禮樂後於事親之實，明禮樂以仁爲質也。《仲尼燕居》言"序其禮樂"，繼之以"君子知仁"者，近取諸人，以明禮樂之本於仁也。《檀弓》言"樂，樂其所自生；禮，不忘其本"，繼之以"狐死正丘首"者，遠取諸物，以明禮樂之本於仁也。然則人而不仁如禮樂何哉？此季氏僭用八佾之樂，旅祭之禮，孔子謂之"是可忍也孰不可忍"也，其不仁可知。通而言之，禮樂同出於仁；別而言之，則仁近於樂，義近於禮矣。與孔子言"孝悌仁之本"，《孟子》以"仁之實爲孝，義之實爲悌"同意。蓋仁義，人之道也；禮樂，德之則也。《孟子》論仁義多合而言之，至孔子，必離而言之，雖稱立人之道，亦曰"仁與義而已”;孔子論禮樂,多合而言之,至孟子,必離而言之,雖稱事親從兄之實,亦曰“禮以節文之,樂以樂之”而已。聖人之言,非苟異也,各有所當云爾。老氏搥提仁義,絶滅禮樂,而莊周和之曰:“道德不廢,安取仁義;性情不離,安用禮樂。”而且“悦仁,邪是亂於德也;悦義,邪是悖於理也;悦禮,邪是相於技也;悦樂,邪是相於淫也”。豈老、莊與孔、孟異意哉? 蓋孔、孟顯道德以爲仁義,發性情以爲禮樂,所以經世;老、莊則反之以復本而已。

《關雎》樂而不淫,哀而不傷。

　　推恩而不理不成仁,遂理而不敢不成義,審節而不和不成禮,和而不發不成樂,仁義禮樂,無非德也。《關雎》美后妃之德,亦宜不出於此。蓋后妃之於賢才,求之未得,則思以致其哀;求之既得,則悦以致其樂。友之以琴瑟,樂之以鐘鼓,樂之非不至也,然且不淫焉。求之以寤寐,思之以反側,哀之非不至也,然且不傷焉。樂者,樂也;不淫色,禮也;哀者,仁也;不傷善,義也。樂而節之以禮,仁而成之以義,后妃之德也。衛之夫人無德,《静女》之詩以城隅之禮、彤管之樂刺之,則仁義可知,豈不爲后妃罪人乎? 此與《詩序》先樂後哀者,后妃之心;詩先哀後樂者,事辭之序;説詩者逆其心,作詩者序其事故也。《關雎》樂而不淫,豳則勤而不怨,吳季札以二《南》爲勤而不怨,豳爲樂而不淫,何也? 蓋《關雎》樂而不淫,后妃之德而已;勤而不怨,則二《南》之事也。豳勤而不怨,則豳民之事而已;樂而不淫,則豳國之風也。

樂書卷八十六　論語訓義

八佾　述而　泰伯

八佾

　　子語魯大師樂，曰："樂其可知也：始作，翕如也；從之，純如也，皦如也，繹如也，以成。"

　　周衰樂壞，工師之徒，或去而不存於朝，或存而不知乎樂。大師摯適齊，少師陽入於海，去而不存於朝者也；孔子之所語者，存而不知乎樂者也。蓋羽之爲物，翕則合而斂，張則散而縱，樂亦如之。"始作翕如也"，則合之以柷，非能成之也，先之而已；"從之純如也"，則五聲單出而不雜，非迭相陵也，各歸其分而已；"皦如也"，則清明象天而不可掩；"繹如也"，則終始象四時而不可窮。樂之一成，其可知者不過此爾，然猶語其粗者而已。若夫黃帝張《咸池》之樂於洞庭之野，始奏之以人，徽之以天，其卒無尾，其始無首，則"始作翕如"不足道也；次奏之以陰陽之和，燭之以日月之明，其聲揮綽，其名高明，則"縱之純如、皦如"不足道也；卒奏之以無怠之聲，調之以自然之命，林樂而無形，幽昏而無聲，道可載而與之俱，則"繹如以成"不足道也。孔子不語周之大師而語魯者，以周之禮樂盡在魯故也。

子謂《韶》："盡美矣，又盡善也。"謂《武》："盡美矣，未盡善也。"

天下無異道，有異時；聖人無異心，有異迹。故《記》以堯授舜，武王伐紂爲禮之適乎時，《春秋》以出則征誅，入則揖遜爲義之合乎一。然則《韶》、《武》盡充實之美，而《武》獨未盡可欲之善者，豈非盡美在心與道，未盡善在時與迹歟？蓋美者善之至，而於者嘆美之辭。簫《韶》九成，而夔曰："於，予擊石拊石，百獸率舞。"《韶》之所以盡美也。《武》奏《大武》，而《詩》曰："於皇武王，武之所以盡美也。"王通曰："《韶》之成也，虞氏之恩被動植矣。《韶》之所以盡善也，《武》之未盡善，久矣。其時乎！其時乎！"《武》之所以未盡善也，觀《樂記》論武王之樂曰："備舉其道，不私其欲。"又曰："聲淫及商，非武音。"則武王之《武》非不在所可欲也，其所以未盡善者，以其對《韶》言之，則《韶》又善於《武》矣。

述而

子在齊聞《韶》，三月不知肉味，曰："不圖爲樂之至於斯也。"

老子《道德經》之卒章曰："信言不美，美言不信。善者不辯，辯者不善。"是美善，天下之至德也，故季札見舞《韶》、《箾》者，曰："德至矣哉。"是知堯之《大章》，美善之著者也。舜繼堯之美善而播之於《韶》，非特美而已，至於盡美；非特善而已，至於盡善。雖甚盛德，蔑以加於此矣。豈非《書》所謂"重華協于帝"歟？今夫諸侯失樂，則大夫用之于家；天子失樂，則諸侯用之於國。故周衰之末，《韶》樂不在周而在齊，孔子聞之，至於"三月不知肉味"。非嗜其聲音者也，樂其難窮之義而已，故曰："不圖爲樂之至於斯也。"非窮神知化，孰與此哉？司馬遷謂"聞《韶》三月，學之"，是不知孔子爲樂之意也。夫月者，三日則成魄，三月則成時，則三月者，天時之小變也。顔淵三月不違仁，卒至於忘禮樂。則孔子聞《韶》，至於三月不知肉味，豈足怪哉？孔子聞《韶》，三月不知肉味，樂之至也；樂正子春傷足，數月不下堂，憂之至也。

子與人歌而善，必使反之，而後和之。

古之得道者，窮亦樂，通亦樂，所樂非窮通也，樂道而已。是以孔子再逐於魯，削迹於衛，伐木於宋，窮於商周，阨於陳蔡，弦歌鼓琴，未嘗絶音，况與人歌而善乎？"與人歌而善，必使反之，而後和之"，其樂道之心終無已也。昔孔子遭阨於匡，謂子路曰："汝歌予和。"子路彈劍，孔子和之，曲終而匡人解甲。豈非"子與人歌而善，而後和之"之意歟？曾子之歌《商頌》，曾點之詠舞雩，原憲之弦蓬户，與孔子之歌，固雖有間，方之原壤登木而歌，則又裕矣。

泰伯

興於詩，立於禮，成於樂。

學道之序，始於言，故"興於詩"；中於行，故"立於禮"；終於德，故"成於樂"。詩者，養蒙之具；禮樂者，成人之事。孔子之於小子，則曰："何莫學夫詩？"於成人則曰："文之以禮樂。"此禮所謂"志之所至，詩亦至焉；詩之所至，禮亦至焉；禮之所至，樂亦至焉"者也。然"興於詩"，非不學禮也，特不可謂之立;"立於禮",非不知樂也,特不可謂之成。《内則》言外傅之教,先之以"學樂";《學記》言大學之教,先之以"安弦",以至夔之教胄子,文王之教世子,大司樂之教國子弟,亦先之以樂。則樂者,教之終始也。《仲尼燕居》曰:"不能詩,於禮繆;不能樂,於禮素。"則禮者,又詩、樂之節文也。荀卿曰:"學始乎誦詩,終乎讀禮。"是可與立而已,以爲學止乎此,則未也。

樂書卷八十七　論語訓義

泰伯　先進

泰伯

子曰:"師摯之始,《關雎》之亂,洋洋乎盈耳哉。"

《關雎》,后妃之德也,所以風天下而正夫婦也。其王化之本歟! 周康之時,頌聲作乎下,《關雎》作乎上,亦可謂至治矣。逮德下衰,《關雎》嘗亂矣。師摯治而正之,而弦誦之聲,蓋"洋洋乎盈耳"矣。彼其所治,豈特弦誦之聲哉? 必也論其義,正其本,使後世聞之者聽之於耳,得之於心而已。師摯之於周,始乎治正《關雎》之亂,而卒至於適齊者,豈得已哉? 世亂而樂亂[1],雖有志於治正,亦無補於時也。孰若去周適齊,以明吾去就之義爲哉? 由是觀之,太師摯非苟知樂也,亦善於知時矣[2]。"《關雎》之亂,洋洋乎盈耳",聲之盛美也;"萬舞洋洋"[3],容之盛美也。

子曰:"吾自衛反魯,然後樂正,《雅》、《頌》各得其所。"

人不耐無樂,樂不耐無形,形而不爲道,不耐無亂。先

---

① "樂亂",光緒本作"樂淫",元刻明修本模糊不清。
② "也亦善",原缺,元刻明修本模糊,據光緒刻本補。
③ "萬舞",原缺,元刻明修本模糊,據光緒刻本補。

王恥其亂，故制《雅》、《頌》之聲以道之，使其聲足樂而不流，其文足論而不息，曲直繁瘠，廉肉節奏，足以感動人之善心，不使放心邪氣得接焉，是先王立樂之方也。故樂一不正，《雅》、《頌》惡能不亂而失其所哉？哀公十一年，孔子在衞，魯人召之而反，然後樂始得其正，全其先王所謂立樂之方也[①]。樂既正，則《雅》也、《頌》也，斯各得其所而區別之矣。觀《雅》之《南陔》、《白華》、《華黍》、《由庚》、《崇邱》、《由儀》，皆有其義而無其辭，至孔子序之於六月，則列而次之。正考甫得《商頌》於周之大師者十二篇，至孔子列於周、魯《頌》之後者，六篇而已。豈非樂正而《雅》、《頌》始各得其所邪？王通曰：“吾於禮樂，正失而已。”亦可謂有志於學孔子矣。然季札觀樂於周，豳不居末而次齊，秦不次唐而次豳，魏不次齊而次秦，是《國風》亦不得其所矣。此特以《雅》、《頌》爲言者，樂之所以正者，本《雅》、《頌》之音而已。《傳》不云乎：“《雅》、《頌》之音理而民正。”

先進

子曰：“先進於禮樂，野人也；後進於禮樂，君子也。如用之，則吾從先進。”

時有先後，禮樂有文質。先進於禮樂，既其實而文不足，故曰野人；後進於禮樂，既其文而已，故曰君子。既其文則非躬行者也，故欲從先進以救之，以其矯枉以曲然後直，

---

① “先王”，原作“先正”，元刻明修本缺失，據光緒刻本改。

救時以偏然後正也。莊周曰:"擢亂六律[①],鑠絶竽瑟,而天下人始含其聰矣。滅文章,散五采,而天下人始含其明矣。"與先進之"野人"同意。以禮爲行,以樂爲和,謂之君子,與後進之"君子"同意。孔子筮卦得《賁》,其色愀然,與"如用之,則吾從先進"同意。《論語》之言文質,有曰"從周",有曰"從先進",有曰"彬彬者"。"彬彬者",道之中;"從周"、"從先進"者,時之中。子思所謂"君子而時中"者,此也。《洪範》三德,其施於爕彊乎? 亦若是已。

子曰:"由之瑟,奚爲於丘之門?"

《傳》曰:"子路鼓瑟,有北鄙之音。孔子聞之,曰:'信矣,由之不才也。'冉有侍孔子,曰:'求,來。爾奚不謂由:夫先王之制音也,奏中聲爲中節。彼小人則不然,執末以論本,務剛以爲基,故其音湫厲而微末,以象殺伐之氣。夫然者,乃亂世之風也。'冉有以告子路,子路曰:'由之罪也。'後果不得其死焉。"由是觀之,仲由鼓瑟於孔子之門,有志於勝人,無志於進道,故孔子曰:"由之瑟,奚爲於丘之門?"所以抑之也。曾點之於孔子,捨瑟而對,異乎三子者之撰,是有志於樂道,無志於從仕,故孔子曰:"何傷乎? 亦各言其志。"所以與之也。抑由,義也;與點,仁也。然則由之鼓瑟,孔子抑之,及執干而舞,則不抑之者,以其因孔子之言,悟"窮亦樂,通亦樂"之意也。

---

① "擢",光緒刻本作"擢",元刻明修本模糊不清。

子曰："求,爾何如?"對曰:"方六七十,如五六十,求也爲之,比及三年,可使足民。如其禮樂,以俟君子。"

達於禮而不達於樂,謂之素;達於樂而不達於禮,謂之偏;禮樂皆得,謂之有德。君子也者,其有德之士歟?文之以禮樂而不爲素,禮樂明備而不爲偏,《仲尼燕居》曰:"君子明於禮樂,舉而錯之而已。"《孔子閒居》曰:"愷悌君子,必達於禮樂之原。"是禮樂由君子出,而冉求之藝,能足民而已,非全乎君、國、子、民之道也。故孔子問其志,則曰:"方六七十,如五六十,求也爲之,比及三年,可使足民。如其禮樂,以俟君子。"彼其自知明,自信篤,終此而已。孔子之於門弟子所與言禮樂者,不過顏淵之問爲邦,是爲邦之道,無先於禮樂。而求也爲之,可使足民而已,此孔子所以不以語回者告求歟?莊周亦曰:"以禮爲行,以樂爲和,謂之君子。"孰謂莊周蔽於天而不知人邪?王通曰:"吾於禮樂,正失而已。如其制作,以俟明哲。必也,崇貴乎?"是又指在上制作者言之,與其所謂以俟君子者異矣。

樂書卷八十八　論語訓義

先進　子路　憲問

先進

子曰:"點,爾何如?"曰:"莫春者,春服既成,冠者五六人,童子六七人,浴乎沂,風乎舞雩,詠而歸。"夫子喟然嘆曰:"吾與點也。"

《周官·司巫》:"若國大旱,則帥巫而舞雩。"《女巫》:"旱暵則舞雩。凡邦之大烖,歌哭而請。"《爾雅》曰:"舞號,雩也。"由是推之,舞雩之祭,非旱暵,若國大旱,則不必爲之,非有常時也。《記》曰:"雩禜,祭水旱也。"《黨正》:"春秋祭禜。"是雩祭,或春或秋,皆遇旱而爲之,不必龍見之時也。此言舞雩於春服既成之時,非黨正秋祭之時也。《春秋》書大旱二,書大雩二十,多譏非大旱爲之,却又著僭用天子之禮而已。左氏皆謂龍見而雩過則書之,《月令》以"大雩,帝用盛樂,在仲夏之月",是不知周之仲夏,龍見之時,非常旱之月也。曾點"浴乎沂,風乎舞雩,詠而歸",則其所以舞詠而歸者,在道而不在雩,故孔子與之。樊遲從遊於舞雩之下,而以崇德辨惑爲問,雖未能無惑,而一志於樂道,亦孔子之所善也。然擬之子路、冉有、公西華,有志於仕,無志於學,則有間矣。魯之舞雩,孔子與其徒必預之者,豈非憂民之心，君子所以與人同故邪？

子路

名不正則言不順，言不順則事不成，事不成則禮樂不興，禮樂不興則刑罰不中，刑罰不中則民無所措手足。

　　禮以道其志，樂以和其聲，政以一其行，刑以防其姦，禮、樂、刑、政，其極一也，所以同民心而出治道也。孔子爲政於衛，必以正名爲先，“名不正則言不順，言不順則事不成”，非所以爲政也；“事不成則禮樂不興，禮樂不興則刑罰不中”，非所以爲禮樂也；“刑罰不中則民無所措手足”，非所以爲刑也。《記》曰：“禮節民心，樂和民聲，政以行之，刑以防之，禮、樂、刑、政四達而不悖，則王道備矣。”然則衛君待孔子爲政，孔子以王道爲先務，捨禮、樂、刑、政何以哉？在《易·豫》之《象》曰：“聖人以順動，刑罰清而民服。”《象》曰：“先王作樂崇德，殷薦之上帝，以配祖考。”蓋作以崇德者，樂也；薦上帝配祖考者，禮也。是“刑罰清”本於禮樂興，禮樂興本於《豫》“順以動”，其言亦相爲表裏而已。《明堂位》言“周公制禮作樂，頒度量而天下大服”，繼之以“服大刑而天下大服”，與此同意。孔子待衛君不以霸道而以王道，亦周公之用心也。子路疑之，以爲迂，豈不野哉？

憲問

子路問成人。子曰：“若臧武仲之知，公綽之不欲，卞莊子之勇，冉求之藝，文之以禮樂，亦可以爲成人矣。”

　　天與之性，君子得之以爲德性；與之才，君子達之以爲藝。言冉求之藝，則臧武仲之知，公綽之不欲，卞莊子之勇，無非天下之達德也。據於德以爲本，游於藝以爲末，則其質具矣。苟言而履之以爲禮，行而樂之以爲樂，則文質彬彬，然後可以爲成人之君子矣。孔子謂顏回曰："既能成人，又加之以仁義禮樂，成人之行也。"充四子之實，進而至於顏回，然後可以語成人之行①，故其問爲邦，告之以三王之禮二帝之樂。至於冉求，則曰："如其禮樂，以俟君子。"則亦可以爲成人者，惟顏子可以當之。莊周謂回"忘禮樂"，則又進於此，豈特可以而已哉？《易》曰："易簡之理，得而成位乎其中。"則成位於天地之中者，賢人之能事，成人之至也，亦豈不本於禮樂之簡易乎？王通曰："姚義之辯，李靖之智，賈瓊、魏徵之正，薛收之仁，程元、王孝逸之文，加之以篤固，申之以禮樂，可以爲成人矣。"揚雄曰："若張子房之智，陳平之無誤，絳侯勃之果，霍將軍之勇，終之以禮樂，可謂社稷之臣矣。"由是觀之，王通之論成人，未爲無失；揚雄論社稷之臣，亦未爲俱得也。孔子以成人之道在禮樂如此，莊周反謂禮樂徧行則天下亂，蓋有爲而言也。

子擊磬於衞，有荷蕢而過孔氏之門者，曰："有心哉，擊磬乎！"既而曰："鄙哉，硜硜乎，莫己知也，斯已而已矣。深則厲，淺則揭。"子曰："果哉，末之難矣。"

　　帝之乘時以出入，其致用在八卦，其成功在萬物。八音出於八卦，則八音萬物之聲也。磬出於八音之石，而於卦主

---

① "成人"，四庫本、元刻明修本作"與人"，據光緒刻本改。

乾，則磬者，乾之音也。聖人之於天下，未嘗有心，亦未嘗無心。荷蕢聞孔子擊磬於衛，徒知其有心，而不知其無心，其所知亦淺矣。季咸之於列子，知其氣機，而不知其未始出吾宗，亦何異此？荷蕢之譏孔子，猶釣者之譏王通也①。蓋播鼗武入于河，擊磬襄入于海，固有之矣。

---

① 　“王”，元刻明修本、光緒刻本均作“住”。

樂書卷八十九　論語訓義

衛靈公　季氏　陽貨

衛靈公

顏淵問爲邦，子曰：“行夏之時，乘殷之輅，服周之冕，樂則《韶》舞。放鄭聲，遠佞人；鄭聲淫，佞人殆。”

正有三，而行夏之時，人正也；輅有五，而乘殷之輅，木輅也；冕有六，而服周之冕，純冕也；樂有文武，而樂則《韶》舞，文舞也。蓋三王異世不相襲禮，五帝殊時不相沿樂。是夏、殷、周盡人道而王，非無樂也，而禮莫盛焉。堯舜同天道而帝，非無禮也，而樂莫盛焉。然三王之禮，孔子之所憲章；二帝之樂，孔子之所祖述。顏淵問爲邦，必首以是告之者，以治道非禮樂不成故也。然禮寓於時而有度，數寓於器而有文，爲樂之所法者，《韶》舞而已。以樂之美善，必待久而後成也。《記》曰：“比音而樂之，及干戚羽旄謂之樂。”然則不言《韶》舞，豈足謂之樂乎？鄭聲似雅而非雅，不放之則志易以淫；佞人似忠而非忠，不遠之則行易以殆。舜之命官，始於伯夷典禮，中於夔之典樂，終於龍之納言，則“鄭聲淫，佞人殆”，堯舜其猶病諸，況顏淵乎？顏淵雖樂二帝、三王之道，而有王佐之才，苟不知戒此，如爲邦何哉？告之夏時、殷輅、周冕、《韶》舞，所以教之也；告之“放鄭聲，遠佞人，鄭聲淫，佞人殆”，所以戒之也。

師冕見，及階，子曰：“階也。”及席，子曰：“席也。”皆坐，子告之曰：“某在斯，某在斯。”師冕出，子張問曰：“與師言之道與？”子曰：“然，固相師之道也。”

老者在所養，喪者在所恤，貴者在所敬。古人之於瞽者，待之如老者、喪者，所以盡仁，待之如貴者，所以盡禮。《記》曰：“八十拜君，命一坐。再至。瞽亦如之。”又曰：“八十者，一子不從政；九十者，其家不從政。瞽亦如之。”是待瞽者如老者也。《語》曰：“見齊衰者、冕衣裳者與瞽者，見之，雖少必作；過之，必趨。”又曰：“見齊衰者，雖狎，必變。見冕者與瞽者，雖褻，必以貌。”是待瞽者如喪者、貴者也。然則於其所不知者，其可以不告乎？故及階則曰“階”，及席則曰“席”，皆坐則曰“某在斯，某在斯”。《禮》曰：“未有燭而有後至者，則以在者告道。瞽亦然。”故曰：“樂有相步溫之至也。”若夫《周官》以眡瞭相瞽矇，語之盡相師之道如孔子，則間矣。

季氏

孔子曰：“天下有道，則禮樂征伐自天子出；天下無道，則禮樂征伐自諸侯出。自諸侯出，蓋十世希不失矣；自大夫出，五世希不失矣；陪臣執國命，三世希不失矣。”

禮樂，道也，先王以之柔中國；征伐，法也，先王以之威四夷。天下有道，則上有道揆，下有法守。諸侯賜圭瓚然後爲鬯，賜柷敔然後爲樂，此禮樂所以自天子出也；諸侯賜弓矢然後征,賜鈇鉞然後殺,此征伐所以自天子出也。天下無道,則上無道揆,下無法守。故魯,侯國也,天下資禮樂焉,此禮樂所以自諸侯出也;威文,霸國也,天下資征伐焉,此征伐所以自諸侯出也。自諸侯出,其失不過十世,自大夫出,其失不過五世,陪臣則三世而已。豈非逆理彌甚,則其勢彌蹙邪?揚雄曰:"禮樂征伐自天子出,春秋之時,齊、晉實予①,不膠者卓矣。"不稽孔子褒貶之意故也②。

陽貨

子之武城,聞弦歌之聲,夫子莞爾而笑,曰:"割雞焉用牛刀?"子游對曰:"昔者偃也聞諸夫子曰:'君子學道則愛人,小人學道則易使也。'"子曰:"二三子,偃之言是也,前言戲之耳。"

安上治民,莫善於禮;移風易俗,莫善於樂。禮樂所以同民心,出治道,雖一邑之小,一國之大,天下之廣,其爲之也,捨禮樂何以哉?子游爲武城宰,而弦歌之聲洋洋乎盈耳,孔子曰"君子學道則愛人,小人學道則易使"者,禮樂不可廢於一邑也。顏淵問爲邦,孔子告之三王之禮,二帝之樂者,禮樂不可廢於一國也。孔子曰:"先進於禮樂,野人也,如用之,則吾從先進"者,禮樂不可廢於天下也。冉求曰"如其禮樂,以俟君子",如治國何哉?孔子門人學樂者多矣,或援琴而歌,或執干而舞,或詠而歸,或坐而弦,無非樂道以成己者也。子夏對魏文以德音之樂,而曰"修身及家,平均天

---

① "實予",光緒刻本作"實于",元刻明修本不清晰。

② "卓矣不稽",原缺,元刻明修本不清晰,據光緒刻本補。

下”，是子夏不特知樂道以成己，又知推之爲天下國家而已，其賢於子貢問樂，不亦遠乎？

樂書卷九十　論語訓義

陽貨　微子

陽貨

子曰："禮云禮云,玉帛云乎哉? 樂云樂云,鐘鼓云乎哉?"

　　禮出於天地之性,而玉帛特禮之物而已;樂出於天地之命,而鐘鼓特樂之器而已。物不徒設,必有難知之義存焉;器不徒制,必有寓意之象存焉。是禮雖不在玉帛,然非玉帛無以致其義;樂雖不在鐘鼓,然非鐘鼓無以明其象。因物以致義,得義而物可忘;因器以明象,得象而器可忘。若是者,非聖人其誰邪? 故聖人曰禮樂云,揚雄曰:"玉帛不分,鐘鼓不枟①,吾無以見聖人矣。"

惡鄭聲之亂雅樂也。

　　中正則雅,多哇則鄭。禮樂廢而邪音起,是鄭聲有時而亂雅也,故聖人惡諸。然則鄭聲之亂雅奈何? 亦曰:"黃鐘以本之,中正以平之,確乎鄭衞不能入也。"《傳》曰:"鄭衞之音使人之心淫。"是衞聲之淫不如鄭聲亂雅之甚,故舉是以見之。荀卿曰:"先王貴禮樂而賤邪音。"其在序官也,審誅賞,禁淫聲,使夷俗邪音不敢亂雅,太師之職也。蓋聖人達

---

① "枟",元刻明修本、四庫本作"枟",光緒刻本作"考"。

而賞罰行，而邪音亂雅固在所誅；聖人窮而褒貶作，而鄭聲亂雅特在所惡而已。

孺悲欲見孔子，孔子辭以疾。將命者出戶，取瑟而歌，使之聞之。

古人之論瑟，謂君父有節，臣子有義，然後四時和，萬物生。蓋君父有節，臣子有義，人之道也；四時和，萬物生，天之道也。所學乎聖人者，不過樂得天人之道而已。是瑟者，樂道之器；歌者，樂道之聲。孺悲子欲見孔子，非有樂道之心也，孔子辭以疾。取樂道之器，示之以樂道之聲，其意雖教，實以愧之也。豈非孟子所謂“不屑之教”歟？孔子辭孺悲子以疾，猶孟子辭齊王以疾也；辭孺悲子以疾而歌瑟，猶辭齊王以疾而出弔也，蓋孔、孟一道也。苟盡師道，無貴賤，無尊卑，吾所以待之一也。

宰我問：“三年之喪，期已久矣。君子三年不爲禮，禮必壞；三年不爲樂，樂必崩。”

三年不目日，視必盲；三年不目月，精必矇，況三年不爲禮樂乎？今夫君子，禮樂不可以斯須去身，其所不爲者，特親喪而已矣。子生三年，然後免於父母之懷，必報之以三年之喪，然後恔於其心。執親之喪，雖三年不爲禮樂，何遽至於崩壞乎？《記》曰：“是月禫，徙月樂，聖人之中制也。”昔人朝祥而暮歌，孔子曰：“踰月則其善也。”獻子禫縣而不樂，孔子曰：“加於人一等矣。”至於孔子“既祥，五日彈琴不成聲，十日而成笙歌”，是君子之於禮樂，固將終身焉，其爲之也，亦因人情爲之節文而已。過之則爲獻子，不及則爲魯人，要之，得聖人中制者，惟孔子爲然。宰我乃所願學則孔子也，不圖爲樂於既祥十日之後，而欲爲之於纔三年之祥，孔子得不誅之乎？

微子

齊人饋女樂，季桓子受之，三日不朝。孔子行。

考之天文，翼星近太微，主俳倡，命之曰天倡。則優倡之徒，雖上應天文，特獲雜子女之新樂而已，非先王之樂也。昔夏桀大進倡優，爲漫爛之戲；齊侯盛陳優倡，奏宮中之樂。君子必欲加法而深誅之者，爲其傷風害政，莫茲爲甚故也。是以秦穆遺戎而由余去，齊人饋魯而孔子行。豈非《詩》所謂“庶姜孽孽，庶士有朅”之意哉？魏文侯嘗悅於此，子夏辭而闢之，其所學固可知矣。

太師摯適齊，亞飯干適楚，三飯繚適蔡，四飯缺適秦，鼓方叔入於河，播鼗武入於漢，少師陽、擊磬襄入於海。

《周官・太師》：“掌六律、六同，以合陰陽之聲，而教六詩。”《少師》：“掌教鼓鼗、柷、敔、塤、簫、管。弦歌六樂，聲音之節與其和。”則掌律同聲音，以教六詩之類，太師之職也；掌六樂聲音之節與其和，以教弦歌之類，少師之職也。《鼓人》：“掌六鼓四金之音聲，以節聲樂，以和軍旅，以正田役。”則鼓方叔，鼓人之職也。《瞽矇》“掌播鼗”，《眡瞭》“掌凡樂事擊頌磬、笙磬”。則播鼗武，瞽矇之職也；擊磬襄，眡瞭之職也。古者以樂侑食，凡食，三飯一侑，大食三侑，令奏鐘鼓，則凡飯異樂，每樂異工。故干，則亞飯之工也；缺，則四飯之工也。周衰之末，禮樂出自諸侯，而天子與諸侯夷。當是時也，先王之澤浹於人心者猶在，不得其職則去，非特賢且貴者知去就之義，雖樂工之賤，亦與知焉。

樂書卷九十一　孟子訓義

梁惠王上[①]

聲音不足聽於耳歟？

　　凡物動而有聲，聲變而有音。《易》曰："天數五，地數五。"則五聲者，天地之道也。《傳》曰："人者，統八卦，諧八音，舞八佾，以終天地之功。"則八音者，人之道也。樂通倫理，而三才之道具矣。然則發之聲音，其有不足以形容之乎？蓋肥甘者，食之美而悦於口；輕暖者，服之美而悦於體；采色者，視之美而悦於目；聲音者，聽之美而悦於耳；便嬖者，使令之適而悦於意。爲肥甘不足於口歟？必將芻豢稻粱、五味調香，以養其口；爲輕暖不足於體歟？必將疏房越席、牀第几筵，以養其體；爲采色不足於目歟？必將彫琢刻鏤、黼黻文章，以養其目；爲聲音不足於耳歟？必將鳴鼓鐘、彈琴瑟，以養其耳；爲便嬖不足使令於前歟？必將衆侍妾、盛官徒，以適其意。凡此，王之諸臣皆足供之，固知王之不爲是也。其所大欲，特在辟土地以廣之，朝秦楚以臣之，莅中國以君之，撫四夷以服之而已，豈難知哉？

　　莊暴見孟子，曰："暴見於王，王語暴以好樂。暴未有以對

---

① "王"，原缺，據元刻明修本、光緒刻本補。

也。"曰："好樂何如？"孟子曰："王之好樂甚，則齊國其庶幾乎？"
他日，見於王，曰："王嘗語莊子以好樂，有諸？"王變乎色，曰："寡
人非能好先王之樂也，直好世俗之樂耳。"曰："王之好樂甚，則齊
其庶幾乎？今之樂猶古之樂也。"曰："可得聞與？"曰："獨樂樂，
與人樂樂，孰樂？"曰："不若與人。""與少樂樂，與眾樂樂，孰樂？"
曰："不若與眾。"

　　先王之樂，其本存於欣喜歡愛之情，其末見於聲容節奏
之文[①]。探本知末者，知其情而能作；即末窮本者，識其文而
能述。周衰樂壞，天下識情文者蓋鮮[②]，故夫知聲而不知音者
有之，知音而不知樂者有之，亦烏知夫樂與音相近而不同邪？
蓋齊王所問者樂，所好者音，不悦先王之樂以樂民，直悦世俗
之樂以樂身而已，尚何異魏文倦於聽古樂，晉平樂於聽新聲
哉？此孟子所以有今樂猶古樂之説，庶乎王知反本也。今夫
鄭之好濫，宋之燕女，衛之促數，齊之敖辟，慢易以失節[③]，流
湎以忘本，此新樂之發，世俗之樂也。黃帝之《大咸》，堯之《大
章》，舜禹之《韶》、《夏》，商周之《濩》、《武》，其聲足樂而不流，
其文足論而不息，此古樂之發，先王之變也[④]。古今之樂以本
同，以末異。徇末以忘本，則古必異今；抑末以同本，則今亦猶
古。古之所謂樂之本，不過與民同樂而已；誠能因今樂與民
同樂，是亦古樂之實也。觀齊王悦南郭之吹竽，廩食以數百
人，喜鄒忌之鼓琴，卒授之國政，彼其好世俗之樂，徇末忘本如

---

①　"容"，光緒刻本作"音"，元刻明修本模糊不清。

②　"鮮"下，光緒刻本有"矣"字。

③　"慢易以失節"，四庫本作"四者皆失節"，元刻明修本僅存"□□以失節"，據光
緒刻本改。

④　"變"，四庫本作"變"，光緒刻本作"樂"，元刻明修本不清晰。

此，又孰知與人與衆以反樂之本乎？此韓子所以有與衆之說，晏子所以有獨樂之戒也。孟子以齊王不能同樂於民，故語之以今樂猶古，所以引而進之也。子夏以文侯好音而不知樂，故對之以今樂異古，所以抑而攻之也。

"臣請爲王言樂。今王鼓樂於此，百姓聞王鐘鼓之聲，管籥之音，舉疾首蹙頞而相告曰：'吾王之好鼓樂，夫何使我至於此極也。父子不相見，兄弟妻子離散。今王田獵於此，百姓聞王車馬之音，見羽旄之美，舉疾首蹙頞而①闕。'"

則榮，人所尊戴之意邪？濁者爲陰，人之所賤也，以之濯下體之足，豈不仁則辱，人所卑賤之意邪？由是觀之，水之性未嘗不潔，而或清或濁，非性之罪也，異其所處以取之而已。人之性未嘗不善，而或仁或不仁，亦非性之罪也，異其所爲而取之而已。《孟子》有稱"夏諺"者，有稱"人有常言"者，有稱"孺子歌"者，蓋性命之理，人所同然，言或在道，孟子取之。

---

① 本卷以下，四庫本、光緒刻本均缺；元刻明修本缺一頁，存有卷末一段文字，即下文的"則榮"至"孟子取之"。

樂書卷九十二　孟子訓義

梁惠王下①

齊宣王見孟子於雪宫，王曰：“賢者亦有此樂乎？”孟子對曰：“有人不得，則非其上矣。不得而非其上者，非也；爲民上而不與民同樂者，亦非也。樂民之樂者，民亦樂其樂；憂民之憂者，民亦憂其憂。樂以天下，憂以天下，然而不王者，未之有也。”

齊宣王之於國，外有遊畋之囿，内有雪宫之樂。遊畋之囿則專利而已，非與民同利也；雪宫之樂則獨樂而已，非與民同樂也。故有爲人下者不得是樂而非其上，則爲不知命；爲人上者有是樂而弗與民同，則爲不知義。義命所在則是，義命所去則非，今王苟知獨樂爲非，而憂樂與民同，則在下者亦將以君事爲憂樂而不非其上矣。以《易》求之，《比》則樂民之樂而下至於順從，《師》則憂民之憂而民至於從之，是憂樂施報之効也。故推樂民之樂而樂以天下，持憂民之憂而憂以天下②，則天下雖廣，風俗同而如一家；中國雖大，心德同而如一人，萬邦孰不嚮之以爲方？下民孰不往之以爲王哉？文王樂以天下而庶民子來，宣王憂以天下而百姓見憂，如此而已。《周官·膳夫》：“掌王之膳羞，侑食，及徹於

---

① “王下”，原缺，據元刻明修本、光緒刻本補。

② “持”，四庫本作“恃”，光緒刻本作“推”，據元刻明修本改。

造，皆以樂。特天地之裁，荒札之變[①]，邦之大故，然後去樂焉。”古之王者，無終食之間忘憂樂於天下，況欲王而與天下同憂樂邪？始有憂樂以民，卒乎憂樂以天下，與孔子所謂“修己以安人”，繼之“修己以安百姓”同意。若夫不知務此而欲長處雪宫之樂，難矣哉。梁王疑賢者不樂臺沼，故曰：“賢者亦樂此乎？”齊王疑賢者無雪宫之樂，曰：“賢者亦有此樂乎？”

“方命虐民，飲食若流。流連荒亡，爲諸侯憂。從流下而忘反謂之流，從流上而忘反謂之連，從獸無厭謂之荒，樂酒無厭謂之亡。先王無流連之樂，荒亡之行，惟君所行也。”

　　凡物員則行，方則止；行則順，止則逆。“方命”，則逆而不行之謂也。今夫遊豫有事，補助有政，先王之命也。景公逆先王之命而不行，無補助之政以恤民，有師行糧食以虐民，飲食無節至於若流，流連荒亡至於無度，斯固不足爲諸侯之度，適貽彼憂而已。蓋順流而下以忘反，則其樂無所要宿，故謂之流；遡流而上以忘反，則其樂莫知紀極，故謂之連，此遊於佚者也。從獸無厭則其行妨而不治，故謂之荒；樂酒無厭則其行喪而不存，故謂之亡，此淫於樂者也。觀景公遊海上踰時弗反，則從流上下忘反可知；其好弋有至誅典禽之吏，則從獸無厭可知；其飲酒有至終夕之樂，則樂酒無厭可知。然則欲觀轉附朝儛，豈從禽之地歟？遵海而南，放於瑯琊，豈流連之地歟？孔子有云：“景公奢於臺榭，淫於苑

①　“札”，四庫本作“扎”，元刻明修本作“孔”，據光緒刻本改。

囿,五音之樂不解,喪亂蔑資,曾莫惠我師。"由是觀之,晏子諄諄爲景公誦之者,誠欲憂樂與民同而已。昔齊桓公將東遊,問於管仲,管仲對曰:"先王之遊,春出省農事之不本者,謂之遊;秋出補人之不足者,謂之夕。師行而糧食其民者,謂之亡;從樂而不反者,謂之荒。先王有遊夕之業於人,無荒亡之行於身。"桓公卒再拜而命之以寶法,亦晏子告景公之意也。《書》曰:"内作色荒,外作禽荒,甘酒嗜音,有一於此,未或不亡。"孟子特以樂酒無厭言之者,舉甚者故也。言興發補不足及助不給者,以景公之行,適當省耕時故也。

景公悦,大戒於國,出舍於郊,於是始興發補不足。召太師曰:"爲我作君臣相悦之樂。"蓋《徵招》、《角招》是也,其詩曰:"畜君何尤?"畜君者,好君也。

　　景公之於齊,小有流連之樂,大有荒亡之行,一聞晏子之言,卒知冥豫成而有渝不可以無咎。故"大戒於國",不敢慢其事;"出舍於郊",不敢寧其居;始興委積,發倉廩,以補民之不足。夫然孰謂不可比先王之觀邪?景公三問政於師曠,師曠對之必惠民而已。景公於是發倉廩以賦衆貧,散府財以賜孤寡,倉無陳粟,府無餘財,亦晏子所以畜君之意也。然則晏子一言而利溥如此,則君臣相悦而志行矣,此所以召太師作徵、角《招》之樂也。劉向《樂書別録》有《招本》之名,豈原諸此?蓋徵爲事,角爲民,君臣之相悦,作樂以象成,夫豈以獨樂爲哉?凡以行政事,恤民窮而已。則始興發者,行政事也;補不足者,恤民窮也。舜作歌以勑天命,其要在康庶事;制琴以歌《南風》,其要在阜民財,而樂以《韶》名之。

徵、角爲之《招》，豈傚此耶？師曠爲晉平公奏《清角》《清徵》，亦是意也。晏子畜君能使之行政事、恤民窮，如此非健且巽而何？自迹觀之，畜君固不能無尤；自心觀之，畜君者乃所以好之，何尤之有？此《小畜》之初所以言“復自道何其咎”也。左丘明以鬻拳兵諫爲愛君，失是矣。然景公不知用勢，晏子不知除患，卒使田成得志於民，雖區區導之以振窮恤孤，亦奚補治亂之數哉？此子夏所以深咎之也。且晏子之功，孟子所不爲，今稱其言若是，何也？晏子以其君顯其功，雖不足爲，而其言在所可取，亦聖人所不棄也。故周任之言，孔子取之以告求；陽虎之言，孟子取之以對滕。其可以人廢言乎？莫非《招》也。或作《韶》，自播之八音言之；或作《磬》，自文之五聲言之。言《徵招》《角招》，則宮商羽之《招》可知矣，特言徵、角，豈舉中見上下之意邪？然齊有《招》樂，非特陳公子完奔齊，而魯太師摯亦適齊故也。

子貢曰：“見其禮而知其政，聞其樂而知其德。由百世之後等百世之王，莫之能違也。自生民以來，未有夫子也。”

禮者，政之體制於治定之時；樂者，德之華作於功成之後。是治者，政之所由成；功者，德之所由致。昔之聖人有能爲禮樂之道，無欲爲禮樂之心。故造事而達者，推至賾之情而有所作；造事而窮者，因至粗之文而有所述。孔子述而不作者也，故於禮執之而已，非有所制也；於樂正之而已，非有所作也。蓋禮自外成，孔子執之而正人以爲政；樂由中出，孔子正之而成己以爲德。以迹考之，孔子言而履之者皆禮，而莫備於鄉黨；行而樂之者皆樂，而莫顯於陳蔡。以鄉黨之禮施於有政，以陳蔡之樂形容其德，彼見見聞聞者，惡有不知之邪？子貢之知孔子，以此而已。然孔子之禮樂，其理一成而不可易，其情一盡而不可變，故雖歷百世、更百王，其能違而弗從乎？蓋孔子聖之時、道之管也，禮樂之統歸是矣，百王之法一是矣。前乎以功業而作者，不若孔子之至備，雖堯舜猶可以賢之，況其下者乎？後乎以禮樂而治者，不若孔子之大成，雖百世之王，莫之能違，況去之未遠者乎？竊稽子貢之知孔子，對太宰嚭之問，則譬之太山而不知所以爲崇；對趙簡子之問，則譬之江河而不知所以爲量。或比宮牆之峻而不可入，或並日月之明而不可毀。以言乎深，足以配海；以言乎高，足以配天。彼其知孔子，豈特禮樂哉？然孟子語其所知止是者，姑道可以法後世者爾。雖然，見禮主於知政，未始不知德，揚雄曰"人而無禮，焉以爲德"是也；聞樂主於知德，未始不知政，《樂記》曰"審樂以知政"是也。

樂書卷九十三　孟子訓義

離婁上

孟子曰："離婁之明，公輸子之巧，不以規矩不能成方圓；師曠之聰，不以六律不能正五音；堯舜之道，不以仁政不能平治天下。今有仁心仁聞而民不被其澤，不可法於後世者，不行先王之道也。故曰：'徒善不足以爲政，徒法不能以自行。'《詩》云：'不愆不忘，率由舊章。'遵先王之法而過者，未之有也。"

見乃謂之象，形乃謂之器。聖人明道之象以制器，即器之體以寓象，非智至明不足以創之，非工至巧不足以述之。離婁之明，能察秋毫於百步之外，智之至明者也；公輸子之巧，能得意於運斤成風之妙，工之至巧者也。以至明之智創物，而以至巧之工述之，不能廢規矩而成方圓，是規矩非出於方圓，而方圓之所自出者也。述天地自然氣數而以聲通之，謂之律；聲之曲折而成方，雜比而成文，謂之音。聖人推日以配音而以情質，因辰以配律而以和音，非聽至聰不足以達之。師曠之聰能合乎八風之調，聽之至聰者也，以至聰之耳聽樂，不能廢六律而正五音，是六律非生於五音，而五音之所自生者也。蓋方圓之所成，五音之所正，必本於天性之聰明，成於人爲之法度。然則堯舜雖有亶聰明，作元后之道，苟不資法度之粗以爲仁政，其能平治天下，使之各當其分而不亂哉？《傳》曰："巧者能生規矩，不能廢規矩而正方圓。聖人能生法，不能廢法而治國。”亦是意也。今夫始萬物者，道也，非仁政不行；繼道者，仁政也，非道不立。堯舜不以仁政不能平治天下，則所謂道者乃所以在之也。《堯典》所言，皆道所以在天下，《舜典》所言，皆政所以治之，在之本也，治之末也。堯舜一道，史之所言如此，相爲終始而已。人君有仁聲仁聞，猶離婁之有明，公輸子之有巧，師曠之有聰也；有仁政，猶離婁、公輸子之以規矩，師曠之以六律也。根諸中，有不忍之仁心；形諸外，有足聽之仁聞，固宜近有以澤天下，遠有以法後世。然且不足致此者，非他，不行先王仁政之道云爾。有仁心仁聞而不遵先王之法，謂之徒善；有先王之法而無仁心仁聞，謂之徒法。齊王恩足及禽獸，而功不加百姓，其心非不善也，而無益於政，徒善不足以爲政故也；禹之法非亡而夏不世王，其法非不美也，而無益於行，徒法不能以自行故也。苟主於中者有仁心仁聞之善，而輔之以先王之法正於外者，有先王之法而主之以仁心仁聞，然猶其善不足以爲政，其法不能以自行，自古迄今，未之聞也。離婁之明、公輸子之巧、師曠之聰、聖人之法不可廢於天下如此，莊周反謂“膠離朱之目，天下人始含其明；攦工倕之指[①]，天下人始有其巧；塞瞽曠之耳，天下人始含其聰；殫殘天下之聖法，而民始可與論議”。蓋非一曲之論，將以復道之本故也。

聖人既竭目力焉，繼之以規矩準繩，以爲方員平直，不可勝

---

① “工”，原作“公”，據元刻明修本、光緒刻本改。

用也。既竭耳力焉，繼之以六律正五音，不可勝用也；既竭心思焉，繼之以不忍人之政，而仁覆天下矣。

衡運生規，規圓生矩，矩方生繩，繩直生準。所謂規矩者，正方圓之器也；準繩者，正平直之器也。離婁之明止於目之所視，而聖人竭目力焉，則能內視無形而極乎離婁之所不能見；師曠之聰止於耳之所能聽，而聖人竭耳力焉，則能反聽於無聲而極乎師曠之所不能聞。明雖足以極離婁之所不能視，非繼之以規矩準繩，不足以正方圓平直之器；聰雖足以極師曠之所不能聞，非繼之以六律，不足以正宮、商、角、徵、羽之音。昔舜欲作十二章之服，以行典禮，必命禹以明之；察音律之變，以在治忽，必命禹以聽之，以禹爲能竭耳目之力故也。作服必觀古人之象，審音必本於六律，豈繼之規矩、準繩、六律之意邪？彼其於器械、聲音之小者猶若是，況宰制天下乎？一海內，雖竭心思以盡精微之妙，如之何不繼以不忍人之仁政哉？先王有不忍人之仁心，斯有不忍人之仁政；以不忍人之仁心，行不忍人之仁政，其兼愛足以仁民，其博愛足以愛物。凡在天地之間，體性抱情者，吾之仁均有以周覆之，所謂仁覆天下，如此而已。《周官》“天子執冒圭以朝諸侯”，圭以銳爲用，象天有生物之仁，則其命之以冒者，豈亦仁覆天下之意歟？然於耳目言力，於心言思者，蓋人以心爲君，無爲以運其思於內；以耳目爲官，有爲以竭其力於外故也。

有孺子歌曰：“滄浪之水清兮，可以濯我纓，滄浪之水濁兮，可以濯我足。”孔子曰：“小子聽之，清斯濯纓，濁斯濯足矣，自取之也。”

水之爲物，其出有源，其行有委，得其地則清，非其地則濁。清者爲陽，人之所尊也，以之濯首飾之纓，豈仁則榮，人所尊戴之意邪？濁者爲陰，人之所賤也，以之濯下體之足，豈不仁則辱，人所卑賤之意邪？由是觀之，水之性未嘗不潔，而或清或濁，非性之罪也，異其所處以取之而已。人之性未嘗不善，而或仁或不仁，亦非性之罪也，異其所爲以取之而已①。《孟子》有稱“夏諺”者，有稱“人有恒言”者②，有稱“孺子歌”者，蓋性命之理，人所同然，言或在道，孟子取之。

① “以取”，原作“而取”，據元刻明修本、光緒刻本改。
② “恒”，元刻明修本、光緒刻本均作“常”。

樂書卷九十四　孟子訓義

離婁下　萬章上　萬章下①

離婁下

　　孟子曰:"仁之實,事親是也;義之實,從兄是也;知之實,知斯二者弗去是也;禮之實,節文斯二者是也;樂之實,樂斯二者是也。"

　　道德不散,安取仁義;性情不離,安用禮樂。仁義出於道德而爲禮樂之體,禮樂出於性情而爲仁義之用。仁者,愛也,其本在孝,而其實見於事親,則凡移之於事君者,皆仁之華也;義者,宜也,其本在悌,而其實見於從兄,則凡移之於從長者,皆義之華也。智之實在於知仁義,而其華見於前識;禮之實在於節文仁義,而其華見於威儀;樂之實在於樂仁義,而其華見於節奏。孩提之童無不知愛其親,及其長也,無不知敬其兄,豈非智之實在於知仁義歟? 合父子之親,明長幼之序,則禮制行矣,豈非禮之實在於節文仁義歟? 父母俱存,兄弟無故,君子樂之,雖王天下不與存焉,豈非樂之實在於樂仁義歟? 樂以樂天爲至,仁義則人道也,故於樂,特言樂斯二者而已。今夫華者,實之所自出,華無實則文勝質,實無華則質勝文,自堯舜至於周,其文質未嘗不彬

---

　　①　"萬章上萬章下",原缺,據元刻明修本、光緒刻本補。

彬也。周道衰，天下以文滅質，述墨氏兼愛之道如夷之，而不知有仁之實；述楊氏爲我之道如告子，而不知有義之實；其流至於仲子離母之不仁，避兄之不義。故《孟子》反仁義之華而歸之實，猶物生之運，春則榮華而去本，秋則落其華而實之者也。《孟子》言仁義之實以救當世逐末之弊，與《老子》言道德終於“見素抱樸”同意。

“樂則生矣，生則惡可已；惡可已，則不知足之蹈之，手之舞之也。”

　　人之性流通則生，厭塞則熄。樂出於性，樂其所自生者也。《樂記》曰：“致樂以治心，則易、直、子、諒之心油然生矣。易、直、子、諒之心生則樂，樂則安，安則久，久則天，天則神。”樂之生也如此，其可已乎？故由事親之實至於仁眇天下，由從兄之實至於義眇天下，由智之實其大至於觀遠近，由禮之實其節至於同天地。樂之生不已，而極於日新之盛，則天機自動，所造皆適，足不知所蹈，手不知所舞，而有盡性術之變，豈非真人之息以踵，而天機發於此歟？《孟子》言樂及於是，亦歸根反本之意也。《詩序》言“手之舞之足之蹈之”，與《孟子》不同者，蓋《詩序》言情動於中而形於外，則始而有終，故先手舞後足蹈；《孟子》言樂之生惡可已，則終而有始，故先足蹈後手舞。

　　萬章上

謳歌者不謳歌益而謳歌啟，曰：“吾君之子也。”

　　徒歌爲謳，永言爲歌，是謳則未免乎有意，歌則適於心之甚可。"謳歌者不謳歌堯之子而謳歌舜"者，天與賢則與賢故也；"謳歌者不謳歌益而謳歌啟"者，天與子則與子故也。由是觀之，帝王所爲，固未嘗有所容心，一於順天而已。故堯舜與賢而天受之，先天而天不違也；禹與子而天亦受之，後天而奉天時也。《禮運》以"不獨子其子"爲道行而"大同"，以"各子其子"爲道隱而"小康"，豈知《孟子》所謂均出天與之意乎？然舜以聖繼帝而其迹晦，人得而親之，莫得而譽之，故其言止於朝覲、獄訟，謳歌者歸之而已；啟以賢繼王而其迹顯，人非特得而親之，抑且譽之矣。朝覲、獄訟、謳歌者歸之、親之也；曰"吾君之子"，譽之也。禮言必先其令聞止於三代之王，亦是意歟？然朝覲、獄訟者歸之，非惟舜、啟爲然，文王之時，"萬邦之方"，朝覲者歸之也；"虞芮質厥成"，訟獄者歸之也；"下民之王"，謳歌者歸之也。彼其有天下之實如此，卒不有天下者，時而已矣。

萬章下

集大成也者，金聲而玉振之也。金聲也者，始條理也；玉振之也者，終條理也。

《乾》之爲卦，聖人之分也，其位則直西北之維，而於物爲金玉。金者，陰精之純而生乎西，其材從革，其聲始隆而終殺，聖人鏗之以爲鐘，以譬道之用也；玉者，陽精之純而生乎北，其材不變，其聲清越以長而無隆殺，聖人戛之以爲磬，以譬道之體也。古之作樂，鏗金以始之，戛玉以終之。聖人始則出道之用，以趨時而有金聲之象；終則反道之體，以立本而有玉振之象。在《易·鼎》之六五，資剛以趨變，而其象爲金鉉；上九，剛實以不變，而其象爲玉鉉。金鉉象聖人之趨時，玉鉉象聖人之立本，亦金聲而玉振之之意也。《易》曰：“成言乎《艮》。”又曰：“終萬物，始萬物，莫盛乎《艮》。”則始而不終，不足以爲成；終而不始，亦不足以爲成。集大成也者，金以成德，孔子集道之全以大成邪？《孟子》論四聖人之聲，而玉振之者，終始具故也。蓋金聲則或洪或纖，所以條理於其始，利用之道也；玉振則終始如一，所以條理於其終，成德之道也。伯夷、伊尹、柳下惠之行，足於成德，不足於利用，故能清者不能任，能任者不能和；孔子之行非特足於成德，又足於利用，故或清、或任、或和，適時而已。是“金聲”者，孔子之事；“玉振之”者，伯夷、伊尹、柳下惠之事也。以金聲爲始，條理則終，未必不然；以玉振之爲終，條理則始，未必然。是善終者未必善始，而善始者未必不善終。斯三聖所以善終不善始，而孔子所以集大成而終始之也。然大成若缺，豈非能不自大，故能成其大邪？自制行之殊觀之，三聖未嘗不與孔子異；自易地而處觀之，孔子未嘗不與三聖同道。崴也，聖人時也，以異而同而已。

始條理者，智之事也；終條理者，聖之事也。智譬則巧也，聖譬則力也。由射於百步之外也，其至，爾力也；其中，非爾力也。

條則有數而不可紊，理則有分而不可易。聖人之於道，條理於其始，則利用而不惑，智之事也，以譬則巧也；條理於其終，則篤於成德而不變，聖之事也，以譬則力也。力出於人而有極，則發而有所至，由射至於百步之外也；巧出於天而不窮，則至而有所中，猶射中於百步之外也。夷、惠、伊尹之於道，能至不能中，孔子則能至且中矣。蓋能至者，射之善；而能至能中者，備其善者也。能時、能任、能和者，聖之善；而能時者，備其善者也。射始於古，至羿、逢蒙，然後善於中；清任和行於三聖，至孔子然後善於時。豈非三聖立道之體道，始于金聲而玉振之，取諸存乎樂者明之；終於巧力之射，取諸存乎禮者明之。蓋禮樂法而不説，惟法也，衆人共由之；惟不説也，天下之至賾存焉。

樂書卷九十五　孟子訓義

告子　盡心上　盡心下[①]

告子

至於聲，天下期於師曠，是天下之耳相似也。

天五與地十合，而生土於中，其聲爲宮；地四與天九合，而生金於右，其聲爲商；天三與地八合，而生木於左，其聲爲角；地二與天七合，而生火於上，其聲爲徵；天一與地六合，而生水於下，其聲爲羽。天數五奇，地數五偶，奇偶相資而五聲成焉。蓋五聲之變，不可勝窮也，而師曠能精之，故天下之語樂者，其聲必期於師曠，是天下之耳相似也。然耳之於聲，天下有同聽焉，必期於師曠者，豈以其聰聽出乎其類故邪？

昔者王豹處於淇，而河西善謳；緜駒處於高唐，而齊右善歌；華周、杞梁之妻善哭其夫，而變國俗。有諸內，必形諸外。爲其事而無其功者，髡未嘗覩之也。是故無賢者也[②]，有則髡必識之矣。

外以內爲本，功以事爲始。故有諸內未嘗不形諸外，猶

① “盡心上盡心下”，原缺，據元刻明修本、光緒刻本補。

② “也”，原缺，據元刻明修本、光緒刻本補。

之苟有車必見其軾，苟有衣必見其敝也。有其事者，未嘗不無其功，猶之苟或言之，必聞其聲，苟或行之，必見其成也。今夫善謳如王豹，處於淇水，而河西以謳相高；善歌如緜駒，處於高唐，而齊右以歌相軋，其樂心感之然也。與韓娥爲曼聲長歌，而雍門善歌同意。齊莊公伐莒，大夫華旋、杞殖勇於死敵，而三軍披靡，卒没於戎事焉。其妻聞而哭之，城隅爲之傾，國俗爲之變，其哀心感之然也。與韓娥爲曼聲哀哭而雍門善哭同意。凡此，皆誠之形於內而物應於外，爲其事而有其功者也。若夫賢者之於國，異於是。其君用之，則言聽計從，道洽政治，天下雖廣，可使風俗同而如一家，中國雖大，可使心德同而如一人。其攄諸內而形外，爲其事而有功，豈特變國俗而已哉？淳于髡徒知魯用公儀休、子柳、子思之賢，而不知繆公不師用其道，疑之以爲不賢，以明孟子名實未加於上下而去，亦如此而已，豈智者之言邪？

盡心上

孟子曰："仁言不如仁聲之入人深也，善政不如善教之得民也。"

仁以善爲主，善以仁爲用。均是仁也，有言聲之殊；均是善也，有政教之異。蓋號令之辭無非仁言也，絃歌之音無非仁聲也。仁言則諭之以心，而於感人爲外；仁聲則達之以實，而於感人爲內。此"仁言不如仁聲之入人深也"。政之所發而可欲者，無非善政也；教之所敷而可欲者，無非善教也。善政以正之，而於教爲粗；善教以化之，而於政爲妙，此"善政不如善教之得民也"。詩，仁言也，於風俗則移之，而未至於易；樂，仁聲也，於風俗非特移之，又至於易之也，豈非“仁言不如仁聲入人深”之意歟？善政則以善服人，未有能服人；善教則以善養人，有致於服天下，豈非“善政不如善教得民”之意歟？言之仁者猶若此，況不仁者乎？教之善者猶若此，況不善者乎？然仁言、仁聲之所施，有及於貴賤，故言人；善政善教之所施，止於賤者而已，故言民。與孔子言“節用而愛人”，又言“使民以時”同意。

盡心下

高子曰：“禹之聲尚文王之聲。”孟子曰：“何以言之？”曰：“以追蠡。”曰：“是奚足哉？城門之軌，兩馬之力與？”

舜樂謂之《九磬》，禹樂謂之《九夏》之樂，其奏必以鐘鼓。蓋鐘鼓者，樂之器，而樂非器也；鏗鏘者，樂之聲，而樂非聲也。樂雖非器，未始離乎器，雖非聲，未始離乎聲。高子以禹有“追蠡”已弊之鐘，謂禹好聲樂爲勝於文王，是不知“追蠡”久而弊，節奏久而絕，非謂“禹之聲尚文王之聲”也。今夫城門之軌至於弊者，非兩馬之力所能致；鐘之“追蠡”至於絕者，非一世之用所能致。高子以“追蠡”論禹之聲，是猶以城門之軌責兩馬之力，其爲不智甚矣。由是觀之，高子非特固於爲詩，亦固於爲樂矣。

孔子曰：“惡似而非者。惡莠，恐其亂苗也；惡佞，恐其亂義也；惡利口，恐其亂信也；惡鄭聲，恐其亂樂也；惡紫，恐其亂朱也；惡鄉原，恐其亂德也。

莠非苗也，類於苗而亂苗。佞非義也，假於義而亂義。

利口非信也，託於信而亂信。鄭聲非正樂也，雜於樂而亂樂。紫非朱也，間於朱而亂朱。鄉原非德也，似於德而亂德。凡此，皆似是而非，孔子之所惡也。莠之亂苗，其實爲易辨，故佞與利口似之；鄭聲與紫，則亂雅聲、正色，爲難辨，故鄉原似之。揚雄曰：“太山之與蟻垤，江河之與行潦，非難也；大聖之與大佞，難也。”亦此意歟？孔子曰“惡紫之奪朱，惡鄭聲之亂雅樂，惡利口之覆邦家”者，其序與《孟子》不同，何也？《論語》以紫之爲害不及鄭聲，鄭聲之爲害不及利口。故舜命九官，先之以夔之典樂，繼之以龍之納言；孔子語顏淵，先之以放鄭聲，繼之以遠佞人，其意亦由是也①。《孟子》以亂義不及亂信，亂信不及亂德，其所主，三者而已；而苗莠、朱紫、聲樂，特觸類而取譬者也。其異如此。

_____

① “由”，四庫本、元刻明修本作“由”，光緒刻本作“猶”。

樂書卷九十六　樂圖論

序樂　原律　備數　審度　和聲

序樂

《周官·大司樂》："以六律、六同、五聲、八音、六舞大合樂。"
《大師》："掌六律、六同以合陰陽之聲。陽聲：黄鍾、太簇、姑洗、
蕤賓、夷則、無射。陰聲：大吕、應鍾、南吕、函鍾、小吕、夾鍾。皆
文之以五聲：宫、商、角、徵、羽。皆播之以八音：金、石、土、革、
絲、木、匏、竹。"由是觀之，六律、六同所以考五聲，五聲所以成八
音，八音所以節六舞。故先王作樂，先之以律同，繼之以五聲，成
之以八音，終之以六舞，則發諸聲音，形諸動静，性術之變，盡於
此矣。然先王立樂之方，先後有倫而不亂，終始有彝而不變。循
乎道之序，君子以成焉；明乎樂之序，君子以終焉。圖之以著制
器之象，論之以明尚象之意，故先同律，次五聲，又次以八音，而
以歌舞終之，此樂之大凡也。大象無形，大音希聲，故五聲，樂之
象而非大象也；八音，樂之器而非大音也。大象、大音，同冥於太
虚之妙，蓋將載道而與之俱矣，庸詎不爲樂之本歟？今夫三才之
道參和爲冲氣，五六之數一貫爲中合。故參兩合而五聲形焉，參
伍合而八音生焉，二六合而十二律成焉。其取數雖多，要之，會
歸於中而已。是樂以太虚爲本，而聲音、律吕又以中聲爲本也。
昔伊耆氏實始作樂，以謂土位中央，而於陰陽爲冲氣；篝生黄鍾，

而於律吕爲中聲。始乎土鼓，中聲出焉；中乎蕡桴，中聲發焉；卒乎葦籥，中聲通焉。樂之所本如此，豈不爲天地之和，人道之正也哉？雖然，樂本於太虛，而聲音又本於人心，人心居中以治五官，非聲而所聲者自是而發，而聲聲者實該而存焉。是知心以情變，聲以心變。本乎哀心感者，聲之變也噍以殺；本乎樂心感者，聲之變也嘽以緩；至於本乎喜怒、敬愛之心而其聲之變也，亦如之。苟窮本知變，則樂之情文得矣。知其情者，能作；知其文者，能述。非深通乎本末者，其孰能與此？

原律

昔黄帝正名百物，爰命伶倫，自大夏之西，斷嶰谷之竹，取其自然圓虛者九寸[①]，九分而吹之，以爲黄鍾之宮。取其竅之厚且均者，兩節間也。又制十二筩，象鳳凰之鳴，別陰陽之聲，應十二中氣，而律吕備矣。此黄鍾所以爲律本，而律又爲萬事本也。蓋律以竹爲管者，天生自然之器也；以黍爲實者，天生自然之物也。以天生自然之物，實天生自然之器，則分寸之短長，容受之多寡，聲音之清濁，權衡之輕重，一本之自然，而人爲不預焉。此中和之聲所以出，而大樂所以成也。今夫天地分位，則陰陽、升降、清濁所以殊音也；寒暑變節，則四方、列位、聲音所以殊響也；斗杓移指，則十二月異辰，律吕所以別氣也。然律吕之制，蓋原於數度，終於衡量，其爲數也，始乎一二，卒乎不可窮，則萬變之多可得而知矣；其爲度也，始乎毫釐，卒乎不可圍，則四海之表可得而揆矣；爲量則始自圭撮，而可以量江海，雖元氣浩浩可測也；爲鈞則始

---

① “九寸”，四庫本、元刻明修本作“三寸”，據光緒刻本改。

自錙銖，而可以等華嶽，雖坤靈磅礴可度也。繇是知聲律之妙，於大不終，於細不遺，窮高極遠而測深厚，造化不能遺其功，鬼神不能遁其情，況其顯顯者乎？古人嘗謂“不出戶知天下[①]，不窺牖見天道”，聲律之謂也。《樂苑》曰：“律之爲用，窮天地之聲，盡天地之數，播之於樂，動天地，感鬼神，和人心，變風俗。”非至聖孰能與於此？後世有作，易竹以銅，是以人爲之器，實天生之黍，則分寸容受，安得不差？聲音輕重，安得不紊乎？若然，求陰陽之氣効於律，中和之聲効於樂，亦已難矣。

備數

物生而後有象，象而後有滋，滋而後有數。聖人原數之始，而以隸首作之，變之以參伍，會之以錯綜，歷十二辰而五數備矣。蓋天地自然之數，紀於一，協於十，長於百，大於千，衍於萬，未有不起自黃鍾九寸之律也。《列子》曰：“一變而爲七，七變而爲九。”九者，究也，乃復變而爲一，故黃鍾之律以九寸爲度，自一而始，至九而究，復歸於一而已。一之爲數，數之宗也，故以一益九而爲十，以十益九而爲百，以百益九而爲千，以千益九而爲萬。一、十、百、千、萬所同，用也；律、度、量、衡其別，用也。故體有長短，檢之以度而不失毫釐；物有多寡，受之以量而不失圭撮；量有輕重，平以權衡而不失黍絫；聲有清濁，協以律呂而不失五音。夫然後幽隱之情，精微之變，可得而覩矣。臣嘗考《周禮·大司徒》九數之法，一曰方田，以御田疇界域；二曰粟米，以御交質變易；三曰贏分，以御貴賤廩税；四曰少廣，以御積冪方圓；五曰商

功，以御功程積實；六曰均輸，以御遠近勞費；七曰盈朒，以御隱雜互見；八曰方程，以御錯揉正圓；九曰句股，以御高深廣遠。苟乘以散之，除以聚之，伶倫爲竹管，室灰爲候，以揆百度，未有不得數而有常矣。先儒第弗深考，反疑古數爲舛，而以宋祖中綴術之法爲密，真目論也。

審度

古者以聲爲律，以身爲度，故按指知寸，布手知尺，舒臂知尋，推而變之，而五度審矣。今夫以子穀秬黍中者，度一黍之廣，九十分爲黄鍾之長；一黍爲分，十分爲寸，十寸爲尺，十尺爲丈，十丈爲引。蓋所以度長短也。且黄鍾之律，不過九寸，然物以三成，音以八生。以三乘九，故二尺七寸而一幅，以五乘八，故四丈而一疋。是始於分，終於丈，五度之大凡也。後世起度之法，雖或不一，然論分不過《孫子》之筭術；鹽吐絲爲忽，十忽爲杪，十杪爲毫，十毫爲釐，十釐爲分。論寸不過《淮南子》之飄粟①；秋分而禾飄定。飄，禾穗芒也。律數十二，故十二飄當一粟，十粟當一寸。論丈引不過漢銅竹之法。漢法：用銅，高二寸②，廣二寸，長丈，而分寸尺丈存焉。用竹爲引，高一分，廣六分，長十丈，高廣之數，陰陽之象也。要之，不出以身爲度之意也。《周禮》"璧羨以起度而禮樂興焉"，然則先王作樂，本之度數，稽之齊量，而舉得其中，則樂之寓諸器數，惡往而非中聲哉？《易緯》有十馬尾爲分之論，是或一說也。聖朝因循唐令，以縶黍之廣爲尺，調鍾律測晷景③。太祖常患雅樂太高，詔和峴取王朴尺校司天監銅尺，

---

① "飄"，元刻明修本作"劖"，光緒刻本作"穄"。
② "二寸"，原作"一寸"，據元刻明修本、光緒刻本改。
③ "測"，原作"則"，據元刻明修本、光緒刻本改。

爲短四分。又出上黨秬黍，令峴絫之，按尺，與銅表冥合。由是，峴論樂聲之高，疑在尺短，更用銅尺改定鍾石。太宗詔李照修正雅樂，以太府鐵尺爲正，比王朴尺長三寸，比景表尺三寸六分[①]。後得河東秬黍大者，縱絫之，然後鑄銅爲新尺。質之古器，惟晉荀勖新造者尤相諧韻，可謂密切而有正也。阮咸譏之，誣矣。

和聲

萬類殊形，俱資元氣；眾音異響，俱會五聲。聲非効律，律以和聲。六律六吕而十二辰立矣，五聲清濁而十日行矣。是故宮爲君，不以律和之，則其聲荒，其君驕；商爲臣，不以律和之，則其聲陂，其臣壞；角爲民，不以律和之，則其聲憂，其民怨；徵爲事，不以律和之，則其聲哀，其事勤；羽爲物，不以律和之，則其事危[②]，其財匱。若夫聲以質情，律以和聲，聲律相協而八音生，各安其五聲，至於教六詩。又以六律爲之音，豈亦律和聲之謂，而不相奪倫也？《周官》大師掌六律六同，皆文之以意歟？《傳》曰“律明五義，法取和聲”[③]，此之謂也。莫非聲也，有正聲焉，有間聲焉。故其聲正直和雅，合於律吕，謂之正聲，此《雅》、《頌》之音，古樂之發也。其聲間雜繁促，不協律吕，謂之間聲，此鄭衛之音，俗樂之發也。《雅》、《頌》之音理而民正，鄭衛之曲動而心淫，然則如之何而可不過乎？黃鍾以生之，中正以平之，確乎鄭衛不能入也。

---

① “三”，元刻明修本、光緒刻本均作“二”；另，“三”前疑漏一“長”字。
② “事”，四庫本、元刻明修本作“事”，光緒刻本作“聲”。
③ “和”，四庫本、元刻明修本作“和”，光緒刻本作“五”。

樂書卷九十七　樂圖論

嘉量　權衡　絫黍　定尺

嘉　量①

左耳　爲升
弦三寸二分八厘六
毫弧一寸六分四厘
三毫深三寸方分一
萬六千二百五十分
萬二千一百五十分

右耳　爲合
千二百一十五
千六百二十方分一
五絲深二寸分一
毫弧七分一厘一毫
弦一寸四分二厘三

上三　合升斛

其上　爲斛
圓其容二方一尺深
重二十萬分寸一
黃鍾二方一百一尺
鈞二千萬分六十
其聲龠五千百一
中其

左一升在上而左

右二下二俱右在也
合在上龠在

龠其狀似爵
寸方五厘
員分六百七
徑九八百一
分深一

其下　爲斗
千千員方七方
五方分十六四寸
百分十六二寸深
十二方九一分
厘七毫深一分九

下三　斗龠

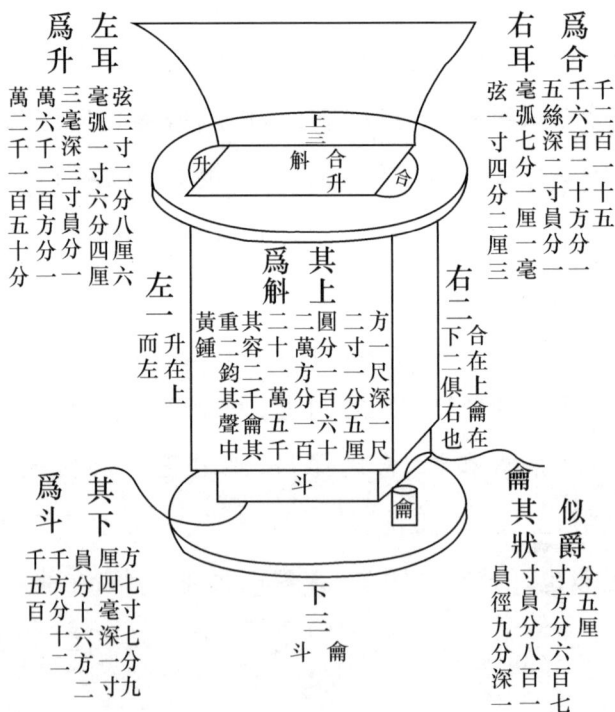

古之爲量，權之然後準之，準之然後量之，則量之爲器，本於黃鐘之龠也。《孫子算術》以六粟爲一圭，十圭爲抄，十抄爲撮，十撮爲勺，十勺爲

①　"嘉量"圖四庫本與光緒刻本差異較大，此圖採自四庫本。

合。蓋量之爲鬴，深尺，內方尺，而員其外，其實一鬴，其臋一寸，其實一豆，其耳三寸，其實一升，其重二鈞，聲中黃鐘之宮。黃鐘之管，實千二百黍爲龠，十龠爲合，十合爲升，十升爲斗，十斗爲斛，而五量嘉矣。蓋其制，方尺而圓其外，旁有庣，上爲斛，下爲斗，左耳爲升，右耳爲合。龠其狀象爵，其圓象規，上三下二，參天兩地之數也。圜而函方，左一右二，陰陽之義也。其重二均，備氣物之數也。合萬有一五百二十當，萬物之數也。聲中黃鐘之宮，始之而反覆焉，人君制器之象也。春秋之時，齊有四量，始於豆區，終於鬴鐘，豈先王遺制歟？反斛，聲中黃鐘；覆斛，亦中黃鐘；仰爲斛，覆爲斗。《考工記》載其銘曰：“時文思索，允臻其極。嘉量既成，以觀四國。永啟厥後，茲器維則。”由是觀之，量所以爲天下則者，“允臻其極”而已，此樂之中聲所假而出也。極而論之，五度起於黃鐘之長，而禮之意寓焉；五量起於黃鐘之龠，而樂之意寓焉。禮雖起於度，而量實隨之，故荀卿論禮，必齊以度量也；樂雖起於量，而度實兼之，故《樂記》論樂，必稽之度數也。《王制》爲用器，兵車不中度，布帛廣狹不中量，皆禮之所禁；《典同》“以十有二律爲之度數，十有二聲爲之齊量”，皆樂之所本。是禮樂者，道也；度量者，器也。周公六年朝諸侯於明堂，制禮作樂，頒度量，而天下大服者，以其頒器明道於天下故也。北魏斛大而尺長，新室斛小而尺短，皆不合乎先王度量，則禮樂可知矣。唐開元中，將定郊廟之樂，因出武延秀所獻銅律、玉尺、玉斗、升合，以考金石。當是時，銅律已亡，九管而正聲三百六十，銅斛二，銅稱、銅區十四，斛左右耳與臋皆正方。積十而登[①]，以至於斛，其銘曰：“大唐正觀十年，歲次元枵，月旅

---

① 自“古之爲量”至“積十”，光緒刻本缺。

應鍾，絫黍挍龠，成兹嘉量。"與古玉斗相符，亦可謂近古矣。聖朝李照去絫黍爲龠之法，而以水校黃鍾，定律斗樂稱之量，雖適一時之用，其去古遠矣。

權衡

權與物鈞而生衡，所以稱物平施而知輕重，本起於黃鍾之重也。蓋一龠容千二百黍，重十有二銖，然輕重生乎天道，秋分蔛定而禾熟，十二蔛而當一粟，十二粟而當一分，十二分而當一銖，十二銖而當半兩，衡有左右，因而倍之，故二十四銖爲一兩。天有四時，因而四之，故十六兩爲一斤。三月而一時，三十日而一月，故三十斤爲一鈞；四時而一歲，故四鈞爲石。後魏王顯達獻古銅權，重四鈞，此其遺制也。故始於銖，兩於兩，明於斤，均於鈞，終於石，而五權謹矣。《傳》曰："太極元氣爲黃鍾，其實一龠，以其長自乘，故八十日爲一法，所以生權衡、度量，禮樂之所由。"故劉歆論樂，始於備和數聲，中於審度嘉量，而終於權衡也。聖朝淳化中，詔定稱法，至景祐，又取《漢志》子穀秬黍爲之。太宗淳化元寶錢造爲二稱，皆近古制。李照制鍾律之管，用六龠爲合，十合爲升，升水之重爲斤，十斤之重爲稱，然自立一家之説，非古制也。

絫黍

樂者，天地之和；律者，道和之氣。先王作樂，本於黃鍾之律，其聲本於絫黍之法。今夫天降嘉種，維秬維秠，黍之秬者，一稃二米，天地至和之氣所生者也。以和氣所生之黍，絫中聲所成之樂，必假度量、權衡而爲之，是聲之清濁，度之長短，量之大小，權衡之輕重，一本於絫黍而已。隋文之時，牽於縱黍之説，卒莫能決；迨平陳，得古樂器，迺曰華夏舊聲也，信乎絫黍之難矣！聖朝李照以縱黍絫尺，黍細而尺長，胡瑗以橫黍絫尺，黍大而尺短，要皆失於以尺生律也。房庶之法：律徑三分，容千二百黍①，蓋得周鬴、漢斛之實，其聲下。今樂一律有奇，本於以律生尺也。由是觀之，絫黍之法不在乎縱橫，而在乎得天地冲和氣所生者也。周得有邰秬黍而樂和，漢得任城秬黍而近古，豈在夫縱橫絫之而已哉②。隋取羊頭山黍定尺而不協律，非地有肥瘠，歲有豐歉也，不得天地冲氣所生秬黍中且真者而已。後漢任城縣産秬黍三斛八斗。

定尺

先王作樂，實始絫黍③，黍真則尺定，尺定則律均，律均則聲調。是故尺短則律短，其聲清而益上，尺長則律長，其聲濁而益下，要皆非中聲，御瞽之所幾者也。《王制》曰：“古者以周尺八尺爲步，今以周尺六尺四寸爲步。”八尺者，八寸之尺也；六尺四寸者，十寸之尺也。《白虎通》曰：“商以十寸爲尺，周以八寸爲尺。”故許慎《説文》曰：“中婦人，手長八寸謂之咫尺。”周尺也。蓋漢用商尺，周兼用之。猶《周禮》以正月之吉爲時，王之正兼用正歲爲先王之正也，《考工記》“嘉量方尺，圓其外”，八寸之尺也；深尺容一鬴，十寸之尺也。尺雖長短不同，其出璧羨而用之，一也。璧羨之制，長十寸，廣八寸。周尺用其長，兼用其廣，深尺專用其長而已。降周迄唐，第尺爲十六等矣。周尺一也，晉田父玉尺二也，梁表尺三也，漢官尺四也，魏杜

夔尺五也，晉後尺六也，後魏前尺七也，中尺八也，後尺九也，東魏後尺十也，蔡邕銅龠尺、後周玉尺十一也，宋氏尺、錢樂之渾天儀尺、後周鐵尺十二也。萬寶常水律尺十三也，劉曜渾天儀土圭尺十四也，梁朝俗尺十五也，唐官尺八寸二分，十六也。後世以此考天地陰陽，定十二律真聲，何異繫風捕影者邪？嘗觀晉武帝泰始中命荀勖校太樂，八音不和，始知後漢至魏，尺長於古尺四分有奇。爰依周尺，更鑄律呂，以古器校之，第爲七品：一曰姑洗玉律，二曰小呂玉律，三曰西京銅望臬，四曰金錯，五曰銅斛，六曰古錢，七曰建武銅尺。姑洗微强，西京望臬微弱，餘並符契。時人稱其積密，惟阮咸譏其聲不合雅。後掘得古銅尺，果長荀尺四分，時人伏咸之妙。漢章帝之時，舜祠下得玉律，度爲尺，與古銅尺近同。及蔡邕銅龠，以銀錯識之，曰：“黃鍾之管，長九寸，空圍九分，容秬黍千有二百。”自斯之外，尺律受黍多少，並與《漢志》不同。至隋開皇初，詔牛洪等議定律呂，會平江左，得陳氏律管十二，吹之以定聲，更造樂器。高祖與朝賢聽之，曰：“此聲和雅，令人舒緩，華夏舊聲也，其庶矣乎。”今夫律呂真聲，蓋與陰陽流通，若因聲定尺，庶幾協律，若據尺定聲①，無自而可繇。前一十五等古尺校之，惟宋朝人尺及蔡邕銅龠②咸受千二百黍，差與《漢志》合同，兼蘇綽尺亦相附會，是知循聲定尺，始可言律矣。今聖朝景祐中，李照、宋祁、李隨按協王朴律，準高古樂五律，禁坊樂二律。太祖皇帝取京縣秬黍絫尺成律，鑄鐘審之，其聲猶高；更用太府布帛尺爲法，下太常四律，別詔取上黨秬黍定星杪爲龠，合升斗，以興鐘鎛聲量之法，去四清聲，用十二律，真曠世舉也。比年以來，楊傑復進四清之説，變亂先王十二律之制。鼇

---

① “據”，光緒刻本作“任”，元刻明修本不清晰。

② “人”，四庫本、元刻明修本作“人”，光緒刻本作“八”。

而正之，實今日急務也。今之新定大樂所用律度量衡①，以羊頭山秬黍十粒爲寸，十寸爲尺。其黄鐘之龠，空徑三黍，長九十黍。復爲勺龠，乞量橫徑九黍，長十黍，高七黍，共成六百三十分，以黄鍾之龠准水於勺龠之中②，平滿無差。又以六龠之量爲一合，十合量爲一升，十升量爲一斗。其一合水之重，則名比於一兩；一升水之重，則名比於一斤；一斗水之重則名比於一秤③，以同律度量衡，定鐘鎛之大小、輕重也。今以上黨羊頭山黍，依《漢書·律曆志》度之，若以大者稠絫，依數滿尺④，實於黄鍾，須撼乃容；若以中者絫尺，雖復小稀⑤，實於黄鍾之律，不動而滿也。

---

① “今之”，原缺，據元刻明修本、光緒刻本補。
② “之龠”，原缺，據元刻明修本、光緒刻本補。
③ “秤”，原作“稱”，據光緒刻本改。
④ “絫”、“滿”，原缺，據光緒刻本補。
⑤ “稀”，原缺，據光緒刻本補。

樂書卷九十八　樂圖論

十二律

　　黄鍾　　大吕　　太蔟　　夾鍾　　姑洗　　仲吕

　　黄鍾

　　黄鍾長九寸，圍九分，積實八百一十分①。三分損一，下生林鍾。

　　先王制鐘鼓之器，以謂鼓音革，本乎陽者也，故作而散；鐘音金，本乎陰者也，故止而聚。是鐘之爲義，非所以爲種與踵也，亦非所以爲動也，一於止聚而已。揚雄曰："陽氣潛萌於黄宮，信無不在其中。"又曰："黄鍾以生之，中正以平之，確乎鄭衛不能入也。"蓋天謂之玄，地謂之黄。《坤》之上六則建亥之月，萬物莫不黄而殞矣，陽氣潛萌之時也。建子之月，萬物莫不孳而生矣，陽始生之時也。故十一月之律謂之黄鍾，豈亦原始稱之歟？今夫五色莫盛於黄，五聲莫大於宫，故《月令》"仲冬，律中黄鍾"。中央土，律中黄鍾之宮，冬則水王而土尅之，是土之色待水而後著，律之宮待土而後成也。《國語》曰："黄鍾所以宣養六氣九德也。"蓋陰聲六，以大吕爲之首，陽聲六，以黄鍾爲之首，則宣養六氣

---

①　"百"，元刻明修本、光緒刻本均作"分"。

者，主陽而言也；大呂之律八寸有奇，黃鍾之律九寸，則宣養九德者，主數而言也。黃鍾之律，萬事之根本也，故五數起於黃鍾之多，五度起於黃鍾之長，五權起於黃鍾之重，五量起於黃鍾之龠。《考工記》：“臬氏為量，聲中黃鍾之宮。”則權、衡、數、度，中黃鍾之宮可知矣。《傳》曰：“三倍黃鍾，大如雷霆；三減黃鍾，細如昆蟲。上下聲同，是其真性。”然禮天神則奏黃鍾，降天神以之為角，召人鬼以之為宮者，分樂而奏，以之禮天神，則迎氣祈報之時也。冬至之郊，降天神以之為角者，以日一北而萬物生故也；禘、祫之祭，召人鬼以之為宮者，以死者北首故也。梁武帝言：“黃，宮音，土也；鍾，羽音，水也。陽數得五，土數也；處於坎，水宮也。生潤萬物，莫過於水土，故以黃鍾名之。”不亦迂論邪？極而言之，六律自黃鍾始，六同自應鍾終。黃鍾，陽也，其管大以長；應鍾，陰也，其管小以短。臣嘗考《周官》，三宮皆以中聲為主，故天統以仲春之圜鍾為宮；人統以仲冬之黃鍾為宮；至於地統之宮，不以仲夏之蕤賓，而以季夏函鍾者，以土王六月為長夏，足以全地統之中，又非蕤賓所能盡故也。豈非得尊無二上之旨哉？先儒以黃鍾為天統，大呂為地統，太蔟為人統。謂是為三正可也，謂之為三統，不知奚據云爾。

大呂

大呂長八寸二百四十三分[①]，寸之一百四，圍九分，積實七百五十八分四釐强。三分損一，下生夷則。

---

①　“三”，原缺，據元刻明修本、光緒刻本補。

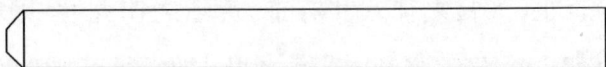

六律以陽聲爲主，六呂以陰聲爲主。同於陽，謂之六同；間於陽，又謂之六間，劉歆曰：“呂，旅也。言陰大呂助黃鍾宣氣而芽物也。”蓋大呂以黃鍾爲主，黃鍾以大呂爲助，主則用事，而旅則助之而已。此《國語》所謂“大呂助宣物”之意也[1]。萬物紐芽於丑，而大呂丑之氣也，陽氣欲達陰執而紐之，非所以干時乃所以助之也，孰謂呂有呂距之意乎？梁武帝曰：“大，商音，金也。呂，亦商音，金也。土，金之母也；丑，土金之墓也。以二商建首，故以大呂名之。”非通論也。然則歌黃鍾，奏大呂，以禮天神，而黃鍾爲宮，大呂爲角，以致人鬼，何也？黃鍾六律之首，大呂六同之首，其體敵，其聲合。故歌黃鍾於堂上，必奏大呂於堂下，尊黃鍾爲宮，必卑大呂爲角，以位而別上下，以分而定尊卑，則其聲同和而不乖矣。故分樂以之禮天神，旅宮以之召人鬼[2]。凡以神仕者，冬日至，致天神人鬼，是天神同致，不嫌乎律呂之同，其所異者，特歌奏宮角，以別位分而已。天人同以太蔟爲徵，亦其意歟？極而論之，陰不極則陽不芽，陽不極則陰不萌。生陽莫如子，而亥實芽焉；生陰莫如午，而巳實萌焉。陽芽於亥，達而至於丑，可名於大矣，故謂之大呂；陰萌於巳，探端求之，可名於小矣，故謂之小呂。

太蔟

太蔟長八寸，圍九分，積實七百二十分。三分損一，下生南呂。

---

① “呂”，原作“旅”，據元刻明修本、光緒刻本改。
② “旅”，原作“旋”，據元刻明修本、光緒刻本改。

一陽反爲《復》，則黃鍾者，萬物歸根而方死之時也；二陽大爲《臨》，則大呂者，萬物復命而方生之時也；三陽通爲《泰》，則太蔟者，萬物並作而族生之時也。劉歆曰：“太蔟，言陽氣大奏地而達物。”豈非天地交，萬物通之意歟[①]？《傳》曰：“引達於寅。”太蔟，寅之氣也。萬物至是有向於卯而闢戶，陽出而上，陰入而下。凡負陰抱陽而生者，莫不通矣，孰謂寅若幘然邪？《國語》曰：“太蔟，所以金奏，贊陽出滯也。”故《周官》旋宮降神之樂，天人均以之爲徵。至於分樂，又奏之以祭地示者，蓋贊陽所以降天神，出滯所以召人鬼，禮地示也。梁武帝曰：“太，商音，金也；蔟，徵音，火也。建寅之月，金之出墓，火之長生，木之臨官，土之傳氣，水之合德，皆在於寅，故以太蔟爲名。”是不知太蔟爲徵之意也。

夾钟

夾鐘長七寸二千一百八十七分寸之千七十五，圍九分，積實六百七十四分二釐。三分損一，下生無射。

古之造鍾律，律十有二，宣十二月之氣也；鍾有三，象三才之運也。人宮以黃鍾，死者所首之方也；地宮以函鍾，萬物致養之方也；天宮以圜鍾，帝所出之方也。《傳》曰：“冒茆於卯。”又曰：“二月爲天門。”蓋圜鍾，卯之氣也，萬物至此冒茆而闢戶，天門之象也。震則萬物由大途而出，卯則萬物由天門而出。圜鍾於時

---

① “意”，原作“氣”，據元刻明修本、光緒刻本改。

爲仲春,於方主規而已。自其主規言之,謂之圜鍾,自其爲陽中而左右夾之,又謂之夾鍾。《傳》曰:"分爲二陽,乃有夾稱。"《國語》曰:"二間夾鍾,出四隙之細也。"豈其意歟?《周官・大司樂》"乃奏無射,歌夾鍾,以享先祖",降天神以之爲宫[①],禮人鬼以之爲徵,天人同致故也。與"天人同以太蔟爲徵"同意。梁武帝曰:"夾,徵音,火也;鍾,羽音,水也。二月,陰位也,其氣陽也,故有徵羽二音;陰,水類也,故受鍾號。"是不知圜鍾爲宫之意也。劉歆曰:"陰夾助太蔟而出種物。"司馬遷曰:"陰陽夾厠。"是又不知"春爲陽中"之意也。

姑洗

姑洗長七寸九分寸之一,圍九分,積實六百四十分。三分損一,下生應鍾。

萬物振美於辰,而姑洗辰之氣也。故其風清明,其時季春,萬物潔齊之時也。劉歆曰:"陽氣洗物,辜潔之也。"司馬遷曰:"萬物洗而生也。"或謂姑,枯也,洗濯也,物生新,潔洗除其枯,改柯易葉也[②];或謂姑,故也,洗新也,陽氣養生去故就新也。於義或然。《國語》曰:"姑洗所以脩潔百物,考神納賓也。"《大司樂》降天神,以姑洗爲羽;出地示,以姑洗爲徵;及分樂而序之,乃奏姑洗以祀四望。蓋圜丘方澤,郊之大者也;四望,郊之細者也。施之郊祀,所以考神;行之饗食,所以納賓。姑洗之用,如此而

---

① "降",原作"歌",據元刻明修本、光緒刻本改。
② "柯",元刻明修本、四庫本均作"柯",光緒刻本作"枯"。

已。梁武帝曰：“姑，宫音，土也；洗，羽音，水也。三月，辰土也，而爲水墓，故有水土之音。土養萬物須水爲潤，然後得以姑洗爲名。”是不知姑洗爲羽、爲徵之意也。

仲吕

仲吕，長六寸萬九千六百八十三分寸之萬二千九百七十四，圍九分，積實五百九十九分二釐。

萬物已盛於巳，而仲吕，巳之氣也，蓋巳則正陽而無陰，故一自西北轉抵正南，則屈而巳焉。陽巳而陰萌，則萬物盡旅而西行，故謂之仲吕。方是時，陽出在外而盛大，陰入在中而微小，又謂之中吕、小吕。《國語》曰“三間仲吕，宣中氣”是也。劉歆曰：“微陰始巳起也，起未成，著於中旅①，助姑洗宣氣齊物也。”誤矣。《周官》大司樂歌大吕以祀天神，歌小吕以享先妣，先妣於天神爲小故也。梁武帝曰：“中，宫音，土也；吕，商音，金也。四月土氣方王，巳金之本宫，故有宫商二音。”不亦失乎。

---

① “旅”，四庫本、元刻明修本作“旅”，光緒刻本作“吕”。

樂書卷九十九　樂圖論

十二律

蕤賓　林鍾　夷則　南呂　無射　應鍾

蕤賓

蕤賓，長六寸八十一分寸之二十六，圍九分，積實五百六十八分八氂强。三分益一，再上，上生大吕。

萬物咢布於午，而蕤賓，午之氣也。五月，一陰息而爲主乎内，五陽消而爲賓乎外，蕤則下垂之貌也。陽雖爲賓，陰必藏蕤而下之，尊賓之意者也。《禮》曰：“山川所以儐鬼神也。”山川之有儐，猶賓主之有儐也。《周官·大司樂》“乃奏蕤賓以祭山川”，豈儐鬼神之意歟？《國語》曰：“蕤賓所以安靖神人，獻酬交酢也。”豈賓主有獻酬交酢之禮，而神人亦如之歟？司馬遷謂“陰氣幼少故曰蕤①，陽不用事故曰賓”，是也。劉歆曰：“蕤，繼也；賓，導也。言陽始導陰氣，使繼養萬物也。或曰蕤，卑也；賓，謹也。”梁武帝曰：“蕤，徵音，火也；賓，角音，木也。火木俱極，故有徵角二音。”並失之矣。

①　“幼”，原作“蕤”，據元刻明修本、光緒刻本改。

林鍾

林鍾，長六寸，圍九分，積實五百四十分。三分益一，上生太蔟。

黃鍾始陽，林鍾始陰，萬物薆昧於未，而林鍾未之氣也。以數，則陽寡陰衆；以氣，則陽散陰聚。《傳》曰：“林，衆也；鍾，聚也。”豈主二陰長言之歟？今夫五事以思爲主，五行以土爲主，土行雖分旺四季，其正位實在於未，又有君之道焉，故劉歆曰：“林，君也。”《詩》云：“有任有林①。”卿大夫謂之任，君謂之林，義本諸此。《國語》曰：“四間林鍾，和展百事，俾莫不任，肅純恪也。”豈以中和之聲有盡於是歟？又謂之函鍾者，以未爲地，統有含洪之義也。故《周禮》“凡樂，函鍾爲宮，夏日至，於澤中之方丘奏之，地示可得而禮矣。”司馬遷曰：“萬物就死，氣林林然。”梁武帝曰：“林，徵音，陽也；鍾，羽音，陰也。”豈其然乎？

夷則

夷則，長五寸七百二十九分寸之四百五十一，圍九分，積實五百五分七釐。三分益一，上生夾鍾。

陽生乎子，至寅則人始見焉；陰生乎午，至申則人始見焉。萬物申見於申②，而夷則，申之氣也。陰至於此則申陽，所爲述陰

---

① “任”，原作“壬”，據元刻明修本、光緒刻本改。
② “見”，元刻明修本、光緒刻本作“堅”。

事以成之而已。蓋七月則三陰用事，厥民夷之時也；方厥民夷之時，萬物莫不華而實之，雖未及中，亦各有儀則矣。《國語》曰："夷則，所以詠歌九則，平民無貳也。"《傳》謂"萬物將成平均，皆有法則"，亦本諸此。劉歆言："陽氣正法度而使陰氣夷，當傷之物也。"或曰：申，神也；申，身也。梁武帝曰："夷，羽音，水也；則，角音，木也。"俱失之矣。《大司樂》"乃奏夷則，歌小呂，以享先妣"，蓋夷則之律，其聲則陽，其時則陰，方是時，陰生於內而陽盛於外，雖謂之陽聲可也。

南呂

南呂，長五寸三分寸之一，圍九分，積實四百八十分。三分益一，上生姑洗。

日一北而萬物生，日一南而萬物死，故《書》於仲夏謂之南，訛也。蓋萬物以陽生，以陰死；陰生乎午，則日遡乎南。八月則萬物留熟於西，而南呂酉之氣也。方是時，日遡乎南，故以南言之，非謂南之爲言任也；配律之陽，故以呂言之，非謂呂之爲言旅也。《國語》曰："五間南呂，贊陽秀也。"斯之謂歟？劉歆言陰氣旅助夷則，任成萬物；司馬遷言陽氣之旅，入藏也；或謂時物皆秀，有懷任之象；或謂陽氣尚生[1]，任生薺麥。皆失南呂之意也[2]。《大司樂》："乃奏姑洗，歌南呂，以祀四望。"姑洗，陽聲，以南呂之

---

① "生"，元刻明修本、光緒刻本作"有"。
② "失"，原作"生"，據光緒刻本改。

陰爲之合①,所以祀四望者,取《易》四陰長於觀之義也。梁武帝謂"南,徵音,火也;呂,商音,金也",其説雖不主配律爲呂之説,亦在所可取矣。南吕亦謂之南事,中吕亦謂之小吕者,南事則陰之所成者,事故也;小吕則陰之所萌者,小故也。

無射

無射,長四寸六千五百六十二分寸之六千五百二十四②,圍九分,積實四百四十九分四釐。三分益一,上生仲吕。

六律始於黄鍾,終於無射;六間始於大吕,終於應鍾。蓋萬物罜入於戌③,而無射建戌之氣也。其時則陰,其聲則陽,在卦爲《剥》,陰窮乎上,陽反乎下,終而復始之時也。然陰用事,物之所厭也,與陽用事異乎④。此五陰已窮,一陽將復,其律所以謂之無射也。今夫陰爲威,陽爲德,威則人畏而厭之,德則人愛而樂之,故《國語》只曰:"無射,所以宣布哲人之令德,示民軌儀也。"《大司樂》:"乃奏無射,以享先祖。"豈非祖有德,天下皆愛而樂之故邪?劉歆言"陽氣究物,使陰氣畢剥落之,終而復始,無厭已也",爲得之矣。或謂射者,餘也,言陰氣盛用事,陽氣無餘也;或謂射者,出也,言陰氣上升,萬物隨陽而藏,無復出也;或謂射者,終也,言物隨陽終,當復隨陰起,無有終也。或謂無,角音,木也;射,商音,金也,九月潤澤已竭,能通射萬物,故以射爲名。不亦失乎!

---

① "陰",原作"音",據元刻明修本、光緒刻本改。
② "二分",四庫本作"二分",元刻明修本疑似"二分",光緒刻本作"一分"。
③ "罜",元刻明修本、四庫本均作"罜",光緒刻本作"畢"。
④ "乎",元刻明修本、光緒刻本作"矣"。

應鍾

應鍾，長四寸二十七分寸之二，圍九分，積實四百二十六分三分寸之二，三分益一，上生蕤賓。

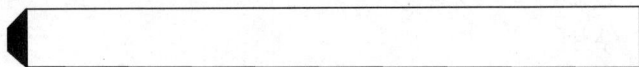

萬物之理，凡屬乎陽者，唱；凡屬乎陰者，應。故鼓有應鼓，鍾有應鍾，皆主乎陰也。十月純陰用事，《坤》上六之時也。方是時，萬物以陰藏，歸根復命而該閡於亥矣。應鍾建亥之氣也。《傳》曰："歲功皆成，應和陽功而收聚之，爲竟其義矣。"《大司樂》"乃歌應鍾，以祭地示"，又言"應鍾爲羽，以禮人鬼地示"，則至陰之神，而人鬼則樂能居之，以從地而已，聲氣各以類致故也。司馬遷曰："陽氣之應，不用事也。"梁武帝曰："應，角音，木也；鍾，羽音，水也。木長生於亥，故言角；十月是水，故言羽。"皆傅會之説也。

樂書卷一百　樂圖論

十二律

總論　旋宮①

總論

萬物孳萌於子，紐芽於丑②，引達於寅，冒茆於卯，振美於辰，已盛於巳，咢布於午，昧薆於未，申堅於申，留熟於酉，畢入於戌，閡該於亥。故建子之律，陽氣鍾於黃泉，謂之黃鍾，其日壬癸，其月爲辜，其歲困敦，其風廣莫，其宿虛，其次須女，其辰合星紀，其候冬至，在卦則《乾》之初九也，故合於大吕而下生林鍾焉；建丑之律，陰氣旅助於陽，謂之大吕，其月爲涂，其歲赤奮，其宿牽牛，其次建星，其辰合元枵，其候大寒，其卦則《坤》之六四也，故合於黃鍾而下生夷則焉；建寅之律，萬物湊地而出，謂之太蔟，其月爲陬，其歲攝提，其風條，其宿箕，其次尾，其辰合娵訾，其候啟蟄，在卦則《乾》之九二也，故合於應鍾而下生南吕焉；建卯之律，陰陽之氣相夾而聚，謂之夾鍾，其日甲乙，其月爲如，其歲單閼，其風明庶，其宿心，其次房，其辰合降婁，其候春分，在卦則《坤》之六五也，故合於無射而下生焉；建辰之律，萬物且然絜齊，謂之姑

---

① 元刻明修本本卷卷首缺失，光緒刻本之“旋宮”後有“原闕下半段”五字。

② “芽”，原作“牙”，據光緒刻本改。。

洗，其月爲病，其歲執徐，其宿氐①，其次亢，其辰合大梁，其候清明，在卦則《乾》之九三也，故合於南呂而下生應鍾焉；建巳之律，萬物盡旅而西行，謂之仲呂，其月爲余，其歲荒落，其風清明，其宿軫，其次翼，其辰合實沈，其候小滿，在卦則《坤》之上六也，故合於夷則而上生黃鍾焉；建午之律陰，繼於陽而賓之，謂之蕤賓，其日丙丁，其月爲皋，其歲敦牂，其風景，其宿張，其次星紀，其辰合鶉首，其候夏至，在卦則《乾》之九四也，故合於林鍾而上生大呂焉；建未之律，萬物成熟而衆多，謂之函鍾②，其日戊己③，其月爲且，其歲協洽，其宿孤，其次狼，其辰合鶉火，其候大暑，在卦則《坤》之初六也，故合於蕤賓而上生太蔟焉；建申之律，萬物夷易各有儀則，謂之夷則，其月爲相，其歲涒灘，其風涼，其宿伐，其次參，其辰合鶉尾，其候處暑，在卦則《乾》之九五也，故合於小呂而上生夾鍾焉；建酉之律，南氣旋入，謂之南呂，其日庚辛，其月爲壯，其歲作噩，其風閶闔，其宿喝，其次留，其辰合壽星，其候秋分，在卦則《坤》之六二也，故合於姑洗而上生焉；建戌之律，陽氣無餘，謂之無射，其月爲玄，其歲閹茂，其宿胃，其次奎，其辰合大火，其候霜降，在卦則《乾》之上九也，故合於夾鍾而上生仲呂焉；建亥之律，陰陽交應，謂之應鍾，其月爲陽，其歲大淵，其風不周，其宿壁，其次室、危，其辰合析木，其候小雪，在卦則《坤》之六三也，故合於太蔟而上生蕤賓焉。由是觀之，本乎乾爻者，爲六律；本乎坤爻者，爲六同。六律左旋而生同，爲同位，所以象夫婦；六

----

① “氐”，原作“底”，據光緒刻本改。
② “謂”，原作“爲”，據元刻明修本、光緒刻本改。
③ “己”，四庫本、元刻明修本、光緒刻本均作“巳”，據上下文改。

同右轉而生律①，爲異位，所以象子母；間八而生，所以象八卦，旋之爲宮，所以象三才。文之以聲不過乎五，播之以音不過乎八，成之以舞不過乎六。要之，一會歸中聲而已。大司樂以是大合樂，則幽明、内外、遠近、微顯，無往不通，豈非樂通倫理之效耶？然陽盡變以造始，故每律異名；陰體常以效法，故止於三鍾三吕而已。則鍾，物所聚也；吕，物所匹也；夾鍾，亦謂之圜鍾，以春主規言之；函鍾亦謂之林鍾，以夏主庇物言之；南吕亦謂之南事，則陰之所成者事而已；中吕亦謂之小吕，則陰之始萌者小而已。六律謂之六始，其位始乎陰也；六吕謂之六間，其位間乎陽也，亦謂之六同，其情同乎陽也。分而言之則然，合而論之，皆述陽氣而上下通焉，此所以均謂之十二律也。《月令》十二月皆言律中者，謂應中氣而中律故也。中央特言律中黄鍾之宮者，蓋四時本於中央，十二律本於黄鍾，五聲本於宮，八音本於土，以中央無正律而中聲出焉，故取黄鍾之宮，爲聲律之本。《考工記》"量中黄鍾之宮"，亦此意歟②？

十二律旋宮

祀天神：圜鍾宮、黄鍾角、太蔟徵、姑洗羽。

祭地祇：函鍾宮、太蔟角、姑洗徵、南吕羽。

享人鬼：黄鍾宮、大吕角、太蔟徵、應鍾羽。

天五地六，天地之中合也。故律不過六而聲亦不過五，其旋相爲宮③，又不過三，以備中聲而已。蓋天以圓覆爲體，其宮之鍾

---

① "同"，原作"吕"，據元刻明修本、光緒刻本改。

② "亦此意歟"後原有"原缺"二字，但從元刻明修本、光緒刻本看，並無缺失。

③ "旋相"，原作"相旋"，據元刻明修本、光緒刻本改。

不謂之夾而謂之圜，與《易・乾》爲圜同意，以其爲帝所出之方也；地以含容爲德，其宫之鍾不謂之林而謂之函，與《易・坤》含宏同意，以其爲萬物致養之方也；人位天地之中以成能，其宫之鍾稱黄，與《易》黄中通理同意，以其爲死者所首之方也。且樂以中聲爲本，而倡和清濁，迭相爲經，故以仲春之管爲天宫，仲冬之管爲人宫，中央長夏之管爲地宫。《國語》有四宫之説，不亦妄乎？今夫五聲旋相之法，圜鍾之吕爲宫，無射之律爲之合；黄鍾之律爲角，大吕之吕爲之合；太蔟之律爲徵，應鍾之吕爲之合；姑洗之律爲羽，南吕之吕爲之合。凡此宫之旋而在天者也，故其合别而爲四①。函鍾之吕爲宫，蕤賓之律爲之合；太蔟之律爲角，應鍾之羽爲之合；姑洗之律爲徵，南吕之吕爲羽而交相合焉。凡此宫之旋而在地者也，故其合降而爲三。黄鍾之律爲宫，大吕之吕爲角；太蔟之律爲徵，應鍾之吕爲羽，而兩相合焉。凡此宫之旋而在人者也，故其合又降而爲二。在《易》，上經言天地之道，下經言人道，而元亨利貞之德，《乾》别爲四，《坤》降爲二，《咸》又降爲一，亦此意也。蓋一陰一陽之謂道，天法道，其數參而奇，雖主乎三陽，未嘗不以一陰成之，故其律先陰而後陽。地法天，其數兩而偶，雖主乎二陰，未嘗不以二陽配之，故其律或上同於天而以陰先陽，或下同於人，而以陽先陰。人法地，則以同而異，此其律所以一於陽、先於陰乎？大抵旋宫之制，與《易》蓍卦、六爻之數常相爲表裏，蓍卦之數，分而爲二以象兩儀，掛一以象三才，揲之以四，以象四時，歸奇於扐以象閏。而六爻之用，抑又分陰分陽，迭用柔剛。則知陰陽之律分而爲二，亦象兩儀之意也；其宫

---

① “爲”，原作“有”，據元刻明修本、光緒刻本改。

則三,亦象三才之意也;其聲則四,亦象四時之意也;餘律歸奇,亦象閏之意也。分樂之序,則奏樂歌呂,亦分陰分陽之意也。三宮之用,則三才迭旋①,亦迭用柔剛之意也。十有二律之管,禮天神以圜鍾爲首,禮地祇以函鍾爲首,禮人鬼以黃鍾爲首。三者旋相爲宮,而商、角、徵、羽之管亦隨而運焉。如此則尊卑有常而不亂,猶十二辰之位,取三統三正之義,亦不過子、丑、寅而止耳。《禮運》曰:"五聲、六律、十二管,旋相爲宮。"如此而已。先儒以十有二律均旋爲宮,又附益之以變宮變徵,而爲六十律之準,不亦失聖人取中聲、寓尊卑之意耶? 後世之失不特此也,复以黃鍾爲宮爲羽,大呂爲二商,太簇爲角爲徵,圜鍾爲徵爲羽,姑洗爲宮爲羽,中呂爲宮爲商,蕤賓爲徵爲角,函鍾爲徵爲羽,夷則爲羽爲角,南呂爲徵爲商,無射爲角爲商,應鍾爲角爲羽,抑又甚矣。然天人之宮,一以太簇爲徵者,祀天於南郊,而以祖配之,則天人同致故也。三宮不用商聲者,商爲金聲,而周以木王,其不用,則避其所尅而已。《太師》:"掌六律六同,以合陰陽之聲,皆文之以五聲:宮、商、角、徵、羽。"則古樂之聲闕一不可。周之作樂,非不備五聲,其無商者,文去而實不去故也。荀卿以"審詩商"爲太師之職,然則詩爲樂章,商爲樂聲,章之有商聲,太師必審之者,爲避所尅而已。與周之佩玉左徵角、右宮羽,亦不用商同意,夫豈爲祭尚柔而商堅剛也哉? 先儒言天宮不用中呂、函鍾、南呂、無射;人宮避函鍾、南呂、姑洗、蕤賓。不用者,卑之也;避之者,尊之也,以謂天地之宮不用人宮之律,人宮避天地之律。然則人宮用黃鍾,孰謂避天地之律邪? 隋廢旋宮之法,止用黃鍾一均七聲,

---

①　"才",原作"木",據光緒刻本改。

餘五律瘖而不擊，故去縣八用七，失其制也。聖朝八音之制，以金爲首，凡奏樂，一取法於編鐘宫架旋相爲宫①。八十四調，自夷則以下，四均用清聲，瘖鐘復鳴。凡考擊之法：面北，下八自右手向西擊黄鍾正；第二大吕正，第三太蔟正，四夾鍾正，五姑洗正，六仲吕正，七蕤賓正，八林鍾正。上八自左手向東擊夷則正。次南吕正，次無射正，次應鍾正，餘並做此。十二正律既具，次設清聲四枚，在應鍾之次。參以諸器，皆有清濁相應，可謂善矣。然皇帝親行祫享之禮迎神，宫架奏興，安九成之曲；黄鍾爲宫，三奏；大吕爲角，二奏；太蔟爲徵，二奏；應鍾爲羽，二奏。音不去羽而去商，律不用十二而用十六。臣恐未合先王之制也。

---

① 本段自"三者旋相爲宫"至"凡奏樂一"，四庫本多有缺失，據光緒刻本補。自"旋相爲宫"至卷末"先王之制也"，光緒刻本缺失。

樂書卷一百一　樂圖論

十二律

　　律吕相生上　　律吕相生中[①]

　　律吕相生下　　律吕子聲　　辨四清

律吕相生上

四月中呂	五月蕤賓	六月林鐘
三月姑洗		七月夷則
二月夾鍾		八月南呂
正月太簇		九月無射
十二月大呂	十一月黄鍾	十月應鍾

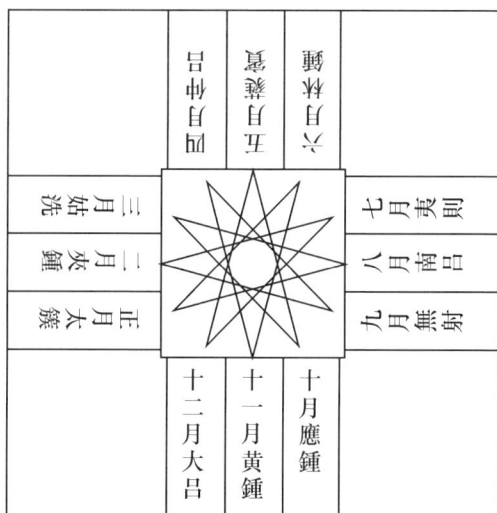

　　甚哉，諸儒之論律吕，何其紛紛耶？謂陰陽相生，自黄鍾始而左旋，八八爲伍，管以九寸爲法者，班固之説也。下生倍實，上生四實，皆三其法，而管又不專以九寸爲法者，司馬遷之説也。持隔九相生之説，以中吕上生黄鍾，不滿九寸謂之執，始下生去滅，上下相生，終於南事，十二律之外更增六八爲六十律者，京房之説也。本《吕覽》、淮南王安、蔡邕之説，建蕤賓，重上生之議，

---

①　"律吕相生中"，光緒刻本無，元刻明修本缺本卷前半部分。

至於大吕、夾鍾、仲吕之律，所生分等，又皆倍焉者，鄭康成之説也。隔七爲上生，隔八爲下生，至於仲吕則孤而不偶，蕤賓則踰次無準者，劉向之説也。演京房南事之餘而伸之爲三百六十律，日當一管，各以次從者，宋錢樂之之説也。斥京房之説而以新舊法分度參録之者，何承天、沈約之説也。校定黄鍾，每律减三分，而以七寸爲法者，隋劉焯之論也。析毫釐之彊弱爲算者，梁武帝之法也。由此觀之，諸儒之論，角立蠭起，要之，最爲精密者，班固之志而已。今夫陰陽之聲，上生者三分之外益一，下生者三分之内損一，蓋古人簡易之法，猶古歷周天三百六十五度四分度之一也。若夫律同之聲，適多寡之數，長短之度，小大之量，清濁之音，一要宿乎中聲而止，則動黄鍾而林鍾應，動無射而仲吕應，和樂未有不興者矣。

律吕相生中

度之本在身，律之本在聲。故凡聲律之用，陽或損數以生陰於下，陰或益數以生陽於上。故黄鍾之管九寸，因九而九之，爲得八百一十分，當歷之一統，所以全參天之數而爲六陽始也；三分損一而林鍾生焉，林鍾之管六寸，因六而六之，爲得三百六十分，當期之日，所以全兩地之數而爲六陰始也[1]；三分益一而太蔟生焉，黄鍾，九寸之管分作三分，每分合有三寸，除其三寸[2]，自然合成六月。林鍾，六寸之管，謂之下生林鍾，六寸之管分作三分，每分合有二寸，率此之數，加之六寸之上，自然合成正月。太蔟，八寸之管謂之上生，餘律之管准此。太蔟之管八寸，因八而八之，爲得六百四十分，當六十四卦，所以全五位之合，極

---

① 本卷自卷首“甚哉”至“所以全”，元刻明修本、光緒刻本均缺失。

② “除”，四庫本、元刻明修本作“除”，光緒刻本作“餘”。

天地之變也；三分損一而南呂生焉，南呂之管五寸三分寸之一；三分益一而姑洗生焉，姑洗之律七寸九分寸之一；三分損一而應鍾生焉，應鍾之管四寸二十七分寸之二；三分益一而蕤賓生焉，蕤賓之管六寸八十一分寸之二十六；三分損一而大呂生焉，大呂之管八寸二百四十三分寸之一百四；三分益一而夷則生焉，夷則之管五寸七百二十九分寸之四百五十一；三分損一而夾鍾生焉，夾鍾之管七寸二千一百八十七分寸之千七十五；三分益一而無射生焉，無射之管四寸六千五百六十一分寸之六千五百二十四；三分損一而中呂生焉，中呂之管六寸一萬九千六百八十三分寸之萬二千九百七十四。凡此十二律相生之位，終於仲呂，復生黃鍾，自黃鍾左旋，八八爲伍，隔八辰而相生自然，子午以東爲上，以西爲下，下生者倍其實，三其法而聽之，爲易知；上生者四其實，三其法而聽之，爲難知，此所以明陽下生陰，陰上生陽也。然十二月，聲陰陽常定，音既清濁不一，管自長短不常，聲濁則管長，聲清則管短，排而視之，義可見矣。然則先王作樂以十有二律爲之數度，唯黃鍾、林鍾、太蔟三管各得全寸，而其餘有微分之數者[①]，實本三分損益，自然所致，固非尋常毫忽所能度量者也。然則十二律相生，至中呂則數將幾終，如復用之，則中呂更上生黃鍾。樂府謂之兩上聲，理固然矣。

律呂相生下

夫乾，天下之至健而六陽宗焉；夫坤，天下之至順而六陰宗焉。然獨陰不生，獨陽不生，氣必有合然後生，故以乾坤六爻爲

---

① "其"，四庫本、元刻明修本作"自"，據光緒刻本改。

相生之配。黃鍾，建子之氣，則《乾》之初九，而於卦爲《復》；下生林鍾，則《坤》之初六，而於卦爲《姤》，是謂律娶妻一也。黃鍾陽九，林鍾陰六，以九生六，明陽唱陰和之義。林鍾，建未之氣，上生太蔟，則《乾》之九二，而於卦爲《臨》，是謂呂生子一也。太蔟，建寅之氣，下生南呂，則《坤》之六二，而於卦爲《遯》，是謂律娶妻二也。南呂，建酉之氣，上生姑洗，則《乾》之九三，而於卦爲《泰》，是謂呂生子二也。姑洗，建辰之氣，下生應鍾，則《坤》之六三，而於卦爲《否》，是謂律娶妻三也。應鍾，建亥之氣，上生蕤賓，則《乾》之九四，而於卦爲《大壯》，是謂呂生子三也。蕤賓，建午之氣，上生大呂，則《坤》之六四，而於卦爲《觀》，是謂律娶妻四也。大呂，建丑之氣，下生夷則，則《乾》之九五，而於卦爲《夬》，是謂呂生子四也。夷則，建申之氣，上生夾鍾，則《坤》之六五，而於卦爲《剝》，是謂律娶妻五也。夾鍾，建卯之氣，下生無射，則《乾》之上九，而於卦爲《乾》，是謂呂生子五也。無射，建戌之氣，上生仲呂，則《坤》之上六，而於卦爲《坤》，是謂律娶妻六也。由是觀之，十二律損益之數不出於三，以象三才；生娶之法不出於八，以象八風。同位者象夫婦，異位者象子母，上生六而倍之，下生六而損之，皆以九爲法。故黃鍾九寸，其數八十一宮數；林鍾六寸，其數五十四徵數；太蔟八寸，其數七十二商數；南呂之數四十八羽數；姑洗之數六十四角數；應鍾之數四十二；蕤賓之數五十七；大呂之數七十六；夷則之數五十一；夾鍾之數六十七；無射之數四十五；仲呂之數六十，可得而類推矣。崔靈恩《三禮義宗》曰：同位者象夫婦，異位者象子母，黃鍾下生林鍾，同在初位，故爲夫婦。林鍾上生九二太蔟，故爲子母；太蔟下生六二南呂，又爲夫婦。餘皆准此。

律吕子聲

先儒之論律吕，正聲倍子而爲母，子聲半正而爲子。若黃鍾之管，正聲九寸爲均，其子聲則四寸半三分損一，下生林鍾之子；又三分益一，上生太蔟之子。由是第之，終於中吕，以從十二母相生之法。故黃鍾爲宮，而下生林鍾爲徵，林鍾上生太蔟爲商；太蔟下生南吕爲羽，南吕上生姑洗爲角，此黃鍾之調，皆得三分之次，故用正律之聲。大吕爲宮，而下生夷則爲徵，夷則上生夾鍾爲商；夾鍾下生無射爲羽，無射上生中吕爲角，此大吕之調，皆得三分之次，故用正律之聲。太蔟爲宮，而下生南吕爲徵，南吕上生姑洗爲商；姑洗下生應鍾爲羽，應鍾上生蕤賓爲角，此太蔟之調，皆得三分之次，故用正律之聲。夾鍾爲宮，而下生無射爲徵，無射上生中吕爲商；中吕上生黃鍾爲羽，黃鍾正律聲長，非中吕三分去一之次，故用子聲爲羽；黃鍾下生林鍾爲角，林鍾子律聲短，非中吕爲商之次，故還用正聲爲角，此夾鍾之調，正聲四，子聲一也。姑洗爲宮，而下生應鍾爲徵，應鍾上生蕤賓爲商；蕤賓上生大吕爲羽，大吕正律聲長，非蕤賓三分去一之次，故用子聲爲羽；大吕下生夷則爲角，夷則子律聲短，非蕤賓爲商之次，故還用正聲爲角，此姑洗之調，正聲四，子聲一也。中吕爲宮，而上生黃鍾爲徵，黃鍾正律聲長，非中吕三分去一之次，故用子聲爲徵；黃鍾下生林鍾爲商，林鍾子律聲短，非中吕爲宮之次，故還用正聲爲商；林鍾上生太蔟爲羽，太蔟正律聲長，非林鍾三分去一之次，故用子聲爲羽，太蔟下生南吕爲角，此中吕之調，正聲三，子聲二也。蕤賓爲宮，而上生大吕爲徵，大吕正律聲長，非蕤賓三分去一之次，故用子聲爲徵；大吕下生夷則爲商，夷則上生夾鍾爲羽，夾鍾正律聲長，非夷則三分去一之次，故用子聲爲羽；夾鍾下生無射爲角①，無射子律聲短，非夷則爲商之次，故還用正聲爲角，此蕤賓之調，正聲三，子聲二也。林鍾爲宫，而上生太蔟爲徵，太蔟正律聲長，非林鍾三分去一之次，故用子聲爲徵；太蔟下生南吕爲商，南吕上生姑洗爲羽，姑洗正律聲長，非南吕三分去一之次，故用子聲爲羽；姑洗下生應鍾爲羽②，應鍾子律聲長，非南吕爲商之次，故還用正聲爲角，此林鍾之調，正聲三，子聲三也。夷則爲宫，而上生夾鍾爲徵，夾鍾正律聲長，非夷則三分去一之次，故用子聲爲徵；夾鍾下生無射爲商，無射子律聲短，非夷則爲宫之次，故還用正聲爲商；無射上生中吕爲羽，中吕正律聲長，非無射三分去一之次，故用子聲爲羽；中吕上生黄鍾爲角，黄鍾正律聲長，非無射爲商之次，故用子聲爲角，此夷則之調，正聲二，子聲三也。南吕爲宫，南吕上生姑洗爲徵，姑洗正律聲長，非南吕三分去一之次，故用子聲爲徵；姑洗下生應鍾爲商，應鍾子律聲短，非南吕爲宫之次，故用正聲爲商；應鍾上生蕤賓爲羽，蕤賓正律聲長，非應鍾三分去一之次，故用子聲爲羽；蕤賓上生大吕爲角，大吕正律聲長，非應鍾爲商之次，故用子聲爲角，此南吕之調，正聲二，子聲三也。無射爲宫，而上生中吕爲徵，中吕正律聲長，非無射三分去一之次，故用子聲爲徵；中吕上生黄鍾爲商，黄鍾正律聲長，非無射爲宫之次，故用子聲爲商；黄鍾下生林鍾爲羽，林鍾正律聲長，非黄鍾子聲三分去一之次，故用子聲爲羽；林鍾上生太蔟爲角，太蔟正律聲長，非黄鍾子聲爲商之次，故用

①　"下"，原作"上"，據元刻明修本、光緒刻本改。
②　"羽"，原作"角"，據元刻明修本、光緒刻本改。

子聲爲角，此無射之調，正聲一，子聲四也。應鍾爲宮，應鍾上生
蕤賓爲羽，蕤賓正律聲長①，非應鍾三分去一之次，故用子聲爲
徵；蕤賓上生大呂爲商，大呂正律聲長，非應鍾爲宮之次，故用子
聲爲商；大呂下生夷則爲羽，夷則正律聲長，非蕤賓子聲爲徵之
次，故用子聲爲羽；夷則上生夾鍾爲角，夾鍾正律聲長，非大呂子
聲爲商之次，故用子聲爲角，此應鍾之調，正聲一，子聲四也。凡
此蔽於十二律均旋爲宮之説，失周禮三宮之意也。三宮旋相而
唱和有應，曷嘗有子聲耶？若以爲十二律皆有子聲，然則黃鍾、
大呂、太蔟三律何獨止用正聲耶？

辨四清

先王制十有二律，倡和清濁，迭相爲經，而清濁之聲未嘗偏
勝也。孰謂十二律之外復有四清聲乎？爲是説者，非古也，其隋
唐諸儒傅會之説歟？彼其所據者，唐之正史《通禮》、《會要》、《令
式》、《通典》、《義纂》、《義羅》之類，特一人之私説，非有本於聖人
之經，天下之公論也。世之廣其説者，不過謂臣民相避以爲尊卑
也。鍾磬之簴，以無射爲宮，則黃鍾爲商，太蔟爲角。無射君也，
管長四寸九分；黃鍾臣也，乃長九寸；太蔟民也，亦長八寸。若用
正聲，則民與臣聲皆尊，而君聲獨卑，必須用黃鍾四寸五分②，太
蔟四寸之清，以答無射之律，則君尊於上，臣卑於下，民役其令
矣。是不知十二律以黃鍾爲君，非所以爲臣也。今夫黃鍾之律，
冠十二律之首，正位於北而面南，所以寓人君向明而治之意，而

---

① "爲羽蕤賓"，四庫本、元刻明修本均缺，據光緒刻本補。
② "分"，四庫本、元刻明修本作"可"，據光緒刻本改。

十有一律莫敢與之抗矣。是君聲常尊而臣民之聲常卑，天地自然之道也，安有君臣與民相避以爲尊卑之理乎？彼謂黄鍾至夾鍾四清聲，以附正聲之次。原其四者之意，蓋爲夷則至應鍾四宫而設，既謂黄鍾至夾鍾爲之，又謂爲夷則至應鍾而設，是兩四清也。至於論琴瑟笙竽，又益四清而爲十二清聲，是十六律之説果不足以勝十二月矣。又况既有黄鍾矣，又有黄鍾清焉，豈古人所謂尊無二上之旨哉？臣竊觀聖朝嘗命有司考正鍾律，遍問大樂、諸上①，僉言每朝饗祭祀，唯傳舊法，用正聲十二，其四清聲多不能考擊，是太常之樂，名用四清，實用十二律也。李照據《周禮·典同》而論之，謂十二鍾之外，其餘四鍾皆是清聲，非中聲，乃鄭衛之樂也。若去四清之鍾，則哀思邪辟之聲無由而起，何知樂之深耶？奈何好異之士排而非之，真墨子之徒也。

---

① “諸上”，四庫本、元刻明修本作“諸上”，光緒刻本作“諸工”。

樂書卷一百二　樂圖論

十二律

　　律呂合陰陽聲　　律呂辨天地四方聲

　　律呂候氣之法　　律呂應氣之節

律呂合陰陽聲

六陽律：黃鍾、太蔟、姑洗、蕤賓、夷則、無射。

六陰律：大呂、應鍾、南呂、函鍾、小呂、夾鍾。

《周官·大師》："掌六律、六同，以合陰陽之聲。"黃鍾、太蔟、姑洗、蕤賓、夷則、無射，陽聲也；大呂、應鍾、南呂、函鍾、小呂、夾鍾，陰聲也。蓋日月會於十二次而右轉，聖人制六同以象之；斗柄運於十二辰而左旋，聖人制六律以象之。六律，陽也，左旋以合陰；六同，陰也，右轉以合陽。故大司樂祀天神，則奏黃鍾，歌大呂以合之；祭地示則奏太蔟，歌應鍾以合之；祀四望則奏姑洗，歌南呂以合之；祭山川則奏蕤賓，歌函鍾以合之；享先妣則奏夷則，歌小呂以合之；享先祖則奏無射，歌夾鍾以合之。聖人以律同合陰陽之聲爲未足也，又文之以五聲，而使聲待是而和，播之以八音，使音待是而諧，然則律同有不爲聲音之橐籥歟？《國語》曰："黃鍾所以宣養六氣九德也；太蔟所以金奏贊揚出滯也；姑洗所以修潔百物，考神納賓也；蕤賓所以安靖神人，獻酬交酢也；夷則所以詠歌九則，平民無二也；無射所以宣布哲人令德，示民軌儀也；大呂助宣氣也；夾鍾出四隙之細也；仲呂宣中氣也；林鍾和展百事，俾莫不任肅純恪也；南吕贊陽秀也；應鍾均利器用，俾應復也。"律吕不易，無姦事也，概見於此。唐之祭社，下奏太蔟，上歌黃鍾。太蔟陽也，位於寅；應鍾陰也，位於亥。故斗建亥則日月會於寅，斗建寅則日月會於亥。是知聖人之制，取合陰陽而歌奏之，儀用符交會。唐之祭社，歌奏俱用陽聲，非周人分樂之意也，趙慎言請改黃鍾爲應鍾，均可謂知合陰陽之聲者矣。古者作律，皆文之以五聲，則一律而具五聲，先王之制也。後世一律而具七聲，十二律而具八十四調，其失自京房，始可不正之乎。

律吕辨天地四方聲

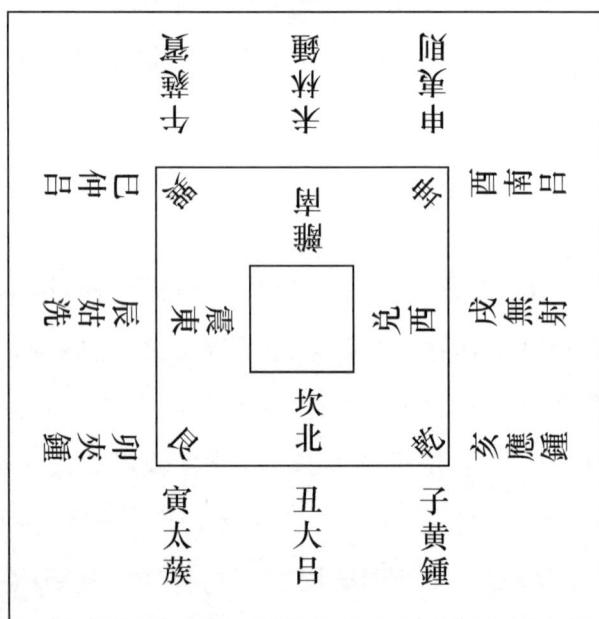

陽六爲律，自黃鍾至無射，陽聲也；陰六爲同，自大吕至應鍾，陰聲也。陽聲左旋，始於子，終於巳；陰聲右轉，始於丑，終於卯。而天地四方，陰陽之聲具焉。蓋乾位西北，氣覆爲天，衆陽之主也；坤位東南，形載爲地，眾陰之主也。然天雖爲眾陽之主而有陰焉，故曰："立天之道，曰陰與陽。"此天所以有陰陽之聲也。地雖爲眾陰之主而有陽焉，故曰："立地之道，曰柔與剛。"此地所以有陰陽之聲也。麗乎乾者，爲震，爲坎；麗乎坤者，爲離，爲兑。震、坎，陽卦也，然而多陰；離、兑，陰卦也，然而多陽。語其位，則正四方之卦焉，此四方所以各有陰陽之聲也。天地四方，陰陽之聲出於自然者也；六律、六同，陰陽之聲出於人爲者也。即人爲之聲辨自然之聲，以爲樂器，此揚子所謂"作者貴其有循而體自然"者也。道生一，則奇而爲陽；一生二，則耦而爲陰；二生三，則陰陽參和爲冲氣；三生萬物，而樂器取具焉，是雜比十有二聲而和之，取中聲以爲樂器之意也。《易》曰："制器者尚象。"《記》曰："聲，樂之象也。"即十有二聲以爲樂器，得不爲制器尚象者乎？典同所掌者器也，大師所掌者聲也，器異異聲，故言"掌六律、六同之和，以辨天地四方陰陽之聲"。聲則各有所合，故言"掌六律、六同，以合陰陽之聲"。

　　陰陽之氣，渾爲太極，發爲五聲，分爲十二律，蓋所以紀斗氣効物類也。天効以景，地効以響，陰陽和則景至，律氣應則灰飛，自然之符也。先王爲是候氣之法，造室三重，各啟門塗，必固密爲門之位，外之以子，中之以午，内復以子，揚子所謂"九閉之中"也。蓋布緹縵室中，上圓下方，依辰位，埋律管，使其端與地齊，而以薄紗覆之。迨中秋白露降，採河内葭莩爲灰，加之管端，案律而候之，氣至者灰去，爲氣所動者灰散，爲物所動者灰聚。此冬夏二至，陰陽氣興，古人未嘗不候之以定曆均樂也。昔北齊信都芳能以管候氣，嘗與人語，指天曰："孟春之氣至矣。"往驗管而灰飛。又爲輪扇二十四，埋之地中，測二十四氣，每一氣感則一

律呂候氣之法

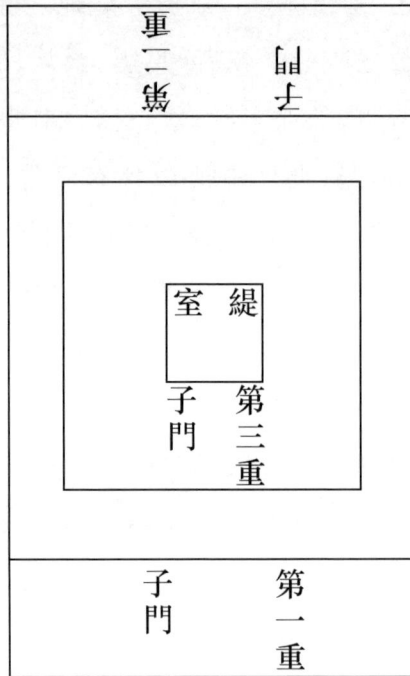

扇自動，他扇自若，與管灰相應。然氣應有蚤晚①，灰飛有多寡，又不可不知也。後漢冬夏至日，天子御前殿，陳八音，均度量，候鍾律。冬至，陽氣應，則黃鍾通，土灰輕，而衡仰；夏至，陰氣應，則蕤賓通，土灰重，而衡俯，亦候氣之一端也。隋開皇中，準古法以候節氣，而氣應或先或後，文帝怪而問之，先洪對曰："灰飛，半出爲和氣，全出爲猛，不能出爲衰。和氣應者，其政平；猛氣應者，其君暴。"可謂善譎諫矣。《尚書中候》云："用丑爲律候之②。"《月令》疏云："以銅爲之。"李淳風云："自古言樂聲律呂者，皆本於十二管，以氣應灰飛爲驗。"後

---

① "晚"，光緒刻本作"莫"，元刻明修本模糊不清。
② "用"，原缺，據光緒刻本補。

魏末，孫僧化造六甲一周曆，其序云："以管律候某月某時，律氣應。"推校前後五六事，皆不與筭曆家術數相符。

律呂應氣之節

斗居天之中，運玉衡，以冒覆四方，死生萬物者也。以黃鍾月王加十五度爲一節，二節爲一氣，二氣爲一風，二風爲一時，四時爲一歲。故斗柄指子，則冬至，音比黃鍾。加旬有五日，指癸，則小寒，音比應鍾。加旬有五日，指丑，則大寒，音比無射。加旬有五日，指報德之維，則越陰在地，故曰冬至，四十六日而立春，音比南呂。加旬有五日，指寅，則雨水，音比夷則。加旬有五日，指甲，則驚蟄，音比林鍾。加旬有五日，指卯，中繩，故曰春分則雷行，音比蕤賓。加旬有五日，指乙，則清明風至，音比仲呂。加旬有五日，指辰，則穀雨，音比姑洗。加旬有五日，指常羊之維，則春分盡,故曰有四十六日而立夏,音比夾鍾。加旬有五日,指巳,則小滿,音比太蔟。加旬有五日,指丙,則芒種,音比大吕。加旬有五日,指未,則大暑,音比太蔟。加旬有五日,指背陽之維,則夏至盡,故曰有四十六日而立秋,音比夾鍾。加旬有五日,指申,則處暑,音比姑洗。加旬有五日,指庚,則白露降,音比仲吕。加旬有五日,指酉,中繩,故曰秋分,雷戒蟄蟲北鄉,音比蕤賓。加旬有五日,指辛,則寒露,音比林鍾。加旬有五日,指戌,則霜降,音比夷則。加旬有五日,指號通之維①,則秋分盡,故曰有四十六日而立冬,音比南吕。加旬有五日,指亥,則小雪,音比無射。加旬有五日,指壬,則大雪,音比應鍾。自此以往,窮則變,終則始,天之通也。故黃鍾之月,天地氣閑,土事毋作;大吕之月,歲旦更始②,農民是息;太蔟之月,草木繁動,土功以興;夾鍾之月,羣生發榮,布德颺刑;姑洗之月,嘉氣趣至,溝涂脩利;中吕之月,百穀滋茂③,毋妨農務;蕤賓之月,陽氣在上,安壯養佼;佼,小也。④ 林鍾之月,毋廢大事,以將陽氣;夷則之月,修法飭刑,選士勵兵;南吕之月,蟄蟲入户,趨農收聚;無射之月,閉藏爲冬,審民所終。后以裁成天地之道,輔相萬物之宜也。劉昭曰:"春宮秋律,百卉必凋;秋宮春律,萬物必榮;夏宮冬律,雨雹必降;冬宮夏律,雷必發聲。"亦信有之矣。凡一律之法具三十日,一風之法具四十五日。八風十二律,各具三百六十之數。

①　"號",原作"蹶",據元刻明修本、光緒刻本改。
②　"旦",四庫本、元刻明修本作"旦",光緒刻本作"旦"。
③　"茂",四庫本、元刻明修本作"茂",據光緒刻本改。
④　"佼",原作"狡",據光緒刻本改。

樂書卷一百三　樂圖論

十二律

　律呂數度　　律呂齊量　　律呂圍徑　　律呂清濁

律呂數度

凡物以三成，聲以五立，以三參五而八數成矣。人以八尺爲尋，物以八竅卵生，故凡十有二律之音，皆隔八而生焉。道生一，一生二，二生三，故日三而成胐，月三而成時，歲三而成閏，祭以三飯爲禮，喪以三踊爲節，兵重三軍之制，國重三卿之治。以三參物而九數成矣，故十有二律之寸而黃鍾稱是焉。蓋天之中數五，地之中數六，五六相合而生黃鍾。黃鍾，子之氣也，十一月建焉，而辰在星紀；大呂，丑之氣也，十二月建焉，而辰在玄枵；太蔟，寅之氣也，正月建焉，而辰在娵訾；夾鍾，卯之氣也，二月建焉，而辰在降婁；姑洗，辰之氣也，三月建焉，而辰在大梁；中呂，巳之氣也，四月建焉，而辰在實沈；蕤賓，午之氣也，五月建焉，而辰在鶉首；林鍾，未之氣也，六月建焉，而辰在鶉火；夷則，申之氣也，七月建焉，而辰在鶉尾；南呂，酉之氣也，八月建焉，而辰在壽星；無射，戌之氣也，九月建焉，而辰在大火；應鍾，亥之氣也，十月建焉，而辰在析木。是先王因天地陰陽之氣而辨十有二辰，即十有二辰而生十有二律，其長短有度，其多寡有數，而天下之度數出焉。要之，皆黃鍾以本之也。《傳》曰：“律所以立均出度。”

揚雄曰："泠竹爲管，室灰爲候，以揆百度。百度既設，濟民不誤。"然則先王作樂，稽之度數，至於百度得數而有常者，豈不原於十二律耶？説者以百刻爲百度，何其誤也。《大司樂》："以六律、六同、五聲、八音、六舞大合樂，凡六樂皆文之以五聲，播之以八音。"《大師》："掌六律、六同以合陰陽之聲，皆文之以五聲：宮、商、角、徵、羽，皆播之以八音：金、石、土、革、絲、木、匏、竹。"以是求之，五色成文而不亂，文之以五聲之和也；八風從律而不姦，播之以八音之諧也；百度得數而有常，節之以十二律之度也。吳季札觀樂於魯而曰："五聲和，八風平，節有度，守有序，盛德之所同也。"五色成文而不亂，"五聲和"之謂也；八風從律而不姦，"八風平"之謂也；百度得數而有常，"節有度，守有序"之謂也。昔人常謂顓帝始作樂，風承雲之樂，以効八風之音；舜以夔爲樂正，正六律，和五聲，以通八風而天下服，此之謂歟？然古人之制聲律，蓋皆有循而體自然，不可得而損益者也，何則？五聲在天爲五星，在地爲五行，在人爲五常。五聲可益爲七音，然則五星、五行、五常亦可得而益之乎？十二律所以應十二月，中氣者也，如可益而爲六十，然則十二月亦可得而益之乎？劉焯以京房爲妄，田琦以何妥爲當，可謂知理矣。

律吕齊量

形而上者謂之道，形而下者謂之器。先王作樂，以形而上者之道寓形而下者之器。雖非數度，不離於數度，其爲數度也，即十有二律而已；雖非齊量，不離於齊量，其爲齊量也，即十有二聲而已。蓋數本起於黃鍾，始於一而三之，歷十二辰而五聲備，其長則度之所起，而其餘律皆自是生焉，故凡爲樂器，以十有二律爲之數度。硈聲生於高，肆聲生於下，甄聲生於薄，石聲生於厚，高、下、薄、厚之屬，所制則有齊矣；嬴聲生於達，衍聲生於回，筰聲生於侈，鬱聲生於弇，達、回、侈、弇之屬，所容則有量矣。故凡爲樂器，以十有二聲爲之齊量，一要宿中聲而已。由是觀之，即十有二律數度，十有二聲齊量，雜比而和之，取中聲焉，以爲樂器，豈不信哉？《國語》曰：“古者神瞽，考中聲而量之，以制度律均鍾。”蓋以此歟？周景王將鑄無射而爲之大林，單穆公非之，爲是故也。然言十有二律，則知聲之爲鍾；言十有二聲，則知律之爲管。不言十有二鍾而言聲者，蓋鍾於八音爲金，金於五行爲言；秋言之時，聲所自出，此所以言聲以見之歟？雖然，非特爲樂器如此，凡以鍾律和樂，亦如之，《書》所謂“律和聲”是也。

律吕圍徑

古者採嶰谷之竹，斷兩節，間而吹之，雄鳴者爲黃鍾之律，雌鳴者爲林鍾之吕，而圓徑圍分之數，固已素具乎其中矣。蓋黃鍾之律，長九寸，絫黍積之徑三分，圍九分，蓋本於天，物生出自然，非繇輕重之數也①。班固以黃鍾三九之法，起十二律，周徑三分，參天之數也，圍九分，終天之數也。司馬彪、鄭康成並用徑三、圍九之説；孟康推而衍之，謂林鍾長六寸，圍六分；太蔟長八寸，圍八分。後魏安豐王宗康成之説，作林鍾、太蔟二律而吹之，不合黃鍾商、徵之聲，後更圍皆九分，始與均鍾器合，是知孟康之説謬於諸儒矣。十二律之寸既因損益而有長短，則其容受黍數，亦稱之而已，不嫌乎同於徑三圍九也。周公之制九數，圓周率三，圓

---

① “繇”，原作“絲”，據光緒刻本改。

徑率一,指凡天下之數言之,非專論十二律周徑也。今之論律者,區區以是説爲言,不亦迂乎?

律吕清濁

樂莫不有音,音莫不有適,而衷也者,適而已矣。然太清則志危,以危聽清則耳谿極,谿極則不鑒,不鑒則竭矣;太濁則志下,以下聽濁則耳不收,不收則不搏,不搏則怒矣,皆非所以爲適也。一清一濁,所常無窮,一要宿清濁之衷而已,安往而不適哉?《記》曰:"五色成文而不亂,八風從律而不姦,百度得數而有常,小大相成,終始相生,倡和清濁,迭相爲經。"《傳》曰:"黄帝察發,歛定清濁。"莊周述黄帝張《咸池》之樂於洞庭之野而曰:"一清一濁,文武經綸。"由此觀之,先王作樂,主之以十二律,文之以五聲,播之以八音,其體則小大相成,其用則終始相生,一倡一和,一清一濁,流行散徙,不主常聲,迭相爲經而已。孰謂蕤賓至應鍾爲清,黄鍾至中吕爲濁哉?今夫樂聲之於衆音,輕高爲清,重大爲濁,然律之增損、長短不常,聲之抑揚、清濁不一,增則轉濁,減則愈清,清濁雖殊,而本音不失,安有定長、定短,配屬高下者耶?至如黄鍾九寸,聲之最濁者也,中減則聲清;應鍾四寸有奇,聲之最清者也,倍增則聲濁。一律如此,餘管可知。鄭康成之説,吾無取焉耳。漢武帝採五經、諸子、《吕覽》、張蒼之説,以正清濁,置協律都尉以司之,可謂有志於古矣。

樂書卷一百四　樂圖論

十二律

　　律吕听軍聲　　律吕教六詩

　　八音從八風① 　律吕大合樂

律吕聽軍聲

　　古之用師,内有必勝之道,外有佐勝之術。《周官・大師》"執同律以聽軍聲,而詔吉凶",以佐勝之術行必勝之道故也。蓋聽商聲知戰勝而士强,聽宫聲知軍和而士附,其吉可得而知也;聽角聲知軍擾而心喪,聽徵聲知將急而士勞,聽羽聲知兵弱而威奪,其凶可得而詔也。古之人吉凶不待陣而知,勝負不待戰而決,不過如此。《易》曰:"師出以律,否臧凶。"《傳》曰:"望敵知吉凶,聞聲効勝負。"豈不信哉?《大師》"執同律以聽軍聲",主師出言之,所以存預成之智也;《大司馬》"若師有功,左執律,愷樂獻於社",主師旋言之,所以示愷樂之仁也。然周之出師,有太史抱天時,太卜正龜兆,又以同律詔吉凶,則先王慎戎事、重民命亦可謂至矣。大宗伯"以軍禮同邦國",大師之禮用衆居一焉②,惟行大師之禮,大師始"執同律,聽軍聲而詔吉凶"。然則,軍禮之師有小於此,又非大師所與也。

---

　　①　"八音從八風",光緒刻本作"律吕從八風"。
　　②　"禮",光緒刻本作"樂",元刻明修本缺失。

律吕教六詩

《周官・大司樂》:"掌六律、六同,以合陰陽之聲。教六詩:曰風,曰賦,曰比,曰興,曰雅,曰頌。以六德爲之本,以六律爲之音。"蓋六德以中和爲首,六律以黄鍾爲本。則六詩本之情性,中聲之所止也;六德制之禮義,中聲之所本也;六律稽之度數,中聲之所寓也。大師教中聲所止之詩,以六德爲之本,以六律爲之音,則所道者中德,所詠者中音。然則,樂有不爲中和之紀耶?大司樂之於律同,則以之大合樂,大師則合陰陽之聲而已。大司樂之於國子,則教樂德、樂語、樂舞,大師則教六詩而已。是尊者其治大以詳,卑者其治小以略,不可不知也。①

八音從八風②

至治之世,天地之氣合以生風,日至則月鍾,其風以生十有二律,故揚雄曰:"雕割匏、竹、革、木、土、金,擊石彈絲,以和天下,挽擬之八風。"左氏論八音曰"以遂八風",論舞曰"節八音而行八風"。由此推之,八風象八卦者也,其所以擬而遂之者八音,節而行之者八佾之舞而已。蓋主朔易者,坎也,故其音革,其風廣莫;爲果蓏者,艮也,故其音匏,其風融;震爲竹,故其音竹,其風明庶;巽爲木,故其音木,其風清明;兑爲金,故其音金,其風閶闔;乾爲玉,故其音石,其風不周。瓦,土器也,故坤音土而風凉;蠶,火精也,故離音絲而風景。是正北之風從黄鍾之律,而黄鍾,

---

① 自卷首題目"十二律"至"不可不知也",四庫本有多處缺失,據光緒刻本補。
② "八音從八風",光緒刻本作"律吕從八風"。

冬至之氣也；東北之風從大呂、太蔟之律，而大呂、太蔟，大寒、啟
蟄之氣也；正東之風從夾鍾之律，而夾鍾，春分之氣也；東南之風
從姑洗、仲呂之律，而姑洗、仲呂，穀雨、小滿之氣也；正南之風從
蕤賓之律，而蕤賓，夏至之氣也；西南之風從林鍾、夷則之律，而
林鍾、夷則，大暑、處暑之氣也；正西之風從南呂之律，而南呂，秋
分之氣也；西北之風從無射、應鍾之律，而無射、應鍾，霜降、小雪
之氣也。豈非《傳》所謂樂生於風之謂乎？八方之風周於十二
律，如此則順氣應之，和樂興而正聲格矣，尚何姦聲之有耶？《樂
記》曰：“八風從律而不姦。”《國語》曰：“律呂不易無姦事也。”如
此而已。五音有變宮、變徵之數，琴絃有少宮、少商之調，皆非先
王制樂度數之常也，抑其爲變者歟？

律呂大合樂

陰陽之理，聲自倍而爲日，律自倍而爲辰，是聲本於日而以情質，律本於辰而以和聲。聲律相協而八音生焉。故先王作樂以六律、六同而考五聲，以五聲而成八音，以八音而節六舞，以六舞而大合樂。則六代之樂，凡發諸聲音，形諸動静，而三才之道備矣。故用之天地足以降神示，用之宗廟足以格祖考，用之大朝會足以和邦國，用之教萬民足以諧萬民，用之大饗食足以安賓客，用之待夷狄足以説遠人，用之大蜡足以作動物。然則周家大合六代之樂，所施如此其廣。《有瞽》之頌，特其始作備樂合乎祖者而已，王子頽之饗王，徧及六舞，《春秋》譏之者，爲其非天子而作備樂故也。由此觀之，先王六代之樂，未始不具十二律，至於分樂而序之，舞《雲門》，則奏黄鍾，歌大吕；舞《咸池》，則奏太蔟，歌應鍾；舞《大磬》，則奏姑洗，歌南吕；舞《大夏》，則奏蕤賓，歌函鍾；舞《大濩》，則奏夷則，歌小吕；舞《大武》，則奏無射，歌夾鍾者，特其所主異爾。然則六樂皆文之以五聲，播之以八音，惡有不並用十二律之理哉！《文王世子》曰："凡釋奠者，必有合也。有國故則否。凡大合樂，必遂養老。"蓋釋奠者，禮也，必有合者，樂也。"凡釋奠必有合"者，主行禮以合樂也；"凡大合樂必遂養老"者，主合樂以行禮也。然此商禮爾，周禮則不施於釋奠矣。古人重釋奠之禮如此，後世則有歌而無舞，設堂上之縣，去堂下之肆，則八音不備，舞蹈不式，果何以爲樂哉？

樂書卷一百五　樂圖論

雅部

五聲

五聲上　五聲中　五聲下　三宮無商

五　聲　上

夫物生而有情，情發而爲聲，故天五與地十合，而生土於中，其聲爲宮；地四與天九合，而生金於西，其聲爲商；天三與地八合，而生木於東，其聲爲角；地二與天七合，而生火於南，其聲爲徵；天一與地六合，而生水於北，其聲爲羽。蓋五聲本於五行，布

於五位,其數起於黃鍾九寸之管,因九而九之,則凡管周徑之數八十有一者,宮聲之數也;因宮數三分去一,下而生徵,則五十有四者,徵聲之數也;因徵數三分益一,上而生商,則七十有二者,商聲之數也;因商數三分去一下而生羽,則四十有八者,羽聲之數也;因羽數三分益一,上而生角,則六十有四者,角聲之數也。數多者濁以大,而大不踰宮,數小者清以細,而細不踰羽。則羽徵之聲清於角,而角聲又清於商矣。凡此,五聲之常,百王不易之制也。今夫宮生徵,徵生商,商生羽,羽生角,故彈宮而徵應,彈徵而商應,彈商而羽應,彈羽而角應。是五聲以相生為和,相勝為繆,先王立樂之方也。司馬遷推五音相生,而以宮生角,角生商,商生徵,徵生羽,羽生宮,非通論也。雖然,先王作樂以象,或亦未嘗不推之以應天,以謂天氣不和不能生物,樂聲不和不能感人,是生物者五氣之正,而感人者五聲之正也。然人受天地之中以生,氣莫不鍾五行之秀,性莫不全五常之正,其化之也,亦豈難哉?不過以五聲之和達五常之性而已。故聞宮聲,斯達誠實之心而為信;聞徵聲,斯達恭敬之心而為禮;聞商聲,斯達羞惡之心而為義;聞羽聲,斯達是非之心而為智;聞角聲,斯達惻隱之心而為仁。夫如是,則樂行而倫清,外則耳目聰明,内則血氣和平,移風易俗,天下皆寧矣。仲尼有云[1]:"移風易俗,莫善於樂。"其在茲乎?絲隨五聲,管隨十二律。然和平沉厚,龎大而下者,宮聲也;勁凝明達,從上而下歸於中者,商聲也;圓長通徹,中平而正者[2],角聲也;抑揚流利,從下而上歸於中正者,徵聲也;嘤嘤而遠徹,細小而高者,羽聲也。

---

① 自"夫物生而有情"至"仲尼有",光緒刻本缺失。

② "正",元刻明修本、四庫本均作"王",據光緒刻本改。

五聲中

五聲之於樂，近取諸身以盡性，遠取諸物以窮理。故聲出於脾合口而通之，謂之宮；出於肺開口而吐之，謂之商；出於肝而張齒湧吻，謂之角；出於心而齒合吻開，謂之徵；出於腎而齒開吻聚，謂之羽。凡此，近取諸身以盡性者也。宮，土聲也，其性圓而居中，若牛之鳴窌而主合；商，金聲也，其性方而成器，若羊之離羣而主張；角，木聲也，其性直而崇高，若雉之鳴木而主湧①；徵，火聲也，其性明而辨物，若豕之負駭而主分；羽，水聲也，其性潤而澤物，若馬之鳴野而主吐。凡此，遠取諸物以窮理者也。蓋樂始於聲，聲始於宮，通之而爲商，觸之而爲角，驗之而爲徵，翕張之而爲羽。宮，無爲以覆物，君之象也；商，有爲以通物，臣之象也；角，善觸而難馭，民之象也；徵，出無而驗有，事之象也；羽，因時而翕張，物之象也。宮爲君足以御臣，商爲臣足以治民，角爲民足以興事，徵爲事足以成物，羽爲物足以致用，此其序也。《傳》曰：“聞宮音使人温舒而廣大，聞商音使人方正而好義，聞角音使人惻隱而愛人，聞徵音使人樂善而好施，聞羽音使人整齊而好禮。”宮亂而君驕，失温舒廣大之意也；商亂而官壞②，失方正好義之意也；角亂而民怨，失惻隱愛人之意也；徵亂而事勤，失好施而爲之之意也；羽亂而財匱，失好禮而節之之意也。先儒謂宮聲方正而好義，角聲堅齊而好禮，誤矣。晏子以《徵招》、《角招》爲景公作君臣相悦之樂，雖主興發以爲事，補不足以爲民，亦舉中

---

① “雉”，元刻明修本、光緒刻本作“雞”。
② “官”，四庫本、元刻明修本作“官”，光緒刻本作“臣”。

見上下之音歟？宮、徵、商、羽、角，上下相生之序也；宮、商、角、徵、羽，君、臣、民、事、物之序也。宮聲雄洪[1]，調則政和國安，亂則其國危，在西域，則婆陁力也[2]；商聲鏘鏘倉倉，然調則刑法不作，威令行，亂則其官壞，在西域，則稽積識也；角聲喔喔確確，然調則四民安，亂則其人怨，在西域，則沙識也；徵聲倚倚戲戲，然調則百物理，亂則庶績隳，在西域，則沙臘也；羽聲詡詡酗酗[3]，然調則倉廪實，庶物備，亂則其民憂，其財匱，在西域，則般瞻也。

五聲下

宮生於黃鍾九寸，其聲重而尊；商生於太蔟八寸，其聲明而敏；角生於姑洗七寸，其聲經而易制；徵生於林鍾六寸，其聲泛而不流；羽生於南呂五寸，其聲渙散而抑。故《爾雅·釋樂》：“宮謂之重，商謂之敏，角謂之經，徵謂之迭，羽謂之抑。”其聲音清濁，度數多寡雖有所不同，其因而九之，未嘗不一也。然則，舜作五弦之琴而有《徵招》、《角招》之別，則宮、商、羽之《招》可類見矣。是五聲之於樂，損之則虧，益之則贅，豈足以紀中聲成雅樂哉？古人嘗謂中和莫盛乎五，故五之數在《易》爲中爻，在禮爲中庸，在樂則主中聲而已。引而足之，觸類而長之，其名則宮、商、角、徵、羽，其用則重、敏、經、迭、抑，其象則君、臣、民、事、物，其位則左、右、上、下、中，其色則青、黃、赤、白、黑，其性則仁、義、禮、智、信，其情則喜、怒、悲、憂、恐，其事則貌、言、視、聽、思。在天運而爲五樂，在地列而爲五行，在人竅而爲五臟，則中聲所止無往不在。要之，必以宮爲主，故《傳》曰：“宮者，音之主也。”又曰：“宮

---

①　“雄”，元刻明修本、四庫本均作“雄”，光緒刻本作“維”。

②　“力”，元刻明修本、四庫本均作“力”，光緒刻本作“大”。

③　“詡詡酗酗”，四庫本作“詡雨酗具”，元刻明修本作“詡雨酗其”，據光緒刻本改。

爲四聲綱。"故商非宮則失其所守,不足以爲臣;角非宮則失其所治,不足以爲民;徵非宮則失其所爲,不足以爲事;羽非宮則失其所生,不足以爲物。況旋相之樂,非宮何以降神哉?噫,道生一,則奇而爲陽;一生二,則偶而爲陰;二生三,則陰陽中而爲冲氣。以五聲求之,陽中爲角,陰中爲商,陽正爲徵,陰正爲羽,參合陰陽而爲冲氣者,其宮乎?由是觀之,陰陽相應則和,偏勝則乖,而樂聲如之,苟捨五聲之正而益之以三變[①],其欲無偏勝之患,難矣。五聲一也,或謂五音,或謂五色,或謂五樂者,蓋見於節奏爲五聲,著於文采爲五色,變而成方爲五音,比音而樂爲五樂,其實一也。

三宮無商

生於天三,成於地八者,木之所以爲行也,角聲出焉。生於地四,成於地九者,金之所以爲行也,商聲出焉。金則剋木,木則剋於金,未有並用而不相害者也。周以木德王天下,而爲當時之貴;商以金德王天下,而爲已用之賤。《周官》旋宮之樂,禮天神則圜鍾爲宮,黃鍾爲角,太蔟爲徵,姑洗爲羽;禮地示則函鍾爲宮,太蔟爲角,姑洗爲徵,南吕爲羽;禮人鬼則黃鍾爲宮,大吕爲角,太蔟爲徵,應鍾爲羽。而未嘗及商者,避其所剋而已。《大師》:"掌六律、六同以合陰陽之聲,皆文之以五聲:宮、商、角、徵、羽。"則周之作樂非不備五聲,其不言商者,文去而實不去也。與《春秋》齊晉實予而實不予同義。荀卿以"審詩商"爲大師之識,則聲詩之有商聲,太師必審之者,避所剋故也。鄭康成謂:"祭尚

---

① "三",原作"二",據元刻明修本、光緒刻本改。

柔而商堅剛，故不用焉。”楊收曰：“周祭天地，不用商及二少，以
商聲剛而二少聲下，所以取其正而裁其繁也。”若然，周之佩玉左
徵、角，右宫、羽，亦曷爲不用商耶？聖朝祫、享之樂，奏懷安九成
之曲，黄鍾爲宫，三奏；大吕爲角，二奏；太蔟爲徵，二奏；應鍾爲
羽，二奏。是不知去商者，周人之制而已。以周人之制推之，則
聖朝以火德王天下，論避其所剋，當去羽音矣。今太常用樂，不
審詩羽而審詩商，蓋失古人之旨遠矣，樂安得而和哉？

樂書卷一百六　樂圖論

雅部

八音

八音上　八音中　八音下　聲音通論

八音上

　　樂出於虛而寓於實，出於虛則八音同冥於道，寓於實則八音各麗於器。器具而天地萬物之聲可得而考矣，故萬物盈於天地之間，若堅，若脆，若勁，若韌，若實，若虛，若沉，若浮，皆得効其響焉，故八物各音而同和也。自少皥氏効八風之調，而八音固已大備，後世雖有作者，皆不能易兹八物矣。金聲舂容，秋分之音也，莫尚於鍾；石聲溫潤，立冬之音也，莫尚於磬。絲聲纖微，夏至之音也，莫尚於琴瑟；竹聲清越，春分之音也，莫尚於管籥；匏聲崇聚，立春之音也，笙竽繫焉；土聲函胡，立秋之音也，塤缶繫焉；革聲隆大，冬至之音也，鼗鼓繫焉；木聲無餘，立夏之音也，柷敔繫焉。然金失之重，石失之輕，絲失之細，竹失之高，匏失之長，土失之下，革失之洪，木失之短。要皆不相奪倫，然後克諧而無失也。經論八音多矣，原始言之，不過曰"施之金石"；要終言之，不過曰"匏竹在下"；兼始中終言之，則曰"金石絲竹，樂之器也"。乃若論其詳宜，莫若《周官·大師》焉。蓋樂器重者從細，而細不踰羽；輕者從大，而大不踰宮；適細大之中而無踰者，其惟角乎？蓋莫重於金，故尚羽；莫輕於瓦絲，故尚宮；輕於金、重於瓦絲者，石也，故尚角；匏竹非有細大之從也，故尚議；革木非有清濁之變也，故一聲。然金石土類，西凝之方也，故與土同位於西；匏竹木類，東生之方也，故與木同位於東；絲成於夏，故琴瑟在南；革成於冬，故鼗鼓在北。大師之序八音，以金石土爲先，革絲次之，木匏竹爲後者，蓋西者，秋言之時，聲之方也；虛者，樂所自出，聲之本也，故音始於西，成於東。於西則金石先於土者，以音逆推其所始故也；於東則匏竹後於木者，以陽順序其所生故也。革絲居南北之正，先革後絲者，豈亦先虛之意歟？《樂記》言樂之器，荀卿言所以道德者，以德待器而後達故也。

八音中

八音之於樂，象爲八卦，位爲八方，氣爲八風，中爲八極；其數一本中和之五，冲氣之三，以導中聲而已。古者上農掘土出金，以爲鍾；上工磨石出玉，以爲磬。鍾於五行爲金，於五事爲言，於五藏爲氣，於五性爲義，金則奏爲鏗鎗，言則發爲號令，直其氣所以立横，方其義所以立武，此聽其聲所以思武臣也；磬於八音爲石，於八卦爲乾，石則其形曲折而有别，乾則其行剛健而不陷，有别所以立辨，不陷所以致死，此聽其聲所以思死封疆之臣也。琴瑟同出於絲而靜好，其聲則噍殺而哀，潔靜而廉，依義以立志而已，此聽其聲所以思志義之臣也；竽笙簫管同出於竹而發猛，其聲則動濁而濫，合比而會，有聚衆之義焉，此聽其聲所以思畜聚之臣也；鼓爲樂之君，而鼗則卑者所鼓，其爲革聲一也，土譁而讙，羣趨而動，有進衆之義焉，此聽其聲所以思將帥之臣也。由是觀之，君子之於音，聽之在心不在耳，彼其音之所發，亦誠有所合之也，豈在悦鄭衛鏗鎗而已哉？玄而發之，言鍾、鼓、鼗之聲，則知絲爲琴瑟，竹爲竽笙簫管也；言絲聲竹，則知鍾爲金，鼓鼗爲革也；言石聲磬，則金聲鍾之類見矣；言竹聲濫，則石聲清之類見矣；匏竹利制，言竹則匏在其中矣；革木一聲[①]，言革則木在其中矣。就八者單出言之，故謂之聲，由聽其雜比言之[②]，故謂之音。八音不言土者，以七音待土贊之而後和故也。鄭康成以"石聲磬"當爲"磬"字之誤，豈經旨哉？於《傳》有之："金聲鏗，鏗以

---

① "一"，原缺，據元刻明修本、光緒刻本改。
② "由"，四庫本、元刻明修本作"曲"，據光緒刻本改。

立横，横以勁武，金聲正，則人思武矣；石聲硜，硜以立别，别以致死，石聲正，則人思死節矣；絲聲哀，哀以立廉，廉以立志，絲音正，則人將立操矣；竹音濫，濫以立會，會以聚衆，竹音正，則人思和洽矣；土音濁，濁以立太，太以含育，土音正，則人思寬厚矣；革音謹，謹以進衆，革音正，則人思毅勇矣；匏音啾，啾以立清，清以忠謹，匏音正，則人思恭愛矣；木音直，直以立正，正以寡欲，木音正，則人思絜己矣。"亦足發明於此。琴瑟之音言哀，鼓鼙之音言謹者，蓋琴瑟，夏至之音，一陰生之時也；鼓鼙，冬至之音，一陽生之時也。陽主樂以謹，陰主哀以静，此其音所以不同。

八音下

《樂經》之亡久矣，其遺音餘韻，雖奪於殽亂之衆言，然質諸他經，亦可少概見矣。《樂記》曰："聖人作爲鞉、鼓、椌、楬、塤、篪，此六者德音之音也。然後鐘、磬、竽、瑟以和之。"蓋作革以爲鞉鼓，作木以爲椌楬，作土以爲塤，作竹以爲篪，作金以爲鐘，作石以爲磬，作匏以爲竽，作絲以爲瑟。則鞉、鼓、椌、楬、塤、篪，唱德音於其始也；鐘、磬、竽、瑟，和德音於其終也。《書》曰："戛擊鳴球，搏拊琴瑟以詠，下管鞉鼓，合止柷敔，笙鏞以間。"蓋鳴球以爲石，琴瑟以爲絲，下管以爲竹，拊鞉鼓以爲革，柷敔以爲木，笙以爲匏，鏞以爲金，則"戛擊鳴球，搏拊琴瑟"，作之於堂上也，管、鞉、鼓、柷、敔、笙、鏞，作之於堂下也。引而伸之，觸類而長之，《周官》旋宮之樂，舉鐘以見石，舉鞉鼓以見木，舉管以見匏，舉琴瑟以見瓦。《詩》之《有瞽》言"應田縣鼓"與鞉，則革音也；言柷敔，則木音也；言簫管，則竹音也；言磬，則石音也；不言金者，以石見之；不言匏者，以竹見之。蓋八音之於樂，一音不備，不足以爲樂。以用言之，未有不比音；以體言之，未有不比物。故金石以動之，絲竹以行之，革木以節之，匏以宣之，瓦以贊之，所道者中德，所詠者中聲，然後八音克諧，不至於奪倫也。然《詩》、《書》不言土音，《易》於《比》、《坎》、《離》，獨言缶不及土音者，蓋八音以土爲主，猶五事以思爲主也，故七音非土不和，土非七音不備。《詩》、《書》舉七音以見土，推用以見體也；《易》舉缶以見七音，明體以見用也。由是觀之，八音，樂之器，而樂非器也。君子和樂之情以制器，工師因樂之器以考音，古之人有鼓琴而流魚爲之出聽，有鼓瑟而六馬爲之仰秣，凡類此者，固豈八音之器能使之然哉？蓋亦冥於非器之器，載道而與之俱矣。

聲音通論

凡物動而有聲，聲變而有音。聲不過五，非樂之道也，樂之象而已；音不過八，非樂之象也，樂之器而已。此記樂者所以有"聲者，樂之象；金石絲竹者，樂之器"之說也。《易》曰："天數五，地數五。"然則，五聲，其天地之道歟？《傳》曰："人者，統八卦，諧八音，舞八佾，以終天地之功。"然則，八音，其人之道歟？樂通倫理，而三才之道具，則冲氣以爲和，彼發諸聲音所道者，孰非中德所詠者？孰非中聲哉？世之論樂者，謂五聲，天音也；八音，天化也。豈不偏乎？《五經通議》曰："聲者，物之性也；音者，聲成文也。"是五聲八音之於樂，相有以成，相無以廢，多之爲有餘之贅，少之爲不足之虧，不可得而加損也。以五聲配四時言之，則角商，陰陽之中也；徵羽，陰陽之正也。中正具而爲雅者，其在於宮乎？以八音配八卦言之，惟乾爲天下之至陽，而磬之石音繫焉；惟坤爲天下之至陰，而瓦之土音繫焉。竹音震，革音坎，匏音艮，音雖不同而同於陽，無非本乎乾者也；木音巽，絲音離，金音兌，音雖不同而同於陰，無非本乎坤者也。是陰陽相應則和，偏勝則乖，凡樂之聲音，或虛實相成，或幽顯相形，雖清濁不齊，其於爲聲，均也；或雜比成文，或曲折成方，雖當愍不一，其於爲音，均也。蓋聲音之發，心術形焉，性術盡焉，故古之作樂莫始於律同，莫備於六樂，未有不資五聲以文之，八音以播之。舜以之在治忽而帝，周以之大合樂而王。《書》曰："聲依永，律和聲，八音克諧，無相奪倫。"舜成帝功之效也。《詩》曰："穆穆厥聲，肅雍和鳴，我客戾止，永觀厥成。"周成王功之效也。由是觀之，先王作樂，本之情性以爲情，稽之度數以爲文，制之禮義以爲節，以繩德厚而無過德，以象事行而無過事，一要宿於剛而不怒，柔而不懾，陽而不散，陰而不密，以遂天地冲氣之和而已。後世不知出此，五聲奪於二變，而聲始不正矣；八音以木易匏，而音始不諧矣。彼哉彼哉，亦豈知先王立樂之方，聲音之節，責之大師；聲音之用，責之鼓人；聲音之合，責之大胥哉？蓋禽獸知聲而不知音，衆庶知音而不知樂。今之論樂者，曾聲音之不知，欲其幽以致鬼神示，明以和邦國，内以諧萬民，外以安賓客，遠以説遠人，微以作動物，不亦難乎？

樂書卷一百七　樂圖論

雅部

五聲

宮	商	角	徵	羽
辨四聲	禁四聲	明二變	樂德	樂語

一曰宮

揚雄之論聲生於日，以甲乙爲角，庚辛爲商，丙丁爲徵，壬癸爲羽，戊己爲宮。至於對或人之問，則曰："黃鍾以本之，中正以平之。"是五聲之本出於黃鍾九寸之律，爲宮。而宮之爲聲，以時言之，位四時之中；以聲言之，爲四聲之綱，猶之宮室之宮，居中而覆乎四隅也。其聲則和平厚重，洪舒而最濁，猶牛之鳴窌也；其數五，成數十，絲數八十一，應九九之數也。其時季夏，其日戊己，其辰辰戌丑未，其帝黃帝，其神后土，其精勾陳，其蟲裸，其嶽嵩山，其生金，其勝水，其行土，其味甘，其臭香，其色黃，其臟脾，其性信，其情恐，其事思。其主唱，聲調則廣裕，亂則荒驕，君之象也。王之宮縣，亦取諸此。蓋天統以圜鍾爲宮，地統以函鍾爲宮，人統以黃鍾爲宮，以其尊無二上故也。先儒有十二宮之説，豈樂殊貴賤之意耶？

二曰商

商，金行也。其數四，成數九，絲數七十二。其濁次乎宫，其聲明以敏，其和温以斷，其律中夷則，其日庚辛，其辰辛酉，其帝少昊，其神蓐收，其精白虎，其蟲毛，其嶽華山，其時秋，其方西，其生水，其勝木，其味辛，其臭腥，其色白，其臟肺，其性義，其情怒，其事言。其主和，聲調則凝敏，亂則陂壞，臣之象也。臣以度義爲忠，則商之爲言，度也。先儒謂“商，章也，疆也”，誤矣。

三曰角

角，木行也。其數三，成數八，絲數六十四。清而不皎，濁而不溷。其聲防以約，其和潔以净，其律中太蔟，其日甲乙，其辰寅卯，其帝太皥，其神勾芒，其精蒼龍，其蟲鱗，其嶽泰山，其時春，其方東，其生火，其勝土，其味酸，其臭羶，其色青，其臟肝，其性仁，其情喜，其事貌。聲調則圓徹，亂則憂恐，民之象也。蓋角形之上窮，善觸而難制，而小民之難保如之。然則角之爲觸，其來尚矣。

四曰徵

徵，火行也。其數二，成數七，絲數五十四。其清踰於商，其聲泛以疾，其和平以切，其律中仲吕，其日丙丁，其辰巳午，其帝炎帝，其神祝融，其精朱雀，其蟲羽，其嶽衡山，其時夏，其方南，其生土，其勝金，其味苦，其臭焦，其色赤，其臟心，其性禮，其情樂，其事視。聲調則流演，亂則哀勤，事之象也。蓋徵之爲義，出無而驗有者也。先儒謂“徵，祉也，止也”，又謂“間聲四調無徵調”，誤矣。

五曰羽

羽，水行也。其數一，成數六，絲數四十八。其清踰於徵，其聲散以虛，其和短以抑，其律中應鍾，其日壬癸，其辰子亥，其帝高陽，其神元冥，其精玄武，其蟲介，其嶽恒山，其時冬，其方北，其生木，其勝火，其味鹹，其臭朽，其色黑，其臟腎，其性智，其情悲，其事聽。聲調則平和，亂則危匱，物之象也。先儒謂“羽，宇也，舒也”，蓋羽之爲物，因時翕張而已。翕而宇之，張而舒之，羽之義也。然宮唱而商和則善，太平之樂也；角從宮則哀，衰國之樂也；羽從宮則悲，亡國之樂也。自其變成方言之，謂之五聲；自其比音而樂言之，謂之五樂，其實一也。先儒謂“萬物人事，非五行不生，非五行不成，非五行不滅，故五音用火尺則重，用金尺則兵，用木尺則喪，用土尺則亂，用水尺則律呂合調，天下和平”，亦臆說也。

辨四聲

人感物以形聲，聲本無而爲有。故五聲之別，宮爲上平聲，商爲下平聲，角爲入聲，徵爲上聲，羽爲去聲。知此可與言聲律矣。先儒“一宮、二商、三角、四變徵、五徵，六羽，七變宮”之說，一何妄耶？唐調露中，太子使樂工於東宮奏寶慶之曲，李嗣真聞之曰：“此樂宮、商不和，君臣相阻之驗也；角、徵失位，父子不協之兆也。殺聲多而哀調苦，非美善之音也。”數月而太子廢，可謂深於音樂者矣。由是言之，樂其可妄作哉？

禁四聲

昔顔淵問爲邦，孔子對之"樂則《韶》舞，放鄭聲之淫者"，蓋以謂樂聲有四，狎侮之唱則慢聲也，不若凶之不善；非怨之吟則凶聲也，不若過之不中；常舞於宫，酣歌於室，則過聲也，不若淫之不正。然則北里之曲，其淫聲歟？爲邦以禮樂爲急，樂以放鄭聲爲先，故樂師凡建國所禁之聲，其序如此。《樂記》曰："凡姦聲感人，而逆氣應之；逆氣成象，而淫樂興焉。正聲感人，而順氣應之；順氣成象，而和樂興焉。"淫樂則多哇之鄭也，和樂則中正之雅也。先王建國不先禁雜樂，則鄭聲得以亂雅矣。古之人將欲揚善，必先遏惡；將欲存誠，必先閑邪，意亦類此。然禮樂之道同歸，故《曲禮》論安民之禮，以毋不敬爲先，《周官》論建國之樂，以禁四聲爲先。

明二變

五聲者，樂之指拇也；二變者，五聲之駢枝也。駢拇枝指，出於形而侈於形，存之無益也，去之可也；二變出乎五聲而淫於五聲，存之亦無益也，削之可也。蓋五聲之於樂，猶五星之在天，五行之在地，五常之在人也。五聲可益爲七音，然則五星、五行、五常亦可益而七之乎？其説必不行矣。先儒必爲是説者，蓋有原焉。《左氏傳》曰："爲之七音以奉五聲。"《周語》載武王伐商，"歲在鶉火，月在天駟，日在析木之津，辰在斗柄，星在王黿[①]，自鶉及駟七列，南北之揆七同"。《楚語》述先王之祀有七事，而以天地

---

① "王"，四庫本、元刻明修本作"王"，光緒刻本作"天"。

民四時之務當之。《書大傳》述聖王巡十有二州，論十有二俗，以定七始，而以七統當之。漢焦延壽、京房、鄭康成之徒謂黃鍾爲宮，太蔟爲商，姑洗爲角，林鍾爲徵，南呂爲羽，應鍾爲變宮，蕤賓爲變徵，是謂七始。班固又從而傅會之，謂舜欲聞六律、五聲、八音、七始，詠以出納，五言汝聽。是其説始於《夏書》，而蔓衍於《左傳》、《國語》、《書傳》、《漢志》，是不知《書》之"在治忽"，有五聲而無七始，《國語》之七同有四宮而無徵也。《左氏》爲七音之説，蓋八音耳，八音以土爲主，而七音非土不和，故《書》之《益稷》，禮之《樂記》，其言八音，皆虛其土，猶大衍之數虛其一也。大衍之數虛其一，無害爲五十七音之數；虛其土，無害爲八音也。若以七音爲二變在焉，是以五聲奉五聲，豈其理歟？臣嘗讀《後周史》，武帝時有龜兹人白籍入國，最善爲胡琵琶，聽其所奏之調，有七音：一曰婆陁力，二曰雞識，三曰沙識，四曰沙侯，五曰加濫，六曰般瞻，七曰俟利箑，以應七律之音，合爲八十四調。又知二變之聲出於夷音，非華音也。蘇夔素號知音，嘗援《韓詩外傳》樂聲所感，及《月令》五音所中，並皆有五，不聞更加變宮、變徵，是欲以夏變夷，不欲以夷音變夏樂也；若夔者，可謂知五聲之本矣。今夫天無二日，土無二君，宮既爲君，而又有變宮，是二君也，害教莫甚焉，豈先王制樂之意哉？

樂德

《周官·大司樂》："以樂德教國子，中、和、祇、庸、孝、友。"蓋中以本，道之體，其義達而爲和，其敬達而爲祇，祇則順行所成，庸則友行所成。友以事師長，孝以事父母，則樂德所成，終始聖人之德，無以加於孝，則人道而已。若通之於天道，則孝不足言之。然則，自世胄而言，謂之胄子，自合國子弟而言，謂之國子，其實一也。帝則德全而教略，故舜命夔教胄子，以直、寬、剛、簡之四德；王則業大而教詳，故周命大司樂教國子，以中、和、祗、庸、孝、友之六德。古者教人之道，未嘗不始終以樂，《文王世子》曰："三王之教世子，必以禮樂。"孔子曰："成於樂。"則樂者，固教之始終歟？太學之教，先"入學釋菜"，以示之禮；繼之"《小雅》肄三"，以示之樂；學雜服者，達之以安禮；學操縵者，達之以安樂。是知教人始終以樂，豈特國子而已哉？雖萬民之衆，司徒固以六樂教之中，樂禮教之和矣。周之教國子，非特樂德也，蓋并與樂語、樂舞而教之，豈舜教胄子不足於此耶？以經求之，"詩言志，歌永言"，非無樂語也；樂則《韶》舞，非無樂舞也，特舉樂德該之而已。樂德必始於中和者，樂爲中和之紀故也。荀卿亦曰："樂之中和。"

樂語

《周官·大司樂》："以樂語教國子，興、道、諷、誦、言、語。""興、道、諷"，爲樂語之體，"誦、言、語"，爲樂語之用，其實一也。《文王世子》曰："凡學，世子及學士，必時，春誦夏弦。大師詔之瞽宗，大樂正學舞干戚，語説，命乞言，皆大樂正授數。"又言天子視學、養老之禮，"登歌《清廟》，既歌而語，以成之也。言父子、君臣、長幼之道，合德音之致，禮之大者也[①]。"《鄉射記》曰："古者於旅也語。"《樂記》曰："樂終可以語，可以道古。"《瞽矇》："掌弦歌諷誦。"《詩傳》曰："樂語有五。"均是，知大司樂以樂語教國子，以

---

① "大"，原作"天"，據光緒刻本改。

備升歌，大致不過如此。先樂德，後樂語者，德爲樂之實，語爲樂
之文，與四科先德行、後言語同序。

樂書卷一百八　樂圖論

雅部

　　八音

　　　　八音位　八音次　金　石

　　　　土　革　絲　匏　竹　木

　　　八音位

　　先王作樂，莫不文之以五聲，播之以八音，故列琴瑟於南，列管於東南，列磬於西北，列鐘於北，所以正其位也。《記》曰：“列其琴、瑟、管、磬、鐘、鼓如此。”然琴瑟，絲音也，與瓦同於尚宮；管，竹音也，與匏同於利制；鼓，革音也，與木同於一聲；磬，石音也，鐘，金音也。故舉絲以見瓦，舉竹以見匏，舉革以見木，而五聲八音具矣。後聖有作爲樂，如此其備，則蕢桴而土鼓，雖鄙朴而不足尚，然先王必存而不廢者，貴本始之意也。

　　　八音次

　　《周官·大師》：“掌六律、六同，以合陰陽之聲，皆播之以八音。”先金石而土革次之，先絲木而匏竹次之，八者之序也①。《國語》曰：“鑄之金，磨之石，繫之絲木，越之匏竹，節之鼓而行之，以

---

① “者”，四庫本、元刻明修本作“者”，光緒刻本作“音”。

遂八風。"太元曰:"雕割竹、革、木、土、金,繫石彈絲,以和天下,捖擬之八風八音。"所以捖擬八風而遂之,八風所以從律而不失先後之序,故其論次亦因之而已。

一曰金

金生於土而別於土,其卦則兑,其方則西,其時則秋,其風閶闔,其聲尚羽,其音則鏗,立秋之氣也。先王作樂,用之以爲金奏焉。《周官》鍾師掌金奏,鎛師掌金奏之鼓,鼓人掌四金之音聲。《孟子》曰:"金聲是也。"金奏之樂,未嘗不用鼓,特謂之金者,以金爲主故也。《禮》曰:"内金示和也。"又曰:"入門而金作,示情也。"《國語》曰:"金奏《肆夏》。"《莊子》曰:"金石有聲,不考不鳴。"則奏金而鳴之,内以示情,外以示和,音之實也。

二曰石

石之爲物,堅實而不動,其卦則乾,其時則秋冬之交,其方則西北之維,其風不周,其聲尚角,其音則辨,立冬之氣也。先王作樂,擊之以爲磬之屬焉,蓋金石之樂,其聲未嘗不相應。故《莊子》曰:"金石有聲,不考不鳴。"《國語》曰:"金石以動之。"唐李真以車鐸而得徵音之石,則其相應可知矣。三代之樂既壞於秦漢,漢至成帝時,尚未有金石之樂,及晉武破符堅之後,而四廂金石始備焉。後世猥以泗濱石①,其聲下而石和,而以華原所出者易之,信乎,審一以定和,難矣哉!

---

① "猥",元刻明修本、光緒刻本均作"傷"。

三曰土

土則埏埴以成器，而冲氣出焉。其卦則坤，其方則西南之維，其時則秋夏之交，其風則凉，其聲尚宫，其音則濁，立秋之氣也。先王作樂，用之以爲塤之屬焉，蓋塤篪之樂，未嘗不相應也。故《詩》曰："伯氏吹塤，仲氏吹篪。"又曰："如塤如篪。"《樂記》以塤篪爲德音之音，《周官》笙師并掌而教之，則其聲相應，信矣。

四曰革

革去故以爲器，而羣音首焉。其卦則坎，其方則北，其時則冬，其風廣莫，其律黄鍾，其聲一，其音譁，冬至之氣也。先王作樂，用之以爲鼓之屬焉，蓋鞉所以兆奏鼓者也。二者以同聲相應，故祀天神以雷鼓雷鼗，祭地示以靈鼓靈鼗，享人鬼以路鼓路鼗。《樂記》亦以鞉鼓合而爲德音，《周官》少師亦以鞉鼓并而鼓之也。

五曰絲

絲飾物而成聲，其卦則離，其方則南，其時則夏，其聲尚宫，其律蕤賓，其風景，其音哀，夏至之氣也。先王作樂，弦之以爲琴瑟之屬焉。蓋琴瑟之樂，君子所常御，其大小雖不同，而其聲應一也，故均列之堂上焉。

六曰匏

匏之爲物，其性輕而浮，其中虚而通；笙則以匏爲母，象植物之生焉。其卦則艮，其方東北之維，其時春冬之交，其聲尚議，其律大吕、太蔟，其風融，其音啾，立春之氣也。先王作樂，慮之以爲笙竽之屬焉。《記》曰："歌者在上，匏竹在下。"《國語》曰："匏竹利制。"蓋匏竹相合而成聲，得清濁之適故也。

七曰竹

竹之爲物，其節直而有制，其心虚而能通而利制之，音所出出也。其卦則震，其方則東，其時則春，其聲尚議，其律姑洗，其風明庶，其音温，春分之氣也。先王作樂，竅之以爲簫管之屬焉。

八曰木

木者，所以合止樂之器。其卦則巽，其方東南之維，其時春夏之交，其風清明，其律夾鍾，其聲一，其音直，立夏之氣也。先王作樂，斲之以爲敔柷之屬焉。《樂記》曰："作爲椌楬，德音之音。"柷敔以椌楬爲用，椌楬以柷敔爲體，二者之聲一合一止①，未嘗不相待也。

①　"一"，原作"二"，據元刻明修本、光緒刻本改。

樂書卷一百九　樂圖論

雅部

八音 金之屬上①

鐘制　鏞　鎛　剽　棧

鐘　　制

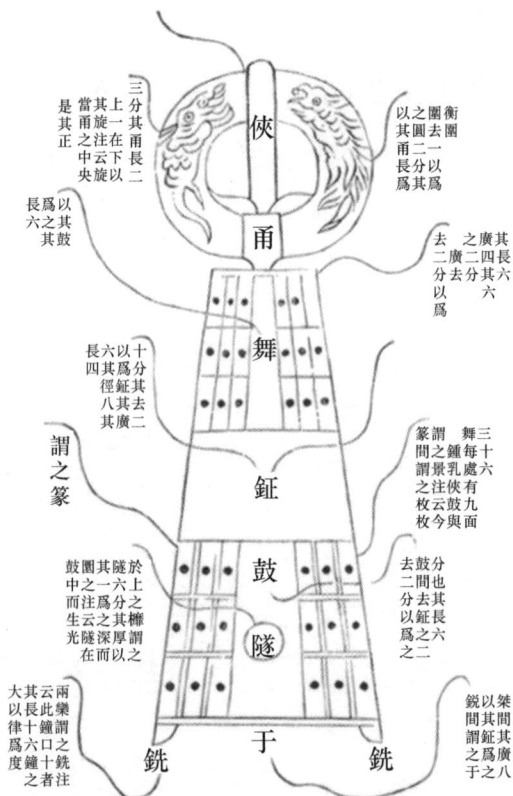

---

① "上"，原無，卷一百十一題目中有"金之屬下"，故補。

《吕氏春秋》曰：“黄帝命伶倫鑄十二鐘，和五音。”《傳》曰：“黄帝命伶倫與營援作十二鐘。”《考工記》：“鳧氏爲鐘，兩欒謂之銑，銑間謂之于，于上謂之鼓，鼓上謂之鉦，鉦上謂之舞，舞上謂之甬，甬上謂之衡。鐘鐶謂之旋①，旋蟲謂之幹；鐘帶謂之篆，篆間謂之枚，枚謂之景；于上之攠謂之隧。十分其銑，去二以爲鉦；以其鉦謂之銑間，去二分以爲鼓間；以其鼓間謂之舞修，去二分以爲舞廣；以其鉦之長爲之甬長，以其甬長爲之圍；三分其圍，去一以爲衡圍；大鐘十分其鼓間，以其一爲之厚；爲隧六分其厚，以其一爲之深而圜之。”《典同》“掌六律、六同之和，以辨天地、四方、陰陽之聲，以爲樂器。凡聲，高聲硍，正聲緩，下聲肆，陂聲散，險聲斂，達聲贏，微聲韽，回聲衍，侈聲筰，弇聲鬱，薄聲甄，厚聲石。凡爲樂器，以十有二律爲之數度，以十有二聲爲之齊量。凡和樂，亦如之。”由是觀之，銑、于、鉦、鼓、舞，鐘之體也；甬與衡，鐘之柄也。舞鼓徑六而長亦六，鄭氏以此爲鐘口，十其長，十六也。凡樂器，以十有二律爲之度數，若黄鐘之律九寸，十六之而銑取其十以爲度，則銑徑五寸有奇。鉦、鼓，舞之所居者，遞去二分，則舞修三寸有奇，舞廣二寸有奇。林鐘之律六寸，十六之而銑取其十以爲度，則銑徑三寸有奇，鉦鼓，舞之所居者，遞去二分，則舞修二寸有奇，舞廣一寸有奇，餘律之鐘亦然。賈公彦曰：“律各倍以爲鐘，舉一端也。大鐘十分其鼓間，以其一爲之厚，小鐘十分其鉦間，以其一爲之厚。”蓋鉦體居銑之六，與鼓間同，鉦間又殺矣，與鼓間異，此所以各十分之以爲厚薄。鄭氏曰：“鼓鉦之間同方六。”而今宜異，又十分之一猶太厚，皆非也。若言鼓外

---

① “鐶”，原作“懸”，據元刻明修本、光緒刻本改。

則近之，鼓外二①，鉦外一，以謂鼓外二間，鉦外一間，而十分之以其一爲厚薄，其説誤矣。臣嘗考唐史，商盈孫案："㒵氏樂銑、于、鼓、鉦、舞之法，用算法乘除鑄鐘之輕重高下，定編鐘之制，黄鐘九寸五分，倍應鐘三十三分有半，差爲四十八等，口項之量，徑衡之圍，莫不有齊量焉。使工案圖鑄之，凡二百四十枚。及其成也，音韵與磬協矣。今太常所用舊鐘，無慮千枚，其間或類古法，大抵出盈孫所造。外此，則器律短而聲高矣。五代以來至周時，亦嘗考覈。聖朝嘗詔李照制管調律而更鑄焉，其法悉圓其形而弇一孔，其上出柄，蟠龍之飾，雖和應于一時，然較古鐘如鈴而不圓者，異矣。唐制：凡私家不設鐘磬，三品以上，女樂五人，五品以上不過三人，是不知《周官·大胥》樂縣之制也。

鏞

《考工記》：㒵氏爲鍾，"厚薄之所震動，清濁之所由出，侈弇之所由興，皆有説焉。故鍾已厚則石，已薄則播，侈則柞，弇則鬱，長甬則震。是故大鍾十分其鼓間，以其一爲之厚；小鍾十分

---

① 自"吕氏春秋"至"則近之鼓"，光緒刻本存在錯頁現象。

其鉦間，以其一爲之厚。鍾大而短，則其聲疾而短聞；鍾小而長，則其聲舒而遠聞，爲遂六分其厚，以其一爲之深而圜之。”六分其金而錫居一，謂之鐘鼎之齊。先王之制鍾也，大不出鈞，重不過石，律度量衡於是乎出，所制有齊而無高下厚薄之偏，所容有量而無達回侈弇之過，一歸正緩之中聲而已。《國語》曰：“古者神瞽考中聲而量之，以制度律均鐘。”則鐘以中聲爲本矣。昔齊景公爲大鐘，鐘大懸下，其氣不上薄，仲尼譏之；周景王將鑄無射而爲之大林，單穆公非之；魯莊公鑄大鐘，而國小鐘大，曹劌規之。皆失中聲故也。伶州鳩曰：“鐘，音之器也，小者不窕，大者不㰚，則和于物。”此之謂歟？今夫樂之作也，先鼓以警戒，後鐘以應之，故《虞書》論堂下之樂，以鼗鼓爲先，笙鏞次之。《商詩》以“置我鞉鼓”爲先，“鏞鼓”次之。《周詩》以“鼖鼓”爲先，“維鏞”次之。是鼓大麗而象天，鐘統實而象地，天先而地從之，鼓先而鏞從之，先王立樂之方也。鄭氏謂先擊鐘，次擊鼓，以奏《九夏》，是徒知鐘鼓之文，不知用鐘鼓之意也。仲尼曰：“樂云樂云，鐘鼓云乎哉？”以爲樂在於鐘鼓，則鐘鼓，樂之器，而器非樂也；以爲不在于鐘鼓，則“鐘鼓不拡，吾無以見聖人矣”。世傳爲鐘者多矣，或謂炎帝之孫鼓延，或謂黃帝之臣營援，或謂堯舜之臣倕，豈皆有所傳聞然邪？臣竊嘗論之，虞夏之時，小鐘謂之鐘，大鐘謂之鏞；周之時，大鐘謂之鐘，小鐘謂之鎛。則鎛之爲用，其實編鐘也；編鐘之用，其實歌鐘也。一器而三名之，各有攸趨爾。

鎛劘棧

　　古之聖人本陰陽,別風聲,審清濁,作十有二鐘,主十有二月之聲,鎛亦如之。《傳》曰:"黄帝使營援鑄十有二鐘,加五音以詔英韶,所以放升降之氣,道天地之和。周人因之。"凡爲樂器,以十有二律爲之數度,以十有二聲爲之齊量,言律則知聲之爲鐘,言聲則知律之爲管。蓋數本起於黄鐘,始於一而三之,歷十二辰而五聲備。以十二辰之鐘寓十二律之聲,此中聲之所由出,而鐘律所以和諧也。《宋史》所載漢中得銅鐘十二,豈古鐘歟?莫非鐘也,大者謂之鏞,以民功爲大故也,《書》言"笙鏞",《詩》言"賁鼓維鏞,鏞鼓有斁"是已;小者謂之棧,以象功之淺者也,昔晉人得鐘長三寸,口徑四寸,銘曰棧,是已。若夫大而不鏞,小而不棧,則又掠其大小之聲而歸於中焉,其斯以爲劘歟?《儀禮·大射》:"阼階之東笙磬,其南笙鐘,其南鎛,西階之西頌磬,其南笙鏞,其南鎛,皆南陳。"《國語》曰:"細鈞有鐘無鎛,昭其大也;大鈞有鎛無鐘,甚大無鎛,鳴其細也。"蓋細鈞,角徵也,必和之以大,故有鐘無鎛;大鈞,宮商也,必和之以細[①],故有鎛無鍾,則鎛小鍾

---

① 　自"必和之以細"至段末"斯言信矣",元刻明修本、光緒刻本均缺失。

大，明矣。《晉語》《左傳》：鄭伯嘉納魯之寶，鄭人賂魯侯歌鍾二肆及其鎛，韋昭、杜預皆以鎛爲小鐘，然言歌鍾及其鎛，則鍾大鎛小可知。鍾師掌金奏，大鍾也；鎛師掌金奏，小鍾也。許慎曰：“鎛，錞于之屬，所以應鍾磬也。”於理或然。鄭康成謂鎛如鍾而大，孫炎、郭璞釋大鍾、文鏞亦名爲鎛，不亦失小大之辨歟？以經考之，自虞至周，鏞大而鍾小，自周公制禮，鍾大而鎛小，雖有改制大名，無變大小之實也。秦漢以來，鍾鎛之制，小者或數寸，大者或容千石，皆不本律度，故梁去衡鍾而設鎛，隋疑無射之鎛無合曲之義，乃襲後周以十二鎛相生，擊之聲韻，始克諧矣。聖朝之初，鎛鍾有三調六曲，更詔依均擊之，與編鍾相應。要之，失細大之制，非成周制作之意也。《傳》曰：“黃鍾之鍾容秬黍一斛，一斛八斗爲度。”《國語》曰：“度律均鍾，以定中聲。”《白虎通》曰：“鎛者，時之聲也，節度之所生也。”有節度則萬物昌，無節度則萬物亡，斯言信矣。

樂書卷一百十　樂圖論

雅部

八音_{金之屬中}①

編鐘　歌鐘　青鐘　赤鐘　黃鐘

白鐘　黑鐘　和鐘　釁鐘　銘鐘

鐘聲上　鐘聲中　鐘聲下　修

編　鐘_{十二枚}

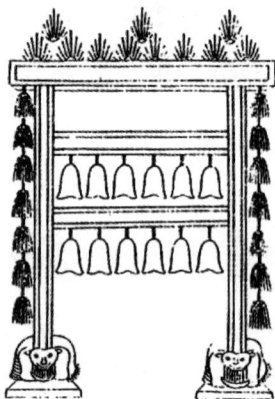

　　先王作樂，以十有二律爲之數度，以十有二聲爲之齊量，紀之以三，平之以六，歸於十二，天之道也。然則以十有二辰正鐘磬樂縣之位，豈他故哉？凡以齊量數度考中聲，順天道而已。蓋編鐘十二，同在一虡爲一堵，鐘磬各一堵爲肆。《春秋傳》歌鐘二

――――――――――

①　"金之屬中"，原無，卷一百十一題目中有"金之屬下"，故補。

肆,則四堵也。小胥之職,"凡縣鐘磬,半爲堵,全爲肆",是鐘磬皆在所編矣。《磬師》"掌教擊磬,擊編鐘",於鐘言編,則磬可知。《明堂位》曰"叔之離磬",編則雜,離則特,謂之離磬,則特縣之磬,非編磬也,言磬如此,則鐘可知也。荀卿言"縣一鐘",《大戴禮》言"編縣",一言"特縣"。鐘磬如此,則編鐘、編磬亦可知,豈非金石以動之,常相待以爲用乎? 由是觀之,鐘磬編縣,各不過十二,古之制也。漢之服虔以十二鐘當十二辰,更加七律,一縣爲十九鐘;隋之牛洪論後周鐘磬之縣,長孫紹援《國語》、《書傳》七律、七始之制,合正倍爲十四;梁武帝又加濁倍三七爲二十一,後魏公孫崇又參縣之合正,倍爲二十四;至唐分大小二調,兼用十六、二十四枚之法。皆本二變四清言之也。蔽於二變者,不過溺於《國語》、《書傳》;蔽於四清者,不過溺於《樂緯》,皆非聖經之意也。惟聖朝李照、范鎮廢四清,用十二律之議,何其智識之明而遠過於諸子乎? 李照雖知去四清而不知去二變,猶不去四清也,將何以成和樂邪? 真目論也。編鐘、宮縣用之,先儒謂設於甲丙庚壬之位,十二律各有正聲,又取黃鐘至夾鐘四律爲清聲,此牛洪據鄭康成及《樂緯》之説也。古者編鐘編磬登歌,用之以節歌句。故堂上擊黃鐘、特鐘,而堂下編鐘應之;擊黃鐘特磬,而堂下編磬應之。上下唱和之道也。

青鐘　赤鐘　黃鐘　白鐘　黑鐘

昔黃帝作五聲以正五鐘①,一曰青鐘大音,二曰赤鐘心,三曰黃鐘洫光,四曰景鐘昧其明,五曰黑鐘隱其帝。五聲既調,然後作五行,《淮南子》謂"孟秋之日,西館御女,白色白綵,撞白鐘"是

---

① "五",原作"三",據元刻明修本改。

也。《尚書大傳》：“天子左五鐘，右五鐘。出撞黃鐘，左五鐘皆應，然後少師奏登車，告出也。入撞蕤賓，左五鐘皆應，然後少師奏登堂就席，告入也。”由是觀之，黃鐘所以奏《肆夏》也，蕤賓所以奏《采薺》也。出撞陽鐘而陰應之，是動而節之以止，《易・序卦》“物不可以終動”之意也；入撞陰鐘而陽應之，是止而濟之以動，《易・序卦》“不可以終止”之意也。《樂師》言行以《肆夏》，先於趨以《采薺》，豈主出言之邪？《禮記》趨以《采薺》，先於行以《肆夏》，豈主入言之邪？《大戴禮》言“步中《采薺》，趨中《肆夏》”，誤矣。後世奏永至之樂，爲行步之節，豈傚古《采薺》、《肆夏》之制歟？

和鐘

《禮器》曰：“内金示和也。”《郊特牲》曰：“以鐘次之，以和居參之也。”蓋鐘之爲樂，過則聲淫，中則聲和，“垂之和鐘”，非淫聲之鐘也。然鐘之“大者十分其鼓間，以其一爲之厚；小者十分其鉦間，以其一爲之厚。已厚則石，已薄則播，侈則柞，弇則鬱，長甬則震。大而短，則聲疾而短聞；小而長，則聲舒而遠聞。”所謂和鐘者，一適厚薄、侈弇、小大、長短之齊，以合六律六同之和而已。《左傳》所謂“鐘小不窕，大不㩧，和於物”是也。昔宋武帝太極殿前鐘聲嘶矣，帝問張永，永對以鐘有銅滓，乃鑿而去之，聲遂清越，何知音之審耶？

釁鐘

古者器成而釁以血，蓋所以厭變怪，禦妖釁。釁鐘之釁[1]，謂

---

[1]　自卷首“先王作樂”至“釁鐘之釁”，光緒刻本缺失。

之釁，猶治荒謂之荒，治亂謂之亂也。《周官·天府》"上春釁寶器"；荊王伐吳，將殺沮衛、麋融釁鼓。則釁鐘鼓之法，其來尚矣。周之所釁，非特此也。大司馬之於軍器，小子之於邦器，卜人之於龜，雞人之於雞，太祝之於逆牲，小祝之於祈號，囿師之於厩，女巫之於浴，皆在所釁焉。齊宣王之時，將以牛釁鐘，而以羊易之。夫以牛釁鐘，禮也；以羊易牛，仁也，不忍牛之觳觫而廢釁鐘，是愛牛不愛禮，非仁術也，仁心而已。惻隱牛之就死而易以羊，是愛牛不廢禮，非仁政也，仁術而已。聖朝祖宗軫不忍之仁，廢釁鐘之禮，好生之德曷其至哉！

銘鐘

昔晉克洛之後，秦有圖敗晉功，魏顆以身却退秦于輔氏，親止杜回，其勳銘之景鐘。嘗觀顓帝居位，文德者錫以鐘聲，武德者錫以干戈。又《傳》曰："聖王承天，功成者賞，功敗者罰，故樂用鐘。"由是知古之人其樂用鐘，非特賞功於一時，抑又銘功於不朽矣。

鐘聲上

鐘鼓之聲，怒而擊之則武，憂而擊之則悲，喜而擊之則樂，其意變，其聲亦變。意誠感之，達於金石，而況人乎？今夫鐘之與磬也，近之則鐘音亮，遠之則磬音彰。物固有近不若遠者、遠不若近者，不可不知也。宋左師每食擊鐘，鄭伯夜飲酒擊鐘，蓋古之人一飲食之際，必擊鐘者，所以和志氣而去爭心也，其備禍豈不豫哉？

鐘聲中

周景王鐘成，而伶人告和，州鳩必以爲不知其和；晉平公鐘成，而工人告調，師曠必以爲不調者。蓋上之作器而民樂之，則調和矣，徒作器而民莫之樂也，雖欲調和，其可得乎？《傳》曰："樂在人和，不在聲。"然則州鳩、師曠之言，其知作器之本歟？

鐘聲下

晉獻公卒，未葬，吳公子札自衛如晉，而將宿戚，聞鐘聲而異之者，以君尚在殯，臣未可以樂故也。知悼子卒，未葬，杜蕢自外來，聞鐘聲而飲諸臣者，以臣尚在殯，君未可以樂故也。然晉平公悟師曠之飲而罪己，孫文子聞季札之言而不悔者，其賢不賢亦可知矣。

修

《爾雅》曰："徒鼓鐘謂之修。"謂之"鼓鐘"，與《詩》之"鼓鐘欽欽"同意。

樂書卷一百十一　樂圖論

雅部

八音_{金之屬下}

八音金之屬下

　　四金通論　　金錞　　　錞于　　金鐲　　金鉦　　丁寧

　　大金鐃　　　小金鐃　　小鉦　　金鐸　　木鐸

四金通論

　　聖人作《易》，參天兩地而倚數。因參而三之，其數六，因兩而兩之，其數四。鼓，陽也，而六之，參天之數也。金，陰也，而四之，兩地之數也。六鼓四金之音聲，以節聲樂，以和軍旅，以正田役，必掌以鼓人者，鼓爲樂之君故也。蓋六鼓之有四金，猶六律之有六呂，未有能偏廢者也。故錞之聲淳，鐲之聲濁，鐃之聲高，鐸之聲明。淳則陰與陽和，故可以和鼓，倡而和之故也；鐲則承陽而節之，故可以節鼓，行而節之故也；高則陰勝於陽，而可以止鼓，退而止之故也；明則陰與陽通，而可以通鼓，作而通之故也。在《易》之《艮》，位之終止也，位之終止則窮，故以《漸》進繼焉；《既濟》，治之終止也，治之終止則亂，故以《未濟》終焉，亦六鼓終於通鼓之意也。大司馬言鐲鐃則鳴之而已，鐸則或振或撓，其用則先鐲而後鐃。與此不同者，此言理之序，大司馬言用之序故也。然大司馬不言錞者，以大司馬方習戰陳之事，非倡和之時故也。《釋名》："金鼓，校号也，將帥號令之所在也。"《左傳》曰："凡

師有鐘鼓曰伐。"《呂氏春秋》曰："金鼓所以一耳也,
法令所以一心也。"《孫子》曰："夫金鼓,所以一人之耳目也。人既專一,則勇者不得獨進,怯者不得獨退,此一衆之法也。"由是觀之,金鼓之用於軍旅,則將軍之氣,一軍之形候也,況用之以節聲樂者乎?後世以角代金,非古制也。

金錞　　錞于

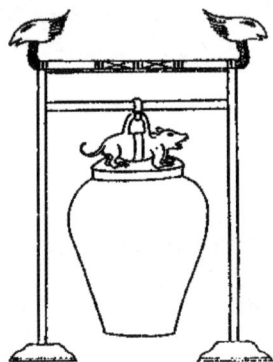

《周官・小師》"掌六樂聲音之節,與其和";《鼓人》"掌六鼓四金之音聲,以金錞和鼓"。自金聲之淳言之,謂之錞;自和鼓之倡言之,謂之和,其實一也。蓋其形象鐘,頂大腹擊口弇,上以伏獸爲鼻,内縣子鈴銅舌。凡作樂,振而鳴之,與鼓相和。後周平蜀,獲其器,太常卿斛斯證觀曰："錞于也,以芒筒捋之,其聲極振。"乃取以合樂焉。《國語》曰："戰以錞于,儆其民也。"又黄池之會,吳王親鳴鐘鼓、錞于、振鐸,則錞之和鼓,以節聲樂,和軍旅,其來尚矣。後世之制,或爲兩馬之形,或爲鮫龍之狀,引舞用焉,非周制也。《宋史》云:廣漢仵邡人段祖以錞于獻①始興于鑑。其器高三尺六

---

①　"邡",原缺,據元刻明修本、光緒刻本補;另,"仵",光緒刻本作"什"。

寸六分,圍二尺四寸,形圓如筒,色黑如漆,甚薄,上有銅馬,以繩縣之。令去地尺餘,
灌之以水,又以器盛水於下,以芒當□跪注錞于,以手振芒①,則其聲清,音如雷,良久
乃絕。《樂書》曰:凡金爲樂之器有六,皆鐘類也。錞于圓如雅頭,上大下小。

金　鐲　　金　鉦　　丁　寧

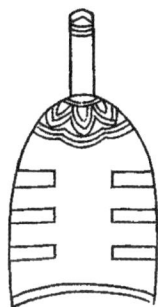

大　金　鐃②　　小　金　鐃　　小　鉦

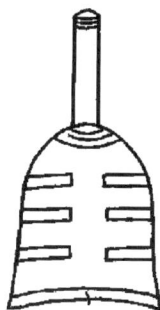

《周官》鼓人以金鐲節鼓,司馬職公司馬執鐲,軍行鳴鐲。
《詩》曰:"鉦人伐鼓。"《國語》曰:"鼓丁寧。"《春秋傳》曰:"射汏輈
而著於丁寧。"《説文》曰:"鐲,鉦也。"韋昭曰:"丁寧,鉦也。"鄭康
成曰:"鐲,如小鐘,軍行鳴之以爲鼓節。"蓋自其聲濁言之,謂之

① "手",原缺,據元刻明修本、光緒刻本補。
② "大金鐃"下,元刻明修本、光緒刻本均有注文:"象鐘形,旁有二十四銑,飾以流蘇,柄中上下通。"

鐲；自其儆人言之，謂之丁寧；自其正人言之，謂之鉦，其實一也。後世合宮縣用之，而有流蘇之飾，非周制也。先儒謂非雅樂之器，是不稽四金以節聲樂之過也。近代有大銅，疊縣而擊之，亦此類。

金　鐸

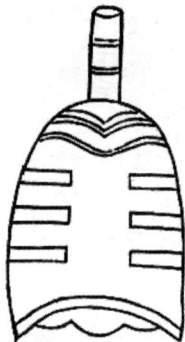

《周官》鼓人以金鐃止鼓，大司馬卒長執鐃。以其聲鐃鐃然，故以鐃名之。《説文》曰："鐃，小鉦也。"柄中上下通，漢《鼓吹曲》有《鐃歌》，所以退武舞也，豈亦周之遺制歟？蓋其小者似鈴，有柄無舌，執而鳴之以止鼓；大者象鐘，形薄，旁有二十四銑，宮縣用之，飾以流蘇。蓋應律音而和樂也。

《周官》鼓人以金鐸通鼓，兩司馬執鐸，三鼓，摛鐸振鐸。《樂記》曰[①]："夾振之而駟，伐盛威於中國也。"司馬法曰："鐸聲不過琅。"《釋名》曰："鐸，度也，號今之限度也。"則鐸，大鈴也，舞者振之警衆以爲節。是金鐸以金爲舌，所以振武事也，舞武事者執之。晉荀氏得趙人牛鐸，以諧樂，亦得古人之遺也。掩上振之爲摛。摛者，止行息氣也。

---

① "樂"，元刻明修本、四庫本均缺失，據光緒刻本補。

木　鐸

《書》曰："遒人以木鐸徇于路。"《記》曰："振木鐸于朝，天子之政也。"小宰正歲帥治官之屬而觀治象，小司徒正歲帥其屬而觀教象之法，皆徇以木鐸。小司寇正歲帥其屬而觀刑象，令以木鐸。宮正、司烜以之修火禁於國中，鄉師凡四時之召，以之徇于市朝，士師掌國五禁之法，以之徇于朝。是木鐸以木爲舌，所以①振文事也，故舞文事者執之，振文事一也。在帝王天子則行而爲政，在元聖新王②則言而爲教，天將以夫子爲木鐸，豈非言而教之之事歟？

----

① "以"，元刻明修本、四庫本作"似"，據光緒刻本改。
② "元聖新王"，元刻明修本似作"之聖昔王"，"昔"較模糊，光緒刻本作"之元素王"。

樂書卷一百十二　樂圖論

雅部

八音 石之屬上

磬制　石磬　玉磬　天球　編磬　離磬

簫磬　笙磬　頌磬　歌磬　塞

　　磬　制

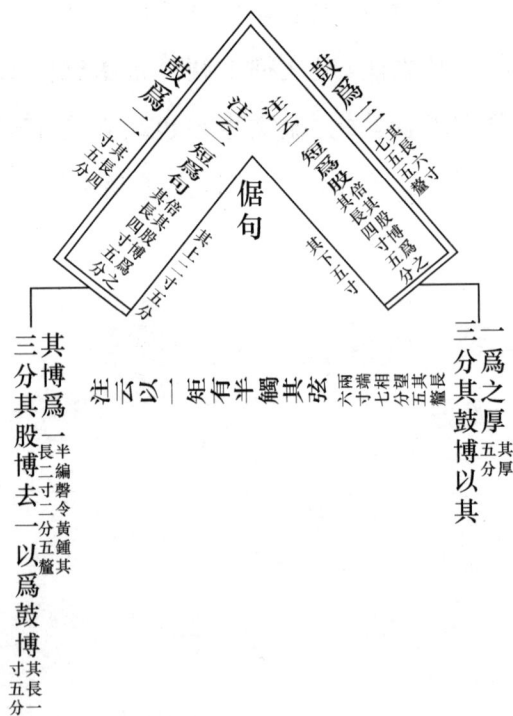

《考工記》:"磬氏爲磬,倨勾一矩有半,其博爲一,股爲二,鼓爲三。叁分其股博,去一以爲鼓博。叁分其鼓博,以其一爲之厚。已上,則摩其旁;已下,則摩其耑。"磬師掌教擊磬。蓋石,樂之器也;聲,樂之象也。古之爲磬,尚象以制器,豈貴夫石哉?尚聲以盡意而已。鐘圓中規,磬方中矩。則"倨勾一矩有半",觸其弦也;"其博爲一,股博一",律也;股爲二,後長二,律也;鼓爲三,前長三,律也。股非所擊也,短而博;鼓其所擊也,長而狹。鄭司農云:"股,磬之上大者;鼓,其下小者。"康成云:"股外面,鼓内面。"則擊者爲前而在内,不擊者爲後而在外。内者在下,外者在上。其大小長短雖殊,而其厚均也。黃鍾之磬,股鼓皆厚二寸,則餘磬可推矣。史傳論造磬者多矣,或謂黃帝使伶倫爲之,或謂堯使母勾氏爲之,或謂叔爲之,以《明堂位》考之,"叔之離磬"則特縣之磬,然則非特縣之磬未必非勾氏、伶倫所造也。《曲禮》言"立則磬,折垂佩",《考工記》言"磬折以叁五",則磬取屈折之義也。先儒謂磬之爲言勁也,豈因屈折然邪?

石　磬

小華之山,其陰多磬;鳥危之山,其陽多磬,高山涇水出焉。其中多磬,則磬石所自固雖不一,要之,一適陰陽之和者。泗濱

所貢,浮磬而已,蓋取其土少而水多,其聲和且潤也。然其制造之法,倨勾一矩有半,外之爲股,内之爲鼓,其博厚,莫不有數存於其間。已上,則摩其旁,而失之太清;已下,則摩其耑,而失之太濁。要之,一適清濁之中者,薄以廣且厚而已。有虞氏命夔典樂,"擊石拊石,至於百獸率舞,庶尹允諧"者,由此其本也。蓋八卦以乾爲君,八音以磬爲主,故磬之爲器,其音石,其卦乾,乾位西北而天屈之,以爲無有曲折之形焉,所以立辨也。故方有西、有北,時有秋、有冬,物有金、有玉,分有貴、有賤,位有上、有下,而親疏長幼之理皆辨於此矣。古人論磬,嘗謂有貴賤焉,有親疏焉,有長幼焉。三者行然後王道得,王道得然後萬物成,天下樂之。故在廟朝聞之,君臣莫不和敬;在閨門聞之,父子莫不和親;在族黨聞之,長幼莫不和順。夫以一器之成而功化之敏如此,則磬之所尚豈在夫石哉?存乎聲而已。然"擊石拊石",堂上之樂也;"百獸率舞",堂下之治也。堂上之樂足以兼堂下之治,堂下之樂不足以兼堂上之治。故昔王阜爲重泉令,擊磬而鸞舞,則夔之擊磬而獸舞,豈無是理哉?唐天寶中,廢泗濱磬而以華原石代之,卒致禄山之禍,元白賦詩以譏之,誠有意於去鄭存雅矣。自時而後,有取華陽響石爲七縣焉,豈亦得泗濱浮磬之遺乎?徐景安謂浮磬擊有五音,以七音言之,非也。秦刻嶧山以頌德,曰"刻此樂石"。蓋嶧山近泗水故也。

玉　磬　天　球①

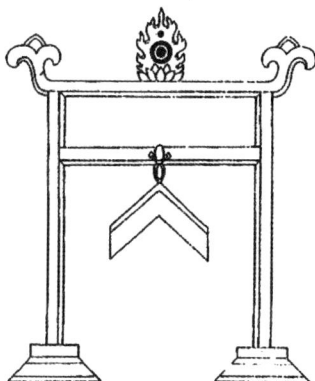

　　帝之乘時以出入，其致用在八卦，其成功在萬物。八音出於
八卦，則八音萬物之聲也；磬出於八卦之乾，則磬，乾之音也。春
秋之時，齊侯以玉磬賂晉師止兵，臧文仲以玉磬如齊告糴，《禮記
·郊特牲》言諸侯宫架而“擊玉磬”，《明堂位》言四代樂器而“拊
搏玉磬”，則玉之於石類也，玉聲則出乎其類矣。《書》言“天球在
東序”，《詩》言“受小球大球”，蓋物之美者，莫如玉，而球又玉之
美出於自然者也。先王樂天以保天下，因天球以爲磬，以其爲堂
上首樂之器，其聲清徹，有隆而無殺，衆聲所求而依之者也。《商
頌》曰“依我磬聲”，本諸此歟？《吕氏春秋》言堯命夔鳴球以象上
帝玉磬之音，《傳》言“金石有聲，不考不鳴”，《禮》言“玉之清越以
長，樂也”。由是觀之，鳴球之樂雖出於所考，要之，其聲清越以
長，無異於羽屬、鱗屬之鳴也。梓人爲筍簴，取羽屬清揚而遠聞
者，以爲磬簴，故擊其所縣而由其簴鳴，取鱗屬以爲筍，且其匪色
必似鳴矣。然則謂之“鳴球”，非若瀛州青石之磬，不擊而自鳴
也，其鳴也，因夔而已。漢武帝建招仙靈閣於甘泉西，上有浮金

輕玉之磬①，非古制也，其武帝之侈心乎？晉賀循奏登歌之簴，采玉以造磬；隋蘇夔妙達音律，造玉磬獻於齊。唐制：宗廟殿庭用玉磬，則玉磬堂上之樂，登歌用焉。《書》言"拊搏琴瑟以詠"，而以"鳴球"爲先，義可見矣。《通禮義纂》曰："晉賀循修奏登歌之簴②，采玉造小磬。宗廟殿用玉，郊丘用石，本去堂上樂以歌，故名歌鐘磬。"唐制：設歌磬於壇上之西，歌鐘於東近南，北向，至匏竹，立於壇下。《國語》曰："籩篒蒙璆。"漢《樂章》曰："軒朱璆磬。"蓋璆與球同而字異，其實一也。《治聞記》曰："隋文帝開皇十四年，於翟泉獲玉磬十四，垂之於庭。有二神人擊之，其聲絶妙。"《國史纂異》曰："閩州得十二玉磬以獻③，張率更叩其一，曰'晉某歲所造'。"《開元傳信記》曰："太真妃最善擊磬搏拊之音，明皇令採藍田綠玉爲磬，尚方造簴簨流蘇之屬，皆金鈿珠翠珍怪之物，雜飾之。又鑄二金獅子以爲跗，其他綵繪繢麗，製作精妙，一時無比也。"繇是觀之，玉磬十二，古之制也。益之爲十四，後世倍之，音之失也。至於飾以金珠珍怪，跗以金獅騰攫，其唐明皇之侈心乎？不爲有道之主所取也。

編　磬

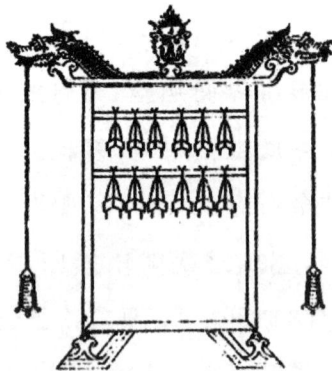

---

① "浮金"，光緒刻本作"黃金"。
② "循"，四庫本原缺，據光緒刻本補。
③ "閩"，四庫本原缺，據光緒刻本補。

離　磬　簨①

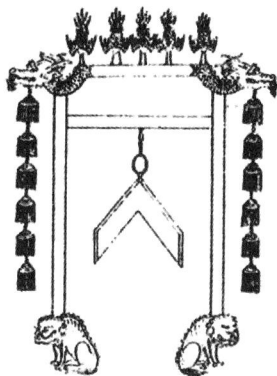

　　磬之爲器，昔人謂之樂石，立秋之音，夷則之氣也。蓋其用，
編之則雜而小，離之則特而大。“叔之離磬”，則專簨之特磬，非
十二器之編磬也。古之爲鐘，以十有二聲爲之齊量，其爲磬，非
有齊量也，因玉石自然以十有二律爲之數度而已。《爾雅》“大磬
謂之馨，徒鼓磬謂之寋”，《周官·磬師》“掌教擊磬、擊編鐘”。言
編鐘於磬師，則知有編磬矣。《爾雅》言大以見小，磬師言鐘以見
磬。大則特縣，小則編縣。《儀禮》“毊倚于頌磬西紘”，則所謂紘
者，其編磬之繩歟？《小胥》：“凡縣鐘磬，半爲堵，全爲肆。”鄭康
成釋之，謂編縣之十六枚，同在一簨謂之堵，鐘磬各一堵謂之肆。
《禮圖》取其倍八音之數而因之，是不知鐘磬特八音之二者爾，謂
之取其數，可乎？《典同》：“凡爲樂器，以十有二律爲之數度，以
十有二聲爲之齊量。”則編鐘、編磬不過十二爾，謂之十六可乎？
嘗讀《漢書》，成帝時於犍水濱得石磬十六，未必非成帝之前工師
附益四清而爲之，非古制也。康成之説，得非因此而遂誤歟？古

---

　　①　“馨”，各版本的目録及卷首之題，均作“簨磬”，但文中之題均作“馨”。

有大架,二十四枚①同一簨簴,通十二律正倍之聲,亦庶乎古也。

郭璞曰:"礘音罄,以玉飾之。聖朝元豐中施用李照編鐘,阮逸編磬,仍下王朴樂二律,以寫中和之聲,可謂近古矣。然補注四聲,以足十六律,非先王之制也。

笙 磬

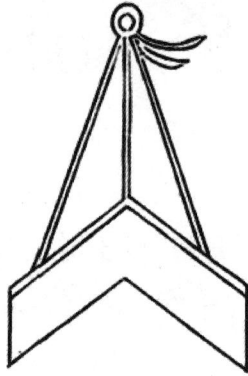

頌 磬　歌 磬

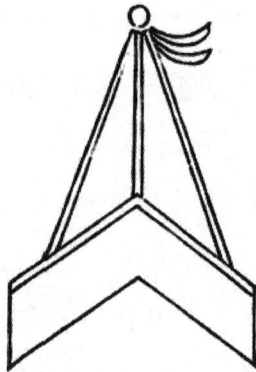

① "枚",光緒刻本作"故"。

　　大射之儀，樂之"宿縣于阼階東，笙磬西面，西階之西，頌磬東面"。蓋應笙之磬謂之笙磬，應歌之磬謂之頌磬。笙磬位乎阼階之東而面西，以笙出於東方，震音，象萬物之生也；頌磬位乎西階之西而面東，以頌出於歌聲而聲出於面言之方也。鄉飲酒之禮，"笙入堂下，磬南，北面立"；鄉射之禮，"笙入，立于縣中，西面"。蓋笙磬在東而面西，頌磬在西而面東。笙入，立于縣中之南而面北，故頌磬歌于西，是南鄉。北鄉以西方爲上，所以貴人聲也；笙磬吹于東，是以東方爲下，所以賤匏竹也。大射"鼗倚于頌磬西紘"，頌磬在西而有紘，是編磬在西而以頌磬名之，特磬在東而以笙磬名之。《周官·眡瞭》："掌凡樂事，播鼗，擊頌磬，掌太師之縣。"則頌磬，編磬也；笙磬，特磬也。縣則又兼編與特言之。然言笙磬，繼之以鐘鎛，應笙之鐘鎛也，笙師共笙鐘之樂是已；言頌磬，繼之以鐘鎛，應歌之鐘鎛也，《左傳》"歌鐘二肆"是已。《詩》言"笙磬同音"，《書》言"笙鏞以間"。大鐘謂之鏞，則笙鏞，特縣之鐘也；以笙鏞爲特縣之鐘，則笙磬爲特縣之磬，明矣。蓋笙，震音，磬，乾音，其音皆陽；鏞，兌音，其音則陰。是笙磬異器而同音，笙鏞異音而同和也。然則特磬、特鐘、編鐘、編磬，皆各堵而同肆，鎛則隨之而已。大夫判縣，天子倍之而爲宮，士去天子之三而爲特，諸侯倍士之二而爲軒，名位不同，樂亦異數故也。唐之歌磬編縣，十六同一簨簴，合二八之聲，郊祀設於壇上，宗廟設於堂上，皆次歌鐘之西，節登歌之句。非不合周之頌磬也，然不知編縣十六同一簨簴，鄭康成之説，非先王之制也。

寋

"徒鼓鐘謂之修，徒擊磬謂之寋。"唐《禮書》先蠱降神，宫縣之樂不用鑄鐘，以十二大磬代之，與房中之樂同設，非先王之制也。

樂書卷一百十三　樂圖論

雅部

八音石之屬下①

堂上下樂上　　堂上下樂下　　房中樂　　宮縣

軒縣　　判縣　　特縣　　樂縣上　　樂縣中　　樂縣下

堂　　上

---

① "下",原無,卷一百十二題中有"石之屬上",故補。

堂　下

堂上下樂上

古者治定制禮，功成作樂。舜之爲樂，"戛擊鳴球，搏拊琴瑟以詠"，堂上之樂也；以象廟朝之治，故繼之"祖考來格，虞賓在位，羣后德遜"。"下管鼗鼓，合止柷敔，笙鏞以間"，堂下之樂也，以象萬物之治，故繼之"鳥獸蹌蹌"。《禮記·文王世子》曰："登歌《清廟》，下管《象》、《武》。"《郊特牲》曰："歌者在上，匏竹在下，貴人聲也。"《仲尼燕居》曰："升歌《清廟》，示德也；下管《象》，示事也。"《祭義》曰："昔周公有勳勞於天下，成王賜之重祭，升歌《清廟》，下而管《象》。"《燕禮》、《大射》曰："升歌《鹿鳴》、《四牡》、

《皇皇者華》，下管《新宮》。”由此觀之，周之升歌，不過《清廟》、《鹿鳴》、《四牡》、《皇皇者華》；下管，不過《象》、《武》、《新宮》。則舜升歌下管之詩，雖無經見，要之，歌以示德，管以示事，一也。德成而上歌詠於堂上[1]，事成而下管吹於堂下，豈非無所因爲上，有所待爲下邪？極而論之，堂上之樂以詠爲主，則聲依永也；堂下之樂以間爲主，則律和聲也。兩者並用，然後上下合奏而不失中和之紀矣。然則樂之張陳，戞擊必於堂上，枳敔必於堂下，何邪？曰：枳敔，器也；戞擊，所以作器也。器則卑而在下，作器則尊而在上[2]，貴賤之等也。六始爲律，六間爲呂，言以間而不言律，與《周官》言“典同”同意。荀卿曰：“縣一鐘而尚柎。”《大戴禮》曰：“縣一磬而尚柎。”柎爲堂上之樂，則一鐘一磬尚柎，亦堂上之樂也。蓋古者歌詩搏柎而縣興，故一鐘，黃鐘之特鐘也；一磬，黃鐘之特磬也。方其工之升歌也，搏柎而鐘磬作焉。黃鐘之鐘鳴於堂上，而堂下之編鐘應之；黃鐘之磬鳴於堂上，而堂下之編磬應之。所以節歌者之句也，豈非以歌中聲之《詩》，必假中聲之鐘磬以發其音邪？聖朝堂上之樂不設，一鐘一磬而尚柎，臣恐未合先王之制、“神瞽考中聲”之意也。

堂上下樂下

古之君子反情以和其志，比類以成其行，然後發以聲音，文以琴瑟，而堂上之樂作矣；動以干戚，飾以羽旄，從以簫管，而堂下之樂作矣。琴瑟作於堂上，象廟朝之治；簫管作於堂下，象萬物之治。

---

① 自“詠於堂上”至“房中樂”整段，光緒刻本缺失。
② “則”，原作“者”，據光緒刻本改。

則德自此顯，足以奮至德之光；氣自此調，足以動四氣之和。其於著萬物之理也，何有？若夫荀卿謂“君子以鐘鼓導志，以琴瑟樂心，動以干戚，從以磬管”，《周頌》謂“鐘鼓喤喤”，“磬管將將”，是又合堂上下之樂而雜論之，非分而序之故也。荀卿以堂上“鞉柷椌楬，爲似萬物”，則是以堂上之拊似之，誤矣。

房中樂

《燕禮》“若與四方之賓燕”，“有《房中》之樂”，《周禮·鐘師》“教縵樂、燕樂之鐘磬”。《漢書》曰：“漢有《房中祠》樂，高祖唐山夫人所作。”《梁書》曰：“周備六代之樂，至秦，餘《韶》、《武》、《房中》而已。”由是推之，《房中》之樂自周至於秦漢，蓋未嘗廢，其所異者，特秦更爲《壽人》，漢更爲《安世》，魏更爲《正世》，至晉復爲《房中》也。漢惠帝使夏侯寬合之管絃，晉武帝別置女樂三十人於黃帳外奏，隋高祖嘗謂羣臣曰：“自古天子有女樂？”暉遠對曰：“‘窈窕淑女，鐘鼓樂之’，則《房中》之樂也。”高祖大悅。然則《房中》之樂非無鐘磬也，毛萇、侯芭、孫毓皆云有鐘磬是已。鄭康成、王肅謂《房中》之樂弦歌，《周南》、《召南》而不用鐘磬之節，后夫人之所諷誦，以事君子也。陳統曰：“婦人尚柔，以静爲體，不宜用鐘。”至隋牛洪修樂，採蕭統之説而然之，取文帝《地厚天高》之曲，命嬪御登歌上壽而已。是不深考《關雎》、《磬師》之過也。賈公彥亦謂《房中》之樂以祭祀則有鐘磬，以燕則無鐘磬，是亦文先儒之過，又從而爲之辭也。唐《禮書》“房中之樂不用鐘鎛，以十二大磬代之”，是不知一音不備，不足以爲樂也。

宮　架

軒架

奏歌管
北
東

編鐘 夷則編磬 夷則編鐘 南呂編磬 南呂編鐘 無射編磬 無射編鐘

編鐘 姑洗編磬 姑洗編鐘 夾鐘編磬 夾鐘編鐘 大簇編磬 大簇編鐘

申 庚 酉 辛 戌

準 辰 乙 卯 甲 寅

亥壬子癸丑

大呂編磬 大簇編鐘 黃鐘編磬 黃鐘編鐘 應鐘編磬 應鐘編鐘 編磬

應鼓 建鼓 朔鼓　　應鼓 建鼓 朔鼓　　應鼓 建鼓 朔鼓

判　架

特　架

堂上

阼階

賓階

特架一肆

樂縣上

　　樂縣之制，自夏商而上，未有聞焉；自夏商而下，其略始見於《尚書大傳》，其詳備於《周禮·春官》。以《書大傳》推之，古者天子將出，撞黃鐘，右五鐘皆應，黃鐘在陽，陽主動，君出則以動告靜，而靜者皆和。故馬鳴中律，步者有容，駕者有文，御者有數，周旋中規，折旋中矩，立則磬折，拱則枹鼓，然後奏登車，告出也。

入撞蕤賓，右五鐘皆應，蕤賓在陰，陰主静，君入則以静告動，而動者皆和。故狗吠彘鳴，及保介之蟲，莫不延頸以聽，在内者皆玉色，在外者皆金聲，然後少師奏，登堂就席，告入也。然則十二鐘在縣之制，權輿於此歟？以《周禮・春官》推之，大司樂“凡樂事、大祭祀，宿縣，遂以聲展之”；小胥之職，“正樂縣之位，王宫縣，諸侯軒縣，卿大夫判縣，士特縣。辨其聲。凡縣鐘磬，半爲堵，全爲肆”。蓋縣鐘十二爲一堵，如墙堵然，二堵爲一肆，《春秋・襄十年》“鄭人賂晉侯歌鐘二肆”是也。宫縣四面，象宫室，王以四方爲家故也。軒縣闕其南，避王南面故也。判縣東西之，象卿大夫左右王也。特縣則一肆而已，象士之特立獨行也。《郊特牲》譏諸侯宫縣，漢武帝高張四縣，晉元帝備四廂金石，豈王宫縣歟？《春秋》譏衛仲叔于奚請曲縣，後漢光武賜東海恭王鐘簴之樂，豈諸侯軒縣歟？《禮》“大夫無故不徹縣”，楚子享却至爲地，室而縣焉；田蚡前庭羅鐘鼓，立曲旃，豈大夫判縣歟？《鄉射》“笙入于縣中，西面”，則東縣磬而已。《鄉飲》“磬階，縮霤，笙入，磬南”，則縮縣而已，豈士特縣歟？《通禮義纂》曰：“軒縣三面，歌鐘三肆，判縣兩面，歌鐘二肆，特縣一面，惟磬而已。”其説是也。然則鄉射有鄉大夫詢衆庶之事，鄉飲酒乃鄉大夫之禮，皆特縣者，以詢庶賓賢能，非爲己也，故皆從士制。燕禮，諸侯之禮，而工止四人，以從大夫之制，意亦類此。以《儀禮》考之，《大射》“樂人宿縣于阼階東，笙磬西面，其南笙鐘，其南鑮，皆南陳。建鼓在阼階西，南鼓。應鼙在東，南鼓。西階之西，頌磬東南，其南鐘，其南鑮，皆南陳。一建鼓在其南，東鼓。朔鼙在其北。一建鼓在西階之東，南面，簜在建鼓之間，鼗倚于頌磬西紘。”由是觀之，宫縣四面，軒縣三面，皆鐘磬鑮也；判縣有鐘磬而無鑮，特縣有磬而無鐘。以王制論之則然，以侯制論之，又半於王制矣。王之卿大夫判縣，東西各一肆，則諸侯之卿大夫東西各一堵；王之士特縣，南一肆，則諸侯之士一堵可知矣。鄭康成曰："鐘磬十六，在一簴爲一堵。"杜預曰："縣鐘十六爲一肆。"而後世四清之聲興焉，是亦傅會漢得石磬十六，遷就而爲之制也。服虔"一縣十九鐘"之説，不亦詭哉？

樂縣中

大射之儀，"樂人宿縣于阼階東，笙磬西面，其南笙鐘，其南鎛，皆南陳。建鼓在阼階西，南鼓。應鞞在其東，南鼓。西階之西，頌磬東面，其南鐘，其南鎛，皆南陳。一建鼓在其南，東鼓。朔鞞在其北。一建鼓在西階之東，南面，鼗在建鼓之間，鼗倚頌磬西紘"。蓋堂上之階，自階而左爲阼，自階而右爲西；笙磬在阼階之東而面西，頌磬在西階之西而面東。由笙磬而南，鐘鎛所以應笙者也；由頌磬而南，鐘鎛所以應歌者也。階雖分乎東西，其鐘鎛南陳一也。自阼階堂下言之，一建鼓在其西而面南，鞞在其東而亦面南焉；自西階堂下言之，一建鼓在其階之南而面東，朔鞞在其北而亦面東焉。"一建鼓在其階之東，面南，鼗在建鼓之間，鼗倚于頌磬之西紘。"蓋諸侯之樂備三面，以爲軒縣。大射之儀，東西有鐘磬之縣，推之，則天子宮縣，堂上之階，笙磬頌磬各十二縣，堂下阼階而南，特鐘特鎛亦各十二縣，西階而南，編鐘編鎛亦各十二縣，天數也。《魏志》曰："武帝至漢中，得杜夔説舊法，始復軒縣磬。于今用之，受之於杜夔也。

樂縣下

陰精之純，莫如金；陽精之純，莫如玉。天以陰陽立道，乾以西北定位。西，陰位也，於物爲金；北，陽位也，於物爲玉。孔子寓象於《易》，揚雄寓象於《太玄》，莫不有是説焉。今夫莫尊於天，莫親於地，先王所以奉事而祭祀之，以謂舉天下之物，無以稱其德者，惟金與玉而已。故金罍金爵以禮之，圭邸璧琮以祀之，則樂以金鐘玉磬固其宜也。昔禹王天下，菲飲食而致孝乎鬼神，惡衣服而致美乎黻冕，豈有金鐘玉磬不施於天地，特施於廟朝哉？聖朝著令，天子親祠南郊，及大饗登歌，用金鐘玉磬，可謂得古人致美之意矣。比年以來，太樂丞葉防倣唐朝一時苟簡之制，欲移郊祀天地金鐘玉磬，施之廟朝，至於天地，特用質素石磬而已，是厚於自奉而薄於天地，豈先王禮意哉？葉防所據雖出於唐，求之於經，亦不過《書》有鳴球格祖考之文，然不知《書》舉祖考以見天地，而鳴球不特施於廟朝也。釐而正之，實在聖時，庶乎神宗皇帝奉事天地誠意，被萬世垂而無窮矣。《通禮義纂》曰：“天地尚質用石，宗廟及殿庭尚文用玉。磬必用之者，聲清正。陰陽之祭，主於金石也。”

圖書在版編目(CIP)數據

樂典之屬. 第 1 冊 / 蔡堂根,束景南點校. —杭州：
浙江大學出版社，2016.9
（中華禮藏. 禮樂卷）
ISBN 978-7-308-11591-9

Ⅰ.①樂⋯ Ⅱ.①蔡⋯ ②束⋯ Ⅲ.①禮樂—中國—
古代 Ⅳ.①K892.9

中國版本圖書館 CIP 數據核字(2013)第 115096 號

中華禮藏·禮樂卷·樂典之屬　第一冊

蔡堂根　束景南　點校

出 品 人	魯東明
總 編 輯	袁亞春
項目統籌	黃寶忠　宋旭華
責任編輯	宋旭華　胡　畔　張小苹
封面設計	張志偉
出版發行	浙江大學出版社
	（杭州市天目山路 148 號　郵政編碼 310007）
	（網址：http://www.zjupress.com）
排　　版	浙江時代出版服務有限公司
印　　刷	浙江印刷集團有限公司
開　　本	710mm×1000mm　1/16
印　　張	41.5
字　　數	450 千
版 印 次	2016 年 9 月第 1 版　2016 年 9 月第 1 次印刷
書　　號	ISBN 978-7-308-11591-9
定　　價	300.00 圓

亚当·斯密传

THE LIFE
of ADAM SMITH

Num Fecit   Mackenzie sc

启真馆 出品

BY IAN ROSS

亚当·斯密传

THE LIFE of ADAM SMITH

[英] 伊安·罗斯 著

张亚萍 译

罗卫东 校

ZHEJIANG UNIVERSITY PRESS
浙江大学出版社

彩图 a. 罗伯特·辛普森，1946。William Cochrane 以 Peter de Nune 的肖像为模本画的（藏于格拉斯哥大学 Hunterian Gallery）。

彩图 b. 弗兰西斯·哈奇森，C.1950。Allan Ramsay 画的肖像（格拉斯哥大学 Hunterian Callery）。

彩图c. 大卫·休谟，1754。Allan Ramsay 画的肖像（苏格兰国家艺术馆：私人收藏家）。

彩图 d. 亨利巴克勒公爵三世（1746—1812）以及他的兄弟姐妹肖像，Sir Joshua Reynolds 1758 年画（纽约长岛 Old Westbury 藏）。

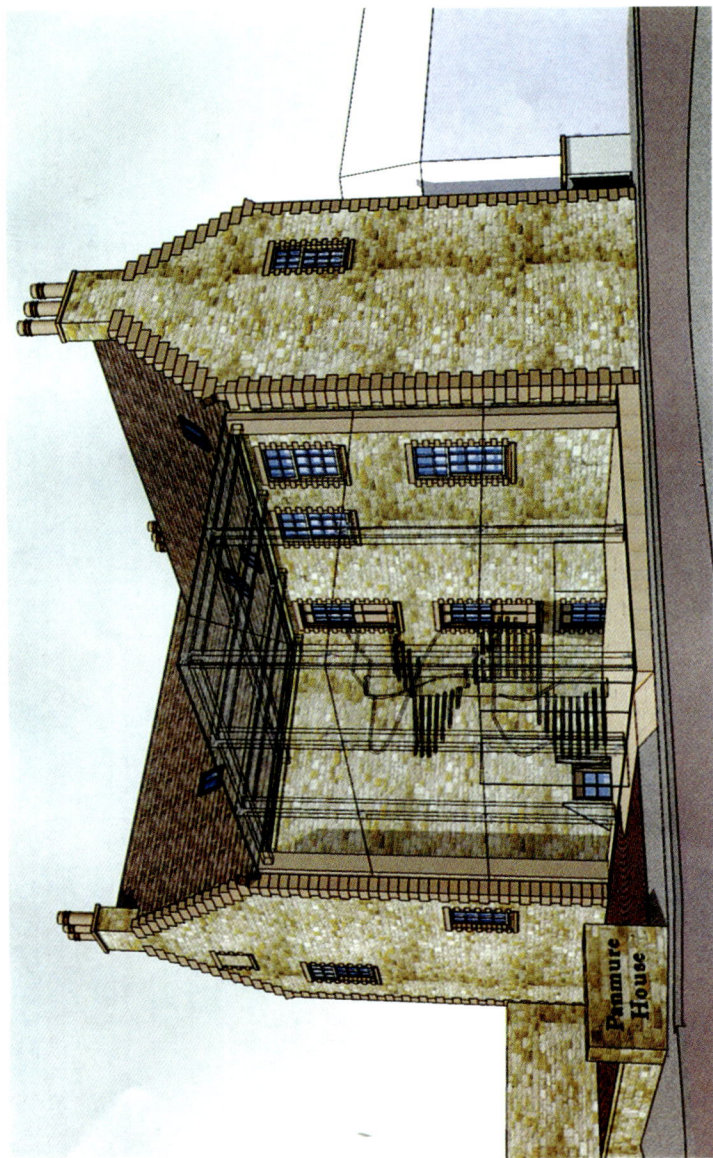

彩图 e. 潘缪尔大楼，外观设计，2009。

彩图 f. 潘缪尔大楼：规划中的亚当·斯密图书馆与学者阅览室，2009。

彩图g. 玛格丽特·道格拉斯·斯密肖像，Conrad Martin Metz 1778 年作品（2007：conserved by Sallg Cheyne, Condon, frame restored by Susan Heys; lent to Kirkcaldy Museum & Art Gallery by Rory Cunningham, descendant of Adam Smith's heir, David Douglas, Cord Reston）。

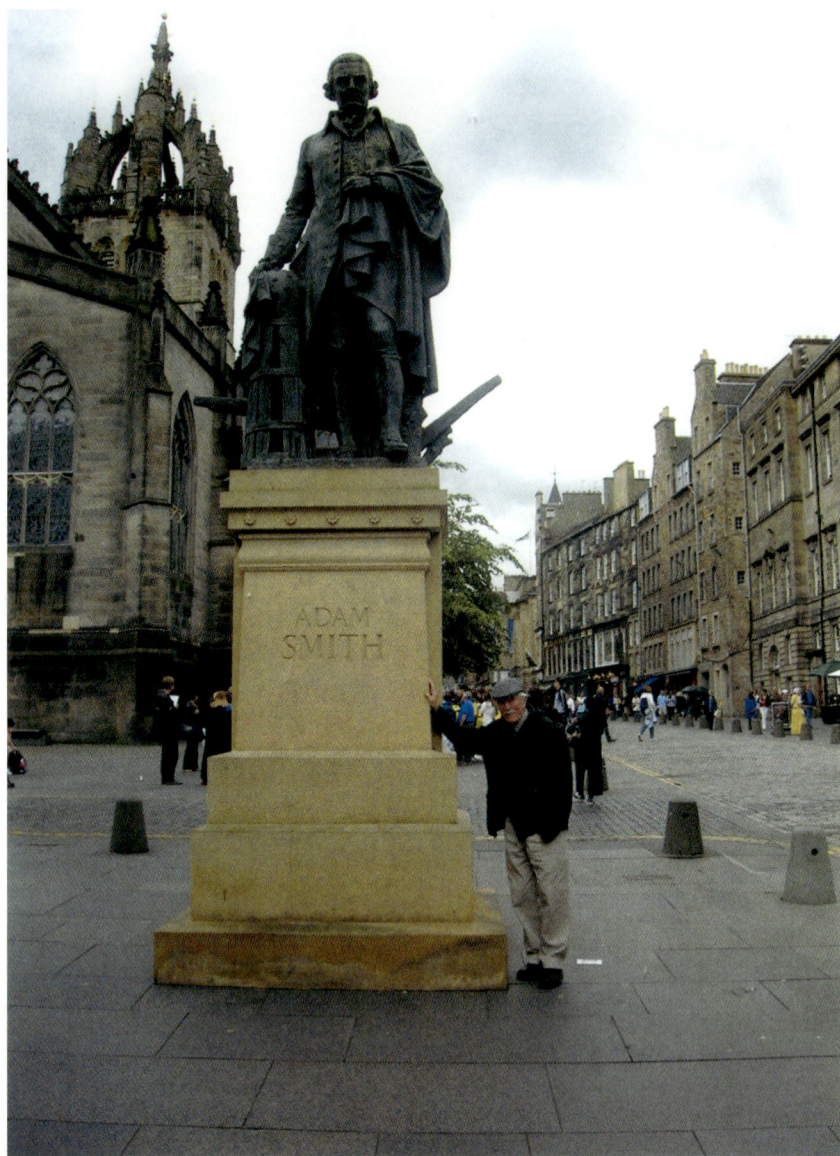

彩图h. 亚当·斯密雕塑，爱丁堡商业主街——在基座上的作家，由 Alexander Stoddart 2008 年完成（Ingrid Ross 2009 年摄）。

纪念

Carolyn以及Ernest Mossner

参考文献与缩写

1. 有关亚当·斯密著作的文献

Corr.　　　　Correspondence, ed. E. C. Mossner and I. S. Ross (2nd edn., 1987).

EPS　　　　Essays on Philosophical Subjects, ed. W. P. D. Wightman, J. C. Bryce, and I. S. Ross; general eds. D. D. Raphael and A. S. Skinner (1980).

Ed. Wightman:

'Ancient Logics': 'The History of the Ancient Logics and Metaphysics'.

'Ancient Physics': 'The History of the Ancient Physics'.

'Astronomy': 'The History of Astronomy'.

'External Senses': 'Of the External Senses'.

'Imitative Arts': 'Of the Nature of that Imitation which takes place in what are called "The Imitative Arts"'.

'Music': 'Of the Affinity between Music, Dancing, and Poetry'.

Ed. Bryce:

'English and Italian Verses': 'Of the Affinity between certain English and Italian Verses'.

Review of Johnson's Dictionary: 'A Dictionary of the English Language by Samuel Johnson' (Edinburgh Review, 1755).

'Letter': 'A Letter to the Authors of the Edinburgh Review' (1755-6).

Preface to Hamilton's Poems: Preface and Dedication to William Hamilton's Poems on Several Occasions (1748).

Ed. Ross:

Stewart, Dugald Stewart, 'Account of the Life and Writings of Adam Smith, L.L.D.'.

TMS　　　　The Theory of Moral Sentiments, ed. D. D. Raphael and A. L. Macfie (1976).

WN　　　　An Inquiry into the Nature and Causes of the Wealth of Nations, ed. R. H. Campbell and A. S. Skinner; textual editor W. B. Todd (1976).

LJ　　　　Lectures on Jurisprudence, ed. R. L. Meek, D. D. Raphael, and P. G. Stein (1978).

(A) Report of 1762-3.

(B) Report of 1766.

ED: Early Draft of *WN*.

Fragment A (FA): First Fragment on the Division of Labour.

Fragment B (FB): Division of Labour Second Fragment on the Division of Labour.

LRBL   *Lectures on Rhetoric and Belles Lettres*, ed. J. C. Bryce (1983).

Languages: Considerations Concerning the First Formation of Languages.

'Smith Anecdotes': 'Anecdotes of the late Dr Smith' (*The Bee*, 3, 11 May 1791).

References to *Corr.* give letter numbers; for *LJ* and *LRBL* give volume and page number from the manuscripts as displayed in the cited editions; for *TMS* and *WN* give part of book and section and paragraph numbers; and for EPS give section and paragraph numbers. Italicized numbers direct readers to introductions of these editions.

2.其他频繁引用的著作及来源

AUL   Aberdeen University Library.

BL   British Library, London.

BLJ   *Boswell's Life of Johnson, Together with Boswell's Journal of a Tour to the Hebrides and Johnson's Diary of a Journey into North Wales*, ed. G. B. Hill, rev. L F. Powell (6 vols., Oxford: Clarendon Press, 1934-50; v-vi rev. 1964).

BP   *Private Papers of James Boswell from Malahide Castle*, ed. G. Scott and F. A. Pottle (18 vols., New York: privately printed, 1928-34).

Corr.   *Correspondence*

DSB   *Dictionary of Scientific Biography*, eds. In chief Charles Coulston Gillispie and Frederic L. Holmes (18 vols., New York: Scribner's 1970-90).

ED   Early Draft of part of *WN*.

ER   *Edinburgh Review.*

EUL   Edinburgh University Library.

GUA   Glasgow University Archives.

GUL   Glasgow University Library.

HLRO   House of Lords Record Office, London.

HMSO   Her Majesty's Stationery office.

HP   *The History of Parliament: The House of Commons 1754-1790*, ed. Sir Lewis Namier and John Brooke (3 vols., HMSO, 1964).

Hume,
 Essays   *Essays Moral, Political, and Literary*, ed. Eugene F. Miller (rev. edn., Indianapolis: Liberty Classics, 1987).

Dialogues	*Dialogues concerning Natural Religion*, ed. Norma Kemp Smith (Oxford: Clarendon Press, 1935).
Enquiries	1748: *Philosophical Essays concerning Human Understanding*; from 1758, *An Inquiry concerning Human Understanding*: see ed. Tom L. Beauchamp (Oxford: Clarendon Press, 2000); and *An Enquiry concerning the Principles of Morals*, ed. Tom L. Beauchamp (Oxford: Clarendon Press, 1998).
History of England	1778, *The History of England*, 6 v., foreword: William B. Todd (Indianapolis: Liberty Fund, 1983).
HL	*The Letters of David Hume*, ed. J. Y. T. Greig (2 vols., 1932, Oxford: Clarendon Press, repr. 1969).
Index	*Index to the Works of Adam Smith*. Compiled by K. Haakonssen and A. S. Skinner (2001).
JHI	*Journal of the History of Ideas.*
Letters to Hume	*Letters of Eminent Persons addressed to David Hume*, ed. J. Hill Burton (Edinburgh: Blackwood, 1849).
Mizuta	*Adam Smith's Library: A Catalogue*, ed. Hiroshi Mizuta (typescript, 1994).
NHL	*New Letters of David Hume*, ed. Raymond Klibansky and Ernest C. Mossner (1954, Oxford: Clarendon Press, repr. 1969).
NLS	National Library of Scotland.
NRA(S)	National Register of Archives of Scotland, SRO, Edinburgh.
ODNB-O	Lawrence Goldman (ed.) (2004–) Oxford Dictionary of National Biography—Online. Oxford Univ. Press.
Phil. Wks.	*The Philosophical Works*, ed. T. H. Green and T. H. Grose (4 vols., London: Longmans, Green, 1874–5).
Political Essays	*Hume: Political Essays*, ed. Knud Haakonssen (Cambridge University Press, 1994).
PRO	Public Record Office, Kew, London.
RCHM	Royal Commission on Historical Monuments in England (1939). *An Inventory of the Historical Monuments in the City of Oxford*. London. HMSO.
RSE	Royal Society of Edinburgh.
RSL	Royal Society of London.
S	W. R. Scott, *Adam Smith as Student and Professor* (Glasgow: Jackson, 1937).
SRO	Scottish Record Office, Edinburgh.
SVEC	*Studies on Voltaire and the Eighteenth Century.*
T	*A Treatise of Human Nature, and Abstract*, ed. David Fate Norton and Mary J. Norton, intro. David Fate Norton (Oxford: Oxford Univ. Press, 2000).
Writings on Economics	*Writings on Economics*, ed. Eugene Rotwein (Madison: University Wisconsin Press, 1955).

目　录

中译版序言

一

这本传记的传主是一位十分独特的人，未出生就失去了父亲，幼儿时曾经被吉卜赛人拐走，幸得叔父奋力解救，得以生还。一生中大部分时间与寡母相依为命，侍母至孝，终身未娶。他体弱多病，一直以为自己活不到老，但直到 67 岁那年才逝去，这在他生活的那个时代，已经远远高出了大多数人的寿命。

他虽然就读于著名的牛津大学，但内心厌恶这所学校，一生中不止一次指责这所学校的老师散漫渎职、不务正业、误人子弟。在与人交流时，他常常心不在焉、灵魂出窍，但一上讲台却变身为口若悬河、侃侃而谈的良师，为学生喜爱和尊敬。

他在学术上十分顺利，不到三十岁就被任命为大学的正教授，36 岁出版了为他赢得巨大声望的第一部著作。这部作品的一个特殊读者，仰慕作者的道德文章，聘任他作为自己儿子的家庭教师。他毅然辞去大学教授的职位，陪伴自己的学生游历欧洲大陆数年后，还乡隐居，专心著述。在 53 岁那年，出版了第二部影响更大的作品。53 岁之前，他只被人看做是一个哲学家，而 53 岁以后则只被人看做是经济学家。而其实，他的作品主题涉及天文学、语言学、修辞学、哲学、历史学、经济学和政治学等多个方面。

在生命的最后十几年里，他享尽荣华富贵，被推举为自己就读的那所大学的名誉校长，并得到了薪资极高而无甚责务的海关专员职位。

他一生痛恨学术剽窃者，而自己死后也曾被诬为剽窃者。他极度在意自己的

1

文名，一生中把仅有的两部公开出版作品反复修订，直到死前三个月，自己无力再改。死前，嘱咐朋友和学生当着自己的面把大量自己不满意的手稿付之一炬。

死后的两百多年里，关于他在学术上的核心观点到底是什么，人们的争论从未停息，直到今天，很多人还被这个问题折磨得很苦恼。

他虽然是英国人，却支持美国摆脱英国殖民制度的独立战争，他创设的理论体系为美国的制度设计提供了重要的理据，被人当作美国文明的缔造者之一。

在逝世 217 年以后的 2007 年 4 月 13 日，他的侧面素描头像被印在 20 英镑的钞票上在全国流通。

这个人就是亚当·斯密，一个活在 18 世纪的苏格兰人。

二

除了幼儿时期那次有惊无险的被劫持，他本人的生命没有多少跌宕起伏的经历。在法国旅行期间曾经与几位淑女有过算是暧昧的交往，在他身上似乎也没有发生过什么引人入胜、扣人心弦的爱情故事。也不像与他同时代的著名词典学家塞缪尔·约翰逊那样，被追随者包斯威尔记录下一言一行。他不爱旅行，也不爱通信，一生中与他人的信件来往不过是百余通。除了思考和阅读，以及在很小范围里结交朋友，他似乎也没有其他的爱好。斯密，正如他自己所说的，其实是一个非常慵懒的人。要为这样一个比较单纯的学者做传，不太容易，而要写出一部让普通读者也有兴趣阅读的传记，就更加困难。

尽管如此，斯密死后，关于他的传记则并不少。死后不到三年，他的学生斯图尔特就写了一本题为《亚当·斯密的生平与著作》的小册子，在很长时间里，这本薄薄的小书几乎可以说是除了《国富论》和《道德情操论》以外人们了解斯密的唯一管道。在十九世纪，曾经出现过至少三部关于斯密的传记作品，法莱尔的《亚当·斯密》(1887)、赫德恩的《亚当·斯密生平》(1887) 以及约翰·雷的《亚当·斯密传》(1893)。到了 20 世纪，又有几部传记问世，其中在学术界影响较大的是斯科特的《学生与教授时期的斯密》(1937) 以及拉法埃尔的《亚当·斯密》(1985) 以及于 1995 年出版的这部罗斯的《亚当·斯密传》的第一版。进入 21 世纪之后，关于亚当·斯密的传记作品仍然在出现，詹姆斯·布坎出版了《真实的亚当·斯密》(2005)，盖文·肯尼迪出版了《亚当·斯密》(2007)。

虽然按照世俗的偏好，亚当·斯密并不是一个理想的传主，但居然还有若干种传记问世，究其原因不外乎以下两点，一是斯密在西方思想史上公认的重要地位。作为近代市场经济体系的重要鼓吹者，他的自由放任主义可谓深入人心，而且直到现在仍然没有失去其重要的意义；二是因为亚当·斯密的思想体系所具有的复杂性所造成的理解上的困难，增强了大家进一步了解他真实面貌的愿望。他的两部代表作《道德情操论》和《国富论》，基本的立论依据给后人造成了十分矛盾的印象，产生了大量的理解上的困难。在 19 世纪下半叶，德国历史学派的那些作者们正是在这个方面对斯密进行质疑，而英国本土的学者则极力为斯密辩护。双方的笔仗虽然在斯密的讲课笔记被发现以后，平息下去，但悬念并未彻底消除。直到今天，还有人认为斯密一生的两部主要作品之间存在着基本的理论冲突。围绕斯密所展开的论争也激发了后人关于斯密本人到底是一个什么样的人探究的欲望。

在迄今为止关于斯密的传记中，我个人认为最有价值的有三种，即斯图尔特（1794）、雷（1895）和罗斯（1995）的。不知是巧合还是有意为之，这三种传记的问世时间刚好间隔一个世纪。前两种皆已经有中译本，现在我们把罗斯的传记译介到中国，显然有其历史的意义。

斯图尔特是亚当·斯密的学生，是迄今为止的作者中唯一与斯密有长期交往的人。他的记载虽然简短，但是很多都是第一手的材料，可信度很高。作者虽然饱含对传主的崇敬之情，但语言朴素平实，记录一些重要的细节又颇为传神。问世以来，成为研究亚当·斯密的可靠史料。

约翰·雷的传记自出版以后一直被公认为是最详尽、最优秀的关于斯密的传记作品。关于这本传记的特点，陈岱孙先生曾经有过这样的评价："原书是对斯密生平的最详尽的全面叙述，但它较略于斯密的思想，尤其是他的学术思想发展的分析而详于他的生活、轶事、亲友关系、通信往来，甚至未必有确据的传闻的描写。前者，经常被遗憾地认为原书的缺点。而后者，在丰富的内容上益以流畅明细的行文，却是使原书成为引人入胜的读物的一个重要原因，约翰·雷不是把斯密单纯作为一个经济学家来描写，而是企图以多少带有'纯文学'意味的笔调来讲述一个已经去世一百年的历史名人的完整的一生的故事。"著名的思想史家雅各布·瓦伊纳虽然在很多方面质疑雷的这本传记，但他给出的评价依然是非常高的，"雷氏的《斯密传》详尽而全面，是一部前无古人的传记，而且在出版 70

年后，今天仍然可以说是后无来者的。……不仅因为其众多的优点而具有历史意义，甚至其缺点也使它具有历史意义。长期以来，它是人们研究亚当·斯密生平的主要事实来源，而且对许多人来说是唯一的事实来源。因此，在大多数对斯密感兴趣的人看来，该书的错误和遗漏在很大程度上已成了'不可更改的'规定。"事实上，在罗斯的这本更为详尽的传记问世之前，约翰·雷的《亚当·斯密传》无论从哪个方面看都是最优秀的传记。

三

以下我们着重说说罗斯的这部传记。

为了纪念亚当·斯密的《国富论》发表200周年，格拉斯哥大学发起了重新整理出版《亚当·斯密著作和通信集》的项目，预计在1976到1983年间出齐全部的作品。罗斯的这部《亚当·斯密传》本来是作为格拉斯哥版《亚当·斯密著作和通信集》的中《通信集》的补卷来安排写作的。按照预定的计划，传记应该配合《亚当·斯密通信集》出版而同时出版。但是由于很多方面的原因，传记直到通信集出版的十多年以后的1995年才问世。据罗斯自己解释，传记延迟问世的原因是20世纪70年代以后，关于亚当·斯密的研究十分活跃，大量的新材料被发现，他的写作过程需要时时吸收、补充这些新材料，以及调整甚至修改已经写出的部分，故此不得不一而再再而三地推后出版的日期。

说罗斯的《亚当·斯密传》是迄今为止关于亚当·斯密生平和思想的最为详尽的传记这一点是毫不为过的。斯图尔特的传记信则信矣，但篇幅过于短小，几乎只能说是一个斯密生平和著述活动的概要，对于想要进一步了解斯密的读者而言，尤其是对于研究者而言，显然远不足用；约翰·雷的传记详则详矣，但只是从一名记者的视角出发来刻画亚当·斯密其人其事，作者的兴趣在于描述斯密的人生活动和逸闻趣事，而对亚当·斯密的思想体系不甚了了，而且，还有不少史实上的错误，以至于贻误读者。相比之下，罗斯的这本传记力图在斯密的生活、生命情节叙述与思想理论解读两者之间实现有机结合。弥补了以往的传记所存在的缺陷，实现了品质上的历史超越。

本书作者罗斯，1930年出生于苏格兰的邓迪，在圣安德鲁斯大学攻读英语言文学本科，后到牛津大学读研究生，以"詹姆斯六世治下苏格兰宫廷诗"一文获得硕士学位。后转到德克萨斯大学攻读博士学位，以题为"凯姆斯勋爵亨利·霍姆的生平和著作"的论文获得博士学位。该博士论文修改后于 1972 年以《凯姆斯勋爵与他所处时代的苏格兰》为书名公开出版。罗斯在德克萨斯大学攻读博士学位期间的指导老师正是莫斯纳。毕业后，罗斯前往加拿大不列颠哥伦比亚大学英语系任教，并于 1973 年成为正教授。他于 1992 年退休并一直担任名誉教授至今。除了协助莫斯纳编纂《亚当·斯密通信集》，撰写《亚当·斯密传》，罗斯的学术贡献还表现在他的另外两部重要作品之中，分别是《同时代对亚当·斯密〈道德情操论〉的反应》(1997 年版) 和《同时代对亚当·斯密〈国富论〉的反应》(1998 年版)。虽然这两部作品的出版时间稍后于《亚当·斯密传》的第一版，但事实上，整个研究过程是彼此助益、相得益彰的。

罗斯本人是一名学院派的思想史学者，他协助老师莫斯纳编纂《亚当·斯密通信集》，在老师因身体原因退出编辑工作后，独立承担了编纂任务。正是在这个编纂工作中，让罗斯产生了撰写新的斯密传的念头。并且在 20 世纪 70 年代后期开始启动传记撰写工作。

由于有了雷的《亚当·斯密传》以及雅各布·瓦伊纳纠错性的长篇评论，加上学术界研究斯密的兴趣回升，高水平研究作品不断问世，一方面使得撰写新的斯密传变得更加方便，但另一方面，读者特别是学术界对于史实的要求无疑提高了很多，这也带来了新的考验。罗斯不得不极为严谨慎重地对待大量关于亚当·斯密的重要原始文献和研究文献，力争做到取舍合理。这部新的传记，在文采上似乎无法超越雷的作品，但我们却不能不对作者爬梳丰富史料的努力以及巨细无遗的考据功夫印象深刻。不仅如此，这部传记还为解决若干思想史上悬而未决的争论提供了十分重要的文献线索。在这个意义上说，罗斯的这部《亚当·斯密传》对一般读者而言固然重要，但对专业学者的帮助也许更大。

1995 年，本书出版第一版，引起了热烈的评价。此后，罗斯根据这些评论以及新发现的文献史料对其进行了非常用心的修订，于 2010 年出版了新版。本书的中文本就是根据新版译出的。

四

110 年前，严复以《原富》为题翻译出版了《国富论》，亚当·斯密这个人的名字开始进入到中国知识分子的视野。此后的大多数时间里，由于《国富论》的名气实在太大，亚当·斯密基本上被当做是近代经济学的创始人为人熟知。在马克思主义者看来，斯密主要是作为劳动价值论创始人之一才有某种历史价值。20世纪末以来，随着斯密的另外一部重要作品《道德情操论》被介绍到国内并且被广泛阅读，斯密才开始摆脱长期以来作为经济学家的单调形象，呈现出此前鲜为人知的另一面。

　　尽管如此，与国际上亚当·斯密研究日益兴旺的状况以及业已形成的斯密形象认知格局相比，中国人关于斯密的认识仍然十分粗陋甚至有一些误解。我们将这部代表国际最高水平的新版《亚当·斯密传》译介到国内，希望有助于促进我们对斯密这位西方思想史上极为重要的人物的认识和理解。

　　是为序！

罗卫东 于杭州启真湖畔

第二版前言

　　激励我着手《亚当·斯密传》第二版工作的，是斯密面对着年高体弱带来的各种不确定性时，于 1788 年 3 月 15 日写下的一句话："我所能做的最好的事，我想，就是让我已出版的那些 [作品]，能在我身后处于最好最完美的状态。"同样秉着这样一种精神，尽管当然完全无法与斯密的成就相提并论，我在本书中尝试对斯密的一生及其个性做出一个更为准确和富有同情心的描述，也将对斯密思想的发展路径以及这些思想在其作品中的表述进行更为仔细的追踪记叙。

　　友谊、他人的帮助以及家人的支持是斯密一生中引人注目的特点，而这些也同样是我所享有的财富，尤其是近几年在我为完成本书而开展的研究和写作工作中，显得弥足珍贵。在这里，我尤其要感谢的是：大卫·拉斐尔，这位斯密伦理学研究的泰斗，给了这本传记持久的关注和兴趣；大卫·雷纳非常及时和迅捷地与我分享了他就 18 世纪思想和历史所做的孜孜不倦研究中所取得的新成果；诺文·乐迪极为慷慨大度地为我提供了日内瓦特龙金家族通信研究中的新发现，他的发现让我们对作为教师的斯密（这一角色是如此符合斯密的心意）有了更多的了解。同样我要深表感谢的还有罗里·坎宁亨（斯密继承人大卫·道格拉斯的直系后裔），他对自己的家族史颇有研究。2005 年他与我取得了联系，愿意为我可能会碰到的家谱方面问题提供帮助。此后，他已为我提供了家族谱系图以及斯密纪念物的保存地等非常有价值的信息。他最近成功地负责修复了斯密令人敬畏的母亲玛格丽特·道格拉斯生前于 1778 年由康拉德·梅茨为她所绘的肖像画，现在科卡尔迪艺术展览馆（Kirkcaldy Art Gallery）展出，并在坎宁亨先生的允许下，作为了本书的插图（彩图 g）。

从 2007 年春到 2009 年夏，我得到了牛津大学出版社莎拉·卡罗（Sarah Caro）极大的支持和鼓励。她从两位匿名评审那里获得了很有用的报告，并接受了其中一位的建议，我也与爱丁堡大学正在着手写斯密思想传记的尼古拉·菲利普森博士取得了联系。他非常热心地送了我他自己手稿的两个章节，介绍了斯密早期修辞学、法学和伦理学思想的来龙去脉。我发现这些内容非常新颖，也激励了我继续沿着自己不同的研究视角深入下去。他还向我提出了更深一步的建议，即重新考虑斯密所拥护的伦理学流派这一问题。我积极做出了响应，结果，从原先与大家普遍接受的那样，把斯密看成是一位专一的新斯多亚主义者，到现在把他看成是在某种程度上与他的老师哈奇森相似的现代折中主义伦理学家。他的思想保留了斯多亚主义的主要要素，但同时也兼容了古希腊哲学和科学实证主义思想，以及休谟的同情学说，斯密对后者加以了提炼，因而使之能够见容于现代伦理学问题的讨论。

最近，我重新开始参加了十八世纪苏格兰研究协会的研讨会，会上就斯密思想及同时代人物的思想——尤其是卢梭和弗格森——及他们对现代商业社会所面临问题的极度敏感进行了生动和活跃的交流，我从中获益匪浅。我还非常幸运地能到国外游历、学习和讲学，并因而得以从德国、意大利和日本的同事那里，获悉了斯密社会哲学思想方面研究的新视角。

这是一个信息化的时代，因而我不得不提及网络资源为我提供的巨大帮助。大卫·雷纳为我提供了许多有用的关于如何使用网上资源的建议，并为我找到了大量可供我仔细研读的各类文摘，其中绝大多数来自于《十七、十八世纪早期报纸伯尼数据库》。还有，我的好朋友克里斯·泰勒，他对电脑和打印机及其为写作提供方便的各种程序设计了如指掌。他为我的写作选择了合适的模式，负责让它们顺畅运行，并在我遇到困难时总能火速地进行解救。当本书的校样从牛津大学出版社用电子邮件方式寄回后，却无法打开，我的朋友赫伯特·科赫就立刻接手，并在一天之内将可打开的文本交还给了我。不仅如此，他的打印店还帮助提亮了在爱丁堡商业大街眼神颇有些犀利的斯密雕像照片，并成为本书有用的插图。我对他如此专业的帮助深表感激。

自 2007 年始，世界主要的金融和商业中心发生了一系列令人震惊的事件：如美国、英国、西班牙房地产泡沫扩大并破裂；华尔街投资银行倒闭；东西方股市跳水；信贷冻结；制造中心大规模工人失业；伴随的是，经济衰退甚至是经济大萧条，在全球蔓延。于是，那些对斯密生平及思想感兴趣的人士便急着将斯密之名冠以罪魁祸首，又或者救世主。

如果斯密确实是现代世界的缔造者之一，那么他到底把我们带入了怎样的一种噩梦之中呢？或换一种说法，如果斯密确实成功地探寻到了财富的起源以及财富的构成，为什么他的思想又会被如此地误读和误用呢？好吧，他的生平故事和著作将告诉我们，斯密绝不是一位市场原教旨主义的乐观鼓吹者。他自我剖析说有着一颗"抑郁、悲观的心灵"，并公开谴责那些施行混杂了愚蠢和欺骗的阴谋诡计，以牺牲他人的利益来谋求自己财富的"挥霍者和投机者"。他对政府表示怀疑，同样也质疑了商人和制造商意图通过垄断市场或从事其他非法行为欺骗大众的做法。他相信市场中合法、公平的竞争，会公平地补偿生产者的损失并给予消费者一个合理定价，这在哪里都行之有效，而无须以牺牲一方来满足另一方。在我看来，斯密也会认同路德维希·艾哈德以及其他二战后人士所阐发的观点，他们认为那些以自由、公平竞争为基础的市场社会的国家，同时也应为卫生保健、养老和失业保险提供一个负责任的社会安全网络。

奴隶制的施行，尤其是在非洲的种种做法，曾令斯密义愤填膺，我想今天正困扰非洲的疾病、饥饿、内战、环境破坏等问题及其解决方法，同样也会令斯密深感忧虑。或许在当今关于国际援助的争论中，如丹比萨·莫约博士充满挑战性的著作《致命援助》（*Dead Aid*（2009）），斯密会识别出自己的某些思想，即对于社会、经济和政治等方面都运行不善的国家，慈善并不能解决问题，而大量资金流入积贫积弱的国家，似乎就等同于政府职能的减弱。莫约博士建议，这些国家应以发行债券的方式在金融市场中募集发展资金，以促使政府对投资者和为债券利息纳税买单的公民负责。然而，这可能又是一种将非常复杂的局面过于简单化的做法，斯密可能会更感兴趣的是用其他一些方法来促进发展：通过提供"和平维护，安全保障，贸易特权和有效管理"来实行援助[1]。

能够深入研究斯密的这些思想并探讨它们在斯密作品中的出处，再看看它们与斯密的经历、阅读以及他自己所处时代和我们所处时代面对的各种焦虑和问题是如何联系在一起的，对我而言真是一项莫大的荣幸。我衷心感谢那些总是乐意为我提供研究和写作所需文献、论文和书籍的图书管理员和档案保管员。同样要

---

[1]　Paul Collier, "Review of Dead Aid", *The Independent*, 30 Jan. 2009

深表感谢的还有我的朋友们，尤其是英属哥伦比亚维多利亚的琼和约翰·诺贝尔，他们在讨论和通信中听完我的意见后，很慷慨地与我分享了他们自己的观点和想法。最后，我想写下的是对家人深深的谢意，他们理解并接受了我对了解斯密并将这些诉诸文字的热情：我的孩子伊丝拉、贝蒂娜、安德鲁、大卫和马里恩；我的弟弟安格斯；和我最最亲爱的妻子英格里德（Ingrid），在整本书的构思过程中，她是我如此足智多谋而又体贴深情的伴侣。

在我写下以上这些文字时，传来了对亚当·斯密研究发展最具激励性的消息。斯密在爱丁堡度过他一生最后几年时光的潘缪尔大楼，已由爱丁堡商业学校（赫瑞瓦特大学）购得。这一位于荷里路德宫和苏格兰国会附近的所在，将被修复成为一个研究中心，以促进斯密生平及思想的研究，而这不仅只是为了造福斯密的同胞，更是为了地球上所有国家人民的福祉。

L. S. R.

温哥华，英属哥伦比亚

2010 年 6 月 30 日

引言

伟大人物的最细微境况、最微小事务都引得人们热切探寻。

自从 200 多年前，亚当·斯密的伦理学和经济学篇幅巨大的著作为读者所知开始至今，关于这些著作的争论就持续不断。而冠以斯密名字的各种思想体系的内涵及其在社会中的应用所引发的热议，也从未曾降温。将情感而非理智作为善恶评判标准难道不是很危险吗？我们如何才能企及比普遍接受的标准更高的伦理标准？我们每人是否随时都准备着去交换、出售或讨价还价以获取物质利益？公民是否应坚持认为，作为文明社会必不可少的一部分，政府应该解放市场？尽管与之相关的个人自由备受珍视，但是今天的市场经济国家[1]若要想生存下去，却面临着远比只是坚持市场价值标准更高的要求。市场经济国家应该在坚持自由的同时兼顾公平[2]，需要在公民心中唤醒一系列的责任意识，包括政治的、道德的或许还有宗教的[3]，而斯密对这一点是深有洞见的。而且，正如 Ernest Gellner（1996）及晚近的 Roland Paris（rpt. 2006）所提请我们注意的，要创建合适的条件，让文明社会兼容自由或相对自由的市场，绝非易事。公共利益和需要的倡导者们，如 Amitai Etzioni（1994，2001），以及从另一不同哲学角度——"自我概念"——切入的哲学家们，如 Charles Taylor（1989）也认为，尽管对自我利益的追逐适合市场经济，但仍应行之有度。最重要的是，

[1] Bobbitt, 2008
[2] Trentmann, 2008
[3] Dutt and Jameson, 2001

对自我利益的追逐，不应该成为决定充满爱的纽带与责任义务关系的家庭和社会生活的底色。

本传记是自 1895 年约翰·雷所著的斯密传记出版之后，试图全面地再为斯密做传的第一次尝试。之所以要做这一尝试是基于两点考虑，这两点与以斯密之名持续进行的争论相关：首先，我们对斯密这样一位具有广泛影响的著书立说者的生平会自然地感到好奇。其次，考察文本的写作过程和阐释，对厘清和细化文本的可能意思是必不可少的。斯密的生平，能为从历史角度合理地重建斯密作品的意义，提供一个有用的解读语境。而来自斯密有所建树的学科领域的评论，则为我们提供了一种理性的、互文性的解读。这样做的目的，绝不是想通过严格界定作者的意图来阻止任何不同意义的解读，这毫无疑问是一项不可能完成的任务。我们的目的是在清晰的时代背景之下，刻画一位杰出人物的非凡个性，他的著述所涉及的范围远非仅囿于伦理学和经济学领域，而是有着惊人的广度。本传记还客观地记录了当时的读者及最早的译者对斯密及其作品的看法，以及斯密对这些看法的反馈。

本书是关于一位一出生就没有父亲而又体弱多病的遗腹子的故事。1723 年，斯密出生于爱丁堡对面，福斯河河湾港口城市科卡尔迪一户较为富裕的家庭。他死去的父亲曾是科卡尔迪地区的海关官员。他们的国家刚刚经受了一场为争夺政治最高权力和宗教而进行的流血战争，而他父亲家族所支持的新教徒辉格党一方最终赢得了这场战争的胜利。斯密这样总结这场斗争："我们的祖先撵走了罗马教皇和觊觎王位者，保卫了我们行使个人判断的珍贵权力"[1]。斯密认为人人都应享有"自然自由"，而他这一情怀得以形成的历史渊源之一可以追溯至此。而斯密或许最早正是从他的母亲玛格丽特·道格拉斯身上学到了这一"自由"，必须通过自制施行负责任地加以运用。斯密的母亲是一位持有坚定宗教信仰的杰出女性，她将年幼体弱多病的斯密一手带大，并鼓励他成为一位杰出的学者。在她长寿的一生中，她一直让斯密享有了一种安稳的家庭生活。

我们强调斯密所接受的早期教育是不可多得的：首先，在正式的学校教育方面，科卡尔迪市立学校为斯密打下了坚实的英语写作基础，古典文献方面的学习也为他打开了研究罗马历史的大门。第二，在非正式的社会教育方面，斯密通过

---

[1] *Corr.*No. 50

观察福斯河流域内陆地区工业的发展和农业的改良，对社会实际事务有了深入的了解。而作为斯密监护人的他父亲的朋友们都亲自参与了早期的苏格兰启蒙运动。苏格兰启蒙运动抱着世界主义价值观，旨在通过更有效的交流，认识到人格中的情感基础，厘清人们的动机和价值观，发展科学思想并用于解决社会和经济问题，以改善人们的生活。我们的讨论将在这些方面追溯斯密对启蒙运动的贡献。

斯密在他前往格拉斯哥大学（1737—1740 年）就读期间，与苏格兰启蒙运动中的领军人物有了直接的接触。在那里，牛顿物理学、数学以及强调以自制为生活准则的斯多亚哲学激起了斯密极为强烈的兴趣。斯密思想的主要灵感来自于"永远难忘的"老师弗兰西斯·哈奇森教授的学说，其学说成了斯密的道德哲学及经济学体系基础。哈奇森所展现出来的学术抱负是要像现代的折中主义者培根、牛顿、格劳秀斯、坎伯兰、普芬道夫和洛克那样来研习哲学，而他的学生斯密也胸怀着相同的雄心壮志。格拉斯哥作为一个新兴经济体，与科卡尔迪这一走向衰退的经济体形成鲜明对比，其当时所处的社会环境令斯密受益良多。在西海岸，他见证了与北美及加勒比海沿岸国家之间的跨大西洋贸易市场日益壮大，财富得以创造，而跨北海两岸的贸易市场则日渐萎靡。尽管经济保护政策对格拉斯哥商人和制造业者有利，但是延伸至整个大英帝国的自由市场仍是他们梦寐以求的目标。然而，格拉斯哥的繁荣背后有着见不得人的阴暗一面，其贸易的对象是美洲新大陆种植园中由奴隶生产的产品，这在后来激起了斯密的极大愤慨。

度过了振奋人心的格拉斯哥大学这一段时光之后，斯密成了牛津大学的学生，但是那几年（1740—1746 年）却成了斯密思想成长过程中令人扫兴的阶段，因为牛津大学绝大多数极富天赋的教师对教学毫不用心，敷衍了事。然而，斯密自己进行了广泛而深入的阅读，似乎甚至到了付出了短暂性的精神崩溃为代价的程度，这让斯密对经典巨著有了更为精进的掌握，并将斯密的注意力引向了现代语言作品的研读。后来，斯密正是从这一时期的阅读中吸取了素材，用以阐明他最感兴趣的关于政治史和经济史互动关系的研究。斯密后来得出结论，认为牛津大学教育体系之所以低效，是因为在像牛津这样富庶的大学里，教职员工们过着安逸舒适的生活，缺乏学术竞争和学术发展动力。这一深刻的洞见无疑为斯密后来所提出的观点——竞争为维持整体市场的最大效用提供了动力并发挥着调节作用——做出了补充说明。

斯密教师生涯的开始，是作为自由演讲者在爱丁堡大学度过了具有深远影响的三年（1748—1751 年）。在这一苏格兰的首都，斯密遇到了休谟，并与他发展了一段持久的友谊。斯密认为休谟是"当今时代无人能望其项背的、最为杰出的哲学家和历史学家"[1]。虽然关于这一时期幸存下来的确凿资料寥寥无几，但是本传记还是冒着被指控为是揣想的危险，详述了这一斯密生命中极富创造力时期的重要性。当时正处于 1745 年二世党人叛乱失败后的苏格兰重建时期，这次叛乱企图复辟信奉罗马天主教的斯图亚特王室国王詹姆斯三世，但是并没有要求一定恢复教皇至高无上的权力。苏格兰的领袖将斯密召到爱丁堡，教授以英语文学为主的修辞学和文学评论课程。开设这一课程的意图之一是想让听课的专业人士能很好地掌握南部英语，进而使他们得以分享汉诺威王室的不列颠政府及尽管名义上由伦敦统治，但是许多地方的管理掌握在苏格兰人手中的这样一个帝国所提供的经济及其他方面的机遇[2]。同时也希望这会有助于维持与英格兰的联盟，使苏格兰免于遭受政治动乱。斯密在这一系列演讲中还提出了一种人际交流理论，区别了不同的语篇类型，主要是两大语篇类型：通过理性推理来加以说服的说明式或科学式语篇；和通过诉诸情感来加以说服的修辞式语篇。讲义的大部分内容践行了斯密自己所讲授的学说，即要用直白的语言作为说明式语篇的载体，进行有效的沟通。斯密也使用了比喻语言及其他一些修辞策略来对读者的情感施加影响，这赋予他的作品以节奏和变化，产生了相当程度的愉悦感。

不仅如此，斯密还在爱丁堡大学就哲学或科学的历史做了演讲，以天文学史为代表。核心部分就是斯密关于理论化（theorizing）的学说，而休谟的哲学思想是这一学说的理论来源之一。斯密的解释是理论化产生自我们吃惊、好奇、惊叹等情感的相互作用，而想象的创造性赋予了先后出现在我们头脑中的思想以秩序。这一秩序以体系的形式得以表达，而体系则被定义为是一种被发明的"想象机器"，为不同现象间的因果关系提供一个连贯的解释模式。斯密认为体系成功与否的评判标准，不应以它们的预测能力为基础，而应该看它们能否成功地抚慰我们的想象，使其获得一致的连贯性，并强化我们对体系涉及对象所做出的反应。斯密认为这就是引领我们走出"哲学历史迷宫"的线索。

这一类的历史探究成了最受 18 世纪苏格兰哲学家青睐的写作方式。斯密的

---

[1] *WN* V.i.g.3

[2] Devine，2003

年轻朋友、也是斯密传记的第一任作者，杜格尔·斯图尔特[1] 观察到，在斯密所有"伦理的、政治的，或文学的"作品中都能找到类似题材。正如本书将讨论的，在这些作品中，体系是通过一个起链接作用的原则，将纷繁复杂的现象具有解释力地联系在了一起，而得以建构的。具体地说，在伦理学中，这一原则就是想象性的同情共感（sympathy），而在经济学中则是劳动分工。所谓"哲学式的历史"，就是在缺乏真实的记录和见证者报告的情况下，以自然的起因或原则为基础，对信念、实践、理论和习俗的发展加以解释。

在爱丁堡大学，斯密还就"民法"或更广泛地说，法学，做了私人讲演，他再次转向了"哲学式的历史"的讨论。法学这一主题讨论的是"应成为各国法律之基础的普遍原则"，而这一课程似乎解释了人类在经济社会发展四阶段——即"渔猎社会"、"游牧社会"、"农业社会"和"商业社会"——的"进步"过程中，"文明社会"所涌现的各项体制。这里斯密所要阐明的主要思想是：经济自由对创建一个繁荣文明的社会的价值。他说要把一个国家从"野蛮"带入到"富裕"，所需要的无非就是"和平，宽松的税收和说得过去的司法管理"。这里斯密同样也将干涉主义的政府谴责为是"非自然的"，将被迫成为"暴虐的、独裁的"政府[2]。这一课程的内容预示了斯密将在《国富论》中加以充分呈现的市场经济下的自由企业模式，及《国富论》中所赋予政府的有限公共利益提供者这一角色。

爱丁堡的法学讲演大获成功，1751 年斯密当选为自己母校格拉斯哥大学的一位教授。他先是作为逻辑学教授，用英语讲授关于修辞和文学评论的课程。这一课程被理解为是"解释和阐述人脑各种能力的最好方法"（Stewart I.16）。斯密在一门基础性大学课程中的创新教学，产生了深远的影响，苏格兰和北美大学（比如，深受苏格兰教育影响的普林斯顿大学）纷纷加以效仿。

由于当时格拉斯哥伦理学教授患病无法上课，斯密在他的课程中还讲授了与法学和政治学相关的内容，其中包括以哈奇森的价值和价格理论为基础的经济学。1752 年这位伦理学教授病逝后，斯密接替了这一教职。在斯密的学生、也是后来的同事约翰·米勒（John Millar）看来，斯密这一道德哲学课程由四部分构成：第一部分讨论的是自然神学，呈现了完全来源于斯多亚主义的自然主义神

---

[1]　Stewart II. 44
[2]　Stewart IV. 25

学体系，与正统的苏格兰加尔文主义基督教神学大相径庭，当然也反映了他的思辨型功利主义道德哲学，这在神定与和谐运行的自然法学中占有一席之地。第二部分研究伦理学，尤其是后来在《道德情操论》中发表的那些学说，其中同情共感机制被刻画为是伦理生活的关键枢纽。第三部分讨论正义，通过考察"文明历史"演进过程中法律体制的发展演化，追溯了经济与政府之间的互动关系。最后一部分重点放在了"权宜的做法"上，其中包括了政治经济学，即"旨在增加国家的财富、权力和繁荣……的政治法规"，这些内容最终形成了《国富论》[1]。本传记追溯了斯密思想的发展脉络，从斯密在讲义中所呈现的思想内容开始，再到《道德情操论》和《国富论》中以书面形式陈述的学说。

在对斯密 13 年教授生涯（1751—1764 年）的描述中，斯密的个性也将得以彰显。斯密后来回忆起这段日子，称其为他职业生涯中"收获最大，因而，也最为快乐和最为荣耀的"时期[2]。斯密所教授的科目在格拉斯哥大学受到学生的追捧，他所阐发的观点也在各个俱乐部和协会中成为人们争论的话题，包括在科克伦市长所举办的"政治经济俱乐部"上，斯密时常和熟悉北美殖民地贸易以及当时所面临的经济问题（如银行问题）的商人们和制造商们交换想法。在这段时间，斯密有了第一次重要的、尽管是匿名的出版："致《爱丁堡评论》创刊人的一封信"（1756），鼓励他们为法国、英国以及苏格兰出版的新书提供评论。在信中，斯密对比了法国和英国作者所具有的不同才能，评论了几本颇能说明问题的著作，强调作者间相互学习和互相竞争的激励机制的重要性。斯密认为如果自己的同胞能集众家之长：法国作家的判断力、品位和条理加上英国作家的天赋和创造力，他们就完全具备与法国作家竞争的实力，并会更胜一筹。这里斯密所阐述的是他在年轻时深入思考的写作问题，斯密从中获得了写就"伟大作品"的法门，而正是有赖于这样的洞见，使得斯密后来完成了传世之作《道德情操论》和《国富论》[3]。尽管斯密有着"爱走神教授原型"的声誉，学校还是将重要的管理职位委任于他，而斯密也胜任有余，尽管有时他的"热情"并不总是能通过同情共感机制得到冷却。斯密在伦理学讲义中所持的观点是，同情共感机制是通过当事人将自己的情感调节到与他人更为克制的情感相

---

[1]　Stewart I. 18–19
[2]　*Corr*. No. 274
[3]　Ross，2004a

协调，以及通过激起旁观者（这一旁观者见证了另一个人合情合理的愤怒或喜悦）的感情来实现的。

斯密的这些伦理学讲义，重新被命名为《道德情操论》，于1759年署名出版。借此，作为文人（a man of letters）的斯密，获得了第一次成功，并作为欧洲启蒙运动的推动者之一闻名于世。本书首先探讨这一引人入胜的著作的文本结构，即人们喜欢用现代评论家巴赫金（1975/1981）所提出的概念"对话体"（因为文本中有不同声音的交织），将其区别于《国富论》的"独白体"[1]。第二，本书全面考察了该作品最早的读者，包括休谟、其他苏格兰启蒙运动中的人物，如托马斯·里德和亚当·弗格森，当时所发表的评论。

斯密的这一著作直接向由霍布斯、曼德维尔、卢梭（在时间上距《道德情操论》的出版最近）所倡导的人类具有内生的自私性理论提出了挑战。在定义什么是美德，以及我们为什么应该合乎道德地行事时，斯密将休谟和哈奇森的理论进行了更为精细的拓展，并得出结论：我们在道德和美学上的判断和律令都是以情感为基础的。在这一体系的展开论述过程中，占据主导位置的是人类交往中的同情共感机制。通过同情共感机制，我们自然地对他人的行为和个性以及在斯密看来，我们自己的言行个性做出判断。读者们会发现，斯密根据修辞学讲义和天文学史中所阐述的思想发展这一体系时，呈现了一种"伦理学的牛顿主义"。正如一位读者曾写的："[《道德情操论》是]以同情共感概念为基础，并从这一普遍原则出发去解释伦理世界中的主要现象，就像重力之于自然世界主要现象的解释一样，这是一种非常具有创见的尝试。"[2] 本传记还通过对《道德情操论》先后几个版本的修订，来追溯斯密体系中另一个重要概念——即公正无偏的旁观者的发展路径。斯密引入这一概念，以解释我们如何形成自己的规范性判断。这一公正无偏的旁观者也出现在了斯密的法学讲义中，解释主张某项权利的人如何以旁观者合理的期待作为依据，为自己的权利进行辩护[3]。

对斯密的道德经济学和微观经济学进行评论时，还涉及一个重要的问题，即斯密拒绝用效用来解释伦理规则的起源。然而，本书的描述还是强调这样一个事实，即斯密在评判惯例、习俗和体制（包括经济体制）时，确实是使用了

---

[1]　V. Brown，1994

[2]　James Wodrow，June 1808：Mitchell Lib.，Glasgow，Buchan MSS，Baillie32225，fos. 47–51

[3]　*LF*（A）i. 16–17

哈奇森所阐述的"为最大多数人谋求最大幸福"[1]这一效用标准。由此，本书所要表达的观点是，斯密是一位思辨型的（contemplative）而非操作意义上的（operational）功利主义者。正是从这一角度我们能理解《道德情操论》中斯密所说的"看不见的手"（在《国富论》中这一概念获得了进一步的发展）是"自然的经济性"的真正意义所在。将"看不见的手"的暗喻具体应用于市场经济的运行，似乎是到20世纪才获得的发展，最早或许由曾在芝加哥大学任教多年的波兰经济学家奥斯卡·兰格于1946年提出。斯密的观点似乎是通过思辨，我们能理解自私的富人如何在追求自己的利益时，帮助将"生活必需品"进行分配，并倾向于促进整个人类的福利[2]。斯密并非是在支持或提倡自私，他所说的是如果我们退一步来看某个自私的行为，我们会发现一些其意想不到的后果。

本传记详细叙述了休谟事实上是如何阅读《道德情感论》，并积极地一边提供批评意见以激励斯密完善他的伦理学体系，一边将这一著作分发到有影响力的人物手中，他们或许会对斯密的学术生涯有所助益。其中之一便是才华横溢但又有些怪癖的政治家查尔斯·汤申德，他碰巧是年轻的巴克勒公爵三世的继父。《道德情操论》深深地打动了汤申德，1764年他说服了作者本人，作为私人教师陪同公爵游学国外。就任这一职位之后的两年里，斯密先在巴黎做了短时间的逗留，随后到"肮脏的、神圣的、学术的"（sale, sainte, et savant）图卢兹待了十八个月，日内瓦两个月，再又回到巴黎待了十个月。本书讨论了这段职业生涯给斯密所带来的裨益。他亲眼看见了一系列区域经济的运行操作，以及两种完全不同的政治体制：法国的独裁政治和瑞士共和制的寡头政治。在与英国就殖民地和欧洲的权力平衡打了"七年战争"之后，当时的法国正在经历一场金融危机。中央政府和包括图卢兹在内的省级城市最高法院之间，因为税费征收问题而关系紧张。斯密将自己的所见所闻在《国富论》中进行了提炼。

休谟曾任英国驻巴黎使馆的秘书，还是通过他，斯密被引荐给了那里的哲学家及全欧洲最著名的学者，其中包括达朗贝尔、狄德罗、霍尔巴赫和爱尔维修。他们都对《道德情操论》一书印象深刻，对作者的到来表示欢迎。斯密也去参加了巴黎一些法国名媛主持的或是她们经常光顾的沙龙。她们并没有介意斯密的大

---

[1] *An Inquiry into the Original of our Ideas of Beauty and Virtue*, 1725, II.164, in Hutcheson, 1969: i
[2] *TMS* IV. I. 10

门牙和蹩脚的法语，反而赞赏他单纯的心灵和广博的学识，并认定斯密的同情共感学说就是为她们而写的。这些名媛中的一位，据说是位侯爵夫人，爱上了斯密，而斯密爱上的则是另一位英国小姐。但是，唉！与休谟和布弗莱伯爵夫人之间所发生的引人入胜的故事不同的是，斯密在这些关系上的发展让我们无迹可寻。

在日内瓦附近，斯密与他心目中的"英雄"伏尔泰相遇。伏尔泰当时正领导着一场为宗教宽容而进行的斗争，这是由发生在图卢兹的可怕的卡拉斯事件所引发的。在卡拉斯事件中，信奉加尔文教的父亲，在 1762 年被控谋杀了自己的儿子，因而遭受了肢解身体的车刑及随后的火刑。事实上，他的儿子是因为皈依了罗马天主教后，自己感到懊悔而自杀的。1765 年，伏尔泰成功地要求重审这一案件，并最终宣判卡拉斯是清白的[1]。斯密那时正在图卢兹，并在《道德情操论》的第六版（也是最后一版）中援引了这一案件。[2]

斯密在法国期间研究了经济学，并在巴黎受到了当时法国经济学家中的主要"派别""重农学派"的欢迎。重农学派认为土地产生财富，并且唯有农业才能使财富增加。他们认为制造业和商业只是经济中的无效部分，只有科学的农业生产，并维持合理的农产品价格才能促进经济的增长。这一"学派"，而非斯密本人，坚持认为要使经济恢复到自然发展的轨道上，就必须实行自由放任主义，即完全自由的贸易。斯密非常敬重这一学派的领导人魁奈，并从这一学派的成员身上学到了许多重要的学说，诸如如何处理资金流通、生产性产业和非生产性产业的平衡等问题，并将这些写入了《国富论》。然而，斯密认为这一"学派"偏重农业、歧视工商业的成见，在整体上是一种教条主义。斯密也是另一位法国经济学家、行政长官杜尔哥非同一般的朋友。斯密在巴黎那段时间，杜尔哥正在写作一些关于货币、资金积累、竞争和市场调节等主题的文章，后来于 1766 年—1769 年刊登了在了月刊《公民日志》[3] 上，这些文章都在斯密的收藏之列[4]。

巴克勒公爵的弟弟在图卢兹加入了斯密一行，但却在巴黎病入膏肓，斯密不得不寻求作为宫廷医生的魁奈的帮助。最后这位年轻人的离世，使得斯密于 1766

---

[1]　Bejaoui，1994

[2]　1790：III.2.11

[3]　Ephemerides du Citoyen

[4]　Mizuta

年提前返回了英国，他不得不将这一年轻人的尸体护送回国。本传记详述了斯密在伦敦一年期间的经历，他开展研究了一些政府项目，包括为当时的财政部大臣汤申德所做的关于公共金融方面的研究。然后，斯密回到科卡尔迪与母亲同住，母亲依然是斯密生活的支柱。一直到 1773 年，斯密都忙于构思和撰写《国富论》这一艰巨的工作，他找到了罗伯特·里德作为助手，来完成这项工作。里德的身份是晚近才为学者们所查实的，他最早是科卡尔迪的一位纺织工，最后却担任了诺森伯兰郡（Northumberland County）新不伦瑞克（New Brunswick）的高等司法长官一职。

本书描述了斯密先前不为所知的一些活动细节。斯密提炼和增补了一些说明性材料，补充到了格拉斯哥大学法学讲义有关经济体系的阐述中，并对自由企业经济理论做出了调整，这得归功于他持续开展的一系列研究，包括关于开放谷物贸易的研究，和对苏格兰银行危机进行的追根溯源的研究等。斯密不得不承认，政府对货币市场实行监管是合理的，可以对"吝啬的银行家"不顾风险地发放小额贷款，以及大银行家屈服于客户施加的压力，发放没有足够信用保证的贷款等问题加以控制[1]。

斯密在伦敦度过的 1773—1776 年这一阶段，见证了《国富论》的最终完稿和出版。而当时的国会正日益疲于应对北美殖民地暴乱，采取措施镇压他们的武装叛乱。由于斯密在议院上下两院都有朋友，有证据表明他也参加了当时议会中的一些辩论。而《国富论》出版时机的选择，也被认为是为了吸引议会的注意，使得议员们支持和平解决这一冲突的立场。美洲为自由市场理论的实践提供了一个重要机会，如果斯密能够获得支持，就有希望结束这场因为实行经济限制和禁令以维持旧殖民体系的统治而引发的恶性暴力循环。斯密后来为政府应如何从美洲事务中脱身，提供了具体的政策建议[2]。

1776 年 2 月，休谟从爱丁堡来信提及他听说斯密"非常热心关注美洲事务"，还表达了对斯密作品出版延迟的担忧[3]。这种担忧一直到 3 月休谟亲手拿到了《国富论》一书，才得以消除。休谟毫不吝啬地给予了高度的赞扬："该著作深

---

[1]　*WN* II.ii.73，90，94

[2]　*Corr*.app.B

[3]　*Corr*.No.149

刻、可靠而敏锐，例证翔实，必定会引发公众很大的反响"[1]。

另一位《国富论》最早的读者之一，是曾任马萨诸塞州州长的议员托马斯·波纳尔。他赞成与美洲人和平解决冲突，但对斯密书中的一些论点非常不满，包括斯密在理论上对于殖民贸易垄断的反对。然而斯密体系阐述中所采用的方法及其解释的完整性，给他留下了深刻的印象。他甚至提出从对人类社会的分析这一层面来看，这一著作完全可以与牛顿描写天体运行规律的《数学原理》（*Principia Mathematica*）一书相提并论。波纳尔据此做出判断，《国富论》在日后可能会成为（事实证明确实是）政治经济学的奠基之作。《国富论》成为经济学的开山之作的说法最早就源于此。

斯密的家庭背景、经历、所受的教育、所享有的友谊和同盟、性情和心态以及智力类型等，构成了斯密思想理论发展的母体基质。介绍完这些后，本传记讨论了《国富论》所赖以构成的两大部分内容。第一篇和第二篇组成了第一部分内容：阐述了人类社会到达以市场交换为表现形式的商业阶段时，自然而然就导致经济增长的各原则；第三篇至第五篇则是第二部分：讨论了为了促进经济增长，哪些是立法者当做的、哪些是不当做的。

斯密是最早对市场化社会进行深入评论的作家之一[2]。他以"明显的和简单的自然自由体系"[3]这一形式，为市场化社会的运行过程建立了一个模式。而《国富论》的核心内容就是关于这一体系的阐述。这一模式的主要特色及其实行自由竞争和自我管理的市场这一概念，直到今天仍被证明具有相当的吸引力。因而，当1989年之后，随着与之对立的计划经济信念，在共产主义阵营国家的崩塌，西方国家向这些新生政权提出许多建议，要求他们转换到自由市场经济模式，而斯密则常被作为这方面的权威加以援引。

斯密在《国富论》第三篇，讨论了从罗马帝国灭亡开始一直到16世纪的欧洲文明史，追溯了封建制度的兴起与衰败，以及由城镇的兴起和发展所推动的商业时代的到来。在第四篇，斯密则评价了重商主义，即为了促进增长，而实施全套的政府管制和贸易垄断的做法，以及其通过殖民主义而获得的扩张。斯密"对

---

[1]　*Corr.*No.150

[2]　*Swedberg*，1994

[3]　*WN* IV. ix. 51

大英帝国的整个商业体系……给予了猛烈的抨击"[1]。斯密将这些措施描绘成是对经济活动开展的一种阻碍，并违反了"简单体系"的精神。斯密也批判了重农主义的"农业体系"。斯密的结论是，重农主义最主要的错误，在于声称那些从事制造业和贸易的人对国家的经济增长毫无贡献。然而，斯密认同了重农主义者的定义，即"国家的财富不是由无法消费的货币财富所构成，而是由社会劳动每年所再生产出来的可供消费的物品所组成的"，以及为使这一财富最大化而提出的"完全[经济]自由"条件，尽管他认为这是一种乌托邦式的条件[2]。斯密自己提出的观点是：应对个人的经济自由加以限制，并通过征税为一个商业化的、真正文明的社会所必需的基本条件提供资源，斯密在第五篇中明确指出了这些必需的基本条件为：国防、司法、公共设施和教育。

《国富论》第五篇最后一章所关注的是"公共债务"问题，这在当时与我们现在一样，是一个非常重要而且时常引发争议的话题。斯密在《国富论》的最后，为1776年的英国政府提供了中肯的建议，即如果英国已经不能使北美殖民地对大英帝国的维系有所贡献，那么她就应该抽身离开，而"力图使自己的远景设计和规划适应于自己真实的平庸境况"。这一话语在斯密一生所出版的所有《国富论》修订版中，都得以保留，甚至在1782—1783年，美洲方面和不列颠方面达成了《巴黎和约》之后。《巴黎和约》部分是由斯密的朋友们，代表美洲方面的富兰克林和不列颠方面的商人理查德·奥斯瓦德协商而达成的，得到了自称是斯密经济学说的皈依者谢尔本首相的支持[3]，尽管是以牺牲他那少得可怜的支持率为代价的。或许《国富论》最后一段话语之所以得以保留，最好的解释是这是斯密这位经济学家和伦理学家在深思熟虑后，给国家及其统治者所提出的要求，希望他们能从帝国的黄金梦或其他任何力所不能及的"计划"中幡然醒悟，继续文明历史模式进程。

本书还讨论了苏格兰启蒙运动的领袖对《国富论》出版的反应，接着描述了休谟生命中最后几个月里斯密对他的陪护。在这一过程中，斯密给他的朋友造成了一些痛苦，因为他拒绝负责出版休谟的《自然宗教对话录》（*Dialogues concerning Natural Religion*）。斯密说他之所以做出这一审慎的决定，是为了让自

---

[1] *Corr.* No. 208

[2] *WN* IV.ix. 38

[3] *EPS* Stewart, n.1

己享有"安宁"。然而，事情的结果却是，斯密遭到了基督徒们猛烈的攻击，因为在一封公开出版的关于休谟之死的书信中，斯密将休谟描写为"拥有几近完美的睿智和美德的人，其完美程度或许已到达人类的脆弱本性所能允许达到的极限"[1]。

在那段时间，斯密隐居科卡尔迪，正在着手写另一本关于"模仿艺术"的著作，书中包括了绘画、雕塑、跳舞、诗歌以及（特定的某些）音乐。但是他将永远没有机会将它最终完成。1778 年，斯密被任命为苏格兰海关专员，搬到了爱丁堡的潘缪尔大楼与他妈妈、作为管家的表姐妹珍妮·道格拉斯和一位外甥的儿子大卫·道格拉斯（后来成了斯密的继承人）一起居住。斯密绝不允许自己从公职中匀出空闲来进行长时间的写作，尽管这对于想要完成这个新的重要写作计划而言，是必不可少的。乍一看似乎很奇怪，这位自由贸易的倡导者，在他生命最后一段日子里，却成了一位怀有一定热情的经济限制和禁令体系及他在《国富论》中猛烈抨击的经济激励（奖金）的实施者。

然而，需要提醒读者的是，任职海关官员是斯密家族的一个传统，而斯密也对与公共政策相关的问题有着浓厚的学术兴趣。况且，或许他也很欢迎这一职位所要求的那种井然有序的生活状态，以克服隐居期间似乎不断加重的疑病症症状。斯密也从来就不是一位全然的自由放任主义鼓吹者，而是认为国家还是有一些理由（比如国防）对贸易加以一定限制的[2]。斯密还认为出于正当的经济原因考虑，也可以对个人在公开市场出售自己的劳动、产品、进口商品等这一天然自由加以限制。然而，斯密总的立场还是倡导取消所有贸易壁垒，除了对进出口商品征收"适度的税费"，以提高国家财政收入，从而更有效地治理一个国家。斯密认为"高税费"使得被征税的商品几乎不可能进行公平的交易，也会"像绝对的禁令一样，助长走私之风"[3]。本传记涉及斯密海关工作的几章，介绍了斯密所任职的海关委员会，为打击苏格兰猖獗的走私活动而开展的实际工作、斯密就此向政府所提供的政策建议，以及斯密为取消贸易壁垒或至少使它们不那么令人讨厌而付出的努力。这部分还引入了一些从克佑区（Kew）的公共档案馆获得的一些新材料。

[1]　*Corr*. No. 178
[2]　*WN*. IV. ii. 24
[3]　*Corr*. No. 203

斯密曾经声明，他很遗憾海关专员职责的履行干扰了他的学术追求。本传记将提到，1785年斯密有两部"大作品正在筹划中"[1]。其中一部当然是与"模仿艺术"相关，斯密将这一作品描绘成是"一种包括文学、哲学、诗歌和辩论等所有科学分支在内的哲学历史"。另一部"大作品"，材料已大致收集完成，并且部分也已"有了一定的条理"，是"一类关于法律和政府的理论和历史"的著作，这可以与斯密在《道德情操论》最后所提及的要出版一部关于"法学理论"著作的承诺联系起来。

然而，到1785年，斯密承认"年老所带来的懒散"正在很快地控制着他，使他感到"无法确定"自己能否完成这两项计划。本书描写了斯密一边面对着不断下降的体力，以及母亲和珍妮·道格拉斯的离世所带来的悲伤，一边为让自己已出版的作品能以"最好的和最完美的状态"留与后人，而竭尽全力[2]。因而，即使是身处政治动乱中，他还是准备和完成了经典的《道德情操论》（1784）第三版的增补和修正工作。这些动乱包括，在谢尔本领导下美国战争的结束，随后的福克斯－诺思同盟企图改革东印度公司（这一组织在《国富论》的第三版中遭到了严厉的批评）努力失败，以及小皮特（他潜心钻研过《国富论》，并留意到了其中所提出的政策建议）所领导的政府统治的开始。

斯密还完成了《道德情操论》的最后一版第六版的修订（1790）工作，增补了重要的内容，比如公正无偏的旁观者概念的进一步发展，以及全新的第六部分，着重论述了道德理论在诸如新型宪政这样实际问题中的应用。正如本传记将指出的，这些都是与斯密所处的时代背景紧密相关的：当时联邦制的美利坚合众国刚刚创建；由约瑟二世皇帝自上而下强迫推行的改革在奥属尼德兰激起了革命的爆发；法国革命当时处于早期宪政阶段，而杜尔哥的朋友、经济学家杜邦·德·内穆尔宣称斯密"加速"了这一阶段的到来，这必定让斯密感到吃惊不已。斯密还另增补了一章，指出我们崇拜权贵巨贾的天性对于"社会秩序"的维持是必不可少的，但是这也是"我们道德情感败坏的最大和最重要的普遍原因"[3]。斯密的道德哲学发展到最后成了折中主义：斯密对斯多亚主义的思想并非全然赞同，就美德所展开的论述中又接受了亚里

---

[1] *Corr.* No.248
[2] *Corr.* No.276
[3] *TMS* edn. 6，I.iii.3.1

士多德学说的某些要素，而在论述谨慎这一美德时，则接受了伊壁鸠鲁学说的某些方面。但在描写完伊壁鸠鲁体系后，正如斯密在《道德情操论》第一版中已指出的，他强调了这与他想在《道德情操论》中所致力于创建的体系是完全不相同的[1]。

斯密对自己写作的缓慢速度深感不满。在他生命的最后阶段，斯密表达了对自己未能取得更多成就而感到的失望，并坚持让他的学术遗嘱执行人，将他的手稿全部烧毁，因而，即便是将他的《哲学论文集》考虑在内，我们仍无法很好地判断他原本或许可能会有的成就。斯密逝世时，并未因为他的声名远播而产生轰动效应，这或许也是斯密所希望的，因为斯密是最不愿装腔作势的人。二次创刊的《爱丁堡评论》是斯密身后那一时代将斯密的政治经济学思想最为批判性地加以传播的杂志，其撰稿人之一弗朗西斯·霍纳勇敢地提出斯密在政治经济学领域创立体系的尝试是不成熟的[2]。

然而，我们似乎依然会觉得，斯密所掌握的讨论相互关联的经济现象的方式，具有"用几条共同的原则，将观察到的不同现象联接起来，进行系统化的安排而展现出来的美"[3]，其在思想上令人赞叹，但是也颇具争议。本书认为我们不仅仅应将斯密看成是能够将经济现象进行"系统化的安排"，使之具有美学价值和理论价值的经济学家，而且还是一位在艺术和科学方面具有杰出独创性的理论家，更是一位对人类的天性和文明社会拥有真知灼见，并乐意与读者分享的现实主义道德哲学家。

一直以来，传记都被看成是一种工具，能够帮助我们明确作者在文本中所意欲表达的意思。关于作者的一切——家庭背景、社交圈子、个性发展、成就及挫折、私人关系、教育、思想背景、职业、成熟的性格脾气、态度、目标、信仰、政治、写作、出版、对他人的影响、当时的评论和反映等等——都被认为能够提供线索，帮助我们理解作者的意图和陈述，因而也是理解文本本身的意思，甚至是理解作者所认为的它们能够得以实现的方式，如果这些思想被应用于不同的生活方式或体制安排中。本书的观点是，利用传记记录对文本所做出的解读，对理解作者的相当一部分思想是一种可靠的引导，借此使斯密通过他的作品得以永

---

[1] VII.ii.2.13
[2] Fontana, 1985：52
[3] *WN* v. i. f. 25

生，只要我们仍准备着阅读他的思想，就他的思想展开争论：

> 已故之人的文字
>
> 在后人的消化中得到修改。
>
> ——W. H. Auden

1. 科卡尔迪

苏格兰的一个小镇，我的故乡。

1723 年 6 月 5 日，在跨福斯湾距爱丁堡 10 英里远的科卡尔迪的法夫（Fife）港，亚当·斯密在圣布赖斯老教区教会[1]接受了洗礼。或许这就是他的出生日，尽管在"科卡尔迪教会的受洗登记"中并无"这日即为出生日"这样的注释（斯密密友大卫·休谟的登记中就有此注释）[2]。但是，据资料记录斯密婴儿时期"体弱多病"[3]，再加上当时对婴儿死亡及获得拯救所怀有的可以理解的焦虑，或许都会让婴儿在出生不久就举行洗礼[4]。

斯密出生的这一时期，正是苏格兰思想史上成就斐然的一个时代，斯密后来也成了为这一时代做出杰出贡献的学者之一。在斯密出生时，休谟 12 岁，已经开始了他在爱丁堡大学的求学生涯，而且学业进展得颇为"成功"。他后来成了那一时代英国知识界的领军人物。试图驳斥休谟怀疑论的哲学家托马斯·里德，出生于 1710 年，当时已是阿伯丁（Aberdeen）大学马利夏尔学院（Marischal College）的一名学生。其他同一时代的著名学者还有：评论家休·布莱尔出生于 1718 年；地质学家詹姆斯·赫顿出生于 1726 年；建筑学家罗伯特·亚当，化学家约瑟夫·布莱克，以及解剖学家约翰·亨特则都出生于 1728 年。

---

[1] the Old Parish Kirk of St Brisse（Bryce）
[2] Mossner，1980：6
[3] Stewart I. 2
[4] Flinn，1977：284

而在苏格兰国门之外，牛顿即将走完他的人生之路，于 1727 年离世。斯威夫特将很快成为爱尔兰的民族英雄，因为 1724 年，他出版了《布商的书信》（*Drapier's Letters*）一书，抨击了英国对爱尔兰在政治和经济上的控制。1723 年，被政府怀疑为二世党人同情者的蒲柏，正在翻译荷马史诗和编辑莎士比亚作品。同年，塞缪尔·约翰逊正在利奇菲尔德语法学校（Lichfield Grammar School）就读，而贝克莱和弗兰西斯·哈奇森则都在柏林任教。自 1713 年的《对话三篇》（*Three Dialogues*）一书出版后，贝克莱还没出版任何其他哲学著作，而哈奇森正在构思写作《论美与德性观念的根源》一书（*Inquiry into the Original of Our Ideas of Beauty and Virtue*）（1725），其中所阐发的道德哲学思想，为斯密和休谟提供了灵感。后来成为斯密朋友的政治理论家伯克，于 1729 年出生于都柏林。在欧洲大陆，莱布尼茨（Leibniz）于 1716 年离世，而康德出生于 1724 年。1723 年，托马修斯（Thomasius，1728 年离世）在哈莱大学（Halle）的职业生涯正走向结束，而沃尔夫则受到驱逐，开始在马尔堡大学（Marburg）任教。伏尔泰在 1723 年出版了《中国孤儿》（*La Henriade*）第一版，而作为雕刻师的卢梭在日内瓦完成了其服务期。还未成为经济学家的魁奈在同年被授予了"皇家外科医生"称号，正在巴黎附近的芒特（Mantes）实习。后来的哲学家狄德罗（出生于 1713 年）和达朗贝尔（出生于 1717 年）那时还是上学的小男生。另一位哲学家霍尔巴赫与斯密同一年出生，经济学家杜尔哥则出生于四年之后。巴赫于 1723 年担任了莱比锡托马斯教堂歌咏班领唱，并创作了《约翰受难曲》（St John Passion）。而汉德尔已离开哈莱一段时间，正在伦敦为意大利歌剧谱曲。在英属美洲殖民地，17 岁的富兰克林于 1723 年从波士顿搬到费城，作为一名熟练的印刷工找到了工作。华盛顿的父亲在弗吉尼亚州的威斯特摩兰郡（Westmoreland）经营一座种植园，乔治于 1732 年出生于那里。杰斐逊的父亲正在接受训练成为勘测员，搬到了位于弗吉尼亚州西部定居区边缘的格洛斯特郡（Goochland），托马斯于 1743 年在那里出生。

时势造英雄，斯密无疑在受制于其所处时代的同时，也享有了像他那些名垂青史的同时代人一样建功立业的机会。亚当·斯密二十来岁时，正好发生了最后一次二世党人起义，当时他正在牛津大学完成学业。领导这次起义的王子查尔斯·爱德华·斯图亚特只比斯密大三岁。斯密在美国革命的关键时刻出版了他的经济学巨著；而在他生命的最后一年，斯密写下了自己关于道德和政治哲学的最后思考，而那时"布拉邦革命"正在迫使约瑟夫国王二世放弃他所推行的改革，同时法国大革命也正蓄势待发。

斯密出生伊始，并未受到命运格外的垂青，因为他的父亲在他出生前五个月1723年1月9日[1]就去世了。没有任何关于他父亲死因的资料可供查考。小斯密是由他非凡的母亲玛格丽特·道格拉斯一手带大的，期间得到了他父亲在遗嘱中所指定的"导师和保护人"（监管人）的帮助和支持。其中两人见证了斯密的洗礼：詹姆斯·奥斯瓦德，科卡尔迪的重要人物也是斯密父亲的朋友；亨利·米勒，他是斯密的姨妈即斯密母亲最大的姐姐伊莎贝尔·道格拉斯（出生于1688年）的丈夫[2]。日后的事实证明，在这些监管人的帮助指引下，斯密的母亲，这一年轻的遗孀，完全胜任了她的任务。毫无疑问，玛格丽特是格拉斯黑、红两大家族分支的后裔，这两个家族分支为苏格兰中世纪所取得的成就及动荡和改革做出了杰出贡献。玛格丽特的直系祖先威廉·道格拉斯爵士（后来的莫顿伯爵五世），于1567年至1568年期间，担任了囚禁苏格兰玛丽女王的赫利文城堡（Lochleven Castle）狱卒一职。部分是出于想与玛丽女王结婚的希望，被称为"英俊的泰恩赛德人"的威廉爵士的弟弟，在一位孤儿侄子"小威利"的帮助下，策划了让玛丽女王从被囚禁的孤岛中出逃这一事件[3]。这一家族分支就是玛格丽特·道格拉斯的祖先。

斯密的母亲出生于1694年（9月17日受洗），是罗伯特·道格拉斯上校和他的第二任妻子巴尔弗爵士三世之女苏珊娜·巴尔弗的第五个孩子。巴尔弗家族是苏格兰历史上另一支名门望族，尤其是在17世纪内战期间，许多法夫郡东部的人都在内战中阵亡了，人员的损失再加上战争的蹂躏，给诸如科卡尔迪这样的市镇，造成了经济萧条，影响了整整一代人[4]。

斯密的外祖父通过与斯特拉森德利庄园（Strathendry）的女继承人海伦·福雷斯特（Helen Forrester of Strathendry）并无子嗣的第一次婚姻，而获得了斯特拉森德利庄园的继承权。在罗伯特·西贝鲍尔德爵士[5]所撰写的法夫郡当时的历

3

---

[1] GUL MS Gen. 1035/55

[2] Cunningham，2005

[3] Fraser，1970：400–1，423–4

[4] Anderson，1863：i.210；House，1975：19

[5] 西贝鲍尔德是支持改良的地主、医学和自然主义科学家、历史学家和地理学家等等。他想要过一种"有德性的和智慧的生活"，是苏格兰启蒙运动早期的主要领导人物（Emerson，1988）。

史中[1]，我们看到罗伯特·道格拉斯被列为那一郡主要"继承人"（土地资产拥有者）之一。1689 年，他担任了步兵民兵团上校，从 1703 年开始直到 1706 年 4 月 25 日去世，他一直担任苏格兰议会中的法夫郡议员。亚当·斯密道格拉斯家族的舅舅和表兄弟们，继续了他外祖父的这样一种生活方式，他们都是乡间地主，但是与军队保持着各种联系。或许正是通过与他们的接触，斯密形成了自己对乡绅的看法及对军人的崇拜，这在他的作品中有所反映。[2] 詹姆斯·鲍斯韦尔在 1763 年 4 月 25 日的《伦敦日志》中写道，"格拉斯哥大学的斯密曾经告诉我，他的朋友们为了不让他从军，差点没掐断他脖子"。在这位作者看来，斯密想从军的这一想法是"完全荒谬的"，"因为斯密确实是一位博学强记、追求准确而又爱走神的人"。[3] 我们可以相信玛格丽特·道格拉斯这样一位有着清晰辨识力的母亲，一定对自己儿子的本性有所洞见，并指引斯密走向了适合他自己个性的学者之路。

1720 年，玛格丽特·道格拉斯与老亚当·斯密完婚[4]，那时老亚当·斯密是带着一位名叫休的 11 岁小男孩的鳏夫。老亚当·斯密接受洗礼的时间是 1679 年 5 月 6 日，他是约翰·斯密（John Smith）[5] 的小儿子之一。约翰·斯密是西顿（Seaton）地区土地承租人，这一地产位于阿伯丁老城区[6] 附近唐河（the Don）外围。这一家族被认为是斯密家族在罗斯伯斯顿（Rothiebirsden）和因韦尔马斯（Inveramasay）新发展出来的分支，居住在位于阿伯丁东北 20 英里的加里奥克教堂[7] 教区。然而，若想要细究斯密父亲这一脉的渊源，即使是最敬业的家谱学家，也知道这是无异于大海捞针。然而，还是有幸找到了一些线索，显示在 18 世纪的苏格兰战乱中，因韦尔马斯地区的斯密家族站到了二世党人那一边，而西顿地区的斯密家族则坚定地支持了汉诺威王室一方，在老斯密的职业生涯中，还是旗帜鲜明地坚持了这一立场。

老亚当·斯密的一位表兄威廉·沃克，当时是阿伯丁大学国王学院的副院长

---

[1]　1710；Mizuta

[2]　参见 1790 年 TMS 第六版（III.2.35）的增补部分，斯密将"修道院里无益的禁欲苦修"和"战场上可以使人变得高贵的艰辛和危险"做了对比。但是，斯密与休谟不同，他从未参加过军事战役。

[3]　Boswell，1950

[4]　11 月 17 日登记，证书号：NAS 02023 GD446–46–8–00001

[5]　死于 1712 年 4 月 4 日：GULMSGen.1035/23

[6]　Scott，1937；395–408

[7]　the Chapel of Garioch

（阿伯丁大学后来在与作为新改革派基地的马利夏尔大学的竞争中，获得了综合性大学的称号）。老亚当·斯密在威廉·沃克的门下学习了一段时间后，就前往爱丁堡求学，以获得从事法律方面工作的资质。1698 年 10 月修完课程后，老斯密就乘船前往波尔多，这是一次暴风雨中的航行，船只在中途失事[1]。我们并不知道老斯密在法国待了多久，但是从他幸存下来的藏书目录中，可以看出他对法国文化的某些兴趣[2]。这些藏书中包括了一本法语语法书、一本法语字典、法语圣经及一些历史的和虚构的小说作品、一部莫里哀的喜剧、费讷隆的《太雷马克历险记》（*Les Aventures de Telemaque*）（1699），其中《太雷马克历险记》巧妙地将荷马式传统、新古典的感性以及道德说教融合在了一起，着重讨论了一位儿子所应接受的最为理想的教育问题。在牛津大学求学期间，小亚当·斯密就表现出了对法国思想、修辞和经验高度的认同感。[3]

我们再继续介绍斯密的父亲。1705 年，他被任命为劳顿伯爵三世即休·坎贝尔的私人秘书[4]，并于同年 6 月 5 日受命成为苏格兰政府的两位秘书之一，另一位秘书是马尔伯爵[5]。当时寻求英格兰议会与苏格兰议会之间稳固合并的运动还处于飘摇不定时期，但是，这一运动得到了劳顿伯爵与他们家族首领约翰·坎贝尔，即阿盖尔公爵二世，所结成的政治同盟的鼎力支持[6]。阿盖尔公爵当时刚被任命为苏格兰议会高级专员，推动实现这一合并，作为回报，他将获得价值不菲的金钱和英国贵族爵位[7]。反对这一合并的爱国主义者乔治·洛克哈特，给予了劳顿非常正面的评价。他写道，自从于 1699 年劳顿就任苏格兰高等民事法庭特别法官以来，"他的言行获得了所有人的认同，他努力吃透联合王国法律及宪章的精神，并据此做出判决"，但是他的"财务管理状况一团糟，很容易就屈服于法院提出的议案"，即推动实现议会合并的议案[8]。老斯密曾经把钱借给了劳顿伯爵，后来事实证明这并没有给他的家庭带来任何益处。

---

[1] GUL MS Gen.1035/2

[2] GUL MS Gen. 1035/61，1723年2月20日

[3] 斯密作品中提到了许多法国作家，而他的藏书中也有许多法语著作（Mizuta），包括莫里哀的著作（1749，1773）和 Fenelon 的 *Telemaque*（1778），而这些都是在他父亲逝世之后才出版的版本。

[4] Barker, rev. Birkeland, ODNB–O, 2004

[5] Scott, 1937：6–7

[6] A. Murdoch, ODNB—O, 2006

[7] Ferguson, 1968：46；Murdoch, OD NB, 2004–9

[8] Lockhart ed.Szechi.1995：60

　　老亚当·斯密或许应将他之所以能够获得劳顿伯爵秘书一职，归功于他的一位兄弟亚历山大。亚历山大是爱丁堡的一位作家（律师），后来担任了苏格兰税务大臣，1699 年又出任了邮政大臣。作为私人秘书，老亚当·斯密的职责包括：处理劳顿伯爵公务上的以及与他的财产处置相关的通信往来、收集各类政治消息、安排会面和访问等。他经常因为公务而往返伦敦，并陪同劳顿伯爵出访外地。1707 年 3 月，他曾率领了由 11 位城市议员组成的代表团，访问了格拉斯哥[1]。这也是后来亚当·斯密的家人之所以决定将斯密送往格拉斯哥大学就读的原因之一，因为或许可以利用坎贝尔家族在那里强大的势力为斯密的发展提供便利。

　　老斯密现存下来的信件显示，他得到了朋友和熟人的信任，其中包括索塞斯科伯爵和斯泰尔伯爵夫人，以及苏格兰财政部审计员罗伯特·阿巴斯诺特，他们将许多财务上的和家庭内部事务委托给了老斯密来处理[2]。老斯密似乎还为詹姆斯·道格拉斯，即昆斯伯里公爵二世及夫人服务，或是还对他们怀有一份特殊的情意，因为在斯密科卡尔迪家中东西厢房的墙上，挂着他们的肖像[3]。1706 年 4月，昆斯伯里公爵作为政要，率领苏格兰委员会，前往威斯敏斯特详细商谈并签订了《合并协定》的具体条件。

　　老斯密为劳顿伯爵，同时毫无疑问也是为合并事业所付出的服务和努力，得到的回报是安妮女王于 1707 年 4 月 18 日，授予了他"古老苏格兰王国境内所有军队法庭或战争委员会军法监察官"一职[4]。然而，5 月 1 日，在《英格兰和苏格兰议合并法案和条约》生效后，他却被列入了"可能潜在威胁者名单"。而最后一届苏格兰议会，在就《合并条约》的几项条款进行了投票，并正式批准这个条约生效后，就由王室于 1707 年 4 月 28 日发表声明宣告其解散。据说，西福德大法官曾嘲讽地评论说，这是"友谊地久天长"的"终结"[5]。

　　当时，老斯密已经取得律师资格，即有资格在苏格兰最高民事法庭从事法律业务，并处理地产及金融管理方面的法律问题。在当时的苏格兰，律师是"重要

---

[1]　Scott, 1937：10

[2]　GUL MS Gen.1035/21, 22, 31, 68

[3]　GUL MS Gen. 1035/62

[4]　Scott, 1937：129

[5]　Ferguson, 1968：51–2

的现金经理人"，他们在新兴资本市场中发挥着重大作用，这一资本市场为那一时期正在筹划的农业、制造业和商业改革计划提供所需资金[1]。

有资料显示，老斯密对金钱的管理十分谨慎小心，在这一点上斯密秉承了他父亲的个性。这使得老斯密成功地缔结了十分有利的婚姻，并在爱丁堡老城区安了家，在那里一直待到了1714年。他的第一任妻子叫利利娅斯（结婚契约，婚礼后登记，1710年11月13日：GUL MS Gen.1035/51）。利利娅斯是1683年爱丁堡市长、苏格兰议会议员乔治·德拉蒙德爵士的长女。她还有一位更有名的同姓亲属，于1725年和1762年间，六次荣任爱丁堡市长，在这期间他强有力地领导发展了爱丁堡大学，尤其是它的医学院，改善了城市的建设，并为新城的发展做出了规划[2]。

一些老斯密寄给"利利" 德拉蒙德的书信幸存至今，表达了他对家庭事务的关心，以及对她的健康和他们年幼的儿子休[3]的挂念。利利娅斯逝世的时间大概在1716年和1718年之间，而休与他同父异母的兄弟亚当一样，小时候身体也很不好。珀斯寄宿学校的老师约翰·马丁，在1724年成绩报告单中说"他从阅读中获益良多"。休于1750年12月2日，或之前不久去世[4]。在12月15日，亚当·斯密被宣布为他的继承人[5]。休的职业据说是科卡尔迪海关职员，毫无疑问，这一职位的获得与家族影响不无关系。老斯密在1714年成了这一区的海关审计员，随后老斯密雇佣了一位名字也叫亚当·斯密的侄子作为他的职员。这位亚当·斯密后来也先后担任了科卡尔迪海关审计员、海关征税官等职位。

作为苏格兰军法监察官，老斯密表现相当活跃。他被赋予的职责是：确保军事审判遵循恰当的程序、就可能引起的法律问题给出建议、事后就被忽略的法律问题做出报告、为囚徒提供辩护帮助以及确保所有证据都能记录在案。但他履行这些职责时，却不得不面临军法署署长侵犯他职权的威胁，因为在1709—1710年间，这位署长想在苏格兰任命自己的代理人。一直到1715年二世党人叛乱，老斯密都无法真正安心地行使自己的权力。这一叛乱由马尔伯爵领导发动，因为

[1] Haldane，1970：35–8；Durie，1978：21–2
[2] Chitnis，1982：86–97
[3] 1709年9月2日受洗，Huntington Lib. Loudon Papers LO 9412；GUL MS Gen，1035/33
[4] NAS GD446–46–8–00001
[5] GUL MS Gen.1035/69，70；Scott，1973：135

他经常转换政治立场、摇摆不定，人们就给他起了个外号叫"墙头草约翰"。苏格兰的汉诺威王室军队则由阿盖尔公爵率领。在 1715 年 11 月未分胜负的雪利弗缪尔战役之后，阿盖尔公爵在战场上坚定的表现为乔治一世的事业赢得了最后胜利。

1716 年，老斯密在斯特林军营，忙于处理雪利弗缪尔战役之后阿盖尔公爵所发出的军事法庭传票。多年后，斯密与他的印刷商兼出版商威廉·斯特拉恩开玩笑，说他们的"祖先"正是为了"宝贵的私人审判权"将"教皇和觊觎王位者赶了出去"[1]。在这一战争中，斯密的父亲所参与的工作，是获胜一方军队必不可少的纪律维持。尽管我们没有老斯密作为军法监察官所有活动的完整记录，但可以确定的是，他确实参与了死刑的判决[2]。在多年以后，斯密还在他的法学讲义中，对"军法中的严苛刑罚"做了历史性的分析；而在伦理学讲义中；斯密则讨论了由这些刑罚的强制执行而引发的情感问题。[3] 也许斯密的母亲曾经为了满足儿子天生的好奇心，而转述了他父亲职业生涯中这一激动人心的部分。

这位父亲与他未曾谋面的著名儿子在职业生涯方面存在着一致的部分，那就是在他们生命的最后日子里，都担任了海关官员。1714 年 3 月 11 日，老斯密在劳顿伯爵的促成下，被任命为了科卡尔迪的海关检察官。当时苏格兰税收征收低效，受着重重问题的困扰，这迫使海关采取了重组和改革等一系列措施。在与英格兰合并前，苏格兰的税收由相对便于管理的三大部分组成，这三大部分税收以一定金额承包给收税员进行征收，在和平时期包出的价格为 34,000 英镑，而在与法国交战时则是 28,500 英镑。对这种将税收包出的征收体制，斯密颇有微词，但主要是针对法国的类似做法，而对英格兰税收员的薪俸制，斯密则褒奖有加："整体看来，我们可以发现英格兰人是欧洲最好的金融家，他们的税收征收方式要比世界上任何国家都更为合宜"[4]。

与英格兰合并后，英格兰 24 个部门的税收征收体制，以及作为当时流行的重商主义一部分的复杂的奖励和退税机制，延伸到了苏格兰。结果联合王国的财政大臣戈多尔芬，不得不在下面创建一个新的苏格兰征税机构。于是，在爱丁堡

---

[1] Corr. No. 50

[2] GUL MS Gen. 1035/115，119，120，123

[3] *LJ*（A）ii. 92，*LJ*（B）182，335–6；*TMS* II. ii. 3.11 和 pp. 389–95。

[4] *LJ*（B）318；cf. *WN* V. ii. k. 73

成立了由五位成员所组成的海关委员会，加上下面的雇员，对每个港口由收税员、监察员和监督员所开展的日常运作进行监管。港口的日常运作当然还得到了一些装卸货物监管员（这些官员监督货物的装卸并进行检查）以及船夫的协助。海关收税员是港口最高级的官员，并保管着账本，而监察员也保管着一本同样的账本，对收税员实行监督。两位官员都面对各种棘手的问题，不得不向海关委员会汇报请示。

由于苏格兰对这一新的税收体制存在广泛抵制，再加上走私本身所具有的赢利性，以及其他一些因素：如苏格兰崎岖不平的海岸线提供了许多可供登陆的地点的自然环境，一些海关官员欠缺经验、人为失误和腐败等，税收征收过程中存在着巨大的漏洞和流失[1]。亚当·斯密在 1778 年出任爱丁堡海关委员会专员，一直到他去世也都面临着同样的问题。

1714 年老斯密就任科卡尔迪地区的海关审计员，是苏格兰海关机构重组的一部分。1714 年 3 月 20 日，老斯密在写给劳顿的一封信中，很清楚地表示在这场为新职位所做的努力中，他原本期望得到一个更好的职位。他认为马尔在海关委员会的门徒威廉·克雷兰（William Cleland）就成功获得了更为理想的肥差，比如船只登记和查封负责人一职。1717 年 5 月 3 日，在给劳顿的另一封信中，老斯密请求出任苏格兰盐务委员会秘书一职。秘书一职的年薪为 100 英镑，并不比他在科卡尔迪的职位薪水高多少，但是他认为这一职位能让他搬到爱丁堡，这对他有利[2]。他还宣称说这样可以更好地为劳顿伯爵效劳，他在另一封 1720 年 9 月 6 日同类的信件中重复了这一意思，在这封信中请求被任命为爱丁堡海关委员会的安全督查[3]。但这些请求都无果而终，老斯密仍然待在科卡尔迪，而他的遗腹子就出生在那里。

科卡尔迪有着较为悠久的历史。这一名字来源于威尔士语 caer（意思是城堡）和 caled（坚硬的），再加上盖尔语单词 dun（山上城堡），意思是"在坚硬山上的城堡"。这是对拉文斯克雷格（Ravenscraig）这一鸟瞰科卡尔迪湾的防御地点重要性的一种肯定。[4]1334 年，科卡尔迪作为皇权管辖下的一个区，允许在皇权的

---

[1] Riley, 1964：chs. 3, 4, 9, 13

[2] Huntington Lib. Loudon Papers LO 9409–11

[3] NRA (S) 631, Bute (Loudon Papers), Bundle A/1319

[4] Dorward, 1979：29；Walker and Ritchie, 1987：100, 105

保护下，组织市场和集市，并征收税收——这是市场经济社会悠久历史的渊源之一。接着，科卡尔迪被置于了邓弗姆林（Dunfermline）附近的男修道院长的司法管辖权之下。1450 年左右，它成为一个自由的皇家自治市，但是，迄今为止留存下来最早的为市政府确立了组织形式的宪章，是查尔斯一世于 1644 年发布的。其中有条款规定市长拥有海军将领的头衔，而地方议会应由 21 位成员组成，其中应包括海员、商人和来自联合行业的手工艺人。然而，直到 1658 年，一直没有市长当选，因为被当地人称之为"邻人"的城市议员，将出任这一官职看成是意味着"永久地屈从、受奴役于这一城镇"。1588 年 4 月 22 日通过的一项决议表达了他们的这一担心 [1]。在这一决议的背后，是担心市长一席会受到附近权贵的掌控，将自治市拖入权力争斗的泥潭，进而破坏当地人民的生计，限制了城镇人民所应享有的天赋自由。这种天赋自由的理念也一直是亚当·斯密所高度珍视的。

科卡尔迪人主要以煤和盐的出口谋生，16 世纪后期，这一行业的繁荣昌盛为法夫郡海岸城镇带来了兴旺发达。这些城镇的繁荣与内陆地区的贫穷形成了鲜明对比，使得詹姆斯六世说出了大致意思如下的话语：法夫郡"就像粗糙的羊毛外套镶上了一圈金边"，斯密在讨论经济学的早期文章片段中引用了这一说法 [2]。17 世纪内战期间，科卡尔迪的船只遭到了巨大的破坏，数目锐减；1660 年查尔斯二世的复辟所带来的有限的经济恢复，又由于威廉和玛丽的统治时期与法国之间的战争破坏了苏格兰东海岸的航运贸易，而宣告终结。1697 年和 1699 年，农业歉收，引发了饥荒和高死亡率，使得科卡尔迪人口锐减，这从 1691 年纳税家庭数目只有区区的 1,008 家（城镇和教区）可见一斑。17 世纪末苏格兰的经济中心转移到西部，因为格拉斯哥（在市区就有 3,885 家纳税家庭，再加上附近的 Barony 的四个行政区的 524 家）成功地开展了跨大西洋贸易，尤其是与烟草相关的贸易。1707 年与英格兰联合后，产生的直接后果似乎就是与法国、荷兰和波罗的海各国贸易的萧条，科卡尔迪原来一直向这些地区出口亚麻、煤炭和盐 [3]。1760 年，亚当·斯密在给他的出版商威廉·斯特拉恩的一封信中，提到了这些糟

[1] House，1975：41

[2] FB 2，*LJ* 585

[3] Hamilton，1963：249–54；Devine，1975；Flinne，1977：191，197–200

糕的后果，说对于与前两个国家贸易的影响"几乎是完全毁灭性的"[1]。

结果，老斯密更有理由为自己在科卡尔迪的海关职位感到忧虑了。老斯密真正的收入，区别于他作为海关审计员的薪水，取决于海关贸易量的多少。高级海关官员通过向应缴税的货物发放"海关通行证"和"货物准行单"等证书来收取非官方的费用。不仅科卡尔迪的贸易量下降了，而且海关对这些贸易征税的做法也受到了抵制。1708年，担任收税员的约翰·布鲁斯抱怨说"我们在履行自己的职责时，经常遭遇到巨大的敌意与反对"[2]。当时老斯密绝大多数的朋友们都住在爱丁堡，这或许让他对离开爱丁堡感到痛苦。而乍一看，要整日与法夫郡的商人们为伍，似乎也并不那么吸引人，更别提法夫郡的地主们了。在谚语中，法夫郡的地主们被刻画成拥有"锯齿状的土地、一大堆的债务、一个鸽棚、一个法律托词"的那么一些人，而在讽刺作品中，他们的形象是"愚蠢并总是醉醺醺的……明智不足，贪婪有余"[3]。

然而，幸存下来的两份老斯密的遗嘱和账本，以及有着1723年遗孀玛格丽特·道格拉斯背面签字的家庭财产清单，都证明有亲属同他一起在科卡尔迪海关工作，在那里他也结交了新的朋友，经济上成功兴旺，并在那里舒适地安了家。而1720年他与斯特拉森德利庄园的道格拉斯家族的联姻，则表明了他已为法夫郡富裕的地主家庭所接受。老斯密刚当海关审计员时的年薪是30英镑，而到1722年就增加到了40英镑。而另一位也叫亚当·斯密的亲戚，他担任的是科卡尔迪海关和阿洛（Alloa）盐税的收税员（每个职位的年薪都是30英镑）。1754年时他曾说，他收税员职位的"年收入超过200英镑"[4]。这就意味着收费和奖金等收入，会让收税员和审计员的薪水增加一倍还要多。1717年，老斯密自己也说他的职位大概值100英镑一年。这一数目再加上作为军事监察官的津贴（如果付的话），政府每年会给他236英镑17先令6便士。老斯密当然还得用这些收入来支付他雇员的工资，但是每年各种津贴和奖金还是可以给他带来大概275英镑的收入。在他所处的时代，这笔钱有着相当的购买力，几乎与苏格兰最高民事法庭法官的年薪300英镑相当。而且，斯密能够通过出借钱来获取利息，1722年的

[1] *Corr*，No. 50
[2] Riley，1964：135
[3] Mackay，1896：266–7
[4] *Corr*. No. 16

一则事务声明显示，老斯密在那一年获取的债券利息为 137 英镑 19 先令 5½ 便士。总而言之，作为海关审计员的斯密，相对于他那时的年纪而言，已经拥有了相当可观的可供他支配的收入以及财产，这样即使他逝世后，他的遗孀和继承人也都能够得到很好的照顾[1]。

丹尼尔·笛福写于 1724 年左右的《苏格兰细述》（*Account and Description of Scotland*），为科卡尔迪，这一既是斯密的出生地又是他父亲故去前所居住的城镇，所具有的吸引力和优势提供了证据。笛福承认他自己所支持的与英格兰的联合，使得大部分的东部海港"衰退和败落"，但是他注意到科卡尔迪比法夫郡海岸其他城镇"规模更大、人口更为稠密、建设得更好"。在他的描述中，小镇有一条自东向西的一英里长的主街构成，环抱着海岸。这条主要街道以及邻近的小街和小巷，在他看来干净而铺砌平整。笛福描绘的画面是科卡尔迪"为数不少的商人"用"几艘颇为不错的船只"将"各种种类的"谷物和亚麻运往了英格兰和荷兰，并带回了这里所需要的国外货品。他如此急切地想在科卡尔迪找到证据，表明这里的经济活动活跃繁荣，难道是为了让自己在面对联合过程中背后所发生的那些贿赂和欺诈时，良心上能好受一些吗？他还报道说他在邻近地区看到过煤矿，其中一个在镇的西端，离海岸非常近，以至于他担心会被潮水吞没。在东端他看到了一座造船厂，造船厂再过去就支着煮盐和制盐的大锅[2]。

一位当时的瑞典商业间谍亨里克·卡尔梅特记录说 1719—1720 年间科卡尔迪有五口盐锅运转着。当时在法夫郡和福斯河对岸，制盐业是一个有利可图的产业，其利润来源于用盐需求的不断增加。在苏格兰，人们用盐腌制鱼和牛肉，尤其是为了度过漫长的冬季，并用盐给作为主食的燕麦调味。法夫郡的盐商们比英格兰东北部和柴郡（Cheshire）的同行们纳更低的税赋，尽管后者的产品质量更好。这一税收保护措施在 1823 年宣告结束，当时亚当·斯密所倡导的自由贸易赢得了众多的支持者，彻底取消了英联邦的所有盐税，而一个没有任何束缚的自由市场使得法夫郡的制盐业走向了衰亡[3]。

然而，18 世纪 20 年代的科卡尔迪似乎确实采取了一些成功的措施，满足了苏格兰及其海外对用盐的需求。笛福将这一城镇与附近的迪萨特市（Dysart）做

[1] MS GUL Gen.1035/44, 48, 50, 124, 125；Scott, 1937：17–19, 408
[2] Defoe, 1927：ii.780–1
[3] Smout, 1978：40–1；Whatley, 1984；1986：4–17

了一个对比，发现迪萨特市的制盐业已经"完全衰败了"，尽管在那里他确实看到了"制钉子和金属制品工人"所进行的生产活动[1]。确实，这类行业连同这一区的铁匠、木匠和石匠等行业的发展都受到了法夫郡沿岸运煤船和制盐锅需求的刺激。其开矿业、制造业、手工业和贸易活动的结果之一，就是通过城市发展将各社区联系在一起。这是现代工业国家海滨城市很典型的发展模式，就像美国东海岸由卫星城镇组成的集合城市一样。在《罗布·罗伊》（*Rob Roy*）一书中，沃尔特·斯科特借安德鲁·菲尔思菲斯之口从这一角度生动地描绘了1715年的法夫郡，注意到了科卡尔迪作为一个"古老城镇"的卓尔不群，其建筑沿着陡坡山脚加高了的海滩一字铺开[2]。

科卡尔迪当时的市政厅建筑并未能幸存至今，人们在那里上缴市场税收（费用），存放镇上使用的度量衡以及档案和用于城镇防卫的武器，召开镇议会和市法院会议。但是，在印威基辛（Inverkeithing）、西威姆斯（West Wemyss）和迪萨特沿岸还是能看到一些带有1714年左右由建筑家威廉·亚当所引入的独特建筑，这些建筑带着露天楼梯和极具特色的红色"荷兰式的平面砖"。现在的法夫郡民俗博物馆（位于17世纪楚帕尔（Cupar）附近色列斯（Ceres）的称量处），以及具有中世纪安斯特拉瑟（Anstruther）建筑特色的渔业博物馆，都能最有效地让人联想到那已逝去的法夫郡乡村的渔业活动及其手工艺，这些都是年幼的亚当·斯密生活的时代背景[3]。

当地的传统说法是斯密诞生于位于罗斯大街（Rose Street）和商业主街（High Street）连接处的一处建筑内，之后与他母亲一起住在商业主街上的一所房子内（于1834年拆毁）。现在位于那里的克莱德谷和苏格兰北部银行（Clydesdale and North of Scotland Bank）的墙上，用一块牌匾标示了220号，以示斯密故居的原来所在地[4]。从1723年2月20日一份清单上有着老斯密的遗孀、即将做母亲的玛格丽特·道格拉斯的签名，大致可以了解斯密生命中第一座房子内的财物及陈设。除了餐厅和厨房外，还提到了一间西厢房、一间后西厢房和一间东厢房。餐厅里有一张硕大的椭圆形进口优质栎木餐桌和十五把灯芯草茎编织而成的椅

[1] Defoe，1927：ii.781
[2] ch.14
[3] Walker and Ritchie，1987：31–2，62；Gifford，1989：73–4
[4] Fay，1956：41–2

子，墙上挂着宗教题材的图画（圣母玛利亚和东方列王的画像），以及一些世俗题材的图画（詹姆斯六世国王、罗伯特·布鲁斯国王、阿盖尔公爵（大概是公爵二世约翰，那时他还在世）的画像）。西厢房有着一张挂着蓝色帷幔、盖着蓝色被褥的大床，这或许就是这对夫妇自己的睡床，斯密应该就诞生于此。后西厢房则置放着主人骑马的装备：两套马鞍、马靴和马刺以及他的武器、一把枪和一双手枪皮套，这些都提醒着我们作为海关官员的职责并不总是令人愉快的。

清单中所列的厨房里的器物可以向我们展示斯密一家当时的生活水准，家庭成员的一些日常生活情况，以及让我们了解玛格丽特·道格拉斯的家庭管理方式。直到她去世，她一直替她儿子料理着家里事务。斯密家做饭用一个很大的壁炉，烟囱的两端都设有架子。酒类被装在有品脱、肖普和马奇基等不同度量单位刻度的酒壶和酒杯中。清单中提到了茶壶及其三角垫板，这表明当时新的饮茶习惯已经开始替代了原来更为刺激的饮酒习俗。酿酒则要使用"麦芽汁支架"、"麦芽汁大桶"（"wort Kinnen"）（kinkin 或 kilderkin 来自荷兰语中的"kinneken"一词，意思是四分之一的大酒桶），和"发酵大桶"等器具。刀叉及餐具有相当一部分是银制的。清单中还包括两个纺轮和一个卷轴，说明房间里还准备了纺纱所需的材料。厨房里挂的是一张"改革者加尔文"的画像，或许是想让长老教会与餐厅里的天主教圣母和东方列王做一平衡。

清单中还列出了老斯密的服饰，其中包括一件蓝色披风、一件红色披风、一件丝绸睡袍及一套白色服装。他的藏书数目据说"大概有八十本"。清单的最后几样是：一个"有着七个铃铛的银质儿童口哨、三圈银链子和一块红珊瑚"，这些或许是老斯密自己童年用过的遗物或是他长子休儿时的用品，也或许是拿来逗当时还是婴儿的小斯密开心的器物[1]。

这一清单是由另一位海关职员亚当·斯密拟定的，但是他一定也得到了玛格丽特·道格拉斯的指导。清单中有相当多的苏格兰语单词（或许是根据法夫郡当地的发音拼写的，比如用"fat"而不是"vat"、"kinnen"而不是"kilderkin"），这就是亚当·斯密最早听到和学会的母语，尽管据说斯密作为"斯内尔奖学金获得者"在牛津大学求学期间，习得了当时苏格兰知识界非常羡慕的标准英语发音。

老亚当·斯密的两份遗嘱（被废除的 1718 年 8 月 30 日立的一份和被执行的

---

[1]　GUL MS Gen.1035/62

1722 年 11 月 13 日立的那一份），告诉了我们许多关于他家庭关系、朋友和债权人的情况，其中一些人从提到的他们的农场设施来看是富足的科卡尔迪家庭[1]。这些人中，除了其中一个是贵族外，都是来自中层拥有土地的绅士、专业人士和商人。斯密早期生活中这样的家庭背景，以及在后来的生活中，对这些人的观察和与他们交往的经验，或许帮助斯密形成了在他的作品中所体现出的对这些阶层的态度。斯密对当时商人阶层进取精神的敬重、对乡村绅士和农民在分享新的想法和做法方面慷慨大度的认同，以及对专业人士更多来自于对地位而不是利润的渴望的意识，都可以说是来源于他父亲生前所交往的世界。[2]

在第二份遗嘱中被列为斯密的"导师和监护人"的乡间绅士中，包括了亚当·斯密的舅舅斯特拉森德利庄园的罗伯特·道格拉斯和约翰·道格拉斯；通过婚姻而成为道格拉斯家族一员的大卫·斯基恩；前面提到过的斯密洗礼见证人之一的亨利·米勒，他是科卡尔迪市立学校时斯密的杰出老师大卫·米勒的亲戚。或许正是通过这些人，斯密才对开始于上一世纪的农业改革有了最初的了解。

在遗嘱中被列为斯密监护人之一，同时也是斯密洗礼的见证者之一的詹姆斯·奥斯瓦德上尉非常符合斯密所刻画的地位不断提高的商人形象。他是一位富有的商人，曾担任科卡尔迪同业行会会长（1702—1707）（负责监管市区建筑的地方官员）；他既是苏格兰议会的议员（1702—1707）（在议会里他一直投票反对与英格兰的联盟），也是英联邦议会会员（1710—1715）；并曾任科卡尔迪市长（1713—1715）。在 1702 年，他买下了邓宁基尔（Dunnikier）的地产，是那一区主要的土地拥有人之一，并且是他自己的地产帕斯海德（Pathead）乡村里一家制钉工厂的主人，他还是老斯密的债权人。他的长子詹姆斯（1715—1769）是斯密的朋友，据说斯密与他讨论过经济问题。监护人中另一位商人是威廉·沃克，他是老斯密的侄子，被称为"阿伯丁的染色商"，并与这一城市的市长和大学校长等家族有联系。

遗嘱所列的监护人中，属于专业人士的有威廉·斯密，他继承了他的叔叔老斯密的职位，担任了劳顿伯爵的秘书，接着他成了阿盖尔公爵二世的管家。公爵的地产位于牛津郡附近阿德伯里（Adderbury），他有时去那里视察，就能招待

---

[1]　GUL MS Gen.1035/43, 47；Scott, 1937：129–33

[2]　Cf. *LJ* (B) 295 和 *WN* III.iv.3（商人）；*WN* IV.ii. 21（农民和绅士）；*LJ* (A) vi.62（专业人士）

那时在巴利奥尔学院（Balliol College）就读的斯密。其他专业人士包括赫拉克勒斯·斯密，他是老斯密的堂兄、科卡尔迪的海关收税员。另一位堂兄威廉·斯密是阿伯丁大学马利夏尔学院的校务董事，直到 1717 年因为同情二世党人而被罢黜。威廉·卡德尔是一位律师，而阿奇博尔德·阿诺特是科卡尔迪的一名外科医生。约翰·斯泰尔是卡姆诺奇（Camnoch）教区的牧师，也是老斯密第一任婚姻中的大舅子。监护人中还包括人丁兴旺而又才能出众的佩尼库克（Penicuik）克拉克家族的两位成员：律师约翰爵士，他继承了准男爵爵位；以及他的堂兄的约翰·克拉克医生，他也是老斯密第一次婚姻中的姻亲[1]。

监护人名单中包含了这两位克拉克家族成员尤为令人感兴趣，因为首先，这意味着老斯密与苏格兰启蒙运动的早一代拥护者之间有所往来。苏格兰启蒙运动是一场复杂的思想变革，改变了 18 世纪苏格兰的方方面面，而斯密也是这一运动著名的推动者之一。其次，克拉克家族日益显赫，在这一过程中他们所展示出来的行为特征，正好可以作为实例，证明斯密社会科学体系中的各解释原则：企业家和专业人士阶层突出的积极进取精神；为了长远的利益愿意放弃眼前享受的节俭；对社会地位的渴求；以及不断提高的生产能力和适度的利润有助于增加人类福利的观点等。斯密的观点是高利润会毁掉人们节俭的习惯[2]。

克拉克家族的财富最早是由祖父约翰（1611—1674）白手起家创建起来的。他是一位蒙特罗斯（Montrose）商人，在巴黎成功地经营着一家综合商店。他从巴黎往苏格兰出口稀有的一些物品，包括伦勃朗和勃鲁盖尔家族成员等的油画作品。他与一位地主的女儿结了婚，并在距爱丁堡九英里的佩尼库克购买了地产。他的儿子小约翰（1649—1722）积累了更多的财富，成了一位非常能干的煤矿主，并从查尔斯二世手中购买了准男爵爵位。他是一位热心的加尔文主义者，追求利润，重视员工培训。如果有人想为马克斯·韦伯所论述的新教教义和资本主义矛盾统一地融合为一体寻找实例，约翰就是最好的例子[3]。

到了第三代，约翰·克拉克公爵二世（1674—1755）是老斯密的朋友，他曾在格拉斯哥大学学习法律，然后到莱顿（Leiden）大学求学，因为荷兰的民法和苏格兰法律一样遵循的是罗马法学的传统。为了满足自己对于名胜古迹和古典音

---

[1] Scott, 1937：131–2
[2] *WN* I. ix. 24；IV. vii. c. 61
[3] Weber, 1958；Marshall, 1980：235–47

乐的爱好，他去了意大利和维也纳旅行。回到苏格兰后，于1700年成了一名辩护律师，并在与英格兰联合后所创建的苏格兰税收法庭中出任法官。他兴趣广泛，轻松的职务使得他有充裕的时间从事自己感兴趣的实践的、科学的和文化的等诸方面的追求，诸如农场改进（通过圈地和作物轮作）、开矿工程、建筑、考古以及撰写历史和诗歌等（Fleming 1962：14—44；I. G. Brown 1987：33—49）。1710年他成为爱丁堡的互济会会员，并参与会员间与启蒙运动相关的哲学与政治思想的讨论。或许正是互济会会员的身份使得他与科卡尔迪有所联系，因为至少是从1658年开始，互济会就在科卡尔迪设立了支部[1]。大约1723年，公爵在米德洛锡安郡（Midlothian）的马维斯班克（Mavisbank）开始建造一座帕拉弟奥新古典主义建筑风格的别墅，得到了另一位互济会会员、科卡尔迪的建筑承包商、建筑师威廉·亚当的协助。在佩尼库克住所，男爵在自己的身边聚集了一拨人，这些人都同他一样对在罗马别墅群附近进行考古挖掘充满热情，并把自己看作是传统文明真正的继承者。正是这样的想法，决定了亚当·斯密小时候所接受的教育的很多方面内容，其重点部分地被放在了学习经典伦理学家的作品以及他们的文化上面。

作为要求他成为休·斯密监护人请求的回应，克拉克法官出于应有的法律方面的谨慎考虑，提出了几个必须注意的技术问题，而且尽管他说明自己可能不是很方便来承担这些必需的责任和义务，但他还是很乐意"加入辅助故友之子的行列"[2]。而他的堂兄约翰·克拉克医生（1689—1757）则更直接地拒绝成为监护人，理由是他的事务将他限制在了爱丁堡，而休则要在福斯河湾的这一边接受教育[3]。然而，在1724年，年轻的休身患重病，而当时照顾他的就是克拉克医生。

克拉克医生曾在莱顿大学赫尔曼·布尔哈夫门下学习医学，接受了他将人体的运行方式看成是一种液压式水泵的工作原理的机械式理论。布尔哈夫坚持对有抱负的医生而言，医学临床经验非常重要，这激励了克拉克医生，他也与自己爱丁堡的同事分享了这一思想[4]。他的医生资格是由圣安德鲁大学于1711年，在没有经过任何考核的情况下所授予的。1774年，斯密将苏格兰这种出售医学文

---

[1] Stevenson, 1988：8，199；Jacob, 1991
[2] GUL MS Gen. 1035/55
[3] GUL MS Gen.1035/56
[4] GUL Cullen MSS III：3

凭的做法，指责为一种"肮脏的交易"[1]。然而，克拉克医生对公共卫生问题有着相当的见地，并就令人恐慌的爱丁堡卫生状况撰写了一个报告，当时霍乱、天花、伤寒及斑疹伤寒等流行病不断在爱丁堡肆虐。而且，他还是爱丁堡城市医院的创始人之一，从 1729 年开始，这一医院在爱丁堡大学的医学教学中扮演了一个日益重要的角色。除此之外，他还加入了爱丁堡的各种旨在交流思想、促进研究以及推动改良的协会和团体[2]。其中一个例子就是成立于 1731 年，重建于1752 年的哲学协会，休谟曾任该协会的秘书，而斯密也曾是会员之一[3]。

当斯密加入了爱丁堡和格拉斯哥的知识分子圈后，他的兴趣广泛，和克拉克医生一样从经典文学一直到科学都有所涉猎。可以肯定的是他从未对医学感兴趣，而且对医药处方抱持高度怀疑[4]。然而，他还是终生都与他的医生威廉·卡伦和他文稿遗嘱执行人医学科学家约瑟夫·布莱克保持了亲密友谊。他们俩都是约翰·克拉克的门徒[5]，但是对他的（和布尔哈夫的）医学思想中机械的一面提出了质疑。

通过藏书和所交的朋友能让我们了解一个人，我们现在就看看老斯密的藏书书目，来了解一下他的个人文化[6]。相对于他这样一位接受过法律训练，并以法律为职业的人而言，在所列的 80 种书中，法律方面的书实在少得可怜。书单中只有六本法律书，从幸存至今的书信中我们可以再加一本：托马斯·克雷格的《封建法》（*Jus Feudale*）[7]，1714 年老斯密将它送给了劳顿伯爵。这是一部颇具历史深度和比较广度的法律专著，是 17 世纪末作者在乌得勒支大学（Utrecht）和莱顿大学的讲义内容。这本书会让劳顿伯爵圈子里的人很感兴趣，因为该书作者支持苏格兰和英格兰的联合，并致力于缩小英格兰和苏格兰法律之间的差异[8]。

实际上，"书目"中的大部分是宗教书籍，这或许向我们暗示了藏书主人的兴趣所在。在这一类的 32 个条目中，有一本《英语大圣经》（*Lairge bible in*

---

[1] *Corr.* No. 143
[2] Roche，1978
[3] Emerson，1979，1981：143，168 n. 48。
[4] *Corr*. No. 161
[5] Donovan，1975：47，174
[6] GUL MS Gen. 1035/61
[7] 写于 c.1603年，出版于1655年
[8] Huntington Lib. Loudon Papers LO 9047；MacKechnie，1936：62-3，202-4，234

English），可能是 1722 年由詹姆斯·沃森印刷的高品质的对开本圣经，这一藏书也同样出现在了他儿子的藏书中[1]。另一本可能也是由父亲传给儿子的藏书是汉弗莱·普里多写的关于天文学史的描述。有一本书名为《与犹太人和邻近国家人相关的旧约和新约》(*The Old and New Testament connected in the history of the Jews and neighbouring nations*，1716—18)，颇受更为严苛的新教徒的青睐 (Mizuta；Bailyn，1992：33)。同时代的人有报道说玛格丽特·道格拉斯是一位极虔诚的基督教信徒，这或许是她与她丈夫结合的一个纽带[2]。然而，他们的儿子则与基督教保持着一定的距离，事实上，有一次他竟随意地取笑"悲号着的基督徒带着假装的对上帝意志的顺从死去"。毫无疑问，这话是出自斯密的一封私人信件[3]，而在其他一些信件和出版的作品中，斯密所展现的是有神论者的思想特点，或许这是他早期家庭环境影响的结果。

这位父亲的藏书并不只限于神圣的爱或"真正的基督徒的爱"，而且还包括那些谈论世俗的爱的作品：《法语情书》(*Letters of Love in French*)、《唐娜奥林匹传记》(*the Life of Donna Olimpia*) 以及奥维德 (Ovid) 的《爱的艺术》(*de Arte Amandi*)。把这些情爱作品计算在内，总共 24 本书是属于纯文学或经典范畴的。还有一本法语语法书是为了帮助阅读这些作品，可能是兰斯洛特和阿诺所写的《普通语法及体系》(*Grammaire generale et raisonne*) 的一个复印本[4]，后来这一书也出现了斯密的藏书中[5]。老斯密的爱好非常广泛，藏书还包括了为苏格兰启蒙运动设定温和改良基调的艾迪生和斯梯尔所创办的报纸《旁观者》(*Spectator*)，以及机智风趣的讽刺作家汤姆·布朗的作品。令人惊奇的是，藏书中没有任何斯威夫特或蒲柏的作品，或许是他们的保守党派政见起了影响。书单中总共有十本书与历史相关，其中《英格兰历史两卷》(*The History of England in 2 Voll.*) 可能就是斯密藏书中怀特·肯尼特 (1706) 的作品[6]。另一本书名为《拉栖代梦人的内战》(*The Civil Wars of the Lacedaemonians*) 可能也是斯密所拥有的尼尔斯·克雷格所著的《拉栖代梦人共和国》(*De Republica Lacedaemoniorum*)

---

[1]　Simpson，1979：187–99；ASL Mizuta

[2]　*TMS* app.ii；Scott，1937：20；Rae，1965：427–30

[3]　*Corr.* No.163

[4]　Amsterdam，1703

[5]　ENU JA 1564；Mizuta

[6]　Mizuta

(1670) [1]。老斯密的藏书中剩下的八本书就比较杂，其中两本是科学方面的（关于物理和地理的）；一本是关于玄学的（相手术）；一本是程序手册《流行秘书》（*the Secretary in Fashion*）；一本是关于经济的《贸易论》（*A Discourse about Trade*），这很适合一位海关官员来阅读，肯定会让我们联想到儿子所从事的职业。另一本关于哲学的书似乎确实传给了他的儿子：迪阿梅尔的《新旧哲学》（*Philosophia vetus et nova*）[2]；还有两本是医学参考书，在这两本书中，《卡尔佩珀助产士增补版手册》（*Culpepers Midwife Enlarged*）或许是利利娅斯·德拉蒙德·斯密临盆时用过的遗物，或者是暗示了老斯密为自己无法谋面的儿子出生所做的事先准备。当然，这是一本很流行并重印多次的作品，比如在艾迪生所列的利奥诺拉的藏书中也有这一书目[3]。总而言之，这一藏书书目展现了老斯密思想上的修养，为其作为一位才智之士的形象提供了更多证据。他游历过波尔多和伦敦，能够为自己的儿子提供相当的经济资源和思想资源，或许只是没能提供给他一个足够健壮的身体。

最后要讨论的与斯密父亲相关的文件是关于他葬礼开支的账本。1724 年 4 月 24 日，玛格丽特·道格拉斯从詹姆斯·奥斯瓦德手中接过并签收了这笔"八十英镑十六先令六便士"的账单[4]。账单中的细节还包括将"报丧信"送到了"整个城镇和乡村"，并快报到了爱丁堡；从账单中还可以看出是一群人聚在一起打理了整个葬礼，并准备了备有面包、饼干、香饼及麦芽酒和啤酒的简单午餐。当看到为"休买丧鞋一双"时不由令人动容。我们可以想象当"烟斗和烟丝"被放到棺木里以备死者享用时，人们对这位本来前途远大的 43 岁科卡尔迪海关审计员会有怎样的议论，会对亲身经历父母双亡的休·斯密产生怎样的悲悯，又会对年轻遗孀及她腹中将永远无法与父亲谋面的孩子生出怎样的同情呢！

[1] Mizuta
[2] 1685，1700；Mizuta
[3] Spectator No.37
[4] GUL MS Gen.1097/11；Rae，1965：3

2. 童年

培养自我克制的伟大学校

对玛格丽特·道格拉斯而言，要在家中（位于科卡尔迪市商业主街旁边，中心市场入口处）生下小孩，丈夫藏书中的这本《卡尔佩珀助产士增补版手册》并不是一个能完全靠得住的指导者。这本书大概描写的是当时人们通常的做法，因此书中的描写能让我们了解一些当时道格拉斯是怎样照顾她刚出生的宝宝的：

让助产士轻轻地抱着他。用柔软的布将他裹起，放到摇篮里，先用温酒擦洗；在让他吮奶前，先给他吃一点蜂蜜或鲜炸出来的杏仁油，这样如果有从子宫里带来的脏东西卡在胃里，就可以得到清除。[1]

正如上文已经提到的，亚当·斯密在幼儿时期体弱多病。他幼年就已患上让他终生遭罪的腹绞痛，在《道德情操论》中有一句相关的描写："没有疼痛比这更剧烈了"[2]，这或许就反映了斯密幼时多病，以及后来身体状况不佳的一种感受。斯密的身体状况要求他妈妈给予极大的关注和照顾，她显然曾经因为她对待小孩"无限度的纵容"而受到过谴责[3]。卡尔佩珀书中列出的儿童易患疾病，达到了令人恐怖的程度。他估计每20个妇女中几乎找不到一个能够自己喂养小孩，至

---

[1] Culpeper，1671；ii.229
[2] I.ii.1.11
[3] Stewart I.2

少在伦敦是这样。他还认为母亲大多会"娇养"或宠坏她们自己喂养的小孩。尽管当时的幼儿死亡率很高，而传统医学治疗的质量也令人怀疑，但是斯密显然还是从 1723—1724 年东部低地流行的疟疾中幸存了下来[1]。同样地，科卡尔迪的居住环境总的来说是有益于长寿的，但对患风湿病和胸痛的成人和小孩则不利，尽管如此，斯密也还是安然无恙地活了下来。1724 年 6 月 3 日，威廉·沃克，小斯密同父异母的哥哥的监护人，写信给奥斯瓦德上尉说科卡尔迪"并不是个合适的居住地，因为过多地暴露在海边空气中，不利于小斯密所患的温热症的治疗"。他建议将这小男孩送到乡下居住[2]。玛格丽特·道格拉斯也有同样的想法，因此她常带着他去拜访嫁给法夫郡地主的姐妹，其中一位就是大卫·斯基恩的妻子珍妮。她还带斯密前往自己的娘家斯特拉森德利庄园（法夫郡西部山脉再往里七英里，位于莱斯利（Leslie）和莱文斯湖（Loch Leven）之间），她的哥哥约翰是那里的地主。各种证据表明亚当·斯密对母亲所给予他的无微不至的照顾，回报以深切的热爱，希望能令她高兴他本人作为教授和学者所获得的卓越声誉也定是其回报的方式之一。

在斯密尚年幼时，由奥斯瓦德上尉和阿奇博尔德·阿诺特（于 1723 年 2 月 20 日，成了斯密父亲的地产管理人）负责管理他的财务事宜。奥斯瓦德自己并没有能一直履行这一职责，因为据说他在两年后就去世了。曾经是老斯密雇员的亚当·斯密，继他之后成了代理人[3]。这一斯密与阿诺特似乎不得不面对应如何安置玛格丽特·道格拉斯这位遗孀的问题。1730 年 6 月 29 日，玛格丽特·道格拉斯签署了一封可能是由两位代理人之一起草的，写给劳顿伯爵的信件，提醒他归还拖欠小斯密的六年债券利息，并附加说"正如我以前已向阁下您提到过的，我现在很是穷困，希望您能吩咐在此处原信件单词缺失和 8 月 1 日期间归还于我"[4]。劳顿伯爵下重金投资了 1720 年破产的南海公司，在这一投资失败后，于 1731 年 11 月 20 日离世，身后留下一处已抵押的地产[5]。道格拉斯家族的亲戚们也没那

---

[1] Flinn, 1977：212

[2] GUL MS Gen.1035/70；Fleming, 1791：ix.741

[3] GUL MS Gen. 1035/63，1723 年 2 月 20 日，James Oswald 任命代理人处理 Hugh Smith 的事务；财产继承事务办理处（SRO），C22/60，3 月 29 日，1724，小亚当·斯密重新获得了对他父亲财产的继承权；GUL MS Gen.1035/71，1735 年 5 月 13 日（从伦敦），William Smith 的账本被归还给 Adam Smith 的代理人，WS，包括 South Sea Co. 的股票；Scott（1937：21-2，134）。

[4] Huntington Lib. Loudon Papers, LO 8612

[5] Barker, rev. Birkeland, 2005；ODNB

么容易就兑现斯密母亲应得的财产，因为她的嫁妆及她从父亲那里继承的遗产一直要到 1750 年 12 月 22 日才最后结清 [1]。

1740 年，代理人亚当·斯密，当时就任科卡尔迪海关收税员，被要求替继承人出面，了结赫拉克勒斯·斯密和老斯密在科卡尔迪海关共事期间的相关事务。最后，赫拉克勒斯·斯密的继承人得到了 7 英镑的付款 [2]。同年，这位亚当·斯密被提拔为苏格兰外港总督察。他的生活绝非循规蹈矩，1742 年他的仆人克里斯琴·斯金纳向科卡尔迪教会会议承认"与他通奸，并为他生下一孩子"。教会会长就这一起诉致信收税员斯密，但没有得到回复。而在下一年，这一女仆因"通奸丑闻确认属实而被无罪释放"（NLS MS Acc. 4811，1742 年 11 月 26 日，12 月 7 日，12 月 21 日；1743 年 6 月 14 日）。

斯密儿时生活中的一件惊险轶事是三岁时，他曾被一群补锅匠掳走。现在这种补锅匠在苏格兰被称为吉卜赛人或流浪者，他们有着与众不同的口头文化，在全国周游流浪，居住在很容易就被人识别出来的露营地上 [3]。早些时候，这类人中有一些以补壶和锅为生，这就是"补锅匠"这一名称的由来 [4]。科卡尔迪附近一个被称为"约翰马歇尔洛" [5] 的地方，人们在那里找到了一个吉卜赛人的营地。一条吉卜赛人走过的路，从那里一直往北跨过了斯特拉森德利庄园附近的小山。据说，亚当·斯密是在 16 世纪的斯特拉森德利城堡附近一块大石头那儿，被一位吉卜赛妇女掳走。掳走的地点在当地有两种说法：一种说法是发生在斯特拉森德利城堡的后面，另一种说法是在现在的斯特拉森德利庄园操场上紫桑树下的那块大石头那里。斯特拉森德利庄园大部分是于 1824 年重建的，代替的是原来 17 世纪末的一座早期府邸。 [6]

斯密被找到的故事又有好几个版本。一种说法是斯密很快就没了消息，他的叔叔从经过的流浪汉得到一些消息，在莱斯利树林追上了他们，并把小孩救了下

[1]　NAS 02023 GD446—46—8—00001
[2]　Scott，1937：134
[3]　Scottish Government Pubs.，2008a，b
[4]　Clark and Kendrick
[5]　John Marshall's Loan
[6]　Gifford（1988：412—13）记录下了 1824 年由 William Burn 重建城堡和庄园的细节。1933 年 8 月 18 日，the Revd Gordon Simpson、Trinity Parish Church、Leslie、Fife 写信给我，告诉我 17 世纪晚期当地庄园的传统特点。1993 年 11 月，我前往那里参观，请求居住在那里的城堡和庄园的居民，指认了他们认为亚当·斯密被掳走的地方。

来。另一个版本是在小斯密被发现前，这些吉卜赛人已沿着那条他们惯常行走的道路走了很长一段路[1]。19世纪斯密的传记作者约翰·雷，很生动地讲述了斯密走失的故事，一位绅士报告说路上他遇见一个吉卜赛女郎抱着一个哭得很可怜的小孩。搜寻队伍出发前去寻找，吉卜赛女郎被发现后，就丢下小男孩，穿过莱斯利树林落荒而逃。由于有许多关于我们的主人公臭名昭著的爱走神的故事，雷说恐怕亚当·斯密"本来真的会成为一个很糟糕的吉卜赛人"[2]。

但斯密确实成了一位杰出的学者，部分得归功于他通情达理的母亲，在照顾他孱弱身体的同时，发现他记忆超群，本性好学。另一部分得归功于科卡尔迪所采用的全国性教育体系[3]。据斯密自己在《国富论》中的叙述，这一全国性的教育体系最基础的部分就是那些"小学校"的建立，这些"小学校"教会了"几乎所有普通人都能够阅读，并使他们中的很大一部分人能写会算"。斯密认为阅读教学所使用的教材应该可以"更有意义一些"，他批评这一体系过于注重肤浅的拉丁文知识，而忽略了"基础的几何和力学知识"。

斯密的学校时光是在希尔街（Hill Street）市立学校那两间房的结实建筑物内度过的，这一建筑由科卡尔迪的镇议会于1723年建立，1843年以前一直用于教学。学完"小学校"这一阶段后，从1731年到1737年，斯密似乎是在大卫·米勒的指导下完成了在语法学校的教育。大卫·米勒是一位享有很高声誉的校长，1724年，镇议会出资让他从楚帕尔（Cupar）迁入科卡尔迪。他对科卡尔迪的教育产生了重大影响[4]。

当时科卡尔迪市立学校的两本教科书现存至今，上面有斯密的亲笔签名，其中一本是《优特庇乌斯马简史》（*Eutropii Historiae Romanae Breviarium*）[5]，有着斯密笔迹记下的日期"1733年5月4日"[6]。同年2月5日，科卡尔迪镇议会会议记录中有题为《教学和管理方法以及镇里的相关考察》的一份文件。这一文件或许更多地代表了米勒的教育理念，而非科卡尔迪市立学校真实开展的教学安排。文件中提供了学校课程设置的细节，看起来可以与爱丁堡私立中学的课程

---

[1] Stewart I.3；Scott，1937：22–5

[2] pp.22–5

[3] Ross，1984c；Houston，1989：43–61

[4] Kirkcaldy Town House，Council Records 1718–46，1/1/3：154，158，169

[5] Edinburgh，1725

[6] Kirkcaldy Museum；Mizuta

相提并论。这一文件也让我们了解了米勒在教学方法方面的一些洞见。最初的四个年级学生学习拉丁文写作，五年级学生进行拉丁文阅读，涉及拉丁文"基础"或语法，而六年级老师教授英语阅读和写作以及算术[1]。这一教学计划的前身是苏格兰1696年的教育议案，这一议案由16世纪清教徒改革者们，改编自意大利人文主义者的修辞学教学。建于1582年的科卡尔迪语法学校，其历史可以一直追溯到宗教改革时代[2]。

米勒给初年级（一年级）学生布置晚上的家庭作业，要求他们翻译一篇短文，"以锻炼他们的判断力，并逐步教会他们正确的拼写、良好的书写习惯[字迹]、良好的语感和良好的语言"。早上集会后，就检查这些翻译，要求孩子们再从英语翻译回拉丁文，并维持"[拉丁语]中的自然和符合语法的词序"。早上再迟一些，第一、二年级学生就开始相关主题的写作。亚当·斯密一生都保持着一种大大的、小学生字体的笔迹，似乎他觉得书写方面的操作很困难，写作本身对他而言好像总是一个问题[3]。早上最后几节课，米勒三、四年级学生学习拉丁语法，五年级学生阅读英文，而六年级学生阅读或写作英文或学习算术。五、六年级学生还会在早上，就基督教教义问题接受提问。这一教育体系旨在强化学生的个人宗教信仰和培养学生的英文读写能力。在16世纪的苏格兰，学校教育不再面临要使学生获得杰出的拉丁文修辞能力的压力，因为拉丁文已不再是事务处理中所使用的语言。修辞训练的重点已转向如何提高英语的表达能力，尽管学生还是需要一些拉丁文知识，作为经典著作学习的入门。斯密或许是在五年级和四年级时，学习了尤特皮斯的著作。这一课程被用来巩固学生所掌握的拉丁文基础知识，扩大拉丁文词汇，也为从城邦的建立到公元364年约维安国王去世之前的罗马历史提供一个概要。

第二本从斯密学生时代幸存下来的教科书，是关于世界历史的：公元3世纪查士丁对奥古斯都时代作家庞培·特罗古斯所著的《腓利史》（*De histories Philipicis*）的摘要，其中涉及了古代东方、古希腊以及古罗马的历史，也是亚历山大大帝所处时代及其生平故事的一个主要来源[4]。这些作品中的各种插曲轶

[1]　Kirkcaldy Council　Records1/1/3：299–300；Law，1965：74-5
[2]　Ross，1948b；Gifford，1989：191
[3]　*Corr*.Nos.136，276
[4]　Mitzuta；Simpson，1979：191；Yardley 1997

事，提供了一个可以"指明寓意，或使故事增色"的修辞宝库。教师也从这样的角度出发来讲解这些作品。而亚当·斯密从这些作品中的获益却远不止于此。比如，他一生对历史的浓厚兴趣，大大加深了其社会科学理论著作的深度。

现代学者认为，优特罗庇乌斯的著作，展现了作者"公正无偏"的态度和"良好的判断力"等特点[1]。但在斯密所处的时代，人们对这一著作的看法则完全不同："[它提供了]非常枯燥的罗马历史摘要。整体看来，到处都是大量的专有名词和日期时间，这很可能会让刚开始入门学习拉丁语的小孩感到沮丧"[2]。因而，古典主义者和历史学家查尔斯·罗林，基于自己作为巴黎大学修辞学教授的经验，以及对法国学校课程的了解，写作了一系列题为《如何教授和研究纯文学》(*De la Maniere d'Enseigner et d'Etudier les Belles Lettres*) 的专题论文，为"学会拉丁语"设计了一个课程。这一课程与米勒在科卡尔迪所实行的课程有很多相似之处，包括了"对作者的介绍和翻译及练习的设计"。尤斯丁 (Justinus) 出现在了四年级学生学习的作家名单中，一起位列其中的还有恺撒的评论、泰伦斯的喜剧以及西塞罗的一些演讲和书信[3]。18 世纪 30 年代，在阿伯丁市立语法学校，第四和五年级学生阅读的是维吉尔、泰伦斯、李维、萨卢斯特以及恺撒等作家的作品，他们每周做三次翻译练习，并熟记长段的拉丁文诗歌[4]。

这些作家代表作的节选，对学生时代的斯密而言，是耳熟能详的。而在这里提起泰伦斯，又会让我们想到了米勒在教学上的创新，即将戏剧或至少是演讲术引入课堂，活跃他的教学。17 世纪的教育改革家夸美纽斯，在他的《母育学校》(*Schola ludus*) (1656) 一书中也提出过这一主张。1734 年的一次表演中，米勒用一个冗长的标题《皇家顾问委员会，或者男孩的正规教育是一切进步的基础》(A Royal Council for Advice, or the Regular Education of Boys the Foundation of all other Improvement) 写了一个剧本。在这一据说让观众非常满意的戏剧中，"委员会由会长和十二位成员组成，他们体面而庄严地像参议员一样围着桌子而坐；另一些男孩则远远地站在人群中，代表着来参加会议听取建议的民众"。从人群中依次走出来了"一位商人、一位农场主、一位乡间绅士、一位贵族、和

---

[1] McDonald，1978

[2] Rollin，1759；i.169

[3] Rollin，1759；i.182

[4] Scotland，1969；i.82

两位学校老师等等，而最后一位绅士则向委员会卓越的建议和精彩的表现表示了祝贺”[1]。人们会很好奇，11 岁的斯密在当时到底被派给了怎样的角色？如果有的话，他是扮演了其中的主要角色，还是只是人群中一个跑龙套的呢？然而，米勒所有诸如此类的努力，都为斯密提供了非常实用的教育，训练了其英语表达，打下了坚实的拉丁文基础，并教授了初级希腊文知识（这毫无疑问，尽管我们没有更多细节），使得斯密能够在格拉斯哥大学快速地成长进步。

1816 年到 1818 年，托马斯·卡莱尔在科卡尔迪市立中学教授古典学课程。在其《旧衣新裁》（*Sartor Resartus*）[2] 一书中，描绘了在传统课堂上，学生所受到的非人性化的待遇："他们填鸭式地往我们脑袋里塞不计其数的已经废弃不用的词汇，把这美其名曰促进我们思想的成长"[3]。然而，亚当·斯密的学习经历似乎完全是另一回事，这里的教育使得他热爱经典著作，善于修辞技巧的应用，或许还激起了他对于历史的持久兴趣，更有可能还引发了他想要明智而有风格地表达自己思想的欲望。

斯密在科卡尔迪所接受的教育是幸运的，而更为有幸的是他在孩提时代熟人和朋友们对他的关照。他那非常独特的"在独处时和无人陪伴时喃喃自语"的习惯，一直保留到了他生命的终点，而这只是引起了当时人们好奇的注意，却并没有遭到揶揄和挖苦。他对书本的热爱，以及超强的记忆力得到了人们的尊重，他那友好热情而又慷慨大度的脾气激发了人们对他真挚的情感[4]。

斯密成年后，将上学时期看成是小孩性格形成的关键时期。他认为在童年的早期，小孩的各种情感都非常强烈。一位宠溺的照看人或父母，如果想要恢复被照看人平和的脾气，必须用另一种同样剧烈的情感来加以抗衡，比如，用吵闹或威胁引起的恐惧来抗衡愤怒的攻击。在学校，斯密认为不存在这种"纵容的偏袒"。他认为小男孩总希望自己能为他的同伴所认同，而不是被他们嘲笑或憎恨。要实现这一愿望，自我保护这一基本动机，教会他控制自己的愤怒和其他激情的程度，直到赢得同伴的赞赏。这样，小男孩就进入了"培养自我克制的伟大学校"，学会超越感情的纪律，如果真能完全做到，是首要之美德，可以增添其他

---

[1] Grant，1876：414
[2] 完成于 1831 年；陆续出版于 1833—1834 年。
[3] ch.3
[4] Stewart I.5

美德的光彩[1]。在科卡尔迪市立中学的学习经历，也使斯密意识到了竞争和自信的重要性。沃尔特·斯科特将这理解为是灌输给年轻人的一种"老式的苏格兰家庭教养体系"，同时也是"斯多亚主义伦理学家的见解。[2] 正是在科卡尔迪市立中学课堂上学会的拉丁文和希腊文入门知识，为斯密到格拉斯哥大学后理解古典哲学提供了一把钥匙，最终帮助斯密更彻底地理解了他在科卡尔迪学校时的热烈情感。除了在那里学得自我克制的品行外，斯密也在心理上亲身经历了同情共感机制所发挥的冷静情感的作用，斯密在以后自己关于道德情感的论述中，对这一机制作了很大的发挥和利用。

还有一点很清楚，一些斯密在科卡尔迪的朋友，以及市立中学几乎同时代的校友，在以后他们所从事各行各业中都取得了杰出成就。已经提到过的小詹姆斯·奥斯瓦德在 1738 年获得了大律师的资格，1741 年继他父亲之后成了法夫郡议员，并在政府做到了很高的职位，先后在贸易委员会（1751—1759）和财政委员会任职[3]。科卡尔迪市当时的二把手牧师家里也出了一位非常能干的儿子约翰·德赖斯代尔。不久，他就当上了苏格兰教会中很有势力的温和派领袖[4]。建筑师威廉·亚当的家中，三个儿子，最大的约翰、最小的詹姆斯和他们中最聪明的也是斯密的朋友罗伯特，都继承了父业。[5] 通过这些朋友，斯密与专业人士的职业和商业生活建立了联系，而这种联系对于斯密这位即将热切地研究社会的学者而言，具有重要意义。

教育并非只局限于学校的围墙之内。1817 年 2 月 12 日，卡莱尔在信中将科

---

[1] *TMS* III.3.22；VI.iii.11

[2] Walter Scott 写到他"接受的是某种苏格兰传统的斯多亚主义家庭教育"（参见 OED 中"Stoic"一词的解释 A 的第 2 小点：践行情感的克制……坚韧忍受的人，等等），而这或许也适用于斯密的家庭教育；通过自己所受到的教育，斯密了解了斯多亚哲学，尤其是其关于激情的体系，参见 Sandbach（1975：59–68）、Long&Sedley（1988：410–23）；斯密对于 Epictetus 和 the Roman Stoics、Cicero、Marcus Aurelius（斯密称之为 Antoninus）、和 Seneca 的哲学思想做出了深刻而批评性的回应——参见 Waszek（1984），和 Macfie（1967），他们关于斯密和斯多亚主义思想的理解在格拉斯哥版 *TMS* 的引言中有所体现：5–10。最近对于斯密的老师们，以及这些老师的老师们的思想世界的研究，部分地帮助解释了 *TMS* 中所表现出来的复杂的折中主义；相关的文献回顾参见 Robertson 2006 重版，137—46。并没有任何证据表明，斯密像休谟在他的 Letter to a Physician，1734 年 3 月 /4 月：HL i.14 所自述的那样，在青少年时期试图践行斯多亚主义哲学，但是并未能如愿；参见 M.A. Stewart（2005：29）。

[3] 1759–63；HPii. 237–40

[4] Dalzel，1794

[5] 1761 年，Lord Deskford 写信给 James Adam"我期待品位和建筑风格能在不列颠风行，如果能看到你成为比任何人都优秀的翘楚，我将会万分高兴，只是我的老朋友 Bob 应该例外，即使他超越了你，我也是能谅解的"（Fleming，1962：279）。

卡尔迪描写成"这一个狭长而肮脏的城镇"（或许是因为当时正值他心情不佳），但是在《回忆录》里[1]，他用满怀欣赏的笔触，描写了对这一海滨城镇的第一印象："海浪闪耀着在窗外舞动，在长长的细沙滩上美妙地哼唱着摇篮曲"。在这本书的其他地方，他描写了记忆中夏日里黄昏下的海滩：

> 一英里长的最为平滑细致的沙滩，一条长长的波浪温柔而坚定地缓慢绽裂开来，一直就在你身边形成毫无威胁的、柔和的白色泡沫；这泛起的白色波浪看上去就像马鬃似的，优美地浅吟低唱着、前行着……从西伯恩（West Burn）一直到科卡尔迪海港，延展了整整一英里。

完全可以想象身处这样的一个环境给予斯密童年生活的美的愉悦，这一美的愉悦在这样一种景观中获得了增强：海岸的东北方向是有灯塔矗立的马伊岛屿（the Isle of May），峡湾里熠熠闪光的水域一直延伸到洛锡安（Lothian）海岸长长的海岸线，贝斯洛克（the Bass Rock）和北贝里克劳（North Berwick Law）隐约绰立于其东边，正南边几乎是一大片因为烧煤而导致的乌黑的天空，毫无疑问那里就是赢得了"老烟枪"（Auld Reekie）绰号的爱丁堡。

海关工作的家庭背景使得斯密去海港参观时，有格外的兴趣去关注港口进进出出的煤炭、盐、玉米、亚麻布、钉子和铁屑等货品的价值。然而，港口闲置的船只，或许是科卡尔迪港口的重要性日益削减的明显迹象之一，其原因是与英格兰联合后，东海岸贸易的下降，以及法国战争期间武装民船对过往船只的骚扰。相反，格拉斯哥海港由于参与到了跨大西洋的贸易中，而处于上升态势，这对西行至格拉斯哥大学上学的斯密无疑有很大的触动。当然，科卡尔迪港口也有兴奋的时候，如从海关工作人员家属的口中获得内部消息，说可以到荷兰商贸船[2]上搜寻无人认领的白兰地酒和其他走私物品[3]。夹在水手中间行走，充斥着耳朵的是北海和波罗的海地区方言的恬聒声（17世纪科卡尔迪曾有一个拉脱维亚领事馆），而鼻翼则充满了鱼、沥青、湿木材、绳索和帆布、咸水和水草混合成的刺鼻气味。在这样一个环境中，我们可以感受到航海和商业生活中的某种风险，以

---

[1]　1866：i.101–2

[2]　doggers、Bremeners、cat-built

[3]　Falconer, 1789；Beaglehole, 1974；Kemp, 1979

及 18 世纪社会从未曾远离的那种动荡。

1736 年 1 月，"自由贸易者"安德鲁·威尔逊被捕的消息成了当时社会的一大热点，他企图抢劫皮藤威姆（Pittenweem）附近的征税船来弥补自己在走私中的损失。随后他又企图从爱丁堡监狱逃跑，以失败告终，后来在监狱教堂的早祷告中，他又一次试图逃跑，这一场景正好被斯密的朋友亚历山大·卡莱尔亲眼目睹。爱丁堡城市守卫队的波蒂厄斯上尉命令他的部下朝逃跑者开了枪。在波蒂厄斯被政府赦免了这一罪行后，一位刑满释放的暴徒，据说还有许多来自法夫郡的人，于 1736 年 9 月 7 日晚上抓住了他，并在威尔逊被打死的地方吊死了他。他们用这种方式显示了对于威尔逊所反抗的税收体系的不满，以及对官方权威的公然蔑视[1]。在《国富论》中，斯密带着一定程度的同情和理解，思考了这一走私犯的命运，将他呈现为"一个人虽然由于违反了自己国家的法律，毫无疑问完全应该受到谴责，但是他通常并不会违反那些自然正义的法律。如果他的国家没有将这一自然绝不会认为是罪行的行为确定为是罪行，他在每一方面都会是一位优秀的市民。"我们或许可以将威尔逊的命运看成是完全符合斯密所描绘的典型的走私犯的命运：他们"从最初，或许，更多的是轻率而非有意犯罪……到最后经常成为最大胆的和最顽固的社会法律违反者之一"[2]。

斯密的校友说，斯密的健康状况不允许他参加比较消耗体力的娱乐方式，比如街头的简式曲棍球游戏，而道德上的厌恶又将另一些娱乐方式排除在外，如传统的忏悔节[3]斗鸡，因为在《国富论》中他写道："对斗鸡的热爱毁掉了很多人"[4]。然而，复活节的时候也许是去林可斯市场的好时机，这是一年一度的街道集市，街长约一英里，其历史可以一直追溯到 1304 年。但是在 18 世纪，这一集市已经因其中的流浪艺人表演、畸形展示、动物表演、斜槽滑道、螺旋滑梯、旋转木马等而成为人们乐于惠顾的场所[5]。

散步可以是斯密专心学习之余一种宜人的消遣，可以为他提供许多观察和评论的素材。与詹姆斯·奥斯瓦德一起，从市区的住处出发，前往邓宁基尔庄园，

---

[1] Scott, 1818：ch.vii；Carlyle, 1973：18–20；Roudhead, 1909

[2] V.ii.k.64

[3] Shrove Tuesday

[4] V.iii.1

[5] McNeil, 2004；Kirkcaldy Links Market—History, 2008 a；Kirkcaldy Links Market, 2008b

路上要经过帕斯海德村庄。这是走私犯威尔逊的出生地，位于港口上方的一个陡坡上。在村庄里，可以看到那些互相分工合作的不满 20 岁的工人们，能比独自承担各种铸铁任务的铁匠，生产出更多更好的钉子。[1] 在当时的帕斯海德，或者附近迪萨特庄园的辛克莱镇（Sinclairtown），铁钉似乎是可以被当作货币在面包房和酒类商店内使用 [2]。在这些地方的散步让斯密亲眼目睹了分工生产的场景，以及社会等级和地位方面的显著差异，比如当时苏格兰矿工和盐商地位下降，而农奴（bondsman）的法律地位并不比奴隶（slave）强多少，因为他们是随同工作场所一起出售的 [3]。这一准奴隶制无法为雇主们带来丰厚的利润，因为为了让工人接受这种受束缚的地位，他们不得不支付更高的工资，而矿工们仍会逃到纽卡斯尔（Newcastle），那里尽管工资低但能享有自由。[4]

在朋友的家中，斯密见到了奥斯瓦德家族的女族长 "邓宁基尔夫人"，她主管着家族事务，处于当地社会的顶端，是人们羡慕和抱负所向的焦点。这向斯密展示了 "地位"（place）的重要性，在《道德情操论》中斯密对这一概念进行了深入的分析 [5]。离邓宁基尔不远，位于裸露的悬崖顶上的雷文斯克雷格城堡（Ravenscraig Castle）俯瞰着科卡尔迪海湾。1651 年，Monk 将军率领共和国军队将之夷为一片废墟，成了这种与科卡尔迪的市政厅、爱丁堡的国会，以及（最终）奥斯瓦德家族在威斯敏斯特所实行的政治体制完全不同的封建政治的遗迹。奥斯瓦德家族成了通过战争摧毁封建贵族力量，以及 "无声无息运作的外国贸易和制造业" 的最终受益者。[6]

这一 "无声无息的运作" 也在改变着农场的经营模式以及法夫郡的样貌，使之与斯密小时候去拜访邓宁基尔庄园或前往他舅舅的斯特拉森德利庄园时所见的情况大不相同。当然，在许多地方仍然保留了苏格兰农业的传统体系，即将农场土地划分为一块面积相对较小的农宅边地（放牧牛群）和一块大面积的农场边地。农宅边地围绕在农宅四周，会被施以足够的肥料，以供人们耕种用餐的主食燕麦、用于酿酒和制作威士忌的大麦，以及一些小麦、豌豆和蚕豆等。

---

[1]　*WN* I.i.6

[2]　I.iv.3

[3]　*ED* 44；*LJ*（A）iii.126-7，（B）138

[4]　*WN* 121，n.15；Viner，1965：103-16；Whatley，1984：ch.3

[5]　I.iii.2.8

[6]　*WN* III.iv.10；cf.*LJ*（A）iv.157

　　长大后的斯密嘲讽说，农场边地"除了成为低劣的牧场，仅能养活几头挣扎着半死不活的牛外，几乎无法生产出任何东西"。"以这种可怜的方式"维系牧场六到七年后，这一"荒地"会再被耕种"产出一两种低劣的作物或燕麦，或其他粗糙的谷物，然后养料枯竭后"，在再一次耕种前，"又不得不休耕再次变为牧场"[1]。农场边地传统上由定居在联合农场的农民来耕种，实行小块土地占有制，土地边缘呈现 S 型，大概 200—500 码[2] 长。小块田地之间由长着牧草的田埂隔离开来，这些田埂有时用作牧场。这种小块土地所有制遗留下来的土地轮廓，在斯特拉森德利庄园西南三英里的洛奇切罗（Lochore）附近还清晰可见[3]。

　　然而，在法夫郡还可以看见改良后的农业新体系。依照苏格兰（1937：23）和当地的传统，一位地主会从家族城堡搬到附近没有任何防御工事的宅子居住（正如斯密的外公当年在斯特拉森德利庄园那样），农业新体系正是利用这样的时机，开始产生影响。两座建筑间的空地会被种上树，这种栽植方法通常会扩展到花园、菜园以及封闭的公园等。居住在宅子里的人们所需的食物由家庭农场或周围农场供应。豆荚和萝卜等作物在菜园选种[4] 后，再被引入公园里轮作。斯密父亲的朋友约翰·克拉克爵士就是这样搬到了佩尼库克（Penicuik）居住。而远在他之前，位于塞雷斯（Ceres）附近、离斯特拉森德利庄园大约 16 英里远的坷拉豪尔（Hopes of Craighall）也早已开始花钱改善农场管理体系[5]。到 18 世纪 60 年代，这种进步在苏格兰低地得到了迅猛发展，被后人称之为农业改革[6]。

　　或许是因为他曾见证人们积极从事农业生产，包括他少年时期的所见所闻，斯密认为最好的农业改良者就是"小地主……他们对自己小块土地的每一部分都了如指掌，他们会怀着地产，尤其是小块地产，自然会在人们心中激发起来的那种感情，看待它"。这样的一个人不仅对改良自己的土地，而且对装点自己的土地（斯密从不曾忽视美学效果）充满了乐趣。他们通常也是所有改良者中，"最勤勉的、最明智的和最成功的"[7]。斯密所给予"普通农夫"的赞美，动人的展

---

[1]　I.xi.1.3

[2]　一码约等于0.914米。

[3]　Handley, 1953：57–8；Dodgshon, 1980：69–92；Walker and Ritchie, 1987：22

[4]　Reid, 1683

[5]　Di Folco, 1978

[6]　Smout and Fenton, 1965；Murison, 1982：79；Whyte and Whyte, 1991：127–9, 132, 135–50；Devine, 1995：17, 65, 117, 119, 127

[7]　*WN* III.iv.19

示了他对乡村生活所怀有的情感：他们或许说着令人难懂的方言，而且经常被认为既愚蠢又无知，但是他们"很少会在理解力上逊于他人"，而在"谨慎和判断力"方面则完全领先于城镇商人[1]。我们可以想象儿时的斯密，站在斯特拉森德利庄园附近田野上，好奇地看着农夫们熟练地驾驭着由六到十匹的马或牛所组成的耕种队伍，让它们拉着重重的犁，耕种小块的玉米地，为法夫郡创造着财富。

让我们把注意力从农业转向当时人们的精神层面，我们发现斯密在德赖斯代尔一家人中找到了一种为教会服务的传统。父亲约翰·德赖斯代尔，从 1712 年到 1726 年 2 月，一直就任科卡尔迪第二大（教区）牧师，然而，就在他要出任第一大教区牧师那年的 5 月，却猝然离世。母亲玛丽·弗格森是科卡尔迪市长的女儿。在孀居期间，她坚强地支撑起了整个家庭，这或许也是为什么她能和斯密母亲保持亲密关系的原因之一。他们的第三个儿子约翰（1718—1788）是斯密在中学读书时的朋友，在米勒的指导下，成了一位优秀的古典学学者。而另一位儿子乔治，也是斯密朋友，后来成了一位商人，并出任了科卡尔迪市长，以及科卡尔迪收税官等职[2]。约翰·德赖斯代尔与斯密一样对伦理学的基础很感兴趣，而这一兴趣或许是源于早期他对西塞罗的作品的研究。他的布道体现的是改良后的加尔文主义这丰富了斯密的思想。他和斯密度过了令人难忘的少年时光，参加学校的宗教仪式，以及安息日例行的祷告中接受教义灌输。我们可以确定，斯密的母亲和德赖斯代尔的母亲在把她们儿子送到教区的教堂后，自己也得为牧师到她们家的访问做准备。牧师是为了对 12 岁以上的"可考查的人"进行问答式的教义讲授，以确保他们对以加尔文教神学为基础的长老会教区教义有所了解[3]。

《加尔文主义教义问答大全》（*Calvinist Larger Catechism*）中第八戒条所提出的要求，能很好地体现男孩子们当时所接受的神学理论在伦理和社交方面的成见：

> 在缔约合同和商业贸易中，人与人之间要做到真实、忠诚和公正；使每人各得其应得之份；将非法扣留的属于他人物品归还给正当的主人；根据自己的能力和他人所需无偿地给予或出借；与世俗物质利益相关的判断、意愿和情感要自我克制；对于维持自然是必须和便利的，以及适合我们之处境的

---

[1]　I.x.c.24

[2]　Dalzel, 1794：53

[3]　Graham, 1899：ii.17

那些东西，要谨慎地予以关注和研究去获得、保有、使用和处置；有合法的职业；并勤奋工作；节俭；避免不必要的诉讼；拥有保证人的资格或其他类似的资格；致力于用一切正义合法的手段来获取、保护、增进我们自己以及他人的财富和物质财产……[1]

斯密不愿从事牧师这一职业，而德赖斯代尔于 1732 年开始在爱丁堡大学学习，为像他的父亲一样成为牧师做准备。1740 年他被任命为牧师，后来与玛丽·亚当结婚，从而与建筑师亚当一家成了亲戚，通过他们又与教会中另一位杰出的温和派成员、历史学家威廉·罗伯逊相识。1762 年，温和派将德赖斯代尔从相对默默无闻的柯克利斯顿（Kirkliston）教区调往爱丁堡，主管耶斯特圣母大教堂。这一调动是在遭到了对手大众派的激烈反对的情况下完成的[2]。德赖斯代尔在家乡与詹姆斯·奥斯瓦德和亚当一家的关系，以及他与当时爱丁堡大学校长罗伯逊的友谊，对他的升迁无疑有很大帮助，但更多的是因为他的布道和关心获得了教区教民对他的爱戴，以及在担任会员大会执事（名义上是从 1778 开始，实际上 10 年前就已开始）和主持人（1773，1784）期间所表现出来的杰出政治才能，使他在教会中脱颖而出。斯密早期与德赖斯代尔之间的友谊，及通过他结识了有同样信仰的牧师，或许可以解释斯密在《国富论》中所表达的对温和长老会教派的偏向[3]。

在合法的职业中勤奋工作，并努力用各种正当和合法的手段获取财富，是亚当家族成员所展现的显著特征。父亲威廉（1748 年离世）继承了他的父亲的事业，成了一名建筑师，但仍在与建筑并不相关的许多商业领域表现非常活跃。1728 年，约翰·克拉克爵士记录下了他访问科卡尔迪时的印象：

我花了点时间好好地研究了一下属于建筑师亚当先生的一座砖砌建筑。我发现这一建筑彰显出一种内在的高贵，对于这位在当时能在自己的主管下开展将近 20 个大工程——大麦研磨厂、木材厂、煤矿建筑、晒盐池、大理石工厂、公路、农场、他自己住的房子以及并不在少数的其他人的房子——

[1] Confession of Faith，1671：16–18
[2] Sher，1982
[3] V.i.g.37

屋主的勤奋品性，我如何表达自己的钦佩都是不为过的。[1]

当时，威廉·亚当可以把自己看成是"苏格兰的维特鲁威"[2]，并正在筹集订阅款，准备以此作为书名，将自己的建筑设计出版[3]。在为实际生活服务这一方面，他建造了或帮助建造了一系列的乡间住宅，使得斯密的同时代人能尽情享受乡间别墅生活所提供的典雅趣味。这些包括约翰·克拉克爵士的住宅马维斯班克（Mavisbank）；为斯密所熟知的邓达斯（Dundas）合法王朝之所在地中洛锡安郡（Midlothian）的阿里斯顿（Arniston）；昆斯伯里（Queensferry）附近的霍普敦（Hopetoun），如果这里的主人霍普敦伯爵当时成功邀请到了斯密做他儿子霍普男爵的家庭教师，斯密或许也会曾是这里的住客。

1728 年，亚当被任命为获利颇丰的苏格兰王室建筑工程的职员和仓库保管员。两年后成为北不列颠军械器材委员会的工匠。他积累了足够的财富，1728年在爱丁堡购买了地产，并于同年将全家搬迁至那里，虽然 1741 年，他曾坦承首都"并不是最令我愉悦的居住地"。在 18 世纪 30 年代，他开始在金鲁斯（Kinross）为布莱尔·亚当庄园购买土地，并在公共机构供职，建造了敦提（Dundee）的市政厅、阿伯丁市的罗伯特·戈登医院，以及后来亚当·斯密非常熟悉的格拉斯哥大学图书馆[4]。

在科卡尔迪，呈现的是一幅生动的家庭生活场景。威廉·亚当的妻子玛丽·罗伯逊是爱丁堡老格雷弗瑞亚牧师的妹妹，即历史学家威廉·罗伯特的姑妈。她生养了一个大家庭，其中有四个儿子和六个女儿长大成人。继承人约翰（出生于1721 年）与斯密年龄最为接近，或许在科卡尔迪时，他俩是在一块儿上学的，尽管他后来去了达尔科斯语法学校上学。第二个儿子，罗伯特（出生于 1728 年）虽然在科卡尔迪出生，但在他还是婴儿时，就与家人一起去了爱丁堡，1734 年在那里进入了文法学校学习拉丁文。他学习成绩优异，在班上数一数二。深厚的古典文献研读基础，为他后来对戴克里先（Diocletian）在斯帕拉特罗（斯普利特）[Spalatro（Split）]的宫殿的仔细研究提供了重大帮助。这一研究，连同 1754—

---

[1] Fleming, 1962: 7
[2] Adam, 1980
[3] the King's Works
[4] Gifford, 1989

1757 年教育旅行期间他所做的其他研究，发展了他的建筑学思想，使其超越了他父亲的成就高度，也使他在建筑设计和室内装潢设计方面独树一帜的风格誉满欧洲（Saunders，1992）。约翰·亚当和罗伯特·亚当的那些年轻朋友们，其中包括亚当·斯密，受到家里人的喜欢。罗伯特·亚当的表兄在为他写的传记中写道，这里"很长时间以来都是时代精英、青年才俊、文人名士荟萃之地"[1]。与亚当家族的友谊，以及对他们在科卡尔迪核心产业的熟悉，使亚当·斯密了解了他少年时期苏格兰经济活动许多不同方面，也使他感受到了进步精神和思想发展所带来的激动人心的精神，以及在中产阶级的各种活动中新加尔文主义和古典影响所起到的形塑作用。

关于亚当·斯密家庭背景和少年时期经历的探讨，向我们展示了在他的生活中虽然没有父亲，但是这一缺憾得到了一些弥补。他坚强的母亲、亲密的亲属关系，以及家族间的友谊满足了少年斯密所需要的安全和稳定的情感诉求。而且，为他后来的求学生涯，以及在一个以农业及经济领域的改革为时代特点的历史时期成为一名伦理学家和学者，做好了才智上的准备。更为重要的是，他的言行和学说中所展现出的简朴生活方式、斯多亚式的自律、职业上的勤奋、对待他人严格的正义和仁慈这些价值观显而易见是秉承了长老教会的某些教义，以及得益于他在拉丁古典著作方面所进行的某些基础阅读。同时，应该承认斯密在科卡尔迪所面对的宗教文化，也有着压迫人和限制人的另一面，正如休谟在彻恩赛德（Chirnside）所面临的宗教文化一样[2]。迟早，斯密会像休谟一样，对这些进行反抗，而不是全盘接受加尔文教会对所谓人类最初的堕落的严格控制。斯密所要强调的是人类的良善以及享受天赋自由的意愿。

---

[1] SRO Clerk of Penicuik MSS；Fleming，1962：5
[2] Streminger，1994：71–80

3. 格拉斯哥

我和你一样更喜欢格拉斯哥大学而不是爱丁堡大学。

格拉斯哥大学似乎并不应该是亚当·斯密家人送他接受大学教育的首选之地。在法夫郡境内，办学历史悠久的圣安德鲁大学距科卡尔迪仅有 20 英里远。然而，正如 1773 年约翰逊博士和鲍斯韦尔同游时所看到并深深为这叹息的，18 世纪大部分时期，圣安德鲁这所古老大学都处于衰败破落，他在两年后出版的《苏格兰西海岸游记》（*Journal to the Western Islands of Scotland*）中加以了描述[1]。而在阿伯丁，斯密家族与那里的国王大学和马利夏尔大学都有一定的联系，但是这两所大学似乎都受到了二世党人声名的拖累[2]。即便是在 1715 年起义失败、二世党人遭到清除后，教职员工内部还是家族纷争及政治纷争不断[3]。至于爱丁堡，老斯密自然是努力地想从科卡尔迪回到那里，爱丁堡大学也因为其遵循通常的文科课程设置所提供的法律、医药以及神学方面的训练而声名鹊起。但是在小斯密看来，首都似乎是放荡和罪恶之地，至少与格拉斯哥当时所盛行的风气相比是这样。这无论是在斯密的往来通信，还是《法学讲义》和《国富论》中，都是得到了阐述的一个主题。[4]

---

[1] Johnson，1985

[2] Scott，1937：398

[3] Emerson，1992：59–63

[4] *Corr.* No.42；1759 年 10 月 29 日斯密写道，在爱丁堡的旅行中，他"经常不得不出席一些晚宴或宴会，而这些地方并不适合携带"他的学生 the Hon. Thomas Petty Fitzmaurice 前往。为了"确保自己的学生在这个生活非常放荡的城镇中能有好的同伴，[斯密] 在 [他们的住所] 举办了一个小型的招待会"；cf. *LJ* (B) 204："在

晚年，斯密把他的继承人大卫·道格拉斯也送到了格拉斯哥大学就读，借宿在他以前的一位学生约翰·米勒教授家里。斯密还建议自己的另一位学生亨利·赫伯特即波切斯特男爵把他的儿子同样送到格拉斯哥大学就读，并与波切斯特男爵一样，他们都更喜欢格拉斯哥而不是爱丁堡[1]。斯密的父亲曾于1707年当选为格拉斯哥议员，这或许有助于他的儿子被格拉斯哥大学接受。而他父亲的保护人劳顿男爵也曾是格拉斯哥大学的学生。在1725到1742年和1746年到1765年期间，坎贝尔家族势力在那里占据着举足轻重的地位，这为斯密提供了许多可以得到保护人资助的机会[2]。

1737年，亚当·斯密14岁时，前往格拉斯哥大学就读，这在当时是一种很普遍的做法。同年11月14日，斯密正式在约翰·劳顿教授"三班"注册[3]。在追溯斯密所接受的教育历程之前，不得不先来讨论一下这座城市的特点，为斯密具有极强可塑性的学生时代所处的环境提供一个说明。而且，这所大学的机构设置也应加以介绍。格拉斯哥大学的机构设置是在斯密入学前十年，委员会经过深思熟虑才建立起来的，这可以帮助解释为什么格拉斯哥大学会成为苏格兰启蒙运动的来源之一，并如此深远地激励了斯密在思想上的成长。

格拉斯哥为少年斯密所展现的是远非科卡尔迪所能比肩的一种城市生活，毫无疑问这样的一种环境，使得斯密在理解伦理学、地方政治和欣欣向荣的经济活动方面获益颇丰[4]。格拉斯哥这一地名是从盖尔语的 glas 和 cau 两个词语中演化来的，意思是"绿色的小山谷"[5]。这一名字名副其实，格拉斯哥在斯密所处时代就被普遍认为是一座美丽的城市。它坐落于河畔，顺着莫林德纳（Molindinar）河和恰母勒切（Camlachie）河一道向南延伸至克莱德河。格拉斯哥是具有悠久历史的基督教中心，早在公元560年，就由圣蒙戈（St Mungo）或肯蒂格恩（Kentigern）宣布成立。到十七、十八世纪，格拉斯哥通过其市场经济，以及为克莱德谷（Clydesdale）地区提供物流分发服务而开始繁荣昌盛。格

格拉斯哥已经好几年没有发生[重大的刑事案件]了，但是在爱丁堡却年年都有类似案件发生"；斯密将这种状态归结为爱丁堡仆人的盛行：*LJ*（A）vi.1–6；*WN* ii.iii.12。

[1] *Corr.*, app.E, p
[2] Emerson，1992：6；2008
[3] Addison，1913：18；Scott，1937：364
[4] Devine and Jackson，1995
[5] Nicolaisen，1976：172

拉斯哥的贸易事业一直延伸到了爱尔兰，向西跨过大西洋到达加勒比海和美洲殖民地，再向南向北到达了欧洲。1656 年，托马斯·塔克在视察苏格兰海关组织时，他评论说格拉斯哥"无论就其组织还是贸易而言，都是苏格兰最为突出的城市之一。那里的居民（除了那里大学的在校生外）都是贸易商和商人"[1]。1725 年，笛福在游览了格拉斯哥后，评论说这是苏格兰唯一一座在外贸和国内贸易中都有显著增长的城市，原因是与英格兰的联合，为苏格兰人打开了美洲殖民地的大门，而格拉斯哥的商人也抓住了这次机会。他还说当地获得营业执照的船只，要比英国的同类竞争对手，在航行时间以及免受敌人攻击方面具有优势：

> 格拉斯哥船只很快就可以出克莱德峡湾，向西北航行不久，就可以脱离海盗活动的线路，经常是伦敦船只才刚刚通过英吉利海峡，而它们已到了弗吉尼亚海角[2]。

对斯密而言，从科卡尔迪到格拉斯哥的旅行必定是一次大开眼界的经历。旅程刚开始一段或许是乘船到爱丁堡，再接着是骑马到林利思戈郡（Linlithgow）。林利思戈郡引人注目的皇家宫殿，建于 1425—1620 年，是为当时的斯图亚特王朝而建，仍然可以居住且保存完整。这一状态一直得以维持，直到 1746 年，坎伯兰公爵所率领的部队由于粗心大意而引发的火灾将之烧毁[3]。这条路一直通向法尔克可（Falkirk），这里以附近四月到十一月举行的斯坦豪斯谬尔（Stenhouse Muir）集市而为人所知。在集市上，大量来自整个苏格兰（包括高地和岛屿）的牛、羊和马在市场出售后，就沿着大土路被赶往南部[4]。1707 年联合条约签署后，越来越多的英格兰商人来到法尔克可，当然在苏格兰和英格兰的交界地带也进行着自由贸易。斯密相信，这些贸易所带来的利润为低地（the Lowlands）的农业改革提供了资金保证[5]。联合的反对者们则认为，在牛群贸易中，相比于将北部买来的疲惫不堪的"小种牛"喂肥再出售的英国中间商，苏格兰人获利太少。

---

[1] 转引自 Hamilton，1963：249

[2] 1927：ii.748–51

[3] McWilliam，1978：293

[4] Haldane，1952

[5] *WN* I.xi.3

如果在苏格兰将它们喂肥，然后像爱尔兰人那样以桶装牛肉的方式再出口，则更为划算[1]。

法尔克可及其再过去的一路风景中，最引人注目的是开始于公元二世纪的罗马人统治时期所留下的遗迹，这或许也会引起接受过古典学教育的斯密的注意。1742年，斯密后来的朋友亚历山大·卡莱尔为了获得在格拉斯哥大学学习神学的奖学金，从爱丁堡出发也经过了这一路。他记得曾在以前是罗马人城堡的卡斯卡里（Castlecary）的安东尼城墙（the Antonie Wall）逗留。卡莱尔父子骑马花了16个小时，完成了从格拉斯哥返回爱丁堡的"最短路程"。我们或许可以设想，亚当·斯密与他的一位亲戚或仆人，也是以这样差不多的速度赶路的[2]。过了法尔克可，就是阴沉而广袤的荒野，以及基尔塞斯山脉（Kilsyth Hills）和坎普斯山（Campsie Fells）荒凉的崇山峻岭，经过这一段之后，再从凯尔文（Kelvin）峡谷蜿蜒而下到达格拉斯哥一定会让斯密感到心旷神怡。1736年，有人这样描写当时的格拉斯哥，"因为周围环绕着玉米地、菜地、花园以及各色水果纷呈的果园，所以宽敞和开放的街道散发出宜人的芬芳气味"[3]。

从东面进入格拉斯哥，要经过当时的收费关卡。通常游客沿着特洛加特大街（the Gallowgate），经过露天的大学操场，到多少被染色业者的废弃物和纺织业者廉价的租房给破坏了的莫伦迪纳空地（the Molendinar burn），再到格拉斯哥生活中心所在的十字路口。在斯密所处的时代，这一十字路口是四条大街的交汇之处：狭长的特洛加特大街，西边不长的托何加特大街（Trongate），向南一直延伸到克莱德河的盐务市场（Saltmarket），以及北边的商业主街，那里是斯密的目的地格拉斯哥大学的所在地。

从商业主街沿着陡坡（the Bell o'the Brae）向上，有一座雄伟教堂，主要修建于13世纪后期和15世纪。在宗教改革运动中，由于贸易同业行会采取了一些措施，使之免遭破坏而得以保存。中世纪人们的生活是以教堂为中心而展开的。1451年1月7日，教皇尼古拉斯五世颁发了诏书，要在格拉斯哥建立一座综合大学（Studium generale）。最初大学的教学采用的是"传统的教学法"（Auld

---

[1] Lenman，1977：57

[2] Carlyle，1973：33

[3] M'Ure，1736：122

Pedagogy），因而被认为是一所教会学校，其位于罗滕娄街[1] 附近 [2]。这一条大街和对面的德里加特街（Drygate），是斯密所处时代集中的居民居住区，但是随着商业时代的来临，城市生活的重心向西发生了偏移（the West End），托何加特街成了人们生活的中心。

城市的政治和宗教立场影响了斯密当时就读的格拉斯哥大学的风气，后来也影响了其教学。1688 年，奥兰治亲王威廉宣布他和他的配偶，詹姆斯二世的女儿玛丽·斯图亚特，将接任联合王国的王位，这一消息让一直作为新教教会城市的格拉斯哥欢欣鼓舞。同年 11 月 30 日，年轻的劳顿伯爵和其他一些格拉斯哥大学学生一起，烧毁了罗马教皇，以及圣公会教徒的领袖、支持詹姆斯二世和斯图亚特王朝继任的圣安德鲁大主教和格拉斯哥大主教的模拟人像。宗教改革运动两年后，格拉斯哥从原来的大主教管辖范围下的贵族领地，变成了皇权直接管辖下的领地，其市委员会只对国王和议会负责。

1711 年，章程（"sett" /constitution）规定，地方政府的管理，由一位市长、三位高级市政官、十三位商人阶层的地方议员以及十二位手工业者阶层地方议员共同开展。其他作为地方议员的官员，包括同业行会会长、执事 – 召集人、财务主管以及事务主管等。下一任的市长和高级市政官由即将离任的市委员会负责选举产生，而这些人连同前两任的市长和高级市政官等人员组成一个十二人的小组，选出新一届的市委员会委员。尽管毫无疑问这一体系所实行的是一种自我存续的寡头政治，但是它确实有效：具有才干的局外人也有进入的途径，并且在1740 年前，成功地规避了同业行会的各种限制[3]。

市委员会在十字路口西北角的市政大楼内召开会议。市政大楼建于 1625—1627 年，这一现存至今的七层尖塔建筑，对斯密而言肯定是再熟悉不过的了，就像附近同样幸存下来的另外两所具有哥特式外观，和文艺复兴风格的尖塔建筑一样 [4]。这另外的两所建筑分别是特龙教堂（the Tron，建于 1592 年，塔尖建于1630—1636 年）和当时的商人会所（1665）。斯密同样熟悉的还有市政大楼尖顶皇冠下的编钟所演奏的乐曲。在斯密到格拉斯哥前几年，18 世纪伟大盖尔语诗人

---

[1] Rotternrow，盖尔语 rat–an–righ，国王大道

[2] House, 1964；Hetherington, 1985：9–10

[3] Eyre–Todd, 1933：iii.1–9, 78–9

[4] Williamson et al., 1990：39, 158, 194–5

亚历山大·麦克唐纳[1] 当时是这里的一名学生,他是如此喜欢这些乐曲,以至于为它们都配写了诗歌,并认为"比格拉斯哥钟声更美妙的/是(威士忌)在牛角杯里发出的愉悦的声响"。[2]

十字路口附近主要街道的发展非常实际,因为市委员会通过对能够按要求行事的建筑商们减免税收的方法,实现了对街道两边建筑的高标准要求。斯密到这里就读前十年,英国一位工程师官员曾写道,格拉斯哥是他见过的"最统一和漂亮"的城市,以"同一型号"的有着漂亮的框格和方石块的外墙的房子,以及两边环绕着"给建筑以良好通风的"的阳台而引人注目[3]。这些"地产"或经济公寓,由居民分层单独居住,盐务市场和特洛加特街街角的商业用地(tradesland)则用于社交或贸易。1695年,市委员会出资在这些商业用地上建造了房子。商人会所位于盐务市场对面、特洛加特街街角,里面有一间咖啡屋,似乎是格拉斯哥最早的商品交易所。市委员会一直出资在那里发放商务通讯简报。亚当·斯密到格拉斯哥一年之后,市政大楼隔壁的市政大厅以及咖啡屋投入使用,市委员会才停止了这一做法[4]。

18世纪早期城镇规划的指导精神,是与追求贸易成功的驱动联系在一起的。18世纪20年代,一条全新漂亮的国王大道建成,连接了特洛加特街和布雷加特街(Briggate),展现了焕然一新的景象,一直延伸到新的圣大卫教堂(St David's Kirk,1719—1724)[被现在位于坎德瑞格斯街(Candleriggs)入口处的雷姆肖恩教堂(Ramshorn's Kirk)(1824—1826)所代替]。国王大道可以作为斯密所说的"城镇是一个经常的集市或市场,乡村居民常常去那里,用自己的天然原材料交换制成品"[5] 很好的例证。国王大道的两边建有室内市场,目的是要将大街上露天市场的讨价还价移到室内进行,一并消除露天市场的混乱、肮脏以及无法很好地进行市政管理的弊端。大街的东边是屠夫卖肉的摊位,西边则是卖鱼、羊肉

[1] 即 Alasdair Mac Mhaighstir Alasdair
[2] "Sweeter than the bells of Glasgow/Is [whisky's]joyous ring in the drinking–horn":
　　 "S binne[na] cluig–chiuil ud Ghlascha
　　 T' fhuaim le bastal dol sa' chorn.
　　 MacDonald,转引自 Thomson,1983:184;翻译 Joan Noble,Victoria,BC
[3] Burt,1815:i.22
[4] Eyre–Todd,1934:iii.51
[5] *WN* III.i.4

和奶酪的摊位[1]。

1743—1744 年是卡莱尔来到格拉斯哥大学就读的第一年，他与解剖学教授罗伯特·哈密尔顿博士一起暂住在国王大道肉类市场对面的一座房子内。他注意到一般有寄宿生住在家里的教授们会雇佣男仆人做事，而格拉斯哥的商人家庭则很少用男仆。斯密认为不过多的雇佣仆人做事，有利于社会秩序的建立[2]，但是卡莱尔则持不同的观点，他认为"这里的生活方式也还是粗野而鄙俗的"，几乎没有任何在爱丁堡可享有那些文雅的消遣方式。但是，他也评论说与格拉斯哥"显要商人"交谈令他获益匪浅，这当然也是斯密作为格拉斯哥大学教授经历的一大收获。不仅如此，卡莱尔还指出当时商人的儿子们通常都会接受大学教育[3]，大学教育被认为可以拓展他们的经历。当斯密来到格拉斯哥大学就读时，学生们受到了弗兰西斯·哈奇森教授所讲授的神学和伦理学"新思想"的熏陶，这与当地数量可观的见识狭窄且执拗的教士所持的加尔文主义"旧思想"形成了对抗[4]。学生们还接受了由罗伯特·西姆森和罗伯特·迪克所教授的数学和科学入门课程，这为他们理解商业化和科技化的现代社会奠定了基础。

在国王大道的南边，布雷加特街和斯托克韦尔街（Stockwell Street）在老格拉斯哥大桥附近交汇，这一十字路口则更为现代化一些。那里八拱门结构建筑的历史，可以一直追溯到 1345 年雷大主教时代。当时的图片显示这一位置的克莱德河并不深，人们仍可涉水而过，但是到 1736 年，这一位置就具有足够的深度，可以让驳船和平底船一直开到城市附近的布鲁梅洛码头（Broomielaw quay），那里就是海关大楼的所在地。通过这一入口，再穿过格拉斯哥港口往西，就到了水位更深的克莱德河入海口。经这一航线，可以从新大陆运来糖、烟草和用于造船的木材，而这些商品的买卖，再加上五金器具、纺织品以及相关的船运设备的出口，为斯密所处时代的格拉斯哥赚取了巨额财富。

但是，格拉斯哥的经济增长，以及那些最为成功商人和制造商所获得的非同寻常的财富，是以他们在美洲殖民地的商业伙伴所遭受的完全相反的效果

---

[1] Gibson, 1777：149；Eyre-Todd，1934：iii.1440

[2] *WN* 336, n.18

[3] 1973：39, 45, 51

[4] 斯密那一代教会成员在效忠"传统的"和"新式的"神学方面有所分歧，但是在促进启蒙思想发展这一点上殊途同归：参见 Clark（1963），Voges（1985），McIntosh（1989），Landsman（1990, 1991）；以及 Sher（1995）。

为代价的。原材料，尤其是烟草的海外供应商和那些将原材料运回国内进行销售和再出口的格拉斯哥商人，或者是生产国外所需商品的格拉斯哥企业家之间存在着利润上的不对等。专注于种植和收购烟草，阻碍了弗吉尼亚州切萨皮克（Chesapeake）地区和马里兰地区的经济发展，因为财富被迫集中在了狭窄的资源领域，从而阻碍了城市的发展，剥夺了殖民地商人和当地工业的发展机会。由于烟草资源的交易不需要城镇，因而为农产品和工业制成品之间提供交换服务的中心市场也无法得以创建。斯密所预想的经济增长的经典模式也就不会发生[1]。美洲殖民地人们收入分配不均，贫穷的佃农只能靠向苏格兰人所开的商店赊账为生，而一些富有的种植园主则买得起那些从外面运到弗吉尼亚的各种制成品（由于受限于航海条例，这些商品主要在苏格兰人的商店里出售）。切萨皮克地区的烟草贸易似乎也被苏格兰人垄断了，种植园主、手工艺人和殖民地商人开始憎恨他们[2]。格拉斯哥在切萨皮克地区烟草贸易中，以牺牲美洲殖民地人民的利益来获取巨额利润的做法，似乎激起了人们对英国殖民体系的强烈不满。最终，斯密公开谴责，格拉斯哥受益多年的英国殖民体系中的这种经济掠夺，完全是"对人类最为神圣的权利，明目张胆的一种侵犯"[3]。

　　然而，尽管斯密在格拉斯哥大学接受的是各种启蒙思想学说的灌输和教诲，但是这一城市的商业贸易中却存在着令人发指的阴暗一面。这一阴暗面，要比上文（第二章）所描写的，在斯密故乡科卡尔迪，开采盐矿和煤矿的工人作为合同工是与矿井一起被出售和购买的，更为残暴。斯密所熟悉的格拉斯哥家族，博格尔家族和格拉斯福德家族，通过从新大陆将糖、烟草以及后来的棉花运往格拉斯哥进行加工和再出口，获得了巨额财富。但是，种植这些农产品的却是那些非洲黑奴，他们从自己的家乡几内亚沿岸或内陆地区被强行带离，并在极端恶劣的条件下横跨大西洋，被迫来到英属殖民地庄园进行劳作。由格拉斯哥商业冒险家作为奴隶船只来配备设施的船只，似乎只有两艘，它们都是于1719年，从格拉斯哥海港起锚出发的。其中一艘在几内亚海岸遭遇了海盗。海盗上船将财物洗劫一空，还把体格健壮的船员剥光了衣服，结果这些船员在一片混乱中回了国。另一艘则从当时的卡拉巴尔（现在的尼日利亚）载运了134名非洲黑人返航。但

---

[1]　*WN* III.i.I

[2]　Andrew，2005

[3]　*WN* IV.vii.b.44

是，在通往巴巴多斯（Barbados）臭名昭著的"中途航道"时，黑人的数目减少了四分之一，剩下的绝大多数黑人幸存者则在圣基特斯（St Kitts）被拍卖。回国后，负责该船只商业贸易的押解员，被船主以玩忽职守和欺诈为名提起诉讼，但这一场耗资巨大的诉讼，以押解员被判决无罪而告终[1]。这些事件后，格拉斯哥人放弃了直接进行奴隶贸易的航海冒险，但是许多格拉斯哥商人，还是通过成为注册在利物浦的奴隶贸易船只的小股东来赚钱（利物浦一直在伦敦与布里斯托尔（Bristol）之间的黑奴贸易中，占据着主导地位，并一直保持到了1807年奴隶贸易的废除）。毫无疑问，奴隶贸易一直就受到当时一些名人学士的强烈抗议，其中就包括斯密的老师弗兰西斯·哈奇森、斯密自己以及继他之后成为格拉斯哥大学伦理学教授的托马斯·里德。斯密不仅作为伦理学家公开谴责这一奴隶制，而且作为政治经济学家用理论证明了奴隶制的无用性。

格拉斯哥作为中转港进行的贸易（以烟草贸易为主），本地工业的繁荣（如亚麻纺织、谷物研磨以及"糖制品、布制品、肥皂制品、玻璃制品"的生产）[2]，以国王大道的发展为代表的粮食市场的成功组织，带来的结果之一就是城市人口的增长。到1737年，格拉斯哥城市人口估计已达20，000人，这一数目至少是当时科卡尔迪市人口数的十倍，而预期人口数还会有更大规模的增长[3]。人口扩展的这一过程，也正是斯密逐步走向成熟的过程。不久的将来，斯密作为一名教授和知识分子，开始对这些变化，以及这些变化后面所发生的历史性的变革[如1688年，格拉斯哥地方官员购买了纽瓦克城堡（Newark Castle）以及周边的土地，建成了格拉斯哥海港，为冒险从事大西洋贸易的商人服务]进行反思[4]。在科卡尔迪和格拉斯哥时期，斯密就已经开始了古代历史的阅读，再加上在这些港口城市中自己的所见所闻，斯密以这些作为基础，进而断言："技艺和工业……最先得到改善的地方，总是那些水运方便的地方，因为方便的水运为各类劳动产品提供了最广阔的市场"[5]，而格拉斯哥的这些最新发展，完全可以作为斯密这一断言的例证。

---

[1] E.J.Graham，2002，2003；Brehrendt & Graham，2003

[2] 详情见 M'Ure，1736

[3] Eyre-Todd，1934：iii.59；Hamilton，1963：18

[4] Stevenson，1985：57

[5] *LJ*：585

斯密之所以后来作为一位教授和知识分子能够声名鹊起，不得不归功于他格拉斯哥"老式大学"（位于教堂下方、商业主街上）求学期间所打下的坚实基础。格拉斯哥大学总共占地大概 26 英亩左右，向东的斜坡延伸至莫伦迪纳（Molendinar），然后再向上就到了道尔山（Dow Hill）。周围有小路通往附近的药材园、农田以及一块用于放牧的空地[1]。1708 年，约翰·西姆森当选为格拉斯哥大学第二任神学教授。他过着一种恬静、离群索居的生活。斯密在校就读期间，他曾饲养了一头牛，甚至还被允许在学校房子边上造了一个牛栏。然而，这样的一位老师却在教会激起了轩然大波。他向学生灌输理性主义的神学思想，并身体力行，向学生展现如何通过孜孜不倦的研究和辩论，不断地重新审视这一学科。有人向他提出控诉，认为他所教授的是会遭天谴的错误学说，这些学说会危及学生的灵魂，因为他宣扬即使完全没有上帝救赎，处于堕落状态的人性，也仍保有自己的理性、自由意志和自然情感。这被认为是 17 世纪自然法哲学家格劳秀斯所拥护的阿米纽派（Arminianism）异教徒的教义。让西姆森遭到控诉的，还有他所宣扬的尽管上帝是神，但是基督在复活获得永生前则是个凡人这一学说。这是 16 世纪索齐尼派（Socinian）异教徒的一种教义，正是因为这一教义，1553 年，加尔文在日内瓦将迈克尔·塞尔维特烧死在了火刑柱上。这些学说与加尔文主义的长老教会正统教义背道而驰，极大地冒犯了这些教义的捍卫者。西姆森面临两场审讯，但他很有效地为自己做了辩护。1729 年，他因传授异教教义获罪，遭到了教会会员大会的处罚，禁止他此后再从事任何教学或布道，但仍保留了他的教授头衔，直到他于 1740 年去世。校长尼尔·坎贝尔不得不自己亲自为学神学的学生授课。尽管西姆森受到了制裁，围绕着他教学所开展的争论，却让他的思想广为人知，也迫使教会对神学教学中的自由言论采取了一种更为宽容的态度。西姆森最为著名的学生就是哲学家弗兰西斯·哈奇森，而哈奇森后来又成了亚当·斯密的老师。公正地说，哈奇森和斯密关于人性的思想，在一定程度上得归功于约翰·西姆森对正统宗教教义以及偏执的宗教思想所发起的强有力的理性主义挑战[2]。

约翰·斯莱泽（John Slezer）在他的《社会大舞台》（*Theatrum Scotiae*）一

---

[1] Hetherington, 1985：137；Brown and Moss, 2001

[2] Coutts, 1909：210–12；Murray, 1927：376；Skoczylas, 2001

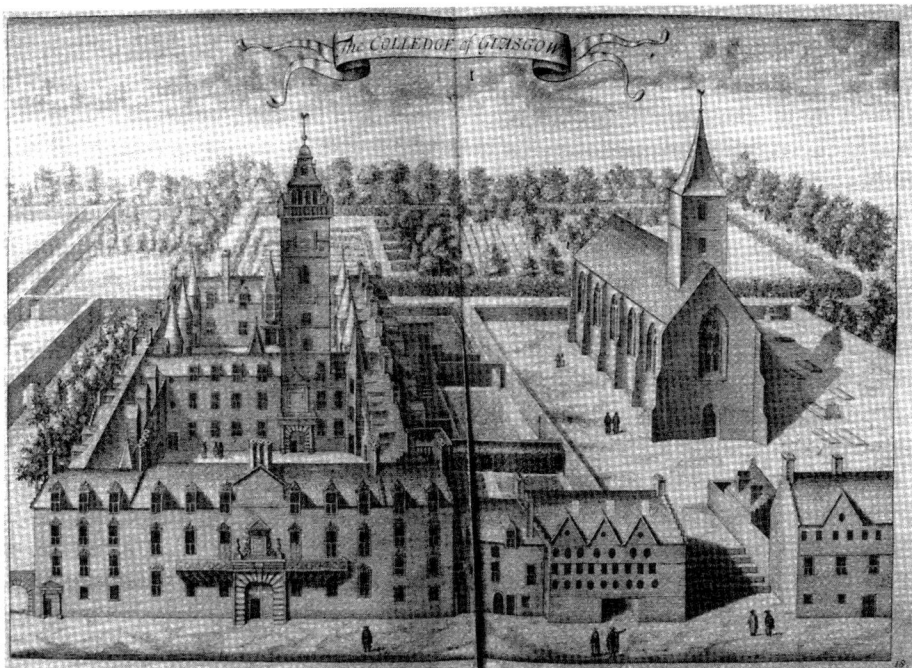

插图 1. 格拉斯哥大学，1693。转引自 John Slezer，Theatrum Scotiae（格拉斯哥大学图书馆）。

书中将大学建筑描写为是"城市最主要的装饰"。格拉斯哥大学的建筑大多建于1632 至 1661 年之间，由公众募捐集资所建，而当时主要的出资者是巴龙尼教区的牧师扎查里伊·波伊德。他以校长、学院院长和副校长等身份积极参与了大学事务的管理。亚当·斯密穿过内四合院的拱廊，就会经过一尊波伊德的半身塑像，这一塑像于 1658 年落成，以纪念他的慷慨大度和付出。这尊雕像现在格拉斯哥大学的亨特博物馆（the Hunterian Museum）内展出。

17 世纪格拉斯哥大学的建筑规划，由克伦威尔的门徒帕特里克·吉莱斯皮校长不遗余力地付诸实施。1656 年，他监督完成了内四合院南部和西部建筑的落成；1658 年，完成了塔楼和前四合院的北部和南部；1661 年，则完成了余下部分，包括商业主街的正面建筑。格拉斯哥大学的正面，矗立着布满钉子的、由巨大的橡木大门装饰的门关。门关上雕刻着皇家军队制服以及查尔斯二世国王名字的首字母缩写"C. R. 2"。尼尔·坎贝尔校长的房子在门关的南边，约翰·西姆森教授的房子则在北边。1736 年，教授大院两边的房子落成，为校务委员提供了住房，代替了原先在大学建筑内分配给他们的房间[1]。

我们不知道斯密在格拉斯哥大学求学期间的住处，但如果他住在大学里面，他的花费会很少，大概只要每年 1 英镑。1737 年，与斯密相熟的亚历山大·卡莱尔就搬到了大学里面一间 20 英尺 ×17 英尺的房间内居住，房内没有任何装饰，但是他摆脱了上一年住在国王大道时困扰他的咳嗽。一位大学里的仆人为他生火铺床，管理这间房间的女房东的一位女仆，每两星期一次为他洗换床单。两位学神学的英格兰学生，大概是异教徒，住在他楼下，但楼上并未住人。在格拉斯哥大学，最贫穷的学生可以靠燕麦和豌豆作为最基本的主食，一年大概只要 5 英镑的花费。即使是上最多的课时，一位格拉斯哥大学学生的学费也就是一年 3 英镑 10 便士。因此在格拉斯哥大学就读一年的教育花费大概是 10 英镑。斯密家应该完全能够负担得起让斯密到当地的亲戚家居住，或住在"普通学生宿舍"，抑或是住到教授家中，不过 30 英镑或 40 英镑的花费，而这些方式都是当时学生常见的选择[2]。

亚当·斯密和给他授课的教授们所置身其中的大学机构的整体框架，很大程度上是由 1726 年 8 月 31 日任命的视察委员会所决定的，并于下一年的 9 月 19 日发布了公告。表面上这一委员会的成立是为了完成始于 1690 年的格拉斯哥大学改革的收尾工作，但是，在委员会背后操纵这些干预的苏格兰政治力量，以及政府对格拉斯哥大学学生和他们的同情者所制造的政治骚乱的关注已经发生了改变。1701 年至 1727 年间担任格拉斯哥大学校长的是约翰·斯特林，他善于掌控局势，追随的是由罗克希博格公爵一世约翰·克尔所领导的"斯夸德罗内党"（the Squadrone party）。但是，1725 年 6 月，他在格拉斯哥大学为抗议沃尔浦尔（Walpole）政府设置麦芽税而发生的暴乱中处置不力，被罢免了其苏格兰国家秘书一职。沃尔浦尔政府转而依靠阿盖尔公爵二世对苏格兰加以控制，而阿盖尔公爵则又主要仰仗他的兄弟，当时已成为苏格兰重要的政治人物的艾莱爵士阿奇博尔德·坎贝尔[3]。艾莱爵士通过被称为"阿盖尔公爵派"（the Argathelians）的一帮支持者们来开展工作。他们在大学和其他机构展示了自己的权力，并推行保护

---

[1] Hetherington, 1985：14–27

[2] Campbell and Skinner, 1982b：16–17

[3] A.Murdoch, ODNB–O, 2006；Emerson, 2007

人制，使苏格兰恢复了秩序，并在经济上获得改善。[1] 格拉斯哥大学的改革就是实现这一目的的一种手段。

首先，委员会觉得需要纠正由斯特林引起的一些问题。斯特林因为固执己见，以及无视所谓的正常程序提拔他的追随者，而与一些同事和学生处于了敌对状态。一个典型的例子就是名誉校长的选举问题，苏格兰和许多欧洲国家一样，名誉校长是一所大学名义上的领导。斯特林将学生排除在了选举机构之外，他的行为成为人们不满情绪的焦点。尽管格拉斯哥大学的大多数学生是十岁刚出头的少年，但也有相当一部分是来自爱尔兰长老教会的学生和毕业生，他们更为年长，也更愿意在政治上扮演更为活跃的角色，因为他们知道在自己的家乡，不同政见者正在为获得民事的和宗教的自由而抗争。他们得到了反对斯特林的教授们的鼓励，作为回应，他们将斯特林刻画为一位暴君，而他们为之奋斗的事业就是要为自己的权利正名。[2] 这样一些努力所维持的传统政治话语，后来影响了斯密天赋自由的立场。格拉斯哥大学学生的骚动，连同弗兰西斯·哈奇森的教诲，以及斯密自己在校完成的指定阅读和自觉独立的阅读一起形塑了他的观点。

1722 年，学生机构中一群斯密的前辈们，在大学正门对面点燃了一堆篝火，庆祝一则失实的报道带来的消息，说爱尔兰贵族莫尔斯沃斯子爵一世罗伯特通过大选当选为了英国议会的议员。莫尔斯沃斯是爱尔兰老辉格党的领袖，也是洛克、沙夫茨伯里、斯威夫特以及哈奇森的朋友，当时他正在都柏林的长老会研究院任教。莫尔斯沃斯同情格拉斯哥大学学生中的激进分子，并与他们保持着通信往来。高级校务董事格尔松·卡米凯尔试图将篝火浇灭，遭到了学生领袖之一约翰·斯密的攻击。约翰·斯密是在格拉斯哥大学研究神学的爱尔兰籍学生，后来因为这一事件而遭到了学校的开除。但是，同年的迟些时候，他就这一事件在都柏林出版了一本小册子，题为《格拉斯哥大学学生最近所受到待遇的简要陈述》(*A Short Account of the Late Treatment of the Students of the University of*

---

[1] 这一时期苏格兰通过在政治上推行保护人制，重建各种社会体制，进而在经济方面所取得的成就是 Murdoch (1980：30–2)；Shaw (1983：chs.5, 6)；Emerson (1992：45–6)；Devine, Lee, & Peden (eds.), (2005) 的研究重点。

[2] 各种各样的话语对学生的言辞产生了影响：经典的共和主义 (e.g. Cicero)；抵抗斯图亚特王朝君权神授的君主统治 (Locke)；反对沃尔浦尔 (Cato's Letters, 1720 on)；当时爱尔兰反对英格兰殖民统治的冲突 (Molesworth)；参见 Robbins (1959)；Pocock (1965；1986：ch.ii), in Hont and Ignatieff (1983)；Moore (1990：45–7), and M.A.Stewart (1992：5)。

G[lasgo]w)[1]。格拉斯哥大学学生向苏格兰最高民事法庭提起了诉讼，希望下议院能够恢复他们对名誉校长的选举权。他们很有信心一定能得到莫尔斯沃斯的支持。卡米凯尔作为自然法传统（格劳秀斯和普芬道夫相关的）的教师在苏格兰哲学发展中发挥了一定作用，在 1717 年他也曾用"高贵的语言……讴歌了自由"[2]，煽动起了学生的情绪，但是，这次他为换取斯特林校长对他儿子的关照，而背叛了学生们的事业。1725 年，抗议的学生攻入了当时名誉校长的休·蒙哥马利爵士（由斯特林暗箱操作而得以就任）的住所。长老会教徒、历史学家罗伯特·伍德罗记录下了这一事件对于当年格拉斯哥大学入学人数的影响："这一学年格拉斯哥大学的入学率很低，教师们应为此而自我反省；他们之间的分裂和对抗降低了学校的声誉，使得现在许多学生都前往爱丁堡大学就读"[3]。最终，1726 至 1727 年的那一届委员会开展了许多工作，人文学（拉丁文）教授安德鲁·罗塞以及大学内的其他人等一起对学生进行了安抚，平息了学生们激动的情绪。

委员会成员的组成反映了当时的"阿盖尔公爵派"对解决格拉斯哥大学事件的重视程度。教会机构和法律机构都有代表参与其中，而被罢免的"斯夸德罗内党"也可以通过法官詹姆斯·厄斯金发出自己的声音。艾莱爵士即安德鲁·弗莱彻得到了苏格兰副首相的支持，作为学者在委员会里扮演了一个非常活跃的角色，他希望能看到学术的繁荣。他的藏书规模在西欧所有私人藏书中也是名列前茅[4]。他对语言、数学和科学（包括可以应用于园艺和造林的植物学）都很有兴趣，熟悉大学的各项事务，并运用自己的保护人资格找来了能干的人担任学校教授，后来斯密也是其中之一。[5] 米尔顿（Fletcher of Milton）是安德鲁·弗莱彻（Andrew Fletcher of Saltoun）的侄子，安德鲁是一位明智的共和主义者、口才出众的反联合者，也是斯密被普遍接受的关于公民人道主义思想的来源之一[6]。尽管米尔顿与他的叔叔所持政见不同，但与他叔叔一样有自己对文学和哲学的欣赏

---

[1] Stewart，1987b

[2] Smith，1722：10

[3] Wodrow，1843：iii.240；Mackie，1954：177

[4] 书目由弗里斯出版社（the Foulis Press）出版，1758

[5] 斯密对于获取 Ilay（1743 年成了阿盖尔公爵三世）保护的兴趣在 Corr. Nos.10, 304 中有所反映。讨论 Ilay 启蒙计划的文献有：Taylor（1966：25, 130），Lindsay and Cosh（1973：35–185），Berkeley and Berkeley（1974：108–12），Emeron（1992：104–5）；and Murdoch（ODNB，2006b）。

[6] Robertson，1983

品位，而且他也是农业改革、制造业和商业的忠实推进者之一[1]。委员会在这些人的掌管下，数次在格拉斯哥或爱丁堡会面，听取大学在管理和政策方针方面的报告，审查各宪章及其他相关文件，调查以前老的实施方法以及现行的做法，并听取校长和教授们的汇报。1727年，委员会发布了大量的成文法规，规定了格拉斯哥大学的各种惯例和章程。这些惯例和章程一直应用到了1858年（苏格兰）大学法令的颁布，因而在斯密的学生时代以及出任教授期间，格拉斯哥大学所实施的就是委员会颁布的这些法规。

关于名誉校长的选举问题，委员会解决的办法是规定学生在他们自己的"民族"（nations）参与投票选举。格拉斯哥大学的"民族"是由学生的出生地所决定的，这与中世纪巴黎大学以混乱的原籍作为所属民族的依据大为不同。克莱德谷"民族"，就是那些来自于格拉斯哥及周边地区的学生；罗思塞"民族"就是那些来自西部，包括赫布里底群岛（the Herbrides）和爱尔兰的学生；奥尔巴尼"民族"就是那些来自福斯河以北以及国外的学生；特维奥特戴尔"民族"就是那些来自福斯河南部以及英格兰和英属殖民地的学生。虽然条文规定每年名誉校长的选举日是11月15日（如果15日恰好是星期天，就改为16日），但是1737年学生入学注册时就将选举日定在14日。这样亚当·斯密入学时就有资格在11月14日和奥尔巴尼"民族"的学生一起，将为图书馆建设慷慨捐款的格拉斯哥商人约翰·奥尔选举为名誉校长[2]。斯密自己在1768年作为名誉校长候选人参选，但未获成功；最后，在入学50年之后的1787年，斯密成功当选了格拉斯哥大学的名誉校长[3]。

在学术方面，委员会委员主要试图让各种安排符合当时的思潮。自建立之初，苏格兰大学的运作遵循的就是导师制，在这一体系中学生用四年时间学习一门文科课程，由每年指定的一位老师加以指导。从格拉斯哥大学改革时起，苏格兰就开始致力于为具体的科目"固定"老师或导师。1708年，威廉·卡斯特尔斯校长通过在爱丁堡大学设立教授教席（professorial chair）实现了这一想法。

1642，格拉斯哥大学首开先河，创立了两个神学教席；1661年，皇家委员会进一步建议增设人文学教席、医学教席、民事法和教会法教席以及数学教席；但是当时并没有足够的钱来实现这些雄心勃勃的计划。1688—1689年革命后，格

---

[1] Shaw，1983：7
[2] Coutts，1909：204-9，255；Addison，1913：17；Mackie，1954：178-81；Durkan and Kirk，1977：42
[3] Murray，1927：327

拉斯哥大学拥有了更多的可供利用的资源，便通过长期的条款规定，在斯密所处时代设立了以下这些教席：数学教席（1691）、希腊语教席（1704）、植物学和解剖学教席（1704）、人文学教席（1706）、东方语言教席（1709）、法学教席（1713）、医学教席（1713）以及基督教史教席（1716）[1]。

1727 年，三位哲学导师被要求按照资历的高低顺序选择教席；格尔松·卡米凯尔选择了伦理学教席（后来被称为道德哲学教席），约翰·劳顿选择了逻辑和形而上学教席，而罗伯特·迪克则选择了自然哲学即物理学教席（Murray，1927：22）。1747 年，圣安德鲁大学效仿爱丁堡大学和格拉斯哥大学，彻底抛弃了导师制，随后效仿的是阿伯丁的马利夏尔学院（1753），最后是国王学院（1799）[2]。

在格拉斯哥大学，1727 年的章程进一步规定了要获得文科硕士学位必须学习的课程（"gown" classes）顺序：第一学年在学好拉丁文之后，进行希腊文的学习；接下来学习逻辑学和形而上学；再接下去是由学生自己决定先学道德哲学还是自然哲学。学生必须通过这些古代语言及这三门哲学科目的学位考试。

在这些成文法规通过后 10 天左右，斯特林校长去世了，他的继任者是伦弗鲁（Renfrew）牧师尼尔·坎贝尔。尽管作为一名管理者，坎贝尔既不是非常博学也没有出类拔萃，但是他让当时教授之间互相倾轧的各派别和平相处，让他们能够各展所长；他很平和地恢复了学生们行使选举名誉校长的特权。但是，罗伯特·伍德罗对这一做法并不看好："恢复学生们毫无意义可言的所谓特权，对于上一届的视察委员会委员而言是一个小小的败笔，因为在我看来这对学生反而是有害的。"[3]

然而，我们或许会持完全不同的观点：选举名誉校长这一特权或权力的行使，成了格拉斯哥大学学生独一无二宝贵经历中的一部分。亚当·斯密不会将格拉斯哥大学看成是像牛津大学那样由老师们所组成的封闭团体，在那里学术似乎是无用而可笑的。而在格拉斯哥这样一座多元、经济生活欣欣向荣并随着大英帝国的扩张具有了全球性视野的城市里，斯密成了一个学术团体的一部分，他可以像一国国民一样为其效忠，而老师们也为他的思想打开了激动人心的新疆域。

---

[1] Mackie，1954：99，122，154，165，169，170；Emerson，1992：app.v

[2] Cant，1992：108–9，n.1

[3] Wodrow，1843：iii.333；Mackie，1954：183

4. 永远难忘的哈奇森

"仁慈即美德"道德哲学体系，最明智和最冷静的支持者

　　1737 年 10 月 10 日早上 10 点 45 分，在格拉斯哥大学外四合院西边的教员办公室（前厅），尼尔·坎贝尔校长正向格拉斯哥大学的人文教授、希腊文教授、逻辑学教授、道德哲学教授和自然哲学教授问候致意。正是以这样一种传统的方式，亚当·斯密在格拉斯哥大学就读的第一学年拉开了帷幕。到 11 点，内四合院 140 英尺高塔楼上的小钟（又被称为课钟）敲响了，选修了文科硕士学位大纲中所规定的五门学位课程的学生们来到了指定教室。在第一堂课上，教授们会任命一个监察员，并说明上课的时间和指定的教材。到 11 点 15 分，大钟（又被称为校钟）敲响了，穿着红袍的 400—500 名学生和身着黑袍的教授们一起来到内四合院东边的大礼堂，在那里进行祈祷，并有专人对大学的纪律作一说明[1]。

　　这一时代苏格兰大学的学位课程是以这样的一种方式加以组织：第五级或最低一级学生集中学习拉丁文，这一学年又被称为预科年。第四级就是新生年（bajan：这一名称来自于法文 bejaune，bec jaune，意思是：黄色的鸟嘴、幼雏、未经世事的年轻人），学生们重点学习希腊文。1737 年，亚当·斯密一入学，就成了第三级学生（a semi：处于 bajan 和 bachelor 之间），因为他在科卡尔迪市立学校学到的拉丁文使得他完全不需要再上第五级，而他在希腊文方面的造诣也足以能够让他跳过第四级。再接下去，斯密要进入的就是第二级学士学年

---

[1]　Scott, 1937：32–3；Murray, 1927：58–60

（bachelor）和第一级研究生年（Magistrand），成了硕士学位的候选人[1]。

幸存下来的资料向我们展示了第三级学生的课程安排："在各哲学分支教授们的指导下，每天进行两小时的逻辑学、形而上学、气体力学（pneumatics）方面的阅读。这一学年学生们开始学习几何学，由数学教授每天授课一小时。学生们或许还会聆听希腊文的讲座"[2]。斯密似乎听过一些希腊文讲座，因为他的藏书中就有《白板》（*Tabula*），这一著作在当时是被认为由苏格拉底的朋友塞贝斯所著。亚历山大·邓洛普教授在格拉斯哥大学使用这一文本，是把它作为具有人文主义思想的新教教徒教学实践的一种遗产加以继承[3]。现代学者们认为这一著作的历史可以一直追溯到公元一世纪，作为一个综合性的文本，其在毕达哥拉斯学说的背景下，将柏拉图、亚里士多德和斯多亚学派的学说合并一起加以了介绍。与当时常见的这一文本形式一样，斯密所拥有的《白板》文本也是 1670 年的伦敦和剑桥版本，是与更为重要的爱比克泰德的《手册》（*Encheiridion*）装订在一起。书本中有斯密成人后藏书的书印，也有与斯密在入学手册上的签名一模一样的"圆体的小男孩笔迹"的签名。《白板》的空白处有红笔做的星号，大概表示的是邓洛普教授所指定的阅读部分。课本里有两个字被划掉了，似乎表明当时学生们还被要求边读边做校订，尽管这些校正并没有被记录下来[4]。然而，《白板》还是被赋予了一定的哲学意义上的重要性，因为它被认为是现代道德和科学体系的先驱毕达哥拉斯思想的来源之一，而将两个文本合印在一起还有一个很实际的目的，就是希望学生通过简单的希腊文阅读，能够自己提高希腊文水平[5]。

---

[1] Cant，1992：21–2

[2] M.A.Stewart 教授在 2006 年 4 月 16 日给我的一封私人信件中，向我澄清了斯密所处时代哈奇森的教学计划。这一教学计划是由 1727 委员会制定，作为委派给道德哲学教授的任务。在信中，他还告诉了我哈奇森的老师 Gershom Carmichael 是怎样组织他的课程的。关于"公共课程"中气体力学课程的划分，逻辑学和形而上学教授（Loudon）教授第二级学生的"part de mente humana"，Cartesian–Lockeian 关于理解能力的哲学，Hutcheson 教授第三级"气体力学和道德哲学的剩下部分"。哈奇森还单独教授一门自然神学的课程，据说是一门"私人"课程。道德哲学"公共"课程的授课内容包括第一个伦理学分支"讲授美德的本质"，第二个分支讲授"关于自然法的知识"（Hutcheson's Short Instruction to Moral Philosophy，1747）。Stewart 教授认为学生们需要听完伦理学课程之后，才能听得懂其余部分，并认为它们是"一门课程连续的组成部分，而不是两门不同的课程，或者至少它们是同一年级两个相继学期连续的教学内容"。

[3] Bolgar，1977：354

[4] GUL；Mizuta；Scott，1937：33–4, 365

[5] Maclaurine（1748/1968：32–3, 43–5）讨论了 Copernicus，认为他是毕达哥拉斯体系的恢复者；Hutcheson 所著的 Short Instruction to Moral Philosophy（1747）一书的卷首题词，就引用了毕达哥拉斯的座右铭；斯密也

而与《手册》相关的一个问题是：在斯密自己的思想体系形成过程中，书中的教义以及其他斯多亚学派著述中的教义到底产生了怎样有力的影响？《手册》的作者爱比克泰德是伊巴弗提的一位瘸腿奴隶，曾任尼禄和杜米仙的秘书。尽管在他获得自由时，一贫如洗，但是他具有足够的才智和学识，使得他能留在罗马学习和教授哲学。在被杜米仙驱逐出罗马后，爱比克泰德仍能保持一颗宁静的心灵，并在伊庇鲁斯王国的尼科波尔（Nicopolis）找到了一所颇有影响的学校任教。这一故事令斯密一生都颇为着迷，这从《道德情操论》第六版仍保留了对这一故事浓彩重墨的讲述中可见一斑[1]。爱比克泰德对斯密而言或许是一种行为的榜样，是斯密所受到的加尔文主义教养关于自我控制的教义在俗世中的实现。《道德情操论》的所有版本（VII.ii.1.35）中无疑都呈现了"独立、意志坚定，但经常是严厉的爱比克泰德"形象，是一位要求人们对自己的激情加以控制的令人信服的老师[2]。尽管如此，弗兰西斯·哈奇森作为斯密学士学年和研究生学年的道德哲学老师，非常推崇斯多亚哲学，为斯密树立了一个不仅仅忠实于一种哲学流派，而是将各种哲学流派兼容并蓄、进行折中处理的令人信服的榜样。现代第一个哈奇森思想研究中心的创办人斯科特（1900：260）将这一方法总结为"建立于古代折中主义基础上的对现代哲学思想的折中处理"。

斯密的希腊文老师亚历山大·邓洛普是格拉斯哥大学威廉·邓洛普校长的儿子，也是爱丁堡大学威廉·卡斯泰尔斯校长的亲戚，在学术界有良好的人脉关系。1704 年，在格拉斯哥大学任命希腊文教授的选拔中，他分析解读了荷马所著的十一行诗歌，赢得了斯特林校长和他同事们的交口称赞，从而成功地获得了这一教席[3]。他在就任后的 42 年教学生涯中的表现，确实可圈可点。1736 年，他出版了一本希腊文的标准语法书，该书的"准确"和"简洁"获得了 1755 年《爱丁堡评论》（*Edinburgh Review*）中书评作者的褒扬（1：47）。卡莱尔很欣赏他的机智和朝气，还评论说邓洛普"有着过人的判断力和商业才能，具备领袖头脑，被认为在（弗兰西斯）哈奇森的协助下，成功地领导和处理了大学的所有事务"。

反映出了对于毕达哥拉斯科学的推崇："对自然中起到联接作用的原则的研究"（"Astronomy" iii.9）。

[1] ed. Haakonssen, 2002：339

[2] ed. Long, 2002, rev. Stephens, 2002

[3] Coutts, 1909：187；M. A. Stewart, 1990b

邓洛普教学中颇受好评的一大特色，是他对希腊悲剧的翻译和评论[1]。斯密也很推崇经典戏剧，似乎正是从邓洛普那里沿袭了这种对希腊文语法和希腊文文学精妙之处的热爱。爱丁堡大学希腊文教授安德鲁·达尔泽尔见到过老年时的斯密，令他印象深刻的是斯密当时仍还记得一些细枝末节的希腊文知识[2]。

斯密第三级时的逻辑学、形而上学和气体力学教授约翰·劳顿是比邓洛普有着更长任职年限的大学老师。1690年，他竞选格拉斯哥大学空缺的校务委员一职没有成功，但是在圣安德鲁大学获得了一个职位[3]。他这一任职期间一系列的逻辑学授课记录幸存至今，这一纪录与1699年劳顿成为格拉斯哥大学校务委员，并于1727年在委员会的推荐之下就任了哲学教授一职后的系列记录很相似。这些资料展现了更为传统的教学法的核心内容，教师缓慢地陈述教学内容，学生边听边做记录。这一过程中穿插学生之间的争论、口头测试以及教师的评论和论述。在课程开始最为基础的"逻辑学概述"（Compendium Logicae）中，劳顿遵循的是亚里士多德的传统，即首先对模棱两可的、具体和抽象的术语进行界定，然后讲授简单的和复合的命题，接着是介绍逻辑论证的各种方式，尤其是与三段论相关的论证方式，最后以各种主要的推理谬误的讲解作为结尾。在更为高级的续篇"逻辑学"（Logica）的第一阶段（Pars Prima），劳顿的主要教材是安东尼·阿诺和皮埃尔·尼科尔合著的《思维的艺术》（*Art of Thinking*）[1662年第一版；由皇家协会（Royal Society）批准的英语翻译，1674；约翰·厄兹盖尔的翻译，1717——多次重印再版]。从这一著作中，劳顿接受了其中关于观念逻辑推理的论述，坚持认为作为精神实体的观念不是来源于感觉或想象，而是由上帝直接赋予的纯粹的一种智力活动。这样劳顿教授就可以从理性主义的立场出发为正统的宗教观点做辩护了。[4]

然而，作为这样一种立场的补充，劳顿还参考了洛克在《人类理解论》（1690）（*the Essay concerning Human Understanding*）一书中所使用的经验主义

---

[1] Carlyle，1973：37

[2] Stewart I. 10

[3] Coutts，1909：169，173，208

[4] GUL MS Murray 49, James Craig 在 J. Loudon 的逻辑学课程上所记下的笔记（1699）；GUL MS Gen. 406, Logicae compendium dictatum，以及课程学生名单，1712；GUL MS Gen. 71, Robert Shedden 从 J. Loudon 的 Dictata（1729）compend of Logic 笔记——Shepherd（1975）和 Moore（1990：43–4）；还可以参见 Hutcheson, ed. Moore, and trans. Silverthorne, 2006：x–xi。

方法来解释观念起源的做法。这样劳顿所持有的哲学观点就是以加尔文神学为基础，同时平衡融入了理性主义和经验主义要素。小说家托拜厄斯·斯莫利特，斯密差不多同一时期的格拉斯哥大学校友，将劳顿的教学视为一种还原主义，评论说"逻辑的艺术被转换成一种诡辩术，学生完全可以用三段论加以论证"[1]。我们可以推测斯密对于劳顿的教学持有相似的否定观点，因为他自己在 1751 年成为格拉斯哥大学逻辑学教授后，就采用了一种全新的教学方法。

当劳顿开始教授形而上学和气体力学课程后，唉，我们仍无法说他在教学上能激励他的学生。尽管当时哈奇森在格拉斯哥大学已经开始用英语授课，并很受欢迎，但是劳顿并不屑于效仿，仍然坚决地坚持用拉丁语授课。斯密同时代的人物之一，塞缪尔·肯里克在晚年时回忆说"庄重而又受人爱戴的……约翰·劳顿用一本正经的跳跃式步骤来阐述自己神秘的 [逻辑] 概述，以及更具有形而上学微妙性的德弗里斯的思想"[2]。这里提到的德弗里斯是指乌得勒支大学神学教授杰勒德·弗里斯，他著有《圣灵论本体性概念规定》（*Determinationes pneumatologicae et ontologicae*）[3] 一书。书中的第三部分，讨论了上帝本性，其中的内容被认为并不符合正统的宗教思想。而劳顿在讲述德弗里斯的文本时，却用加尔文教神学家的学术观点作为补充，并用教会可以接受的方式来证明神性具有"不可言传的"特性，诸如无限性和全能性，以及"可言传"的特性，诸如知识和意志。这些"可言传"的特性被认为是上帝和人类所共有的，在人类接受基督的福音来为自己的原罪赎罪过程中，这些都是"可言传的"。这样的一种讲解方式，或许会让肯里克和亚当·斯密这样的年轻听众，感到困惑和难以接受。劳顿教学中所反映的思想被称为奥古斯丁教义，这一教义放大了染有罪恶的人类激情和政治与充满优雅的神圣秩序之间所存在的巨大鸿沟[4]。这也是加尔文主义"旧教义"的核心所在。哈奇森的道德哲学和自然神学对此发起了挑战，尽管他有时也附和加尔文主义对人类所处状态的贬损[5]。作为道德哲学家的斯密，本来也完全可以采用这样一种风格，把上帝描绘成"无限完美的存在"，上帝的愤怒

---

[1] Knapp，1949：16，n. 50

[2] Glasgow，Mitchell Lib.，Baillie MSS 32225，fos. 53，55；Sher，1990a：97，n. 26

[3] 1687，1690；Edinburgh 重印 1712

[4] Moore，1990：44-5

[5] Sher，1990a：96

正当地惩戒着如人类这样"邪恶的蚍蜉";但是最终斯密还是舍弃了这种风格的语言[1]。

然而,劳顿教学的特色之一,是他对自己所教授的学科所怀有的敬业精神,这对斯密在格拉斯哥大学期间的思想发展起到正面促进作用。这种敬业精神使得劳顿接受了后笛卡尔时代的新哲学。1708 年出版的当时公开辩论(文学硕士学位训练的一部分)的哲学命题,可以帮助我们了解学生在新哲学方面的收获。[2] 这些论题涉及了包括笛卡尔所提出的命题"我思故我在",以及最初源自亚里士多德的经验主义命题"我们所理解的一切最初无不来自于感官"[3]。劳顿对牛顿和洛克所提出的强调观察和实验的新科学(the New Science)的兴趣从以下这一事实中就可见一斑:1711–1712 年,他和其他两位教授哲学的校务委员 [格尔松·卡米凯尔和罗伯特·迪克] 都购买了 "仪器",以便他们每人都能在课堂上向学生们教授经验主义哲学。1727 年迪克担任该科目的教授后,课程中的相关内容就由其提供的自然哲学课程所替代[4]。大概十年后,斯密成了爱丁堡大学非编制内的教师,我们有理由相信他讲授过"哲学史"这样一门课程。在这门课程中,斯密或许就遵循了劳顿在格拉斯哥大学所开创的研究套路,但是从他的《哲学论文集》所收录的文章片段来看,斯密完全摆脱了劳顿身上的宗教教条主义限制,展现了其鲜活而俗世的一面。

斯密关于气体力学的观点,与他在格拉斯哥大学第三级时,个性更为活跃的弗兰西斯·哈奇森教授该门课程不无联系。气体力学有时又被称为"气体学",被认为是特殊形而上学的一个分支,与普通形而上学或本体论有所不同。它早先的意思是"关于灵魂或精神存在的科学、学说或理论"(OED)[5]。然而,还有另一门学科,被命名为"新气体力学",意思是"物理学的一个分支,研究空气或其他可伸缩的液体或气体的物理特性(如密度、伸缩性和压力等)"(OED)。在格拉斯哥大学,格尔松·卡米凯尔所维系的是更为传统的气体力学,他以自然神

---

[1] *TMS* II, ii.3.12, 第 1–5 版, 而到第 6 版则不再如此, 1790

[2] GUL 特 辑 Bf 73.–e.34, 属 于 Patric Erskine: Theses Philosophicae...Joanne Lowdoun Praeside (Glasgow: Robert Saunders, 1708) ——32 名候选人名单, 提到了 "Torricelli's tub"、"Boyle's machine"、"Poiretus", 即驳斥了笛卡尔的 Pierre Poiret, De Eruditione Triplici (Amsterdam, 1707)。

[3] De anima, 3. 8. 432a

[4] Emerson, 1986: 256

[5] 参见 Alexander Gerrard 教授在 Aberdeen 的 Pneumatology 课程, Stewart–Robertson (1983: 35 nn.30, 31) 有所描述。

学的形式讲授这部分内容，履行其作为道德哲学教授的职责[1]。他的下一任道德哲学教授哈奇森继承了这一做法，哈奇森将讨论"至高无上的善"的属性以及人类的激情、意志、理解等作为道德哲学体系的一部分。关于哈奇森气体力学或自然神学的讨论，他的学生兼朋友、同时也是他的传记作者威廉·利奇曼有以下一段论述：

> 许多人致力于用形而上学来论证神的存在性、统一性和完美性，[哈奇森]对这种论证的正当性和效力，感到极端怀疑……这样的论证不仅无法将我们引向计划中的绝对确实性，反而让我们的头脑处于一种怀疑和不确定的状态，这一状态会导致绝对的怀疑[2]。

因此，哈奇森满足于以宇宙存在明显的意图性的显现作为主要证据，证明仁慈的造物主确实有存在的可能性这样一种有神论论证。

我们可以从斯密后来就"欧洲大学"所作的成熟的评论中，找到他对哈奇森关于"气体力学"课程传统教学内容所持的这种怀疑态度的回应。斯密站在启蒙的立场上，认为在大学教育中让哲学从属于神学，并把通过推断或揣测而得到的上帝的属性和人脑的特性细致到荒谬的程度是一种思想上的错误，结果使"几乎无从知晓的关于神灵的学说，与甚多有待被认知的关于人类物体的学说占据了相同的篇幅"。形而上学或气体力学被置于了与物理学相对立的位置，并作为一门更为崇高的、对牧师们所从事的工作而言更有用的一门科学而得到发展培育。而物理学，作为一门依靠观察和实验就能取得"如此多有用的发现"的科学却被忽略了[3]。但是，格拉斯哥大学的情况并非如此，那里的教师们不得不实现课程的现代化。结果是哈奇森在气体力学课程中展示自然神学中的"很少几条简单且几乎不言自明的真理"；而让罗伯特·迪克在自然哲学（物理学）课程中讨论"物体的学说"；罗伯特·西姆森则提供几何学方面的基础知识。杜格尔·斯图尔特记录说，斯密在格拉斯哥大学就读期间，曾经有段时间非常喜欢西姆森和迪克教授的课程：

---

[1] Moore 和 Silverthorne，1983：76；2002：239–44，257–69，346–50

[2] Leechman，1755：pp. iv–v

[3] *WN* V.i.f.28

几年前，斯密先生在格拉斯哥大学的同学马克劳林博士（Dr Maclaine of the Hague）[作为莫谢姆（Mosheim）的《基督教史》的译者而为人所知，1765，重版于 1825]，曾告诉我 [斯密] 在大学时最喜欢研究的是数学和自然哲学；我也记得听说我父亲马修斯图尔特在他和斯密刚认识时，曾帮助斯密解答一个当时他正在思考的有着相当难度的几何问题，这一问题是著名的 [西姆森] 博士作为练习布置给他的。[1]

罗伯特·西姆森是神学教授约翰·西姆森（1729 年因为"用正统的方式来传播异端邪说"而被取消授课资格）的侄子，也曾一度担任他的秘书 [2]。1702 年，西姆森在格拉斯哥大学入学，作为学生在那里待了八年，在古典学和东方语言领域表现突出。他的父亲希望他成为一名长老制教会的牧师，但是他觉得神学中的论证方式不够令人信服，转而专心攻读数学，因为数学有着令人无可置疑的论证方式。1710 年，学校向他提供了空缺的数学教授一席，但是他并没有立即接受，而是要求先前往伦敦拜见那些当时英国最负盛名的数学家们。成行后，他在伦敦与天文学家兼数学家埃德蒙·霍尔相处了一段时间。霍尔早在 1684 年就已经意识到了牛顿非同寻常的数学天赋，并于 1687 年在《自然哲学的数学原理》（*Philosophia Naturalis Principia Mathematica*）的出版监管工作中发挥了极为重要的作用。由于霍尔注意到了牛顿是以几何论证的方式呈现自己的大部分的证据，并将古代经典几何学看成是"自然哲学"（"philosophia naturalis"）的来源 [3]，因而他鼓励西姆森去研究最早的希腊几何学家，如欧几里德和阿波罗尼奥斯的著作。他们的著作得以流传下来的，只有后来的几何学家，如帕普斯，所做的一些梗要概述。这位年轻的苏格兰人接受了这一项研究使命。回到格拉斯哥大学后，他作为古代几何学的修复者而在整个欧洲为自己赢得了声誉。1711 年 3 月，他被提名为格拉斯哥大学数学教授一席的候选人，同年 11 月 19 日获得正式任命，并担任这一职位长达 50 年，被人们公认为是一名优秀的教师。他所教过的著名学生除了斯密外，还有爱丁堡大学的数学教授柯林·麦克劳林和马修·斯图尔特，

---

[1] Stewart I.7
[2] Coutts, 1909；210–11
[3] Guicciardini, 1999

以及自然哲学教授约翰·鲁宾逊。[1]应该承认尽管西姆森一直关注代数和微积分的最新发展，但是他更倾向于用几何的方式来阐述他的论证和证据[2]。斯密对西姆森关于欧几里德学说的教学，持有肯定的态度，使斯密获得了在阐述自己的社会科学体系时与众不同的思想定位。这一说法是由杜格尔·斯图尔特提出的："如果我也没弄错的话，[斯密]早期对希腊几何学的爱好对他所产生的影响，可以从他在阐述自己的政治推理时，行文的简单、清晰和完备，有时甚至几乎可以说是啰唆中得到体现"（I.8）。当然斯密一生都对西姆森满怀敬意，因为在他的《道德情操论》第六版中，他宣称他以前的老师和马修·斯图尔特是他所处时代最伟大的两位数学家，并援引他们的态度来证明自己的观点，即学者们对自己新发现的重要性有着绝对的把握。不必在意公众是否意识到[3]。既然当时斯密也与达朗贝尔有着私人的交情，这种说法无疑是对西姆森和斯图尔特非常高的褒扬了。

斯密可能是在课堂之外的社交中，慢慢与西姆森教授相熟。西姆森几乎从不走出大学的校门，除了在星期六，他会走上一英里的路，到乡下安德森村庄与朋友们共进晚餐。他的陪伴总是令人愉悦，因为他"温和的脾气、吸引人的风度、渊博的知识……他总是用口语化的简单语言娓娓道来，展现出孩子般的单纯，丝毫没有任何自满或傲慢的神情流露"。他那温和仁慈的神态，在1746年威廉·柯奇拉为他所画的肖像中得到了很好的展现，而这之前彼得·努内（Peter de Nune）（彩图 a）也为他画过肖像。西姆森"最为青睐"的学生是亚当·斯密的朋友马修·斯图尔特，在那段时间他"在格拉斯哥大学的社交界非常受重视"[4]。我们可以愉快地想象当时的情景：斯图尔特和斯密享受着他们声名远播的数学老师的陪伴，或许还能有幸听到他用现代曲调来演唱希腊语的颂歌，或向"天才的几何学家"咏唱拉丁文的颂歌[5]。

对斯密而言更为严肃的一个场合必定是第三级的期末考试。学校的惯例要求考试在连接内四合院和外四合院的拱门外的考试大厅进行。考试大厅又被称为

---

[1] Simson–Stewart corr.（1741–52）讨论了定理和不定命题定理，其中展现了教授和学生们如何在思想上互相激励：GUL MS Gen.146/1–30，出版于 Proceedings of the Edinburgh Mathematical Society, vol. xxi, 1902–3。

[2] Rankin，1995；Carlyle，Tweddle 修改，ODNB，2004–8

[3] III.2.20

[4] Carlyle，1973：41–2

[5] Graham，1908：156

"黑石头房子"，因为里面有一把装饰复杂的椅子，上面嵌了一块黑色的大理石石板。这一把椅子的历史可以追溯到大学的中世纪时代，现在成了参加考试的考生座位。每位考生轮流由他们上过课的课程教授和他们想要接下去上的课程的教授就学生自己所选的书目提问[1]。按照上面所概述的安排，亚当·斯密于 1738 年 6 月由逻辑学和形而上学教授约翰·劳顿和即将在下一年成为他老师的伦理学教授弗兰西斯·哈奇森对他进行提问。

尽管西姆森对斯密的影响已足够的不同寻常，但是仍无法与哈奇森对斯密的影响相提并论。这从 1787 年斯密在接受格拉斯哥大学名誉校长一职时，发表的一番赞美之词中可见一斑。他将伦理哲学教授一席赞为"永远难忘的哈奇森博士用他自己的能力和美德为这一席位做了最为充分的注解"[2]。我们可以相信斯密对于哈奇森教授的授课所留下的印象，是与晚他几年于 1743—1744 年听过哈奇森授课的亚历山大·卡莱尔的印象相似的：

> [哈奇森]长相英俊，容貌迷人。他上课没有笔记，边讲边在教室里来回走动——他有良好的演说技巧，言行令人愉悦，因而总能一直抓住听众的注意力。而当话题要求他对伦理美德和义务进行解释并让人们接受时，他展现出了充满热情而又具说服力的口才，让人折服。除了一周工作日的上课外，每个星期天晚上的六点钟，他将教室的大门向任何一位愿意来听课的人敞开，讲授一系列关于格劳秀斯的《论基督宗教真理》（De Veritate Religionis Christianae）的讲座。尽管讲座的内容广博而具有独创性，却也能做到雅俗共赏。因为在这一晚他希望不仅是学生，城里的很多市民也能前来听课，而事实也确实没让他失望，因为这一免费的授课总能吸引来大量的听众[3]。

哈奇森死后，阿兰·拉姆塞绘制了一幅他手持西塞罗的《论道德目的》一书的肖像（彩图 b）。这一肖像画令人印象深刻，很好地展现了哈奇森充满魅力的个性以及对经典和哲学的兴趣。无论是哈奇森的为人还是他的教学，都可以作为完美

---

[1] Murray, 1927：79–92

[2] *Corr*.No.274

[3] Carlyle, 1973：36–7

礼貌（politeness）的典型，而礼貌在 18 世纪不断得以重印的沙夫茨伯里的著作中，展现了其巨大的哲学和文化魅力以及在当时的流行度[1]。

　　哈奇森的爷爷是埃尔郡（Ayrshire）一位牧师，出生于乌尔斯特柯尔唐圣菲尔德（Saintfield）附近的德玛利格（Drumalig）小镇[2]。1710 年 16 岁时，像许多长老制教会的同胞一样，哈奇森前往格拉斯哥大学求学。他当时似乎完全抛弃了劳顿新教徒的狭隘教条主义，而找到了更让他觉得趣味相投的格尔松·卡米凯尔关于自然法理学的启蒙理论。用斯密的话说，这是"关于应该贯穿所有国家法律，并作为其根基的普遍原则的理论"[3]。卡米凯尔通过反思塞缪尔·普芬道夫的著作《人类根据自然法的全部义务》（*De Officio Hominis et Civis*）（1673）[这一著作是普芬道夫更为复杂和更具包容性的《论自然法和国家》（*De Jure Naturae et Gentium*(1672)]一书的摘要，也是对雨果·格劳秀斯的《战争法权与和平法权》（*De Jure Belli ac Pacis*(1625）一书所做出的回应），发展了自己的学说。1712 年，哈奇森开始在约翰·西姆森指导下学习神学，西姆森的自由神学对他很有吸引力。在这之前，哈奇森用了一年时间来做自己很喜欢的拉丁文和希腊文研究，尤其关注古典诗人和西塞罗的作品。哈奇森将他后来所发展的哲学思想核心归功于他在格拉斯哥大学的所学，其中包括他自然神学的观念以及"仁爱是德性的基础"这一斯密开始有所认同，但最后并不支持的思想核心。哈奇森当时也参与了格拉斯哥大学学生反对校长斯特林对他们权利侵犯的斗争。

　　1718 年，哈奇森回到爱尔兰。像他父亲一样，他在乌尔斯特做了很短一段时间的长老制教会牧师，但是他背弃了父亲的立场，与乌尔斯特温和的、具有独立思想的长老制教会牧师们站到了一起。这一团体被称为"新的曙光"，因为他们的神学观是开放自由的，他们认同沙夫茨伯里关于人的本性根本上是仁爱的理论。1720 年左右，哈奇森来到都柏林成为异教徒孩子创办的"新曙光"中学的校长，并加入了莫尔斯沃思男爵身边的知识分子圈。莫尔斯沃思男爵强调宗教宽容的重要性并鼓励学习沙夫茨伯里所提出的仁爱哲学[4]。

　　哈奇森对这一激励的回应是于 1725 年在伦敦出版了一本讨论美学的著作，

----

[1] Klein，1994
[2] Moore，ODNB–O，2008
[3] *TMS* VII.iv.37
[4] Moore，1990：43–5；Stewart，1992：4–6

这一著作通常被认为是英国最早的美学专著：

> 《论美与德性观念的根源》；分为两篇专题论文。第一篇针对《蜜蜂的寓言》作者，为已故的沙夫茨伯里伯爵所提出的学说进行解释和辩护；第二篇根据古代伦理学家的观点建立了伦理上的善与恶的观念，试图将算术计算引入伦理学主题。

这一冗长的题目表明了哈奇森所持有的折中观点，区别于托马斯·霍布斯（《利维坦》*Leviathan*，1650）和伯纳德·曼德维尔（《蜜蜂的寓言》*The Fable of the Bees*, 1714）所极力主张的"人性本质上是自私的"这一立场。哈奇森学说所赖以建立的基础是获得广泛传播的经典斯多亚主义教材——西塞罗的《论义务》（*De Officiis*），书中肯定了德性是美的。对哈奇森产生影响的另一学说是洛克在其极具影响力的《人类理解论》[1] 中所提出的经验主义心理学。哈奇森在自己的书中还融合了仁爱理论和沙夫茨伯里提出的"快乐原则哲学"（又称为普世享乐主义（universalistic hedonism））。而哈奇森思想的另一个来源是将阿狄森发表在《旁观者》（*Spectators*）中关于"想象的愉悦"的一系列论文"礼貌地加以道德化"[2]。将来自于上述来源的见解结合在一起，哈奇森提出的学说是：我们有一个内在的美的感官和相类似的道德感官，前者负责对我们思考对象的"规律、秩序、和谐"做出回应，而后者则由"具有德性的理性主体的情感、行为或个性"所激活。在这一系列的论证中，哈奇森加入了神学的要素，将美学和伦理学联接在了一起。他详细说明了"造物主"（"Author of Nature"）"赋予了美德惹人怜爱的形式，以刺激我们去追求美德；也赋予了我们强烈的正面情感取向，以让我们成为每个具有德性的行为的发起者"（《根源》一书的前言）。这一赋予人类正面的情感以激励他们有德性地行事的仁慈"造物主"的概念，对18世纪的许多学者产生了相当大的吸引力。基于这一理论，亨利·菲尔丁（Henry Fielding）杜撰了健壮的汤姆·琼斯追求可爱而又品德高尚的索菲娅（极具智慧）的故事情节。而哈奇森最具天赋的学生亚当·斯密在他的《道德情操论》中也向我们展现了他

---

[1] 第一版 1690；第四版 1700。
[2] Nos.411–21

是如何深受哈奇森这一理论的影响[1]。

在欧洲，哈奇森的主要美学观点，即"美存在于多样性中的统一性"，被指责为是从瑞士哲学家让·皮埃尔·德·克鲁萨那里剽窃来的[2]。然而，在英国，哈奇森被认为是为哲学做出了原创性的贡献，他被赞誉为将沙夫茨伯里关于存在道德感官这一暗示，提升为真正的理论，解释了我们的道德判断产生的来源是因为考虑到动机和行为是否具有促进人们福利的倾向，而对这些动机和行为所产生的赞同或不赞同的自然情感。这一理论成了效用主义的一种，概而言之就是："能实现最多数人的最大幸福的行为就是最善的行为"[3]。如此激动人心的话语，一经在1738年《根源》第四版中出现后，就广为流传[4]。当时正是斯密在格拉斯哥大学就读的第二个年头，正如杜格尔·斯图尔特所言，斯密作为哈奇森的学生并深受他的学说的激励，从年轻时候起就已将自己的研究系统地指向了"对人类幸福最为重要的对象"[5]。

哈奇森第二本题为《论激情和感情的本性与表现，以及对道德感官的阐明》(*An Essay on the Nature and Conduct of the Passions and Affections with Illustrations upon the Moral Sense*（1728））著作的出版，更令他作为哲学家的声誉如日中天。该书中包含两篇专题论文，其中第一篇讨论的是我们价值判断的情感基础，但其重要性远不及第二篇。在第二篇中，哈奇森批驳了道德伦理中的理性主义理论，观点新颖极具独创性。休谟的《人性论》(*Treatise of Human Nature*)（1739—1740）和《道德原则研究》(*Enquiry Concerning the Principles of Morals*，1751)，以及后来斯密的《道德情操论》(1759）无不对这一著作中哈奇森关于道德心理学的主要论证思路有所借鉴。

由于哈奇森著作的大获成功，以及其作为古典学者的成就地位，再加上他先前与格拉斯哥大学的关系，他在1729年继格尔松·卡米凯尔之后当选为道德哲学教授。他一直担任这一教席直到1746年，他52岁时，英年早逝于都柏林。为了获得这一教席，哈奇森在逻辑学、伦理学和物理学等方面都接受了考察，

---

[1] cf.III.5.7

[2] Raynor, 1987b；Moore, 1990：50–1

[3] Inquiry, 1725：ii.164

[4] Shackleton, 1972；Raphael, 1992b

[5] III.20

他被要求就每个科目选一主题向大学提交一篇论文[1]。这意味着他被寄望于能够胜任教授由 1727 年的校务委员会所设立的哲学的所有三大科目，但是劳顿和迪克仍分别保留了他们逻辑学和自然哲学这两个教授的席位。哈奇森继续教授道德哲学，吸引了大量的学生尤其是从他的祖国爱尔兰来到格拉斯哥大学听他讲学。

哈奇森就职演说的题目是《论人类社会的特性》(*De naturali hominum socialitate*)（格拉斯哥大学的弗里斯出版社于 1755 年重印，表明在斯密担任道德哲学教授一席时期，该文章仍受关注）。在演讲中，哈奇森明确表示，他希望能秉承前任教授格尔松·卡米凯尔的传统，将由 17 世纪格劳秀斯和普芬道夫所复兴的斯多亚传统作为课程的主体，分析人的合群本性，并阐述自然法理学理论。罗伯特·伍德罗评论说，演讲人讲得"速度很快，声音很轻……不是听得很明白"[2]。这被看成是一种出于审慎的考虑，因为演讲的内容之一就是批评普芬道夫与霍布斯非常相似，强调了人性中的自私，认为这种自私只有在文明社会和政治社会才能得以控制。加以延伸的话，这无疑也是对加尔文主义强调人类堕落腐化的"旧的思想之光"的批判。哈奇森让自己站到了与卡米凯尔以及其他作家（尤其是沙夫茨伯里）同样的立场上，他们驳斥了霍布斯和普芬道夫的观点，认为人性的自然状态就是一种鼓励建设性地使用身体、情感以及智力等各种力量的状态。演讲的最后，哈奇森呼吁年轻人摆脱禁欲式的压抑和绝望，快乐地生活，并从自然和天道中寻求启示。哈奇森希望自己已经清楚地论证了人类从天性上来说是友好合群的，他还说他将留待另外的机会再来解释文明政府是如何出现的[3]。

概括来说，学生时代的斯密似乎是从哈奇森所授的课程，以及当时及随后的阅读中接受了这样的一种思想。接着斯密又从休谟的"人的科学"中，获得了一些修正和更多的洞见，连同一些与休谟截然不同的看法[4]，斯密将所有这些作为了自己研究人类天性，及其开展写作计划的根基所在。可以肯定的是，正如保罗·伍德（1993：47—49）所言，哈奇森所处时代的苏格兰大学中，传播自然法

---

[1] Coutts, 1909：218–19

[2] 1843：iv.98

[3] Hutcheson, 2006：198–201, 215–16

[4] T, intro.；Campbelland Ross, 1981：74

理学思想家们和沙夫茨伯里所发起的哲学思潮的人物，绝非只有哈奇森一位，但是毋庸置疑的是他对格拉斯哥大学的学生产生了深远的影响。

然而，在哈奇森格拉斯哥大学期间以及过世后，以哈奇森的名义重新出版他在都柏林担任校长期间的教材时，出现了一个问题。在这些教材中，哈奇森更多的是表达对加尔文主义教义的尊重，这与他在就职演说和先前的论文中所表达的思想不完全一致（Haakonssen，1990；Moore，1990；Hutcheson，2006）。这些教材包括了一本《伦理学》（*Morals*）概要（手册）（1742；第2版1745），一本《形而上学》（*Metaphysics*）大纲，还有一本《逻辑学》（*Logic*）概要（1756），全部都用拉丁文写成。哈奇森在自己的私人信件中曾对《形而上学》大纲颇有微词。或许哈奇森认为这些拉丁文作品适合作为长老制教会学术机构背景下的年轻人的教学手册，而他18世纪20年代的论文则是为成熟的读者而写的。在18世纪40年代，他开始着手将两类作品在《道德哲学体系》（*A System of Moral Philosophy*）一书中合为一体。该书在哈奇森逝世后，于1755年由格拉斯哥的罗伯特和安德鲁·弗里斯兄弟和伦敦的安德鲁·米勒出版，吸引了大量的订购者，其中包括哈奇森格拉斯哥大学教席的两位最著名的继任者亚当·斯密和托马斯·里德。哈奇森为这本书所付出的努力却并不成功，他将这本书描写为一本"混乱的书……一个大杂烩"[1]。[2]

哈奇森逝世后，1747年出版了他的《道德哲学体系》概要的英文翻译本《道德哲学简介……涉及伦理学和自然法理学各要素》（*A Short Introduction to Moral Philosophy...containing the Elements of Ethics and the Law of Nature*）[3]。或许这一著作最能向我们展现斯密在哈奇森教授的课堂上所听到的内容。在前言"致大学学生"中，哈奇森指出他接受将道德哲学分为两个伦理学分支的传统做法。第一

50

---

[1] Moore，1990：55–9；Sher，1990：94–8

[2] R.B.Sher 教授（2006：64）注意到了 Dugald Stewart 提到了斯密将 Hutcheson 赞誉为"深刻而雄辩的"讲演者，但是又增加了 Note B，说斯密和所有的 Hutcheson 的学生一起见证了这些课程所留下的非同寻常的深刻印象。Stewart 反思了 Hutcheson 道德哲学体系所存在的不完善之处，得出结论 Hutcheson 所具有的"公共演讲者的才能……远要比他作为作家的才能更胜一筹"（'Account of Smith'[1980]：271，333–4），尽管他也认为更早一些的 An Inquiry into the Original of Our Ideas of Beauty and Virtue（edns.1725–38）和 the Essay on the Nature and Conduct of the Passions and Affections with Illustrations on the Moral Sense（edns.1728–42）确实是为道德哲学的发展做出了杰出的贡献。然而，在 Stewart 看来 Hutcheson 经久不衰的名声还是来源于他的讲义所开创的传统。这一传统"看起来在苏格兰很有影响力地传播了分析讨论的品位及自由探究的精神，而18世纪最宝贵的一些成就被认为是建立在这些基础之上的"（EPS[1980]：271，333–4）。

[3] 进一步修改版1753，1764，1772

个分支旨在"宣扬德性的本性和调节内在的脾性",而在他的授课中,这一部分用来驳斥曼德维尔《蜜蜂的寓言》一书所阐述的人性自私论。或许正是这一部分提醒了斯密注意到曼德维尔观点的说服力,后来在他的《道德情操论》和《国富论》中部分地接受并修正了这些观点[1]。

哈奇森所教授的伦理学的第二分支是关于"自然法理学的知识"。这又分为三个部分:

1. 私人权利学说,或从自然的自由中发展而来的法律;

2. 经济学(oeconomicks),或一个家庭内部不同成员间的法律和权利;

3. 政治学(politicks),展示文明政府的各种规划和国与国彼此之间的权利。

在这里,哈奇森关于"自然法理学"的授课内容中,我们可以找到斯密自己所讲授的法理学课程的思想来源,后来斯密发展了这些讲义的内容,形成了自己的经济学体系。关于这一点,我们将结合他在格拉斯哥大学的授课和《国富论》的写作做进一步的讨论。

哈奇森将《道德哲学简介》一书,以及毫无疑问以该书为基础的相关教学,看成是为学生提供了一个途径,让他们去研究那些对这些话题有所涉及的伟大学者:古代的有柏拉图、亚里士多德、色诺芬、西塞罗,而现代的有格劳秀斯、理查德·坎伯兰、普芬道夫和詹姆斯·哈林顿。

除了哈林顿之外,所有这些学者的著作都可以在亚当·斯密的藏书[2]中找到,也都在他的作品中被提到过。在哈奇森看来,哈林顿的政治学著作(比如Oceana,1656)是共和党或"老辉格党"理论的一个重要来源,尤其是"土地的拥有权是公民自由的前提"这一理论。然而,继休谟之后,斯密所要表达的观点是:参与到如格拉斯哥贸易社区这样的商业社会,会给市民提供与土地的拥有一样、甚至更多的机会享受自由[3]。将哈林顿的思想与自然法理学传统结合起来是哈奇森所做的一种改进,但是,他认为核心的理论阐述仍是由他的老师格尔松·卡米凯尔对普芬道夫所做的评论[4]。

再看看斯密在格拉斯哥大学第三级时的经历,钱伯林的《不列颠札记》

51

---

[1] Macfie, 1967: 114–15

[2] Mizuta

[3] Moore and Silverthorne, 1983: 86

[4] Moore and Silvethorne, 2002: p.xv

(*Magnae Britanniae Notitia*)[1] 宣传说第三级的学生"每天听两小时道德哲学教授的授课，教授们用希腊语或拉丁语解读一些古代和现代的伦理学或政治学著作；这一年学生们继续学习几何学课程，或许还要学习一门人文学"。更具体地说，在哈奇森的"公共"（"public"）课上，斯密听他教授了圣灵学（pneumatics）以及伦理学的两个分支：一个分支着重讨论德性，而另一个则关注自然法理。讲课从7：30一直到8：30，大概要持续整一学年中的三个学期：圣马丁节学期、圣烛节学期和圣灵降临节学期。早上再迟些时候，哈奇森考查学生对他讲义的主要内容的掌握情况。结束后，他与自己的"私人"班级会面，开始非正式地讲授哲学或经典文学。1739—1740年，斯密作为一名研究生，开始从哈奇森关于"自然法和国家法的课程"（"Lessons of the Law of Nature and nations"）中获益。这些课程也许是从卡米凯尔评论的角度出发，深入地考察普芬道夫关于自然法理学的观点，并为这一理论提供辩护。但这样一种文明社会起源于社会契约的理论却从未受到过斯密的青睐。斯密也可能听到并赞同哈奇森支持卡米凯尔对于奴隶制度的强烈谴责，普芬道夫则认为奴隶制度是允许的、合法的[2]。

哈奇森的学生之一，詹姆斯·伍德罗牧师（1730—1810年）是历史学家罗伯特的第九个儿子，他描述了哈奇森的教学方式。斯密试图在某些方面模仿这样一种教学方式，尽管并没有完全成功。伍德罗提到哈奇森一边即兴地用英语讲课，一边活跃地来来回回走动，这使得他的授课过于活跃了些。当使用拉丁语授课时，他不得不说得更为平静和刻意些，但是还是非常流利和自如。他早上的课程全都被用来与学生进行对话，当然在这过程中，他说的则会更多些：

我们阅读西塞罗哲学著作的几个不同卷本或不同部分：论自然礼节（*De natura Deorum*），《论目的》（*De finibus*），《图斯库兰问题》（*Tusculan Questions*）等等；在学期临近结束时 [五月中旬或六月十日结束] 则读他非常有价值和实用的专著《论义务》（*De Officiis*）；每位学生轮流将一个或两个句子翻译成英文，并回答一些关于语言或情感的简单的问题。这为教授提

---

[1]　1737：ii.iii.13
[2]　Moore and Silverthorne，2002：pp.xii–xvi，138–145，146–56

供了一个机会，更为深入地探讨相关主题，并引入一些不仅仅是作者提到的希腊哲学家的论述，而更多的时候是罗马共和国时代许多重要人物引人入胜的奇闻轶事。[1]

据哈奇森的另一位曾经的学生记录，哈奇森在上午的授课时间内，也解释和阐述"阿里安、安东尼和其他希腊哲学家的著作"[2]。这些文献都是关于斯多亚哲学的核心文本的讨论：由其罗马士兵身份的学生阿里安所保存下来的爱比克泰德的论述以及《马可·奥里利乌斯·安东尼国王的冥想录》（the Meditations of Emperor Marcus Aurelius Antonius），在逻辑学教授詹姆斯·摩尔（James Moore）的帮助下，哈奇森将之翻译成了英语，并由弗里斯出版社匿名出版[3]。成年后的斯密吸收了斯多亚哲学的思想，形成了自己关于宇宙是一个根据自然法理和谐运行的"巨大的和相互关联的系统"这样的一种理解[4]，并在这一框架下设想了仿佛有"一只看不见的手"，确立了人类的道德规范，并通过市场调节着人类的经济活动[5]。尽管哈奇森在讲授这些思想时对斯多亚主义充满激情，但是整体上他还是偏向于对伦理哲学采取一种更为宽容，也更具包容性的态度。或许我们可以推断他向学生们展现的是：不应将注意力局囿于一门一派的学说，以至于一叶障目，不见泰山。他旨在博取古今中外各学各派所长，进而发展自己的一派折中主义道德哲学理论。[6]

---

[1] Glasgow：Mitchell lib.，Baillie's Institution，No.32225，James Wodrow to Lord Buchan，28 May 1808.ff.53r–54r

[2] Richardson，1803：514

[3] eds. Moore and Silvethorne，2008

[4] *TMS* VII.ii.1.37

[5] Macfie，1967：103–5，1971；TMS 7

[6] 在介绍了哈奇森的 Logicae Compendium. Praefixa est Dissertatio de Philosophiae Origine, Ejusque Inventoribus aut Excultoribus, Glasgow，1756（1759，1764，1772，1778，1787 重版）简短的 "history of philosophy" 中，可以看出 Hutcheson 对于折中主义的支持。James Moore（Hutcheson，2006：xxii，xxix，引言）写道，在 1746 年和 1749 年之间，格拉斯哥大学的一位学生有一本 Compendium 的抄写本，这表明哈奇森在 "History" 中 "改编了 18 世纪 40 年代出版的著作为自己所用"。在 Johann Jakob Brucker 的 Historia Critica Philosophiae，6 vols. Leipzig，1742–6 中有哈奇森关于折中主义的叙述，其中囊括了古代和现代的折中主义哲学家（Hutcheson，2006：7–8，n.16）。继 Brucker 之后，哈奇森罗列了 "指出或进入了一条崭新的道路" 的哲学家，指的是自然科学领域的 Bacon 和 Newton；伦理学中的 Grotius、Cumberland、和 Pufendorf；逻辑学和形而上学中的 Locke（Hutcheson，2006：7–8）。尽管 Compendium 和 "history of philosophy" 是在斯密离开格拉斯哥大学，前往牛津大学就读后出版的，但是有理由相信哈奇森在斯密旁听的课堂上，提到过将不同的流派的哲学思想折中调和这一思想。我们也有理由相信受到哈奇森这一思想的启发（像受哈奇森其他方面思想的影响一样），斯密会希望能从过往哲学家中攫取精华，当然包括斯多亚主义者以及其他流派的哲学家们，进而发展自己的道德哲学理论。

作为道德哲学课程的一部分，哈奇森关于政治学的教学，为斯密所提供的灵感必定对公民自由和宗教自由对于人类幸福而言的重要性的强调，这也是"老辉格党"和公民人文主义者所倡导的主题：

> 对于自由所怀有的强烈的热爱以及促进自由的刚毅的热情是主导他内心的原则，因而他对于这一点的坚持总是极尽详细、论证不遗余力而说服又诚恳真挚：他做得如此成功以至于很少会有学生，如果有的话，在结束时对他所拥护和支持的那一方观点不会有所认同，不管原先他们所持的相反成见是如何之深 [1]。

正如我们在下文将看到的，斯密似乎接受了他老师关于经济自由和政治自由的观点，但在程度上并未完全认同。因而我们发现斯密并没有像哈奇森那样，强调政府起源于社会契约，以作为对格劳秀斯自然法理学的回应，也没有诉诸自我保护和反抗非正义政府这些基本的权利（这些则为美国殖民地人民中的改革派所接受，并付诸于实践)[2]。如果说是斯密谨慎的性格抑制了他对哈奇森关于政治抵抗学说的热情，但确实可以说，斯密充分利用了他老师在道德心理学以及社会交往领域所取得的洞见，认为其遵循了自然法的模式。而在阐释伦理学和政治经济学体系方面，斯密则又超越了哈奇森：他在综合分析了人类天性的基础上，为社会和经济机构中所展现出来的人类行为的规律，给出了一个具有说服力的解释。

斯密要创建这样一个伦理学体系的动力，很可能是来自于他在格拉斯哥大学的第三年时所接触到的牛顿物理学。这一阶段的课程这样描述："由于艾萨克·牛顿爵士对自然哲学这一科学的贡献和发展，（学生们）每周至少聆听两小时自然哲学教授的授课，并参加两小时的实验课程。一些学生继续学习数学课程……"[3]。尽管自然哲学教授罗伯特·迪克并没有数学家罗伯特·西姆森那样出类拔萃，但他仍是一位能干和蔼可亲的老师，他每周两次的实验哲学课程很受学生们的欢迎。格拉斯哥大学实验展示课程的传统，最早至少可以追溯到 17 世纪后期，学校有常规的开支购买实验所必需的工具和仪器，比如"空气泵、气压

---

[1] Leechman, 1755: pp. xxxv–xxxvi

[2] Norton, 1976: 1992

[3] Chamberlayne, 1737: ii.iii.13

计、马德堡半球以及天平"。1711—1712 年在爱丁堡大学，罗伯特·斯图尔特使用这些工具演示了流体静力学（hydrostatics）和气体力学（现代意义上的）的各种原理。而在格拉斯哥大学，学生们每学期缴纳 3 先令作为自然哲学课程中"实验所必需的开支的资金"[1]。

用斯密的话说，自然哲学或物理学的授课和实验旨在阐明"关于物体的学说"（"doctrine of bodies"），以增加认识"如此之多有待被认知的学科"，与之相对的是"关于神灵的学说，能够被认知的又是如此之少"，因为神灵学是由构成"整个紊乱的本体论科学"以及"各学派的形而上学或神灵学大部分"的"细至又细的细节和诡辩"所组成[2]。成年后的斯密评论说哲学上的进展（当然是指因牛顿的贡献而获得的进展），比起像牛津大学这样"最富有和受捐赠最多的大学"（斯密在生涯的下一阶段将作为斯内尔奖学金获得者就读于此），更容易在不那么富裕的大学的课程中被引入介绍，其中格拉斯哥大学就是一个例子，原因是在不那么富裕的大学里，教师的收入取决于他们的声誉，因而要求他们"更多地关注世界上当下的思潮"[3]。

牛顿在解释物理宇宙天体运行时，所采用的方法所获得的巨大成功，深深地影响到了斯密所处时代的思潮，而迪克所教授的也是这样一种方法。斯密后来在他的修辞学讲义中阐述了这一方法，并与亚里士多德的做法作了区别，这些成了启蒙运动的一部分。而这都是建立在他自己的学生时代，在格拉斯哥大学自然哲学课程中的所学等资源的基础之上：

> 我们或者可以像亚里士多德那样，依照各知识分支碰巧出现的顺序，赋予每种现象一个（通常是新的）解释原则；或者用牛顿的……方式，我们一开始先设下某些已知的或已被证明了的原则，从这些原则出发我们解释几种现象，并将这些现象链接成一根链条。……后一种方式……无疑是最具有哲学性的，而在每一门科学中，无论是伦理学还是自然哲学，或其他任何科学，后一种方式都远远地更为具有创造性，因此也比前一种方式更吸引人。看到我们认为最难解释的现象竟然可以从某条原则（通常是众所周知的某条

---

[1] Emerson, 1986：256
[2] *WN* V. i. f. 28–9
[3] *WN* V.i.f.34

原则）演绎而来，并被统一成一条链条是令人愉悦的……[1]

斯密早期对数学和物理学的研究是怎样使得他最终接受了牛顿的研究范式，我们无从获得相关的准确细节。然而，我们可以看到的相关资料是，1748 年由帕特里克·默多克所著的关于柯林·麦克劳林教授的"生平及著述描述"。从 1725 年一直到 1746 年逝世，麦克劳林一直担任爱丁堡大学的数学教授。麦克劳林是他所处时代牛顿范式科学的杰出倡导者，他所授课程的体系顺序必定会为格拉斯哥这样的大学所效仿，尽管这些教学内容在格拉斯哥大学是由两名教授西姆森和迪克一起分担教授。毫无疑问，必须指出的是麦克劳林对牛顿学说的理解，当然要远比格拉斯哥大学的同行们精进许多。

麦克劳林教授在他的初级课程中教授欧几里德的《几何原本》（*Elements*）前五册、简易三角学、实用几何学、防御基础（1745 年他将这些知识投入了实际的应用，帮助爱丁堡抵御了二世党人的攻击）以及代数入门。第二级课程学习代数、欧几里德的第十一、十二册、球面三角学、圆锥 [二次] 曲线（西姆森尤为感兴趣）以及天文学的整体原理。第三级课程继续学习天文学和立体几何，阅读牛顿的《数学原理》，并用一堂课的时间，通过边做实验边讲解的方法，向学生们阐述该书中的理论。麦克劳林随后向他的学生们讲解和演示了牛顿微积分导数的基础原理。第四级课程要求学生们学习他自己设计的导数体系，这一体系旨在驳斥贝克莱主教在《分析学家》（*The Analyst*，1734）一书中，针对牛顿的理论所提出的形而上学的反对意见。学生们还要学习概率学说以及《数学原理》的余下部分 [2]。

牛顿在他的《光学》（*Opticks*）（第三版，1730）一书的结尾部分，加入了他自己对于光的分析和综合方法的论述，并进而大胆地断言："沿用这种方法，如果最终能够使自然哲学的各组成部分得以完善，那么同样这种方法，也必将让道德哲学的疆域得以扩展。"哈奇森以及许多同时代的学者接受了这一挑战，斯密肯定听到哈奇森讲述过大意如下的话语：

---

[1]　*LRBL* ii.133–4
[2]　Maclaurin, 1968——Murdoch's 1748 intro.；pp.v, vii；Barfoot, 1990

我们有理由相信如果从一个更为严格的哲学角度出发，探究人类的各种自然禀赋或自然天性，就如同我们探究动物机体、植物或太阳系的结构一样，那么或许一个比任何现有理论更为准确的道德哲学理论，就会得以形成；这样的一个理论也必将是建立在一个显而易见而又坚定稳固的根基之上，会令每一位公正的观察者感到满意。[1]

这段话或许反映的更多的是哈爱理（1955）所涉及的"牛顿主义伦理学"（"Moral Newtonianism"）的热情，而不是牛顿科学本身的一种衍变。然而，它所孕育的信心最终完成了格拉斯哥大学对于亚当·斯密在思想上的形塑。

斯密所处时代的格拉斯哥大学学生，都是商人、专业人士或绅士阶层的儿子们，他们大多来自于苏格兰的西部，很大一部分来自爱尔兰，还有一些来自英格兰和美国殖民地。我们能不能想象这位名叫斯密的男孩，置身于这样一个团体之中的景象呢？在这些学生中，一些人在历史上所取得的成就并不显眼，比如，来自乌尔斯特科安特里（Co. Antrim）的克洛特沃斯·厄普顿后来成了威尔士太妃的审计员。其他的一些学生则更负盛名，加文·汉密尔顿成了著名的画家，在罗马发展了他的事业；法夫郡的罗伯特·梅尔维尔将军，曾任西印度群岛殖民地（在与法国的七年之战中获得的殖民地）的总督，参与了大口径近射炮的发明，并作为古文物专家声名远播[2]。斯密与这些同伴一起在大学里同窗读书，无疑可以从他们身上获得更多的对生活的认识和了解，或许他也加入了那时的学生俱乐部，比如旨在将阿狄森悲剧《加图》（Cato）（政治自由捍卫者们的最爱）搬上舞台的社团，亚历山大·卡莱尔是其成员之一；还有一个对各种著作发表评论的文学社，当时这一社团的领导人物是威廉·汤姆，后来其成为戈万（Govan）的牧师，严厉抨击了包括斯密在内的格拉斯哥大学的教授们，认为他们的教学使学生们昏昏沉沉毫无生气[3]。

我们完全有理由相信，斯密从格拉斯哥大学的老师和同学中获得了巨大的思想启发和激励。他获得了斯内尔奖学金，可以前往牛津大学贝利奥尔学院继续深造，这无疑是对他的展现出来的能力和发展潜力的一种肯定。1739 年 2 月 15 日，亚历

[1] Leechman，1755：pp. xiii–xv。

[2] Preble，1859；Addison，1913：17–25

[3] Carlyle，1973：52

山大·邓洛普致信爱丁堡大学自己的亲戚查尔斯·麦凯教授（当时知名的世界史和苏格兰史教授）[1]，告知他儿子的学习进展令人失望，并提供了以下信息：

> 你或许认识萨蒂夫人，据我所知，她的儿子会被提名为下一次送往牛津大学深造的候选人。明年将有两个名额，除了萨蒂先生和另一位叫斯密的非常棒的小伙子外，我就想不到任何其他合适的候选人。[2]

正如这位希腊文教授所预测的，亚当·斯密和查尔斯·萨蒂 [詹姆斯·萨蒂爵士和最高民事法庭庭长休·达尔林普之女马里恩的第三个儿子] 于 1740 年 3 月 4 日被提名为格拉斯哥大学斯内尔奖学金的候选人[3]。这一基金设立的目的是资助学者们为接受圣公会的圣职做好准备，要求他们任职后，在苏格兰圣公会教堂宣传其学说和教义。奖学金获得者被要求缴纳 500 英镑的押金以保证他们学成后会接受圣职任命[4]。如果这笔数目巨大的钱真的以斯密的名义寄了出去，这就意味着他的监护人们相信他是在为将来成为一名圣公会牧师做准备[5]。然而，去了牛津大学后，斯密似乎没有表现出任何意向，要在教会中发展自己的事业[6]。不管后来牛津大学的生活和阅读对斯密产生了怎样的影响（下章讨论），斯密对于教会所怀有的最为根本的反感，还是形成于他在格拉斯哥大学学生时代的宗教情感状态。

正如我们上文已描述的，在格拉斯哥大学当时的哲学以及其他的研究中，已经可以找到苏格兰启蒙运动思想影响的进步的迹象，弗兰西斯·哈奇森无疑是其中许多方面的"奠基人"（"father"）[7]。然而，大部分城市里不断增加的商人、手工艺者，以及乡下的村民，在宗教上并未放弃加尔文主义传统，而哈奇森也因他在神学上的宽容态度而遭到当地牧师的强烈反对。

1743 年，哈奇森帮助威廉·利奇曼当选神学教授。但是，在他任该职几个月之后，就面临了传播异端邪说的指控。他给一位曾是哈奇森格拉斯哥大学同学的

---

[1] Sharpe，1962

[2] NLS MS 16577，fo. 221

[3] Addison，1901：43–4

[4] Stones，1984：190

[5] Scott，1937：42

[6] Stewart I.11

[7] Scott，1900：261–9

异教徒牧师写过以下一段话：

> 我想以你的处境是很难想象在我们国家，尤其是我们所在的这一地区，宗教的狭隘偏执和胡言乱语是如何地横行于世：在格拉斯哥的长老会我找不到一个人可以与他自由地进行关于宗教的讨论，或从他身上就目前的事态（我所面临的异端审判）期望获得友好的支持，除了一位亲密的同伴外，而这同伴又深为其他人所漠视。从我目前的处境来看，你可能很容易想到要传授真正而纯粹的基督教教义，而又不惹怒那些偏执的不容异说者，必定是件多么困难的任务：我说话得极其小心地字斟句酌。那些宗教狂热分子总是在学生中安插密探，仔细汇报每门课程的授课内容。[1]

像斯密这么聪明的年轻人，对这样的一种舆论环境一定是了然于胸的，也会为此觉得痛苦，因而，他对将来成为牧师的召唤是否会觉得吸引人就很值得怀疑了。然而，格拉斯哥大学为斯密展现了当时盛行的令人振奋的充满科学精神与哲学精神的文化。现在摆在邓洛普所谓的"棒小伙"面前的，是一条学者之路；而向他发出召唤的，也必定是他心中怀有的哈奇森所描绘的"富有德性的一生"的抱负。我们可以想象斯密于 1740 年暑假回到科卡尔迪，为即将到来的牛津之旅做着准备。

---

[1] Manchester，John Rylands Lib.，Benson Coll.

5. 牛津大学

在牛津大学，多年以来，绝大多数的大学教授都已经完全放弃了教学， 5[^5]
甚至连假装一下都不愿意。

1740 年 6 月 6 日，亚当·斯密获得了第一笔斯内尔奖学金，当他骑着马从
苏格兰前往牛津大学时，他肯定认为这所大学在那非常遥远的南部[1]。从爱丁
堡出发到达牛津大学，这一旅程大概需要花费六到八天时间，一路经过满是泥
炭、沼泽和流动苔藓的边境乡村，到达莫法特（Moffat），然后跨过格莱特纳绿
原（Gretna Green）的埃斯克（the Esk），来到喀来耳（Carlisle）、利奇菲尔德
（Lichfield）和沃里克（Warwick），最后抵达牛津大学城。[2]

快到喀来耳镇时，斯密注意到了这一小镇与极端贫穷的苏格兰边境地区的不
同之处[3]。当时到过这一小镇的其他游客也有对这一不同之处的描述，1744 年，

[1] Battel Books, 23, 1
[2] 另一条线路穿过 Berwick 附近的东部边境乡村，来到 Newcastle，接着转向内陆，经过 Sheffield 和
Birmingham。与斯密同时代的，也是斯密的朋友 Alexander Carlyle of Inveresk 分别走过这两条不同的路
线。1746 年他从牛津大学返家，经过了 Warwick、Lichfield、横跨 Gretna 的 River Esk，在 Carlisle 转向前往
Annan 和 Dumfries 看望亲戚，而他的一位同伴则经过 Moffat 前往爱丁堡。1758 年 5 月，Carlyle 与诗人 John
Home、历史学家 William Robertson、建筑学家 Jam es Adam 回到苏格兰。一路上，他们途径 Woodstock；
Warwick；Birmingham，在那里 Samuel Garbett（原先是一位制作铜器的工人，因为"发明了一种能节省
劳力的印模冲压"而发家致富，与 Dr. Roebuck 一起在 Prestonpans 经营硫酸厂）让他们参观了制造业和
Baskerville 出版社；Chatsworth，参观了 Devonshire 公爵的庄园；Sheffield；Wentworth Woodhouse，那
里的 Rockingham 侯爵在农场科学管理方面非常成功，他的住房边上就有煤矿；Leeds；Newcastle；再经过
Cornhill-on-Tweed 回到了苏格兰（Carlyle, 1973：102，184-92）。
[3] Clayden, 1887：92-3

士兵詹姆斯·沃夫曾经有如下评论：

> 这一边河岸的一英里，将英格兰与苏格兰分割了开来。在这里，人们可
> 以见证劳动与工业会给乡村的面貌带来多大的变化。不管是河的南岸还是北
> 岸，很大范围内，土地几乎是一样的，但是栅栏、围墙和耕作却截然不同。
> 英国人整洁勤劳，而苏格兰人却极端邋遢懒惰，而在远离边境的地区则没有
> 这么明显的区别 [1]。

斯密后来将这一对比归因于不同的饮食："苏格兰人一般以燕麦片果腹，因而，
普遍而言都没有英格兰以小麦面包为食的同阶层人那样强壮和英俊。他们既无法
像他们那样努力地工作，也没有他们长得那么好看"[2]。在同一段文字中，斯密
还写道，据说是从"爱尔兰社会底层"召集而来的"伦敦的轿夫、搬运工和煤炭
挑夫以及以出卖肉体为生的不幸女人，这些或许是英国疆域内最为强壮的男人
和最美丽的女人"，则主要以土豆作为主食。历史上，1740 年是苏格兰谷物歉收
年。然而，爱丁堡附近的洛锡安区东部当时已经在引入土豆的种植，琴泰半岛
（Kintyre）贮存的土豆也被运到格拉斯哥出售，补充那里的食物供给。这些都是
苏格兰农业当时正发生着的缓慢转变的一部分，上文提到斯密小时候在法夫郡见
证了这些变化。而斯密第一次在英格兰土地上旅行时，那里的农业改革则更为先
进。但是，1740—1742 年，由于流行性斑疹伤寒在英格兰肆虐，谷物价格高涨，
农业经济所面临的压力或许已经显现。[3]

8   然而，在去牛津的路上，斯密经过了"土地天然肥沃、并易于耕种的内陆地
区"，那里陆地运输费用昂贵，而河流的通航也并不便利，至少在建成运河体系
之前是这种情况，但是，那里的制造业和种植业却互相激励，在各个地区取得了
良好的发展。对于这种财富的增长，斯密给出的解释是：英格兰的北部和中部地
区是属于这样的一类地区，那里的制造商能将过剩的生产力用于耕种者"有用

---

[1] Findlay，1928：299

[2] *WN* 1.xi.b.41

[3] Handley（1953：181）；Kitchin &Passmore（1949：6–13）；Campbell（1966：48）认为斯密是根据"当时的
社会风俗，而不是现代的营养标准"来判断苏格兰的饮食习惯的；Gibson &Smout（1989）；Mathias（1983：
175）；Wilson（1971：243–5）；Dodgshon&Butlin（1978：162–3，243–6）；Rule（1992：10–13，47–8，69–
71）；Gibson&Smout（1995）。

或喜欢"的商品，通过出售这些过剩的商品，使得他们有能力提高他们的土地质量。当有更多的商品供应给当地市场后，其低廉的价格使得制造商们可以制造出更多廉价的商品，足以支付将其中一些产品运送到更为遥远的市场销售所需的运输费用。

斯密于 1740 年开始的横穿英格兰的旅行，必定为他提供了更多博览群书以及与知识渊博者交流的机会。这使得他成熟地洞察到了利兹（Leeds）和哈里法克斯（Halifax）的毛纺制造业，以及谢菲尔德（Sheffield）、伯明翰和伍尔弗汉普顿（Wolverhampton）的金属加工业，所代表的是家庭生产活动的一种精细化，是"农业发展的产物"[1]。丰富的游历和细心的观察，以及对游历中记忆的反思，使得斯密做出评价，认为伯明翰专门生产纽扣和马口铁的制造业满足的是"风尚和爱好"（"fancy and fashion"）的需求，而谢菲尔德专门生产刀具和剪刀的制造业则满足了"实用和必要性"的需求[2]。在 1740 年夏斯密所游历的英格兰中部地区，可以找到一些事实依据，证明心灵手巧的人们之间所形成的互相竞争精神，能够带来一种更令人满足的生活水平。而在某种程度上，这种竞争精神已经在斯密童年时代的科卡尔迪有所显现，而在他刚离开的格拉斯哥则表现更为明显[3]。然而，在他即将到达的牛津大学，占据着主导地位的却似乎是社会特权所带来的一种盲目的虚荣和迟钝。

当詹姆斯·鲍斯韦尔指责利奇菲尔德地区人们过于懒散时，约翰逊博士反击说："先生，我们是哲学家之城：我们用我们的脑袋工作，就让伯明翰的傻子们用他们的双手为我们工作吧"[4]。毫无疑问，斯密期待中的牛津大学，就应该是这样的一座哲学家之城：无论是从其学术传统来看（可以一直追溯到邓·司各脱和奥卡姆的威廉时代），还是其晚近的历史来看（由约翰·沃利斯和罗伯特·玻意耳等一群人所开展的科学和语言学工作所开创），牛津大学都应该是这样的一座哲学家之城。这一群人中埃德蒙·哈雷（1656—1742）的影响历久犹存。从 1704 年开始直到他去世，哈雷一直担任了牛津大学几何学萨维尔教授一职。他以计算彗星的回归而声名远播，斯密在写作《天文学史》（*History of Astronomy*）的过程

---

[1] *WN* III. iii.20

[2] *WN* I.x.b.42；Wilson，1971：295，302–3；Mathias，1983：114，247–8；Rule，1992：140–56

[3] Uglow，2002，第 2，3，5，6 章

[4] *BLJ* ii.464

中，必定对他的这一著作有所了解。1710—1711 年，哈雷在伦敦邂逅了斯密的老师罗伯特·西姆森，并鼓励他研究古希腊数学，因而西姆森完全有可能会为自己能干的学生，向哈雷做一引荐。然而，当时的哈雷已是垂垂老矣，况且，自 1720 年成为皇家天文学家之后，他就经常逗留在格林威治的皇家天文观测台，全神贯注于观察月球状况，最后他也在那里离开了人世。

杜格尔·斯图尔特记录说斯密在格拉斯哥大学时，最喜欢的科目是数学和自然哲学（物理学）。人们会认为他或许会想要在牛津大学继续深入学习这些课程，但是在斯密所在的贝利奥尔学院，他有条件继续这样的学习吗？初一看，贝利奥尔学院似乎是有一群对科学感兴趣的学者[1]。我们可以看到贝利奥尔学院的詹姆斯·布拉德雷，[2] 继哈雷之后成了皇家天文学家。布拉德雷是于 1711 年，作为高级自费生注册进入贝利奥尔学院就读，1721 年，当选为学院的天文学萨维尔教授。布拉德雷在具有恒久重要性的实用天文学领域，做出了杰出的贡献（在牛津大学之外从事这些工作），并极大地推动了光学像差和视差位移理论方面的发展。然而，推动他完成这些工作的动力，并非源自贝利奥尔学院，而是来自他的一位叔叔詹姆斯·庞德牧师。庞德牧师是哈雷的朋友，也是英格兰最为著名的业余天文学家之一。从 1729 年到 1760 年，布拉德雷一直在阿斯麻林博物馆（Ashmolean Museum）教授经验主义哲学，但是，那里的登记注册显示只有 72 位贝利奥尔学院学生聆听了布拉德雷的授课，而且也都是在斯密就读时间之后，即从 1746 年至 1760 年[3]。斯密并没有在任何地方提及说他与布拉德雷本人相识，但是他对其所开展的研究工作是了解的。他对布拉德雷所做的相关评价，是与他对他所处时代的牛津大学学术状态的整体批评联系在一起的。在 1756 年的《爱丁堡评论》中，斯密写道，如果布拉德雷和托马斯·斯密（剑桥大学光学及和声学研究者）能有"更多的竞争对手和能对他们的研究进行评判的行家"，那么他们在科学研究上本来应该会有更为深入的发展[4]。

与布拉德雷同一时期，在贝利奥尔学院确实还有一位杰出的数学家詹姆斯·斯特灵。他于 1710 年，作为斯内尔奖学金获得者从爱丁堡大学前往牛津大

---

[1] Jones，2005：148–50

[2] Williams，ODNB–O，2004

[3] DSB 1970，ii.387–9；Turner，1986：672–3

[4] 'Letter'，第 5 段

学就读，第二年又被增补为华纳奖学金获得者。1715 年，有人向牛顿写了一个报告，汇报说斯特灵作为一位本科生，解决了莱布尼茨挑战英格兰数学家而提出的一个复杂的问题，第二年他就被获准前去参加伦敦皇家学会的一次会议。他在牛津大学的职业生涯结束于 1716 年，因为他拒绝对乔治一世发誓效忠（其他人则肯定都对自己的政治信仰保持了缄默），而这是他可以继续获得奖学金的必须条件，这同时也向人们昭示了他作为二世党人的立场，这之后他就永远地离开了贝利奥尔学院。斯特灵前往了威尼斯，在那里他成了帕多瓦（Paduan）数学家尼古拉斯·伯努利的朋友。这之后，他在伦敦大学教授数学和物理学，并当选为皇家学会会员，继续牛顿未完成的关于第三度曲线方面（curves of the third degree）的研究。斯特灵在数学方面的主要贡献是关于无限序列的研究：《差分方法》（*Methodus differentialis*）[1]。1735 年后，他的职业生涯进入了下一个阶段，成了拉纳克郡（Lanarkshire）成功的铅矿开采经理人。斯密可能是在 18 世纪 50 年代与斯特灵相识，或是知道他的，当时他正在格拉斯哥大学教授法语以及一些实用课程（如登录账目、航海），而斯密也是当时格拉斯哥大学的一位教授。一直到 1746 年，斯特灵还深受其二世党人背景困扰：在考虑爱丁堡大学数学教授柯林·麦克劳林的继任者人选问题时，因为这个原因他被排除在了最后考虑范围之外[2]。

关于斯特灵解决了莱布尼茨所提出问题的报告，是由约翰·基尔撰写[3]，他是另一位与贝利奥尔学院相关的苏格兰人[4]。1692 年，他陪同大卫·格雷戈里到了牛津大学，当时格雷戈里不愿向长老制教会做出宗教信仰声明，而放弃了他在爱丁堡大学的数学教席。两位都以高级自费生的身份进入贝利奥尔学院，基尔被授予了华纳奖学金，斯密在牛津大学就读期间也曾获得过该奖学金。格雷戈里和基尔之所以会被贝利奥尔学院接受，更多的是因为他们对二世党人所怀有的同情立场，而非他们的科学研究成果。在牛津大学，格雷戈里将他在爱丁堡大学所讲授的关于牛顿科学的讲义改头换面了一下，并在《天文物理学和几何原理》

---

[1] London, 1730

[2] Tweedie, 1922；Dougall, 1937：33；DSB 1976, xiii.67–70；O'Connor and Robertson, 1998；Tweddle, 2003

[3] Henry, 2004, ODNB–O

[4] Hall and Trilling, 1976；vi.282；Hall, 1980

（*Astronomiae Physicae et Geometricae Elementa*（1702））一书中，将天文学的结构加以重组，使之与他的讲义保持一致。除此之外，他为克拉伦登出版社完成了《欧几里德》（*Euclid*）（1703）的一个版本的编辑出版，并计划和哈雷一起编辑出版一本《阿波罗尼奥斯》（*Apollonius*），这个计划最终并未能得以实现[1]。正如上文已经提及，这些计划最后由斯密的老师、他后来在格拉斯哥大学的同事罗伯特·西姆森教授接手。

基尔成了牛津大学第一位讲授经验主义哲学的授课者，尽管他授课的地点是在文科综合楼（Hart Hall）而非贝利奥尔学院，而从 1699 年开始，他又与基督学院（Christ Church）建立了联系。在他的出版物中，基尔驳斥了笛卡尔的漩涡理论，而在关于牛顿与莱布尼茨是谁先发现了微积分的论战中，基尔站在了支持牛顿的一边。他还写过两本使用广泛的入门性教材，一本关于物理学（1701），另一本关于天文学（1718）[2]。跟哈雷一样，斯密对基尔的第一本书持批评的态度[3]，而基尔概述天文学史的第二本书，也使得斯密在自己就同一话题所写的《天文学史》（*Essay*（ESP））中采用了完全不同的一种写作方式。1773 年，斯密在给休谟的书信中，将自己的文章描写成"计划在少年时期完成的作品片段"[4]，这样看来，或许斯密在牛津大学就读期间，我们以为他正在继续研习希腊文时，就已经开始计划着手写这一著作了。[5] 不管怎样，斯密并没有提及任何他在牛津那段时间贝利奥尔学院的科学传统，也从没有提到过威廉·帕克。帕克于 1737 年当选为牛津大学研究员，教授过逻辑学和数学等课程，并于 1746 年，当选为皇家学会会员（FRS）。作为一名神学家，他以驳斥托马斯·摩根、康耶斯·密德尔顿以及博林布鲁克等自然神论者的观点，维护正统的基督教而为人所知。为嘉奖他所做出的努力，他被授予了皇家牧师的职位[6]。如果说斯密在牛津大学期间，

---

[1] DSB 1972, v.520–2

[2] DSB 1973, vii.275–7

[3] 'Letter'，第 5 段

[4] *Corr.*No.137

[5] Wightman 在格拉斯哥版的 *EPS* 注释中，指出了斯密在阅读古代天文学希腊文著述和现代天文学拉丁文著述的范围及不到之处。斯密的私人藏书（Mizuta passim）中有 Plato 著作著名的几个版本（包括 Timaeus）：Froebean 印刷所，Basel（1546）；Heinrich Petri，Basel（1556），及 Henri Etienne II，Paris（1578）；以及 Aristotle 著作（包括 Metaphysics）：Guillaume Duval 编辑，Paris（1629）；Copernicus：De revolutionibus，Iohannes Petreius，Nurnberg（1543；和 Newton，Philosophiae nturalis principia mathematica，Guillielmus & Johannes Innys，London（1726）。

[6] Aston, ODNB, 2004–7

曾经阅读过格雷戈里、基尔、斯特灵或布拉德雷等人的著作，那也完全是他自学之功，而这些科学家的著作之所以会对斯密有吸引力，也得归功于他在格拉斯哥大学西姆森和迪克门下所受到的教育熏陶。

贝利奥尔学院，这一斯密在此继续从事他的学习研究长达六年的地方，位于布罗德大街（Broad Street）与圣玛丽亚莫德林大教堂（St Mary Magdalen Church）东边大街相接的拐角处。在斯密所处的时代，学院内绝大部分是 15 世纪的建筑，这些建筑由当地的牛津郡石头建成，在屋顶覆盖着石板。斯密上学时所见到的学院景象，或许在大卫·罗根 1675 年出版的集子《牛津经济政策研究院图表》（*Oxonia Illustrata*）的版画中得到了很好的展现。其中一幢位于前方庭（Front Quadrangle）北边的建筑，是老图书馆，安东尼·伍德曾赞誉这里的藏书跻身于牛津最好的收藏之列。西边是老食堂，斯密在那里吃第一顿饭时，就浮想联翩，陷入了沉思。一位仆人打断了他的沉思，与他谈起了苏格兰人的贫穷，使得他又一次陷入了思考，因为在苏格兰他从未见过这样一个场所。《每月评论》（*Monthly*

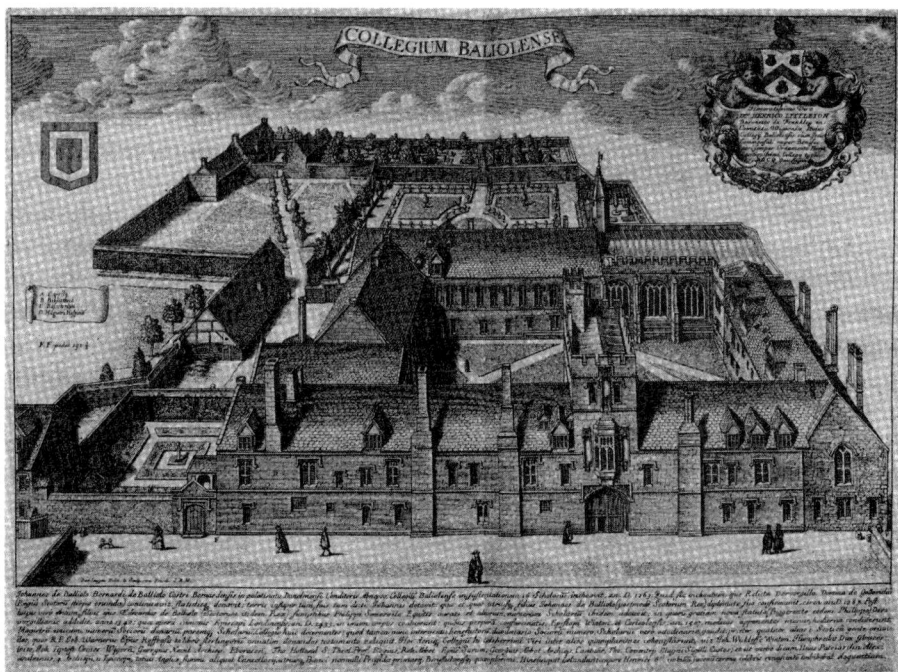

插图 2. 贝利奥尔学院，1675。选自于大卫·罗根《牛津经济政策研究院图表》（牛津大学图书馆，牛津）。

61

Review）上的一位作家说，斯密自己很喜欢讲述这件轶事[1]。在老食堂的隔壁是休息室，上面就是图书馆，右边是斯密被要求去做礼拜的教堂。教堂建于 1520 年和 1530 年之间，里面的彩画玻璃有一些就来自那一时期，也有另一些则是出自下一世纪亚伯拉罕·范·林格之手的作品[2]。乔治·伏尔图（George Vertue）从南边视角绘制的贝利奥尔学院规划，很好地反映了学院宏伟的建筑设计，并出现在了 1742 年牛津大学的《年鉴》（*Almanack*）中。1738—1743 年，只有东边的一排建筑物，和三一学院隔壁南边正面的三间隔间已经落成，耗资 1，867 英镑 3 先令 2 便士。伏尔图用贝利奥尔学院的主要创始人和捐助者的肖像装饰了他的版画，其中包括"[约翰]斯内尔博士"，正是他的遗赠为斯密提供了奖学金[3]。

当时人们认为，贝利奥尔学院是由阿尔弗烈德国王出资，建于 872 年，这就赋予了其仅次于大学学院的古老历史[4]。学院以约翰·德·贝利的名字来命名。贝利奥尔是一位很有势力的男爵，其家族起源于皮卡第（Picardy）的贝利厄 – 恩 – 维默尔（Baileul–en–Vimeau），在法国、英格兰和苏格兰拥有大量地产。但是，在捐赠建院过程中，发挥了更大作用的是他的妻子德沃尔吉拉，她是苏格兰国王大卫一世的后裔，坐拥大量地产。1260 年左右，在达勒姆主教的敦促下，作为一项善举，约翰·德·贝利奥尔公爵在牛津城郊租了一座房子，收留了一些穷学生住在里面。人们传统上认为贝利奥尔学院成立于 1263 年，但是能够证明贝利奥尔所创建的学会存在的清楚证据，是在一份 1266 年 6 月的皇家文书上，其中指明了贝利奥尔为其资助人。在他死后，大约 1269 年，德沃尔吉拉夫人动用她那可观的财富，创建了一个学院，并于 1282 年负责制定了学院的规章制度。[5]

1355 年发生的圣斯考拉斯克日[6]暴乱，以商人控制的城市一方的失败而告终，并确立了牛津大学对城市的控制权。在这前后，贝利奥尔学院选出了它在中世纪最为著名的院长约翰·威克里夫。威克里夫著述众多，其中的两部（一部关于教会的统治权，另一部关于民事的统治权）清楚地提出要在 14 世纪 70 年代英

---

[1] Rae，1965：18

[2] RCHM，1930：20–3；Davis，1963：304–12；1875 进行了替换

[3] Petter，1974：62–3；Jones，2005：167

[4] Chamberlayne，1741：11.iii.193

[5] 英语版的 Dervorguilla's Statues 由 Johns 出版社出版（2005a：Appendix A：318–20），旨在"用母性的爱，为她的儿子们和学者们在牛津大学提供庇护所"。

[6] the St Scholastica's Day

格兰的教会和政府进行改革的要求，并为欧洲改革的开展铺平道路。威克里夫的下一代追随者们，被称为罗拉德派，他们完成了威克里夫所规划的任务，将《圣经》翻译成英文，从而为打破罗马天主教的独裁提供了有力的武器。不管这位院长的学说如何激进，或他所遗留的影响如何深远，以及他在为人类自由而斗争的历史（斯密也即将为之做出贡献）中地位如何，斯密所处时代的贝利奥尔学院仍忠诚地致力于维护圣公会和皇室的权威。

15 世纪的贝利奥尔学院，荟萃了诸多英国启蒙运动的领导人：乔治·内维尔，约克郡大主教，也是"造王者"（"the King-maker"）沃里克的兄弟；约翰·弗里，第一位英国专业的人文主义者；以及威廉·格雷，伊利主教（逝世于 1478 年），他那 200 册手稿的遗赠大大丰富了贝利奥尔学院图书馆藏书，这些捐赠的绝大部分都很好地得以保留到了斯密所处的时代甚至一直保留到了今天。1507 年，为了实现自治，温切斯特郡（Winchester）的理查德·福克斯主教重新修订了学院的规章制度，其中包括负责对上交的争议做出仲裁的督导的选举问题的相关规定[1]。1571 年，导师制的教学方法实现了制度化，通过规则的制定，自费生有了自己指定的导师，并与享有奖学金的学生一起从事同样的研究工作。1610 年，学院招收了更多的自费生以增加收入。

1601 年之前，贝利奥尔几乎没有与当地建立多少联系。在 1601 年，学院接受了一位富裕的伦敦服装商彼得·布伦德尔的提议，由他出资设立一份奖学金以及一份研究奖金，但这些奖学金申请者必须是来自他在德文郡（Devon）的蒂弗顿（Tiverton）所创建的学校的学生。布伦德尔奖学金获得者有权利继续接受研究奖金，并可以一直享有这一奖金长达十年。1615 年，又做出了进一步的安排，如果一位布伦德尔奖学金享有者获得了学士学位，但是却没有新的基金所设立的研究奖金提供给他，那么他将获得下一份由老基金设立的研究奖金。而且，1676 年，由于连年内战带来的穷困，学院从布伦德尔的托管人那里又接受了 600 英镑的捐款，条件是设立另外一份布伦德尔奖学金和研究奖金，而老基金的一个研究奖金则被取消了。没过多久，与布伦德尔相关的关系控制就在学院里占据了主导地位：在斯密来到学院前 8 年，14 位研究员中的 7 位都是来自布伦德尔学校。这一段时期的督导牧师约翰·多尔宾爵士对这一体系的弊端直言不讳，认为蒂弗顿

---

[1] Jones，2005：42

的人"习惯性地投票给自己的同乡，而不考虑更为重要的诸如好的品行和学识等问题。贝利奥尔学院……正在很快降级为一所乡村学院"[1]。

1671年，学院似乎采取了一些行动，想要拓展贝利奥尔学院这一团体。学院接受了四位被莫德林学院（Magdalen College）拒绝了的苏格兰人，让他们享受华纳基金；1699年的第一次选举中，又有四位苏格兰人当选为斯内尔奖学金的获得者。在这一事件中，有人对斯内尔基金的使用产生了嫉妒心理，怀疑这些基金管理不善，对这些基金的使用提起了诉讼。这些基金创立的初衷是想通过在牛津大学为培养苏格兰学生成为牧师提供资金，来加强苏格兰的主教制主义。[2]1738年，斯密来到贝利奥尔学院前两年，据格拉斯哥大学估计，斯内尔的遗赠每年价值都在600英镑左右，他们对这笔钱的分配提出了质疑，并向大法官法庭提出了诉讼，起诉贝利奥尔学院每年至少将50英镑花在了学院自己的开销上，而导致

---

[1] Davis, 1963：158

[2] 捐助者为 John Warner of Rochester 主教（1666年逝世）和 John Snell（1679年逝世）。Snell 是一位 Ayrshire 锁匠的儿子，1642—44年他在格拉斯哥大学 James Dalrymple of Stair 的门下就读。当时 Dalrymple 是大学文科方面的一位评议员，后来担任了苏格兰最高民事法庭庭长一职，并编撰了 Institutions of the Law of Scotland（1681，1693）这一奠基之作。在内战期间，Snell 站在了保皇主义者一边。战后，Snell 在英格兰陷入了一贫如洗的境地，但是大约在1653年，他受雇于苏格兰的一位寡妇，帮她管理账务。Snell 又从这一职位跳槽到了为一位颇受国王器重的律师 Orlando Bridgman 管理账务。Bridgman 在君主政体复辟后不久，就当任了英格兰最高民事法庭主法官。Snell 因为在财产转让方面所具有的才能而受到 Bridgman 的重用，被任命为法庭传唤人和御玺官员等肥缺。从他获得的小费和其他额外津贴中，Snell 积累了足够的财富，1661年开始了一项慈善事业，向格拉斯哥大学捐赠昂贵的书籍：Brian Walton 所编撰的多种文字对照的六卷本新版《圣经》（1657）。他大概为 Bridgman 服务了二十年左右，给格拉斯哥大学捐赠了更多数量的昂贵书籍，没过多久，他又获得了价值不菲的地产。从1670年开始，他似乎对将苏格兰学生送到牛津大学就读产生了兴趣，或许是想要让他们获得一定的宗教方面训练，以便他们回到苏格兰能够加强主教制主义（Episcopalianism）的势力。当 Charles II 罢免了 Bridgman 的职务，而选择 Shaftesbury 作为财政大臣，Snell 还是被任命为 Shaftesbury 的御玺官员；后来，Shaftesbury 失宠后，他为 Snell 在国王私生子 Monmouth 的随从中获得了一个显赫的位置。无论是谁受到国王的宠信，财富都会源源不断地流向 Snell，直到1679年逝世。在他1677年12月29日所立下的，并在他离世的1679年8月6日得到再次确认的遗嘱中，Snell 将 Warwickshire 的 Ufton 庄园留给了一些受托人，他们负责让至少五位在"格拉斯哥大学"就读一年以上的苏格兰学生到牛津大学就读，负责他们学院或宿舍的教育和生活开支。这几位受惠者将被授予圣职，并要求学成回到苏格兰为苏格兰教会——在 Snell 立遗嘱时，即圣公会——服务。而且，如果他们不接受圣职，或他们在苏格兰以外居住，将被处以500英镑的罚款。刚开始，庄园地产的抵押权妨碍了这一计划的实施，而1690年，当 William 和 Mary 开始统治不列颠联合王国，宗教改革使得长老教会（Presbyterian）成为法定的苏格兰国教。Snell 的女儿上诉到大法官法庭，希望法庭能够判决他父亲的遗嘱不得执行，他留下来的地产应该归还给她。1693年6月，Keeper Somers 大法官驳回了她的上诉，判定 Snell 的地产归 Balliol College，以实现 Snell 的遗愿，让苏格兰学生在牛津大学接受教育，但是并未对这些学生将来所从事的职业做出任何规定。做出这样判决的原因不详，但是三位受托人之一就是 Balliol 学院的院长，他或许提出强烈要求，Balliol 学院是如此稀缺资金，以至于这笔捐赠在支付完奖学金之后"剩余"的资金，也为学院所急需（Rae，1895：18—19；Lee-Warner，1901；Stones，1984：148—220）。

了原本为奖学金获得者提供的资金的流失[1]。

总的来说，贝利奥尔学院的这一历史时期并不令人愉快，除了对斯内尔奖学金获得者的不满外，在研究奖金的享有者之间也出现了分歧。尤其是在 1726 至 1727 年之间，当时受到热议的新院长的选举问题，最终使得其选举程序被描绘成了一桩丑闻，其中一方坚持要接受一位被认为是疯子的人的投票，而另一方则要将一名不肯宣誓效忠者，即不肯宣誓效忠英国国教和皇室的人，也纳入选举人之列。获得选举最终胜利的赢家是西奥菲勒斯·雷夫博士，柯柏斯克里斯提学院（Corpus Christi College）年轻的研究员，他之所以受到青睐的主要原因是他是学院督导即罗彻斯特的教士亨利·布里奇斯博士的侄子。布里奇斯是依靠与阿特伯里主教之间的友谊而获得了督导这一职位，阿特伯里主教所坚持的高派教会原则和同情二世党人的倾向在牛津大学受到推崇。当选举问题被上诉到督导那里时，督导做出了有利于自己侄子的裁决，他认为自己的侄子维护着最为严苛的政治和宗教成见，直到 1785 年雷夫作为院长一直统治着这一似乎已是怨声载道的学院。他确实试图减少研究员们长期不在岗的现象，但是多年以来，他也一直为封闭的研究员管理体系提供保护，并被指责压制了研究员们之间以贡献多少为基础的竞争。而且，到 1780 年，学院在他的管理下，债务已高达 2000 英镑，其中一部分是由于学院与格拉斯哥大学之间的争议，而招致的诉讼费用。然而，最近的学术研究成果减少了人们对雷夫当选为贝利奥尔学院院长以及他在任期所作所为的非议。人们注意到在他任期的中期，他的政策是往辉格党的原则方向调整的，而在他年届老龄时，对学术奖金的竞争应更看重贡献的大小、而非出于利益的考虑的敦促，也做出了回应，从而"为改革埋下了种子"[2]。雷夫是简·奥斯汀的祖父，她在哥尔德斯密斯的《英国史》一书中，所留下的少年时的信手涂鸦，反映了她祖父同情托利党人和二世党人的倾向。当 1799 年詹姆斯·奥斯汀来到圣约翰学院（位于贝利奥尔学院的隔壁）就读，以及 1783 年詹姆斯的姐妹简和卡珊德拉在牛津大学短暂就学时，雷夫都仍是贝利奥尔学院的院长[3]。

然而，就整体而言，斯密就读时牛津大学的体制似乎基本上仍是为独身教士而运作的，他们将研究奖金看成是一种短期能享有的财产，教学在其中所占的位

---

[1] Lee–Warner，1901；Stones，1984：173–5；Jones，2005：125–7；149，164–5，171

[2] Jones，2004：155–73

[3] Austen，ed. Peter Sabor，2006；Claire Tomlin，TLS，2008 年 5 月 1 日：14–15

64 置被减少到了最低程度。他们一直要等到就任牛津大学高薪职位（Oxford plum）（如学院领导）后，或是得到了条件优越的教会职位后，才能结婚。一辈子做一名研究员，是一种让人沮丧泄气的经历。正如圣经注解家乔治·法贝尔（George Faber）所言："研究员职位是一份丰盛的早餐，无味的中餐，最难吃的晚餐"。[1]

斯密在他思想发展成熟后，所做出的分析是：在那些教会圣职有限的国家，大学就有可能在教士中挑选"有学问的人"（"men of letters"），即学者。而当教会的教士职位丰裕，他们"自然"会从大学里吸引过去"很大一部分的知名学者"。他认为英国国教在富裕程度上仅次于罗马教会。结果是，斯密写道："要想在英格兰找到一位年长的大学教师，能够作为一名知名学者而名扬欧洲，就跟在任何罗马天主教国家一样困难"。相反，正如斯密所言，在瑞士新教徒教区以及德国、荷兰、瑞典、丹麦和苏格兰等新教徒国家"更多数量的知名学者是大学教授"[2]。

在幸存至今的与斯密的牛津大学履历相关的文件中，可以找到支持斯密这一观点的证据。他从格拉斯哥大学带回了一份证明他获得了斯内尔奖学金的证书，日期为1740年3月11日。证书中明确表明斯密当时并未在格拉斯哥大学获得任何学位，尽管他后来获得了文学硕士的称谓[3]。证书中陈述说，贝利奥尔学院的院长和研究员，提醒尼尔·坎贝尔校长说有两个斯内尔奖学金的空缺。随后2月11日，校长照此通知了格拉斯哥大学的教授和校务委员们。在3月4日一次例行会议中，作为他们的一项权利，校长、教授和校务委员们提名和推荐：

> 亚当·斯密，已故科卡尔迪亚当·斯密之子，为这些奖学金的获得者之一。我们在此证明亚当·斯密是苏格兰王国本国人，已在格拉斯哥大学就读三年，并未在这里或任何其他地方获得过学位。我们希望他将能够展现出与他良好的学识名声相符的良好的品性和行为。[4]

---

[1] 转引自Porter（1990：178），他还指出"许多自由主义的家庭不信任公共学校的教育，对大学教育鞭笞、粗野、鸡奸、酗酒等老一套感到不满，为自己的儿子们雇佣私人教师并将他们送到国外游学。那些需要接受职业训练的学生前往荷兰或苏格兰大学就读；信奉新教的年轻人到持不信奉国教的学院就读（如，在Kibworth、Taunton、Daventry、Kendal、Warrington、Mile End），这些学校的老师中，有一些有着很高的声誉，并与苏格兰教授们保持着联系（Uglow，2002：71–2）。

[2] *WN* V.1.g.39

[3] Scott，1937：137，392

[4] Balliol Coll.MS

这一文件的签署者有校长坎贝尔，系主任即东方语言学教授查尔斯·莫思兰，以及一些多半具有知名度、并在格拉斯哥大学给斯密上过课的教授：拉丁文教授乔治·罗斯、希腊文教授亚历山大·邓洛普、逻辑学教授约翰·劳顿、数学教授罗伯特·西姆森、伦理哲学教授弗兰西斯·哈奇森以及自然哲学教授罗伯特·迪克。

1740 年 4 月，牛津大学"依据 1693 年高等法院大法官所制定的法令"，由贝利奥尔学院院长以及另外两个学院院长：皇后学院院长约瑟夫·斯密和圣约翰学院院长罗伯特·迪克，签署同意接受斯密为斯内尔奖学金的获得者[1]。

斯内尔奖学金文件的第二位签署人，约瑟夫·斯密是卡罗琳皇后的私人牧师，在他长寿的一生的最后 26 年，担任了皇后学院的院长（1756 年离世）。在这一期间，他为学院争取到了大量捐赠，并撰文驳斥自然神论者和不肯宣誓效忠者。斯密院长对哲学和神学的教学很感兴趣，他为牛津学位获得者必须通过的正式辩论所起草的辩题，一直保留至今，而他所规划的部分也一直被沿用至 1823 年[2]。

这一资料可以帮助我们了解一位牛津大学学院院长所期望的是怎样的课程设置。其中令人相当感兴趣的是那些为三年级学生就所提问题而推荐的相关阅读材料。其中的一些问题在 1774 年牛津大学的提问中已经重复出现过了，而得到推荐的作者在 18 世纪为基督教会学院学生指定的阅读材料中也能找到。从这里可以发现牛津大学课程与亚当·斯密所接受的格拉斯哥大学课程之间存在着某些相似之处。在斯密院长为一年级学生提供的问题样例中就有关于关系、全称命题和三段论的学术性逻辑学问题。而从那些被认为是劳顿教授的教学内容中，也可以发现洛克所产生的显著的影响。二年级学生的问题则与伦理学话题，诸如自由意志、以幸福作为生活的目标以及良知作为指导我们行动的标准的充分性等问题相关。对道德哲学思潮的意识，多少改变了当时的学术性视角，但是并未能发现任何像亚当·斯密在格拉斯哥大学从弗兰西斯·哈奇森那里所获得的那种具有建构性的哲学思想。哲学家弗兰西斯·哈奇森的名字确实出现在了三年级学生的推荐阅读材料中，而三年级学生像格拉斯哥大学的做法一样，继续学习伦理学和逻辑学，同时也学习物理学课程。未明确指明的被认为适合学生阅读的哈奇森作品，很可能是他在格拉斯哥大学期间所使用的折中主义的大学教科书，该书即便是从

65

---

[1] Balliol Coll. MS

[2] Queen's College，MS 475，fos.93ff.，MS 442.1

正统的神学视角来看也是安全的。这些阅读材料不大可能是哈奇森在都柏林所创作的更具哲学原创性的那些论文，这些论文论述了仁爱即德性、并为道德感官的存在做了辩护。就物理学所提的问题和阅读材料似乎很大一部分与笛卡尔相关，对牛顿所做出的贡献也有所涉及，这反映在了所提及的牛顿追随者赫拉弗桑德和基尔的著作中[1]。

亚当·斯密会觉得这里所展现的大学教育落伍了，而不具有创新精神。比如，课程中似乎完全没有像哈奇森在其道德哲学课程的教学中那样提及经济问题。而这一时期的牛津大学学生的记录也表明，整体来看，他们为考试所做的准备工作，是比斯密院长列出的问题和阅读材料所体现的更为机械荒谬的一个过程，因为考试采用的都是一些"愚弄人的"或死记硬背的问题，而大多数推荐的阅读材料也只是摘要而非原著。正如我们将看到的，亚当·斯密后来分析了他所处时代牛津大学萎靡不振的整体氛围，并为其教学上之所以如此松散以及研究生产力之所以如此低迷提供了一些解释。

1740 年春学期的 7 月 4 日，亚当·斯密进入贝利奥尔学院就读，当时牛津大学的教育状况就是此。[2] 8 月 24 日，斯密将自己对牛津大学的第一印象写信告诉了他的表兄兼监护人威廉·斯密。他的表兄为阿盖尔和巴克勒公爵家族做家事管理，对斯密怀有善意的关切。[3] 年轻的亚当·斯密对表兄给他的 16 英镑钞票谦卑地表达了谢意，而对同时给予他的"中肯的建议则是更为感激"。他继续说他的花销"今年必定会比之后几年的花销数目要大得多，因为在他们获准入学时不得不向学院和大学缴纳了最为过分的超常高额学费"[4]。在这种情况下，他需要

66

[1] Quarrie, 1986：439–506；Yolton, 1986：566–91

[2] 1740 年 Balliol College 档案的条目："Termino Trinitatis Iul.4. Adamus Smith Filius unicus [sic] Adami Smith Generosi de Kirkaldie in Regno Scotiae admissus est Commensalis"。7 月 10 日，Charles Suttie 被接收为自费大学生（Commoner）。根据 Thorold R ogers 教授的摘录，7 月 7 日斯密在牛津大学正式注册："Adamus Smith e Coll. Ball., Gen.Fil. Jul.7mo 1740"，转引自 Rae（1965：19）。

[3] *Corr.*No.1：收信人是 Bruton Street 27 号，阿盖尔公爵在伦敦寓所，William Smith，W.S.，他主管那里的家事，或许还在那里招待从牛津大学过来的斯密。John 公爵任命他的 Under–Secretary William 为 Master General of the Ordinance（1725–40）和 the King's Wine Cellar 中的侍从。在公爵逝世后，William 为他的遗孀 Jane Warburton（1767 年逝世）效劳。这位遗孀于 1743 年继承了 Adderbury，她后来将这一遗产遗赠给了他们的长女 Caroline。Caroline 嫁给了巴克勒公爵二世（1750 年逝世）Francis 的继承人 Dalkeith 伯爵。1753 年 10 月 23 日，William Smith 在 Adderbury 逝世（Glasgow Courant；Scott, 396 n.8）。他的一些信件，一部分是写给斯密父亲的，保存在格拉斯哥大学图书馆：MS gen. 1035/13, 29, 30, 34, 36, 39, 45, 46, 58, 60, 64, 126。

[4] *Corr.*No.1

有其他的资金来源支持，因为他的斯内尔奖金每年只能提供给他 40 英镑。他的
"膳宿杂费"（大学提供住宿和供应食品的费用）似乎就要高达 22 英镑到 32 英镑，
而另外每年还要 4 英镑的导师费。估计绝大多数自费生每年的花费至少要 60 英
镑。在三年级，斯密又获得了华纳奖学金，这为他带来了每年额外 8 英镑 5 先令
的收入。斯密所获得的斯内尔和华纳奖学金，再加上家里给的钱，或许就能让他
可以购买一些书籍和报纸，再或许出去走走，比如前往阿盖尔在伦敦的住宅 [位
于国会和圣詹姆斯宫附近的布鲁顿街上] 去看望他的表兄威廉·斯密。1740 年
8 月 24 日斯密所写的这封信就是寄往那里，再或者前往公爵在牛津郡阿德伯里
（Adderbury）的乡下住宅拜访，1741 年 10 月他就曾经去过那里。斯密无疑是一
位节俭的人，但或许比牛津大学高昂的学费更让他苦恼的，是他发现牛津大学
在信教虔诚上要求严苛，而学业上要求却很松散。这可以从斯密 17 岁时所写的，
并颇具斯密冷幽默特色的话中可以看出："如果有人在牛津大学因为过度学习以
至于危害了自己的健康的话，那一定是他自己的错，因为我们在牛津大学唯一要
求做的正事就是每天前去祈祷两次，每周讲课两次。"[1] 然而，1743—1744 年，当
斯密遭受因身心失调而导致的疾病时，这些话语又回来萦绕在他脑际。

　　斯密在贝利奥尔学院期间，校务委员会中还是有一些有意思的人物的。比
如，当时的总务长约瑟夫·桑福德（"诚实的乔"），文学学士（1714 年当选，一
直居住在那儿直到 60 年后离世），古物专家和藏书家，经常出入位于布罗德大
街（Broad Street）边上特尔区（the Turl）的弗莱彻（Fletcher）小书店里。他
帮助本杰明·肯尼卡特修订了希伯来圣经，但是作为导师，他的表现却并不活
跃。他将自己广博的藏书捐给了埃克塞特学院，1709 年该学院的图书馆毁于一场
火灾 [2]。他的好友查尔斯·古德温研究员 [3]，享有勤勉的导师的声誉，但更为著
名的是他那 1，600 册书籍、30，000 本小册子、3，000 枚硬币的收藏。他将藏
书捐赠给了牛津大学波德林图书馆（the Bodleian Library），那里本来保留有休
谟的出版物，现在已流失，而他所收藏的小册子从 1920 年开始就一直保存在阿
斯麻林博物馆 [4]。资深的系主任乔治·德雷克（1736 年当选）教授希腊文和形而

---

[1] *Corr*.No.1
[2] Jones，ODNB–O
[3] 1722 年 21 岁时当选，70 岁时故去。
[4] Jones，ODNB–O

上学课程，反对西奥菲勒斯·雷夫于 1751 年企图剥夺他在国会一项选举中的选举权，而被院长描绘成是"最热情、狡诈和危险的人物"[1]。他是一位非常卓越的导师，亚当·斯密的朋友约翰·道格拉斯（John Douglas）[2] 对德雷克的指导深表感谢，"我将永远满怀深情的记住 [他]，因为他对我学业的指导，使我受益良多"[3]。我们不知道当时斯密导师的名字，只能从贝利奥尔学院毕业记录在 1744 年 5 月 5 日的一个条目中加以猜想："Com.[mensalis/ 自费生] 斯密 admissus et Jurista"。在牛津大学的档案文件 1743/4 年 1 月 18 日 ref.SP70 有一个与之相关的条　目："Adam Smith e Collegio Ball" Commensalis admissus fuit in faculate Juris Civilis, Licentia sub Chirographo Praefecti Collegii sui prius significata"。　这　一　纪录或许显示在四年级时，斯密为自己的将来所选择的并不是为斯内尔奖学金获得者所安排的接受圣职，而是民法学生所应走的道路[4]。或许他继续研读格劳秀斯和普芬道夫的作品，虽然这些是他在牛津大学的阅读对象[5]，却是由格拉斯哥大学期间哈奇森所引荐给他的。这样的阅读为斯密于 1750—1751 年在爱丁堡大学讲授法理学做好了准备，下文第七章将讨论这相互间的联系。1744 年，斯密缴纳了与其他以学士学位毕业的学生相同的学费。虽然斯密从未被正式授予这一学位，但是从 1744 年 4 月 13 日开始就以 DS. [Dominus] 斯密出现在《布特尔记录》（the Buttery Books）中。我们可能会问，斯密是否曾以他学士的身份，获得过使用波德林图书馆资源的资格，该图书馆的资源只对研究生开放，除非是已毕业或取得学士学位两年后的学生。这么说来，斯密就是要到 1746 年 4 月才具备资格，而这时离斯密永远离开牛津大学仅剩四个月，也并没有任何记录表明斯密于 1746 年在波德林图书馆借阅过图书，或他曾接受过任何特殊许可，准许他在这一日期前就借阅该图书馆的图书。

　　对斯密而言，牛津大学似乎成了那些"学术团体"的一个案例：它们"在很长一段时间，继续充当庇护所，为已被从世界各个角落驱赶出来的破产的体系和陈腐的偏见，提供遮蔽和保护"[6]。他在牛津大学的经历以及成年后对此的反思，

---

[1]　Jones, 2005：162
[2]　华纳奖学金获得者，1745—1748 年享有斯内尔基金。
[3]　BL Egerton MS 2181, f.6
[4]　Jones and Sander, 2009
[5]　Barton, 1986：597–9
[6]　WN V.i.f.34

自然会促使他为这种状态的出现寻找解释的理由。斯密认为，每个人都想要尽可能安逸地生活，如果无论某人是否履行一项繁重的职责，他所获得的报酬都是相同的，那么他要么会玩忽职守，要么会以他的上司所能容许的最为懒散的方式来履行这一职责。如果这上一级的权威，就是他自己也是成员之一的学院，而其他成员也是同样的教师，那么在他们之间就会达成共识：忽视某人的玩忽职守行为，如果他们每人也都被允许玩忽自己的职守。斯密指出，这样的结果就是牛津大学的教授们许多年以来甚至连假装一下教学的努力都放弃了[1]。

而且，当不管学院的实力如何，学院都有足够的捐赠吸引到学生，而慈善基金（比如斯内尔奖学金）又不允许学生选择他们自己喜欢的学院，那么学院间就没有了竞争。同样，当导师是由学院领导指派，而非学生根据教师的教学能力自主选择时，导师间的竞争也丧失了。而当学生可以在没有允许的情况下就更换他们的导师，导师们也就没了动力去好好关照他们的学生。

斯密在这里解释了，到 1774 年为止，当时绝大多数的大学和大学教师之所以会陷入"每况愈下、声名狼藉"的原因[2]。根源是这些大学通过特权，而非实力享有了富裕。斯密还将牛津大学以及其他一些富庶大学，不愿意改变他们的课程，以跟上时代发展步伐的原因也归结于此。斯密肯定对贝利奥尔学院的一些做法感到非常吃惊，比如，他们丝毫没有提供由洛克和牛顿所发展的新哲学和科学方面的课程，而在更为贫穷的大学，如格拉斯哥大学，却都开设了这些科程，在这些大学更多的注意力被放在了满足社会当下的兴趣和需求上。

牛津大学教授亚里士多德以及他学究气的注释者们所提出的"破产的体系"这一做法，似乎让斯密吃惊，认为这是一种思想上的作假。这对那些教授这些课程的人，以及那些为了获取从事某一职业的资格而被迫选修这些课程的学生而言，都是一种侮辱：

> 如果教师是一位有见识的人，他一定会意识到，他在对学生讲课时，他所讲的或所念的都是废话，或是仅比废话好那么一点点，那么他肯定会深感不快。同样会令他不快的是，他发现很大一部分学生不来听他的课，或是即

---

[1]　*WN* V.i.f.7–8
[2]　*Corr*.No.143

使来听课了，也是带着明显不在意、鄙视和嘲弄的神情。

斯密写道，为了避免这种嘲弄，教师转而依赖一些权宜之计，与学生一起念一本用"一门外国的、死亡的语言"写成的书，让他们翻译给他听，"时不时地偶尔穿插几句评论，他或许就可以自诩为是在讲课了"。只要稍作努力或稍有学识的老师，就可以这样做，而不会使自己显得荒谬可笑，而大学的纪律也会强迫学生规规矩矩地接受这样的"授课把戏"（"sham–lecture"），并 "在整个表演过程中保持最为得体和恭敬的行为举止"[1]。

斯密所描述的这种"授课把戏"，可以从一份申辩书中找到更为生动具体的例子。这一申辩书是由贝利奥尔学院一位名叫詹姆斯·科克伦的学生打印分发，其中内容也与他有关。科克伦叛逆而颇有口才，1767 年获得斯内尔奖学金，1772年卷入了一场关于他的津贴以及要他缴纳学费的纠纷当中。他语言犀利地提出了批评，如针对塞缪尔·洛夫（1768 年当选为校务委员会委员）的教学方法：

> 您默默地坐在椅子上，听着本科生解读着文章，有时候他们说对了，有时候错了，然后，您尽您所能地为一个拉丁文单词找到一个尽可能对应的英文单词，这样做就能配称得上是在授课了吗？如果这也算是授课的话，还有比这对授课更为卑劣的亵渎吗？难道读一本字典不是同样也能够提高我们的理解力和趣味吗？事实上，贝利奥尔学院公共课所讲授的都是些什么内容呢？比如，几何学课程，在漫长的一整个学期，他们是否曾讨论过比《欧几里得几何学第一册》（*the 1st Book of Euclid*）中的第七定理更为深入的内容？在贝利奥尔学院也几乎从未听说过，用持续好几年的课程来学完《欧几里德几何学》的做法。洛夫先生如果两相比较他现在所做的，和学院规程规定他应该做的，他就会发现自己的做法是如此有欠妥当，以至于令人震惊。

洛夫为此找到的借口，似乎不那么令人信服：他是在学期的后半部分才开始授课，而每周又只有两个课时，正如斯密在 1740 年向他的监护人所提及的那样。

---

[1] *WN* V.i.f.13–14

在参加听课的 20 或 30 位学生中又有要求放慢上课进度的初学者，而一次公开的死刑执行就又会从课堂上吸引走听课者。洛夫确实在他自己的房间，给学生进行过一次"非公开的授课"，为的是给那些本应该在教室"公开授课"中获益的学生的"不足或缺席"补课[1]。与上一章所描述的哈奇森在格拉斯哥大学所提供的授课相比，看来相差何止十万八千里。

　　除了对贝利奥尔学院这种误人子弟的教育不满外，斯密还得担心钱的问题，因为他不得不告诉他母亲，他并没有收到他等着的一笔汇款[2]。这封信写于 1741 年 10 月，信中他还提到了他在阿德伯里乡村待了两个星期。尽管阿德伯里被称为乡村，其规模却与许多英国城镇近似，索尔河（Sor Brook）勾勒出了它那优美的格局，其位置大概位于牛津大学以北十八英里，班伯里以南三英里。斯密看望了他的监护人威廉·斯密，并评论说在那里找到了"许多好伙伴"[3]。很可能年轻的斯密在那里会听到这些"同伴"讨论与阿盖尔公爵相关的当时的政治危机，这一政治危机当时已经见诸报端，公之于众了。因为 1725 年"麦芽税危机"中与苏格兰相关问题的处理，阿盖尔公爵已经与沃尔浦尔首相决裂，从 1738 年起，他便在政治上激烈地反对沃尔浦尔首相。1741 年，当时政府已经失去了对苏格兰的控制，阿盖尔公爵领导着托利党人支持者，与沃尔浦尔的支持者们在苏格兰国会议员的大选中展开了竞争。公爵还认为首相应对英国军队在与西班牙进行"詹金斯的耳朵战争"中差强人意的表现负责，并逼迫他辞职。大卫·休谟在他出版于 1742 年 1 月的《道德、政治和文学论文集》（*Essays, Moral and Political and Literary*）的第二卷《罗伯特·沃尔浦尔爵士的个性》一文中"平静地"希望首相能倒台，这也广为新闻界所报道，而当时正是沃尔浦尔决定下月辞职的前夕。我们可以想象，亚当·斯密会对这些当时在他的国家闹得沸沸扬扬、众说纷纭的时事讨论，如沃尔浦尔的命运，非常感兴趣。

　　同样阿德伯里一行也让斯密了解到了一位权贵在英格兰乡下住所的豪华景象。斯密所待的庄园位于通往班伯里（Banbury）主要大道的东边，离彻韦尔（Cherwell）不到一英里。这曾经是 17 世纪诗人罗切斯特男爵居住的地方，但是当家里都是小孩的时候，他从这里搬到了伍德斯托克森林（Woodstock Forest）

[1] 来自贝利奥尔学院图书馆的一册装订书中的内容：Jones，2005：166-7
[2] *Corr*.No.2
[3] *Corr*.No.3

西边的"老别墅"居住，他就在那里故去。1717 年，阿盖尔公爵二世从公爵的世袭继承人温切斯特大主教手中租借了过来。

根据贺拉斯·沃尔浦尔的说法，公爵是分几个阶段着手重建这座庄园的，其中包括 1731 年由罗杰·莫里斯设计添加的带拱廊的侧厅。房子四周有着广阔的花园和公园用地，而阿盖尔又被人形容为拥有一个"极为出色的致力于机械细节的头脑"，这样很可能斯密在 1741 年看到的是一座经营良好的庄园，这里建筑规划以及"令人愉悦的艺术"园艺学[1]都得到了很好的料理。没过多久，阿德伯里庄园就通过巴克勒家族传给了公爵三世，而公爵三世于 1764—1767 年成了斯密的学生。他继续改善阿德伯里庄园，直到 1774 年迫于艾尔银行的倒闭产生的财政压力而将它出售[2]。庄园在公爵手中时，据说有 56 间房间，包括一个极高大宽敞的入口大厅、三个画室、一个藏书室以及一个台球室[3]。绝大部分斯密所熟悉的庄园于 1808 年被拆毁，只留下了坚固的主楼、北边的拱廊，和柔和的方石砌成的三层楼的南面，这一面拥有拱形的窗户、门廊和三角墙[4]。

70　　1742 年 5 月 12 日，斯密在给母亲的一封信中，告知他母亲现在并不像他原先以为的那样急需关于他年龄的证明[5]。或许这与那年 11 月 2 日由资助人坎特伯雷大主教和罗切斯特主教所授予他的华纳奖学金相关的要求有关[6]。斯密在信中还提到了一则消息，斯内尔奖学金很快就会有空缺，因为乔治·普雷斯顿公爵的小儿子约翰·普雷斯顿放弃了这一奖学金，而他也很快会将转告这一消息的书信带往爱丁堡。亚当·斯密希望他的监护人威廉·斯密能知道这一消息，"万一他想要为他的朋友争取这样一个机会"。这意味着尽管牛津大学所提供的教育本身令人失望，但出于职业的考虑，牛津大学的学习机会还是自有其价值的。这同时还说明威廉·斯密在就斯内尔奖学金获得者的推荐上，是有能力来对格拉斯哥大学教授们和艾莱爵士施加影响的，后者是约翰公爵的兄弟，他掌控着提供给苏格兰的资助。我们也可以猜测，不久之后的 1751 年，这位一直活到 1753 年的斯密，在为斯密"争取"到格拉斯哥大学的教授席位过程中出力。

---

[1]　*WN* I.xi.b.25

[2]　Ch.14

[3]　Lobel and Crossley, 1969：2–3，网络资源

[4]　Sherwood and Pevsner, 2002：417

[5]　*Corr.*No.4

[6]　Balliol MS

而这时，斯密所开的玩笑，说如果在牛津大学因为"过度学习"而导致健康受损的话，那一定是自己造成的，很不幸地应验在了斯密本人身上。在 1743 年 11 月 29 日的一封书信中，斯密告诉了他母亲一个必定让她大为担忧的消息，"我刚刚从一阵非常强烈的倦怠中恢复过来，这种倦怠把我困在了手扶椅上长达三个月"[1]。在留存下来的下一封写于 1744 年 7 月 2 日的信中，斯密将他无法更频繁地给母亲写信，归因于这种"倦怠"。他描写了一些身体上的症状："一种根深蒂固的坏血症和脑袋颤抖症"。他宣称说通过服用一种焦油水已经治愈了这些症状。这一种焦油水"现在这里非常流行，几乎包治百病"[2]。这一流行是由贝克莱主教（Bishop Berkeley）煽情的通俗小册子《关于焦油水的好处……的哲学思考》（*Philosophical Reflexions...Concerning the Virtues of Tar–Water*）[3] 所引发的。小册子中说通过服用这一焦油水，"被没有胃口、精神低迷、晚上失眠、毁灭性的痛苦和焦虑折磨得痛不欲生的人们，可以变得安逸而舒适"[4]。后来，斯密承认只要他还有记忆，这些症状就会一直持续，而焦油水最终来看还是无效的[5]。

这些症状与亚当·斯密的好友大卫·休谟所遭受的症状相似。1729 年，休谟得了一种神经衰弱症，起因是由于他过于投入哲学研究，并试图践行斯多亚哲学所倡导的克制的生活方式[6]。而斯密的情况完全有可能是因为他作为贝利奥尔学院一名自学成才的学生，对于自然哲学、伦理哲学以及相关历史知识有着强烈的求知欲，受此驱动进行了大量的阅读，以至于忽视了身体方面的锻炼，使得他精神萎靡，同时出现了不由自主的头颤现象以及皮肤疾病，甚至于身体机能的衰弱、四肢疼痛、皮肤出疹子等症状（而这些症状通常是与水手食用含盐量过高的饮食联系在一起）。

正如斯密在信中所言，他一生都在与这种身心失调引起的疾病做斗争，这种疾病医学上称之为"疑病症"（"hypochondriasis"）。迈克尔·贝尔富特指出当时这一术语所使用的范围要比现代意义上的"症状性疑病"的使用范围要广。它主要是指"忧郁"或"精神萎靡"，在某些病例中会出现消化不良或更令人恐慌的

---

[1] *Corr.* No.5

[2] *Corr.*No.6

[3] 1744 年 4 月；第二版也在 1744 年，题目为 Siris

[4] Berkeley，1901：iii.179

[5] Rae，1965：25

[6] Hume，*HL* i.13–17；M.A.Stewart，2005，29–30

71　歇斯底里症状。有时它等同于"消沉"和"忧郁"的意思，但是通常并不含有我们会想到的抑郁症。当时盛行的医学观点认为，这种疾病起源于病人的想象以一种病态的方式影响到了身体。医生会试图通过调整病人身体状况来改变引起疑病的精神状态，通常会开出的处方是调整饮食、适度锻炼和避免情绪波动。斯密后来从他的医生威廉·卡伦那里得到的就是这样一种治疗建议[1]。

　　在牛津大学没有导师和教授们提供指导的情况下，亚当·斯密自己热切地进行自学的那些内容，我们还是有所了解的。杜格尔·斯图尔特告诉我们，哈奇森的授课将斯密的兴趣引入了"各个分科中对人类天性的研究，尤其是对人类政治史的研究"，而斯密"几乎是从他搬到牛津大学的那一刻起"就致力于这一研究[2]。斯密所进行的关于"政治史"的私下自学，很可能使他研究了欧洲的"文明史"，而这体现在了离开牛津大学两年后，斯密在爱丁堡大学所讲授的修辞学讲义中"历史学家的历史"那一部分里。

　　似乎正是因为斯密的阅读主要集中在关于"人性的研究"上，才使得他开始深入研究休谟的《人性论》(Treatise)，而这又导致了他与贝利奥尔学院循规蹈矩的教师们之间的冲突。"我们听说，当时学院领导觉得应该去他的宿舍看望一下，却发现他正在阅读休谟的《人性论》……那时该书刚刚出版不久 [1739—1740]。调查这一事件的牧师们，没收了这本异端邪说，严厉地批评了这位年轻的哲学家"。这一故事具有可信性，因为出现在关于《哲学论文集》的一篇评论中，这一评论刊登于 1797 年的《每月评论》(Monthly Review)[3]，而作者是数学家和自然哲学家约翰·莱斯利[4]。1787—1788 年，斯密与莱斯利成为好友[5]，并聘任他为自己的继承人大卫·道格拉斯的老师[6]。贝利奥尔学院似乎不允许一位本科生自己阅读这样一本由一位臭名昭著的怀疑论者所写的著作，或是这样一本提供了像"判断因果关系的八条规则"[7] 如此颠覆性的哲学，并在引言中就提出要详细论述一种作为其他所有科学基础的"人的科学"[8] 的著作。在研读《人性

[1]　Barfoot, 1991：209

[2]　I.8

[3]　Mizuta, 2000：v.2

[4]　Nangle, 1955 年对作者身份进行了指认验证

[5]　Morrell, ODNB, 2004

[6]　*Corr.* No.275

[7]　TreatiseI.3.15

[8]　Schliesser, 2008：5，15–18

论》所阐述的学说过程中，斯密必定会对其中向牛顿的自然哲学学说（斯密在格拉斯哥大学期间所学）所发起的挑战，感到兴奋不已，或许还会梦想着有朝一日能够自己构想出一套"人的科学"。

斯图尔特在《亚当·斯密生平及著述》（*Account of Smith*）中，也提到了斯密"用不那么严肃的、文雅的文学作品来使自己的授课内容多样化"，斯密经常"让自己做些翻译练习（尤其是翻译法文的作品），目的是要提高自己的行文风格"。他相信这样的练习，对那些想要提高自己写作技巧的人而言，是很有帮助的。而且，斯图尔特还认为斯密在牛津大学期间，对自己语言研究方面的修养是"非常用心的"。他研修的目的不是为了能够在将来炫耀自己的学识，而是希望"能熟悉所有那些展示了不同时代、不同民族人们的习俗、行为方式和思想的作品"[1]。 72
当时的牛津大学中，有一种编制外的老师，斯密也许曾聘用其中的一位来教他学习现代语言。贝利奥尔学院的图书馆当然是斯密唾手可得的学习资源，尽管这些资源在通常情况下，只对学院的高级成员开放，但斯密还是做到了对其中满书架的希腊文、拉丁文、法文和意大利文诗人的作品相当熟悉的程度。学院还有一个本科生用的图书室，又叫小图书馆，但是读者阅读得付费，而其藏书据说也很有限[2]。像许多牛津大学的学生一样，斯密也可以经常到牛津大学的书店去购买那些便宜的书籍，斯密后来藏书中的安东尼（Antonini）的《意大利语、拉丁语和法语字典》（*Dictionnaire italien，Latin，et francois*（1735，1743））的前两册或许就是从那里购得的[3]。

不管斯密通过自学正在获取怎样的学识，或是他还公然违抗牛津大学国教维护者们的命令，摆在他面前的最大问题，仍然是他将从事怎样的职业。斯密并不适合成为一名牧师，尽管他能够享受长达十年的斯内尔奖学金，但是从事这一职业仍旧是情景黯淡。当时的情况还有可能是，1745—1746 年二世党人的起义，加深了斯内尔奖学金获得者和贝利奥尔学院其他成员（级别低的和级别高的）之间的敌意，因为苏格兰低地当时仍处于查尔斯·爱德华·斯图亚特王子高地军队的控制下，低地人民对国家命运感到担忧，而感情用事的二世党人则对低地苏格兰人的这种担忧心生气愤。

---

[1] I.8–10

[2] Jones，2005：147

[3] Mizuta

在英国与法国交战，而法国宣称会入侵英国的背景下，斯图亚特王子带着他那绝无法被称为英雄的七个随从以及一个只装有 4,000 金路易的军用箱子，于 1745 年 7 月 25 日在莫尔达特（Moldart）登陆。他通过施展个人魅力赢得了高地首领们的拥护，打开了布拉德纳·特尔莱赫（Bliadhna Thierlaich（Charlie's Year））的大门。8 月 19 日，他在克兰伦诺德（Clanranald）乡下的格伦芬南（Glenfinnan）揭竿而起。二世党人的地主们让自己的佃农参加王子的军队，一位具有卓越军事才能、经验丰富的将军乔治·默里男爵也加入了他的军队。从默里一贯的行事作风来看，他是一位启蒙运动的支持者，关注科学农业种植和矿业发展，所钟爱的作家是马可·奥勒留和蒙田。但他同时"相信废除皇室 [斯图亚特] 家族是一种最为不义的行为"[1]，他也很了解在战役中如何领导一支有高地人参加的军队。

消息肯定已经传到了牛津大学：9 月二世党人进入了爱丁堡，随后，苏格兰汉诺威王室的总司令约翰·柯普爵士在城外普雷斯顿潘斯（Prestonpans）遭到溃败，11 月 8 日二世党人开始快速进军英格兰，12 月 4 日最远抵达德比（Derby）后，又快速撤回了苏格兰。这对辉格党人而言是"黑色星期三"，他们敌人的军队离伦敦仅 127 英里远。这次之所以撤退是因为在战场上出现了两支具有威胁的汉诺威王室的军队（Wade's 和 Cumberland's），另据一名英格兰密探（Dudley Bradstreet）的报告，在北安普敦（Northampton），还有第三支不明身份的军队。这次撤退让王子感到非常失望，再加上法国的按兵不动，威尔士和英格兰二世党人起义的失败，使得王子就再也无法完全信任默里了。尽管 1746 年 1 月，二世党人在法尔克可（Falkirk）又赢得了一场战役的胜利，但是在进一步撤回高地的过程中，其指挥陷入崩溃状态。4 月 16 日，二世党人在卡洛登战役中（Culloden）被灾难性地击败，迎来了起义最不幸的时刻。这次战役溃败很大的原因是由于疲惫而饥肠辘辘的二世党人士兵不得不投入一场阵地战，而对方人数大大超过他们，并装备有发射精准的大炮。虽然默里心里清楚，他仍可以集结另一支二世党人军队，再次与坎伯兰郡军队作战，但是王子已丧失了勇气。他下达了"四散逃生"（sauve qui peut）的命令，起义宣告失败："罗佳伯不再"（"Lochaber no more"）是普遍为人所接受的对复辟结果的看法。斯密一定很欣赏二世党人银行家伊涅阿斯·麦克唐纳的观点，即英格兰二世党人帮助王子复辟之所以会失败，

[1] Tomasson, 1958：2, 14, 253

是因为流动资金出了问题。英格兰和威尔士的地主阶层中王子的支持者们，手头没有足够的现金购买士兵，他们也不像苏格兰人那样让佃农参战，因为他们的佃农没有接受过军事训练[1]。

尽管，牛津大学并没有出现大量的人们跑去加入查尔斯·爱德华·斯图亚特军队的做法，但学校中的二世党人对他所取得的胜利也许还是欢呼庆祝的。在起义前后，对于二世党人的政治感情，会加剧斯内尔奖学金获得者对自己在贝利奥尔学院受到的待遇的怨愤之情。这种怨愤之情最终使得他们（包括亚当·斯密）于1745年2月5日前的某一时候就改善他们的处境致信格拉斯哥大学的评议委员会（Senatus Academicus），这一举动也与始于1738年，要迫使奖学金获得者加入英国国教而向大法官法庭提起的诉讼有关。1744年，大法官驳回了这一上诉，呼吁制定一个或一套方案使斯内尔捐款得到更好的利用[2]。当大学评议委员向贝利奥尔学院提出交涉，因为奖学金获得者抱怨他们遭到了无礼的对待，并总是习惯性地安排给他们条件最差的房间，雷夫博士对此的回答是：既然他们"如此不喜欢学院"，或许让他们搬到其他地方会更有好处[3]。

斯密的学生之一的大卫·卡兰德（1760—1771年斯内尔奖学金获得者）留下的一个记录，说斯密曾向他承认"不喜欢贝利奥尔学院，是厌恶地离开那里的"[4]。斯密离开贝利奥尔学院的时间是1746年8月的第三个星期，当时斯密已经缴纳了最后一笔"膳宿杂费"[5]。早在1693年，大法官法院的诉讼结果就已清楚表明斯密如果不接受英国国教的任命，也无须如斯内尔在遗嘱中所规定的那样，缴纳500英镑的罚款。

毫无疑问，与斯密同时代的斯内尔奖学金获得者，绝大多数确实进入了教会工作。我们不知道查尔斯·萨蒂和托马斯·克劳弗德的命运。约翰·斯特灵在进入贝利奥尔学院一年内就死了。1744年进入贝利奥尔学院，并与斯密一直保持友好关系的约翰·斯密[6]则是作为在牛津大学事业有成的奖学金获得者，而为人所知的。他具有内科医生的行医资格，后来在牛津大学教授数学，从1766年到1797

[1] Terry，1922；Mclynn，1991；Lynch，1994：334–9
[2] EUL MS La. II.997
[3] Addison，1901：19–22
[4] EUL MS La. II.451/2, fos.429–34；Raphael and Sakamoto，1990；Raphael，1992b
[5] Battel Books，23，2
[6] *Corr.*No.64

年一直担任着萨维尔几何教授教席。其他的奖学金获得者，还有约翰·普雷斯顿，1742 年他帮斯密将一封信带回了爱丁堡，并提议到科卡尔迪拜访斯密的母亲[1]，后来成了步兵 26 团的牧师。斯密一直到老年时的好友詹姆斯·门蒂思（大概是斯图亚特）（Menteath 或 Menteith of Closeburn, Castle, Dumfries）[2]，从 1736年开始成为斯内尔学者，于 1741 年被任命为阿德伯里圣玛丽牧师，他或许是可以被包括在斯密在那里所遇到的"好同伴"之列的。像斯密一样，他对焦油水的热潮所做出的反应是自己试着喝了一下，认为效果不很明显，但是在 1743 年的 5 月和 8 月两次给阿德伯里的一位女孩开出这一无效药时，却宣称这药效果惊人。那位女孩因为喝了这药，两次差点没死掉，而每次又都恢复过来了，第二次是真的恢复了[3]。1759 年，他成为林肯郡巴罗比（Barrowby）诸圣堂（All Saints' Church）的教区长。1738 年当选为斯内尔奖学金获得者的安德鲁·伍德，于 1760年成为国王的御用牧师，是达勒姆（Co.Durham）华盛顿教区长，后来担任了泰恩河（Tyne）盖茨黑德（Gateshead）教区长。1722 年，在纽卡斯尔大桥倒塌事件中，他因抢救教区居民，感染热病而离世。另一位斯密一辈子的朋友是约翰·道格拉斯，他是皮藤威姆一位商人的儿子，于 1745 年成为斯内尔奖学金的获得者。他是他那个年龄段中最为成功的牧师。然而，在 1736 年，他是作为一名自费生被送进牛津大学的圣玛丽学院，1738 年在贝利奥尔学院当选为华纳奖学金获得者，并在那里获得了学士学位（1740）和硕士学位（1743）。之后，他又被父亲送到国外学习法语（1740—1742 年），1743 年接受了执事（deacon）一职的任命，走上了英国国教牧师系列官职晋升之路。1744 年 7 月，他被任命为苏格兰禁卫军牧师，并在丰特努瓦战役（Fontenoy）中担任指挥官副官（aide–de–camp）。1745 年，他回到英格兰，辞去了自己的职务。在被任命为牧师之前的两年，他以贝利奥尔学院提供的斯内尔遗赠基金为生。至于他如何获得这一资格就不完全清楚了，因为他似乎从未上过格拉斯哥大学。1744 年 5 月 28 日的贝利奥尔学院《保证金记录》（*Caution Money Book*）记录了亚当·斯密的名字作为道格拉斯存款的接受者[4]。被授予圣职后，他受到了巴斯伯爵一世威廉·普尔特尼的栽培，成了他的秘书和

---

[1]　*Corr.*No.4

[2]　*Corr.* Nos.243，281，284，288，289

[3]　George Faulkner's Dublin Journal，1745 年 5 月 28 日。

[4]　Jones and Sander，2009：3

牧师，网罗了很多教士（其中没几位是他亲自接触过的）。他的职位不断上升，先后成了卡莱尔主教、温莎教长以及索尔兹伯里主教[1]。他是斯密所说的富有的教会可以从大学中将学者吸引过去的一个典型。他教士生涯的晋升是他出版了一系列成功的著作后的回报，其中包括在米尔顿学术研究领域的文学研究作品、与休谟就奇迹问题展开的论战、政治小册子、关于宗教欺诈的揭露，还有对政治家和历史学家克拉里登的作品以及詹姆斯·库克上尉作品的编辑工作[2]。

　　牛津大学为斯密提供了六年专心阅读的机会，并使他摆脱了对自己的苏格兰口音和苏格兰方言的焦虑，而这却是一直困扰着大卫·休谟的问题。对此亚当·斯密最终或许有、也或许并没有心怀感激。他这一时期的书信让我们看到了一位自信的年轻人，坚定地致力于学术研究，甚至到了危害自己健康的程度。当然看到一所古老的大学处于"堕落"状态，对斯密而言是一个宝贵的、尽管可能也是令人悲伤的教训，这一经历也使他看到了在人类机构中，竞争和机会对激发人类进取心的重要性。正如斯图尔特所言，斯密回到科卡尔迪，将自己的"抱负局限在了一个并不确定的前程上，这一前程就是通过获得学术成就，而最终在苏格兰获得有限的晋升"[3]。但是斯密也正朝着通向世界级学者声誉的大道阔步前进。

[1]　Addison，1901：41–7；Ross，2005a
[2]　Addison，1901：41–7
[3]　I.11

6. 值得尊敬的听众

　　　　不计其数的听众……旁听了我在爱丁堡大学所讲授的课程

　　离开牛津大学后，亚当·斯密面临的是绝大多数学生在完成大学教育后要面对的问题：如何找到一份能获得酬劳的工作。1746 年秋，斯密回到了苏格兰，当时企图武力复辟斯图亚特皇室而引发的内战正处于最后阶段。内战结束后的 1748 年，斯密获得了一个机会，成了爱丁堡大学的一名编制外的教师，教授修辞学和文学。这一课程是要让年轻的苏格兰专业人士熟悉英国文学，并帮助他们用标准的英语进行有效的交流。这可以被看成是试图让苏格兰的知识阶层更好地理解，从而更好地接受英格兰文化，以便能够在 1707 年议会合并后所创建的统一国家中，更好地发挥作用。

　　斯密在做出职业选择时，周遭际遇纷繁复杂。他在牛津大学时，人们同情斯图亚特王室，而贝利奥尔学院的苏格兰人则被认为是汉诺威王室的支持者，因而斯密在那里遭到了排斥。在斯密一路向北回苏格兰时，我们会想当然地以为，斯密一定会避开二世党人撤退的西边路线，而选择从东边的路线穿过英格兰。时值 1746 年 8 月末，当时英格兰人把苏格兰人看成是叛徒，满怀敌意，因而斯密完全有可能不得不小心自己苏格兰人的身份。1746 年末，一本题为《古老的英格兰》（*Old England*）的小册子是这样表述这种状况的："苏格兰人是天生的世代相袭的二世党人，对他们再慈悲、再宽宏、再友好也无法改变他们。"[1]

---

[1] Lenman，1980：264

130

1746 年 4 月的那个晚上，消息传来，乔治二世国王的小儿子坎伯兰公爵（因残暴地镇压二世党人又得绰号"屠夫"）指挥汉诺威王室的军队，在卡洛登战役中赢得了胜利时，亚历山大·卡莱尔和小说家托比亚斯·斯摩莱特正好待在伦敦。卡莱尔记得在他们回家的路上，他和斯摩莱特兴冲冲地在人群中"勉强通行"，将假发放在口袋里，手上提着剑："人们群情激愤，爆竹声此起彼伏连绵不断。"斯摩莱特建议他不要开口说话，"以防人群中有人听出我来自苏格兰，而对我无礼"。卡莱尔认为英格兰人那晚"傲慢而又勇猛……一如几个月前的'黑色星期三'[1]，高地人兵临德比时他们的怯懦和忍气吞声"[2]。

坎伯兰领导下的汉诺威政府，将盛怒发泄在了克洛登战役后幸存下来的不幸二世党人身上。他们砍掉了基尔马诺克、巴尔梅里诺、洛沃特这些贵族的脑袋，116 位不幸者被处以绞刑并剖尸裂肢，另外使超过 3,400 名男人、女人和孩子或是遭到了流放，或是死于监狱，或被杀害[3]。斯密将这种暴怒理解为与人们经历极度恐惧后所做出的反应是相似的。而起义刚开始时所获得的成功，斯密将它归因于"商业的不利影响"使得人们丧失了勇气：

> 1745 年，4000 到 5000 名无任何防护、也没有任何武器的高地人，占领了这个国家 [苏格兰] 的先进地区，没有遇到来自那些不好战的居民的任何抵抗。他们长驱直入英格兰，震惊了整个国家。如果他们不是遭到了一支常备军的抵抗，他们将不费吹灰之力就夺取了王位。[4]

甚至坎贝尔的民兵组织，本来应该是在起义最开始的时候，抵抗二世党人军队的中坚力量，却由于阿盖尔公爵二世自己所采用的"红约翰战役"（Red John of the Battles）改良政策，导致骑兵和军官团分散在各地，实力被严重削弱。他后来似乎对自己给坎贝尔这片土地所带来的社会和经济上的变化，并不感兴趣[5]，而更关心阿德伯里和其他归属于他的英格兰地产的发展，以及如何在苏格兰征收高额

76

---

[1] 1745 年 11 月 4 日

[2] Carlyle，1973：98–9

[3] Lenman，1980：271–5

[4] *LJ* (B) 331–2

[5] Cregeen，1970

地租。在苏格兰，他的总收入从 1703 年的大概 5,000 英镑增加到了 1743 年他死去时的 6,687 英镑。到 1761 年，公爵三世的弟弟阿奇博尔德死去时，总收入已高达将近 10,000 英镑[1]。阿奇博尔德无疑是马尔伯勒（Marlborough）在佛兰德斯（Flanders）的一位得力的军队指挥官，他在 1715 年起义和 1745 年起义中都大大提高了阿盖尔民兵分队的实力。这使得伦敦政府恢复了对阿盖尔公爵的信心，他得以在 18 世纪 40 年代末回到苏格兰政治管理者的位置上，并由小安德鲁·弗莱彻担任他的副手。公爵对于大学职位任免权的控制，促进了斯密职业生涯的发展，却也阻挠了大卫·休谟实现其抱负。

　　1745 年秋，斯密这位年轻的哲学家听到了一则令人震惊的消息，二世党人的军队以智谋制胜了北部的汉诺威王室的军队，正蜂拥向前，要占领爱丁堡，而当时斯密正在圣奥尔本斯（St Albans）附近的一所乡下住宅里，担任神经错乱的安南达尔侯爵的家庭教师。9 月 16 日，查尔斯·爱德华·斯图亚特王子要求首都爱丁堡主动投降。当时的爱丁堡市长阿奇博尔德·斯图尔特想要通过代表就投降条件进行谈判来拖延时间，但是唐纳德·卡梅伦于 17 日一大早就在坎农格特（Canongate）的奈斯堡港（the Netherbow Port）城门外集结了他的族人。当城门打开让载着代表们的马车通过时，卡梅伦家族的人就一拥而上，没有花费一枪一弹占领了城市。斯图尔特因为反抗二世党人的命令，而被囚禁在了爱丁堡，当二世党人离开首都的时候，又把他给释放了。然后，从 1745 年 12 月一直到 1746 年 1 月，斯图尔特又被汉诺威政府囚禁在了伦敦塔。他以 15,000 英镑的巨额保释金获释，亚当·斯密的朋友詹姆斯·奥斯瓦德提供了其中的 2,500 英镑。1747 年 3 月 24 日，苏格兰高等司法法庭展开了一场审判，斯图尔特因为玩忽职守以及错误的投城行为而受到指控。这样一场政治审判，一定会在奥斯瓦德的故乡科卡尔迪的街头巷尾被人议论，也一定会让斯密有所耳闻，否则就令人匪夷所思了。休谟是奥斯瓦德市长的朋友，因担心市长会被判有罪，他特意写了一本小册子，题为《关于前爱丁堡市长阿奇博尔德·斯图尔特大人言行和品格的真实描述》（*A True Account of the Behaviour and Conduct of Archibald Stewart，Esq；late Lord Provost of Edinburgh*（1748）），努力澄清斯图尔特的声誉。这一小册子写于 1747 年 10 月 20 日，但是 11 月 4 日，在全体一致同意宣判斯图尔特无罪释放后两天，

---

[1] Youngson，1973：20

休谟又写了一份补充说明。休谟用一种有根有据而又幽默风趣的方式，披露了他所了解的审判中有分歧的法律问题，以及长期以来爱丁堡所处于的糟糕的防御状态，而斯图亚特是在 1745 年才开始对此负责。这份《真实描述》的补充说明还描绘了一位理想的"从事政治的辉格党人"的形象，如果是他面对阿奇博尔德·斯图尔特当时所处的困境，是会用坚忍和克制来回应的。这或许与亚当·斯密的观点很相近："一位明智而有自制力的人，一位热爱法律和自由的人，他对于某位王子或王室最首要的尊重，应该建立在对大众利益的尊重的基础上"[1]。休谟个性鲜明地将"从事宗教的辉格党人"刻画为伪善而又有着很强的报复心，斯密会在私下赞同这一判断，但当然不会白纸黑字地公开予以支持。

　　科卡尔迪在 1715 年二世党人起义中遭到了突袭和抢劫，但是在 1745 年的二世党人起义中，通过征收 20 英镑和 35 英镑的贡税而逃过了一劫。似乎并没有科卡尔迪的当地人参与领导这场叛乱，但是在安斯特拉瑟（Anstruther）沿岸，一位名叫查尔斯·怀特曼的地主将卡洛登战役的幸存者们保护了起来，一直到走私船只想办法将他们送到了法国[2]。斯密与母亲住在一起，继续着他的学习研究，或许他试图想要获得一个私人教师的职位，以效仿他的亲戚另一位威廉·斯密所走过的路。这位斯密于 1704 年曾经担任过即将成为埃罗尔伯爵十二世的"管家"，之后，他就任了马利夏尔学院的校务委员[3]。1746 年 8 月 8 日，当斯密听说弗兰西斯·哈奇森在都柏林突然离世的消息时，或许会想到要去获得他空出来的职位。然而，10 月 1 日，格拉斯哥大学任命了圣安德鲁大学希伯来语教授托马斯·克雷吉为道德哲学教授[4]。在这一段时间，为了避免患上感冒，冬夏两季斯密都到福斯湾进行海水浴[5]。浸泡在海水中，而不是饮用焦油水，可能是当时另一种治疗疑病症的方法。为了获得一个职位，斯密或许会前往爱丁堡。从科卡尔迪到爱丁堡，（一切正常的话）只需很短时间的一段航行，这样他可以恢复与他父亲的朋友如"彭尼奎克职员们"（the Clerks of Pennicuik）的联系（他们在启蒙运动中表现活跃），并逛逛爱丁堡的书店。他也确实带着母亲一起去拜访了在斯特拉森

---

[1] Mossner, 1980：182–6

[2] House, 1975：21；Thirkell, n.d.：24

[3] Scott, 1937：398

[4] Coutts, 1909：220

[5] EUL La. 451/2, fos. 429–30

德利的道格拉斯家族的亲戚们，并与在海关工作的斯密家族的表兄们取得联系，他们会告诉斯密许多有关政治事件的新闻。楚帕尔郡（Cupar）首府和圣安德鲁以及圣安德鲁大学也都离科卡尔迪并不远，适宜做一些短途旅行。

至于国家大事，1746 年 9 月 20 日，斯图亚特王子从他藏身的荒野中出逃，坐船逃亡法国，而把他的追随者们留在英国听天由命。政府通过采取长期措施，尽可能地解除当地居民的武装，来平息这一地区，并让这一地区居民放弃了自己的民族服饰。在北边则开通了更多的军事要道，建设了更为坚固的军事要点，如因弗尼斯（Inverness）附近的乔治城堡（Fort George），这一城堡的石工工程合同就是由亚当家族签订承担下来的。1747 年《苏格兰继承法》的通过，对苏格兰的旧传统构成了更为致命的打击。这一法案强调，汉诺威政权的司法权力集中在爱丁堡实行，从而剥夺了拥有大量地产的家族所享有的司法权力。这一变化对低地权贵们的影响，要比对高地的酋长们的影响更大，因为高地实行的是族长制而非封建制的统治[1]。

斯密对司法权力重组等问题很感兴趣，并将这些材料融入了他的法学讲义之中，后来又写进了他的《国富论》。到他成为爱丁堡大学编制外的讲演者时，斯密似乎已经正式采纳了社会形成的阶段理论，与诸如司法体系这类社会机制的起源联系起来，并进而解释这些机制所经历的变化。斯密推断说每一阶段都是以某一种主要的谋生方式作为其特征的：渔牧阶段、畜牧阶段、农业阶段和商业阶段。1745 年二世党人起义后的苏格兰所处的时代，让斯密看到了苏格兰高地社会与苏格兰低地社会之间的对比：前者所处的畜牧阶段是族长制领导的尚武社会；而后者则是像英格兰一样，是为农业、商业和工业服务而组织起来的非尚武社会，因而国家的保卫依赖于一支职业的军人队伍。在《法学讲义》[2] 以及随后的《国富论》[3] 中，斯密对卡梅隆酋长洛奇尔（他帮助王子占领了爱丁堡）成功实行了族长制的司法管理功能发表评论。斯密还在《法学讲义》中写道，1753 年，由于英国政府仍然十分担心还会发生另外一场叛乱，因而以所谓的叛国罪处死了洛奇尔的兄弟阿奇博尔德·卡梅隆博士，而只要他能再置身事外多几年，或许就不

---

[1] Lenman, 1980；277–80

[2] A：i.129

[3] III.iv.8

会被处死了[1]。

1745年二世党人起义失败后，苏格兰社会的领导人向年轻人强调的是绅士所应具备的也是他们的职业生涯所必需的"高雅和有用的学问"的重要性，以及融入英格兰文化的重要性。1748年11月1日，罗伯特·邓达斯在爱丁堡被晋升为苏格兰最高民事法庭的庭长，亦即执行苏格兰民法的最高法官，他接受了全体律师的祝贺，并发表了讲话，其主题亦即此。他敦促说那些想要成为律师（从中会产生司法长官和法官）的年轻人，除了透彻地学习罗马法的准则以及自然法和国家法法律外（这表明他认识到了格劳秀斯–普芬道夫自然法传统之于苏格兰律师的重要性），"在他们致力于学习自己国家的国内法之前，应该努力去获取其他门类科学所积累的知识和成果，以塑造自己绅士的个性，尤其不能忽略学术方面的学问"。[2]就是在这样的背景下，亚当·斯密作为非爱丁堡大学编制内的教师，应邀就英语写作和文学批评主题进行授课。

授课地点是在苏格兰的首都爱丁堡，这一名字来源于盖尔语的Din Eidyn和古英语的burgh组合而成，意思是"山坡城堡边上的城镇"。这会让我们注意到爱丁堡所处的地理位置特点，正是这些特点使得其成为欧洲最吸引人的城市之一。城堡坐落于由旧火山核所形成的悬崖峭壁之上，俯瞰着人口稠密的城市，沿着冰河时期留下的火山岩屑，一直往下蔓延至荷里路德宫（位于另一座更高的旧火山亚瑟王宝座附近）。历史上爱丁堡的作用就是保卫通向苏格兰的东南要道。在1745年二世党人起义的整个过程中，城堡一直处于汉诺威王室的控制之下，牵制住了叛乱的军队，并限制了他们占领全国的步伐。

老城区从城堡一直绵延至荷里路德宫，横跨皇家麦尔大道（the Royal Mile）两侧。位于上城区的是城堡山（the Castlehill）和 洛恩市场（Lawn market）；下面是主商业街，在斯密所处年代，沿着这条街就可以到达有着优雅皇冠状塔尖的圣吉尔斯大教堂（St Giles'）（建于1500年）；当时宣读布告的处所梅卡十字架（mercat cross）；令人生畏的监狱和行政中心所在地老市政大厅（Old Tolbooth）；拥挤的商铺，包括那些又被称为"带锁商铺"（the Luckenbooths）的书店；以及苏格兰最高刑事与民事法庭所在地，也就是17世纪的议会大楼。

---

[1] *LJ* (A) ii. 174，(B) 200

[2] John Macpherson，1980：225

从奈斯堡港开始进入下城区，构成了独立的坎农格特区。从 1778 年开始，斯密就住在这一地区，死后被埋葬在了离荷里路德宫和新苏格兰议会大楼不远处的教区墓地之内。

斯密的朋友詹姆斯·奥斯瓦德、罗伯特·亚当、大卫·休谟、威廉·罗伯逊都曾在爱丁堡大学就读。爱丁堡大学由几幢并不起眼的建筑所组成，位于主商业街南边的奥菲尔德教会区（the Kirk o'Field site），经常被作为反面典型，拿来与格拉斯哥大学"整洁的校园"做对比。与大学相连的是威廉·亚当在 1738 年至 1748 年间，所建造的具有帕拉弟奥新古典主义风格的皇家医院。斯密父亲的朋友约翰·克拉克医生，就曾在那里工作一直到 1757 年。斯密在爱丁堡大学授课期间，他可能熟悉的那里其他的著名公共建筑还有：南边的文艺复兴赫瑞学校（1628—1660 年）；主商业街上或附近的裁缝同业行会会所（1621）、兽皮加工者同业行会会所（1643）和蜡烛制造者同业行会会所（1643），以及外科医生会所（1697）；而在坎农格特区，则有詹姆斯六世统治时期留下的塔状牢狱，以及宗教改革前的教堂。

爱丁堡的人口数在 1722 年是 35,500；1755 年是 47,570；而到 1791 年则是 84,886 [1]。教会、法律、学术和医学机构的精英们以及许多上等阶层的家庭，当他们在城里时，就居住在老城区由公寓住宅和分层大厦所组成的院落、巷子和"胡同"（wynds）内。像许多律师一样，苏格兰和英格兰的议会合并后，亚当·斯密的父亲就在主商业街外老浦洛夫斯特院落（Old Provost's）住了大概 7 年 [2]。1759 年开始了将北湖湖水抽干的工程，这使得老城区与利斯（Leith）港之间的建筑用地得以利用。从 18 世纪 70 年代开始，越来越多的精英们开始搬到新城区，创造了更为整洁和令人身心愉悦的环境 [3]。

凯姆斯勋爵亨利·霍姆是让斯密到爱丁堡大学讲授修辞学这一计划的主要提议人。凯姆斯勋爵是当时一位德高望重的律师，1752 年被晋升为法官，人称凯姆斯大法官 [4]，他对农业改良有着浓厚的兴趣。他的朋友兼传记撰写者亚历山大·弗雷泽·泰特勒 [后来也成了一名法官，人称伍德豪斯利大法官] 写道：

---

[1] R.H.Campbell, 1992：110

[2] Scott, 1937：13

[3] Youngson, 1966：227–8；Horn, 1967：18；Gifford et al., 1988

[4] Ross, 1972

在亚当·斯密先生从牛津大学回来后不久，在他没有任何想要从事与宗 80
教有关的职业的想法后，正是由于他 [凯姆斯] 的说服和鼓励，亚当·斯密
先生开始通过开设《修辞学与文体学》课程，将他早期学习研究的成果与大
众分享。1748 年及随后的两年，斯密在爱丁堡大学讲授了这些讲义。[1]

这就是斯密讲授课程时所处的背景情况。这一章余下部分将探讨斯密关于这一主
题的思想深度及复杂程度，以及与斯密之后思想发展进程的关系。

但是首先要介绍斯密的保护人凯姆斯。凯姆斯的职业生涯是以收集苏格兰
最高民事法庭的判决而为人所知的。他最初是斯图亚特王室的支持者，但在
18 世纪 30 年代，他转而成了一名辉格党人，并在《论与不列颠古物相关主题》
（*Essays on Several Subjects concerning British Antiquities*）（1747）一书中抨击了
二世党人的政治信条，诸如他们所谓的法律上不可废除的权利等。该书同属于
斯密所从事研究的"哲学史"那一类，书中吸收了社会发展四阶段理论，其中
关于"原理"的论述，休谟或许会认为凯姆斯是借用了他在《人性论》中的思
想[2]。作为休谟的邻居和远亲，凯姆斯在休谟出人头地的努力过程中，给这位年
轻人提供过建议和帮助。凯姆斯对文学和文学评论以及哲学有着浓烈的兴趣，18
世纪 40 年代，他曾经认真考虑过要创办一份类似《旁观者和艺术家》（*Spectator
and Craftsman*）的杂志，讨论他所感兴趣的这些主题以及与政治相关的话题[3]。
不久，以休谟和斯密的美学理论为基础，凯姆斯写了一篇题为《批评的基础》
（*Elements of Criticism*）（1762）的专题论文，成为该领域的一本奠基之作。在凯
姆斯的资助下，组织了一系列关于修辞学和文学或文学评论的讲座，这一做法完
全体现了凯姆斯所认为的良好趣味是社会凝聚力的一个标志这一理念。斯密在晚
年，代表自己、休谟以及其他当时有所成就的苏格兰作家，就凯姆斯对文学研究
的大力提倡，以及为自己所提供的帮助，向凯姆斯致以了崇高的敬意。斯密在谈
到当时苏格兰的杰出作家时，回应说："我们每个人都应该承认凯姆斯勋爵是我
们的老师"[4]。

---

[1] Tytler, 1807：i.190

[2] NHL, 1954：27；Ross, 1972：53–4；Meek, 1976

[3] Cunningham & Ross, 2006

[4] Tytler, 1807：i.160；Ross, 1972：31–3, 51–4, 90–1

在 18 世纪 40 年代末，凯姆斯在爱丁堡哲学学会中担任了领导角色。这一学会最初是一个医学研究团体，1737 年，这一学会在柯林·麦克劳林的推动下得到了扩展，涉及了更为广泛的科学知识、苏格兰的古物学以及农业、制造业和工艺技术方面的改良 [1]。约翰·克拉克（John Clerk）医生，继他的表兄约翰·克拉克爵士（他曾就采矿业和他满怀爱国激情所从事的古物收藏为学会撰稿）之后，成了学会的副会长。在 1745 年二世党人起义期间，学会衰败了下去，但四年后，又有了恢复生机的迹象。到 1751 年，凯姆斯代替约翰·克拉克公爵成为学会的副会长，而大卫·休谟则是当时的学会秘书之一 [2]。

81

有人认为哲学协会资助了斯密举办修辞学讲座 [3]。尽管没有进一步的证据，但很可能是凯姆斯勋爵将这作为他在学会的新举措之一。而且，约翰·沃德已开创先例，成功地在格雷欣学院 [位于伦敦中心，霍伯恩（Holburn）边上，以巴纳德教学大楼为总部] 开设了文体学讲座 [4]。格雷欣学院与伦敦皇家学会之间有着历史悠久的联系，而后者是爱丁堡哲学协会想要模仿超越的对象。众所周知，皇家学会所倡导的是一种尽可能"亲切、直白和自然的说话方式，明确的措辞，清晰的意思，地道易懂，让所有的表达都像数学公式一样明白清晰"，而抛弃的是"所有的夸大其词，东拉西扯，臃肿冗长的文体"（Sprat，1667/1958）。斯密所教授的新修辞学，正是这样一种与牛顿的新科学很合拍的文体，而这也是哲学协会希望掌握和讨论的一种文体。斯密的听众也发现斯密很好地掌握了南方英语，因为他在牛津大学待了多年。当时的苏格兰人非常急切地想要掌握南方英语，以便在以伦敦作为统治中心的帝国内获得良好的发展 [5]。

将斯密推荐给凯姆斯勋爵的是詹姆斯·奥斯瓦德 [6]。奥斯瓦德被贺拉斯·沃尔浦尔认为是下议院中 30 位最好的演说家之一，在下议院他的专长是经济问题 [7]。在 1747 年 8 月 15 日的一封信中，奥斯瓦德是这样向另一位议员休·戴瑞姆珀尔爵士描述斯密的："一位由格拉斯哥大学和牛津大学培养出来的年轻人，

---

[1] Emerson, 1979a

[2] Emerson, 1981

[3] Scott, 1937：49–50

[4] Howell, 1971：87–120

[5] Edinburgh Review, 1755：I, p. iii；Gentleman's Magazine, 1790, 1X.762

[6] Scott, 1937：46；Rigg, rev. Alter, ODNB-O, 2006

[7] *HP* iii. 237–9

在文学方面有着很高的造诣。如果将来有任何机会，他绝对能胜任教授一职。"他很明确地要求戴瑞姆珀尔把斯密引荐给阿盖尔公爵三世，因为公爵对大学职位任命以及文学很感兴趣[1]。

当时爱丁堡的报纸上，我们并没有找到任何关于斯密系列讲座的广告，但是显而易见，当时有大量以公共讲座的形式开展的活动，直接与爱丁堡大学的各种相关活动构成了竞争。这一场面必定使得对牛津大学教授们的萎靡不振和无视学生需要的做法充满厌恶的斯密大为喜悦。比如，报纸上刊登有广告，说斯密的朋友马修·斯图尔特教授将于1748年11月25日在爱丁堡大学开始讲授数学课程；而与此同时，埃比尼泽·麦克菲特提出，将于11月8日开始，在他的住所讲授关于古代和现代几何学体系的课程。除了讲授者的住所外，公共讲座还在以下这些地方讲授：坎农格特的音乐厅，沃里斯顿巷（Warriston's Close）的学会大厅，布里斯托尔（Bristo–street）的吉布会议室（Gibb's Meeting–House）等等。在一个关于经验哲学的课程上，达明堡博士（Dr Demainbury）的十二次系列讲座的收费标准是两个几尼，或是每次授课时，在"位于肉类市场内的……贝里夫人（Mrs Baillie）住所的授课房间"的门口每人支付一先令[2]。

我们并不知道斯密授课的具体地点，一种可能是在爱丁堡的共济会会所，即主商业街边上的玛丽教堂内。1786年，该教堂为了给南桥建设工程让路而被拆毁。据说，3月15日（1776）曾在玛丽教堂举办了一场关于"苏格兰语"的讲座，以与斯密及其后继者们在爱丁堡所引起的对英语的广泛关注相抗衡[3]。而我们明确知道的是，斯密的讲座在经济上获得了巨大成功，其所带来的收益或许是平常一个人一年的系列讲座才能做到的[4]。1758年6月8日，大卫·休谟在给斯密的信中写道："在这里（爱丁堡），您的讲座所获得的收益已经超过每年100英镑，尽管您并未达到一位教授……约翰·斯蒂文森……所取得的将近150英镑一年的收入[5]"。休谟这里所指的斯蒂文森教授，是一位在爱丁堡很受欢迎的逻辑学教授，他讲授亚里士多德的《诗学》（*Poetics*）以及论文《形而上学》（On the

82

---

[1] NAS GD110/963/7；Emerson，1992：70；2009

[2] Caledonian Mercury，Oct.，Nov.1748

[3] Crawford，1992：24

[4] Rae，1965：32

[5] *Corr.*No.25

Sublime)，并通过选读德莱顿（Dryden）的文学评论以及《旁观者》（*Spectator*）中关于趣味的论文来阐明自己的观点[1]。

斯密会对爱丁堡自由学术市场中的这种竞争激励机制举双手赞成，这一点我们可以从他自己所写的文字中看出来："竞争者之间努力将对方挤出就业市场的这种对抗，迫使每个人都力图带着某种程度的严谨来开展自己的工作"[2]。1749年2月4日，斯密放弃斯内尔奖学金的做法，无疑很好地体现了其独立精神[3]。他所继承的遗产也使得他的境况更为安逸。斯密同父异母的兄弟休，在继承遗产后第二年就离世了，而没有留下任何遗嘱，而他们父亲的遗嘱则将在阿伯丁的一些资产，即位于市政大楼对面城堡门（the Castlegate）西边的海滨地产（那里有一个木材商店），完全留给了亚当·斯密。这片土地价格已经变得很高的地产（20世纪30年代 the Athenaeum Hotel 的所在地）所带来的微薄效益，斯密并未能享用多久，因为1757年，他把这片地产以115英镑的价格卖给了另一位自己家族的成员[4]。而且，1750年12月22日，斯密获得了他母亲1720年时的嫁妆，再加上从1720年11月开始算起的利息（这也是斯密的外祖父留给他母亲的遗产）（NAS GD 446–46–8–00001），这笔钱的总数高达将近328英镑[5]。截至到1757年末，所有这些来源使得斯密增加了大约相当于今天41,685英镑的财富[6]。

在凯姆斯勋爵的传记中，伍德豪斯利提到了他与之相熟的斯密所开设的修辞学课程听众听课的一些细节。他写道，这一课程授课的对象是"一群主要由学法学和神学的学生所组成的体面的听众"[7]。他接着罗列了其中具有法律背景的一些听众。其中之一便是斯密的朋友詹姆斯·奥斯瓦德。他当时已经是著名的议员，刚跟一位富有的英格兰寡妇结婚[8]。尽管在1748年到1751年，他并不在任，但当议会召开时，他很可能待在伦敦，当议会的会期比正常的九个月要短时，他则会出现在爱丁堡。另一位是当时15岁的亚历山大·韦德伯恩，他是爱丁堡大学三年级的学生，1754年成为一名出庭律师，并与斯密、休谟以及知识界的其他人

---

[1] Mossner, 1980：42

[2] *WN* V.i.f.4

[3] *Corr.* No. 7

[4] Aberdeen City Archives, Register of Sasines：B1/1/62；GUL MS Gen.1035/218；Scott, 1937：135–6, 409

[5] Bohne/Simons, English Pounds/Pound Scots currency calculator, 2005 Internet article

[6] see Sher, 2005：xxxv, for the conversation rate to the year 2005

[7] Tytler, 1807：i.190

[8] Jan.1747

士关系密切。他对自己在苏格兰的前途感到失望。1757 年韦德伯恩被召唤到了英格兰法院，在政治上大展宏图，于 1780—1793 年担任民事诉讼主法官；接着于 1793—1801 年成了大法官；是第一位坐上议长（Woolsack）位置的苏格兰人。第三位是威廉·约翰斯通，1752 年 1 月斯密向奥斯瓦德介绍说这是一位"在这四年里与我相知甚深"的朋友 [1]。他与一位富有的女继承人结了婚，并改姓她的姓，成了威廉·普尔特尼爵士。他作为议员事业顺利，巨额财富使得他有可能在政治上采取一种独立思考的立场。第四位是约翰·米勒，他曾有两年担任过凯姆斯勋爵儿子乔治·霍姆·杜蒙德的家庭教师，后来成了格拉斯哥大学著名的法学教授。关于米勒的早年生活并没有完整的记录，但有资料提及有段时间他曾接受过律师资格培训；或许正是这段时间，他在爱丁堡并旁听了斯密所讲授的最早一门课程 [2]。伍德豪斯利并没有提及一位牧师休·布莱尔的名字，他当时正第二次出任坎农格特教区的主管。布莱尔曾是爱丁堡大学的学生，他当时所写的《论美好的事物》一文，给约翰·斯蒂文森教授留下了深刻的印象 [3]。

很遗憾，关于斯密在爱丁堡修辞学讲座的内容，我们并没有任何当时听众所做的记录，但是我们可以把一些细节放在一起，看看这些讲座的内容是如何演变的。1751 年 10 月，斯密前往格拉斯哥大学，担任了逻辑学和形而上学教授，并接管了部分本属于道德哲学教授克雷吉的职责。1752 年 4 月，当斯密成为道德哲学教授后，在他非公开的课堂里，斯密没有讲授传统上与这一教席相关联的主题内容，而是利用了他在爱丁堡讲授过的修辞学材料，在没有做太大修改的情况下，继续教授同样的修辞学课程。弗兰西斯·哈奇森以前的一位学生詹姆斯·伍德罗（1755 年曾任格拉斯哥大学的图书馆管理员，当时已是埃尔郡邓洛普的牧师），听了斯密在格拉斯哥大学的一系列修辞学讲课。18 世纪 50 年代，伍德罗对斯密的修辞学讲课的评价不高，详情见本书后面的第 9 章。然而，当伍德罗在他的晚年 1808 年，再写到这一课程时，他以一种远要更为赞同的口吻，对这一课程进行了总结。他让我们对斯密在爱丁堡向他的听众所讲授的内容有所了解，他还断定，斯密到格拉斯哥大学后，最好也不要对内容做更改：

---

[1] *Corr*. No. 11

[2] Craig, 1806：p.iv

[3] Tytler, 1807：i.190；Anderson, 1863：i.323

亚当·斯密讲授了一系列令人称道的关于语言的讲座（不是作为一位语法学家，而是一位修辞学家）。他讲授了适合于不同主题的文体的不同种类或特点（如简单的，紧凑的等等），结构，自然语序，句中不同成分的合理安排等等。他还介绍了一些最优秀的古代作家和诗人的文体风格和才华，尤其是历史学家，如修昔底德，波力比阿等等，并翻译了长段他们所写的文章。斯密还介绍了最优秀的英语文学经典，如克莱尔顿爵士、阿狄森、斯威夫特、蒲柏等作家作品的文体风格。……在我所提到的这些讲座中，斯密所做的评论和列出的一些规则，体现了他优雅的品位和可靠的判断，完全可以被用作新入门的写作者极为有用的指导。我对这些讲义并未能全部出版，经常深感遗憾[1]。

根据伍德豪斯利的说法，米勒除了旁听了斯密在爱丁堡的修辞学讲座外，似乎也去听了斯密于 1751—1752 年在格拉斯哥大学所讲授的课程。在斯图尔特的《亚当·斯密生平及著述》[2]一书中，我们看到了米勒所做的记录，斯密在格拉斯哥大学所讲授的修辞学"体系"由两部分组成。第一部分仔细考察了"几种用语言来交流我们思想的方式"；第二部分则讨论了"具有说服力或娱乐性的文学作品所遵循的原则"。一份关于斯密 1762—1763 年在格拉斯哥大学所讲授的课程的学生笔记，缺少了第一讲，但是余下的 29 讲正是由米勒所指出的这两大部分组成[3]。

我们可以猜想，斯密在课程的一开始，一定驳斥了传统修辞学所使用的凌乱方法以及着重强调各种修辞方法的复杂分析方式。斯密认为旧的教学材料"通常都是显得很可笑的一系列著作，并没有提供任何有教益的指导"[4]。为了与洛克的"新哲学"和牛顿的"新科学"形成呼应，斯密提出了"新修辞学"这一说法，为以下几种主要文体的研究，提供了一个大致的理论框架：描写的和叙述的文体（诸如历史叙述），诗歌文体，说明的或科学的文体，以及说服性的文体。[5]

---

[1] GUL Murray Coll.，*Buchan Corr*. ii. 171

[2] I.16

[3] *LRBL*

[4] *LRBL* i.v. 59

[5] Fenelon 在法国领导了一场新修辞学运动，以 William Stevenson 所译的 Dialogues Concerning Eloquence（1722）而为不列颠人所知的著作中 "Aristotle、Cicero、Quintilian、Lucian、Longinus 以及其他著名学者的精妙感

以格拉斯哥大学讲义的结构来看，似乎有三分之一的课程讨论语言和文体，或更广义地说，讨论传播（communication）的各个面向（第 2—11 讲），而另外的三分之二则联系它们的功能，讨论表达的几种形式（第 12—30 讲）。

斯密修辞学讲义的第 2 讲，强调了明晰或一目了然的文体的重要性。这一文体所采用的标准是当时处于社会最高阶层的绅士和夫人们口头和书写所使用的标准南方英语。正如斯密在第 2 讲（后来在这一课程的第 6，7，11 讲）中所强调的，这一种英语变体使用朴实的文体成功实现了有效的思想和情感交流。而朴实的文体是通过使用"没有插入语和任何多余语言的自然的表达语序"而得以创建的[1]。斯密采用人物刻画的方式（在第 15 讲进行了详细讨论），将乔纳森·斯威夫特，他所谓的拉布吕耶尔[2] 的"笼统方式"（"general Method"）这一文体主要的倡导者，刻画为朴实的人（plain man）的代表。斯威夫特直率地给出观点的做法，与由威廉·坦普尔爵士所代表的简单的人（simple man）相区别，后者的表达受到了"他谦逊而可亲的行为"的影响[3]。斯威夫特作为作家的成功，归功于他对主题的精通，结构布局方面的技巧以及语言表达的生动[4]。斯密意识到斯威夫特的作品之所以受到广泛欢迎是因为他幽默的风格，但是，他估计在苏格兰，很少有人真正认识到了斯威夫特真实价值所在。斯威夫特的圣公会宗教情结于他不利，他也"从没有如当下正普遍盛行的那样，为民事或宗教的自由而发出热心的呼吁"。这里斯密忽略了斯威夫特在《论斯威夫特博士之死的诗歌：公平的自由是他内心全部的诉求 / 他随时准备为之牺牲生命》[5] [6] 中所表达的严正抗议。斯密在斯威夫特身上看到的朴实的人所具有的个性，使得斯威夫特嘲讽地说自己："嘲弄某些当下所盛行的恶习或蠢行，抑或使某些品性昭然若揭"。他并不看重"抽象的和形而上的推理"，而斯密认为这种推理最近却颇受苏格兰精英人

受"为基础；亚当·斯密的新修辞学在 Howell（1971：536—76）有所表述；在当时英国的各种研究院中，开展了一场新修辞学和纯文学教学运动——1730—1751 年，Philip Doddridge 在 Northampton 授课，强调了"直白的表达"和"直白而有意思的历史"，但是似乎一直并未出现单独的纯文学课程，直到 1765 年 Dr Andrew Kippis 开设了这样一门课程：Peter Jones（1），"The Polite Academy and the Presbyterians, 1720–1770"，Dwyer et al.（1982：159–71）。

[1] *LRBL* i.9–10
[2] *Les caractères de Thèophraste*，9th edn. 1697—Mizuta；*LRBL* i.194
[3] i.86–89
[4] i.106
[5] "Verses on the Death of Dr. Swift，D.S.P.A"："Fair Liberty was all his cry /For her he stood prepar'd to die"
[6] II.347–8

士青睐[1]。

然而，斯密认为苏格兰人应该效仿斯威夫特所精通的朴实文体。斯密认为，绝大多数苏格兰人，意识到他们所说的语言绝非"完美"，即与标准的南部英语相去甚远。因而，他们推崇那种与他们平常所使用的语言截然不同的文体风格。结果，沙夫茨伯里的文体受到了人们的推崇，因为他的语言与日常所使用的语言"保持着相当大的差距"。斯密认为这是一种完全错位的推崇，并进而对比了斯威夫特和沙夫茨伯里的文体，指出后者完全是一种已经过时了的文体，过度地使用了象征和暗喻，即传统修辞学里的各种修辞手段和比喻。斯密巧妙地暗示说，斯威夫特作为"所有英语作家中表达最为朴实、合宜和准确的一位，为我们提供了新修辞学可以效仿的一种典范"[2]。

接着，斯密再回去讨论了沙夫茨伯里的文体[3]，轻蔑地用亚里士多德的学生西奥弗拉斯塔[4]所提出的"笼统而间接的方式"（i.194），将沙夫茨伯里刻画成一位"体格上似乎是一副弱不禁风的样子，总是处于某种混乱状态，或是害怕陷入一种混乱状态"的人物，这种人物觉得相对于他"赢弱的体格"而言，"抽象的推理和深入的探索……过于累人"，因而愿意"讨论高雅的艺术以及与趣味和想象相关的一些主题"。他对自然哲学的最新进展表现得"很无知"，并看不起自然哲学的拥护者们，因为"自然哲学无法提供他们的天性所需的乐趣，而数学尤其需要的专注力和抽象思维能力，又远远超出了他们虚弱的思维习惯所通常能够做到的程度"。斯密最后坚持说"这种人物[沙夫茨伯里]所要达到的是彬彬有礼的高贵风度，而最能帮助他们实现这一目标的，就是他们所选择的这种文体风格，即华丽而夸张的措辞"[5]。斯密承认，沙夫茨伯里所做的并不仅仅是"像霍布斯已经做到的那样，推翻旧的神学和哲学体系，"而且与霍布斯不同的是，他还要进一步着手创立一个新的体系。这一新的体系，被称为现代折中神学和哲学体系，主要由柏拉图的思想要素组成，同时融合了一些来自霍布斯思想和洛克思想的要素。[6]斯密的导师哈奇森（在斯密1762—1763年的修辞学讲义中并未提及）

---

[1] i.101–2

[2] i.103–4

[3] i.137—i.v.148

[4] Characteres Ethikoi, Foulis Press, 1743—Mizuta

[5] i.138–46

[6] 对于 Shaftesbury 文体的批评，在当时的 1748 年并非什么新鲜话题。休谟在 "The Platonist"（*Essays*, *Moral*

将这一任务继续往前推进，但是他也倾向于用一种冗长的文体来写作，这一点遭到了斯密的猛烈攻击，而这必定会在那些被教导要对沙夫茨伯里和哈奇森怀有崇高敬意的人们中间引发不满。毫无疑问，斯密完全践行了自己所宣扬的理论：斯密写得最好的那些文章，语言洗练、表达准确，其警句式语言的力量完全与斯威夫特不分伯仲。

在批评沙夫茨伯里表达过于繁琐时，斯密注意到了英语的历史发展中不可避免的一个缺陷。在他的修辞学课程第一部分第三讲"语言的起源及其演化"中，斯密讨论了这一缺陷。斯密将这一讲的内容进行了扩展改写，最初出版在 *The Philological Miscellany*（1761），后来又作为了《道德情操论》的第三版（1767）以及随后几版的附录，题目为《关于语言最初形成，以及原始语言和合成语言不同特点的思考》（*Considerations concerning the First Formation of Languges，and the different genius of original and compounded Languages*）。正如杜格尔·斯图尔特在评论该文时所指出的，这样一种思考方式受到了斯密的青睐。斯图尔特将这样一种探究问题的方式，称为"理论史或推测史"，是斯密自己所谓的"哲学化的历史"的一种变体。

斯图尔特认为，在斯密"伦理学、政治学和文学"的各种作品中，都能找到相似的一种研究方法，其做法说来也简单：

> 在考察人类历史以及自然世界的各种现象时，如果我们无法去追踪一个事件发生的真实过程，那么通常重要的是展示如果按照自然而然的进程，这一事件或许是怎样发生的。[1]

86

---

and Political，1742）中就通过戏仿 Shaftesbury 文体，对其提出了批评。但是，斯密从个人偏好出发，对 Shaftesbury 文体提出的攻击，是以 Alciphron, Third Dialogue.XIII（1732：190-4）为基础。在这一著作中，Berkeley 奚落了如 Cratylus 般的贵族老爷，认为他们：

对基督教抱有偏见，具有疯狂的特质，拥有远非一般人所能企及的地位，以及与这一地位相当的财富。他们很少会有能力干一些肉体上的罪恶或被引诱犯一些不诚实的罪恶。Cratylus 自诩，或想象他自己自诩，对美德的美具有斯多亚式的热情，并以要使人类具有英雄般的美德为借口，结果，实实在在毁掉的却是人类具有合理的且人性的美德的可能。

斯密对 Shaftesbury 发起的另一个攻击是他藐视科学，没有能力进行抽象思考。斯密必定认为，这一缺陷有损于 Shaftesbury 作为一位思想家的素养，而斯密的言下之意，就是科学知识是哲学家应具备的思想素养的一部分。Berkeley 眼中的 Cratylus 是一位自由思想家，而这一点正是从正统的英国国教角度出发，他之所以会遭到批评的原因所在（Walmsley，1990：109-10）。在讨论 Shaftesbury 的宗教观时，斯密对以上这种观点所做出的回应，并不令人信服（*LRBL* [1983] i.138，141）。

[1] Stewart II.44–8

因此，斯密第三讲的第一部分（i.17–i.v.30）是关于野蛮人最初如何形成土话的推测或理论。古老的语言被描写为在土话的基础上，加上单词类别、表示语法功能的曲折变化以及词性等概念演化而来的。通过比较、抽象以及由于人类记忆能力的有限而对"类比的偏好"等过程，逐渐地、无意识地发生了这一演化过程。这一讲的第二部分（i.v.31–34）比较简短，相比于第一部分更多地谈论了文体问题，其中涉及了历史上各民族的融合，以及为了要达到交流的目的，在语法结构方面所发生的变化。复杂的词形变化体系被简化或摒弃，进而产生了复合的或分析性语言，如现代英语；这类语言与原始的或综合性语言，如希腊语和古英语形成了对比。斯密以及另一位这方面的先驱吉拉得神父，似乎是最早对语言的发展过程进行评论，并做出这一重要的语言类型区别的学者[1]。

斯密进而用机器为"语言的演化过程"进行类比，正如他在阐述体系时，经常会寻求解释上的帮助那样。原始的语言就像原始机器一样非常复杂，但是当逐渐地"不同的部件之间的联系加强，彼此互相支持"时，两者都会变得更为简单。然而，简化后的机器更为理想，但简化后的语言却并非如此。机器这一类比无法继续深入，必须寻求另一种模型，将不精确的启发式规则系统化[2]。斯密认为更为简化的复合语言，其语音缺乏变化、语音之间不够和谐、无法做到语音方面的各种组合变化；而且它们也更为冗长繁琐[3]。这样斯密就又回到了他平常所倡导的，朴实的文体是控制英语的冗长繁琐这一特点的最好方法。

斯密在一封书信中[4]，讲述了正是阅读吉拉得神父的《论法语特点》（*Les vrais principles de la langue francaise*）（1747）[5] 一书，"促使我开始思考这些问题"。斯密的意思大概是，吉拉得的著作促使他用一种自然主义方式来推导语言久远的历史，并将吉拉得神父关于语言类型学的论述，与认知和社会的革命联系起来。斯密的科学、伦理学和经济学著作中都体现了这种思维方式。[6]

斯密在关于语言的讲座中所采用的这种方法，必定给他在爱丁堡的最早听众以极大的激励。这种方法也被运用于孟德斯鸠在《罗马盛衰原因论》

---

[1] Coseriu, 1970；Aarsleff, 1982：349, n. 29

[2] Dascal, 2006：107

[3] i. v. 34

[4] No.69, 日期 1763 年 2 月 7 日

[5] Mizuta

[6] Christie, 1987；Plank, 1992

（*Considerations sur les cuuses de la grandeur des Romains et de leur decadence*）
（1734）及其《论法的精神》（*L'Esprit des lois*）（1748）关于法律和政府的论述
中。斯密的藏书中有 1758 年版本的孟德斯鸠《全集》（*Oeuvres*）（Mizuta）。罗
杰·爱默生（1984）指出，那些博览群书的听众会意识到，斯密所采用的方法与
《圣经》中关于语言历史的叙述有所关联；也与卢克莱修在《物性论》（*De natura
rerum*）第五卷中关于人类是如何获得艺术和科学的经典叙述有关。斯密的藏书
中有三个版本的这一卓越的哲理诗著作：汤森的 1712 年版本，扬松斯·范·德·阿
的 1725 年版本，以及弗里斯出版社的 1759 年版本。斯密同时还从洛克用于确定
人类知识可以达到的程度的"朴素的历史学方法"，以及文艺复兴以后，将旅游
者所发现的土著文化，与传统的和现代的历史阶段联系起来，所开展的比较研究
中受益。斯图尔特举例说明了一些斯密当时的听众，也采用了这种"哲学性的
历史"方法，开展他们自己的关于社会和机制变化的研究。比如，凯姆斯勋爵
在其《论英国……古物》（*Essays on...British Antiquities*）（1747）中，就已采用
了这一方法的某些要素，而在他的《论法律历史小册子》（*Historical Law–Tract*）
（1758）中，则采用了同一种更为成熟的方法。米勒在其《等级的区别和起源》
（*The Origin and Distinction of Ranks*）（1771）和《从历史角度看英格兰政府》（*An
Historical View of the English Government*）（1787）中，都采用了这种方法。另外
一个例子就是休谟《四大论文集》（*Four Dissertations*）中的《宗教的自然历史》
（*Natural History of Religion*）（1757）一文。斯密的藏书中，收藏了除米勒的《从
历史角度看英格兰政府》之外的前述所有这些著作。这些著作的出版，意味着
"哲学性的"或"自然的"历史，已经成为苏格兰启蒙运动的推动者们主要关心
的话题之一[1]。大卫·拉斐尔[2] 提醒说"推测史"这一术语是一种误用，并不能
用来描述斯密在《天文学史》（讨论见下一章）所采用的方法。

　　斯密在修辞学讲义的第二部分讨论了写作，这会更加符合爱丁堡听众的胃
口，他们对不管是"哲学性的"还是真实的历史都很感兴趣。因而，当斯密
将叙述或事实的陈述作为第一种值得注意的文体加以讨论时，着重强调了历史
的写作。另两种斯密选择加以讨论的文体是说明式（didactic）文体和修辞式

---

[1]　Stewart II.44–52

[2]　1985：105–7

(rhetoric) 文体。在斯密看来前一文体要求在论证一个命题时，必须将一个问题的两个方面都陈述清楚，以便让读者自己以事实和逻辑为依据来做出判断；而修辞式或论辩式文体，则要求证据的呈现是为褒扬一方、驳倒另一方的目的服务。说明性文体的目的是要做出判断，而修辞式文体的目的是追求说服力[1]。

在讨论历史文本时，斯密论及了历史学家的历史，这让他有机会对这些历史学家是否成功地达成了历史"意图"做一评价：

> 它将人类生活中更为有趣和重要的事件呈现在我们面前，指出这些事件之所以会发生的起因，并用这种方式告诉我们，用怎样的一种方式和方法，我们或许可以产生相似的好的效果，或避免不好的效果。[2]

斯密颇具创新性地让我们注意到了，修昔底德在实现这种历史意图方面所取得的杰出成就[3]。至少，阿纳尔多·莫米利亚诺（1990：49）在断言希腊历史学家的声誉，要一直到18世纪后半叶才得到认同，而修昔底德之所以能被提高到"哲学家式的历史学家的典范"地位，也得归功于德马布利牧师[4]以及浪漫主义运动的作家们时，他似乎并不知道斯密在《修辞学讲义》中的这些论述。而斯密对历史学家泰西塔斯（图拉真皇帝在位期间的历史学家）在洞察人物心理活动方面的褒扬[5]，具有同等程度的洞察力和超前性。斯密将泰西塔斯著作中这一能力的运用，与泰西塔斯对自己罗马同胞的认识以及他所处的时代联系了起来。当"奢侈以及举止的高雅作为前者的自然结果，已发展到了任何国家所能企及的最为先进的程度时，情感必定是这样一个民族的主要兴趣之所在。"斯密继续宣称，这一时期的罗马人"会很自然地将他们的注意力转向人类的心理活动，而那些能够从影响了当事人的不同的内在情感出发得到解释的事件，最能迎合他们的趣味"。他随后很有洞察力地指出，在国王路易十五统治下的法国王朝，与在图拉真统治下的罗马非常相似，因而"那些做过研究，想要成为受人欢迎的作家，都很

88

---

[1] *LRBL* i.149
[2] ii.16–17
[3] ii.50
[4] *De la manière d'ècrire l'histoire*，1978：125
[5] Philips，1993

好地利用了情感这一要素"。斯密以凯姆斯勋爵所特别钟爱的剧作家兼小说家马里沃以及另外一位小说家克勒比龙·费尔斯为例，说明即便是在"如此完全不同领域的作品中，他们也以我们所能想象得到的最大程度"与泰西塔斯存在相似之处。斯密接着宣称，他们"总是付出极大努力，从几位角色的脾气以及内在性情出发，来解释每一事件，以致使他们的文章都接近于形而上学那类文章"[1]。这一段话应该与后来收录在斯密 1790 年版的《道德情操论》的以下这一部分联系起来看："那些将爱情和友谊，以及其他任何私人的和家庭成员间的情感的高雅与细腻刻画得入木三分的诗人和罗曼史作家，诸如莱辛和伏尔泰，理查森和马里沃克斯以及里科博尼等等，在这方面，是比齐诺、克里斯帕斯或伊壁鸠鲁等斯多亚学派的哲学家更好的老师"[2]。这两处公开的宣称，表明斯密的道德哲学在"特质"（"tinctures"）上带有折中主义色彩，并超越了斯多亚主义，尽管斯多亚主义仍是其中重要的组成部分。

斯密在继续历史领域的讨论时发现"在所有的现代历史学家中 [Machiavelli 是] 唯一一位只是使自己满足于达成历史的主要目的，即叙述事件并联系引发这些事件的原因而没有成为任何一方的同伙"[3]。就当时新近的历史写作而言，斯密只是谈到了拉潘·图瓦拉斯的《英格兰史》（*Histoire d'Angleterre*）（1724）。1762—1763 年的修辞学笔记的材料似乎就来自于斯密在爱丁堡时期的讲座，这就解释了为什么其中并没有提到伏尔泰和罗伯逊；而在讨论莱辛的著作时只是隐晦地提到了休谟的《英格兰史》"要更好一些"[4]，则说明斯密只是略微做了一点修改。

在这些修辞学讲义中，斯密以李维收放自如的文体作为范例，讨论了就历史写作的目的及公正性和历史写作中需要对心理活动以及因果关系加以处理等方面，苏格兰人不得不加以学习的内容，这展现了斯密的远见卓识。斯密在讲义中所宣扬的学说，以及对例子重要性的倡导很具说服力。吉本这位无人可以望其项背的精通罗马帝国衰亡史的历史学家，对于当时苏格兰以及与他同时代的历史学家所意图追求的经典范式有着很好的理解，他向休谟致敬，称他为"苏格兰的塔

---

[1]　ii.63–4
[2]　III.3.14
[3]　ii.71
[4]　*LRBL*：116, n.

西佗和李维"[1]。在斯密的爱丁堡修辞学讲座开讲 20 年之后，休谟曾经开玩笑，挪揄自己国家所盛行的对历史写作的兴趣。1770 年 8 月 1 日，在写给他的（同时也是斯密的）出版商威廉·斯特拉恩的信中，休谟写道："这是一个历史学的时代，这也是一个历史学的国度"，因为在苏格兰，就他所知就有 8 本历史学著作正在写作酝酿中[2]。

89　　课程的第二部分继续深入探讨了文学写作的原则。斯密在第 17 讲开始讨论"论辩式"或"修辞式"文体。作为斯密修辞学思想主要来源之一，昆体良（Quintilian）的《雄辩术原理》（*Institutio Oratoria*）[3] 罗列了传统的三种主要演说体裁，而斯密就这一文体下所涵盖的分支的论述，展现了对这一分类所进行的创造性修改。这三种主要的体裁是诉讼演说、议政演说（政治）和典礼演说（颂词）。斯密从最后一类开始讨论，他认为这一体裁的真正目的是展现演说者的技巧。在这里，我们或许可以找到斯密在《道德情操论》中所阐述的关于美德与败德等思想的萌芽，斯密对人类的行为和动机中哪些是值得赞扬、而哪些是值得谴责的加以了评论。斯密在这里体现出了斯多亚主义对坚强意志的重视，以及休谟的一些相关讨论，即将令人尊敬的美德与和蔼可亲的美德（如仁慈）相区别；以及同样地将令人鄙视的败德与令人反感的败德相区别[4]。

斯密切入了历史视角，认为在散文式颂词出现之前，诗歌式颂词就已经"具有悠久的历史"。事实上，斯密宣称散文式的表达是随着商业的开始，或至少是商业的繁荣，而获得发展的，而"诗歌则在最为原始和野蛮的民族中就已得到了培养"[5]。这一论断是斯密所处时代中尚古主义的一种体现，但同时也反映了斯密对经济生活及其与文化的相关关系的阶段论观点，这也是斯密法学思想的一个特征。

在格拉斯哥大学的课程中，斯密在这里就结束了关于说服性文体的讨论（我们不清楚在爱丁堡的修辞学讲座中是否也遵循了同样的顺序），从第 24 讲开始，斯密转而讨论说明性文体的写作，即那些旨在阐述一个哲学命题并赢得人们信服

---

[1]　1956，ii.107

[2]　*HL* ii.230

[3]　Mizuta

[4]　*LRBL* ii.102–3；cf. *Treatise* 3.3.4.2 and *TMS* I.i.v.1

[5]　ii.112–13

的写作，或是"阐述某一科学，如自然哲学的一个体系"的写作[1]。爱丁堡的年轻专业人士会觉得斯密这部分所阐述的思想很具有实用性。而这些思想对斯密自己而言也具有指导意义，告诉他自己作为一名教师，以及新体系的缔造者，所应遵循的规程。在这里，斯密唯一一次对沙夫茨伯里说了好话，因为他认为沙夫茨伯里在《论美德》(*Inquiry concerning Virtue*)(1699，1711)中的论证方法非常完美：先提出待证明的命题，接着论证这一命题的成立所依赖的几个附属命题，等这些附属命题一个个被证明后，再对整个论断进行总结[2]。

就体系的阐述而言，斯密区分了所谓的牛顿式方法和亚里士多德式方法。后一种方法是根据科学的不同分支所出现的顺序，为每一个现象确立一个新的原则。而前一种方法则是"一开始先设定某些已知的或已被证明了的原则，从这些原则出发解释几种不同的现象，用同样的一根链条将它们联系在一起"，因而，"毫无疑问"后者更具有哲学性[3]。斯密修辞学讲义中关于语言的论述，已经向我们展示了所谓的牛顿式方法的有效性。这一方法的历史，至少可以被追溯到柏拉图时代。斯密将这一方法的"演进"主要归因于通常所谓的抽象原则的运用，这颇具创新、也很令人信服。他在其他一些讲义中（下一章呈现的一些证据，可以表明斯密最早是在爱丁堡讲授这些讲义，随后在格拉斯哥大学重复讲授）讨论了"引导哲学[或科学]探索"的各种原则（这是《哲学论文集》中《天文学史》完整题目的一部分）。不久，斯密就在格拉斯哥大学讲授了以同情原则为基础的伦理学体系（《道德情操论》），随后又讲授了基于自爱促进劳动分工，并进而导致财富的增长的经济学体系（《国富论》）。当然在《国富论》中讨论迫切的政治问题部分时斯密也被指责为从说明性文体转换到了修辞性文体。

死神阻止了斯密想要令他自己满意地完成"另两部篇幅巨大的作品"的计划，其中一部关于法律和政府，而另一部则关于"文学、哲学的所有分支，以及诗歌、论辩术"[4]。每一部著作都既涉及理论也涉及历史，直到1785年，斯密仍在继续这两部著作的写作。这两部著作所阐述的思想，似乎也已能在爱丁堡的讲座课程中找到萌芽。因而"牛顿式方法"已经在斯密手中开枝散叶、卓有成效，

90

---

[1]　ii.130

[2]　ii.126

[3]　ii.133–4

[4]　*Corr.* No. 248

这让我们欣喜地从斯密的作品中发现，不同的现象可以从一个众所周知的原理推演而来，并"全部用一根链条联接在一起"。

但是，宣称斯密开创了新修辞学的说法，被指责为"言过其实"了[1]。而斯密坚持使用英格兰文学作品中的大师之作，作为写作及文体的指导，也被批评为"英格兰中心主义"[2]。此外，斯密将斯威夫特的朴素文体风格，确立为进行清晰的思想沟通所应效仿的典范做法，也遭到了质疑，因为众所周知，评论家们很难准确解读斯威夫特作品中的反语。而且，斯密对比喻等修辞方式的谴责，也与他自己作为一名文体学家在修辞学讲义中的做法之间存在不一致。在《修辞学讲义》中，斯密并没有将其所倡导的"用透明的和直接的语言进行有效的思想交流"这一理论身体力行[3]。

然而，斯密作为一名修辞学教师所取得的成就，还是应该获得强有力的肯定。显而易见，斯密充分利用了自己通过在牛津大学以及随后科卡尔迪广泛的阅读而获得的知识，为修辞学提供了一个崭新且成就斐然的切入角度，而这一本应是文科教育一部分的学科，在当时却已是过江之鲫、不受人待见。斯密也承认比喻等修辞方法本身所具有的作用，只要在一定的语境下它们是"合适而自然的表达方式"。斯密创造或复兴了一些令人印象深刻的比喻，如《道德情操论》和《国富论》中"看不见的手"的比喻。不管现代的评论家在理解斯威夫特的反语过程中碰到了什么问题，斯密所倡导的斯威夫特式朴素文体，即用简洁、地道的英语来交流思想，还是很具针对性，因为受到沙夫茨伯里文风的影响，苏格兰的新哲学运动采用了拖沓冗长的英语。[4] 而且，指出同情共感机制在自然地使用比喻语言表达情感过程中所起的作用，也体现了斯密的真知灼见（*LRBL* i.v.56），这是斯密后来在伦理学中给同情共感机制所确立的地位的一个重要预示。除了上述这些在修辞学方面的创新外，斯密还拓展了修辞学的范围，将诗学和逻辑论证等也包括了在内[5]。

---

[1] Vickers, 1971

[2] Crawford, 1992: 28–33

[3] Brown, 1994: 15–18

[4] 在批评 Shaftesbury 华丽的文体时，斯密其实也对那些似乎是模仿了这种文体的苏格兰学者发起了攻击：如 George Turnbll、David Fordyce，以及 Aberdeen 的更为年轻的 Thomas Blackwell、爱丁堡的 William Wishart，甚至是哈奇森本人——这或许就是为什么 James Wodrow 会对斯密竟敢批评他们以前的老师感到怨恨的缘由（详见下文 Ch.9）；参见 Stewart（1987 a）和 Wood（1990）。

[5] Lectures 21，24

指责斯密背叛了苏格兰文化，而为英格兰的政治目的服务，似乎是过于牵强了。斯密所针对的目标，也是启蒙运动的目标所在：从经典以及欧洲现代语言和文学中，也从其他大洲的不同文化（包括土著文化）中，汲取养料，创建一种世界性文化。这也是"哲学性"历史，如致力于探讨"语言的起源及演进"的真正意义所在。这样的思想内容，确实足以让这位年轻的授课者亚当·斯密来宣扬，先是针对爱丁堡的听众，随后是格拉斯哥大学学生。

除了在爱丁堡以及随后在格拉斯哥大学讲授课程外，斯密还在格拉斯哥为他的同事和当地的知识界人士建立了一个文学学会。后来有资料记载[1]，斯密在这一学会中宣读了"有关趣味、写作和哲学史的……论文，这些论文是他在爱丁堡做修辞学讲座时曾经讲授过的"。这一说法与更早时候斯密在格拉斯哥大学的学生之一威廉·理查森（从 1773—1814 年担任人文学教授（拉丁语））的说法颇为相似。理查森写道，斯密作为道德哲学教授在他的"非公开课程"上就这些话题进行过授课，这些内容是他"在被提名为格拉斯哥大学教授之前……在爱丁堡做修辞学讲座时曾经讲授过的"[2]。这意味着斯密在爱丁堡除了讨论文学写作的原则外，还以某种方式详细讲解了自己关于"趣味"的理论，或用现代的术语来说，即斯密自己的美学理论。我们知道这是一个心理学理论，主要关注我们在看到模仿了完全不同种类对象的艺术形式时，所感受到的讶异与惊叹。一直到 1785 年，斯密仍在为这一理论的发展而努力，为前文已提及的"伟大著作"之一的写作做准备，他的遗嘱执行人约瑟夫·布莱克和詹姆斯·哈顿在《哲学论文集》的广告中将这一著作描述为一部"人文科学与优雅艺术的连续史"。结果到 1788 年，斯密在格拉斯哥文学学会上宣读了一篇关于模仿艺术的论文[3]。这一论文收录在了《哲学论文集》中，本书后面的第 23 章将予以讨论。

斯密在讨论美学时所遵循的做法，似乎是受到了法国修辞学家查尔斯·罗林的启发，而罗林就文学教学所采用的方法，与斯密在科卡尔迪市立学校大卫·米勒的指导下，所接受的教育有异曲同工之处。[4] 罗林在《文学教学和研究方法》

---

[1] Duncan，1831：16

[2] Richardson，1803：514

[3] GUL MS Gen.1035/178

[4] 幸存至今的是由 Miller 在科卡尔迪的学生们于 1749—1750 年，用英文所撰写的 Rollin 式"演讲"：Maruzen 1990 Bicentenary Catalogue，Adam Smith：No.1，illus.p.3；斯密拥有一本 Quintilian 所著的 Rollin 编撰的 *Institutio Oratoria*（Mizuta）。

(*Method of Teaching and Studying the Belles Lettres*) 一书中，强调了翻译最优美文章的价值，将其作为培养趣味"最有把握的方法"。斯密在牛津大学时自我指导进行的翻译练习，遵循的就是这样一种做法，尤其是法语的翻译。罗林认为遵循了这一做法的人"会很熟悉所翻译作品的作家，于不知不觉间体验到作者想象的高度、写作的方式以及思维方式"。当然，罗林还表达了一个更为一般化的观点，即趣味"是一种自然的判断，通过学习可以渐趋完美"，而且尽管高雅的趣味可以通过文学学习来获得，但是在刚开始的时候更合适的做法是"不仅仅将趣味局限于文学；它还体现在……所有的艺术、科学以及知识分支之中"[1]。毫无疑问，斯密认为在创建政治学和经济学体系的过程中，也践行了趣味这一概念。

斯密在爱丁堡的保护人凯姆斯勋爵似乎也赞同这些观点，而斯密在爱丁堡的系列讲座中对这些观点的成功推进，也让他深受鼓舞。当斯密离开爱丁堡，前往格拉斯哥后，凯姆斯勋爵找到了年轻的牧师罗伯特·沃森，接替斯密的位置，后来沃森成为一位历史学家，研究西班牙腓力二世统治时期的历史。1756 年，沃森就任了圣安德鲁大学的逻辑学教授，他效仿斯密在格拉斯哥大学的做法，用修辞学内容替代了传统的逻辑学课程内容。之后，凯姆斯勋爵说服休·布莱尔在爱丁堡开设独立的纯文学讲座。在爱丁堡，布莱尔作为传道士所展现出来的才能，使得他于 1758 年，登上了圣伊莱斯的高级教会第一牧师的位置。第二年的 11 月 11 日，他在爱丁堡大学开设了修辞学和纯文学课程，于 1760 年获得了教授头衔。布莱尔在斯密所开创的修辞学和纯文学课程中所获得的成功，使得他很快于 1762 年 4 月 7 日就任了一个新设的钦定教授教席，事实上，这也是历史上英语文学课程（布莱尔教学的主要内容）的第一个教授教席。

1783 年，布莱尔在他的讲义出版时，向他的前辈兼朋友斯密的研究工作，致以了长久以来一直怀有的敬意，尤其是向斯密在文体与人物之间所建立的联系致以敬意：

> 关于文体的一般特点，尤其是朴素文体和简单文体的特点，以及在这里和下一讲中被归置于这两类之下的英国作家的特点，许多思想都取自于一份

---

[1] Rollin, 1759：i.61

修辞学论文草稿，这一手稿的作者，博学而又具有创新精神的亚当·斯密博士，多年前给我看了其中的一部分[1]。

正如我们后面将看到的，斯密对于剽窃他讲义中思想的做法还是有些担心的。然而，对于布莱尔对他修辞学讲义中的思想的剽窃，他似乎并不那么在意，或至少他自己是这么宣称的。当斯密晚年生活圈子中的一员亨利·麦肯齐告诉他说布莱尔在布道中使用了他的思想时，斯密回答道："我很欢迎他这么做，反正剩下的还很多呢。"[2]

大约是在爱丁堡讲授课程时，斯密发表了他的处女作。这也意味着斯密在修辞学讲义中向公众所展示的文学趣味，获得了他所在的圈子的认同。他被要求为二世党人诗人威廉·哈密尔顿八开本的诗集（在作者流亡国外的情况下出版）撰写一个匿名的前言。哈密尔顿是班戈（Bangour）的领主，人们用他的这一头衔与另一位同名的诗人相区别。这本诗集的题目是《各种况味诗歌集》（*Poems on Several Occasions*），由格拉斯哥的罗伯特·弗里斯和安德鲁·弗里斯出版，而前言的落款时间为 1748 年 12 月 21 日 [3]。

1750 年，哈密尔顿参与 1745 年起义的罪名获得了赦免，他也结束流亡，回到了苏格兰。但是两年后，由于肺结核的发作，他又被迫回到了欧洲。在这中间，他与斯密和威廉·克劳福德（一位格拉斯哥商人，哈密尔顿将自己的诗歌手稿托付给了他，并迎娶了他的孙女伊丽莎白·达尔林普尔作为自己的第二任妻子）一起度过了"许多宜人而又幸福的时光"。这一则信息是由诗人的妻弟，律师兼诗人约翰·达尔林普尔爵士提供的，他于 1771 年继承了克罗斯兰准男爵爵位[4]。1757 年 12 月 1 日，他就 1758 年出版的哈密尔顿诗集的第二版中，致信出版商罗伯特·弗里斯，认为没有人比斯密更有资格在诗集中题辞，将它献给威廉·克劳福德。达尔林普尔继续说，斯密与哈密尔顿以及克劳福德之间亲密的关系，使得他认为"在这种情况下 [斯密] 会将自己通常的懒散看成是一种罪行"[5]。这里

---

[1]　Blair, 1812: ii.22 n.

[2]　Clayden, 1887: 167; Hatch, 1994

[3]　*EPS* 259–62

[4]　Philipson, ODNB, 2004–7

[5]　Duncan, 1831: 23–4

所谓的斯密"通常的懒散",或许就是在牛津大学期间斯密自责的"懒惰",这种惰性状态或许是与他的疑病症症状有关系。

哈密尔顿的诗歌,反映了有广泛涉及面的文学文化,其中有模仿苏格兰民谣的《耶柔斜坡》(很受华兹华斯的欣赏);也有对品达、阿那克里翁、萨福克里斯、维吉尔、贺拉斯、莎士比亚和莱辛著作的模仿或自由改编。诗集中第一次将荷马史诗的段落,以及《伊利亚特》(*Iliad*)第六卷中的《格莱德斯和狄俄墨得斯》(*the Glaucus and Diomed*)片段翻译成了英文的自由体诗歌。或许正是作为哈密尔顿早期密友的凯姆斯勋爵本人,建议斯密为这一诗集撰写前言。凯姆斯勋爵以及格拉斯哥商人威廉·克劳福德对于这样一部诗集所怀有的兴趣,反映了当时的社会趣味。也正是出于这样一种趣味,那些"令人尊敬的听众"聆听了斯密关于修辞学和纯文学的讲座。

7. 哲学（科学）史和法学史讲义

所有的科学在不同程度上都与人类天性相关，这一点是毋庸置疑的。

在修辞学讲义中，斯密当然很清楚地阐明了修辞学与人类善感的天性之间所存在的紧密联系。在另外一些哲学历史讲义或论文及法学讲义中（我们有理由相信斯密曾在爱丁堡大学讲授过这些讲义），斯密或许将休谟的这一断言再往前推进了一步。从某些角度看，斯密所展示的这些研究成果向我们表明，他当时正在从事"人的科学"的研究，这是休谟在《人性论》中所提出的研究方向[1]。

现在我们必须再回到上一章的内容，上一章已提及斯密以自己在爱丁堡大学公开讲授的课程内容为基础，在格拉斯哥大学宣读了哲学史"论文"或在"非公开"课程中讲授了这一主题。在这样的一个语境下，"哲学"到底具体指的是什么意思呢？我们可以从理查森教授为他的朋友阿奇博尔德·亚瑟所写的传记性概述中找到答案。亚瑟于1757年或1758年被格拉斯哥大学录取，不久，就成了继斯密之后于1764年就任道德哲学教授的托马斯·里德的助手，接着他又替代了里德开始教授道德哲学（1780—1796年），并在他生命的最后一年（1796—1797年）获得了道德哲学教授的任命。理查森描写了这些继任的道德哲学教授所讲授的"非公开"课程的特点，并陈述说斯密将这些额外的课时用于"讲授那些 [和其他内容一起]……他在爱丁堡已经讲授过的关于'哲学史'的讲义"。里德则在《论人的理智能力》（*Essays on the Intellectual Powers of Man*）（1785）和《论人的

---

[1] Advertisement；Intro.4–7；Ross，2004a：48

行动能力》（*Essays on the Active Powers of Man*）（1788）两本著作中，阐述了自己所讲授的学说。而轮到亚瑟时，他的"非公开"课程讨论的是"优雅的写作、文学批评原则及'想象的愉悦'"，这"与斯密博士所采用的教学方法更为相符"。正如理查森所说，亚瑟的意图是要"展现并阐明真正的趣味所投射的那些对象，即构思过程、语言结构以及文章布局体系等"[1]。

在亚瑟的《文学评论》（*Literary Discourses*）（附录为理查森的《叙述》（Account）一文）一书中，我们找到了一篇题为《论道德哲学重要性》（On the Importance of Natural Philosophy）（No.11）的文章。文中有这样的断言：

95　　　　自然哲学研究，从某种角度看来，或许可以被认为是人们用来消除由非同寻常的外在对象及其出人意料的变化所造成的惊讶的方法；而引诱我们去进行理性探寻的主要动因之一，便是要摆脱这种人类思想的不满足状态。[2]

这与斯密在《天文学史》中所阐述的学说有着惊人的相似之处。在《天文学史》中，斯密一开始就区分了讶异（wonder）、好奇（surprise）和赞叹（admiration）等三种情感，接着解释了它们在哲学，或用我们现在的话来说，科学理论的产生过程中所起的作用。简而言之，斯密的解释是当我们遇到以意料之外的顺序出现的对象时，我们会感到讶异，接着我们会开始好奇让我们在这一刻感到讶异的到底是怎么回事。当我们发现想象习惯性地在对象与对象之间所建立的联系出现断裂时，我们会觉得不安，而这一观点在修辞学讲义中也有所提及[3]。斯密认为我们寻求通过想象在断裂处建立某种联系，即一个假设或理论，以使我们的心灵恢复平静。从这样的角度来看，哲学被界定为"在自然的原则之间建立联系的科学"。斯密甚至进一步指出"因而，哲学或许可以被理解为是诉诸人们想象力的众多艺术形式之一"，接着斯密用比喻的方式继续说道，哲学"理论和历史"是

---

[1] Richardson, 1803：514

[2] Arthur, Discourses（1803：409–10，参见 Richardson, William, 1803）；另一处写到斯密《天文学史》的地方是在 *TMS* 第12版的前言，Arthur 的 "College exercises"——anon.（Glasgow：R.Chapman, 1809）；p. xxi；也可参见 John Anderson 的笔记 Arthur 的 "Essay on the Inducements to the Study of Natural Philosophy"，May 1770；Strathclyde Univ., Anderson Lib., Anderson MSS No.2：pp.1–32。

[3] *LRBL* ii.36

人类就讶异、好奇和赞叹等这些情感产生的影响所书写文章的一部分[1]。之后，斯密简要地概述了自己的哲学"理论和历史"的概貌：从最初"哲学"的形成着手，一直追溯到当时所谓的"完美状态"的哲学，这样就包含了进步这一概念；这一过程中的"革命"就是指"在学术界所发生的通常被认为最伟大和最杰出的那些事件"，因而它是有趣而且建设性的。

因而，或许我们就此可以宣称斯密在爱丁堡大学的哲学史讲座正是沿着《天文学史》开头[2]所勾勒的线路演进的；或许还可以再进一步，认为天文学史可以被看作是这些讲座的例证材料，这些讲座连同《古代物理学》、《古代逻辑学和形而上学》以及《外部感官》中的某些内容一起组成了一门课程或系列讲座？然而，我们不得不承认的是，迄今为止并没有发现任何关于这样一门课程的广告，但是，话又说回来了，不也没发现任何关于修辞学课程的广告吗？当然，要宣称斯密确实讲授了一门独立的"哲学史"（或也有可能被称为"科学发现史"）课程，还有一个有待解决的问题。1831年的资料[3]提到的是当斯密在爱丁堡大学讲授修辞学讲座时，他宣读了哲学史"论文"，而理查森写的也是斯密作为修辞学讲座讲授者讲解了这些内容。乍看起来，这似乎就意味着我们所讨论的这些讲义是修辞学课程的组成部分之一。然而，这一主题内容与通常所理解的修辞学领域实在是风马牛不相及，以至于我们会很自然地想到，斯密对这一分支知识的"讲义"给予了单独的考虑，或许是应修辞学系列讲座听众的要求才讲授的。还有一个值得进一步考虑的细节，历史学家兼宗教政治家威廉·罗伯逊（下文讲到斯密在爱丁堡大学的法学讲义时，会更多涉及此人）于1759年6月14日就《道德情操论》所获得的成功致信斯密，并宣称说他和剧作家约翰·霍姆都坚持斯密的"下一个作品应该写某个不那么深奥的主题。我仍希望您能考虑一下哲学史这一主题"[4]。一种可能的解释是，罗伯逊在爱丁堡旁听了许多斯密关于"哲学"或科学发现的讲座，进而建议这些材料足以写成一本可以与《道德情操论》（该书也是源自于斯密在格拉斯哥大学所讲授的伦理学课程讲义）相媲美的著作。

96

---

[1] "Astronomy" ii.12
[2] ii.12
[3] W. J. Duncan
[4] *Corr.* No. 34

现在再来看斯密的"哲学"这一概念，我们发现在《天文学史》中，斯密是带着一种怀疑精神将这一概念定义为"是一门自命能揭示自然界各种现象背后隐秘联系的科学"[1]。如果我们继续假设斯密开设了一门"哲学"史课程，我们就有理由相信，正如斯密关于语言的"起源与演进"的讲座一样，这一课程着手解释的是前仆后继的各种科学体系的发展。斯密从人类天性的角度出发，解释"起联接作用的自然原理"，正是这些"自然原理"使得科学体系得以产生、发展、破裂，并作为想象的建构相继被取代。而这种体系的建构，从希腊思想家那里就已经开始，目的是要寻求更令人满意的方法使各种现象条理化。斯密要以这种方式来思考天文学史，能够为其提供引导的是休谟在《人性论》（据说斯密在牛津大学时已经拜读了这一著作）中所提出的思想范式，这一思想范式结合了针对这些现象背后的"隐秘联系"的怀疑主义，以及针对这些"联系"理论的自然主义解释。我们完全可以想象，斯密在爱丁堡大学修辞学讲座的"令人尊重的听众"或是最早的赞助人们，会要求斯密的讲座能够帮助他们更好地理解古人的体系（如亚里士多德思想体系和托勒密的思想体系），以及当代的体系（如笛卡尔思想体系和牛顿思想体系）。

这一课程讲授的另一背景是哲学学会对天文学的兴趣，具体地说，是对一次日食现象（发生于 1748 年 7 月 16 日前不久）和一次月食现象（发生于 7 月 28 日）的兴趣。1748 年 7 月，法兰西学院院士莫尼尔在爱丁堡观察了这些日月食现象[2]。莫尼尔完全有资格对法国的天文学考察进行评论，其中一次是在 1735 年前往秘鲁考察，而更为特殊的一次是莫尼尔自己亲自参与的 1736 年前往拉普兰地区的考察。斯密在文章中提到了这两次考察，认为它们能够为"完全肯定 [牛顿的] 体系"提供可以观察到的证据[3]。

斯密快满 50 岁时，相信休谟会活得比他长久，可以作为他离世后学术遗嘱的执行人。当时，斯密回顾自己的《天文学史》这一文章，将它描述为"原本计划在年少时期完成的作品片段"。他将出版与否的决定权留给了他的朋友，并很坦率地说："我自己都开始怀疑这篇文章中的某些部分有些过于文雅"[4]。斯密

---

[1]　iii.3

[2]　Emerson，1981：135–8

[3]　"Astronomy" iv. 72

[4]　*Corr.* No. 137，1773 年 4 月 16 日。

用"年少时期"修饰《天文学史》这一作品，再加上理查森和邓肯所做的相关记录，证明了以下这一说法的可靠性：斯密在自己职业生涯的早期就已完成了这一著作，随后将其作为爱丁堡哲学史讲座的基础，后来又在格拉斯哥大学面向道德哲学专业学生的"非公开"课程中讲授。

斯密的创新之处，或许就是在于为"自然体系"的评估提供另一种标准，他将评价这些体系到底是"荒谬的还是可能的，它们是否与真相或现实相一致"这样的考量标准放到了一边。他所选择的标准是这一体系是否能够安抚我们的想象力、体系本身前后连贯一致，并作为"最能够引领我们走出哲学史这一迷宫的线索"，能够增强我们对体系中所包含的各种对象的反应[1]。 97

从这样的一个角度出发，斯密回顾了四大主要"体系"即托勒密体系、哥白尼体系、笛卡尔体系和牛顿体系，着重关注这些体系解释太阳、地球和星辰运动（这被认为是天文学的使命所在）的准确的历史细节。斯密承认"美"这一概念在早期的天文学中所占有的重要地位，讨论了希腊思想中特别令他的老师哈奇森和西姆森着迷的那一方面。但是他就此打住了对这一很有吸引力的主题的讨论，转而开始描述对夜空进行准确的观察是怎样导致了对优美的早期体系的修正，这一早期体系将地球描绘为是宇宙中心，四周环绕着水晶般的八个同心圆。最后斯密将这些观察与托勒密的著作结合起来[2]。要想将这一早期体系与所观察到的现象吻合一致不得不做大量的修改，其中包括修改同心圆或周转圆的假设，最后所导致的"复杂"和"混乱"使得这一体系无法为人们所接受。

基于斯密最初的假设，即科学的任务是填补用想象的实体消化吸收各种现象之间出现的断裂，斯密将体系界定为是一部"想象的机器，人们发明它来将各种在现实中已经发生并产生影响的不同运动方式和效果在想象中联系在一起"[3]。斯密扼要地重述了他在修辞学讲义中所做的关于语言的类比，指出正如最早被发明使用的机器是复杂的，而随后会被简化一样，最初的体系也是复杂的，随后会加以简化，但却能达到同样的解释效果：最终，"人们后来发现，仅仅一个大的连接性原理，就足以将发生在一整类事物上的各种不协调现象联系在一起"[4]。

---

[1] "Astronomy" ii.12
[2] c. AD 150
[3] iv. 19
[4] iv. 19

斯密引用了哥白尼的成就作为例子，阐述了自己将一个体系界定为一部"想象中的机器"的概念。斯密认为哥白尼能够"用比托勒密所使用的更简单，同时又是更为有效的方式，将各种天体现象联系在一起"[1]。在《天文学史》中，斯密接着追溯了先后由第谷·布拉赫、伽利略、开普勒、笛卡尔最后一直到牛顿，对哥白尼的体系所做的修正和改善，这反映了斯密对直到 1748 年的相关科学文献非常熟悉，其中包括正是在 1748 年出版的柯林·麦克劳林的《艾萨克·牛顿爵士新发现综述》（*Account of Sir Issac Newton's Discoveries*）。

斯密在一个恰当的机会，提到了牛顿在彗星方面所开展的研究，斯密写道，从"重力这一力学原理"出发，并结合观察"或许就可以确定彗星的几个运行轨道的位置以及特点，也可以确定他们周期性出现的时间"。斯密进一步提到牛顿的追随者们，从他提出的原理出发，已经大胆地预测了彗星回归的时间，"尤其是 1758 年即将出现的彗星回归"（iv. 74）。从这句话语可以看出《天文学史》这一文章是在 1758 年前完成的，因为在 1758 年那年的圣诞节，已经观测到了哈雷彗星的近日点运行轨迹。斯密文中没有提到埃德蒙·哈雷的名字，也没有引用他的《彗星摘要》（*Astronomiae Cometicae Synopsis*）（1705）作为资料来源。但是，1749 年这一著作得到了重印，并与他死后由英国皇家学会院士约翰·毕维斯所编辑的哈雷的月球运转图表以及数学图表一同出版。正是这样，斯密在爱丁堡做讲座时那些对科学感兴趣的民众，才会注意到哈雷的著作。

在《天文学史》这一被我们认为是与哲学史的课程相关的著作中，斯密的目的不会是详细论述牛顿体系的具体内容，尽管斯密似乎通过第一手资料而对这一体系有所了解。这里的第一手资料，当然是指牛顿的著作《自然哲学的数学原理》（*Philosophiae naturalis principia mathematica*），斯密藏书中收藏的是这一著作的 1726 年的版本[2]。正如拉斐尔所主张的（1988），斯密对牛顿体系的了解，并不仅是通过阅读伏尔泰和麦克劳林对牛顿的著作所进行的通俗化介绍。事实上，斯密的学术遗嘱执行人约瑟夫·布莱克和詹姆斯·赫顿，在他们所编辑的《哲学论文集》中指出（*EPS* 105），斯密并没有完整地描述牛顿的体系。而斯密作为一名科学史史学家，只要记录下牛顿体系"要比任何其他的哲学假设体系都更为

---

[1] iv. 27

[2] Mizuta

严格地将其各个组成部分联系在了一起"，并得出结论，牛顿体系"现在已战胜了所有对手，并已经发展到了建立一个哲学史上从未有过的最为广袤的帝国的程度"[1]。然而，还存在一种关于天文学的怀疑论观点，这种怀疑论观点最早出现在文艺复兴时期[2]。基于这样一种根源，更笼统地说，或许来自于休谟的影响，怀疑论也出现在了斯密字斟句酌的结论之中：

> 甚至即便我们是在致力于清楚地说明，所有的哲学体系都只不过是想象中所做出的发明，目的是为了将原本支离破碎、杂乱无章的自然现象联系在一起，我们的语言仍在不知不觉的表达这种联结性原理 [牛顿所提出的]，似乎它们真的是自然用来将她所设计的不同运行联系在一起的纽带。[3]

大卫·休谟这时已成了斯密的好朋友。在他1757年出版的《英格兰史》第二卷中，休谟描述了斯图亚特王朝后期的科学发展，表达了与斯密上述观点大同小异的一些思想。休谟写道，罗伯特·玻意耳是"一位伟大的机械论哲学支持者。机械论哲学通过发现自然的某些秘密，并允许我们就此对另一些现象发挥想象，可以很好地迎合人类天性中的虚荣和好奇"。休谟接着把牛顿赞誉为"最伟大和最罕见的天才，他为人类增添了光彩、提供了指引"。休谟还写道：

> 牛顿似乎揭开了部分的自然的神秘面纱，但同时他也向我们展示了机械论哲学的不足之处，因而将自然最终的秘密复归于如初的那种若隐若现的状态，这些自然的秘密过去如斯，将来也仍会保持如斯。[4]

1773 年，斯密将自己的"天文学史"说成是一部大著作的一个"片段"，这一作品将涉及一直到笛卡尔所处时代为止曾经各领风骚的各种天文学体系[5]。这一"大著作"肯定指的就是 1785 年斯密承认自己正在"规划"写作的那一著作，是

---

[1] "Astronomy" iv. 76
[2] Jardine，1987
[3] "Astronomy" iv. 76
[4] Hume，1778/1983：vi. 542
[5] *Corr.* No. 137

关于"文学、哲学、诗歌、及辩术等所有不同分支的哲学史"。最终，用斯密自己的话来说，"年老所带来的怠惰"，以及糟糕的健康状况，使得斯密无法完成这一写作计划，同样未能完成的还有另一部与之形成互补的"关于法律和政府的理论和历史"的著作[1]。斯密的学术遗嘱执行人布莱克和赫顿，知晓这些"大著作"的早期完成部分，并与之相联系来介绍《哲学论文集》中的文章，其中包括与斯密的趣味理论相关的，关于模仿艺术的文章，就是被看作是"文科科学和高雅艺术"的哲学史的一部分[2]。而《哲学论文集》中的"古代物理学史"和"古代逻辑学"和"形而上学"史，则完全有可能联系在一起，归为与"天文学史"相同的一类，它们都是要阐述那些"引领并指导着哲学探讨的各种原理"，尽管前者可能范围更受限制，因为它们只是局限于探讨"古代"的发展。正如斯密所言，毫无疑问，从"天体系统秩序化和条理化"中将视线往下，面对着并没有那么美妙，同时也更纷繁复杂的地球上的对象时，哲学（或科学）所面临的任务会更为艰巨，因为这些对象的演替秩序似乎是如此的复杂而无规律可循。然而，正如斯密所解释的，传统的理论化过程，即同样的心理和美学驱动力，这里也得到了展现，使得这一"自然舞台中位置较低部分在想象中呈现出协调一致"[3]。

斯密随后在"古代物理学史"中的阐述，受到了批评，因为文章忽略了由前苏格拉底时代的思想家所提出，并由亚里士多德令人信服地加以补充发展的因果律哲学[4]。然而，斯密还是在文章中做出了颇具洞见的论述，他利用恩培多克勒的四元素体系作为出发点，清晰地阐述了关于物质构成的各种体系学说。亚里士多德批判性地接受了该四元素体系理论，之后该理论不仅在自然哲学的学术史上占据重要地位，而且在成为现代自然哲学之根基的原子论中也占有一席之地。

斯密就"古代物理学"提出了两点重要的看法，如果确有爱丁堡哲学史讲座这回事的话，这两点与之就有着很大的相关性。第一点是斯密认为，那些赋予地球上的自然以"统一性的原理"，尽管"极为含糊而不确定"，但是"这些有着种种缺陷的原理，还是使得人类能够更为系统地思考或谈论这些更具整体性的主

---

[1]　*Corr.* No.248；Ross，2004a

[2]　*EPS*，Advertisement

[3]　Ancient Physics

[4]　*EPS* 24

题，而如果没有这些原理，人类无法做到这种系统性。"第二点是斯密认为"古代物理学"体系并不是"完全欠缺美感或伟大之处"，而且与世界是由统一规律所支配着的这一假设存在关联。在这一体系形成之前，"看似杂乱无章的自然现象"导致了多神论的那种"缺少决断的迷信"，"将几乎每一个出人意料之外的事件，都归因于是某些我们看不见但有远见的神独断专行的意志的体现，他们之所以让这些事件发生，是为了服务于某个不为人所知的具体的目的"。

当哲学家们"发现了或想象他们已经发现了"将自然的各个部分绑在一起的那根"链条"时，他们就将宇宙看成了"一部完整的机器，一个连贯的系统，由整体的规则支配着，并为达到整体的目的服务，即为了它自身以及所有里面的物种的持存和繁荣"。结果就出现了柏拉图的世界魂自然神学，世界魂"创造了世界，并赋予它生命和理解力"。接着是亚里士多德提出了"第一动因"论，"第一动因"通过"运用他那从所有的永恒中所获得的神圣的能量"来对这一永恒的世界施加影响。继此之后斯多亚学派设想了一个上帝，他创造了一个可以持续一个周期的神圣的、和谐的宇宙，一个周期后就又回复到原初的"混沌而炽热的自然"状态，接着从这一状态中上帝又创建了一个"新的天堂与尘世"，接着被消耗再又被重新创造，如此周而复始"无穷无尽"[1]。斯密比较认同斯多亚学派的这种根据自然规律宇宙和谐运转的概念，并将这作为思辨型功利主义（连同牛顿的自然规律概念，在《道德情操论》中加以阐述）以及自由市场经济（在《国富论》中加以探讨）的一部分。[2]

在"古代逻辑学和形而上学历史"一文中，斯密全面考察了四个"主要……哲学派系"关于"物质的具体本质"的学说：古老的毕达哥拉斯学派、柏拉图学派、亚里士多德学派以及斯多亚学派。举个例子来说，这一产生自"自然哲学体系"的关于物质本质的学说，"在考虑水的普遍本质时，不会去注意某一具体的水的具体特点，而是将自己的注意力集中于那些所有的水都拥有的共同特性"。这一学说由两门"科学"组成，这两门"科学"是在"[自然哲学]之前就已为人

100

---

[1] Ancient Physics 9–10

[2] Cf. *TMS* ii. ii. 3："Of the Utility of this Constitution of Nature"；以及 *TMS* 和 *WN* "看不见的手"相关篇章、关于干预市场"自然的自由"的"非同一般的鼓励"和"限制"：*TMS* iv. i. i. 10；*WN* iv. ii. 9；iv. ix. 49，50；Campbell（1971：217–20）；Campbell and Ross（1981：73–6）；Haakonssen（1981：135–6）；Teichgraeber（1986：176–7）。

们所理解，这样的一个先后顺序也是人们在交流关于自然的知识时所应遵循的"。第一门"科学"被称为形而上学（Metaphysics），"思考的是宇宙万物的整体的本质，以及如何将宇宙万物划分为不同的类别或物种"。关于第二门"科学"，斯密出于构词一致上的考虑，将之称为逻辑学（logics），它被描述为是致力于"确定普遍的规则，以便将具体的对象归入普遍的类别中，并确定每一具体的对象应该分属于哪一类"。因而，在斯密看来，古人"将哲学推理的所有艺术……都完全情有可原地理解为"是形式上的归类，而因为"形而上学是完全……从属于逻辑学的，因而在亚里士多德之前，两者似乎被认为是合为一体的，而在这两者之间就构成了我们经常听到被提及、却又对之知之甚少的古代辩证法"[1]。

题目为《论外部感官》一文，无法像《天文学史》、《古代物理学》和《古代逻辑学和形而上学》那样被完全地归入哲学探索历史一类的框架之内。然而，它与《古代逻辑学和形而上学》一文还是存在一些联系，两者关于当时的物理原子论而导致的认识论的讨论方面形成互补。而且，该文以自己的方式阐释了斯密一直坚持的用来"引领并指导哲学研究"的那些原理。此外，该文还被认为是斯密早期的作品，反映了，比如说，斯密在读完贝克莱的《视觉新论》（*Essay towards a New Theory of Vision*）（1709）后所受到的启发，而文中也还没有明确提及休谟的《人性论》。值得注意的是斯密最早特意在自己的文章中承认休谟的思想对自己的重要性是在《道德情操论》一书中[2]。

然而，《人性论》中关于人们对于外部世界的信念的理论，似乎在《天文学史》的关于想象的观点中有所反映[3]。而且，《论外部感官》一文确实利用了概念间的联想这一原理（在68和74），这会让我们想到，休谟把人们关于因果信念的想象解释为源自于想象的观点。[4]

而且，斯密在文中接受了洛克将物体的特性分为主要特性和次要特性的观点，而没有提及休谟对此的怀疑和抵制[5]。文中也没有任何迹象表明，斯密对贝克莱在《人类知识原理》（*Principles of Human Knowledge*）[6]一书中，对该学说的

101

---

[1] Ancient Logics 1
[2] IV. 1 1；IV.2.3
[3] Raphael，1977
[4] *Treatise* 1.1.4.
[5] *Treatise* 1.4.5
[6] 1710；i.9–15

批驳有所了解，似乎斯密未曾看过该书，或在此有意选择回避。这两点都暗示着该文可能是斯密早期完成的作品。然而，凯文·布朗（1992）提出一种不同的观点，认为该文完成于 1758 年或在 1758 年之后。他发现了斯密文中对林奈《自然体系》（Systema Natura）一书的第十版所做的各种参考，而这一版的出版时间是在 1758 年。这一证据无法忽略，但是这些参考也完全有可能是该文最初完成后，斯密后来再添加上去的。

或许斯密之所以保留了这种主要特性和次要特性的区别或"感受"（斯密认为这一称呼更为恰当[1]），是因为这被证明是物理原子论中很有用的组成部分。这里有两个方面令斯密非常感兴趣。一方面是通过将各种"感受"的传递类比为一种语言，从而接受了各种"感受"的传递是约定俗成的这一特性。另一方面是这一理论对实证资料的倚重。就斯密而言，贝克莱的《视觉新论》中最吸引他的洞见是"视觉的对象……构成一种语言"，是由习俗来建构起来的，我们据此来理解可触摸的对象[2]。毫无疑问，斯密宣称"自然诉诸我们眼睛的语言"以一种非同寻常的精准度指代着它所指的对象，这种精确程度是"任何人类的艺术和创造力所能够发明的人造语言"所望尘莫及的[3]。然而，斯密也指出可视的对象与可触摸的对象的这种"密切联系和相互对应性"本身，并不足以让我们做出合理的推断，判断一个眼睛看到的对象，到底是指代哪一个具体的我们触摸到的对象。我们需要"观察和经验的帮助"[4]。

说清楚这一点后，斯密转向了物理原子论所引发的哲学或者也许我们应该称之为心理学问题，及斯密的第二大兴趣之所在：原子论与实证资料之间的关联。为了说明这一点，斯密引用了当时非常著名的一个病历，"一位年轻的绅士，出生时眼睛就是瞎的，或者也可能是很幼小的时候就失明了，因而使得他没有任何曾经见到过东西的记忆。在 13、14 岁时，这位绅士接受了 [白内障] 治疗"。外科医生威廉·切泽尔登报道了这一病例[5]。

这一案例的报道，刚好回答了威廉·莫利纽克斯在读完《人类理解论》（1690

---

[1]　'External Senses' 25

[2]　p.61

[3]　pp.62，68

[4]　p.63

[5]　Cheselden，1728

第一版后，向洛克所提出的问题：一个人如果天生就是个瞎子，但后来视力又得以恢复，这个人还能否用眼睛看出或识别出那些通过触摸已让他十分熟悉的对象？简短地说，这一问题得到的答案是否定的。显而易见，令斯密非常感兴趣的是，切泽尔登在这一案例中所描述的，将视觉的感知和触觉的感知建立联系所花费的漫长过程。斯密认为，很小的孩子之所以能够将看到的和触摸到的对象联系在一起，或许是受益于"某种天生的感知能力"，而这种感知能力，在这位自幼失明的年轻人那里，或许已经萎缩退化；这一想法又使得斯密呈现了另外一些他自己所收集的证据，证明这一会对视觉或其他刺激做出反应的本能。他举的例子是地面的巢居动物如小鸡、鹌鹑或松鸡的幼雏，几乎在它们破壳而出的同时，就能自己在地面上寻找食物，而在远离地面的高处建巢的动物如老鹰、喜鹊和麻雀的幼雏，刚出生时是瞎的，不得不由它们的父母喂养一段时间[1]。

102

斯密认为，欲望源自于身体所处的某些状态，这些状态"似乎就会提示人们那些能使它们自己获得满足的方式"。他猜想人们在没有任何相关经验前，就会对欲望的满足能带给他们的愉悦感充满期待。他以性欲为例："我倾向于相信性欲经常是（几乎总是）远在青春期之前就已经产生了"[2]。《论外部感官》一文中的这些细节告诉我们，斯密这位爱丁堡或格拉斯哥大学哲学史的讲演者，博览群书，对从古代作家的天文学、物理学和形而上学著作、再到早期现代科学革命推动者的科学著作，一直到洛克、休谟以及当时的贝克莱这些苏格兰读者相当感兴趣的作家的作品，都有所涉猎[3]。我们还可以想象，斯密阅读着伦敦皇家学会出版的《哲学学报》（*Philosophical Transaction*），以便让自己了解科学的最新发展（如切泽尔登所报道的病例）。而文中所提示的另一幅画面是：斯密留心观察儿童本能的性行为，细心比较晒谷场上家禽和乡下猎鸟之间的喂食习性，将自己关于这些生物的观察与林奈的分类体系之间建立联系。

令人惋惜的是，斯密在爱丁堡的修辞学讲义并未能完整地保留至今，但这些记录本身以及人们对于可能还存在另一些哲学史讲义的假设，向我们显示了一位才能卓越但只有二十来岁的年轻人，在学术上所取得的非凡成就。1797 年 5 月 23 日《纪事晨报》（*Morning Chronicle*）上刊登了《哲学论文集》一书的广告，

---

[1] 'External Senses' 70–1
[2] p.79
[3] Davie, 1965；Stewart, 1985

称书中的内容是：

作者年轻时所撰写完成的。这一阶段的心灵最具有设计目光远大、充满挑战的规划的能力。[斯密] 带着一种颇具洞察力的眼光，审视了人类心灵的运行机制，记录下了心灵生生不息地致力于将自然的奇景纳入自己的理解辖域之内的努力，并用浓彩重墨绘制出了人类的想象力向着自己最终的目标（心灵的自得和安宁）迈进的可能路径。

然而，在斯密的学术生涯中起到关键性作用的，据称是斯密在第三个领域所开展的非公开的教学。有报道称，斯密之所以能够回到母校任教，是因为斯密从 1750 年开始在爱丁堡为自己作为一位"法学老师"所赢得的声誉，使得他就任格拉斯哥大学教授教席。1751 年 1 月 9 日，斯密当选为格拉斯哥大学的逻辑学教授。如果认为始于 1748 年的斯密的修辞学讲座的相关报道，影响了格拉斯哥大学对他的能力的观感，这样一种观点合情合理，但是说开始于 1750 年 10 月左右的一门课程会有如此决定性的影响，以至于直接给斯密带来了教授的任命，似乎就很难令人接受了[1]。

然而，明确指出斯密在爱丁堡教授过另外一门法律课程的传闻，来自于一位对斯密非常了解，并从斯密那里获得过许多事业上的帮助的人物[2]。这就是斯密曾经的学生斯内尔奖学金获得者大卫·卡兰德[3]。古物研究者乔治·查默斯记录下了卡兰德所知的关于斯密的种种消息和说法。我们还从查默斯的记录中，了解到卡兰德所讲述的关于斯密认为威廉·罗伯逊在他的《查尔斯国王五世统治时期的历史（1769）：从罗马帝国颠覆到十六世纪初欧洲社会发展进步纵览》[4] 剽窃了自己的法学讲义内容这一传闻。有关这一传闻的记录是这样开头的："[斯密] 大约是在 1750 年来到爱丁堡，并非公开地给法学专业的学生讲授民法"。这一说法有篡改事实之嫌，因为斯密不可能具备在爱丁堡大学教授民法或罗马法的资格，

103

[1] Raphael，1992：102–3
[2] 参见第 16 章。
[3] 1742–98：Raphael 和 Takamoto 1990：115
[4] *History of the Reign of the Emperor Charles V（1769）:A View of the Progress of Society in Europe, from the Subversion of the Roman Empire to the Beginning of the Sixteenth Century*

尽管本书的第五章中提及了牛津大学确实有记录表明，1744 年 1 月和 5 月斯密曾经在那里注册学习民法课程。卡兰德掌握的信息，更有可能是斯密以非公开的方式给在爱丁堡大学选修民法课程的学生，讲授"法理学"讲座，即关于法律的历史和哲学的讲座。不管怎样，卡兰德的叙述还是继续了下去：

> 因而，斯密作为一位法学教师为自己所赢得的声誉，使得保护人们邀请斯密就任格拉斯哥大学的教授。斯密曾向 [大卫] 卡兰德控诉，罗伯逊博士所著的关于查理五世统治时期的历史著作的第一卷借用了他所讲授的这些讲义中的内容，这一点每一位当时的学生都可以作证。关于罗伯逊，斯密的评价是他有着良好的判断力，形成了一个很有条理的提纲，但是他没有用足够的勤奋来充实他的计划。罗伯逊将道德判断完全颠倒了过来，他谴责了他本应该表扬的，而表扬了他本应该谴责的：斯密觉得罗伯逊的作品只适合远观，经不起近距离的审查。[1]

斯密的评价与卡莱尔（Carlyle of Inveresk）（他与罗伯逊自 1737 年就相识）对罗伯逊的评价非常吻合："[他是] 如此地沉迷于复述人家的想法，以至于有时候即便是他最为要好的朋友也会觉得厌烦"[2]。对罗伯逊而言，他之所以看重斯密的著作，是因为其中的历史视角，而在《国富论》出版后，他直截了当地将斯密称为研究美国殖民地的"向导和导师"[3]。

关于斯密在爱丁堡教授法学的叙述中，卡兰德在中间插入的话语预示了一段，对斯密而言，要比与罗伯逊之间的关系更为重要的关系："正是在那一时候他与休谟博士相识了：他们有着长达一生的友谊。休谟曾为《道德情操论》写过书评（1759—1760 年）。"这一说法在卡兰德的讲述中重复了两次[4]。休谟发表于《批判性评论》（*Critical Review*）杂志上的关于《道德情操论》的书评或"摘要"将于下文第 12 章进行讨论。

再来看看休谟的职业生涯，1749 年 1 月，休谟结束担任出使维也纳和都

---

[1] EUl La II.451/2; Raphael and Sakamoto (1990：274–7)；text of anecdotes prorided by Raphael (1992a：93–103)

[2] Carlyle，1973：144

[3] *Corr*.No.153

[4] Raphael and Sakamot，1990：111–12；Raphael，1992：94

灵的克莱尔将军秘书一职后，回到了伦敦。同年夏天，他回到了在贝里克郡
(Berwickshire) 的宁威尔区 (Ninewells) 的老家。接下来的两年，休谟的大部
分时间都待在老家，只是偶尔前往爱丁堡。或许正是在爱丁堡期间，他听说了亚
当·斯密的讲座。1750 年，他参与翻译出版了孟德斯鸠的《论法的精神》的两章
内容，而斯密作为一名法学讲座的讲演者对该书非常感兴趣。1750 年 10 月和 11
月期间，休谟与斯密的朋友奥斯瓦德互通书信，讨论休谟即将出版的《政治论文   104
集》(*Political Discourses*) (1752) 中的经济学话题。斯密后来在 1752 年初，向
格拉斯哥文学学会汇报了休谟的这本著作。当时，休谟也正在筹备写作《人性
论》第三卷，他的研究涉及伦理学原理，同时还在为已酝酿多年的《英格兰史》
的写作收集资料[1]。那一时期，休谟所从事的另一个计划是写作《自然宗教对话
录》一书的初稿，该书后来给斯密带去了相当多的思想上的困扰[2]。休谟当时所
从事的许多活动，吸引并激发了斯密，但同时也给他带去了困扰。本书下文将详
细讨论休谟的思想及个性对斯密所产生的深刻影响。

关于斯密为法学讲座所做的准备，1769 年 3 月 5 日，他向一位苏格兰法官
黑尔斯男爵坦白说："我研读法律，意在对不同时代和不同国家实施正义所依
据的方案大纲有一个大致的了解"[3]。如果罗伯逊关于查尔斯五世国王统治时期
(1769) 历史著作的第一卷，确实是斯密在爱丁堡的讲座以及随后在格拉斯哥大
学法学课程（卡兰德作为斯密学生旁听了该课程）的整体计划的一个纲要，那么
他们所关注的就很相似，都是为了追溯法律机构以及政府不断更迭的组织形式，
这种形式上的更迭是为了适应罗伯逊将在他的另一著作《美国史》(1777) 中所
提出的"生存模式"的变化[4]。

我们必须明白卡兰德所叙述的斯密所教授的"民法"，并不是通常人们所理
解的罗马法。爱丁堡大学早已开设罗马法课程，为学生成为一名律师做好准备。
这里的"民法"指的是格劳秀斯·普芬道夫传统的"自然和国家的法律"。1748
年邓达斯庭长已经明确指出，这与罗马法的原理一起都应该是苏格兰法学教育中
必不可少的组成部分。正如上文已经提到的，斯密是在哈奇森的道德哲学课堂上

---

[1] Mossner, 1980：224, 232–3；Hume, *HL* i.142–4
[2] *HL* i.153–5；Mossener, 1980：64, 233, 319–20；Campbell and Ross, 1982——参见下文第 21 章。
[3] *Corr*.No, 116
[4] Meek, 1976：138–45

第一次对这一传统有所了解。然而，斯密在爱丁堡讲座的创新之处似乎是描绘了随着罗马帝国的灭亡，文明社会得以恢复后，法律（主要与财产相关）的出现及发展的动态过程。这一时期，征服了罗马帝国的野蛮人将自己从原来的游牧民族转换成了农耕民族，他们的一些后人在城镇定居，成为商业社会阶段的商人和手工业者，这与16世纪欧洲国家体系的出现有一定的关联。或许，斯密认为，罗伯逊借用了他的经济社会发展阶段论的理论，但是从某些角度来看，这一理论也并非斯密首创，在他之前已经有了其他先驱者，尤其是格劳秀斯和孟德斯鸠等[1]。

斯密在爱丁堡的法学讲座援引的是格劳秀斯·普芬道夫的传统，其关注的重点似乎就应该是法理学，即"探寻应该成为各国法律之基础的各种普遍原理的科学"[2]。1751年秋斯密接到临时通知，要求他准备好代替格拉斯哥大学的道德哲学教授讲授该课程，因为当时的道德哲学教授克雷吉病倒了。同时斯密也在准备教授政治学这门课程[3]。既然克雷吉和斯密都曾是哈奇森的学生，他们教授的法理学和政治学的内容就会有一部分是来自于他们的老师所编写的教材《道德哲学简介》[4]。斯密在爱丁堡的"民法"讲座的主题之一，似乎是对自由经济的价值的肯定，而正是在这一点上有证据表明，斯密认为法律和政府的形式受到当时所处的历史阶段的制约，而历史阶段的变化，则又部分地取决于经济状况的变化。

斯密似乎很急切地想要主张自己就这一领域所发展的思想的原创性——至少在杜格尔·斯图尔特所做的描述中是这样。斯图尔特描述了斯密于1755年所起草的一份"简短的手稿"，斯密要在"当时他自己是会员之一"的格拉斯哥的"一个学会"上宣读这一手稿。斯图尔特描述了这一手稿的内容："一份颇为冗长的列举清单"，列举了"某些斯密急于确立自己专有权的主要原理，其中既有政治方面的也有文学方面的，目的是要防止任何可能的竞争对手对这些思想原创性加以主张。斯密认为自己完全有理由担忧，因为作为一名教授的工作性质，再加上他自己私下毫无保留的与同伴交流，使得他特别容易遭受到这种威胁"[5]。

斯图尔特并没有提供任何关于使这一"简短的手稿"得以宣读的学会的任何

[1] Meek，1973：Intro.，5–6；1976：5–36

[2] *LJ*（B）1

[3] *Corr*.No.7

[4] 参见上文 pp.50–1

[5] IV. 25

细节，但是人们猜测很可能是格拉斯哥的"柯奇拉市长政治经济俱乐部"[1]。然而，今天已无法找到任何关于这一俱乐部的记录资料，而所提到的关于这一"手稿"中还包括了文学原理这一断言，似乎又排除了这种可能，或许可能性更大的是"手稿"的听众是格拉斯哥文学学会的会员。

斯图尔特在向爱丁堡的皇家学会宣读他的《亚当·斯密生平及著述》时，他手中拥有这一"手稿"的两份"摘要"，但后来都没能保留下来。就这两份"摘要"的实质内容而言，第一份"摘要"批评了所谓的"政治家"和"规划者"对人类的天性的错误的理解，把人类的天性看成只是"某种政治运作中的原料"。斯密这样说的时候，脑海中或许浮现出了两类人物的形象：一类是以路易十六统治时期法国的总督查科尔伯特为代表，他们企图用政府管理公共税赋的征收和开支同样的方法来管理工业和商业，"而不是在平等、自由和公正的开放规划下，允许每个人用他自己的方式追求自己的利益"[2]；而第二类则是以苏格兰投机分子兼货币理论家约翰·劳为代表。他尝试要在苏格兰建立一个地产银行体系，但以失败告终；随后在法国成功地建立了一家中央银行，但是当支持这一银行的密西西比公司股票泡沫破裂后，其发行的纸币严重贬值[3]。这两类人都认为人类的天性就像钟表的发条一样可以为人所操纵。第一份"摘要"的余下部分为《道德情操论》[4]和《国富论》[5]中"看不见的手"的观点埋下了伏笔，向我们展示了这一观点最初是源自于斯多亚学派"自然的和谐"这一学说：

> 规划者们在处理人类的事务时，搅乱了自然本身的安排；其实唯一需要他们做的，仅仅是不对自然进行干预，允许她按照自己的规则来实现自己的目标，这样她就可以完成自己的规划。

第二份摘要则包含了社会经济发展的阶段论，以及在经济领域根据自然法则运行的自由市场等概念[6]。文中还涉及了公共机构理论，解释了通过征收"轻"

106

[1] Scott, 1937：53–4, 117–20
[2] *WN* IV. ix. 3
[3] *WN* II. iii. 78；IV. ii. b. 13, 24
[4] IV. i. 10
[5] IV. ii. 9
[6] Schabas, 2005：88–96

（可以承受的）税来支付维护和平（设想由一支防卫军队维护和平）和有效的司法体系的开支，从而使得经济获得增长的过程。文章的结尾对重商主义体系的独裁政府进行了公开的谴责：

> 要想将一个国家从最低级的野蛮状态，提高到最大程度的富裕状态，所需要的无非是和平、"轻"税以及一个过得去的司法体制；所有剩下的可以交给事物自然的发展进程来实现。所有试图阻挠这一自然进程、迫使其进入另一航道或致力于让社会的进步止步于某一点的政府都是不遵循自然规律，而支持这种做法的政府也必定是压迫的、专制的政府。

在斯图尔特看来，斯密在 1755 年这一"论文"中，明确表示在爱丁堡开设讲座时他已经拥有了这些思想（斯密称之为"观点"）：

> 这一论文中所阐述的这些观点的很大一部分……在一些讲义中进行了详细的讨论。这些讲义是由六年前 [1749] 就已离职的一位职员帮我记录的，而现在仍保留在我的手中。自从来到格拉斯哥大学的第一个冬天，第一次开始教授克雷吉教授的班级 [斯密上一任的道德哲学教授] 开始一直到今天，所有这些都是我讲义的不变的主题，一直未曾有过太大的变化。所有这些也是我在离开爱丁堡的那年冬天 [即 1750—1751]，所宣读的讲义的主题。无论是从爱丁堡还是在这里，我都可以举出不胜枚举的证人，他们会充分地证明这些观点是属于我的。[1]

我们可以推测，帮助斯密誊写讲义的职员，在他宣读这一论文前就离职了。或许更为有意义的是斯密这份声明的背后正是如卡兰德在轶事讲述中所提到的困扰斯密的问题，即在斯密出版自己的著作前，他的思想就遭人剽窃了。最终，斯密关于社会经济体系发展以及"警政"或政府对社会经济的管理的讨论，在《国富论》第三卷的第四章和第五章中得以呈现。

爱丁堡讲座所遵循的框架，似乎是描述文明社会从"野蛮状态"（游牧阶段，当时财产以及保卫它的政府机制得以创立）一直到实现"最大程度富裕"的商业

---

[1]　Stewart IV.25

时代之间的历史。斯密 1755 年的论文以及据斯密自己的说法，他在爱丁堡大学的法学讲座所宣扬的观点都是："不遵循自然规律"的政府会干预阻碍国家经济的增长。在苏格兰，斯密之前也已有学者提出过这一观点，那人就是安德鲁·弗莱彻。在一篇题为《一次谈话等的描述》（"An Account of a Conversation & c"）（1703）一文中，弗莱彻曾写道："所有无法鼓励他的臣民勤勉努力的政府，都没有站到正确的立场；而是站到了歪曲的、因而是非正义的立场上"[1]。斯密的听众或许会欣赏斯密附和弗莱彻所提出的观点，因为 1749 年格拉斯哥版弗莱彻的《政治论文选》（Political Works）刚刚出版。1755 年斯密着手写了这篇论文，同时意识到了自己缓慢的写作进度，斯密或许希望能够撇清他与他的朋友约翰·戴瑞姆珀尔在写作《不列颠封建财产总史》（Essays Towards a General History of Feudal Property in Great Britain）（1757）（孟德斯鸠似乎阅读过该著作的手稿，该书也在孟德斯鸠死后在扉页上题辞将这一著作献给他）一文中开展的研究工作之间毫无关系[2]。同样，斯密的保护人凯姆斯勋爵当时也在创作《历史法理小册子》（Historical Law–Tracts）（1758），内容类似[3]。正如晚近一位研究斯密 1755 年论文的评论者所断言的那样[4]，或许散布斯密剽窃了孟德斯鸠关于自由贸易、社会经济发展阶段以及经济增长需要和平和机构支持等思想的元凶正是弗格森，而事实却是正是弗格森自己才剽窃了孟德斯鸠的这些思想。这一做法触怒了斯密，并对弗格森产生了一种老死不相往来的冷淡，直到斯密临终之际，弗格森前往看望斯密并做了道歉弥补，才稍有平息。

至于斯密解释说"论文"中所阐述的思想，最早体现在了爱丁堡大学的一门讲座课程中，之所以这样说是想让人们注意到这一讲座，与他作为格拉斯哥大学教授期间所发展的思想之间的联系。这位年轻的讲演者在爱丁堡大学时期思想上的多产性，是怎么强调都不为过的。在涉猎如此广泛的领域内，如美学、科学、哲学和法学，斯密深刻地洞察到了思想体系的本质，提出自己具有开创性的理解，令他在爱丁堡大学的那些"令人尊敬的听众"受益匪浅，也为他今后在社会科学领域开展更为成熟的研究，打下了良好的基础。

[1] Fletcher, 1749：298
[2] Phillipson, ODNB, 2004–7
[3] Ross, 1972：204–5, 209–210；Meek, 1975：99–106
[4] Kennedy 2005：241–8

8. 格拉斯哥大学的召唤

　　我努力的主要目标就是要使自己成为他们那一团体中有用的一员。

　　亚当·斯密在爱丁堡的讲座大获成功，使得斯密如愿以偿地当选为了格拉斯哥大学的逻辑学教授。1750 年 11 月 1 日，斯密以前的老师、逻辑学教授约翰·劳登去世。12 月 9 日星期三，格拉斯哥大学召开会议，确定于 1751 年的 1 月 9 日星期六选举这一教席的继任者。1750 年 12 月 27 日，斯密未来的同事约翰·安德森向吉尔伯特·朗汇报说，至少有两位"有才能的候选人"可以胜任这一教席。一位是哈奇森的另一位学生戴萨特（Dysart）牧师乔治·缪尔黑德，他在爱丁堡大学道德哲学教授约翰·普林格尔请假期间，曾经顶替过他的位置。后来于 1753 年，他当选为爱丁堡大学东方语言学教授；1754 年又当选为人文学（拉丁文）教授；而他作为弗里斯出版社经典文本校对者的工作，则充分展现了他的学者才能[1]。另一位候选人就是斯密，安德森在上文已提及的私人信件中指出，斯密是当时大家一致推荐的候选人[2]。1 月 9 日，格拉斯哥大学要求斯密以前的数学老师、大学评议院的秘书罗伯特·西姆森通知斯密有关选举事宜，并要求斯密"为了获得参选权，在可能的情况下尽快赶到格拉斯哥大学"，还要求斯密上交一篇题为《论观念的起源》（"De Origine Idearum"）的论文，作为评判他资质的依据。

　　现在已经无法找到这一论文的任何文本形式，但这一论文很可能是斯密从不

---

[1] Sher, ODNB—O

[2] Univ. of Strathclyde , Anderson Lib., Anderson/Lang; Meek, 1977: 74

久前他在爱丁堡的哲学历史课程讲义中抽出来的一部分，或更有可能的是来自于他在听劳顿教授的授课时所做的笔记（参见第四章）。这一要求可能是为了考验斯密的正统宗教信仰而提出的，看看他是否可以就上帝这一概念的起源，给出一个理性的或实证的、抑或即理性又具有实证性的可接受解释。斯密在写于 1 月 10 日星期天的一封信中，表示同意参加这次选举。斯密也大概是遵循要求，赶在星期一的"第一班邮车"中就寄出了这一信件。他在信中继续说到，他会尽早地在"星期二晚上"前赶到格拉斯哥大学（12 号），但是他不得不在随后的两天内就返回爱丁堡（14 号，星期四）。即便这样，斯密还是无法"确定他在爱丁堡的朋友们会不会同意他的这次突然外出"[1]。这里斯密也许指的是他向爱丁堡的赞助人们做出的承诺，要继续讲授修辞学和"民法"，直到 1751 年 6 月整个学年结束。

最终，斯密于 1 月 16 日星期六，在格拉斯哥大学参加了校务会议，宣读了要求他提交的论文，获得了所有人的赞许。斯密在格拉斯哥长老会签署了信奉加尔文主义的信仰声明之后，进行了担任格拉斯哥大学教授"惯例的效忠宣誓"。完成这一切之后，他"获得了所有成员郑重地接纳"，然后被允许立即返回爱丁堡，因为斯密明确表示爱丁堡的"事务"使得他不得不即刻返回。经大学校务会议首肯，他指定自 1750 年已经当选为民法教授的赫拉克勒斯·林赛博士，在他不在校的这段时间教授第三年级的课程[2]。

尽管格拉斯哥大学校务会会议记录显示，斯密的当选获得了大家一致的认同，但似乎还是引来了一些尖刻的讽刺。这可以从一封就字迹看是由威廉·卡伦（William Cullen）草拟的写给斯密的信件中[3]推断出来。卡伦刚刚就任医学教授不久，被认为是斯密在爱丁堡讲学期间认识的朋友，后来成了斯密的私人医生。这封书信书写的时间是 1751 年 4 月，当时哲学教授托马斯·克雷吉刚被迫停课，并因为健康原因隐居乡下。卡伦的信中暗示斯密为格拉斯哥大学教职员对他不同的看法而困扰，并希望斯密来到格拉斯哥大学"与他们生活在一起"后这种分歧会消失。很明显克雷吉和其他六位教授之所以支持斯密，"并不是看在任何一个什么大人物的面子上"，而威廉·鲁塔（1750 年 10 月 31 日被任命为东方语言学教授）

---

[1] *Corr.* No. 8
[2] GUA 26640；Scott，1937：137–9
[3] *Corr.* No. 304

声称克雷吉，以及神学教授威廉·利奇曼之所以投票给斯密是在"向亨特福德爵士和阿盖尔公爵致以敬意"。卡伦似乎还暗示斯密曾就自己的选举事宜，致信伦敦的阿盖尔公爵三世和他的表兄阿德伯里庄园的管家威廉·斯密，而这被格拉斯哥大学认为是不太妥当的行为。

或许最好的解释是当时在格拉斯哥大学，至少有两个派别：克雷吉所领导的那一派决心要凭候选人的实力来进行投票；而另一派，包括鲁塔、林赛或许还有利奇曼在内，有他们自己的理由，考虑"大人物"的意愿来进行投票。在这封信的结尾，卡伦指出斯密还是"性情容易激动"，正如斯密在科卡尔迪的同伴所注意到的。他请求斯密"为了自己的安宁和健康着想，在事情没有水落石出之前，不要过度生气或恼火"[1]。

1751 年 10 月，当斯密来到格拉斯哥大学教授逻辑学时，据约翰·米勒[2] 的描述，斯密"很快就意识到了他不得不背离他的前任们所遵循的教学计划的必要性"[3]。斯密的前任之一就是劳登，上文已经描述了他学究气的教学方式。在《国富论》中，斯密将古代传统模式的逻辑学总结为是一门"关于好坏逻辑推理标准的普遍原理的科学"（V. i. f. 26）。斯密将亚里士多德的三段论公式描述为是一种"人为的推理方法"，为格拉斯哥大学学生考虑，既然这是古时候有学问的人所关注的对象，了解一下还是必要的。但是，斯密认为新的时代需要新的教学方式和内容，他提议通过讲授逻辑学和纯文学"体系"来转向"更为有趣而有用的研究"，上文提到斯密在爱丁堡的课程已经是这样做了。

110　　米勒对于这样一种我们不得不承认是斯密所首创的做法的拥护，体现在以下这段文字中：

　　　　解释和展示人脑各种能力最好的办法，也是形而上学最有用的部分，都来自于对我们通过言谈交流思想的几种方式的仔细考察，以及那些对说服或娱乐有所贡献的文学作品所遵循的原则的关注。在这些艺术形式中，我们所觉察或感知到的每一个对象，我们人脑的每次活动，都以一种可以被清晰辨别和记住的方式表达和描述了出来。同时对刚进入哲学大门的年轻人而言，

---

[1]　*Corr.* No. 304
[2]　上文已经提及这位斯密的学生、后来斯密的朋友。
[3]　Stewart I. 16

没有任何文学的分支会比这一学科更适合他们，它可以掌控他们的趣味和情感。[1]

斯密之所以会在逻辑学和形而上学的教学方法上有所创新，或许部分是因为他对劳登作为一名教授的教学方式所持有的批评，以及在他记忆中，牛津大学对亚里士多德逻辑学知识的传授令人生厌的坚持，再加上他刚到达格拉斯哥大学，没有充裕的备课时间等原因。后来的事实证明，这一位年轻的教授在教学上的创新，不仅具有开创性而且影响深远，这点我们将在下文详述。但这一做法并没能让格拉斯哥大学的每个人都满意。在格拉斯哥大学图书馆管理员詹姆斯·伍德罗[2]，与当时在格拉斯哥大学就读的不信奉国教者塞缪尔·肯里克[3] 的通信中，流露出了对斯密授课的一种尖酸不满的情绪。在一封日期为 1751 年 12 月 20 日的书信中，伍德罗拒绝了肯里克下周六的一份邀请，因为他那两位本来计划陪同他一起前往的伙伴，在拖延了一段时间后，还是决定旁听斯密的修辞学课程，而为他们所安排的补课时间刚好就在那一天。伍德罗是用以下这样的措辞向肯里克描述这一课程的：

> 你肯定知道我们有了一种新的课程，因其新颖而吸引了所有人的追捧。这就是所谓的修辞学讲座，那些听众的脑子里被塞满了各种各样的语法术语：条件成分、修饰语、句子的首尾、主格、宾格等等，我真不知道课堂上你还会碰到多少这样的术语。

伍德罗在 1752 年 1 月 21 日给肯里克的另一封信中，继续谈论了斯密的课程：

> 斯密的修辞学讲座的声誉每况愈下。我不是他那领域的专家，所以无法假装能为之找到原因。下周开始，他要讲授法学讲座，我想要去旁听。我听说他对哈奇森先生大放厥词。希望这位年轻人能小心的运用自己的修辞学理

---

[1] Stewart, I.16

[2] 信奉长老会教义的历史学家罗伯特·伍德罗（Robert Wodrow）的第九个儿子。

[3] 后来成为塞汶河港口城市、也是锡铅合金产业中心伍斯特郡（Worcestershire）的比尤德利（Bewdley）的银行家。

论，为自己对哈奇森先生的非难理好思路，筑好栅栏和围墙。因为大学里还有一些支持哈奇森先生的学者，他们或许会将大炮的炮口掉转过来攻击斯密自己。[1]

我们猜测所谓的"大放厥词"，大概就是斯密对哈奇森写作风格的批评。斯密将哈奇森的风格与沙夫茨伯里的华丽表达方式联系在了一起，并与他所推崇的斯威夫特的朴素风格作了对比。伍德罗的晚年为斯密的一位学生巴肯爵士提供了关于斯密的修辞学讲义更为详细、也更多表示赞同的描述，这在上文已经提及。他还提供了一些斯密授课风格的细节，当时在很短暂的一段时间内，斯密想要模仿他的（也是伍德罗的）老师哈奇森的授课风格。

　　到格拉斯哥大学的第一年，斯密之所以会开始讲授法学课程，是因为哈奇森的继任者道德哲学教授克雷吉，在 1751 年 4 月由于健康状况太差，无法继续教学。1751 年 9 月 3 日，斯密从爱丁堡致信卡伦说他将"很荣幸"地尽其所能减轻克雷吉的负担，"您在信中提及，目前他所担任的自然法学和政治学部分的教学，最适合由我来替代。我将很乐意承担这两门课程的教学"[2]。9 月 11 日，大学的校务会议通过了这一安排，同意神学教授威廉·利奇曼讲授自然神学以及哈奇森的第一本著作《伦理学》，而由斯密先生讲授另两本哈奇森的著作《论自然法学及政治学》(de Jurisprudentia Naturali et Politics) [3]。克雷吉、利奇曼和斯密都曾是哈奇森的学生，因而他们的授课都有一个共同的思想来源，尽管方法与侧重有所不同。当然，克雷吉 1751 年道德哲学方向的学生们，也没有任何理由抱怨这一教师任命上的更替。利奇曼和斯密的授课所依据的主要教材是1742 年格拉斯哥大学出版的哈奇森的《道德哲学、伦理学及自然法理学基础续》(Philospohiae moralis institutio compendiaria, ethicis & jurisprudentiae naturalis elementa continuens)。我们完全有理由相信，斯密在授课中也会利用他在爱丁堡的修辞学课程、他所讲授的"民法"讲义中的内容，以及这些内容的历史维度，将哈奇森关于自然法学的学说，扩展成为道德哲学的一个主要组成部分。

　　斯密计划于 1751 年 10 月 1 日到达格拉斯哥，因为他在信中还告诉卡伦，如

---

[1] London，Dr. Williams's Lib .，MS 24.157，14，16

[2] *Corr.* No. 9

[3] 格拉斯哥大学校务会议，1751 年 9 月 11 日会议记录；LJ 1–2

果克雷吉在 10 月 1 日还没有因为健康原因出发前往里斯本，他将与克雷吉会面，商讨教学计划："凡事我都将以这次会面的讨论结果为准，无条件地照此办理，因为我把自己看成是处于他的地位，代他行事"[1]。结果是克雷吉于 9 月获准前往气候更为暖和的地方疗养，而 11 月 27 日，他在里斯本离世。这样的结果肯定是当时人们预料之中，连同随后斯密接任克雷吉的教席、需要再另外任命一位逻辑学教授都是预料之中的事。斯密在同年 11 月某个星期二写给卡伦的另一封信中（当时他还在爱丁堡），提及了上述所有这些变故。

在这封信中，斯密第一次提到了休谟，当时休谟是格拉斯哥大学一个即将空缺职位的候选人。信中流露了斯密对于休谟的为人及其作为哲学家的学术成就的推崇，同样也展现了斯密很强的审慎个性。斯密写道，公众的观点对休谟不利，毫无疑问是因为休谟作为怀疑论者的名声，而大学在这一方面的"利益"是不得不加以维护的："休谟是所有人中我最想要与其共事的；但是我恐怕公众并不会赞同我的观点；出于社会利益的考虑，会迫使我们对公众的观点予以某种程度的尊重"[2]。或许斯密无法想象休谟真的会在格拉斯哥的长老会签署宗教信仰声明，而这是获准成为格拉斯哥大学教授必不可少的一步[3]。 112

哈奇森和神学教授（1744 年当选）威廉·利奇曼都被长老会的成员指责为异端邪说，而他们自己又都反对休谟成为爱丁堡大学 1744—1745 年道德哲学教授的候选人[4]。而且，在上文已援引的伍德罗写给肯里克的信中（1752 年 1 月 21 日），提到全体格拉斯哥牧师前往校长尼尔·坎贝尔那里抗议，说他们不希望休谟被任命为教授。同时，伍德罗还说到他正在阅读休谟的《政治论文集》，尽管他似乎无法完全看懂书中的内容。同年 1 月 10 日，格拉斯哥文学学会成立，斯密和其他教授成为这一学会的最早会员。1 月 23 日，斯密在学会宣读了一篇题为"解读部分大卫·休谟先生关于商业论述的文章"（"account of some of Mr. David Hume's Essays on Commerce"）的论文[5]。我们或许可以设想斯密能为格拉斯哥听众提供一些对于休谟著作的洞见，而这些洞见则标志着作为法学讲义一部分的

[1] *Corr.* No. 9

[2] *Corr.* No. 10；Emerson，1994：15

[3] Stewart and Wright，1995

[4] Scott，1900：84–5；Mackie，1954：202；Mossner，1980：157

[5] Duncan，1831：132

斯密经济学体系的发展迈上了一个新台阶（Skinner, 1990a：250）。

斯密在 1751 年 11 月写给卡伦的信中，暗示了格拉斯哥大学教授任命中的幕后运作。他暗示说他的同事林赛将休谟推荐给了他的好朋友吉尔伯特·埃利奥特。埃利奥特是罗克斯堡郡（Roxburghshire）的代理行政司法长官，于 1753 年当选为塞尔扣克郡（Selkirkshire）议员，受到了阿盖尔伯爵三世的器重，是一位前途无量的政治家。1751 年秋，休谟正在苏格兰西部拜访包括威廉·穆尔在内的朋友。穆尔像埃利奥特一样，是苏格兰保护人制的经纪人之一，主要为阿盖尔伯爵的利益服务。或许在这一次拜访中，就已经计划好了要为休谟谋取这一教授教席，而林赛也是参与其中的一份子。斯密回忆了一次他曾与卡伦讨论关于尼尔·坎贝尔校长提出的辞职，自从 1728 年起坎贝尔就一直担任格拉斯哥大学的校长。他请求卡伦代他向校长致谢，感谢他向阿盖尔公爵特意提到了自己的名字，这或许与任命他为伦理学教授一事相关。斯密曾在爱丁堡公爵所举办的接见会上，由米德洛锡安郡的代理行政司法长官亚历山大·林德[1]引介，见过公爵。或许很快地这位大人物就将坎贝尔院长向他提及斯密一事忘到了脑后。而正是这位公爵彻底熄灭了休谟就任格拉斯哥大学教席的希望，因为米尔顿的儿子，即阿盖尔在苏格兰的主要代理人安德鲁·弗莱彻，于 1752 年向他的父亲汇报说：

> 昨天我在公爵大人的面前摊开与格拉斯哥大学悬而未决的事情相关的书信往来：大人希望我告知您，大卫·休谟先生不能被推荐为做那里的教授，个中的诸多原因您肯定是很容易就想到的[2]。

113　休谟对于自己参选失利的原因当然了然于胸，他宣称"尽管那些牧师的抗议激烈而严正，但是只要阿盖尔公爵哪怕是有勇气给我最低程度的默许"，他在格拉斯哥的"朋友"原本也还是可以帮他赢得这一逻辑学教授教席（HL i. 164）。

尽管大卫·休谟在寻求成为教授的道路上再次受挫，1752 年 1 月他成功地当选为爱丁堡律师图书馆的管理员。该馆有 30,000 册藏书，是英国最好的图书馆之一，尤其是对休谟正在从事的历史学研究而言，就更是如此。第一封现存至今

---

[1]　业余化学家，参与了阿盖尔的格拉斯哥代夫特工厂的运作。
[2]　NLS Saltoun MSS；Mossner, 1980：632

的休谟给斯密的书信，日期是 1752 年 9 月 24 日，其中提到了他们之间关于把亨利七世统治时期作为"英国史"叙述合适起点的讨论。休谟告知斯密，他已收到斯密关于这一话题并向他索要一本拉丁文书籍的书信，但是现在已无法找到。休谟还就他要从詹姆斯一世的统治开始叙述英国史给出了自己的理由。他觉得在这一时期宪政出现了一个伟大的转折点，其结果影响到了现代的事务：

> 正是在詹姆斯的统治下，下议院的地位开始抬升，接着议会特权和王室特权间的斗争也随即展开。政府不再受到王室无上的权威的压迫，展现出了自己的行事方式和准则；而随之产生的不同派系，对我们当下的事态发展仍产生着影响，从而形成了我们历史上最为奇妙、有趣和有意义的组成部分。这之前的事件和起因，则可以通过反思或回顾的方式，巧妙地插入作品的文本内部。用这种方式，整个作品将会更为紧凑一体。

休谟写道，他是带着"巨大的热情和愉悦"开始这一著作的写作，这寥寥数语显示休谟在历史写作上所花费的心思，而历史也是斯密相当感兴趣的主题。正如我们第七章所讨论的，斯密的修辞学讲义中就阐述了历史学家的历史。修辞学讲义中最初并未提及休谟，只是在一句赞扬拉潘·图瓦拉斯（Rapin–Thoyras）坦率公正（*LRBL* ii.73）的旁注中加了一句，"这是十年之前，现在有了一个更好的"。斯密修辞学讲义的第一位编辑约翰·洛锡安[1]认为，这一注释是斯密于 1763 年 1 月 12 日添加的，指的是休谟 1754—1762 年出版的六卷本《英格兰史》。

同样是在 1752 年 9 月的书信中，休谟就他的《道德和政治论文集》（*Essays Moral and Political*）一书向斯密征求意见，看看斯密是否认为有任何需要增减的地方，当时休谟正在为《就若干问题的短著和论文》（*Essays and Treaties on Several Subjects of 1753*）的第一卷进行修改[2]。很明显，休谟将斯密看成是一位具有非凡才智的人，在一封日期为 1753 年 5 月 26 日从爱丁堡寄出的信中，他称斯密为"我的朋友"[3]。在这封信中，他重新谈起了撰写英格兰史的话题，提到了他仔细研读过的大量书籍，以及他所采取的一丝不苟、严谨的阅读方法。他还

---

[1] *LRBL*，1963：112 n. 2
[2] *Corr*. No. 12
[3] *Corr*. No. 13

建议斯密假期到爱丁堡居住，以恢复他因"授课的疲乏"而受损的健康。休谟继续写道，他还想与斯密"交流很多的想法"，并保证斯密总会在爱丁堡找到"一些好同伴"，他也会为斯密提供书籍，斯密"要多少就能有多少"。斯密从中感受到了休谟的个性魅力（这也反映在了1754年阿伦·拉姆齐为休谟所作的肖像画中，彩图C），热烈地回应了休谟的友谊，尽管他并没有毫不犹豫地就接受休谟要他到爱丁堡，与他为伴的计划。然而，斯密确实一直非常崇敬休谟，这可以从《国富论》中斯密给予休谟的嘉许，将他标榜为"当代最为杰出的哲学家和历史学家"中看出[1]。

同时，斯密在格拉斯哥大学的事业进展顺利。1752年4月22日，他以全票当选，就任道德哲学教授的空缺，明确规定的条件就是一直到10月10日之前，斯密仍只享有逻辑学教授的薪金[2]。克雷吉教授原先一个人的授课工作，分别由包括斯密在内的几位同事来承担，这一规定就是为了支付由此而产生的费用。似乎两个教席加在一起的薪水是每年50英镑。而且，道德哲学和自然哲学的教授们还分享一部分学生为获得硕士学位而缴纳的费用。像当时所有的苏格兰教授一样，斯密也赚取由听课的学生直接支付给他的听课费。他的非公开课每个学生一次交一几尼。而公开课则另外再交半个几尼，而在任一课堂上，听课超过两年后，就可免去听课费。一些学生一直旁听了长达五年的道德哲学课程。据说当斯密的朋友约瑟夫·布莱克，在担任爱丁堡大学教授期间，收到学生缴纳的钱币，会进行称量，因为之前有学生用分量不足的钱币来支付他的听课费，使得他损失了不少钱财[3]。

凭借自己的资历，斯密最后享有了在教授大院内的一幢无需支付房租的住房，当时租金要9到13英镑一年[4]。斯密的收入还有一部分来自于接收富裕的学生作为房客，比如在吉尔伯特·埃利奥特的推荐下托马斯·佩蒂·菲茨莫里斯阁下就在1759年至1761年间与斯密住在一起，缴纳每年100英镑的费用[5]。按照在斯密的道德哲学课程由80—90位付费的学生旁听，而在他非公开的课堂上

---

[1] V.i.g.3
[2] GUA 26640；Scott, 1937：139–40
[3] Rae, 1965：49
[4] Scott, 1937：418；所在位置参见 p.420
[5] *Corr.*No.27

或许有 20 位学生听课，再加上其他津贴，我们大致可以估算出来斯密作为格拉斯哥大学教授，在收入高的年份一年就能挣到 300 英镑左右的收入，而在 1753 年这样收入欠佳的年份（当时斯密和继他之后成为逻辑学教授的詹姆斯·克洛甚至说入学的学生人数是如此之少，以至于他们都不想再开课了），斯密的收入就会减少到 150 英镑左右[1]。担任人文学教授长达三十多年的威廉·理查森，或许是那一时代的格拉斯哥大学教授中最为赚钱的一位。他在大学的薪俸只有 30 英镑每年，但是每位房客每学年要向他缴纳 75 英镑，再加上在最好的年份大概有 500 位学生旁听他的课程，交给他大概 1,500 英镑一年的听课费。[2]

正如晚近学者们所指出的，斯密所处时代苏格兰大学教育的核心是道德哲学的教学，也是苏格兰启蒙运动的核心所在[3]。正如休谟无法就任爱丁堡大学和格拉斯哥大学教授一事所展现的，尽管当时苏格兰已经有了一定程度的哲学和宗教自由及其多样性，但是教会还是可以对任命权进行控制。苏格兰的学术界没有像在新教徒专政的德国国立大学（比如，耶拿大学、莱比锡大学、哈雷大学，以及 1737 年之后的哥廷根大学）那样出现大一统的趋势[4]。正如《国富论》所指出的[5]，知识分子在这些机构中当然也能获得支持，但是他们面临着政治和宗教上的限制，并且几十年来，一直受着克里斯琴·沃尔夫哲学所施加的严格思想控制[6]。

格拉斯哥大学道德哲学课程，具有宽广的视野，这一传统可以一直追溯到 16 世纪。在 16 世纪早期，约翰·梅尔在格拉斯哥大学讲授《亚里士多德伦理学》，并于 1530 年编辑出版了该书，在讨论"伦巴都教义"的讲义中，他还涉及了经济学问题。不仅如此，16 世纪 70 年代，安德鲁·梅尔维尔和他的侄子詹姆斯·梅尔维尔还讲授了亚里士多德的道德哲学[7]。格尔松·卡米凯尔和哈奇森则脱离了这种新亚里士多德主义，两人开始介绍格劳秀斯和普芬道夫的自然法传统、斯多亚伦理学以及沙夫茨伯里的仁慈哲学和道德感。克雷吉的教学任务得由包括斯密

115

---

[1] GUA 26649；Scott：1937：67

[2] Moss，ODNB，2004。

[3] Stewart-Robertson，1983；Emerson, Sher, and Wood，两者都为 1990；Haakonssen，1995

[4] Nissen，1989

[5] V.i.g.39

[6] Boyle，1992：17—18

[7] Durkan and Kirk，1977：158，279

在内的几位教授分担这一事实，就反映了 1751 年格拉斯哥大学道德哲学这一公共课程所囊括的宽广范围以及其兼容并蓄的特点。这一课程由四部分组成：自然神学、伦理学、法学和政治学。约翰·米勒写道，当斯密开始教授第一部分时，"他思考的是上帝存在的证据及其特性以及那些使得宗教得以创立的人类心灵秉性"[1]。在《古代物理学史》一文中，斯密列举了这些"秉性"，认为世界早期的"无知、思维混乱""必定会导致产生怯懦的迷信，这种迷信将几乎每一个意料之外的事件都归因于不可见的独断意志的体现，服务于其私密而独特的目的"。然而，最后哲学家开始将宇宙看成是一个"完整的体系，由普遍的法则控制着并为某一普遍目的服务，即宇宙自身及其居于宇宙之上的所有物种的持存和繁荣"。这一体系的统一性，就意味着创建并为之定性的原理的统一性。因而，"正如无知产生迷信，科学使得在并未受到神启的国家中第一次产生了一神论"[2]。

斯密对伴随着神学启蒙的宇宙体系观念的强调，与他讲授修辞学、伦理学、法学和经济学体系时，所采用的方法一致。这种授课方法赋予了斯密所探寻的思想世界以连贯性，也对学生产生了有利的影响。而在斯密的同事中，也有采用类似授课方法的，比如医学科学家威廉·卡伦和约瑟夫·布莱克。同样，并不是所有人都欣赏这样一种授课方式。戈万牧师威廉·汤姆，这位格拉斯哥大学教授们执着的批评者，就取笑这些教授说，就是他们自己在房间里阅读自己的体系时，也都会很快坠入梦乡[3]。然而，这些授课还是在学生中留下了深刻印象，随后介绍这些体系的著作也打动了读者。

这一种强调完整体系的思想传统一直持续到了萌芽于 18 世纪末英国、兴盛于 19 世纪的新工业时代。"体系"一词在当时的流行就是证据之一，指的是依赖于工厂所有组成部分之间相互配合的机械化生产单位。因而，在纺织品的生产过程中，纺织厂的组织应该适应整个"体系"，这样为纺织做准备工作的机器和纺车互相之间就不会有谁超过谁、谁落后于谁的问题，两者会以一种经济的方式互相平衡，生产出一个重量单位的纺线或是一定重量的纺线[4]。结果是工厂的建筑和布局，以及纺织工人所面对的境况都受这一"体系"的控制。

116

---

[1] Stewart I.18

[2] "Ancient Phisics" 9；cf.*WN* V.i.f.28

[3] Thom, 1764；Mackie, 1948；49

[4] Watson, 1990；28

斯密开始意识到，为了适应这种制造体系而必然产生的劳动分工，会导致工人精神受损[1]。他提出教育可以发挥一定的作用，为国家抑制这种将市民异化为工厂里微不足道的小部件的危险。斯密认为教育会增加普通人的自尊心，从而使得他们得到上级的更多尊重，进而又使他们对上级也更容易产生敬重。更重要的是，在斯密看来，教育是一种解药，可以对抗"由狂热和迷信所造成的幻觉，而这种幻觉会在无知的民众中产生最为可怕的骚乱"[2]。

在自然神学的讨论中，就"上帝的存在以及特性"这一问题，斯密很可能遵循他自己以前的老师哈奇森的做法，对塞缪尔·克拉克所提出的先验理性持批评态度[3]，而采用巴特勒主教所设想的或然说[4]。斯密设想自然神学中的上帝是"伟大、仁慈、全知全能的存在；他指挥着一切自然活动，决意用自己永恒不变的完美，一直维持着其中最大可能的幸福量"[5]。这一概念深受斯多亚学说的影响，也是哈奇森所教授的道德哲学"非公开"课程中的主要内容[6]。斯密课程中第一部分的讨论，并未给正统宗教观点持有者们留下深刻的印象，这从喜好收集轶事的约翰·拉姆齐的评论中可见一斑：

> [斯密]关于自然神学的思考，尽管篇幅不是很长，但在满足人类的骄傲这一点上，却并不逊于哈奇森的学说。两位自以为是的年轻人都从中得出了并没有足够根据的结论——即人类可以自然而然地发现神学中的伟大真理以及人类对于上帝及自己邻人所怀有的义务，而不需要任何特殊的启示。

拉姆齐还提到，人们由于斯密所交往的伙伴，而对他所提出的学说是否可靠表示质疑，这里暗指斯密与休谟之间的友谊。斯密还被拉姆齐描述为是一位"言语小心"的人，他写道斯密似乎很反感上课前的公开祷告，并且曾申请免于这一程序，但未获成功。斯密所做的祷告有着"很浓厚的自然神学意味"，拉姆齐还进一步记录了斯密并没有像哈奇森那样，利用每周日讲授更为深入的道德哲学

---

[1] *WN* V. i. f.50

[2] V. i. f.61

[3] A Demonstration of the Being and Attributes of God, the Boyle Lectures, 1704

[4] The Analogy of Religion, 1736

[5] *TMS* VI. ii.3.2

[6] Richardson, 1803：514

课程[1]。

斯密写给朋友威廉·约翰斯通的书信，反映了斯密对于担任教授期间强制性的宗教义务的反感。信中，斯密建议约翰斯通不要在复活节这一"神圣周"来格拉斯哥大学，而要在他假期快结束时过来："那时因为过去一周的阴郁气氛一扫而空，周遭每样事情都会令您欣喜不已"[2]。然而，斯密并不准备像休谟那样，接受一个没有创世者的世界的设想："这样一种没有天父垂爱的世界的设想，必定是所有设想中最令人心伤的了"[3]。或许，我们能从这句话中感受到斯密自己自幼丧父情感的一种投射？

斯密课程中的自然神学部分并没有以任何形式出版，但是课程中的伦理学部分，根据约翰·米勒的说法"主要是由……后来出版的《道德情操论》一书中的学说所组成"。当这本书被出版后，斯密的授课内容也相应做了调整，伦理学学说在课程中所占的比重减少，而更多的注意力用于更为充分地阐述法学原理和政治经济学原理[4]。听起来很有道理的一种说法是斯密是以提出两个问题来开始他的伦理学授课的：什么是美德？是什么促使我们想要成为一位具有美德的人？[5]。接着，斯密从历史的角度，回顾了自柏拉图一直到休谟，历史上主要的道德哲学家们针对这两个问题所给出的答案[6]。在下文第 11 章，我们将详细讨论斯密所做的这一回顾的特点以及他自己以同情学说为核心的道德哲学理论形成与发展过程。

这里我们只说明留存至今的斯密伦理学讲义片段，反映了斯密着手准备写自己的第一本著作手稿之前，其伦理学思想发展所处的阶段。这一讲义片段保存在了一位抄写员的手中，上面还有斯密自己所做的两三处修改，因为斯密的习惯是先口述自己的文章让人记下（包括绝大多数修改），然后再自己动手做最后的几处修改[7]。

作为这一片段来源的讲义，似乎是以一般意义上的正义作为其主题。约

---

[1] Ramsay，1880：i.461–2

[2] *Corr.* No.297

[3] *TMS* VI.ii.3.2

[4] Stewart I.18，III.1

[5] *TMS* VII.i.2

[6] cf. *TMS* VI，edns.1–5；VII，edn.6；Raphael，1976：4

[7] GUL MS Gen. 1035/227；*TMS* 388–90

翰·米特福德牧师在自己的笔记中记录说，1831 年在一卷亚里士多德的著作中发现夹着这一讲义片段。斯密藏书中收藏有希腊文和拉丁文四卷本的亚里士多德著作系列，由巴黎大学希腊文和拉丁文皇家教授纪尧姆·杜·瓦尔编辑，于 1629 年在巴黎出版的第二版[1]。大卫·拉斐尔猜测这一讲义片段是从讨论《尼各马可伦理学》（*the Nicomachean Ethics*）[2] 的第三卷中找到的，并给出了理由。他认为斯密在将讲义上的内容写成《道德情操论》一书的过程中，需要就自己的陈述与资料来源，比如亚里士多德的著作，进行对比确认。这一讲义片段指出"根据最为完美的合宜标准正当地行事"，在"这些学派"（即被认为是继承了亚里士多德衣钵的中世纪学者的传统）中，被称为"分配正义"。《道德情操论》的 VII.ii.1.10 部分向我们展示了斯密是怎样对这一直截了当的观点进行修饰完善。斯密加了一个脚注，引用了《尼各马可伦理学》（5.2）的内容，清楚地阐明了"亚里士多德的分配正义概念与此有所不同……指的是社区公共财物所产生的收益的分配"。在这一讲义片段中，斯密表达了交换正义"本身就可以完全准确地被称为正义"这一观点。这里的交换正义，斯密指的是不能伤害邻人的人身、财产、名誉等这样一种以否定形式表达的正义；斯密在终其一生的职业生涯中都持这种观点。

这一讲义片段还讨论了"不适当的惩罚"这一概念，斯密评论说："施加于罪犯完全不是他应得的或是远超出其罪行的过失程度应受到的惩罚，是对罪犯的一种伤害"。斯密还列举了一位哨兵因在执勤时睡觉而被处决的例子。但是，他宣称这一惩罚从效用的角度，即"仅仅从社会整体利益这样一个角度"来看是完全正当的。与斯密自己所认为的过度惩罚是"对罪犯的一种伤害"，因而是不正义的观点相矛盾，就哨兵这一例子，斯密却说道"在心里我们无法谴责这一必需的严厉的惩处。一个人应该为成千上万人的安全做出牺牲，再没有比这一点更为正当的了"。

睡着了的哨兵的例子在《法学讲义》[3] 以及《道德情操论》[4] 中都再次被提起。书中，斯密省略了那些有关"对罪犯的伤害"的话语，或许是表明他意识到了这一矛盾，但是没能找到方法，解决我们觉得其非正义的感受（一种"自然的

118

---

[1] Mizuta
[2] *TMS* 396–7
[3] （A）ii.92 和（B）182
[4] II.ii.3.11

道德情感"）与出于效用的考虑之间的冲突。正如第一章所提到的斯密的父亲曾在苏格兰军事法庭任职，或许正是这一家庭背景，激起了斯密对于睡着的哨兵这一案例的兴趣。同样的，家庭背景以及斯密的阅读积累，在讨论"战争法"以及道德哲学课程第三部分所讨论的其他法律问题（在斯密伦理学讲义的片段中有所预示）中都产生了一定的影响：

> 那些最符合正义自然原理的规则，或是那些与我们情感（我们对于这类判决应该受到怎样制约的感受正是来源于这些情感）最为类同的规则，构成了所谓的自然法学或普遍法学原理理论。它们组成了道德情感理论非常重要的一部分。然而，我不会在这里就这些展开分析，因为我打算以后再开设另一门课程讨论这一主题[1]。

在米勒关于组成这"另一门课程"的讲义的描述中，指出了斯密自然法学思想的另一来源，即孟德斯鸠思想的贡献，把它加入了斯密自学生时代以来就熟悉的以格劳秀斯、普芬道夫和哈奇森的著作为代表的自然法传统中：

> 在这一主题的授课中，斯密似乎遵循的是孟德斯鸠所提出的计划。致力于追溯法学（无论是公法还是私法）的缓慢发展进程，从最原始时代开始一直到最文明时代，并指出那些能为人类的持存和财富的积累有所贡献的技巧技艺，在法律和政府方面相应地改善或改变中所产生的影响[2]。

在米勒自己关于英格兰政府历史的探究中，米勒进一步发展了斯密所采用的方法，并清楚地表明了其来源以及给予他的激励：

> 我很荣幸地为自己从这位杰出的哲学家 [亚当·斯密] 那里所获得的恩惠向他致谢。在我年轻的时候，能有幸聆听他的文明社会史讲座，并能与他就同一话题进行毫无保留的交谈。伟大的孟德斯鸠为我们指明了方向。他是

---

[1]　*TMS* 389

[2]　Stewart I. 19

哲学这一分支中的培根男爵，而斯密博士则是这一分支中的牛顿。[1]

这里所指的是孟德斯鸠所著的《论法的精神》，1748 年在该书第一版出版后不久，休谟就在都灵非常欣赏地拜读了这一著作。孟德斯鸠后来送给了休谟一册该书，以表达他对休谟的著作《道德和政治论文集》（1748）的敬意。在《道德和政治论文集》中，休谟表述了自己关于历史因果性以及社会环境与法律及其他机构之间关系的深刻洞见。到 1749 年，休谟在爱丁堡负责出版了孟德斯鸠著作《论法的精神》的英文翻译摘要，作者本人对这一摘要进行了最后一次出版前的校对。

约翰·布莱克为苏格兰知识界和孟德斯鸠之间牵线搭桥，建立了直接的联系。布莱克是一位酒类经营商，他是孟德斯鸠在波尔多的生活圈子中的一员，也是斯密在格拉斯哥大学的一位同事兼朋友医学科学家约瑟夫·布莱克的父亲。斯密在爱丁堡关于"民法"的讲座，完全有可能体现了他对于孟德斯鸠"哲学史"的兴趣。孟德斯鸠认为法律的动态性，回应了在各种各样、具有历史变化性的社会和经济环境中人类的不同需要，对于这位法国作家的这一主要洞见，斯密以及他的朋友们，如凯姆斯和詹姆斯·达尔林普尔爵士 [2] 做出了积极的回应。[3]

斯密在格拉斯哥大学三个独立学年中，所讲授的法学讲座相关的资料，很幸运地留存至今。或许是在 1753 年至 1755 年之间，格拉斯哥大学毕业生兼斯密同事（1754—1756 年就任东方语言学教授，从 1757 年开始就任自然哲学教授）约翰·安德森在他的著作《备忘录》（*Commonplace Book*）中，呈现了似乎是一位学生所记录的斯密道德哲学课程中法学部分的一些选择性摘录 [4]。讲座中主要话题的顺序似乎依次如下：引言、财产（包括遗嘱）、合同、刑法、夫妻、父子、主仆、政府和"警政"（这是一个来自法语的术语，最初的意思是指对于卫生、安全和货物价格等方面所实施的管理。但是，斯密在法学讲义中，将其意义扩展，用来讨论旨在促进"富裕"或用我们现在的话来说，促进经济增长而实

[1] Millar, 1803：ii.429–30 n.
[2] Philipson, ODNB–O, 2008
[3] 18 世纪的苏格兰社会对于孟德斯鸠、伏尔泰以及卢梭有着浓厚的兴趣，从当时不计其数的他们著作的版本和翻译中可见一斑：参见 Howard（1959）。
[4] Univ. of Strathclyde, Anderson Lib., Anderson Commonplace Book, MS 35.1：292–368；Meek, 1977：57–91

119

施的各种管理）。这一顺序与上文我们已提到过的格拉斯哥大学所使用的哈奇森的教科书《道德哲学体系简介》（*Philosophiae Moralis institution compendiaria*）（1742）中所读到的顺序很相似。该教材中一个章节的标题 "De Rerum Pretium" 也在安德森的摘录中讨论价格的那一部分的标题 "De Pretio Rerum" 中得到了回应。而且在这一摘录中还有两处具体的带页码的引文，其参考的书目就是这一著作的英文翻译版本《道德哲学简介》（*A Short Introduction to Moral Philosophy*）（1747），而并不是哈奇森思想的最终的扩展版本《道德哲学体系》（*A System of Moral Philosophy*）（1755）。

然而，安德森的《备忘录》中的摘录显示孟德斯鸠的著作曾经激励斯密用一种崭新的方式来思考这些话题。摘录中有好几处提及了孟德斯鸠著作中的思想，其中一些是斯密所推崇的："[他的]国家权力在各部门的划分是合理的"[1]，而另一些则是批判性的："Fur manifestus and non manifestus [盗窃行为并受到了怀疑]。Vide *L'Esprit des Loix* 是一种很有创见的说法但是似乎证据不够充分"[2]。斯密在孟德斯鸠思想的引导下，就影响国家法律制定的诸多因素之一，即谋生方式，进行了深入的思考。斯密进一步发展了孟德斯鸠的思想，认为有三种主要的谋生方式：猎人的谋生方式、牧羊人的谋生方式以及农夫的谋生方式。

120

罗纳德·米克认为，从安德森笔记中所反映的斯密讲义内容来看，斯密当时的社会发展阶段论，还没有发展到如法学讲义（A）和（B）中那样的羽翼丰满的程度。尤其，他还未能明确地将每一种"社会的完善状态"与财产的一系列相关安排区分开来。事实上，笔记一开始是孟德斯鸠关于这三种状态中财产持有问题的评论，但是斯密考虑到了始于英格兰的圈地运动，描述了第四种状态[3]即"商业获得确立"的状态。斯密将这一状态与制造业和贸易联系在了一起，也与城镇和乡村的人口稠密度以及由于农业中需求上升而最终导致公共牧场所有权的变化联系在了一起。斯密关于这四种社会状态的思想已足够清晰，尽管笔记的内容确实是有些断章取义。

然而，斯密的经济学授课正是以哈奇森的自然法学概念作为其最初来源的。在哈奇森的《道德哲学简介》以及在他死后出版的《道德哲学体系》中，哈奇

---

[1] p. [39]

[2] p. [19]

[3] p. [12]

森将讨论价格、货币和利息的章节，作为其关于合同的整体讨论的一个组成部分[1]。哈奇森的大致观点是正义存在于对个人（不管是"物的"还是"人身的"）权利的维护之中。他写道，最主要的"物的"权利就是财产权，财产的转让经常需要合同的保障。哈奇森指出一个必然推论就是合同通常会牵涉一些"人身的"权利。在他看来，合同是"构成人身权或物权的总引擎"[2]。哈奇森猜想财产可以通过礼物的形式或"在贸易中有价考量"的方式自由进行交换，因而他接着引出了关于价格和货币的讨论："为了维持人与人之间各种物品和服务交换中贸易形式的存在，必须有某种方式能让我们对贸易对象的价值进行估算"。如果安德森的摘录记录准确的话，斯密早期的法学讲义也是在合同的标题下讨论了价格和货币。然而，从摘录内容看，斯密远远超越了哈奇森，而将汇票、股份以及纸币也纳入了讨论范围。安德森的摘录显示斯密当时已经开始讨论经济学问题，或许是因为斯密意识到格拉斯哥已经具备了一种相对先进的商业模式，学生们会自然地对各种与合同相关的一系列问题感到好奇。而且，摘录中提及了休谟《1752年政治论文集》（*Political discourses of 1752*）一书中所收录的七篇经济学论文之一的《论利息》（*Of Interest*）[3]，让我们看到了斯密对经济学最新文献的关注[4]。

当我们转而去看能为斯密的法学讲座内容提供更为详细确凿证据的1762—1763（法学讲义（A））和1763—1764（法学讲义（B））两个相连学年斯密所讲授的法学讲座记录时，会发现这时斯密讨论的经济问题已不再与合同相关，而是与警政相关。约翰·米勒这样描述了这一部分的内容：

> 在讲座的最后一部分，[斯密]所考察的对象不是建立于正义原则之上的那些警政管理，而是以方便和实际为原则，旨在增加国家的财富、权力以及繁荣的那些警政管理。从这一角度出发，斯密思考了与贸易、金融、教会以及军队机构相关的政治机制。斯密关于这些主题的授课内容，包括在了他

121

---

[1] 两本著作都是在第二卷的第12、13章。

[2] Hutcheson, 1969：v.358

[3] p. [12]

[4] Meek, 1977：73-4, 77-81, 85

后来出版的题为《国富论》一书中。[1]

以米勒描述中的最后一句话为指导，本书将在下文专门讨论《国富论》这一著作的第 17 章，介绍斯密关于警政这一主题的讲座内容。

至于这两本讲义的来源及性质，法学讲义（B）的手稿发现于 1867 年。1895 年 4 月 21 日，一位爱丁堡律师查尔斯·马科尼奇向伦敦经济学院教授埃德温·坎南报告了这一留存下来的笔记手稿。1896 年，这一讲义经由坎南教授编辑，牛津大学出版社出版。这一八开本书的手稿，扉页上写着："道德哲学教授亚当·斯密在格拉斯哥大学所讲授的关于正义、警察、岁入及军备的演讲中的法学或讲义笔记"。除了这一信息外，还有日期"MDCCLXVI"。这一日期连同笔记内部，都证明是 1766 年一位职业抄写员的手稿，而这一手稿又是这位抄写员将 1763 — 1764 年斯密道德哲学课堂上真实记录的笔记，经过编辑，并重新誊写而得来的。1764 年 1 月斯密辞去教席，并安排由托马斯·杨顶替他教授相关课程。杨是于 1763 年从格拉斯哥大学毕业的硕士研究生，因而是斯密以前的一位学生。因为杨当时是以神学专业的学生身份注册就读的，很可能他的授课方式是在课堂上宣读斯密留给他的上课讲义，这意味着法学讲义（B）能够帮助我们更好地了解斯密所写的内容；正如以 1762—1763 学年学生所做笔记为基础的法学讲义（A），能够帮助我们更好地了解斯密在课堂上的讲授内容。而且，法学讲义（B）提供了一份相对可靠的索引，在某些章节，它更像是一种摘要，它也没有像法学讲义（A）那样给出实际授课的日期[2]。

两个版本讲义间的另一个重要不同之处体现在内容的组织上。在法学讲义（B）中，斯密声明他的主要论点是关于政府的起源及其特性：

> 财产与文明政府两者之间有着很强的互相依赖关系。首先，财产的持有和占有上的不平等使得政府得以产生，而财产的占有状态也必须总是随着政府形式的变化而变化。

---

[1] Stewart, I.20
[2] Raphael, 1976：6–8；*LJ* 引言。

接着，斯密就从这一角度出发对主要话题的讨论顺序作了评论：

> 民法学家 [以罗马法为来源的民法专家] 最先考虑的是政府，接着讨论财产和其他权利。其他研究这一主题的学者则从后者开始讨论，接着再考虑家庭和文明政府。这两种方式的任何一种都有其特有的几种优势，尽管民法的讨论顺序从整体而言似乎更受青睐。[1]

法学讲义（B）采纳的是"民法专家"们的讨论程序，先讨论政府、国内法、财产和其他权利，再接着是"警政"，主要指向的是"获取财富和繁荣的最合宜的方式"[2]，而这些也就构成了斯密政治经济学的主要内容。

关于斯密以及苏格兰启蒙运动中有所建树的法理学家，诸如凯姆斯勋爵和约翰·米勒的法学思想所产生的影响，我们可以从爱丁堡大学公共法和自然法及国家法教授 1788 年所提供的授课提纲中有所了解。这为我们大致勾勒出了斯密在他的历史自然法理学课程中所讲授的内容：

> [教授] 从人类的本性及其所处环境出发，追溯了政治体制的出现；描述了它们从社会原始阶段开始的演进过程；讨论它们在古代和现代主要国家中所展现的历史及特点。他将分别单独考察这些国家，根据导致政府在形式、特征以及革命等方面所展现的多样化的那些普遍原因将它们进行分门别类。用这样一种方式，教授将致力于建构一门关于法的精神的科学 [明显是对孟德斯鸠思想所做出的一种回应]，但是，是从相关的另一角度，即作为政治主体的人的自然史角度出发加以建构的。因而，在课程结束时，讨论了地方法、政治经济学以及国家法律的普遍原则[3]。

写作这一授课提纲的老师为阿伦·马科尼奇，后来晋升为法官（the Bench），被称为梅垛班克男爵一世。约翰·凯恩斯在叙述斯密对苏格兰法学教育所产生的影响时，引用了上述这段文字，指出了马科尼奇教授并不是斯密的学生，而是我们

122

[1] *LJ* (B) 11
[2] p. 205
[3] Arnot, 1788：398

所知的法学讲义（B）最早的主人詹姆斯·阿伦·马科尼奇的父亲。因而，很有意思的一种可能性就是马科尼奇教授获得了斯密的这一讲义文本，将其作为自己备课的一种参考[1]。

至于法学讲义（A）（1762—1763），正如我们所知，是像18世纪50年代早期安德森摘录所显示的那样，遵循的是"其他就这一话题有过论述的学者"（包括哈奇森）所做的规划。因而，讲义中囊括了关于财产及其他权利、国内法、政府以及最后警政等主题的论述。不幸的是，法学讲义（A）并不完整，在其论述警政部分的大概三分之二处，突然断掉了，或许缺失了手稿的第七卷。而其他六卷则是由约翰·洛锡安教授于1958年，在阿伯丁郡怀特豪福斯–利斯家族图书馆所出售的书籍和论文中发现的，同时发现的还有包含修辞学讲义的其他两卷手稿。布莱斯推测，这些讲义是由这一家族成员的某位家庭教师带到怀特豪的，他要么自己就是斯密以前的一位学生，要么是他直接或间接地从某位旁听过斯密授课的人那里获得了这些记录。另一种可能是斯密道德哲学教授教席的继任者托马斯·里德，将这些记录给了非常喜欢读书的某位家族成员，因为里德是阿伯丁郡人，也一直与这一地方保持着联系。里德确实曾经为获得这样的讲义记录而向外界发出过请求呼吁[2]。1764年10月10日，在就任格拉斯哥大学教授的就职演讲中，里德就曾说道，"如果在座的先生们或任何一位其他人，能够为我提供[斯密的]讲课笔记，不管是关于伦理学、法理学、警政还是修辞学的，我都将感激不尽"[3]。

可以肯定的是，斯密并不鼓励学生在他的课堂上记笔记。斯密的这一态度在其所处时代是广为人所知的，而在他的讣告中也有提及："博士通常对自己的讲义的所有权是极端爱惜的……他担心有人会将他的授课内容转录成文字出版。当他看到课堂上有任何人在记笔记，他常常会重复说'他憎恶那些随手涂鸦的人'"[4]。然而，或许斯密会同意托马斯·里德曾经表达过的观点，即那些在课堂上记得最多的学生，理解得最少，"那些下课后经过仔细的回忆，再记下笔记的

---

[1] Cairns，1992：182–3

[2] *LRBL* intro. 1–2

[3] AUL Birkwood MS 2131/4/II

[4] *Gentleman's Magazine*，60（1790），762

学生，理解得最透彻，也最能达到记录的目的"[1]。而这也正是富有思想性地重建一个哲学体系所需要做到的。

斯密的整个授课计划对体力有很高的要求，难怪在 1753 年春的书信中，休谟要担心"上课带来的疲乏"会影响到他朋友的健康[2]。从 10 月 10 日一直到 6 月 10 日，除了法定节假日的休息外，每个工作日斯密都从早上 7：30 开始向所有旁听道德哲学课程的学生授课一个小时，然后从早上 11：00 开始，他又与三分之一左右参加了第一次授课的学生进行大约一小时的问答。这是他"公共课"的碰面会。一星期中还有三天，星期一、星期三、星期五，他从中午一直到下午 1：00 讲授"非公开"课程。

从斯密的《法学讲义》（A）和《纯文学与修辞学笔记》中，我们可以很完整地重建斯密在 1762—1763 年所讲授课程内容的循环。从 1762 年 10 月到圣诞前夕，在"公共"课程中，斯密所讲授的无疑是自然神学和伦理学。似乎是在 11 月 17 日，斯密开始讲授修辞学课程，一直到 1763 年 2 月 17 日结束。12 月 24 日，斯密开始讲授法理学课程，在 2 月中旬讲授完私法和国内法后，于 2 月 21 日斯密开始在"公共课"中讲授正义话题，并于 3 月 24 日在这一标题下完成了关于政府体制发展四阶段论的阐述，这四阶段政府体制分别对应以渔猎、游牧、农业以及商业作为主要谋生方式的社会形态。接着，斯密讨论了奴隶制的兴起和衰败、都铎王朝专制统治在英格兰的发展以及随后通过国会反对詹姆斯一世和查尔斯二世统治而使公民自由权利得以恢复。在这一部分，斯密介绍了休谟、凯姆斯以及达尔林普尔在孟德斯鸠对于法的精神的探究激励下，而产生的思想，同时也加入了自己相关见解的阐述。斯密谈到了在英格兰，贵族的权力也和其他地方一样，因为"艺术、商业及奢侈品的出现"[3]，正处于下降过程中，接着他在谈论警政的那一部分课程中，提及了"通过贸易创造财富"这一主题。这一讨论想必至少要一直持续到 5 月，尽管 4 月 13 日之后的讲义记录已缺失[4]。

据詹姆斯·伍德罗后来的回忆，在讲授"公共"课时：

---

[1] AUL Birkwood MS 2131/8/III

[2] *Corr.* No. 13

[3] *LJ*（A）iv. 157

[4] *LJ* intro. 15—22

一开始，[斯密]进行了一种值得赞赏的尝试，想要模仿哈奇森充满生气的授课方式，不带任何写好的讲义，在教室里上下走动讲授伦理学；但是斯密并不具有哈奇森可能天生就拥有的或是在都柏林专科学校授课中通过不断锻炼和习惯培养中习得的这方面的才能；斯密博士很快放弃了这一尝试，很规矩地坐在讲桌上读完了剩下的极有价值的讲义。以同情共感机制为基础的《道德情操论》这一著作，是斯密一种极具开创性的尝试，用一条普遍的原理来解释伦理世界中的所有主要现象，就像自然世界的重力原理一样。但是研究哈奇森的学者们对此，并没有像对待他们已熟悉的那些解释那样感到满意。斯密的其他讲座则受到了这些学者以及所有听众的推崇，尤其是那些关于货币和贸易的讲座。[1]

这里所描绘的画面是一位年轻的教授想要模仿激情四射的哈奇森的授课方式，但是后来还是谨慎地坐回到了讲桌旁，安安稳稳地读完了他的讲义。可以与这一画面形成互补的是关于斯密在道德哲学课程一小时的问答时间，即兴教学场景的描写。斯密的另一位学生威廉·理查森认为，这种口头问答的教学方式大有裨益：

这样的一种问答被认为与学习者大有裨益，因为这使他们注意力集中、明确自己所处的水平；也给老师提供了一个机会，将学生还未完全理解的那部分讲义内容，更为清楚地予以解释。那些接受过斯密博士教诲的同学，会满怀欣喜地回忆起斯密博士用充满激情的、生动的即兴口才所阐述的许多偶然岔开出去的解释例证甚至是讨论，这些都是在问答的过程中斯密先生临时想到的，话题不仅仅与伦理学相关，而且也涉及文学评论。同样，在斯密先生偶尔就西塞罗的哲学著作进行的阐述中（这也是道德哲学课程问答中的一个非常有用和重要的主题），也很好地展现了他渊博的学识。[2]

更多能证明斯密具有"充满激情的、生动的即兴口才"的证据来自于约翰·米勒。米勒写道，他这位以前的老师"几乎完全是依靠他那即兴的演讲艺术"讲授课

---

[1] Mitchell Lib., Buchan MSS, Baillie 32225, fos.47–51

[2] Richardson, 1803：507–8

程。米勒记得斯密的讲授方式与其说是"优雅的",还不如说是"直白而不造作的";而另一位斯密授课的见证者则提到了斯密"刺耳"而"含糊"的发音,"近似于结巴"[1]。

米勒还写道,斯密自己对于所讨论的主题具有极大的兴趣,这种兴趣"总是能毫无例外地激起听众的兴趣"。很可能是在回忆自己旁听过的伦理学或法理学课程时,米勒描述了斯密一种很有特色的讲课组织方式。这一组织方式似乎可以反映斯密对于"授课口才"的理解[2],以及对于似是而非的说法的喜好,斯密在"天文学史"中[3]宣称,"博学之人是如此自然地"具有这种喜好:

> 每堂课一般都是由几个不同的命题组成,斯密会依次努力加以证明和阐释。这些命题,笼统地说来,就它们的外延而言经常有一种自相矛盾的意味在里面。在斯密尝试解释它们的过程中,他通常一开始总是显得对于主题不是具有十足的把握,说话有些犹豫。然而,当他向前推进时,话题内容似乎自己向他蜂拥而来,使得他的言行变得热情而又有生气,他的表达也轻松流畅了起来。在指出可能存在的矛盾之处时,你可以很容易就察觉出他其实心里所秘而不宣的观点是与之相反的,正因为此,斯密会用更多的精力和激情来论证支持这些命题。经过充分而又多样化的阐述,话题在他的手中逐渐丰润起来,成功地抓住了听众的注意力,给他们带去愉悦及教诲,而没有令人生厌地重复同一观点。这是一个追循着同一对象,探究其在各种各样的不同背景和角度中的呈现,然后再重新将它推回到衍生出这许多美妙思考的最初那一命题或普遍真理的过程[4]。

我们或许可以想象,斯密正是用这种方式阐释了其关于奖惩对象的伦理学学说或关于自由贸易的经济学学说[5]。我们可以在想象这一画面时再加上一些细节,如斯密会凭借自己所挑选出来的听众,是否显出与他同情共感的迹象,来判断自己

125

---

[1] Carlyle, 1973: 141

[2] *LRBL* ii.125–6

[3] iv. 34

[4] Stewart, I.21

[5] 比如,*LJ* (A) vi.87, 1763 年 4 月 6 日。

当时所讲授内容的效果。斯密向爱丁堡治安法官兼市长老阿奇博尔德·阿里森描述自己的这种做法：

> 在整一学年中，某位长相普通、但表情丰富的学生，对我判断自己的授课是否成功有着很大的用处。他醒目地坐在一个柱子的前面：我会让他一直在我的视野之内。如果他身体前倾听讲，一切正常，我就知道全班人都在认真听我讲课；但是如果他身体没精打采地往后靠，我立刻就察觉到不对劲了，我必须转变话题或我的说话方式。[1]

因而，所有这些当时的记录，都表明格拉斯哥大学教授这一职位，为斯密提供了施展自己所有才能的最好舞台。他多年的苦学，以及在爱丁堡作为演讲者所积累的初步经验，都在其出类拔萃且广受欢迎的开创性思想授课中修成了正果。而更具意义的是，在法学讲义中，他的经济学分析日趋精细成熟：斯密发展了格劳秀斯和普芬道夫所开创的自然法传统；继卡迈克尔和哈奇森之后，进一步深入开展了关于价值和交换的讨论；而在孟德斯鸠和休谟互相形成关照的关于社会和体制转变的思想中，加入了自己的理解。斯密关于文明社会的创建及价值观念在随后各社会阶段中发生变化的动态过程的阐述，必定让那些能有幸亲耳聆听其教诲的学生深受启发。

---

[1] 斯密的学生 Archibald Alison 告诉 Archdeacon John Sinclair 的轶事，由后者记录了下来（1875：9）。

9. 教师

我一生中收获最大，也因而是……最快乐最光荣的一段时光。

126

亚当·斯密为格拉斯哥大学所做出的贡献，主要在于他与学生之间的关系以及他对学生所产生的影响，这包括那些听过他授课的一般学生和他亲自指导过的学生。1958 年，洛锡安教授在怀特豪（Whitehaugh）图书馆的售书中，翻出了两卷薄薄的"斯密博士修辞学讲义笔记"。在这些笔记中，我们可以找到斯密"非公开"课堂上的一些珍贵记录，包括课堂上学生的言行和回应及部分他们在课堂上所接受的教诲[1]。

约翰·布赖斯对这一"笔记"进行了鉴定，发现笔记中似乎有三人的笔迹，其中两位学生将课堂中即时记录下来的笔记进行誊写，而第三人或许就是后来的这一笔记的主人，则将笔记中已经褪色的字描黑。第一位记录者的记录似乎是以所有课堂中的即时笔记为基础，并加以修改。他记录了诸如斯密在讲授第 21 讲和 24 讲时，并没有带着"书"（大概就是斯密写好的讲义）宣读这样的细节。第二位记录者则在第一位所做记录的空白处，填入了文字，并在一些地方做了更正。但第 16 讲之后，似乎就不大需要这样做了，因为第一位记录者的记录渐趋完善[2]。第二位记录者很有幽默感，他信笔涂鸦出一张可能代表斯密的人脸，在边上注上一句："该图颇具不确定性"[3]。他还记录下了 1762—1763 学年斯密家

[1]　*LRBL* intro. 1
[2]　*LRBL* 4–6
[3]　　ii.67

的房客、英国贵族亨利·赫伯特开的一个玩笑。1762 年圣诞前夕，斯密在第 15 讲讨论了拉布吕耶尔关于爱走神的梅那伽（Menalcas）的描述。赫伯特改编了贺拉斯的一句名言[1]："只要换一个名字，说的正是阁下的事情"，并风趣地将梅那伽与自己的教授画上了等号[2]。当然，斯密在其一生的职业生涯中，确实经常被描绘为是爱走神者的一位典型代表。

我们有理由相信，斯密确实针对爱丁堡听众设计了一个修辞学讲座体系，但是我们无法宣称斯密之后在向格拉斯哥大学学生讲授这一部分时，还是竭尽努力使自己的讲座做到了与时俱进，因为讲义中提及 1751 年或之后出版的书籍和论文是少之又少。在斯密即兴讲授的第 12 讲[3] 中，斯密赞赏地提到了托马斯·格雷的《墓园挽歌》（*Elegy in a Country Churchyard*）（1751）和《伊顿公学展望》（*Ode on a Distant Prospect of Eton College*）[4]，以及威廉·申斯通的《田园曲》（*Pastoral Ballad*）[5]。在 1763 年 1 月 21 日讲授的第 23 讲中，斯密所提到的 "厄尔斯语诗歌""最新出版的翻译"（ii.113），可能是指詹姆斯·麦克弗森的《奥西恩诗歌片段集》（*Ossianic Fragments*）（1760）或是"史诗般的"《芬戈尔》（*Fingal*）[（1761 年 12 月），1762]。《特莫拉》（*Temora*）是直到 1763 年 3 月才被出版的。还有一处本书上文已提及的新添加的页边注，提到了休谟的《英格兰史》[6]。

127

讲义中还有一处更新，就是将第 3 讲"语言的起源及演进"与卢梭出版于 1755 年 4 月 24 日的《论不平等》（*Discours sur...l'inegalite*）联系起来。在"致《爱丁堡评论》创刊人的一封信"中（1756 年 3 月 2 日），斯密通过分析他在一年时间内从该书选取的三段精心挑选的段落，阐述了他对这一文本的分析。斯密指出，他的讲义[7] 回答了卢梭所提出的问题：人类在不具备一般化思维能力的条件下，如何创造了语言？而没有语言，人类又如何能够进行一般化的思维[8]？然而，正如我们上文已提到的，斯密宣称，自己之所以会就语言发展历史进行哲学

---

[1] Satires 1.1.69–70

[2] *LRBL* i.196

[3] *LRBL* ii.96

[4] 1747；Dodsley's 1748 Collection

[5] anon.1751；Dodsley's 1755 Collection

[6] ii.73

[7] i.v.19

[8] i，ss.23–31

思考，是因为受到了吉拉德所著的《论法语语法原则》（*Les vrais principles de la langue fracoise*）（1747）一书的启发。但斯密所描述的穴居野人，先是很轻易地发明土语指代他们所吃的、所喝的、所居住的那些对象，然后，更有难度地通过抽象化思考，将这些具体名词一般化为类别名词等相关的叙述，还是可以找到比吉拉德更为久远一些的这方面研究的先驱。这样一种推测史至少可以一直追溯到曼德维尔的《蜜蜂的寓言》（*Fable of the Bees*）（1729）。在该书中，我们可以读到"一对野人"（仿拟亚当和夏娃）先是就包括性活动在内的日常生活必需，互相用"手势和动作"进行交流。书中还告诉我们，语言的出现并没有谁事先的思考或计划，只是一个尝试性的、渐进的过程，以帮助说话人说服其他人相信他想让他们相信的，或迫使其他人去做他想让他们做的[1]。我们看到斯密在"致《爱丁堡评论》创刊人的一封信"（11）中指出，《蜜蜂的寓言》第二部分为卢梭创建其关于人类本性及社会"体系"提供了灵感和启迪。

　　斯密关于发明土语的野人的推测，似乎也是建立在孔狄亚克《论人类语言的起源》（*Essai sur l'origine des connoissances humaines*）（1746）一书中所做的描述的基础上。孔狄亚克在书中描述的最早的说话者是"两个小孩"，他们在沙漠里漫无目的地闲逛，他们之间的对话开创了一种新的关于他们自身、兴趣及环境的思考方式，标志了人类的意识和理性的开端（2.1.1）。斯密将自己关于语言的授课置于这样的语境之中，是想让学生对欧洲就语言的起源和演进而展开的持续争论有所了解，这一争论部分起源于洛克所著的《人类理解论》一书，而斯密也提供了自己在这方面具有开创性的思想，比如"原始"（综合）语言和"合成"语言之间的区别。斯密将自己关于语言的这一讲义以《哲学文集中关于语言最初形成的思考》（*Considerations concerning the first formation of Languages in the Philosophical Miscellany*）为题，单独由伦敦的托马斯·拜基特和彼得·德·洪特发行出版（1761）。从中可见斯密对该文的重视以及对它在书市中将会有的表现的信心。该书的出版列入了巴黎文学研究院以及其他国外研究院专题论文"精选集"的出版计划中，是"我们国家最有声望的作家具有原创性的作品"集的一部分。但是，最终这一《文集》只有一卷真正面世。在爱丁堡出版的《大不列颠百科全书》第一版中，也可以看到斯密关于这一话题的论述所产生的影响。这一版

---

[1]　pt.ⅱ，Sixth Dialogue；Hudson，1992

中的词条"语言"[1]，尽管没有署名但是很可能是由威廉·司麦莉所编写，就是用斯密的方式来讨论了语言类型学[2]。斯密要求他的出版商威廉·斯特拉恩将自己的这一作品原来题目中的"思考"一词修改为"文章"后，作为1767年《道德情操论》第三版的附录出版[3]。

令人感到欣慰的是，在他"非公开"课堂上，斯密教授并没有忘记授课在兼具学术性和原创性的同时，还应具备愉悦性。1762年11月19日星期五临近下课，斯密宣布他将"完全跳过其他许多枯燥乏味、毫无乐趣可言的语法讨论部分"[4]。坐在斯密面前长凳上的年轻绅士们，听到这一消息，肯定是大大松了口气。尽管斯密在课堂中讨论了英语这门语言所存在的缺陷，但是一想到他们的教授被认为具有纯正的英语发音，他们或许还是会感到一丝快慰。敏锐的听课者，当然会注意到在1762年末的讲座中，斯密再次采用了与1762年11月22日解释语言的起源的同样方法，当时斯密正在讲授野人用自然想到的一些方法来驯养他们猎获的野兽。以这种方式，猎人就成了驯养牛羊的放牧者，标志着人类的发展进入了一个崭新的阶段，再加上随后依次出现的农业阶段和商业阶段，一起构成了文明社会史[5]。

随着修辞学课程的向前推进，在1762年11月29日星期一的课堂上，斯密向学生们宣布他所提出的修辞学体系是与他的伦理学体系一致的。斯密挑战了传统的修辞学观点，即语言的表达力与美在于修辞方法的运用，清晰地表明了自己的上述立场。斯密的观点是完全不同的：

> 当说话者的情感以一种简洁、清晰、直接而巧妙的方式加以了表达，而说话者所怀有的和想要——诉诸听众的同情共感——传达的激情或感情，被直接而巧妙地加以了刻画，这样也只有这样的表达，才拥有了语言所能赋予的全部的美[6]。

---

[1]　1771，vol.ii

[2]　Plank，1987；1992

[3]　*Corr.* No. 100

[4]　i.16

[5]　*LJ*（A）i.27

[6]　*LRBL* i.v.56

因而，同情共感被呈现为是贯穿斯密修辞学体系的"铰链"，正如休谟已经注意到的，同情共感在斯密的伦理学体系中也起到了相同的作用[1]。

在主要关于写作这一主题的课程第二部分，斯密引入了文明社会史的讨论，指出随着社会的商业化和富裕程度的提高，散文这一文体得到了发展，并对此发表了评论。散文"是一种很自然的商务性语言，正如诗歌是一种能为人提供愉悦和乐趣的语言"。斯密做出的一个整体判断是"社会的富裕和商业的发展，一般都要先于技艺的精进及各方面的完善提高。"唯恐格拉斯哥大学学生会暗自庆幸他们繁荣的城市必定将会见证艺术上的一个丰收，斯密犹豫着加了一句"我并不是说技艺的精进和举止的高雅是商业发展必然会带来的结果，荷兰人和威尼斯人就是很好的反证。我的意思是这只是一个必需的前提条件"[2]。如果有人认为，这一声明表明斯密无视了文艺复兴时期的威尼斯以及 17 世纪的阿姆斯特丹在绘画和建筑方面所取得的成就的话，那么，至少斯密所采取的文化相对论立场，并认为为民主政治设计的演讲术，并不适合罗马贵族等级制政府，还是比较站得住脚的。

斯密可能是将修辞学的教学作为他的"非公开"道德哲学课堂的主要内容，因为他逻辑教授教席的继任者詹姆斯·克洛又重新回到了劳顿教授在这一课程中的教学传统。克洛后面的继任者是乔治·贾丁（1760 年入学，斯密最为欣赏的学生之一）[3]。贾丁和斯密一样认为应该重新组织逻辑学课程授课内容，并描述了自己的计划，以及自己的这一计划与那一时期苏格兰整体大学教育之间的联系，其中包括应该如何利用课程中的一小时问答时间。在他所著的《哲学教育大纲：以格拉斯哥大学逻辑学课程的教学方法为例》一书的第二版中，这些思想阐述得最为充分。[4] 这一著作吸收了斯密所重新阐述的修辞学体系，并将它作为大学整体学术研究中的一个组成部分。这样一种教学方法在北美地区得到了保留，从斯密所处时代开始一直到现在[5]。

除了贾丁和约翰·米勒外，斯密的其他一些学生，后来也担任了大学里的

129

[1] *Corr*. No.36
[2] ii. 115–16
[3] Tait，rev. Lloyd，ODNB，2008
[4] 2nd edn.1825；Davie 1961；10–11，16–17，22–24
[5] Charvat，1961，ch. 3；Davie 1961；Corbett，1965；563–8；May，1978；346–50

教授教席，扩大了他们老师的学术思想的影响[1]。威廉·特雷尔结束了在阿伯丁大学马利夏尔学院的学业后，于1763年旁听了斯密的道德哲学课程，后来又回到阿伯丁大学担任了数学教授（1766—1779年）。而稍早一些时候，威廉·理查森和阿奇博尔德·亚瑟（他俩都是在1758年入学）同样旁听了这一课程，上文已经引用了他们所提供的关于斯密教学的一些记录。理查森一直担任卡思卡特爵士儿子们的家庭教师，并作为大使团秘书，陪同卡思卡特爵士前往圣·彼得堡（1768—1772年），之后，从1773年到1814年，理查森就任了格拉斯哥大学的人文学教授。他所创作的《莎士比亚著作中一些重要人物的哲学分析和阐述》（*A philosophical analysis and illustration of some of Shakespeare's remarkable characters*）一书，似乎是对斯密所示范的修辞传统[2]，即"朴素的人"（斯威夫特）和"简单的人"（坦普尔）阐述人物性格的方式做出回应[3]。这在某种意义上标志着莎士比亚文学批评中关注人物性格研究的开始。

亚瑟担任了牧师，但是因其所持有的自由主义立场而招致怀疑，随后，他就职于大学这么一个相对安全的庇护所。从1774年到1794年，他担任图书馆（斯密主要的行政管理职务之一）管理员，并根据爱丁堡律师图书馆的体系，完成了图书馆藏书的分类改进工作。18世纪80年代，他成为格拉斯哥文学学会的会员，并在一个神学学生和牧师经常光顾的俱乐部表现活跃，经常向这些人宣读关于宗教、语言和高雅艺术进展方面的论文，而小有名气。1780年开始，亚瑟担任了托马斯·里德的助手，最终，在他生命的最后一年（1796—1797年），他就任了道德哲学教授。亚瑟将里德对于自然哲学以及人脑解剖学的兴趣，与斯密在美学和文学评论方面的趣味，结合在了一起[4]。

毫无疑问，斯密学说的影响范围绝非只限于格拉斯哥与阿伯丁。1761年秋，著名的日内瓦医生、《大不列颠百科全书》的撰写者之一西奥多·特龙金，将自己的儿子弗朗索瓦·路易斯[5]送到了格拉斯哥大学，明确表示要接受斯密的教导。[6]特龙金医生与苏格兰学术出版界很熟悉，他将自己的儿子送到《道德情操

---

[1]　Addison, 1913；Matthew, 1966；Webster, 1988

[2]　*Quintilian* 1.9.3

[3]　1774, 1784, Bryce, *LRBL* intro. 17

[4]　Paul Wood, ODNB, 2004–7

[5]　出生于1743年。

[6]　Henry Tronchin（1906：290ff）；Voltaire（1950a, b）；日内瓦的Bibliotheque Publique et Universitaire由Dr

论》的作者那里接受教育，这一决定也获得了他日内瓦的病人及朋友的支持，因为苏格兰与瑞士在宗教和法律传统方面有很大相似之处。日内瓦还有一些很友好的中间人，想让年轻的特龙金出国更顺利。休谟的老战友兼密友詹姆斯·埃德蒙斯通上校在特龙金前往格拉斯哥之前，特意致信威廉·穆尔男爵向他引荐了这位年轻人[1]。休谟的另一位朋友斯坦坦普伯爵二世的妻子格丽泽尔·贝里夫人，让离家在外的弗朗索瓦·路易斯感受到了母亲般的关爱，鼓励他与自己的哥哥哈丁顿伯爵七世的家人接触。而她那被认为是欧洲最好的数学家之一的丈夫（他与罗伯特·西姆森保持着通信联系，也是西姆森的保护人），很快会让他知道在西姆森的指导下学习数学有哪些优势。

特龙金医生是温和启蒙运动的积极支持者，他认为能在苏格兰找到他所推崇的那种精神。作为日内瓦社会精英成员之一，他憎恶自己的同胞兼对手卢梭在他的《爱弥儿》（Emile）和《社会契约论》（the Contrat Social）（都在 1762）所主张的那些关于政治和教育的激进思想。卢梭一直是特龙金医生的病人，直到 1757年，当他发现他的医生已经对他的个性越来越了如指掌的时候，他们俩大吵一架闹翻了。1762 年 7 月 7 日，特龙金医生写信给他的儿子，或许是略带幸灾乐祸地提到卢梭那些令人不悦的书籍，已经被巴黎和日内瓦的刽子手们给烧毁了[2]。特龙金医生关于他儿子弗朗索瓦·路易斯教育问题的通信吸引人的原因之一，是因为让我们更多地了解了卢梭在他的著作被定罪烧毁后的五年里，所经历过的磨难，以及休谟试图为他提供帮助而遭遇的不幸。

特龙金医生的最终目标，是要让他的儿子竞选成功，就任日内瓦研究院的哲学教授。他自己就在日内瓦研究院教授医学，那里还有许多杰出的同事，如教授神学的亚科·贝内特以及教授生物学的查尔斯·邦内特。他将 1762 年（Honore

---

Theodore Tronchin 写给他的儿子 Francois Louis（出生于 1743 年 2 月 3 日）的书信手稿，以及他的儿子写给他的妹妹"Bettie"（？ Marie Anne）的书信手稿还未出版。2006 年，牛津大学 Magdalen College 的 Mr Neven Leddy 将其中与亚当·斯密相关的那些书信进行了深入研究和誊写，作为他的博士论文研究的一部分。他的博士论文研究的主题是在法国（和法国 – 瑞士）的语境下看斯密对苏格兰启蒙运动的贡献。他还有一个目的是要将牛津大学 the Voltaire Foundation 所创建的"启蒙运动电子化资料"中斯密书信的文本加以研究。Mr Leddy 很慷慨地向本传记作者提供了他所誊写的 1762—4 年期间 DrTronchin 写给他儿子的 41 封书信，以及 1763—4 年由儿子写给妹妹的 6 封书信。因为 Mr Leddy 计划将这些书信全部出版，因而在获得 Mr Leddy 的允许后，本书只是转述了一部分这些书信的意思。

[1] Caldwell Papers

[2] Letters Nos. 32 and 33

Benedict de Saussure）的成功就任，作为例子讲给他儿子听。索苏尔在各种学术竞争中，与对手一争高下，最终成为胜利者，开始了其教授物理学、哲学和植物学的职业生涯。特龙金医生很用心地指出，在竞选中做出最后判决的是牧师团，这无疑是一种警告，让他儿子知道必须信仰正教。特龙金医生把儿子安置到斯密教授门下，当然会担心休谟和凯姆斯（在日内瓦，他们被公认为抑或怀疑为宗教怀疑论者）对自己儿子感兴趣并施加影响。他甚至以这样的方式来警告儿子小心休谟对他的影响：在1762年7月28日的信中，他写道，尽管他的儿子知道他很爱他儿子，但是如果要他在让他儿子死去还是让他儿子拥有像"危险的"休谟一样的思想之间做一个选择的话，他宁愿选择让他死去[1]。

　　然而，在幸存下来的这些书信中，对于斯密的为人和教学还是表达了深深的敬意和情感，其中还提到了斯密多次致信特龙金医生，以让他对儿子学业上的进展放心。特龙金医生希望自己的儿子能说一口地道的英语，而不是带着"令人131 无法忍受"的苏格兰口音。他一次次地要求他儿子用英语给他写封信，最后终于有一封英语写的信寄到了日内瓦。特龙金医生对这封信表示满意，但他不得不指出他儿子的法语却有点英语化了。特龙金医生对儿子在格拉斯哥大学所接受的大学教育其他方面还是深感满意的，比如，对希腊语的重视；支持斯密以经典作家，如埃普克提图的思想为基础进行道德哲学课程的教学，以及西姆森以欧几里德几何和古代代数作为其课堂教学特色等等。

　　弗朗索瓦·路易斯旁听了斯密两个系列的道德哲学课程讲义，1761—1762年系列和1762—1763年系列，这些讲义内容因为《道德情操论》的出版而简化了。之后，斯密讲授了两个系列的法学讲义。第二个系列的法学讲义，就是从1762年12月22日星期五开始一直到1763年4月13日的《法学讲义》（A）。弗朗索瓦·路易斯似乎先前也旁听了从1762年11月17日星期三开始到1763年2月18日星期五结束的修辞学讲座。在信中，特龙金医生对于大部分斯密所布置或提及的阅读材料都表示赞赏，比如孟德斯鸠的《论法的精神》。1762年，麦克弗森"翻译"了《奥西恩》（*Ossian*）的消息引起了他极大的兴趣，而他的儿子送给他一本《芬戈尔》，也令他欣喜不已。然而，斯密决定让弗朗索瓦·路易斯在学习哈奇森的学说之前，阅读休谟的"文章"（essays），令特龙金医生颇为不安，大概

---

[1]　Nos.34 and 35

是担心休谟臭名昭著的《论奇迹》（essay on miracles）一文，可能会在他儿子身上产生怀疑论的影响，但是斯密这里提到的"文章"很可能是休谟的政治学和经济学论文。比如，在批驳政府形成于契约基础上的观点时，斯密提到了《论契约的起源》（Of the Original Contract）一文[1]，文中观点肯定会让深受卢梭民主理论困扰的特龙金医生感到欣慰。

1763 年 4 月 20 日，弗朗索瓦·路易斯告诉他妹妹贝蒂[2]，他连续努力学习了五周，为硕士学位答辩做准备，他的答辩会由斯密教授和西姆森教授主持。他对这次答辩感到很紧张，但还是通过了，以后他就可以脱掉格拉斯哥大学学生穿的红袍，而戴上亚里士多德的"圆帽"了[3]。即将到来的 1763 年圣马丁节学期，将由斯密终身的朋友约瑟芬·布莱克博士教授化学课程。布莱克博士在潜伏热方面所做的开创性研究，为苏格兰工业化学的发展打下了坚实的基础[4]。

在 1763 年长长的假期中，弗朗索瓦·路易斯享受了丰富多彩的社交生活，并很好地利用斯密所做的引荐，结识了一些苏格兰社会的精英分子。他很喜欢苏格兰人，而苏格兰人也很喜欢他，尤其是那些夫人，如他友善的女房东琳赛夫人。他作为其在大学附近一座房子内的唯一一房客，而备受照顾。他的父亲慷慨地给了他一大笔零用钱，使他能够养得起一匹马，并为他毕业后所做的几次短途旅行提供了资金，比如假期时与同学亨利·赫伯特和卡德罗斯爵士一起到爱丁堡旅行。在爱丁堡，他去剧院观看了喜剧表演，并在聚会和猎人舞会上载歌载舞。三个月后，1763 年 7 月 4 日[5]，他在信中详细叙述了与布莱克博士在罗曼蒂克的利文湖峡谷度过的另一个假期。白天他学习数学和科学，然后骑马去看望邻居，其中包括帕尔梅塞城堡主人的女儿安妮·默里。在这封信中，他还谈到了另一次他被带往因弗雷里游玩。这是一个迷人的苏格兰高地皇家小城，位于法因湖源头，毗邻阿盖尔公爵府邸。当时正值苏格兰最高刑事仲裁机构高等法院法官们春天西部巡游的时候。他的朋友亨利·赫伯特坐到了凯姆斯勋爵的马车里与他们同游，而他则坐到了助理法官明托爵士的马车里，明托爵士是斯密和休谟的好朋友吉尔伯

132

---

[1] *LJ*，A；v.115–8，1763 年 3 月 22 日

[2] Nos. 34–5

[3] Nos. 34–5

[4] Donovan，1975；Anderson，in ed. Daiches，1986；93–113

[5] Nos. 31&32

特·埃利奥特的父亲，在音乐和文学欣赏方面有着很高的造诣。

1763 年 11 月 14 日[1]，弗朗索瓦·路易斯在信中描述了应劳伦斯·邓达斯爵士之邀而进行的另一次旅行。劳伦斯·邓达斯爵士是斯密在《道德情操论》第六版中[2]所描述的那种有权有势的人物，他们的权势会让我们着迷，败坏我们的德性。拥有从供应军需的合同中赚取的巨额财富，劳伦斯爵士计划通过控制国会席位，接替阿盖尔的坎贝尔家族对苏格兰进行统治。他请小特龙金参加在斯特灵举行的舞会，这些舞会是为他的儿子托马斯[3]赢得斯特灵郡选区（原先支持阿盖尔的选区）的支持所展开的竞选活动的一部分[4]。晚餐后，苏格兰古老的习俗是要大家喝个酩酊大醉。弗朗索瓦·路易斯希望贝蒂相信他们竟然总共喝了多达 700 瓶葡萄酒，因而，有一半的人在第二天早上未能起来用早餐或出席随后的音乐会，也就不足为奇了。接下来两天，弗朗索瓦·路易斯受到了邓莫尔伯爵四世及夫人的款待，后来的机缘让他们到了美洲殖民地，邓莫尔伯爵于 1771—1776 年期间，担任了弗吉尼亚的最后一任皇家总督。弗朗索瓦·路易斯在斯特灵的聚会中，有没有见到身穿全副苏格兰高地服饰（当时奥西恩在苏格兰很受追捧），并如乔舒亚·雷诺爵士为他画的肖像所显示的那样显得有点不自然的这位大人物呢[5]？在回到格拉斯哥之前，小特龙金前往法尔克可南边两英里的斯吞郝庄园（Stenhouse），拜访了迈克尔·布鲁斯爵士[6]。迈克尔·布鲁斯爵士有一个人数众多的大家庭，他有六个儿子和七个女儿。弗朗索瓦·路易斯向他的妹妹坦白，其中有位女孩令他"想入非非"，或许是指最大的女儿伊莲诺拉[7]。迈克尔爵士带他的客人前去参观了建于 1760 年的卡伦钢铁工厂，在那里弗朗索瓦·路易斯看到了两个煤炭烧的鼓风炉正在冶炼钢铁。这一钢铁工厂在 1764 年浇铸出了大炮，后来还做出了詹姆斯·瓦特[8]重新设计的蒸汽引擎所需要的气缸。最终，这一公司在商业上取得了巨大成功，尤其是制造出来了被称为"Carronades"的短炮身大炮，在特拉法格和滑铁卢战役中大发雄威。因而，小特龙金从这里看到了英国

---

[1] Nos. 28 & 29

[2] I. iii. 3. 3

[3] b.1741

[4] *HP*，i.438–9，ii. 357–9

[5] 1765：Scottish National Portrait Gallery

[6] 网络文章：Bruce of Airth and Stenhouse

[7] 出生于 1741 年。

[8] 斯密的朋友，布莱克的门徒。

之所以能在拿破仑战争中取胜的部分原因所在，以及苏格兰如何通过发展重工业而获得经济增长。斯密也完全意识到了卡伦的企业在劳动力需求急剧增加中所起到的重要作用（*WN* I.vii.34）。

1763 年冬，特龙金医生获悉斯密将于下一年离开格拉斯哥，担任当时在伊顿公学就读的巴克勒公爵三世的家庭教师。刚开始他希望儿子能陪同斯密一同前往英格兰，但是，最后他还是接受了另一个计划，让弗朗索瓦·路易斯于 1764 年 2 月前往爱丁堡，在斯密大学时的老朋友马修·斯图尔特（Matthew Stewart）教授的门下学习一年数学。1764 年夏，小特龙金学完了牛顿的《自然哲学的数学原理》（*Principia Mathematica*），他的父亲希望到 10 月底，他就能与斯图尔特教授进行对话[1]。在苏格兰首都期间，弗朗索瓦·路易斯受到了当时斯密交往圈子中重要文人学士的款待，如罗伯逊、亚当·弗格森、休·布莱尔和威廉·卡伦等。在 1764 年 12 月 15 日的一封信中[2]，特龙金医生表示他对上述这些感到满意。让他感到满意的还有他儿子的其他一些社交活动，如向一位他以前的病人哈密尔顿公爵夫人求爱。在同一封信中，这位父亲建议他儿子于 1765 年 2 月前往伦敦旁听下议院开会期间的辩论，从这些辩论中更好地了解人性。这将为小特龙金在苏格兰所受到的伦理学、科学和社会学等方面的教育画上一个圆满的句号。他在英格兰的这段最后的经历，却使他见证了休谟满怀好意地想要为卢梭寻找一个避难所，但与卢梭自己的受迫害情结之间产生冲突，最终导致了这一计划的惨败。

18 世纪 60 年代的格拉斯哥大学，还有其他两位来自俄罗斯的留学生，谢米亚·叶斯莫维奇·杰斯尼茨基和伊万·安德列维奇·特列季亚科夫。他们受益于叶卡捷琳娜大帝所施行的将杰出的年轻俄罗斯人送往国外完成教育的计划，在格拉斯哥大学主要是在斯密和约翰·米勒的指导下学习了六年。

回国后，他们俩都成为于 1755 年才成立的莫斯科大学的法学教授。在莫斯科大学，他们用俄语而不是拉丁语教学，并向学生讲授他们在格拉斯哥大学所接触到的自由法学思想，这些做法使得他们与莫斯科大学主要由德国人组成的同事产生了冲突[3]。他们所出版的讲义显示他们接受了斯密关于社会经济状况变化的四阶段分析，因为这些经济变化影响到了法律的发展，尤其是杰斯尼茨基倡

---

[1]　Nos. 91 &92，1764 年 7 月 27 日。

[2]　Nos. 96–7

[3]　Speeches at... Moscow University，1819；Penchko，1962

导与斯密所提出的学说完全一致的法律和宪法改革（Aleksevev, 1937；Sacke, 1938）。这一倡导体现在他于 1768 年 2 月上书给女王的《关于在俄罗斯帝国创建立法、司法和行政职权的建议》一文中。女王于同年 4 月做出了回应，在她的"法令"的"第二次修正"中，采纳了杰斯尼茨基所提出的源于斯密讲义的一些规划，尤其值得注意的是那些与君主开支、税收制度、打击垄断等理念相关的措施[1]。杰斯尼茨基智慧而批评性地借鉴了斯密的学说思想，并使它们与他所处时代的俄罗斯实际境况相适应。特列季亚科夫似乎没有那么具有创新精神，他以斯密的法学讲义为基础，并严格遵循了斯密的思想学说，比如，他旨在讨论国家贫穷这一主题的文章《论公共富裕及古代和现代国家致富缓慢的原因》[2] 就是一个很好的例子。

这两位俄罗斯留学生是在曼斯菲尔德爵士威廉·默里的推荐下，被送往格拉斯哥大学就读的。默里爵士是一位商业法专家、第一位有着苏格兰背景的英格兰法院院长。斯密曾在《纯文学与修辞学笔记》中对他的司法口才大加赞赏。1762 年 10 月，当这两位俄罗斯学生无法获得俄罗斯国内的资金支持时，格拉斯哥大学经由亚当·斯密之手贷给了他们一笔资金。1767 年，他们提出了博士学位申请，并最终获得了法学博士学位，鉴于他们已经"学完了斯密博士的伦理学和法学课程……选修了三年的米勒先生的民法课程"，并接受了"盘问"（"trial"），提交了关于《查士丁尼法典》的论文，该论文得到了院长乔治·缪尔海德和约翰·米勒的认同。他们在格拉斯哥大学就读的这段时间也并非一帆风顺，杰斯尼茨基曾经因为在教堂唱歌，与约翰·安德森教授发生争吵，并扯下了教授的假发，而受到校长的责罚。

看起来正是通过这两位学生，在《国富论》出版八年前，斯密关于经济政策的建议就已经在俄国得到了传播。[3] 其他一些俄国人也对《国富论》的面世表现出了很大的热情，比如沃龙佐夫家族；而 1776—1779 年，达什科娃公主和她的

---

[1] Brown, 1974, 1975

[2] 1772；Anikin, 1988, ch. 3

[3] 受到了斯密和米勒自由学说熏陶的 Desnitsky 和 Tret'yakov 回到俄国后，正好碰上了圣彼得堡经济和农业学会所发起的关于解放农奴的征文赛。J. J. Graslin（1768）所撰写的论文在这一比赛中胜出。据说这一论文是俄国出版的第一本关于纯经济学的著作，其中表达的思想与斯密所倡导的劳动分工促进经济增长理论一致。在斯密之前，Sir William Petty、Mandeville、James Harris 和 Turgot 也已探讨了这一理论（WN 13–14, n.1）。

儿子帕维尔亲王待在爱丁堡期间，他们特意在家里招待了斯密[1]。

　　毫无疑问，斯密所教授的学生中，也有一些在苏格兰国内的法律界赢得了公认的声誉。其中之一便是斯密的朋友兼私人医生威廉·卡伦之子罗伯特·卡伦。从 1796 年开始至 1810 年逝世，罗伯特一直以卡伦爵士的称号担任苏格兰最高民事法庭法官。这位于 1753 年在乔治·罗斯教授的人文学班级中注册入学的学生，被斯密描述为是"他所碰到过的最好的学者"[2]。很可能是斯密向卡伦推荐了他的第一份工作，及担任斯密自己的保护人卡姆斯勋爵的儿子乔治·霍姆·杜伦孟德的家庭教师。卡伦的个性非常合群，他惟妙惟肖的模仿，尤其是对爱丁堡大学罗伯逊校长的模仿，总能让他的同伴们好好乐一下。他与另一位也成为当时最高民事法庭法官的律师威廉·克雷格[3]一起活跃于明镜俱乐部（Mirror Club）和其他爱丁堡文学学会的各种活动中，他们也都为《明镜》（*Mirror*）和《闲人》（*Lounger*）杂志供稿，倡导斯密的伦理学学说[4]。

　　当时的另一位法官詹姆斯·博斯维尔，注定要像他的父亲奥金莱克爵士那样以法律为职业，尽管他所渴求的是在政治上能够出人头地，而真正让他扬名立万的却是著书立说。博斯维尔在爱丁堡大学学习六年之后，于 1759 年 11 月 17 日在格拉斯哥大学注册入学。除了旁听林赛所讲授的民法课程外，他还选修了亚当·斯密的"公共的"道德哲学课程系列和"非公开的"修辞学课程系列。当时博斯维尔高度赞扬了斯密写作的准确和优雅。斯密曾经说过一句大意是这样的话：关于一位伟人的最小的细节，比如弥尔顿的鞋子用的是鞋带而不是搭扣，也是会让人感兴趣的[5]，博斯维尔对此深以为是。或许正是这一句话激励了博斯维尔，使他作为一位杂志供稿者和传记作者，在写作过程中通过提供充足的事实细节来创建场景和刻画人物。还值得一提的就是斯密的"道德情感"概念，在博斯维尔式传记的创作过程中所起的作用[6]。

　　博斯维尔记录下了斯密仁慈的个性，以及喜欢与学生相处的脾气。他经常提到斯密具有洞察力的判断，说博斯维尔的"举止中有一种快乐的天赋"（在一封

135

---

[1]　Cross, 1980：123–8, 131–3；Anikin, 1990：81, 132, 307, 309, 311

[2]　EUL La II 451/2

[3]　1758 年入学。

[4]　Dwyer, 1987：29

[5]　*LRBL* 17–18

[6]　Turnbull, 1994

不幸至今都未公开的信中）。当然这一个性特征是很多人物，如休谟、约翰逊博士、葆利将军、卢梭、伏尔泰都曾经称赞过的。尽管斯密的认同让博斯维尔很愉快，但是他还是没能在格拉斯哥待太久。1760 年 3 月，他赶往伦敦，转而皈依罗马天主教，仔细考虑了是否要到国外修道院清修，最后退而求其次，接受了宗教信仰自由，所有这一切都发生在短短的三个星期之内[1]。

博斯维尔在格拉斯哥大学期间的一位同学，是于 1759 年 1 月 8 日注册入学的托马斯·佩蒂·菲茨莫里斯阁下，他也是斯密家的房客。1758 年 11 月 14 日，吉尔伯特·埃利奥特致信斯密，向他引荐了菲茨莫里斯。他在信中说道，他已经向这位年轻人的哥哥菲茨莫里斯子爵（Viscount Fitzmaurice）[后来以谢尔本伯爵二世的头衔官拜首相]，详述了在斯密门下接受教育的好处。菲茨莫里斯子爵自己曾经是牛津大学的学生，没有意愿再将弟弟送往那里就读，因而他建议父亲接受埃利奥特的提议[2]。

1759 年 2 月 21 日，斯密写信向菲茨莫里斯子爵汇报说他的弟弟"在每一方面都非常听话温顺"，有很好的希腊文水平，一年内或许就可以很好地进行阅读了，而这是学习道德哲学课程所必需的一种能力。他还承诺说会"在大概一个月之内"，让数学教授罗伯特·西姆森开始教佩蒂·菲茨莫里斯代数和算术两门课程[3]。3 月 10 日，斯密又写信汇报说他的学生每天旁听希腊文、拉丁文和哲学（逻辑）等课程 5 个小时，回家后，斯密又让他花上二至三个小时"复习这些不同课程中所讲授的内容"[4]。

在 1759 年 4 月 4 日的一封信中，斯密简要地介绍了佩蒂·菲茨莫里斯在格拉斯哥大学进一步的学习计划。在冬季，佩蒂·菲茨莫里斯将结束哲学课程的学习（包括斯密的道德哲学课程），开始选修民法课程，这一课程会向他讲授什么是"法律体系，由哪几部分组成，以及这些部分应该怎样安排在一起"。同时，斯密会与他一起阅读一本"封建法概述"，大概是荷兰大学所使用的教材，克雷格的《采邑法》（*Jus Feudale*）。斯密父亲藏书中曾经有这一著作，而斯密所拥有的

---

[1] Pottle，1965；1966：230–53
[2] *Corr.* No. 27
[3] No. 28
[4] No. 29

是 1732 年詹姆斯·贝里所编辑的版本[1]。在即将到来的漫长假期，斯密将和他的学生一起阅读"最优秀的希腊文、拉丁文和法文的道德哲学作家的著作"。而且，"数学教授尽管已年逾七十，但是仍然老当益壮"，主动提议教佩蒂·菲茨莫里斯欧几里得数学，"因为从课堂上学已经太迟了"[2]。

佩蒂·菲茨莫里斯的父亲，政治学算术或统计学的发明者威廉·佩蒂爵士的后人，听到这个消息很高兴，因为他认为"学习欧几里得数学……比学习逻辑学能更好地教会人推理"，并宣称说："民法方面知识，是能够帮助他了解我们自己国家民法的很好基础，学习民法也能使他更具有智慧，但是在我看来，还是得仰仗您在道德伦理方面的言传身教，才会使他成为一个快乐的人"[3]。

斯密当然在照顾这位托付给他的年轻人方面树立了一个优秀的榜样。当斯密将佩蒂·菲茨莫里斯带往爱丁堡时，他对他所交往的同伴十分留心，因为斯密将爱丁堡看成是一座"沉迷于声色的城市"[4]。斯密对佩蒂·菲茨莫里斯在英语语法方面莫名其妙的错误表示了担忧[5]，并在佩蒂·菲茨莫里斯于 1760 年 3 月发高烧[6] 和同年 11 月染上眼疾[7] 时，焦虑地加以看护和照料。 136

1760 年 7 月 15 日，斯密致信谢尔本爵士，告诉说他自己在 3 月份时也染上了一场感冒，一直到 6 月都没好。当他终于以为自己完全恢复时，又因为 7 月初在爱丁堡城郊睡在一张潮湿的床上过夜，感冒竟又更加"凶猛"地复发了。6 月 13 日，他的私人医生卡伦医生"在爱丁堡街边拉住他，告诉他说他认为他的职责要求他必须明白无误地告诉斯密，如果他想活到下个冬天的话，他必须在九月初前骑马至少五百英里"。斯密准备接受卡伦的建议，尽管这一建议对一位健康状况并不稳定的病人来说着实有些奇怪，但是这与当时治疗疑病症的做法是完全一致的。因而，斯密计划骑马到约克郡和英格兰西部，这样他就可以到达海威考姆勃谢尔本爵士的庄园。他的学生将待在格拉斯哥斯密的家中，阅读"最优秀的英国作家作品"，晚饭后，则阅读孟德斯鸠的《论法的精神》[8]。斯

---

[1]　Mizuta

[2]　No.30

[3]　No.32

[4]　1759 年 10 月 29 日，No.42, 29

[5]　1759 年 12 月 3 日，No.43

[6]　Nos.45, 46, 48, 49

[7]　Nos.52, 53

[8]　No.51

密注意到这位年轻人的天赋更倾向于"数学和机械方面的学习",这一观察为佩蒂·菲茨莫里斯后来所从事的事业所证实。佩蒂·菲茨莫里斯在威尔士卢恩尼他自己的庄园内管理一家做漂白工艺的工厂。1785年,理查德·特文宁到那里参观,为佩蒂·菲茨莫里斯"所建造的厂房,以及厂房里所陈设着的机器和设备"深感震撼。

1762年,佩蒂·菲茨莫里斯离开格拉斯哥大学来到了牛津大学,在那里布拉克斯东教授所讲授的著名的英格兰法讲座,与他从斯密和林赛那里刚接受的法学训练正好相得益彰[1]。1763年,休谟在巴黎一位哲学家霍尔巴赫[2]的社交圈子里与佩蒂·菲茨莫里斯碰了面。1762年,佩蒂·菲茨莫里斯作为卡恩议员(为他哥哥的利益服务)进入了国会,并一直保留了这一席位直到1774年,然后,又作为切威考姆勃的议员代表;但是由于财务困难以及他的亚麻布漂白企业发展的需要,他于1780年放弃了他在国会的职业生涯[3]。

1762年2月26日,佩蒂·菲茨莫里斯从牛津大学写信给斯密,对斯密所说的牛津大学物价很高的看法表示同意,尤其是煤炭的价格。在信末,他向他的"老朋友"罗伯特·西姆森、斯密的母亲,还有于1754年担任斯密管家的斯密表亲珍妮特·道格拉斯问好,而他在信中的落款是"您极其亲爱的托马斯·菲茨莫里斯(your very Affectionate Thomas Fitzmaurice)(*Corr.* No.64)[4]。在信中,他还赞扬了一位爱尔兰学生卢克·戈弗雷,他是斯密所教过的众多爱尔兰学生之一,而且毫无疑问,斯密在《国富论》中所提到的关于爱尔兰的一些观点就是从他那里得来的。佩蒂·菲茨莫里斯对斯密现在的学生进行了称赞:"我听说您现在的学生,整体上是要比那时的我们聪明很多"(*Corr.* No.64)。

137　　这些聪明的"年轻人"之一,就是引人注目的人物大卫·斯图尔特·厄斯金,他曾与佩蒂·菲茨莫里斯一起在斯密门下学习。厄斯金享有卡德罗斯爵士的称号,并于1767年受封为巴肯伯爵十一世。这一封号是苏格兰最为古老的封号之一,其历史可以一直追溯到12世纪,并与一次更为古老的王国间疆土划分有关。厄斯金意识到自己受人敬重而复杂的世系关系,深受鼓舞,激起了他对历史及其

---

[1]　1762年2月No.64,26

[2]　他正有意将《道德情操论》翻译成法语。

[3]　*HP* ii.430

[4]　*Corr.* No.18

他相关题材无尽的兴趣。他在思想和行为上充满勇气，无所畏惧，为他赢得了标新立异的声誉。他的母亲爱格妮思·斯图尔特是大律师詹姆斯·斯图尔特的孙女，也是与祖父同名的政治经济学家的妹妹。她有很强的求知欲，据说曾在爱丁堡的科林·马克劳林门下学习数学。她家族中从事法律职业的传统，在她小儿子们的身上很好地得到了传承。亨利于 1783 年成了大律师，并宣判 1795 年的"叛国和煽动叛乱法令"不符合宪法精神。托马斯帮助创建了英国的商业法，是理查德·谢里顿和查尔斯·詹姆斯·福克斯的亲密朋友，后来成了大法官，并为确保希腊的独立做出了贡献[1]。

卡德罗斯爵士不遗余力地辅佐他的兄弟们，在 1761 年 6 月 6 日的信中，他提到了因为家族财产的继承受到了限定，他兄弟们的教育费用开支紧张。他以此为理由，寻求斯密的支持，提名亨利作为斯内尔奖学金的候选人。信中还提到了他自己从斯密那里所接受的"多方的礼遇和善待"，并附上了一封给托马斯·佩蒂·菲茨莫里斯的信[2]。卡德罗斯爵士在前往格拉斯哥大学之前，曾在圣安德鲁大学（1755—1759 年）和爱丁堡大学（1760—1761 年）就学。他在格拉斯哥大学的注册入学时间是 1762 年，在那里他两次被授予了法学博士学位（LL D），第一次是 1763 年，当时斯密也在格拉斯哥大学，另一次是在 1766 年。他保留了一本信件誊录簿和日记，记录了他早年的印象和斯密的一些轶事。他对斯密的主要印象，可以用他刊登于《蜜蜂》（1791 年 6 月）杂志上的一句话来概括："我在格拉斯哥大学的大部分时间是与两位一流的人物 [米勒和斯密] 一起度过的。斯密在'非公开的'课堂中向我们宣读了法学讲义，同时以谈话的形式加入了他自己的评论。我希望这样的训练能赋予我的情感和理智以永恒的特质和内涵。"

戈登公爵夫人认为，卡德罗斯家族的才智来自于母亲的遗传，并在"年轻一代的诸位中得到了很好继承"。斯密可能自己并不总是很欣赏这位哥哥的趾高气扬和标新立异。卡莱尔记录了 1763 年 4 月，他与斯密同一大帮人在一起："一位年轻的贵族出现了。过了一会儿，我 [向斯密] 耳语说我觉得他们是不是把这一年轻人捧得太高了，让我觉得他很傻。斯密回答说，我们很清楚这一点，但是他是格拉斯哥大学唯一的一位贵族"[3]，这指的很可能就是卡德罗斯。

[1] Cant，1981
[2] *Corr*. No. 55
[3] Carlyle，1973：220

那一年的早些时候，卡德罗斯似乎曾经被另一位斯密那时的学生亨利·赫伯

138 特[1]叫出去决斗。我们是从 1763 年 3 月 8 日他的祖母的一份来信中，知道有这

么回事。信中提到了卡德罗斯发愤学习，以及他对于绘画和雕刻实实在在的兴

趣，这一兴趣是在出版商罗伯特和安德鲁·弗里斯在格拉斯哥大学附近创办的艺

术学院中培养起来的。

　　早在 1761 年一次前往阿伯丁老城区的旅行中，卡德罗斯就对古迹表现出了

浓厚的兴趣。这一兴趣一直保持到了他晚年，并最终促使他于 1780 年创建了"苏

格兰古物研究学会"。这一学会以"古迹和一般意义上的自然史和文明社会史"

为研究主题，因而与我们在第一章所提到过的古玩爱好者罗伯特·西博德爵士和

约翰·卡拉克爵士所从事的研究（他们关于苏格兰早期历史、考古学以及当时的

自然生物与环境的研究，为推动早期苏格兰启蒙运动的发展做出了贡献）建立了

联系，而斯密的这位学生对此非常了解。斯密对公民自由权利所怀有的深厚感

情，部分就是发端于这些古玩爱好者所从事的事业，而斯密对这一概念的热情，

也一定会让卡德罗斯心生惺惺相惜之感。卡德罗斯在受封为巴肯伯爵后，为捍

卫英国自由的约翰·威尔克斯和捍卫美国自由的乔治·华盛顿所做的斗争提供了

支持。

　　巴肯伯爵晚年，在他祖母的书信上，就他与亨利·赫伯特的决斗做了旁注，

提供了一些详细的细节：

　　　　这一被中途制止的决斗……是由当时格拉斯哥大学的校花萨默维尔

（Somerville of Greenock）小姐先答应了现在的卡那封伯爵（Earl of Caernarvon），

当时亚当·斯密和约翰·米勒的学生，亨利·赫伯特在舞会上做他舞伴，却与

我跳了舞而引起的。这一决斗由格拉斯哥大学报警逮捕了我们，而得以阻止。

这之后，赫伯特和我很快就成了世界上最好的朋友。

巴肯夫人是这样描述赫伯特的：这位"你曾与之发生争执的年轻的绅士，也很不

幸出生于一个有精神病史的家族。他们家族几乎没有人是没有发病而走完一生

---

[1] 记录在 *LRBL* 中关于斯密的心不在焉的妙语的作者、弗朗索瓦·路易斯·特龙金的朋友。

的，因而当他情绪激动时，是应该比其他人获得更多谅解的"[1]。

赫伯特是彭布鲁克伯爵的后裔，先是在伊顿公学和牛津大学的基督教会学院接受教育，于1762年在格拉斯哥大学注册入学。斯密向休谟描述说，赫伯特"非常熟悉您的著作，因而极其渴望能被介绍给作者本人"[2]。赫伯特按计划前往爱丁堡，在那里与休谟会了面，并给休谟留下深刻印象[3]，休谟称他为"那位严苛的批评家"（Corr. No.75）。然后他向北前往阿伯丁，在那里遇见了托马斯·里德，当时其著作《按常识原理探究人类心灵》正在出版付印中。他觉得里德是一位"非常有头脑的人"，并认为他是另一位"令人愉快的"休谟和乔治·坎贝尔的对手，因为他试图支持基督教所宣扬的奇迹的真实性。赫伯特与苏格兰那一地区的贵族会了面：如卢梭的朋友马歇尔伯爵以及对农业改良很感兴趣的潘谬尔爵士和德斯克福德爵士。而且，赫伯特还与当时正在北部巡察的高等法院皮特福大法官和凯姆斯大法官有过接触[4]。

赫伯特很可能是得益于斯密的教学和与斯密的交谈，使得他能够与这些饱学之士谈笑风生。随后，于1768—1780年赫伯特成了威尔顿国会议员代表。他在国会职业生涯的所作所为表现出了很强的原则性，主要是为维护公民自由和宗教自由而努力。在美国战争初期，赫伯特一开始对法院的决议表示支持，但是后来对政府持一种批判的态度，而这与斯密当时的立场一致。在禁止对外贸易可能带来的弊端这一问题上，他也赞同斯密的观点（显而易见也与凯姆斯勋爵的观点一致），尽管他并不认同建立"自由港"的观点[5]。1780年，他被授予帕罗契斯特男爵的称号，而1793年，又被授予了卡那封伯爵的称号，并结束了他作为枢密顾问官（1806）和骑兵统帅　（1806—7）为公众服务的生涯。1788年，他提出要将他的儿子亨利·乔治·赫伯特送往格拉斯哥大学接受教育，告诉斯密说与爱丁堡大学相比，他更倾向于格拉斯哥大学。斯密表示同意，并说他的儿子住在自己的另一位学生乔治·贾丁 [斯密将他描述为是"继米勒之后"（Longo sed proximus intervallo）] 的家中，"会过得很开心，也会得到很好的照顾"[6]。

139

---

[1]　GUL Buchan MSS，1763 年 3 月 8 日的信件。

[2]　1763 年 2 月 22 日，Corr. No. 70

[3]　1763 年 3 月 28 日，Corr. No. 71

[4]　1763 年 9 月 11 日，Corr. No. 74

[5]　HP ii.612；Ross，1972；194–6

[6]　Corr.，app. E，p

亚当·斯密其他一些没有如此高社会地位的学生，也促进了人们对当时社会的理解。比如，詹姆斯·吉布森，他于 1759 年 11 月 14 日在道德哲学班级中注册入学，先是成了一位商人，然后又成了一名会计师，并著有《格拉斯哥历史》(1777)。《格拉斯哥历史》一书利用了巴黎苏格兰学院档案馆馆藏资料，即由托马斯·英尼斯神父所提供的关于格拉斯哥城市的早期记录誊写本而写成的。吉布森很有创意地将格拉斯哥城市自身的原有记录摘要也融入了进去。他对格拉斯哥的经济发展之所以能取得进步的原因做出了解释，将糖和朗姆酒这两样进口商品作为最初商业利润的来源，并对烟草贸易管理和科技发展，如亚麻布制造业的开始等进行了描述。这些话题的讨论在书中都得到了分析性的展开，而不仅仅是年代史的一种罗列，书中提出的观点是"我们的法律"是"贸易的最大障碍"，而吉布森无疑曾经听到斯密教授表达过类似的观点。

于 1761 年在斯密的道德哲学班级中注册入学的约翰·斯图亚特，则将自己的学术精力投注到了一个完全不同的方向。他出生于说盖尔语的佩思郡（Perthshire），后来成了卢斯牧师。他是最早将《新约全书》翻译为盖尔语 (1767) 的基林牧师詹姆斯·斯图亚特之子。约翰·斯图亚特也成了盖尔语的知名学者，并于 1768 年他才 25 岁时，负责出版了那一世纪最伟大的盖尔语诗人之一，邓肯·班恩·麦金太尔的诗歌，尽管这位诗人没有受过正规教育，但对自己民族的诗歌传统却有着深厚的学养[1]。

斯密自己似乎对盖尔语诗歌也有一些兴趣，并于 1760 年 8 月 16 日前的某时告诉休谟，他听到阿盖尔郡民兵组织中的一位风笛吹奏者，复述了"所有麦克弗森先生所翻译的诗歌，以及更多同样优美的诗歌"[2]。斯密这里所指的肯定是麦克弗森所出版的《古代诗歌集锦》(*Fragments of Ancient Poetry*)（1760）。麦克弗森在苏格兰高地收集了这些诗歌，并把它们从盖尔语或厄尔斯语翻译成了英语。这是"瞎子奥西恩作品"的最早一部分，这一作品的真实性和历史性引发了许多争论，导致了一些学者企图证明麦克弗森的诗歌集是一种杜撰，如约翰逊博士（1773/1985），他对盖尔语一无所知，远不是什么盖尔语口头语或书面语文学方面的专家。最近的一种说法认为，这是由詹姆斯·麦克弗森和其他两位更懂盖

---

[1] Thomson，1974：181

[2] *HL* i. 329

尔语的部落亲戚拉克兰和万恩组成的小组，所创作出来的作品[1]。然而，这一关于奥西恩作品的争议，吸引了欧洲人的注意，让他们更多地关注具有丰富文化内涵的盖尔文化及其历史和现状[2]。但是斯密听到的诗歌又是哪一些呢？或许是坎贝尔风笛演奏者的常备曲目，其中包括一些盖尔语的民歌，麦克弗森就是以这些为基础创作了《古代诗歌集锦》、《芬戈尔》（1761）以及（程度上借鉴更少一些）《特莫拉》（*Temora*）（1763）中的散文诗。学者们指出，比如讲述迪尔梅德（Diarmaid）之死的"Laoidh Dhiarmaid"，最受到坎贝尔吟诵诗人的青睐，因为他们对于被认为是自己部落祖先之一的英雄，有着特殊的兴趣[3]。1759年，斯密与自己的学生托马斯·佩蒂·菲茨莫里斯一同前往因弗雷里拜见了阿盖尔公爵三世[4]。我们可以推测他在坎贝尔的朋友们向他解释了在这一场合或相似场合中风笛演奏者所吟诵的内容。

旨在促进启蒙运动发展的各种格拉斯哥和爱丁堡的俱乐部和学会的会员身份，部分帮助斯密发展了其学术生涯。1752年，斯密帮助筹建了格拉斯哥文学学会，该学会会员于一学期中的每周五在格拉斯哥大学碰面。在学会中，斯密读了自己评论休谟论商业文章的论文。学会成员中也有一些是商人：罗伯特·博吉沃、威廉·克劳弗德以及约翰·格雷姆，学会偶尔也讨论一些商业政策方面的问题。1764年11月，托马斯·里德成为该学会会员。在他来到格拉斯哥后不久，他就宣读了以自己的道德哲学讲义为基础的一系列论文，接着将这些论文集结成书出版了，题为《论人的理智能力》（1785）和《论人的行动能力》（1788）。里德还宣读了一些适合那些对经济话题有着浓厚兴趣的本地听众口味的论文：关于票据信用（1767年，在一次银行业危机期间）；仓库贮存国外进口谷物以备再次出口（1778）；利率管理（1778）；休谟关于合同的见解（1779）。里德通过在学会呈现自己关于这些话题的想法，将斯密的做法发扬光大[5]。发明家詹姆斯·瓦特记得曾经在西姆森教授的俱乐部中与斯密进行过讨论，而当时讨论的另一位参与者则是约瑟夫·布莱克。

---

[1] Trevor–Roper, ed. Cater, 2008
[2] Ross, 2007a
[3] Thomson, 1952, 1963, 1979, Meek, 1990
[4] *Corr*. No. 42
[5] Murray, 1924：445, n.2；Holcomb, 1995：95–110

在一个工作日，斯密参加了由安德鲁·柯奇拉市长所创建的政治经济俱乐部。正是这位市长，于 1762 年 5 月 3 日主持宣布斯密当选为格拉斯哥荣誉市议员[1]。这一政治经济俱乐部成员，包括富裕的烟草商人约翰·格拉斯福德；军队食品供应承包商兼奴隶贸易商，后来在 1783 年美国和平协定的缔结过程中出任谈判代表的理查德·奥斯瓦德（Hancock, 1996：59—69）；卡莱尔的表兄威廉·维特牧师，他于 1762 年成为斯密同事，就任教会史教授。1755 年，这一俱乐部或许就斯密所提出的国家要上升至富裕水平所必需的条件："和平的环境、宽松的税收、过得去的执法"进行过争论[2]。柯奇拉不仅在殖民地贸易和出口方面知识渊博，他还是一位金融市场方面的专家，是 1750 年成立的格拉斯哥军需银行的创建者之一[3]。据卡莱尔的说法[4]，斯密"因为《国富论》的创作过程中，[柯奇拉]为他所提供的信息，而深表感谢"。

柯奇拉将那个时代格拉斯哥所获得的经济增长，主要归功于可能曾是他俱乐部成员的四位年轻人：威廉·坎宁安、亚历山大·斯皮尔斯、约翰·格拉斯福德、詹姆斯·里奇。格拉斯福德似乎与斯密很熟悉，并与斯密有通信往来[5]。他和另一位商人兼金融家阿奇博尔德·英格拉姆一起帮助罗伯特·弗里斯（Robert Foulis）在格拉斯哥创办了高雅艺术学院，由弗里斯出版社进行管理，而斯密对此也十分感兴趣。在《法学讲义》中，斯密提到了这一出版社正在出版的经济学经典著作：1750 年出版的《金钱与贸易》（*Money and Trade*）和约翰·格的《论不列颠的航运和贸易》（*Trade and Navigation of Great Britain Considered*）；1751 年出版的威廉·帕特森的《在苏格兰组建一个贸易委员会的提议及理由》（*Proposals and Reasons for Constituting a Council of Trade in Scotland*）[6]，威廉·帕迪爵士的《政治算术》（*Political Arithmetic*），乔舒亚·乔德爵士的《论贸易》（*Discourse of Trade*），贝克莱的《质问者》（*Querist*）。托马斯·蒙的《对外贸易之于英格兰的益处》（*England's Benefit of Foreign Trade*）出版于 1755 年，而格

---

[1] GUL MS Gen. 451

[2] Stewart IV. 25

[3] Murray, 1924：446，n.2；Scott, 1937：82–3；Rae, 1965；90–100；Durie, ODNB, 2004

[4] 1973：38

[5] *Corr*. No. 85

[6] 错误地被归为法学一类。

的著作的另一版本则出版于 1760 年 [1]。罗伯特·弗里斯曾经旁听了哈奇森教授的道德哲学课程，人们认为是哈奇森指导他进入了出版业 [2]。这一经济学经典丛书的出版计划，反映了弗里斯当时对商业的职业兴趣日益浓厚，或许很可能得归功于哈奇森唤醒了他学生对于政治经济学的兴趣，以及弗里斯敏锐的商业头脑意识到了与之相关的书籍会引起一个商业城市的某些团体的兴趣，如柯奇拉的俱乐部。不管怎样，斯密有了出版物来充实自己的头脑，还有经验丰富的人与他讨论市场经济的自由原则，而这正是《国富论》得以形成的思想源泉之一。

　　乘坐当时格拉斯哥至爱丁堡的公共马车，斯密可以在午饭前就到达爱丁堡，在正常午饭时间用饭，并在那里度过下午和晚上，第二天中午前就又可以赶回格拉斯哥 [3]。用这种方式或是在他的假期，斯密参加了爱丁堡知识界俱乐部和学会的各种活动。爱丁堡哲学学会（上文已经提及可能正是这一俱乐部资助斯密开设了修辞学和科学历史讲座）从 18 世纪 50 年代开始得到了迅速发展。绘画家艾伦·拉姆齐（同名诗人之子）于 1754 年参与创建了"精英学会"，旨在促进爱丁堡的文学和哲学相关讨论。在同年 5 月 22 日的第一次会议上 [4]，斯密发表了据说是在这一学会上的第一次也是最后一次讲话，陈述了指导性的建议，提议会员们可以提出任何讨论话题，"除了诸如天启宗教，或……二世党人原则"。精英学会的主要成员，除了拉姆齐和斯密外，还有休谟、凯姆斯和年轻的亚历山大·韦德伯恩。1755 年，这一学会下面衍生出了一个分会，即"促进苏格兰艺术、科学、制造业和农业发展的爱丁堡学会"，为某些更为实际的目的服务。斯密和休谟当选为委员会成员，与布莱尔牧师、威廉·威尔基牧师 [5] 以及乔治·威沙特牧师一同讨论文学和文学评论。斯密不大可能会对精英学会想要让苏格兰人说一口南部英语这样的动议感兴趣。为此，学会资助了一位爱尔兰籍剧作家理查德·布林斯利·谢里丹之父托马斯·谢里丹前来授课，这一计划引起了公众的讪笑，也加速了学会于 1763 年解散。然而，精英学会还是有过将近十年朝气蓬勃的学术生命，卡莱尔满怀欣赏的写道，在精英学会的聚会中，"通过我们所称为的碰撞，几乎

142

[1]　Murray, 1924：442，449

[2]　Sher, 1995：325

[3]　Murray, 1927：396

[4]　在 the Mason Lodge Mary's Chapel 举行。

[5]　*The Epigoniad* 的作者。

[涉及了] 所有的学术角落，并 [使得] 爱丁堡的知识界不像其他地方那样喜欢吹毛求疵和卖弄学问"[1]。

斯密也是"拨火棍俱乐部"的最早成员之一。这一俱乐部一般被认定成立于 1762 年，创建的初衷是为了在苏格兰形成一种共识，要筹建一支民兵组织来保卫国家，并由该俱乐部最早的创建者之一亚当·弗格森命名。这一名称隐晦地暗指这一俱乐部是"当我们这样的一堆火焰需要被拨亮时"，可以使用的工具[2]。七年战争期间，即使面临法国军队登陆的威胁，国会还是否决了苏格兰建立民兵组织的提议，因为英格兰对于在 1745 年起义后，如此快就在苏格兰建立有组织的军事力量心存忧虑。该俱乐部最早的会员都来自于精英学会，而在其 18 世纪 60 年代的鼎盛期，会员中包括了一些商人、职业军人以及乡村地主和一些贵族。卡莱尔认为该俱乐部加强了完全不同的各种团体之间联系的纽带，改善了文人学士的行为作风，并开阔了绅士阶层的思想和眼界[3]。在 18 世纪的法国沙龙中，可以发现类似的社会交往方式，只是程度有所不同而已。比如就兰伯特夫人所主持的那些沙龙，达朗贝尔曾写道："普通人从她的家里出来时会更有修养，而那些知识分子从她家里出来时则会更为友善"[4]。毫无疑问，休谟作为巴黎沙龙上的常客，并曾受到过法国宫廷的招待，会非常欣赏"拨火棍俱乐部"中强硬的讨论氛围。1763 年 11 月，当时休谟正在英国大使馆就任秘书一职，他从枫丹白露宫殿写信告知亚当·弗格森说："我真的经常希望能有'拨火棍俱乐部'讨论时的直接和坦率，来纠正和冲淡这里过于宜人的氛围"[5]。俱乐部成员最初聚会的地点是在托马斯·尼科尔森位于梅卡十字路口附近的小酒馆里。在那里先付上一先令用完餐，再加上适量的雪利酒和红葡萄酒，激烈的关于政治话题的讨论就开始了，而会员们会因为所持的观点而被随意地拿来"烘烤"加以嘲讽[6]。一则题为《修女佩格》(*Sister Peg*)（1760）的讽刺性寓言，很有趣地呈现了使这一俱乐部得以创建的关于建立苏格兰民兵组织的争论。这一寓言"烘烤"了两位人物，一位是老皮特，因为他大举国债维持庞大的不列颠帝国常规军；另一位是检察官

---

[1]　1973：150 n.；Emerson, 1973；Mossner, 1980：281–4；Smart, 1992：110–14

[2]　Carlyle of Inveresk, ed. Kinsley, 1973：213–16；Sher, Poker Club, ODNB–O, 2009

[3]　1973：282

[4]　转引自 Craveri 翻译 Waugh, 2005：263

[5]　*HL* i. 410–11

[6]　EUL MS Dc 5.126；Mossner, 1980：284–5

年轻的罗伯特·邓达斯，因为他在国会上反对苏格兰建立民兵组织。大卫·雷纳提请大家注意，在这则寓言中，将拨火棍作为佩格[1]用来对抗"阁楼上的房客"（代表1745年起义的二世党人）的工具（1998年3月29日私人信件）。《每月评论》的供稿者宣称这一寓言是由一位"北部不列颠人所写；此人对我们的语言不够熟悉，无法用书面语得体地表达自己"[2]。也有人认为是亚当·弗格森或休谟写的这一小册子。考虑到休谟对自己苏格兰身份的极端敏感，如果他真的是这位作者的话，他会因自己的写作风格被如此的贬低而深感屈辱[3]。

　　斯密肯定注意到了在拨火棍俱乐部中出现的倾向于建立民兵组织，而不是请雇佣军的观点，因为他在教学中正面提出了这一问题，而在《国富论》中也有提及，只是侧重稍有不同[4]。斯密所持有的现实主义态度，使他得出结论：尽管公民会从武术训练中获益，但是训练有素的专业军团会将民兵打败。《国富论》中斯密的确把美国的民兵组织当成了一个例外，认为如果这支军队在1776年之后能在战场上再打一仗，就能够与久经沙场的英国正规军相抗衡[5]。斯密的想法是美国人有足够的动力驱使他们获得使用武器所必需的训练和熟练程度，因为他们就像罗马人与迦太基人作战一样，是为了国家的独立而战。斯密教导他的学生，常备军是社会发展到商业社会阶段、随着劳动分工的不断深化才出现的，斯密也在《国富论》中重复了自己的这一学说。然而，斯密确实在讲义中提出了与拨火棍俱乐部政治观点相一致的论断：如果常备军的将领并不认同公民的权力至高无上，常备军对于市民的自由会构成威胁[6]。

　　然而，我们无法确定斯密是否在拨火棍俱乐部的聚会中，发表过自己的观点。根据卡莱尔的说法，他只听到亚当·斯密做过"仅有的一次"讲话。在他们的聚会中，斯密似乎总是会陷入自己的思考之中，或许他已经在构思他的讲义或"正在筹备中的"著作的内容了。卡莱尔写道：

　　　　他是我见过的在人群中最心不在焉的人了。置身于一大堆伙伴之中，他

---

[1] =Margaret= 苏格兰：或许是因为圣玛格丽特是苏格兰的保护人而得出的这一等式。

[2] 24，1761：165

[3] Raynor，1982b

[4] Vivenza，2007：103–8

[5] V.i.a. 27

[6] *LJ*（B）334–8；也参见 *WN* V.i.a. 41

总是嚅动着嘴唇、自言自语、面带微笑。如果你将他从冥想中叫醒，让他就某一话题参与讨论，他会立即开始一段充满哲思的高谈阔论，直到他告诉了你关于这一话题他所知道的全部后才会停下来。

卡莱尔继续说道，斯密陪同巴克勒公爵三世一起到国外游学，结束了斯密作为教授的任期，并"部分地治愈了他的那些小怪僻"[1]。这不禁令人莞尔，这一次是学生的陪伴帮助教授变得更为合群了。

[1] Carlyle，1973：141–2

10. 著书立说的学者和管理者

> 在每个行业，个人的前途都应该尽可能多地取决于他所做出的功绩，而 144
> 尽可能少地依赖于他已获得的特权，这样无疑才最符合大众的利益。

　　斯密很明白教授的职责之一就是通过出版文章，向同行和公众发表自己的见解。上文已提及斯密于 1761 年出版的关于语言起源的文章，下文会有进一步的讨论；关于其《道德情操论》和《国富论》的写作、出版及相关评论也将以单独的章节加以介绍回顾。根据杜格尔·斯图尔特[1]的说法，斯密是两篇匿名杂志文稿的作者。从这两篇文稿中，我们可以看到一位 32 岁的作者非同寻常的学术自信。这两篇文稿都发表在《爱丁堡评论》（1755—1756 年）第一期上，其中的前言出自亚历山大·韦德伯恩之手。自从斯密在爱丁堡讲授修辞学讲义时开始，韦德伯恩就成了斯密的朋友，当时他作为民法和宗教法法庭的辩护律师已声名鹊起。其他主要的供稿人都来自精英学会，尤其是温和派牧师罗伯逊、布莱尔以及斯密科卡尔迪童年时期的伙伴约翰·贾丁。[2] 在出版这一杂志的过程中，休谟和

---

[1] "Account", I.24

[2] 1793 年 1 月 21 日和 3 月 18 日，Stewart 向爱丁堡皇家学会宣读的 "Account...of Smith"（出版于 the RSE Transactions，vol.iii，1794；后来收于 EPS 1795）中，指出斯密向 ER《爱丁堡评论》的匿名投稿，就是关于 Dr Johnson 的 Dictionary and the Letter to the Editors 评论（I.24）。这些评论都被收录在了 Smith's Collected Works，181–12，v：553—84，其中一个介绍性的注释指出这些评论"最近不断地在一些相当重要的出版物中被提及"，以及"众所周知，这些文章出自斯密先生的手笔"（p.553）。在 Tytler 的 Memoirs of Kames，1807：i.169 中，指明 ER 的主要执行人是斯密、Blair、Robertson，而斯密关于 Johnson 的词典的评论也在 pp.169–71 的一个注释中加以讨论。在 Tytler（现 Woodhouselee）1814：i.235–6 中，加入了另外一个注释，内容是由 Lord Craig（William Craig：斯密以前的学生）所提供的一些其他信息：William Robertson 评

卡姆斯勋爵似乎并未曾参与其中，1755 年，他们因为无神论和宗教上的不虔诚，遭到了来自教区会员大会大众派及精英派的攻击，而温和派会员则为他们进行了辩护[1]。

从前言看，《爱丁堡评论》的初衷是开明而爱国的：旨在展现苏格兰"蒸蒸日上的学术现状"，激励苏格兰市民更为热切地追求知识，从而使自己出类拔萃，为自己的祖国添光加彩[2]。杂志承诺要对苏格兰最近六个月内出版的所有著作进行详细介绍，并在附录中对出版于其他国家，而在"这一国度"有广泛的读者群或似乎应该受到关注的著作进行报道。最终，除了斯密的第二篇文稿外，《爱丁堡评论》的第一期和第二期附录中都只关注了出版的英语书籍。当时这样的一个评论产业并未发展成熟，因为在指定的时间段内，苏格兰并没有足够值得人们关注，且具有相当思想水准的书籍出版。这迫使书评人去讨论那些具有争议性的神学小册子和书籍来充版面，结果招致了不受人欢迎的论战[3]。

在第一期（1755 年 8 月 26 日，涉及时间范围为 1 月 1 日到 7 月 1 日：附录 II，第三篇文章），斯密就 1755 年 4 月 15 日出版的约翰逊所编撰的《词典》（*Dictionary*）的优缺点进行了评价。他批评了《词典》所采用的编撰方法，指出其在规划方面不够语法化和理性化的特点[4]。1763 年 2 月 7 日，斯密在致乔

145

论 了 Alexander Gordon of Auchintoul's *History of Peter the Great*（Aberdeen，1755） 和 Walter Anderson 的 *History of Croesus, King of Lydia*；Hugh Blair 评论了 Dodsley 的 *Collection of Poem*（1755）第四卷和哈奇森的 *System of Moral Philosophy*（1755）；John Jardine 评论了 Ebenezer Erskine 的 *Sermons*（由他的儿子 David Erskine（1755）编辑出版）和 "Johnson's Sermon on Unity"；外科医生 James Russel（后来就任爱丁堡大学的自然哲学教授）或许就一些关于物理学、医学、解剖学的著作进行了评论。Sir James Mackintosh（*Works*，Boston，1856：242–5）在他所编辑的 1816 年重版的 *ER* 前言中，再次提到了这些稿件的作者问题，依据是看似非常可靠的爱丁堡传统，并对其中一些评论加以了评述。科学著作的出版是启蒙运动中重要的组成部分（Sher in ed. Wood，2000；Wood in ed. Brodie，2003），*ER* 对其给予了认真的关注，相关评论的作者被认为是 Russel；还可参见以下这几篇评论：关于 Charles Alston 的 *Second Dissertation on Quick–lime and Lime–water* 的评论（2，Art. V），这一著作是与另一位爱丁堡大学医学教授 Robert Whytt 的公开论战的一部分，评论者认为等 Dr Black 的实验结果出版后，这一论战就会有结果了；还有对 *Dissertation on the Sensible and Irritable Parts of Animals*（1755）的评论（2，Art. xiii），这一著作的作者是 Gottingen 大学教授 Albrecht von Haller，他关于心灵和肉体所持的笛卡尔式观点，受到了 Dr Whytt 的反驳。1755—6 年出版，但是并未在 *ER* 中加以评论的科学著作包括：Donald Monro 的 *An Essay on the Dropsy*（1755），Robert Whytt 的 *Physiological Essays*（1755），James Ferguson 的 *Astronomy Explaind upon Sir Isaac Newton's Principles*（1756），Francis Home 的 *The Principles of Agriculture and Vegetation*（1756）和 *Experiments on Bleaching*（1756），Robert Simson 的 *The Elements of Euclid*（1756）。

[1] Ross，1973，ch.8
[2] *ER* I，p.iii
[3] Sher 2006：64–7
[4] *EPS* 229–41

治·贝尔德的信中，解释了他所谓的"理性语法"[1]。信中斯密关于他会怎样"对
不同词性的单词及其不同变体的来源以及用法进行探讨"的简要叙述，再加上他
在讲义中所开展的进一步详细分析（斯密关于语言起源文章的来源），向我们展
示了斯密如果编撰词典会遵循的原则[2]。他发表在《爱丁堡评论》的文章，通过
两个例子"but"和"humour"的讨论，阐明了这些原则。他将约翰逊关于单词
"but"的十七个义项减少为七个，并非常准确地描述了这一单词在句子中所起到
的作用。而对于单词"humour"，斯密澄清这一单词最早来源于生理学中关于决
定个性和脾气以及我们如何区别好心情和坏心情、幽默与风趣的不同体液的学
说。在文中，斯密承认约翰逊所提供的单词用法的例句，可以让那些想要掌握英
语的人事半功倍；后来斯密还曾告诉博斯维尔，约翰逊是"现世之人中最为博览
群书的"[3]，但是他评判说《词典》所存在的缺点是单词的语义项"很少被整理
为更为一般化的分类，或列到一单词主要表达的几个意义之下，并且也没有足够
仔细地去区分一些显而易见的同义词"[4]。

　　在《爱丁堡评论》的第二期（1756 年 3 月，涉及时间范围 1755 年 7 月—
1756 年 1 月：第十三篇文章之后），斯密给编辑写了一封信，建议他们拓展原有
计划，不要只盯着某些"极端荒谬"的书籍（如大众派会员所青睐的神学著作），
而应该留出更多的版面，讨论那些有可能成为传世之作的欧洲出版的作品和英
语作品[5]。斯密身体力行地评论了当时意大利、西班牙、德国和俄国的学术现状
（毫无疑问，多半以轻蔑的语气），接着给予英格兰和法国格外具体的关注，将
这两个国家描绘成是具有迥然不同"文学特长"的竞争对手。他断言"想象
力、发明创造的天分，展现了英格兰人的才能"，而"趣味、判断力、合宜、秩
序"则更多地与法国人联系在一起[6]。之后，斯密仔细讨论了这些才能的运用，
是怎样通过竞争、仿效、应用、判断，渐臻完善，而这些都是斯密在理解文学
成就和语言表达方面所使用的核心概念。斯密自己在考察英格兰作家和法国作
家的"文学特长"时所表现出来的机巧灵敏，也暗示了他的同胞可以将两者结

[1]　*Corr*. No. 69
[2]　De Maria，2005
[3]　*BLJ* i. 71
[4]　*EPS* 276
[5]　*EPS* 242–56
[6]　*EPS* 243

合在一起，因而完全有可能胜过杰弗里·洛莫纳科极具洞察力地分析过的其他国家的代表[1]。

斯密在阐述关于不同国家人民所具有的才能时，评论说英格兰人的天赋和发明创造精神最好地体现在了自然哲学中培根、波义耳和牛顿的著作之中，但是在当时的英格兰，找不到任何可以与他们相提并论的继承人，而法国人在将英格兰的发明创造重组和系统化方面的才能，则在达朗贝尔和狄德罗所正在进行的《百科全书》的编撰工作中继续得以展现。在斯密看来，1707 年国会合并后，苏格兰人将自己视为培根的同胞以及继承人。他讲述说"作为一位不列颠人，我深感荣幸"，看到英国以前在自然科学方面的领先，尤其是牛顿所创立的学说，能为他们的竞争对手法国所承认。但是斯密也声明，想到这样一种可能的后果，即外国人以及自己的子孙后裔，将不再从英格兰人自己那里，而是从法国的《百科全书》中，学习英格兰哲学，还是让他深感屈辱[2]。

在这里斯密通过评论两位用拉丁文写作的苏格兰人，研究数学的约翰·基尔和研究天文学的大卫·格雷戈里所构建的自然哲学体系，为下文讨论苏格兰同胞所取得的成就特色，埋下了伏笔。斯密认为他们的著作在很多方面"混乱、不准确、肤浅"[3]。他承认科学知识在两位同时代的英格兰人那儿，已经达到了一个远为更高的水准，这指的是《光学大全》（*Compleat System of Opticks*）（1738）的作者罗伯特·斯密和以光速及地球中心轴变化等杰出发现而享誉世界的天文学家詹姆斯·布拉德利（上文第六章已经讨论了他与贝列尔学院的关系）。但是斯密暗示说布拉德利缺乏竞争的激励来使自己的研究系统化，事实确实是直到 18 世纪末他才出版了著作[4]。斯密重新提及了当时英格兰自然哲学发展方面的衰退这一话题，宣称罗伯特·斯密在"著作的条理和结构方面"逊色于基尔和格雷戈里，以及学术界本可以从这两位英格兰科学家身上获得更多的启示，"如果在他们自己的国家，能够有更多的竞争对手和批评者"，从而进一步暗示了苏格兰有希望追随法国所开创的方法论传统[5]。

---

[1] *JHI*，2002，vol. 63，No.4：659–76

[2] *EPS*

[3] p.245

[4] Hirshfeld，2001

[5] p.246

接着，斯密以《百科全书》为例，展开讨论法国"文学方面的长处"。斯密将《百科全书》的包容性阐述为是"有希望成为任何语言中曾经出版过或试图出版过的这类读物中最为完满的"，绝大部分的条款都经过精心挑选，从中读者可以看到"就每一个主题所做的理性的甚至是批评性的考量"[1]。正如本传记下文所要指出的[2]，斯密为格拉斯哥大学图书馆购买了这一巨著的所有卷本。斯密所列出的为《百科全书》撰文的知名学者中，我们可以发现"日内瓦的卢梭先生"及其著作《论人类不平等的起源和基础》（1755）占据了该信结尾的大部分篇幅。

在书信临近结尾之前，斯密将法国所取得的主要成就放在了两本伟大的自然历史著作中加以讨论。这两本著作像《百科全书》一样，以体系、结构和文体方面的杰出成就而闻名于世。第一本是布丰和多邦东所著的《自然史》（l'Histoire naturelle），该著作的前五卷出版于 1755 年之前，而第 44 卷以及最后一卷则出版于他们死后的 1804 年。这一著作怀有极其宏大的抱负，要通过审慎的摘要和文体的把握来呈现人类关于自然世界的所有知识，关于这一点布丰的名言是"风格即其人"（c'est l'homme meme）。因为这一方面的成就，布丰赢得了卢梭的嘉许：那一时代最具文采的作者[3]。斯密这时也记起了自己并不是一位颂词撰写者，而是一位批评家。斯密指出布丰的生物学体系"几乎完全基于假设"，进而得出结论，法国人关于生物繁殖起因的解释并没有产生任何"与之有关的非常确定的思想"，尽管有着一些"独特而奇妙的"观察和实验的支持。斯密颇具其个人特色地认为，多邦东的描写，因其"简洁、清晰和合宜"，是这一著作中最为重要的部分[4]。

第二本伟大的自然历史著作是擅长多种才能的科学家雷奥米尔关于昆虫的著作。雷奥米尔取得了许多成就，其中包括以他名字命名的温标，设计了一种现在仍在使用的包锡的铁片，并确定了珊瑚是一种动物。他的六卷本《昆虫史记》（Memoires pour servir a l'histoire des insects）著作中，有 267 幅插图，出版于 1734—1742 年。而本来还要再出版的关于甲虫和蚂蚁的几卷，因为他于 1756

147

---

[1] pp. 246–8

[2] p.153

[3] 参见 Buffon，2007，以及 Cobb，2007：3

[4] 斯密藏书中 21 卷本的《自然史》以及一度他曾经拥有的司买莉（Smellie）8 卷本译本现保存在东京大学图书馆：Mizuta

年过早离世，而无法实现。斯密评价说在雷奥米尔的著作中可以找到自然哲学所要求的、也是法国人所特别擅长的"清晰的描述和合理的编排"。更为重要的是，斯密意识到现代知识的价值就在于其建立于观察和实验的基础之上的，斯密认为公众希望从《爱丁堡评论》中获得的正是对这样一些著作的评价和批评，这些著作像布丰和多邦东、雷奥米尔的著作以及将来欧洲研究院将会出版的著作一样，"要么似乎为公众提供新的一些观察结果，……要么是将已有的观察结果进行更为完整的收集或是更为有条理的编排"[1]。

随后，斯密在信中采用了他在讨论自然哲学中所遵循的类似方法，转而讨论在"道德哲学、形而上学以及部分抽象科学"方面所取得的成就。他关于"英格兰"在这一被他悲观地称之为"好争论的却并不兴盛的哲学"的现代进步中所取得的成就的看法与前面关于自然科学的大同小异，并宣称说除了笛卡尔的《沉思录》外，法国在这一领域也无创新可言。然而斯密对英格兰哲学持有相反的观点，并提供了一个作者名单，"所有这些作者依据他们各自不同也并非一致的体系，至少试图做到具有一定程度的原创性；并为前人已实现的对这一世界的观察增添新的内容"。休谟的名字并未出现在《爱丁堡评论》中，但是他强调道德哲学往前发展就是要遵循经验主义所倡导的路径，注重经验和对人性的观察，事实上，就是发展一种"人的科学"[2]。等一下！斯密这里所列出的具有原创性作者的名单，正是休谟在《人性论》引言中所指出的那些"晚近的英格兰哲学家，他们已经开始将人的科学置于一种全新的立场"，即"洛克先生、沙夫茨伯里爵士、曼德维尔博士、哈奇森先生、布特勒博士（Dr Butler）"，再加上斯密自己提名的"霍布斯先生"和"[塞缪尔]克拉克博士"。斯密专注于与休谟"人的科学"相关的强调经验和观察的哲学传统，并没有就《人性论》所涉及的莱布尼兹在它的概率理论中已经发现的缺陷[3]进行评论，也未就斯宾诺莎唯物主义一元论中"隐含的假设"[4]进行置评。斯密也不认为贝克莱的唯心主义一元论对经验主义发起了有效的挑战，尽管他在18世纪50年代，正在阅读贝克莱的著作[5]。斯密同

148

---

[1] pp.248–9

[2] *Treatise*，引言 4—5

[3] ed. Norton and Nordon，1740/2000：408

[4] *Treatise* 1739/2000：158

[5] 参见 External Senses 60，*EPS* 156

样未置一词的还有理性伦理学，而斯密本可以就这一话题，效仿约翰·鲍尔吉于1728—1729 年在《道德善的根基》（*Foundation of Moral Goodness*）中的做法那样展开讨论。

接着，斯密继续说道，"英格兰哲学的这一分支，现在似乎已经完全被英格兰人自己忽视了，最近被传入了法国"。他还在卢梭的第二本著作《论人类不平等的起源》中以及他认为"在很多方面具有原创性的"莱韦斯克·普伊的《论合宜的情感》（*Theorie des sentiments agreables*）（1747）（斯密的《道德情操论》的书名或许是受到了该书的启发）中找到了某些"英格兰哲学"的痕迹[1]。普伊的著作将法国的"愉悦伦理学"传统与沙夫茨伯里的伦理美学思想之间建立了联系，并与博林布鲁克（作者的朋友）的自然主义伦理学有一些渊源。普伊在法国积极传播了英格兰的伦理学和科学思想，如通过他也参与其中的荷兰杂志《学术欧洲》（*L'Europe savante*）（1718—1720 年）这一媒介。伏尔泰将他称赞为是他的同胞中第一位试图去掌握牛顿天体体系的人。斯密似乎从未听说任何关于普伊剽窃了博林布鲁克思想的指控（Nadel, 1967），在本传记（第 12 章）讨论 1761年《哲学论文集》（*Philological Miscellany*）杂志时会涉及这一问题，该杂志上刊登了两篇由普伊翻译的文章以及斯密关于语言的那一篇论文。

斯密集中讨论了卢梭的第二本著作《论人类不平等的起源》，将它分成两部分，一部分描写了人类最初的荒凉状态，而另一部分则详细叙述了社会的逐渐演讲过程。斯密认为卢梭文本中的体系是建立在曼德维尔《蜜蜂的寓言》或《私恶公善》（*Private Vices*，*Publick Benefits*），pt. ii（1728）中所论述的思想基础之上。卢梭的著作将作为其来源的"英格兰作家学说进行了软化、提高以及美化，剥去了所有让他们蒙羞的腐化和散漫的倾向"。但是，曼德维尔和卢梭关于"人类的原始状态"的描述截然不同：英格兰作家曼德维尔将这一状态描绘为是可以想象到的最可怜和最悲惨的一种境况，而卢梭则将之"描绘为是最幸福、最适合"人类天性的一种状态。两人都否认是一种社会性的天性推动了人类之间的交流，但是曼德维尔认为是原始状态的悲惨处境促使人类形成社会，而卢梭则主张这一灾难性的结果来自于人类并非天生的强烈野心以及想要高人一等的虚荣的欲望相互作用的结果。令斯密印象深刻的是两位作者都将维护人

---

[1] Glasgow edn.1982：10，14

类不平等的司法法律，看成是那些狡诈而又有权势的人想使自己对另一些人不自然的、非正义的控制永久化的一种设计。曼德维尔发现怜悯是唯一自然的人类"和善原则"，而卢梭则认为怜悯使人类的美德得以产生，但是这一观点的现实性却遭到了曼德维尔的驳斥。然而两位都赞同，怜悯本身并非一种美德，而是一种行为动机，这一动机在野蛮人和行为放荡的人身上要比最为文明的阶层的人身上更为显著和常见。

149　　斯密承认卢梭的第二本著作《论人类不平等的起源》形成了一种非同凡响的文体，并宣称"在这一文体的帮助下，再加上一点点哲学的提炼，……散漫的曼德维尔的学说和思想似乎在 [卢梭] 那里获得了柏拉图伦理学所具有的纯净和庄严，而共和主义者所具有的真正精神似乎只是得到了一点过度的演绎"。斯密放弃了对卢梭的文本进行分析，因为他认为文本更多的是由"修辞和描写"所组成的，并以自己所翻译的三段卢梭的文字作为结尾，这些文字表达了卢梭对"野蛮人"的理想化以及他对"处于文明状态的人类"的抨击。斯密所选的段落有力地突显了卢梭和曼德维尔的思想，即现代性所取得的成就中也有其黑暗的一面，这一思想似乎也以某种方式在斯密随后的人生中产生了共鸣：

> 与其说是出于任何真正的需要，还不如说是为了使自己高人一等，想要增加自己相对于他人的财富的激情，以及永不满足的野心，激起了人们可怕的互相伤害的倾向；这种倾向带着一种隐蔽的嫉妒，唯其隐蔽性才使得其更为危险，以至于打击命中率很高，往往还带着好意的面具；……所有这些罪恶都是财产所产生的最初的影响，也是最初的不平等所带来的不可避免的衍生物[1]。

斯密关于卢梭著作的摘要，其主旨是野蛮人因为他们单纯的个人欲望，而享有自由和幸福，而文明人却通过获取财富及成为他人的附庸（尽管表面上这些都是为他服务的），而沦落到受奴役和不幸的境地。斯密将在自己的《道德情操论》和《国富论》中再次提到这一观点，尤其是卢梭所提出的自爱是经济活动背后的驱动力这一观点，而卢梭的这一观点又是受到了马基雅弗利、霍布斯以及正如斯

---

[1]　pp.250–3

密所指出的，曼德维尔思想的影响。现代的道德哲学家查尔斯·格里斯沃尔德（2009：1）所持的观点是卢梭在第二本著作《论人类不平等的起源》中所提出的挑战，将斯密从同情总是令人愉悦这一观点[1] 的"教条化的沉睡"中惊醒过来，使他"度过了许多个不眠之夜"，然而这似乎仍是一个悬而未决的问题。斯密相信他已经令人满意地回答了休谟针对他的同情学说所提出的批评[2]，他认为当我们与他人产生同情共感时，我们总是愉快的。这一观点在随后做过细微修改的几个《道德情操论》版本中都得到了保留[3]。

在这封信的最后，斯密简短地承认了在他关于欧洲所取得的学问的回顾中，不应该仅仅局限于哲学著作。他注意到在英格兰、法国甚至意大利，有一些诗人完全能够与他们 17 世纪的前辈相提并论，近来在维也纳的宫廷剧院中获得普遍承认的诗人梅塔斯塔西奥就是其中的一个例子（Pietro Trapassi，1698—1782 年）。现在星光虽已黯淡，但是在他自己所处的时代，他还是在全欧洲的正歌剧领域取得了令人眩目的成功，因为他的文字在韵律方面体现了精湛的技艺，由像佩戈莱西这样最著名的作曲家为其作曲，并由首屈一指的歌剧演唱家加以演绎。斯密最后就伏尔泰发表了评论，他认为伏尔泰是"法国历史上最具通才的一位人物"。从斯密所举的例子，即 1755 年 8 月 20 日在巴黎上演的诗歌体悲剧《中国孤儿》（*L'Ophelin de China*）[4]，可以看出斯密令人赞叹地紧紧跟上了时代发展的步伐。

这一致卢梭的信件涉及了伏尔泰才能的另一方面，即 1755 年在《奥地利王位继承战》所展现出来的想成为法国历史学家的抱负。该书的盗版曾在荷兰出现过，在斯密看来，书中关于英国在这一战争中所起到的作用，包含了许多"非常明显的不实陈述"。鉴于真正的具有启蒙思想的历史学家会希望自己公正无偏，斯密在信尾毅然宣称伏尔泰并不应该就这些失误负责，这些失误会在"经过作者首肯的该书真正的第一版出版时"获得更正[5]。

但是这一事件并未就此结束。巧合的是斯密的好朋友休谟参与了这次"奥地

150

---

[1]　*TMS* I. i. 2. 6

[2]　*Corr*. No. 36

[3]　Glasgow *TMS* Intro. p. 17

[4]　在 9 月出版，并附有 8 月 30 日伏尔泰致卢梭的一封书信。

[5]　p. 254

利王位继承战"。1746 年 9 月，时运不佳的英军对布列塔尼发动突袭，休谟正躬逢其盛。他得知伏尔泰对这次战役进行了嘲讽，很可能就作为"无可置疑的权威"（或是该文作者的高参）在 1756 年 4 月《每月评论》的一篇文章中回应了伏尔泰的嘲讽。文中说道"[伏尔泰]所描述的历史中，充斥着各种各样的不实陈述，其中最明显、最荒唐和最伤害英格兰民族感情的就是关于攻打布列塔尼战役的描述中的错误了"，并得出结论说"[伏尔泰]根本对这次战役的目的、军队人数、突袭方式、未获成功的原因、撤退的理由以及战役中可观察到的指挥一无所知"[1]。

在一本《爱丁堡评论》第二期的杂志上，有休谟所书的旁注[2][3]，从中仍可看出休谟对于伏尔泰的不实陈述的强烈反应。这些旁注中的绝大部分是关于文体的，但是其中还是有一些实质性的观点。斯密在"致《爱丁堡评论》创刊人的一封信"结尾部分第 79 页中，提到伏尔泰关于"最后一场战役"的"非常明显的不实陈述"这些词语边上，休谟写下的评论是"尤其是对斯特克莱斯将军所发动的战役"。从这里可以看出这是一个一直困扰他的问题。在 64 页，休谟在斯密所罗列的德国人所从事的科学中将"数学"划掉了，"数学只需要清晰的判断再加上努力和勤勉，而不需要大量我们所称的趣味或才能"，并在左边的旁注中替换上了"解剖学"。在第 65 页，休谟从斯密所列出的"先前英格兰诗人"的名单，即那些拥有"如此强大而异乎寻常的"想象的"力量"，能使读者感到震惊，并使他们对那些认为"这些作品不够顺畅"的评论可以不屑一顾的诗人的名单中，划掉了斯潘塞的名字[4]。这样名单中就只留下了莎士比亚和弥尔顿。在《爱丁堡评论》II，ii 中，其他可能是出自休谟手笔的实质性改动，是在一篇关于《哲学和神学探究》（*Enquiry after Philosophy and Theology*）（1755）一书的评论

---

[1] 转引自 Mossner，1980：201。

[2] 1987 年 12 月 15 日在苏富比拍卖行标价出售，现保存在日本东京中央大学图书馆内。

[3] 休谟的旁注（现在中央大学图书馆，东京）在 Sotheby 的 English Literature and History 的目录（15 Dec. 1987）中有所描述，Stewart（1990c：5–8）也有相关讨论；在得到了 the Nagoya Maruzen Department Store Bookshop 很友善的许可后，我对这些旁注进行了仔细的审读——参见 the Maruzen 1990 Bicentenary Smith Catalogue，No. 9。2007 年 2 月，中央大学经济学院 Michihiro Otonashi 教授很热情地寄给了我一份有着休谟旁注的斯密 "Letter" 的复印件供我进一步审读，并允许我在本书中对此加以引用。David Raynor 教授告知（2009 年 7 月 25 日私人电子邮件）英国的规定是申请带往国外的 MSS 必须同时将这些 MSS 的影印件保存在 the British Library 一份。因而，19 页有休谟旁注的斯密发表于 *ER*2 的信件的影印件保存在 the BL Manuscript Reading Room，目录编号为 RP. 5286。

[4] 参见休谟在《英格兰史》一书中，对于斯潘塞作品单调乏味的批评，1778/1983 iv. 386

中，该书是由达勒姆神学家罗伯特·斯皮尔曼所著[1]，书中将牛顿的宇宙学与自学成才的希伯来语学者兼自然哲学家约翰·哈奇森[2]的宇宙学做了一个逆向的对比。很不幸的是，书页裁切不正使得这些休谟所做的改动成为"令人干着急的碎片"。没有证据可以证明休谟之所以做这些修改，是因为《爱丁堡评论》编辑或斯密要求他对这些文章进行评论或校正。这些旁注表明了休谟对于英语文体的关注，这一点不为斯密所知。而且休谟自认为在以上提到的两点上要比"致《爱丁堡评论》创刊人的一封信"的作者了解得更多，至于第三点他则有第一手的内部消息。

根据多才多艺的作家、小说家亨利·麦肯齐氏（1745—1831年）的说法，休谟在一次为创办《爱丁堡评论》杂志而举行的宴会上，得知了创办这一杂志的筹划人和写稿人的姓名，但是在他有机会向杂志投稿前，杂志就已经停办了[3]。而《爱丁堡评论》之所以没有刊登关于休谟《英格兰史》斯图亚特王朝第一卷的书评，是因为该书是于1754年11月20日在伦敦出版的，在爱丁堡的出版日期则要更早一点，这样其出版日期就不在该杂志所针对的时期之列了。但这种说法还是存在很大的争议，或许是书评人觉得手头已经有足够的对象供他们通过褒贬来推进教会中温和派的事业，并向精英派提出挑战。

比如，布莱尔对伦敦大主教托马斯·夏洛克的布道大加赞扬，这些布道是以其英国正教的理性主义精神而广为人知的[4]。贾丁抨击了以埃比尼泽·厄斯金的布道为代表的宗教狂热主义。厄斯金是一位精英派，即严格正统的长老会派别成员[5]。《爱丁堡评论》的编辑们谴责了精英派对凯姆斯和休谟的攻击[6]，但是他们并不希望因为给予休谟更多的关注而惹麻烦上身。布莱尔无疑负责了对哈奇森身后所出版的《道德哲学体系》（1755）进行评论，他赞扬斯密的这位老师"为道德哲学清除了许多垃圾"，并创建了"与伦理学的创建息息相关的……自然主义宗教的伟大原则"[7]。这两个主张很可能激起了精英派的愤怒，他们在廉价的

151

---

[1] Aston，ODNB–O，2004

[2] Mandelbrote，ODNB–O，2004

[3] Home–Mackenzie，1822：i. 25

[4] *Edinburgh Reiew* 1：Appendix，Art.i；2：Art. ix.

[5] 1：Art. vi

[6] 1：Arts. xiv，xv，xvi，xvii

[7] 1：Art. ii

小册子上和致报纸的信件中对《爱丁堡评论》进行了攻击。比如，1756 年的《〈爱丁堡评论〉之观察》（*View of the Edinburgh Review*）指出，《爱丁堡评论》第 6 期中刊登了具有不虔诚的"精神和倾向的文章"，而《新版半斤对八两》也对之进行了嘲讽，批评斯密关于约翰逊所编撰的词典的评论"无知而不知所云"。小托马斯·波士顿在 1756 年 4 月 27 日致《爱丁堡报》的信中，就对他的《布道集》（*Collection of Sermons*）的攻击做出了相当尖锐的回应："当某一群人以审查官和评论者自居时，一旦有人出来反对他们，那就无异于是在为他们加柴添火；但是如果没人愿意降尊纡贵地去搭理他们，他们很快就会像蜡烛的烛花被剪去一样自己偃旗息鼓"。凯姆斯的传记作者泰特勒（Lord Woodhouselee）认为，这些出版物中所爆发出的怨气，使得《爱丁堡评论》的编辑们相信为了"公众以及他们自己的安宁"，他们应该将杂志关停[1]。斯密作为一位非常关注自己安宁的审慎之人，在 1751 年休谟竞选格拉斯哥大学教授席位时，都没有表示支持[2]，也回避了出版《自然宗教对话录》的责任[3]，是会毫无疑问地赞同这一决定的。1756 年，为《爱丁堡评论》撰稿的温和派牧师们，不得不在长老教会的会员大会上，全力以赴地为休谟、凯姆斯和诗人约翰·霍姆所受到的攻击进行辩护。作为律师和教152 区年长者代表的韦德伯恩也参与其中，抵制各种反对霍姆的做法[4]。

斯密除了教学、写作或参加俱乐部会议外，很多时间都被行政职务给占据了。其中一些行政职务无疑是帮助并强化了斯密某些思想的形成，也为他的写作提供了有用的经验，但是其他一些责任则肯定让他困扰，使他疲于应付而无法从事更为有益的工作。尽管斯密爱走神的名声在格拉斯哥大学广为人知，他的同事们还是认同他可靠而务实的办事才能，让他负责学校法律和财务相关事宜、监管基础设施及建筑建设、为大学的利益与外部协商、主持正式会议并面对各种需要杰出技巧的交际和管理任务。

确保和审计格拉斯哥大学的资金状况是一项复杂的事务，因为这些资金很大一部分是来自于王室对以前教会收入的分配，如那些与宗教改革前格拉斯哥大主教相关的收入。而且，大学财产还受制于苏格兰封建条款的制约。有记录显示，

---

[1] Memoirs of ...Kames，1st edn.，1807；i.169

[2] *Corr.* No. 10

[3] *Corr.* No.177B

[4] Mossner，1980；337–48

斯密完全投入到了账目和捐赠事宜及土地纠纷的处理之中，改良了记账方式[1]。因此，正式的记录显示，1755 年 12 月 30 日，斯密被要求前往爱丁堡，在那里与律师一起清理一笔一直可以追溯到 1713 年哈密尔顿一位公爵夫人所提供的捐赠，并向国会提交了一个议案，以便让这一捐赠能处于更为良好的运转状态[2]。

大概 6 年之后，当斯密正在计划长假期间前往伦敦时，却于 1761 年 6 月 16 日受到委托，要他与财政部清算 1755—1788 农事年之间的大学账目，并与一名大法官法庭的律师会面，解决与斯内尔遗赠和威廉斯博士遗赠相关的细节问题。8 月 27 日他收到了必需的那些账目，并从财政部获得了 10 月 15 日要召开的大学会议所需的证明[3]。

就学校财产的管理而言，斯密会被定期地叫去检查学校的各建筑物，提出修缮和补建的建议。在 1754—1757 年期间，召开了持续时间很长的一系列会议，着重讨论了校长住房的修缮问题。1754 年 3 月 26 日，有报告称该住房损毁严重，住在里面已经很不安全。当时的校长是尼尔·坎贝尔，他于 1752 年全身瘫痪，之后就无法履行自己的职能。因为他已经搬往城里居住，并获得了每年 20 英镑的住房补助，所以一些教职员工就反对花费资金修缮他的房子。但是斯密和其他一些人支持这一修缮提议，最后在 1757 年 5 月 10 日提议获得了批准，或许是因为这一住房的修缮与当时观测台的建造相关[4]。

斯密参与了 1757 年解剖室的改建工作[5]，并在 1755—1757 年期间，为自然哲学课堂增添更多的教学设备和场所[6]。学术机构之间经常会为可利用的场所展开竞争，1763 年，斯密在决定让格拉斯哥大学所资助的罗伯特·弗里斯艺术学院能够继续使用某些房子的过程中起到了一定作用。他还为数学教授找到了一间教室，决定将化学实验室改建为数学教室，并重新建立一个新的化学实验室[7]。毫无疑问，这些规划，再加上斯密与医学科学家威廉·卡伦及其 1757 年卡伦解剖学教席的继任者约瑟夫·布莱克之间的友谊，使得斯密一直保持了对数学和科学各

153

---

[1] GUA 26640；Scott，1937（下文用 S 表示）：96，159，n.3

[2] GUA 26640；S 154

[3] GUA 26642；S 156–7

[4] GUA 26640；S 143

[5] GUA 26640；S 145

[6] GUA 26640；S 146–7

[7] GUA 26642，26643；S 147–8

科目的兴趣。

斯密还任职于另一个处理各种场所配置问题的委员会。1762 年 11 月，他不得不去询问罗伯特·弗里斯和詹姆斯·瓦特，看看他们是否愿意将已经分配给他们的房子让出来。从 1757 年开始，瓦特就获得了格拉斯哥大学的支持，进行蒸汽动力的研究，并制造和维护科学仪器[1]。瓦特在亚历山大·威尔逊的指导下开展工作，威尔逊为弗里斯出版社铸字，并于 1760 年被任命为实用天文学及天文观察教授。[2]1759 年 7 月，斯密将威尔逊作为他的"朋友"引荐给了休谟，休谟则试图促成威尔逊在他自己的出版商安德鲁·米勒将要出版的"一套经典丛书"的计划中担任铸字工作[3]。

斯密很感兴趣的行政管理领域是图书馆的发展。在他就任教授后的第一年，他就在该委员任职，尤其关心图书馆账目，并将威廉·亚当设计的新图书馆投入使用。该图书馆在运行伊始受到了湿气的困扰。除了根据 1709 年的《版权法》的条文所规定的，要求伦敦版权登记处送来未装订的新书外，斯密还为图书馆增加了其他一些新的藏书[4]。

从 1755 年开始直到 1764 年离开大学，财务主管的账目在很大程度上都是由斯密负责，并且斯密在订购图书方面也有很大的发言权。从 1758 年 6 月 26 日到 1760 年 6 月 26 日期间，斯密从"财务主管账目"中支付购买的书目，似乎都与法律和历史研究相关，而这些构成斯密法学和政治经济学著作的基础。在法律方面，包含的书目有马修·培根的《新 [英格兰] 法律节本》（*New Abridgment of the [English] Law*）的前四卷（1739—59）（后来在 1766 年补齐了第五卷）以及斯太尔的《苏格兰法律制度》（*Institutions of the Law of Scotland*）（1759）第三版。在历史学方面，书单中可以找到约瑟夫·德·吉尼的《匈奴通史》（*Histoire generale des Huns, Turcs, Mongols et autres Tartares occidentaux*）（1756—1758 年），这一著作作为社会发展四阶段理论提供了关于畜牧业社会的详细细节。其他还有关于

---

[1] GUA 26650；S 149

[2] 瓦特对于科学技术的兴趣产生的振奋人心的影响，以及他在大学专题讨论会上所开展的活动，在斯密的一位学生为 Watt 参与其中的一个专利权案件所提供的资料 "Professor Robison's Narrative of Mr. Watt's Invention of the Improved Engine" 中有所描述，in Robison and Musson（1969；23–6）。斯密曾购买瓦特于 1780 年获得专利权的复印机（*Corr.* No.207）。

[3] *Corr.* No. 36

[4] GUA 26640，26645；S 175–6

法国历史[1]，西班牙历史[2]，那不勒斯历史[3]，威尼斯历史[4]等著作；以及詹姆斯·波斯尔思韦特的《公共税收历史》(*History of the Public Revenue*)[5]。

另一个条目下列出了达朗贝尔和狄德罗的《百科全书》系列十七卷中的七卷[6]。这一笔数目的支出是那一时期最大的一笔了，占了包括装订费在内的总购书支出的百分之二十九。由于七年之战，这一时期很难获得法国出版的图书，但是格拉斯哥大学当然还是能够意识到《百科全书》这样的著作的重要性。《百科全书》中介绍重农主义经济思想的条款，很可能为斯密后来在巴黎与魁奈和杜尔哥的会面做好了充分的准备。

在好几次行政职务的执行过程中，斯密的写作才能有了用武之地，其中包括1760年乔治国王三世即位，斯密代表大学起草了向王室的致辞。致辞中强调的主题是这位道德哲学教授所珍视的"那种激荡在每位英国人胸中的热切的自由精神"[7]。斯密所承担的这一次任务，为他招致了来自威廉·汤姆牧师的嘲讽攻击。这位上文已提及的攻击成瘾的小册子作者，在一场与格拉斯哥大学之间关于他的薪俸的诉讼中败北，这之后就抓住每一个机会对格拉斯哥大学的校友和官员进行诋毁[8]。

至此，我们看到斯密的行政管理工作进行得开明而公正，但是这并不意味着他的工作记录就完全毫无瑕疵可言。1761年，斯密欣然接受委托，去说服当时的校长埃罗尔爵士对"在大学的指导下，在格拉斯哥建立一个舞蹈、击剑和骑马学会"计划产生兴趣[9]。然而，他同时又在1762年11月25日，就任了一个委员会的委员，致力于向地方行政官员施压，不让他们允许在格拉斯哥城内建立剧院。这一组织向地方行政官员大肆游说，并以"牛津大学具有不允许在它的管辖范围内，建立任何此类设施的特权"为依据，这或许就是出自于曾经是牛津大学学生的亚当·斯密手笔。最后，城市和大学共同签署了一份备忘录，提交给当时

154

[1] le pere Gabriel Daniel，1755–7：Mizuta

[2] Juan de Ferreras：1751

[3] Pietro Giannone，1729–31

[4] 由威尼斯历史学家们所著，ed. M. C. Sabellico，1718–22；Mituza

[5] 1759；Mizuta

[6] GUL MS Gen. 1035/219；S 178–9

[7] GUA 26642；S 167–8

[8] S 75–6；Mackie，1948：46–52，56–8

[9] GUA 26650；S 149

的检察总长托马斯·米勒。这位检察总长鼓励备忘录双方，对任何在格拉斯哥表演的演员提起诉讼[1]。没有任何记录显示斯密对此曾提出过抗议，尽管他的观点是剧院是社区道德教育的一个宝贵资源[2]。一个蹩脚的借口似乎是说大学当局害怕表演会引发学生骚乱[3]。

1757年10月，斯密为格拉斯哥学生要回了在他们来格拉斯哥的途中被征收的燕麦粉税，则使斯密的形象显得更为正面[4]。作为一种惯例，苏格兰学生会从家里带上够自己一个学期吃的燕麦粉来学校，对这些谷物粉征税，对于格拉斯哥大学那些家境贫寒的学生而言，无疑是雪上加霜。

斯密还在同事约翰·安德森的选举问题上，坚持原则没有妥协。安德森是一位难相处的人，而且明显与斯密不合。1755年1月16日，安德森在一封信中写道，他本来希望能够就任拉丁语教授，但是"卡伦博士和斯密先生用无需我赘述的方式，将我从[这一职位]中拽了下来"[5]。1757年，安德森以自己作为东方语言教授身份所拥有的权利，为自己投票，参加自然哲学教授席位的竞选[6]。斯密对此表示了反对，并获得了约瑟夫·布莱克和另一位难相处的同事、希腊语教授詹姆斯·摩尔的支持。

155　　利奇曼教授告诉他的学生塞缪尔·肯里克，在1760年，斯密是安德森"妒忌和仇视"的主要对象。在肯里克记忆中，斯密"和安德森一样暴躁易怒"，他记得威廉·利奇曼教授曾告诉他说，他们的"激烈言辞使得双方在教职工大会上几乎一触即发"[7]。斯密性格的这一面鲜为人提及，除了上文提到过的两处：他学生时代的"火暴脾气"；以及他当选为格拉斯哥大学教授后，流传的关于他各种密谋策划的说法，引起了他的"愤怒和恼火"。

詹姆斯·摩尔是一位颇有才干的古典学者[8]，精通数学，能够帮助编辑西姆森的几何学著作。据说作为弗里斯出版社希腊语编辑校样的校对者，他通过饮用大量的茶和咖啡，甚至可能是强烈的兴奋饮料，来支撑自己一丝不苟地从事校对

---

[1]　GUA 26642；S164–6

[2]　*WN V*. i. g. 15

[3]　GUA 26650；S 163，n.3

[4]　GUA 26640；S 163

[5]　Meek，1977；74，n. 44

[6]　GUA 26640；S 189–90

[7]　London，Dr Williams' Lib.，MS 24. 157 No. 92，1785年2月22日书信。

[8]　Stewart，1990a

工作，其中包括 1756—1758 年宏大的对开本荷马著作，以及 1754—1758 年具有独创性的 3 英寸×1.9 英寸的品达著作的校对工作。这样做的结果是，他脾气极端暴躁易怒，在很多问题上采取不可理喻的极端立场，有时候还对学生暴力相向。1763 年春经历了这样一个类似事件后，斯密作为副校长不得不主持召开八次非常会议，来处理摩尔关于学生对他傲慢无礼的投诉，以及同事们觉得摩尔已经完全无法控制情绪的担心。结果对摩尔进行了"最为强烈和最为严肃的训斥和谴责"，但这并没有被记录在常规的会议记录之中，而是以"备忘录"的方式保存了下来。1772 年，摩尔又一次情绪失控，这一次他用一根很重的木头烛台，击打了激怒他的学生头部。结果是 1774 年，格拉斯哥大学强迫摩尔辞职[1]。

斯密得益于自己的资历而承担起了一些职务，比如图书馆的财务主管一职。但是，1760—1761 及随后一年，他全票通过就任系主任一职，则要归功于他在同事中所享有的德高望重地位。这一时期的格拉斯哥大学，面对着一个复杂的章程性问题，即由谁召开会议处理更为重要的大学事务：是应该由名誉校长（rector）（或是他所指定的副名誉校长，通常是一位教授）召开的会议来处理，还是由校长（principle）召开的会议来处理。从 1727 年委员会所设计的规章[2] 来看，似乎是名誉校长所召开的会议负责讨论教职员工的选拔问题，并同意和通过大学的最终年度预算；系主任所召开的会议讨论学位及课程相关问题，以及图书馆和国王奖学金获得者的选拔等问题；而校长所召开的会议则负责讨论所有其他事宜，主要是预算的具体落实。由于 1752 年坎贝尔校长中风，并因此无法处理事务，召开会议的职责就移交到了以詹姆斯·摩尔为首的资深教授及校务委员会委员手中。1755 年，在摩尔冒犯了同事之后，就再没有召开过会议直到 1761 年 11 月 6 日。越来越多的事务被移交到名誉校长会议中解决，而自从 1754 年以后，名誉校长本人也很少参加这种会议，而是由一位教授作为副名誉校长进行主持。在 1756—1761 年校长坎贝尔无力处理公务期间，大学的事务主要是由威廉·利奇曼来处理，他担任了四年的系主任、两年的副校长，似乎对当时现行的体制并未提出任何反对意见。

1761 年 6 月 22 日，坎贝尔离世，任命利奇曼为校长的皇家委任状于 7 月 6

156

[1] GUA 26757；S 195–9
[2] 基于 1577 年 Nova Erectio 以及之后实践。

日被签发。他着手恢复校长的职权，计划部分通过恢复召开校长权限内的会议来实现。这激起了人们对于威廉·哈密尔顿爵士所谓的"最糟糕和最腐败的学术任命体制的温床，即教授自我选举体制"[1]（这一说法效仿的是斯密在《国富论》中首先提出的观点）的泛滥的担心。

同时，亚当·斯密作为系主任于 1761 年 7 月 15 日主持展开了校级会议，主要是同意约翰·米勒就任民法教授教席，并选出一位东方语言学教授。利奇曼在那一天致信斯密，让他停止召开这次会议，因为名誉校长无法到场，而他（利奇曼）又已辞去副名誉校长的职位[2]。斯密在会议和利奇曼之间来回奔走，希望他能改变主意。利奇曼后来终于同意出席会议，并以副校长的身份进行主持，条件是东方语言学教授的选举延后。会议同意了这一条件，但是最终利奇曼还是没有出席会议。因而，这次会议推选了斯密作为会议主席，又由于罗伯特·西姆森当时也未能出席，约瑟夫·布莱克被推选为会议秘书。从这次会议后，米勒开始就任法学教授[3]。

东方语言学教授的选拔过程历经了一些波折，最终由罗伯特·特雷尔担任。他在就任后六个星期之内，就被转而接替了利奇曼曾担任的神学教授教席。1761 年 10 月 26 日，教授们在特雷尔的住所选举了帕特里克·屈曼担任东方语言学教授。屈曼是威廉·卡伦通过他的儿子罗伯特[4]以及休谟[5]推荐给斯密的候选人。他一直担任这一教席直到 59 年后离世，他也是格拉斯哥大学任职年限最长的教授纪录保持者。

1761 年 8 月 26 日，格拉斯哥大学召开了一次由埃罗尔伯爵（Earl of Errol）作为名誉校长所主持的会议，确认了 7 月 15 日会议所有程序的有效性，并对斯密那天所做的一切表示支持[6]。随后，利奇曼和他的同事之间就校长和名誉校长之间的各自权限问题产生了争执。最后，1762 年 8 月 10 日，由斯密主持，并由约瑟夫·布莱克、约翰·米勒和亚历山大·威尔逊作为成员的委员会，拟写了一份全面的报告，明确了各级会议的职责：名誉校长会议的监管性质；系主任会

---

[1] S 91

[2] *Corr*. No. 58

[3] GUA 26642；S 200–1

[4] *Corr*. No. 56

[5] No. 57

[6] GUA 26642；S 201–2

议负责处理与学术相关的事务；而校长的会议则负责与日常行政管理相关的事务[1]。摩尔和穆里海德（人文学教授）这时支持的是名誉校长权力的最大化，但是被否决了，而利奇曼则继续寻求削弱由副名誉校长所主持的名誉校长会议的权力，即便是在亚当·斯密担任副名誉校长期间也是如此[2]。

作为副名誉校长的斯密和校长利奇曼存在争议的问题之一，是化学实验室的资金支持问题。斯密为这笔资金的支出签署了一份强烈的辩护声明：

> 大多数人都可以看出，对于格拉斯哥大学现在的声誉而言，继续支持这样一门最为有用、可靠、并日益得到人们认同的科学是非常合宜和得体的一项措施[3]。

在斯密关于天文学史的文章中，他对当时的化学研究的现状并未表示多少敬意（ii.12），但是或许是卡伦和布莱克的研究和教学能力改变了斯密的观点，让他有了更为正面的评价。

1764 年斯密辞职后，利奇曼又开始上演权力之争，以便在格拉斯哥大学的管理中占到上风。最后，利奇曼伙同特雷尔教授以及其他支持牵制名誉校长权力的支持者们，上诉到了法院。1770 年 11 月 22 日，苏格兰最高民事法庭的判决基本上使利奇曼获得了财务方面的管理权[4]。这样看起来，格拉斯哥大学没了斯密稳健温和的调节之后，只有法院的决议才能解决其教职员工内部不同意见之间的冲突。

1762 年 10 月 12 日，格拉斯哥大学授予斯密法学博士学位，从中可以看出格拉斯哥大学对斯密的敬重。这一学位是斯密在 1749 年 4 月 28 日之前（当时他已向格拉斯哥大学明确表示不再接受斯内尔奖学金）确实已经获得的文学硕士学位的基础上授予的[5]。这一学位的授予是以下这样非同一般的措辞宣布的：

157

---

[1] SGUA 26642；S 202–15
[2] GUA 26642, 26650；S 215–19
[3] GUA 26649；S 218
[4] S 222–5
[5] GUA 26649；S 137

考虑到亚当·斯密在学术界获得的有口皆碑的声誉，尤其是这些年他在格拉斯哥大学所教授的法学课程赢得了极大的赞誉，并为社会做出了贡献，委员会一致通过决定授予他法学博士的学位及为此目的指定的相应毕业证书[1]。

在当时的趣闻轶事中，斯密经常被称为"斯密博士"，但是作为一名学者斯密似乎并不看重头衔。这可以从斯密要求他的出版商威廉·斯特拉恩在《道德情操论》第三版（1767）的扉页上"就简单地称呼我为亚当·斯密，不要在我姓名前面或后面添加任何头衔"[2]看出来。

曾经有人要把斯密从格拉斯哥大学调往爱丁堡大学，担任公共法和自然法及国家法的教授。这一1758年动议的提出者是休谟和威廉·约翰斯通。他们的计划是让斯密出钱顶替老教授乔治·阿伯克龙比的职位，然后再把亚当·弗格森安置到斯密在格拉斯哥大学空缺出来的教席上。他们认为这样做不需花费多少钱，又能让斯密展示"确实看重能与我们做伴"。他们还希望看到没有获得大学任命的弗格森能够安定下来[3]。斯密和弗格森已经是交往了一段时间的朋友，弗格森从格罗宁根开始与斯密接触，当时他正作为戈登先生的旅行家庭教师陪伴其左右。在1754年10月14日的一封信中[4]，他请求斯密以他的名义向"俱乐部"做一次演讲[5]，或许是想提醒格拉斯哥大学同事注意到他的才能，在万一有教席空缺时能想到他。没有任何证据显示斯密有想离开格拉斯哥前往爱丁堡大学的意愿，尽管我们知道，后来爱丁堡大学法学教授艾伦·马孔内尼所讲授的课程内容，很可能是斯密已经讲授过的。

当亨利·斯科特（Henry Scott）的继父巴克勒公爵三世查尔斯·汤申德[6][7]，

---

[1] GUA 26645；S 187

[2] *Corr.* No. 100

[3] *Corr.* No. 25

[4] Trinity Coll., Cambridge, Piero Sraffa Coll., B3/1

[5] 格拉斯哥文学学会

[6] A.Murdoch，ODNB—O，2004

[7] 这一爵位是于1663年查尔斯二世私生子 Monmouth 公爵（出生于1649年）(Tim Harris, ODNB—O, 2007) James Scott 成婚时，为他特意创设的，他接受了自己富庶的新娘巴克勒女伯爵（出生于1651年）(Nicholson, ODNB—O, 2004) 的姓氏。Monmouth 很受他皇父的宠溺，在做了一段时间的浪荡子和士兵后，他就被吸引到了当时辉格党的领导圈内。在一场旨在将 Monmouth 推上不列颠皇位，以便能让一位新教徒继承皇位的叛乱失败后，Monmouth 于1685年被信奉天主教的詹姆士二世斩首。Charles Townshend 很希望他的继子能够

在 1763 年 10 月 24 日致信斯密说他继子在圣诞节将离开伊顿公学到国外游学，并询问斯密是否仍有意愿作为他的家庭教师陪同前往，人们预期斯密在格拉斯哥大学的教授生涯将会画上一个句号[1]。这一计划在 1759 年就已经被提出来讨论过了，当时斯密的《道德情操论》广受赞誉。休谟努力想让汤申德将这一计划确定下来，并两次拜访了他，商谈这一事宜。后来，他故意不动声色地告诉斯密，这位政治家"不仅被认为是英格兰最聪明的家伙，[还]……被认为是做决定有点犹豫不决的家伙；因此或许你得为这次出行做过多的准备才行"[2]。这一有爵位的男孩[3]是达尔基思伯爵弗朗西斯的第二个儿子，1742 年达尔基思伯爵与阿盖尔公爵二世的大女儿卡洛琳·坎贝尔夫人成婚[4]。坎贝尔夫人主要与四位姐妹在宜人的祖德布拉克庄园长大，这一庄园位于里士满公园（Richmond Park）西边。她们在那里的生活无拘无束，彼此之间吵吵闹闹，为她们赢得了"喧闹的坎贝尔一家"或"尖叫的姐妹"的绰号[5]。1743 年，约翰公爵去世后，他的大女儿继承了一部分他价值不菲的财产，其中包括 1741 年斯密曾经去拜访过他表兄的阿德伯里庄园。

威廉作为管家，很可能会不断告诉斯密这家人的近况，比如另外两个巴克勒儿子的出生：1747 年 10 月出生的坎贝尔和 1749 年出生的詹姆斯。因为天花的流行，1749 年 1 月长子约翰染疾而亡，接着达尔基思爵士自己也于 1750 年 4 月逝世。当时，卡洛琳夫人正怀着一个孩子，即 1750 年 7 月出生的弗朗西斯。这之后，卡洛琳夫人一直独身五年，期间亨利于 1751 年继承了巴克勒的公爵爵位，因为他的祖父巴克勒公爵二世弗朗西斯·斯科特去世后，他的长女卡洛琳也于 1753 年逝世。当然卡洛琳夫人作为寡妇，是一位很有吸引力的结婚对象，她的净收入一

学习自己国家的历史。很可能，Henry 知道他母亲方面的一位祖先，阿盖尔伯爵九世 Archibald 也遭遇了与 Monmouth 相似的血腥命运。阿盖尔被牵涉进了苏格兰一场相似的叛乱中。Monmouth 的孙子 Francis Scott（1695–1751）在他的祖母 Anna 女伯爵于 1732 年过世后继承了其财产和爵位。他有一些聪明才智，1724 年担任了 Grand Master of Freemasons，并于同年当选皇家学会会员。1734 年至 1741 年他出任上议院苏格兰贵族代表。他与 Queensbury 公爵二世的女儿 Lady Jane Douglas 完婚，婚后育有一子巴克勒公爵三世的父亲，但是他表现出了与查尔斯二世和 Monmouth 一样的多情天性。根据 Lady Louise Douglas 的说法，在他的妻子逝世后，"他沉溺于非常低俗的不正当男女关系中，终日与最低俗的人为伍，以至于与他地位相当的人很少有人认识他，他的品行遭到了人们彻底的鄙视"（Cockayne et al. eds.2000：ii.368）。

[1] *Corr*. No.76

[2] *Corr*. Nos.31

[3] b.1746

[4] Marshall，ODNB–O，2004

[5] Lindsay and Cosh，1973；5

年高达 3,000 英镑，而个人资产高达 46,000 英镑，还有从她的母亲阿盖尔公爵遗孀那里确定可以继承的更多的金钱和财产。

1755 年 9 月，在阿德伯里庄园所举行的婚礼上，那位幸运的新郎就是前面提到过的查尔斯·汤申德（Peter Thomas，ODNB-O，2004）。他是汤申德子爵三世辉格党寡头查尔斯（the Whig oligarch Charles）的第二个儿子，比新娘年轻八岁，因为父母痛苦离异而使他没有安全感，没有稳定的盟友，并患有癫痫病，但是作为他们家族所操纵的大雅茅斯议席的议员，他在下议院中已经成为一名为人注意的出色演讲家。这之前，从 1749 年开始，他在贸易部大展身手，接着从 1754 年开始到海军部，在亨利·佩勒姆和他的哥哥纽卡斯尔公爵的领导下从事行政管理工作。贺拉斯·沃尔浦尔[1]注意到了这一婚姻所具有的重要政治意义："查尔斯·汤申德与不凡的达尔基思遗孀成了婚，他具有的前途和将发挥的作用是不
159 可限量的。他想要获得的无非是独立而不受束缚"。有他妻子的财富作为后盾，他之后追求了一种多样化的职业生涯，最后于 1766 年坐上了财政大臣的职位，并因为美洲殖民地的政策问题给国家留下了一个烂摊子。

但是汤申德的一个品质是他与人为善，至少对他巴克勒姓的继子们关怀有加[2]。这显得尤为必要，因为达尔基思急躁的脾气、社交事务以及后来的再怀孕（她为汤申德又再生了三个孩子：查尔斯、威廉、女儿安妮。两个儿子后来都成了军官，也都在她之前就过世了；安妮后来结了两次婚）都使得她无暇顾及孩子们的情感需要和教育。1799 年 10 月 29 日，亨利公爵在给一位朋友的信中写道，他是被妈妈"几乎忽略的"，并被送往一所私立学校[3]。在那里"他的家人和亲戚都不了解情况，[他]学习的各个方面都没有得到他老师们的重视，而学校的仆人们则对他宠溺有加。尽管[他]知道自己是学校里最后一名，但是他并不以此为耻。[他]知道在社会地位上，他却是最高的。仆人们并不会忘记告诉他这一点"。信中他继续写道："当汤申德先生与我母亲结婚时，他看到的我就是带着这样一种想法、接受着这样一种教育的小孩。他坚持把我送往伊顿学校就读。我必须坦白地说，尽管我后来对他并未抱有多少感激之情，但是，他当时所做的这

---

[1] Memoirs of…George II，1847：iii. 321

[2] 见彩图 d

[3] 在玛利乐波恩（Marylebone）的丰塔尼博士（Dr Fountane's）门下。

件事足以弥补后来他对我的事务的每一份关注"[1]。公爵信中的最后一句话当然是带着嘲讽的语气说的,让我们想起了诸如汤申德胡乱插手巴克勒家族的地产,在阿德伯里进行圈地,其花费远大于所获得的收益[2]。

汤申德关于亨利公爵的教育所提出的建议,好的一点是为他找到了一位令人钦佩的家庭教师约翰·哈勒姆博士(出生于1728年)。哈勒姆博士是一位好学的伊顿公学老校友,他一直享有1751年所授予他的剑桥大学国王学院的研究奖金,并于1755年被任命为执事。他教授巴克勒阅读经典著作,而公爵也慢慢喜欢上了他,并确保他能获得与斯密相同的300英镑每年的退休金,因为他说哈勒姆博士在知道自己未被选中与公爵一同出国游学,感到"莫大的屈辱"(Carlyle,1973:142,n.)。

1757年5月1日,汤申德坚持让亨利公爵、坎贝尔和詹姆斯前往伊顿公学就读。巴克勒在这一公立学校生活得很开心,他被认为是1763年入学的那一届学生中最重要的贵族[3]。他在伊顿公学的同学包括后来伟大的辉格党领袖查尔斯·詹姆斯·福克斯,以及18世纪80年代因为领导反天主教暴乱而臭名昭著的乔治·戈登爵士。另一位校友卡莱尔爵士,在巴克勒与斯密前往法国后两个月,因为在《劳埃德晚报》(*Lloyd's Evening Post*)(1764年4月11日)上读到一首诗歌,对巴克勒完美无瑕的声誉进行了歌颂,而向巴克勒致以敬意。巴克勒的弟弟詹姆斯于1758年1月在伊顿公学逝世,而坎贝尔一直在伊顿公学就读,直到1762年注册进入一所军事学院深造,因为汤申德决定他应该到军队建立一番事业,再进入议会成为一名议员[4]。在步兵第三团(苏格兰卫队),他被晋升为步兵少尉,汤申德计划为他在第25步兵团购买一个连队[5]。在家里,汤申德意识到达尔基思夫人对女儿弗郎西丝缺乏关爱,对她的优点熟视无睹,因而他自己关注了女儿早期的教育和发展[6]。

160

1759年6月至8月,汤申德访问了苏格兰,希望利用他妻子达尔基思夫人在那里的关系成为爱丁堡的议员,并对苏格兰进行控制。这一计划引起了阿盖尔公

---

[1] 由莫斯纳翻译自巴克勒 Papers,NAS GD224,1965

[2] Ross,1974:194,1766年5月13日书信。

[3] Gazetteer & London Advertiser,9月1日。

[4] Ross,1974:184,1765年4月22日书信:NAS02023 GD 224/296/1

[5] 后来的"国王私人苏格兰边民团"。

[6] Rosie,ODNB,2004

爵三世的嫉妒和抵制[1]。汤申德在爱丁堡的短暂访问使苏格兰人印象深刻，或许也给斯密留下了一些印象，斯密对他颇为敬重。但是后来汤申德的为人和从政时的一些做法，使得斯密对他的不足有了更深的了解。

在《圣詹姆斯编年史》（*St James's Chronicle*）（1790年7月31日）刊登的轶事性质的讣文中，记录了斯密曾带领汤申德参观格拉斯哥的制造业。他们参观的是一个制革厂，大概是位于戈尔盖特端头的格拉斯哥皮革工厂。斯密的朋友做烟草生意的贵族约翰·格拉斯福德[2]是这里的合伙人之一。斯密掉入了一个坑中，坑内堆着从动物的皮上刮下来的脂肪和生石灰，两者混合而产生的气体散发着恶臭。他被人从坑内拖了出来，扒掉了衣服，用毯子裹着放在轿子上送回了家。他"痛苦地抱怨，他不得不在自己的事务还是一团糟的时候，就离开人世"。这一轶事的叙述者声称斯密当时"一直热切地谈论着他最偏爱的话题——劳动分工"以至于忘了他所处的危险境地。

在一封1759年9月17日的信中，斯密并没有提及这一事件。他在信中写道，汤申德提早离开了苏格兰，他也就不用再到达尔基思去恭候他了。信末，斯密提到了汤申德从弗里斯出版社为当时13岁的巴克勒（后来成了斯密的学生）订购的书籍[3]，其中包括了弗里斯兄弟出版事业引以为傲的精致的对开本荷马著作，以及他们所编辑的爱比克泰德和马库斯·奥勒利乌斯的著作[4]。这两位也是斯密最喜欢的斯多亚主义作家，在斯密看来，这些著作是与作为男孩教育一部分的自制能力的培养联系在一起的。

大概就在这个时候，霍普顿伯爵试图邀请斯密当他继承人霍普爵士的家庭教师，提供的薪水是任教期间每年400英镑，离职之后每年200英镑直到他去世。1759年2月13日小罗伯特·邓达斯写给霍普顿爵士的书信中提到了这一消息[5]，并由出版商安德鲁·米勒进行了转告。但是，斯密的同事威廉·鲁特最后获得了这一工作，格拉斯哥大学为此提出了法律诉讼，斯密也参与了其中[6]。

1763年11月8日，斯密向同事提出他可能会在冬季某个时候离开格拉斯哥

[1] Carlyle, 1973: 197–9
[2] Russell, ODNB–O, 2008
[3] *Corr*.Nos.39, 41
[4] all in Mizuta
[5] SRO Hope of Raehills–Johnstone papers, Bundle 269
[6] Scott, 1937: 190–5

大学，并提出了两条建议。第一条是如果他离开时未能完成所讲授的课程，他将把学生所上缴的学费退回，如果学生不肯接受所退学费，他将上缴给学校。第二条建议是他未完成的课程将由学校指定人选来完成授课，其薪水由学校相关机构决定，而由斯密来支付。这些条件获得了接受，并一致同意斯密可以在任何他想离开的时候，享受三个月的假期[1]。

161

斯密的个性特点之一是谨小慎微，但这一次他的这些做法以及巴克勒家族所提供的优厚条件[2]当然就避免了像威廉·鲁特的离职所引发的丑闻。1759—1762年鲁特作为格拉斯哥大学基督教史教授，擅离职守，前往担任霍普爵士的游学家庭教师，最后以他的辞职而告终。鲁特自己以及霍普顿爵士似乎认为，格拉斯哥大学的斯密和其他教授之所以这样小题大做，是企图要给亚当·弗格森谋取鲁特的教授教席[3]。

正如上文已提到的，代替斯密授课，并享受了出人意料的教授薪水的是斯密以前的学生托马斯·杨。斯密自己在 1764 年 1 月中旬离开了格拉斯哥大学，他的母亲和表亲珍妮特·道格拉斯仍留在那里帮他照看教授大院内的住房，这一住房一直为他们保留到了 1765 年 6 月，当时学校或许还希望斯密会再回到格拉斯哥大学任教（*Corr.* No.79）。斯密自己可能也是这么认为的。至少，从 1764 年 2 月 2 日斯密带给他朋友穆勒男爵的口信中，可以看出这是一个合理的假设："斯密先生告诉我，他推荐杨先生，只是想让他代为讲授这一冬天的课程，仅此而已"[4]。

追踪这一口信的来源引出了很有意思的一个发现，即 1763 年与亚当·斯密的思想相关的一个经济学文本，显示出了斯密处于《法学讲义》和《国富论》之间一个阶段的思想发展特点。这是由在乔治·格伦维尔的内阁就任御玺大臣的马尔伯勒爵士带给穆勒男爵[5]的一个口信。碰巧的是，当时这位官员和斯密的另两位好朋友詹姆斯·奥斯瓦德和吉尔伯特·埃利奥特，组成了一个枢密院委员会，以应对当时苏格兰银行业的危机，他们或许会期望从斯密关于自由市场和政府监管的相关学说中得到一些处理危机的启示[6]。

---

[1] GUA 26645；S 220

[2] 300 英镑每年的退休金和 200 英镑的旅行开支；NAS02023 GD224/104/62/8–10

[3] SRO Hope of Raehills–Johnstone papers，Bundle 269，1759 年 5 月 17 日和 5 月 25 或 26 日书信。

[4] Mure，1883；i.232

[5] Waston，1960；575

[6] Checkland，1975

苏格兰的银行业实行自由加入制，出于促进经济增长的动机，再加上资金和钱币的短缺，导致了纸币的过量发行。这一做法加剧了 18 世纪 60 年代苏格兰与英格兰之间的支付平衡问题，进一步加重了苏格兰所面临的经济压力。在爱丁堡，有许可证的或又称为"公共的"银行，即苏格兰银行（创建于 1695 年）和苏格兰皇家银行（创建于 1727 年），寻求法律支持，希望能够赋予他们对全国银行业的垄断权。这样，他们就可以通过消灭地方的竞争对手，来控制纸币的发行。地方级别的银行是指主要城市的"私人"银行，如斯密的朋友安德鲁·科克伦作为创始人之一的格拉斯哥军方银行，这些银行由商人们创建，提供当地的金融服务。如果他们没法获得垄断权，这些"公共"银行希望"私人"银行所发行的到目前为止没有任何限制的纸币面额，要限制在 10 英镑及其以上的面额。那些"私人"银行则反击，要求立法取消"公共"和"私人"银行所发行的纸币的选择条款。选择条款允许银行负责人在被要求赎回纸币时，可以选择：要么一经要求就用金币或银币赎回纸币，要么最大限度可以延迟六个月后，用钱币来支付，但期间的利息率是百分之五。在《国富论》中，斯密对这一选择条款做出了评论：选择条款使得支付具有了不确定性，也使得纸币"贬值"，低于其面额相同的金币或银币的价值。[1]

针对这些问题，议会议员受到了密集游说，各种小册子和备忘录也纷纷登场对议员和公众施加影响。两篇这类题材的论文手稿被送往詹姆斯·斯图尔特爵士[2] 那里接受评论。斯图尔特爵士是查尔斯·爱德华·斯图尔特王子的前任秘书，他明确宣布放弃自己的二世党人立场，尽管并未就此受到谅解，但是，1763 年后，他被允许在苏格兰过着一种宁静的生活。当时他正在写作《政治经济学原则探究》（*Inquiry into the Principles of Political Oeconomy*）（1767）的第四卷。斯图尔特的干涉主义经济原则激起了斯密在《国富论》中针锋相对的反驳[3]。斯图尔特的《政治经济学原则探究》第四卷针对苏格兰银行体系进行了分析，因而他被认为是能对这些关于银行体系的论文进行评论的合适人选。这两篇论文的作者被认为是两位格拉斯哥烟草商人：阿奇博尔德·英格拉姆，另一位格拉斯哥市长兼格拉斯哥军方银行的合伙人（1750），和约翰·格拉斯福德，格拉斯哥军方银行的

---

[1] *WN* ii.ii.98

[2] 后来的斯图尔特－德纳姆（Steuart–Denham）。

[3] *Corr.* No. 32

另一合伙人兼 1761 年蓟银行（Thistle Bank）的创始人之一[1]。

1764 年 1 月，写作日期为 1763 年 2 月 4 日的那一篇论文被送到了御玺大臣手上，希望能对正在考虑的立法施加影响。这一论文以小册子的形式出版，题为《苏格兰纸币备忘录》（*Memorial with regard to the Paper Currency of Scotland*）（1763），写作日期签署为 1763 年 2 月，并在原来基础上稍微做了修改。另一篇论文则做了大幅度的修改，写作日期签署为 1763 年 11 月，也以小册子的形式独立出版，题为《关于苏格兰银行和纸币的思考》（*Thoughts Concerning Banks, and the Paper Currency of Scotland*）（1763）。后来，这一论文在细微修改后，以同样的题目发表于《苏格兰杂志》（*Scots Magazine*）1763 年 11 月那一期[2]。

詹姆斯·格里蒂研究了这些文章后，得出以下结论：第一，斯图尔特的评论并没有导致论文相应的修改。第二，他相信《关于苏格兰银行和纸币的思考》手稿的作者应该是格拉斯哥银行界的几位成员或成员之一，即或许是英格拉姆和格拉斯福德一起合作的，也可能是他们中的某个人所写的。作者对斯密关于货币和银行的观点非常熟悉，这些观点在法学讲义中都能找到，甚至在与《国富论》的写作过程相关的那些材料，比如早期手稿中，也能找到。在达尔基思宫巴克勒档案契据中，斯科特也在与查尔斯·汤申德相关的文件中找到了这一《国富论》的早期手稿，所签署的日期是在 1763 年 4 月之前[3]。第三，格里蒂认为《关于苏格兰银行和纸币的思考》（1763）这一小册子，连同《苏格兰杂志》刊登的相应文章，受到了斯密思想的深刻影响，甚至是附和了斯密的一些说法（Gherity，1992，1993，1994）。[4]

就斯密在当时的影响而言，斯密以前的学生兼同事约翰·米勒提供了以下的证明："[斯密]所教授的那些科学分支在[格拉斯哥]成了一种流行，他的观点也成为俱乐部和文学学会谈话的主要话题。甚至他发音或说话方式中一些细微的特色，也经常会成为模仿的对象"[5]。

《关于苏格兰银行和纸币的思考》一文的内容，与《法学讲义》中反对银行

---

[1] Mure，1883：i. 220

[2] 25：585–8

[3] Meek and Skinner，1973

[4] Ottawa 大学哲学系的 Dr David Raynor 告诉我他已经查明了 Thoughts（Anon.1763）作者身份，正着手写一篇相关的论文（2008 年 1 月 27 日私人信件）。

[5] Stewart I. 22

和纸币垄断的立场是一致的[1]。文中针对想要通过立法，授予爱丁堡"公立"银行以垄断权的想法，提出了措辞强硬的反对。这一提议的支持者"未能预见到他们所致力于创建的是人类所能设计的覆盖范围最广、最为危险的垄断权，完全可以与钱币垄断相提并论"[2]。文章所提出的观点是：苏格兰所需要的不是引入一种银行业的垄断权，而是通过立法，对由于选择条款的广泛实行而蔓延的票据信用"滥用"加以控制。这样的一种立法将确保票据与钱币之间是等值的，在任何时候票据都可以自由兑换成钱币。有实力的银行能够遵循这一法律，而不具实力的银行将退出这一行业。在《国富论》中[3]，斯密用相似的话语描述了发生在1763—1764年选择条款"滥用"的情形，并提到了结束这一状况的法令[4]。

163　　　还有一点需提及的是，《关于苏格兰银行和纸币的思考》一文在两个重要的方面超越了斯密的《法学讲义》和《国富论》早期手稿，并似乎为《国富论》所阐述的思想埋下了铺垫。首先，英格兰银行被当作提供金融服务的范围和支付的快捷方面的模范，尽管国会的公司法令并未授予其在发行纸币和票据方面的垄断权[5]。这可以与《国富论》中的一段话联系在一起，斯密描述了英格兰银行的优点以及复杂的运作，并将这作为一种过渡，引出了纸币的流通能够使一个国家的资金处于一种"活跃而富有生产力"的状态[6]。第二，与《法学讲义》[7]不同的是，《关于苏格兰银行和纸币的思考》[8]区别了贷款利息所产生的有限回报和投资于农业、制造业和贸易可以获得的利润。这样的一个利润序列，正如斯密最终所看清的，代表的是为"每年整个社会的土地和劳动总产出"所增添的价值不断递减的一个序列[9]。

　　　从我们所掌握的所有证据，再加上格里蒂关于《关于苏格兰银行和纸币的思考》（1763）的分析，可以看出《关于苏格兰银行和纸币的思考》一文的作者或作者们（令人信服的结论是格拉斯哥银行业的合伙人格拉斯福德和英格拉姆），

---

[1]　e.g.（B）250）and ED（36）
[2]　Gherity，1993：277
[3]　II.ii.98
[4]　5 Geo.III，c.49，1765
[5]　Gherity，1993：275
[6]　iii.85–6
[7]　参见（B）246
[8]　Gherity，1993：274
[9]　cf. *WN* II.iv.17 and II.v.19

对斯密《法学讲义》以及《国富论》的部分早期手稿（不一定就是幸存至今的《国富论》早期手稿，或许是与 1776 年版的《国富论》更为相似）所表达的思想很熟悉。他们在立法的政治斗争中，利用这些思想来为废除苏格兰银行票据的选择条款服务。很凑巧，1764 年 1 月中旬，斯密在前往法国的途中，经过伦敦。在那里斯密与负责这些立法准备工作的御玺大臣，或许还有与御玺大臣同在一个相关委员会工作的朋友奥斯瓦德和埃利奥特，进行了会面。他们很可能谈及苏格兰的银行业以及斯密在这方面的思想。

1764 年 11 月 5 日，格拉斯福德在图卢兹致信斯密，他猜想斯密会对银行业改革感兴趣。在信中，他告诉斯密，当时值得注意的一项公共事务是，苏格兰的议员们"似乎决定，要让废除银行和银行票据的选择条款这一议案，在这次会期中生效，你知道这一议案在上次会期中并未获得通过"。格拉斯福德还希望斯密："在他空闲的时候，能够推进……他 [在格拉斯哥大学] 已经进展良好的有意义的工作。"[1] 这意味着他了解斯密正在写作的《国富论》所处的具体阶段，而这或许对他《关于苏格兰银行和纸币的思考》（1763）一文的写作有所助益。

尽管 1762—1764 年的苏格兰银行业危机，部分是由于流动资金问题所引起的，而斯密在陪同公爵一起游学期间，却享受着高达每年 500 英镑的高额津贴，游学结束后也有每年 300 英镑的退休金[2]。或许是看到自己具备了独立治学和写作的条件，1764 年 2 月 14 日，斯密从巴黎写了一封信，辞去了他在格拉斯哥大学的教席。在信中，他表达了对于"大学能办得更好"热切期望，以及他真诚地希望他的"继任者不仅能够用自己的才能为该职位增添光彩，而且也能用自己正直的内心和宜人的脾气成为他或许要一起度过一生的极为优秀的同事的慰藉"[3]。或许这些话语所隐含的意思是这些"极为优秀的同事"在校长和名誉校长的权力之争中，所展现出的激烈学术激情是需要控制的。布莱克和米勒所支持的斯密职位的继承者托马斯·杨并没有能获得道德哲学的教席，因为从阿伯丁大学国王学院转过来的更为杰出的托马斯·里德获得了该席位。

在斯密离开格拉斯哥大学之前，斯密的课堂上必定上演了感人的一幕。斯密

164

---

[1]　*Corr*. No. 85

[2]　Scott：97

[3]　*Corr*. No. 81

要退还学生所交的学费，而学生们纯粹出于对斯密的感情不愿接受。[1] 至于斯密自己对他的教授生涯的情感，他在 1787 年 11 月 16 日，参加格拉斯哥大学校长职位竞选时，这样描述："我作为这一团体一员所度过的 13 年光阴，我一生中收获最大，也因而是最快乐最光荣的一段时光；现在离开了 23 年之久后，还能被我的老朋友和保护人以这样一种令人愉快的方式记起，使得我感到难以言表的由衷喜悦……"[2]

---

[1] Tytler（1807：i.194–5）；然而，1764 年 11 月 19 日，William Leechman 致信 Ruta 说：斯密已经将"他所收到的学生的全部学费归还给了他们"：SRO Hope of Raehills–Johnstone Papers，Bundle 897。1764 年 1 月 10 日，斯密也向一次 University Meeting 汇报说已经归还了这些学费。他最后一次授课是在 1 月 4 日和 1 月 9 日之间，而他参加的最后一次会议在 1 月 10 日，因而他应该是在这之后不久就离开了格拉斯哥（*LJ*2）。

[2] *Corr*. No. 274

11.《道德情操论》的创作

> 我表达得很清楚的一点是，我们对其他人行为的判断是建立在同情共感
> 的基础之上。

"你的书已经在出版社了吗，还是很快就要送去那里了？"[1]，这是吉尔伯特·埃利奥特在 1758 年 11 月 14 日给斯密的一封信中，信尾所提的问题，也是我们所知的最早一次提及《道德情操论》这一著作。埃利奥特是一位活跃而具有影响力的议员，他对促进自己祖国思想文化的繁荣保持着浓厚的兴趣。休谟在 18世纪 50 年代写作《自然宗教对话录》一书时，曾向他求助，他们之间的通信涉及了许多与哲学和出版相关的话题[2]。尽管埃利奥特未能为休谟谋得格拉斯哥大学教席，但是正如我们所知，他成功地让托马斯·佩蒂·菲茨莫里斯到格拉斯哥大学就读，成了斯密的学生。这是吸引欧洲出身高贵的说英语的青年才俊，选择到在当时发展停滞不前的英格兰大学就读计划的一部分，"尽管存在着距离和方言上的不便"。他给斯密的信中讨论了这一话题，埃利奥特的想法是斯密如果能成功出版一本著作，就会吸引更多的父母将自己的儿子送到格拉斯哥大学斯密的门下就读。

迄今为止，我们还未能发现斯密就这一问题所做的回应。次年 4 月 12 日，休谟在一封非常轻松诙谐的书信中（反映了他们之间友谊的升华，以及休谟对嘲

---

[1] *Corr.* No. 27
[2] *HL* i. 153–7；NLS MS 11009, Elliot/Hume corr

讽手法的拿捏把握），向斯密确认他已经收到了"令人高兴的礼物"，即斯密的著作。他进一步汇报说，他和亚历山大·韦德伯恩 [斯密在爱丁堡做系列讲座时的"门生"[1]，现供职于英格兰法院] 一起将该著作送给"我们认为具有良好的判断力，并能很好地为该书做宣传的熟人"[2]。

这些接受赠书者，再加上那些由斯密的出版商安德鲁·米勒 [3] 所送出的赠送本的接受者，包括了当时主要的政治家和学者。其中有阿盖尔公爵三世，斯密曾在 1751 年与他会面[4]，他控制着苏格兰的保护人制，对科学和精神产品有着广泛和浓厚的兴趣；他的侄子比特爵士，后来很快就被任命首相，成了乔治三世的宠臣之一；哈德威克大法官，他对于休谟和凯姆斯的哲学著作都很熟悉（Ross，1972：156）；利特尔顿爵士，一位财政大臣，也是一位颇具想象力的作家和历史学家；知名的商业法权威、高等法院首席法官曼斯菲尔德，他将两位俄罗斯学生送到了斯密的门下，从他与蒲柏成为朋友后，就对文学产生了长久的兴趣；沃尔浦尔，继他作为首相的父亲罗伯特之后，也成了一名议员，但是远比他父亲要更为关注美学等话题；索姆·杰宁斯，一位议员，擅长就"恶的必要性"进行辩论；查尔斯·汤申德，总是在辩论中大放异彩，但是作为议员和大臣，其表现令人捉摸不定。他也是巴克勒公爵的继父，部分地归功于《道德情操论》所获得的成功，巴克勒公爵后来成了斯密的学生；皇家学会的秘书托马斯·伯奇博士；在政治上有着很广人脉的威斯敏斯特学校校长威廉·马卡姆博士，后来成为约克大主教；在议会和哲学界冉冉上升的新星埃德蒙·伯克，休谟将他描述为"一位爱尔兰的绅士，最近写完了一篇非常优美的关于崇高的论文"。

休谟和韦德伯恩把斯密的著作送给这些有影响力的人物时，无疑是希望能获得他们对这一著作正面的关注，激发对文中所阐述的学说批判性的评价，并进而推动作者职业生涯的发展。20 年前，休谟怀着很高的期望出版了自己的第一本著作《人性论》（*Treatise of Human Nature*），正如他自己在《我的一生》（*My Own Life*）中所承认的那样，结果却落得个"出版后无人理会"的下场。因此，休谟或许是怀着一种惆怅的心情，推动和关注《道德情操论》出版后公众的反

---

[1]　NLS MS 16696：74

[2]　*Corr*. No. 31

[3]　*Corr*. No. 33

[4]　*Corr*. No. 10

应。或许这也是为什么休谟在给斯密的信中，调侃斯密，让他为这一"令人悲伤的消息"做好准备，因为他的著作"非常之不幸：大众似乎非常愿意为之鼓掌喝彩……而众多知识分子也开始对它大唱赞歌"。

在信中，休谟还提到了，尽管《道德情操论》出版"才仅仅几个星期"，安德鲁·米勒就"吹嘘说这一版的三分之二已售罄，并为之欢欣鼓舞"。米勒在 4 月 26 日给斯密的信中[1]，除了清点了赠送本的去向，并记录说有一本送给了休谟的对头沃伯顿主教外，还提到将在"下星期"出版一个新版本，并宣称他"毫不怀疑……这一版本也会很快销售一空的"。《致公众告白书》(the Public Aderviser) 宣布《道德情操论》的出版时间是 4 月 30 日星期一。米勒还谈到了该著作的一些商业细节：他将版权收入的三分之二支付给斯密作为报酬，爱丁堡的书商亚历山大·金凯德和约翰·贝尔则会得到另外的三分之一版权收入。斯密为新版制作了一张勘误表，并加上了半页纸的内容，整本书由 34 页纸组成。出版商认为"六先令很便宜：装帧考究，尤其考虑以所使用的我确信是极好的材质"(Corr. No.33) [2]。

米勒位于凯瑟琳大街 (Catherine Street) 对面海滨大道的书店"布坎南头脑"，为他应该出版怎样的书籍提供了很好的反馈意见。他给作者们支付优厚的报酬，其中包括菲尔丁、休谟以及约翰逊。约翰逊对他的评价是"我很敬重米勒先生；他提高了知识的价值"[3]。替米勒印刷书籍的是定居伦敦的另一位苏格兰人威廉·斯特拉恩，他事业兴旺，1774 年当上了国会议员[4]。他从 1759 年开始就成为斯密的朋友，当时他位于高夫广场附近、绪尔巷 (Shoe Lane) 边上新街 10 号的出版社正在出版斯密《道德情操论》的第一版。单八开本的《道德情操论》第一版，由十二页的序言、551 页的正文以及一页勘误所组成。[5]

167

---

[1] *Corr.* No. 33

[2] *Corr.* No. 33

[3] *BLJ* i. 288

[4] Cochrane，1964：9，23，43–4，162

[5] 休谟将 Strahan 与负责 Aldus、Reuchlin、Robert Estienne 等早期作品出版的博学专家们相提并论 (*HL* ii. 259)。Strahan 拥有庞大的业务，在 1771 年，他手中握有超过 200 本著作的产权。他出版的作者，除了休谟和斯密外，还包括 Johnson、Fielding、Thomson、Gibbon、Robertson、Kames、Reid、Smollett。British Library (Add. MSS 48800–1) 中所存放的他的出版明细账，向我们展示了他所出版的著作发行量：Fielding 的 Tom Jones 发行四版共 10,000 本；Thomson 的 Seasons 发行七版共 13,240 本，而更为令人震惊的是 the New Universal Dictionary 在 1775 年一年就发行了三版 134,000 本。Burke 估计 1790 年英格兰的读者人数已达 80,000 人 (Brack，1968)。Richard Sher (2006：372) 认为出版商 Strahan 和 1769 年开始合作的出版搭

　　简洁的扉页上将作者指明为格拉斯哥大学道德哲学教授亚当·斯密，正如上文已经解释的，书中的内容是以斯密任该职期间，所讲授的伦理学讲义为基础。然而，为了清楚阐述斯密关于什么是美德的本质以及是什么促使我们有德性地行事的独到分析，讲义内容还是经过了仔细修改。正是带着这样的目的，在书的最后一部分，斯密对各种道德哲学体系做了一个历史性的回顾，一直到作为他自己体系来源一部分的哈奇森的道德感理论为止 [1] [2]。斯密为学生讲这些体系的历史，很可能是作为一种简便的引导，促使学生开始思考道德哲学问题。在书中，斯密开宗明义地就告诉了读者他自己的同情同感学说，并赋予同情同感在道德情

档 Thomas Cadell（尽管出生在英格兰，也是来自一个苏格兰家庭）所创建的出版业，不仅在苏格兰首屈一指，或许在世界范围内也是出类拔萃的。他们当然为包括斯密在内的苏格兰启蒙运动学者们著作的出版做出了极大的贡献。*TMS* 的发行量如下（Sher, 2002：13–19）：

第一版，1759 年 4 月 [8v：1 vol：550 pp.]：1, 000 本，6 先令一本，装订

第二版，[ptd.1760 年 9 月]，1761 年 1 月 21 日：750 本

第三版：1767 年 5 月 5 日：750 本 [附有 Dissetation on the Origin of Languages]

第 四 版：1774 年 10 月：500 本 [扩 展 了 题 目：An Essay towards an Analysis of the Principles by which men naturally judge concerning the Conduct and Character，first of their Neighbours，and afterwards of themselves]

第五版，1781 年 9 月：750 本

第六版，[1790 年 4 月 9 日登记]，4 月末出版：[2 卷：4to]：1, 000 本，硬皮装 12 便士或装订本 14 便士。威廉·斯特拉恩和他的儿子安德鲁（1785 年继承了父亲的事业）出版了斯密在世时 *TMS* 的六版共 4,750 本八开本：其中早先的 3, 750 本是一卷本的，而后来的 1, 000 本是两卷本的。而且，在斯密 1790 年离世后十年左右时间，他们又出版了 *TMS* 两卷本系列的三个版本 3, 000 本。这使得在法定版权的保护下，*TMS* 印刷的总数达 7750 本。从 1759 年开始 *TMS* 的销售量一直稳定，到斯密离世时（1790）*TMS* 成了一部更为令人赞叹的著作，其销售也还要更为理想（Sher, 2002：19）。出版商支付给斯密 *TMS* 第一版（1759）的版权费具体数目并不为人所知，但是一个可能的数据是 50 英镑到 80 英镑。这两个数目是阿伯丁大学的教授们早期哲学著作所得到的版权费：Alexander Gerard 的 Essay on Taste，1759 得到的版权费是 80 英镑；而里德的《按常识原理探究人类心灵》，1746 则得到了 50 英镑。1776 年 11 月 13 日斯密告知 William Strahan 他已经收到了 *WN* 第一版的"300 英镑版权费"，并建议 *WN* 第二版先由出版商垫资出版，售书的利润由双方分享，Strahan 接受了这一建议（*Corr.* Nos. 179, 180）。这为斯密赢得了比完全出售版权远要多得多的金钱。在出版 *EPS* 时，承诺亨利·麦肯齐氏的版权费是 300 英镑，如果再版，再支付版权费 200 英镑（Scott, 1937：314），但是出版商在这次交易中亏了钱（Sher, 2002：22–4）。继哈奇森后，休谟为苏格兰启蒙运动的相关著作打开了更大的市场，但是刚开始时情况并不容乐观。1783 年，在与 John Noon 结束了"匆忙的协商"，将《人性论》前两卷 1, 000 本的版权以 50 英镑出售后，休谟说服安德鲁·米勒为了他在伦敦的主要出版商，出版的第一本著作就是 *Essays*（1742）。他从 Millar 那里收到了 150–200 英镑的版费（估计该版是 1500 本）。后来，1756 年他又从 Millar 那里得到了 750 英镑，作为 1, 750 本《英格兰史》第二卷（1757）的版费（Mossner, 1980：114–15, 146, 314；Ross, 2007c）。我对 Richard Sher 教授充满感激，他不仅对他所出版的苏格兰启蒙运动作家作品做了很细致的研究，而且对我关于斯密著作所提出的问题给予了及时和准确的回复。

[1]　1759：413–520；1790：VII.i.1–VII.iii. 30

[2]　引文出处的表示方法，首先是指明 Verlag Wirtschaft und Finanzen GmbH, Dusseldorf/Frankfurt, 1986, eds. Wofram Engels et al. 所出版的 *TMS* 第一版副本的页码；接着，指明 eds. D. D. Raphael and A. L. Macfie 格拉斯哥版斯密全集 1976 第六版中的篇、章、节、段落。这使得读者可以明了 1759 年版本斯密的论述，而在 1790 年他所保留的内容。

感形成过程中的组织者角色[1]。

在幸存下来的斯密讲义手稿中，能找到与书名相同的措辞。讲稿的第三段阐述了斯密在伦理道德和法律机制等方面的研究中所采取的自然主义方法论。在讲稿中，斯密追溯了刑法和民法司法权的起源，认为这些司法权起源于人们受到伤害时会产生的自然的愤恨之情以及想要报复的欲望。而在文明社会，将惩治罪犯和伸张正义的权力赋予了执法官，这样就可以避免私人采取报复行为所引发的流血冲突和混乱。这也是凯姆斯在其《从历史角度看法律小册子》（*Historical Law–Tracts*）（1758）的《刑法》一文中所表达的基本观点，而且很难断定他俩到底是谁先提出了这一观点。斯密认为每个国家都会有自己的刑法和民法法律体系，这些体系由成文法、习惯法和"明显的衡平法"所规定的实际存在的法规所组成。然而除此之外，法律体系中还存在一种"自然法体系或是关于法律的整体原则的理论"。它涵盖的是"最适合正义的自然原则或最能与我们的正义感赖以形成的情感相对应的规则，也是执法官在做出判决时所应受到制约的规则"。斯密进一步评述说这些构成"自然法体系"的规则是"道德情感理论的重要组成部分"[2]。

而书名中的最后一个词"sensation"则是对莱韦斯克·德·普伊所著的《论令人愉快的情感》（*Theorie des sentiments agreables*）书名的一种回应。《论令人愉快的情感》一书取得了相当大的成功，在1774年已出版到了第五版。正如我们在第十章中所说，斯密在"致《爱丁堡评论》创刊人的一封信"中提到了该书。该书缘起于1725年，普伊和蒲柏的密友博林布鲁克，在英格兰进行的一次哲学讨论。经授权，该书的第一版于1747年在巴黎出版[3]，接着被译成英文，题为"The Theory of Agreeable Sensations"。"书中首先阐述了愉悦感的产生所自然遵循的规律，接着讨论了自然神学和道德伦理学原则"[4]。斯密似乎是在将普伊的题目稍作修改后，作为自己著作的书名，意在表明自己的著作是以情感为基础来理解道德伦理，并对其进行"思考"、"观察"、"连贯的阐述"或"解释

---

[1] *TMS* intro. 3–5
[2] GUL MS Gen. 1035/227；*TMS* 388–90
[3] 再版：Paris 1749, London 1750
[4] 1749，1774

168　性的推测"[1]。斯密题目中定冠词的使用，则表明他想将自己的讨论与哈奇森和休谟在他们的道德哲学中关于这一话题的探讨联系起来。休谟在这方面的观点很清晰："并不仅仅在诗歌和音乐之中，我们必须遵循我们的趣味和情感，在哲学方面也应如此"[2]。1734—1735 年休谟居住在理姆斯期间，普伊是那里知识界最重要的人物，他们可能彼此也认识。他两在哲学和历史学方面有共同的兴趣，如以情感作为道德伦理的基础以及对历史学中的证据所持有的怀疑态度。1752 年，休谟担任了律师图书馆的管理员，他肯定为图书馆订购了《论令人愉快的情感》一书[3]，他也完全有可能将这本书介绍给了斯密。在《道德情操论》出版后，普伊关于历史学中证据的核实问题的文章和斯密关于语言揣测史的文章一起出版在了《哲学论文集》（*Philological Miscellany*）（1760）中，这将在第 13 章予以讨论。

　　斯密从普伊《论令人愉快的情感》一书的题目中，想到了一个能够涵盖自己伦理学著作内容的好题目、关于愉悦心理的一些思想，并将这些思想条理化和系统化的方式，斯密在"致《爱丁堡评论》创刊人的一封信"中认为这是法国作家的一大优点。然而，斯密似乎从卢梭的《论人类不平等的起源》一书中得到了更多启发，对此有更为深刻的印象。他将书中的原则与曼德维尔 1729 年第六版《蜜蜂的寓言》第二卷所阐述的原则（这可能是斯密关于语言起源理论的思想来源）联系在了一起。卢梭将人类的社会之所以会形成并得到发展，归因于人性的自私。斯密写道，卢梭通过运用成功的文体"软化、提高以及美化"了这些原则，并"剥去最初提出这些原则的作者著作中，所有使 [这些原则] 不受欢迎的腐化和散漫倾向"。在斯密看来，卢梭与曼德维尔的显著不同之处在于，卢梭将自然状态描述为是人类的一种幸福状态，而非悲惨状态；但是两位作者的共识是，他们都认为"人性中并没有足够强悍的本能，必然会促使人类去为创建社会而创建社会"。曼德维尔认为是人类的苦难驱使他迈出了这一步，而这一步本身绝不受人欢迎，卢梭则断言生活中的不幸激起了人类并非天生的强烈野心以及想要高人一等的虚荣欲望，这才使得社会得以建立。根据斯密的理解，两位作者又都宣称维护人类不平等的法律，是狡诈而有权势的那些人，想使自己对另一些人的不自然的、非正

---

[1]　希腊语中 theoria 一词含有这些意义。

[2]　*Treatise* 1.3.8.12

[3]　Mossner，1980；97–8；Spink，1982

义的控制永久化，而想出来的一种设计[1]。

在《道德情操论》中，斯密针对他在曼德维尔和卢梭的著作中所发现的立场（同时也是霍布斯的观点），即强调人类天性中基本的自我中心主义，提出了经过认真思考、复杂多元的挑战。同时，他与这些哲学家之间的共识是他们都认为人类天性中有黑暗面的存在，而社会的存在则为这些黑暗面提供了一个有害的宣泄途径。[2] 然而，斯密伦理学讲义的片段显示，斯密主要遵循的是格拉斯哥大学宣扬的自然法学传统，即强调人类天生的社会化本性使得道德在社会化环境中得到了培养。就这一观点而言，霍布斯一直以来都是这一学派的反面典型，因为格尔松·卡米凯尔宣称，霍布斯在创建自然法这一分支时，就将它腐化了，因为他坚持自私是人类行动的原动力[3]。

哈奇森的学说（追随的是卡米凯尔的学说）是我们支持有道德的行为，并不是建立在自爱的基础之上，"它不可能来自于任何理性运作的结果"[4]，这无疑给

169

---

[1] *EPS* Letter，paras. 10–11

[2] 卢梭书信，52 卷，1965–89，孜孜不倦的编辑 Ralph Leigh（由 Robert Wokler 最终完成了这一工作），在 "Rousseau and the Scottish Enlightenment"（1986）中展示了当时的学术界是如何热衷于对卢梭做出回应，甚至是 Kames 的 *Essay–upon British Antiquities*，（1747）中也诡异地预示了 *Second Discourse* 所表达的思想，如人类对社会所怀有的原始反感（1797：76）。斯密回应了，或认为他自己回应了 *Second Discourse* 中所表述的其他主要思想（Wokler, 2001），如关于自我提高的思想（1755/1963：170），pt. I, para.17："还有另一个非常具体的特性将[人和动物]区别开来，而不会引发任何的争议，这就是自我提高的能力。在环境的协助下，这一能力会逐渐地发展我们所具有的其他能力。而这一能力不仅在物种意义上还是个人意义上都是生而具有的"。另外一个在斯密的作品中得到回应的主题是 *Emile*（1762/1963：173）中所指出的自爱，bk. Iv，para. 10："我们激情的来源、其他所有激情的根基和源泉、唯一一种人类与生俱来的情感、并只要他还活着就不会从他身上消失的情感，就是自爱"；参见斯密著作 the self-love passages：*LJ*（A）vi.46，（B）219，*ED* 2.23，and *WN* i.ii.2（其中广为人所知的关于我们之所以有可吃的食物应归功于屠夫、酿酒师和面包师的自爱的讨论）；以及那些论述 "改善我们的处境，这一欲望……伴随我们从出生至死亡的整个一生"（*WN* ii.iii.28 etc.）。格拉斯哥版的编辑们引用了 Mandeville 的 *Fable of the Bees*（*WN* 341–2 nn.29, 30）中的相关段落，但是斯密将卢梭与 Mandeville 联系在了一起，他们都强调了人类的 "自私"，尽管斯密认为卢梭 "缓和"了 Mandeville 的观点（Edinburgh Review "Letter" 11, 14）。Peter France（1990）讨论了斯密和卢梭著作中具有极强可比性的关于自私的分析。以下这些最近出版的文章评论了斯密对 Mandeville 和卢梭关于人性的观点所做出的回应，并介绍了相关文献：Jimena Hurtado–Prieto（2006）、Eric Schliesser（2006）；还可以参见 Pierre Force（2003）以及 Schliesser 关于该书的评论，以及随后 Force 的回应：*Adam Smith Review*, vol.3（2007：203–11）。其他最近的关于斯密和卢梭的评论还有 Hanley（2006, 2008, 2009）和 Rasmussen（2008）。Charles Griswold 在 2009 年 1 月 Balliol College Smith Conference 宣读的讲义：Tales of the Self：Adam Smith's response to "Tales……Rousseau"，以及其他关于斯密和卢梭的论文将在 *Adam Smith Review*，No.5，Autumn，2009 出版。Istvan Hont 于 2009 年 3 月在牛津大学做了主题为 Visions of Politics in a Commercial Society：Comparing Rousseau and "Visions of…Smith" 的 Carlyle Lecture series。他认为 "斯密以同情共感为基础所阐述的道德规则的建立，是自爱自然史的另一个版本"（从参与了此次会议的日本 Osaka University 的 Mr Ryu Susato 的电子邮件中得知，2009 年 3 月）。

[3] Pufendorf，1724：p. vi；Forbes，1982：192

[4] *TMS* 1759：507；1790：VII. iii. 3. 4

斯密留下了深刻印象。然而，斯密不愿接受哈奇森将道德赞成与不赞成理解为是一种特殊的"道德感"这样一种观点。斯密将自己的学说建立于休谟在《人性论》和随后的《道德原则研究》（1751）中所阐述的新见解，以及他的保护人凯姆斯在《论道德和自然宗教原则》（*Essays on the Principle of Morality and Natural Religion*）（1751）中所提供的某些启发的基础之上。

正如我们从 1740 年 3 月 16 日哈奇森致休谟的信中可以看到的那样（这次书信往来是因为凯姆斯送给了哈奇森一本休谟的《人性论》），哈奇森意识到休谟赞成他将道德判断建立在情感基础之上 [1]。然而，休谟拒绝接受哈奇森更为深入的目的论阐述："我从内心深处希望，也不可避免地得出结论，既然您和我都认为道德判断仅仅由情感所决定，那么道德判断也就只是与人类的天性和人类生活相关" [2]。而且，在休谟看来，"道德的真正来源"并不是哈奇森所说的特殊"道德感官"，而是我们长久以来所熟悉的："同情的本性和力量"。接着，休谟用一令人印象深刻的篇章对这一原则的具体运作进行了解释，这肯定给斯密留下深刻的记忆，因为在《道德情操论》中他就此做出了回应。毫无疑问，斯密将同情原则进行了扩展和精细化，使之成了整个体系的"链条"。

在《人性论》一书中，休谟就同情这一概念展开了描述性的和比喻性的核心阐述。他写道，所有人的"情感以及运行"都具有相似性，如果一个人的情感被激起后，其他人都会在某种程度上受到该情感的影响。他用一个音乐方面的比喻来强化自己的观点：就像一组同样紧绷的琴弦，其中一根琴弦的颤动会被传递给其他琴弦一样，人类的情感也是这样在彼此之间传递，激活彼此的情感。接着，休谟引入了自己的联想主义因果理论，以及他关于观念与情感之间所存在的双重联系学说。他宣称，当他看见情感在某人的肢体语言和声音中所产生的效果时，他就会去想象引起这些效果的原因，他的头脑中就会形成生动的关于这种情感的观念，以至于观念本身很快就转化为了情感本身。他断言反过来也同样是这么回事：

如果我置身于任何一个更为糟糕的手术现场，可以确定的是，远在手术

---

[1]　Ross, 1964

[2]　*HL* i. 40

开始之前，手术器具的准备、绑带放置到位、铁器的加热，以及病人和助手脸上焦虑和担心的神情，都会在我的脑海里产生巨大的影响，激起最为强烈的怜悯和恐惧的情感。没有任何激情是自己直接进入人脑的。我们所能感受到的，只是激情的原因或结果。从这些原因和结果，我们推理出这一激情：而这一切的结果就是同情共感得以产生。

在论证了同情共感的能力是人类的一种天生秉性后，休谟继续论证"这一秉性对我们关于美的趣味有巨大影响，这一秉性也产生了人们在所有人为的德行中的情感"，比如"正义、忠诚、国家法律、谦虚和良好的举止"，而所有这些都被描述为"仅仅是为了社会利益服务的人类的发明"[1]。一本《人性论》的第三卷，现存于大不列颠图书馆，书中有休谟笔迹的手写旁注。这一旁注深入讨论了这些"仅仅只是人类的发明"，并提出了一个观点（这也是斯密思想的特色之一）：做出这些发明的人"主要考虑的是他们自己的利益。但是，我们对这些最为遥远国度和年代中的这些发明表示赞同，即使这些与我们的利益毫不相干"[2]。

在《论道德和自然宗教原则》（1751）一书中，凯姆斯深入扩展论述了休谟的某些观点，对休谟的另一些观点则进行了反驳。受休谟思想的启发，书中开始思考的问题是我们"对正遭受痛苦的对象的情感"。这一倾向被认为证明了同情共感是"人类社会的伟大黏合剂"，因为"没有一种人类的状态是可以幸免于不幸的，而互相同情必定会极大地促进人类的安全和幸福"[3]。然而，凯姆斯与休谟在讨论"自然法的基础和原则"时产生了分歧，凯姆斯不认为"道德感可以完全从同情共感的角度出发得以解释"[4]。更为明显的分歧是，凯姆斯拒绝接受休谟在《人性论》一书所表达的观点，即正义是一种人为的而非自然的德性[5]。凯姆斯举的例子是"使他们的人身、名誉或财产受到损害或不公裁决"行为会激起我们天生具有的一种"特殊的情感"。人们能够"觉察和感受到 [这些行为] 不仅不合适，而且也是完全错误的。无论如何我们都不应该这么做的"。仁慈和慷慨

---

170

[1] *Treatise* 3.3.1.7.10

[2] *Treatise*，1978：672；Cannon，1977

[3] pp. 16–17

[4] p. 57

[5] pp. 103–4

的行为"要比正义的行为更为优美，更能赢得爱和尊敬"，但是对于社会的存续而言，它们并非是必不可少的。因而，"它们就成为赞许的愉悦所感知的对象整体中的一部分；而正义、信仰、真理这些对于社会的续存而言完全不可或缺的，则成为以上这种特殊的情感的感知对象"[1]。凯姆斯因而将自然法的"根基"建立在这种"特殊的情感"之上，而正是这种"特殊的情感"才是正义，即确保人们的财产权得到保护、许下的诺言得以履行的德性的基础支撑所在[2]。

斯密认为这一在"正义和所有其他社会德性"之间所做的区别，是"一位非常伟大且具有创新才能的作家最近所尤为坚持的"观点[3]。这样的措辞就表明，斯密在这里不仅仅是对自己以前的保护人致以敬意。斯密接受了凯姆斯所提出的这一见解，并用来阐述自己的伦理学体系。在《人性论》一书中，休谟最后将正义的基础建立在人类"社会的早期教育"之中，通过这种早期教育，"社会所有成员"都会接受关于获得和交换财富的一些规约，将之视为符合公共利益的措施[4]。然而，休谟也承认，对于公共利益的关心是"过于遥远和庄严的一个动机，无法影响大多数人，也不会在经常与私人利益相抵触的正义和常见的诚实行为中产生效力"[5]。在他的《道德原则研究》（1751）一书中，休谟并没有坚持正义的人为性，并说这一观点已经引起了一场口舌之争，而他现在想要探讨的主题则是"公共效用是正义的唯一来源"[6]。

在某种意义上，就道德本质这一问题，苏格兰的知识界存在着某种对话，双方所陈述的观点都明确清晰。休谟是一位自由和充满创意的探究者，而凯姆斯则是为现存的社会机制寻求辩护的法理学家，他将它们置于了一个可接受的伦理体系之中。作为道德哲学教授的斯密，必定会承认休谟对道德的敏锐感知，同时他也还要履行自己作为公众道德导师的角色。斯密似乎遵循凯姆斯的做法，通过诉诸常识，来讨论由休谟的效用论转向而引起的问题；但是斯密在论述中，似乎更多的是依赖道德话语中常用的术语，而没有采用凯姆斯所提出的"特殊情感"这样一种机制。

171

---

[1] pp. 59–61
[2] p. 104
[3] *TMS* 1759：174；1790：II. ii. 1. 5，n. 1
[4] *Treatise* 3.2.29
[5] 3.2.1.11
[6] 3.1.1；Raphael，1972–3

斯密学说的贡献在于为具有德性的行为提供了定义，其中包括仁慈这一德性的真正可爱之处、严格意义上的自制所不可或缺的要素以及对次要的德性（如审慎）的地位应如何看待等问题。我们可以回忆起审慎和自制的德性，是斯密在学校里逐步得到培养的，或许带有新加尔文主义和斯多亚主义色彩。斯密的老师哈奇森则强调仁慈是人们赖以生存的原则。在进一步思考我们是怎样做出什么应该做、而什么不应该做的道德判断这一问题时，斯密在哈奇森、休谟和凯姆斯所提出的心理机制中，引入了新的维度和思想，将同情共感、想象、超然的自我意识及评价，都赋予到了对我们的动机和行为做出判断的假想的公正无偏的旁观者身上（a supposed impartial spectator）。还值得一提的是《道德情操论》一书的总体目的是：展示"偏袒而又矛盾运行着的激情"是能够被加以控制的，这也是休谟关于正义的讨论中一个主要关心的问题[1]。然而，在这一点上，斯密的学说中真正具有创新的是，他希望能够向读者展示这一种控制是以一种自然的而非人为的方式来实现的[2]。书中开篇的第一句话先是承认霍布斯、曼德维尔和卢梭所坚持的人性是自私的有一定道理，但是又通过将人们的注意力引向我们对他人的幸福的关心，驳斥了他们的观点："无论人被认为是多么自私，他的本性中显然还存在某些秉性，使他关心别人的际遇，视他人之幸福为自己之必需，尽管除了目睹别人之幸福所感到的快乐之外，一无所获"[3]。《道德情操论》中开篇第一句话在道德心理学上所具有的思想意义，也同样体现在斯密《国富论》中关于经济学的阐述之中[4]。

在解释这些会促使我们去关心他人的经历和情感的"秉性"的运行原理时，斯密采用的不是休谟所举的外科手术的场景，而是刑讯室内的场景。但他还是用休谟的方式阐述说"只有通过想象，我们才能感受到"任何关于"拷刑架上……的兄弟"的感受；我们的感官绝对无法让我们超越自身的感受，而只有想象能够允许我们与受难者交换角色，"从而形成关于他的感受的一些概念"[5]。

斯密将同情共感的含义进行了拓展，使之不仅包括分享一人的情感，还包括

[1] *Treatise* 3.2.2.9

[2] Skinner，1979：48

[3] 1759：1；1790：I.i.1.1

[4] Werhane，1991

[5] 1759：2；1790：I.i.1.2

了对自己正在分享另一个人的情感的意识。这一拓展使得斯密可以解释不同种类的道德判断：首先是对一行为"合宜性"的判断，即判断该行为是正确的还是错误的；其次是对该行为是应受到褒扬还是批评的判断。就第一种判断而言，斯密提出了与行为者的动机产生同情共感，还是反感（antipathy）这一标准：我与某行为人进行角色互换，思考这样的一个行为是正确的还是错误的。而在第二种判断中，我想象我分享了某一行为所针对对象的情感，可能是这一行为在行为对象身上所激起的感激之情，也可能是愤恨之情，这就会使得我去考虑该行为是值得赞扬还是谴责。同情的想象（sympathetic imagination）这一概念，对许多斯密的读者都很有吸引力，是当时感性文学发展的一部分。在《项狄传》（*Tristram Shandy*）（1761）一书中，下士特灵在向脱庇叔叔诉说，回想他的兄弟汤姆所遭受的苦难——"无辜地在拷刑架上遭受折磨"时，泣不成声，这展示了同情的想象的力量[1]。或许纯属偶然，斯特恩这里所重复的刚好是斯密在解释这一心理机制运行时所举的例子。

毫无疑问，斯密在想象与现实之间是做了明确区分的。他写道，我们渴望他人能与我们产生同情共感，但是我们意识到他们无法与我们一样体验到完全相同的情感，因此我们会调低我们情感的强烈程度，使之与"旁观者"能够达到的水平相一致。休谟所建立的比喻，即同情的交流与同样紧绷的琴弦之间的共振所存在的相似性，与斯密所使用的音高的暗喻可以形成呼应。斯密同时也提出了反向的推理："旁观者"会努力调整自己的情感，使之尽可能地接近当事人的情感。这些过程会通过一方将过度的激情调低[2]以及另一方加强情感回应来增进社会的融洽程度。当斯密在书中考察各种伦理学学说时，他指出第一种过程会产生自制美德，而第二种过程会产生仁慈的美德[3]。斯密自己更倾向于第一种美德，因为不仅在学校所受的教育和教区的教义上，斯密受到了这方面的熏陶和灌输，而且在格拉斯哥大学就读时，斯密似乎受到了斯多亚主义哲学家著作的极大激励，尤其是爱比克泰德这位将心灵的自由视为高过一切，并用审慎和合宜来指导自己行为的希腊奴隶的著作。

斯密不仅阐述了同情共感在对他人的道德判断中所起到的作用，他对伦理

---

[1]　vol. iv. ch. iv, Wark, 1940：275

[2]　cf. 1759：37；1790：I.i.4.7：另一个关于音乐的暗喻。

[3]　1759：41；1790：I.i.5.1；cf. *Treatise* 3.3.4.2

学的第二个重要贡献是发展了理想的或是无偏的旁观者这一概念，并用来解释我们的道德判断的形成过程[1]。在详尽展开讨论自制令人赞美的特性时，斯密指出："那种高尚而宽厚的愤恨，它不是根据最大伤害在受害者心中倾向于激起的暴怒，而是根据最大伤害在无偏旁观者心中自然引起的义愤来控制其对最大伤害的追究"[2]。这一具有开创性意义的句子，引出了在《道德情操论》随后几个版本中对无偏旁观者这一概念的进一步发展。因为斯密试图对他的学说所提出的挑战——不管是直接来自于他的朋友休谟和埃利奥特的，还是间接地来自于他一生中所见证的社会变化的——做出回应，并为他晚年对人性抱持更为怀疑的态度留了余地[3]。大致说来，18 世纪的苏格兰哲学通过在忠诚于斯多亚主义和怀疑论之间保持一种具有创新性的张力而获得发展[4]，同时又带上了一种伊壁鸠鲁学说的气质（比如休谟就认为伊壁鸠鲁学说很吸引人）[5]。

173

在哈奇森和休谟的思想中也已有无偏旁观者这一概念的雏形，但是斯密更可能是从阿狄森所塑造的旁观者（Mr Spectator）这一人物形象受到的启发，这一人物公正地评判着他所见证的人类行为，当然，对斯密而言，他将这一角色内化为了人类本性的一部分。从戏剧演出的角度加以理解，旁观者这一概念还有一个更深一层的非常重要的维度，那些详细阐述了斯密所理解的道德教义可以从对"人类生活情景"的观察中获得[6]的评论者们强调了这一层意义。这一观点可以被延伸，进而将道德理论家类比为戏剧评论家，他们专注于对演员的表演进行描写、分析、综合和评价。在道德这一剧场内，毫无疑问，理论家和普通人一样既是演员又是旁观者，而建立在同情共感和想象基础之上的他们对于他人的判断，也是他们自己的伦理生活一部分[7]。这一视角为希腊哲学中哲学意义上的旁观者，并最终使这一概念理论化提供了精妙的探讨，对我们理解斯密在《道德情操论》中所阐述的体系有所助益。

说到道德判断内在化，我们会想到另一个影响斯密的传统是加尔文主义所提

---

[1] Raphael，1975；1785：ch.3；Hope，1989

[2] 1759：43；1790：I.i.5.4

[3] *TMS* Intro.16

[4] Stewart，1991

[5] Robertson，2006 rpt.：317，380

[6] *TMS* 59

[7] Marshall，1984；Griswold，1991；Nightingale，2006

倡的严格的自我审查。在《基督教宗教制度》(*Institution of Christian Religion*)
(1634) 一书中，加尔文强调了我们严格进行自我审查的必要性："让我们不要因
为屈尊对自己进行不带任何美化或盲目的自爱情感的审视而感到难过"[1]；"让即
便是最完美的人，也要屈尊直接面对自己的良知，让自己的所作所为接受它的质
问"[2]。同时，正如威廉·鲍斯玛所解释的，在加尔文的构想中，人类既是世界这
一"辉煌的剧院"里的观众，也是参与其中的演员 (1988：177—80)。斯密就是
由他虔诚的新教徒母亲在这样的一种传统中带大的，这同样也是休谟早期生活的
一个特点。鲍斯韦尔的记录中提到，休谟曾经告诉他，当休谟还是个小男孩时，
他试图将一本题为《人的所有责任》(*The Whole Duty of Man*) 的手册，作为在进
行自我审查时，应该小心防范的恶习的指导[3]。[4] 休谟宣称，后来他从西塞罗所
倡导的斯多亚主义职责中，获取了他的"美德目录"[5]，而斯密则或许是从他从
小到大所接受的加尔文主义的熏陶中，转向了以爱比克泰德学说为基础的道德导
向。但加尔文主义对斯密的影响却并不可能就此消失，而无疑正是这一加尔文主
义传统，促使斯密感兴趣的当时的一位作家卢梭，开始着手他最后一部著作的写
作，题为《卢梭评判让 – 雅克》(*Rousseau juge de Jean–Jacques*) [6]。

斯密不再用"良知"来指代人们进行自我审查的机制具有重要意义，尽管当
时勃特勒主教和凯姆斯刚刚复兴了对"良知"加以研究的哲学兴趣。[7] 斯密大概

---

[1]　p.364

[2]　p.367

[3]　Mossner, 1980：34

[4]　推测大概是 Richard Allestree 的 Whole Duty of Man (1658，多次重版)。这一著作的内容反映出了对于圣公会
的虔诚态度，在 1690 年，被列入了长老制教会所反对的"迷信而谬误的书籍"之列 (M. A. Stewart, 2005：
18–19)。无论是谁将这一著作送到了休谟的手上，肯定信奉的是圣公会教，要不就是他没有察觉出书中的宗
教倾向。

[5]　HL I 34

[6]　写于 1772—6；出版于 1780。

[7]　关于 Joseph Butler，参见讨论"反思或良心这一秉性"的 Fifteen Sermons Preached at the Rolls Chapel (1726)
中的 Sermons 2 & 3 及 Analogy of Religion (1736) 一书中题为 "A Dissertation upon the Nature of Virtue" 的
附录，讨论了"道德赞同和道德谴责能力"(Butler 告诉我们，这一说法来自 Epictetus)，"无论是称之为良心、
道德理性、道德感或神圣理性"；而关于 Kames，参见 Essays on the Principles of Morality and Natural Religion
(1751)，其中提到了 Butler 关于良心"权威特性"的概念，并认为这些"权威特性"依附于"道德感"，因为
"我们心中上帝的声音要求我们绝对的服从"(pp. 61–4；*TMS* 164, n.1)。1737 年 Kames 与 Butler 相遇，就道
德哲学展开了讨论，并互相保持通信。休谟询问 Kames，能否在 *Treaatise* 一书出版之前得到 Butler 对于该书
的回应 (Ross, 1972：35–6, 78；2004：141)。Butler 确实阅读了休谟的 *Essays Moral and Political* (1741)，
而且对这些文章有很高的评价，因为他还把它们推荐给了其他人 (NHL, 1954, 10)。休谟和斯密将 Butler
列入了那些通过将自己的思想建立在观察和经验基础之上，而为道德哲学找到了新的根基的英国作家之列

是想要在这里避免任何正统宗教的色彩（尽管在书中的其他地方还是有所提及），　174
并集中阐述通过公正无偏的旁观者的作用，我们的道德标准如何在社会上得以形
成。失去社会的依托，我们无法思考我们自己的个性或行为的合宜性，正如我们
无法对自己脸的美丑进行判断。斯密认为正是社会为我们提供了一面可以照见这
些的镜子。比如，知道社会关于行为和美丑的观点后，我们可以成为自己行为和
外表的旁观者，进而做出判断。当然旁观者可能会因为误导和偏见而使视野受到
限制。出于同样的原因，斯密现实主义的态度使得他相信我们极有可能对自己的
行为和容貌的认识产生偏差，因为我们受到了自利和自爱的掌控[1]：

> 人们说，某位外科医生很有胆量，即使当他在为自己施行手术时，他的
> 手也不会颤抖；一个毫不犹豫地揭开自欺的神秘面纱，让自己的行为丑态
> 完全暴露在自己眼前的人，也具有相同的胆量。（ *TMS* 1759：263；1790：
> III.4.4 ）

斯密就这一问题所做出的回答也很有意思：

> 人类的这种自欺，人类的这个致命的弱点，是人生一半以上的混乱失调
> 的根源。如果我们以他人看我们的那种眼光，或者以他人知道全部的事实时
> 将会看待我们的那种眼光来看待自己，我们大概免不了会有一番改过自新，
> 否则我们绝对无法忍受我们所看到的那一幅丑恶的景象[2]。

大约在 1783 年，罗伯特·彭斯似乎正在阅读斯密《道德情操论》这一著作的
第一版，这可能是他父亲的藏书[3]。从他的诗作中可以看出他对于以上引用的段
落中所描述的无偏旁观者这一概念的意识[4]。诗人在教堂里看见一位漂亮小姐高

（ *Treatise*, Introduction, 5, n. 1； *EPS*, 250, *ER* "Letter", para. 10, p.）。*Butler*（逝世于 1752 年）在 *TMS*
中被描述为一位 "已故的充满创见和敏锐感受力的哲学家"，I.iii.1.1，但是格拉斯哥版的编辑们并不认为斯密
关于他的 Fifteen Sermons 的记忆是完全准确的： *TMS*：44, n. 1

[1] Mitchell，1987
[2] 1759：264–5；1790：III.4.4
[3] Burns，1968：iii.1008–9，1021，1030
[4] Macfie，1967：66

雅的帽子上爬着一个虱子，陷入了沉思：

> 啊，但愿上天给我们一种本领，　　O wad some Pow'er the giftie gie us
> 能像别人那样把自己看清！　　　　To see oursels as others see us !
> 那就会免去许多蠢事情，　　　　　It wad frae monie a blunder free us
> 也不会胡思乱想（《致虱子》）　　An' foolish notion（"To a Louse"）[1]

　　就斯密的伦理学理论而言，他所宣称的观点是：我们通过不自觉地形成关于什么是应该做的、什么是不应该做的一般规则来使我们避免自欺。这些规则建立在我们对他人的渐进观察基础之上。通过关注这些自然产生的一般道德规则，义务感也随之产生。毫无疑问，斯密一直排斥用效用这一概念来解释道德规则得以产生的起源，也不愿将效用看成是日常交际所惯常遵循的原则。然而，当斯密将各种做法、机制以及体系（社会的、政治的，或经济的）作为一个整体加以评价时，确实使用了效用这一标准——用哈奇森激动人心的标语式话语来说，就是追175 求"最大多数人的最大幸福"[2]。结果，斯密不得不将自己的思辨型功利主义与休谟所持有的操作性（operational）功利主义加以区别。斯密在向休谟致以极高的敬意的同时，表明了他们两人在这一点上的不同之处，这与《国富论》中的相关论述形成互补：

> 　　第一位就效用为什么令人愉快这一问题给出解释的那一位富有创意而又和蔼可亲的作者，对上述那种观点是如此的着迷，以致把我们对美德的赞许，全部归因于我们看到这种产生于效用的美丽。……但是，我仍要说，我们赞许或非难的感觉，无论就其最初还是最重要的源头而言，皆不是源于这种我们认为其是有用或有害的看法[3]。

---

[1] Gavin Kennedy（2005：48-9）做出了相关的评论：斯密乐观地认为，用他人会看待我们的眼光来看待自己，有助于我们将公正旁观者的观点内化，从而能帮助我们客观地评判自己的行为；而在 Burns 的诗歌中，Burns 持有悲观的看法，认为那位头发上有虱子的夫人是无法自己意识到这一点的。当然，正如 Kennedy 所指出的，Burns 诗歌讽刺的是不自知的虚荣，而斯密作为道德哲学家抨击的是我们易于自我欺骗的倾向。

[2] Campbell and Ross, 1981

[3] *TMS* 1759：358；1790：IV.2.3

斯密在解释和规定个人的行为时，严格地限定了效用的作用，然后，在进行整体评价时（甚至是从造物主的目的角度出发来做"最终"解释时）[1]，再次采用效用这一标准的做法是与斯密自己思想的主旨相一致的。斯密的社会哲学整体方法论可以用以下观点加以概括：各种做法的来源及其支持都来自于未经反思的人类情感，这些情感由社会经历来形塑，并很优美地适应了增进人类福祉这一神圣的既定目的。斯密思想的最终来源是斯多亚主义关于"和谐发展的自然"学说，这也是"看不见的手"这一说法背后的思想内涵所在："看不见的手"引导着自私的富人去追求实现他们自己的目的，与此同时"生活必需品得以分配"，倾向于促进人类的幸福[2]。

在得出这一结论之前，斯密的阐述似乎与凯姆斯《论道德和自然宗教原则》(*Essays…on Morality and Natural Religion*)（1751）书中提出的理论相同。凯姆斯在书中认为，一位圣明的上帝通过哄骗人类以实现人类自己和上帝的目的[3]。凯姆斯主张说我们事实上居住在一个遵循着固定自然法则的世界，但是却遵照我们所面对的只是偶然之一这样的假想而行进着。他写道"这在事实上是所有人类的劳累、操心和勤勉的基础所在"[4]。凯姆斯似乎很残酷地得出结论：尽管哲学家无法回避刻板的宿命论学说，但是他作为一个人在行事时，却不得不觉得他是有力量控制自己的行为的。在这一情境中，他有一种"自由的感觉"，而凯姆斯毫无顾虑地将之称为是"欺骗性的"[5]。对于教会大众派的会友和牧师们而言，这一认为上帝是在欺骗人类的观点应该受到诅咒。1755 年 5 月，凯姆斯和休谟都面临着被会员大会逐出教会的危险，前者是因为以上那种异端邪说，而休谟则是因为其在关于奇迹和具体化的上帝的文章中的相关论述而被认为是无神论者。温和派最后化解了这一危机[6]。斯密并未被吓住，在 18 世纪 50 年代的那一版《道德情操论》中，仍提出了这种"欺骗"理论，指出追求"权力和财富"所获得的回报是"可鄙而又微不足道的"，如果从哲学意义上剥去这一"美妙的安排"中实现它们所获得的满足感。然而，他又沿着这一脉络继续说道：

---

[1] cf. 1759：238–42；1790：II.iii.3.2–3

[2] 1759：350；1790：IV.1.10

[3] Sakamoto and Tanaka，2003；Alvey 2004

[4] *Essays*，1751：184

[5] pp.203–4；Ross，1972：105，109

[6] Ross，1972：155–6

幸好自然是如此这般地哄骗了我们。正是这一哄骗，激起了人类的勤勉，并使之恒久不懈。正是这种哄骗最初鼓舞了人类去耕种土地，建筑房屋，创建城市和国家，并发明和改进了各门学问和技艺，为人类的生命增添了荣耀和光彩；同时也使整个地球的表面完全改观，使原始自然森林成了肥沃宜人的田野；使杳无人迹的荒芜海洋不仅成了人类赖以维生的新资源，而且也成了通往世界各国的便捷大道。

接着，斯密转而讨论非预期的结果，指出在人类的进步和发展过程中，有钱人只不过是挑选了那些"最珍贵的和最宜人的"物资资源：

尽管他们生性自私贪婪，尽管他们只在意自身的便利，尽管他们雇佣数千人劳作所图谋的唯一目的是满足他们自己那些虚荣而又贪得无厌的欲望，但他们终究还是和穷人一起分享了他们经营改良的成果。一只看不见的手引导他们所做出的生活必需品的分配，是与如果将土地平均分配给所有居民后会产生结果几乎没什么两样。他们就这样在没有打算也不知道会有这样效果的情况下，增进了社会的福利，提供了人类繁衍所需的资源[1]。

在《国富论》与之相仿的一段话中，斯密断言个人出于自利，将资金拿去投资支持国内产业，却能提升公共利益，无意识地帮助最大化了人类幸福[2]。在这两处，斯密都没有隐含存在一位具有人性的神明秘密地干涉我们的日常事务。毫无疑问，斯密的意图是要将自己的观点即"自然经济学"生动化[3]，而哲学或科学探索的目标就是要找到这一"自然经济学"的原理[4]。史宾勒（1978）让人们注意到丰特内勒（Fontenelle）（1728：8—9）已经做过一个相似的比喻，即将大意等同于"看不见的手"与法国歌剧院中负责用"轮子和机械装置"让舞台上的器械运转、却从不在舞台上现身的"正厅后座的工程师"之间作比喻。斯密藏书中

---

[1] 1759：348–9；1790：IV.1.10
[2] *WN* IV.ii.9
[3] *TMS* 1759：168（p.165 注释）；1790：II.i.5.10（II.i.5.6 注释）
[4] Macfie, 1967：ch.6；Campbell, 1971：60–1, 71–3

有 1752 年版的丰特内勒著作，并在《道德情操论》中提到了这一作家[1]。

当斯密在详细论述具有公共效用的机制或安排如果运行良好所提供的美学愉悦时，他看到了一种将目的和手段相混淆的危险。1759 年斯密从这样的一个视角出发，提出了一个具有先见之明的警告，即对那些为了能够创建或恢复理想的体系而牺牲真正的人类情感的人：

> 不过，由于某种"体系热"作用，由于某种对技巧与机关设计的热衷，我们重视手段的程度，有时候似乎更甚于目的，而我们之所以热心想要增进同胞们的幸福，与其说因为我们对他们的幸福有什么直接的感觉或同情，不如说因为我们想要完善或改进某个井然有序的优美体系[2]。

这样看来，斯密的"道德科学"[3] 分析了"人们自然地先是对邻人，接着是对自己的行为和个性做出判断所依据的 [同情共感的] 秉性"，这也正是 1774 年第四版《道德情操论》扉页上所加的副标题[4]。这些判断是通过无偏旁观者这一机制来实现的。正如我们已经看到的，接着斯密将效用纳入了自己的体系之中[5]，然后讨论了"就什么是应该谴责的和什么是值得赞扬的标准，有许多无规则可循的和不一致的看法"这一问题[6]。斯密对这一问题的回答，其思想来源之一便是哈奇森思想的另一分支，即哈奇森在《论美与德性观念的根源》[7] 一书中所指出的，人们在美学品位方面的差异是由于受到风俗、教育以及榜样的影响所致。斯密接着也将美学和道德方面的无规则可循归因于"习俗和风尚原则"的影响[8]。为了论证自己的观点，即"习俗和风尚在服饰和家具方面的影响，并不比它们在建筑、诗歌和音乐方面的影响更为绝对"，斯密花了很大篇幅讨论文学中由于语言艺术榜样的力量而引起的趣味的变化，最终以对当时斯威夫特短诗的直白文体和

177

---

[1] Mizuta

[2] *TMS* 1759：352；1790：IV.1.11

[3] pts.I–III

[4] 'principles [of sympathy] by which men naturally judge concerning the conduct and character, first of their neighbours, and afterwards of themselves']

[5] pt.iv

[6] 1759：371；1790：V.i.1

[7] 1725：i.viii.5；Ross, 1987

[8] pt.v

蒲柏长诗的"紧张的严谨"文体的讨论作为结尾[1]。我们应该还能记得在《纯文学和修辞学讲义》中，斯密就曾对斯威夫特散文中的直白文体大加推崇。在讨论了克劳德·比菲埃的观点，即美的魅力来源于"它符合了习俗深印在我们的想象中的习惯"后，斯密还是站到了休谟美学中的功利主义的立场上：

> 然而，我还是无法相信，我们甚至是对外在美的感受，是完全建立在习俗基础上的。任何形状的效用，亦即它被打算用来达到的有用的目的，显然会使它具有可取之处，使它能够独立于社会习俗而令人愉悦[2]。

就道德情感而言，斯密认为尽管习俗和风尚在这方面的影响确实不如在其他方面那么巨大，但其原理仍是"十分相似的"。当习俗和风尚这方面的影响一致于"自然的是非褒贬原则时，它们会提高我们的道德情感敏锐度，使我们更加厌恶任何与邪恶挨边的事物"[3]。然而，斯密也承认时代的不同、社会地位和职业地位的不同以及国家和文化的不同，都会使什么是"要谴责的"或什么是"值得赞扬的"的道德标准的形成及程度产生区别。这里斯密又回到了他在讨论"可亲"之德和"可畏"或"可敬"之德的合宜性时所做的区别。

像苏格兰其他的文人学士一样，斯密对当时欧洲旅行者在旅行途中所记录下来的（尤其是在美洲和非洲）遇到土著民族的经历，从而得以积累的比较人种学资料很感兴趣。斯密回应了这些记录者将自己的所见所闻与曾经读到过的关于以往社会的价值和行为方式的描述联系起来的倾向，而这些价值和行为方式在他们身上或许还有残留[4]。因而，斯密评论说文明社会更注重"以仁慈为基础的"的美德的培养，而相对地忽略了"克己和禁欲为基础"的美德，但是在"未开化的野蛮民族"中，情形刚好相反[5]。

在就"野蛮人"必须遵守"一种斯巴达式纪律"进行描写时，斯密认同耶稣会牧师约瑟夫–弗朗索瓦·拉菲托在《美洲土著人习俗与欧洲早期习俗之比

---

[1] *TMS* 1759：373–80；1790：V.1.4–7
[2] *TMS* 1759：384；1790：V.1.9
[3] 1759：387；1790：V.2.2
[4] Emerson, 1979b
[5] *TMS* 1759：398 1790：V.2.8

较》(*Moeurs des sauvages ameriquains, comparees aux moeurs des premiers temps*)
(1724) 一书中所阐述的观点,以及卡德瓦拉德·科尔登的观点。在《加拿大五国
历史》(*History of the Five Nations of Canada*) (1727,1747) 一书中,科尔登写
道,诸如莫霍克人的法律和习俗就与古代斯巴达人相似,"在两国,这些法律和
习俗都是为了使整个民族的精神和身体适于打战而制定的"[1]。斯密藏书中另一
位耶稣会牧师皮埃尔·弗朗索瓦·赛维尔·德·沙勒沃伊的著作《新法兰西历史概
述》(*Histoire et description generale de la Nouvelle France*,1744) 描述了美国印
第安人的"恢弘胸襟"和"自制"。他认为他们的"宽宏胸襟"和"自制""几乎
超出了欧洲人所能想象的范围",而可以与斯多亚主义所倡导相提并论。斯密继
续描写了"北美野蛮人"在婚姻和战争中的做法,并很有文采地描绘了他们为落
入敌手被折磨致死所做的精神准备,尤其通过谱写"死亡之歌",歌中的内容包
括"对凌虐他之人……的辱骂"以及表达"对于死亡和痛苦最高的藐视"。在这
一段,斯密回应了拉菲托在《美洲土著人习俗与欧洲早期习俗之比较》一书所阐
述的观点。斯密在非洲沿岸的黑人中间发现了与"北美野蛮人"相同的世界观,
并表明这些黑人的恢弘胸襟是远远超过他们"卑鄙的"主人所能想象的。随之,
斯密流露出了他对于欧洲人奴役黑人的极大愤慨:

> 命运对人类最残忍的一次作弄,是她使那些英雄民族遭受到连欧洲监狱
> 都不想收容的一群废物的宰割。这群卑劣的家伙,完全不具备任何他们所来
> 自的国家的美德,也完全没有他们所前往的那些国家的美德,他们的浅薄、
> 残忍和卑劣理所当然地使他们遭到被征服者的鄙夷。[2]

这些文字会被寄予希望,能够引起格拉斯哥和其他地方从奴隶贸易中获利的读
者们的极大痛苦和不安。毫无疑问,斯密作为一位伦理学家,正在为反奴隶制
运动添砖加瓦。然而,不利的回应来自于弗吉尼亚·亚瑟·李,他于1764年在
爱丁堡大学获得文学硕士学位,并曾经在斯密的陪同下在格拉斯哥待了一天[3]。
他着手写了一本题为《为美洲大陆殖民地正名》(*An Essay in Vindication of the*

[1] p.13
[2] *TMS* 1759;398;1790;V.2.9
[3] Brock,1982;122

178

179

插图 3. 美洲土著人的"死亡之歌"，1724。转引自拉菲托，《美洲土著人习俗与欧洲早期习俗之比较》（格拉斯哥大学图书馆）。

Continental Colonies of America）的书[1]。书中驳斥了斯密在《道德情操论》中将美洲印第安人和非洲人赞颂为高贵的奴隶，并为美洲奴隶主被指控为过于残忍而开脱，虽然他也同时表示斯密本应该直言不讳地谴责奴隶制度本身，而斯密也确实在《国富论》中再一次谈及了这一问题。

1808 年 6 月，詹姆斯·伍德罗在致巴肯爵士的一封信中[2]，描述了自己对格拉斯哥大学的记忆，提到了托马斯·克拉克森在《奴隶贸易废除史》（*History of the Abolition of the Slave Trade*）（1808）一书中，引用了哈奇森、斯密、米勒对奴隶制的公开谴责，并得出结论：

> 让格拉斯哥大学引以为豪的是，在公众还没有开始广泛关注这一问题之前，格拉斯哥大学就有三位教授对继续进行这一残忍的交易公开表示了抗议[3]。

通过约瑟夫·奈尔特状告他主人一案，奴隶制问题被提到了苏格兰法庭接受审判。奈尔特是一位被人从非洲绑架来的黑人，他的主人约翰·韦德伯恩在牙买加将他购买，并带回佩思郡。最终，苏格兰最高民事法庭于 1788 年，以九票对四票，做出了奈尔特胜诉的判决："牙买加的法律所承认的对这位黑人的所有权是非正义的，因而，在我们国家无法获得任何支持"。斯密以前的保护人凯姆斯勋爵投票赞成还这位黑人以自由："我们不能实施 [牙买加的法律]，因为我们坐在这里所要实施的是正义，而非罪恶"。罗伯特·卡伦这位"斯密眼中最好的学者"，作为韦德伯恩的出庭律师，把与这一诉讼相关的一些法律文件送到了斯密手上[4]。斯密道德哲学课程中的另一位学生鲍斯韦尔为这一判决感到高兴，因为与英格兰的一个相似的诉讼案件相比，这一判决站到了"更高的立场"上："具有真正的普遍意义的一个问题：一个自由国家的法律，是否应该将对任何一位主人的任何形式的永久服务义务合法化"。这里所说的相似的诉讼案件，是指英格兰在 1772 年关于一位黑人詹姆斯·萨默塞特的案件。他从主人那里逃跑后被抓，被用镣铐铐在了泰晤士河上前往牙买加的轮船上，他的主人准备到那里将他出售。英国高

180

---

[1]　London，1764

[2]　Glasgow，Mitchell Lib.，Buchan MSS，Baillie 32225，fos. 47–51

[3]　i.87

[4]　Mizuta.

等法院的曼斯菲尔德爵士释放了萨默塞特，其发表的部分声明包括奴隶制是"如此令人憎恶，以至于如果支持奴隶制唯一受损的将是法律的正面形象"，以及依据人身保护令状申请对萨默塞特实施监护，奴隶制无法得到"英格兰法律的允许或支持"[1]。在苏格兰最高民事法庭，鲍斯韦尔的父亲奥金莱克爵士，则是从斯密将之理论化了的道德情感的压力角度出发，做出了声明和投票："一个人因为是黑人就应该是奴隶吗？不！他是我们的兄弟，他是一个与我们一样的人，尽管与我们肤色不同；他生活在一个自由的国度，连同他的妻子儿女。就让他永远生活在这样一个自由的国度"[2]。

在第一版的第六篇（1790 年版的第七篇），斯密将自己的道德哲学体系置于了按历史顺序加以讨论的其他体系所构成的背景之中。这些体系都针对两个基本问题（斯密很可能在自己的伦理学课堂中就已经提了出来）："何为美德？"和"这种品行，不论它是什么，究竟是被我们心里面的什么能力或机能推荐给我们的，令我们觉得它是值得赞扬的？"[3]斯密就美德的性质所展开的分析认为，当我们将所有"情感"都进行了很合宜地管理和引导，这一合宜就构成美德；或是我们这些"情感"中的某个主要的类别，包括自利的情感或利他的情感，受到了很合宜地管理和引导，这样所形成的审慎或仁慈就构成了美德[4]。斯密将道德哲学置于这样的历史框架下进行描述，并对前辈们的体系进行了批判性的评论，他这样做或许就是效仿亚里士多德在《形而上学 A》(Book A of the Metaphysics) 中的做法。而且，正如我们在本书第四章第八段所提及的，斯密的导师哈奇森在他的《逻辑手册》(Logicae Compendium) (1756) 一书中简要地概述了"哲学史"，这或许为斯密设立了一个很好的榜样，让他知道在创建自己的伦理学体系过程中，应如何有效地吸收现代的和古典的折中主义。一位现代评论家有更为深入的看法，认为在讨论这些先后相承的伦理学体系的主要特点时，斯密采取的是"非教条化的持怀疑态度的"方法论，即没有拘泥于任何认识论或形而上学的体系，而是直接诉诸我们自然的情感[5]。

---

[1] *BLJ* iii：87–8，n. 1

[2] *BLJ* iii，212–14；Ross，1972：143–6

[3] 1759：414；1790：VII.i. 2

[4] 1759：417；1790：VII.ii. Intro. 4

[5] Griswold，1991：225–8

斯密首先讨论的是古代的柏拉图、亚里士多德和芝诺，对他们而言美德在于 181
"行为的合宜，或者说，在于引发行为的情感和激起这情感的对象相合宜"[1]。[2]
就第一版第六篇的内容而言，在1759年版第一篇"论行为合宜性"中重新引入
分析了斯多亚主义学说，其中一章[3]着重论述了倡导要接受"朱庇特"所颁布的
所有法令的学说，赋予了朱庇特各种称呼：从"上帝"、"世间百态的主管"、"宇
宙的主管"、"人类天性的伟大守护神"、"神明"到"行为的主管"。这与爱比克
泰德思想是一致的，也符合18世纪苏格兰大学圣灵学教师们所使用的自然神学
的语言[4]。

在总结柏拉图的道德哲学时，斯密首先讨论《共和国》第四卷的内容，在这
一卷中，灵魂被认为由三部分组成：具有掌控作用的理性，其掌管着一切；以骄
傲和愤恨为基础的激情，即灵魂中易被激怒的部分；以对愉悦的嗜好为基础的激
情，即灵魂中与欲望相关联的部分。接着，斯密讨论了构成柏拉图体系核心的四
种主要德性。柏拉图将理性"作为灵魂掌管者所具有的力量、敏锐和完美"，称
之为审慎的主要美德。当灵魂中易被激怒的部分在理性的指引下，具有了排除万
难而追求荣誉和高贵时，就构成了坚毅和宽宏大度的美德。当理性、易激怒的激
情、与欲望相关的激情三者彼此协调一致，理性掌控着激情，让它们只去做那
些它们真正愿意做的事，这一灵魂的完全和谐状态就构成了节制的美德。最后一
种，也是最重要的美德就是正义。当理性指引着各种激情，用适合于所追求的价
值的力量和精力来完成它们各自恰当的职责时，所得到伸张的就是"柏拉图继一
些古代的毕达哥拉斯信徒之后，称之为正义的那种有造诣的美德和完美的行为合
宜性"。随后，斯密继格劳秀斯之后 [5] 将交换正义（justitia attributrix）定义为"不
去占有属于他人的财物，自愿去做合宜要求我们去做的一切"，而将分配正义定义
为"合宜的仁慈，在于得体的使用属于我们自己的财物"，并在这一意义上"包含
了所有的社会性美德"。格劳秀斯认为还有最后一层意义，正义"意味着与行为处

---

[1] 1759：418–50；1790：Vii.ii.1.1.–2.14，其中包括了对于斯多亚主义的详细论述。

[2] 正如下文Ch.24所讨论的，斯密在*TMS*第六版中扩充了关于斯多亚主义的讨论，并修正了他在第一版所表达
的对这一流派思想有保留的赞同的立场，尽管仍保留了对其能够激励追随者们做出最具"英雄恢弘气度"和
"广博仁爱之心"行为的"整体倾向"的钦佩：VII.iii.1.46–7。

[3] I.iv.3

[4] 1759：132–6；Ross，2000：336

[5] De Jure Belli ac Pacis，1625/1631：I.i.8

事的准确和完美的合宜是一回事"。这样正义就不仅包含了交换正义和分配正义，而且把各种其他美德，如审慎的美德、坚毅的美德、节制的美德也包含其中。

斯密在讨论亚里士多德的伦理体系时，将重点放在了尼各马可伦理学（the Nicomachaean Ethics）中庸学说之上，即认为"每一种具体的美德都存在于两大相反恶习的中间位置，其中一类是程度太过而不合宜，而另一类则是就某一具体对象而言，受影响程度太轻"。比如宽宏大度就位于"过度傲慢和过于胆怯"的中间，前者在于对我们自己的"价值和尊严"过于强烈的情感，而后者则是这一情感太弱"。亚里士多德认为美德与其说是情感本身的适度和合宜，不如说是一种自我克制的习惯。美德既可以被认为是一个人，也可以是一种行为的品质。作为一个人的品质时，美德存在于合理的自我克制习惯中，并使这种习惯成为心灵的惯常品性。当作为一种行为的品质时，美德存在于合理中庸地引发行为的情感。也是这一角度上的美德，与到目前为止我们所举的行为合宜性的例子一致。休谟和斯密似乎都同意格尔松·卡米凯尔的观点，即不去理会亚里士多德的目的论，他几乎已经将美德和恶行该说的"几乎全说过了"[1]。但是斯密觉得他不得不在《道德情操论》第六版新增加的第四篇中，再增加一些论述，他解释了从同情共感的角度出发，应该如何衡量两种极端之间的中庸之所在[2]。就《大伦理学》（*Magna Moralia*）一书而言（一些学者认为这是后来的一位作家对亚里士多德伦理学思想所做的总结），斯密发现这一著作中所表达的观点是美德存在于实际的行为习惯之中。斯密认为这一观点是与柏拉图学说相对立的，柏拉图认为关于什么适合被做而什么不适合被做的"正当的情感和合理的判断"本身，就足以构成"最完美的美德"。与之相反，亚里士多德则认为好的道德来自于行为而非知识。

再次转而讨论斯多亚主义，这是第三个拥护美德在于合宜性的学派，斯密将自己的论述建立在西塞罗的第三本著作《论道德目的》（*De Finibus Bonotum et Malorum*）（这也是斯密的导师哈奇森最为青睐的教材），以及第欧根尼·拉尔修在其描述著名哲学家生平文集中关于这一学派创始人芝诺简略但鲜活的论述的基础上。芝诺阐述的基本学说是自然将自我持存和自爱的本能赋予所有动物，其中

---

[1]　ed. Moore & trans. Sliverthorne，2002：18

[2]　Raynor，2006：245

包括人类在内。自然会一而再地成为人类的向导和导师，指导我们应该选择什么，如健康、力量、身体的舒适，以及能够促进这一切的外在便利，如财富、权力和荣誉；还有应该回避和避免什么，如疾病、笨拙，以及可能会引起这些境况的外在的不便利，如贫穷、缺乏威望、周围人的轻视。在斯多亚主义看来，能够运用准确的分辨能力在自然所推荐给我们的和自然教导我们应该规避的之间进行正确地抉择和摒弃，人类就保持了"构成美德本质的品行上的完美和正直"。

到目前为止，斯多亚主义和亚里士多德信徒或亚里士多德的追随者们在他们所认为的理想状态上是大同小异的。他们的分歧产生在对自制程度的要求上。亚里士多德信徒承认人性存在某些弱点，因而留有余地认为一定程度的不坚定和动摇对人性是有好处的。相反，斯多亚主义者则要求最完全的无动于衷"，因为他们认为每一种会扰乱心灵宁静的激情，即便是最小程度上的，都是"轻率和愚蠢"的结果。亚里士多德信徒认为任何激情的程度，都不应超越旁观者最大限度的发挥人性所能同情的激情的范围。斯多亚主义者则似乎认为任何一种要求旁观者的同情，或要求改变人类的自然状态以与旁观者激情的强度合拍的激情都是不合宜的。斯多亚主义的人生观认为既然"无所不知、无所不能、仁慈而良善的上帝"统管着世上的一切事件，我们就可以确信任何发生的事件都会促进世界整体的完美和繁荣。如果我们深处逆境，我们有义务为自己解困，只要不违背我们对他人所怀有的义务和正义。如果我们无法做到自我解困，我们就应该想到"整个宇宙的秩序和完美"需要我们继续维持这种状态，并感到心安。最能促进整个宇宙的秩序和完美的，就是我们所应最先欲求的。在这一点上，斯密满怀赞赏之前，大段地引用了罗马士兵阿里安用希腊语所记录的他老师爱比克泰德的话语，其大意是：如果你把自己看成是一个人，就必须承认你可能会遭受任何或所有加诸人性身上的祸福变化，而无法对任何降临到你身上的这种祸福加以抱怨。最终，斯多亚主义所要求的是"服从于宇宙的整体秩序"，而"当与宇宙的整体利益放在一起权衡时，我们应对关乎我们自己的利益完全无动于衷"，斯多亚主义以此作为正义合宜性的基本原则。从 1759 年第一版的《道德情操论》中这一部分的大意来看，毫无疑问斯密早期是强烈拥护斯多亚主义的。

接着，斯密过渡到了讨论那些认为美德在于合宜的现代伦理学体系，斯密提到了理性主义的自然神教信仰者、塞缪尔·克拉克、威廉·渥拉斯顿以及不那么确定的沙夫茨伯里的学说，沙夫茨伯里似乎是将美德定义为适合于道德对象的情感^[1]。在斯密看来，所有这些体系都不够完整，因为没有一个体系解释了为什么人们给予有德的行为很高的敬意，而对败德恶行则报以轻蔑藐视，并认为恶行的施行者应该受到惩罚。

随后，斯密讨论了认为美德存在于审慎的伦理学学说，而伊壁鸠鲁学说则被认为是最古老的持这种观点的学说体系。伊壁鸠鲁教导人们说，我们所自然欲求和厌恶的最终唯一对象就是身体的愉悦和痛苦，因而，权力和财富之所以受人追捧是因为它们会带来愉悦，而贫穷和卑贱之所以惹人厌恶是因为它们会带来痛苦。伊壁鸠鲁还认为精神上的愉悦和痛苦比肉体上的愉悦和痛苦程度更深，尽管精神上的苦乐来源于肉体上的苦乐。而记忆中的或期待中的愉悦和痛苦，又比任何当下身体所经历的愉悦和痛苦程度更深。身体的舒适和心灵的平静是"人性的最完美状态"，也能产生最大程度的幸福。审慎，作为所有美德的来源和极致之所以为人们所欲求，就是因为它有助于我们避开人生中那些最糟糕的恶行，而成就那些最伟大的善行。节制我们的自然激情之所以为人们所欲求，就在于其可以在将来带给我们所想要的更大享受，因为我们愿意牺牲眼前的、但是程度要小一些的幸福。实施正义对于我们而言具有相似的好处，因为这样我们就可以避免遭到来自受伤害一方的报复和恶语相向，而与人为善则为我们赢得了周围人的敬重和关心。然而，斯密认为伊壁鸠鲁并没有理解审慎还和节制能给我们带来多少身体上的舒适和精神上的安宁，他人对我们所抱有的强烈好恶感还是完全取决于我们事实上作为好人或恶人是如何行事的。因此，斯密在《道德情操论》第一版就断定伊壁鸠鲁学说"与我致力于创建的 [体系] 完全不是一回事"，并将此断言一直保留到了第六版^{[2][3]}。

[1] *TMS* 293，n.30

[2] *TMS* 1759：450；1790：VII.ii.2.13

[3] *TMS* 第一版中这一直白的陈述，在第六版中完全一模一样地加以了重复，斯密将 Epicureanism 明确地描绘为是与他自己的折中主义道德哲学"完全不相容"的一个体系。毫无疑问，我们不得不仔细审读斯密关于审慎的看法、在 *TMS* 中他所刻画的审慎的人这一形象（VI.i.3—15；1790 年增补了这一部分内容），以及自我形象的刻画，以解读出他对于 Epicureanism "低级审慎"的冷静评价，以及他对"高级审慎"的极大推崇。这一"高级审慎""非常接近"柏拉图式的或亚里士多德式圣人的品性，代表了一种道德行为可以企及的一种完美状态。然而，斯密最后似乎对通过完全超脱人类的激情，成就"完美的品性和幸福"（这是要成为斯多亚主义式圣人需要满足的要求）的可能性持有怀疑态度（参见 1759：136，"一种哲学，其大部分的学说不会遭到任何异议，除了那一崇高的规诫，即教导我们要把目标定位在完全超越人性所能企及的完美状态的规诫"；1790 年版的增补部分 VII.ii.1.21，）。从这些保留意见来看，似乎 *TMS* 格拉斯哥版的编辑们（在引言部分，9—10）本应该指出 1790 年版表明斯密是一位经过缜密思考的 Stoicism 批评者，是要比他们所认为的更为完全的一位折中主义思想家。同样地，斯密似乎应该被评价为是一位将 Stoicism 和 Epicureanism 要素融入自己折中

最后，我们在《道德情操论》中读到了对那些认为美德即仁慈的伦理学体系作者的介绍：古典后期的折中主义、基督教会某些牧师以及17世纪的剑桥柏拉图主义学派。在这一类学说中，斯密将最高的荣誉留给了激励他成为道德哲学家的自己的老师：

> 但是，这派学说的所有拥护者当中，不论古今，已故的哈奇森博士无疑是无人可比的、最敏锐、最清晰、最富哲理的，而且都更为重要的是，也是最冷静的和最精明的[1]。

斯密上述赞扬并非只是溢美之词：斯密认为凯姆斯卓越优秀[2]，给休谟的评价则还要更高一点[3]，而将最高的赞美之词献给了哈奇森，斯密的评价经过了仔细的定位和精心的考量。在这一章，他再次提到了休谟，认为他从效用的角度界定美德的体系"是与认为美德在于合宜的学说一致的"[4]。值得注意的是斯密并不赞同哈奇森把自爱排除在值得赞扬的动机之外的观点，而将之认为是必需的，有时，是令人称赞的行为原则[5]。斯密的忠告是如果大部分的人或即便只是那些宣称"依据某种哲学原则"生活的人，真的是根据这些认为美德在于合宜、仁慈或审慎的学说中的任一个行为处事，社会就会获益匪浅。斯密还指出这些学说之间如何各展所长，互为补充[6]。

然而斯密并没有就此结束关于自爱话题的讨论，在转到他称之为"淫乱的体系"（即那些似乎否认了美德和恶行之间有任何区别，因而在他看来是"有害的"学说）时，又重新开始讨论自爱话题。在《道德情操论》第一版中，斯密想到了两本著作。第一本是弗朗索瓦六世拉罗斯福哥公爵的《格言》（*Maxims*）（1665年第一版），书中提出的观点是"美德汇入自利就像江河汇入大海"（p.171）。第

主义学说的道德哲学思想家，是比格拉斯哥版编辑们所认为的斯密的思想倾向——他们认为斯密完全拒绝了这些学派的思想——有着更为丰富的内涵。最新的关于斯密微妙地采纳了Stoicism要素最为充分的论述参见Leonidas Montes（2008），"Adam Smith as an Eclectic Stoic"，*Adam Smith Review*，Vol. 4，30–56。

[1] *TMS* 1759：VII.ii.3.3
[2] 1759：174；1790：II.ii.1.5
[3] 1759：338；1790：IV.1.2
[4] 1759：468；1790：Vii.ii.3.21
[5] 1759：518–9；VII.ii.3.16
[6] 1759：472；1790：VII.ii.4.5

二本著作是曼德维尔的《美德起源探究》（*Enquiry into the Origin of Moral Virtue*）（《蜜蜂的寓言》的第一部分），认为"道德美德皆为逢迎骄傲的政治产物"[1]。

斯密写道，尽管他认为这两位作家的体系"几乎没有一方面是正确的"，但是乍看上去它们还是能符合某些方面的人性。他接着区分了两位作家的文风：拉罗斯福哥公爵"优雅和精细的准确"轻松地勾勒这些人性的不同方面；曼德维尔的"生动和幽默，尽管文风粗鲁、不雅"则更充分地刻画人性[2]。斯密从未在自己的著作中讨论过拉罗斯福哥公爵《格言》一书的内容，后来斯密与这一作者的曾孙相识，他嗔怪斯密将他的曾祖父与曼德维尔扯在了一起[3]，斯密才决定删去自己文中涉及这一著作的文字，我们在下文讨论1790年版《道德情操论》时将会提到。斯密在1759年想要说明的是，曼德维尔所宣称的虚荣这一动机促使人们体面地和高贵地行为处事这一观点是错误的。然而，斯密确实认为所谓慷慨的和具有公共精神的行为背后的动机或许就是自爱。尽管斯密毫不犹豫地谴责了虚荣的自欺本性，但是他同时承认了虚荣作为一种激励，在促使人们实现自己的抱负、维持社会等级差别方面所起的作用，并给社会成员带来了实实在在的好处。接着，斯密提出了一个设问：从"改善我们的处境，这一被我们称为伟大的人生目的"中，我们指望得到哪些好处呢？斯密的回答是，我们在意的不是悠闲或怡乐，而是虚荣[4]。同时，斯密很清醒地认识到了这种源于虚荣的竞争，具有破坏性的一面："因此，地位，这一使市镇参议员的夫人们失和的伟大目标，是人世间大半辛劳的目的，是由贪婪和野心所引起的世界上的所有喧嚣嘈杂和抢夺与不义的原因所在"[5]。

在做出这一尖锐的断言之前，斯密引用了拉罗斯福哥公爵中肯的第490条箴言，大意是爱情通常会被雄心取代；而反过来，雄心被爱情取代则很少会发生，以此说明雄心这一动机在人性中的力量。

斯密从不同伦理体系所界定的美德的本质的不同角度出发，对伦理学体系进行回顾，最后以驳斥曼德维尔学说，但承认自爱原则的重要性作为结束。斯密进

---

[1]　cf.*TMS* 309，n.2

[2]　1759：474；1790：VII.ii.4.6

[3]　*Corr*.No.194

[4]　1759：109；1790：I.iii.2.1

[5]　1759：127；1790：I.iii.2.8

而讨论道德哲学的第二个基本问题：是什么使得美德受人赞扬，而恶行受人谴责？斯密承认从理论思考的角度来看，这是一个重要问题，但这一问题并不会像第一个问题那样具有实际意义[1]。斯密再一次对霍布斯和他的追随者们（斯密以普芬道夫和曼德维尔为例）的学说进行了驳斥，认为他们将对美德的赞美原则简化为自爱的说法是"对同情体系的一种混乱的错误解读"。他的主要观点是同情在任何意义上都不能被看成是一种自私的秉性，比如他直白地陈述说："一个男人可以与一个分娩中的女人产生同情共感；尽管他不可能想象他自己会在她的身份和角色中来承受这种痛苦"[2]。有意思的是，斯密这里指的或许是一种父代母育风俗，即土著社会中的男人在他们的妻子分娩时，假装也经历了生孩子的痛苦，19世纪人类学家对这一风俗进行了考察，斯特雷波（Strabo）曾经提及，马可波罗也有记录[3]。

至于那些认为理性是道德赞许的原则的伦理学体系，斯密接受的是哈奇森和休谟的思想[4]，即我们关于是非对错的"第一感受"，以及"赖以形成一般原则的那些个别的案例经验"是"直接的感官和感情"的对象，而不是理性的对象。这里斯密发现哈奇森在《美德探究》（*Inquiry concerning Virtue*）中所给出的解释是无可辩驳的，如果有任何争议的话，也只能归咎于人们对哈奇森著作理解上的"粗疏"所致，或是哈奇森"对某些措辞方式有一种迷信的执着，这一博学之人身上并非罕见的缺点"所致[5]。

然而，斯密并不拥护哈奇森所提出的"特殊道德感官"概念，即"与人们的外部感官类似的一种特殊的感知能力"[6]，也不支持换一种方式所说的，反射式的感觉能力的运行需要以先行感知其他某些种类的事物为前提，才能感知一个对象的某些方面，如要感知某一种颜色的美丽，我们必须先感知那种颜色本身[7]。斯密直接用哈奇森自己的论证（*TMS* 323）来驳倒这些争论：

186

---

[1]　1759：491；1790：VII.iii.Intro.3

[2]　1759：497；1790：VII.iii.1.4

[3]　*OED*

[4]　First Enquiry，1748，1750，n.added to Section 1；see ed.Beauchamp，2000：232

[5]　1759：505；1790：VII.iii.2.9

[6]　1759：507，509；1790：VII.iii.3.5 and 8

[7]　1759：508；1790：VII.iii.3.6

[哈奇森]承认[1]属于任何一种感觉所感知的对象的性质，绝不可以被认为是属于该感觉能力的性质，否则就太荒谬了。有谁会想到说要将视觉能力区分为是黑的或白的……？在[哈奇森]看来，称我们的道德能力是道德的或不道德的，是正直的或邪恶的，也同样荒谬。[2]

对哈奇森学说的原创性经过这一番考察之后，斯密可以将自己极具综合性的道德哲学体系的主要观点串联在了一起。在这一过程中，斯密展示了通过改良同情共感概念，情感理论的主线可以向前推进，而不会因休谟过多地依赖于效用原则受到削弱：

当我们赞许任何品行时，我们自己所感受到的那些情感，根据我们在前面尝试建立的体系，来自于四个在某些方面彼此不同的源头。第一，我们与行为人的动机产生共感；第二，我们体会到他行为的受益者心中的感激；第三，我们观察到他的品行符合上述那两种同情通常遵守的一般性规则；最后，当我们把他的行为视为有助于增进个人或社会幸福的行为体系的一部分时，它们好像被这种效应赋予了一种美，好比任何设计妥善的机器所具有的那种美[3]。

斯密在书中的最后几页，回顾了不同的作者讨论实际的道德规则的不同方式。他认为只有正义规则是"精密和准确的"，可以比作语法规则。所有其他的道德规则都可以比作评论家对判定文章的庄严和优美而定下的规则。古代的道德学家就以评论家那样的方式写作，满足于以一种概略的方式描述各种邪恶和美德、每种美德所赖以产生的情感基础以及这些情感会导引我们的一般行为方式。基督教会的决疑论者以及某种程度上17世纪的法理学家们，则企图以语法学家的那种方式来为人类的行为设定精确的规则，尤其是与正义相关的行为。然而，他们之间存在冲突，因为法理学的目的是为法官和仲裁者在做判决时制定规则，而决疑论者是为好人的行为制定规则。决疑论者似乎要求的标准更高一些，比如，他们讨论履行在威逼下的允诺问题等。困难在于决疑论者倾向于采用语法学

187

---

[1] Illustrations upon the Moral Sense, 3rd edn., 1742, s.1, p.237
[2] 1759：509–10；1790：VII.iii.3.8
[3] 1759：518–19；1790：VII.3.iii.16

家的方式，来讨论那些采用批评家的方式更为合宜的问题：

> 他们白费力气地企图以精密的规则指导那些纯属感觉和情感裁决的事
> 项。怎么可能根据规则在每一个场合丝毫不差地确定正义感敏锐到何等程度
> 就会开始变成一种琐碎的与摇摆不定的良心上的谨小慎微？[1]。斯密因而摒
> 弃了决疑论者的学说，认为它们深奥晦涩并容易导致道德错误，而将"伦理
> 学和法理学"作为道德哲学两个有用的组成部分。

在《道德情操论》的正文部分，斯密阐述了自己的伦理学体系，他最后思考了
"或许可以被恰当地称作自然法理学的体系……一套一般性的法律原理，这一套
法律原理应该在所有国家的法律体系中得到体现，并成为其基础"[2]。古代的道
德学家，具体来说就是柏拉图、亚里士多德和西塞罗，并没有"列举那些自然
的公平规则"，而格劳秀斯被认为在他的论著《战争法权与和平法权》（*De Jure
Belli ac Pacis*）中，第一次就这方面进行了阐述。斯密明确表示他认为这一著作
（无疑是由哈奇森介绍给斯密，在斯密的藏书中这一著作还不止一本）"并非十全
十美"。或许事实确是如此，因为正如斯密在《法学讲义》（B）开头所宣称的那
样，该著作是作为"一类决疑论著作，讨论君主和国家在怎样的情况下可以正义
地与别国开战"。

　　然而，在《道德情操论》结尾，斯密的语气显示他理解了格劳秀斯所提出的
核心观点的重要性：人类对于和平而组织巧妙的社会生活怀有一种迫切的热望。[3]
整个欧洲就这一关于人性中的合群性观点（一个斯多亚主义的概念）进行了建设
性的讨论，推动了法律、政治、历史以及经济方面思想的发展。而斯密《道德情
操论》的最后一句话，则将格劳秀斯所提出的议题往前推进了一步，因为斯密宣
布他计划"在另一著作中……说明法律和政府的一般原理，阐明这些原理在不同
的时代与社会发展阶段所经历过的各种不同的变革"。尽管斯密永远没有机会令

---

[1] 1759：544；1790：VII.iv.33

[2] 1759：549；1790：VII.iv.37

[3] 斯密的名字与其他人一起出现在了一本 GUL 的 Grotius 的 De jure（1670）上，其中旧的藏书标签上写着"伦
理学课程"字样。斯密拥有一本由 Barbeyrac 编辑于 1735 年在阿姆斯特丹出版的 De jure，以及 Grotius 所著
的其他历史著作，还有一本 De Veritate Religionis Christianae，由 Le Clerc 编辑于 1745 年在格拉斯哥出版（细
节见 Mizuta）。这一著作就是哈奇森每星期天六点的授课内容（Carlyle，1973：36–7）。

自己满意地完成这一承诺中"关于正义"的著作，但是现代学者们已经能够勾勒出斯密关于这一主题的主要思想和学说及其与斯密的道德理论的关系[1]。而在《国富论》中，斯密则完成了"关于警政（为了促进经济增长而制定的实施正义的具体条款）、岁入和军队"的讨论。

---

[1] Haakonssen, 1981；Bruhlmeier, 1988

12.《道德情操论》相关评论

　　我正着手出版《道德情操论》一个新的版本，对任何关于该书的批评建议将深表感激。

　　并不是所有人都同意据说是斯密自己的判断，他"总是认为 [《道德情操论》] 是远要比 [《国富论》] 更为优秀的作品"[1]。然而，我们也不应让斯密早期的作品笼罩在他后期作品的阴影之中。斯密总是将自己看成一位道德学家，因为在《国富论》出版前的 17 年，《道德情操论》的广泛流传为斯密赢得了稳固可靠的声誉。斯密为该书总共修改了五个版本，一直到他生命的最后一息，他还在为提高和修改该著作而努力。之后，这一著作继续被视为道德思想的宝贵来源之一，斯密离世后 10 年间，其发行量相当可观，而在版权的有效期内，该著作最终的发行量高达 7，750 册[2]。该著作被译成了各国不同文字，进一步延长了这一著作的生命[3]，但是道德思想的发展仍然向前推进，或是被不同时代的不同学者用不同的方法演绎着。正如我们在这章将要简要叙述的，在斯密所处的世纪结束时，苏格兰的道德哲学主要是与来自苏格兰东北部的常识学派哲学家托马斯·里德这一名字联系在一起，他也是斯密在格拉斯哥大学教席的继任者。

　　斯密的朋友们当然鼓励他修改和完善他的著作，他们为斯密提供各种该书受到好评的报道、关于该书的建议或其他的一些计划，以及他们所能想到的能使这

[1]　Romilly，1840：i.403

[2]　Sher，2002：19

[3]　eds.Tribe and Mitzuta，2002

一著作得到进一步提高的批评意见。比如，1759 年 6 月 14 日，威廉·罗伯逊在写给斯密的信中，提到剧作家约翰·霍姆刚刚抵达爱丁堡，带来的消息是《道德情操论》在伦敦是"时髦人士人手一册"，并以其内容和文风而广受好评。让英格兰人觉得安慰的是，斯密"在牛津大学接受过教育，因而他们觉得你的著作中有他们的一部分功劳"。与罗伯逊一样，霍姆坚持斯密应该再写一本关于"不那么玄奥的主题"的著作，罗伯逊希望是斯密能够考虑写一本关于"哲学史"的著作[1]。在本书上文的第七章中，我们提出罗伯逊这么说的时候，可能是想到了斯密在爱丁堡所讲授的关于科学理论的讲座，但是他也可能是希望斯密在 1759 年版《道德情操论》第六部分关于道德哲学体系历史的阐述，能够进一步得到扩展。

189　　在 7 月 28 日致斯密的信中，休谟描述了《道德情操论》所受到的好评[2]。查尔斯·约克，哈德威克大法官的第二个儿子，他继承了家族在法律方面的才能，"对该书很是着迷"；同样着迷的还有伯克，他当时正在爱尔兰旅行，并打算自己给斯密本人写信。索姆斯·杰宁斯向科卡尔迪议员詹姆斯·奥斯瓦德"高度评价了该书"。出版商米勒从菲茨莫里斯阁下（后来的谢尔本首相）那里听说，他"带了几本这一著作到海牙作为礼物"，大概是要送给那里的英国侨民和荷兰知识分子。1761 年 1 月 4 日，詹姆斯·奥斯瓦德在给塞缪尔·肯里克的信中，提到斯密在"《海牙评论》"[3] 中读到过一篇关于《道德情操论》的评论文章。奥斯瓦德还提到斯密在格拉斯哥大学的校友，当时是苏格兰派驻海牙的公使阿奇博尔德·马克拉因，"仍然是哈奇森学说的热情支持者"，"致力于为仁慈以及道德感官学说辩护，而驳斥霍布斯哲学优美而精致的体系"[4]。这样看来，斯密对哈奇森观点——即完全否认自爱作为一种动机在某些方面是值得赞许的——的驳斥，没能影响到这位读者。

　　在书信的最后，休谟跟他的朋友开玩笑说"可别尽关注你自己的著作，而把我的忘到九霄云外了"，休谟这里指的是出版于 1759 年 3 月最新两卷《英格兰史：都铎王朝》（*History of England : The Tudors*）。休谟写道，他被告知辉格党人"又重新对我燃起了怒火"，认为斯密肯定将会看到渥尔伯顿学派"傲慢"和

---

[1]　*Corr.* No.34

[2]　*Corr.* No.36

[3]　或许是 *Bibliothèque des sciences et des beaux arts*，La Haye，1754–78

[4]　London，Dr. Williams's Lib.，MSS 24.257 No.42

"下流"的成员之一理查德·赫德，在《道德和政治对话录》(*Moral and Political Dialogues*)中针对他的辱骂。渥尔伯顿学派是由威廉·渥尔伯顿主教的追随者所组成，他们将休谟刻画为是"持无神论的二世党人"[1]。

休谟当时在犹豫，是该待在伦敦还是回到苏格兰，苏格兰"最适合我的运势，我最重要的朋友都在那里。但是，苏格兰对我而言，又是一个过于狭隘的地方，想到有时可能会因为我而连累我的朋友们，就让我感到窘迫不已"。大概休谟这里的意思是，自己作为怀疑论者（如果不是无神论者的话）的名声会导致的后果。他请求斯密说"求你尽快给我回信，告诉我你的想法"，并接着询问那些"偏执者"，即苏格兰的精英派加尔文主义者，对于自己关于都铎王朝的著作，其中当然涉及了苏格兰宗教改革，是否"充满敌意"。信中最后的一段话，休谟首先提到了罗伯逊所著的《苏格兰史》(1759)，书中同样讨论了苏格兰宗教改革，但却是从一个清教徒的角度出发来讨论的。接着，休谟提到了《道德情操论》，其中对休谟的道德理论提出批评，并带有自然神学而非基督教的宗教色彩。

然而，在宗教色彩上，《道德情操论》中有一处主要例外，是在就加尔文所提出的惩罚替代理论，即无辜的基督被钉死在十字架上，为人类持续不断所犯的罪恶进行永恒救赎，进行反思的那一段。[2] 这一突兀的学说出现在《道德情操论》的前五版中，作为其第二篇第二章第三节，即讨论作为"天性构成一部分"的"正义感、悔过感以及功劳感"的效用的结尾[3]。斯密仔细思考了当一个人即将沐浴在"上帝的荣光"之中时，与不完美的人类美德似乎应该受到奖赏相比，恶行似乎更应该受到惩罚。在这一面临判决的时刻，似乎没有任何理由能解释"为什么神不会对卑劣如蚍蜉的人，毫无顾忌地发泄他的愤慨"，而他知道他似乎也必须应该这样做。我们无法向神的正义感做乞求，唯一的出路是乞求神的怜悯和慈悲。"为过去的行为懊悔、悲痛、羞愧、悔罪"似乎是唯一有可能浇灭"上帝的怒火……这怒火是完全正当地被激起"的方法，但是他担心"上帝的圣明"不会就此同意饶恕他。还得有人为他求情，做出超出他能力范围之外的"其他一些

190

---

[1] Mossner, 1980：309

[2] Calvin 接受过律师的训练，用刑法的术语表达了斯密所提出的问题：一位有罪的罪人怎样才能逃脱上帝正义的惩罚和愤怒呢？答案是：上帝之子已经代替人类承受了上帝愤怒的千钧重担，以及与之相随的惩罚。基督（根据 Institutes, 1559, Beveridge 翻译, 1845, 1898 重印：II.16.1)"作为违法者的替代和保证人，甚至就作为罪犯，经受和承受本应施加在这些罪人身上的所有惩罚"。

[3] 1st edn., 1759：203–6

牺牲、其他一些救赎"。一直到 1790 年版的《道德情操论》，斯密所表述的观点都是："神的启示学说在每一方面都与自然的那些最初的期盼相吻合"，因为它们"向我们展示……为我们所犯下的各种各样罪过和邪恶已经做出了最为恳切的求情和最为极端的救赎"[1]。我们完全不清楚为什么斯密会允许这一含糊的道德观以他的名义一直出版到 1790 年。几乎是在两百年前，苏塞纳斯就已将这一道德观驳斥为是非正义的和残酷的 [2]。这当然也与《道德情操论》的主旨完全背道而驰，《道德情操论》中倡导的是人性中包含了正义的源泉，而位于个人心中的公正无偏的旁观者，能够指出什么是有德的行为，进而成功地引导个人加以遵循。

没有任何资料告诉我们，休谟对这一段话作何感情，但是他在信中沮丧地向斯密承认，他的朋友们比他谨慎，更贴近当时人们的宗教和道德观点。他们从他的著作所激起的众怒中，吸取了教训："罗伯逊的著作 [《苏格兰史》，1759] 有很大的价值；但是显而易见他受益于人们对我的敌意。我想你也一样。"

在信的正文中，休谟与斯密之间的友谊，使得他不仅告诉了斯密《道德情操论》所受到的好评，也在信中找到了他对斯密伦理体系进行批判性思考后的一些成果。休谟已经知道斯密正在计划"为了消除那些反对意见，加以修改和增补"，出版一个新的版本。因而，他坦率地提出了一个建议，斯密可以考虑这一建议是否有"任何意义"：

> 我希望你能更实际和更充分地证明各种各样的同情共感一定是令人愉悦的。这是你整个体系的关键所在。但你只是在第 20 页 [i.i.2.6] 中草率地提到了这一点。但看起来应该是既有令人不悦的同情共感也有令人愉悦的同情共感。而事实上，通过同情共感产生的激情是当事人情感的一种反映，必定会拥有与当事人的情感相同的一些性质。如果当事人的情感是痛苦的，那么同情共感产生的情感也应该是痛苦的。事实上，当我们与一个我们能与之完全产生同情共感的人进行谈话时，即我们之间存在一种温暖和亲密的友谊时，这一热情而开诚布公的交流完全抵消了令人不悦的同情共感所带来的痛苦，从而使得整个活动令人愉悦。但是在一般的情况下，并不总是这么回

---

[1] *TMS* Glasgow edn., footnote, pp.91–2, also Append. II

[2] De Jesu Christo Servatore, 1594/1656–68；Gomes, 1993；Packer, 2002

事……观看悲剧时的眼泪、悲伤和同情所引起的愉悦一直被认为是很难予以解释的问题；如果所有的同情都是令人愉悦的，这就肯定不会成为一个难题了。医院也会成为一个比舞会更令人愉快的地方。在 99 页 [i.ii.5.4] 和第三章 [i.iii.1.9] 你恐怕并未提及这一命题，或者是这一命题与你在那里的推理交织在了一起。你明确地表达了与悲伤的同情共感是令人痛苦的，我们总是不甘愿地与悲伤产生共感。或许你必须对这一种情感进行修正和解释，使之与你的体系和谐一致[1]。

斯密认真地考虑了休谟的反对意见，但需要说明的是，除了与斯密就他的体系进行这种私下的交流外，休谟也许还在 1759 年 5 月的《批判性评论》（*Critical Review*）中，作为那期杂志的首篇书评，刊登了一篇充满赞赏语气的《道德情操论》"摘要"。斯密的朋友大卫·卡兰德以此作为依据，曾两次断言休谟在 1759—1760 年期间为《道德情操论》写过评论[2]。

尽管也是对上述观点的一种重复，大卫·雷纳却是从内部证据出发来论证这一观点。他认为 1758—1759 年期间，休谟在伦敦处理关于都铎王朝历史著作的出版事宜，向《批判性评论》这一杂志提交了一系列文章。《批判性评论》是由托拜厄斯·斯莫利特和另两位合伙人于 1758 年创办，并由斯莫利特担任编辑直到 1763 年。休谟所递交的这一系列文章中，其中一篇是关于赫尔维蒂斯的《论精神》[3] 的讽刺性书评，一篇关于罗伯逊的《苏格兰史》的评论[4]，一封致"作者们"（编辑们）的信，吹捧了威廉·威尔基的《厄庇戈诺伊》（*Epigoniad*）的第二版（4 月），最后是《道德情操论》的"摘要"[5]。在称赞苏格兰同胞作家的作品时，休谟充分发挥了他善良的本性，尤其是在评论他们所出版的第一本著作时。由于休谟自己的第一本著作《人性论》出版后所遭受的命运，这对休谟而言成了一个敏感的话题。

"摘要"中可以找到一些证据表明作者就是休谟，但又有另一些证据使得这

[1] *Corr.*No.36

[2] Ch.7

[3] 1758 年 11 月。

[4] 1759 年 2 月。

[5] Raynor, 1982a, 1984, 1987a；Hume, *Phil. Wks.* iv. 4250

一结论不大可能成立。在《人性论》的前言中，休谟强调道德哲学应该以观察和经验（"道德哲学的牛顿主义"）为基础来建立理论，而"摘要"表扬了《道德情操论》所遵循的"我们现代自然主义者 [牛顿主义者] 的做法，每时每刻都诉诸事实和经验"[1]。而且，正如我们期望像休谟这样一位具有敏锐哲学头脑的人所能做到的那样，"摘要"仔细阐明了斯密主要观点，即同情共感在道德判断形成过程中的作用，另外还提到了两点附加说明。第一点说明是"摘要"宣称斯密通过同情共感"希望对由人类动作或行为所引起的所有各种赞同和不赞同加以解释"。第二条说明是这样表达的：在发现"当我们能够与另一个人的激情或情感产生同情共感时，我们会觉得愉悦；而在任何反之的情况下，我们都会觉得痛苦，[斯密] 认为这种愉悦或痛苦能为所有关于人类动作或行为的赞同或不赞同提供解释"[2]。休谟在 1759 年 7 月 28 日致斯密的信中，表示他认为斯密的体系在这一点上存在缺陷。

然而，出人意料的是，"摘要作者"断言斯密还"同时阐明了许多毋庸置疑的观点"，籍此驳斥了休谟的情感理论，"休谟将他的道德体系很大一部分建立在公共效用的考虑基础之上"[3]。"摘要作者"引用斯密原来的措辞，缓和了这一关系从句的语气："将我们所有的对美德的赞同分解为关于……效用的感受"[4]。有人会提出斯密没能客观公正地看待休谟所提出的真正的观点。在结论部分，引用了大段的摘录之后，评论者对《道德情操论》"生动、明晰、有男子汉气概而毫不造作的文体"加了赞扬，并向斯密致以敬意，因为他将自己所讲授的修辞学学说成功付诸了实践。而如果作者真的是休谟，又一次让人意外的是他的下一个观点是"[斯密] 处处对宗教原则的严格维护"，以及这一作者最后得出的虔诚结论："尽管一些人可能致力于以科学为幌子，将哲学家与宗教爱好者区分开来，然而由于真理在任何地方都是一致和统一的，我们总是会发现，一个人抛弃其中的一个身份后，同时也不得不丧失了获得另一身份的资格"[5]。

如果这真的是出自休谟的手笔，就相当令人费解，因为他几乎同时在《自然

192

---

[1] Raynor's 1984 text, P.66

[2] Raynor, 1984；67

[3] p.74

[4] *TMS* IV.2.3

[5] pp.78–9

宗教对话录》中，借他的代言人菲罗之口说道："当我们不得不与一位以宗教和虔诚作为其伟大事业的人打交道时，他除了让几位被认为是审慎的人，提高警惕防止被他欺蒙和误导外，还能对他们产生任何其他的影响吗？"[1] 休谟在这一著作中还借庞非勒之口，不动声色地要让我们相信，相比于菲罗所持的学说（当然并未回避他的怀疑论观点），一神论者克里安西斯所持的学说"更接近于真理"。这样，我们是否可以宣称我们在"摘要"一文中同样找到了休谟这种充满技巧的文体风格呢？在这一点上，我们完全可以理解这位声名远播、但同时又作为"异教徒"充满争议的作者的这种做法。可以想象，休谟通过嘲讽地宣布《道德情操论》成功地维护了宗教，并驳斥了自己著作《道德原则研究》[2]）中所阐述的观点，为他年轻朋友的处女作开辟一条生路。[3]

约翰逊博士曾经将他那一时代的书评人做了一个区分："我认为那些《批判性评论》的评论者经常是没读完全书就开始发表评论了；他们抓住一个话题，主要就写他们自己头脑里的东西。《每月评论》的作者们则比较沉闷，他们倒是很愿意先将整本书看完"[4]。然而，就《道德情操论》而言，休谟很可能是读完全书的。与拉尔夫·格里菲斯一同在 1749 年创办了《每月评论》的威廉·罗斯（马利夏尔学院的毕业生、校长、塞勒斯特作品的翻译者）也可能从头至尾认真地读完了全书。根据安德鲁·米勒的说法，在 1759 年四月末，他将十五本《道德情操论》分别送给了他的朋友们。他也被认为是 1759 年 7 月那一期的《每月评论》

[1] pt.Xii

[2] 这一休谟自认为是自己所有著作中"无可争议的最为优秀的"著作（My Own Life）。

[3] Susan Bourgeois 在 Nervous Juyces and the Feeling Heart：The Growth of Sensibility in the Novels of Tobias Smollett (1986) 一文中指出这一"摘要"作者另一可能人选是 Smollett 自己。Dr Bourgeois 似乎并不知道 David Callander 所讲述的关于休谟是"摘要"作者的轶事，也不知道 Dr. Raynor 在仔细阅读了这一文本后所写的那些文章，并得到了 Callander 所讲述的轶事的证实。然而，Robert Crawford 在 The Scottish Invention of English Literature (1998)，Devolving English Literature (2nd ed., 2000)， 和 Scotland's Books (2007) 中再次提及了 Smollett 是摘要作者这一话题，作为促进苏格兰文学感受力讨论的一部分。将这一文章作者的归属问题放在一边，我们可以极力主张的一个观点是：评论者将 TMS 陈述为有利于正统宗教事业的发展，旨在缓解当时苏格兰社会对于启蒙运动的攻击。从这一角度来看，Smollett 作为 Critical Review 的编辑，接受这一篇关于 TMS 的评论，是想要将苏格兰文学界和学术界从教会的控制中解放出来的一种策略性动作。而且，2005 年 10 月，Geoff Parker 在爱丁堡大学 Institute for Advanced Studies in the Humanities 所做的题为 "Editorial Policy and the Institution of Criticism in Adam Smith's Edinburgh Review (1755–56) and Smollett's Critical Review (1756–63)" 的讲座中，提出这两份杂志在评论的哲学立场上存在着一定的延续性，这也是斯密 1756 年 "Letter" 一文的主要特色。Dr Parker 认为 1756 年苏格兰的评论并没有因为教会反对 Edinburgh Review 的出版而遭受挫折，而是在 Critical Review 找到了另一个出版平台，这一杂志的繁荣兴盛很大一部分归功于其雇佣了许多苏格兰大学的毕业生。

[4] BLJ 1776 年 4 月

中第一篇关于斯密著作的书评的作者[1]。文中当然重复了《批判性评论》摘要中的部分观点，对斯密"清晰的"文风以及使用"事实和经验"来论述自己的体系加以赞扬。跟休谟一样，作者愿意支持同情共感"无疑是一种人类天生的秉性"，但是并不认同斯密关于这一秉性所做的推理。他很恰当地将《道德情操论》中赋予休谟的赞美之词又应用到了斯密自己的身上：斯密极具创造性，能够"不仅清晰而且优雅地讨论最为复杂的主题"[2]。而且，他也意识到了斯密在批评效用论时，针对的是休谟。而且，与《批判性评论》中的"摘要"一样，这一书评也特别指出了斯密对道德伦理理论体系所做的回顾，以及"整本书中自始至终对宗教

193 原则所保持的严肃的敬意"。在1760年4月4日致《每月评论》的出版商斯特拉恩的信中，斯密宣称自己对拉尔夫·格里菲思"在他的书评里为我的著作所树立的美好形象""深表感激"[3]。在当时，这些《每月评论》每月在英国的零售发行量估计可以达到2,500册到3,000册左右，而每一本杂志又有可能会有更多的读者，尤其是在图书馆流通的那些。每本杂志中这一给予《道德情操论》好评的最主要的书评，必定为斯密带来了非常可观的声誉，并鼓励了斯密本国同胞、国外的欧洲人以及英属北美殖民地的人，在他们读到《道德情操论》时，对斯密的伦理学思想展开认真的讨论。

伯克在1759年9月10日一封致斯密的信中向他致歉，因为没能及时就由休谟代为转送给他的《道德情操论》一书致谢。他当时就希望能够"用心专注"地拜读这一著作，以不辜负这一礼物。现在他认为这样做是"极其值得的且令他收获颇丰"。他确信斯密的理论是"可靠而可信的"，因为他的理论建立在了"整个人性"的基础之上，而"那些传统的道德体系过于偏狭"。约翰逊曾说过伯克有着"丰富的形象贮存"[4]，正是从这一"贮存"中，他用建筑学中的一个比喻来指出斯密作为一个体系创建者的不同凡响之处：

> 在您之前，那些同样讨论过这一主题的作家们，就像哥特式的建筑设计师，他们喜欢用一根纤细的柱子撑起巨大的拱顶；尽管这里面也有艺术，毫

---

[1] 21：1–18；Nangle，1934

[2] cf. *TMS* IV.1.2

[3] *Corr.*No.50

[4] *BLJ* 15 1773年8月。

无疑问也需要一定程度的原创性；但是这不够符合情理，无法长久地令人愉悦。而像您这样建立在亘古不变的人类天性的基础上的理论，将一直得以延续……

伯克将斯密的文体描绘为具有"精彩的多样化"，而一些段落甚至达到了美轮美奂的程度，"尤其是为斯多亚哲学所描绘的精美画面……斯多亚哲学被披上了一层富丽堂皇的外衣，使得它成了一种华丽的错觉"。斯密不会赞同对斯多亚主义的这样一种刻画，因为在《道德情操论》中，他花了相当的篇幅分析斯多亚主义主要学说是可以被接受为道德理解和行为的向导的。或许斯密更多地注意到了对他的写作过于散漫的指责，我们发现当他开始写作《国富论》时，他的文体变得更为紧凑和有力。后来伯克为《年鉴》[1] 所写的评论与这封信的内容也是一脉相承，意思差不多。评论中强调了《道德情操论》中思想的原创性体现在了将一个"简单的事实"，即同情共感在形成我们的判断中所发挥的作用，提升为"道德理论迄今为止曾经出现过的最为优美的基本结构之一"。

与伦敦的"这群知识分子"对《道德情操论》所持有的观点相去甚远，一位苏格兰乡村牧师更为严苛，这或许也反映了当时走折中路线的牧师们的观点。这样一种观点在施蒂歇尔教区（在边境乡村（凯尔索附近））牧师乔治·里德帕思的日记中有所表达。里德帕思牧师乐于照顾自己教区的病人，对通奸并不持有很严苛的看法，喜欢园艺。他还是诗人约翰·霍姆的朋友，在爱丁堡的教会会员大会上可以看到他经常与罗伯逊和卡莱尔做伴。他还热爱书籍，喜欢经典著作和现代的一些作家，如斯威夫特和斯特恩。他对斯莫利特的《世界史》（*Universal History*）评价不高，而斯密的处女作也未能达到他对于内容和文体所持有的标准：

> 作品也展现了作者的知识和才华，但是我绝无法附和人们赋予这一作品 194的那些溢美之词。书中的创新之处本身或许并没有什么重大的意义，况且对这一创新之处书中也未明确或清晰地加以说明。过度的慷慨陈词和渲染修饰使得他偏离了在论述任何理论时，尤其是新的理论时，所绝对必需的对确

---

[1]　1759：484 ff.

切、精准和清晰的追求；斯密对自己到处卖弄口才这种脾气的放纵（尽管他的口才远没有达到出类拔萃的程度），使得原本在我看来只要二十页就可以表达得很充分，甚至也要更为有力而清晰得，斯密却长篇累牍地花上了冗长的整整四百页纸的文字。这样的著作除了来自于一位一辈子都习惯向学生侃侃而谈，也并没有注意到面对一群学生听众和面对冷静而理性的读者之间的区别的作者外，还能是其他人吗？这一著作最有价值的部分，尽管也并非完全没有上述的缺点，是在书中的最后就道德哲学的不同体系，古代的和现代的进行的阐述[1]。

就 1759 年版《道德情操论》的文本与斯密在后面几个版本中所特意添加进去的内容之间的文体风格进行比较，我们可以发现斯密改变了那种侃侃而谈的写作方式，尽管他成功地用这一方式抓住了道德哲学课堂中一大班少年的注意力（*TMS Intro*.5）。在斯密最受欢迎的时候，他的道德哲学课堂的学生是由 80 位 15 或 16 岁的少年所组成，他们中的大多数注定将来要当牧师或教士，不过，还是有一些学生打算将来成为商人和律师，其中还有一些已经是第二次或第三次旁听这一课程了。

1759 年 10 月 10 日，斯密送往吉尔伯特·埃利奥特的"文稿"，在文体上显得更为稳当，也在理论内容上做了调整[2]。这些"文稿"就是 1760 年 12 月 30 日出版的《道德情操论》第二版所做的修订的草稿[3]。在致埃利奥特的信中，斯密发表了以下这句评论："在我寄给您的文稿中，您会看到我对休谟所提出的反对意见做出的回应。我想我已经完全击溃了他的挑战"。学者们对于斯密这样一种说法是否公道莫衷一是。简而言之，休谟所提出的挑战是：斯密的思想体系前后不连贯，斯密先是论证了愉悦总是伴随着我们同情共感的情感体验，却同时又说当我们赞同他人行为时，我们会从有德的行为中获得一种特殊的愉悦。在休谟看来，更为严重的矛盾则在于：斯密宣称在合适的情形下，我们会与他人的悲伤产生同情共感，因而表示认同，从而感受到愉悦。然而，同时斯密又承认与悲伤

---

[1] Ridpath，1922：275

[2] *Corr*.No.40

[3] *Corr*.No.54

的同情共感是痛苦的[1]。

斯密对休谟这一意见所做的回应，以 I.iii.1.9 注释的形式出现在了第二版《道德情操论》中。但是这一注释并未增添任何新的内容，只是更为详细地解释了斯密所持有的同情具有两层特性的观点："旁观者通过同情共感所产生的激情；以及第二层当旁观者看到自己出于同情共感的激情与当事人的原初情感之间完美一致而产生的激情"[2]。第二种激情总是使人愉悦的，而第一种则可以令人愉悦也可以令人不快。很清楚的一点是，斯密和休谟使用"sympathy"一词所表达的是完全不同的两种意思：休谟指的是情感的一种交流，而斯密指的是一种心理机制，为解释人们情感上的共鸣提供的一种方法。正是斯密的这一洞见，使得"令人不快的同情"成为通过同情共感产生道德判断运作中的有机组成部分[3]。

然而，送往埃利奥特的《道德情操论》修改手稿的主要内容仍是进一步发展 195 了公正无偏的旁观者概念，标志着斯密体系在理论上所获得的重大进展。评论者们对这一概念的发展所引发的一个结果尤为感兴趣，即这一发展使得以下两方面之间存在了某种可比性：一方面通过当事人／无偏旁观者之间的互动机制而实现的社会道德力量的平衡，和在另一方面经济力量之间的互动服从于市场机制（似乎有一只看不见的手引导着）的运行，趋向于确立自然的价格和薪水以及整体的经济效率[4]。斯密关于这两个领域内复杂力量之间的相互依存的分析是深刻而有说服力的。《道德情操论》中关于道德的心理学分析，无疑为《国富论》中相对应的经济学中的心理因素讨论提供了帮助。

我们并不知道埃利奥特对斯密文稿所提出的确切反对意见，但是大卫·拉斐尔提出从斯密的回信内容判断，埃利奥特针对的应该是斯密所提出的根据社会赞许和不赞许的态度来形成道德判断这一观点[5]。如果我们关于动机和行为的道德判断是依靠这些社会态度的话，那么在面对社会已经接受的标准时，我们何以能持有一种不同的和更高的道德标准呢？斯密回应埃利奥特说，他很难在写作中融入这一变动："没有比在已经写好的文稿中间插入内容而又要让其与文稿的两

---

[1] *Corr*.No.36

[2] *Corr*.No.51

[3] Campbell，1971：104–6

[4] Campbell，1971：138–9，n.1；Skinner，1979：162，n.11；Fleischacker，1991：258

[5] *TMS* 16–17

端有机地融为一体更为困难的了……这要花费我的时间和思考是您远远无法想像的。"

斯密在写作过程中还碰到了其他困难：正如约翰·雷[1] 所评论的，斯密的书写"缓慢而费力"，因而斯密所采取的写作方法是向抄写员口述，至少在最早为爱丁堡讲座做准备时，斯密是这样做的[2]。1759 年版《道德情操论》修改稿抄写员的笔迹与《国富论》早期手稿的笔迹一致，而当时格拉斯哥大学的许多记录也都是这一笔迹[3]。《道德情操论》手稿纸张上的水印也与关于"正义"的不完整手稿上的水印一模一样，但是两者的笔迹并不相同。

为了解决埃利奥特所提出的反对意见，斯密在修订中融合了与法律、自然神学和改进了的斯多亚主义相关的各类话语。在这一修订中，斯密没有像他在《道德情操论》第一版中那样，随意地使用那些可能会让学生听众感兴趣的文学例子或当时的社会现象进行渲染修饰。斯密的观点是通过想象所创立的无偏旁观者能够达到一种真实的旁观者由于无知和偏见所无法达到的客观性。斯密这一观点的来源之一可能是凯姆斯在《从历史角度看法律小册子》（*Historical Law-Tracts*）（1758）中的"刑法"一文。该文在开始部分就阐明那些伤害他人的违法者能像旁观者一样意识到他自己有罪并感到悔恨：

> 这一点显而易见，伴随着他的悔恨的是一种对即将受到惩罚的焦虑和恐惧，除非他已经通过赔偿或赎罪抵消了惩罚。因而，在人类的心中有一个为良心所设立的审判庭：为他所犯的每一项罪行做出判决；他被交到了上帝的手中，根据他所犯下的罪行大小接受相应的惩罚。

196

斯密一直使用"良心的审判庭"这一用语连同这一词语所带有的宗教色彩，直到他开始想到良心的审判庭所援引的权威来自大众通俗的观点，而两者又经常是对立冲突的。于是，斯密通过一个法律方面的暗喻引入了无偏旁观者这一概念：

> 因而，我们很快就学会了在自己的内心、在自己与周围相处的人之间设

---

[1]　1965：261
[2]　Stewart IV.25
[3]　*Corr*.51，n.9

立一位审判者。我们想象自己是在一位非常不偏不倚和公正合理的人在场的情况下行为处事……这只是一般意义上的人，一位无偏的旁观者，他就像我们看待其他人的行为举止那样不偏不倚地考量我们的言行举止。

在这一点上，斯多亚主义学说宣称那些虚弱、虚荣而又轻浮的人，从来不会想到求助无偏的旁观者这一最高法庭：当他们被这一世界伤害时，他们无法自己伸张正义，而是"这一世界的奴隶"。只有通过无偏旁观者的"立场"，我们才可以看清自己的"真实的渺小……并学会斯多亚主义的恢弘大度和坚毅刚强"（*Corr.54–6*）。继休谟第二版《道德原则研究》[1]之后，斯密也写到，运用想象来达到道德判断中的客观性类似于实现客观的视觉判断，这必定让我们想起了斯密在关于外部感官的文章中，对后一个话题的讨论[2]。

在信中，斯密请求埃利奥特对他以下观点发表评论：

> 要证明我的这一学说，即我们参照他人的情感来对自己的行为做出判断，而且要表明，即便是在全人类都不赞同我们的行为时，真正的恢宏大度和自觉的美德还是能够做到自我支持。

斯密还就他所写的关于曼德维尔体系的内容，征求埃利奥特的意见，并要求他"考虑一下我是否在整体上还没能让美德足够地独立于大众观点之外"。如果埃利奥特还是不满意，斯密准备为他的学说"加入大量的新例子来阐述得更直白些"。尽管我们不知道埃利奥特对这封信做了怎样的回复，而《道德情操论》关于无偏旁观者的增补中也没有再添加任何进一步的例子阐述，大卫·拉斐尔还是对他认为"斯密无偏旁观者概念的最重要特点，即它在斯密将良心看成是想象的旁观者这一理论体系中的作用"作了重新思考[3]。埃利奥特最初提出的问题是这样的：我们的良心怎么可能与大众的观点产生冲突（毫无疑问这种情况确实时有发生），如果良心只被认为是社会态度的一种反映？拉斐尔的观点是：我们良心的最高审判庭，即"心中的理想的人"，是通过经验，观察到他人所具有的偏见

[1]　1998：5.2.41
[2]　*EPS* 152–3，n.19
[3]　2007：42，n.12

和无知，获得了其独立性，而我们的想象就在心中建构了一位能够超越道德判断之盲目性的想象的旁观者。追根究底，拉斐尔认为斯密倾向于更信任我们的想象而不是周围的真实世界。在这一点上，斯密确信无偏的旁观者经过训练能够也确实做到了调整视点焦距，使得过多的自我关注得以"滤去"（"obliterated"）[1]。

197　　在 1760 年 4 月 4 日致斯特拉恩的信中，斯密告知说他已经"在四五次收邮之前将曾发给过您的新增补的内容寄给了米勒，连同在寄给你之后我所想到的许多修正和改进"。斯密接着要求斯特拉恩寄给他一册标出了所有希望他修改之处的自己的著作。斯密意识到这会很麻烦，但是他觉得完全有必要这样做：

> 我知道我将获益匪浅，我也同时将保留做出私人判断的宝贵权力，正是为了这一权力我们的祖先才赶走了教皇和王位觊觎者（the Pretender）。我相信您比教皇更不容易犯错，但是我是一名新教徒，所以要我屈从任何基督教《圣经》中所没有的权威都会让我良心不安[2]。

斯密指的是出版商斯特拉恩有权修改文本中所谓的"偶然性错误"，即标点符号、拼写、换行时单词的切分、当然还包括字母的大小写、斜体或拉丁语文字字体等问题。作为作者，斯密将对"实质性的改动"负责，即具有实在意义的措辞的改动，但还是有些意义问题是与"偶然性错误"联系在一起的。比如，标点符号和斜体对斯密而言就具有重要意义，因而需要仔细考虑是予以保留还是删去[3]。

　　结果，斯密对斯特拉恩在第二版《道德情操论》所做的处理并不完全满意，并于 1760 年 12 月 30 日再一次模仿宗教话语（这也是休谟的癖好之一），用狎昵的责备语气写信给他，并附上了一页勘误表：

> 这一页的背面会将您在出版我的著作时所犯下的多重过错和恶行呈现在您的眼前。前面六个错误，至少是第一个 ["赞同" 应改为 "不赞同"]、第三个错误 ["有用的" 应改为 "无用的"]、第四个错误 ["令人愉悦的" 应改

---

[1]　拉斐尔的用词，p.41

[2]　*Corr.*No.50

[3]　*TMS* intro. 37–8

为"令人不悦的"] 以及第六个错误 ["公共的或私人的" 应改为 "从公共的
到私人的"] 是你们所谓的冒犯圣灵的罪恶，无论如何是难以宽宥的。其余
纰缪，则通过忏悔、悔恨、悔罪可以得到赦免[1]。

"冒犯圣灵的罪恶" 在 1767 年第三版中就获得了改正，但一直到《道德情操论》
的第六版才将剩下的 25 处不那么严重的错误中的 15 处零星地加以改正，而其他
的错误则一直要等到 1976 年格拉斯哥版才得以纠正。斯密希望能将《道德情操
论》第二版做的尽可能完美；他要求他的抄写员在赠送给作者的那几册上做修
正，而后他自己还做了几处修正。现在还能找到几册经过这样修改的这一版《道
德情操论》，其中的一册作为礼物送给了杜尔哥[2]，而另一册则成为最近一个拍
卖会上的拍卖品[3]。

1760 年 3 月，斯密的健康状况时好时坏，并于 7 月初前往了爱丁堡。在那里，
因为睡在一张潮湿的床上，他旧病复发，来势凶猛。正如上文已经提到过的，卡
伦医生告诉他如果想活命，就要在 9 月之前骑马 500 英里[4]。斯密的这位医生朋
友或许诊断斯密的病就是牛津大学期间折磨他的疑病症。在当时，这一疾病被认
为是由过于活跃的想象，而病态地影响到了健康状况所引起，卡伦在自己的著作
中要求病人保持情绪平稳，并尝试采用"机械的方式来打断思考"。他认为作为
旅行一部分的骑马是最好的方式，因为患者将摆脱在家时的"不安和忧虑"，从
事对于身体不够健康的人而言尤为合适的"延续时间更长的运动"，同时有不断
变化的对象吸引患者的注意力[5]。[6]1789 年，约瑟夫·布莱克给另一位遭受焦虑
和绝望折磨却极有才华的詹姆斯·瓦特的建议也是买匹马，尽可能多地骑马[7]。

斯密这次接受了卡伦的建议，我们知道他计划前往约克郡及英格兰西部，还

198

---

[1] *Corr.* No.54

[2] Jammes，1976；Item 765：，private collection，Prof.A.Heertje，Economics，Univ. of Amsterdam

[3] Sotheby's Catalogue，15 Dec. 1987；English Literature and History，item no. 312；Raphael，*TMS* repr. 1991：
402

[4] *Corr.* No.52

[5] Barfoot，1991：208–10

[6] 1990 年 9 月，Dr Michael Barfoot 在 the Vancouver Smith Symposium 上汇报说，他已经仔细地查看了保存在
EUL（Mizuta）的斯密藏书中 Cullen 所著的 *First Lines of the Practice of Physic*（1784），发现在讨论了锻炼
作为疑病症治疗方法的第三卷 272 页，有消褪的粉红色提花书签印迹。这或许表明在斯密逝世前六年，仍对
Cullen 为他的疾病所开出的治疗方案感兴趣。

[7] Doig，1982：39

去拜访了他的学生托马斯·佩蒂·菲茨莫里斯阁下的父亲谢尔本伯爵一世的住宅劳克斯庄园（现在的 *Wycombe Abbey*）[1]。这一庄园离伦敦大约 30 英里，在一条通往牛津大学的人来人往的大道边上。斯密在 1760 年 12 月 30 日致斯特拉恩的信末，附言说代他向富兰克林博士和他的儿子问好，他们在 1757—1762 年期间经常到斯特拉恩家中做客[2]。而且，斯密还要求向威廉·罗斯问好，我们知道罗斯写过《道德情操论》评论："告诉他我并未忘记自己对他的承诺……希望我的拖延不会给他造成任何的不便；如果真的给他带去了麻烦，我将深感不安，会让人将我留在伦敦的一些论文送去给他"。斯密继续说这些"论文"还"达不到我想要出版的程度，但是如果要让他因为我的疏忽而蒙受损失，我宁愿损失一点自己在公众中的声誉"[3]。这里所提到的"论文"可能就是斯密从《修辞学和纯文学讲义》的第三讲发展的关于语言起源的文章。这一文章于 1761 年出版在《哲学论文集》之中，由托马斯·贝克特和彼得·亚伯拉罕·德·洪特[4]高端公司出版发行[5]。斯密的文章后来在《道德情操论》第三版（1767）中重新出版。大卫·雷纳在斯特拉恩的明细账中找到了 1761 年 4 月的一笔交易，为罗斯印刷了 1000 册《哲学论文集》，并向罗斯收取了三英镑十一便士的额外纠错费[6]。几乎是在同时，1760 年 11 月或 12 月，休谟致信斯特拉恩，告知"在我还没有完成现在手头的任务（《英格兰史》）之前，我绝无可能着手进行 [罗斯] 向我建议的任务"，并同时向斯特拉恩和罗斯致歉，这样看来，罗斯这位印刷商也参与了这一计划[7]。

在《哲学杂文集》的《告读者》中，编辑（也许就是威廉·罗斯）陈述说这一丛书的目的是将"巴黎文学研究院专刊中所有最为有用的和最有意思的文章"集结成册出版，同时加上"从《法国百科全书》中所选出的各种词条"、不为英国读者所熟悉的"外国作家关于哲学主题的论文"以及英国作家原创性的文章。斯密的文章似乎是其中唯一一篇才首次出版的文章，也是唯一一篇真正的哲学文

---

[1] *Corr.* No.52

[2] Cochrane, 1964：100–8

[3] *Corr.* No.54

[4] 他们为麦克弗森"史诗"（"epics"）的翻译挑选出了优胜者。

[5] Fingal, 1762, and Temora, 1763, also in Hugh Blair's Dissertations on Ossian's Poems 1763

[6] BL Add.MS 48803A, of. 57

[7] *HL* i.336

章。其中一些关于历史的真实性的文章，则都是从文学研究院专刊刊登的文章中
选取出来的。其中两篇是以莱韦斯克·德·普伊的名义出版的：《关于罗马帝国四 199
个世纪历史的不确定性论文》（*A Dissertation upon the Uncertainty of the History of*
the four Ages of Rome）和《关于历史忠实度的新批判论文》（*New Critical Essays*
upon the Fidelity of History），但两篇都被宣布为是一种剽窃。第一篇文章来自于
兰斯一位教士的手稿，普伊 1722 年向"文字研究院"提交这篇论文时，这位教
士正被拘禁在巴士底监狱。而第二篇文章据称是博林布鲁克自己所写，并于 1724
年普伊和博林布鲁克一起离开英格兰之前六个月提交给了研究院[1]。关于罗马早
期历史的不确定性的文章，其主要观点是要对任何口头的和书面的历史均应持怀
疑态度，包括基督教传统的历史。研究院的回应之一来自于阿贝·克劳德·萨利
耶，他为古代历史记录辩护，谴责了当时的怀疑主义，即对历史，尤其是与奇迹
相关的历史记录的真实性表示系统性的、无法求证的怀疑[2]。另一回应则来自于
尼古拉斯·弗雷罗特的著作《关于古代哲学家研究综述》（*General Observations*
upon the Study of the Ancient Philosophers），他通过定义历史评论来寻求一条中间
路线，并从可能性出发为其辩护。对这些相关回应通过将建立在可考证的资料基
础上的历史，与以断言（这些断言可能符合也可能并不符合我们的日常经验。一
个断言越是与我们通常所观察和考察到的事实不相符，就越是没有分量）为基础
的传统之间做一区别，来讨论历史的忠实问题。这些回应名义上是由普伊所写，
而实际据说是出自博林布鲁克的手笔。

我们不禁要问，为什么要在 1761 年出版"文学研究院"于 18 世纪 20 年代
所开展的一场辩论中的这些文章的英文翻译呢？在某种程度上，休谟将这一关于
奇迹的辩论一直延续到了 1760 年，他重新出版了"新版"《就若干问题的短著与
论文》，其中包含了第一版《道德原理探究》连同其中臭名昭著的"论奇迹"一
文。因而，很好理解为什么休谟会被要求在《哲学杂文集》这样的出版物中发表
文章。而斯密的《关于语言起源……思考》一文，对语言多样性的发展做出了一
种自然的和演化的阐述，取代了巴别塔的建立和倒塌这一圣经故事中关于语言起
源的传奇式说法，从而契合了这场关于奇迹的论战。

---

[1] Nadel, 1967

[2] Wootton, 1990

　　还有一个值得讨论的问题是，斯密在《哲学论文集》的出版过程中所扮演的角色，远非仅仅只是投稿人。吉尔伯特·埃利奥特知道一些事情的始末，因为他在一封没有署名日期的致休谟的信中，写到了18世纪60年代的出版计划："接下来的两年时间，利特尔顿勋爵的历史著作、詹姆斯·斯图尔特爵士的著述、罗伯逊的历史著作以及弗格森的道德哲学著作会让我们忙上一阵子。之后接着就会出版您朋友金·威廉和斯密的《哲学论文集》"[1]。[2] 在《哲学论文集》的"告读者"最后，所提供的信息是这一出版物是"主编"单独出钱资助出版的；如果第一册能受人欢迎，"将在明年的一月份出版第二册，随后每六个月出版一册，直到完成整个出版计划"。斯密的文章对曼德维尔、孔狄亚克和卢梭关于语言"起源和演化"猜想的著述做出了回应。斯密的名字不断地与这一计划中的期刊出版联系在一起。在《欧洲杂志》（*The European Magazine*）第1802期和《伦敦评论》（*London Review*）[3] 中，一封日期为该年4月10日的匿名信件中提到"是在1761年，我认为由斯密博士出版了《哲学论文集》"，其中包括了斯密关于语言的文章[4]。《哲学论文集》只出了这第一册，计划中的余下几册并没有面世，我们也无从对它有更多的了解。我们只能满足于知道这样一个事实，即斯密的名字与莱韦斯克·德·普伊（《道德情操论》的灵感来源，至少是题目）的名字一起出现在了一本讨论历史证据确定性的出版物上。

　　1761年8月底到10月初，斯密为了处理格拉斯哥大学的公事，一直待在伦敦。他似乎是与菲茨莫里斯阁下（后来的谢尔本伯爵二世）一同到南方游玩了一次。菲茨莫里斯阁下很推崇《道德情操论》，曾在海牙派送该书。在这次旅行中，斯密据说是让谢尔本转而接受了他的经济学学说[5]。年初出版了新一版的《道德情操论》，斯密或许很希望自己能在伦敦享有更高的知名度，因为在斯密看来，新版更好地阐述了他的伦理道德体系。斯密很想听听一位长居伦敦的苏格兰人罗

[1] NLS MS 11009, of. 125

[2] 参考的书目如下：George, Lord Lyttelton, *History of the Life of Henry II* (1767–71)；Sir James Steuart（后称 Steuart–Denham），*Inquiry into the Principles of Political Oeconomy* (1767)；William Robertson, *History of Charles V* (1769)；Adam Ferguson, *Institutes of Moral Society* (1767)；人们在这些著作正式出版前好几年，就已经知道它们即将面世。1763年休谟致信 Elliot 和 Millar，告知自己正在继续写作 *History of England beyond the 1688 Revolution*，其中包括 King William III 的统治（HL i.382–3）。

[3] 41：249

[4] *LRBL* 26

[5] Stewart, n.1；*EPS* 347

伯特·克拉克的看法，斯密请求吉尔伯特·埃利奥特加以安排[1]。克拉克作为一名军官，仕途上步步高升，在政治上，谢尔本勋爵是其靠山。卡莱尔将他描写为是一位"具有创见且思维活跃的卓尔不凡的 [人]"。然而，卡莱尔不得不先向斯密坦白"在所有我所认知的具有如此敏锐理解力的人中，他是最难沟通的一位"。他的说话方式与他的职业很相配："他将他的战术思维应用到了口头交谈中。他攻击你的观点就像他攻击最后的一块阵地或碉堡，他不用坑道战或地雷战，而是用公开的强攻直接拿下。"卡莱尔曾经提议让克拉克去拜访发高烧生病在床的亚当·弗格森，得到弗格森决绝的答复是"千万别……就算您饶我一命吧！"[2]。弗格森很了解克拉克，他们年轻时曾经一起在苏格兰高地禁卫团服役。休谟和克拉克也曾经一起在以失败告终的反对洛里昂的联合军事行动中效力。

　　亚当·弗格森在 1800 年后的一段时间（从其所使用的纸张水印日期可以看出），写了两段讨论哲学问题的"谈话"。第一段对话关注的是道德评价原则，是这样开头的："当休谟先生在伦敦处理他《英格兰史》某卷的出版事宜时，克拉克将军在一天早晨来访，随后很快斯密先生也来了"[3]。[4] 我们很清楚这样的会面发生的地点。在 1761 年 6 月 29 日致斯密的信中，休谟曾经写道，"我现在正在前往伦敦的路上，希望今年夏天能与您在伦敦会面。我将住在莱斯特广场俪人街埃利奥特小姐的公寓；我请求您一到伦敦就联系我"[5]。休谟一直在伦敦待到了 12 月，住在吉尔伯特·埃利奥特家族的穷亲戚们在伦敦为苏格兰人提供的公寓里。他的工作确实是出版他《英格兰史》的最后几卷（第五卷和第六卷），这两

---

[1] *Corr*.No.40

[2] Carlyle，1973：231–2

[3] EUL MS Dc.1.42，No. 25；ed. Mossner，1960；ed. Merolle et al. 2006：207–215

[4] Jack Weinstein（2009：92–5）评论了 Ferguson 未正式出版的"对话"："Of the Principle of Moral Estimation"，认为其中的谈话者 Clerk 是一个虚构的人物，他所阐述的观点尽管并不一定是重复了 Ferguson 关于斯密同情共感理论的评论，但是摆脱不了其丝丝缕缕重要的影响。这些观点包括，首先，同情共感这一概念不具有规范力；第二，斯密所使用的"sympathy"一词是新提出的，其意义没有它所替代的"道德情感"一词准确；第三，附和休谟所提出的批评，斯密认为同情共感中赞许的情感总是令人愉悦的，这与斯密承认有令人不快的同情共感体系存在矛盾——当然，斯密在 *TMS* 的第二版对这一反对意见做出了回应（*Corr*. No.40，Note P.5）；第四，斯密关于同情共感在道德判断中的作用以及无偏旁观者概念是对良心理论的一种重复。Weinstein 注意到其中的第一点和其他几点是相互矛盾的，因为第一点批评斯密没有提供客观的理论，而其他几点又认为其理论是客观的。那么，问题就是：Ferguson 真的认为斯密的理论是胡说八道吗？Weinstein 的回答是"不"，并得出结论这一"对话"是一种文学练习，利用"Clerk"这一人物探讨同情理论的方方面面，而 Ferguson 对斯密的这一理论也一定是赞同多过批评的。

[5] *Corr*. No.57

卷讨论了从恺撒到 1485 年期间的英格兰历史，"我在 1761 年以勉强可以接受的成功，奉献给了世人"[1]。1760 年"新版"的《就若干问题的短著与论文》中包含了讨论道德哲学的第二版《道德原理探究》，这说明当时休谟也正在思考这一主题。1761 年秋，克拉克也在伦敦，休谟与他关系很好，而且休谟还与克拉克政治上的靠山谢尔本勋爵也有交往[2]。

201

并没有证据表明斯密待在伦敦期间，弗格森自己也真的在伦敦，而弗格森所写的这一次假想的偶遇而引起的"对话"，是一种大致类似"博斯韦尔式传记"的体裁，即在对话发生后一段时间，根据记录下来的笔记重新建构对话，以表现人物的微妙性格和人物之间交谈的主要意旨。在 1799 年，博斯韦尔所著的《约翰逊传》（*Life of Johnson*）已经出版到了第三版，所受赞誉日盛，这很可能激励了弗格森以对话的形式来写作。另外一个为弗格森提供效仿榜样的是他的密友亚历山大·卡莱尔，卡莱尔于 1800 年和 1804 年间写下了《轶事和个性》（*Anecdotes and Characters*）这一著作，他以日常备忘录、日志以及超乎常人的记忆力为基础，通过一段段对话的形式介绍了苏格兰启蒙运动中的主要人物[3]。

弗格森关于道德评判原则的"对话"是与另一"对话"（水印显示是 1799 年），即从伦理学一直延伸到美学的讨论，平行展开的。对话的参与者有：建筑家罗伯特·亚当；1745 年与休谟竞争并成功当选爱丁堡大学哲学教授的威廉·克莱格霍恩（于 1754 年离世）；Epigoniad 的作者威廉·威尔基、大卫·休谟、以及最后做总结的弗格森自己。两段"对话"的重点，都是就斯密同情共感理论进行评论。两段"对话"放在一起，有些像弗格森喜爱的作家柏拉图的对话录，它们的主题都是对一种具体的哲学学说的探讨，而不是人物的冲突或某种氛围和环境的营造。然而，与柏拉图不同的是，弗格森在第二段对话中，为自己提供了一长段的独白机会，陈述了自己的看法[4]。

第一个"对话"中克拉克表达了休谟着手写历史让他感到高兴，接着开始与休谟谈论道德理论。克拉克在这一部分的最后语气平静地断言："众所周知，人类的生活中有着善良和邪恶的区别。在我们确定这一区别并做出自己的选择之

---

[1] My Own Life

[2] NHL 64–5

[3] Carlyle，1973：pp.xix–xx

[4] EUL MS Dc.1.42；No.5；Mossner，1963；ed. Merolle ed al.,2006:48–9

前，所有的探讨都是毫无意义而荒谬的"。之后，斯密走进了房间，"脸上挂着微笑，像是在对自己喃喃自语"。这与卡莱尔对亚当·斯密的描述完全一致："他是我所见过的最心不在焉的同伴了，总是面带微笑的表情，嘴唇嚅动着自言自语。"休谟告诉斯密他正与克拉克讨论《道德情操论》：

> 斯密：我的书。真遗憾我没在场。我多想从你们的谈论中受益。将军，（斯密第一次近距离观察他，接着说）我很久以来就一直想听听您的意见。我想我在书中已经将所有问题理顺，使得自己的理论完整而自成一体。
>
> （将军未置可否，尽管斯密做了一下停顿，似乎是期待听到他的意见。斯密接着说，）人们认为我应该永远都无法解决如何假设一个人与自己产生同情共感，或如果他完全有办法做到，却碰巧不愿麻烦这样去做，他的错误会以何种方式受到谴责。我已经解决了这两个难题，很想听听您的高见。
>
> 克拉克：我不大愿意让作者为我关于他们著作的看法而劳神。
>
> 斯密：哈，说吧，我将万分感激！
>
> 克拉克：如果您坚持的话，我就直言不讳了。
>
> 斯密：请说吧。请说吧。
>
> 克拉克：您的著作对我而言就是一堆十足的废话。
>
> 毫不意外，斯密似乎是被这一对他的体系的回应给"惊得目瞪口呆"了。

202

这是"对话"中的一个戏剧性的转折点，就像当苏格拉底将美德的特性的讨论从主观主义转向阐述柏拉图的理想主义时梅努和他的奴隶的发懵一样。弗格森让斯密沿着 1759 年为《道德情操论》所做的修订手稿的思路，解释了同情共感的双重特性以及无偏旁观者的作用。但是，克拉克毫不领情：

> 开始您用同情共感解释道德情感。现在您又用道德情感来解释它自身：所谓无所不知的无偏旁观者难道不就是一位具有德性的人，他的同情共感被用来作为判断美德的依据？……这样的人不可能会误导那些予以他充分信任的人而每个人也都想要自己成为这样的人，这样的一个人不是将同情共感默许为判断美德的标准，而是将美德作为正当的同情共感的判断标准。

与这样一种关于斯密的理论的批评相似的思路也出现在了托马斯·布朗[1] 的著作《人类心灵哲学讲义》(*Lectures on the Philosophy of the Human Mind*) [2] 之中。在布朗任教期间,他被认为是一位才华横溢的老师,尽管圣安德鲁大学校长说他是一位"喋喋不休"的老师[3]。布朗写道:"[斯密] 最根本性的错误,也是所有体系性错误中最糟糕的,是在每一种情况下,都同时认定两种假设:关于产生于同情共感的道德情感的假设,以及这些道德情感在据说是他们的来源的同情共感之前就必定存在的假设"[4]。

在第二段弗格森晚年所写的"对话"中,弗格森以自己的名义讨论了美和幸福。他表明了自己的柏拉图主义立场,表达了希望从对物理对象的理解上升到对值得道德尊重和推崇的对象的理解上,并进而在这样做的过程中体验到与"具有神性的艺术家"对视的狂喜。在回答斯密《道德情操论》中所提出的伦理学基本问题"人们事实上是依据什么原则来判断,或让自己怀有赞赏或谴责的情感的?"时,弗格森承认自利在判定他人的美德过程中发挥了一定的作用;接着,作为对斯密以及与斯密有着相同信仰的人的回应,弗格森陈述了自己的道德现实主义学说,重复了一些他曾借罗伯特·克拉克之口所使用过的措辞:

我们或许可以向他们承认他们所津津乐道的同情共感,或情感的共鸣,或情感的反作用是人们做出赞赏或谴责的判断所通常或经常性的根据所在。但是,我们无法认同的是这就是判断的合理标准,更别提要把这认同为自然所赋予我们的判断是非曲折的唯一根据。每一种企图就这一主题给予我们指导的学说,如果对这些问题不做区分,就不仅毫无意义、让那些轻信的人们感到困惑,而且实际上倾向于将这些对人类极端重要的区别搪塞了过去,将对道德的热情转化成了仅仅是一种自私的利益的关注,或仅仅是一种情感的共鸣,这种共鸣既存在于无赖和蠢蛋之间,也同样存在于诚实守信的人之间[5]。

203

---

[1] 弗格森在爱丁堡大学道德哲学教授教席的继任者。

[2] 1820, 4:113–45

[3] Davie, 1961:18, 147, 263

[4] 转引自 Campbell, 1971:119

[5] Mossner, 1963:308

斯密与弗格森的私人关系，正如我们在下文将仔细讨论的，经历了一系列的浮浮沉沉。卡莱尔宣称斯密"底气不足"，才会指责弗格森的《文明社会史论》剽窃了他的思想。卡莱尔还写道，所有弗格森的著作都遭到了不公正的贬低，包括《道德哲学原则》（*Principles of Moral Philosophy*）[1]。当然，在写给伯尔尼法学家丹尼尔·费伦贝格的信中，凯姆斯勋爵很轻蔑地说："弗格森博士 [伦理学] 学说是针对学者圈的粗枝大叶的无聊之作，从没有考虑要给圈子以外的读者看"[2]。在这些后来的对话中，或许就反映了由于他们各自著作所取得的成功程度存在着对比，斯密和弗格森之间当时所处的紧张状态。对这种紧张状态的关注更多是为了喜剧的效果，而非出于严肃的哲学思考。

然而，弗格森在回顾往事时，想要通过指出斯密伦理学的漏洞取得胜利，他针对《道德情操论》做出了哲学意义上更为精细的批评。弗格森得出的斯密伦理体系会产生不利影响这一论断，得到了苏格兰最伟大的思想家之一的托马斯·里德更为严谨的论证支持。然而，在讨论这一问题之前，先来仔细看一次 1761 年真实发生的与斯密有关的冲突。

这次冲突涉及的是伟大的伦理学家约翰逊博士本人。罗伯逊校长讲述了这一故事："我第一次与约翰逊的会面是一个夜晚，在斯特拉恩的住所。当时他刚刚与斯密结束一场令人遗憾的争吵。他对斯密的态度很强硬，以至于斯特拉恩在斯密离开后向他提出了抗议，并告诉他我很快就要到了，他很担心约翰逊会用同样的态度来对待我"[3]。

1763 年 7 月 14 日，约翰逊自己向博斯维尔承认，他和斯密在他们第一次会面时"彼此都不待见对方"[4]，这意味着这一"不快的冲突"发生在两年前，因为斯密此后就再未到过伦敦，直到 1764 年 1 月在前往法国的途中经过伦敦。他们到底是为什么而发生争吵的呢？一种解释是斯密正在夸耀格拉斯哥时，约翰逊挑衅性地问他有没有到过布伦特福德，这一城镇以令人极端恶心不快而臭名昭著，诗人汤姆逊将其称为"烂泥城镇"[5]。

---

[1] 1792 年第一版。

[2] Bern，Burgerbibliothek MS

[3] *BLJ* iii.331–2

[4] *BLJ* i.427

[5] Castle of Indolence，Ixxix；BLJ v.369；iv.186 and 513

还有一种可能性是那一次，约翰逊像在其他场合一样，"用非常没有修养的方式"谈论休谟（博斯韦尔评论说"经常听到"约翰逊这样谈休谟）[1]，斯密因为他朋友的缘故而受到了冒犯。沃尔特·斯科特修改了这一故事，大意是说约翰逊曾经因为斯密对休谟的赞扬而对其进行攻击，称斯密为"骗子"，而斯密则回骂约翰逊为"婊子养的"。[2] 约翰逊针对斯密和他朋友休谟的敌意很可能是因为宗教原因。约翰逊忠于天启教，对怀疑主义始终无法释怀（cf.*BLJ* i.428）。1761 年公开宣布自己为怀疑主义者的休谟，成为斯特拉恩出版事业中成功的作家之一，而他的朋友斯密在完成的两版《道德情操论》中，对自然主义伦理学学说的阐述在约翰逊看来也肯定有危险的倾向，为会导致永劫不复的自欺提供支持。博斯维尔很简洁地解释了约翰逊的立场："他对于'伟大的第一推动力'是如此推崇，以至于他对思想狭隘者容易受到'哲学和虚荣的自欺'[3] 的感染具有了免疫力"[4]。借用都柏林的威廉·麦吉大主教的说法，约翰逊在斯密的观点中找到了"休谟一伙在他身上造成的感染"[5]。尽管斯密不是一位好争吵的人，但是他有一种"易激动的"脾气，不大可能在争论中向约翰逊认输。这或许就导致了斯特拉恩家里他们的那次冲突。

现在再继续讨论对斯密伦理学学说不信任这一话题，托马斯·里德[6] 将这种怀疑明确地表达了出来。里德在阿伯丁大学马利夏尔学院，接受了希腊语和现代哲学的教育[7]，并接受了成为苏格兰教会牧师的神学训练（1731 年获得布道许可证），成为纽马库拉的一名牧师（1737—1751 年）。一段时间之后，他结了婚，除了专注于自己的教区职责外，还对农业改良以及数学、物理学、实测天文学方面的最新进展很感兴趣。他最早出版的文章是《论数量》（"An essay on quantity"）[8]，文中里德试图将数学的推理应用到伦理学中，对弗兰西斯·哈奇

---

[1] *BP* xii.227

[2] Walter Scott 在 1831 年 *BLJ* 的注释中宣称，他从 John Millar 的口中听说了"son of a bitch"这一轶事（*BLJ* v.369，n.5）；参见 Middendorf（1961）。David Callander 所提供的关于休谟和斯密当时想法的注释："[休谟]和亚当·斯密博士一样，并不愿意在爱丁堡与 Dr Johnson 见面"，这里无疑指的是 Boswell 试图让苏格兰学术界人士与当时在北部旅行的 Johnson 会面（EUL Laing MSS，La. II 451/2，fos.429–34）。

[3] Col.2：8

[4] *BLJ* iv. 31，n. 1；Hudson，1988：75

[5] *TMS* 384

[6] 出生于 1710 年

[7] 1726 年获得文学硕士学位

[8] Royal Society Transactions，1748

森伦理学学说的推理提出了异议。里德的手稿从这时开始就反映出了对巴特勒的《宗教类比》（*Analogy of Religion*）的认同和对休谟《人性论》中的怀疑主义的排斥。1751 年，他当选为国王学院的校务委员。里德对自己不得不教授落伍的哲学深感不满，于 1753 年帮助设计了一个新的教学大纲，要求一年级新生致力于学习初级数学和自然史，二年级学生学习牛顿物理学和高等数学，最后一年学习道德哲学的主要分支。他是创办于 1755 年的阿伯丁哲学学会的创始人之一，这一学会的成员都是阿伯丁的知识分子，他们激烈地争论关于心灵科学、道德理论以及政治经济学方面的话题[1]。斯密先前在爱丁堡的修辞学讲座的发起人和资助人凯姆斯勋爵，开始渐渐注意到了里德思想的力量，出于对新思想以及精神改良和物理改良方面的浓厚兴趣，于 1762 年开始与里德通信[2]。在一次法院的巡游中，凯姆斯勋爵与里德在阿伯丁会了面，他们开始了长达一生的友谊。他们友谊的基础是建立在共同致力于创建常识哲学，以抵制怀疑主义，并将伦理学建立在理性判断的基础之上。后一目的体现在了凯姆斯于 1779 年出版的《论自然宗教和道德原则》的第三版。该书对《道德情操论》中的同情共感学说提出了新的反对意见，或许是由于与里德进行了相关的道德哲学讨论后，这些反对意见变得尤为尖锐。之前一年，斯密承认收到过凯姆斯勋爵关于这些反对意见的书信，但是不愿意就此与凯姆斯展开论战：

> 如果我对您新书的出版有一点点反对的意思，那就是显得性情乖戾和脾气极坏了。我发觉自己和高明的具有深刻判断力的行家与多年的好朋友持不同见解的确感到难过，但是这种分歧是难以避免的。[3]

205

就在这段时间，《道德情操论》的出版为斯密所带来的赞誉，使得斯密受邀成为巴克勒公爵的家庭教师，陪同其到国外游学。1763 年 11 月 8 日，斯密预先通知学校，即将辞去格拉斯哥大学教授教席，而凯姆斯则开始为让里德接任这一道德哲学教授教席而寻求支持。这遭到了斯密的朋友约翰·米勒、约瑟夫·布莱克等

---

[1] Wood, ODNB, 2004

[2] Ross, 1965；Reid, ed. Wood, 2002a

[3] *Corr*.No.195：16 Nov. 1778

人的反对，他们认为斯密所选择的继任者托马斯·杨[1]在完成斯密被称为法学讲义的法理学课程授课中表现可圈可点，完全有资格被任命为道德哲学教授。然而，他们完全无法与凯姆斯对里德的"强力推荐"以及主要贵族们对他的支持相抗衡[2]。当月里德出版的《按常识原理探究人类心灵》[3]，对休谟的怀疑主义和贝克莱的理想主义发起了强有力的攻击，并为常识哲学进行了令人信服的辩护，这为他的当选赢得了更多的胜算。最后，里德于1764年5月继斯密之后当选为格拉斯哥大学道德哲学教授。

在《按常识原理探究人类心灵》一书中，里德通过反思笛卡尔、洛克、马勒伯朗士所提出并在贝克莱和休谟那里获得了进一步发展的"概念方式"（"way of ideas"），往前继续推进。这些哲学家试图寻求通过"心灵活动"（mental events）或"概念"（"ideas"）这一中介，来解释人类的理解是如何获得的。"概念"的形成一部分来自于完的智力活动，一部分来自于感官的感受，是外部客观世界和内部心灵世界的一种知识。里德认为随着这一理论的发展，其与常识所给予我们的感受之间的不一致日益明显。最后发展成了贝克莱的悖论和休谟的怀疑主义，这些学说似乎可能会动摇我们对上帝、外部世界以及自我作为我们精神世界中心的信仰的根基。里德提供了另外一种关于我们五种外部感官功能的阐述，借此证明了我们心灵的构造能够确保：首先，我们关于引起这些感受的客观对象是存在的信念；其次，我们关于我们的感受及相关的概念在一种共同语言中作为符号而运行着，传递着关于他们所指代的相关知识的信念[4]。里德最后总结说我们根本没必要与贝克莱关于自然存在的悖论以及休谟关于我们心灵和外部世界的现实性所持有的怀疑态度进行争辩，并推理说他所提出的与这些学说相对的关于感知的理论，完全与我们的常识相吻合，也可以在我们共同的语言结构中找到相应的证明。

里德从没有能够发展出一套成熟的伦理学理论，来对应1764年他在《按常识原理探究人类心灵》一书中所勾勒出的认识论。我们不得不自己从他的文集

---

[1] 出生于1766年。
[2] *Corr*.No.80，2 Feb.1764
[3] 1997，ed. Brookes
[4] Klemme，2003：127–32

《论人的理智能力》[1]、《论人的行动能力》[2]，以及名为《实用伦理学》（*Practical Ethics*）的论文集[3]中所论述的主要内容加以拼凑。他反对道德情感理论，似乎认为伦理判断来自于我们道德感官的运行，与我们通过感知获取关于外部世界的知识是一个道理[4]。在他的伦理学课堂中，他讨论了自由意志问题，回顾了从古典时代开始一直到他所处时代道德哲学的历史，详细讨论了个人和政体在自然法理学传统下的权利和义务。1759 年开始里德就开始做《道德情操论》读书笔记，而他的论文也向我们展示了到 1765 年 2 月，他已对他前任的著作形成了如下的批评意见：

> ……显而易见，在斯密的体系中根本没有固定的美德的标准；美德的判断不是取决于我们的行为而是取决于我们情感的基调，在不同的人身上情感基调的构成是不同的。而美德的判断也不完全仅仅取决于我们自己的激情，还取决于其他人因为同情共感而产生的激情，而这在不同人身上也是不同的，即便是在同一个人身上不同的时间也是不同的。当事人的情感或旁观者的同情共感，也都没有任何可以据此加以衡量的标准；唯一的要求是两者和谐或一致。显而易见，根据同情共感学说体系，关于人类行为是非曲直判断的最终尺度和标准，不是任何以事实或无所不知的良知的指令为基础的固定判断标准，而是以充满变数的人们的观点和情感为标准。因而，我们可以将西塞罗评论伊壁鸠鲁学说的那段话，套用到对这一体系的评判中："因而，毫无疑问你们的学派所宣扬的只是所谓的正义，而并非真正的和真实存在的正义。这样的学说相当于是训诫人们：我们要将自己良知所发出的可靠的声音置之不理，而去追随他人容易出错的想象"[5]。

---

[1] 1785/2002, ed. Brookes

[2] 1788/1842, in Reid Works, ed. Hamilton, 3rd edn

[3] 1900, ed. Knud Haakonssen；Turco，2003：150–2

[4] Yaffe and Nichols，2009

[5] AUL, Birkwood Collection, MS 2131/3/I/28：p.6 中垂直地写在右边空白处的注释：参见 Norton & Stewart–Robertson（1980；1984：317–18），还可参见 Birkwood Collection 2131/3/III/i.26–28 & VII.v.7；Reid 关于斯密的进一步评论详见 Reid 的 Practical Ethics, ed. Haakonssen（1990），e.g. at pp.376–7 n.30, Reid 摒弃了斯密所持有的自然法学受制于正义，而正义又受制于交换正义的观点。Subroto Roy（1991）也提出了类似于 Reid 的道德（和认识论上的）现实主义，尽管作者只是将这一传统追溯到了其剑桥大学导师 Renford Bambrough、Wittengenstein 和 G.E.Moore 那里。Keith Lehrer（1991：6, 163）提到了 Reid 和 Moore 之间的联系。Roy 宣称其目的旨在打破误导经济学家信奉道德怀疑主义的"休谟魔咒"，但是他和 Reid 一样，也不愿将休谟和斯

以上这段话蕴含了对斯密"体系"无法为道德判断提供确定的和以理性为基础的"美德标准"的严肃批评。斯密的无偏旁观者理论显然没有给里德留下多么深刻的印象，结果里德推断斯密的论证无法让我们的想象建立最高的正义标准等，对抗我们强烈的自爱欲望。尽管里德的公共演讲枯燥乏味，但是他的论证逻辑清晰、主张强有力并经常能进行生动地论述，因而广受格拉斯哥大学学生的好评，其影响甚至超过了亚当·斯密更为微妙细腻的伦理学学说的影响。里德的认识论和伦理学学说因为很好地吻合了基督教神学"新教义派"的主张，而被爱丁堡大学的亚当·弗格森采纳为大学教材。在新泽西州以长老会教派为基础的普林斯顿大学，校长约翰·威瑟斯庞极力敦促将里德的学说纳入哲学教学大纲[1]，主要通过效仿这一榜样，使得里德学说的影响进而扩展到说英语的北美地区的大学和学院，并一直延续到了19世纪。同样，19世纪20年代到40年代的法国，以巴黎大学为代表的浪漫主义一代，也受到了经过其颇具才华的追随者鲁瓦-克拉德、维克托·库辛、西奥多·茹弗鲁瓦解读的托马斯·里德常识派哲学的激励，尽管像在苏格兰和其他地方一样，亚当·斯密的政治经济学在法国的影响在一定程度上也与之形成了互补[2]。

如果说里德逐步替代斯密在自己祖国作为道德哲学教授的地位，但是《道德情操论》却正在使斯密名扬整个欧洲。我们将在下一章仔细讨论《道德情操论》在法国所受到的好评，以及该著作被翻译引荐到外国的情况。斯密的伦理学思想在德国也受到了非同寻常的重视。在18世纪60年代，莱辛和赫尔德都阅读了英语版的《道德情操论》，他们各自的作品《拉奥孔》（*Laokoon*）（1766）和《评论文集》（*the Kritischen Walder*）（1769）中的参考引文，清楚地表明了这一点。一位名叫马尔库舍·赫茨的友人在一封日期为1771年致康德的信中，宣布他从大卫·弗瑞德兰那里听说，斯密是康德最喜欢的作家[3]，这表明在当时确实掀起了一阵斯密热潮。在这封信中，斯密的名字与《批评的基础》的作者"Home"（即凯姆斯）联系在了一起，表明当时关注的重心是美学理论。同情共感的想象这一概念对于德国知识分子而言尤其具有吸引力，对这一概念的思考或许对当时

207

密看成是某种程度上的怀疑主义道德学家，这体现了道德价值判断中非教条化的方法。

[1] Fechner, 1993：192–3

[2] Davie, 1961：151, 255–7.272, 311；Faccarello and Steiner, 2002：109–11

[3] Liebling

新戏剧，如莱辛的《智者纳旦》（*Nathan der Weise*）（1779；英语译本 1781）的写作产生了影响。从更广的角度来看，康德在《从世界公民的观点撰写世界通史的想法》（"Idee zu einer allgemeinen Geschichte in Weltbuergerlicher Absicht"）（1784）一文中，人类的"反社会的社会性"（"unsocial sociability"）概念背后多少隐含了《道德情操论》以及弗格森的《文明社会史论》所给予康德的激励和影响。

然而，更有意思的是康德在不同日期的"反思"中（但或许是 1771 年之后）以及《实用人类学》（*Anthropologie in pragmatischer Hinsicht abgefasst*）（1798）中对斯密伦理理论的某些方面，如无偏的旁观者这一角色，所做出的回应。而且，塞缪尔·弗莱施哈克尔做了一件非常有意思的事，就是仔细阐述了在康德最重要的作品，尤其是《道德的形而上学基础》（*Groundwork of the Metaphysics of Morals*）（1785）、《实践理性批判》（*Critique of Practical Reason*）（1788），以及《德性学》（*Doctrine of Virtue*）[1] 中，对无偏旁观者概念以及斯密学说中伦理规则和道德判断的参考，这一研究视角最早是由奥格斯特·温肯（1877）提出来的。斯密曾一路论证，将人类的自欺能力看成是我们道德理解和道德行为所面临的最主要威胁[2]。康德所提出的绝对命令（Categorical imperative），正如弗莱施哈克尔所描述的，最首要的功能就是对抗自欺："就像你的行为准则将通过你的意志成为一种普遍的行为法则那样去行动"[3]。这些关于康德著作中参考引文或对《道德情操论》所做出的回应的研究，最后的结论是：康德"如果不是与亚当·斯密的道德哲学追求着相同的目标的话，至少他们的方向是一致的"[4]。

《道德情操论》最早有两个德语译本。第一个译本的译者为克里斯蒂安·冈瑟·劳滕贝格（*Christian Guenther Rautenberg*）。劳滕贝格翻译的凯姆斯著作《道德和自然宗教原则》（*Principles of Morality and Natural Religion*）出版于 1768 年，而以《道德情操论》第三版（1767 年）为基础的译本《亚当·斯密道德情操论》（*Theorie der moralischen Empfindungen von Adam Smith*），出版于 1770 年。人们认为康德并没有阅读英文原版的《道德情操论》，阅读的是劳滕贝格的德语译本。

---

[1] Metaphysik der Sitten, pt.ii, 1797

[2] *TMS* iii.4.4

[3] Kant, Groundwork, trans. Paton, 1948：89

[4] Fleischacker，1991

第二个译本由路德维格·托贝尔·科泽加滕翻译，题为《情感伦理学》（*Theorie der sittlichen Gefuehle*），出版于 1791 年，以《道德情操论》的第四版（1774）或第五版（1781）为基础。这位译者在 1795 年出版了一个增补卷，其中包括了 1790 年第六版中做了修改的整个第三篇以及文本中的主要新增部分，如新增的第六篇《论美德的特性》[1]（*TMS*, German trans., Eckstein, 1926）。休谟、里德、弗格森先后对他所翻译的斯密道德哲学体系的阐述表示满意，尽管他们对斯密自己的论述倒是颇有微词。科泽加滕还在其中加入了自己对康德理论的评论。[2] 这充分说明了《道德情操论》即使不能被称为是一本绝对的里程碑式的著作的话，至少毫无疑问已经为欧洲思想界的主流所接受。它使得康德问了这样的问题："在我们德国也能找到一位能把道德的品性写得如此到位的人物吗？"[3] 在法国，斯密使得伏尔泰发出了这样的赞叹（或至少翻译他作品的布拉韦河是这样证实的）："在法国我们找不到任何一位可以与他匹敌的人物，我为自己亲爱的同胞们感到汗颜"。[4]

[1] "Of the Character of Virtue" *TMS*, German tran., Eckstein, 1926

[2] 巴黎大学的德语教授 Dr Norbert Waszek 很热心地提供了这些信息和文本。

[3] Kant Gesammelte Schriftgen（1900– ），xv. 59—Reflexion 1355（Philipps–Universitat Marburg Mr Heiner F. Klemme 热心地提供了这些参考）。

[4] Abbe Jean–Louis Blavet 在其 1800 年 WN 法文译本前言中引用了这一话语（1：vii），指明其出处为 "Lett. xxi.1.71.Edit.de Beaumarchais"。2006 年日本 Kwansei Gakuin 大学经济学院的 Hisashi Shinohara 教授，提醒我他在 Beaumarchais–Kehl 版本的伏尔泰作品和通信集中（72 卷，1784–9）无法找到这一引用的原文。而我自己在相关的启蒙电子文档中（Voltaire Foundation）寻找后也未果。UBC 我的同事 L.L.Bongie 教授在 2006 年 4 月 10 日的电子邮件中评论说，伏尔泰经常会被人们冠以说了一些人们想与他产生联系的话语，而事实上并没有相关的证据支持。他补充说在这一事例中"风格是对的，伏尔泰经常赞扬'英国'作家，同时诋毁他'平庸'的同胞"，如在伏尔泰与 Mme Du Deffand 的通信中对于休谟的褒扬。既然 Blavet 的引用不实，这样看来他（或某位书商）想要吹捧 WN 的这一译本，而认为伏尔泰对于斯密观点的支持能让他说出上述这一番话。

13. 相伴游学导师

　　我有幸收到了查尔斯·汤申德的来信，再次提议……让我陪同巴克勒公爵一起游学。

　　正如上文已提及的（第10章），大卫·休谟为我们提供了1764年到1766年之间亚当·斯密到法国和瑞士旅行途中的轶事。当然，斯密为这次旅行所做的准备至少可以追溯到他在牛津大学期间的学习研究。而且，《道德情操论》中也体现了他对法国文学和思想有相当渊博的知识。在他"致《爱丁堡评论》编辑的一封信"中（1756），斯密向以下这些法国人物表达了自己的崇敬之情：《百科全书》的编辑狄德罗和达朗贝尔（后来在巴黎他们都成了斯密的朋友）；自然主义者布丰和雷奥米尔；卢梭，他对日内瓦怀有的"热切眷念"之情打动了斯密；最重要的还有伏尔泰，斯密在日内瓦近郊弗尼（Ferney）与伏尔泰有过好几次会面："或许是法国曾经拥有过的最具通才的人物"。在七年战争期间，许多斯密的不列颠同胞们正致力于如何杀更多的法国人，而斯密却正努力向法国人学习，并试图让格拉斯哥大学的学生们也向法国人学习。正如上文已经加以引用的，在1759年4月12日休谟致斯密的一封描述《道德情操论》如何大获成功的信中，还提到了休谟为斯密能够获得这一旅行的机会所付出的努力。

　　休谟的叙述如下："查尔斯·汤申德说……他将会把巴克勒公爵交给[《道德情操论》]作者来照料，并会尽力为他提供优厚的待遇，让他觉得完全值得接受

321

这一委托"[1]。为了顺利推进这一计划，休谟两次拜访了汤申德，当时的汤申德是索尔塔什的国会议员，尽管他的事业起起落落，却一直享受着议会财务主管的特殊津贴[2]。休谟认为年轻的公爵将不得不前往格拉斯哥大学就读，因为他不认为斯密会为了任何丰厚的条件而放弃大学教授的教席，而去做一位陪同游学的导师。然而，斯密似乎却已为陪同巴克勒公爵游学做好准备，或许是因为他一直觉得苏格兰"不具备各种各样能够让身边远方的外地们说感兴趣的学报"[3]。

毫无疑问，让斯密就任巴克勒公爵的游学导师，确实招来了一些批评意见。大卫·达尔林普尔爵士[4] 于 1764 年 4 月 17 日致信贺拉斯·沃尔浦尔说：

> 我恐怕查尔斯·汤申德先生会从这位非常有才能的伦理学教授陪同游学中收获甚微。斯密先生有着广博的知识，尤其是关于或许可以被称为国家政体知识的这一方面，但是他口齿笨拙，听力很差，因而他无法与人用法语顺畅地交流。[5]

即使斯密听到了这样的说法，他也会完全置之不理的。1763 年 11 月 8 日，斯密通知学校他将离职，之后，11 月 12 日他致信休谟（当时休谟在巴黎任英国大使的秘书），说巴克勒将于圣诞节离开伊顿公学，随后将很快出国游学。

斯密还表达了因为《道德情操论》（1761）第二版过多的印刷错误而深感遗憾。他希望自己能有"几个月的闲暇……将第二篇和第三篇重新编排"，他将这两篇的结构描述为"让我很不满意"。他猜想大概要一年以后，才会有空闲着手这一计划，但是他向休谟允诺一旦完成了修改，会将"修改稿"送一份给正在负责《道德情操论》新版法文翻译的霍尔巴赫公爵。他请求休谟向"所有对我有所了解（这让我深感荣幸）充满才华的法国人致意"[6]。

1764 年 1 月，斯密前往伦敦与当时 18 岁的学生巴克勒公爵会合，一起前往法国，并于 2 月 13 日抵达了巴黎。第二天，他致信格拉斯哥大学校长的托马

---

[1] *Corr*.No.31
[2] *HP* iii.539–48；Namier and Brooke，1964
[3] *Corr*.No.28
[4] 后来担任了最高民事法院法官，人称黑尔斯勋爵。
[5] Walpole，1980：40.321
[6] *Corr*.app.E，a；No.77

斯·米勒勋爵，正式辞去教授教席，并要求把自己的薪水留给以前的学生托马斯·杨，他当时正在代替斯密教授道德哲学课程[1]。同时，约瑟夫·布莱克写信告诉斯密说，斯密在教授大院的住房得以保留，暂时供他母亲和外甥女兼管家珍妮·道格拉斯居住，还提及说杨的教学"令人称道"[2]。然而，正如我们上一章所讨论的，最终，托马斯·里德当选为斯密的继任者而不是杨。里德在格拉斯哥大学引入了常识认识论以及与之相应的道德哲学，从而替代秉承了哈奇森和休谟的学说并加以发展的斯密的情感伦理学。

1764年2月在巴黎期间，斯密还花了大约10天的时间，为接下去前往图卢兹的15天旅行做准备，这样他们总共在巴黎待了18个月。在他们第一次巴黎之行中，斯密和巴克勒公爵并没有与法国人为伴，或许是因为他们还不会说法语。他们与休谟一起在格拉姆贝亨酒店度过了许多时光，这一酒店位于时尚的左岸法布大道圣多米尼克街上，因而离驻扎在大学街德布朗卡酒店的英国大使馆很近。与他们在一起的还有巴克勒公爵在伊顿公学的两位朋友：英国大使赫特福德伯爵之子比彻姆勋爵，和詹姆斯·麦克唐纳爵士，他是艾尔斯勋爵的后人，懂得盖尔语和其他一些古典语言，以其机敏的反应和合群的个性受到大家的喜欢。两年后，他在罗马游学时不幸离世，令大家惋惜不已。斯密从他那里了解到了关于高地和岛屿上经济生活中的细节，他还为休·布莱尔提供了在北尤伊斯特岛上能够吟唱奥西恩民谣的吟游诗人的信息[3]。

斯密并不提倡让年轻人进行遍游欧洲大陆的教育旅行（Grand Tour）。在《国富论》中斯密明确地表达了自己的这一观点，并进一步对"大多数"欧洲大学教育质量的下降提出了批评。斯密认为，正是这种教育质量的下降才迫使许多家庭将儿子送往国外完成教育。但是，斯密也承认，一位年轻人如果在17或18岁时出国游学，4年后回来，会变得更为成熟一些，甚至也可能会对外语有些许了解：

　　　　回国后，在其他方面，他一般会变得更为骄傲自负、随意散漫、耽于享

---

[1]　*Corr.*No.81

[2]　*Corr.*No.79

[3]　Smith／Henry Beaufoy，MP，29 Jan.1787，Piero Sraffa Collection B5／4，Trinity Coll.，Cambridge；Ross，2008

受而无法专心学习或认真做事。如果他待在国内，是决不会在如此短的时间内就变成这样的。这样一种在如此年轻的时候就出去游历，用极其放荡无聊的方式度过他一生最宝贵的年华，在远离父母亲友的监督和控制的地方，他早先的教育可能在他身上形成的一切有用的习惯没有得到巩固和加强，反而几乎必然会受到削弱甚或消失。除了大学教育无法获得人们的信任这一理由外，没有其他任何理由会让如此年幼时就出国游历这种非常荒谬的做法如此流行。[1]

这段话肯定会让公爵大吃一惊，如果他曾经读过这一巨著的话。但是公爵待在图卢兹期间，他的继父查尔斯·汤申德在写给他的信中，说的完全是另一回事：

> 我自己的从业经验让我相信任何拥有你这样的地位和财富的人，在你这个年纪，都已具备了过得去的判断力、足够的知识以及我们国家所能将他培育到的完善程度。因而，我希望你，经你自己同意，能到另外的国家去待一段时间，在那里你或许可以让你的身体得到必要的锻炼，让你的心灵得到提高，让你的青春得到愉悦，享受其他国家合宜的不一样的氛围的影响。

或许巴克勒公爵的例子可以被看成是斯密关于国外游学所持观点的例外，而其之所以会成为例外，得归功于斯密担任了公爵的游学导师。汤申德希望斯密的指导能使巴克勒公爵"通过短期的学习成为一位有着深厚根基的政治家"，他非常看重斯密这位导师所具备的"对于本国政体及法律方面的深厚学养"。汤申德还劝诫公爵关注自己的写作水平，尤其是英国内战期间"那些经过锤炼的演讲"[2]。斯密先前所讲授的修辞学课程，正如上文已经提及的，使得他完全能胜任指导公爵这方面的学习。巴克勒公爵自己并不认同汤申德为他所做的成为一名政治家的规划。1767年9月4日，汤申德英年早逝，当时公爵表达说尽管他为此感到遗憾，"然而，对他而言这其中也未尝就没有一丝慰藉，因为这使得他可以自由地选择人生道路。如果汤申德一直活着，公爵或许会被情非所愿地卷入政治的漩涡"[3]。

---

[1] V.i.f.36
[2] Ross, 1974：185–7
[3] Carlyle, 1973：249

斯密之所以会同意陪同巴克勒公爵一起前往法国游学，背后应该有各种缘 212
由。首先，由于巴克勒公爵是阿盖尔公爵二世的孙子，而斯密的父亲又曾经为坎
贝尔家族的劳顿伯爵效劳，因而斯密与这位年轻公爵之间有一种家族渊源上的联
系。而给予斯密的丰厚薪金（每年 300 英镑，再加上 200 英镑的旅行费用）和允
诺斯密的养老金（每年 300 英镑）所提供的保障，也是重要因素之一。其次，法
国这一目的地本身对斯密也有相当的吸引力。当时在欧洲举足轻重的一些学者是
法国人，斯密对他们极感兴趣。对斯密这位社会科学家而言，研究一个其人口
相当于英国人口三倍的国家[1]，一个以专制主义原则为基础的完全不同的政治体
制，和一系列不同的地方经济状况的机会本身，也有巨大的诱惑力。最后一点就
是当时《道德情操论》这一著作正开始受到法国人的关注。

1759 年《百科全书》杂志刊登了关于第一版英语《道德情操论》的通告，赞
扬该著作呈现了一个植根于人性的道德体系，书中所表达的"思想正确而新颖"，
对宗教自始至终都怀有敬意[2]。图卢兹记者皮埃尔·卢梭于 1756 年创办了《百科
全书》这一杂志，旨在传播由狄德罗和达朗贝尔所引领的百科全书编撰者们关于
现代改革的思想。但是这一杂志的创办受到了来自监察官们的干扰，1760 年才
在阿登[3]的布伊隆获得了出版许可，那里的公爵是互济会的领导人，对这些哲学
家怀有同情。这一杂志在那里办得很红火，直到 1793 年，当时尽管还处于"恐
怖时期"，但是改革派的出版自由政策还是放开了市场，先进的杂志不再需要先
在国外出版，再秘密地运回法国。卢梭（1785 年离世）成了布伊隆出版学会[4]
的负责人，出版了许多法国当局禁止的著作以及颇有声望的《经济百科全书》
（*Encyclopedie economique*）[5]，正是这一丛书使得许多欧洲的读者熟悉了政治经
济学的著述，而斯密的《国富论》就是其中之一。卢梭的《百科全书》杂志广为
人知，在欧洲被广泛地认为是伏尔泰的死敌"毒蛇"伊利·凯瑟琳·弗雷恩所主
编的《文学年鉴》（*L'Annee litteraire*）（其出版受到了罗马天主教的青睐以及法
国当局的支持）的主要竞争对手[6]。《百科全书》杂志刊登了关于《道德情操论》

[1] cf.*TMS* VI.ii.2.4 and *WN* V.2.k.78
[2] 2–viii：28；Chiswick，2004：242–243
[3] Ardennes，现为比利时的一部分。
[4] 从 1767 年一直运行到了 1797 年。
[5] 16 vols.，1778–1781
[6] Heirwegh and Mortier，1983

的书评，这意味着欧洲阅读法文的知识阶层，也有了解斯密道德哲学思想的渠道。斯密的思想被理解为是一种先进的伦理哲学思想，并被描述为对宗教不构成威胁。

从休谟于1763年10月28日在枫丹白露写给斯密的书信中，我们可以找到进一步的证据，证明在法国严格审查的体制下，有关启蒙思想的著述仍能在法国得以传播的商业体系非常有效[1]，以及在法国，斯密思想的影响如何深入人心。他向斯密描述说，法国两位最优秀的夫人国王路易十五的情妇蓬帕杜夫人和乔伊索公爵夫人似乎仔细地阅读了几乎所有他著作的法语译本。这些著述当然不得不正式地接受审查，从1761年开始被收入在了《禁书目录》(*Index Librorum Prohibitorum*)[2]。休谟接着告诉斯密，霍尔巴赫公爵当时正在负责《道德情操论》的翻译事宜[3]。正如我们上文已提到的，斯密在前往法国的前夕，对这一翻译计划表示出了兴趣，并主动提出会将手头正在为《道德情操论》第三版所做的修改提供给奥尔巴克[4]。毫无疑问，法国还是有一些读者能够也确实阅读了英文版的《道德情操论》，如阿贝莫雷特夫人和布弗莱伯爵夫人[5][6]。斯密或许非常期待与法国的读者就他的道德哲学观点进行热烈讨论。

但是为什么斯密和他的学生在法国期间大部分时间都选择待在图卢兹呢？汤申德或许考虑到的有利因素是那里温和的气候、庄重得体的小城镇生活方式以及其重要性仅次于巴黎议会的图卢兹议会。图卢兹还有一所大学，外加四所研究院，即修辞和诗歌研究院，科学和文学研究院，绘画、雕塑和建筑研究院以及武器研究院。而且，图卢兹还是一个重要的大主教管辖下的教区。那里大多数居民说的是地方方言"奥克语"，像斯密这样学习标准法语，即法国北方方言的人并不熟悉这种方言；但是图卢兹的上流社会阶层还是能够像巴黎人那样与人交谈。

通常，人们用三个S来描述这座城市"肮脏、神圣而学术"。事实上，加伦河沿岸的发展并不健康且充满风险，一直到18世纪60年代，在大主教亚瑟·狄

---

[1]　Darnton，1979

[2]　Bongie，1958：237；1965：65

[3]　*Corr.*No.77

[4]　*Corr.*app.E，a.

[5]　布弗莱伯爵夫人因此于1766年邀请斯密加入了她的沙龙，当然发出邀请的另一原因是他们有着共同的朋友休谟。

[6]　M.M.Stewart，1970

龙[1]和洛梅尼·布里耶纳[2]的支持下，推行了改良计划，开放人行道，建立码头。但是，这些教会中的领导人物经常会因为公务和享乐而没有待在图卢兹。而且，由于郎格多克的行政长官住在蒙彼利埃，因而图卢兹城市的复兴计划并没有取得很快的成效，这与在行政长官图尔尼的带领下波尔多所发生的情况形成了鲜明的对比。

图卢兹这一城市所树立的宗教信仰虔诚的名声，却并没有得到斯密完全的赞同，因为虔诚的宗教信仰会带来卡拉斯事件中所展现出来的偏狭和残忍。1761年，一位新教徒商人的儿子被发现缢死了。这位儿子的父亲受到控告，控诉他为了不让儿子转信天主教而将他杀死，为此高等法院于1762年3月判决他先接受车刑、绞刑，最后再被投入火中烧死。伏尔泰领导了一场运动，旨在证明这位父亲杰恩·卡拉斯是无罪的。1765年斯密待在图卢兹期间，皇家颁布敕令宣布这位父亲无罪。图卢兹议会对这一敕令表示了强烈的抗议。后来1765年斯密访问弗尼（Ferney）期间，或许就与伏尔泰讨论了这位父亲杰恩·卡拉斯的命运。在伏尔泰的著作《论宽容》（*Traite sur la tolerance*）[3]中，开篇就叙述了这一由宗教狂热而引发的恐怖事件。斯密在《道德情操论》最后一版（1790）中，也引用了卡拉斯临终前最后所说的话语，展现了一位无辜的人想到不公正的判决或许会给他死后带来狼藉名声而感到的愤慨[4]。

至于"学术的图卢兹"这一说法，也还要划上一个问号。在斯密时代，大学里除了民法的教学外，都处于低谷期，而研究院也都在保守的议会控制之下。只有《光明》（*lumieres*）这一著作在图卢兹产生了逐渐缓慢的影响，尽管到1768年伏尔泰已经能够向达朗贝尔评论说："图卢兹议会已经发生了巨大的变化：哲学影响了一大半腐朽的、未开化的、行将就木之人的头脑"[5]。年轻人在共济会会所表现活跃，他们中的一些人追随"苏格兰人的做法"，传播启蒙思想，但是对天主教会并不怀有敌意。斯密藏书中有一本杰恩·雷纳尔的《图卢兹城市历史》（*Histoire de la ville de Toulouse*）（1759），这为斯密提供了关于这座城市有用的背

214

---

[1] 1758—1762年任职。

[2] 1762—1789年任职。

[3] 1762；ed.de Van den Heuvel，1975

[4] III.2.11

[5] Il s'est fait un prodigieux changement...dans le Parlement de Toulouse：la moitie est devenue philosophe et les vieille tetes rongees de la teigne de la barbarie mourront bientot，转引自Godechot and Tollon，1974：367

景信息[1]。

议会在 18 世纪图卢兹的社会经济以及思想生活中占据了主导性的地位，但是其产生的影响却决不能说是积极正面的。在某种程度上，这一时期的图卢兹缺乏活力，与另一个主要内陆城市巴黎形成了鲜明的对比，而费尔南德·布罗代尔也曾就这两个城市进行了有益的对比[2]。图卢兹的工业和商业远未到达可以称为腾飞的阶段，一小部分富人将自己的精力和抱负集中在如何提高自己的法律地位、如何成功地加官晋爵以及获取土地这些事情上。这时的斯密更感兴趣的是"沉闷枯燥的科学"经济学，而不是诗歌和"令人愉悦的科学"修辞学，他注意到了图卢兹的这些方方面面，并在《国富论》中做出了显然颇为公正的概括："除了卢昂和波尔多，其他的法国议会城市都几乎没有工商业的发展；下层居民的生活来源主要靠法院职员和前来打官司的人的支出维持，这些下层居民通常来说懒散且一贫如洗"。斯密或许是将图卢兹与爱丁堡联系在一起，这两座城市都是通过花费法院的收益，养活了一大帮的雇员，因而使得普通市民养成了懒散的恶习，没有足够动力对"资金"加以利用[3]。

我们现有的关于斯密在图卢兹的消息最早出现在 1764 年 3 月 4 日休谟的表兄弟——塞格尼莱·科尔伯特神父写给休谟的一封信中。科尔伯特神父是因弗尼斯郡卡斯特尔希尔的卡斯伯特家族的后裔，于 1750 年来到法国，并加入了法国天主教会，当时刚被任命为图卢兹的代理主教。斯密才刚刚到达图卢兹，科尔伯特即刻就与他进行了会面，但是科尔伯特似乎完全就是休谟所说的"诚实而有精神的人"。科尔伯特为大主教洛梅尼·布里耶纳没能在本地感到遗憾。主教要在蒙彼利埃待大约 6 个月，并打算从那里前往巴黎，在巴黎他希望能与休谟碰面。科尔伯特唯恐自己的黑色长袍会吓着巴克勒公爵，但是除了这点外，他竭尽所能地让这个年轻人在图卢兹的旅行尽可能地愉快和有益。在 4 月 22 日的另一封信中，科尔伯特称赞斯密为"一位高尚的人，其心灵和思想均值得尊重"，称斯密的学生巴克勒公爵是"俊美而有才干的青年"。公爵学习用功，法语进展顺利。科尔伯特每天都暗自庆幸斯密能够来到图卢兹，他请求休谟能让更多像斯密这样的人

---

[1] EUL MS JA 1390；Mizuta

[2] 1988：250；1991：175，269

[3] II.iii.12

来到图卢兹，因为图卢兹正需要被推荐给来自英格兰和苏格兰的游客[1]。

在 7 月 5 日斯密自己给休谟所写的信中，汇报的情况则要更令人沮丧些。汤申德曾向斯密保证说，法国的首相舒瓦瑟尔会将他们介绍给图卢兹和法国其他地方的"名流雅士"认识，但这些并未兑现。这两位老师和学生不得不自己照料自己，当然还得到了科尔伯特神父的帮助，但是，科尔伯特神父在图卢兹是几乎和他们一样的陌生人。公爵不认识任何法国人，而斯密也无法将他不多的几个熟人请到他们的住处去。但我们知道这一时期到图卢兹的游客中，有两位来自挪威富裕家庭的年轻人，彼得和卡斯滕·安刻尔，曾与公爵做伴。1762 年 5 月 28 日，这两位年轻人和他们的导师安德列亚斯·霍尔特曾在格拉斯哥与亚当·斯密初次会面。在他们的日记中记录了 1764 年 3 月 16 日来自巴克勒公爵友好的问候[2]。在给休谟的信中，斯密并没有提到这些同伴，只是继续说："与现在我在这里的生活相比，我在格拉斯哥大学的生活则可以说是令人愉快耽于享受的了。为了消磨时间我已经开始动笔写一本新书了。你可以想象，我确实是无事可做了"。为了给巴克勒公爵找些消遣和学习机会，斯密计划到波尔多作一短途旅行。他请休谟把他们介绍给波尔多的地方长官黎塞留公爵。斯密还请求休谟，能否说服詹姆斯·麦克唐纳爵士与巴克勒公爵一起待上一个月，以他的"影响力和榜样"激励巴克勒公爵[3]。

在接下来的 11 月 5 日，格拉斯哥商人约翰·格拉斯福德在给斯密的信中，表达了希望斯密能够"在 [他的] 空闲时间，将进展顺利的有意义的写作继续向前推进"[4]，这使得我们很难断定斯密在图卢兹"开始动笔"的著作就是《国富论》。一种可能是斯密当时正在将《国富论》的早期手稿（最后被收置在了巴克勒公爵档案中与汤申德有关的文件内）进行扩充，斯密在随后的 12 年中对这一文本进行了进一步的扩充和修改，最终成了我们所熟悉的《国富论》第一版。斯科特在晚年所持的观点是：斯密在图卢兹所著的新书主题是税收，与当时汤申德想要写一部关于偿债基金历史的计划相关[5]。科尔伯特神父在 1765 年 2 月 28

---

[1] NLS Humme MSS iv.34，35（old nos）

[2] Banke，1955：172；John Simpson，1990：125–6

[3] *Corr.*No.82

[4] *Corr.*No.85

[5] *Corr.*No.302；Scott，1940：269

日写给休谟的信中，提到斯密和他的学生们（公爵的弟弟坎贝尔·斯科特阁下也加入了他们）过得很愉快，并逗弄性地加了一句说，他已经读过了斯密的著作，他非常喜欢这一著作[1]。不幸的是科尔伯特神父并没有具体描述他阅读的内容，但是因为他原先说的就是英语，他读的可能是《道德情操论》的最早两个版本（1759 或 1761），也可能是马克－安东尼·艾多斯所译的最早的法文版本（1764）（可能就是 1763 年 10 月在霍尔巴赫公爵负责的那一版）[2]。

在《国富论》的早期手稿中，斯密所阐明的一个观点是：普通人所获得的知识几乎都是二手的，即是从书本中获得的。而我们在扩充后的《国富论》中，当然也找到了很多这种并不是来自斯密实际经验的经济学知识。然而，斯密在图卢兹逗留期间（加上他在格拉斯哥期间）所观察到的各种现象，为斯密所关心的经济问题研究提供了重要的现实积累，其中包括了劳动分工、市场化程度和市场波动、农业和商业体系、交通条件在创造财富中所起的作用，以及经济领域内为获得自然自由而开展的斗争等。因而，从老城区向南到议会总部就为斯密上了一堂生动的经济史课，比如，从俄塞特酒店这一为当地的一位首脑或行政长官所建的优美的文艺复兴时期建筑，其财富来源于在 15 世纪和 16 世纪繁荣并衰败的染料（靛蓝）业，走到当时位于麦哲大街上的德艾斯派酒店[3]，这一由时尚的建筑家海恩辛西·拉巴·萨维尼亚克所设计的具有路易十五时期风格的优雅建筑。这一建筑的资金则是源于议会管辖领地内（从城市向外延伸到 15 公里左右，马车或骑马大概要花费一个小时）葡萄园和麦田的收入。在俄塞特酒店附近的拿撒勒大街和佩尔什马大街是议会管辖领地内相比而言不那么起眼的城市建筑，但是它们同样反映了那一时期的文雅生活，这类建筑一般为简洁的砖结构、带有铁艺的阳台和窗棂以及一个内院，底层的侧面通常是会客厅、餐厅以及通常都有的一个藏书室。杜格尔·斯图尔特说斯密在图卢兹期间"与国会的一些重要人物……过从甚密"，他们能够"纠正和丰富斯密对法国的对内政策的了解"[4]。

在议会大厦的北边和东边，环绕着斯密所称的"兰格多克运河"。运河的通行费这一笔"巨额财产"，归设计建造了运河的工程师里格子孙所得，因而斯密

---

[1]　NLS Hume MSS iv.36（old no.）

[2]　Hume to Smith, *Corr*.No.77; Faccarello and Steiner, 2002: 70

[3]　现在的 Courtois de Vicose

[4]　III.7

认为他们会有足够的利益驱动来使这条运河得到经常性的维修保护[1]。运河的交通意味着可以为图卢兹带来富裕，但对于"比利牛斯山脉中部"地区所盛产的谷物的运输和出口的限制，却阻碍了经济的增长。在斯密逗留那里期间，皇室当局受到了多方的压力，如图卢兹商业委员会、兰格多克三级会议以及重农主义者[2]等，最后使得总审计长拉艾韦尔迪于 1764 年 7 月颁布法令，允许自由出口谷物（除了某些例外规定，意在防备饥荒的发生）。不幸的是接着发生的农业歉收，以及谷物价格上涨等又导致了保护主义政策的回头[3]。斯密认为葡萄产量增加并不会鼓励醉酒现象的发生，并以驻扎在南部的法国军团为例，他们一开始因为物美价廉的葡萄酒而有所放纵，但是随后绝大多数人还是与当地人一样清醒自制[4]。

　　观察力敏锐的斯密能够在图卢兹找到感兴趣并可供他分析的事实现象，上文或许已经进行了充分的介绍。能让这位政治经济学家着迷的最后值得一提的一点，是图卢兹议会和皇室之间的紧张关系。1763 年"七年战争"临近结束时，舒瓦瑟尔试图改革法国财政，但是，议会反对就"第二十条"这一收入税所做的修正。而兰格多克的司令官查尔斯，菲茨－詹姆斯（1712—1787 年）占领了议会大厦，用武力方式将这些征收新税赋的法令进行了注册。那些阻碍征收新税赋的议会会员在他们的家中遭到逮捕，在菲茨－詹姆斯本人的法令颁布后才获得释放。斯密买下了介绍这一事件始末的相关小册子，连同他的书籍一起寄回了苏格兰[5]。斯密在回顾自己当时在图卢兹的所见所闻以及这些相关的介绍时，承认舒瓦瑟尔于 1764 年成功地和平处理了与巴黎议会之间所存在的问题，接着斯密做出了以下总结：

　　　　这种试验没有再继续下去。因为，尽管操纵和说服总是政府所能使用的最容易和最安全的手段，而强制和暴力总是其能使用的最糟糕和最危险的手段，但是人与生俱来的傲慢，几乎总是使他不屑于使用好手段，除非是他在不能或不敢使用坏手段的时候。法国政府能够并敢于使用武力，因而不屑于

[1]　*WN* V.i.d.7

[2]　斯密提到了重农主义者，*WN* IV.ix.38

[3]　Freche，1974：155，212–17

[4]　*WN* IV.iii. c.8

[5]　EUL MS JA 1429/1–1S；Mizuta

使用操纵和说服的手段[1]。

菲茨 – 詹姆斯这位以法国国王的名义使用"武力和暴力"的人，是英国詹姆斯二世的后裔，而詹姆斯二世之所以丢掉皇位，也正是因为在政府管理中使用了同样的暴力手段，而这一点可能会激起斯密对于发生在图卢兹冲突的兴趣。一直到晚年，斯密对皇室专制主义危险的意识仍是如此强烈，以至于他在《道德情操论》最后一版的修改中，增添了关于这一话题的讨论[2]。

在波尔多吉耶纳总督黎塞留与议会之间也存在着相似的斗争，这在斯密所收藏的小册子中也有涉及[3]。1764 年 7 月，斯密通过休谟获得了去波尔多的推荐信，并对黎塞留的热情款待深表感谢。黎塞留是一位风趣的老者，他以在恋爱和战争中一样具有卓越才能而为人所知（Lescure，1869—1871；Porquerol，1954）。据说黎塞留讨厌哲学家，但对斯密并没有敌意："马雷查尔·[黎塞留]非常礼貌尽心地招待了我们一行所有人，尤其是对公爵，他以十分合宜的方式对他尤为照顾"[4]。

斯密这次是在科尔伯特神父和议会议员伊萨克·巴雷的陪同下出游的。巴雷于 9 月 4 日从图卢兹致信休谟，说上一封信是刚好在斯密、斯密学生以及科尔伯特神父与他一起共进晚餐时送到的。巴雷写道，科尔伯特"是非常诚实的一个人"，并强烈建议休谟如果能力可及的话，要帮助科尔伯特神父当上主教一职。但是科尔伯特神父还是不得不等到 1781 年，才被提拔就任了罗德兹主教。巴雷在信中接着谈到了他与斯密交谈的片段：

> 斯密和我一样都认为您是被雅致的法国官廷生活给软化了，您身处北部地区时那种独树一帜的犀利文风已经不见了。此外，更糟糕的是，您接受了埃利奥特、里格比和赛尔温他们的政治观点……[5]

---

[1] *WN* V.i.g.19

[2] VI.ii.2.18

[3] EUL MS JA 1423/1–8；Mizuta

[4] *Corr.*No.83

[5] NLS Hume MSS iii. 35（old no.）

这里提到的这些人物都是议会议员：吉尔伯特·埃利奥特[1]、理查德·里格比[2]和乔治·塞尔温[3]。这些议员与当时的法国当局关系融洽，而巴雷（ii.50–4）经常批评当局的某些做法，尤其是与北美殖民地相关的一些政策做法，因为他曾在沃夫（Wolf）的手下效力，对北美殖民地的情况比较了解。巴雷在政治上接受谢尔本勋爵的指导，谢尔本勋爵是斯密曾经的学生托马斯·佩蒂·菲茨莫里斯阁下的兄长，从 1761 年开始，转而信奉斯密的政治经济学学说，他或许曾经鼓励巴雷与当时在法国的斯密进行接触。

218

1764 年 10 月，斯密回到了波尔多，与巴克勒公爵 17 岁大的弟弟坎贝尔·斯科特汇合。这次他们前往的是比利牛斯山脉山麓丘陵地带巴涅里–比戈尔，这是一个温泉疗养胜地，蒙田和曼特农夫人都曾享用过那里的矿泉水。斯密写信告诉休谟，巴克勒公爵从这些旅行中收获颇丰，开始"熟悉如何与法国人相处"。斯密还相信他们接下去一起度过的时光，将会"不仅仅宁静惬意，而且快乐而妙趣横生"（Corr.No.83）。在这封信中，斯密还请求休谟，希望他再帮忙写几封推荐信给郎格多克行政长官伯爵德厄伯爵和纳尔邦大主教，因为斯密说他计划带领他的学生前往蒙彼利埃旁听兰格多克三级会议的召开。兰格多克三级会议的会期是 1764 年 11 月 29 日到 1765 年 1 月 7 日，这一机构的会议报告表明会议讨论了一些非常重要的主题，如政府财政、公共工程以及经济改革，这些都是斯密以及斯密指导下的年轻人（他们拥有大量的地产）极为感兴趣的话题。[4]

1765 年 4 月，汤申德同意巴克勒公爵离开图卢兹前往巴黎，但这并未立即付诸行动[5]。4 月 10 日，科尔伯特神父写信给休谟，表示希望斯密能够在图卢兹再多待一两个月。他还指出或许当时是有一些特殊的原因使得这座城市令"英国人"不那么愉快，尽管当时已有很多英国人定居这里，而这一地方也很适合他们。图卢兹当地人在卡拉斯事件中，表现出了一种令人震惊的宗教狂热主义。3 月，图卢兹高等法院对卡拉斯所做出的审判，在巴黎遭到了谴责，而"主犯"弗

---

[1] *HP* ii.390–4

[2] iii.355–60

[3] iii.420–1

[4] Haut–Garonne：Archives civiles，serie C，MS C. 2407（Registre）：Proces–verbaux des Etats de Languedoc，1497–1789（Toulouse），ii.645–9；Bibliotheque municipale de Montpellier 25561.39；Segoudy，1969，参 考 了 Dutil，1911 和 Appolis，1937。

[5] Ross，1974：182

朗索瓦兹－雷蒙·大卫·比奥德里克被认为是这一司法谋杀的主要行为人。在图卢兹，人们则认为英国大使在巴黎挑起了一场针对比奥德里克的攻击，因为他作为执法官，曾经依法处理了两位在图卢兹附近亡故的英国官员的财物。尽管科尔伯特神父同意在卡拉斯这一案件中大卫·比奥德里克是有罪的，但是他认为在处理英国官员财物这件事中，比奥德里克只是履行了自己的职责。他请求休谟出于对比奥德里克家人以及他自己（比奥德里克个人对英国人民很友好）的考虑，将这一切如实记录在案[1]。斯密和他的学生们大概就在这时离开了图卢兹，他们更多地游历了法国南部，很可能是参观了尼姆、阿勒斯和伽合大桥等高卢罗马人的遗迹，以及意料之中的阿维尼翁教皇宫殿。他们还参观了马赛的一个彩釉陶器工厂，在那里巴克勒公爵很奢侈地购买了一套非常昂贵的餐具。我们会猜想公爵所购买的是否是韦涅夫·佩兰或约瑟夫－加斯帕德·罗伯特的代表作品，业界的权威认为他们的作品以这些特点闻名于世："瓷器上的绘图色彩鲜明——一群群活灵活现的小鱼和甲壳类动物，一把把色彩艳丽松散的花枝（似乎采自自然而非人工绘制而成），小型的风景、海景，淳朴宁静、颇具精致纤细的中国艺术风格"[2]。

斯密必定也努力确保公爵能专注于他的学习，因为在一封给休谟的信中（猜测日期应该是 1765 年 8 月），斯密说巴克勒公爵"已经将您所有作品阅读了好几遍"。斯密继续说："如果不是我费心地向他灌输更为健康的学说，他或许很可能就接受了您的一些邪恶的学说教义。您可以看到他已经精进不少"[3]。玩笑归玩笑，斯密或许真的花费时间对休谟哲学作品中的宗教怀疑主义加以调和，为自己所拥护的一神论自然神学辩护。也很可能正是在与学生一起阅读休谟作品的过程中，斯密回顾了休谟《政治论文集》（1752）中关于经济的九篇文章，并清楚地表明了自己在某些问题上的不同立场，如资本的积累，或许还有斯密对自由贸易原则自始至终的坚持[4]。

从一封日期为 1765 年 6 月 10 日汤申德给巴克勒公爵的信中，可以看出公爵当时阅读的著作之一是休谟的《英格兰史》。汤申德敦促巴克勒公爵"要非常留

---

[1] NLS Hume MSS iv.36，37；BN Fond Francais MS 6680；Bien，1962

[2] Fleming and Honour，1977：514

[3] *Corr.* No.86

[4] Hume，*Writings on Economics*，1955：pp.cvi–cix；Skinner，1993：118–19，132–3；Ross，2008：39

心查尔斯一世统治时期的每一个事件和每一位人物，因为在那一时期，人民的权力和国王约定俗成所宣称拥有的权力之间产生了冲突，这一冲突比任何其他历史时期，不管是古代的还是现代，都要在更大程度上唤起、激发和提高了人们的才智"。汤申德对斯密作为家庭教师在这些方面的处理给予了高度评价："他心思精巧，但又没有过于细致；通观全局，其对于政府的理解不成体系，也没有标新立异"。对斯密的这种了解，肯定让汤申德很放心地认为，巴克勒公爵将会习得辉格党"健康的"教义，而不会重新受到托利党更为"邪恶的"学说影响，而休谟的《英格兰史》经常被认为具有这方面的倾向。

巴克勒公爵的继父给他提出的另一个任务是仔细分析法国的君主制度，找到导致其在"七年战争"中，尽管具有经济实力方面的优势，却在海陆作战中战败的"政体中隐秘的错误"（Ross，1974：183–184）。这一主题无疑也是斯密之所好，斯密在《国富论》中关于法国专制主义政治和经济方面的长篇分析，反映了斯密就这一问题所做的深入思考。汤申德会公爵能从这些中吸取有用的教训，帮助英国继续占领北美和印度殖民地，而法国却已经丢掉了在那里的主要殖民地[1]。

有记录留存下来的关于斯密在图卢兹所做的最后事件，是 1765 年 10 月 4 日斯密接受委托，从科尔伯特神父那里为道格拉斯案件取证[2]。道格拉斯案件诉讼的焦点是上一任道格拉斯公爵一世的合法继承人问题，这一案件一直从 1763 年持续到 1769 年，经历了复杂而冗长的司法程序，先后在爱丁堡最高民事法庭、巴黎最高法院托尔内洛（Tournelle）刑事法庭以及最后威斯敏斯特上议院提起诉讼。这一案件的被告是阿奇博尔德·詹姆斯·爱德华·道格拉斯[3]，他被道格拉斯家族认定为是公爵的侄子，但是原告宣称他是一位法国工人之子，这位工人生下一对双胞胎，幸存下来的就是阿奇博尔德，却被公爵的姐姐冒领为自己的儿子。案件中的原告是哈密尔顿公爵七世，他是道格拉斯家族另一路后裔中关系最近的男性亲属。斯密和休谟以及当时许多苏格兰的文人学士都站在哈密尔顿公爵这边，但是道格拉斯则最终成为受到大众认同的获胜方。被派往法国为这一诉讼收集证据的苏格兰律师包括了斯密的朋友安德鲁·斯图亚特和亚历山大·韦德伯

---

[1] Schroeder，1994

[2] Scott，1937；259–60

[3] 原姓为斯图尔特；出生于 1748 年。

220

VUE DU MÊME CHATEAU,
du Côté du Jardin?
A.P.D.R.

插图 4.伏尔泰与他的侄女丹尼斯夫人在弗尼欢迎来访者（Emeritus S.B.Taylor 教授的收藏）。

恩，斯密帮助他们收集了相关的法语小册子。其中的一本题为《国际公法备忘录》（*Memoire et consultation sur une question du droit des gens*）小册子 [1] 讨论了法国法庭和苏格兰法庭审判的程序和法学原理，这些话题对于作为法学原理研究者的斯密具有非同寻常的意义。

1765 年秋，斯密将他的学生们带往了日内瓦，这一城市之所以吸引英国旅行者是因为日内瓦市民都能说一口正宗的法语，人们的思想活跃，而更重要的是，这是一个新教徒城市。对斯密而言，这一城市的吸引力则在于可以考察到另一种完全不同经济形式的方方面面，以及见证共和制政府的具体运行。在《国富论》中，斯密并没有就日内瓦展开长篇讨论，但他当时确实收集了一些关于日内瓦共和国日益衰败的经济生活的法语资料，为他伟大著作的写作做准备 [2]。

---

[1]　Paris：P.Simon，1763；EUL MS JA 2976；Mizuta

[2]　GUL MS Gen.1035/231；*WN* iv.iii.b.2，v.iii.57

令斯密尤为感兴趣的是伏尔泰就住在日内瓦附近的弗尼。有一份文件留存至 221
今，是伏尔泰的侄女（后来成了伏尔泰的情妇）寄给斯密的，日期为 12 月 10—
11 日，文件中提到了一位名叫查尔斯·狄龙的英国人率领一伙猎人擅自闯入了弗
尼。这位狄龙就是后来的狄龙子爵十二世，他是当时与伏尔泰不和的科学家约瑟
夫·特伯维尔·尼达姆的学生。当时在弗尼发生了一场骚乱，看门人受了伤，一
条猎狗也被打死了。丹尼斯夫人希望英国社会能知道这一事件，在告知斯密这一
事件的同时，丹尼斯夫人向他转达了伏尔泰对他的问候[1]。在斯密的晚年，斯密
曾与英国诗人塞缪尔·罗杰斯谈及他与伏尔泰之间的几次交谈。[2] 斯密与伏尔泰
肯定谈及过的话题是黎塞留公爵，斯密在波尔多曾与黎塞留公爵会面[3]。在伏尔
泰看来，黎塞留公爵是一位英雄般的人物。伏尔泰站在像黎塞留这样行使君权的
地方长官这一边，而反对地方三级会议所宣称拥有的权力，这也是重农主义者的
观点。所谓的重农主义者是指以弗朗索瓦·魁奈为核心的关注经济问题的一群思
想家。斯密将在巴黎与弗朗索瓦·魁奈相遇，对作为经济理论家和以医生为职业
的魁奈都有深入的接触。重农主义者认为地方议会，如斯密在蒙彼利埃旁听的议
会，是产生特权的温床，不利于经济的发展以及其他各种形式的社会改良。但
是，这一说法似乎并不适用于兰格多克三级会议。

西奥多·特龙金医生为斯密打开了通向日内瓦社交界的大门。特龙金医生的
儿子弗朗索瓦·路易斯曾于 1761 年到 1763 年期间在格拉斯哥大学就读，这位父
亲也曾与斯密就他儿子的教育问题保持通信（详见第九章）。罗恩 – 沙博伯爵夫
人是特龙金医生当时的一位病人，她在哥哥罗什富科伯爵和他们的母亲恩维尔公
爵夫人的陪同下待在日内瓦。恩维尔公爵夫人，这位不同凡响的法国女性对科
学和人文学领域所取得的最新成就，以及人类发展可以企及的程度怀有热切的好
奇。她是利摩日行政长官杜尔哥的朋友和知己，她鼓励杜尔哥认真研读重农主义

---

[1] *Corr.* No.89

[2] 在斯密"致《爱丁堡评论》创刊人的一封信"（1756）中，斯密在赞扬伏尔泰的"全才"时，提到了他的历史
学著作（*EPS* 254）。或许在 Ferney 的谈话中，很可能提到了这一主题，或许还提到了一部已经完成到一定
程度的巨著，在 1761 年和 1763 年间在 Geneva 所发行的 8 卷本的 *l'History générale depuis Charlemagne jusquà
nos jours*（又称 *l'Essai sur les moeurs et l'esprit des nations*）。文中包括了那一时期的欧洲文明史，关注了斯密
所关心的话题，如那一时期的货币史（Laurent–Hubert, 1987），并提出了商业与自由互相作用的观点，一方
的繁荣昌盛通常会带来另一方的繁荣昌盛。这些资料与斯密最终在 *WN* 中将文明史包括在内的计划相关。

[3] Clayden，1887：95

者的著作 [1]。因而，斯密对主要重农主义思想家的学说和个性的了解，一部分来自于魁奈和杜尔哥所编撰的《百科全书》中的相关条目，如 Épingle、Fermiers、Grain 和 Foires et Marchés 等 [2]，还有一部分很可能是通过这位恩维尔公爵夫人获得的 [3]。

正是在这位恩维尔公爵夫人的社交圈内，斯密结识了数学家斯坦霍普伯爵二世。随后，斯密与斯坦霍普伯爵之间过往甚密，斯密于 1774 年介绍亚当·弗格森成为斯坦霍普伯爵受监护人切斯特菲尔德勋爵的游学导师 [4]。斯密还在恩维尔公爵夫人的社交圈内结识了另外两位对哲学很感兴趣的日内瓦科学家：自然主义者查尔斯·邦内特（1720—1793）和数学物理学家乔治斯-路易斯·列·赛捷（1724—1803 年）。后者曾在巴塞尔（Basel）、巴黎等地学习医学，但是，由于他的父亲是一位法国人而无法在日内瓦行医，因而他转而专门从事数学、气体及地心引力理论方面的研究。尽管列·赛捷出版论文数量有限，但是他与一大帮著名科学家保持着通信往来，其中就包括达朗贝尔、尤勒、博斯科维奇、伯努利 [5]、拉普拉斯和斯坦霍普勋爵。列·赛捷的学生皮埃尔·普雷沃斯特（1751—1839 年）是日内瓦研究院的哲学教授，他将斯密的《哲学论文集》翻译成法文（1797），并加上了很多有用的注释。而邦内特尽管是一名律师，却对昆虫研究有浓厚的兴趣（受到列奥米尔（Reaumur）著作的激励），他还对植物的生命，尤其是植物的呼吸系统很感兴趣。当减退的视力使他无法进行观察时，他将注意力转向了诸如精神活动的生理学基础这样推理性的问题思考上。作为一名坚定的无神论和唯物主义反对者，邦内特很难理解斯密与休谟之间的友谊，因为他认为自己和斯密在"目的因"（Final Cause）这一信条上的立场是一致的。邦内特在 1785 年 9 月 2 日致柏林院士梅里安（H.B. Merian）的信中，表达了这一困惑。邦内特写道，他不能理解斯密在其所发表的关于休谟临死状况的描述中，何以会提及休谟临死前不久还在阅读尖酸刻薄的讽刺作家卢西恩的作品。邦内特评论斯密说："他曾经怀有皮朗式的现代怀疑精神" [6]。

[1] Ruwet et al.，1976
[2] 斯密于 1759 年为格拉斯哥图书馆购买了相关几卷《百科全书》。
[3] Ross，1984a：178–9，183
[4] *Corr.*Nos. 138–42, also app. E, c–o；Raphael et al., 1990；Raphael，1994
[5] 列·赛捷在巴塞尔与他有私人交往。
[6] Univ. de Geneve bibliotheque，Bonnet MSS，Corr.

斯密和他的学生们被认为于 1765 年 12 月离开了日内瓦前往巴黎，以便赶在 1766 年 1 月 4 日休谟（或许还有卢梭）离开巴黎前往英格兰之前，与他们见上一面 [1]。幸存下来的书信表明这一会面并未发生。休谟于 1766 年 1 月末写给斯密的一封信是这样开头的："我也可以像你那样疏于回信、惜字如金的——很遗憾在离开巴黎前未能与您见上一面"（*Corr*.No.90）。列·赛捷在 2 月 5 日从日内瓦致信恩维尔夫人，信中写道：

> 夫人，您让我重新认识了这些人，认识了这些能成为最佳同伴的精英，我只是想再次见到尊敬的斯坦霍普爵士和斯密先生，后者（斯密先生）还让我认识了马拉迪·科尼尔斯（**Myladi Conyers**）和巴克勒公爵。我请求在他们返回时，能让我再为他们效劳 [2]。

最早关于斯密待在巴黎的消息来自沃尔浦尔，沃尔浦尔于 1766 年 3 月 2 日记录说，他与斯密以及巴克勒公爵一起去看了一场"意大利戏剧"。这一戏剧就是大获成功的歌剧《汤姆·琼斯》（*Tom Jones*），1765 年第一次上演，第二年又重新上演，一直是意大利剧团常备剧目之一 [3] [4]。斯密很享受巴黎歌剧节，在他关于模仿艺术的第二篇文章中，斯密将戏剧作为一种艺术形式进行了理论探讨。他回忆了悲剧中"感人至深"的片段，以及喜剧中"宜人的愉悦"。然而，他批评了被阉的歌手们拙劣的表演，以及虽然赢得了"具有创造力"的法国人喝彩的"道具的滥用" [5]。

3 月 3 日，沃尔浦尔致信巴克勒公爵的姑妈玛丽·科克夫人，说她的侄子和斯密"即将入住我所下榻的旅馆" [6]。这一旅馆就是圣日耳曼郊区哥伦比尔大街上的皇家公园旅馆，与塞纳街毗邻，而拉罗斯福哥（the La Rochefoucauld）家族（恩维尔公爵夫人就是这一家族中的年长者）在巴黎的住宅也就在附近。3 月 15 日，斯密陪同沃尔浦尔到巴黎的天主教苏格兰学院查阅了詹姆斯二世时期的

223

---

[1]　cf. Rae，1965：194；West，1976：160
[2]　Prevost，1805：226
[3]　音乐：Francois-Andre Philidor；剧本：Antoine Alexandre Poinsinet
[4]　Walpole，1937–83：vii.305
[5]　"Imitative Arts"，ii.16，27
[6]　Walpole，1937–83：xxxi.109

文件。1743 年晚年的阿盖尔公爵二世，因与查尔斯·爱德华·斯图亚特王子保持通信而担心被关进伦敦塔，因而神智受损，斯密和沃尔浦尔就彼此听说的各种不同说法进行了交流。斯密提到他认识"爱丁堡市长、著名的二世党人"阿奇博尔德·斯图尔特，这位市长告诉斯密，如果同伴中有人提到"伦敦塔"，阿盖尔就会受惊，"带着明显惊恐的神情重复着这几个字"[1]。

斯密参加了恩维尔公爵夫人在巴黎主持的沙龙，也参加了勒斯皮纳斯小姐在稍远一些圣多米尼克街 6 号（达朗贝尔暂住那里）所举办的沙龙。这一小群哲学家中的其他成员也都住得不远。穿过塞纳河到右岸的德穆兰大街就是霍尔巴赫公爵的住处，当时的文人雅士经常在那里聚餐，莫雷莱对此有很高的评价："招待花费不菲，但是很令人满意，提供上乘的美酒和咖啡，大家热烈地讨论问题，但绝不会发生任何争吵。"斯密也被邀请参加过这样的聚餐，在晚年，斯密还回忆起霍尔巴赫公爵的和蔼可亲[2]。与霍尔巴赫公爵的住所一街之隔的是金融家兼哲学家赫尔维蒂斯的住所，斯密也曾在那里接受过款待。莫雷莱回忆说杜尔哥对斯密的才华有很高的评价，斯密到赫尔维蒂斯家做客后，他们就经常与斯密会面。他们讨论的话题包括商业理论、银行业、公共债务，以及许多后来在《国富论》中提及的当时斯密正在深入思考的一些观点，斯密的法国朋友们对这些看法非常欣赏[3]。但碰到的一个困难是斯密的法语很糟糕，恩维尔公爵夫人证实了这一说法，但是她还提及她自己在斯密离开巴黎前已经学会了英语[4]。

女演员兼小说家玛丽–珍妮·里科博尼在 1766 年 5 月与斯密初次见面，斯密刺耳的说话声和大颗的牙齿并没有给她留下好印象。她宣称斯密丑得像恶魔，但是斯密善良的心灵最终赢得了她的认同。到十月时，她写信给大卫·加里克说她很喜欢斯密，她希望让所有的所谓有学识的绅士都见鬼去吧，她只要斯密就好了。她很可能是在这期间阅读了《道德情操论》，并像许多法国妇女那样深深为其中的同情共感学说所吸引[5]。追随这样的一个思路，内维尔·莱迪（2008）探讨了当时的法国小说对斯密所产生的重要影响，不仅仅里科博尼的小说，而且还

[1] Walpole, 1937–83：vii.360

[2] *Corr*.No.259

[3] Morellet, 1821：i.237

[4] *Corr*.No.142

[5] Dawson, 1991：147–62；Barker–Benfield, 1992

包括马里沃和克勒比林·费尔的作品。这些作品让斯密理解了以同情的爱为基础的伦理理论，可以被看成是拉罗斯福哥公爵将自尊描绘为主导人类行为理论的一种替代。

从 1766 年初开始，卢梭和休谟之间所发生的争吵以及他们之间情感上的龃龉，成为当时的哲学家和斯密共同关心的一个问题。杨·特金龙见证整一事件的发端，因为他所居住的公寓就在 1 月 13 日休谟安排卢梭和他的牧羊犬苏丹 (Sultan) 入住的公寓附近。休谟的计划是从乔治三世那里为卢梭争取到一份养老金，并让英格兰为卢梭提供庇护，以摆脱他因为出版了《社会契约论》和《爱弥儿》而在瑞士和法国所遭到的迫害。弗朗索瓦·路易斯·特金龙很同情卢梭作为一名流亡者所处的境况，但是他告诉一位朋友，卢梭对他的名字很敏感，认为他是一名被派来迫害甚至是谋杀他的间谍。1766 年 3 月初，特金龙的父亲就曾写信告诉他说，"骄傲"和"不信任"是随时随地纠缠着卢梭的两个恶魔，并指出这一事实，即他曾是卢梭的医生，而卢梭害怕他就像是害怕"上帝的愤怒那样。因为他知道我了解他的底细"[1]。当卢梭还是特金龙医生的病人时，卢梭向特金龙医生透露了他与特蕾泽·列·瓦瑟尔之间性关系的细节，以及他们被送到育婴堂的五个孩子。毫无疑问，他害怕特金龙会向他人泄露这些事情。

同月，休谟在斯塔福德郡的伍顿（德贝郡皮克区附近）为卢梭找到了住所，在那里卢梭可以在施滕达尔附近长长的小路上遛他的猎犬苏丹。卢梭与他充满嫉妒猜疑的护士兼情人特蕾泽·列·瓦瑟尔在伍顿离群索居后，越来越深地陷入了恐慌情绪之中，觉得自己是一个国际大阴谋所针对的对象，目的是要让他保持沉默。在 7 月 10 日的信中，卢梭向休谟表达了他的怀疑和猜忌，并控诉说他之所以会被带到英格兰就是为了让他出丑，7 月 10 日，他又向休谟寄去了一份更为详细的控诉书。这先是使得休谟十分不解，接着休谟给出了一个愤怒的回应，并担心卢梭的丑闻会毁了自己的名誉。7 月末，休谟在巴黎的朋友们中讨论了他应如何通过公开出版一份针对这些指控的辩护书，对卢梭的指控做出回应。

这一事件第一次让斯密和杜尔哥聚到了一起。杜尔哥作为利摩日的行政长官，在行政管理方面所获得的成功为他带来了许多好评，如提高计税基数、改善

224

---

[1] 转引自 Edmonds and Eidinow，2006：143

公路体系、鼓励农业改良和商业竞争、并将他的导师商务官员文森特-格内[1]的思想付诸实践等。杜尔哥在很多方面与斯密志趣相投，如语文学、文学、历史以及自然科学等[2]。斯密和杜尔哥对卢梭最新发起的挑衅看法是一致的，他们都认为休谟不应该公开出版关于这一事件的任何文字。斯密在 7 月 6 日写给休谟（当时休谟人在伦敦）的书信的开头，戏称休谟是与卢梭一样的"大流氓"。接着，斯密以他惯有的审慎建议休谟说"不要在公众面前揭下这一老学究虚伪的面具"，因为这样的一些出版物将会扰乱"你整个平静的生活"：

225

> 我敢保证，您若撰文驳斥无疑正中卢梭下怀……希望我能把这个忠告郑重转告您，作为他最为诚挚的恳求和意见。我和他俩人都担心您现在周围都是些居心叵测、乱出主意的人，而那些习惯于把他们之间的流言蜚语公诸报端的英国文人学士的意见也会对你产生太大的影响。[3]。

在这封信中，斯密请求代向沃尔浦尔问好。这时的斯密和休谟还完全蒙在鼓里，其实沃尔浦尔恶意煽动了卢梭的这种多疑猜忌。沃尔浦尔捏造了一封貌似弗雷德里克写给卢梭的书信，并由赫尔维蒂斯、尼韦奈公爵和普雷西顿·伊诺进行了润色，信中嘲笑了卢梭过于虚荣自称遭到迫害。不久，这一封信得以出版，并引起了卢梭的注意。他怀疑这是整个嘲弄他的阴谋的一部分，由这些哲学家策划，而休谟则暗中相助[4]。同时，卢梭还是在休谟的庇护下生活了一年多，忙于写作《忏悔录》这一著作。但是，卢梭还是受到幻觉的困扰，认为小特金龙对他怀有恶意，他将小特金龙称为"玩杂耍的人"，这是他为特金龙医生所取的代号。最后流亡中的卢梭再也忍受不了自己多疑猜忌的折磨，于 1767 年 5 月从伍顿出逃，回到法国。

最终，杜尔哥改变了主意，鼓励休谟出版关于这次不和事件过程的描述。1766 年 10 月，这一计划在法国得以实现，达朗贝尔负责出版了由叙阿尔所翻译的法文版的《休谟先生和卢梭先生争执事件始末：争执期间两人的书信往来》

---

[1] 1759 年离世。

[2] CEuvres des Turgot，ed.E.Daire，2 vols.，1844；available online

[3] *Corr.*No.93

[4] Mossner，1980：514，524

（*Expose succinct de la contestation...entre M. Hume et M.Rousseau*）。一个月后，该书在伦敦出版了英文版。与欧洲的文人学士一起，斯密一直关注着这次不和事件的最终结果。1767 年 9 月 13 日，斯密致信休谟："我非常想了解在卢梭离开英国之前以及之后到底发生了什么。您尽可以完全放心，我绝不会向任何人透露您告诉的关于这件事的任何消息"[1]。10 月 8 日休谟回信，纠正了 9 月 17 日信中的一些细节。他将卢梭总结为"奇思怪想、矫揉造作、邪恶、虚荣、不安焦虑的组合体，还混有，如果有的话，一丝癫狂"，除了这些"主要的品性"外，在这一段的最后休谟还列出了卢梭的其他的一些品性："忘恩负义、凶猛残暴、撒谎成性，我不需再提巧舌如簧、凭空捏造"[2]。他显然怒气未消，但是在他自传《我的一生》（*My Own Life*）中（出版于 1777）并未提及这次不和，正如卢梭在他的《忏悔录》（1770）中也并未提及一样。[3]

人们认为斯密在写作《国富论》中讨论自然等级和优越性部分时，受到了卢梭关于不平等的学说的影响[4]。而在写作关于模仿艺术的文章时，斯密提到了

---

[1] *Corr.*No.109

[2] *Corr.*No.111

[3] 在斯密最终完成 *WN* 这一著作之前，Turgot 的 *Reflexions sur la Formation et la Distribution des Richesses* 是 18 世纪的法国最具影响力的经济学著作。Turgot 在 1766 年 12 月 9 日给他朋友 Pierre Samuel Du Pont 的书信中解释了写这一著作的缘起（在法国大革命时期添加了 de Nemours）。在 18 世纪 60 年代，Turgot 遇见了两位年轻的中国男子 MM. Ko 和 Yang，他们是由耶稣会传教士派往巴黎求学的学生。在他们离开前，为了向他们讲授经济学知识，他提供了一种"社会运行和财富分配的分析框架。我没有用任何代数和经济学模型，除了形而上学那部分；也许并没有完全涉及所有要使这一著作完整所必需讨论的问题，但是我已深入探讨了资金的形成及市场、利息等问题；这是一个概要"（转引自 Murphy，2009：143）。*Reflexions* 的第一版似乎是以 1769 年 12 月 2 日送给 Du Pont 的文本为基础，并由他出版（做了一些未经授权的改动）在 1769 年（No.11，11 月；No. 12：12 月）和 1770（No. 1，1 月）的 Ephemerides du citoyen 上。或许在 1768 年，这一世界上第一本专业经济学杂志的编辑权，就由其创办者 the Abbe Baudeau 转交给了 Du Pont（Meek，1973：36-9）。手稿 "Catalogue of Books Belonging to Adam Smith Esq 1781" 在 p.36 列举了 Ephemerides 于 1767 年、1768 年、1769 年出版的这些"巨著"（总计 42 本）以及具体日期（Japanese facsimile；see Mizuta No. 572）。这些卷本被保存在了爱丁堡大学图书馆的 the Special Collections 中。因而，如果这些"巨著"是连续没有缺失的，斯密就能读到 Reflexions 全文，如果是不完整的，斯密也至少可以读到三分之二。斯密逝世后，发现了一本 1793 年版的 *Reflexions* 英文译本，与 New and Old Principles of Trade（1788）装订在一起，里面有斯密的藏书标签，这两本书与斯密藏书中的其他书一起，现在保存在 the Johns Hopkins 大学图书馆。这一"贸易"书肯定是从斯密藏书中流失出来的书籍之一。没有任何证据表明斯密参与了 1793 年 Reflexions 的英文翻译工作（Viner，1965：128-32；Groenewegen，1969：217-87）。1801 年，Basil [sic] 的 James Decker 重印了 *WN* 第四版（1786），其前言就是 *Reflexions* 的 1793 年英文译本。其中一个注释指出："以下的 *Reflexions* 最早出版于一本法国杂志 Ephemerides Economiques[sic] 上，[Turgot's] 的传记作者 the Marquis de Condorcet 确认亚当·斯密的《国富论》中的很多思想就是从这些文章中发端而来的。希望较真的读者不会介意这里出版的是其英文的翻译"（ed. Tribe and Mizuta，2002：241）。

[4] V.i.b.4-12；Bonar，1932：161；Dawson，1991-2

卢梭的《音乐辞典》(*Dictionnaire de musique*)(1768),或许还顺便就作者的个性发表了几句评论,将卢梭描写为是一位"更善于强烈地感受而不是准确地分析"的人[1]。1784 年 10 月至 11 月,斯密与当时在爱丁堡访问的法国地质学家弗加·圣·丰德的对话中,就卢梭的一生做出了著名的总结(详见第 23 章)。

另外一位法国社会的显赫人物,极富个人魅力的布弗莱伯爵夫人(1711—1787 年),也对 1766 年休谟和卢梭不和事件的结局极为关注。多年来布弗莱伯爵夫人一直是卢梭的保护人,她于 1762 年请求休谟为卢梭在英国找一个避难所,由于《爱弥儿》遭到法国最高法院的查禁,迫使卢梭不得不离开法国。1766 年 1 月 4 日当她看着休谟陪同卢梭离开巴黎前往英国时,应该是感受复杂。一方面她希望卢梭能够有一个安全的栖身之地,另一方面又为自己与休谟的离别而深感忧伤。后来,当她获悉卢梭随后对休谟忘恩负义的举动时,深感气愤,而在这一不和事件中,她也一直站在休谟这一边。不管怎样,她是一位有着复杂情感世界的女性,长期与丈夫分居,并与多人私通[2],其中一次是与国王路易十五的岳父史坦尼思拉斯·勒金斯卡(1677—1766 年:波兰前国王)。这一事件后,布弗莱伯爵夫人成为法国的第三号人物狄康德王子的情人,尽管最后更多只是名义上的情妇而已。而她对休谟产生的是一种浪漫的依恋之情,并得到了休谟的回应,在 1764 年 9 月和 10 月期间,俩人关系亲密。她的行为完全与她充满道德感的言语背道而驰,她自己是以这样的一种说法来化解这一矛盾的,"我想用语言来弥补那些被我的行为所破坏了的美德",并兴致勃勃地写下了自己的墓志铭:

> 享有至为宁静的平和
> 这位性感的女士
> 确信自己
> 在这一世界上缔造了自己的天堂[3]

布弗莱伯爵夫人完全有理由会对斯密关于情感和道德的深入研究产生兴趣,这兴趣一方面来自她实际生活的体验,另一方面又是由她的文学趣味所决定的

---

[1] "Imitative Arts",ii.24
[2] 详见 Mitford,1960
[3] 转引自 Amelia Gere Mason,2002:ch.xiv

思想方面的兴趣。因而，我们在她的通信中找到了她对《道德情操论》的关注。1766 年 5 月 6 日，布弗莱伯爵夫人致信休谟，说她出于对休谟的爱而对斯密的到来表示盛情的欢迎，并加了一句："我现在正在阅读他的道德情感理论，尽管我还没有能完全吃透，但我相信这将会是一个令我满意的理论。"在随后 7 月 25 日给休谟的另一封信中，她告诉休谟说，斯密应她的邀请前来拜访，刚刚离开。这次斯密的拜访很可能是狄康德王子在巴黎的住所坦普尔宫，在那里晚上会提供英式的茶点，仆人们都会被支开以便自由不受拘束的交谈[1]。1770 年，吉尔伯特·埃利奥特爵士的儿子休·埃利奥特（也是休谟和斯密的朋友），记录说布弗莱伯爵夫人曾在她的卧室招待了他，当时她正在看书。就在那一次会面中，布弗莱伯爵夫人宣称如果她有足够的时间的话，她会将《道德情操论》译成法文，并说《道德情操论》的作者"以同情共感为基础建立了正义理论"。小埃利奥特还写道，斯密的著作"现在在巴黎广为流行"[2]。

休谟担心斯密可能会受到法国上流社会的轻慢对待，1766 年 7 月 15 日他致信布弗莱伯爵夫人说："我很高兴您对我的朋友斯密加以关照；您会发现他是位具有真才实学的君子；尽管或许他离群索居的案牍生活，使他在人情世故方面缺少应有的气度和风范。"[3]事实上，斯密不仅仅在休谟的这位特殊朋友的沙龙上受到了欢迎，而且也受到了若弗兰夫人的或许还有内克夫人的（她在年轻时使得吉本"作为她的仰慕者"无奈叹息，她继续了自己道德和文学主题方面的写作）沙龙的欢迎。同是在这一时期，斯密观看了多场戏剧、音乐会以及前面提到过的歌剧。这为他在讨论模仿艺术文章中的评论提供了美学欣赏的经验。他带着他的两位学生巴克勒公爵和他的弟弟，参观了诸如贡比涅这样的名胜古迹，当时王室正前往那里狩猎消遣。在社交活动中，斯密给人的印象必定是一位令人敬重，甚至有时候是风度翩翩的人物；他当时的着装包括一套黑色的礼服、另一套红灰相间的丝绸礼服以及一件与金色的马裤和马甲相配套的深红色天鹅绒外套[4]。

227

在从巴黎到阿布维尔的一次旅行中，斯密似乎是受到了一位被称为尼科夫人的英国妇女对他产生的爱恋的侵扰。在巴克勒公爵的档案文件中保留有一封日期

---

[1] Burton, 1849：237–8；Mossner, 1980：458–9

[2] *Corr*.No.130；Minto, 1868：13

[3] *HL* ii.63

[4] Scott, 1937：261–2

为 1766 年 9 月 18 日的法文信件，其中揶揄地提到了这么一回事。这封信明显是从图卢兹寄出的，由一位"伟大的苏格兰神父"寄给斯密和巴克勒公爵，书信背面有斯密字迹的签注："于 1766 年 9 月 25 日在贡比涅接收"[1]。写信者似乎很了解斯密在巴黎的知识女性中留下的良好印象，向他询问了恩维尔夫人和布弗莱伯爵夫人的近况。信中还提到了在尼科夫人之前，斯密的情感世界中已有人捷足先登了。斯密当时已经深深爱上了一位法夫郡的小姐。确实杜格尔·斯图尔特也记录曾与这位斯密早年迷恋的法夫郡小姐见过一面，当时她已经 80 多岁高龄了。在这封 1766 年 9 月的书信中，还提到了写信者的朋友兼堂兄"邓肯·列·派珀"，大概他正与斯密他们待在一块儿。写信者希望这位堂兄能给他寄去一些盖尔语能与"芬格尔、奥西恩、麦克弗森"相当的作品。由于詹姆斯·麦克弗森作品的影响，当时的欧洲文人学士们对这些奥西恩式的人物充满了好奇。

作为对于杜格尔·斯图尔特所做的"斯密生平"报告的回应，1794 年 7 月 14 日利物浦的医生詹姆斯·卡瑞致信斯图尔特，披露了更多斯密在法国情感方面的细节。卡瑞也只是转述了这些轶事，真正的来源是劳埃德上尉，一位学者型的退伍老兵，他是斯密和巴克勒公爵在阿布维尔的同伴。当时斯密"在那里深深地爱上了一位英国小姐"：

> 似乎更不可思议的是一位法国的侯爵夫人，机敏而又有才干，爱上了或自认为爱上了斯密，很努力地企图获得斯密的友谊。她刚从巴黎过来，巴黎的所有女人都在追求休谟先生。她听说斯密是休谟的密友，也是几乎同休谟一样伟大的哲学家，她就决定要获得斯密的友谊，但是做了各种努力后，她不得不放弃这一打算。斯密先生没有休谟先生那样从容自如的风度，能够让自己在各种情形下都能如鱼得水。他总是一副心不在焉漫不经心的样子。他无法忍受这位法国夫人，况且他也正为另一位小姐魂牵梦萦呢。同在一起的年轻绅士们（当时那一帮人中有好几位）常常以看到如此伟大的一位哲学家处于如此令人痛苦的尴尬境地来自娱。[2]

---

[1] NAS GD 224/1040/62/3；Corr.No.91–corrected

[2] Currie，1831：ii.318–319

斯密居住爱丁堡的最后 12 年期间经常陪伴斯密的亨利·麦肯齐（Henry Mackenzie），也曾记录他的朋友"深深地爱着一位坎贝尔小姐…… 这位小姐的脾气和个性与斯密截然相反"。再一次，这一激情似乎也未取得任何更深一步的进展。本人作为斯密传记作者，恐怕在斯密的爱情生活这一主题方面，除了为其超凡脱俗的升华过程做一注解外，也很难再有其他任何作为了。

　　尽管当时的斯密深受卡瑞博士所谓的天性中"更为温柔的部分"困扰，斯密还是于 1766 年开始将注意力转向了关于法国税收的研究[1]，后来成为《国富论》这一著作中的一部分[2]。但是，这些研究或许最初是应查尔斯·汤申德的要求而开展的。1766 年 7 月，汤申德成为英国的财政大臣，并至次年离世前一直担任该职务[3]。

　　税收显然是斯密与重农主义者们经常讨论的问题之一。这一伙人中的主要成员之一杜·邦德·内穆尔，说他们将斯密看成是"一位单纯而有见地的人，但是在那时他似乎还未展现出自己所拥有的全部真才实学"。杜·邦德还认为斯密因为惧怕得罪当时的既得利益者，在《国富论》中所表达的观点与斯密在他自己的住处或朋友的住处，以及"我们同为魁奈博士弟子时见到他的时候"所认定的观点是有出入的[4]。显而易见，所谓有出入的观点是指重农主义者认为直接对劳动工资征税会引起通货膨胀，而间接向劳动者消费的商品征税也会产生相似的影响。在魁奈圈子内进行交流时，斯密赞同这种观点，但是在他的著作中他否认了对奢侈品征税会导致通货膨胀，因为劳动者可以削减对非必需品的消费，而不必去寻求或获得工资的增长以抵消这部分税赋[5]。现代的财政大臣和官员们降低收入税，却不断提高"酒"和"烟草"的税赋的做法，似乎完全接受了斯密在这方面的立场。

　　要想知道斯密作为魁奈弟子所受的影响，以及推广杜尔哥可能对斯密所产生的影响，我们不得不来看一下 1766 年他们当时都在做些什么。1766 年夏，魁奈正在写作两篇文章："经济表的分析"和"经济问题"，分别出版于《农业商业金

228

[1]　London Univ., Goldsmiths' Lib. of Economic Literature, MS "Etat actuel des finances"，上面有斯密的藏书标签。

[2]　V.ii.k.78

[3]　*Corr.*No.302 Scott, 1935–6：85–67

[4]　Say, 1840：ii.562, n.1

[5]　*WN* V.ii.k.1–9

插图 5. 弗朗索瓦·魁奈，1769。拍摄对象是 Louis - Claude Vasse 所创作的魁奈半身雕塑像（Musee Royaux des Beaux - Arts de Belgique，Brussels.）。

融杂志》的六月和八月两期上。从上一年度的九月开始，杜·邦德就担任了《农业商业金融杂志》这一期刊的主编。斯密收集了十期这一期刊[1]。经过相应的修改和扩充，这两篇文章后来又被收录在了由杜·邦德编辑的魁奈作品集《重农主

---

[1] July–1765–May–July 1767；Mizuta

义》（*Physiocratie*）（1767—8）中，这一书名后来就成为这一学派的名称。魁奈以作者的名义向斯密赠送了一本该书[1]。

第一篇文章《经济表的分析》提供了最容易理解的魁奈经济模型形式，用非术语表达了文中关于种类和数量的预设；而第二篇文章《经济问题》则将这一模型应用到了解决价格和收益关系这一问题上[2]。这两篇文章都体现了斯密在《修辞和文学讲义》中所倡导的简洁明晰的写作风格，斯密在自己《国富论》的写作中也身体力行了这一风格。它们可能帮助斯密对魁奈的体系有清晰的理解。从根本上说，斯密在这两篇文章中找到了一个宏观经济模型，远远超越了斯密自己在法学讲义（B）中所阐述的思想。斯密会认同，魁奈将他在关于"谷物"的文章中所提到的"花费、工作、收获以及消费这一整体体系"的细节和相互关系进行了综合的展现，就像哈维关于血液循环原理的论述那样[3]。这一表格再加上 230 "分析"，为"想象的机器"提供了一个理想的范例，就像斯密在语言和天文学中"一以贯之坚持"追求的那样[4]。就像休谟在《政治论文集》（1752）中的做法一样，魁奈首先独立出了经济中的两个主要领域，农业和制造业。接着，魁奈进一步指出了与之相关的三个主要社会经济团体：土地所有人、农民和制造业从业人员。然后，魁奈加入了固定资本和流通资本的投资概念。有了这些工具，魁奈就可以阶段性地分析宏观经济活动，把它看成是资本投资者不断从市场中撤离和为市场进行更替的一系列过程[5]。

然而，重农主义经济学的一个局限是他们认为只有农业才真正具有"生产性"，即除去消耗后能够产生盈余，这一盈余又被称为"净产出"，其表现形式，在他们看来，就是地租。魁奈在关于"谷物"一文中概述了这一观点。斯密认为这种观点完全只是一种理论上的推测：

将土地农业产出看作是各国岁入和财富唯一来源的那种思想体系，据我所知，到目前为止，从来没有为任何国家所采纳，现时也只是法国几位博学

---

[1] Mizuta

[2] Sauvy et al., 1958

[3] Encyclopedie （1757），vii

[4] Meek and Kuczynski, 1972

[5] Meek, 1962；Fox-Genovese, 1976；Blaug, 1991；Perrot, 1992

而又具有创见的学者的理论揣想而已[1]。

显而易见，魁奈作为"极具创见和深厚学养的体系创建者"，其思想所达到的深度让斯密深感折服，但是他并未就此盲从魁奈的学说。在最终的分析中，斯密并没有将魁奈描绘成是可以追随的大师，而只是一个"学派"教条化的领导人，或运用修辞，将魁奈的职业称作"非常善于思考的医生"，魁奈"认为[政体]只有在某种非常精准的施政下才会繁荣昌盛，即体现了完美的自由和完美的正义的准确施政"。而斯密自己印象深刻的是，事实证明一些国家在并没有享有"完美的自由和完美的正义"情况下，也确实繁荣了起来。与魁奈的观点不同，《国富论》中所阐述的主要观点是："每个人为改善自己的境况自然不断做出的努力"，防止和纠正了不自由和不公正的政府对经济活动的干预而产生的坏影响[2]。斯密认为，出于同样的原因，那些进入市场想在商品的买卖过程中给出或获得最理想的价格的人，也必须遵守正义规则，而政府则必须确保这些规则被人们加以遵守[3]。

除此之外，斯密也无法赞同魁奈的"主要错误"，即把"技术工人、制造业者和商人看成是完全不具有生产性，不会增加财富的积累"[4]。在这一点上，阿贝·博多和杜尔哥的思想赢得了斯密的认同，他们认为制造业和商业也是剩余财富的来源，是可以积累的。杜尔哥从不认为自己是一位重农主义者，对创建体系也很有保留[5]。当杜尔哥与斯密相遇时，魁奈经济模式的不完整性正促使杜尔哥写作"关于财富的形成和分配的探索"一文，阐述自己的经济学思想，杜尔哥自己宣称这一文章完成于1766年11月。[6]这一论文中所阐述的模型，与斯密在《法学讲义》（B）中所阐述的模型相似，都讨论了劳动分工和价格机制等要素，但是，杜尔哥的模型还包括了其他生产要素之间的循环周转和彼此之间的衔接，如土地、劳动力、资金等，这些肯定会让斯密觉得新鲜而富有创意[7]。杜尔哥对于

231

---

[1] *WN* IV.ix.2

[2] IV.ix.28

[3] *WN* IV.ix.31

[4] *WN* IV.ix.29

[5] Laugier，1979

[6] 斯密在法国所写的日记，据说能为这些见面提供更多的信息。据报道，这一日记本是在20世纪20年代从爱丁堡的一个Mr Orr. George St书店销售出来的（Scott，1940：273），但是至今已无迹可寻了。

[7] Allais，1992；Skinner，1992a

货币在现代经济中所起的作用，也发展了一套完备的理论，但是，他的盲点是未能充分意识到在阿姆斯特丹、日内瓦和伦敦所发展出来的中央银行体系以及纸币所带来的好处。1720 年约翰·劳具备上述要素的密西西比计划宣告失败，杜尔哥一如许多他的同胞一样反应过于激烈了。

30 年前，罗纳德·米克指出杜尔哥关于资金的思想是对重农主义思想的一次巨大推进，在《关于财富的形成和分配的探索》一文中，杜尔哥描绘了一幅"社会图景：在货币的外衣下，我们看到整个农业、工业和商业的运行，依赖于伟大的企业家阶层所拥有的资金的不断推进和回流"[1]。同样，杜尔哥还清晰阐述了"剩余"的意义，确立了其与"增长"之间的联系，并展示了利润率如何与利息率休戚相关。不仅如此，杜尔哥还是"市场"价格和"自然"价格这一区别的早期倡导者之一。这样一些话题的讨论——无论是在恩维尔夫人的沙龙上，还是在赫尔维蒂斯或霍尔巴赫公爵好客的餐桌旁，抑或是在卢森堡宫魁奈的公寓中（在路易十五的情妇蓬帕杜夫人于 1764 年 4 月 15 日去世后，魁奈就从凡尔赛夹层楼面搬到了那里）更为郑重其事的讨论中——必定会让斯密极为着迷[2]。事实上，与法国这些经济学理论家的相遇可以被认为是斯密思想发展过程中最为激动人心的篇章，其重要性仅次于早期斯密与休谟的接触。

很可能斯密本来要在法国一直待到 1767 年，巴克勒公爵那时就到了法定成年年龄，但是 1766 年 10 月坎贝尔·斯科特所患的致命疾病使得整个计划发生了重大改变。8 月份，巴克勒公爵与法国国王和他的朝臣们在贡比涅狩猎后患了热病。幸存下来有两封斯密写给查尔斯·汤申德的书信，证实了当时的情况令人焦虑，以及斯密是如何向"国王的首席常任御医"魁奈求助的。魁奈当时自己也生病了，他告诉斯密"他已年老体衰，无法指望前去照料看护。作为朋友，他建议 [斯密] 去找皇后的首席御医索恩医生"。但因为无法联系到后者，魁奈还是亲自来到了公爵的病榻前，开出了一种"凉的大麦汤"，或许就是将大麦粒和水调制而成的。接着魁奈自己的疾病让他精神不济，索恩医生接手了这一病例。让斯密松口气的是，到写信时 8 月 26 日"星期三下午 5 点"，医生并没有给巴克勒公爵放血。正如斯密在信中向汤申德解释的："当一位法国医生做出判断说不需要

---

[1] Meek，1973：22；see also Braudel，1982：232–43

[2] Weulersse，1910；Craveri，1987

放血时，你可以放心高烧并不严重"[1]。然而，第二天，斯密又向汤申德汇报说，在前一天的信件刚封上口，索恩医生就来了，发现公爵烧得更厉害了，就下令"从公爵身上抽取了三中杯左右的血"。星期四公爵的尿液又回到了"原来的糟糕的颜色，只是没有原先的黑"。塞纳克这位上一任的国王御医，被请来做了长时间的会诊。会诊中，塞纳克试图对公爵以前的患病史做一透彻了解的做法，让斯密印象深刻。会诊的结果是决定再多放一些血[2]。公爵最后完全康复了，但是斯密在公爵患病期间一定是分外焦虑，因为巴克勒公爵伊顿公学的朋友前途远大的詹姆斯·麦克唐纳公爵，正是因为患同一种严重疾病而在罗马逝世。这年8月，休谟致信斯密："亲爱的斯密，如果您现在和我待在一起，我们现在一定是在为可怜的詹姆斯·麦克唐纳公爵的离世一掬同情之泪。这样一位有作为的年轻人说的去世，我们受到的损失是无以复加的了。"[3]

　　然而，更为糟糕的是，10月15日斯密致信弗郎西丝·斯科特小姐[4]，告诉说她的弟弟坎贝尔·斯科特勋爵患上了热病，正由英国大使的医生杰姆（Gem）和魁奈给予治疗。魁奈为斯科特开了药，并进行了催泻和放血。斯密发现病人有危险的神智昏迷现象，"他话语紊乱，思维急促而混乱"。尽管斯密说他对杰姆和魁奈"完全有信心"，他还是请来了他"特殊的、亲密的朋友"西奥多·特金龙，特金龙于1766年搬到了巴黎，为奥尔良公爵家族效劳。斯密在信中对杰姆和魁奈赞扬了一番：

　　　　法国最值得尊敬的人物之一，也是任何国家能找到的最好的医生之一。他不仅仅是具有相当判断力的蓬帕杜夫人的医生，也是她的朋友和知己。

斯密还写道，两位医生对最后结果"抱着良好的希望"，但是在信的末尾，斯密提到了隔壁房间传来的病人所发出的呓语，"使我也几乎要与他一样神志不清了"。他向上帝祈祷保佑斯科特的母亲，"让她能做好准备，接受这一可怕的疾病

---

[1]　*Corr*.No.94

[2]　*Corr*.No.95

[3]　*Corr*.No. 96

[4]　我们这样猜想，因为这封信与另一封直接以她的名字作为称呼的信件保存在一起，*Corr*.No. 225。

可能带来的任何后果"[1]。

四天后，斯密不得不履行自己令人悲伤的职责，写信告知"最糟糕的厄运降临到了我们头上"。他先是赶往英国大使馆通知巴克勒公爵"毫无希望了"，他的弟弟将无法活过明天早上。斯密的话语无奈而令人心碎："我半小时不到就赶回来，想为我最好的朋友尽最后的义务，但是他在我赶到前五分钟就断气了。连我想要亲手为他闭合双目的心愿都没能得到满足。我已经没有力量再继续写下去了"。[2]斯密和公爵（斯密报告说公爵"处于巨大的痛苦之中"，但是"健康状况良好"）决定即刻返回英国。他们护送着坎贝尔·斯科特勋爵的尸体，于11月1日在多佛港上岸。坎贝尔·斯科特勋爵随后被埋葬在了达尔基思。

在斯密的学生逝世前，10月的某天，斯密从巴黎致信他的出版商安德鲁·米勒，表达了强烈地想要回国的愿望：

> 尽管我在这里过得很愉快，我还是热切地渴望能与我的老朋友们重新相聚。如果我真的渡海回到了您所在的那一边海岸，我想我再也不会到这边来了。将我这种认真的想法告知休谟。当他说他要到这里或法国来度过余生时，告诉他，他一定是头脑发热了。代我向他致以最亲切的问候[3]。

233

休谟在上一年给斯密的信中，说到他对选择"将来的居住地"犹豫不决。休谟宣称"巴黎是欧洲最宜人的城市，也最适合我"，他继续写道，而"伦敦……从未能让我真正喜欢，在那里知识没有地位，苏格兰人遭到忌恨，迷信和无知日益甚嚣尘上"。甚至爱丁堡对于休谟而言，也同时存在着"许多反对的理由"和"许多诱惑力"，休谟当时"9月5日下午这一时刻的想法……是回到巴黎去"（*Corr.*No.87）。斯密从未有过这种想法，他用他典型的冷静和敏锐的分析给休谟回了信：

> 一个人在国外总是背井离乡的，尽管这个国家以慈善和礼貌自诩也不例外。他们在我看来整体来说更为关注自己的利益，他们友谊的诚挚也远不如

---

[1] *Corr.*No.97

[2] *Corr.*No.97

[3] *Corr.*No.99

我们自己同胞之间的友谊那么可靠。他们居住在如此庞杂的一个社交体系中，而他们的情感也稀释在了如此众多的对象之中，以至于他们能够给予任何一个人的情感都是很少的一小份。

斯密认为伦敦"对苏格兰人的忌恨"只存在于"最愚蠢的人们"之中，而这些人在未来的一年也会放弃这种想法。休谟由于所持的"自然神论"而反对他的"抗议"，在六个月后也会消失殆尽。总而言之，斯密认为休谟反对伦敦的理由是"站不住脚的"。接着，斯密坦白他"很有兴趣"让休谟定居伦敦，因为"在坚决地下了很多次决心要回到苏格兰之后"，斯密自己已经决定定居伦敦。他建议说，他们可以一起做些"短期旅行"，有时候去法国看望他们的朋友，有时候去苏格兰："但是我们平常还是住在伦敦吧"。[1] 但是，斯密却并未为这一计划做出任何实质上的努力，尽管他最早是与伦敦的朋友们分享了他从法国和日内瓦带回来的丰富记忆和经历，还短暂地进入了政府部门工作，作为开始写作《国富论》十年的一个序幕。

---

[1]　*Corr.*No.88

14. 过渡阶段

234

我热切地渴望能与我的老朋友们重新聚首。

我们可以相信，1766 年 11 月亚当·斯密回到英国的最大愿望就是与在科卡尔迪的母亲和表姐妹珍妮·道格拉斯团聚，与那里和爱丁堡的好朋友会面。他会想到休谟，当时的休谟正在琢磨他与卢梭之间的争吵，深受报纸上相关报道的困扰[1]，同时也在思考应该如何继续自己的生活[2]。斯密会希望在伦敦与他的出版商米勒、印刷商斯特拉恩或许还有批评家威廉·罗斯会面。而由于正处于议会会议期，因而斯密或许还会希望能与对他的职业发展感兴趣的议员詹姆斯·奥斯瓦德、埃利奥特以及韦德伯恩见面。埃利奥特和奥斯瓦德在政治上已经不再那么显赫，奥斯瓦德在下一年就将身患重疾，但是韦德伯恩作为反政府的辩论家，在议会上声名鹊起，尤其是在令斯密相当感兴趣的北美殖民地问题上[3]。

然而，斯密首先要完成的令人悲痛的职责，就是陪同他的学生巴克勒公爵一行，将他弟弟的遗体带回到位于格罗夫纳广场的家中。斯密还得用某种方式找到合适的话语，向达尔基思夫人表达自己对于在托付给他照顾期间，让她承受丧子之痛而感到的悲伤和遗憾。斯密一定非常害怕与一位因悲伤而心神错乱的母亲会面，但是，这位母亲似乎很坚强地承受住了所有发生的一切，并在收到从巴黎带回的由让－巴蒂斯特·格勒兹所精心绘制的死者的微型肖像画时，感到安慰（现

---

[1] Zaretsky and Scott，2009

[2] *HL* ii.104

[3] *HP* iii.239，618

存放于赫泽尔，霍姆伯爵的住处）。这位画家当时凭借其出色的肖像画和家庭场景绘画而名声大噪[1]。在接下去的四个月，斯密很可能就住在巴克勒公爵家中，他会意识到在这家由于母亲对 16 岁的女儿弗朗西斯小姐冷漠甚至严厉的态度，以及她的继父政治家查尔斯·汤申德对她的偏袒而引发的紧张关系。汤申德已经成为这位神经高度紧张的女孩的保护人，或许还是试图获得她情感偏爱的追求者。这时，斯密与公爵之间的关系也发生了转变，斯密从导师变为了公爵坚定的朋友和顾问。毫无疑问斯密的思想已经转向继续探讨国民财富的性质和原因，最终使得斯密完成了关于这些主题的奠基之作。

书商安德鲁·米勒在 1766 年 11 月 22 日致休谟的信中，向休谟汇报了斯密想回苏格兰的打算。这封信开头讨论了出版休谟关于他与卢梭之间争吵始末叙述事宜：

235

> 他被自己的骄傲和自以为是的重要性搞疯了：我一直这么认为，我发现与我交谈过的每个人也都这么看。斯密博士刚从巴黎回国，并很快要前往爱丁堡，他认为不值得您去出版任何与之相关的文字。

然而，米勒写这封信的主要目的，是试图说服休谟继续他的《英格兰史》写作。米勒将斯密以及赞同斯密观点的"更多"休谟"非常要好和明智的朋友"的看法作为劝诱，试图说服休谟：

> 到目前为止，出版的书籍中还没有论及革命之后这一国家的历史，只能从这一国家相关的手稿中 [，]（[斯密] 确信您可以轻松就能获得，）从这里许多大人物的叙述中，去获得。因而，您应该在精读您可以找到的相关手稿后写下这方面的奠基之作……我想我有责任告诉您，这是您最为有见地的朋友们的想法，我想您的这些朋友们中包括了斯密和约翰·普林格尔爵士 [皇家学会会长][2]。

---

[1] Barker，2005
[2] NLS Hume MSS vi.36（old no.）

休谟这一次并没有让米勒的劝诱得逞，随后威廉·斯特拉恩的劝说也未能奏效。据说休谟在拒绝斯特拉恩的提议时，给出了四条理由："我现在已经太老、太胖、太懒、太有钱了"[1]。他接受了斯莫利特给他的任务，写作《英格兰史》的"续篇"。在 19 世纪，这一题为《教材版休谟著作》(*the Student's Hume*)的"续篇"成为一本英格兰简史，并在某种程度上对这一国家的历史进行了赞颂。在整个 19 世纪，教科书编撰者们相继对这一著作进行修订，以使之跟上时代的发展步伐，作为学生们参加考试以及面对他们随后职业生涯中的挑战的参考书。据说温斯顿·丘吉尔在哈罗公学为入伍考试做准备时，曾经熟读过这一著作[2]。毫无疑问，休谟没有动笔开始相关写作，使得斯密在《国富论》中讨论以下话题成为可能：在金融革命时期不列颠成长为世界上举足轻重的一个国家，不列颠的农业以及随后工业的加速转型，与此同时不列颠通过海上探险、海外殖民和全球冲突寻求原材料新的来源和新市场拓展的可能性。

1766—1767 年冬，斯密再次推进了自己的学术事业，出版了《道德情操论》第三版（1767）。在这一版中，后来格拉斯哥版《道德情操论》编辑们发现[3]，在某些涉及神学的段落中，其语气从原先的断言式语气转而弱化为或然式揣测的语气，比如，在 II.ii.3.12，"宗教授权"（"religion authorizes"）（第一、二版）被改为"宗教，我们认为，授权"（"religion, we suppose, authorizes"）。这一倾向在 1790 年的第六版中更为显著，并在斯密死后引发了关于斯密宗教观的争论。第三版《道德情操论》由威廉·斯特拉恩负责印刷，当时他已经成为米勒在出版业的合伙人。这一时期的某个星期五，斯密请求斯特拉恩最近几天内不要再给他送校对稿，因为他正准备动身前往乡下。在信中，斯密还提到说他的文章"论语言的起源"将附在这一版《道德情操论》的最后，并指出已经出版的文本中（大概是指《语文杂录》中收录的该文章）存在一些"印刷错误"，他希望能加以纠正。尽管斯密自己要求在《道德情操论》的扉页以及这篇文章的署名都只要是"简简单单的亚当·斯密"[4]，但是 1767 年《道德情操论》第三版出版时，作者还是被注明为"法学博士亚当·斯密"。这也成为之后斯密所有出版物中的署名方 236

---

[1] New Evening Post, 1776 年 12 月 6 日；Mossner，1980：555–6
[2] Ross，2007c：234–5
[3] 1976：39
[4] *Corr.*No.100

式，或许这也是为什么当时的人习惯称呼他为"斯密博士"的原因。

然而，斯密待在伦敦的另一个原因或许是继续为巴克勒公爵效劳，或许是要帮助他摆脱他的继父查尔斯·汤申德对他的地产和资金不够明智的控制。巴克勒公爵要到 1767 年 9 月 13 日才达到法定成人年龄。作为一位未成年人，不得不通过一个私人法案为他与伊莉莎白·蒙塔古小姐[1] 于 5 月 2 日的成婚获得财产[2]。汤申德或许是想违背巴克勒公爵自己的意愿而将他拉进"政治漩涡"中。往这一方向所做的努力之一就是 1766 年 11 月 10 日市长接待日那天，巴克勒公爵和汤申德一起出现在了市政厅[3]。

在政治领域，汤申德就任了由老皮特受命于 1766 年 7 月组建的内阁中财政大臣一职。但是，由于皮特体弱多病，汤申德就淋漓尽致地利用了当时的情势，处理"七年之战"所引发的印度和北美殖民地相关问题。当时东印度公司占领了孟加拉，随之产生的问题是孟加拉应归谁所有，以及预期中的两百万英镑岁入应如何分配。皮特（这时其晋升为查塔姆伯爵）认为皇室在印度英属殖民地拥有主权，因而应该享有绝大部分的孟加拉岁入。但是，汤申德却极力为东印度公司争取特权，即便是在大家都心知肚明他这样做是为了维护自己在某些领域的私人利益的情况下，仍一意孤行。汤申德动用自己的资金，以及他在 1766 年 5 月至 7 月担任上一任的财政部审计长官期间截留的政府的钱，成功地投资购买了东印度公司的股票。通过买卖股票，汤申德为自己赚得了 7,000 英镑，接着他又与东印度公司谈判，要求它每年向国家支付 400,000 英镑，并强迫东印度公司对收益分红加以限制。1767 年，他在议会上发表了所谓的"香槟演讲"，宣称政府绝不可以继续扮演"它经常会被冠之以的'见风使舵者'"的角色了[4]。

上一年冬季，汤申德似乎曾要求斯密为其提供研究上的帮助，写作"偿债基金历史"，即运用和平时期国家岁入的盈余来偿还国家债务的历史。巴克勒公爵的文件中保存了一份关于这一主题的手稿，并附有 "汤申德先生所著的'基金历史'、许多演算过程以及斯密所著的一些其他论文"的说明。不幸的是，这一

---

[1] 蒙塔古公爵乔治的唯一女儿和继承人。

[2] HLRO，Lords Journals，xxxi.535b，1767 年 3 月 23 日

[3] Rae，1965：232

[4] Walpole，Correspondence：7.97，105–6

说明接下去就写道，"斯密先生的论文被拿走了"[1]。与这篇未完成的"基金历史"一文存放在一起的，还有一封没有称呼的信件，信中写道，收信人同意汤申德的观点，即 1717 年减少对公共债务人利息的支付是偿债基金的开端，斯密在《国富论》中也采纳了这一说法[2]。斯密还采用了与汤申德非常相似的关于英国金融历史时期的划分方法来描述国家债务的累积过程：1688—1697，1697—1714，1715—1721，1722—1729，1730—1738[3]。这些时期都是英国公共债务发展，也被称为"金融革命"，所经历的重要阶段[4]。而且，汤申德的信中还提到了"总计的数额我们有分歧"，而手稿中确实有斯密笔迹的对数字所做的修改。这样看来斯密的工作是提供相关的理论观点和政府基金的相关事实，并核查数据进行列表。

在信末，汤申德透露了他正在考虑的下一春季预算的细节，或许是期望能从收信人那里得到反馈意见：

> 我们难道只是犹豫斟酌现有的每种方法，而不提出任何新的建议——成为犹豫不决和日渐衰败的牺牲品吗？不！我将提出另一种方案：这一简单的方案就是改善各税收部门，增加偿债基金，挪用和平时期经常会有的和将会有的财政盈余。我要通过采取更好的措施，阻止走私来改善您所在的关税部门的收入；通过对肥皂和茶叶税收征收的改良和管理，改善您所在的国内消费税部门的收入：降低咖啡税、对烈性酒实现多样化征税。我会通过征收新税收来增加偿债基金，比如最近征收的法国细麻布税 French Cambricks）、仆役税，以及其他诸如此类的鼓励劳动和贸易的明智的法规。我也将鼓励在森林中开辟种植园，到荒地中定居，从而增加的人口和产出无疑会拉升国内的需求，而这是可靠的税收收入的唯一真正的来源。在这些基础上，我还将真正开始从北美殖民地征税[5]。

1767 年 4 月 15 日汤申德提出的预算中，包括了他在信中预先提到过的一些

237

---

[1] NAS02023 Buccleuch Muniments，GD 224/47/2；Scott，1935–6；79–89

[2] V.iii.27

[3] *WN* V.iii.41–3

[4] Dickinson，1967

[5] *Corr*.No. 302

措施，如将偿债基金增加到 400，000 英镑。他很早就对向北美殖民地人征税这一问题感兴趣，并总是将其与重塑殖民统治方式联系在一起。1767 年 5 月，他推动下议院通过议案，终止了纽约议会的立法功能、在北美殖民地设立海关专员监督贸易法律的实施，并提出应该征收的具体税收。在这些具体税收中，就包括了茶叶税的征收（6 月 2 日财政议案），而这连同其他的一些刺激导致了 1773 年 12 月 16 日的波士顿倾茶事件，最终成为美国独立战争的导火线。尽管斯密和富兰克林一样，当然认为北美殖民地人民应该向殖民政府纳税，但是毫无证据表明，斯密支持汤申德所提出的这些具体税收。这些具体的税收似乎是内阁之外汤申德亲近的同伴们，如塞缪尔·图谢特和约翰·胡思科所提供给他的建议[1]。然而，在唐宁街财政大臣办公室的工作经历，为斯密提供了书本之外的知识，使斯密得以撰写《国富论》第五篇第二章"论社会一般收入或公共收入的来源"。汤申德这些预算所体现的略显混乱的思想，带给斯密的反思或许促使斯密提出了（或从前辈，如斯密从前的保护人凯姆斯勋爵的《人类简史》(*Sketches of the History of Man*)[2]、斯密老师哈奇森的《道德哲学体系》(*A System of Moral Philosophy, ii.340–1*) 以及斯密竞争对手政治经济学家詹姆斯·斯图尔特爵士的《政治经济学原则探究》(*Principles of Political Economy*)（1767/1966）等著述中提炼出了）税收征收准则：平等、强调确定性的要求、方便、经济[3]。在斯密职业生涯的最后一个阶段，他关注的则是作为一位海关专员，如何通过控制走私、推动关税以及消费税改革来增加政府税收收入。

238

斯密在伦敦期间还与另一位"伟大"人物谢尔本勋爵再次相遇，当时他是汤申德的同僚，都在老威廉·皮特领导的最后一届政府中效力。谢尔本勋爵担任的是南方军区的国务卿一职，负责管理国内和爱尔兰事务，并处理与西欧、印度和其他殖民地之间的通信往来。1766 年 11 月 24 日，谢尔本收到苏格兰法官兼古物学家黑尔斯勋爵的弟弟亚历山大·达尔林普尔的一封来信，主题是关于南太平洋地区的探险。1763 年 2 月 13 日，黑尔斯是这样向博斯维尔描述他的这位弟弟的："比我们现代的冷漠社会所培养出来的人更浪漫。从小被作为陆地上的商人来培养，他却最终成为一名能干的航海家。他将来必定会成为一名著述等身的作

---

[1]　Fay，1956：104–6；HP ii.661，iii.535，540，542–3，547

[2]　1774：474 ff

[3]　*WN* V.iv–v，p.827 n.

家"[1]。在东印度公司效力期间，达尔林普尔对探寻未知的南太平洋大陆产生了浓厚的兴趣。许多航海家，从 17 世纪初的基罗斯到 1722 年的罗戈文，也都宣称亲眼见到过这一大陆各种形态的"岬角"。与休谟有通信往来的德白落斯在著作《未知的南方大陆航海史》（*Histoire des Navigations aux Terres Australes*）（1756）中也曾经讨论过太平洋探险这一主题，被约翰·卡兰德在其作品《未知的南方大陆》（*Terra Australis Cognita*）（1766—1788 年）中无耻地进行了剽窃。

达尔林普尔致信谢尔本说，他希望能获得官方批准，收集太平洋航海者最早的航海记录，以防"这些牵扯颇广的记录万一会给政府带来不合宜的后果"。就达尔林普尔所知，英国人安森（1744）、拜伦（1765）、沃利斯和卡特里特（他俩当时正在进行之中）曾经在太平洋做过探险，以及法国人竞争性地开展的太平洋探险，以布干维尔于 1766 年 11 月出发所做的环球航行为代表。接着，引出了达尔林普尔写这封信的真实意图：

> 凭着自己五年的航海经验，在迄今无人涉足的海域航行，遇到过迄今我们还一无所知的民众，我想自己是完全有资格受到雇用有效地去从事这样一种事业。同时，我也并非不清楚，尽管有着丹皮尔（Dampier）、哈雷（Halley）等先例，要任命一位没有任何海军军衔的人效力于公共海航事业，对于公职任命的现行规则以及如此遥不可期的期待而言是如何的陌生而鲜有先例。[2]

这封信引起了谢尔本的注意，他显然希望能对这位来信者有更多的了解。为了这一目的，他向斯密求助。斯密就最早提出存在未知的南太平洋大陆的葡萄牙空想家兼海航家佩德罗·费尔南德斯·基罗斯做了一番研究，并于 1767 年 2 月 12 日将基罗斯递交给西班牙国王菲利普三世的备忘录 [用西班牙语以《珀切斯的朝圣》（*Purchas His Pilgrimes*）为题出版（1624—1626 年）] 翻译成了英文，交给谢尔本。斯密进一步陈述说，他浏览了达尔林普尔的航海记录集，并认为这一备忘录或许正是谢尔本想要的。斯密补充说达尔林普尔"正在收尾"一篇描写南太平 239

[1] Yale Univ.Lib.，Boswell Papers；Fry，1970：p.xviii
[2] PRO Chatham Papers，30/48，v.31，of.11；Fry，1970：113。

洋航海的文章，如果谢尔本允许，达尔林普尔会亲自为谢尔本朗读这一文章，并同时在地图上向他指明文中所提到的岛屿的位置。考虑到一位日理万机的大臣时间有限，斯密补充说这一描述文章"非常紧短，并不比基罗斯的备忘录长多少"。然后，斯密切入正题，写道他认为到底是否存在这样一个未知的新大陆是令人怀疑的，但是如果这一大陆真的存在，"我敢确信您再也找不到一位比达尔林普尔更适合去发现它，或更有决心去面对这一过程中所要经历的各种艰难险阻的人了"。斯密接着转述了达尔林普尔提出的接受这一使命的条件：拥有对一艘配备有很多小舟的海船的绝对控制权，以及如果海船在他还未进入南海前就沉没了，会有替换船只可供使用的保证[1]。谢尔本据说"表达了雇用达尔林普尔前去探险的强烈愿望"，他很遗憾在派遣沃利斯从英格兰出发前去探险时，他还不知道有达尔林普尔这么一个人[2]。

最后，1768 年达尔林普尔被皇家学会选中[3]，率领船队进行一次海上探险，表面上的目的是为绘制维纳斯航道，而秘而不宣的真正目的是到太平洋海域寻找新大陆。然而，海军部并不同意这样的安排，其最高长官爱德华·霍克于 1768 — 1771 年选中了詹姆斯·库克来指挥"奋进号"开展海上探险。这次航行开展了一些天文学观测任务，发现了塔斯马尼亚岛和新西兰的轮廓，并环绕大洋洲航行一周。1772—1775 年库克乘"探险号"第二次出海航行，他不赞同达尔林普尔关于未知新大陆的想法，但是在某种程度上达尔林普尔是库克和温哥华北太平洋探险以及库克南太平洋探险的幕后智囊团，因为正是达尔林普尔的坚持解决了西北航线以及与南大陆相关的争端。除此之外，达尔林普尔后来作为水道测量专家，为东印度公司以及随后为海军部所做的工作都非常重要，因而斯密对他个性和才华的评价是完全恰如其分的[4]。

斯密与太平洋探险史之间这样一种渊源或许并未激起斯密多少的兴趣和向往，至少在《国富论》中没有找到任何相关的迹象。然而，谢尔本要求斯密研究的另一个主题最终吸引了斯密更多的职业兴趣和关注。这就是关于殖民地的性质和管理的研究，斯密或许是在大英博物馆闭馆期间（于 1759 年 1 月 15 日开馆）

---

[1] *Corr.*No.101

[2] European Magazine 42：325；Fry，1970；114

[3] 斯密于 1767 年 5 月 21 日成为该学会会员，1773 年 5 月 27 日获准加入。

[4] Fry，1970；p.xvi；Beaglehole，1968；191–3

开展了这方面的调查研究[1]。斯密汇报说 2 月 12 日前他花了两天时间"仔细研究了所能找到的所有与罗马征服地区相关的资料"。身为国务卿，谢尔本或许希望能从古典殖民的历史中找到一些启示，指导英国在北美殖民地的方针政策。而在斯密看来，似乎并没有多少唾手可得的经验可供参考。罗马殖民地的政体是按照罗马政体的模板来设立的，设有两位执政官和一个元老院。从殖民地居民在议会中没有投票权和选举权这点来看，这些殖民地的地位要比罗马许多城市的地位低一等。更为不利的是斯密所得出的结论，即罗马殖民地"非常独立"：在第二次迦太基战争中，罗马向自己的 30 个殖民地征兵，其中有 12 个殖民地抗命不遵；而且罗马殖民地还经常起义反抗，甚至加入到罗马共和国敌人的军队中去。对于一位想要寻求历史上殖民地管理模式的政治家而言，斯密的结论意义不大："在某种程度上等同于独立的小共和国，它们自然地遵循着具体处境中的利益指向"[2]。

240

在这一报告中，斯密或许参考的是散落在李维著作中的关于罗马共和国殖民地情况的介绍，李维是斯密非常看重的作家[3]。然而，奇怪的是，斯密并没有提及任何他藏书中普林尼和斯特雷波等人的著作对恺撒所创建的殖民地的介绍[4]。

在《国富论》中，斯密提供了一个完全不同的关于罗马殖民地的描述，这无疑是在就这一话题做了更多思考之后才给出的。他就独立性这一点与古希腊殖民地做了对比，在斯密的《天文学史》[5] 和《修辞学和文学讲义》[6] 中，斯密充分承认了古希腊先进的文明。斯密将罗马殖民地描述为驻兵式的定居方式，其经济从未能获得快速增长："给予殖民地居民的土地数量很少是非常可观的，而殖民地的管理也并不独立，他们并不总是能自由地以最有利于他们的方式来处理自己的事务"[7]。

在伦敦期间，斯密所活动的社交圈子就是于 1767 年 2 月 20 日盛情欢迎大卫·休谟出任北部战区副国务卿一职的同一帮人物。那时招待休谟和斯密的女主

[1] Sherbo，1972：56

[2] *Corr.*No.101

[3] *LRB*Lii.6，27，36；"Amicus"interviews，LRBL 229

[4] Mizuta

[5] iii.4

[6] ii.117–19

[7] *WN* IV.vii.b.5

人之一就是玛丽·科克夫人,她是阿盖尔公爵二世的女儿,也就是巴克勒公爵的姑妈。她生动记录了自己的生活日志,在她 1767 年 2 月 8 日星期天的日志中,有一段描绘了富有特色的居家场景中的斯密:

> 当乔治·伦诺克斯夫人与我待在一起时,吉尔伯特·埃利奥特爵士走了进来:他们谈起了斯密先生,就是那位陪同巴克勒公爵一起到国外游学的绅士。我对他大加赞扬,但补充说他也是位最心不在焉的人。乔治夫人告诉我一件轶事,让我捧腹不已。她说一天早晨,戴默先生 [弥尔顿勋爵的儿子,在休谟的鼓励下与女雕刻家安妮·康威结了婚] 在斯密正要用早餐时拜访了他,两人就开始聊天。只见斯密先生拿起一片面包和黄油,不停地卷啊卷啊之后,竟放进了茶壶,并往上面加开水;一会儿之后,他将茶水倒到茶杯,喝了一口,说这是他喝过最难喝的茶了。

玛丽·科克夫人很喜欢她的这些巴克勒姓的侄子们,尤其是年轻的公爵。公爵在伊顿公学就读时,她就经常在家中招待他。她的日志中记录了巴克勒公爵向蒙塔古公爵的独生女儿伊丽莎白小姐求婚的过程,并提到了于 1767 年 5 月 2 日举办的婚礼。这一婚礼仅限于私人范围,无疑是因为家里正在为于四月逝世的亨利公爵的祖母即阿盖尔公爵遗孀珍妮服丧。玛丽·科克夫人对没有被邀请参加婚礼,深感气愤,婚礼三天后,她拜访了新娘,气也就消了:"我们看到她正在梳头,看起来就像一个小天使;她的举止无比优雅、快乐开朗、脾气温顺,各方面无不大方合宜。我相信她明晓事理一如她的美貌。当我们在他家时,巴克勒公爵正准备前往王宫觐见国王:他的随从温文尔雅,他的制服极为考究精致"。乔治二世的女儿阿米莉亚公主殿下早在 2 月 23 日就已经向玛丽夫人坦白说,"她喜欢巴克勒公爵,公爵言行举止时尚文雅"[1]。

对于公爵的导师斯密而言,年轻公爵的言谈举止和风度表现也有他的一份功劳在里面。事实上,巴克勒公爵为"从 [与斯密] 这样一位……不仅以其伟大的才能,而且也以其种种个人美德让我热爱和尊敬的朋友的相处中能够期望获得的

---

[1] Coke, 1889: i.77, 79, 85–6, 112, 141, 153, 158, 231

每一种好处"而深表感谢[1]。在后来的几十年间，斯密给予巴克勒公爵建议，以便改善公爵地产的收益[2]。但是，有迹象表明到1809年公爵晚年，他开始质疑这些"改善"所带来的后果。他明显感到制造业在英国扩张太厉害也太迅猛，将纺织厂引入邓弗里斯郡（Dumfriesshire）的兰厄姆（Langholm）地产上，并未能增加土地的价值，反而使那里的生活不再那么令他愉快，"如果不说是令他生厌的话"[3]。

巴克勒公爵的成婚是到那时他走向独立的一个标志，而另一个标志就是他决定于下一年的秋天将家搬到苏格兰居住。这一决定产生了一些反响。弗朗西斯·斯科特小姐决定同她哥哥一起搬到苏格兰居住，以避免与她早年的保护人查尔斯·汤申德陷入危险的情感纠葛。当她告诉汤申德这一决定时，他"用手抱住自己的头，好一会儿哭得像个孩子一样"[4]。

斯密已经做好计划，要回到科卡尔迪与他的母亲和表姐妹珍妮特·道格拉斯生活在一起。在他盘算这一计划时，写作《国富论》的打算也一直在他脑海中酝酿。我们从一封1767年3月25日写给托马斯·卡德尔[5]的信中，得知斯密想要将四大箱书籍海运到爱丁堡，并投保了200英镑，这在当时是笔相当可观的数目[6]。这些书籍中将包括卡德尔为斯密找到的两本著作：亚当·安德森的《从历史和时序角度推演商业起源》（*Historical and Chronological Deduction of the Origin of Commerce*）（1764年新版），斯密在《国富论》中对该著作加以充分的利用；另一本著作用"波斯尔思韦特"加以指称，可能是玛拉基·波斯尔思韦特所著的《商贸大词典》（*Universal Dictionary of Trade and Commerce*）[7]，或可能性不大的是詹姆斯·波斯尔思韦特所著的《公共税赋史：从大革命时期至今》（*History of the Public Revenues from the Revolution to the Present Time*）（1759）。这三本斯密藏书留存至今，我们是从爱丁堡的海运中第一次知道有这样三本书的

---

[1] Douglas, 1813: i.258

[2] Bonnyman, 2009

[3] NAS02023, GD224/522/3/90; Murdoch, 2004

[4] L.Stuart, ed.J. Rubenstein, 1985

[5] 印刷商安德鲁·米勒以前的学徒，正是在这一年接管了米勒的出版事业。

[6] *Corr.*No.102

[7] 1766年第三版，Jacques Savary des Brulons 所编撰的 Dictionnaire universel de commerce（1723–30）的英文扩展版。

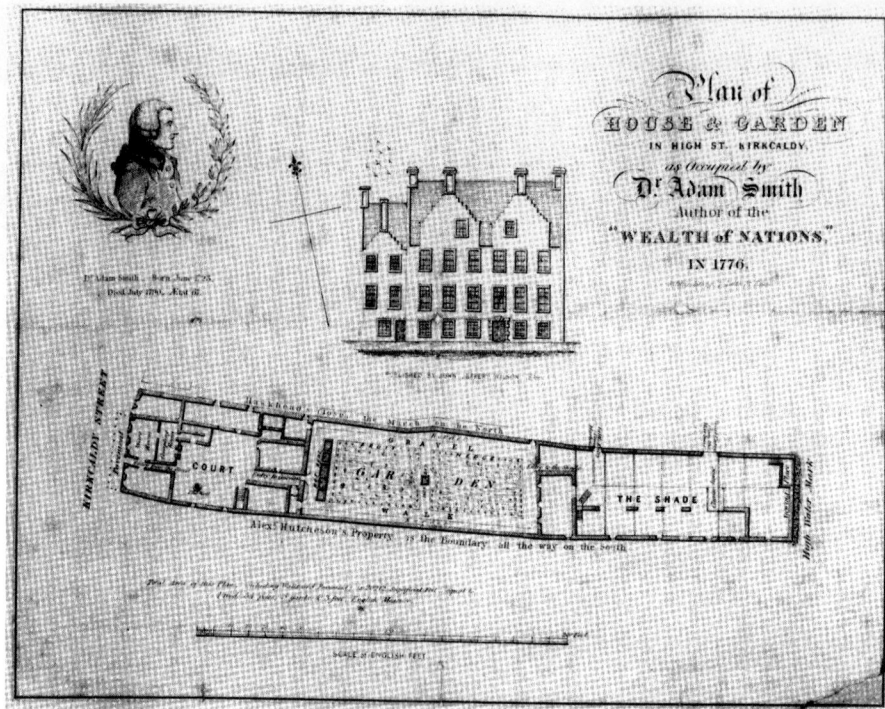

插图 6. 亚当·斯密的房子，科卡尔迪。计划和立视图（Kirkcady 博物馆）。

存在[1]。1780 年，斯密仍然会向安德森请教，或许更多的是关于他在海关的工作，而非《国富论》的写作。同年 10 月 25 日，斯密写信给卡德尔，告诉说他发现了这一本书有一处瑕疵，希望能够加以补救。但是，他记起卡德尔的书店当时并没有这本书，因而，不得不从附近的书店中调过来，"1767 年 3 月某时，在我离开伦敦前几天[2]。

也是在 1780 年 10 月，斯密向在图卢兹认识的一位丹麦朋友安德列亚斯·霍尔特大致描述了他下一阶段将过的生活：

自从与您荣幸认识后，我自己的生活就过得相当单一。在回到英国后，我就归隐到苏格兰我出生的小镇里。在那里我继续非常宁静地生活了六年，

243

---

[1] Mizuta，intro.

[2] *Corr*.No. 206

几乎是处于一种完全与世隔绝的状态。这段时间我主要以写作关于国民财富的探究，以及研究植物学（在这一方面我并未能取得多大的进展）和一些我以前从未曾加以多少关注的其他科学来自娱[1]。

斯密的藏书中有一本哈默施密斯园丁詹姆斯·李所著的植物学《导论》著作，斯密对植物学的兴趣可见一斑。《导论》中包含了对这门科学理论性的解释以及相关术语的解读，主要内容是林奈博士相关著作的一个摘要[2]，或许这一著作也是 1767 年春斯密托运往爱丁堡的四箱书籍中的一本。斯密的藏书中还有林奈本人的四本著作[3]：《植物哲学》（*Philosophical botanica*）（1751）、《植物种志》（*Species plantarum*）（1762 年第二版）、《植物志》（*Genera plantarum*）（1767 年新版）以及《自然系统》（*Systema naturae*）（1767—1770 年第 13 版）。斯密关于外部感官的文章反映了斯密深入阅读了列出的最后一本著作[4]。正如上文已经提到的，从这里可以证明斯密的这篇文章完成于 1758 年之后[5]，因为文中参考了林奈于那一年第十版添加的关于动物的分类，但是如果斯密参考的是自己藏书中该著作的第十三版，那么该文章的完成时间则还要更迟一些。

斯密在 1767 年 6 月 7 日给休谟的信中，汇报了自己在科卡尔迪事情的进展情况。斯密写这封信的主要目的是为了请求休谟照顾萨斯菲尔德伯爵，斯密将他描绘成"我在法国最好和最令人愉快的朋友"。斯密希望休谟在伦敦的时候能将他引荐给詹姆斯·奥斯瓦德和吉尔伯特·埃利奥特爵士。斯密在给休谟的信中，还附上了一封给皇家学会秘书查尔斯·莫顿博士的书信，或许是关于斯密当选为皇家学会会员事宜，并对没能参加获准加入仪式致以歉意。斯密请求休谟代他向"亚当先生一家"问好，他童年时的好朋友罗伯特·亚当和詹姆斯·亚当已分别于 1758 年和 1763 年结束了各自的欧洲游学，并作为卡德尔斯登和西翁的建筑师和室内设计师而声名鹊起[6]。斯密还希望休谟能代他向伊丽莎白·蒙塔古夫人致意，她是一位煤矿主兼女学者，对奥西恩怀有热情的崇拜之情，于 1766 年游览了苏

[1] *Corr*.No.208
[2] 1765 年第二版；Mizuta
[3] Mizuta
[4] pp.71，77，83
[5] Brown，1992
[6] Beard，1981：1—5

格兰，是最早为高地的原始社会遗迹以及壮美如画的风景所吸引的游客之一[1]。毫无疑问，斯密曾是蒙塔古夫人家里的座上宾，后来比蒂和布莱尔也不断地与她交流他们对于《国富论》的评价。斯密是这样向休谟解释他在科卡尔迪的境况的："我在这里的正事就是从事研究，我在过去的一个月也已渐入佳境。我的休闲就是长时间地独自一人沿着海岸散步。你大概能够想到我在这里是如何度过自己的时光。然而，我自己觉得非常幸福、安逸和满足，或许，这样的幸福、安逸和满足是我这辈子从未曾体验过的。"

信末斯密询问了关于卢梭的消息："他是不是因为在英国无法让自己受到足够的迫害而前往了其他国家？"斯密还询问了休谟所效力的部门与东印度公司之间的"讨价还价"（*Corr*.No.103）。斯密所收集的关于东印度公司的信息使得他写成了一篇对该公司历史进行回顾和控诉的文章，作为《国富论》的第三版（1784）附录之一出版。斯密对印度事务的兴趣以及他的专业能力使得他的朋友威廉·普尔特尼，当时的议会会员，将斯密推荐给东印度公司的董事们，认为斯密的建议会对改革或许还有重铸货币等专业事宜有所助益（*Corr*.No.132）。

休谟6月13日回信说他同意萨斯菲尔德伯爵"是一位真正的品格高尚的人"，他"在我们巴黎第一次会面后，就一直与我是关系不错的熟人"。萨斯菲尔德是与他同名的爱尔兰英雄的孙子，他的祖父英勇地突袭了威廉的军队，解除了1689年对利默瑞克的包围，当时这一家族已经在法国非常的兴盛发达。有传言说1767年萨斯菲尔德将取代古奇成为法国驻英国大使，但是这并未成真，尽管当时有报道说萨斯菲尔德受到了当时主要的政治人物如谢尔本勋爵等的关注，并受到了国王的接见。休谟提到他希望能够与萨斯菲尔德有更为深入的友谊，但是他的官方职务使他无法做到这一点。他没有将萨斯菲尔德引荐给埃利奥特，因为他判断后者的"矜持和懒散会让他怠慢这样一位熟人"。至于说奥斯瓦德，休谟认为他们之间的友谊恐怕已经永远中断了。他接着告诉了斯密一个"最为匪夷所思的故事"。两个月前休谟与奥斯瓦德一起用餐，席间有奥斯瓦德的弟弟约翰作陪。约翰为爱尔兰教会效力，担任的是拉福主教一职。休谟开玩笑说他的保护人赫特福德勋爵在结束驻法大使的任期后，成为爱尔兰中尉勋爵，而休谟自己却没能

244

---

[1] Ross, 1965

成为一位主教：

> 这位正直的牧师拉福 [Raphoe]，在没有受到任何其他进一步冒犯的情况下，勃然爆发了闻所未闻的最为激烈、不体面和一本正经的怒火：说我是最为粗鲁无礼的人；如果他不是一位牧师，我是绝不敢，不，绝不敢如此侮辱他的；用这种方式来对待一位牧师是小人的行径；从今天起要么是他、要么是我不许再踏进他哥哥家半步；这已经不是第一次从我嘴里听到如此愚蠢的笑话了。

休谟以"最大的平静和克制"请求他的原谅，但是拉福的怒火并未平息，"用同一种方式骂骂咧咧了很久"。休谟最后转换了话题，并离开了。比拉福的盛怒和"正统宗教式狂热"更令休谟寒心的是詹姆斯·奥斯瓦德在这一过程中始终保持沉默，也并未就此向休谟致歉。休谟自那以后就再也没去过奥斯瓦德的家，"尽管过去每星期我都要与他见上三到四次面"。从信末的签名可以看出休谟又恢复了他惯常诙谐的泰然自若："如果我确定亲爱的斯密您和我将来永远都不会因为这种事情而争吵，我就告诉您，我是您最最亲爱和真挚的大卫·休谟"[1]。

休谟收到了斯密写于 9 月 13 日的回信：

> 我难以向您表达在读您上次来信时所感到的愤懑之情。这位主教真是狼心狗肺的家伙，是个畜牲。而无功受禄的高位看起来使他变得更为狂妄了。让我深感羞愧的是我因为对他的哥哥的深厚情感而曾使得我对他怀有好感。我收到您的来信后，他就来到科卡尔迪，我不得不与他见面，但我对他的态度已绝不可同日而语了。

245

斯密继续解释说詹姆斯·奥斯瓦德当时的表现是因为他正处于"最糟糕的绝望"中，这一绝望似乎又是因为两年后置他于死地的致命疾病所导致的[2]。

斯密收到了萨斯菲尔德写于 6 月 23 日的一封友善亲切的来信，信中对没能

---

[1] Corr.No.104
[2] *Corr*.No.109

在伦敦与斯密会面感到遗憾，并表达了希望能在科卡尔迪的海边与斯密一起散步的愿望。信中绝大多数的篇幅是就弗格森在那一年刚出版的《文明社会史论》所发表的评论。休谟从法国回国后，阅读了几章该著作草稿，但是他的感受却是极为负面的："无论是从文体风格还是推理、形式或内容，我都不认为这些文字适合出版"，他认为如果出版，会损害弗格森的名声[1]。然而，该著作出版后却先后在英国乃至整个欧洲广受好评。[2] 休谟记录了弗格森的名誉上升到与自己齐名的早期阶段[3]，但是即便是在重读了《文明社会史论》这一著作之后，休谟也并未改变他自己不认同的观点[4]。大卫·雷纳（2008）解释说休谟之所以会不认同弗格森的《文明社会史论》的原因（在当时的一些评论中也有同样的声音）主要在于对道德的看法不同。弗格森就道德这一话题侃侃而谈，而休谟则是一位勤奋的探询追问者；弗格森的谨小慎微使得他避开了关于文明社会中宗教作用的讨论，而休谟则认为这是一个不能回避的至关要紧的问题。萨斯菲尔德评论阅读该著作令他感到愉快，但是他并不赞同弗格森给予斯巴达人的爱国主义和对自由的热爱的褒扬，而认为斯巴达人的习俗古怪荒诞。他还认为弗格森对于中世纪的骑士以及他们的骑士精神没有给予应有的重视[5]。

　　或许是因为斯密也认为弗格森的著作在文体和逻辑上令人失望，他在《国富论》中并未引用该著作。然而，正如格拉斯哥版的编辑们所指出的，斯密对于分工所带来的负面效果的观点与《文明社会史论》一书的观点是很相似的[6]。卡尔·马克思在对《法学讲义》中关于劳动分工[7] 及其带来的负面影响的讨论内容[8] 不了解的情况下，得出结论弗格森是斯密的老师[9]。卡莱尔写道斯密对于

---

[1]　*HL* ii.11–12

[2]　晚近几年，学术界对于 Ferguson 的兴趣有所复兴，编辑出版了很有助益的 Ferguson 的作品 Essays on the History of Civil Society（ed. Forbes，1966，ed. Oz–Salzburger，1995）；Unpublished Essays （ed. Philip，1986）；Correspondence （ed. Merolle，传记性的引用，1995），和 Manuscripts （ed.Merolle et al.，2005）；重新深入思考了他关于社会的思想与休谟和斯密相关思想之间的关系（Jogland，1969；Waszec，1985；1988；eds. Heath and Merolle，2007，还有 2009）；重新评价了他在诸如建立全国性的民兵组织等问题上的观点（Raynor，2009）；以及简明而恰当地评价了他在苏格兰启蒙运动中的地位和贡献：David Allan （2006）。

[3]　*HL* ii.125–6

[4]　*HL* ii.133

[5]　*Corr.* No.105

[6]　*WN* II.782，n.48

[7]　如 A：vi.28–57

[8]　B：329

[9]　Marx，1954：i.123，n.1

《国富论》出版的拖延或许比较敏感，也预料到弗格森会将自己的思想，如社会发展的四阶段论，揽为己功，而这引发了"他脾气中的小嫉妒"[1]。在弗格森一方，则向斯密摆出了一个高姿态，在《文明社会史论》第四版[2]中，弗格森用脚注的形式，承认了斯密在政治经济学方面著作的超级权威性：

> 我很愿意就此结束这一我并不十分熟悉、而我著作所针对的读者则会更为不感兴趣的主题的讨论。关于商业和财富的思考已经有最具才干的作家们进行了阐述，而读者或许很快就能读到关于国家经济的一种新理论，这一理论完全可以与迄今为止科学领域内任何的其他理论相提并论。[3]

246

这些话语一直保留到了该书 1814 年的第七版，即弗格森生前最后一版。但是，巴塞尔 1789 年版中，脚注中提到斯密是《国富论》（而不是《道德情操论》）的作者，并将这段文字的意思调整为读者最近已经能够读到这一著作了[4]。

在 6 月 23 日书信的最后，萨斯菲尔德指出卢梭在圣丹尼斯的说法纯粹是一种"巴黎人的"谣言，尽管他很难相信巴黎最高法院会容许卢梭长久逗留在那里。这里萨斯菲尔德指的是卢梭所遭受到的迫害的另一个插曲，斯密预言卢梭会在《社会契约论》（Contract Social）中加以报复。9 月 13 日斯密给萨斯菲尔德回了信，同一天斯密还给休谟写了信，谈及了其他一些话题，并询问了"卢梭离开英格兰前后真实发生的情况"[5]。休谟在 10 月 8 日的回信中给予了回答，详细叙述了当时卢梭的奇怪行径，我们现在知道这些行为都是由幻想症所引起的[6]。

休谟在 10 月 17 日的另一封信中纠正了上述叙述的一些细节，并汇报了理查德·达文波特在德贝郡伍顿的所见所闻，休谟将卢梭安置了在了那里。当时卢梭正在动笔写作 "回忆录"，达文波特判断说"将会是他所有著作中最吸引人的"[7]。无疑休谟对此有些忧虑，他不知道卢梭将会怎样来谈论他到英格兰避难这一事

---

[1]　1973：142

[2]　1773，iii.4

[3]　由《道德情操论》的作者斯密先生所著。

[4]　Mizuta

[5]　*Corr.*No.109

[6]　*Corr.*No.111

[7]　*Corr.*No.112

件，当时还有其他一些著名人物，如狄德罗、德埃皮奈夫人，也曾经与休谟有过瓜葛，他们都想禁止该书的出版。当该著作以《忏悔录》的书名（1782—9）出版后，人们发现卢梭的讲述到 1765 年就止住了。1767 年从英格兰回国后，卢梭一段时间内在布弗莱伯爵夫人的情人康蒂王子的庇护下居住在特里堡。他在那里完成了《忏悔录》的写作，接着又开始四处流浪，1770 年获准在巴黎定居。另外一本卢梭死后出版的忏悔体著作，确实谈到了卢梭对于休谟的幻想猜疑。这一著作就是《卢梭评判让 – 雅克》，卢梭于 1772 年开始这一著作的写作，其中部分（"第一部对话"）于 1779 年或 1780 年由布鲁克·布思比爵士在利奇菲尔德（Lichfield）出版，布思比是卢梭待在伍顿期间所结交的英格兰中部热心朋友之一。1778 年 7 月 3 日，卢梭在距巴黎 86 公里远的阿蒙农维拉逝世。阿蒙农维拉成为纪念卢梭的圣地，卢梭的骨灰存放地波普勒斯岛也成为众多卢梭崇拜者的朝圣地，其中就包括富兰克林、罗伯斯比、玛丽·安托瓦内特和拿破仑[1]。

《对话三部曲》（*Trois Dialogues*）的全文于 1782 年出版。在这一本通过类似于公正旁观者的角度来进行自我剖析的杰作中，卢梭透露他回法国后，对宫廷画家艾伦·拉姆齐于 1766 年 3 月为他和休谟所画的肖像画一直耿耿于怀。休谟在关于他与卢梭之间争吵的《简要说明》（*Expose succinct*）一文（1766）中称要给卢梭画幅肖像画是拉姆齐的主意，然后拉姆齐将这幅画作为礼物送给了休谟。卢梭认为这些肖像成为他与休谟之间这场争吵的导火索。[2]

---

[1] Bonnefous，1964；Schama，1998：156–60

[2] 根据卢梭的说法，休谟热切地想要他的肖像，就像热恋中的人要他情人的肖像一样。而卢梭表达了深深的疑虑，怀疑他的肖像是根据希腊人所发明的最为野蛮的怪物"可怕的独眼巨人"的脸来绘制的，意欲与旁边休谟得到美化的英俊而大方的形象形成对比，让他丢脸（Rousseau，1959：779–81）。卢梭肖像的色彩偏暗或说有些压抑，再加上他所戴的亚美尼亚帽子上以及身上黑棕色长袍边缘突兀的黑色蓬乱的羽毛，或许会让人想到画像中的人与野兽之间存在某些共同特征。画像中卢梭的右手指着自己的心脏，很适合其研究情感的哲学家身份。而休谟的肖像则截然不同，画中的休谟身穿猩红、镶有金边的巴黎英国大使馆秘书制服。他平视的眼神，令卢梭深感不安的眼神中的专注，表明这是一位在情感上具有自制力的人，而微笑的嘴唇则暗示了他的好脾气。休谟的左臂和右手随意地垂在四开本的两卷书本上，其中之一印有塔西佗的名字。这表明一些人认为休谟的《英格兰史》（完成于 1762 年）使得他可以与塔西佗这位罗马历史学家相提并论。Ramsy 用他所绘制的"卢梭"和"休谟"形象，回应了 *Discours sur lòrigine…de lInégalité*（1755）中所塑造的人物 '1' homme Sauvage' 和 '1' homme police'。斯密在"致《爱丁堡评论》创刊人的一封信中"翻译了此文（1756；EPS：253–4）。Ramsay 眼中的"卢梭"，绝不是像在 *Discours* 一文中所宣称的"满脑子都是自由、宁静"，想要的"只是生活和安逸"，而是一位谨小慎微、阴郁的人物，他的颈部得到了突出，或许意图表明他在现代世界的普通人类社会中容易受到伤害。出于同样的原因，画家笔下的"休谟"也并不是一位"为获得让他更为费神的职位而无休无止地努力工作、自我激励、自我折磨"，或是"为了流芳百世，而放弃生活"，他的生活"享有荣誉而不具有美德，拥有理性而不具有智慧，享有舒适而不具有幸福"。或许，在 Ramsay 看来，尽管事实上卢梭具备各种能说会道的才能，却一直受着自己内心虚伪的良心和忘恩负义的恶魔的折磨，而休

休谟并没有意识到卢梭对自己怀有的阴暗想法，他将这两幅肖像并排挂在他位于城堡附近詹姆斯宫会客室里，直到 1771 年。随后，休谟把它们挂在了新城区"圣大卫大街"的住所内 [1]。亚当·斯密在他偶尔离开科卡尔迪拜访休谟时，肯定看到过这两幅肖像，或许他会困惑这样一位能就自爱、自我提高以及物质财富创造过程中产生的病灶（在斯密看来）写得如此头头是道的一位人物，会遭受如此的自我折磨 [2]。

与此同时，巴克勒公爵每年不断地支付给斯密的 300 英镑年金，很好地满足了斯密的物质需求。我们第一次听说这一薪水的支付是在 1767 年 6 月 26 日 [3]。8 月 30 日，他给威廉·斯特拉恩送去了一张 12 英镑 11 便士的汇票，其中的 10 英镑大概是斯密欠斯特拉恩的书费，剩下的是支付给莫顿博士的皇家学会会费 [4]。9 月 13 日，斯密从达尔基思庄园写信给休谟。达尔基思庄园是巴克勒家族在爱丁堡附近北埃斯克的主要住所，由詹姆斯·斯密于 1702—1711 年为蒙默思郡公爵的遗孀安妮公爵夫人所建 [5]。这一建筑有着温暖的砂岩外墙以及荷兰帕拉弟奥式格局的院子，被描述为"就其主体而言，是洛锡安区乃至整个苏格兰所有早期经典住房建筑中最为雄伟的" [6]。斯密的朋友约翰·亚当在 1762—1763 年对其进行了修补和外墙修缮，建筑的内部装修得到了很好的维护，包括安妮公爵夫人的房间。房间里橡木镶板装饰的墙壁、白色的壁炉中红色大理石的细节处理以及壁炉上方白色的大理石嵌板，嵌板上面是格瑞林·吉本所绘制的尼普顿和加拉提亚的故事。

新婚的公爵和公爵夫人以及弗郎西斯·斯科特小姐在 9 月初来到了这座壮丽气派的住处。本来是要在 13 日为公爵庆祝成年礼的，但是 4 日查尔斯·汤申德突然死于"斑疹伤寒"的消息使得这一庆祝仪式不得不推迟。为他整理身后留下的文件时，他的家人和朋友们都陷入了惊慌失措的境地。他离世时未能留下任何遗

谟则享有心灵的宁静、真正的善意、引人注目的正直。这些肖像现在保存在爱丁堡的苏格兰国家美术馆内。Douglas Fordham 在"Allan Ramsay's Enlightenment：or，Hume and the patronizing portrait"中对这两幅肖像以及卢梭在他自己的 Arts Bulletin 中的反应做了非常牵强的分析。

[1] Mossner，1980：537
[2] 关于斯密对卢梭做出回应的二手资料参见第 11 章，注释 3。
[3] Corr.No.106
[4] Corr.No.108
[5] Marshall，1973
[6] McWilliam，1978：158–61

嘱，正如玛丽·科克小姐写道："从没有人像他那样让自己的身后事如此混乱不堪"。达尔基思夫人所有的钱、她家里所有的家具、祖德布拉克庄园和阿德伯里庄园以及她所有的金属餐具恐怕都不再是属于她一个人的了，而不得不被平分成三份，一份归她，另两份归汤申德的三位孩子。玛丽夫人继续写道："与阿德伯里相关的一切都是一团糟。"汤申德宣称巴克勒公爵的 20,000 英镑资金被花费在了那里，但是还有很大一笔修缮费拖欠着，而公爵将负责偿还这些欠款[1]。还是从玛丽夫人的口中，我们得知心烦意乱的遗孀在三年前就开始担心她的丈夫与议员西奥博尔德·塔夫这样一位臭名昭著的赌徒和投机者之间的瓜葛，当她听说塔夫手中有一些汤申德所写的书信时，惊恐万分[2]。大约 10 年后，达尔基思夫人还在疲于应付财政部的工作人员对汤申德政府账户所展开的调查。斯密很可能会为巴克勒公爵这一苏格兰最大的土地拥有者所遇到的这些困难提供参考意见，但是斯密在 9 月 13 日写给休谟的信中并没有提及查尔斯·汤申德的死讯："[这对年轻的夫妇]于下一个星期一就开始在他们的住处招待客人，如果他们俩能受到这一国家的人们的欢迎，我将感到无比荣幸。我无法确定我是否遇到过比公爵夫人更令人愉快的夫人了。我很遗憾您不在这里，因为我确信您一定会爱上她的。"[3]

248

卡莱尔是这样描写随后巴克勒公爵夫妇举办的由 50 位附近的女士和绅士参加的聚会的："伙食非常豪华奢侈，但是来客们拘谨而无趣。亚当·斯密是公爵夫妇在餐桌上唯一熟悉的同伴，但是斯密在调动生日宴会的热闹气氛方面完全不在行，而公爵夫妇也没有多少经验可言。"幸运的是，卡莱尔和他活跃的朋友御玺官员桑迪·麦克米伦频频敬酒，使"我们进入了适合这一场合的氛围之中"。卡莱尔像斯密一样也被公爵夫人的美貌打动了："她容貌端庄，肤色很美，黑色的眼睛顾盼生辉，而她的樱桃小嘴在讲话时显得无比优雅。"但是，似乎是出于对斯密与公爵夫妇之间特殊关系的嫉妒，卡莱尔对这一次聚会的叙述是以一种酸溜溜的口气结束的：

> 斯密与他们一起待了两个月，然后回到了科卡尔迪他母亲那里，继续他

---

[1] Coke，Journal，ii.130

[2] *HP* iii.548

[3] *Corr.*No.109

的研究。我经常想如果他们找的是另外一个比他更具交际才能的人，他们的第一次社交亮相会要早得多；他们凭借自己良好的感受力和判断力，也能够很快地聚拢一批由他们自己选择的熟人，这要远比由一位食客或寄生虫帮助他们遴选出来的客人好得多[1]。

当时的名人政要都注意到了斯密与巴克勒公爵之间密切的关系。1767 年 9 月 26 日斯密与公爵一道成为马瑟尔堡议员[2]，并于 1770 年 6 月 6 日在爱丁堡被授予了同样的荣誉。

---

[1] Carlyle，1973：250

[2] Scott，1937：82，n.1

15. 国民财富研究者

我自己的研究计划……就像珀涅罗珀的编织一样进展着，因而我看不到有哪一天能完成它们的可能。

斯密在科卡尔迪继续他的研究，但《国富论》的写作进展并不顺利。1768 年 1 月 27 日斯密在给谢尔本勋爵的信中承认说："自从我回到苏格兰以后，我基本以自己计划的方式从事研究。但是，并没有像我预期的那样进展顺利；因而，我决定延长待在这里的时间直到明年的 11 月份，或许一直到明年圣诞节之后。"他还为谢尔本勋爵对萨斯菲尔德伯爵的友好善意表示感谢："再没有比阁下所做的一切能更有效地让我对您产生亲近之情了"；他还要求收信人代为向罗伯特·克拉克上校致谢，因为他给予斯密与巴克勒公爵之间"最初的合同"（或许指的是他的年薪）虽不具体却是相当有益的建议[1]。

1768 年圣诞节来了又去了，斯密却仍还待在科卡尔迪。第二年的 1 月 15 日，斯密写给黑尔斯勋爵六封信，信中可以看出斯密正在自己的书房中努力研究为写作《国富论》而收集的资料，同时还正在努力帮助另一位学者开展他的研究计划。在第一封信中，他向黑尔斯勋爵致谢，感谢他主动提出要借给斯密"关于早些时候谷物以及其他供给品价格的论文集"。斯密提到他没有任何"关于这一主题的论文"，大概是指手稿，除了一本从 1626 年开始关于对中洛锡安郡"官方谷物定价"加以描述的出版物。这些都是"每年根据苏格兰每个郡真实的不同市场

---

[1] *Corr.* No.113

249

情况对燕麦所做的定价"[1]。斯密希望能够从海军食品供应处获得更多的关于食品价格的信息。斯密手头拥有了关于这一主题的已出版书籍的"大量评论",其中的一个评论,斯密猜想黑尔斯勋爵还没有读到过,在斯密看来是"所有评论中最有见地的"。

这一评论就是斯密藏书中[2]所收藏的一个比较研究,题目为《奥弗涅、里昂、鲁昂以及王国其他几个省份和城市人口研究概况与法国和英国乡村情况比较:自 1674 年到 1764 年》[3]。作者是一位名叫路易斯·麦桑斯(1734—1796 年)的税收官员,在圣艾蒂安选举中被选为"平民税"[4]的征收者。斯密肯定是在法国快回国期间获得这一著作的,或是最近刚请人从法国寄过来的,因为这本书1766 年才在巴黎出版。斯密还汇报说写作中参考了托马斯·马多克斯于 1711 年出版的《财政部历史》(*History of the Exchequer*)[5]、英格兰国会议案以及"法国国王法令"等。

然后,斯密评论了自己现在的境况:"我自己的论文杂乱而毫无头绪,我在等着从各种不同的渠道获得更多的信息之后,再着手做最后的组织整理",我们会认为这是一位对自己所讨论主题内容的准确性有着很高要求,并对文字的组织也极为谨慎在意的学者,经常会处于的一种状态。接着,斯密主动提出要将他的"论文"寄给黑尔斯或在合适的时候亲自读给他听。斯密也承诺会读完议会的苏格兰法案,并与那些他有机会考察的"我们自己的历史学家的叙述以及其他一些国家的法律相比较",以便帮助黑尔斯出版他就"苏格兰法案"所做的考察,就像戴恩斯·巴林顿最近出版的《英格兰成文法考察》(*Observations on the English Statutes*)(1766)一样。信中,斯密进一步承认了自己现在所处的困境,即某人的"研究计划"使得斯密"很少有闲暇时间",这些研究计划就像珀涅罗珀的编织一样,因为他"真看不到有那一天能完成它们的可能"[6]。

斯密面临的另一个问题是书写这一体力劳动。从斯密的书信手稿看来,他的

250

---

[1] *WN* I.xi.e.17

[2] Mizuta

[3] *Recherches sur la population des generalites d'Auvergne*,*de Lyon*,*de Rouen*,*et de quelques provinces et villes du royaume*,*avec des reflexions sur la valeur du bled tant en France qu'en Angleterre*,*depuis 1674 jusqu'en 1764*

[4] 法国直接对人头和财产所征收的主要税收:*WN* V.ii.g.6–7

[5] Mituza

[6] *Corr.* No.115

书写缓慢而费力。他书写的字母又大又圆，就像一位无法流畅书写、也不喜欢书写的小孩子的笔迹一样。斯密将自己的书写描述为"如此糟糕透顶的字迹"[1]。他采取的方法是雇佣一位"职员"或"抄写员"把他的口述或草稿誊写出来，如果碰上好的雇员还能帮助他组织他的文章。有两个人宣称他们荣幸地在斯密为《国富论》最终定稿做准备时帮助了他。其中一人名叫罗伯特·里德，大约出生于1737年左右，1768年11月科卡尔迪教区登记簿上注明他是一位纺织工，而在1770年、1771年和1774年的登记条目中注明的是"亚当·斯密教授的雇员"。他和他的妻子海伦·格迪斯有六个孩子在科卡尔迪接受了洗礼。关于他后来的职业生涯发展：在为斯密工作了十年后，1778年在阿洛厄海关担任负责监督货物装卸的官员，但是这一点并未能在海关档案中得到证实。1785年9月11日，他写信给斯密告知他已经在加拿大新近成立的新布伦兹维克省定居下来[2]，开始了不同凡响的新事业，成为将鱼销往国外海港并将英国商品带回新大陆销售的贸易商。他后来又到了诺森伯兰郡，在马拉米奇河两岸担任过验尸官、事务登记员、高级法官以及长老会社区的领导。斯密会发现除了他一手漂亮的字迹外，还有更多的理由雇佣他。[3]

　　另外一位《国富论》的誊写者名叫亚历山大·吉利斯，后来于1785年在爱丁堡担任税务官员，1797年荣升为基尔马诺克区主管人。斯密的侄子兼继承人大卫·道格拉斯，在吉利斯即将离开人世时，为他提供了援助。1818年3月刊登在《苏格兰杂志》上的吉利斯讣告，提及了这些关于他的情况[4]。

　　有一则轶事说斯密在科卡尔迪他母亲家中书房内，向抄写员（要么是里德要

[1]　Corr. No.113

[2]　Corr.No.246

[3]　在1785年里德写给斯密的信中，大部分篇幅都用于讲述了一次令人不可思议的500英里远的旅行。1784年12月，里德和另一位同伴丢弃了他们在魁北克购买的纵桅船，从Baie des Chaleurs的Pabos出发，他穿着雪地鞋一直走到哈利法克斯，在那里处理了事务并拜访了斯密的亲戚哈利法克斯海军站的司令官Sir Charles Douglas将军。1784年5月23日，里德与这位将军和他的家人一起吃早餐，并从他那里得知斯密母亲去世的消息。旅行伊始，里德遇到了三位"野蛮人"，大概是当地的Mi'Kmaq。他们对他非常友好，教他各种生存技能，如怎样搭建茅屋、怎样堆放柴禾点燃篝火取暖并吓跑野兽。随后，里德与Mi'Kmaq人一起乘着独木舟进行了广泛的游历，显然对他们的"风俗习惯"极为感兴趣。毫无疑问，里德很了解斯密所处的境况，如斯密与巴克勒家族之间关系，并提及说如果有机会，他将把独木舟作为礼物送给公爵的继承人Lord Dalkeith（Charles Montague-Scott），其于1812年1月成了巴克勒公爵四世。里德在New Brunswick的职业生涯在其讣告、当地资料提供者的报告，以及Fredericton省档案馆的文件中都有所介绍（Willis D. Hamilton, A Dictionary of Miramichi Biography, 1997：319）。

[4]　Scott, 1937：360

么是吉利斯）口述《国富论》的章节。他是站着口述的，并有一种很有意思的习惯，一边口述一边拿头在壁炉上方的墙壁上来回蹭。据说斯密假发上的润发油在墙上留下了印记，这一轶事的记录者罗伯特·钱伯斯在他的《苏格兰风情》(*Picture of Scotland*)（1827）中宣称这些印记一直保持在那里，直到墙壁被重新粉刷。唯恐斯密的崇拜者们会蜂拥而至，钱伯斯不得不向人们透露这所房子已经在 1834 年被摧毁。参观者唯一能找到的是朗敦恩的主街南边有一块标号为 220 的牌匾，上面描绘了法夫郡东部传统的三层楼房，楼房屋侧是山形墙头、顶部是烟囱。在格拉斯哥大学政治经济学院存有用水彩画绘制的这一牌匾。这幅绘画来自约翰·杰弗里斯·威尔逊于 1844 年出版的板画，房子和花园的立体图和整体布局也是以这幅版画为基础的（插图 6）。

3 月 5 日前，斯密未能收到黑尔斯的"论文"，在下次书信中，斯密提出派个仆人到位于坎农格特新街的黑尔斯法官家中（与斯密前任保护人凯姆斯勋爵比邻）去取。斯密已经在阅读詹姆斯一世时期的议会法案，觉得这些法案对了解那一时期的苏格兰未开化状态很有助益。斯密写道当时为旅客提供食物供给以及对"仆人数目"的控制使得旅店招待旅客面临很大压力，但他很遗憾的是，他的评论对于黑尔斯而言或许不如黑尔斯的论文对他而言那么有用。然而，斯密在《国富论》的 III.iv.5 中还是就封建时期旅客招待情况的前因后果进行了扩展讨论，因而他就"苏格兰法案"所做的阅读还是与他当时手头的研究计划联系在了一起。顺便地，斯密还阐述了自己做法学研究的方法：

> 我研究法律的目的完全是为了获得一些笼统的概念，了解正义在不同时代和不同国家得以实施所依据的规划的大致纲要。而对具体的法律细节则很少深入研究，我觉得阁下您在这一方面造诣颇深。阁下您所掌握的一些具体的事实对纠正我整体性的观点很有益处，而我恐怕我整体性的观点却过于模糊和肤浅，对于阁下无甚参考价值。

斯密在 1769 年 3 月 5 日致黑尔斯的书信结尾处，对著名的道格拉斯案件的审判结果表达了自己强烈的义愤之情，这一案件最终上诉到了上议院。作为哈密尔顿家族一方的辩护律师，黑尔斯的主张是故去的道格拉斯公爵的财产应该由哈密尔顿公爵七世而非实际继承人来继承，理由是实际继承人只是一位冒充的子嗣。而斯密的前任保护人凯姆斯勋爵并没有站在哈密尔顿家族这一边。1767年7月7—8日，爱丁堡最高民事法庭的内院就道格拉斯案件进行辩论，凯姆斯作为一名法律议员，被要求就此发表讲话并进行投票。休谟认为赞成哈密尔顿的一方的论证更有"理性的说服力"，并认为道格拉斯一方"裹挟着最为狂热的偏见"[1]。但是凯姆斯勋爵所接受的立场是被告的父子关系在他母亲活着的时候从未被质疑，而最高民事法庭已经让他正式继承了道格拉斯的财产。凯姆斯勋爵强烈反对巴黎吐尼尔法院所采用的审判程序，声称哈密尔顿一方从非公开的审判程序中获益，在这一审判中连正义的最基础原则（倾听另一方的申诉）都没能做到。在他看来，这就像道格拉斯财产继承者的父亲，为了让道格拉斯公爵相信他的存在，在因欠债入狱也并未能提供重要证人的情况下伪造信件，却仍被法庭采信为证明他儿子身份的临时证据的做法一样缺乏法律依据。因而，凯姆斯勋爵连同其他六位法官为道格拉斯财产继承者投了一票，但是最高民事法院院长邓达斯勋爵于1767年7月14日将票投给了哈密尔顿公爵一方，这样，道格拉斯一方的律师们不得不将自己的希望寄托在向伦敦上议院所提出的上诉之中[2]。

斯密对于1769年2月27日邓达斯勋爵的决定性一票在伦敦上议院被逆转深感愤怒。[3] 他向黑尔斯表达了对上议院的审理程序，以及当道格拉斯案的判决宣布后，3月2日和3日晚上在爱丁堡所爆发的欢庆和骚乱的愤怒之情：

---

[1]　NHL，p. 175：20 July 1767

[2]　Ross，1972：134–9

[3]　卡莱尔当时在伦敦，当天也在上议院旁听了关于 the Douglas Cause 的辩论。在辩论前，他向巴克勒公爵询问案件发展的可能，被告知"如果上议院高级法官们无法达成一致意见，案件会如何发展就很难断定了，因为无论议员们如何不具备做判决的资质，他们都会遵从他们最敬重的法官的判决。但是，如果他们意见一致，案件的判决就取决于他们的看法。上议院的惯例是在所有司法案件中，支持议院高级法官们的判决"。听证会一直从早上十一点持续到了晚上九点，被认为与上议院的其他辩论一样精彩纷呈。未来的辉格党领导人 Charles James Fox 认为 Alexander Wedderburn 为 Hamilton 方所做的开场陈述是他所听到过的陈述中最精彩的。Edward Thurlow，与 Wedderburn 一样后来成了上议院大法官，他为 Douglas 方所做的陈述，如滚滚春雷，以自己所掌握的事实及严谨的逻辑推理打动了在场的每一个人。在 Thurlow 出现在上议院进行陈述前，Andrew Stuart 把他叫到海德公园进行了决斗。Stuart 觉得 Thurlow 在司法辩论中的粗暴处理，深深地伤害了自己。根据卡莱尔的说法，Hamilton 方所得到的支持主要来自五位议员，包括放浪形骸、愤世嫉俗的 Earl of Sandwich，他充分利用了产科方面的证据，使得主教们面红耳赤。但是，上议院的高级法官们、Chancellor Camden，以及 Archibald Douglas 母亲曾经的仰慕者 Chief Justice Mansfield，坚定地站到了 Archibald Douglas 一方。在随后下议院的分歧中，他们的立场也占据了主导地位。最终，下议院判决上诉人为 Douglas 家族的继承人。卡莱尔在他的 Anecdotes and Characters 中宣布他"对判决结果感到很高兴，因为判决结果与我的立场一致，[亚当] 弗格森教授和我是我们这帮人中唯一一站在 Douglas 一边的，主要是因为我们认为如果 Douglas 方的父子关系的证据得不到支持的话……就会为以后不计其数的继承权诉讼打开大门"（Carlyle，1973；262–3）。

在搁笔之前……不得不表达……自己对于最近伦敦和爱丁堡事态发展的关注以及更为重要的自己对此的愤慨之情。我一直认为英联邦最高法院 [即伦敦的上议院] 很像陪审团。大法官们通常自作主张，总结证据，向其他同伴解读法律；这样其他人就会不知不觉地听从他们的意见。在这一次的案件中，这样对他们加以指导的两位大法官中，一位 [卡姆登大法官 Chancellor Camden] 总是希望能得到民众的赞赏；而另一位最具才智的 [曼斯菲尔德审判长 Chief Justice Mansfield]，也总是唯民众的好恶马首是瞻……他的倾向 [也] 总是被怀疑为具有党派偏向性。[1]

在斯密看来与卡姆登大法官和曼斯菲尔德审判长在司法审判中的软弱形成对比的是邓达斯勋爵所表现出来的坚定和正直，他勇敢地挫败了亲道格拉斯的民众要在爱丁堡的大街上将他从轿子里拖出来的叫嚣。站在公众一边的鲍斯韦尔是一位亲道格拉斯者，他宣称经过六年时间在苏格兰、法国和英格兰法庭的辗转，道格拉斯案"动摇了苏格兰所一直秉持的'出生决定权利'这一神圣律条的根基"（*BLJ* v.28；*Corr.* No. 72）。斯密以及其他一些学者依据道格拉斯继承人出生的相关证据而采取了符合理性的立场，但是，他们同时很可能忽视了一点，即家族有权自己决定财产和荣誉的继承权问题这一社会成见所具有的巨大力量。

至于这一产生重大影响的法律诉讼主要当事人阿奇博尔德·道格拉斯，则于1780 年将巴特勒公爵的妹妹弗郎西丝·斯科特小姐迎娶为自己的第二任妻子，她为他生了八个小孩（他原先就已有四个孩子）（Rosie，ODNB，2004）。弗郎西丝在博思韦尔城堡继续招待她在达尔基思宫殿所结识的那一群知识分子，但是并没有记录说亚当·斯密曾经到她的府上做客。

再回到黑尔斯与斯密在 1769 年的通信这一话题上来，我们注意到 3 月 6 日黑尔斯法官将他许诺过的"论文"送到了斯密手中。这一文件题为"苏格兰玉米、牲口等价格情况记录——最早相关记录一直到詹姆斯五世去世"，其中所呈现的摘录来自于莫里郡和阿伯丁主教辖区，以及德赖伯勒、阿布罗斯、凯尔索、司康、堪布肯尼诗、邦弗姆郎等修道院的契据登记簿（账户登记）中的资料，还

253

---

[1]　*Corr.*No.116

参考了最高民事法庭的会议记录[1]。随同附上的书信中，黑尔斯描写了那些扬言要将邓达斯勋爵从他的轿子里拖出来的爱丁堡民众的细节，黑尔斯还提到了投票给哈密尔顿一方的法官们窗户被砸的事情[2]。据说，鲍斯韦尔是砸窗户那一帮人的头目，他在玻璃被砸碎的同时据说还宣称："这些诚实的伙计是在用自己的方式投出决定性一票"[3]。

3月12日斯密回信说，他"带着巨大的愉悦和专注"读完了"谷物价格"这一文件，并补充说这将对他"非常有用"。他写道"我们的先人对于谷物价格的估计似乎非常松散和不精确"，这些"名义上的数目"被认为是几年内谷物和其他食物的平均价格，而事实上，在这几年中谷物本身的价格已经发生了相当程度的变化。因而在1523年（这里斯密误写了，文件中应该是1525年）和1540年，最高民事法院估计每博耳大麦的价格是13先令4便士，尽管在1525年一磅的银只锻造7英镑的钱币，而到1540年一磅银锻造出的是9英镑12便士。这些数目都是以苏格兰的英镑为单位来计量的，名义上一苏格兰英镑等价于十二分之一的英格兰英镑的面值。斯密认为这一数据"不可信"，因为到16世纪，距发现西属西印度群岛已经过去很长一段时间了，谷物的价格却跌到了原来平均价格或以用于交换的真正的白银量的三分之二。接着，斯密讨论了换算价格问题，即苏格兰所接受的用一定数量货币来换算用实物支付的地租问题[4]。斯密评论道，当地主都定居在自己的地产上，并能够自由进行选择时，他们为了家庭生活的方便而更倾向于选择接受实物地租，因而，并不大在意换算价格高低，尽管低换算价格对于佃户是有利的。这里的关键是换算价格并不能很好地反映谷物和其他食物价格的平均值。斯密又在信末加了附言，提到道格拉斯案件的判决下达后，在科卡尔迪所举行的欢庆活动，斯密描写说只有"四位男孩在特朗秤上点燃了三根蜡烛"[5]。

黑尔斯关于"苏格兰法案"的评论未能按计划出版，只有该文章的一些片段以打印的形式得以流传，但是他还是给斯密寄去了一本《关于年代久远的〈王位的尊严〉中一些观点的考察；以及〈马尔科姆法典〉真实性探究》（*Examination*

---

[1] GUL MS Gen.1035/228；*Corr.*145–50

[2] *Corr.*No.117

[3] Pottle，1966；399

[4] 参见 *WN* I.xi.e.17

[5] *Corr.*No.118

of Some of the Arguments for the High Antiquity of the Regiam Majestatem; and an Inquiry into the Authenticity of the Leges Malcolmi）[1]，并于 5 月 16 日收到了斯密对此表示感谢的回信。斯密同意黑尔斯的看法，认为《马尔科姆法典》"并不是任何马尔科姆国王时期的法律"，而是从历史的角度出发（而非法律条文的角度出发）关于苏格兰"法律和惯例的重要原则"的描述，作者旨在将这些古代的法律条款与他所处时代的法律条款做一比较。斯密还注意到黑尔斯所发现的不同物品的价格之间所存在的不一致与法国不同省份"古代惯例"之间所存在的不一致相似。斯密开玩笑说他就谷物价格问题所参考的权威之一杜普列·德·圣马尔"绞尽脑汁想要调和 [这些不同]，使它们全部和谐一致"[2]。就英格兰的价格，这位法国作家正如斯密自己的做法一样，参考的是弗利特伍德主教的《宝贵的纪年考证》（*Chronicon Preciosum*）（1707），但得出的结论不尽相同。在斯密看来，这些不同产生的原因是这些有关价格文件的编写者和法院遵循的都是古代的估价方法，或是让古代估价方法去适应后来货币标准所发生的改变，以及"受许多偶然情形的影响"。将关于价格的文件抄写了一份后，斯密承诺在下周的邮轮出发前寄还，并宣称他将在最高民事法院夏季会议期间，即 6 月 12 日至 8 月 12 日，前往爱丁堡，到时他想"请求 [黑尔斯的] 协助，拿到契据登录簿"，而这一契据登录簿就是谷物价格资料的来源（*Corr.*No.119）。黑尔斯自己并不被认为能够看懂宪章体文书，但是斯密可以请求具有阅读这一文书技能的朋友约翰·戴维森的帮助（Innes，1872：8，n.1，11）。

254

斯密遵守承诺，于 5 月 23 日将关于谷物价格的文件寄了回去，在随同附上的信件中，斯密进一步就黑尔斯在他讨论《王位的尊严》的著作中所表达的思想进行了评论。斯密手头没有《王位的尊严》一书的拉丁文版本，尽管他的藏书中[3]确实有约翰·斯基恩爵士所编撰的 1613 年出版的第二版。斯密指出在其中一段[4]，黑尔斯与斯基恩在 1609 年的翻译文本《王位的尊严：苏格兰古代法律和宪章……从马尔科姆国王二世时期开始直到詹姆斯国王一世时期》（*The Auld Lawes and Constitutions of Scotland...from the Dayes of King Malcolme the Second*

---

[1]　1769；Mizuta

[2]　Mizuta；cf.*WN* I.xi.e.24

[3]　Mizuta

[4]　ch.3，s.5

untill the Time of King James the First）中的理解有所不同。问题的关键是一位验尸官和五位助手，其中包括一位职员，合理的一日必需消费是多少。斯基恩的标点和翻译使得文本的意思表达的是职员的薪水是 2 先令，而斯密指出这六个人平分 2 先令，每人每天获得 4 便士，这样就与 1350 年的《劳动法》所规定的熟练石匠的日工资 4 便士相一致了[1]。斯密在信末主动提出，将法国朋友推荐给他的讨论"给女性封地采邑的古代风俗习惯"的法律文章寄给黑尔斯，看看是否有助于黑尔斯为他的受监护人伊丽莎白·戈登争取到被授予"萨瑟兰伯爵夫人"的封号的权力[2]。黑尔斯成功地胜诉了这一上诉到议院的案件，至今仍被认为是贵族爵位册封法律依据的重要来源，而斯密则收集了印刷出来的这一案件中的答辩状[3]。

在这些与黑尔斯的通信中，我们发现斯密不断收到与《国富论》写作相关的资料信息，并对这些资料信息发表评论，同时在某种程度上将黑尔斯作为古代法律研究者的研究计划不断往前推进。斯密几乎看不见任何能够最终完成自己研究的可能性，因而"最后的组织安排"必然也被搁置了。随着这一状态的拖延，斯密的健康状态似乎也遭到了破坏。斯密通过长距离的步行进行锻炼，据说斯密还恢复了到福斯湾游泳的锻炼。这或许也是某个星期天早上，钟声响起，人们正前往教堂时，斯密却穿着晨衣出现在邓弗姆林这一轶事之所以会发生的缘由了。他或许心不在焉地从科卡尔迪出发走了 15 英里，而在北海的灯光熄灭后，或许就转错了弯[4]。

毫无疑问，在一次次的"走神"中，斯密将所有了解到的信息组成模式，将政治经济学的各部分组合成一个"体系"。这一体系是斯密在为修辞学、语言和天文学所建构的体系之后的又一架"想象出来的机器，将现实世界中运行着的各种不同运动和效果在想象中联系在一起"[5]的例子。当然，这一次斯密所要效仿和赶超的是魁奈在《经济表》中已取得的成就。

关于谷物价格波动的评论，最终构成了《国富论》中"关于过去四个世纪中

---

[1] 参见 *WN* i.xi.e.2

[2] *Corr*.No.120

[3] Mizuta

[4] Scott, 1937：325, n.1；Rae, 1965：259–60

[5] 'Astronomy' iv.19

白银价值变化的岔开论述"部分的内容[1]。斯密并没有像杜普雷·得·圣莫儿那样"绞尽脑汁"去调和价格差异，而是看到了这些价格的评论者们在价格水平问题上受到了误导，错误地认为白银的价值在不断地缩水[2]。至少从格拉斯哥大学的法学讲义开始，斯密所持有的观点就一直是"每一件东西的真实价格，即每一件东西对于想要得到它的人的实际价值，是获得它时所付出的辛劳和麻烦"[3]。如家禽等这样"自然界自发的产物"，供给每每超过需求，在不同的社会时期，需要付出不同的劳动数量购买它们。而谷物的情况则大不相同。平均而言，在一个特定的社会发展阶段，同样的土壤和气候情况下，同等数量谷物的生产，要求付出将近相同数量的劳动或将近同等价格的劳动，因而就产生了衡量价值的一个标准："谷物因而……是在所有社会所处的不同的财富和改良阶段，都比任何其他一种商品或一组商品更为准确的价值尺度。因而，在所有这些不同的阶段中，我们把白银和谷物做一比较，比起将它和任何其他一种商品或一组商品比较，都能更好地对它的真实价值做出判断"[4]。

或许斯密是在约瑟夫·哈里斯于 1757—1758 年出版的由两册组成的《论货币和谷物》（*An Essay upon Money and Coins*）著作中读到这一思想的，书中对洛克的《关于利率的降低和货币价值的提升的思考》（*Considerations of the lowering of Interest and raising of the Value of Money*）（1691）做出了评论[5]。尽管《国富论》中没有提及，斯密后期关于价值的许多思想似乎都来自于哈里斯著作所给予的启发[6]。然而，斯密将价值这一概念与价格要素的分析联系在了一起。在杜格尔·斯图尔特曾经拥有的一份手稿中，斯密陈述詹姆斯·奥斯瓦德向他提出了使用这样一种分析方法的建议[7]。斯密正式出版的文本是这样描述的："在谷物的价格中……一部分支付地主的地租，一部分支付生产中所使用的劳动者的工资或役畜的维持费用，第三部分支付农产主的利润"[8]。

这一洞见随之使得斯密形成了关于"每个文明社会"及其每年产出的财富结

---

[1] *WN* I.xi.e
[2] 第 15 段
[3] *WN* I. v.2；cf. LJ （A） i.59
[4] *WN* I.xi.e.28
[5] *WN* I.54, n. 29
[6] Mizuta
[7] Stewart, Works, 1856, ix.6
[8] *WN* I.vi.11

构的最初构想。《国富论》中详细讨论白银价值的"岔开论述"那一章的结论部分，包含了关于这一构想的阐述：

> 每个国家每年土地和劳动的全部产物或这些产物的全部价格（两者一回事）自然分成…… 三部分：土地的地租、劳动的工资和资本的利润；它们构成了三个阶层人们的收入：靠地租生活的人，靠工资生活的人，靠利润生活的人。这是每一个文明社会的三个主要的、基本的组成阶层，其他阶层的收入最终都来自于这三个阶层的收入。[1]

因而，第三个"组成阶层"在自爱的激励下，受到追求利润的驱动，被认为创造了经济的增长，而劳动分工则加速了经济的增长[2]。无疑，这一原则的运行会在劳动者身上产生严重的负面影响[3]。但是随着时间的推移和经济的增长，"看不见的手"会促进人类的福利[4]。在任何特定的一段时间内，追求利润最大化的自由竞争会确保各自独立的部门内部以及各部门之间有效的资源分配，并为消费者的利益服务[5]。而且，现代商业社会的"一般特征"因此被具体化为："每一个人……都靠交换来生活，在某种程度上都变成了商人"[6]。因而，商业社会的特点是商品或劳动在不掺杂个人情感的市场环境中得以交换。尽管斯密意识到土地所有人或许会由于懒惰而忽视自己的利益，靠工资维生的人们或许对无论是自己的利益还是公共利益都所知甚少，而雇主们（或用后来人们使用的术语：资本家们）对自己的利益却有十分清楚的了解，而将自己的利益作为虚假的公共利益强加到其他两个现代商业社会的组成阶层身上[7]，但是，斯密还是给予了现代商业社会有所保留的赞同，并提倡政府应尽可能少地干预这一"明显的和简单的自然自由体系"[8]。

在对商业社会的结构做出上述分析并对其运行原理加以描述的同时，斯密将

---

[1] I. xi.p.7

[2] I.i.1.

[3] V.i.f.50

[4] *WN* IV.ii.9；Lubasz，1995

[5] I.xi.b.5；IV.ii.4；IV.v.7

[6] I.iv.1

[7] I. xi. p. 8–10

[8] IV.ix.51

注意力转向了古典和新古典经济学的核心问题：价值和价格是如何决定的；收入和利益是如何获得分配的；利润的来源和水平是如何得以确立的。但是斯密同时也提供了着手解决这些问题的方法。如果将经济看成是由价格机制所掌控的、将商品和劳动的市场包含在内的机器，那么其结果是受到一定的规律所支配的，因而也可以用自然科学（尤其是物理学）中所成功使用的工具来加以分析。[1] 米克认为《国富论》中蕴含的就是熊彼特的观点，"构成经济体系的各量值之间存在着普遍的相互依赖关系"[2]。

斯密在《国富论》的分析部分，通过引入均衡这一概念发展了自己的价值理论：受制于竞争，商品的价格向着"自然"价格水平（均衡状态）移动，这一"自然"价格包括了参与这些商品生产过程的"自然"水平的地租、工资和利润[3]。从《国富论》的组织和内容看，相比于斯密在格拉斯哥大学的法学讲义和早期手稿，斯密在《国富论》中将自己的经济学说阐述得更为精细，也更具解释力。而且，我们发现斯密总是致力于寻求"用几条普遍的原则将观察到的不同事实有体系地安排在一起而展现出来的美"[4]。

休谟很理解斯密所从事的这种高度抽象化的研究对脑力付出方面的要求，再加上休谟自己年轻时也曾患上"学者病"的经历，在 1769 年回到苏格兰之后，休谟努力带动他的朋友斯密进行一些休闲活动和令人放松的社交活动。8 月 20 日，他写信给斯密说从圣詹姆士宫的窗口可以看到科卡尔迪，他"很高兴 [斯密] 也能在我的视野之内"，但是他还是希望能跟斯密说上话。休谟宣称自己已经厌倦了旅行，就像斯密"自然应该会觉得厌倦了待在家里一样"，他建议说斯密应该到爱丁堡加入他"独居"的行列：

> 我想知道你的进展，提议你务必将你隐居期间所采用的研究方法一五一十地向我叙述一下。我敢肯定你的很多推断都是错的，尤其是你不幸与我有分歧的那些。这些都是我们必须见面的原因，我希望你能为实现我们的胜利会面提

257

---

[1] 一些学者认为斯密研究模式是语言而不是牛顿式的机械主义——在 Lindgren（1969：897–915）中作者接受了这样的一种观点；Raphael（1988：45）提醒我们注意斯密将科学体系看成是"想象的机器"，而并没有认为经济秩序是由"类似于重力的力量"所支撑的。

[2] Schumpeter，1954：308；Meek，1973：p.xi；Skinner，1979：156–63

[3] *WN* I.vii；Meek，1973：p.xi；Myers，1976

[4] V.i.f.25

出一些合理化的建议。

休谟接着说横亘在他和斯密之间的"大海湾"中，有一个名叫因奇基斯（Inchkeith）的海岛，可惜无人居住，否则他会邀请斯密到那里与他会面，"在我们没有就所有分歧完全取得一致意见之前，我俩谁也不许离开那里"[1]。

没有记录表明斯密是否接受了休谟揶揄性的提议，但是 1770 年 2 月 6 日休谟佯装生气地提到有报道说斯密即将前往伦敦出版《国富论》，途中将经过爱丁堡："亲爱的斯密，我们听说你在前往伦敦的途中，只会在我们这里待上一到两天，这算什么意思吗？你怎么能想到出版一本如此充满理性、见解和学识的著作，给那帮邪恶的、自甘堕落的疯子看呢？"这封信中接着告诉斯密，格拉夫顿公爵所领导的政府垮台，以及国王和成了首席大臣的诺斯地位坚如磐石。显而易见休谟在伦敦的从政经历并没有让他喜欢上英格兰人，休谟表达了这种情绪："只有叛乱和流血冲突才会擦亮这些受蒙蔽的人们的双眼，尽管我认为如果仅仅从他们自己的角度来看，他们最终变成怎样都是无关要紧的"[2]。信的结尾要求斯密将两本我们猜想大概是休谟借给斯密的书带还给他。其中一本是约瑟夫·普里斯特利的《语法》（*Grammar*），可能是其所著的《语法入门》（*the Rudiments*）（1769）一书，也可能是《语言理论及普遍语法课程讲义》（*A Course of Lectures on the Theory of Language，and Universal Grammar*）（1762），该著作承袭了斯密的推理思路，认为语言使用者为了表达上的经济而用介词和助动词取代了单词的曲折变化。另一本著作是托马斯·珀西版本的《诺森伯兰家族》（*the Northumberland Household Book*）（1770）。斯密在《国富论》"关于白银价值变化的岔开论述"部分提到了这一著作，斯密与黑尔斯的通信对这一部分的写作很有帮助，而斯密也从珀西的文本中获得了一些关于小麦价格波动的数据，但是斯密在这里被一处印刷错误给误导了[3]。

那年 2 月迟些时候，休谟询问了斯密关于到爱丁堡的安排，并要求斯密不用为他购买红葡萄酒了[4]，大概是斯密本来是要从法夫海岸的走私犯或他们的中间

---

[1]　*Corr.* No.121

[2]　*Corr.* No.123

[3]　WN I. xi.e.9；I. 197，n.8

[1]　*Corr.*No.124

人那里（后来斯密当上海关专员后不得不对这些人进行控制）去购买的。直到
1771 年初才有斯密前往爱丁堡的进一步记录，斯密在 3 月 11 日前又回到了科卡
尔迪，他向约翰·戴维森抱怨一位爱丁堡的钟表匠："您的朋友考恩并没有修好我
的手表。我回到海湾 [福斯湾] 的这一边后，发现即使刚给它上好发条，它也会
即刻就停止走动"。斯密认为问题是一位学徒修理了该表，他"乞求"考恩亲自
修理这块手表 [1]。1771 年秋，斯密在写给约翰·戴维森的另一封信中，提到了计
划在巴克勒公爵前往英格兰前，到达尔基思看望公爵。斯密说他已经计划"花一
长段时间拜访"住在福斯湾另一边的朋友们。斯密似乎曾遭受"胃肠气的折磨"，
斯密觉得需要"小消遣"来摆脱这一折磨，但是"通过三到四次非常费力的散
步"他已经摆脱了这一毛病，并在"接下来的六个月之内"不会待在自己的居住
地之外"超过一天以上"[2]。在 1772 年 1 月 28 日的信中，休谟提到了斯密允诺
要在圣诞节前去拜访他，但是休谟并没有"挑战"斯密兑现承诺，因为与他住在
一起并深得他宠爱的妹妹凯瑟琳"因为热病而病危"。现在她已恢复，休谟期待
着斯密的"陪伴"，并取笑斯密拿健康不佳作为幌子：

> 我不会接受你任何健康状况不佳的借口，我认为这不过是你因为懒惰和
> 喜好隐居而找到的遁词。事实上，我亲爱的斯密，如果你继续找这一类的借
> 口，你将完全隔绝与人类社会的联系，这对双方而言都是巨大的损失 [3]。

休谟在信中还告诉了斯密布弗莱伯爵夫人的住址。休谟想与她通信讨论她所
想要有一个比艾多斯的翻译更好的《道德情操论》法文译本，在她庇护下的布
拉韦神父正着手开展这一翻译计划（Corr. No.130）。从 1 月 28 日这封信后的附
言中，我们知道在上一封信中，斯密建议休谟阅读博亚尔多（Boiardo）所著的
《奥兰多情人》（Orlando inamorato）（1483—1495 年）一书。斯密的藏书中有两
本托斯卡纳化版本的《多梅尼西》（Domenichi）和《伯妮》（Berni）[4]。休谟正在
阅读"意大利历史学家"的著作，这些阅读更让休谟确信在意大利没有作家能写

---

[2] *Corr.* No.125
[3] *Corr.* No.128
[4] *Corr.* No.129
[1] 分别是 1611 年版本和 1768 年版本；Mizuta

一手"优雅准确的散文",尽管意大利确实有几位"优秀的诗人"。休谟在信末说道:"您向我只字未提您自己的著作。"

我们从 1722 年 9 月 3 日斯密致威廉·普尔特尼爵士的信中,再一次听到斯密提及了《国富论》,信的结尾写道:

> 我的著作本来将于今年初冬准备交付出版;但是由于缺少娱乐和就一个问题过于深入的思考而引起的健康问题,部分地干扰了这一计划;而另一部分原因则是因为前面已经提及的我所从事的副业使得我不得不将这一出版计划再推迟几个月。[1]

自从在牛津大学求学时开始,疑病症就是折磨斯密一辈子的顽疾,但是耗费了他时间的那些"副业"又是指什么呢?信中的第一段提到了"公共灾难",尽管与斯密本人并没有什么瓜葛,"但是一些我深深关切着的朋友们在其中深受牵连,我花费很多思虑思考如何用最合适的方法来帮助他们从中全身而退"。

休谟在先前 6 月 27 日的一封给斯密的信中,更为明确地指明了这些"灾难",将它们描述为是"银行不断破产、信贷的大量流失以及没完没了的怀疑不信任"。简而言之,这是一场席卷苏格兰的最为严重的金融危机,再加上苏格兰南部面临的困难,使得这一危机甚至波及了针线街上的英格兰银行本身。休谟意识到了他所描述的这些事件对斯密所研究的专业所具有的意义,休谟肯定很好奇斯密对这些事件将会做出怎样的反思,而在《国富论》的"论作为社会总资财或维持国民资本支出的一个特殊部门的货币"那一部分[2]则反映了斯密所做出的相关思考。

休谟直截了当地询问了斯密在理论上所做的调整:

> 这些事件对您的理论建构是否产生了任何有益的影响?或是否会让您重新修改一些章节?……就整体而言,我认为,这种对于过度的、根基不牢靠的信贷的抑制从长远来看是有利的,因为这会让人们回到更为可靠的、不那

---

[2] *Corr.* No. 132
[3] II.ii

么好高骛远的计划中去，同时也会让商人和制造商学会节俭。你怎么说呢？这可都是供你思考的养料[1]。

18 世纪 60 年代，苏格兰见证了一段经济上相当快速的发展期，以及当时银行体系和充足资金供应方面所出现的问题。为了对这种情形做出回应，一家新银行"道格拉斯、希罗恩公司"成立，更为人所熟悉的名称是艾尔银行，其股东中就有著名的土地所有人昆斯伯里伯爵、邓弗里斯伯爵和巴克勒伯爵（斯密的保护人）。1769 年 11 月 6 日，艾尔银行正式开始营业，主要是为土地改良计划提供资金支持。这一银行所采取的方针政策被认为是毁灭性的："这家银行在开设现金账户和贴现汇票方面比以前的任何银行都要更为宽大"[2]。随着银行业务的开展，苏格兰发生了休谟所提及的经济危机。这一经济危机是由投资远超过储蓄、亚麻布等商品价格的下跌以及"过度贸易精神"等原因所引发的。在 1772—1774 年期间还有一种经济大萧条的趋向。1772 年 6 月 8 日，一家与艾尔银行有广泛业务往来的银行倒闭了。当这一消息在四天后传到爱丁堡时，引发了一场金融恐慌，人们蜂拥到艾尔银行提取金银币。6 月 25 日，这家银行被迫暂停支付。

正如斯密在《国富论》中所指出的，银行券的流通是一项有利可图的业务，但是不断向伦敦开出汇票，付出的利息和佣金共计占 8% 以上，艾尔银行就陷入了越来越深的债务危机。休谟在 1772 年 10 月的一封信中，继续讲述了关于艾尔银行命运的故事。休谟描述说 9 月 28 日艾尔银行总部重新开业，承诺用金银币兑换银行券，结果一心想迫使其关门的竞争对手蜂拥而至。休谟继续讲述银行的合伙人已经达成协议，按照其所占股份比例，以支付很高利率的有期年金的方式，在伦敦筹集资金，以支付给银行的债权人。巴克勒公爵深陷其中，以至于他、昆斯伯里伯爵和邓弗里斯伯爵一起被英格兰银行起诉，要求支付 300，000 英镑，而随后整整 60 年向他们索赔的诉讼就一直未曾间断。毫无疑问，巴克勒公爵就是斯密所致力于想要帮助其从这次金融危机中抽身的"朋友"之一。最后，所有的债权人都得到了足额支付，尽管据说有价值 750，000 英镑地产（包括巴克勒公爵的阿德伯里庄园）不得不出售以解决这一支付问题[3]。斯密在这一

260

---

[1] *Corr.*No.131

[2] *WN* II.ii.73

[1] Precipitation and Fall，1778；Hamilton，1963：317–25；Checkland，1975；Fry，1992：45

过程中所扮演的角色并不仅仅只是一位建议提供者，正如休谟在 1772 年 10 月的信中所提到的，休谟曾经向爱丁堡银行家威廉·福布斯爵士求助，看他是否能看在斯密的面子上，接受艾尔银行的银行券，结果得到了肯定的答复[1]。

斯密得出的结论是，艾尔银行之所以会遭受到如此惨烈的失败，是因为它缓解了其他苏格兰银行在循环汇票方面所遇到的困境："因此，其他银行得以十分轻易地走出了那一致命的恶性循环，否则他们要是不承担巨大损失，甚至或许不得不承受一定程度的信誉丧失，是难以摆脱这一困境的"[2]。而且，斯密认为即便艾尔银行作为一家"盈利公司"兴盛发达而成为"全国的总贷款发行部门"，他的债务人也会是一些"不切实际的计划者，是循环汇票的一而再、再而三的出票人，他们会将钱用在奢侈浪费的事业上"。因而国家的资本会从"审慎的和有利可图的事业中"转移到性质完全相反的事业上[3]。

就这样，休谟 1772 年 6 月 27 日写于艾尔银行灾难正在爆发之际的信中所表达的信息，可以在《国富论》中找到对应的内容。但是，为巴克勒公爵和其他卷入银行危机的人出谋划策以及重新建构关于货币的理论进一步延缓了斯密完成自己著作的写作。斯密 9 月 3 日向普尔特尼宣布，他已经"将您提议的主题的每一部分 [大概是贷款或纸币] 进行了充分而明确的讨论"。斯密还说，他本来想要寄一些摘要给他，"但是这些讨论都与著作的其他部分交织在一起，无法轻易地独立摘抄出来"。《国富论》中关于货币和银行主题"交织"出来的结果是一个理论上的转向，从放任市场的观点转向了一个保守的立场[4]。

在致普尔特尼的同一封信中，斯密还透露了《国富论》写作计划的另一部分："关于詹姆斯·斯图尔特的著作，我持有与您相同的观点。我有些自鸣得意的是，尽管我的著作中一次也没提到斯图尔特的作品，但是其中每一条错误的原理在我的著作中都得到了清晰而明确的驳斥"[5]。斯密这里指的是查尔斯·爱德华·斯图亚特王子的前任秘书詹姆斯·斯图尔特，后来的斯图尔特·德纳姆，于 1767 年出版的《政治经济学原则探究》(*Inquiry into the Principles of Political*

---

[2] *Corr*.No.133
[3] *WN* II.ii.74
[4] para.77
[5] Ch.17
[6] *Corr*.No.132

Oeconomy）[1]。据说休谟在 1766 年看完这一著作的手稿后，对该著作的"形式和文体"颇有微词[2]，但是对其"具有创意的做法""感到极为欣喜"[3]。晚近的评论强调了苏格兰的经济学思想的延续性，从休谟到斯图尔特再到斯密，这中间或许还有一种批评的声音，认为斯密在某种程度上过于追求"理论的优雅与准确"，或至少是让他的追随者这么认为，从而忽视了前人的"现实性和相关性"[4]。斯密所发现的斯图尔特著作中的"错误的原理"，或许是指其中的重商主义思想。重商主义思想不认为现代商业社会在供求不平衡的情况下具有自我纠错的能力，倾向于倡导由"政治家"的调节来弥补市场的不足，还认为在一个"贸易工业国家"时间"必定"最终会让经济增长停止。毫无疑问，现代研究政治经济学的历史学家们强调斯图尔特所提出的是启蒙运动中的重商主义思想，尤其是与德国新重商主义相关的那一流派的思想，他对坎蒂隆是所提出的人口—生活资料之间所存在的动态关系也有所了解。[5] 斯密具体所指的也可能是斯图尔特在《探讨》一书的第四册中所讨论的关于银行的"原理"，如果真的是这样的话，斯密所想到的则会是从《法学讲义》到《国富论》之间他自己思想的发展历程。

同时，休谟继续提议与斯密会面，要斯密到他那里做客。休谟在 1772 年 6 与 27 日的书信的结尾，直截了当地问道："今年夏天我们能再次见面吗？"在同年 11 月 17 日的信中，休谟写道他为斯密在爱丁堡的新城区找到了一座"非常棒的房子"。在 1771 年的降灵节，休谟已经从詹姆斯宫搬到了爱丁堡新城区居住。休谟认为适合斯密居住的是"那里一楼的儿童房"，现在则由他的弟弟约翰住在那里。休谟描写说从这里"往西边看，可以欣赏到城堡、城堡所在小山及周边田野的风景；往东边看，则可以看见科尔顿山、大海、亚瑟的宝座，我相信甚至还可以看见科卡尔迪"。在信末，休谟试图鼓励斯密摆脱离群索居和自我专注的状

261

[1] Ramos，2007

[2] *HL* ii. 158 n.1

[3] Steuart，1767/1966：vol.1，p.xlv

[4] Skinner，1993

[5] 关于当时评论者对于 Steuart 和斯密的评价的评论参见 Rashid（1982：70–9；1990：1–24；1992：129–52）；关于斯密对于 Steuart 的驳斥，参见 Anderson & Tollison（1984：464–7）；关于所谓的 Steuart 的"重商主义"全面公正的讨论参见 Skinner（1981：20–42；1988：117–44）。将作为经济学家的 Steuart 和斯密做比较，是日本学者感兴趣的话题之一，如 Nobaru Kobayashi 对 Steuart 的 Principles 做了一个完整的系统分析；还可参见 Kunohiro Watanabe & Shigeshi Wada in Tananka（1990）。对斯密前辈们包括 Steuart 在内的历史追溯参见 Hutchison（1988）。最近关于 Steuart 经济学及其与斯密经济学之间关系的讨论参见 *The Economics of Sir James Steuart*，ed. Ramon Tortajada，1999。

态："你有没有足够的决心为自己做一个更好的改变？"

在附言中，休谟回应了斯密提出的要求他"讲述一下进口到西班牙的货币"。大概斯密是在为"关于过去四个世纪中白银价值变化的岔开论述"这一部分的写作收集更多的素材，使得这一部分成了"篇幅很长的一章"[1]；以及为讨论西班牙对美洲矿井的所有权在西班牙国内所产生的影响收集材料[2]。这对于斯密反对一个国家的财富是由其所拥有的黄金和白银所构成的这一观点而言具有重要意义，而这一观点是斯密自从讲授法学讲义以来就一直加以驳斥的[3]。休谟提供了一份"潦草的手稿"（但是未能保存下来），将这一关于西班牙货币重要性的描述归功于一位"青岑多夫伯爵"。这是一位奥地利贵族卡尔·范·青岑多夫，1768年他就在伦敦。10月25日早上，休谟拜访了他，并被允许阅读了他关于西班牙和葡萄牙的专题学术论文[4]。休谟利用这一机会抄写了从秘鲁运送钱币的相关信息，这大概就是休谟寄给斯密的"潦草的手稿"。卡尔伯爵当时正在环游欧洲，为进入匈牙利行政机构工作做准备。他同母异父的哥哥路德维格当时正担任维也纳金融审计大臣一职。卡尔伯爵8月到过爱丁堡，并与罗伯逊校长见了面，但是并没有联系在科卡尔迪的斯密[5]。休谟还说这一"叙述"与他自己作品中的某处叙述"非常准确地"吻合，尽管他"没能想起这一处具体在哪里"[6]。

斯密给这封信的回信似乎已经遗失，但是休谟于1772年11月23日所写的另一封信使得我们可以推测出斯密回信的内容。休谟写道：

262

> 如果我能信任您的决心的话，我就应该同意你所做的辩解。在圣诞节期间来这里待几个星期；稍微放松一下自己；回到科卡尔迪；在入秋前完成写作；前往伦敦；出版著作。回到这个城镇定居，这里要比伦敦更适合你勤勉好学、独立的脾性。不折不扣地执行这一计划，我就原谅你[7]。

---

[1] I.xi.p.1

[2] IV.v.a.18–20

[3] cf. *LJ*（A）vi.135–6 and（B）251–3

[4] 即将推出新版，2009；Faber, Fattinger, and Klingenstein

[5] Ludwig von Zinzendorf, ed. Pettenegg, 1879：179–81；Faber, 2005；Fattinger, 2005

[6] Corr.app.E, b：the identification there of "Count Zinzendorf is wrong, and should be changed from Ludwig, 1721–80, to Karl, 1739–1813

[1] *Corr.*No.134

斯密在回信中肯定辩解说现在他已经很快就要完成《国富论》的写作了，没过多久就得前往伦敦出版这一著作，因而没法到爱丁堡定居。事情发展的结果是斯密在第二年的2月收到休谟的建议后[1]，就于4月前往伦敦购买最近出版的两本著作。第一本是安德鲁·斯图尔特的《致曼斯菲尔德勋爵的书信》(*Letters to Lord Mansfield*)(1773)，书中对英格兰审判长进行了抨击，因为其在影响巨大的道格拉斯案件审判中的不公表现。第二本是蒙博多勋爵极具原创性的一个比较研究《论语言的起源和演进》(*Of the Origin and Progress of Language*)[2]。该著作将斯密所探讨过的语言的形成问题进行了更进一步的实证分析（Schreyer, 1989；Plank, 1987, 1992）。两本书都能在斯密的藏书中找到（Mizuta）。休谟知道斯密在4月10日的旅行计划，但是并不确信《国富论》的写作是否已完成："我期望能很快就见到你。你是否还是很忙，是忙着推翻还是忙着创建自己的理论？"[3]

休谟在这里所提到的斯密在写作《国富论》过程中所遇到的困难是斯密的学者朋友们都知晓的。凯姆斯勋爵于1773年4月2日给瑞士法学家丹尼尔·费伦贝格的信中也用相同的风格写道：

> 斯密博士的朋友们和您一样急切地盼望着这一著作的出版。过去的一段时间他忙于又是创建又是推翻自己的学说；我恐怕他所具有的精细的品位远远超过了他的执行能力，以至于这一著作的问世仍是遥遥无期，尽管预计的出版时间早已过去很久了[4]。

斯密和休谟不厌其烦地讨论斯密在科卡尔迪离群索居问题，似乎是停留在卢梭意义上的独居，但是斯密有他的表姐妹珍妮特·道格拉斯和他的母亲的陪伴，这两位富有个性的女士与法夫郡的绅士们保持着良好的社交关系，他们还有如罗伯特·彼特森（他当然是有能力就经济话题与斯密进行有益的对话的）这样的邻居[5]。还有据报道斯密在傍晚沿着科卡尔迪海滩散步时，有一位附近的盲童亨

---

[2] *Corr.* No.135

[3] vol.i, 1773

[4] *Corr.*No.136

[5] Berne，Burgerbibliothek MS

[1] *Corr.*No.266

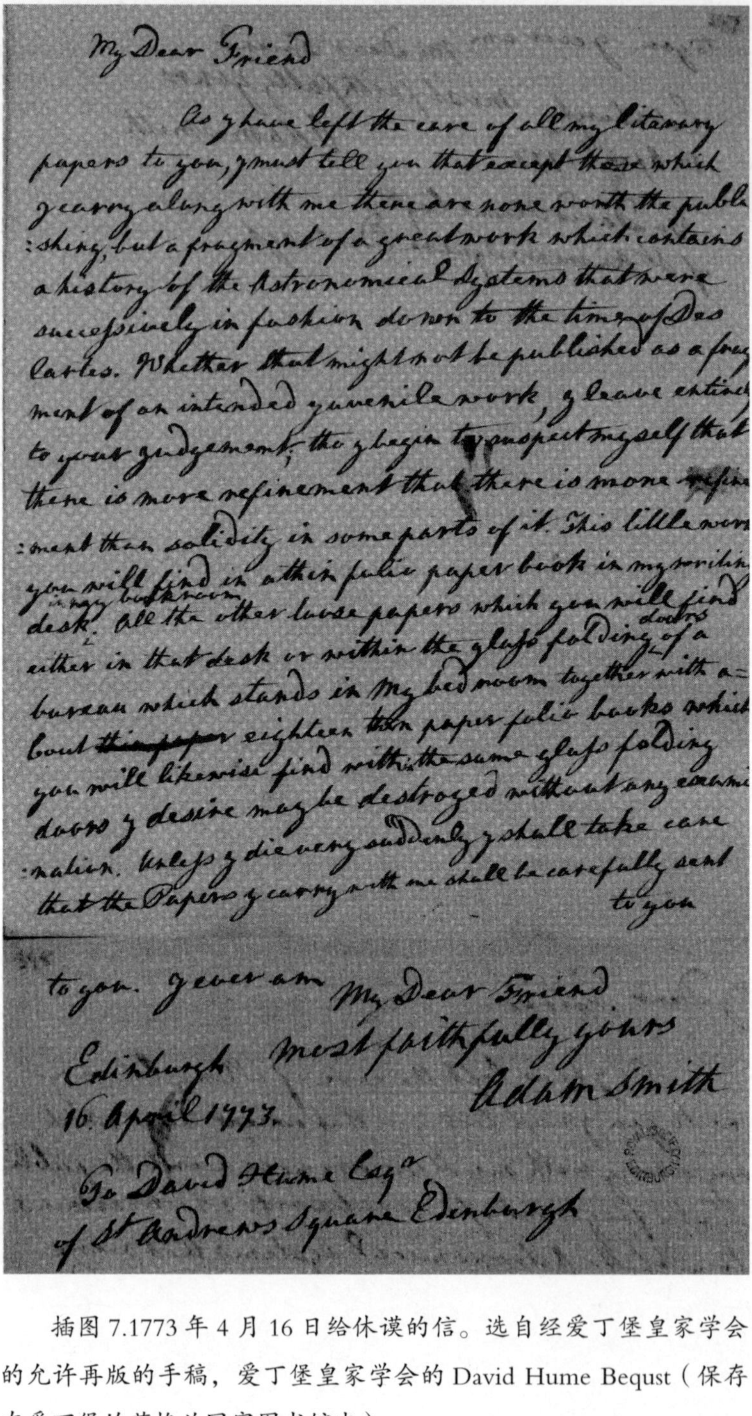

My Dear Friend

As I have left the care of all my literary papers to you, I must tell you that except those which I carry along with me there are none worth the publishing, but a fragment of a great work which contains a history of the Astronomical Systems that were successively in fashion down to the time of Des Cartes. Whether that might not be published as a fragment of an intended juvenile work, I leave entirely to your judgement; tho I begin to suspect myself that there is more refinement than there is more refinement than solidity in some parts of it. This little work you will find in a thin folio paper book in my writing desk in my bedroom. All the other loose papers which you will find either in that desk or within the glass folding of a bureau which stands in my bedroom together with about eighteen thin paper folio books which you will likewise find within the same glass folding doors I desire may be destroyed without any examination. Unless I die very suddenly I shall take care that the Papers I carry with me shall be carefully sent to you.

to you. I ever am My Dear Friend

most faithfully yours

Adam Smith

Edinburgh
16. April 1773.

To David Hume Esqr
of St Andrews Square Edinburgh

插图 7.1773 年 4 月 16 日给休谟的信。选自经爱丁堡皇家学会的允许再版的手稿，爱丁堡皇家学会的 David Hume Bequst（保存在爱丁堡的苏格兰国家图书馆内）。

利·莫伊斯与他做伴，这位盲童展现出了非凡的智力。斯密成为这位盲童的老师，并让他去找休谟，休谟帮助他在爱丁堡大学获得了一份奖学金，从而为他将来成为一位著名的、受人欢迎的化学及自然历史哲学讲演者铺平了道路[1]。

最终，斯密准备于1773年春离开科卡尔迪，他自己承认[2]这一决定是受到了可能会成为哈密尔顿公爵（其家族未能成功获得道格拉斯家族财产的继承权）的家庭教师这一前景的吸引。

尽管如此，斯密还是有些担心自己的健康状况，为自己万一什么时候离世做了安排。4月16日，斯密将休谟确认为自己学术遗嘱的执行人，托付他处理自己的所有文稿。这些文稿在斯密自己看来都不值得出版，除了与《国富论》相关的那些文稿，以及上文已经提到过的"一部关于天文学系统……历史的著作片段"，斯密将其描述为"在我书桌上的薄薄的一本对开本"。这里提到的书桌后来由大卫·道格拉斯的继承人巴纳曼家族所继承[3]。所有其他卧室写字台上零散的文稿以及写字台玻璃门后的"大概18本薄薄的对开本"，斯密希望休谟在他死后直接销毁，不必细看。除非斯密突然离世，否则他会将《国富论》的相关文稿先寄给休谟，让他看看是否有可能出版[4]。交代完这些指示后，斯密为动身前往伦敦做好了准备，而《国富论》最后的出版，至少在他的朋友们看来，是为了向立法者们谏言，因为当时北美危机正越演越烈。

264

---

[2] Viner's intro. to Rae，1965：74–7

[3] *Corr.*No.208

[4] Scott，1937：illustration facing p.266

[5] *Corr.*No.137

16. 北美殖民地危机和《国富论》

　　并没有刊登关于您的著作的广告。是什么原因呢？如果您想等北美殖民地事态发展尘埃落定后再出版，那您可能要再等上很久。

　　休谟希望斯密在伦敦出版他的巨著后就回到爱丁堡定居，这样他可以在自己生命的最后几年享受朋友的陪伴[1]。而斯密尽管对自己的健康很担心，将休谟宣布为自己的学术遗嘱执行人，并为自己万一突然离世做了准备[2]，但是斯密显而易见想得更多的是"出国"而非"定居"。斯密承认之所以于1773年5月前往伦敦，是受到了可能成为汉密尔顿公爵的相伴游学导师的吸引，其所提出的任职条件在斯密的朋友们看来是"有利的"，但是巴克勒公爵劝阻了他[3]。或许这位斯密以前的学生认为如果斯密再次到欧洲大陆游历的话，《国富论》的出版将更加遥遥无期了。不管怎样，斯密接下来的三年待在了伦敦，处理自己著作的出版事宜。当时，国会日益频繁地就北美殖民地的骚乱问题（最终以北美殖民地一方的武装叛乱和宣布独立而告终）进行辩论、研讨对策。至少斯密的通信者之一、化学工程师约翰·洛巴克在1775年11月1日的来信中，表达了希望《国富论》的出版会改变人们对这场斗争结果的看法：

　　我希望这时能看到您著作的出版。议会会议的召开为您的这样一部作品

---

[1]　*Corr.* No.134
[2]　插图7
[3]　*Corr.* No.208

的出版提供了很好的契机。您的这一著作的出版也许能影响许多参与了这场北美殖民地斗争的人的看法[1]。

当然，显而易见的是从包含了斯密政治经济学思想的法学讲义开始一直到1764年，斯密很少关注北美殖民地问题，除了将北美殖民地的小规模奴隶经济与古希腊和罗马的大范围奴隶经济做了对比外。然而，斯密还是提到了格拉斯哥和弗吉尼亚之间的烟草贸易[2]，而沿着这一线索，我们可以发现斯密对北美殖民地问题的关注，以及斯密意识到北美殖民地在宗主国所施加的帝国主义法律和条令框架下所开展的经济活动对这些问题所产生的决定性影响。

在斯密担任教授期间，他与格拉斯哥的商人如约翰·格拉斯福德、乔治·基彭，和安德鲁·柯奇拉建立了联系。这些商人都从事正得到快速发展且有着合理组织的烟草贸易，他们为斯密提供了关于北美的信息。斯密还广泛涉猎了关于殖民历史的经典的、现代的著作，并在1766—1767年这一大英帝国税收政策形成的关键时期，与查尔斯·汤申德之间进行过短暂的交往，这一切都使斯密得以就重商主义体系运作（体现在控制不列颠与北美殖民地之间贸易的《航海法》之中）所产生的影响进行理论概括。在斯密反思了自己的研究成果，并对不断加深的北美殖民地危机有了更深的洞见后，斯密开始为北美殖民地事务的政策制定进言。北美殖民地因而成为斯密自由市场理论论述中的主要研究案例，也是最为迫切需要这一理论的应用以结束由维护旧殖民体系的企图所引发的以暴制暴的循环。斯密后来将《国富论》描述为是"对大英帝国整个商业体系""最为猛烈地抨击"[3]。结果《国富论》中许多关于英国政府和北美殖民地关系的讨论是辩论式的，更多展现了斯密作为修辞学家的辩论技巧而不是作为经济学家或经济历史学家的技能。曾经担任马萨诸塞总督官的托马斯·波纳尔挑战了斯密所提出的观点，即殖民贸易将资金转移到了一个远方的国外市场，而这些资金如果在国内市场使用会更有利可图，并断言资本到底应该分流与否要建立在事实分析的基础上，而不应以"事先的一种论断"为依据。波纳尔还抱怨斯密《国富论》中一处所提出的关于资金不同利用率的有争议的说法，却在文中的另一处被作为事实

266

---

[1] *Corr*.No.147

[2] *LJ*（B）198

[3] *Corr*.No.208

数据加以引用："尽管您字面上表明这仅仅是建立在可以相信的可能理由基础上的；但是大多数读者读到这里，会认为你是想要摆出一份绝对的证据，而你所得出的结论也似乎是表明你确实已经拥有了绝对的证据"。[1] 安德鲁·斯金纳[2] 则认为《国富论》的文体之所以会显得有些雄辩滔滔，是因为斯密似乎看到了"激动人心的契机：自己学说的'真理性'可以得到眼前所面临的困境的'确认'，同时，在他认为最迫切需要践行他的学说之际，发出振聋发聩的声音"，这样的评论还是相当令人信服的。

在《道德情操论》的结尾，斯密承诺 "另写一部著作……说明法律和政府的一般原理，以及这些原理在不同的时代和社会发展阶段所历经的不同变革"[3]。斯密没能有足够的寿命来履行他承诺中讨论 "关于正义……的变革" 那一部分，但是《国富论》就是讨论了 "关于警政 [国家的富裕—*LJ*（B）]、岁入和军队" 那一部分的 "著作"[4]。从 1773 年到 1775 年，《国富论》的创作渐渐收尾，斯密履行的就是自己于 1759 年所许下的承诺。

关于在伦敦期间斯密所从事的活动，不得不提的是皇家学会于 5 月 27 日接受斯密为其会员。皇家学会会所自 1710 年开始，就一直位于与舰队街毗邻的克兰街上，在 1780 年，斯密的朋友约瑟夫·班克斯爵士担任会长期间，会所搬到了萨默塞特宫[5]。会员中大概有 160 位左右的外国会员，其中魁奈、达朗贝尔和伏尔泰，或许还有与休谟保持通信往来的布丰，在 1766 年斯密游历欧洲大陆期间与斯密会过面。与这些人物以及其他诸如欧拉、林奈等进行交流，当然都会引起斯密的兴趣。皇家学会大约有 360 位普通会员，其中一些是古物研究者，他们的研究计划对斯密没有吸引力，或者从斯密自己所宣称的他对苏格兰城堡的玻璃化完全一无所知中我们完全可以这么认为（*Corr.*No.254）。斯密与当时文学和艺术界的代表人物如贺拉斯·沃尔浦尔和乔舒亚·雷诺兹（Joshua Reynolds） 等过从甚密。然而，沃尔浦尔出于他刻薄的天性以及对苏格兰知识分子的轻视，在他的《论物质》（*Book of Materials*）（1787）一书中，严厉地批评了《国富论》"糟糕

267

---

[1] Pownall, 1776；40–1–Corr. App. A；369
[2] 1996；226
[3] VII.iv.37
[4] *TMS* 第 6 版 "告读者书"。
[5] O'Brian, 1988；198–9

的文体、糟糕的研究方法、糟糕的结构组织……以及重复"。而且，他还将斯密的著作与沃尔特·哈特的《古斯塔夫斯·阿道弗斯》（*Gustavus Adolphus*）（1759）和皮埃尔·弗朗索瓦·乌格斯·德汉卡威尔的《艺术的进步》（*Progress of the Arts*）（*Recherches sur l'origine...des arts de la Grece*）（1785）一起并称为"三本最糟糕的著作，从这些书中所包含的有价值的信息量角度来评判的话"[1]。

斯密与那些真正爱好科学的会员之间会有许多共同语言，毫无疑问，斯密在《皇家学会会刊》（*Transactions of the Royal Society*）中一丝不苟地加以收集的也正是这些人的工作记录。在这些人物中，我们可以举出的例子有皇家天文学家、当时最杰出的月球研究者内维尔·马斯基林；在电学和物理学的研究方面颇有建树的亨利·卡文迪什；化学家兼哲学家约瑟夫·普里斯特利；斯密熟悉的医学科学家、军队卫生专家约翰·普林格爵士（主席）；约翰·亨特和威廉·亨特，威廉所从事的专业领域解剖学令斯密很感兴趣，他旁听了这一时期威廉在伦敦所开设的讲座[2]；自然主义者、植物学家兼探险家约瑟夫·班克斯爵士，斯密在伦敦期间一直受到他的礼遇和关注[3]；戴恩斯·巴林顿，斯密熟悉其法学研究方面的学术成就[4]；托马斯·彭南特，他的动物学研究以及苏格兰游记（1771）（将高地和岛屿作为与众不同的地区而加以关注）具有重要价值；斯坦霍普伯爵二世，一位杰出的数学家；以及伯爵的儿子马洪勋爵，一位对电学和计算机颇有研究的学者，斯密在维也纳与他相识；另一位更为著名的电学实验者本杰明·富兰克林。与这些人物的相处，为斯密提供了思想上的启迪，或许他们在自然规律运行方面的探究也为斯密完善社会、经济作用及其适应变化模式方面的研究提供了指导。

斯密在伦敦期间加入的另外一个学术团体是"俱乐部"，这是一个由乔舒亚·雷诺兹爵士于1764年为约翰逊博士创办的学会[5]。1775年12月1日前某日，斯密第一次参加了这一学会的聚会，当选为学会会员。正如上文已提到的[6]，斯密和约翰逊在一定程度上是相互反感的，从流传至今的一些关于他们的飞短流长中可见一斑。1776年3月17日，鲍斯韦尔再一次告诉本纳特·兰顿，约翰逊曾

---

[1]　Hazen，1969：iii.45

[2]　Taylor，1832：i. 262

[3]　*Corr.*No.275

[4]　*Corr.*No.115

[5]　*BLJ* i. 477

[6]　Ch.12

告诉他亚当·斯密"在喝了一些酒后就非常令人不悦，说酒'会让他满嘴冒泡'"。同样，兰顿抱怨"俱乐部"里"到处都是不合时宜的会员"，还说他"能够感觉到亚当·斯密的谈话已经使托珀姆·博克莱尔感到索然无味"。戈德史密斯认为斯密的谈话"不着边际"，约翰逊对他的谈话毫无兴致，并于 1776 年 4 月 13 日宣布斯密"是他遇见过的最为乏味的人"。在听到上面这句话时，鲍斯韦尔说，"我很惊讶会在伦敦遇见这位老教授，一位带着丝袋假发公开宣称不信宗教者"。尽管毫无疑问，鲍斯韦尔确实在一些针对斯密的攻击中为斯密辩护，但是他所持的宗教观点是他们之间敌意的根源，再加上《国富论》中斯密对牛津大学的苛责以及 1776 年 11 月 9 日斯密出版的书信中对休谟面对死亡时镇定自若的表现的描述更加深了他们之间的敌意。1779 年 9 月 14 日，鲍斯韦尔在他的日志中坦言："由于 [斯密] 写的关于休谟的颂文，以及他无知而忘恩负义地对英格兰大学教育的攻击，我没有任何想要跟他多交往的意愿。但是我并没有忘记在格拉斯哥时，他对我非常谦恭有礼"[1]。

然而，伯克作为"俱乐部"的元老级会员之一，一直与斯密保持了长达数年的友谊。斯密对伯克《崇高与美》(*Sublime and Beautiful*) (1757) 一书给予了很高的评价，以至于他认为"作者如果能到格拉斯哥大学任教，将会让格拉斯哥大学获益匪浅"，而这一关于斯密的轶事据说来自杜格尔·斯图尔特的叙述[2]。另一位"俱乐部"新会员爱德华·吉本（于 1774 年入会），也与斯密维持了友好的朋友关系，他很认同斯密关于文明社会史所做的分析，这些分析同样也从意大利作家如萨尔皮和詹诺内的著作中汲取了灵感 (Ross，2005b)，并与休谟和罗伯逊的历史研究联系在一起：

> 在我们所处的这一时代，关于这一有意思的主题——欧洲社会的进程，我们可以在苏格兰找到一束强有力的哲学之光；而无论于公于私，我都要重复以下这些学者的名字：休谟、罗伯逊和亚当·斯密[3]。

另一位于 1774 年当选为"俱乐部"会员的是政治家詹姆斯·福克斯（James

[1] Middendorf, 1961；Boswell, Corr., ed.Fifer, 1976；pp.xc–xcii
[2] Prior, 1853；47
[3] Gibbon, ed. Womersley, 1994；iii.728, ch.61, n.69

Fox），他与斯密持有相同的政见。1770 年作为海军大臣的福克斯是当时诺斯政府的成员之一，他于 1772 年和 1774 年之间转向了辉格党的立场，反对在北美殖民地实施高压统治，推荐福克斯加入"俱乐部"的伯克也持有这一立场。同为议会议员的吉本在下议院的辩论中总是充当旁观者的角色，投票时通常也站在政府一边，但是"俱乐部"的其他成员——伯克、福克斯、奥索里勋爵——则在 1775—1776 年期间经常持续到凌晨三四点钟的关于北美殖民地问题的议会辩论中表现非常抢眼[1]。斯密无疑会通过阅读报纸上相关的报道，一直关注着这些辩论，并与这些辩论的参与者进行私下交流，从而为《国富论》的写作积累具有支撑作用的事实素材。

在伦敦期间，斯密私下里为自己以前的一位学生提供了帮助，这也是斯密所乐意提供的。这位学生就是大卫·卡兰德，上文（Ch.7）已经提及由乔治·查默斯记录、卡兰德提供的关于斯密的趣闻轶事。卡兰德是斯特灵附近怀斯特顿庄园亚历山大·卡兰德的小儿子。他出生于 1742 年，于 1756 年进入格拉斯哥大学就读，第二年注册了斯密的伦理学课程，1760 年获得斯内尔奖学金，到巴利奥尔学院继续深造，但是 1771 年从那里退了学。根据他叔叔迈克尔·拉姆齐的说法，这位年轻人无论在格拉斯哥大学还是牛津大学都"不仅能赢得老师们（事实上是所有的老师）的认可，而且还能赢得他们的友谊，尤其是斯密博士。斯密博士不仅是卡兰德在格拉斯哥大学期间和蔼可亲且对他关怀备至的老师，而且自那以后也成为卡兰德亲切热情又诚挚情深的朋友"。大卫·卡兰德所遇到的问题再寻常不过，就是一位才华横溢但并非家中长子的年轻人不得不自己开创一份事业。1760 年，他叔叔的密友休谟曾试图为他谋求多塞特公爵继承人的家庭教师一职，但是未能成功。1768 年，斯密建议他到法国待上两三年，或许是想让他学习法语，以便为就任家庭教师一职获得进一步的资质[2]。

我们从卡兰德的大哥约翰那里得到了卡兰德的消息。约翰后来成为陆军上校，进入了议会，后又成为准男爵，1773 年 7 月 7 日，他写信告诉大卫，斯密曾说起收到了想要请他"伴随克莱夫勋爵的儿子一起出国游学的邀请"，但还是因为巴克勒公爵的反对，斯密拒绝了这一邀请。斯密提议让大卫·卡兰德替代他，

269

[1] London Chronicle, 26–8 Oct., 16–18 Nov. 1775, xxxviii.415, 488, and 17–20, 20–22 Feb.1776, xxxix.176, 184；Boswell, Corr. 66 n.2

[2] Raphael and Sakamoto, 1990：276

但是克莱夫勋爵最终还是选择了佛莱则先生。斯密还告诉约翰·卡兰德自从到伦敦后，他"一直为大卫留意"是否有合适的职位，"尽管他说要找到这样的一些职位 [贵族的家庭教师]，尤其是合适的职位，并非易事"。斯密声称他会动用"所有的关系"为大卫·卡兰德帮忙。约翰承诺第二天晚上拜访斯密，征求斯密让他的弟弟到东印度公司做事的意见，看斯密能否提供帮忙。他希望迈克尔·拉姆齐也会为此向他的"印度朋友"寻求帮助，尤其是苏格兰议员"诚实的乔治·登普斯脱"，他也是斯密的朋友。9 月 16 日，约翰再次提及让大卫到印度工作的计划，并因为大卫没有给斯密写信而斥责了他。

在后来一封没有注明日期的信中，约翰描述斯密极力敦促大卫到伦敦来，这里能为他提供更多的机会。斯密当时已搬到了葡萄酒商人米尔斯先生位于威斯敏斯特区达特茅斯街的住处居住，而曾经邀请大卫到法国的路易斯·迪唐斯也已回到了伦敦。迪唐斯是一位胡格诺派的学者兼牧师，他曾任英国驻都灵代办大使，但是他一生绝大多数时间都待在了英格兰，受到了比特勋爵的庇护。在另一封没有日期的信中，约翰写道，斯密曾提及可以将大卫推荐给他在马德拉斯的堂兄，总工程师帕特里克·罗斯上校。卡兰德兄弟在他们的叔叔迈克尔·拉姆齐家中，曾与他会过面。在这封信中，我们获悉当时斯密因为感冒而卧床休息，但是决定几天后就下床继续为大卫·卡兰德谋求职位而奔波[1]。最终，大卫成为英国一位二三流的学者，于 1798 年他临死前被授予了法学博士学位。他的二哥亚历山大倒是确实到了印度，并在那里赚取了足够的财富。三年后的 1789 年，亚历山大回到苏格兰买下了达尔基思附近的普雷斯顿豪地产。亚历山大开始着手在那里建造一幢富丽堂皇的新房子，房子由罗伯特·米切尔设计，并融入了一些罗伯特·亚当的设计风格[2]。

270　　1773 年另一位斯密费心为其谋求职位的年轻人是斯密的私人医生、多年好友威廉·卡伦的儿子（非长子）。斯密在那年 8 月 31 日写给这位父亲的一封信中（GUL，MS Cullen 242），详细说明了他为此而向亚历山大·韦德伯恩（于1771—1778 年期间担任诺斯政府的副检察长一职）所提出的请求。韦德伯恩作为东印度公司的首席顾问对罗伯特·克莱夫这位当时在印度最成功的欧洲富豪有

---

[1] Burn–Callander Papers, Preston Hall, Lothian, available in SRO
[2] McWilliam, 1978：395–8

举足轻重的影响力。信中提到了当时斯密在伦敦所交往的一些能够帮助在"东印度商船"[1]谋求一个职位的人物。斯密"在印度的朋友"包括乔治·约翰斯通总督[2]，其在位于利德贺街的东印度公司所开展的政治活动中扮演了一个很活跃的角色，东印度公司董事们想要控制英属印度殖民地以及邓普斯特，其于1769年和1772—1773年期间曾任东印度公司董事，但是为了能更自由地在议会反对不列颠政府过多地干预东印度公司的运作以及英国王室想要在印度拥有更大权力的企图，邓普斯特辞去了东印度公司董事一职。斯密在《国富论》第三版（1784）中，表达了一种完全不同的观点，评判性地分析了一系列股份公司（尤其是东印度公司）的历史，进一步阐述了统治者会是糟糕的商人，商人会是糟糕的统治者的思想[3]。在《国富论》中，斯密对1772年东印度公司所开展的改革（尽管遭到了邓普斯特抨击）[4]表示了一定程度的赞同，但是斯密指出改革并不能改变东印度公司在印度的混乱统治状态。斯密不得不向卡伦医生解释，他对于在东印度公司为他儿子谋取职位并没有抱很大希望，因为东印度公司的贸易经历了重大的滑坡，但是他并不希望"自己的朋友会有一刻怀疑我并未为此事尽力"。东印度公司的贸易之所以会萧条，部分原因是1770—1773年期间，饥荒在孟加拉肆虐。而英格兰在茶叶销售上的抵制，以及英属北美殖民地针对东印度公司的茶叶垄断开展的政治抵抗（以1773年12月16日波士顿倾茶事件为高潮，下文关于《国富论》出版之前斯密所关注的"事件"中会详述）影响了茶叶的出口。斯密所持有的反重商主义立场，即反对政府授予商人垄断权、提倡在正义的限度内市场中的自由竞争，是《国富论》中关于东印度公司的历史介绍所要阐明的意旨之一。而其中的介绍，则无疑是建立在斯密"在印度的朋友"为他所提供的信息，以及斯密自己的敏锐意识——能够意识到自由市场理论需要怎样具有时效性的论据——的基础之上的。

1773年另一个游学导师职位的邀约，进一步发挥了斯密的中间调停能力，也好好地考验了斯密的耐心和爱心。斯密到伦敦那年的迟些时候，斯坦霍普伯爵提出让斯密为他的近亲和受监护人切斯特菲尔德伯爵五世推荐一位游学导师。斯密

---

[1] 这是将英国的纺织品和金属制品运往印度和中国，又将丝绸、香料、瓷器、茶叶运回英国的大商船之一。
[2] 参见 *Corr.*No.263, n.6
[3] V.i.e.16–18, 26–31
[4] "东印度公司法令"，13 Geo. III. c.63，1772

推荐了亚当·弗格森，休谟曾于 1772 年 10 月说弗格森对于担任爱丁堡大学道德哲学教授一职感到"有点厌烦"。当时弗格森的雇主爱丁堡镇议会想要排挤他。1772 年 2 月 18 日，诗人约翰·霍姆向詹姆斯·埃德蒙斯顿上校汇报说，约翰·达尔林普尔市长想要让比蒂先生——"这位先生的作品中对我们的朋友大卫进行最为粗鲁的攻击，并算计着如果时代形势更为暴力极端一点，就将大卫送上火刑架"——来接替弗格森的职位[1]。

在 1773 年 9 月 2 日致斯密的信中，弗格森告诉斯密，休谟日趋消瘦，这正是休谟所患致命疾病的最初表现症状。弗格森表示他准备与斯坦霍普勋爵协商一下，让斯密做他与勋爵之间的中间人[2]。由于斯密（或许还有其他人）向勋爵所做的推荐，1773 年 10 月 18 日斯坦霍普非常急切地想要弗格森做他监护人的家庭老师：

> 我不禁想到了弗格森博士……他将会是极为合适的人选。不仅仅他的著作表明了他是一位思想开放并具有男子汉气概的人，而且我还听到人们对他的道德品性赞誉有加，尤其是他的谦逊礼让、温和的脾气以及富有魅力和亲和力的言行，所有这些都使我对他怀有很高的期望，他一定会得到他学生的爱戴和尊重[3]。

但是在达成合适的任职条件方面碰到了困难，因为弗格森认为最初提出的担任家庭教师期间每年 400 英镑年薪以及随后享受终身的 200 英镑年金太少。听上去这当然是比斯密担任家庭教师期间 500 英镑的年薪少了一些，但是斯密的年薪是包括了 200 英镑的旅行花费在内的。约翰·穆尔博士担任哈密尔顿公爵家庭教师期间的年薪是 300 英镑，之后的退休金是每年 100 英镑，但是鲁塔教授从霍普顿勋爵那里领到的退休金是每年 500 英镑[4]。弗格森提出万一因为陪同切斯特菲尔德勋爵出国游学而丢掉了他的教授教席，他需要更高的薪水以养活家人[5]。

---

[1] NLS 1005, fos.15–16

[2] *Corr.* No.138

[3] Quoted in Raphael, 1994

[4] Rae, 1965：165–6

[5] *Corr.* No.139

从另一方，斯密得到的消息是切斯特菲尔德的监护人，其中包括议员乔治·萨维尔爵士、约翰·休伊特以及斯坦霍普勋爵，在法律上无权将这位年轻人的地产抵押以支付养老金。斯密还汇报说斯坦霍普愿意自己出面担保养老金的支付，尽管这会牵扯到他从切斯特菲尔德伯爵四世（这位著名的书信作者）那里继承的地产。

在这样的情形下，弗格森接受了最初的条件，规定其养老金的支付起始日期为：他学生到达法定成人年龄时或是他停止担任家庭教师一职时。休谟似乎觉得自己这段时间被完全排除在了斯密的活动范围之外，1774 年 2 月 13 日休谟写信给斯密说："如果你已经有了什么明确的打算和决心，却不告诉我，就大错特错了"。他认为对弗格森的这种安排，"如果是以弗格森必须丢掉教职为代价的，那么所得到的弥补就只能是差强人意"。而且在休谟看来，弗格森想要保留他的教席，雇人替他上课的计划，尽管这在当时司空见惯，但是"会惹人忌恨，事实上也很难行得通"。休谟想出了另一种建议，提出让斯密代替弗格森授课"可以做他的代替者或继任者"，等弗格森回来再辞职。1772 年，约翰·米勒就已经暗示约翰·斯蒂文森退休后，斯密就可以担任爱丁堡大学逻辑学和形而上学教授[1]。 272
休谟认为，斯密完全可以慷慨大度地对待弗格森，因为自然哲学教授教席的收入丰厚。在 1759 年至 1764 年弗格森担任自然哲学教授期间，他将自己薪俸的一部分拿出来作为前任自然哲学教授们的养老金。

斯密在信末提到了最近发生的一个事件，这一事件使得英国政府和北美殖民地之间的矛盾更为紧张。富兰克林作为马萨诸塞州在众议院的代理人，在伦敦待了几年，并开始相信只要揭露北美殖民地总督托马斯·哈钦森是殖民地人民想要争取自由的死敌，就可以将他打倒，进而为改善北美殖民地与不列颠之间的关系扫清道路[2]。富兰克林搞到了一些哈钦森的书信以支撑他对哈钦森的指控，信中极力主张实施针对北美殖民地人民的极端措施。但是，事与愿违，这些书信尽管在波士顿印刷，却在伦敦得到了广泛流传。1774 年 1 月 29 日，在白厅对面政府大楼科克皮特内，富兰克林接受了枢密院的审问，要他承认是他获取了这些信件。斯密的朋友、也是他文体学课程的"学生"亚历山大·韦德伯恩作为副检察

---

[1] EUL, Corr. Of Allan Maconochie, Lord Meadowbanks, A–C, Patrick Clason's Letter, 29 Mar. 1772
[2] Becker, 1964: 12–13

长，主持了这次审问，并且是以一种极为冒犯的方式进行了讯问。

休谟要求斯密告诉他更多关于这一审问的信息：

> 我们听说的关于富兰克林的处置的这些传闻，怎么这么让人不可思议？
> 我很难相信他真的有那么罪大恶极；尽管我一直知道他是一个很会拉帮结派
> 的人，而派系之争，仅次于宗教狂热，是所有激情中对我们的道德最具有破
> 坏力的。怎么就认定他拥有这些信件？我听说韦德伯恩当着枢密院的面所进
> 行的讯问非常冷酷无情，却没有受到一点点的责备。真是令人遗憾！[1]

当时一段讽刺性的顺口溜更多地对韦德伯恩提出了批评：

> 尖酸刻薄的傻瓜，饱含着恶意和絮叨
>
> 往沉默的富兰克林身上发泄他假公济私的仇恨
>
> 镇静的哲人，不做回答
>
> 退让，给他的祖国以自由 [2]。

从《道德情操论》第六版 [3] 的文字来看，斯密是赞同休谟关于"派系斗争和宗教
狂热"的破坏力的观点的，但是这种评价并不一定适用于富兰克林。有一些间接
证据表明当时斯密经常与富兰克林待在一起，他甚至还让富兰克林看了《国富
论》的一些章节 [4]，这些并非是不可能发生的事。1776 年，休·布莱尔回忆说，
"几年前"斯密曾经读过《国富论》的某些章节给他听 [5]。而斯密和富兰克林当
然也在许多问题上持有相同的观点和看法。在富兰克林的经济学文章中，我们可
以找到其关于自由贸易理论的零散论述，而斯密也赞同这位北美人的构想，即用
具有包容性的政治合并方式来结束不列颠和北美殖民地之间的冲突。1775 年 3 月，
富兰克林离开伦敦，开始了其作为美国独立革命领导人之一的新事业。这一事业

---

[1] *Corr.*No.140

[2] Fay，1956：125

[3] III.3.43

[4] 参见 Viner，1965：44–7

[5] *Corr.*No.151

就包括了 1776 年 7 月 4 日——斯密通过出版《国富论》为经济独立建言立说四
个月之后——富兰克林参与起草了美国的《独立宣言》。

　　与此同时，休谟关于斯密应该到爱丁堡大学教授道德哲学的提议，却并没有
产生任何效果。1774 年当弗格森与他的学生出国后，爱丁堡市议会解除了弗格森
的教授职务，但是，1775 年的法律诉讼使得爱丁堡议会不得不重新恢复了他的职
务。1774 年 6 月 1 日弗格森从日内瓦致信斯密说，当他与斯坦霍普勋爵一起待在
巴黎时，他们接触了"一些非常令人尊敬、相处愉快的同伴，他们向我打听了您
的近况，尤其是德恩维尔伯爵夫人，她对您我的法语都颇有微词"。弗格森还写
道，年轻的切斯特菲尔德让他感到很惊喜，他原先以为他会很难对付："我发现
他不仅活泼富有朝气、多才多艺……而且脾气温和、情感丰富"[1]。

　　然而，1775 年 6 月当弗格森回到伦敦之后，事态发生了不好的转向；切斯特
菲尔德和他原先监护人的关系变得很紧张，6 月 1 日他们辞掉了监护人职责。代
替他们行使监护人职责的是尚多斯公爵和切斯特菲尔德的叔叔议员洛弗尔·斯坦
霍普。他们通知弗格森他的任职到 6 月 24 日结束，他们安排了另一位家庭教师
陪同切斯特菲尔德回到欧洲。斯坦霍普勋爵告诉斯密切斯特菲尔德原监护人离职
的消息，而勋爵本人也被卷入了弗格森退休金支付问题，因为弗格森要么从切斯
特菲尔德那里获得他的养老金，而如果切斯特菲尔德不愿支付，就得由斯坦霍普
勋爵支付。斯密在 1775 年 6 月 24 日给斯坦霍普勋爵的回信中，表达了自己对这
一境况的感受："我无法用语言向您表达，我对自己牵涉进这样一件令人如此尴
尬的事件中，感到多么的不安"[2]。弗格森已于 6 月 3 日致信斯密的朋友威廉·普
尔特尼[3]，请求他就养老金问题与切斯特菲尔德的新监护人进行交涉。弗格森这
时已不再想让斯密作为调停的中间人："斯密或许是一些监护人认为处理这一境
况的合适人选，但是一位哲学家被牵涉在这样一个事件中就已足够了"[4]。

　　结果，切斯特菲尔德没有承担起斯坦霍普勋爵关于养老金的安排所产生的责
任，宣称弗格森没有满足以下两个条件：弗格森没有一直任职到他成年，也没有
失去他的教席。斯密在事情处于这种僵局时，回到科卡尔迪与他的母亲一起居

---

[1]　*Corr*. No.142

[2]　*Corr*. app. E，c

[3]　原名 Johnstone

[4]　New York：Pierpont Morgan Lib.，Pulteney Corr. v. 6

住，也是为了在1777年1月到5月休谟病危期间，能离他近点。而当1777年1月，斯密回到伦敦后，事情仍没有任何转机。斯坦霍普表示会履行自己在养老金谈判中的承诺，其表现出来的正直深深打动了斯密。1777年8月8日，斯密请求斯坦霍普勋爵能允许他将信件原件加以保留，在这封信中勋爵明确表达了愿意承担自己的责任：

> 我不仅要将这信件展示给当代的年轻朋友看，还要将这作为遗产，留给我的家族及后代（如果上帝能够乐意赐予我任何后代），作为在任何情形下都应做到刚正不阿的楷模[1]。

274 　斯密作为一位54岁的单身汉，却仍怀有想要小孩"后代"的希望，实在有点出人意料。如果斯密真的被允许保留了这一信件，并把它展示给"年轻朋友"看，那可能并非是件幸事，因为事情最终似乎完全向另一方向发展了。

　　有证据表明，斯密尽其所想要解除斯坦霍普勋爵所要承担的责任。他请求韦德伯恩就弗格森从斯坦霍普勋爵接受养老金的条件提供专业法律意见，1777年4月29日所得到的回信，大致意思是：在普通法和衡平法中，监护人有权让被监护人支付学费等必需的花费。获悉切斯特菲尔德或许准备依自己的意志来处理弗格森的养老金问题，斯密于5月1日拜访了他，但是切斯特菲尔德以正在更衣为由拒绝接见，斯密留下的名片也没有任何下文。乔治·萨维尔爵士在切斯特菲尔德那里也同样碰了软钉子。斯密认为应该将韦德伯恩的看法告知切斯特菲尔德本人，并让当时最好的律师之一约翰·达宁对这一看法加以确认。达宁赞同韦德伯恩的看法，并认为解决这一问题的最好方法是向法庭起诉切斯特菲尔德。

　　6月中旬，斯密离开伦敦前往苏格兰；斯坦霍普勋爵个性强硬的儿子马洪勋爵直言不讳地告诉了切斯特菲尔德法律的相关规定，并预言切斯特菲尔德在大法官法庭的诉讼中会败诉。切斯特菲尔德仍冥顽不化，或许是因为当时他的另一位前任家庭教师威廉·多德牧师因为伪造4，200英镑的巨额债券而获罪，被判处了死刑。尽管约翰逊博士连同23，000位请愿者求情，希望能改判为死缓，但是仍

---

[1] Corr. app. E, 1

于 1777 年 6 月 27 日将其执行了死刑[1]。伯爵拒绝为多德向国王求情，为此他赢得了"绞死了一位牧师的人"的坏名声。当弗格森于 9 月 20 日将切斯特菲尔德和斯坦霍普勋爵告上大法官法庭时，或许切斯特菲尔德就更声名狼藉了，而斯坦霍普勋爵则让弗格森放心，他认为这一法律诉讼对他是"完全友好的"。

在强硬坚持提起法律诉讼的威胁中，弗格森并未展现出如斯密所赞扬的"温和的脾气"，而是更多地展现了后来他的一位邻居所感受到的"像火药一样暴躁"的个性。[2] 毫无疑问，弗格森确实找到了对付切斯特菲尔德的有效方式。1777 年 10 月在访问约克期间，切斯特菲尔德急急忙忙赶到爱丁堡，与他的前任导师讲和。1778 年 1 月，弗格森最终拿到了他的第一笔养老金。当弗格森意识到截至 1815 年切斯特菲尔德逝世，他任职两年所得到的报酬是 9，000 英镑时，一定会欣喜不已。斯密为巴克勒伯爵效力三年，才获得了 8，000 多英镑的收入。

在这一事件中，斯密杰出的合宜感和正义感驱使他采取了一系列的行动。他觉得自己作为斯坦霍普勋爵和弗格森两人之间达成协议的中间人，有责任为双方搭起一座交流的桥梁。显而易见，斯密无法接受让斯坦霍普勋爵来承担他本不应该承担的弗格森养老金[3]。

这一事件也产生了重要的政治影响。1775 年年轻的切斯特菲尔德回到伦敦，与执政党成员尚多斯、洛弗尔·斯坦霍普结为同盟，最终成为国王乔治三世的宠信。他因而疏远了斯坦霍普勋爵、休伊特和萨维尔。斯密似乎与萨维尔交往甚密，萨维尔是哈利法克斯的后裔，被称为"伟大的整顿者"。在 17 世纪晚期的政治风暴中，萨维尔一直主张走温和路线（Kenyon，1969；引言）。萨维尔与罗金厄姆勋爵在领导辉格党的工作中有合作，但是在处理议会事务方面却总是保持独立的思考。从 1774 年开始，和伯克、福克斯一样，萨维尔强烈反对诺斯政府对北美殖民地人民所实行的严苛政策（*HP* iii.405–9）。萨维尔的政治著述[4]，宣扬的是传统的共和主义思想（Viroli，1990），这些文章对于斯密有很大的吸引力。萨维尔本人则代表了那种具有德性的立法者形象，即斯密在《国富论》中所针对的读者受众。斯密的政治倾向一直是与罗金厄姆所领导的辉格党人以及他们的继

[1] Brack ed.，2004
[2] Cockburn，1856；57 n.；cf. Carlyle，1973；143–4。
[3] Raphael et al.，1990；Raphael，1994
[4] e.g. 在 1762 年

任者保持一致的，直到有一段时间，小威廉·皮特在美国独立战争后所采取的经济紧缩政策以及与法国所签订的商业协定，赢得了斯密的认同。

1774 年卡伦医生再次向斯密求助，而这一次则是与他自己从事的职业相关。1774 年，巴克勒公爵当选为爱丁堡皇家医学院荣誉校务委员会委员，他主动提出要将医学学位授予过程中的审查问题提交议会讨论。学院起草了一份建议书，提出停止荣誉医学学位的授予，而普通的医学学位也只有在对候选人进行个人审查并提交证书证明已经完成至少两年的医学学习之后，才可以由苏格兰大学授予。如果政府无法直接对学位授予加以干预，则建议成立一个皇家管理委员会。这一建议书被送到了在伦敦的斯密手上，征求意见。1774 年 9 月 20 日，在明显拖延了一段时间之后，斯密就此事回复了卡伦，说在伦敦发生了一些令他很感兴趣的"事件"，以至于使他忘了这件"我不得不承认自己几乎毫无兴趣的事情"[1]。

然而，斯密在信中提及了《国富论》中所讨论的核心问题：垄断的恶果以及竞争可能会带来的良好影响，在信中这一论断被应用到了医学教育和行医职业实践的讨论中。斯密在信的开头称赞了苏格兰的大学，明确无误地认同了自己在格拉斯哥大学所接受教育的良好质量、自己在那里愉快的教学经历（整体上）以及这些大学机构为启蒙运动所做出的贡献："就 [它们] 目前的状态而言…… 我确实打心眼里认为它们毫无例外都能与欧洲最好的大学相媲美，尽管它们也有自己的问题。"然而，斯密承认像所有这样的"公共机构"一样，它们"本质上"就蕴含了"玩忽职守和贪污腐败的种子和诱因"。尽管它们目前所处的状态良好，但还是存在改善的空间，"巡查"就是实现这一目标的合适方式。但是，由谁来担任这些巡查员，他们又依据怎样的标准来进行巡查呢？斯密认为确实存在着这些不确定性因素，而"原先已经……很好的"那些就应该保留不动。

接着，斯密讨论了建议书的内容。首先讨论了第一条要求，即医学学位的候选人应具有证书，证明其在大学从事过相关的学习。但是像约翰和威廉·亨特这样跟私人教师学习的又该怎么处理呢？而一些大学根本就不教授医学或教授内容相当肤浅又该怎么办？在斯密看来，只要是学到了知识，到底是谁传授了这些知识并不重要。他接着告知卡伦，他正在就大学这一公共资金资助机构开展深入研

[1] *Corr.* No. 143

究，服务于《国富论》第五篇的写作，而他所得出的结论在那里得以呈现[1]。斯密写道，他已经"就这一主题 [大学教育] 做了大量思考，并 [已经] 很仔细地考察了欧洲主要几所大学的规章和历史"。除了上述研究工作，斯密还利用了自己在牛津大学求学期间的相关记忆。作为研究成果，斯密彻底弄明白了"绝大多数这类社团陷入到现前这种堕落和受鄙夷状态"的两大主要原因：第一个原因是一些大学支付给教授的丰厚薪俸，并不与他们职业上的成功挂钩；第二，某些大学为了职业资质或奖学金的缘故招收了大量学生，却对教育本身是否有益这一问题弃之不顾[2]。

斯密认为苏格兰的大学之所以能够享有"如今的优秀程度"，是因为这两大原因在苏格兰大学中并不十分显著。他评论说爱丁堡大学医学教授们并不享有丰厚的薪水，而医学专业的学生享有的奖学金也少之又少，而大学"学位授予的垄断，也遭到了国内外其他大学的冲击"。在斯密看来，这就是爱丁堡大学相对于欧洲其他类似团体而言的优势所在。

当斯密转而讨论学位问题时，详细论述了竞争和自由市场的益处及垄断的恶果等原理。高调宣称要对学位授予标准严加审查，并未能打动斯密。书信的这一部分同样展现了贯穿《国富论》的一种现实主义和怀疑主义风格，使得《国富论》得到了有鉴赏能力的读者的赞赏。对卡伦而言，他正竭力想搞明白"医生"这一头衔的真实意义所在：[它] 将一种荣誉和权威赋予了具有这一称号的人；它为这些人的行医实践拓展了空间，从而也拓展了他们为非作歹的空间；它也完全有可能会让这些人更肆无忌惮，并进而加强他们作恶的天性。"让审查者授予一位他几乎一无所知的人以学位这样的一种做法，斯密并不打算加以维护，但是他也并不认为这一做法会带来多少坏处，因为最终决定病人的选择及费用水平的是声誉及医疗市场中的竞争。

斯密认为规范学位授予背后的企图是提高收费标准，当然还有就是为那些持有学位的人进入市场提供保障。事实上，他在学徒制和只将学位授予具有一定学术背景学生的做法之间找到了相似之处："前者导致的垄断后果是低劣的产品和高昂的价格，而后者带来的垄断后果则是庸医当道、冒名欺诈及高昂的收费。"

---

[1]　V.i.f

[2]　cf. *WN* I.x.c.34 和 V.i.f.1–35

277   斯密用一种颇具自己特色的论证方式讨论了出售学位的"肮脏交易"。斯密也并没有为此辩护，但是他指出缺少资金的大学从事这一交易，是致力于"用这唯一能让他们赚钱的方式进行牟利"。如果随意出售学位，这些大学就"会受到嘲讽、信誉扫地"。圣安德鲁大学就让自己处于这样一种境况，因为它将医学学位授予给了"一位名叫格林的先生，而这位医生碰巧是位舞台医生"，即一位只会在舞台上作秀的冒牌医生。[1]

斯密推断公众并不会因此而受到伤害，因为格林或许并不会因为获得学位而能毒害更多的病人。而且，这打破了富有大学在授予医学学位方面的垄断。结果就是这些大学的毕业生也不得不依靠自己的优势和技能，而不是自己的资格证明行医。斯密一针见血地指出卡伦和他的同行们："如果无法从作为医生的身份中功成名就，或许你们就会更多地关注自己作为一个人，一位绅士以及一位学者应有的品性。"

这是斯密最具有挑战性的书信之一，语言简练、论证有力、幽默地嘲讽医生这一职业包含了江湖骗子、下毒者以及对收费比对病人体质更感兴趣的把脉者。斯密深知像在这封信中这样阐述自己的学说是令人难以容忍的，在信末他预言自己会为这里所写的内容而遭人掌掴的[2]。斯密似乎已将建议书这回事完全丢到了脑后，因为这一话题再没被提及过。

卡伦确实在 1776 年的一次毕业典礼上，驳斥了斯密所持有的对医学从业人员实行自由市场管理的观点，这些观点与斯密的这封书信一起收录在了约翰·汤姆逊所著的《卡伦传》（*Life of Cullen*）[3] 中。1826 年某皇家委员会确实收到了一篇《论医学博士学位候选人应接受的预备教育》（*Observations on the Preparatory Education of Candidates for the Degree of Doctor of Medicine*）的报告，作为对苏格兰的大学运行机能进行更大范围调查的一部分。在随后发生的变革中，卡伦及其支持者所提出的观点发挥了一定的作用，但是人们认为汤姆逊将斯密和卡伦的作品一起出版，引发了 19 世纪关于怎样的法律和经济调节才能规范从医资格和

---

[1]　1721 年，圣安德鲁大学设置了 the Chandos Chair of Medicine and Anatomy，但是 18 世纪的圣安德鲁大学和城市规模都太小而无法提供医学教学。这一教席却被利用来出售医学学位，尽管有时候是给一些著名的人物：Robert Whytt、Andrew Duncan、John Brown（这些都是爱丁堡医学院的领导）、Edward Jenner（预防接种方面的研究先驱），1775 年又将学位出售给了 Jean-Paul Marat（法国革命者）；Cant（1992：105，n.2）。

[2]　*Corr.* No.143

[3]　1832：i. 468–70

行医实践的争论。现代的医学历史学家意识到斯密当时对自己所处时代医生们的思想状态有着宝贵的洞见，也洞悉了这一职业在组织上和经济活动方面的一些主要事实[1]。然而，如何看待这封信所具有的意义仍是一个有争议的问题：是对一般意义上绝对的、不受约束的市场的辩护，还是只针对当时医学教育和实践中出现的问题的一种嘲讽和攻击，并未就如何负责任地培训医生并对那些从事这一职业的人的资质加以监管这一问题提出解决方案？在后一方面，卡伦医生的观点显而易见更具有前瞻性。

这封书信语言生动风趣，展现了斯密在就自己所关心的话题展开讨论中挥洒自如的论辩能力。那么，当时在伦敦到底又发生了什么"事件"，占据了斯密的注意力以至于他疏忽了自己要对关于医学教育的建议书加以考虑的承诺呢？斯密当时所关注的十有八九是 1774 年议会所面对的北美殖民地流血冲突事件。1773 年 12 月 16 日，发生了我们上文已提及的著名的波士顿倾茶事件。在这一事件中，波士顿当地人装扮成印第安人，将第一批东印度公司通过垄断即将在北美殖民地出售的茶叶倾倒入大海。议会授予东印度公司销售茶叶的垄断权是为了避免其破产，并通过压低茶叶价格但仍要求纳税这样一种做法，希望能让北美殖民地人民接受议会具有向殖民地征税的权力。北美殖民地"爱国人士"作为一个原则问题拒绝承认议会在殖民地具有征税的权力，并认为行动起来打破这一垄断对北美殖民地商人有利（斯密对这样的观点是颇有些认同的）。

1774 年 3 月 7 日，国王乔治三世向议会提出要求，授予他一定权力以采取必要措施"制止波士顿城市和港口发生的暴力、骇人行为"。到 6 月，四项强制性法案得以通过：马布尔黑德将代替波士顿成为海关所在地；国王派遣特派员加入总督顾问委员会，没有总督的允许，不准召开市政会议；总督有权决定让担任一定官职的主犯到外省法庭接受审判；城市将驻扎军队以防发生市民暴乱。

同时，托马斯·盖奇将军接受任命，替代托马斯·哈钦森出任马萨诸塞湾总督。5 月，他在波士顿实行了军事封锁。在帕特里克·亨利的推动下，威廉斯堡的弗吉尼亚众议院发出号召，召开由十三个殖民地代表所组成的大陆会议，坚决要求结束北美殖民地民怨沸腾的现状。从 9 月 5 日到 10 月 26 日，在佛罗里达召开了第一次大陆会议，为了声援马萨诸塞湾殖民地人民，会议达成了一项正式协

278

---

[1] Guttmacher, 1930；Cowen, 1969

定，即不再从英国进口或使用英国货品，直到"令人无法容忍的法令"被废除。这次大陆会议并没有通过进入备战状态的提议，而向国王提出正式请求，要求恢复1763年"七年战争"结束时殖民地的武装部署。

伯克写道，当时"无论是 [议会] 内部还是外部，整体的舆论倾向都奇怪地于北美殖民地不利"[1]。事实上在针对殖民地的惩罚措施通过后，议会内部的反对力量一开始就表现得令人惊讶地不活跃。波士顿法案没遭到任何反对就通过，而1774年5月6日针对马萨诸塞湾进行司法管制的法案也没有遭到任何来自伯克、萨维尔抑或福克斯的反对（他们当时可能正在纽马克特参加赛马）。然而，4月19日在关于废除茶叶税的议会辩论中，伯克发表了著名的亲北美殖民地的演讲，福克斯也表示了支持，宣称："我认为我们应该通过对 [北美殖民地] 贸易加以管理的方式来实现实际意义上的征税。"他还非常明智地加了一句："如果动用军队在北美殖民地征税，我怀疑并不会给我们国家带来任何益处。"接着，福克斯明确地阐明了自己在北美殖民地危机发展过程中做出相应回应时所仰赖的原则："国家的统治必须顺应民意。"

趁反对阵营不成气候之际，诺斯于6月22日解散了议会。在随后的大选中，一些强制性法令的实施似乎也并没有引起人民的多大关注，而5月通过的"魁北克法令"倒是激起了民众的愤恨，该法令对罗马天主教采取了宽容的政策，并确定了加拿大的边界（令北美殖民地人民愤愤不平）。一直到1790年，这段时间关于选区的争论比任何时候都要激烈，因而吸引了相当一部分公众的注意力。当时已贵为伦敦市长的约翰·威尔克斯，成了米德尔塞克斯郡选民心目中的红人，他拥护的是美国以及国内自由事业的发展[2]。当他在选票上又一次遥遥领先时，12月2日，诺斯政府内阁再也不敢将他拦在众议院大门之外了。[3]

这些"事件"很可能吸引了斯密的注意力，因为他一定足够睿智地意识到了诺斯政府所实行的这些美国政策将这个国家及整个帝国的命运置于一种风雨飘摇的危急状态之中。这一切的核心是诺斯企图运用政府的力量维持对殖民地的贸易

279

---

[1] Wallis et al., 1975：13–25

[2] 插图12

[3] *HP* i.73–8, 334；ii.148–50, 457；参见 Colley（1989：80–1）对 Namier 所持有的观点——即美国危机在许多选区不受关注——所做的修正。Colley 以 Newcastle 为例，指出当地所关注的一个问题就与政府反对北美殖民地人民的意图相关。

垄断，而这正是斯密所研究的课题。通过斯密与威廉·亚当（建筑家约翰、罗伯特和詹姆斯的弟弟）之间的通信，我们得知斯密在这段时间前去旁听了下议院进行的辩论。斯密还经常与许多爱丁堡学者一起，前往坎农格特亚当家中做客。斯密与威廉·亚当从小一起长大，后来亚当在伦敦经商，从事着一份并不算稳定的工作[1]。

在 1775 年 1 月 23 日写给他哥哥约翰的信中，威廉·亚当这样写道：

> 亚当·斯密先生是如此热心，他从下议院回来后，特意前来告诉我 [他侄子另一位威廉·亚当所做的演讲]……演讲人将他引荐给了诺斯首相，诺斯先生对斯密赞誉有加……但是令威廉最为开心的是诺斯首相问他把苏格兰口音扔到哪儿去了[2]。

沃尔浦尔是用这样生动、尽管不够友善的细节，来描述诺斯首相那长得颇为抱歉的外貌的：

> 没有什么会比他的外貌更粗野、笨拙和不雅的了。两个硕大突出的眼珠骨碌碌乱转（因为他高度近视），一张血盆大嘴，厚厚的嘴唇，加上夸张的表情，使他看上去就像一位活灵活现的盲人吹号手。他的嗓音低沉、缺乏起伏……却还拿腔捏调，完全没有顾及自己的长相，也无视任何文明礼节，令所有以貌取人的人充满厌恶之情[3]。

但是，其他同时代的人则强调了诺斯的风趣、好脾气、安详及谦恭的态度[4]。上文提及的他与年轻苏格兰议员威廉·亚当之间的风趣对话，就颇具代表性，这也帮助了他在刚开始时获得下议院的支持。但是，毫无疑问，在他所采取的战争政策被证明是灾难性的之后，这种支持就消失殆尽了。

斯密在旁听席所听到的演讲，肯定是威廉·亚当在其第一次与会期间所发表

---

[1] Fleming，1962：3

[2] SRO，NRA（S）1454，Section 4/Bundle 3

[3] Walpole，1963：225

[4] *HP* iii.204–5

的轰动下议院的强有力演讲之一，斯密或许还见证了诺斯是怎样施展他不可小觑
的个人魅力，赢得了这位年轻人的拥戴。从吉本写于 1 月 31 日星期二的一封信
中，我们大致可以猜测出 1755 年 1 月下议院所面临的事务。吉本想要发表演讲，
但又没有足够的勇气这样做，他追问哈钦森总督，想要打听更多关于北美殖民地
的消息：

> 我越来越确信无论就正义还是实力而言，我们都略胜一筹，尽管我们的
> 行动会随之产生一些令人哀伤的境况。我们的贸易和帝国正处于关键性时
> 刻，要么继续得以保留要么就永远失去。我们期望下个星期四或星期五将
> 会是一个非同寻常的日子。到目前为止，我们主要从事的工作是阅读文件和
> 驳回请愿书。这些请愿书来自各地：伦敦、布里斯托尔（Bristol）、诺威奇
> （Norwich）等等，由不同的团体起草，目的在于拖延 [政府的行动]。

这些请愿书表达了商人们的担心，他们害怕诺斯政府所实行的这些惩罚性政
策会引发北美殖民地人民抵制英国货物。议会就宣布马萨诸塞湾处于叛乱状态，
并授权派遣由豪、伯戈因和克林顿等将军率领 10，000 人的军队前往北美等地决
定展开辩论。福克斯和韦德伯恩在这些辩论中针锋相对，互不相让。吉本于 2 月
8 日记录了相关辩论，他担心这样数量的军队并不足以震慑住北美殖民地人民，
并质疑了诺斯首相的领导能力[1]。

作为一名议员，威廉·亚当在一般情况下都站在诺斯政府一边，但是他还是
保留了自己独立的见解，以至于敢于批评诺斯过于"懒散"[2]。1775 年斯密在另
一场合又听到了这位年轻的亚当的演讲，他这位深感自豪的叔叔又一次与另一位
不知名的书信作者谈起了这次演讲：

> 我很高兴地告诉您从四面八方听到的关于上周五威廉演讲的高度赞赏。
> 亚当·斯密昨晚与我们一起吃晚饭。他说威廉的这次演讲比他上次会议期间
> 的所有演讲都要优秀得多，并说诺斯首相的演讲是下议院中曾经做过的演讲

---

[1] Gibbon，1956：ii.58–59
[2] *HP* ii.8–9

中最好的，而威廉是那天所做的演讲中第二好的，尽管那天有许多主要的演讲者都做了演讲。

老威廉也补充说当罗伯特·亚当在与加里克和几位议员一起用餐时，也听到过同样对这次演讲的高度评价，以及诺斯的反应，"在结束辩论后，他确实哭了——就像许多他的听众一样"[1]。对于 18 世纪的议员而言，并不需要克制这样的感情流露。

我们可以大致知道这封信的写作日期，因为信中还提到了正在准备派遣芒斯图尔特勋爵 "在几天后"前去领导一个苏格兰民兵组织，而芒斯图尔特勋爵前往的日期是 1775 年 11 月 2 日[2]。

威廉·亚当不赞成与北美殖民地和解，而斯密并不赞同这一立场，但是他们在其他问题上看法则更接近一些，因为亚当也是边沁社交圈的成员之一。1789 年，他曾提醒斯密为了前后保持一致，不应赞成严格控制利率，边沁在《为高利贷辩护》(*Defence of Usury*) 一书中也指出了这一点[3]。

在就与北美殖民地和解这一主题辩论时，伯克表现得能言善辩，1775 年 5 月 1 日他致信斯密，但是这次的主题是关于延长他选区的一位朋友布里斯托尔的陶艺师理查德·查皮昂所持有的瓷器专利权。约西亚·韦奇伍德想要教唆斯塔福德郡的制陶工人抗议查皮昂向议会提出的这项申请。而伯克希望如果这一申请被提交到上议员进行讨论，斯密能 "请求巴克勒公爵支持延长这一专利权"。伯克很了解斯密的观点，他指出韦奇伍德 "表面上假装……激励他这样做的动机无非是为了维护公共利益"。伯克继续说："我坦承我更能接受的是商人口里说出的声明多少总要带些哪怕是再小的自利的动机。"[4] 斯密在《国富论》中表达了类似的观点[5]，他也为著作专利和版权方面 "暂时的垄断"辩护，认为这些是知识产权的表现形式[6]。

斯密以前的一位学生帕特里克·克拉森，当时在日内瓦担任游学导师，1775

[1] SRO，NRA（S）1454，Blair Adam papers，4/3/20

[2] *HP* iii.502

[3] *BL*，Bentham MSS，George Wilson's letter，1789 年 12 月 4 日

[4] *Corr*. No.145

[5] IV.ii.9

[6] *LJ*（A）ii.31–3；*WN* V.i.e.30

281 年从日内瓦寄了科学家查尔斯·邦内特的两本著作，送给大卫·休谟：《植物叶子使用研究》（*Recherches sur l'usage des feuilles dans les plantes*）（1754）和《哲学的再生》（*Palingenesie philosophique*）（1769—1770）。在随同附上的书信中，邦内特称斯密为"格拉斯哥的圣人"，在日内瓦人们经常满怀愉悦地谈起他[1]。5月9日，斯密将邦内特写的这封信转交给休谟，把这位绅士描写为是"日内瓦甚或是世界上最值得尊敬、最好心肠的人之一"，但是同时又补充说，"然而，他也是最笃信宗教的人之一"[2]。邦内特宣称他从未想过要改变自己的宗教信仰，但是斯密恐怕他在爱丁堡持怀疑主义的朋友在这方面更是坚定无比。斯密的藏书中有好几本邦内特的著作，包括其中一本关于植物叶子的书籍[3]。但是斯密并没有收藏邦内特关于轮回新生的著作，该著作博学而具原创性（尽管有点怪诞），书中将宗教和生物学融合，创建了一个宇宙进化理论。如果休谟和斯密曾经阅读过这一著作，他们肯定会觉得书中所描绘的情景比较对他们的味口：人类的天性受到自爱和各种激情的支配，但是受到从经验习得的自然生存法则的引导[4]。

在5月9日的这封信中，斯密提到了关于阿伯丁大学道德哲学教授詹姆斯·比蒂的消息。比蒂在其所著的《论真理的本质和不变性》（*Essay on the Nature and Immutability of Truth*）（1773）一书中，企图驳倒休谟的"诡辩和怀疑主义"。1773年这一文章为比蒂赢得了约翰逊社交圈子的接纳，以及某种程度的宠信，还为他获得了一份国王的津贴。该书还对休谟进行了下流的人身攻击，这惹怒了休谟。休谟逝世前修订出版了《就若干问题的短著与论文》（*Essays and Treatises*）最后一版（出版于1777），在《告读者书》中，休谟指出在这一版中他为"里德博士以及那位偏执愚蠢的家伙比蒂给出了一个完整的回答"[5]。

斯密在皇家学会的同事约瑟夫·普里斯特利试图在自己的著作《里德、比蒂、奥斯瓦德著作剖析》（*An Examination of Reid's Inquiry, Beattie's Essay, and Oswald 's Appeal to Common Sense*）（1774）驳倒比蒂以及刚刚形成的苏格兰常识哲学学派的学说。在伦敦，正如斯密告诉休谟的，有人以这些哲学家的不同学说倾向取乐：

---

[1] *Corr.*No.144

[2] *Corr.* No.145

[3] Mizuta

[4] Crocker, 1967：i.345–6

[5] *HL* ii.301

　　您这里的朋友都对普里斯特利给比蒂做出的回应很感兴趣。我们本希望比蒂也会再次回应，我们确信他已经有现成写好的回答；但是我确定您的老朋友赫德 [休谟《宗教的自然史》一书受到其公开谴责]——具有相当伟大判断力的曼斯菲尔德勋爵已经任命其为主教———一定写信给比蒂，建议他不要做出回应；告诉他一部如此伟大的作品就像永恒不变的真理那样是无须为其进行辩护的。就这样我们失去了见证一场史无前例的论辩机会。普里斯特利已经完全准备好了至少要辩上 20 个回合。我仍抱有一些希望，某人能再去激怒比蒂，让他再次提笔写作。

282

　　斯密随后所宣布的消息，定是对朋友的成就颇为上心的休谟所渴望读到的："我将在这个月末或下个月初将我的著作交付出版"[1]。《国富论》第三版的《告读者书》提到《国富论》第一版"出版于 1775 年末和 1776 年初"，从而确认了斯密信中所言非虚。

　　截至 1775 年 11 月，《国富论》仍未出版，正如上文所提及的，洛巴克博士写信提醒斯密，国会开会期间是一个可以影响公众对于与北美殖民地之间冲突看法的机会。洛巴克为了增加斯密对北美事务的了解，特意附上了一段写于 6 月 23 日（这场战争第一次武装冲突发生后六天）亲眼见证的邦克山战役的描述。自 1775 年初，不列颠政府就决定孤立新英格兰，隔断其与其他北美中部殖民地的联系，破坏乃至彻底摧毁新英格兰的贸易和渔业，让其遭受加拿大舰队和印度舰队的骚扰，直到新英格兰不得不寻求不列颠军队的庇护。

　　吉本议会记录中所提及的三位将军和 10，000 人的军队被派遣到波士顿实施这一计划。4 月 19 日，北美民兵组织和被派往前去毁坏莱克星顿和肯考德店铺的英国正规军之间发生了冲突；而据说当时是英国军队先开了枪，这就产生了——正如富兰克林所预见的——"以后再也无法弥补的裂痕"。

　　4 月末，北美人包围了波士顿，他们抢在盖奇前面，在波士顿对面的邦克山上筑起了防御工事。5 月 12 日，豪、克林顿和伯戈因抵达那里，6 月 2 日宣布了戒严令，盖奇同意攻夺俯瞰波士顿的高地。克林顿建议从美军后方开始进攻，以切断美军经由查尔斯堂半岛的撤退路线，但盖奇却下令从邦克山下面布利兹山战

---

[1]　*Corr.*No.146；1775 年 5 月 9 日。

壕发动正面攻击。战斗最终获得了胜利，但是英军的伤亡远远超过了美军，而这种损失是盖奇所无力承担的。反叛武装力量不断得以增强，乔治·华盛顿最终成功指挥了一场对波士顿的包围战，迫使英军于 1776 年 3 月 17 日从波士顿撤退。盖奇在关于邦克山战役的官方叙述中，承认北美军队是很难对付的对手，"并非许多人所认为的那样，只是一群可鄙的乌合之众"[1]。

洛巴克寄给斯密的关于邦克山战役的记述，作者是沃尔特·劳里上尉。劳里上尉参加了这次正面进攻，后来还担任了被派往清理战场的独立小分队队长。他提到发现了地方议会议长约瑟夫·沃伦博士的尸体，正是这位议长于 4 月 18 日派遣保罗·里维尔和威廉·道斯（William Dawes）执行了著名的骑马警告莱克星顿人们的任务。沃伦博士辞去了指挥官的职责，作为自愿者加入了阵地防守战中。劳里上尉直言不讳地提到沃伦博士："[我] 将这位恶棍与另一位反叛者一起塞进了一个洞里，他及他那教唆人的本领可以长眠于此了。"劳里上尉还提到了美军对英军所发起的激烈抵抗，以及他们继续战斗的决心。他并不抱希望动用如此小数目的英军就能控制北美的局势，并宣布几个月前，他就已经递交了辞呈。

作为关于战役的描述的补充，劳里上尉附上了一个带有注解的名单，标题是"波士顿爱国者的个性"，其中用尖酸刻薄的文字描述了革命党的领导人。这些领导人中就包括了富有的波士顿商人约翰·汉考克，1768 年他成为波士顿人崇拜的偶像，因为当时他名下一艘被象征性地命名为"自由"的帆船，成为一起走私争端的核心。在这一争端中，约翰·亚当斯为他进行了辩护，认为议会没有资格在殖民地立法和征税，因为殖民地在议会中并没有代表名额。这一问题，就美国人而言，是立宪斗争的核心所在，另外，他们也害怕不怀好意、强大而又非常腐败的中央政府，会想方设法剥夺他们通过自己的法院和立法已经获得的自由[2]。

劳里上尉的名单中将汉考克描绘成了一位"无可指责的诚实而仁慈的人，但是胸无大志……成了另一位具有更深心机的人不可或缺的、慷慨的盲从者，最后彻底散尽了自己的家财"。这里所说的汉考克背后阴险的人物就是塞缪尔·亚当斯：

283

[1] Wallis et al.，1975：41–55

[2] Bailyn，1973；1992：144–75

原来以制造麦芽为生，并不为人所知，直到在政治辩论中脱颖而出——诡计多端，具有卓越才能。他从政的起点是被选举为城市收税员，在这一职位上，他用臭名昭著的方式从镇政府那里骗走了不少于 2，000 英镑的钱。等他在那里稳固了自己的地位后，竟厚颜无耻地将这笔钱抹去，作为他为政府提供秘密服务的酬劳[1]。

塞缪尔·亚当斯是否侵吞了公共资金，我们无法确定，但是他确实利用自己作为马萨诸塞众议院职员身份，加剧了北美人民反对哈钦森总督的激烈情绪。他激情四射的演讲鼓动人们抵制查尔斯·汤申德的税收法案，并反对为实施这些法案要在波士顿驻军的行动。显而易见，他似乎很希望能激怒英国政府，使之实施惩罚性措施，从而激怒北美人民愤起反抗，武力推翻不列颠的统治[2]。

斯密洞悉诸如这位亚当斯般的革命领导人的心理动机。因而，斯密在《国富论》中指出，这些爱国的殖民地开拓者的自我重要性意识是如此之强，以至于仅靠武力是无法征服他们了。斯密很有开创性地建议说，或许一个包括大英帝国在内的联邦可以"呈现给每位殖民地领袖一种新的实现自我重要性的方法，一个崭新的、更令人眩目的抱负目标"。他们有可能到大不列颠帝国的议会中去大展拳脚：

> 他们不再浪费精力，争取我们可称之为殖民地派别之争所开出的小奖，而是凭着人们天然就具有的那种对自己的能力和幸运的自以为是，希望能一举拿下不列颠国家级政治彩票中偶尔开出的大奖[3]。

斯密甚至完全愿意承认"北美殖民地在财富、人口和改良方面的进步是如此神速，或许在不超过一个世纪的时间内，它的纳税额就会超过不列颠的纳税额"，那样，"帝国的中心自然会迁移到对整个帝国的整体国防和维持做出更大贡献的那部分地区"[4]。 284

---

[1] GUL MS Gen. 1035/152（y）；Fay，1956；81–2

[2] Brown，1973

[3] IV. Ii. c. 75

[4] Para.79

斯密的思想已经完全超越了克拉克（1994）认为当时的主流思想，即"英国霸主神话"，这一思想不仅引起了英格兰人的关注，而且也引起了苏格兰人、爱尔兰人以及一些北美殖民地人民的兴趣。大西洋联盟这一概念，体现了一种意愿，愿意通过推动政治改革以适应经济的动态发展、创造新机制以克服现有冲突并为践行创新精神开拓空间。这些斯密所怀有的关于北美殖民地新颖而积极的观点，在他的朋友中间（如他以前格拉斯哥大学的学生米勒和理查森）得到了宣扬，尽管这些思想如果说得到了容忍的话，却并没有形成潮流。因而，1778 年 3 月 16 日，詹姆斯·伍德罗从格拉斯哥致信赛缪尔·肯里克：

> 您那颇有创意的朋友斯密博士和他的同伴们可以在我们这群人中间放心地表达他们的思想，以及自由地在每个同伴面前说出他们 [对北美殖民地] 的情感。我敢向您保证只要是在苏格兰的地界之内，他们都可以随处走走、畅所欲言，不用担心任何的修理、报复[1]。

不管斯密关于北美殖民地的洞见是多么新颖而有益，在 1775 年当时却还未来得及通过出版得以传扬。休谟对《国富论》的出版不断延后深感不安，出于对朋友，或许还有对他自己病情的担忧，他于 1776 年 2 月 8 日写信指责了斯密："我现在变得和您一样不愿写信了，但是对您的焦虑促使我提起了笔。"他已经听说这本著作已经出版了，但是并没有看到任何相关的广告。他认为如果斯密是在等北美殖民地的命运尘埃落定，那么将还要花上很长一段时间。从巴克勒那里，休谟得知斯密"对于北美殖民地事宜非常热心"，但是，他提出的"看法"是这件事情并没有像绝大多数人认为的那样重要，尽管休谟承认他可能是错的，或许在见到斯密或看了斯密的著作后，他会改变主意。在休谟看来，不列颠的"航海业和整体的贸易或许会比我们的制造业遭受更大的损失"。然后，他颇具个人特色地拿疾病给他身体造成的消瘦开玩笑："如果伦敦能在大小上和我的体型那样直线下降，就更好了。它是除了糟糕和不洁的体液外，什么都没有的一个空壳子。"在信中，休谟还向斯密提到了"他毫无起色的健康状态"，以及当他最近称体重

---

[1]　London, Dr William's Lib., MSS 24.157, 60

时，他怎样又发现自己轻了 5 英石[1]："如果您再拖延些时日，我或许就会完全消失了"[2]。

休谟并不惧怕死亡，但是他所不愿的只是失望地死去，不愿带着永远无法再见朋友一面的遗憾，或无法一睹亚当·斯密呕心沥血多年写就的著作的遗憾死去。

285

插图 8. 北美 1774 年暴发革命时首相诺斯向支持者们贿赂，威尔克斯愤怒地指责。转引自 *Westminister Magazine*, 2（British Librarg, London）上的漫画。

---

[1]　1 英石约等于 6.35 公斤。

[2]　*Corr.* No. 149

17. 太棒了！亲爱的斯密先生

　　　　　　对您大作的出版我深感高兴，细读之后，我心里的一块大石头终于放下了。

　　1776 年 3 月 5 日—7 日的《伦敦新闻》上，刊登了《国富论》这一休谟渴望能尽快出版著作的广告；3 月 9 日，《国富论》正式出版，总共四开本两卷、1000 多页，封皮为蓝灰色、有大理石条纹。这是斯密的代表作，也是斯密留给自己所处时代及后世的宝贵遗产。书中阐述了影响深远的市场经济理论，追溯了欧洲文明史以解释经济增长之所以会受限的原因所在，并就经济管理和增长以及自由市场社会运行和繁荣所必需的支撑性机制提出了审慎的建议。著作一经出版，休谟及其他学术界朋友争相拜读，他们当然是非常急切地想知道斯密所写出来的是否正是他们所期待的大师之作。正如下文所要提及的。而在 18 世纪 90 年代，这一著作还影响到了身处威斯特摩兰乡间的某位大人物的思想[1]。

　　《国富论》一书的扉页上，作者亚当·斯密的头衔是法学博士和皇家学会会员，尽管斯密自己曾要求并不需要在他的署名中注上学位或其他荣誉称号[2]。在《国富论》的书名后面是关于《道德情操论》第四版的一则广告（1774）。斯密或是他的出版商斯特拉恩，抑或是这两人都不希望读者忘了这一新书的作者就是那位写过《关于人类在评判先是邻人再是自己的言行和品性时所自然依据的原理分析》（*An Essay towards an Analysis of the Principles by which Men naturally judge*

---

[1]　Allan，2002

[2]　*Corr*.Nos.100，143

concerning the Conduct and Character, first of their Neighbours, and afterwards of themselves）（《道德情操论》第四版的全称）一书的道德哲学家。发行量可能是 500 册，每册耗去的费用达到可观的 1 英镑 16 便士。[1] 谢尔（2002，2006）研究了斯密与他的出版商及打印商所签订的协议，发现斯密非常成功地管理了《道德情操论》和《国富论》的知识产权，以及这些著作不同版次的发行范围。1759 年，米勒支付给罗伯逊处女作《苏格兰史》（The History of Scotland）的稿费为 600 英镑，据说通过这次购买，米勒与他的合伙人托马斯·卡德尔所产生的营业额高达 6，000 英镑，而罗伯逊从《查理五世统治史》（History of Charles V）(1769) 这一著作中所得到的版权费为"不少于 4，000 英镑"，斯特拉恩却仍还有盈利[2]。或许就是从经济角度出发，斯密也有足够理由为罗伯逊借用了他关于文明社会历史的思想而心痛不已。精明的威廉·斯特拉恩如果听说 200 年之后一本《国富论》第一版的价格，在拍卖行被认为可以卖到 20，000 到 30，000 英镑的话，无疑会感到无比震惊。尽管最终这本书并未能卖到期待中的价格，而是以 18，500 英镑被人"购入"[3]。

1776 年 2 月 17 日，斯特拉恩与托马斯·卡德尔合伙出版发行了爱德华·吉本所著的《罗马帝国兴衰史》（The Decline and Fall of the Roman Empire）第一卷。从吉本后来的《回忆录》（Memoirs）中得知，在这一著作出版前夕，斯特拉恩"具有预见性的鉴赏力"使他将发行量增加了一倍，从 500 册增加到了 1000 册。斯特拉恩的出版社同时出版了吉本和斯密的著作，休谟为此向其表示恭贺，斯特拉恩在 4 月 12 日的回信中就这两部著作做了一个比较："前者更受欢迎……但是后者的销售尽管没有如此快速，但也已经远远超过了我原先预期这样一部要想读懂，不得不做大量的思考和反思的著作（并没有很多现代读者具有这样的素养）可能会有的销售量"[4]。然而，购买斯密著作的读者越来越多。到 1776 年 11 月，《国富论》广受好评，或正如斯密自己后来不露声色的评论所说的"没有受到我

287

---

[1] WN 的出版情况如下：第一版（四开本两卷），1776（3 月）：500 本，未装订每本 1 英镑 16 先令、装订的每本 2 英镑 2 先令；第二版，1777（11 月）：500 本；第三版（八开本三卷），1784 年（10 月）1，000 本，未装订每本 18 先令或装订的 21 先令。第二版的增补和修正，1784（10 月）500 本；第四版，1786（10 月）：1，250；第五版，1789（2 月）：1.500 本；第六版，1791（10 月）：2000 本。

[2] Cochrane，1964：40

[3] Sotheby's Cat., 18 July 1991, English Literature and History；Letter from Dr Peter Beal of Sotheby's, 28 Aug.1991

[4] NLS Hume MSS vii.67, old no.

有理由预期的那样不公正的对待"(*Corr.* No. 208)。[1] 鉴于此，斯密提出建议，由斯特拉恩出资"以四卷八开本"的形式出版第二版，而利润则由他和斯特拉恩平分 [2]。尽管发行了 500 册的第二版直到 1778 年才出版，斯密还是在某种程度上获得了他所期待的成功。

《国富论》(全称为《国民财富的性质和来源探究》)(*An Inquiry into the Nature and Causes of the Wealth of Nations*) 在许多方面可以被认为是苏格兰启蒙运动的典型产物。因而，该著作中所讨论的许多人类学和社会学主题以及一些经济主题(如税收)，也都能在凯姆斯勋爵于 1774 年出版的综合性著作《人类历史纲要》(*Sketches of the History of Man*) 中找到，尽管这一著作并没有《国富论》那么缜密和系统化。凯姆斯勋爵一系列的作品和行动无疑展现了其对经济思想和经济规划所怀有的浓厚兴趣，尽管有时会与斯密的学说背道而驰 [3]。

在《国富论》中，斯密一开始就提出了一条简单的原理：劳动分工创造了财富或经济繁荣。斯密宣称我们每个人都具备两个基本倾向：愿意通过"互通有无、物物交换或彼此交易"货品或服务来满足我们的需要 [4] 和改善个人状况的动机 [5]，正是从这两个基本倾向出发，斯密解释了上述原理的运行机制。在某种程度上，斯密是以牛顿式的"静态"模式，描述了这些心理机制在经济领域的运行。在这基础上，加入了"动态"阐述，解释了为了适应经济发展的四个阶段(渔猎阶段、畜牧阶段、农业阶段和商业阶段)而演绎出来的"文明 [或政治] 社会史" [6]。当然，在整本《国富论》中，斯密选择详细加以论述的是他所处的社会已到达的商业社会阶段，尽管他也能在苏格兰高地找到具有对比意义的畜牧阶

---

[1] 遵循 18 世纪当时普遍的做法，受制于所讨论的著作篇幅，这些评论呈现了 *WN* 的概要，包括一些选摘，但是令现代学者失望的是这些评论很少提供评价：据说由 Burke 负责 (据 Rae，1965：286) 在 *Annual Register* 刊登的关于 *WN* 的新书评论 (1776：241—3)，主要由斯密的引言和写作这一著作的计划组成；William Enfield 负责 *Monthly Review* 上 *WN* 摘要连载内容的选择及衔接工作 (1 月—6 月 1776：299—308，455—65；7 月：16—27，81—93)；相似的情况见 *Critical Review* (1776 年 3 月：193—200；4 月：258—64；5 月：361—9；6 月：425—33)；也可参照同时期的 *London Magazine*、*Scots Magazine*、*Edinburgh Weekly Magazine*、*Hibernian Magazine*。关于这些评论进一步的细节和分析参见 Rashid (1982：64—85)；Teichgraeber (1987：337—66)。Teichgraeber 博士很热心地为我提供了一篇打印出来的论文 (1988)，题目为 "WN and Tradition：Adam Smith before Malthus"，这一论文讨论了当时出版物所刊登的关于 *WN* 的评论。

[2] *Corr.* No. 179

[3] Ross，1972：ch. 16；Hideo Tanaka，1993；Kames, ed.Harris，2008

[4] I.ii.1

[5] II.iii.31

[6] 关于战争参见 V.i.a.2—9；关于正义参见 V.i.b.2—24。

段社会，还有古典文学和现代文学（其中包括不断增加的旅行类书籍）为斯密所提供的关于猎人、渔民和农夫的大量具有历史意义和人类学意义的资料。这样，斯密就为读者提供了一种"哲学"史，与其在关于"语言的起源和演进"的讲义和文章中所做出的开创性尝试类似。这种哲学史也体现在了与斯密同时代的苏格兰学者的作品中，如休谟、凯姆斯勋爵、斯图尔特－德纳姆、弗格森、罗伯逊和米勒。在18世纪50年代的法国，也有作家进行类似的历史研究，如杜尔哥。跟斯密一样，杜尔哥似乎也是通过反思语言变化所发生的语境，开始思考为适应经济基础的变化而发生的社会方面以及文化方面的演进[1]。但是，就这点而言，《国富论》更为引人注目，得益于文中言之凿凿的把握和独具特色、包罗万象的主题范围。"美洲新大陆以及通往东印度航道的发现"，斯密说道，"是人类历史中所记录的两件最伟大和最重要的事件"。这使我们得以见证了欧洲商业城市如何创建了世界性市场、它们之间的殖民扩张和殖民竞争（至少可以以不列颠帝国为例）以及这些发现和殖民如何侵扰当地原住民，使他们蒙受不幸。斯密还提出了历史发展的一种可能性，即随着欧洲人以及他们后代的势力逐步江河日下、迈向衰落，或是其他国家通过"相互交流知识和改良措施，而这种交流又是国家与国家之间广泛的贸易往来自然而然或者毋宁说必然会带来的结果"（IV.vii.c.80）确立了同等的或更为强大的实力，这些原住民就会独立立国。

288

在这一背景下，斯密创建了一个同样牛顿式的经济模式阐述自己的理论，认为财富会在一个遵循"明显的、简单的自然自由"[2]运行的理想社会中自然地得以创造。[3]这一经济体系的主要内容斯密已经于1755年在格拉斯哥大学所宣讲的"论文"中加以陈述，也正如上文所指出的，这一体系的形成可以一直追溯到斯

---

[1] Meek，1976：69

[2] IV.ix.51

[3] Governor Pownall 在 1776 年的书信中，指出了斯密经济模型中牛顿式的组织方式：

您…致力于分析性地探究那些原理，正是依据这些原理自然驱动了个人层面及社区层面的人类行动，并加以管理；然后下一步，您将这些原理应用于现实、经验和人类各种机制的分析，致力于用最准确和有条理的演绎步骤，综合性地阐述这些重要而实用的学说，而您极具科学性和学识的著作成功地为商业界人士呈现了这些学说（*Corr.* app.A：p.337）。

Catherine Packham（2002）除了在 *WN* 中发现牛顿式的思想"体系"外，还找到了与当时爱丁堡医学院生理学授课内容相似的某种"生机论"（vitalism），而斯密的医生 Dr Robert Cullen 在他的学说和实践中也倡导这样一种"生机论"。因而，斯密公开谴责重商主义经济政策的粗暴及违反自然规律，而提倡信赖与生俱来的、具有治愈力的"自然力量"与政治机体运行中的疾病做斗争。正如在斯密身患重病时，他的医生并没有建议他注射药品，而是让他依靠运动和新鲜空气来唤醒他自己体内的修复力量（*Corr.*No.161）。

密于 1750—1751 年在爱丁堡所讲授的法学讲义。关于理想社会，其特点应该是"和平的环境、轻松的赋税以及过得去的司法"[1]。为了创建这样一个模式，斯密参考了大量的资料，但是在杜格尔·斯图尔特看来，斯密最主要的参考源自休谟的思想："显而易见，休谟先生的《政治论文集》，相比于任何讲义之前出版的著作，更多地为斯密先生所用"[2]。具体地说，斯密吸收了休谟关于流通货币量的调整、利率的基础等方面的学说，以及哪里有公民的自由哪里就有贸易繁荣的观点。从更宽泛的层面来看，休谟的影响（魁奈的思想强化了其影响）也渗透到了斯密将经济划分为农业和制造业这一做法上。休谟还强调了人们的自然需求和艺术及科学发展之间的联系。

或许休谟还帮助亚当·斯密更好地理解了市场经济，并增强了斯密想要通过提高一位英格兰谷物法学者的意识，以促进谷物自由贸易的想法。这位谷物法学者就是查尔斯·斯密[3]，跟亚当·斯密并没有亲属关系。在《国富论》中，斯密称赞其是一位"有创见且见多识广的作者"[4]，亚当·斯密藏书中也收集了其出版于 1766 年的文集。在 1756 年至 1772 年之间，查尔斯·斯密出版了一系列关于玉米或谷物贸易以及与之相关的法律问题的"小册子"。今天的经济历史学家们从他的著作中借鉴了小麦消费量的估算方法，但是其经济学思想的重要性远非仅止于此[5]。休谟意识到了这些思想的重要意义，并写了一篇关于查尔斯·斯密的著作《论谷物贸易和谷物法短文》（*Short Essay on the Corn Trade and Corn Laws*）（1758）的文章，这一文章的手稿一直保存至今[6]，作为 1758 年该书在爱丁堡重印版的匿名前言或"告读者书"，只是删去了原文中反对神职人员涉政的话语。休谟从《论谷物贸易和谷物法短文》中吸收的一个观点是：谷物交易中的许多中间人，在谋求个人利润的同时也最大化了公共效用，因为他们以有竞争力的价格将谷物从有剩余的地方运到了谷物匮乏的地区。这是斯密所提出的"看不见的手"比喻[7] 常见但又有争议的一种解读[8]。休谟还支持查尔斯·斯密所持有的谷

289

---

[1] Stewart IV.25

[2] iv.24

[3] 1713–77：Sheldon，ODNB–O

[4] IV.V.A.4

[5] Sheldon，2007a，b

[6] Huntington Libr.，Pulteney Papers PU1806

[7] 《国富论》IV.ii.9

[8] Grampp，2000：444–5

物中间人数量过于庞大，因而无法维持垄断的观点[1]。

1756 年，当时所处的背景是：糟糕的气候使得秋天庄稼收成欠佳，小麦价格急剧上涨，而这一价格得由消费者承担，其中一些消费者就开始寻滋闹事。伦敦的枢密院重新对谷物商人实施了都铎王朝时所施加的限制。但还是有人不断闹事，政府对此作出的回应是制定一些短期措施，如取消谷物出口、允许免税进口谷物等。尽管如此，还是有大量民众认为谷物供应的减少以及高昂的价格并不是由于谷物歉收，而是"农夫们的贪婪以及参与谷物交易各环节的供应商、磨坊主、糕点师和经销商的不道德行为"所引起的[2]。结果，在 1757 年和 1758 年，议会面临巨大压力，人们要求议会通过立法，打破所谓的经销商在谷物交易中的垄断，从而迫使面包价格下降，维持在一个低价格水平。

许多评论时事的小册子都支持采取这类措施，但是，由于查尔斯·斯密自己以及他的父亲都是谷物商人，因而对谷物贸易的情况很了解，他在这一问题上所采取的是完全不同的立场。在《论谷物贸易和谷物法短文》一文中，查尔斯·斯密将谷物既看作一种食物也看作一种商品，并评价了从爱德华六世以来，为监管谷物的生产及价格而实施的各种法令所产生的效果。他得出的结论是：处于当时这样一种收成不好、谷物匮乏的境况下，法令无法压低谷物价格。他认为最好的方法是在国内实现自由开放的谷物贸易，自从 1671 年[3] 通过一个法令后，这已经被证明能够服务于各种目的和意图。附带的条件就是农夫们会得到提醒，如果能减少谷物出口，就可以获得奖金。当谷物价格开始上涨，应该采取举措安抚人心：首先当谷物价格高涨时，奖金就会停发；其次，对国外进口的谷物征收适度的税收，使得谷物价格只会轻微上涨，既不会为此恐慌，又可以防止大量进口谷物会抑制农夫耕种谷物的积极性。而当谷物匮乏到一定程度，如果需要，也应该实行对进口的谷物免税[4]。《论谷物贸易和谷物法短文》展现了查尔斯·斯密对于谷物商人心态有着非常到位的拿捏，也很了解这些商人对谷物市场实际情形有很清醒的认识：在这样一种不易保存的商品的交易过程中，出售中的竞争以及价格信息的公开透明，都能帮助维持这一商品的"合理价格"，打击想要向消费者胡

---

[1] Raynor，1998：22

[2] *Short Essay*，1766：6

[3] 15.Charles II，c.7

[4] *Essay*，1776：9，33

乱索价的图谋。[1]

带着一种启蒙精神，休谟在《论谷物贸易和谷物法短文》一书的"告读者书"中写道，"民众"对于力图在"精神商品"领域维持垄断的教士所怀有的情感，就如同他们对谷物商人所怀有的反感一样，都是不合理的。这些谷物商人了解自己的行业，应该允许他们在没有过度监管的条件下，开展他们的业务。大概20 年之后，斯密在《国富论》中也谈到了常见的人们对于谷物商人和部分谷物法的担忧背后的非理性：

290

> 公众对于囤积 [收购谷物，目的是为了再次出售，那些有合适资质或合法授权的人的行为除外] 和垄断 ["收购某种有前景的商品，或在某种有前景的商品没有上市之前，就与人成交，或说服本来要购买的人放弃购买"[2]] 的恐惧，可以和大众对巫术的恐惧和怀疑相提并论。被控犯了后一罪行的不幸的可怜人，和被控犯了前一罪行的人一样，对归咎于他们身上的不幸而言，都是无辜的。取消对巫术的一切指控的法律，使得任何人都没有权力出于恶意去控告他的邻人犯有这种虚构的罪行，通过根除了鼓励和支持这种恐惧和怀疑产生的一个很大根源，似乎有效地消除了对巫术的恐惧和怀疑。在国内恢复谷物完全自由交易的法律，或许也可以同样有效地消除大众对于囤积和垄断的恐惧[3]。

尽管斯密很乐意支持查尔斯·斯密的立场，认为实现国内谷物自由贸易是有利的，但他对这一立场的另一方面观点却持反对态度。查尔斯·斯密认为谷物奖金的实施会使得以中等汇率计算的出口谷物的价格，超过以很高汇率计算的进口谷物的价格，其超过的金额要远远高于这一段时期所支付的总奖金额。亚当·斯

---

[1] "并不是说这些 [谷物] 商人和代理商不喜欢巨额利润，或他们怕麻烦不去争取他们能获得的好处；而是由于他们人数众多，要想让大家都拒绝以合理价格出售谷物，进而互相联合压榨人民很难实现。由于他们所交易的商品易腐坏，如果他们有这种想法，在达到自己的目标之前，他们因为谷物腐坏而遭致的损失或许会远大于通过这种计谋而获得的利润……有时这类计划或许会在某些地区得以尝试，但是通常这种计划都会以这些阴谋家的失败告终，而这一行业还是会继续正常运作，谷物交易也会自由进行；由于利息瞬息万变，而价格的每一次上浮，所有交易者都会很快会知晓，从而想要分享由此带来的利润的愿望会很快使市场的谷物库存量过大。"（Charles Smith, *A Short Essay on the Corn Trade*，1766：17）

[2] Smith, 1758：38, 40

[3] IV.v.b.26

密嘲讽说查尔斯·斯密在得出这一结论时，依据"真正的重商主义体系学说"，认为这是"显而意见的证据，证明了这一强迫的交易有利于整个国家"。他继续写道，查尔斯·斯密并没有考虑到奖金这一项巨额的花费，事实上只是整个社会在出口谷物的耗费中的最小组成部分。农夫种植出口谷物所花费的资金也应算计在内。除非在国外出售的谷物的价格不仅弥补了奖金，还偿还了农民的投入，并兑现了资金的一般收益水平，否则这样的交易会使得国家的资金大量缩水。毫无疑问，亚当·斯密最终所要反对的观点是他在《法学讲义》（A）Vi.91–7[1] 中所表达的奖金降低了谷物价格的观点[2]。当然，亚当·斯密所持的观点是：无论收成好坏，维持谷物的自由市场，都有利于国内的谷物贸易，也能最好地为生产者和消费者的利益服务，尽管这一自由市场必须在正义的限度内运行，也必须满足审慎地购买和销售这一常规条件。然而，斯密同时也敏锐地意识到了在其他一些市场中实行干预的必要性，即那些"劳动力、土地租赁以及公共建设工程"市场，部分原因是为了维护"较低社会阶层人们的幸福和安乐"，而马尔萨斯等人则认为斯密的这一观点是"不明智的"[3]。

社会历史学家汤普逊（1993：188）将斯密希望看到彻底加以铲除的现象，清晰地诉诸了文字："关于社会规范和责任、社区各方应发挥的合适的经济功能等传统而一以贯之的观点，合并在一起构成了穷人伦理经济学。由于这些伦理预设而引发的愤慨，与事实上的剥夺非常相似，通常会导致直接的行动"，如这些食品引发的暴乱。问题在于都铎王朝关于必需食品"供应"的相关政策本身不具有整体性。从 1700 年到 1760 年之间，尽管一些老派的乡绅和行政长官对谷物匮乏问题做出了家长式作风的回应，但是这样一种认为管理者和被管理者应该共同承担责任的理论，在决定市场行为方面已经逐渐失去了地盘。而且，重商主义关于务必要维持贸易平衡和增加盈利的臆断也有利于谷物的出口[4]。然而，汤普逊教授指出"认为自然的、能进行自我调节经济模式能够顺应天意地为所有人的最大利益服务，与支持家长式经济模式的观念一样是一种迷信"。他认为斯密的模式或许比家长式的模式更符合 18 世纪的现实，作为一种思想创建也更为严谨。

291

---

[1] 也可参见 LJ（B）234 and *ED* 3.5

[2] *WN* 506，n.7

[3] Rothschild，2002：82–3

[4] p.269

但是，前者似乎受一个道德规范的指引：人与人之间应该互相为对方做些什么，而斯密想要取而代之的学说似乎是建立在一个从未被经验证明的断言的基础之上："如果国家不进行干预的话，这就是事情本来会运行的方式，或是将会运行的方式"[1]。这一理论观点所具有的政策意义将在下文展开讨论。

　　这里我们再回头要讨论的问题是：除了上文已提及的查尔斯·斯密和休谟所倡导的谷物自由贸易的思想外，还有哪些人物的学说影响了斯密经济学思想的形成。埃德温·坎南和斯科特都非常合理地关注了哈奇森在经济学方面的分析性讨论为斯密所提供的指引。哈奇森的学说强调了劳动分工的重要性，提到了分工在功能上的互相依存以及通过功能的专门化和熟练度来提高生产。当然斯密的这位导师又是部分地从普芬道夫的政治经济学学说中获得的启示[2]。结果，哈奇森坚持正义的实施是建立一个有利于经济增长的稳定社会的前提条件，为斯密提供了可供效仿的榜样。而且，哈奇森还区别了使用价值和交换价值、货币作为交换的媒介和作为价值标准的区别，以及供应价格和需求价格之间的区别（前者被理解为是商品生产过程中综合的劳动消耗，包括原材料、工人的技能以及工人为了维持他所期望的社会地位的消耗）。斯密"永远难以忘记的"老师还看到了自利在经济秩序的维持中所发挥的作用，但是斯密并不赞同应该在道义上不认同这种自利行为。关于这一点，斯密在《道德情操论》中[3]为经济活动的理解提供了一个新的视角："如果一个人没有怀着某种急切的心情，为了他自己追求着[更为非同寻常、更为重要的私利目标]，那么他就会显得缺乏志气"[4]。

　　要追溯斯密在《国富论》中所阐述的经济模式是如何一步步构建起来的，最早应该从斯密法学讲义中的相关思想说起。从斯密在格拉斯哥大学期间的讲义来看，1762—1763年期间的《法学讲义》（A）针对主题的讨论更为充分深入，而1763—1764年期间的《法学讲义》（B）在讨论所涉及的主题范围上更为完整全面[5]。细读《法学讲义》（B），我们就会发现其中分析了一个由农业、制造业和商业所组成的经济体系。这一经济体系分析的主要特色在于其对劳动分工的论

292

---

[1]　p.203

[2]　Skinner, 1995：113-19

[3]　III.6.7

[4]　Scott, 1900：210, 231；*WN* ed. Cannan, 1950：vol. i, pp. xxxv-xliii

[5]　Skinner, 1979：11

述，用劳动分工解释了为满足"自然需要"而在技能上获得的革新如何带来了经济的增长。斯密强调了这一过程中由劳动专业化所带来的在劳动熟练度和节省时间方面所取得的进步，以及技术革新的作用。

以劳动者身上所穿的常见的羊毛外套生产为例，斯密展现了在这一生产过程中，不仅在必需的生产工具的制造各环节之间，而且在各相关生产流程间存在着相互依存的关系，生产流程包括收集羊毛、纺线、染色、织布、缝制等[1]。斯密通过讨论一枚钉的制造过程，进一步深入阐述了劳动分工的意义[2]。斯密讲述如果 18 位有专门分工的工人合作，一天可以生产出 200 枚钉子，而如果由每位工人独立地用已经拉好的金属丝制作钉子，在同样的一天时间内，所生产出来的钉子一般不会超过 20 枚[3]。斯密这一例子或许是取自《百科全书》(1755) 第五卷中关于"别针"的这一条款，其中提到了 18 位工人一起合作这一回事。另外一个可能来源是乙法莲·钱伯斯的《百科全书》(1741 年第四版)，其中提到了 25 位工人互相合作生产一枚钉子。斯密的结论是这样的分工合作可以生产出相当数量的除了维持生存所必需的产品剩余，因而创造了财富，但是这并不意味着是由劳动力的价格所决定的，因为劳动力的价格随着商品价格的下降是上升的。

另一个得到进一步强调的观点是：工人可以用他过剩的产品与他人交换，得到他想要的物品。这一思考让斯密开始讨论了与之相关的价格和分配问题。其中关于自然价格和市场价格的分析尤为敏锐深刻，自然价格是指供应某种商品总的消耗，而市场价格是指在任何一个特定的时间段，由某种商品的需求所决定的现行价格。斯密考察了市场价格高于和低于自然价格的各种案例，进而提出自己的观点，即任何政策如果有阻碍两者保持一致的倾向，就会"造成财富的消减"。采用这种均衡理论，斯密就能够、也确实批判了那些使市场价格高于自然价格的政策，如对制造业征税、垄断以及公司特权等，以及那些压低市场价格的政策，如谷物奖金。因而，斯密得出的结论是："整体而言……最好的政策 [最好的获取财富和富裕的方式[4]] 是不加干涉，让所有的事情自行其道"[5]。这就是斯密提

---

[1]　*LJ* (B) 211–13

[2]　插图 9

[3]　*LJ* (B) 213–14

[4]　*LJ* (B) 205

[5]　*LJ* (B) 235

出的自由放任主义，这一术语斯密本人从未使用，而与魁奈和重农主义者联系在一起更为恰当[1]。杜格尔·斯图尔特[2]研究了斯密之前的自由企业经济史，一直追溯到了对法国商人产生了深远影响的17世纪英格兰和荷兰思想家们。斯图尔特发现在一位上了年纪的商人勒·亨德雷与柯尔贝尔（路易斯十四统治时期显赫的政治家，他将自己投身于重商主义政策的制订中，以使法国成为一个强大的国家）的对话中，使用了"自由放任"一词。

关于价格的讨论自然会引发对于货币作为交换媒介的关注，这也是斯密经济模式中第三个主要要素。当然，斯密的立场是反对重商主义关于货币的错误观点。重商主义认为自然财富就是货币，并实施像禁止货币自由出口这样的荒谬政策。斯密可以在这一点上再回到分配这一主题上，论证重商主义企图控制和重新分配资源会带来的糟糕后果。因而，自由贸易被斯密描绘为是对国内所施行的自由经济的一种肯定，而斯密最为重要的整体性观点就是倡导建立一个没有任何限制的国际市场：

> 从以上的思考似乎可以得出结论：英国无论如何都应该成为一个自由港；对外贸易不应该受到任何干扰；如果政府的开支能够以其他方式加以支付，那么所有的进出口税、关税、消费税都应该取消；来自所有国家的所有商品都应该在这里实现自由贸易、自由交换[3]。

斯密学说的另一个重要的特色是：即便是在这样的经济语境中，斯密还是将人类经济活动的根源追溯到我们肉体和精神上的精巧设置，正是这种精巧设置使得自爱在我们生活的很多层面发挥作用。因而，在最终的经济分析中，他将人类更多地呈现为是一种具有美学追求的、而非只是追求欲望满足的生物[4]。当然，在斯密学术生涯的早期著作《天文学史》中，斯密还讨论了人类审美上的情感诡异、好奇和赞叹在科学体系的创建中所具有的重要意义。

---

[1] Viner, 1958：213–45；Winch, 1978：14–16；Skinner, 1979：216–19；Teichgraeber, 1986：4–6, 181, n. 2；Perrot, 1992：91–2

[2] *EPS* Stewart, n. 1

[3] *LJ* (B) 269

[4] *LJ* (B) 208–9

当《国富论》出版后，格拉斯哥的商人们意识到斯密在其中所阐述的关于自由贸易及其他主题的学说，就是在他们聚会上已经"得到有力传播"的那些观点[1]。最近有一种观点认为，《国富论》的出版尽管"受到[斯密的]知识界朋友们的欢呼致敬，但是并没有赢得多少格拉斯哥商人的青睐，他们当时正面对着与北美烟草贸易的崩溃"[2]，但这一种观点似乎站不住脚。美国独立战争前后这段时间的格拉斯哥进出口贸易分析表明，绝大多数参与其中的公司都很好地应对了这次危机，也一直很正当地谴责着殖民管理体系的不稳定及与此同时对殖民地所实施的制裁措施[3]。在这样的背景下，商人们很可能会正面地讨论贸易自由以及《国富论》中的其他一些主要政策思想。但是，可惜的是，没有任何资料可以让我们了解，这些商人对斯密《国富论》中针对"商人和制造商卑劣的贪婪和垄断精神"[4]所做的攻击，以及与此形成对比的斯密对"乡绅的慷慨大度"[5]的盛赞到底做何反应。斯密的这一立场可以从两方面得到解释：一是斯密与道格拉斯家族之间的亲戚关系，使得斯密与法夫郡的乡绅们联系紧密；二是斯密喜欢将斯威夫特作为作家楷模，而斯威夫特擅长将城市、乡村形成对比作为一种嘲讽的修辞。正如上文已经提及的，斯密在格拉斯哥时曾透露他当时正将自己的讲义写成一本书，烟草商约翰·格拉斯福德认为，这一"有用的著作"在当时（1764年）是"相当超前的"[6]。格拉斯福德或格拉斯哥的其他商人，也很清楚、赞同斯密与18世纪60年代银行业立法相关的经济学思想，一部分这些思想还体现在当时出版于1763年的一本小册子《关于银行的思考》（*Thoughts Concerning Banks*）[7]中。

除了这本带有斯密个性特色，但是无法确定其作者的小册子之外，还有斯密所写的三本手稿留存至今，这些手稿似乎是与《国富论》写作的早期阶段相关。第一份手稿是斯科特在达尔基思宫巴克勒公爵的契据中找到的，当时是与查尔斯·汤申德相关的文件放在了一起，标题为"《国富论》部分章节的早期手稿"[8]。其中的内容包括篇幅很长的第二章，有30多页，标题是"关于国民财富的性质

294

---

[1] Sir Thomas Monro/Kirkman Finlay, 15 Aug. 1825, 转引自 Hutchison, 1976：510, n. 8

[2] Lynch, 1994：348

[3] Devine, 1975：103–50；1995：74–106

[4] IV. Iii. c.9

[5] I. xi. 10, iv. Ii. 21

[6] *Corr.* No.85

[7] Gherity, 1993；Raynor, 2009 in progress

[8] *ED*

和原因"，着重讨论了劳动分工；还包括 18 页篇幅的对第三、四、五章内容的总结，分别讨论了交换（价格）、货币以及"财富的缓慢增长"[1]。

经过仔细地比较"早期手稿"与《法学讲义》（A）和（B），罗纳德·米克和安德鲁·斯金纳得出的结论是：尽管"早期手稿"已经涉及了斯密法学讲义中关于经济部分所讨论的主要问题，但是"早期手稿"应该还是斯密在 1763 年 4 月之前完成的。"早期手稿"中没有涉及斯密很重要的观点，即市场的规模决定劳动分工的程度，而斯密似乎于 1763 年 4 月 5 日星期二，就将这一观点作为一种补充思考向学生进行了讲解[2] [3]。而且，"早期手稿"中也没有提到据说是由塞索斯特里斯（Sesostris）[4] 所制定的一条法律，即"每个人应该永远忠实于他父辈[的职业]"[5]。同样没有在"早期手稿"中涉及的还有"人类心灵的秉性"，即"每个人都具备的说服人的自然倾向"，"交换的天性"正是建立在这一秉性的基础之上[6]。

将"早期手稿"与《国富论》本身做一比较，就会发现两者之间存在大量的一致之处，也都从法学讲义中借鉴了一些非常重要的观点：比如，劳动分工并不是人为制定政策的结果，而是人类互通有无、以物易物和相互交换的天然倾向的必然结果[7]。在"早期手稿"中，我们就可以找到斯密在《国富论》中聪明地加以利用的精辟语句，"从来没有人看到过两只狗会分别拿一根骨头彼此进行公平的、审慎的交换"[8]，作为强调人类是唯一能进行交换的动物这一观点的例证。然而，值得注意的是，斯密还对"早期手稿"的内容进行了编辑，在《国富论》中为了能更紧凑地围绕劳动分工展开论证，斯密舍弃了"早期手稿"中一段关于"文明社会"不平等现象的令人印象深刻的讨论[9]。在"早期手稿"第二章的结尾，斯密以其特有的方式讨论了搬运工和哲学家（或学者）的社会效用问题，提出的观点是：我们从书本中所获得的二手知识，也可以像任何其他商品一样，拿

---

[1] SRO Buccleuch Muniments GD 224/33/4；*LJ* 561–81；Scott，1937：317–56

[2] *LJ*（A）vi. 64

[3] Meek and Skinner，1973：1094–116

[4] 四处征战的第十二个王朝的塞索斯特里斯国王一世。

[5] *LJ*（A）iii. 128 and v. 54

[6] p.56

[7] *LJ*（A）Vi.44；*LJ*（B）219；*ED* 2.20–1；*WN* I.ii.i

[8] *ED* 2.21；cf.*WN* I.ii.2

[9] *ED* 2.3–5

到市场上出售[1]。

斯科特还负责找到了与《国富论》写作相关的另外两份手稿，这些手稿是在亚当·斯密继承人大卫·道格拉斯的后裔班纳文家族所保存的斯密论文中发现的。1935年，斯科特教授为海伦·班纳文夫人，这位大卫·道格拉斯孙子遗孀的代理遗嘱执行人，提供了一份他认为在斯密死后得以保留的文件清单。作为对这一清单的回应，他收到了四个硬纸大箱的文件；在一个标有"冰杏仁饼"的大箱子中，他找到了一份关于法学的讲义片段（上文已提及），以及两份与《国富论》相关的论文片段。同时发现的还有黑尔斯勋爵所汇编的"谷物价格"一书[2]。

这两个论文片段，其中的片段A（FA）是一张折叠的、两开本的纸，四页纸上几乎都写满了文字，而片段B（FB）则是在相似的折叠两开本纸上写了两页半。跟"早期手稿"的情况一样，这些文字的笔迹都是一位抄写员的，中间有斯密笔迹的修改和添加。"早期手稿"纸张上的水印和两个片段纸张上的水印似乎是一模一样的：跃立扬起前爪的狮子，头上戴着一顶皇冠，上面刻着一行箴言，斯科特认出这行箴言是"为了祖国和她的自由"。斯科特证明了这些纸张产自荷兰，与斯密在格拉斯哥大学时所使用的纸张一致[3]。

至于内容而言，片段A讨论了劳动分工与市场规模间的关系，以苏格兰高地居民以及更遥远一些的民族北美印第安人、塔塔尔人、阿拉伯人和霍屯督人为例加以阐述。片段B讨论的是同样的主题，不过是从海洋交通所带来的便利的角度出发展开讨论。这些片段似乎可以作为"早期手稿"中关于劳动分工分析结论部分的"替代品"，因而说它们是在"早期手稿"之后才写的，也似乎合情合理。而且，将这两个片段与《国富论》的I.iii.1–2的内容做一比较，就可以看出它们在论证甚至措辞上都很相似[4]。至此，我们似乎已经找到了斯密这一伟大著作的前身。

一个可以说得通的假设是：在1759年出版《道德情操论》时，斯密心里考虑的是他在《道德情操论》的结尾所做出的承诺，即撰写另一著作讨论"法律与

---

[1] Skinner，1979：141，n.15

[2] SRO Buccleuch Muniments GD 224/33/4；*LJ* 561–81；Scott，1937：317–56

[3] FA and FB—LJ 582–6；Scott，1937：321–2；Skinner，1979：143–4

[4] Skinner，1979：146

政府的一般原理"，包括"与警政、岁入和军备国防相关"的讨论[1]。然而，斯密一直无法集中注意力将这一计划付诸实施，直到他针对休谟和埃利奥特所提出的最初批评意见，完成了《道德情操论》第二版的修改。在那一年，斯密或许还参与了发行《哲学论文集》的计划。"早期手稿"的写作很可能开始于1762—1763年期间，而幸存下来的文本则是在1763年4月之前完成的，因为当时斯密的讲义中已经出现了关于市场规模限制劳动分工的"补充思考"。而且，文本中还有一个语气很肯定的断言"奥西恩所描绘的显然是游牧民族的事迹"[2]。詹姆斯·麦克弗森于1760年出版了他的《奥西恩文稿片段》（*Ossianic Fragments*），1762年出版了《芬葛》，1763年出版了《特莫拉》[3]。斯密在1760年8月16日之前就知道奥西恩的诗歌了[4]，而到1763年，休·布莱尔才在以他的修辞学讲义为基础的《关于奥西恩诗歌的评论》（*Critical Dissertation on the Poems of Ossian*）一书中[5]，明确指出这些诗歌是以游牧时代作为背景的[6]。

296　　　"早期手稿"是在装有汤申德文件的"一个大包装箱"中找到的，汤申德的遗孀巴克勒公爵的母亲死后，这一大箱被送往了达尔基思[7]。斯密或许是1766—1767年冬（当时斯密正在伦敦为汤申德工作）将这一文本借给了汤申德，作为他相对完整的关于劳动分工及与之密切相关主题的主要思想的阐述。片段A和片段B刚好可以作为"早期手稿"第二章的结论，并与讲义笔记上的内容有所不同。既然这些文字是写在斯密作为格拉斯哥大学教授期间所使用的纸张上的，那么这些文稿的写作时间肯定是这一时期临近结束阶段，或是之后一段时间他仍保留或还能拿到一些这样的纸张的时期。在斯密的信函中找到这两个片段本身就说明，斯密在1773年将这些连同黑尔斯勋爵《谷物价格》的小册子一起都留在了科卡尔迪，而只是在将其中的要旨以及合适的措辞收录到《国富论》的草稿中，作为"文稿"的一部分带往伦敦[8]。

　　　在这一阶段，魁奈仍然活着，斯密宣布想要将《国富论》献给魁奈，至少

[1]　VII.iv.37

[2]　*ED* 2.27；cf. *LJ*（A）iv. 101，dated 1 March 1763，assimilating Ossian's Picts and Scots to the American Indians

[3]　Mizuta

[4]　*HL* i.329

[5]　Sudo，1995

[6]　p.17；quoted in *LJ* 573，n.2

[7]　Scott，1940：269

[8]　*Corr.* No.137

杜格尔·斯图尔特告诉我们的信息是这样的[1]。斯密这样做的动机可能是想向魁奈作为杰出的法国经济学家学派领导人所取得的成就，以及斯密从与他在巴黎的会面和阅读他的著作中所得到的思想启迪致敬。尽管魁奈于 1774 年逝世，而斯密也没有真的做出这样的示意，但无论是魁奈还是魁奈所倡导的重农主义都出现在了《国富论》中，填补了一个空白，激励斯密去关注宏观经济问题，并将"流程循环"学说作为研究市场经济运行的向导。这是在法学讲义和"早期手稿"阶段，斯密经济学思想所取得的最为突出的进展，尽管《关于银行的思考》[2]一书所阐述的超前的经济洞见，在斯密思想发展过程中的地位也完全不容忽视。从《国富论》中可以看出，斯密对魁奈个人的崇拜并不是盲目而毫无节制的，就魁奈思想的影响而言，就像对待任何其他为斯密提供了洞见和理论指导的学者一样，如自然法传统中的格劳秀斯和普芬道夫，作为普芬道夫的评论者的格尔松·卡米凯尔[3]，苏格兰社会哲学学派的哈奇森、休谟、斯图尔特，以及那些更具专业性的作者，如研究贸易的坎蒂利翁和研究货币的哈里斯，斯密都保持了对自己立场的清醒认识，并能针对这些学者的思想展开有效的评论。

《国富论》这一大师级的专著是斯密厚积薄发的产物：来自于他广博的研究；对人性通幽洞微的观察；在英国、法国以及短暂的瑞士之行所做的经济活动考察；与各行各业人们的交谈；和当时与他志同道合、能为他提供思想和洞见，也能就表达和写作给出忠告的学者们的交流；以及《道德情操论》的写作所提供的经验。《国富论》共分五大篇，由两大块内容组成，前两篇阐述了商业社会中自然会导致经济增长的那些原理，后三篇着重关注了立法者的所作所为以及为了获得经济增长他们还应该如何去做。

第一篇题为："论劳动生产力得以改进的原因，以及劳动产品在不同等级的人们中自然进行分配的顺序"。这一篇介绍了斯密的核心思想即劳动分工是人类进步的源泉，而在这背后驱动的则是人类的自爱（被引导着在正义的限度之内改善个人的状况）以及人类互通有无、物物交换、彼此交易的倾向。当然，这一动力驱动机制的普遍性受到了马克斯·韦伯、卡尔·博兰尼以及其他一些学者的质

---

[1] III.12
[2] 1763；Gherity，1993，1994
[3] Murray，1924：441

疑[1]。斯密的著作还讨论了货币、价格、工资和利润、不平等以及价值等主题，而对于价值这一主题，斯密进行了冗长的关于白银价值的岔开论述。斯密直言不讳地表示为了将思想"表达清楚"，他将不厌行文的冗长繁琐。

第二篇的题目是"论资财的性质、积累和使用"，这里斯密部分阐述了他的货币理论，这并不被认为"值得给以很高的评价"[2]，但是这一评价本身还是有待考察的。在《法学讲义》（B）的 245—247 段落（pp.503—504），斯密对于银行和纸币在拓展商业发展方面所做出的贡献持一种开放的态度，他将北美殖民地的"繁荣状况"归功于这些金融手段的广泛应用。但是在《国富论》中，斯密对纸币的发行等问题则采取了一种保守的态度，或许是因为他得知了艾尔银行的不良运行以及随后的倒闭所引发的金融骚乱。斯密在《国富论》的 II.ii.73 谴责这一银行的做法"比任何其他银行的做法都要更为宽大"[3]。据说，艾尔银行在其短暂的经营期间[4]，为了给苏格兰的农业改良提供所需的流动资金，在没有充足保证的情况下，发行了相当于三分之二苏格兰货币量的纸币[5]。在《国富论》中，斯密作为一位使用金币的倡导者，认为一个国家的商业如果建立在"稳固的金币和银币的基础上"要比"悬在精妙的纸币双翼上"更为安全[6]。

斯密以前的学生，年轻的巴克勒公爵[7]，作为艾尔银行承担无限责任的合伙人而面临了巨大的金融风险，斯密对此也肯定是相当关注的。面对艾尔银行的债务人提出要起诉银行合伙人，迫使他们卖掉自己名下的地产以偿债的威胁，斯密连同其他一些人很可能提出建议，认为唯一的办法就是找到一种途径，在伦敦筹集到长期的借款。借款得通过出售长达一辈子或两辈子年金的方式加以筹集，但是这一解决方案必须获得"议会法案"的授权（1774 年 3 月）。因为与年金相关的债券发行利率是百分之五，采取这一措施就意味着政府对金融市场的干预，而东印度公司、伦敦城的银行家和商人们在议会上反对这样的做法。他们并不成功地辩称，如果采取这一做法，利率仅为百分之三的债券就会很难销售。最后，艾

---

[1] Haskell and Teichgraeber, 1993：5

[2] Vickers, in eds. Skinner and Wilson, 1976

[3] Murphy, 2009：ch.8

[4] 1769 年 11 月—1773 年 8 月

[5] Hamilton, 1963：318

[6] II.ii.86

[7] 1772 年时他 26 岁。

尔银行的债权人获得了全额支付，所有合伙人的债务高达663，397英镑，他们为此而出售的地产据称价值高达750，000英镑[1]。1774年，巴克勒公爵为偿还债务出售了阿德伯里，但是三年后，他与亨利·邓达斯结成了联盟，维护其在爱丁堡地产和法律方面的领导权，他们成功地罢免了劳伦斯·邓达斯爵士格兰银行总裁的职位。巴克勒公爵接替了他的职位，从艾尔银行的惨败中恢复了过来，而苏格兰的银行业也同样得以恢复生机。

298

斯密在《国富论》中仍然坚持他的自由市场学说，倡导银行与银行之间应该进行自由竞争，因为这样可以减少道德风险问题。在这样的体系中，银行不得不留神"不要让通货超过与现金之间的合适比例"，以便于防范"恶意挤兑，如此众多的竞争对手之间的对抗总是很容易就会让这样的事情发生在他们身上。"但是，斯密还表示支持通过限制发行纸币的面额，进而对借款者进行控制来管理银行的做法，尽管这可能会被认为是对天然自由的一种侵犯。为了支持自己的观点，斯密利用建筑间的"界墙"（相邻建筑的主人们应依法建造一堵"界墙"以防止火灾的蔓延）做了一个类比：

> 一小部分人行使某种天然自由，却可能会危害到整个社会的安全，这样的天然自由就要、也应当由政府制定法律加以限制，不论这一政府是最为自由的还是最为专制的。建筑间应该建造界墙以防止火灾蔓延这一义务也是对天然自由的一种侵犯，与这里所提议的银行间贸易的规章完全是一回事"[2]。

还有两项国家货币限制政策得到了斯密的支持，其中的一项政策是取消与银行券兑现相关的"二选一条款"。苏格兰银行家们利用这一条款来为应急的兑换赢得时间，但是，斯密希望银行券能够足额地、即时地兑换成金银币这一点可以得到保证[3]。另一项条款是为利率设置一个最高限度，这里斯密提出的理由是"挥霍者和投机商"可以受限制而无法不断抬高利率水平，以至于让那些想从富有成效的使用贷款中获益的"审慎的"贷款申请者望而却步[4]。后来，杰里

---

[1] Hamilton，1963：317–25

[2] II.ii.98

[3] II.ii.98

[4] *WN* II.iv.14

米·边沁就写文章称斯密背叛了自己的自由贸易学说[1]。事实证明这些问题在即将形成的政治经济学这一学科中意义深远，而斯密也推动了关于这些问题的专业水准的争论。

《国富论》第二篇讨论了生产性劳动和非生产性劳动的区别，提供了一个不同于魁奈的划分标准，驳斥了制造业不是生产性劳动这一错误观点[2]。或许是受到杜尔哥在《关于财富的形成和分配的考察》（*Reflxions sur la formation et la distribution des richesses*）一书的启发，斯密还关注了他认为财富增长中除了劳动分工以外的第二大因素——即储蓄和投资——的作用，并描述了资金在批发和零售业中的使用。[3] 这里斯密用生动的、格言式的文体表达了他关于固定资本和流动资本的思想（这在杜尔哥的著作中也能找到），我们可以看到斯密对于经济活动的相互依赖性的理解：

> 土地、矿山和渔场都需要固定资本和流动资本去经营；它们的产品中不仅能偿还这些资本，而且能偿还社会所有其他资本，还附带有利润。这样，农场主每年向制造业者补充他在前一年所消费的食物和所消耗的原材料；制造业者向农场主补充他在同一时期所使用和消耗的制成品……土地甚至可以偿还，至少是部分地偿还，渔场和矿山经营所需的资本。正是土地的产品将鱼类从水中拉出；正是地面上的产品将矿物从地底掘出[4]。

299

总而言之，我们可以将斯密《国富论》的第一篇和第二篇看成是斯密作为一位分析经济学家所发表的最为发人深省的阐述，其中详细描述了一个经济模型，以经验地、因而也是可以辩驳的方式解释了市场经济社会的运行过程。斯密自己给这一模型取名为"明显的和简单的天然自由体系"[5]。这一模型的主要特色体

---

[1]　ch.21

[2]　II.iii.

[3]　斯密写道 Turgot 对他"友好"而"尊敬"，但是他们之间并没有通信往来，除了 Turgot 给他寄了一本 *Proces-Verbal of 1776*（*Corr.*248）。参见第 13 章关于斯密如何获得 Turgot 的 *Reflexions* 一书问题的注释 3。1766 年 9 月，休谟致信 Turgot，提到了那些"将资本应用于商业"的"非常富裕的"商人、店主和贸易商（*HL* ii.94），因而暗示资金形成过程的这段话，或许是先从休谟给了 Turgot 再又到了斯密那里，或从休谟直接到了斯密那里；关于 Turgot 的经济学思想以及休谟思想给予斯密的启发参见 Perrot（1992；238–85）。

[4]　II.i.28

[5]　*WN* IV. Ix.51

现在市场通过价格机制实现自由竞争，但是自由竞争必须严格在国家所实施的正义范围之内进行，服从于立法所制定的规章制度，如银行业的规章制度等。这些理论学说一经出版面世，就一直展现着其长盛不衰的魅力。[1]

斯密的学说中最具有吸引力的基本思想是：个人自由的行使会同时推进整个社会福利的提高。斯密认为自由、公平和合法的市场机制运行会带来非预期的结果，即从自利的动机导出有利于消费者和生产者的正面益处。追求利润的动机驱使生产者将商品的供需信息进行综合协调，生产者之间的竞争使得价格向"自然的"或均衡的价格靠近，而欲求这些商品的消费者就会从中获益。利润的积累会带来工资的上涨以及一般意义上文化的提高等益处。这就是斯密所演绎的魁奈门徒米拉博在其《农业哲学》（*Philosophie rurale*）（1763）[2] 中所展示的画面："一个公序良俗的社会所有的魔力就在于每个人实际上都在为其他人工作，而他自己却认为是在为自己工作"[3]。

毫无疑问，斯密很清楚市场中主体的自利表现会带来负面的影响，这些主体对于目标和手段的错误判断会将他们暴露在"焦虑、恐惧、悲伤，以及疾病、危险和死亡"之中（*TMS* IV. 1.8）。斯密对于这种状况所给出的解决方法当然是重提斯多亚主义的自我控制学说，而这种自我控制在斯密看来在学校阶段就开始得到强化。这样追求"权力和财富"的抱负就可以获得更为正面的描述。另一层包含其中的思想是：个人在经济自由方面所遭遇到的不和谐状况，是与本质上和谐一致的宇宙联系在一起的，这一和谐宇宙遵循着自然规律运行、并能不断增进社会福利，这也是斯多亚主义的另一个构想。这一整套复杂的思想通过很有创意的暗喻"看不见的手"得到了很好的传递[4]。[5]

---

[1] Hutchison（1976：517；1988：362—75）；关于斯密经济学思想二手文献汗牛充栋，并还在与日俱增，而其中的以下文献让本传记作者获益颇丰：O'Brien（1975：29—37）；Teichgraeber（1986：ch.4）；Hollander（1973）提供了更为有用而专业的评论；Skinner&Wilson（1975：pt. ii–see esp.Adolph Lowe），"Adam Smith's System of Equilibrium Growth"（pp.415–54），Nathan Rosenberg，"Adam Smith on Profits：Paradox Lost and Regained"（pp.377—89），以及这位学者优秀的文章"Some Institutional Aspects of *WN*"（1960：557—70）和"Adam Smith and the Stock of Moral Capital"（1990：1—17）；John Cunningham Wood（1983—4：ii and iii）将许多重要的文章集结成册；Muller（1993）；Skinner（1996，Parts II–V）；Rothschild，（2002—尤其是第二章—参见 Adam Smith Review No.1，2004 上关于这一著作的专题论文集）；Fleischacker（2004—参见 *ASR* No.2，2006 专题论文集）；Evensky（2005—参见 Fleischacker 在 *ASR* No.3，2007 上的评论）；Brewer（2007）。

[2] Mizuta

[3] Meek，1962：70

[4] *WN* IV.ii.9；cf. *TMS* IV.1.10

[5] 20 世纪将"看不见的手"这一暗喻应用于解释市场运行，始于波兰社会主义经济学家 Oskar Lange（1904—

在《国富论》的第三、四和五篇中，斯密转向了从历史角度评价他的这一模型或"体系"在运行过程中的动态能力。这为斯密提供了一个机会驳斥政府主要在"重商主义"思想的影响下，错误地甚至是有害地企图重新组织、引导和阻挠经济活动的做法，这些做法完全违背了斯密所提出的"简单的体系"。然而，斯密提出了建设性的政策建议作为结论，认为应该对个人的经济自由进行必要的限

300 制，以便为我们主要的社会性需求服务：正义、国防、公共设施以及教育。出于这些考虑，斯密在第三篇"论各国财富的不同增长路径"中，从资金使用的"自然"顺序角度出发，历史性地追溯了经济的增长过程。斯密认为[1]，如果没有外界的干涉，资金自然会以能为社会整体带来最大繁荣的方式得以利用：首先会流向农业，接着是制造业，最后才是对外贸易。得益于伏尔泰在《论各民族的风俗与精神》（*Essai sur les moeurs et l'esprit des nations*）（Voltaire, ed. Pomeau, 1957：t.ii）和休谟在《英格兰史》中所提供的深刻洞见，斯密在他的叙述中涉及了漫长的欧洲历史时期，从罗马帝国衰落和封建体制的建立一直到城镇的发展

65）影响深远的论文"the Scope and Method of Economics"，*Review of Economic Studies*，13.1（1946），19—32。文中，Lange 认为有两种主要的方法来协调各经济单位的决策。一种是计划，即通过集权的中央政府做出协调，影响各经济单位的决策；而另一方法是通过市场，在市场中各种单位交汇，"互相协调各自的出价和应价，供应和需求。"他将价格定义为是交换中金钱与资源的比率，并宣称经济参与人会不断调整和再调整他们供求的数量和价格，直到各自的决定达到和谐平衡。各经济单位在市场上的互相作用影响，会达成经济均衡。这种经济均衡是各经济单位在追求各自目标"消费、谋利或公共服务"过程中，无意识达成的结果。在 Lange 看来，市场自动产生的结果，与计划所产生的一致。他评论说市场的运行"被（亚当·斯密和其他一些学者）比喻成看不见的手，在许多各自独立的单位自主地做出决定过程中，产生一种和谐平衡"（p.26）。Lang 致力于将自由市场经济和以计划为特征的社会主义经济融合在一起。他后来负责给波兰共产主义政府管理提供了一种混合经济的建议，但是并没有产生振奋人心的结果。从经济学家的角度出发，就 *WN* 中"看不见的手"的概念发表的评论，参见 Macfie（1967：ch.6），Viner（1972），Cropsey（1979：165—76），Friedman&Friedman（1980），Friedman（1981），McMahon（1981），Ingrao&Israel（1990），Macleod（1990），Perrot（1992：333—41），Muller（1993：86—92），而更为彻底地，参见 Grampp（2000）在论文结尾所提供却有些困惑的注释。Emma Rothschild 所提出的斯密在 *History of Astronomy*、*TMS*、*WN* 中所使用的"看不见的手"，是一种反讽的修辞手段，尽管具有创意，但不令人信服（2002，ch.5），但是，同时她对于斯密思想中斯多亚主义思想的要素以及其中所混合着的伊壁鸠鲁思想：参见 pp.131—3 以及附上的注释。Kennedy（2005：165）尖锐地指出，看不见的手概念"现在被错误地认为是市场经济斯密式运行的范式，将一个孤立的暗喻完全夸张为了斯密经济学最为本质的东西"。他指出，在斯密的著作中，这一说法只出现了三次：其中两处指的是无意识地导致人类福利增长（*TMS* IV. 1.10）及福利分配（*WN* IV.ii.9）的动因，具有经济学意义；而另一处（*EPS* III.2），指的是"invisible hand of Jupiter"，是关于最早使得火焰燃烧、水进行净化等等动因的原始猜测。最近（2007，2008），Gavin Kennedy 向其 the History of Economic Thought Society 的同事们，两次就这一话题宣读论文"Adam Smith and the Invisible Hand：from Metaphor"。在这一论文中，他汇报了他使用 Internet Search Engine 所做的拉网式搜索，收集了"看不见的手"这一暗喻的引用情况，并分析了这一概念的建构过程，尤其是经济学家对这一概念在斯密著作中使用情况所做的建构。他在其最近的著作（2005）仍然维持了这样一种观点，即斯密并没有像最近 60 年各色评论者所说的那样重视这一概念。

[1] 在《关于银行的思考》（1763）一书中也有所体现。

使得商业社会确立乃至占据统治地位。斯密致力于展示在政府还没有奉行限制（"重商主义"）政策的历史时期，商业对于社会经济变化所产生的重要影响[1]。

第四篇"论各种政治经济体系"，是各篇中最具攻击性的一篇，斯密"竭尽所能想要说服我们"[2]"商业的或重商主义体系"的不合理性。斯密这一篇的主题之一是严厉地批评重商主义者企图通过限制和优惠性贸易政策来维持贸易平衡的努力；对贸易自由以及劳动力和资金流动性加以限制的整体性错误；垄断以及其他想要遏制自由竞争的阴谋的荒谬性；对某些领域的贸易进行鼓励，迫使其走向没有收益的错误。

斯密驳斥的主要对象是英国当时谷物或小麦贸易中的现行规章制度，他在"论奖金"部分[3]以及冗长的"关于谷物贸易和谷物法岔开论述"[4]进行了讨论。正如上文已提到的，斯密从查尔斯·斯密关于这一主题的"小册子"中受到了启发。这里我们可以看到启蒙时期的政治经济学家一般关注的焦点所在，比如杜尔哥和他的朋友兼传记作者孔多塞，都与斯密一样不遗余力地倡导谷物的自由贸易，公开谴责不明智的限制措施和激励政策[5]。

斯密将自己最为严厉的批评指向了欧洲商人和制造业者将垄断精神扩展到殖民地的重商主义做法。从这点出发，他讨论了北美危机问题，并对"整个大英帝国的商业体系……进行了非常猛烈的攻击"[6]。因此，斯密谴责的是英国政府的店主心态，在与北美殖民地人与母国的冲突中坚定地站在了北美人民一边："然而，禁止一个伟大的民族利用自己的每一部分产物进行力所能及的一切制造，或禁止按他们自己认为最有利于自己的方式去使用他们的资本和劳动，这是显而易见的对最神圣人权的侵犯"[7]。

然而，同时斯密也并没有停留在口头辩论阶段，而是提出了不列颠与北美殖民地联合的计划[8]。斯密在1778年的"关于北美殖民地的思考"（Thoughts on

---

[1] 参见 *WN* 381，n. 1
[2] *LRBL* i. 149
[3] IV.v.a.4–15
[4] IV.v.b.1–53
[5] Rothschild，2002：13，22，72–81，167
[6] *Corr.* No.208
[7] IV. vii. b. 44
[8] IV.vii.c.77

America）一文中，详细论述了这一计划[1]。

301

除了对重商主义（包括殖民垄断体系）提出批评外，《国富论》的第四篇还讨论了重农主义。这里斯密赞扬了魁奈思想的独创性和深刻洞察力，认识到魁奈设计了一个经济体系，用"数学公式"将《经济表》中的状态加以呈现，这一体系相比于《法学讲义》（B）中斯密所勾勒的经济体系有很多更为新进的内容。魁奈早就声明他的分析是建立在自然的基础上的，而博多则更具体地指出，他的老师计算了如"每年预付给一位女佣的工资，与庇卡底、诺曼底等地区谷物种植量"之间的比例关系。但是，在另一方面，魁奈强调了与农业相对照，制造业和贸易不具生产性。关于这一点，斯密并不能认同，很可能是因为斯密充分了解在英国经济中贸易和制造业部分所展现出的勃勃生机。我们猜想斯密对当时格拉斯哥在"糖业、涡轮业、肥皂业、玻璃业"以及烟草和其他殖民贸易中所获得的利润有很清醒的认识，也很明白这些利润在投资于地产，进而投资于制造业和金融服务业的资本形成过程中所发挥的作用[2]。

尽管斯密认为"法国经济学家"学派"坚定地、没有多大变动地"追随了魁奈的学说，但是，关于经济中制造业部分是否具有生产能力这一点，在博多那里就开始有不同的说法，并在杜尔哥的《关于财富的形成和分配的考察》中得到了进一步的确认。《关于财富的形成和分配的考察》展现了杜尔哥对于投资于制造业和农业资金增长所具有意义的敏锐直觉和感知。斯密将这些思想再向前推进了一步，充分肯定了制造商的生产，以及在中等收入人群的增加和类似于消费者意识革新的推动下，商人在创建由需求所拉动的国内市场过程中所起到的作用。这些都促进了资本的增长[3]。

在讨论了国民财富的组成以及如何才能促进国民财富的增长（或至少政府政策怎样才不会阻扰其增长）之后，斯密在第五篇讨论了政府的必要开支。在谈到国防问题时，斯密再次回到了商业社会阶段的劳动分工，以及出于安全考虑需要出资建立一支"军纪优良的常规军队"这一主题[4]。斯密的这一观点在当时并没

---

[1] *Corr*. app. B

[2] Devine，1975：18–51

[3] IV. Ix.28–37；Meek，1962：309–10；Viner，1965：131–2；McKindrick et al.，1982；Perrot，1992：220–1；Rule，1992：257–9；Brewer and Porter，1993

[4] V.i.a.41

有多大市场，人们拥护公民人文主义，像古人一样担心常规军队的建立会威胁到公民的自由，因而支持建立民兵组织[1]。然而，斯密也并没有固执己见，让步说如果一支民兵队伍能在战场上多打几场战役，实际上就可以等同于常规军了。斯密指出如果北美战争再继续，假以时日，北美军队就会壮大到足以与英国正规军相抗衡[2]。[3]

就司法正义而言，斯密将长期的财产不平等必然会导致司法予以保护的源头一直追溯到了游牧社会时期。斯密向我们呈现了他对于维护人与人之间的秩序和主从关系机构的实事求是的评价："文明政府，只要其建立的初衷是保障财产的安全，那么在事实上它就是为了保护富人对付穷人，或保护有财产的人对付没有财产的人而建立的"（V.i.b.12）。

接着过渡到了讨论公共设施和机构的维护问题，斯密首先提到了那些为商业服务的公共设施和机构，如交通设施。斯密更希望看到这些设施能在当地政府的管理下，甚至将管理权下放给私人以确保这些设施得到有效的维护。当然，斯密在第一篇中已经强调了良好的交通设施（公路、运河、通航的河道）可以打破垄断并鼓励"自由的和普遍的竞争"[4]。在1784年《国富论》第三版中，还是考虑到了垄断的负面效果，斯密增补了一段针对控制投资公司或合资股份公司的极具批判性的论述[5]。

接着，斯密讨论了年轻人及一般民众的教育问题。第五篇中的相关部分被认为展示了斯密对牛津大学所提供的大学教育的看法，也反映出斯密敏锐地意识到了劳动分工在劳动者身上产生的负面效果，使他们"愚蠢而无知"[6]。政府因而

302

---

[1] Robertson，1985

[2] V.i.a.27

[3] 华盛顿坚持美国大陆军队应该遵循欧洲军队的职业发展模式，深受曾在普鲁士总参谋部任职的检察长 Baron von Steuben 的影响。尽管八年战争期间日子非常艰难，但是这一支军队从未被真正地彻底击败，并于1779年凭借自己的力量，赢得了关键的萨拉托加（Saratoga）战役的胜利，击退了从加拿大进犯的英军。随后1781年10月，在法军的帮助下，迫使英军在约克镇（Yorktown）投降，当时的皇家海军（the Royal Navy）已经丧失了海上的控制权。华盛顿抱怨提供支援的爱国民兵组织在军事行动中不讲纪律、胆小怯懦，但是这一民兵组织的存在和不断壮大最终帮助削弱了英军的力量和士气，而亲英分子的民兵组织并没有维持有效运作多长时间：Shy in Kurtz and Hutson（1973：141—2，148—53）。斯密并没能获得美国独立战争中准确的美军军事力量分类信息，但是他正确地看到了这一点：美国当时的民兵组织如果能在相当长的一段时间内处于战备状态，那么它就能够在战争中战胜正规军。

[4] I.xi.b.5

[5] V.i.e

[6] V.i.f.50

449

肩负着一定责任，应采取某些全民教育措施以消除这些负面影响。接着斯密写了很有意思的一段"文章"，讨论用于民众宗教教育开支的问题，斯密用民众在道德上的收获或至少是变得更易驯服来平衡宗派斗争和宗教狂热主义所带来的破坏和危险，这与休谟的做法有些相似，斯密从休谟的《英格兰史》中引用了大段的文字[1]。与反对卡伦医生的主张时相反，斯密在这里赞成对那些想要从事自由职业者进行公共考试，大概还要授予证书，以维持其较高学识水平，因为"科学是狂热和迷信这两大毒药的解药；当上层社会的人们不受其毒害时，下层人民受到毒害的机会也就不大"[2]。

第五篇的最后几章分别讨论了税收和公共债务。斯密对英国的现行税收政策提出了批评，并讨论了走私问题。他还严厉谴责了英国为继续殖民战争而招致巨额公共债务的做法。作为结束语，斯密又回到了北美危机这一主题。以自己的自由竞争、自我调节的经济体系、关于财富增长的历史回顾以及所提出的相关政策建议等作为逻辑基础，斯密力劝立法者从他们自己以及人民一直沉迷其中的帝国"黄金梦"中清醒过来，解放"大西洋西岸"的殖民地，"尽力使[英国的]未来的前景和设计适应于她自己真实的平庸境况"[3]。

关于北美危机，休谟完全同意斯密的观点。1775 年 10 月 26 日，他在给斯特拉恩的信中，这样写道：

> 我听说一些大臣在内阁会议上提议将海军与陆军全部从美洲撤回，让殖民地人民完全自己管理自己。我真希望自己是陛下内阁会议的成员之一，这样我或许在当时就赞同这一观点了。我应该会做如下陈述：这一提议只是预言了几年后事件的必然发展方向；为垄断被迫的而又日益变得不稳定的每年 600，000 或 700，000 英镑的制造业产出而拼得头破血流，并不值得；即便让美国的港口向所有国家开放，我们也还是会占有其贸易的很大部分；以我们目前推进事态发展的方式来看，我们征服殖民地的计划是很可能会让我们失望的；我们应该事先考虑一下如果他们被征服的话，我们应该怎样统治他们：专制政府所伸出去的暴虐之手会适得其反；而一个有节制的政府永远无

303

---

[1] V.i.g.3–6
[2] V.i.g.14
[3] *HL* iii.92

法长时间地在远隔重洋万里之外的地方维持自己的统治，即使没有任何人从中作梗，更别提现在在美洲已经发生了如此暴力的敌对事件。

休谟认为必需的殖民地高压统治需要超过 30，000 人组成的一支军队，试问谁能为这笔开支买单。刚刚经历过一场毁灭性战争的殖民地人民无法承担，而正处于"完全一团糟的金融状况"中的不列颠帝国也负担不起。我们从休谟的结论中完全可以感受到启蒙主义思想的气息："因而，让我们搁置所有的愤怒，与朋友们握手道别。如果我们还有怒气未消的话，那就让我们为自己过去的愚蠢行为而愤怒吧"[1]。

下议院议员威廉·斯特拉恩[2]10 月 30 日的回信，则体现了当时在下议院中就这一问题的主流看法：

> 我完全赞同对那些顽固的疯子实施高压统治；我们凭什么就该对成功感到绝望？为什么在自己远未竭尽全力加以维护就该让帝国遭到肢解？事态在我看来绝没有到如此令人忘而生畏的程度，只要我们自己内部意见再一致一些，只要能封住那些国内卖国者的嘴巴，那里才是万恶之源。并不是说我想要奴隶这些殖民地人民，或使他们过得比我们不幸；只是说我支持要让他们服从于我们的立法；他们的贸易应在合理的程度上服从于母国的利益；而这一特权是不列颠所应得的，但是如果北美殖民地如您所建议的那样获得解放，不列颠肯定会不可避免地丧失这一特权。[3]

为改变这种思想，休谟在他的私人信件中，斯密则在他的公开著作中，都岔开他们原先讨论的话题，发表了自己的看法。而事情的发展也确实如他们所言。诺斯对于在北美连连战败以及不断增加的债务感到绝望，1779 年年中他向国王汇报，说这场战争耗费过大，不值得再打下去。6 月 11 日，乔治三世给出了回答，拒绝接受这一提议，说这一提议"就像站在柜台后面斤斤计较的商人一样，只是用秤在称量眼前的得失"。他用多米诺式的前景加以反驳：丢掉北美殖民地后，

---

[1] *HL* ii.300–1

[2] 休谟和斯密的出版商

[3] *HL* ii. 300–1，and n.1

帝国的其他殖民地必将纷纷效仿[1]。

在 1776 年 4 月 1 日给斯密的信中，休谟为《国富论》的出版向斯密表示了祝贺，却并没有论及与北美事务相关的政策建议。或许休谟认为，他并不需要用这种或那种方式向斯密表明自己的态度，尽管于 1775 年 10 月 27 日他曾向谬尔男爵宣布说："就我的原则立场而言，我是一位北美人。我希望我们能够让北美人民以他们自己认为合适的方式，好好地或不当地管理他们自己"[2]。休谟告诉说"精读"了斯密的著作后，他就从一种"巨大的焦虑状态"中解脱出来了。他认为阅读这一著作"必然会要求读者极大的专注与思考，而这是大众在阅读中不习惯付出的"，因而休谟对这一著作"一开始就很受欢迎，一段时间以来"都表示怀疑。接着，休谟对《国富论》做出了令人信服的评价："它具有深度、可靠性以及敏锐性，文中提供了如此多妙趣横生的实例，因而，它最终总是会引起公众关注的"。休谟猜想在斯密搬到伦敦后，就这一著作"或许做了很大的修改"，但是，接着休谟说如果斯密写作时就在他身边，他一定会就斯密书中的一些学说与他争论的。其中之一便是：斯密认为农产品的价格一部分是由农场的租金所组成[3]。在休谟看来，"价格是完全由商品的数量和需求来决定的"，这一观点是李嘉图在《政治经济学及赋税原理》（*The Principles of Political Economy and Taxation*）[4]中对斯密所提出批评的预演。休谟指出斯密肯定弄错了的另一点是：斯密声称在铸造金币时，法国国王将价值标高了百分之八。斯密所参考的资料是 1764 年贝森汉的著作《货币契约》（*Traite des monnoies*）[5]，其中援引了一条 1726 年的法令（iv.vi.20）。但是，加尼尔在他《国富论》的翻译中[6]指出这一法令只生效了很短一段时间，这位领主的统治就垮台了。休谟希望很快就能"在谈话中"与斯密讨论这些要点，"因为我的健康状况很糟糕，恐怕等不了太久了"。

休谟的信中还提到了吉本《罗马帝国兴衰史》一书的出版。休谟写道，他"非常"喜欢这一著作，并开玩笑说如果他不是与吉本私交甚好，他"绝不会期

---

[1]　转引自 Shy in Kurtz and Hutson，1973：140

[2]　*HL* ii. 303

[3]　参见 WN I.vi.8，例证 I.xi.a.8

[4]　ch.24

[5]　Mizuta

[6]　v. 234

望如此优秀的著作会出自一位英格兰人的手笔"。休谟继续说："令人悲叹的是，在我们所处的时代，我们国家的文献已是凋敝至此。我希望［吉本］不会曲解我这一感叹。"[1]1788 年，吉本挽歌体史诗巨著的第四、五、六卷出版，斯密给予吉本的评价完全与休谟的齐平，没有任何含沙射影的意思在里面："我的喜悦无以言表，当我发现我所认识的或有通信往来的有鉴赏力的博学之士都对您的大作给予了一致的肯定，并把您推上了欧洲当今整个文坛的顶峰"。[2]

1776 年 4 月 3 日，休·布莱尔致信斯密，表达了他所感受到的《国富论》所取得的巨大成就。几年前，在斯密读给布莱尔《国富论》的部分章节手稿后，布莱尔就对这一著作抱有很高的期望，但是这一著作最终所取得的成就还是远远超越了他的期待："您通过推翻重商主义者的谬论，为世界做出了巨大的贡献，因为他们的谬论将商业这一整个主题搞得混乱不堪。"布莱尔认为《国富论》会成为"所有国家的商业法典"，自孟德斯鸠《论法的精神》之后，欧洲再没有哪部作品"能够在如此程度上拓展、纠正了人类的思想"。这一陈述之后，布莱尔对整部著作别具匠心的组织编排进行了褒扬，书中的每一章都为下一章内容的展开做好了铺垫，使整个体系得以水到渠成自然屹立了起来。既然布莱尔是一位修辞学和文学批评专家，他的这些评论就显得尤为宝贵。而他对《国富论》文体适合于与其所阐述的主题的褒扬也同样很有价值："文中的表达极为清晰、明白，内容饱满而又适可而止，语言在主题所允许范围内做到了尽可能的简练"，简而言之，斯密在《国富论》中践行了自己很久以前向同胞推荐过的"直白文体"（plain style）。书中有一些主题对于布莱尔而言当然是过于"枯燥"了，但是他还是"兴致盎然"地读完了全书。他想到自己会"更仔细地第二次精读"这一著作而满怀期待。

至于该著作的不足之处，布莱尔反对的是"就北美问题现在应该采取的措施"这部分内容，如殖民地人民在议会中的代表权[3]。他希望这部分能够删去，因为"这使得这一著作太像是一部应时之作"。他认为当北美危机结束后，这些内容在"随后的几版"中就会被删除或修改；但是这些内容在法文的翻译版中却会一直得以保留，除非斯密特意写信加以阻止，布莱尔担心的是欧洲人会读到法

305

---

[1]   *Corr.* No.150

[2]   *Corr.* No.283

[3]   IV.vii.c.75–9

文版的《国富论》。他恐怕斯密关于大学和教会的章节[1]会为斯密自己"招致非常可怕的对手",但是,同时他又发现斯密的学说中有"如此多的见识和真理"体现其中,因而"向全世界宣讲"又是合宜的。如果真的删去这一部分,布莱尔又会觉得很遗憾。但这并不意味着布莱尔完全同意斯密关于教会的观点,比如,斯密所认为的国教实现"独立"是切实可行的。布莱尔认为,斯密所提及的"小的宗派"会"互相联合起来,组成更大的团体,危害社会"。令人奇怪的是,作为长老教会牧师,布莱尔这样批评斯密:"我想,您是过于偏向长老教会了。长老教会将牧师与民众之间的关系联系得过于紧密;对您提及的严苛[道德]体系给予过多的维护,这对于人类的进步发展而言是绝不会有任何益处的。"然而,这一席话反映了布莱尔当时所拥护的是教会中的温和派,而不是高教会派或低教会派。

斯密有效地区分了"普通人"所信奉的道德的"严苛体系"和上流人士所采纳的"散漫的"或"自由的"道德体系[2]。在回顾了各种基督教会内的隶属关系历史后,斯密做出判断说圣公会的牧师,包括英格兰教会的牧师受到他们上级的尊重,但是常常在他们的下级面前,无法针对狂热者的攻击,捍卫"他们自己温和稳健的教义"。斯密发现长老会教派管理下的"权威上的平等"以及由之衍生而来的"独立精神"更有吸引力,因而斯密的结论是:"在欧洲的任何地方,或许很难找到比荷兰、日内瓦、瑞士和苏格兰的大部分长老派牧师更有学问、更有礼节、更为独立和更应该受到尊重的一群人了。"[3]

接着,布莱尔在信中建议斯密书中增加一个索引,从头到尾按照讨论的顺序用"简单的独立命题"提供一个纲目,以告诉读者书中"讨论和证明"的内容,就像"我们在大学上课的讲义大纲的纲目一样"。再标上相应的页码,这样可以指导读者很快找到他想找的内容,这也可以"展现整个体系的条理性;也会让您的学说更令人印象深刻"。在这一建议之后,布莱尔评论说这真是个好时节,因为吉本的"优雅和大师级的著作"也在这一段时间出版,尽管布莱尔补充说:"他到底为什么一定要攻击宗教。这会让他的著作不受人欢迎,而这本身也并不具有历史性且与主题格格不入"。很明显,困扰布莱尔的是《罗马帝国兴衰史》

---

[1] V.i.f.and g
[2] V.i.g.10
[3] V.i.g.34,37;G. M. Anderson,1988

中著名的第 15 章和 16 章，其中讨论了基督教的发展以及罗马政府对付基督徒的方式，这在当时引发了非常热烈的公开论战。

最后，布莱尔转而谈到了一个令人悲伤的话题，休谟不断恶化的健康状况："我恐怕，我恐怕……一想到这一前景我就战栗不已。最近，我们圈中的朋友 [谬尔和埃尔摩勋爵] 的逝世已经让我们悲痛不已，而如果再有这样一个打击，就真的是毁灭性的了。"布莱尔还是表达了希望斯密能够到爱丁堡定居的心愿，在这样悲伤的时刻，斯密的到来无疑会给爱丁堡知识界一种安慰[1]。

另一位向斯密表示祝贺的知识界人士是历史学家罗伯逊，他于 4 月 8 日写信给斯密，表达了自己对《国富论》的看法。跟布莱尔一样，罗伯逊评论说斯密成功地将"政治科学中最重要的、最为复杂的部分构建成了一个匀称而完整的体系"，并且大胆提出"如果英格兰人能够将自己的思想超越支持美国革命的重商主义者们所提出的，并受到洛克以及其他一些他们所喜欢的作者支持的狭隘而偏执的计划和安排"，那么《国富论》将会在经济政策和金融方面带来"翻天覆地的变化"。罗伯逊当时正在写作一部关于美洲历史的著作，因而就《国富论》第四篇的内容而言，他持有与布莱尔完全不同的立场：

> 我很高兴地发现自己关于殖民贸易中所施加的诸多限制的荒谬性的思想，在您的著作中得到了更好的表达，远比我自己能够表达的还要好得多。现在我已经完成了整部著作，但是关于英国殖民地以及它们被拖入的这种不安定的现状，我还将继续写下去，尽管心怀犹豫。

如果对于罗伯逊在《查尔斯五世统治史》第一卷中借用了自己的思想，斯密确实有些嫉恨的话，当他读到这些话语时，或许会感到一丝的温暖。然而，结果却是罗伯逊在 1777 年出版的八卷本著作中，只讨论了西班牙属美洲殖民地的历史，而在他死后出版[2]的第四卷和第五卷中，关于新英格兰的历史也只是叙述到了 1652 年，而关于弗吉尼亚的历史也只到 1688 年。在著作的前言中，罗伯逊承诺当北美"与大英帝国的内战结束后"，他会再回来讨论英属殖民地的历史，而

306

---

[1] *Corr.*No.151
[2] 他的儿子威廉于 1795 年发现

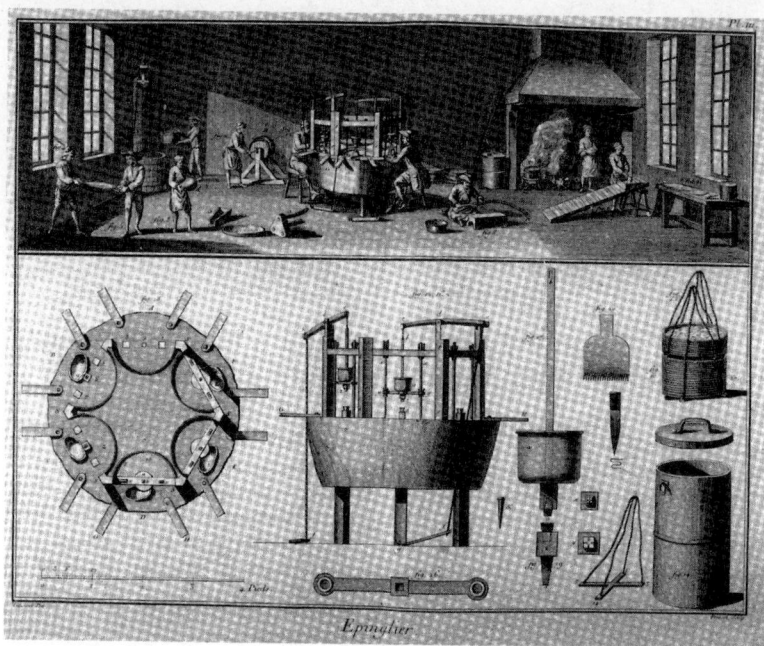

插图 9. 针 的 制 造，1764。转 引 自 the *Encyclopédie, Receuil des planches*, iv（格拉斯哥大学出版社）。

罗伯逊没能写成北美殖民地历史这一事实，就向我们提示了斯密当时面对的是怎样的思想难题。杰弗里·斯米顿（1990）认为罗伯逊在讨论美国革命事实上导致了如此暴力的后果时，很难保持克制和平静的"礼貌立场"，因而他放弃了这一写作计划。

再回到罗伯逊关于《国富论》的看法这一主题上，我们发现像布莱尔一样，他也要求斯密加上一个索引，以及"出版商所称的旁注，在每一段的旁边做出注释，指明主题的推进"[1]。埃德温·坎宁在1904年出版的《国富论》中最终以"旁注摘要"的形式做到了受大家欢迎的第二点建议；在写这些摘要时，坎宁坦言他"觉得自己就像一位建筑师，被委托要在某座古老的大师级杰作边上再造一座新的建筑"[2]。

在 4 月 18 日致斯密的信中，亚当·弗格森宣称自己如此忙于阅读《国富论》，

---

[1]　*Corr.* No. 153

[2]　前言，p.vi

以及在自己的道德哲学课堂上向学生引用和推荐这一著作，以至于连写信给斯密的时间都没有了。像布莱尔一样，他提到了他很早就知道斯密在写这一著作，但是细读之后，他对此的评价完全不是"只增加了一点点"："在相关的主题领域，您一定会独霸一方，引领人们的思潮。我希望至少是在接下去的几代人那里，您的著作能一直占据主导位置。"他警告斯密不需要期待他的著作会像"小说或一本真正的历史书那样被读者接受"，但他预言《国富论》会"有一个稳定而持久的销量，只要人们还需要相关主题的信息"。接着，弗格森取笑了斯密为自己树立的对手，而这些对手中，至少有一个[1]是他弗格森自己也不得不面对的：

> 您确实已经激怒了教会、大学、商人，我很愿意站在您这边与这些人对抗；但是您同样也激怒了民兵组织，而这次我肯定是不能认同您的观点的。这个国家的绅士和农民们不需要哲学家来让他们疏忽和懈怠自己身上可能具有的潜能，万一某些极端情况发生，而天知道，这种极端情况的压力并非杞人忧天，情况一定会比想象的更糟。

弗格森无疑是担心美洲的冲突会演变为一场欧洲战争，后果就是苏格兰不得不保卫自己的海岸线不受外国军队的入侵。这样的事件后来就真的几乎一触即发了。1779 年 9 月，约翰·保罗·琼斯的"好汉理查德号"军舰率领了一个美法联军中队驻扎在利斯港附近，而斯密作为海关专员当时正在执勤。斯密藏书中收藏了 1779 年戏仿英雄体诗歌《保罗·琼斯：法夫海岸花环》（*Paul Jones：or the Fife Coast Garland*）[2]，诗歌嘲笑了糟糕的苏格兰国内军事防御状况。

在信末，弗格森结束了他反复爱讲的民兵组织话题，谈到了休谟的身体状况。他知道斯密肯定已经从布莱克那里知道了休谟的现状，他强调了医生诊断中的正面消息："在这样的状态下如果还有什么消息能够令人愉悦的话，那么就只能是 [休谟] 在思想和精神上所处的安逸和愉快的状态"[3]。但是，斯密一定意识到了休谟已经病入膏肓，即使休谟再有勇气、精神状态再稳定，他也仍需朋友的陪伴所给予的慰藉。

---

[1] 参见 Sher，1989

[2] Mizuta

[3] *Corr*.No.54

18. 与行将辞世之人的对话

　　既然我们不得不失去我们的朋友［休谟］，那么最能令人接受的方式就是让他像一位智者那样从容离世。

1776 年 4 月的一天，约瑟夫·布莱克写信就《国富论》的出版向斯密表示祝贺，但更重要的是，作为大卫·休谟的医生，告知斯密他朋友病情的发展：

　　我听说您打算不久就回苏格兰一趟，我希望如果可能，请尽早回来，这样他就能尽快地享受到您的陪伴带给他的慰藉。几年来，他的健康状况一直在缓慢而逐步地恶化，但是大概 12 个月前，他的疾病恶化速度开始加快。他所遭受的痛苦之一是会有极端燥热的感受，主要是在晚上……但是，他的身体中还有另外一种疾病，我恐怕正是这种疾病以不可抗拒的方式摧毁着他的身体。这是一种伴随着腹绞痛的腹泻，我认为这是由内部器官的大出血所引起的……当［腹泻］开始时，他会有大量的便血排出，从血的外观和他腹绞痛的位置判断，应该是肠的上部某处出血了——每次腹泻后，他都会非常虚弱，病情看起来非常严重，但是第二天就会有一定程度的恢复，整个人呈现一种令人惊奇的安逸和精神，进食适量，胃口不错。休谟说，他和他母亲的体质完全一样，而他母亲就是死于这一疾病的，这使得他放弃了任何会再好起来的希望[1]。

---

[1] *Corr.*No.152

布莱克接着请求斯密，将这些细节告知他们共同的朋友约翰·普林格尔爵士，看他是否有任何建议。现代医学给出的一致意见是，休谟的症状可能是大肠癌的表现，而大肠癌又可能是由于长期的慢性溃烂性大肠炎或局部的小肠炎所导致的[1]。当时普林格尔力劝休谟到伦敦接受进一步的诊断和治疗。4 月 15 日，休谟追加了一条遗嘱附属条款，给达朗贝尔、亚当·弗格森和亚当·斯密三人分别遗赠 200 英镑，而休谟在 1776 年 1 月 4 日的最初遗嘱中，已经将斯密确认为自己学术遗嘱的执行人。4 月 18 日，休谟写了他自传性的遗言《我的一生》，其中声明："1775 年春，我的肠部得病，开始并未引起我的警觉，但是我恐怕自那时起，我这病就是致命而无药可救的了。我现在就只期待着这一切能早点结束。"然而，休谟于 4 月 21 日出发前往南部。两天后，当休谟在位于荒废的城堡和诺森伯兰郡迷人的教堂之中的莫佩斯旅店入住时，从远处驶来一匹马车，车上的乘客正是诗人约翰·霍姆和亚当·斯密。他们在收到亚当·弗格森带给约翰·霍姆的紧急消息，称大卫·休谟情况不妙后，就结伴从伦敦出发了："我希望我们很快能在这里见到你们，希望你们能将我们无法割舍的朋友多挽留些时日。"

几位朋友商量后，达成一致意见，斯密继续前往科卡尔迪与他年迈的母亲待在一起，而约翰·霍姆则与休谟一起返回伦敦。在伦敦，普林格尔诊断休谟患有结肠狭窄症，一个巴斯的水疗程可能会将他治愈。另一位在巴斯的医生，约翰·加斯塔德医生发现休谟患有胆汁病，于是解剖学家约翰·亨特为他做了检查，发现"我的肝脏上有肿瘤或肿大"，哲学家休谟是这样告诉他弟弟的，他以这些人对他疾病的不同诊断作为一种消遣[2]。当巴斯的水浴被证明对身体有害后，休谟经由巴克斯顿回到爱丁堡。7 月 4 日，在位于圣大卫街的家中，休谟与他的朋友们举行了聚餐。这是载入史册的一天，因为同一天美国《独立宣言》正式在费城签署生效。

5 月 3 日，休谟从伦敦写信给斯密，说他觉得自己"在路上已经恢复了许多"。他希望巴斯水浴以及接下去的旅行——普林格尔明确建议他继续前往巴克斯顿——或许能将他治愈。在休谟看来，"城镇上到处都是 [斯密的] 著作，这一著作 [受到了] 大众的普遍好评"（*Corr.*No.156）。女学者伊丽莎白·蒙塔古在伦

310

---

[1]　Doig, 1982；Wilkinson, 1988

[2]　Pratt, 1777：36-7

敦收到了休谟的对手詹姆斯·比蒂写于 4 月 23 日的一封信。尽管比蒂未读过《国富论》，他还是表扬了《国富论》作者在讨论政治和商业主题方面的能力。他说他曾经与斯密相识，但是自从他的《论真理》（*Essay on Truth*）一书出版后"事情就完全是另一回事了"，意思是因为他对休谟所怀有的偏见，斯密断绝了与他的联系[1]。蒙塔古夫人阅读了《国富论》，6 月 8 日写信给休·布莱尔，就这一著作进行了评论，当天布莱尔就给她写了回信："我由衷地赞同您的心愿，甚至要将它转化为一个祈祷，祈祷国家的统治者们会听从 [斯密] 明智而有益的忠告。"[2]

休谟在 5 月 3 日书信的第一段中，提到了他委托斯密在他死后出版《自然宗教对话录》一书的事宜。休谟写道，他认为斯密的顾虑毫无道理，并笨拙地援引了马利特于 1754 年帮助自然神论者博林布鲁克死后出版了著作，却仍然得到了乔治三世和布特庇护的事例。斯密或许完全了解当时人们对这一事件的看法，约翰逊对博林布鲁克的严正谴责就很具代表性，"[博林布鲁克] 爵士，他是一个无赖、一个懦夫：说他是无赖是因为他向宗教和道德开火；说他是懦夫是因为他没有足够的勇气自己开火，而是留了半克朗给一位赤贫的苏格兰人，在他死后帮他扣动扳机"[3]。休谟在遗嘱中留给了斯密 200 英镑作为"他要为修改和出版《对话录》付出努力的微薄补偿"，尽管休谟也说他完全可以"信任他与斯密之间一直以来亲密而真诚的友谊"。与休谟 5 月 3 日的书信一起附上的，还有明显也是写于同一天的另一封信，授权斯密可自行决定什么时候出版《对话录》，或甚至于他是否出版这一著作。休谟还提到斯密会在他的文章中找到一篇"完全不得罪人的文章《我的一生》"。休谟说这一文章是他在离开爱丁堡的前几天写完的，当时他像他所有的朋友们一样，认为他"已经病入膏肓，无药可救"了[4]。休谟猜想将来无论怎么编辑他的著作，这一著作的出版是不会遭到任何反对的；但是附在这一著作后面的斯密关于休谟临死前状态的描述，却要远比《对话录》的出版引起了更多的争议。

尽管休谟完全信任斯密作为自己学术遗嘱执行人的判断力，他还是发现和评论了斯密的著作在表达方面的问题，而这些问题显然要比他与斯密本人商榷的相

311

[1] San Marino，Calif.，Huntington Lib.，Montagu Corr.，MO 480
[2] MO 489
[3] *BLJ* i. 268，269，n. 4
[4] *Corr.* No.157，156，n.1

对而言不那么重要的理论问题更为严重一些。这一点是在约翰·米勒写给休谟的一封信中露出端倪，信中没有标明日期，但毫无疑问是写于这段时期的。米勒是这样开头的："我恐怕您对于斯密文体的批评不是完全没有道理的，尽管我认为您确实有点过于严厉了。"有时休谟不想与人进行论战，他会通过评论作者的文体来回避问题。1763 年，布莱尔请求休谟审阅里德的《按常识原理探究人类心灵》手稿（书中试图驳倒休谟的怀疑论）时，休谟似乎确实是这么做的[1]。另一次，1768 年休谟在收到斯特拉恩的出版社印刷出品还未装订的《查尔斯五世统治史》一书时，休谟也确实密切地关注了该书作者罗伯逊的文体。罗伯逊是休谟的朋友，他们作为历史学家也是竞争对手。休谟打算将这一文本转寄给叙阿尔，让他将其译成法语。休谟的目的是想警告罗伯逊注意他糟糕的写作习惯，如果罗伯逊能改掉这些坏习惯，他会更受英语读者的欢迎，法语翻译者碰到的问题也会少很多[2]。我们可以相信休谟对斯密文体的关注也是同样性质的，或许他希望米勒会将他的忠告转告斯密。

米勒自己并没有如此关注斯密的文体，他认为斯密的文体与他的思想一样"新颖"，彼此"配合得天衣无缝"。他更多考虑的还是斯密的"立场"；斯密的许多观点他都很难接受，他不确定斯密要把其中的一些观点推进至何种程度。其中之一就是斯密所提出的"主要的伟大观点——关于贸易的无限自由"。米勒表达了很想听听休谟对这一观点有何看法的意愿，因为他对这一"观点"正确与否以及斯密想要推进到何等程度把握不定。米勒承认，统治者在对贸易进行管理时应该谨慎，因为他们通常无法对事态做出良好的判断；而且贸易管理措施也不容易实施，实施起来花费也会很大。将所有这些考虑搁置一边，米勒还是想知道是否在某些情形下，对贸易实施控制还是完全合宜的。在米勒看来，问题的关键是要决定商人和制造业者的利益在哪些方面可能会或可能不会与公共利益相符。米勒似乎并没有注意到斯密所提出的"看不见的手"这一观点，正如我们上文已提到的，类似的说法在 18 世纪 50 年代谷物商人查尔斯·斯密的文章中已经提及，而在休谟关于放开谷物交易的文章中被再次提及。米勒接着举了一个例子，即考虑到利润因素，商人更喜欢进口红酒而不是原材料。他认为在这种情况下，政府当然就

312

---

[1]　*HL* i.375–6
[2]　*HL* ii.194

应该加以干涉。当然，他也想到了斯密自己在整体性地倡导"明显的和简单的自然自由体系"时，也罗列出了一些例外情况，如"制造业的萌芽期"就需要政府加以保护[1]。既然斯密所倡导的政府管理会破坏"工业的自然平衡"这一主张，在斯密讲授法学课程时就已经提出来了，而当时米勒先是作为斯密在格拉斯哥大学的学生，后来又成为斯密的同事，很奇怪他竟然没有就这一观点直接向斯密提出挑战。然而，他显然是向休谟提出了斯密体系中的一些根本性问题，尤其是在经济领域，什么时候关于效用问题的考虑会压倒对于自然自由的坚持这一问题。

斯密回到科卡尔迪，恢复了他"离群索居"的状态后，似乎不再思考这些问题，而是继续关注着北美的冲突，至少从 6 月 6 日斯密写给斯特拉恩的书信内容来看，我们是可以这样理解的：

> 美国战事开局就不利。但愿结局能好一些（但我说不上我料想如此）。当代的英国尽管培养出了各种各样杰出的专业人士：杰出的律师、杰出的钟表制造者和修理匠等等，却似乎并没有造就伟大的政治家或军事家。能收到您的来信，听听您对当今时局的看法，对我真是莫大的安慰[2]。

斯密对于各种人才的比较评估很具有针对性。斯密同时代的英格兰人中包括布拉克斯东这位著名的《论英格兰法律》（*Commentaries on the Laws of England*）（1765—1769）的作者；哈德威克大法官费了不少心血使得衡平法成为一个科学的体系；达宁这位雄辩的公民权力倡导者，弗格森在处理退休金事务时，获得了他的鼎力相助；曼斯菲尔德是那一时代最具影响力的辩护律师，作为首席法官，创建了许多英格兰商业法，他从血统上来说是苏格兰人，而他的判决被一些人看成是对英格兰宪法的威胁，因为他是以苏格兰的司法原则为基础的[3]。善于制造钟表的能手就非约翰·哈里森莫属了，他于 1776 年离世。他在弟弟及儿子的帮助下，制造了一系列的经纬仪和一个直径只有 5 英寸多的手表，这些经纬仪非常精确，能够在航海中确定所在位置的经度。1773 年，通过国王出面进行私人干预，伯克和福克斯等人支持向议会递交请愿书，哈里森获得了经度委员会为其高超技

---

[1] *WN* i.457，n.19（NLS Hume MSS vi. 38（old no.）

[2] *Corr.* No.158

[3] Holdsworth，1966；xii. 237–95，432–563，705–24

艺所颁发的奖励。哈里森的成就尤其令库克受益匪浅，他于1772年至1775年期间完成了在南太平洋上的探险，而哈里森的第四个经纬仪的复制品被应用到了澳大利亚和新西兰的海岸线绘制上，展现出了极高的精确度[1]。

至于那一时代英格兰的政治家和军事家，他们在美国独立战争中的糟糕战绩就说明了一切。诺斯可能很有个人魅力，但是作为政府领导人他威信不够，被乔治·杰曼勋爵[2]震慑住了。杰曼于1775年至1782年担任了不列颠负责北美事务的国务卿，他推动了战争政策的实施，但是对海军几乎没有控制权，并相继地与陆军最高长官、卡尔顿、豪、伯戈因以及大多数的内阁成员发生了争吵[3]。反对党的领导人罗金厄姆赢得了斯密的一些赞赏[4]，他以政治上的正直和自我节制为人所知，而他的这些品质也可以很好地约束福克斯的冲动和伯克的狂热；但是他的健康状况很糟糕，一些人宣称是因为他年轻时在意大利染上了性病，因而从来就没人对他能够组成一个有效的替换政府抱有希望[5]。将军们的情况也不比政治家们好到哪里去。卡尔顿在1775—1776年冬成功地保卫魁北克，但是似乎并不具备打好进攻战的能力，并且处事方式死板，很难与人合作。1776年，伯戈因接受任命指挥从加拿大发起的大反攻，他们要与从纽约出发的豪所率领的军队会和，击溃夹在他们中间的北美军队，将被认为是叛乱中心的新英格兰与其他殖民地割裂开来。很难确定斯特拉恩或任何国会中的其他人有没有向斯密透露关于这次雄心勃勃的军事计划的任何信息。最终，斯密对"北美战役"的悲观预期被证明是完全有道理的。杰曼没有与这些独立作战的指挥官们协调好自己的作战计划；豪发动进攻的时间太迟了；而伯戈因错误地估计了北美抵抗军队和亲英分子所提供的支持的力量，被困在了萨拉托加（Saratoga），不得不于1777年10月17日在萨拉托加宣布投降。这成了战争的一个转折点，因为北美人民获得了信心，而法国人则找到了为"七年战争"的溃败雪耻的机会。法国政府考虑参战支持北美人民，并为此目的在1778年5月1日与北美人民签署了一份结盟声明。同时，潘恩的小册子《常识》于1776年1月出版，为殖民地人民的独立事业赢得了广泛

313

---

[1]　Whitrow，1988：142–5

[2]　原名萨克维尔（Sackville）。

[3]　*HP* iii. 395–6

[4]　*Corr.*No.216

[5]　Wraxall，1904：472–4

的支持；杰斐逊在 7 月 4 日的《独立宣言》中用深入人心的话语表达了革命和共和政府的理念；在 1776—1778 年期间，华盛顿将大陆军锻造成了一支令人敬畏的作战部队，开始让作风不够果敢的豪领导下的英军处于劣势[1]。

6 月 6 日，韦德伯恩致信斯密，显然是对斯密上个月的一封部分是关于"反思……来自北美的糟糕建议"来信的回应。作为杰曼的政治盟友之一和诺斯政府的副检察长，韦德伯恩因为英军在加拿大所取得的成功而兴高采烈，给出了他自己对北美战争的错误判断，而这或许也是在英国得到了广泛接受的观点：

> 我有一个坚定的信念，即尽管我们军队领导无方，但是就仅凭我们笨拙地和摇摆不定地指挥，政府军队也可以击败更为摇摆不定和管理无方的主张民主平等的叛军。幸运确实并不会垂青我们，如果军心涣散、愚蠢、嫉妒和派系之争没有为我所用，反而是我方授们说以柄之片[2]。

韦德伯恩继续暗示他正在考虑在国会中走一条独立路线，或许与斯密以前的
314 学生亨利·赫伯特合作，赫伯特的财富使得他可以不依附任何党派，就问题本身的是非曲直做出自己的判断。跟赫伯特一样，韦德伯恩也已对诺斯指挥战争不抱任何幻想了。他密谋反对诺斯的领导，并于 1776 年和 1778 年起草了一份提议，提出与北美殖民地和解。在萨拉托加战役惨败后，韦德伯恩似乎委托斯密就北美战争写了一份意见书，而他想要寻求和平解决的倾向也随之得到了增强[3]。

当伯戈因投降的消息最终传到英国，不列颠政府觉得有必要就这一问题征集专家的意见。诺斯于 1777 年 12 月 4 日上书国王：

> 这一最为致命的事件的后果可能是至关要紧和相当严重的，必然要求做出一些实质性的体系调整。在这样的时刻，没有任何时间可供我们拖延了，也没有任何一位能够提供好意见的专家可以被忽略[4]。

---

[1] Shy，1973：133–8；Wallis，1975：65–118

[2] *Corr.* No. 159

[3] *Corr.* app. B

[4] George III，*Corr.*，1927，ii.504

韦德伯恩似乎在获得了"斯密 1778 年 2 月关于北美纷争现状的思考"后做出的回应，这一备忘录是在韦德伯恩的家庭文件中发现的，而这一标题也是韦德伯恩自己的笔迹标注在页面背后的[1]。文件中并没有注明作者的名字，但是作者称自己为"离群索居的哲学家"，这当然是 1777 年末斯密所处的境况。当时他正住在科卡尔迪，休谟已于 8 月份在这一事件发生前去世了，再也没有任何亲密的朋友可以吸引斯密前往爱丁堡了。而且，文件的措词、叙述、句子结构、甚至是用"perhaps"来修饰措词严谨的断言这一特点都与《国富论》相似，而文件也是继续讨论了斯密关于北美问题的著作中已有所涉及的主要话题[2]。

然而，《国富论》一书的基本结构框架是提出政策建议而不是经济分析。斯密再次提出最好解决危机的方法是母国和殖民地"宪法层面上的合并"，但是，意识到双方态度已经变得如此强硬，这样做的时机也已经错过了。富兰克林早在 1754 年的《奥尔巴尼计划》（*Albany Plan*）中就提出过这一想法，而约瑟夫·加罗威也在 1774 年的第一届大陆会议上提出了建立"宏伟的政治联盟的提议"，可惜以几票的劣势惜败[3]。在邦克山战役以及企图孤立新英格兰的萨拉托加惨败后，斯密认为北美人中的那些"腐败的头脑"可能会阻止他们接受任何合并的提议，"即便条件于他们是如何的优厚"。斯密继续指出，他认为如果英军能再打一两个漂亮的胜仗"或许会让 [北美人民] 更为清醒地思考他们与母国的争端这一问题"。但是，这并不比英军取得完全的军事胜利并恢复旧的殖民体系可能性更大。另一种可能性就是允许北美独立；但是这对于英国人民而言，又过于屈辱而无法接受，尽管这样做会让他们的国家从武力维持在北美的权威以及用海军力量维护贸易垄断所需的巨额耗费中解脱出来。

在斯密看来，最有可能也是最糟糕的结果是："经过一场耗时长、耗资巨大、灾难性的战争"后，英国政府最终只是保留了北美殖民地的一部分，而将其他殖民地拱手相让。斯密在他的建议中完全没有任何权力政治的意思，因为他建议说要想与独立的北美人民结成同盟，英国政府应该将加拿大还给法国，把佛罗里达还给西班牙。这一计划也体现在约翰逊的小册子《税收无暴政》（*Taxation No Tyranny*）（1775）中。1780 年，一位与斯密进行过交谈的记者，宣称斯密对约翰

315

---

[1] Ann Arbor, Mich., William L. Clements Lib., Rosslyn MSS

[2] 类似的话题在《国富论》中也进行了广泛的讨论，如 IV.vii.c.64 n.52；cf. *Corr.* No. 221 中的论证。

[3] Skinner, 1990：155–9

逊的政治小册子评价很高，尽管他"很反感与北美的纷争"[1]。在《税收无暴政》这一小册子中，约翰逊略带粗暴地讨论了北美纷争。鲍斯韦尔认为北美人民一边维持着黑人奴隶制一边却大喊要自由这一点惹恼了约翰逊。

我们无从知晓韦德伯恩就斯密的建议做何考量，但是英国政府还是主要追随了武力征服北美的"路线"，最终于1781年在约克镇的康沃利斯宣布投降，随后发生的就完全应验了斯密在备忘录中对战争后果所做的预测。1800年爱尔兰出现了叛乱的迹象，韦德伯恩显然并没有因为斯密的备忘录就倾向于与爱尔兰联合。他试图让乔治三世国王拒绝联合的提议，理由是这会导致天主教的解放。然而，另一位对斯密学说有所研究的政治家小威廉·皮特主张与爱尔兰实行政治联合，并最终获得了胜利，我们有理由相信他应该是仔细地研读了《国富论》的。

1776年6月6日韦德伯恩在给斯密的信中，讨论了他最近到巴黎的一次访问，这次访问使他接触了一些斯密的"法国朋友"。他提到了休谟、罗伯逊作品的翻译者叙阿尔。斯密与叙阿尔或许是在霍尔巴赫的晚宴上相遇的，因为他是霍尔巴赫男爵社交圈子中的一员。韦德伯恩还与内克碰了面，内克是一位瑞士银行家，从1776年到1781年一直担任路易十六世国王的财务大臣，然后在法国大革命风雨飘摇的前夕，又回到法国待了一年。斯密可能是在莫雷莱协助内克妻子举办的简朴沙龙中结识内克的。詹姆斯·麦金托什爵士后来宣称斯密曾与内克过从甚密，但是斯密对这位大臣的才能却评价不高。斯密确实从内克的《论谷物贸易法》(1775) 中引用了一个关于法国人口的估计数据[2]，但是并没有就书中旨在驳斥杜尔哥所倡导的谷物贸易自由的政治主张发表评论。麦金托什爵士还透露，斯密曾预测只要内克遇到任何严重的挑战，他的政治声望就会一落千丈。斯密在结束对内克的评论时，总是会强调一下自己的判断："他只是一个关注细节的人"[3]，而现代学者对于内克的评价并没有到如此不堪的程度[4]。

韦德伯恩摆出一副对《国富论》很熟悉的样子，对内克相当苛责，并指出内克是不可能改变其重商主义立场转而信奉斯密的学说：

---

[1] *LRBL* 228

[2] *WN* V.ii.k.78

[3] Rae, 1965：206

[4] Egret, 1975；Harris, 1979——对内克的论文进行了仔细的考订，Chateau de Coppet, Switzerland；Schama, 1989：88–95, 283–4, 372–7

内克的谈话显示他非常富裕，习惯于被人殷勤讨好。我不认为他学识有多精深，即便是在他最应该熟悉的主题上。他似乎认为一本利率登记簿就能提高一国工业；大量的钱币就是明确的财富象征；如果一个国家的所有制造品都从外国人那里购得，这个国家就会变得更贫穷。他不会转而信奉您的体系，他的言谈中经常加以引用、不可或缺的那么三四个术语，是您的学说中并不常用的：如谷物、原材料、钱币、公共财富。通过巧妙地应用这些术语各种各样的本意及引申义，他在阐述每个观点时都能非常成功。

韦德伯恩宣称自己很不幸，没能与让吉本迷恋的内克夫人苏珊娜·屈尔绍会面。在信尾，韦德伯恩提到了一封"大卫·休谟寄来的非常令人愉快的信件"[1]。

但是，斯特拉恩在 6 月 10 日信中转告斯密的关于休谟的消息却绝对称不上令人愉快。在第一次巴斯水疗带来的所有症状的改善消失后，休谟的"机能失调症又与往常一样凶猛地复发了"，因此，休谟决定前往德贝郡的矿泉疗养地巴克斯顿休养。斯特拉恩在信中，表达了他对休谟病情的极大担忧，以及休谟的"豁达大度和顺天应命"怎样深深地打动了他。休谟向斯特拉恩提出了《自然宗教对话录》一书以及他死后著作编辑出版的相关要求。这些都收录在了 1777 年出版的《关于若干问题的短文和文章》（*Essays and Treatises on Several Subjects*）中，并在其中的《告读者书》中与《人性论》撇清了关系[2]。斯特拉恩告诉斯密，休谟的这些要求"会充分地被尊重，一丝不苟地得到执行"。他还试图用来自北美的好消息冲淡关于休谟的"令人悲伤的叙述"。他的看法大致与韦德伯恩一致，谈到了包围魁北克的北美军队溃败，伯戈因已经抵达那里，以及海军给北美商船所造成的破坏。像许多议员一样，斯特拉恩认为英国的军事力量会让北美人民疲于应付；他还希望卡尔顿会"证明自己是 [斯密] 关于这一时代人物所下的整体性断言的一个例外"[3]。

我们还有一封 6 月 16 日斯密写给休谟的书信，信中斯密表达了他对不管是在巴斯或巴克斯顿矿泉水疗效的怀疑，他认为让休谟受益的是"旅行和环境的变化"。斯密或许是想起了 1760 年 7 月卡伦医生为他开出的 500 英里骑马以保命的

---

[1] *Corr.* No.159

[2] 参见 *HL* ii.301

[3] *Corr.*No.160

疗程，他给自己的朋友提出了以下建议：

> 整个夏天您就到英格兰各个角落闲逛，不要在任何一个地方停留超过两个或三个晚上。如果10月前您还未彻底恢复，您可以考虑离开这里寒冷的气候到更为合宜的地方，去参观罗马和那不勒斯王国令世人所瞩目的古代及现代艺术遗迹。矿泉水与药剂师商店所出售的任何药剂一样都是药，会对身体产生同样强烈的影响。这会在自然引起的疾病之外，引发一种真正的疾病，尽管是暂时的。如果这新的疾病与旧的疾病彼此并不对症，无法帮助治愈旧疾，那么它必定会削弱自然本来或许拥有的可以治愈疾病的力量。改换环境以及适度的运动不会引起任何新的疾病：它们只是减缓了任何可能潜伏在我们身体内的长期疾病的有害影响；从而使身体在那种病态的延续过程中也能保持在尽可能好的状态下。它们不会削弱，反而会焕发自然治愈疾病的能力。

317　休谟向斯特拉恩坦承，当7月他回到爱丁堡时，处于"一种极为精疲力竭的状态：马车的颠簸，尤其是最后几天的颠簸，让我苦不堪言，而我的医生现在也认为（我一直就这么觉得）所有的运动对我都是有害无益的"[1]。他已经通知斯密他已"病入膏肓"[2]。因而，休谟对斯密所开出的处方的怀疑，很可能与斯密对药品作用的怀疑是一样的。然而，从斯密所开的处方，休谟或许读出了那种斯多亚主义的自然法思想，斯密将它应用于诊断政治体中的经济疾病，并为这些疾病提供一个治疗方案：避免任何政府的强力干预，任其自然发展。接着，斯密从写建议过渡到向休谟保证，如果他不幸活得比休谟长久，他会采取"每一种可能的方法"，按照休谟的意愿维护休谟的学术遗稿。斯密还在信末附言他会到爱丁堡再待上几个星期[3]。

　　但是，休谟到底有没有收到过这封信件呢？在另一封7月6日写给斯特拉恩的信中，斯密认为休谟觉得自己被斯密"忽视而耿耿于怀"。斯密似乎刚刚与休谟见过面，或许就是在7月4日的告别晚宴上。斯密承认休谟的"体力……消耗

---

[1]　*HL* ii. 329
[2]　*Corr.* No.121
[3]　*Corr.* No.161

很大，以至于他连驿车在不平坦的路面上的颠簸都受不了了"。因而，我们再也不会听到斯密提什么让休谟到全国各地闲逛或到意大利旅行了[1]。7月16日，休谟的医生同意了他"暂停运动"的主张，斯密与他开玩笑说这是对另一种颇受青睐的哲学学说的应用。休谟从自己位于圣大卫大街住所的窗户望出去，可以看到外面是一个"晴朗干燥、风和日丽的天气"，很适合割晒牧草。他致信诗人约翰·霍姆：

> 不应该因为不能直接享受这一巨大的愉悦而心生嫉妒；斯密先生告诉我，我应该通过同情共感来享受 [好天气]，我努力这样做。也只有通过同情共感我才能参与弗格森今天款待我们几位朋友的晚宴⋯⋯ [2]

8月14日，斯密从科卡尔迪又写了一封信给韦德伯恩。从信中内容看来，休谟似乎已经不再介意斯密对他的"忽视"了，斯密也到过爱丁堡陪伴休谟。在这封信中，我们可以读到一些细节和话语，其中一些在斯密11月9日致斯特拉恩的信中得到了进一步阐述，而另一些则在后一封信中被删除了。后一封信的主题同样是关于休谟临终时的疾病情况，1777年这一书信与休谟的《我的一生》文稿一起出版。信中确定无疑地表明休谟不会做什么临终悔改皈依宗教，或放弃自己的哲学学说。鲍斯韦尔8月8日前去看望休谟时，曾期望休谟会这样做。当时鲍斯韦尔"设法引出了永生这一主题"，休谟对此的回应是"永生不死是一种极为荒谬的幻想"[3]。斯密在致韦德伯恩的信中这样写道：

> 可怜的大卫·休谟很快就会离世，但是他精神愉快，心情很好，比任何假装服从上帝意志却哀号着死去的基督徒，表现出了更为真实的对事情必然发展进程的顺从。

或许这是斯密针对阿狄森临死时轶事的一种反驳。据说，阿狄森临死前，对他放荡不羁的年轻继子沃里克勋爵说道："我派人把你叫过来，就是要让你看看一位 318

---

[1]　*Corr.* No.162

[2]　EUL Dk 6.27/3；Streminger，1994：651

[3]　Boswell，BP xii. 227–32

基督徒是怎么死的。"[1]

斯密告诉韦德伯恩，8月8日星期四他陪伴在休谟身边，休谟给他看了一位老朋友埃德蒙斯顿上校写给他的"诀别信"。斯密辩解说休谟的精神这么好，或许疾病就会好转的。休谟反驳说：

> 斯密，你所抱的希望毫无道理……当我早上起床时，我觉得自己比昨晚上床睡觉时更虚弱，而当我晚上上床睡觉时，又比我早上起床时更虚弱，这样我相信不用几天，事情就会终结了。

斯密接着说休谟应该觉得安心，想到他的"朋友们"（苏格兰语中为"kin（亲人们）"的意思）在他身后都能过上富足的生活，尤其是他的弟弟一家，他们将从他的遗嘱中受益。休谟回答说即便没有他，他们的境况也会过得很好。休谟接着继续说：

> 至此，我同意您的意见，我最近正在读卢西恩的对话录 [莫雷莱认为卢西恩是休谟最喜欢的作者（*HL* ii. 157，n.1）]。卢西恩在其中描述了一个鬼魂恳求能让他拖延一小段时间再去阴界，以便让他将年轻的女儿出嫁，另一位请求等到他盖好已经开始盖的房子，第三位请求等他为那二三个年幼的孩子准备一份遗产。我开始考虑，为了获得拖延，我应该用什么借口向冥府渡神求情。由于我已经做完了我想做的一切，我不得不承认好长一段时间，我都没能想到任何说得过去的借口；最后，我想到我可以这样说：仁慈的冥府渡神啊，我一直致力于想让人们认清事实的真相，不要受蒙蔽；就请再给我点耐心，让我能享受到亲眼看到教堂关门，牧师们被打发走的乐趣；但是冥府渡神会回答：哎呀，你这游手好闲的无赖，这在将来的两百年之内都是不会发生的，你难道想让我给你这么长时间的拖延吗？立马给我上船来。

为安慰韦德伯恩，斯密说即然不得不失去他们的朋友，"那么最能令人接受

---

[1] Thomas Tickell 在为 Addison 的离世而写的挽歌中，提到了这一轶事，并作为简要传记的一部分，出现在了他所编辑的 Addison 著作集的前言中；斯密拥有一本 1761 年发行的这一著作集（Mizuta）。

的方式就是让他像一位智者那样从容离世"。斯密接着写道，他已经离开爱丁堡，等着休谟下次的召见，因为休谟是如此虚弱，甚至斯密的陪伴也会让他疲劳不堪，他精神很好，会情不自禁地与访客"不断地"交谈。当休谟独处时，就以修改他的著作和"所有常见的消遣"为乐[1]。休谟的消遣之一就是阅读新近出版的乔治·坎贝尔的著作《修辞哲学》(*Philosophy of Rhetoric*)[2]。斯密告诉斯特拉恩他觉得这一著作"很有见地、学养深厚且富有哲理"，但是，他认为这一著作"不会太流行"，书商们不会从这本书的销售中获利太多[3]。

斯密收到一封约瑟夫·布莱克写于 8 月 15 日的书信，信中提到了休谟生活放荡的侄子约瑟夫·霍姆（当时任皇家护卫队中尉）的到来，给休谟带来了"很大震动"。这位年轻人在休谟那里住了九天，其"喧嚣和吵闹"让休谟身心俱疲。尽管疾病日益严重，但是休谟反而更为放松安逸了[4]。休谟自己在同一天写下了对于《自然宗教对话录》手稿的处理要求。休谟要求如果在他死后五年内这一著作还未出版，斯密能够接手这一著作的版权。休谟知道他的朋友关注的是《自然宗教对话录》的内容，他想要提醒斯密注意该书的文学性："在修改它们时（我最近 15 年都没进行修改），我发现再没有什么能像这本书这样写得那么审慎和有技巧的了。您肯定是毫无印象了"。休谟希望斯密"尽快"给他回复。休谟很了解斯密拖延的习惯："我的健康状况不允许我还能为您的答复再等上几个月。"[5]

因为一个休谟称之为"奇怪的失误"[6]，上述这封信经由送信人送出，斯密却直到 8 月 22 日才收到。一收到，斯密就立即给休谟回信，表达他愿意接受和仔细保管《对话录》手稿。但他仍不愿承诺如果斯特拉恩没有在五年之内出版《对话录》则由他负责出版。他认为斯特拉恩没有可能会拖延出版；如果有任何事情会让斯特拉恩有所拖延的话，那一定就是威胁斯特拉恩如果他不出版，将在五年后丧失版权这一条款，这会给他一个不出版《对话录》的"冠冕堂皇的借口"。斯密接着声称他将会处于一个令人愤恨的位置："人们会说我为了获得酬劳而出版一本出版商为了同样酬劳都不愿出版的著作，而非是为了纪念自己的朋

319

---

[1] *Corr.* No.163
[2] Mossner，1980：597
[3] *Corr.* No. 162
[4] *Corr.* No. 162
[5] *Corr.* No. 165
[6] *Corr.* No. 168

友"。为了让休谟确信斯特拉恩打算严格遵从他的意愿行事，斯密复写并随信附上了一份斯特拉恩6月10日给他的来信[1]。

斯密接着主动提出要为休谟的《我的一生》续写"几行"，描述休谟在病中的言行，如果不幸地，这就会是他一生的最后阶段。斯密提及了关于休谟与他最后几次谈话的描述，尤其是找借口向冥府渡神求情这一段，"绝不会是休谟生命历程中令人反感的部分"。斯密意识到读者大众会抱着极为浓厚的兴趣，阅读"异教徒"休谟对他自己的生活历程以及他在生活中所秉持的原则的叙述；因而用同样哲学的方式来处理他生命结束这一最后阶段也是非常恰当的。斯密还主动提出为休谟著作的最新版本做校对，并到伦敦去做这一校对工作，斯密期望"今年冬天"能在伦敦。斯密说他写下这些都是建立在假设休谟疾病最终结果并没有像他所希望的那样好起来这一基础上的，但是休谟能最终好起来仍是有希望的，而这样的希望是甚至"冷静而坚定的布莱克医生"也不会反对的。最后，斯密重复了他愿意在任何休谟想要见他的时候，离开科卡尔迪到他那里去[2]。斯密无疑对自己"最亲爱的朋友"怀着深厚的情感和敬意，但是他不愿意负责出版《对话录》一书，必定令处于临终之际的休谟感到不安[3]。

布莱克在同一天8月22日致信斯密，告知休谟身体状况进一步恶化的消息[4]。休谟几乎什么人也不见，以阅读自娱，或许是像上次到英格兰旅行时一样，阅读的"主要是经典著作"[5]。休谟给斯密的最后一封信，也似乎是休谟生前所写的最后一封信，写于8月23日星期五；这时他已如此虚弱以至于这封信不得不由他的侄子兼继承人小大卫·休谟代为执笔。休谟说他对于斯特拉恩很有信心，但是他还是决定如果在他死后三年斯特拉恩还未能将《对话录》出版的话，他将把这一著作的版权留给他的侄子大卫。他已经接受了斯密不会承担这一职责的事实。接着，他允许斯密以他愿意的方式往《我的一生》手稿中添加内容，他接着写道："我的身体状况恶化得很快。昨晚，我发了低烧，我希望这一低烧能加快终结这令我精疲力竭的病况，但是很不幸，现在这一低烧又几乎完全

320

---

[1] *Corr.* No. 160

[2] *Corr.* No. 166

[3] Campbell and Ross，1982

[4] *Corr.* No. 167

[5] Mossner，1980：594

褪去了。"休谟仍一如既往地替人着想，他并没有要求斯密到爱丁堡来，因为他只能做到一天中很短一段时间与斯密见面。休谟让布莱克负责告知斯密他残存的身体体力状况。在这一口信中，他向斯密道了"永别"[1]。下一个消息就是布莱克于 8 月 26 日星期一写信告诉斯密，休谟已于前一天下午四点左右离世：

> 他直到最后一刻一直都是神志清醒的，没有感到过多的痛苦和绝望。他一直带着一丝很细微的不耐烦的表情，除了当他有机会与身边的人讲话时，才满怀情感和温柔地隐去这一丝不耐烦。我觉得把您叫过来是不合适的，尤其是我听说他口授了一封信给您……希望您不要过来。当他变得很虚弱时，讲话也让他颇为费神。他死时内心宁静幸福，没有什么能使他死得比这更安详的了[2]。

休谟的葬礼在 8 月 29 日举行，当时大雨倾盆，一大群人簇拥着将休谟的灵柩从圣大卫大街出发，一直抬到了老卡尔顿墓地。斯密可能也参加了休谟的葬礼，因为两天后，斯密从达尔基思宫（斯密在这里陪伴巴克勒公爵）给休谟的哥哥约翰·霍姆写了一封信。信中斯密宣布放弃休谟给他的 200 英镑遗赠，无疑是出于不想要与《对话录》一书的出版有涉的考虑[3]。约翰·霍姆于 9 月 2 日写了回信，拒绝接受斯密的这一表示，对斯密说这是他弟弟对他友谊的一种象征。他提到《对话录》以及他弟弟传记的复制本已经准备好，他会寄给斯密一份，以便让斯密为《我的一生》添加相关内容，并对《对话录》一书做斯密认为合适的修改。而且，斯密也会收到新版的休谟作品，斯密曾经主动提出愿意为其进行校对[4]。

斯密在 9 月 5 日写给斯特拉恩的信中，回顾了所有这一切经过，以及他与休谟之间关于《对话录》手稿出版事宜的交流。斯密强调，添加了自己关于休谟去世时情形描写的《我的一生》应该与《对话录》分开出版，作为休谟以前作品新版本的前言，"关于这些以前的作品，休谟做了许多很合宜的修改，主要是与语

---

[1] *Corr.* No. 168

[2] *Corr.* No.169

[3] *Corr.* No. 170

[4] *Corr.* No.171

言相关的部分"。斯密接着承诺说，如果母亲的健康状况允许，他会在11月初前到伦敦，以便对休谟的著作校样进行修改，并验证休谟所做的这些最后修改是否属实，如果这一新版的出版正在进行的话[1]。斯特拉恩在9月16日对这封信做了回应，他承诺不会对《对话录》有任何动作，直到他"很仔细地精读"这一作品后。显而易见，他对于斯密回避《对话录》的态度很是困惑，并提到休谟曾经写信告诉他"这一著作中并没有任何比我已经出版的著作更为糟糕的内容，或会产生这样效果的语言"[2]。

321　　斯密最终于1777年1月中旬到达伦敦，并在那里一直待到了6月[3]。斯密做的第一件事就是写信给托马斯·波纳尔总督，感谢他于1776年9月25日出版的书信，其中对《国富论》进行了评论，表达了许多有意思的观点[4]。正如我们上文已经讲述的，斯密还再一次"卷入了"弗格森要求切斯特菲尔德勋爵支付他退休年金的"令人不快的事件"之中。这一事件使他与斯坦霍普家人、议员乔治·萨维尔爵士和约翰·休伊特，以及副检察长亚历山大·韦德伯恩有了很密切的往来。据悉斯密于3月14日参加了"俱乐部"的一次会议，当时会议由福克斯主持，其他参与人员还有伯克、乔治·福代斯博士、加里克、吉本、约翰逊和雷诺兹等[5]。似乎没有任何关于这次会议的记录，但是斯密和约翰逊之间的陈年积怨或许当时并没有爆发，或许挑起他们新仇旧恨的是注明日期为1776年11月9日关于休谟去世的"致斯特拉恩的一封信"[6]。这一书信先是于1777年1月出版在了《苏格兰杂志》（39：5–7）上，后来在2月收录在《我的一生》中一起出版[7]。不管怎样，约翰逊于3月11日致信鲍斯韦尔：

> 有人提议要将我们俱乐部的成员从20人增加到30人，我很高兴听到这一提议；因为会员中有几位是我不愿与之有任何交往的，因而我赞成将这一俱乐部降格为只是各色人等著名人物的聚会，而不再标榜具有任何明确的

---

[1] *Corr.* No. 172

[2] *Corr.* No. 173

[3] *Corr.* app. E, o

[4] *Corr.* app. A

[5] Leslie and Taylor, 1865：ii.199

[6] *Corr.* No. 178

[7] Todd, 1974；202

个性[1]。

至于这一时期斯密在伦敦的其他活动，我们可以想到的是他会履行为 1777 年 "新版" 的休谟著作进行校对的承诺，我们还可以确定他当时也在为 1778 年将出版的《国富论》第二版做相关的修改。这可以从斯密 10 月 27 日在科卡尔迪写给斯特拉恩书信的最后一段中推论出来，在信中，斯密说在一个星期前，他曾派人给安德鲁·斯特拉恩送去了他所做的一个 "非常重要的删除"，以处理 "一些新加的修改与修改前的文本间存在的巨大不一致"。斯密说他会一直很心焦，直到他听到在印刷厂工作的安德鲁告知他 "已经收到 [这一修改]，并以他一如既往的一丝不苟加以了执行"。这显示新版的出版工作似乎在斯密离开伦敦前往苏格兰之前，就已经进行了一段时间[2]。

在 1777 年，一个由罗伯特·亚当所设计的墓碑建造在老卡尔顿墓地，休谟在遗嘱中为这一墓碑的建造留下了 100 英镑。墓碑最初的草图显示这一设计理念的灵感来自位于拉文纳的西奥多里克坟墓。墓碑呈坚固的罗马塔状，由粗糙的方石块建成，塔的底座是带凹槽的装饰带，上部则是多利安古典风格的柱式檐部；一个巨大的骨灰盒置于门楣上方[3]。令人不解的是休谟竟然会想要一个以东哥德族国王的墓地设计为蓝本的墓碑。东哥德族国王于公元 6 世纪统治意大利，在他统治期间，复兴了那里的经济以及上个王朝的一些文化，但是在晚年，他变得偏执而多疑，于公元 525 年下令斩首了哲学家波伊提乌。斯密评论说："我不喜欢这墓碑，这是我在我朋友休谟身上发现的虚荣心的最强一次表现"[4]。斯密自己在坎农格特教区墓地的墓碑，也由罗伯特·亚当设计，但要简单很多：一块扁平的墓碑固定在圆拱状的带有凹槽拱肩的壁凹之内，主碑上刻有蓄着胡须的传统哲学家头像[5]，墓碑上清晰明了地刻着斯密的姓名、两本著作书名以及生卒年月日等细节。

对休谟而言，斯密用文字为他构筑了一座纪念碑，叙述了休谟临终病中的情

322

---

[1]   *BLJ* iii. 106
[2]   *Corr*. No. 184
[3]   Gifford et al.，1988：438
[4]   Mossner，1980：591
[5]   Book of the Old Edinburgh Club；1924；16–17；Gifford et al.，1988：150

形，正如上文已提及的，斯密打算以此作为休谟的著作《我的一生》的补充。斯密于 1776 年 10 月 7 日完成了这一写作，并寄给了休谟的哥哥约翰，征求他的意见[1]，还寄给了布莱克，期望布莱克会从诗人约翰·霍姆和其他朋友那里收集更多的意见[2]。斯密觉得"以致斯特拉恩先生的书信的形式来叙述会比较合适"，因为休谟将自己的著作留给了斯特拉恩先生负责[3]。当斯特拉恩收到这一文稿后，"极为"喜欢，但是认为篇幅太短，与休谟的《我的一生》一文一起也无法"组成即便是最薄的一卷书"。他希望并入一些休谟寄给他的关于政治主题的一些书信[4]。预料之中的是，斯密阻止了这一计划："不加甄别地出版斯威夫特的书信集，是斯威夫特著作价值遭贬的首要原因。可以肯定的是，您的出版[休谟的书信]无论如何精挑细选，还是会引发随后休谟的书信被不加甄别地出版"[5]。他建议休谟的《我的一生》和他日期为 1776 年 11 月 9 日的"致斯特拉恩的一封信"一起以小册子的形式出版，在 1777 年最终也确实是以这种方式发行了这一小册子[6]。

这一封信紧接着《我的一生》的结尾继续了下去，谈论了休谟到英格兰寻求康复的旅程。斯密坚持他的观点，认为在旅行中"运动和环境的转换"有利于休谟的健康。斯密描绘了一幅很吸引人的画面，休谟旅行结束回到爱丁堡，身体虚弱了许多，但是精神愉快，以各种方式自我消遣：校对自己的著作，出一个新的版本、阅读有趣的书籍、与朋友交谈、"有时在晚上，一帮朋友聚在一起玩他最喜欢的惠斯特牌"。休谟的沉着镇静给一位医生留下了深刻印象，这位医生说要告诉他的朋友这位哲学家正在恢复健康，我们听到了具有休谟特色的幽默回答："我相信您是想让自己说实话，绝无半句虚言，那么您就应该这样告诉您的朋友：我正像我的敌人们，如果我有敌人的话，所希望的那样快速地死去，也正像我最好的朋友们所希望的那样，安逸而愉快地死去。"

斯密的信中还写道，一次他（亚当·斯密）拜访休谟，休谟正在看埃德蒙顿上校与他诀别的书信，埃德蒙顿在信中"把休谟看成临死之人，将肖利厄神父预

---

[1] *Corr.* No. 175
[2] *Corr.* No.177B
[3] *Corr.* No. 175
[4] *Corr.* No. 180
[5] *Corr.* No. 181
[6] *Corr.* No. 178

见到自己不久于离世，行将与自己的朋友拉菲尔侯爵永别而写下的优美的法语哀歌应用到了休谟身上"。这里展示了苏格兰启蒙运动中吸引人的世界性文化色彩，让我们想起了休谟自己对法国的热爱，年轻的时候他曾在法国学习生活的艺术，现在他又在践行赴死的艺术。斯密仍期望着休谟能康复，但是休谟告诉他一个严酷的事实，"长达一年多之久的习惯性腹泻"正使他的身体日益虚弱。接着，斯密在信中戏仿卢西恩的《死人对话录》(*Dialogues of the Dead*)，将其应用到休谟身上，但是文中并没有在给韦德伯恩的信中一样的措辞，说希望亲眼见证"教堂关门，牧师们被打发走"。为了通过公共审查，斯密用笼统的话语加以了替代："亲眼见证现在盛行的迷信体系的垮台。"斯密大可不必做这一修饰，因为即便是这样，这封信也还是激怒了上至皇家牧师乔治·霍恩，他代表了来自正统基督教的敌意，下到小小的诗人威廉·迈克尔，他对斯密怀有一些积怨，再加上来自于其宗教情感的愤怒[1]。

斯密 11 月 9 日的这一封信继续描述了他与休谟的最后一次告别，这次告别是因为交谈让这位临危的病人精疲力竭。接着就谈到了布莱克 8 月 22 日的来信，告知病人身体更为虚弱，但是精神却更为平静；休谟 8 月 23 日的来信："我的身体正非常快速地虚弱下去……"；接着就是 8 月 26 日布莱克描写休谟离世时情形的来信；最后就是结尾段。全文文采斐然，或许是斯密所有文章中写得最好的。

在"致斯特拉恩的一封信"中，斯密将丰富的情感凝于笔端。欧内斯特·莫斯纳在其中读出了斯密对于休谟决心出版颇具危险性的《对话录》一书的焦虑，拒绝一位临终友人心愿而感到的内疚，但是也还有宣布休谟在斯密以及他的朋友们心中重要地位的勇气[2]。大卫·拉斐尔提醒我们，信中的措辞会让我们想起《费佐》(*the Phaedo*)[3]，以及柏拉图的对话录中最后一句对苏格拉底的赞颂："在我所知道的他所处的那一时代的所有人中，他是最英明、最公正和最杰出的"[4]。以下这一段话语精准的措辞、铿锵的节奏、对仗的句式无不展示出了斯密广受认可的才能，以及他意识到在休谟身上实现了他道德哲学中所阐述的理想人性而感

323

---

[1] Viner，1965：70–4

[2] 1980：605

[3] *TMS* 401

[4] 本杰明·周伊特的翻译。

到的欣喜：

> 事实上，他的脾气似乎比我所认识的任何其他人都要更为快乐平和（如果允许我使用这一表达的话）。即便是在他人生最低谷时期，他那伟大而不可或缺的节俭也从来没阻止他在合宜的情形中表现他的善心和慷慨。这种节俭不是建立在贪婪的基础上，而是建立在对独立的热爱的基础上。他本性温柔至极，却并没有因此削弱他思想的坚定或决心的坚不可摧。他一以贯之的挪揄逗弄是他善良的天性和良好的幽默感的最真实体现，并用他的敏感和谦逊加以节制，因而没有一丝恶意，而其他人身上被称为风趣的这一品质经常是出于这种恶意的意图。他善意的逗弄的目的绝不是要伤害谁；因而也绝不会得罪谁。他的玩笑很少是会令人不愉快和不开心的，即便是对那些他开玩笑的对象本人而言也不例外。对他的朋友而言，他们经常是他开玩笑的对象，这一个性或许是在他所具备的所有伟大和可亲的品质中最让他们享受与他进行对话的。在社交中，如此令人愉悦的乐天的脾气，通常是会与一些轻浮和肤浅的品质联系在一起的，但是在他这里，当然是与最为严苛的努力、最为广博的学识、最为艰深的思想以及面面俱到细心周全的办事能力联系在一起的。就整体而言，无论是在他生前还是在他死后，我一直是将他看成或许是人类脆弱的天性所能允许的最为接近具备完美的智慧和德性的人。

然而，最近的一个新发现质疑了斯密所宣称的休谟是带着"真正的顺从"离世的这一说法。这一新发现就是一封致《基督教观察报》编辑的书信，日期为1831 年 11 月[1]，信中详细描述了休谟的管家，大概是玛格丽特·欧文，在休谟死后不久其在一辆马车上告诉乘客，休谟面对死亡时的平静只是做秀给他的朋友们看："在私底下，他极度痛苦以至于躺在床上时连床也一起颤抖不已，他不愿意独自一人待着；他说他一辈子都在寻求光明，但是现在却处于远比以前更大的痛苦之中"[2]。这一轶事或许表明了在斯密离开他房间后，休谟所遭受的身体上的极度痛苦，但是远不能证明休谟已经放弃了关于死亡的非宗教的看法。休谟面

---

[1] 31：665–6

[2] Fieser, 2005：6–7

对死亡的心态得到了布莱克博士的证实，从未有人质疑过布莱克博士的正直诚实："他死时内心宁静幸福，再没有什么能使他死得更为安详的了"[1]。我们可以看到斯密在大约 14 年之后，以同样宁静的姿态谢世。

至于斯密悼词式地宣称休谟接近了"具备完美的智慧和德性的人"的理想状态[2]，也受到了两位英格兰记者的挑战。他们在一本著作中——其主要内容是关于卢梭和休谟之间的争端，但也谈到了休谟与布弗莱伯爵夫人之间的暧昧关系——指责休谟在这两个事件中都表现得相当冷漠无情[3]，但是，为这一观点所展开的论证却显得非常牵强。卢梭忘恩负义地对待休谟的行径，当然会激起休谟的盛怒，但是随着时间的推移，这盛怒也就慢慢平息了。而拉姆齐所绘的卢梭肖像画，直到休谟去世，都一直挂在他家客厅的墙壁上，这表明休谟自始至终对这位以前的对手的才华满怀敬意。幸存下来的布弗莱伯爵夫人给休谟的最后一封书信日期为 1769 年 5 月 29 日，信中她请求休谟再回到巴黎待上几个月："就是为我"[4]。休谟给她的最后一封书信写于 1776 年 8 月 20 日，信中说到了他将不久于人世，并对月初她以前的情人兼长期保护人康蒂王子的逝世表示了同情。休谟是以这样的话语结尾的："我最后一次带着无限的眷恋和尊敬向您致意"[5]。在休谟与卢梭发生争端期间，斯密为休谟所遭受的对待深感不平，但是他知道这部分是由卢梭所患的迫害幻想症所引起的。斯密也知晓伯爵夫人和休谟之间的情意，我们可以相信斯密会觉得这对他们双方而言都是值得引以为豪的。他加诸休谟身上的溢美之词，可以看成是斯密情感的自然流露，他对已故朋友身上所展现出来的杰出品质深怀敬佩之情。

---

[1]　*Corr*.No.169

[2]　*Corr*.No.178

[3]　Elmonds and Eidinow, 2006：97–9；342

[4]　ed. Burton, 1848：251

[5]　*HL*：ii.335

19. 定居爱丁堡

我被告知苏格兰海关专员的职位被授予了一位哲学家，这位哲学家向世界呈现了一部迄今为止最为深刻、系统的关于贸易和税收的专著，这一专著足以令作者本人自傲，也定会为全人类带来福祉。

1777 年 11 月，当吉本听到这一消息时，他是以上述这段话作为回应的[1]。关于《国富论》出版后自己的生活，以及这一让自己生活从科卡尔迪的离群索居转换为爱丁堡海关专员的朝九晚五的契机，斯密是这样叙述的：

我已经回到科卡尔迪，恢复了我以前的隐居生活，正在从事写作关于模仿艺术的另一著作。正在这时，借助巴克勒公爵的影响，我获得了现在这一职务的任命；这一职务要求经常在岗，是一份清闲而体面的工作[2]。

显然，斯密本来期待着能够专注于"文学、哲学、诗歌及修辞等不同学科的哲学史"中部分主题的写作。这也是斯密在 1785 年表示他"正在准备"的"两部著作"之一[3]。但是，当时的掌权阶层却有不同的打算。

斯密的家庭背景与海关颇有渊源，这或许是让诺斯政府成员能想到任命斯密为海关专员、让其在税务岗位中施展经济才能的原因之一，这些成员中包括韦德

---

[1] *Corr.* No.187
[2] *Corr.* No. 208
[3] *Corr.* No. 248

伯恩和亨利·邓达斯。邓达斯在 1775 年担任了检察官，成了苏格兰保护权的主要控制者。通过这些身居要职的朋友的努力，斯密成为五位海关专员之一。在官方文件中对斯密所担任的职务是这样措辞的："负责管理和实施征收国王陛下在大不列颠联合王国下属国家苏格兰的海关关税、特殊税收和其他税务，以及所有进口……到……苏格兰的盐务和岩盐税务专员。"

斯密已经在格拉斯哥大学证明了自己所具备的管理才能和强烈的责任心，因而，他对就任海关专员这一职位的提议反应积极就完全可以理解了，尤其是又有他以前的学生巴克勒公爵的支持，当时巴克勒公爵在苏格兰拥有相当程度的职位任免权。而例行公事给他带来的有规律的生活也对斯密很有吸引力，可以帮助对抗疑病症[1]。搬到爱丁堡居住，与那里的知识界朋友们同居一城，对斯密而言也是挺有诱惑力的，尽管在斯密专心致志地写作《国富论》那几年时间，不管休谟如何利诱，斯密都没搬到爱丁堡住。休·布莱尔希望在《国富论》出版后，斯密会被任命为爱丁堡市政委员会的委员之一，他写信告诉斯密，爱丁堡的知识界朋友们"对您即将要定居我们这里深感荣幸"[2]。

经济上的刺激不会是一个主要诱因。斯密主动提出在接受了海关专员的任命后，放弃巴克勒公爵支付给他的每年 300 英镑的退休年金。但是这一提议没有被接受：

> 我主动向公爵提出了放弃年金的想法后，公爵阁下通过他的出纳员传话给我说：我考虑了从自己的荣誉角度出发，怎么做是合适的，却并没有站在他的立场上考虑他怎么做才是合适的；阁下说他绝不会让人怀疑他是为了能省下这笔年金的支出，而为朋友谋取了一个职位[3]。

这样斯密就保留了 300 英镑的退休金和每年总计达 600 英镑的薪水，其中海关专员的职务年薪是 500 英镑，主管盐务税收的年薪是 100 英镑；但是斯密将自己的很大一部分收入以一种友好、并在绝大多数情况下秘密的方式，捐赠给了

---

[1] Barfoot，1991：221

[2] *Corr*.No.151

[3] *Corr*.No.208

他人[1]。

海关专员之一阿奇博尔德·孟席斯在 1777 年离世之后，斯密于 1777 年 10 月 27 日告知了斯特拉恩他的候选人身份，并请他帮忙打听财政委员会当时的状况，却同时又宣称："我并没有对此怀有过于乐观的期望；我对现状安之若素。"[2] 巴克勒公爵夫人为斯密的竞选施以了援手，她写了一个便条，由韦德伯恩"立即转交给了诺斯大人"。韦德伯恩于 10 月 30 日告诉斯密说，这一便条"相当奏效"。韦德伯恩在信中还就斯密和他仆人吓退了一位拦路抢劫者这一事件发表了评论[3]。此外，斯密还获得了财政部秘书格雷·库珀爵士的帮助。11 月 7 日库珀写了一封信，揶揄说斯密的功劳是诺斯大人乃至于"全世界"所公认的，他畏畏缩缩的谋求这一职位，很快就会是他的囊中之物[4]。斯特拉恩或他的代理人及时地帮斯密缴纳了竞选所需的 147 英镑 18 便士费用。1778 年 1 月 24 日，斯密收到了海关专员职位的委任状，而这一任命也刊登在了五天之后的《伦敦公报》上。这一过程中，斯密曾为向斯特拉恩"发了一通坏脾气"而感到内疚，1 月 23 日斯密为此事进行了道歉：

> 前天我写了一封满纸怒气的信件给您，在我冷静地深入思考后，我确信您无论如何并不应该受到我这样的对待。不断的承诺、不断的期待，随后是不断的失望使我失去了耐心，我的坏脾气就指向了对此无半点责任的您。我最最衷心地和真诚地请求您的谅解！作为我已经获得您谅解的证据，请在回信时告诉我您已将那封愚蠢的信付之一炬了[5]。

斯特拉恩原谅了斯密的大发雷霆，但是这一事件表明斯密对于这一任命，并没有他希望人们认为的那样淡定[6]。

作为对政府任命的感谢，斯密让人给诺斯和库珀送去了几册"装订精美和烫金的"《国富论》第二版（1778）。在收到这一礼物之前，诺斯或许就已经读过了

327

---

[1] Stewart，V. 4 n.

[2] *Corr.* No.184

[3] *Corr.* No. 185

[4] *Corr.* No. 186

[5] Trinity Coll.，Cambridge；Piero Sraffa Coll.，B5/1

[6] *Corr.*No.192

《国富论》，或是与那些读过这一著作的人讨论过《国富论》，因为《国富论》第二版的一个注释表明，1777 年诺斯政府的预算方案中包括了对具有出租价值的房子开征税收这一条，而这一征收"几乎就建立在"《国富论》所阐述的"原则"之上[1]。就诺斯而言，他在 1777 年的预算演讲中承认，斯密在《国富论》中为新增的税务征收项目提供了理论支持[2]。斯密一直关注预算方案的变化动向，并在第二版的某处提到了新增的男仆税，其承担的主体主要落到中产阶层身上[3]。1778 年 11 月 28 日一位记者讲述了诺斯首相的一次谈话，并陈述说斯密"唤醒了他关于提高税收的一些新理念。因为 [诺斯] 说想要在北美禁止走私贸易的想法是非常荒谬的，忠实的苏格兰王国在这方面所遭遇的困难，就足以说明问题了，而最近发生的一些事例也表明了这一点"[4]。这里可能指的是《国富论》中斯密对"人口稀少的国家"苏格兰和北美的走私问题进行评价的那一段话[5]。诺斯还在1778 年的预算中，注意到了斯密所提出的建议即"提高麦芽的税收而降低对酿酒厂的征税"或许可以减少"进行走私的机会和诱惑"。当然，斯密作为海关专员，不得不面对试图控制走私这样的实际问题，而这在当时并非易事。即使在斯密的眼皮子底下，爱丁堡就有 8 所有营业执照和 400 所非法的威士忌酿酒场[6]。

接受海关官员这一任命后，斯密就将家搬到了潘缪尔大楼，这是福法尔郡一个显赫家族在城里的住宅，这一家族拥有大量地产，1764 年，为了拿回在 1715年二世党人起义后被没收的地产，这一家族就被迫花费了将近 50，000 英镑[7]。这一建筑（竣工于 1691 年）留存至今，是一座简朴的 L 型石砌房子，有一个筑高了地基的庭院以及与附近 17 世纪的建筑相似的阶式山墙[8]。这一建筑位于坎农格特（曾经是一个独立的自治市，实质上只能算是古代荷里路德宫的郊区）北边小洛肯德胡同附近[9]。[10]

---

[1] V.ii.e.8 n.

[2] Cobbett and Hansard，1814：xix. 214–19；Ehrman，1969：i.249

[3] V.ii.g.12

[4] *Corr.* No. 197

[5] V.iii.77

[6] Williams，1959：chs. 4，5；Daiches，1969：33

[7] *HP* iii. 121

[8] 彩图 e

[9] McKean and Walker，1982：27，no. 42

[10] 近几年，潘缪尔大楼的所有者爱丁堡城市委员会将之作为了问题青年中心。2008 年，城市委员会着手巩固自己在城市资产组合中份额，将潘缪尔大楼和两幢其他相当规模的建筑出售，想要筹集 160 万英镑资金，翻修

大概就在这一时期，有一封从爱丁堡的来信，写信人可能是斯密的朋友兼同事苏格兰皇家律师亨利·麦肯齐氏，他宣称斯密"所记得的由法官和地位显赫者居住"的地区，也就是老城区，"现在到处住的都是店主和商人"。他接着赞扬了新城区——"建于诺斯湖北岸，那里我们以前经过时看到的是贝尔福特公园、米尔特斯山等等，现在矗立的是整齐而气派的建筑"[1]。休谟于 1770—1771 年期间，在那里的圣大卫街上建造了一座房子，或许是利用自己的名字来恶作剧，把自己抬高到了圣人的地位[2]。尽管新城区一如既往地宽敞开阔，其广场和直线网格状街道颇具古典情趣，光滑细腻的建筑和装饰砂岩都采自克雷格莱斯采石场，但是，这也并没有把所有上流人士都从老城区吸引过来。

328　　尤其是那些与斯密交好并有专业上往来的知识界人士似乎更喜欢居住在老城

一些其他建筑，以提高其家庭和小孩部门所提供的服务。苏格兰法律要求通过拍卖出售的资产应该密封出价。委员会为潘缪尔大楼征求出价超过 70 万英镑的拍卖者，要求他们将出价在 2008 年 4 月 4 日星期五中午之前，提交到位于爱丁堡 EH3 6HA，1 India Street 的 Rettie&Co. 公司。Rettie 在为潘缪尔大楼做广告时，将之描述为 17 世纪 "A" 级别的文物保护建筑之一（最高等级的保护名录），可用于研发、商业、护理 / 照管中心、学生公寓，声明尽管现在这一建筑被列为非住宅建筑，但是，或许这一建筑还适用于其他一些用途。但是，法律规定，出售方不一定要接受 "最高的或任何出价"，尤其对于具有历史性或其他方面重要意义的资产，当出售者在权衡这些出价时，可以将这方面的重要性考虑在内。在规定的出价截止日期之前，一个以爱丁堡为基地、自称为潘缪尔大楼项目的团体（主要是由经济学家组成，尽管并不全是）致信城市委员会，表达了担心这一资产会被出售给为商业发展目的的服务，而不是用于与其文物价值相关的用途。4 月 7 日，这一团体组织向城市委员会提交了一封由苏格兰境内外 135 个人签名的信件，要求这一资产的文物价值和公共利益在出售的谈判过程中能够得到充分的考虑。Gordon Mackenzie，爱丁堡城市委员会中财务事宜负责人，在 4 月 2 日给这一组织作出了回复。他确认委员会有责任在这一次出售中，实现 "利益最大化"（"Best Value"），包括实现 "更大范围的公共利益"。他还表示自己作为经济学专业的毕业生，完全能意识到潘缪尔大楼的意义，他也相信处理这一出售事宜的委员会官员也充分明白这一建筑的文物价值，并很清楚在考虑这些竞标时，如何将 "利益最大化" 标准付诸实践。同时，他指出如果委员会接受一个较低的出价，他们将不得不从 "预计的财政收益" 角度考虑这一资产的 "机会成本"。潘缪尔大楼位于 Holyrood Palace 和坎农格特区新苏格兰国会附近，坎农格特区被划归为重新开发区域。尽管参与这一建筑物出售事宜的都是卓越的经济学家，但是他们就这一出售计划应遵循的原则却并未能达成共识，对亚当·斯密自己可能会赞成的做法的观点，也存在分歧。Heriot–Watt University 经济系荣誉退休教授 Gavin Kennedy 认为，"如果有个人或机构的出价超过没有任何附加条件的 70 万英镑这一索价，并完全接受 "A" 级文物各种限制条件；同时愿意承担维护潘缪尔大楼，将之服务于教育目的，尤其是与亚当·斯密和苏格兰启蒙运动相关的教育，促进政治经济学在各种不同程度的教育中——从中小学到研究机构——得到与时俱进的实际应用；忠实地按原貌修复斯密生前最后的故居，并向苏格兰人和到爱丁堡旅游的众多游客开放，那么这样的出价，相比于那些虽然出价更高、但是 "逃避" 承担相应条件，或想要 "改变允许使用条款"，或是那些完全是投机性的、并没有任何想要达成此次拍卖意图的出价方，应该得到优先考虑"。到了指定日期，Heriot–Watt University/Edinburgh Business School 和 Rettie&Co. 一起向爱丁堡城市委员会出价 80 万英镑，获得了委员会接受。同时提交的还有要在潘缪尔大楼创建一个亚当·斯密研究中心的计划，立即获得了 the City's Planning Department 和 Scottish Heritage（苏格兰政府负责监管所有文物建筑的机构）的联合声明支持。

[1] NLS MS 646 of. 4

[2] Mossner, 1980：566，620

区，或甚至完全不愿住在城市里。斯密以前在格拉斯哥大学的同事兼学术遗嘱执行人布莱克博士，在他就任化学和医学教授期间，就一直住在任职大学附近的尼科尔森街上；假期为了转换一下环境，他租房住到利斯球场和牧场附近[1]。1778年12月22日海关委员会召见布莱克，讨论用专业知识将煤炭从灰煤（苏格兰的一种劣等的石质煤炭）中区分开来的事宜。这项税收长久以来遭到了人们的抱怨，斯密的另外一位学术遗嘱执行人詹姆斯·哈顿出版了关于这一主题的第一本著作《论煤炭和灰煤的区别、质量及特性》(*Considerations on the Nature*, *Quality and Distinctions of Coal and Culm*) (1777)，以说服政府放弃征收这一项税务。1770年，哈顿在圣约翰山为自己和他的三个姐妹建造了一所房子，俯瞰着塞尔斯伯里悬崖，这一悬崖形态各异的岩石不断激发着哈顿对于地质学的兴趣[2]。斯密的私人医生卡伦住在南边与主街平行的考格特街上铸币厂的楼上。斯密以前的保护人詹姆斯勋爵（斯密于1780年12月19日，参与签署了致詹姆斯勋爵的感谢信，感谢他改善了涉及税务官员案件的审理程序）就住在与坎农格特相邻的新街上，黑尔斯勋爵也住在同一条街道上。蒙博德住在圣约翰街附近，与位于霍斯巷的潘缪尔大楼只隔着几条小巷的距离。杜格尔·斯图尔特租住在洛锡安楼内，这是洛锡安侯爵在城里的住处。斯图尔特很喜欢在那里能将当时还位于城外的绿意盎然的科尔顿山坡美景尽收眼底，这也是从斯密的住处可以欣赏到的风景[3]。罗伯逊的住处还要离坎农格特更远一些，他在假期住在格兰其大楼，但是，一到冬季他就住到位于老学院的校长住房内。亚当·弗格森所居住的欣斯，在与他同时代的人看来是如此遥远，以至于他们将他的住处称为"堪察加半岛"，并佯称他住在西伯利亚[4]。

这些斯密的友人以及斯密的其他朋友，只要他们高兴，不需要邀请就可以在星期天前往潘缪尔大楼一个宽敞的客厅享用简单的晚餐，这构成了斯密定居爱丁堡期间生活中的一抹亮色。在这样的场合，斯密有时会招待一些出类拔萃的贵客，如诗人塞缪尔·罗杰斯，他把谈话的一些细节记录了下来；还有议员威廉·温德姆，他曾在格拉斯哥大学就读于米勒门下。1785年9月13日温德姆在

---

[1] R. G. W. Anderson, 1986：94

[2] Jones, 1986：119

[3] Chambers, 1912/1967：131，261，300，303，323

[4] Graham, 1908：101，118

一次拜访了斯密后，在日记中写道（1866）："强烈地感受到了典型的苏格兰式家庭的特色。"

这一家庭中的长者，也是斯密心里占据首位的就是母亲。我们现有的是1778年由康拉德·马丁·梅斯（1749—1827）为她绘制的一幅肖像画。当时这位艺术家的画室设在爱丁堡，曾经接受斯密的学生巴肯勋爵的委托绘制肖像画，其中或许就包括凭一幅铅笔素描和用石膏从死者身上套取的面部模型而绘制的科林·马克劳林的肖像画，被收录在了约翰·平克顿的《苏格兰的代表人物》（*Iconographia Scotica*）（1797）一书中。

梅斯在绘制这一肖像画时，或许是想起了与伦勃朗所绘制的"艺术家的母亲"[1]相关的老年妇女肖像画传统，他将玛格丽特·斯密呈现为一位庄重而严肃的老妇人，笔直地端坐于一把饰有铜钉子的红色皮椅上，身上裹着一件暗色的带帽披风，披风的帽子向后甩开，露出了一个黑色的丝带绑着的白色睡帽，勾勒出白色的头发、高高的额头和沉思的脸庞。这是一张半身肖像画，她的左肩向前，露出了部分饱经风霜的右手，拇指和食指捏着一本精装的皮质四开本书，可能是一本饰有红边的《圣经》，她的食指夹在书页间。整个脸庞似乎显示这是一位有着强烈个性的妇人，灰色的眉毛下，眼睑厚重，目光平视，略微向下。突出的颧骨上的肌肉显出良好的健康状态，笔直坚挺的鼻梁，嘴唇坚毅地抿着，微微向下，丰满微凹的下巴，无不显示道格拉斯家族血统所具有的特色[2]。这一最近才修复鲜艳悦目的肖像[3]显然向我们展示的是一位有着良好判断力和坚强个性的妇人，直到1784年离世，她一直是她儿子感情生活的核心所在。当斯密在《国富论》中写道有两个体系的道德规范，一方面是自由散漫的，另一方面是苛刻和严格的[4]，或许我们可以合适地将斯密的母亲看成是后一种价值观的持有者。

---

[1] c. 1629，现收藏于不列颠皇家藏品中。

[2] 插图 g；also engraving by Emory Walker in Bonar，1932：p. xxii

[3] 1790年，这一肖像由斯密的继承人 David Douglas 继承，1819年 Douglas 死后，又由他的第二个女儿、与 the Revd W. B. Cunningham 成婚的 Cecillia 继承。这一肖像后来在 Cunningham 家族代代相传。Cecillia 的直系继承人 David Cunningham 意识到了这一肖像所具有的重要价值，1994年将它暂借给了 Kirckcaldy Museum and Art Gallery。David 逝世后，他的儿子 Rory G. Cunningham 对 Douglas 家族他们这一分支的宗谱和历史有着相当渊博的知识。2005年，他到科卡尔迪看到了这一肖像，并决定修复这一肖像。在由 Sally Cheyne 为肖像做了专业修复及 Susan Heys 修整了相框后，2007年3月，这一肖像再一次暂借给了 Kirkcaldy Art Gallery，在那里展览。当时，Rory Cunningham 说："这一次修复，恢复了这一画像的许多细节—现在这一肖像真是栩栩如生了。我很高兴能将这一肖像继续暂借给 Kirkcaldy Art Gallery，让许多人第一次亲眼欣赏到了这一肖像"。

[4] V.i.g.10

潘缪尔大楼这户人家另一位有分量的成员是斯密的表姐妹珍妮·道格拉斯。自从斯密担任格拉斯哥大学教授时开始，她就成为这个家的管家，斯密以前的学生总是满怀深情地回忆起她[1]。珍妮·道格拉斯逝世时，沃尔特·斯科特17岁，他显然受到过这家人的款待。他详细叙述了以下这件关于斯密和珍妮的轶事，其中无疑是有些添油加醋的夸张，但基本上说的是事实：

> 我们永远都会记得某个晚上，[斯密]让那位正招待大家喝茶点的年长的未婚女士非常头疼。斯密完全不顾这位女士一而再地要求他坐下，只是一圈又一圈地绕着走，时不时地从糖罐里偷一块糖。最终，这位可敬的未婚女士被迫不得不把糖罐抱在她膝盖上，这是唯一能够阻止他不糟蹋这些食糖的方法。他喃喃乞求想要这些宝贵食糖的画面，真是妙不可言[2]。

作为经济学家，斯密当然会对糖价感兴趣。1786年他记起了美国独立战争期间糖价高涨，并与当时"贤惠的家庭主妇称之为早餐糖""八九便士一磅"的价格做了比较。他也还记得在格拉斯哥他为一大桶粗糖所支付的价格，但是显然他从未想到要珍妮·道格拉斯为家里储存一些糖[3]。

1778年搬到爱丁堡后没几个月，斯密就将他另一位表亲罗伯特·道格拉斯上校最小的儿子，当时九岁的大卫·道格拉斯接过来照料[4]。斯密很高兴有这位小男孩的陪伴，在空闲时间就帮忙对他进行教育[5]，并让数学和自然哲学教授约翰·莱斯利在1785—1787年间担任了大卫的家庭教师[6]。大卫·道格拉斯会是这暮气沉沉的家里一束灿烂的阳光，或许为斯密再次创造了他似乎在格拉斯哥大学时所享有过的氛围，接触到了年轻人欣欣向荣的精神状态。

现有的一些画像刻画的正是这一时期的斯密，从中我们可以生动地看到爱 330 丁堡背景下的斯密形象[7]。我们从与斯密非常熟悉的古籍出版商、自然主义者威

---

[1] *Corr.* Nos. 55

[2] Scott, n. d.：388

[3] *Corr.* No.258

[4] Rae，1965：326

[5] Stewart V.18

[6] *Corr.* No.275

[7] 插图10

廉·斯梅利口中得知，大致而言，"他身高略高于普通水平；容貌充满男子汉气概，令人愉悦"。斯密并不是一位会故作姿态的人，曾有一次说，"除了我的书籍，我别无所求"[1]。确实从由大卫·道格拉斯所继承的藏书中可以看出斯密在选择和装订书籍上倾注了大量的心血。

我们可以想象每个工作日，除了星期五和节假日，斯密都会离开他的家和书籍前往海关大楼工作。他从自己所住的街区出发，进入坎农格特，经过一段多利安古典风格的门廊，这一门廊穿过了市区教堂朝南的一面山墙。接着，他会拾级而上进入爱丁堡主街，穿行于建于 16、17 世纪疏落有致的坚固建筑之间，如艾奇逊楼、亨特利楼，以及具有法国城堡风格的坎农格特市政厅。

爱丁堡城区从严格意义上来说，是从坎农格特端头开始的，那里直到 1764 年一直矗立着庄严雄伟的内斯堡港。那里的"房产"或多层住宅，如皮布尔斯大楼，远远高出主街上的建筑，每幢大楼的后面有一块狭长的"公用地带"，可以作为花园或晾晒蔬菜。在某种程度上，这些房产的管理很像今天的公寓，每一层都可以单独分属于不同的业主。直到进入 18 世纪，这些囊括了苏格兰社会各色阶层的公寓居住者，才会进行像斯密和其他同时代道德学家理论所探讨的那种社会交往。斯密在爱丁堡做讲座时期，最好的这样一座公寓大楼一楼就住着鱼贩斯特灵夫人；二楼住着公寓楼的主人阿库特夫人；三楼住着巴尔卡雷斯伯爵遗孀；四楼住着巴肯夫人；五楼住着制作女帽和女外套的埃利奥特家的小姐们；阁楼上则住着几位裁缝和商人[2]。这些公寓大楼曾与苏格兰历史上轰动一时的一些事件有联系，如主街 45 号的公寓楼就通常被认为是与苏格兰玛丽女王作对的宗教改革者约翰·诺克斯的住所，而这一公寓楼的所有者当然就是玛丽女王的御用金匠。这一建筑的横梁前部一直延伸到大街上，外面有楼梯通向阳台，居住者可以在那里呼吸到高处未受人行道难闻气味污染的空气。

诺克斯住所再上去就是北桥，由詹姆斯勋爵提议建造这一桥梁，并于 1772 年竣工，一直通向新城区[3]。直到 1788 年南桥才被建成，将南区与新发展区，如乔治广场（斯密告诉塞缪尔·罗杰斯这是他喜欢居住的地区），连接了起来[4]。

---

[1] Smellie，1800：297

[2] Chambers，1914/1967：4 n.

[3] Ross，1972：329—31

[4] Rae，1965：417；Youngson，1966

经过北桥和乔恩教堂后，斯密就来到了市驻军大楼，以可怕的洛哈伯斧头为武器的古代高地军队就驻扎在这里。接着斯密经过梅卡十字架遗址，这一十字架已经于 1756 年被拆毁。在阳光灿烂的日子，一天中总有几个小时，人们喜欢聚集在这里互相交流各种消息、谈天说地，这些人中有贵族、地主、商人、专业人士以及从附近的咖啡馆和书店里走出来或被称为天才人物，而斯密则认为是疯子的那些人[1]。今天走在这条街上的步行者就可以在梅卡十字架附近，看到由亚历山大·斯托达特所雕塑的高贵雄伟的斯密雕像，2008 年 7 月 4 日揭幕[2]。

331

再笔直向前，就是商业中心路肯布斯所在，旁边就是令人生畏的爱丁堡监狱，这里代表着苏格兰法律所指定的藏污纳垢之地；再接着就是开阔的劳恩市场及其高端"住宅区"，其中的詹姆斯大院和瑞德斯大院就是休谟、布莱尔和鲍斯韦尔曾经居住过的住所[3]。劳恩市场边上矗立着一个城堡，对盖尔语有几分热衷的阿道弗斯·奥顿爵士，在 1778 年 5 月 29 日被任命为北不列颠军队总司令时就驻扎于此，没过多久，斯密被召唤去协助他处理美国独立战争期间的公务。

圣基拉斯大教堂就位于主街的南边、梅卡十字架前方。这是当时可供做礼拜的四个教堂之一，1773 年时被描写为"丢人的肮脏"[4]。休·布莱尔曾在这里做过布道，他是如此雄辩而具有说服力，以至于在鲍斯韦尔看来，"能让猎犬都安静下来"[5]。位于圣基拉斯大教堂皇冠状的塔尖之下的是议会广场，在广场中有一座铅质的查尔斯二世骑马塑像，边上是建于 1632—1639 年间的独立 L 形建筑，建筑内有一上一下两个大厅，作为苏格兰国家议会的会议大厅。斯密当时应该可以看到原先在议会广场正面"令人敬畏的塔楼，装饰性的门窗，以及漂亮的阳台护栏"[6]，在爱丁堡其他地方，这种复兴 16、17 世纪建筑风格的特色也都得到了很好的体现[7]，而斯密在格拉斯哥大学老学院时对这种风格也很熟悉。在上会议厅粗大的悬臂托梁下，治安法庭法官们，包括詹姆斯勋爵、黑尔斯、蒙博德以及后来的大卫·道格拉斯和斯密最喜欢的学生罗伯特·卡伦，都曾在外庭分别做出

---

[1] Chambers, 1914/1967：174–7；Mackenzie, 1927：173

[2] Ch.24, n.1：彩图 h

[3] Mossner, 1980：244, 409, 504, 533, 563

[4] *BLJ* v.41

[5] *BP* xiii.109

[6] Cocknurn, 1856：106–7

[7] McKean and Walker, 1982：19, No.21

自己的判决。"十五位青天"大法官组成的内庭则在东南方向的侧厅商谈，给出最终判决，偶尔也向上议院提出上诉。同样是在这一侧厅，设立了军需供应法庭和税务法庭，税务法庭的法官对斯密所关心的税务问题具有裁决权[1]。

在议会大厅下面是勒赫厅，里面一直保存着苏格兰的国家档案文件，直到1788年由罗伯特和詹姆斯·亚当所设计的登记大楼第一阶段工程完工[2]。这一大厅还是律师图书馆的所在地，令人难以置信的是，斯密竟然从未曾让自己享有从这图书馆借书的特权[3]。

来往穿梭于这些建筑及这一城市司法和行政中心的是：被称为杂役的信差、穿着木屐前往市场的主妇和仆役（家禽市场在乔恩教堂后面，肉类市场在坎农格特端头，而夏天散发恶臭的鱼市则位于梅卡十字架附近）、法律职员和律师、前往商店客栈上班的一本正经的市民，以及更为随意的人们，士兵、妓女、纨绔子弟、游手好闲者各色人等，斯密置身于这样的一个人群之中，似乎本身就构成了一幅格格不入令人好奇的画面。约翰·凯，他的雕刻商店就在议会巷街角，一定多次见证了亚当·斯密走入对面皇家交易所的场景，海关就位于这一大楼的上面几层。他出版了一张日期为1787年的斯密画像，画像上斯密头戴宽檐帽、身穿一件轻便的亚麻布外套，左手持一束鲜花，或许是想用这花香挡住爱丁堡大街上臭名昭著的难闻气味[4]。斯密的右手抓着手杖的中部，将手杖斜靠在肩膀上，在斯梅利看来，"就像是一名士兵扛着他的步枪"。他还形象地描写了斯密奇怪的步态，斯密的脑袋向两边来回轻微地晃动，身体"像蠕虫般地"（出自自然主义者口里，具有褒义色彩）摇晃，似乎每一步"他都想要改变走路的方向，甚至直接调头往回走"。同时，他的嘴唇嚅动着，面带微笑，似乎他正与一些看不见的人深谈[5]。爱丁堡流传一件轶事，说一位在市场上做生意的老妇人看到斯密的这些怪异举止后，大叫道：

"啊，看哪！"，她摆摆头，旁边的一位满怀同情地叹息了一声作为回

[1] Ross，1972：17–19，121–3
[2] Youngson，1966：66–8
[3] Ross，1972：27–30；Cadell and Matheson，1989；Brown，1989
[4] 插图11：Kay，1842，i.72，75；Evans and Evans，1973
[5] Smellie，1800：293

应。接着她评论说："他穿戴得也还是挺体面的"，表达了她对一位显然是富有的疯子，却被允许随意乱走而感到的惊讶。[1]

斯密步入的这幢建筑是以约翰·亚当的设计为基础建造的，在 1753—1761 年的建造过程中，约翰·费格斯进行了修改和监管。现在经过扩建作为市商会会所，在主街经过一个一层楼高、石块筑成的围屏，再穿过一个庭院就可以进入，其带有三角墙和壁柱的中心大楼在建筑上并没有多少特色[2]。18 世纪 60 年代末，斯莫利特让马修·布兰布尔来到了爱丁堡，并让他认同了这是产生"人才的温床"，这里指的是斯密及其他爱丁堡知识分子。布兰布尔评论这一建筑未能发挥其应有的功用：

> 在原先矗立着一个市场十字架附近，每天下午一点到两点都可以看到所有爱丁堡的生意人，甚至是文雅的公司，都在露天的大街上扎成一堆……他们出于习惯宁愿在这里，而不愿移动几码到另一边空空荡荡的交易所里去做买卖……[3]

斯密任职期间，交易所大楼的看门人亚当·马西森负责将海关事务相关来访者带到现在所称的老委员会办公室[4]。官方记录显示 1778 年圣诞前夕，马西森想要为他的家人申请更多的阁楼居住空间[5]，并更换他饰有精纺毛料蕾丝编制青蛙图案的猩红色长袍制服。他配有一根七英尺长的木头拐杖，当委员会开会期间，他会向每位到来的专员行礼，就像步兵军官过去在操练时用警棍或戟行礼一样，然后再引导他们爬上宽大的楼梯到二楼的会议室商讨海关事宜。沃尔特·斯科特（Walter Scott）从另外的一位海关专员那里听说一件轶事，说斯密被看门人的敬礼吸引，竟也不由自主地举起他的手杖回礼，令这位杂役惊诧不已[6]。

有人提出斯密之所以会有这样的举动，是因为他在 1781 年 6 月 4 日被任命

333

---

[1] W.Scott, n.d.：388

[2] Youngson, 1966：55–9；McKean and Walker 1982：21，No.23

[3] Humphry Clinker, 1776, vol.ii, 18 July letter

[4] Gifford et al. 1988 rpt.

[5] SRO, Customs Board Minutes vol. 16

[6] Scott, n. d.：388–9

为爱丁堡受训军团（市守卫军）的荣誉上尉，接受过日常的军事操练[1]。然而，更可能的原因是斯密一路从主街走过来，深陷在自己的沉思中，就一时把这当成了一个军事礼仪。另一位苏格兰人所说的趣事与这一轶事如出一辙：斯密花了很长时间签署一份海关文件，却发现自己费力地模仿了签在他前面的同事的签名。

从当时海关会议记录上的签名以及相关的报道中，我们可以知道有哪些同事与斯密一起在海关委员会任职。职位最高的海关专员曼斯费尔特·卡多内尔至少从1751年就开始任职[2]，据说他是蒙默思公爵的私生子，因而是查尔斯二世（也是巴克勒公爵的祖先）的后裔。卡莱尔是他的邻居，与他相熟，卡莱尔回忆说，他"讲述故事的本领与他伟大的祖父查尔斯二世一样杰出——他所讲的故事很少，甚至从来不会出现重复"[3]。职位仅次于卡多内尔的就是乔治·克拉克·麦克斯韦。再接下去就是丹当劳伯爵八世的兄弟巴兹尔·科克伦，他以前曾经当兵，是鲍斯韦尔的叔祖父，曾经建议鲍斯韦尔不要喝烈性酒[4]。科克伦于1761年被任命为消费税专员，两年后被任命为海关专员。再接下来就是威廉·诺思罗普，但是在1780年12月19日的记录上就找不到他的名字了，听说计划在那年的12月26日让他"离职"[5]。或许这意味着他的职位已被人收买了。诺思罗普的继任者是詹姆斯·埃德加，另一位老兵，曾任利斯（Leith）收税员，他与斯密一样对希腊经典文献感兴趣。不久后与斯密一起任海关专员的还有大卫·里德[6]、詹姆斯·布坎南、约翰·亨利·科克伦以及罗伯特·赫本。正如1786年6月19日《先驱晨报》所报道的，这一职位的任命是公正的，如赫本本来就有可观的收入，只是鉴于亨利·邓达斯内阁的意见，对"垂青"——即赫本在他所在郡获得的选票——表示感激，而出任这一职位的。斯密任职期间担任检察长的是身材高大的亚历山大·奥斯本[7]。委员会的秘书是理查德·埃利斯顿·菲利普斯，他活到了104岁，死后与斯密一样埋在了坎农格特教区墓地[8]。

在被任命为海关专员之前，斯密凭着通过家人在海关任职以及自己的阅读和

[1] Graham, 1908: 169; Rae, 1965: 374

[2] London Evening Post, 27 July

[3] 1973: 112

[4] Boswell, 1963: 8

[5] *Corr.* No. 254

[6] *Corr.* No. 228

[7] Kay, 1842: i.343-4, 384-8

[8] Rae, 1965: 330

研究所获得的了解和知识，在《国富论》的第五篇对海关的功能和组织展开了清晰而详尽的讨论。用斯密的话来说，海关就是"对可供消费的商品……无论是必需品还是奢侈品，征收税收"[1]。正如斯密所解释的，在他任职期间，苏格兰的财政部门从海关和消费税中所获得的第一笔税收作为国家民政部门开支，包括最高民事法庭、司法部门和财政部门的维系费用，这一部分没有从王室收入（被认为是"国王的私人财产"）中开支。苏格兰税收的其余部分上交给了英格兰海关与消费税务署总收税官。斯密断言 1782—1783 年间苏格兰的民政部门开支总数达 66，879 英镑 10 先令 8 便士[2]。斯密并没有透露这其中有多大比例是从海关和消费税务部门的收入开支的，但是既然 1781 年税收的净收入为大约 186，000英镑，我们可以假设少于这一数目的税收收入被上交给了英格兰，构成了当年大不列颠联合王国接近 3，019，000 总岁入的一部分。

因而，苏格兰对联合王国岁入的贡献无足轻重，但还是要求委员会全力以赴征收和募集关税，监督负责征税的官员从边远地区（如斯密的父亲曾经接受任命的 Kirkcady）的税务征收者和审计员，到将正驶入港的船只纳入海关征税体系的海关监察员和船夫。而且，海关专员拥有合法的权力主持宣誓、搜查船只、没收和销毁货物、授权仓库里被没收货物的销售和发送、对海关违法行为提起诉讼、赦免已被判处的犯人等。这样斯密和他的同事们实际行使的职责相当于行政法官和"进口事务警察"。他们还有进一步的权力用没收货物的收益奖赏官员，并对这些官员的晋升进行推荐或对协助他们的线人提供奖赏。而且，委员会还行使"海岸护卫队指挥官"的角色，以确保苏格兰的东西海岸都有适合航海的船只巡逻，船上配备能干的军官和水手。[3] 1779 年的一支为这一目的服务的小型舰队，就配备了三艘沿海巡逻快艇和两艘小型战舰。1779 年 11 月正在筹备成立另外两支新舰队以作为替换，因为即便是配备 30 位左右船员、12 发炮弹以及 120 吨排水量的船只还是经常在航速和武器上不如那些走私者的船只。走私当然是委员会面对的最为头痛的问题，除此之外，还存在某些海关官员与走私者串通勾结而引

---

[1] V.ii.k.1–80

[2] *Corr.* No. 235

[3] 关于 Customs Board 所发挥的作用的有用的数据性和概念性分析及相关资料，参见 Anderson et al.（1985：740–59）；然而，这些作者并不知道苏格兰体系和英格兰体系之间存在区别；他们也并没有深入研究克佑区（Kew）档案局（PRO）相关的海关文件；他们将斯密描绘为是海关委员会中一位重商主义体系的"强硬的管理者"和"实施者"，但这一描述是片面的。

334

发的"代理问题"。1778 年 6 月 23 日在斯密的主持下，委员会惊恐地记录下一位名叫麦克菲的官员"受到了走私者的雇佣"[1]。

　　然而，这不禁会引发的一个问题是：斯密作为海关专员的角色是否与他作为《国富论》作者的身份相冲突。《国富论》一书的核心思想普遍被理解为是要阐述垄断、管制贸易、限制个人依据自利出发使用自己的劳动、财富、地产的权力等都是不自然的干涉，违背了人类互通有无、以物易物和交易的天性，压制了人们进一步获取经济利益的审慎欲望。而且这些限制和妨碍会助长低效率，因为它们无法促使人们努力工作，干扰了竞争机制，而这一竞争机制本来能够使得市场以生产花费所允许的尽可能低的价格供应充足的货物。在 1780 年 10 月写作《国富论》时，斯密将《国富论》描述为"我对不列颠整个商业体系所做出的非常猛烈的攻击"[2]。

　　在这样宣称的同时，斯密作为一名管理和实施这一"非常商业化的，或重商主义体系"[3] 的官员，展现出了堪称楷模的勤勉工作精神。然而，有一点必须指出的是，斯密并不赞同实行完全的经济自由。斯密不仅仅宣称出于国家整体的考虑——如出于国防考虑——有理由对贸易进行限制，还指出纯粹出于经济的考虑，也有必要对个人在不受限制的市场中出售劳动和产品这一自然自由加以限制。斯密并没有耽于过高地期望在自己国家的经济事务中能成功实现自然自由体系[4]。

335

[1]　Macfie，1961：151

[2]　*Corr.* No.202

[3]　*WN* iv. i. 35–45

[4]　*WN* IV.ii.43

336

插图 10. 亚当·斯密纪念卡，1790。转引自 John kay, *Original Portraits*, 1842（格拉斯哥大学图书馆）。

337

插图 11. 亚当·斯密去海关大楼的路上，1787。转引自 John Kay, *Original Portraits*,1842（格拉斯哥大学图书馆）。

20. 理论经济学家就任海关专员

的确，若期待要在大不列颠完全重建贸易自由，就像期待蓬莱仙境或乌托邦能在这里得以实现一样的荒谬。

关于贸易政策，斯密最具特色的观点是提倡去除所有的贸易壁垒，只在为满足管理国家这一合宜目的服务所需的条件下方可破例。被要求提供建议时，斯密提出应该对进出口货物征收"适度的税收"。进出口税不应该过高以至于走私有利可图，这样国家的税收将大幅度减少。而且，这些税收的征收对于不同的生产者和进口商都应一视同仁，这样才不至于让一些人凌驾于另一些人之上。

这些观点在 1780 年斯密所写的一封书信中得到了很好的阐述，我们猜测这封信是斯密于 1 月 3 日写给威廉·艾登的[1]。艾登是一位司法改革者、议员，他与斯密的朋友吉尔伯特·埃利奥特的一个女儿结了婚，政治上是韦德伯恩的同盟者。他曾为了能与北美人民达成和平而工作，1776—1782 年在诺斯政府里担任贸易大臣，精通金融和贸易。斯密在信中写道：

> 禁令的唯一后果就是无法征收到进口税。所有那些苛刻的征税标准，使得被苛以如此重税的商品的正当买卖几乎无利可图，和绝对的禁令一样，它们不仅不利于税收的征收，还同样会助长走私的发生。

---

[1] S.M.Lee, ODNB, 2006

这封信继续提到了对羊毛出口的禁令在本质上就是让养殖者负担税赋，而有利于制造商[1]。

斯密所要表达的意思是，公平地征收适度的税收并不会严重影响经济运行效率所赖以实现的价格均衡倾向。同时，正如《国富论》第五篇所指出的，还要提供一些公共机构性的支持：首先，必须提供司法管理，比如，在苏格兰要维持最高等级的民事、刑事、税务等法庭。第二，需要保卫人们的人身和财产安全，这对斯密写作《国富论》时所处的战争期间而言，显得尤为重要。第三，需要提供一些大众可及的教育——在苏格兰，国王拨调专门资金流向学校和大学系统。最后，需要提供一些公共卫生服务以及公共设施的修建和维护，如码头和道路，没有这些经济将无法正常运行。

339 　　意识到政治秩序给经济运行带来的益处就足以解释斯密之所以会愿意管理和实行重商主义体系的原因了，尽管他认为这一体系的一些学说不够明智和公正，如禁止某些商品的进口和严厉地惩罚走私者。斯密并不认为绝对的自由贸易对于经济发展是必不可少的，他可以接受不够细致的正义，甚至非正义，作为从不完美但却具有持续性和可改变性的法律体系中获益所必须付出的代价。斯密的著述和言行中并没有任何迹象表明，他像人们所说的那样为走私者开脱罪责，认为他们是真正的"自由贸易者"（如这些走私者自己有时宣称的）。

与此同时，显而易见的是斯密并没有将走私等同于像偷盗和谋杀那样的自然罪行，所谓的自然罪行（我们回忆《道德情操论》的内容）就是那些会在受害者和旁观者身上激起自发的愤恨的罪行。从这一观点看来，走私是由政府的独断专行所引起的人为的小罪行：因而这是一种不够审慎而非不道德的罪行。斯密之所以在《国富论》中反对贸易限制是因为这些限制必定会导致对走私者的惩罚，而这些走私者常常原先是有道德的人，在这一方面被标榜为罪犯之后，就会接着犯下真正的罪行。一个很能说明问题的例子就是亚历山大·威尔逊[2]的事例，这位法夫郡走私犯暴力殴打了一位税收官员遭到逮捕，他的逮捕引发了一连串连锁事件，最终导致了波蒂厄斯暴动。在《国富论》中，斯密从经济角度分析了走私活动，指出尽管走私获利丰厚，还是无法与被抓的风险抗衡，因而这是一条"最终

---

[1]　*Corr.* No. 203
[2]　Ch.1

必定会通往破产的道路"[1]。

《国富论》是关于经济而不是道德的著作这一理由，似乎并不能解释这种对走私所抱有的不作道德判断的态度。非正义的问题和利润问题一样，是斯密随时准备加以讨论的。因而，迄今为止并没有发现任何文字资料，记录斯密作为将走私者绳之以法的海关工作人员的监管者，在良心上感到的不安，就颇令人费解。然而，在同样这封致艾登的信中，还有一段话，尽管语气诙谐，从中还是可以看出斯密对自己职位所感到的某种程度的不安：

> 在我被任命为海关专员大约一周之后，看到了违禁物品的清单（这份清单悬挂在每一处海关，很值得您好好看一看），再对照一下我自己所穿戴的服饰，令我震惊的是我几乎没有一条领带、一条围巾、一条褶裥花边，或是一块手帕没有被列入大不列颠的违禁物品范围之内。我真想做一表率，把它们都烧了。我不会建议您也去对照一下您的服饰或艾登斯夫人的服饰或家具，以防您也陷入与我一样的窘境[2]。

或许这并不能算是一则经过深思熟虑而提出的道德建议，但是从"做一表率"这样的愿望陈述中，还是可以看出斯密对自己在当时走私盛行的背景下肩负打压走私这一职责所怀有的矛盾心理。他想要将走私货品加以烧毁的举动似乎更多的是出于维护作为海关专员身份声誉的审慎考虑，而不是受到想要践行公正的旁观者所能认同的行为准则动机的激励。考虑到斯密作为一个普通的社会大众是不会烧毁他的领带、褶裥花边等，这一观点会更具说服力，因为他在《国富论》中嘲笑了那些假装因购买走私货品而感到良心不安的人，认为人们很可能会把他们看成是伪君子或无赖[3]。

340

斯密思想中关于走私问题的矛盾，可以归结为是两种实用主义考虑问题方式的冲突。第一种是关于海关和税务法会带来或好或坏的后果的考虑。第二种是将内容的争议搁置一边，考虑对法律本身缺乏尊重将会导致的严重、长期的负效应。最后，斯密在实践中只能用其中一种实用主义的考虑方式来判定自己的行

---

[1]　*WN* I.x.b.33

[2]　*Corr.* No.203

[3]　V.ii.k.64

为，他准备采取行动反对走私，而不顾他并不将走私看成是一种"自然的"犯罪这一事实。

关于一般意义上的贸易障碍，斯密倾向于既援引正义准则，也直接诉诸效用标准，因而，他经常将贸易限制评论为既有失公允又阻碍经济的增长。他以"压迫"作为理由来反对向穷人的必需品苛以重税，尽管这也是出于实用主义的考虑，因为压迫社会的绝大多数成员会减少绝大多数成员的幸福。然而，斯密还以"公平"为理由反对向一个国家的产品征收比另一个国家更多的税收。而且，斯密还谴责了将私人酿造和蒸馏的酒类产品排除在征税范围之外，从而免去了富人酒类消费的税赋，却让穷人的酒类消费承担了税赋的做法[1]。斯密认同使私人家庭免于"收税官令人讨厌的来访与审查"的麻烦所具有的效用，但是这一免除无法满足斯密的第一条赋税准则："每一个国家的国民应当根据……他在国家的保护下所获得的收入的比例，为政府的维持做出相应的贡献"[2]。斯密似乎并没有认真地考虑出于正义的赋税和出于效用的赋税措施可能会产生的冲突，他只是在阐述完四条赋税准则后直截了当地说："[它们]所体现的正义和效用是显而易见的……因而多少都引起了所有国家的注意。"[3]斯密在论证适度对贸易进行限制的合理性时回避了正义和效用之间可能产生的冲突，而在他作为政府的顾问和海关专员的行事中，占据主导地位的是效用标准[4]。

1779年10月12日，爱尔兰国会通过一项决议要求解放爱尔兰的贸易，而后，斯密被召唤就这一问题提供政策性建议。从1698年开始，爱尔兰人在贸易上一直遭受着严苛的限制，并对此深感愤慨，小威廉·皮特将这些限制描述为是"残酷、令人发指的限制体系"[5]。不列颠王国在美国独立战争中实力受损，急需一切可以得到的帮助，爱尔兰人觉得这是一个很好的时机，以提供支持为条件要求放宽这些限制。当爱尔兰领导人在斯密作品中找到这种理念的共鸣，一定会深受鼓舞，斯密在《国富论》中提出赋予爱尔兰贸易自由，条件是在爱尔兰实行联合王国的海关和赋税管理政策[6]。斯密还很具先见之明地预见到关于贸易自由的

341

[1] *WN* V.ii.k.45

[2] V.ii.b.3

[3] V.ii.b.7

[4] Campbell and Ross，1981

[5] Pitt，1817：i. 135

[6] V.iii.72–73

谈判可能会对爱尔兰有更多的要求，即更多地服从于与大不列颠之间所形成的联盟[1]。斯密的思想很快就在爱尔兰获得了认同，一位议员约翰·希利·哈奇森，出版了第一本小册子，详细介绍并自始至终采纳了《国富论》第一篇中的自由贸易观点。

1779年10月30日，亨利·邓达斯从他位于爱丁堡城外梅尔维尔乡下的家中致信斯密，要求他重新思考这一问题，表达了他自己赞同从国家利益的效用角度出发，放宽对爱尔兰贸易限制的观点："我长久以来一直认为压制爱尔兰，事实上就是压制了我们自己国家相当部分的海军力量和军事力量"。同时，邓达斯也意识到了我们现在所谓的竞争优势理论，经常在"富国－穷国的争论"中被援引来说明穷国在与富国进行商业竞争时所具有的优势，即穷国工人工资相对较低，并无须负担同等程度的赋税，因而产品价格就应更低。[2] 关于这一点，邓达斯在信中写道："唯一需要防备的是爱尔兰人因为无须纳税以及廉价的劳动力，而能够将商品倾销到外国市场。"[3]

似乎是在第二天，斯密就从爱丁堡写了回信，想到了一些新的很恰当的论证，他很"高兴"能与邓达斯意见一致："我完全同意……为了袒护苏格兰和英格兰某些城镇的垄断而压制帝国如此大范围和优良的行政区域的工业，既是不正

---

[1] V.iii.89

[2] 休谟在其影响深远的"Of Money"一文中（*Political Discourses*，1752），引入了与工资水平相关的国家商业发展周期性这一概念："在人类的事务中，似乎有一些因素幸运地共同发生作用，限制了贸易和财富的增长，使得贸易和财富不会完全仅限于一个国家；人们或许在一开始自然会产生这种担心，考虑到商业已经得以确立的国家所具有的优势。一旦在贸易方面，一个国家占据了另一国家的上风，那么另一国家将很难迎头赶上，因为处于上风的国家在工业和技术方面的优势，而商人们所拥有的更充足的资金，使得他们可以以远要低得多的利润率进行贸易。但是，任何一个商业还未获得完全发展、金银资源并不丰富的国家，其劳动力价格的低廉，使得这些劣势得到了某种程度的补偿。因而，制造商会逐渐转移阵地，离开那些他们已经使其致富的国家和省份，前往其他地区，那里低廉的劳动力和原材料供应吸引着他们；直到他们使这些地区也变得富裕，再一次，因为同样的一些原因促使他们离开。大致而言，我们可以看到由于金钱的富裕而导致的每样东西价格的昂贵成了一个劣势，每个商业得以确立的国家都会具有这一劣势，使得贫穷的国家在所有的外贸市场上，能够以低于富有国家的价格出售同类商品，从而限制富有国家的商业发展"（Hume，ed.Miller，1987）。Eugene Rotwein（ed. Hume，1955；194n，189n）使用了富有国家和贫穷国家这一说法，指代休谟所描绘的交替进行的商业发展状态，而George Davide（1967a；195-6）则将这种交替发展的状态称为"富有国家－贫穷国家问题"。他写道"休谟的问题是落后的苏格兰，在与英格兰合并后所提供的自由贸易条件下，是否可以迎头赶上占据了巨大领先优势和主导地位的合作者英格兰"（1967b；33）。以休谟在"富有国家－贫穷国家"经济关系问题上的洞见为基础，Hont（1983，重版于2005年和2008年）对1707年合并时贫穷的苏格兰和富有的英格兰的经济形势进行了令人信服的分析；并分析了其与1779年爱尔兰自由贸易运动和1801年 the Irish－British Union——这一合并使爱尔兰居民与不列颠居民处于了等同的经济地位——在不列颠确立后，贫穷的爱尔兰和富有的不列颠之间关系的相似之处。

[3] *Corr.* No.202

义的也是一种失策"。斯密判断说解放爱尔兰贸易的做法是合理的，因为这可以促进最大多数人的最大利益："在我看来，没有什么会比实现两国之间的贸易自由更有利的举措了。这会有助于打破袒护了几乎所有不同制造业的荒谬的垄断，这种垄断最终只会让我们搬起石头砸自己的脚"。斯密颇具个人特色地将对这些提议的抵制归结为制造业者为了维护"团体利益的行为"。斯密宣称他能够说出"一些人"的名字，他们是能够成功地影响到这一团体的领导人，以避免出现拒绝爱尔兰人所提要求的"疯狂"行为。[1] 斯密还认为不列颠的制造业者至少要在一个多世纪后才会"真正遭受爱尔兰制造业者的竞争所构成的威胁"[2]。

另一封日期为 11 月 8 日的类似信件是写给卡莱尔勋爵的。1779 年卡莱尔担任了不列颠贸易委员会主席，下一年被任命为爱尔兰总督。斯密表明他之所以会认为爱尔兰作为一个工业国家远未具有与不列颠进行真正的竞争的实力，原因是爱尔兰缺少"大规模制造业"所必需的煤炭和木材。这里我们看到斯密意识到工业扩张所必需的矿石冶炼和金属锻造对廉价燃料能源的需求，主要是煤炭，因为木材的数量正在减少，如 1763 年在斯密的学生弗朗索瓦·路易斯·特龙金所参观过的苏格兰卡伦钢铁厂（第九章），或者是科尔布鲁克代尔铸造厂、伯明翰金属商店[3]，以及男威尔士梅瑟蒂德菲尔的道莱斯和齐法尔斯发制铁公司钢铁厂[4]，它们都在煤矿附近运行。斯密对未来 200 年将困扰爱尔兰社会进步和发展的宗教、社会和政治问题有相当深入的洞见，他补充说：

> [爱尔兰] 需要秩序、警政和正常的司法以保护和管束社会底层人民。这些条件对于工业的进步而言，要远比煤炭和木头加在一起，更为至关重要，而只要在爱尔兰继续存在着两大阵营的对立（压迫者和被压迫者、新教徒和天主教徒），这些条件就会仍然一直无法得到满足[5]。

[1] 不列颠下议院的议事录上记录了英国议院为爱尔兰的自由贸易而开展的斗争，37：532；爱尔兰一方的相关情况参见 O' Connell (1965：129–67)；Dundas 所起到的作用，参见 Fry (1992a：63–4)，Hont (2008) 提供了补充信息。
[2] *Corr.*No.201
[3] Uglow 2003：17–21
[4] Gross，1980
[5] *Corr.* No.202

那些就爱尔兰的自由贸易事宜与斯密进行通信的人，如邓达斯、卡莱尔和艾登（1780 年被任命为总督秘书），受到了斯密这些功利主义观点的影响。艾登在《致卡莱尔伯爵的四封信》（*Four Letters to the Earl of Carlisle*）（1779）中，大致呈现了这些观点。书中明确地赞扬了《国富论》中与赋税和公共债务相关的阐述，采纳了斯密关于爱尔兰贸易自由所提出的思想，却没有明示这些思想的来源。然而，值得一提的是出于党派之争，小皮特 1785 年所提出的与爱尔兰实行更为自由的贸易的具体提议遭到了艾登的反对，尽管他后来与皮特和解并在他组阁的政府内任职[1]。

接下来关注作为海关专员的斯密，在这一职位上，同时也是斯密人生的最后阶段，我们看到了一份非同寻常完整的服务记录。他极为规律地出席了海关委员会会议，除了 1782 年和 1787 年他前往伦敦期间的缺席外。从 1787 年开始，斯密糟糕的健康状况似乎开始越来越多地干扰斯密的出勤。作为一个组织完善的政府运行机构，委员会在这一时期所开展的事务填满了苏格兰档案局的九大本厚重的会议记录[2]，还与各地输出港之间进行了大量的通信，登记在往来书信集上，其中与邓巴的通信保存得最为完整[3]。这些记录的研究表明，从 1778 年斯密担任海关专员开始到 1790 年 4 月斯密病入膏肓不得不离职止，委员会共发出了 1,165 封信件，其中包括一些信件的复件，而这些信件中的百分之九十似乎都有斯密的签名[4]。

然而，有一点需要说明，斯密作为一位委员会委员，尊重政府及所任职位在政策和传统上的指引。他对同事施加影响，以便实施自己关于征税和经济政策方面思想的空间非常有限。而他写给邓达斯和卡莱尔的关于爱尔兰贸易自由的信件[5]、写给艾登的关于征税和北美贸易的信件[6]，以及写给辛克莱的关于帝国经济上的流失和实际税赋的信件[7]，无不表明当这些举足轻重的大人物在征询斯密的建议和意见时，斯密并没有隐瞒自己的想法。这些想法如果得到采纳，则会影

---

[1] Lee，ODNB，p.2

[2] *CEI*，vols.15–23；下文引用时指明卷数和日期。

[3] SRO CE56/2/5A–F

[4] Anderson et al.，1985：746，n.7

[5] *Corr*.Nos.201，202

[6] Nos.203，233

[7] Nos.221，299

响到海关部门的具体运作。

1783 年，斯密受邀到下议院委员会就如何遏制走私陈述他的看法，而有证据表明皮特在 1784 年的折抵法案中，确实体现了斯密的部分学说，至少是在与茶叶税相关的部分。截至 1789 年，茶叶方面的走私贸易也确实遭受到了严重的打击[1]。斯密具有足够的自主权，商议进行海关税收改革时（正如我们下文将看到的），他确实维护了自己的学说，但是他也对这样的改革会给苏格兰海关官员的生计带来的影响非常敏感。而且，作为一位海关专员，他确实听取了相关机构代表的意见，这反映在了《国富论》中所阐述的思想上。

斯密藏书中亨利·克劳奇、亨利·萨克斯比和蒂莫西·坎宁安所著的具有全国性参考价值的权威著作以及几本由下面的税务征收员和审计员为苏格兰海关官员提供的说明[2]，为斯密提供了关于赋税理论及赋税信息的来源。斯密还对赋税的比较研究感兴趣，并参考使用了莫罗·博蒙特所著的《欧洲税务征收备忘录》(*Memoires concernant les impositions et droits en Europe*)[3]。有一次，辛克莱想向斯密借阅这本著作，大概是在为他第一本认真深入的著作《大不列颠帝国公共税务史》(*A History of the Public Revenue of the British Empire*)[4]的写作做准备期间。1778 年 11 月 24 日斯密写了回信，对要将这本书寄往苏格兰大陆东北角凯思内斯郡感到"有点不安"，并说："他自己在私人研究及现任职务工作中，经常性地要查阅这一著作；因而不是很愿意将这一著作寄往爱丁堡之外的地区。"斯密继续指出，这一著作总共没有几本，他是通过杜尔哥的"特殊关系"才拿到的。接着，斯密提出只要是在爱丁堡范围之内，他就会让辛克莱查阅这一著作或任何他所拥有的金融书稿，无论是已经出版的还是手稿[5]。在《国富论》中，斯密宣称这一著作中所提供的关于法国赋税的消息要比其他国家的赋税消息更为准确，但是他似乎还是引用了这一著作中关于汉堡、荷兰、瑞士、普鲁士和威尼斯的相关赋税信息[6]。斯密一针见血的评论道："一国政府向另一国政府学的最快的技巧，

[1] *Corr.* app.D, p.411
[2] Mizuta
[3] Paris, 1768–9
[4] 1st edn. 1784
[5] *Corr.* No. 196
[6] V.ii.a.4；Bonar, 1932：18–21；Mizuta

莫过于如何从人们的口袋中榨取金钱"[1]，或许就是建立在对米罗·博蒙特的珍稀著作以及其他相关材料所做的深入思考基础之上的。

我们以斯密被任命为海关专员的第二天，1778 年 2 月 4 日星期三，斯密所参加的一个委员会会议为例，说明他所参与的海关日常工作事务的性质。会议由乔治·克拉克 – 麦克斯韦主持，另一位出席会议的海关专员是巴兹尔·科克伦。会议同意了埃尔（Ayr）代理审计官因私人原因提出请假三天的请求，但是要求他在请假期间找到人代替行使他的职责。接着会议详细介绍了 1771 年 5 月成功破获的一起"走私大量葡萄酒"案，随后是对涉案各方的控诉以及财政部接受 450 英镑作为惩罚的"一部分"。记录中这一案件的诉讼花费为 320 英镑 4 先令 4 便士，把这一笔钱从所得款项中扣除，剩下的 18 英镑 15 先令 8 便士要根据财政部授权进行分配。其中的三分之一分配给了通报消息的帕特里克·萨瑟兰，他是萨瑟兰海岸布罗拉的一位校长，据说已经出国，毫无疑问是为了逃避他人的责骂；还有三分之一上交给了总收税官作为国王应得的份额；而委员会的律师奥斯本则保管了剩下的三分之一，等候来自财政部的处理指令[2]。

在斯密海关任职的最初几年，与美国独立战争相关的问题摆在了委员会议事日程之上。1779 年 5 月 27 日，克拉克 – 麦克斯韦主持了一个有斯密出席的会议。这一会议做出安排，打印并散发到纽约各港口、纽波特、罗得岛贸易相关的公告。作为对亚当·弗格森一封来信的回应，财政部敦促采取这一行动，当时弗格森正担任"负责探讨平息北美暴乱措施专员的秘书"[3]。1778 年 4 月，这些实际上是由艾登所领导的专员已经前往北美，但是他们所肩负的使命受到了法国与北美之间所建立的联盟的破坏，他们的提议遭到了国会轻蔑的否决[4]。

1779 年 7 月 5 日，委员会听说斯密曾伴随检察官亨利·邓达斯左右，邓达斯"非常"赞同让海关官员协助海军强制征兵，并表示他们将得到地方官员和军事力量的支持。委员会还得知邓达斯拖延了总司令奥顿所提出的一项建议，即关于将"非法图谋叛乱国家"的嫌疑犯拘禁起来，或许是斯密建议他在涉及公民自由

344

---

[1] *WN* V.ii.h.12
[2] Minutes vol. 15
[3] Minutes vol. 16
[4] Dull，1985：100

的措施上应当谨慎[1]。

战争期间，斯密任职中最为刺激的事件就是 1779 年 9 月在苏格兰东海岸海域发现了敌船。9 月 17 日，布朗船长被派遣乘坐海关快艇"皇家王子号"前往侦查，命令他如果获得情报，就鸣放三门大炮，而如果发现是敌船，就"在快艇的桅顶挂上船首旗或国旗"示意。他在上午的 11 点 30 分回港，向海军协调官员、海关专员克拉克－麦克斯韦克、斯密汇报：

> [布朗船长]发现自己处于配有 50 尊大炮法国船的射程之内，他抢风航行避了过去。随后碰上在福斯湾入口已经被他们占领过的敌船——当时立即出现的一艘法军 24 尊大炮驱逐舰，勒令他们放弃缴获的船只——重新得以缴获。他们从缴获的船只中带回一个男孩，这位男孩说船上有四位士兵、四个男人和两位军官。这一法军中队[配备有]10 尊大炮架置的双桅横帆船。这些船只航行并不顺利，他们声称决心一路直捣利斯街（Leith Road）。据说，50 尊大炮船只上的指挥官熟悉这一海岸线。这一船只与驱逐舰都被漆成了黑色。50 尊大炮船只底部为白色和桅顶相当笨拙。男孩说他们一起航行了 7 天。他们一直往北航行到了设得兰群岛（Shetland）。几天前，他们顺着一股海风回到了这里，与中队的其他船只失去了联系。

克拉克－麦克斯韦和斯密将这些消息快速呈报给了他们的上级伦敦财政部，并命令税务小型战舰驻扎在东海岸，听从总司令调配。9 月 20 日，委员会同意了这些举措，并继续执行他们的日常事务：颁发许可证、处理与费城小型战舰贝齐相关的罚款和没收事宜，以及收回支付给船夫的钱，他们已经将这一船上的朗姆酒占为己有[2]。

与此同时，那支法国海军中队实际上是在北美海军少尉的指挥下航行，并依照北美海军管理条例进行运作，它所肩负的任务是将美洲的战火蔓延至不列颠本土。指挥官约翰·保罗·琼斯对苏格兰海岸有所了解：他出生于萨尔韦湾的阿尔比格兰，在他职业生涯的早期曾航行出入柯尔库布里。琼斯的使命是在苏格兰或

345

[1]　Minutes vol. 16

[2]　Minutes vol. 16

英格兰北部发动一次佯攻，以掩护法国和西班牙军队在英格兰南部所发动的入侵。1779年，由于战舰上疾病肆虐，这一重要的军事运作功败垂成，但是法国和北美海军中队还是成功地惊吓到苏格兰当局和人民。北美和法国的武装民船也在克莱德河口一再侵扰前往美洲和加勒比海的格拉斯哥商船[1]。

琼斯计划驶入福斯湾，然后在利斯登陆，进而占领这一小镇作为要挟。9月17日，这一海军中队航行至了离斯密故乡科卡尔迪一英里范围之内，接着抢风航行到了利斯，几乎就要将利斯置于它的大炮射程范围之内。就在即将下令登陆艇入水之际，卷起了一股从陆地吹来的大风，将船只吹向了福斯湾的入口处。之后，琼斯沿着东海岸一路航行，于9月23日在夫兰巴洛岬沿岸打了一次著名的胜仗。当时琼斯的军舰"好汉理查德号"[2]，遭遇了正在执行护送商船从波罗的海返航任务的英国崭新护卫舰"塞拉皮斯号"。他们从日落开始作战，战斗一直持续了3小时，直到最后"塞拉皮斯号"在月色中投降，尽管在战役进行过程中，"塞拉皮斯号"的船长曾信心满满地要求琼斯降旗投降，结果却得到了琼斯后来广为人知的回答："我还没开始打呢"。琼斯和他的人员于9月24日占领了"塞拉皮斯号"；第二天他们点燃自己的船只，任由其沉没入大海，将"塞拉皮斯号"继续驶往了法国，在那里他们受到了人们英雄般的欢迎[3]。

辛克莱对英国在美国独立战争中的节节败退深感不安，尤其是在萨拉托加惨败后，他曾经向斯密悲叹说："如果我们继续照这样下去，整个国家必定会被毁掉。"斯密以他特有的现实而简洁的话语回答说："毫无疑问，我年轻的朋友，一个国家总是会有许多祸根的。"[4]

事实上，"塞拉皮斯号"所护送的商船都安全返回了自己的港口，琼斯的成功并没有阻止她们从波罗的海带回急需的海军军备用品。斯密一直关注与北美的交战和媾和在经济上会带来的影响，希望这些结果会给不列颠的政策制定者以启示。这也是1783年12月15日斯密给艾登书信的要点，建议不列颠应该效仿美国所宣布的要让"所有不同国家的商品承受相同的赋税，[赋予]它们同等的赦免"，并继续在战后维持在战前就存在的与北美和加勒比海殖民地之间的"商业

---

[1]　Devine, 1975：139–43
[2]　根据斯密的朋友富兰克林虚构的人物"穷理查"的名字得名。
[3]　Morison, 1964：213–40
[4]　Sinclair, 1831：i.390–1

346　往来"。斯密宣称他并不担忧与美国贸易的未来:"通过平等对待所有国家,我们可能很快就会与相邻的欧洲国家开展贸易,这些贸易会远比与如此遥远的一个国度美国的贸易给我们带来更多难以估量的好处。"斯密还指出,美国人实际上所尝试的做法违背了他们所宣称的意图,他们对不列颠殖民地及不列颠同盟葡萄牙的商品实行了歧视政策[1]。然而,这种惩罚不列颠、并减少对不列颠经济依赖和联系的发展趋势并未维持多久,比如,在 1783 年结束战争的《巴黎和约》签署后不久,格拉斯哥商人就恢复了与美国的紧密联系[2]。

　　法国是美国独立战争中的真正失败者,因为她付出巨大的代价进行干预,加速了其旧制度的垮台,引发了法国大革命[3]。英国一旦放弃了斯密所称的美洲帝国"梦想"后,其经济实力就在小皮特政府的领导下,继续得到了增长。尽管相对于潜在的欧洲市场,斯密对美国市场持有保留看法,然而,推动英国经济获得增长的更大动力还是来自于与美国的贸易,由此这一时期被称为了"大不列颠出口的美国化"。当然,贸易保护主义仍是英国努力达成的一个目标。无论是出于效用的考虑或是国家利益的考虑,斯密自始至终都是这一政策的执行者之一。比如,1789 年 4 月 7 日斯密主持了一次海关委员会会议。委员会收到枢密院命令,要求调整与美国之间的贸易,在英国一方基本上维持了重商主义的《航海法案》。会议决定作为一项日常事务,将这一命令印刷并分发到各港口,要求那里的官员不折不扣地严格遵从管理条例行事[4]。

　　1783 年战争的结束、合法贸易的增长,再加上要求海关专员和官员不折不扣地严格履行其职责的命令,使得这些官员与违法的自由贸易者和走私犯的冲突加剧。1783 年 12 月 4 日,苏格兰海关专员就这一问题进行了评定,向财政部提交了一份报告[5]。在战前,走私货品的运输和登陆依靠的是小型没有配备武器、人员也很少的英国单桅帆船,这些船只抓住税务巡洋舰工作的间隙、绵延不断的海岸线、漫长而漆黑的夜晚等机会开展活动。如果被发现,走私者们会试图逃跑,但是如果逃跑不成功,他们一般会接受拘役和没收等惩罚,或在税收法庭为自己

---

[1]　*Corr.* No. 233

[2]　Devine,1975:162-5

[3]　Dull,1985:161

[4]　Minutes vol. 22

[5]　PRO,Kew,Treasury T 1/589,xiv/0173

辩解，而不会使用武力。

情况在战争期间，尤其是停战后变得更为糟糕，武装民船转而使用大型迅捷、配备着优良武器装备的快艇、帆船和其他船舰，在光天化日之下结伴进行走私。这些走私犯"配备有武器装备，带着坚定的决心运输着货物，如遇到任何国王陛下官员的阻止，他们也决心不惜流血反抗，甚至以命相搏"。一艘船舰就可以运载 800 箱的茶叶和 1，000 安加的白兰地。在枪炮的保护下，这些货物被很快地搬运上岸，然后通过大批的骑手将货物分散到各地。货物的价格是用货币进行支付的，使得国家的大量黄金和白银外流。让这种带有重商主义色彩的说法更火上浇油的是，报告中进一步指控这些走私犯后来还"从事了非常有害的出口羊毛走私活动"。

据称，苏格兰西南海岸从奥尔湾一直到克莱德湾，因猖獗的走私活动而臭名远扬。那里的商人和农场主组成了三大走私团伙：第一个团伙以威格敦格伦卢斯湾的克朗或威廉港为基地；第二个团伙在加洛韦海角一带活动；而第三个团伙的活动范围则在艾尔郡凯瑞克附近。他们的走私网络一直延伸到乌尔斯特和马恩岛，他们配备有 12 艘大型快艇及其他具有从 60 吨到 300 吨不等负载能力的船舰，船上有 10 到 24 尊枪炮，其中包括能发射 12 磅重型炮弹的大炮。他们将茶叶和烈酒等货物从奥斯坦德、弗拉兴、哥德堡，甚至是哥本哈根运出，然后将这些货物卸在筑有防御工事的农场，再分发到委托他们偷运的那些人手中。1783 年 10 月 1 日，"威尔士王子号"税务快艇上的指挥官盖利试图拦截一艘名为"闪电号"的凯瑞克团伙的快艇，快艇上配备有 24 尊大炮和 70 位船员，但是却受到了这些走私者舷炮的齐射攻击。第二天，盖利手下就拒绝继续这种力量对比悬殊的战斗了。在东海岸，走私据说是由个人单枪匹马进行的，并且通常使用更为小型的船只。但是那里的走私被描述为涉及范围广泛，走私者可以将茶叶和烈酒存放在邻近的城镇，甚至爱丁堡，因为走私船只能够在"邓巴、法夫尼斯、圣安德鲁、卢南湾附近，在阿伯丁、彼得黑德和弗雷泽堡或附近，以及墨累湾沿岸"登陆。

面对走私活动的猖獗，税务委员会很圆滑的头条建议就提出降低关税可以降低走私的诱惑这一主张。这样，斯密就并不是唯一持有这样观点的人了，而后来甚至是实施垄断、关税体制和《航海法案》的官方机构成员也开始坚定地支持自由贸易[1]。

1785 年 4 月 7 日由斯密一同签发的信件表明，海关委员会实施了就控制苏格兰西南沿岸走私所提出的一些建议。相关的措施包括在格伦卢斯湾的东海岸指派一艘大型军舰，在那里驻扎军队，以协助税务官员开展工作，还计划为了同一目的将另一艘大型军舰派往西海岸，这两艘军舰之间的军队会不时进行交换，"以防止走私者和士兵之间形成过于亲密的关系而破害了这一计划"。根据威格敦收税官报告，自从第一艘军舰到来后，走私者就显得"非常沮丧"。斯密和他的同事们希望财政部能够保证苏格兰总司令有足够的军队供调控完成使命[2]。

1789 年 8 月 6 日由斯密一起签署的另一封信件，讨论了对付西南沿岸走私团伙的进一步措施。在这一封信中，我们得知了一艘海军军舰成功地抓获了一位名叫尹金斯的走私犯，他就是斯科特的小说《盖曼纳令》（Guy Mannering）中主人公德克·赫特里克的原型。当时尹金斯的快艇正准备将货物卸到加洛韦海岸。这一抓捕之所以能够成功，是因为当地海关检查员和其中一艘军舰的指挥官及他们的手下所维护的"恰当而有效的水上护卫"（引用税务委员会的话语）。有人提出应该对他们进行奖励，但是斯密和他的海关专员同事们并没有任何举动："尽管上述的功劳值得称赞，我们也极为赞赏，但是他们只是履行了自己的职责……范围内的义务。"[3]

在《国富论》中，斯密表达了这样的观点，即"消费税法令……远比海关税法令能更为有效地阻止和困扰走私活动的开展"。斯密认为在适用的地方，在海关税中引入与国内消费税相似的体制或许可以增加走私的难度[4]。他还指出许多人或许认为这一变化是很容易就能做到的；但是这并未得到施行，直到下一世纪[5]。斯密所提出的另一个改革海关税收的建议是将进口货物存入保税仓库，进行仔细的监管：如果这些货物进入国内消费领域则征收税收；如果是出口的，则可以免税。这一做法就是消费税中对朗姆酒征税方式的一种延

---

[1] Mathias (1983：91, 269)，援引了 James Mill (East India Co.)，James Deacon Hume (Customs Service and Board of Trade)，John McGregor (Board of Trade)；关于 1849 年废除 Navigation Acts 的描述 (p.275)：Rule (1992：316)。

[2] PRO, Kew, Treasury T/169, CAPS 29555

[3] *Corr.* app. D, p. 411

[4] V.ii.k.36

[5] Mathias，1983：274–5

伸[1]。格拉斯哥的市长帕特里克·科洪[2]以及城里与烟草和蔗糖贸易相关的商人一起就这一主题递交了一份请愿书，要求对这些商品的征税方式做一改变，两种商品或许都可以被置于联合的监管下。海关委员会考虑了这一请愿书，连同一份详尽而持赞同意见的报告一起呈交给了财政部，签署的日期为 1783 年 6 月 18 日，当时任职的海关专员都签署了名字：詹姆斯·埃德加、巴兹尔·科克伦、亚当·斯密、詹姆斯·布坎南和乔治·克拉克－麦克斯韦[3]。我们完全可以相信格拉斯哥的市民是支持斯密所提出的关税改革的，尤其是那些应用于蔗糖和烟草保税仓库的改革措施，而他们也很可能是这些建议的最初来源。不管怎样，海关专员的报告还是很清晰地反映了斯密在这一问题上的思考。

当然这一报告是出于维护王室的利益而非商人的利益。因而专员们建议应该区分那些作为国内的消费品进口的直接纳税和那些可以存入保税仓库来为商人提供便利的货物所征收的税收之间的区别。这一区别被认为可以防止在纳税上的不必要的拖延。专员们还指出在没有纳税的情况下允许商品进入保税仓库会让王室承受由于火灾等事故而引起损失的风险。而且税务官员会承担更多的责任，如照看保税仓库、巡查以及货物的发放。出于这一考虑，他们提出应该增加一条关于发放货物数量的条款，规定"不少于两个法定的包装物"。斯密在《国富论》展现出了相似的审慎[3]，陈述说保税仓库不应对所有的货物都开放，因为无法提供相应的设施和人力，那些需要仔细照看易碎的、易腐烂的商品可以被委托给商人自己的仓库保管。19 世纪时人们对保税仓库所持的观点是："这是荷兰在 17 世纪初大范围开展的一种做法，是 19 世纪威廉·赫斯金森所实施的最令人愉快的措施之一，也曾经是罗伯特·沃尔浦尔赋税方案的一部分。"[4] 斯密藏书[5]中约西亚·塔克所著的小册子及其各种经济学文章或许是斯密关于保税仓库所持观点的来源之一。而塔克无疑与凯姆斯、休谟、法国经济学家们都有私人往来，他的思想也会在这些人中间口口相传，可能就以这样的方式传到了斯密

349

[1] V.ii.k.37

[2] 是一位显赫的烟草商人，在十八世纪六十年代曾在弗吉尼亚待过五年，1776 年为运送军队到美洲的船只供应食物；Glasgow Chamber of Commerce 的创建人；后来成为一位改革者和伦敦的违警罪法庭推事：Devine（1975：132，179）。

[3] PRO，Kew，TreasuryT1/589，CAPS 29555

[4] V.ii.k.37

[5] Lecky，1878：362

[6] Mizuta

那里[1]。

苏格兰委员会的报告在封面上注明了已于1783年12月10日在会上宣读，上面还有另一个批注"报告摘要已于1783年12月15日递送科洪先生（即格拉斯哥市长）"。这些都向请愿者表明他们得到了苏格兰海关专员的支持。在1799—1800年，保税仓库法令最终获得通过，而这一建议的完全落实则是要到后来的一则"法令59 Geo.III，c.52（1819）"的实施，即关于"货物在没有缴纳税收的情况下可以存入保税仓库或可以获准进口大不列颠"的法令。三任君主之后，通过了另一条包括将烟草存入保税仓库条款细节的法令：16 and 17 Vict.，c.107， para.10（1853），但是到这时格拉斯哥早已"成了一个以制造业为主，而不再是以贸易为主的城镇"[2]。

就有关保税仓库的建议，斯密与他的同事立场一致，而我们或许可以认为他们报告的措辞带有斯密的文体风格，可能一部分是出自斯密的手笔。然而，至少有一次，斯密可以完全自主地就苏格兰海关的现行做法提出建议，并通过改革，甚至是根据自由贸易原则，改变当时的政策。这发生在1782年，当时斯密从委员会请了假，从3月19日到7月11日前往伦敦待上一段时间，正如第22章所描述的主要是为了处理私人事宜和休息放松。

然而，4月18日的一次爱丁堡海关委员会会议上，财政部，在检察官邓达斯的建议下，要求斯密处理由苏格兰敕准自治市大会所提出的两则建议：海关官员手上应该有统一的税费表；入海的河流和河湾应该与英格兰的河流和河湾享有同等的待遇。5月24日，斯密向财政部做了汇报，他们在三天后讨论了这一报告。刚开始斯密没有相关的文件，后来这些文件由委员会秘书菲利普带到伦敦给他。斯密得知伯明翰的铁器制造商塞缪尔·加伯特在1766年曾经抱怨苏格兰没有精确的税费标准，而1767年苏格兰海关委员会受命准备一份总税费表。海关专员从官员中收集了相关的信息，但是明确表示他们没有理由就此统一税费，因为任何税费上的差异，都是出于补充小额薪金支出的需要。这样的答案令财政部深感讶异，他们要求委员会重新考虑这一问题，为管理税费制定一个计划。这一命令得到了执行，1767年10月5日一份计划被送交到了财政部，但是这些财政部官员

[1] Shelton，1981
[2] Glasgow Courier，8 Sept.1791；Devine，1975：166

们并未做出任何回应，因而这一问题就被搁置起来了。

斯密开始是想把1767年委员会所整理的整体税费表递交上去，他带着这一想法与爱丁堡市长（也是敕准自治市的代理人）进行了会面。然而，市长建议呈交另一份税费名单，在几次会晤之后，他和斯密就这一问题达成了共识。斯密"非常不自信地"递交了一份新的清单给财政部，因为这份清单与1767年委员会所拟的清单并不完全一致，而其中的绝大多数不同之处对海关官员不利，但是斯密觉得自己不得不这样做。或许市长将《国富论》引为权威，为尽可能地减少贸易负担和公平应用任何贸易限制这些做法提供支持。

斯密要求在财政部同意这一份新的清单之前，这份清单连同他的报告应该先送给他爱丁堡的同事过目，让他们矫正他可能会犯的错误。斯密担心实施新的税费意味着收入的流失：

> 许多官员的收入或许甚至会大幅度地削减，以至于他们很难维持理应属于他们那样一个社会阶层的合宜的生活方式；他们境况的窘迫或许甚至会迫使许多人去投靠商人，这必定会即刻被证明于公共税赋不利，而最终也或许会毁掉这些通过接受并非应得的报酬来努力满足自己的必需品的不幸之人。

至于第二个建议，斯密不得不承认他并不清楚英格兰的河流和河湾享有怎样的政策待遇，但是在《法令全书》（*the Statute Book*）中他找到了几个关于改变相关待遇的议会法令，因此斯密推断即便是在英格兰在这一政策上也存在着差别对待。他认为敕准自治市想要的无非是在内陆河流上实现贸易自由，不需要为获得与需纳税的商品相关的许可证书而缴纳标准不一的税费。这与斯密的学说并行不悖，他觉得接受这一建议毫无困难：

> 我一直以来持有的观点是只要船只所载的商品 [不是禁止出口的或在出口时……要求缴纳任何关税的]，不仅在这些河流和河湾的贸易而且在整个大不列颠的海岸贸易都应免于任何契约和海关通行证的繁琐手续，这会给商人带来很大便利，也使海关税务具有安全性。

斯密说明海关委员会已经起草了这样一个适用于福斯湾的法案，因而他认为"将这一免税条款一次性应用于整个大不列颠海岸贸易，不仅仅费时会少很多，而且远要更为公正公平"[1]。

可以预见的是，海关部门官员请愿反对实施这些建议，因为这些建议可能会带来他们收入的减少；但是大部分这些建议还是得到了实施，正如 1784 年 9 月 2 日委员会所发行的一封印刷信件所显示的那样，这一信件连同一个写着致海关收税官兼审计员邓迪的封面一起留存至今。关于税费收入减少问题，委员会表示他们会保障现任官员免受这方面的损失，要求收税官兼审计员邓迪："每季度递交一份《如实报表》，就在这些条例下所征收到的税费与同时期根据已有的做法在港口应征收到的税费做一对比"[2]。

1781 年 1 月 23 日，谢尔本勋爵的密友、医生兼商人本杰明·沃恩向勋爵描述了他前往爱丁堡的访问。他汇报说他发现亚当·斯密"在南部活得比我知道的一些人认为的更滋润……他是[爱丁堡学术界]最好的学者之一，尽管他的一些怪癖行为在这里人所共知"。他继续说："[斯密]在海关俸禄优厚，他并没有在工作中实施变革；但是我相信斯密有时还是希望自己仍然待在大学里，在那里他会享有更多自己的时间、更多的尊重，或许还有更多的同伴。"接下来是介绍了斯密最新的写作计划："他似乎正准备写一部有关天文学的历史，但是从没听说他有任何其他的出版计划。"[3]

尽管有人认为斯密在海关任职期间并没有成为一位变革实施者，但是我们还是有证据表明在斯密担任海关专员期间，作为一位理论经济学家再加上他关于实际事务的知识，使得他推动了一些他认为是既有用又公平的变革。可以看到斯密作为一名海关专员与他作为格拉斯哥大学的教授时一样，对待自己行政事务职责的态度是审慎而一丝不苟的。

一个很能说明问题的例子就是 1786 年著名的发明家和科学家丹当劳伯爵九世阿奇博尔德·科克伦向斯密及其他同事提出请求，要求他们见证他所发明的一套提纯食盐的新设施，这一套设施将在伯爵位于法夫郡的柯罗拉斯阿布领地进行试验。这一请求是在 1786 年 2 月 17 日丹当劳伯爵写给化学家和医学教授约瑟

[1] PRO，Kew，Treasury T1/570

[2] EUL，Customs Board printed letter No. 66，signed by Commissioners Smith、Reid 和 Edgar

[3] Philadelphia，American Philosophical soc.，Vaughan/Shelburne

夫·布莱克博士的信中提出来的，而布莱克博士是斯密相处多年的老朋友了。这一问题比较急迫，因为议会正在考虑要修改《盐业法》，要求对所有食盐进行提炼。在当时，苏格兰的盐类相关产品在竞争中具有优势，因为苏格兰所产的盐不像柴郡和英格兰东北部所产的盐那么纯净，再加上税赋较低，因此其出口成本更低。斯密居住在科卡尔迪时就对盐类产品很熟悉，在科卡尔迪沿岸为煮沸和制造盐类产品而支起来的炼锅是当地的一大景观[1]。伯爵认为"大规模的提炼食盐"具有"事关全国的重要性"，但是他也面临资金紧缺，无疑希望能从这项发明的专利中获取丰厚的回报。考虑到斯密海关及盐类税务专员的身份，或许他还希望斯密也能参与其中，但是这正是斯密的顾虑所在，正如在收到伯爵的书信之后，我们在布莱克于2月22日草拟的回信中读到的：

> 斯密先生内心非常想要对阁下有所帮助，但是他很遗憾现在并不是一个合适的时机。他宣称自己对于化学操作的知识所知有限、不够全面，因而无法在这一问题上给出任何有分量的判断。作为一名海关专员的官方职责，或许会使得他不得不与同事一起权衡哪些方法或许应该被推荐给官员们去判断食盐的纯度。他希望在委员会会议上，他能与其他专员一样不带偏见，否则他或许就会不得不在委员会会议上否决那些在被提出讨论之前就已经获得他首肯的检验方法。[2]

352

斯密在执行自己作为海关专员的职责时，展现出了勤恳负责的办事态度，这在他著书立说的生涯中也得到了体现，下文我们将就此展开论述。

---

[1] Ch.1

[2] EUL MS Gen. 874/IV/29–30

21. 文学研究

　　我唯一的遗憾是我在文学研究方面所受到的干扰，而这些干扰是我履行自己的职务必然会招致的。

　　海关委员会会议记录中亚当·斯密的出席情况，显示了斯密在生命中最后几年的生活方式[1]。他从未请假，直到 1782 年 3 月 19 日才请了四个月的假期。斯密将这一假期的绝大多数时间都花在了与伦敦学术圈人士的交流和准备出版《国富论》第三版的大范围修改工作上。但正如上文已经提及的，他的假期被与苏格兰奉敕自治区大会代表关于海关税费的谈判给打断了。1782 年 7 月 11 日，他又回去上班了，直到 1787 年初他只请假 24 天，其中 6 天是因为他母亲于 1784 年 5 月 23 日的离世。1785 年 11 月 1 日，他致信拉罗斯福哥公爵，承诺"在下个冬天结束前"完成《道德情操论》第六版的修改工作，并说"还有两部其他著作正在准备之中"，这在上文已提及[2]。从 1787 年 1 月 3 日到 7 月 30 日，他再一次因为健康原因前往伦敦，并与小皮特政府成员会面，同时继续《道德情操论》最后一版的修改工作。当斯密于 1787 年 7 月回到海关委员会时，他不得不与每况愈下的健康状况和年岁日高做斗争，他向拉罗斯福哥公爵承认这些因素使他无法确定自己能否完成手头的"著作"。1788 年，已经成为他家庭生活中心的表姐妹珍妮·道格拉斯的离世，给了斯密另一个打击。1789 年斯密有所恢复，他

---

[1]　SRO CE 1/15–23；Campbell and Skinner，1982b；200

[2]　*Corr.* No.248

在委员会的出勤达到了 111 次。11 月 18 日，他已经写完了《道德情操论》的"最后一句"[1]。

杜格尔·斯图尔特就是曾叹息斯密对海关职务过于劳神费心的人之一。他甚至断言在搬到爱丁堡之后斯密曾经一度放弃了他的研究："他对于学术的热情只是作为一种业余娱乐，一种让谈话更为有生气的谈资。"[2] 1791 年 5 月 11 日那一期的《蜜蜂》中，刊登了斯密关于学术研究兴致盎然的谈话记录。这一化名为"阿梅克斯"的供稿人写道，1780 年作为一名年轻人的他曾与斯密有过几次会面，斯密"在任何一个话题上都非常善于交流和表达自己，他谈吐自如，甚至不失为大胆，与他明显保守的外表正好相反"。

这些不失为大胆的言论是关于文学和文学界名人的[3]。斯密是这样描述约翰逊博士的怪异举止的：

354

> 我看到那个人在一群各色人等所组成的同伴中忽然站了起来，没有任何征兆地，他跪在了一把椅子的后面，复述《主祷文》（the Lord's Prayer），然后又坐回到他桌边座位上——他一次又一次地玩着这一把戏，一个晚上大概有五到六次。这不是伪善，而是疯狂。

斯密还认为约翰逊"总是资助那些无赖"，举了自称为"混蛋"的诗人理查德·萨维奇为例，这位诗人用自己的津贴买了一件鲜红色的饰有金色蕾丝的斗篷，他身披这件斗篷，"裸露的脚趾头却从他鞋子里钻了出来"。尽管斯密"暗示"他还没有机会读过《流浪者》（The Rambler）和《游手好闲者》（The Idler），但是他对包括《税收无暴政》（Taxation no Tyranny）（1775）等在内的反对美国爱国者的政治小册子赞赏有加。其中他最为喜欢的是《关于福克兰群岛交易》（Transactions respecting Falkland's Islands）（1771），"因为它用如此铿锵有力的语言展现了现代战争的疯狂"。斯密向另一位熟人表示约翰逊为莎士比亚作品所写的"前言"是"任何国家曾经出版过的最有男子汉气概的一篇文学评论"[4]。

---

[1] Klemme，1991：279

[2] V.6

[3] *LRBL* 32–3，227–31

[4] Seward，1797：v. 151

斯密在晚年仍然对约翰逊的作品感兴趣，他购买了 1785 年由乔治·斯特拉恩出版的约翰逊的《祈祷和冥想》（*Prayers and Meditation*）[1] 一书。约翰逊曾为斯特拉恩提供帮助和支持，当时斯特拉恩因为反对印刷机贸易以及作为圣公会牧师其收入超过了他父亲威廉而惹恼了他[2]。

阿梅克斯还引用了斯密关于一位不那么知名作者的评论，这位作者就是约翰·坎贝尔博士。鲍斯韦尔曾匿名地将之称为"遇上了出版商中的撒旦的一位令人尊敬的作者"[3]。约翰逊将他看成是一位"知识渊博的人……拥有丰富的想象力"，并对他所翻译的科哈森《赫米普斯复活记》（*Hermippus Redivivus*）（1744）中关于"炼金术哲学"的阐述赞赏有加。鲍斯韦尔过去常常参加坎贝尔举办的周日聚会，这些聚会的举办地就位于布卢姆斯伯里广场边上、皇后街西北角的一幢新建的宏伟大楼内，"直到我想到那些簇拥在他周围的苏格兰人在看到我有任何好的作品出版时，或许会说"唉，唉，他这些都是从坎贝尔那里学去"。坎贝尔出版作品的数量惊人，约翰逊推崇他为"曾经以文学飨大众的最为多产的作者"[4]。斯密说他曾经一段时间与坎贝尔待在一起，他发现坎贝尔是那种可以从周一一直写到周日的作者。一位与坎贝尔一起用餐的绅士，曾含蓄地提出他想要拥有一整套坎贝尔的作品。第二天，一辆马车将一整套坎贝尔的所有作品都运到了这位绅士的住处，运费就花了 70 英镑。这些著作中包括了科皮斯所编撰的《不列颠兴衰史》（*Biographa Britannica*）中坎贝尔所著部分，以及十分有参考价值的《不列颠政治通览》（*Political Survey of Great Britain*）一书，这两本著作都收录在了斯密的藏书中[5]。

与在《文学与修辞学笔记》中给予斯威夫特的关注一致，斯密向阿梅克斯高度地评价了斯威夫特，将他推崇为"在文体与情感两方面都颇具准确性的典范"。斯密并不认为早期品达式赞歌是斯威夫特的作品，而认为他"所缺少的正是跻身于最伟大诗人之列的天分"。斯密欣赏斯威夫特致斯特拉的那些诗歌，并认为斯威夫特的代表作是关于他自己死亡的诗歌。而其他诗歌，斯密认为是斯威夫特的

355

----

[1] Mizuta

[2] Cochrane，1964：153–7

[3] *BLJ* iv. 99

[4] *BLJ* i.417–18

[5] Mizuta

闲聊，"供私下娱乐之用"。

出乎阿梅克斯意外的是，斯密对于李维作为历史学家给予高度评价，但是这与斯密在《文学与修辞学笔记》中关于李维的阐述一致。阿梅克斯本来以为斯密会更欣赏波力比阿，斯密在他的讲义中很赞赏波力比阿关于罗马文明宪政所阐述的具有教育意义和令人乐于接受的观点，但是讲义中指出李维在叙述流畅性方面更胜一筹[1]。斯密无疑很欣赏李维作品中史诗般的特性，以及对于罗马共和主义者追求道德完善和自由的强调。正如我们可以预料的，斯密认为在现代的历史学家中休谟完全可以与李维相提并论。

就像许多苏格兰的知识分子一样，或许除了凯姆斯勋爵和他自己的学生威廉·理查森以外，斯密并不是莎士比亚作品的推崇者。他提醒阿梅克斯，伏尔泰曾经评论说《哈姆雷特》是"喝醉酒的野蛮人所做的南柯一梦"（参见伏尔泰于《赛密拉米德》（Semiramis）之前所写论文，1748）。当阿梅克斯为了"试探"斯密的真实想法，表示了自己对《哈姆雷特》这一剧本的不屑时，"他笑了笑，似乎认为我察觉到了他的矛盾心理，回答说'是的，但是在《哈姆雷特》中，文采斐然的段落还是俯拾皆是'"。

斯密"对无韵诗歌有着顽固的轻蔑和反感，弥尔顿的作品除外"。他认为如果德莱顿拥有莎士比亚十分之一的戏剧天分，他就会让韵律悲剧像在法国那样风靡英国。事实上，斯密认定法国戏剧可以作为"优秀戏剧的标杆"。当然，无论是作为一位剧作家还是他的为人，伏尔泰都赢得了斯密无上的推崇，斯密的藏书中收藏有德累斯顿编辑的伏尔泰著作集（1748—1750），以及凯尔版的70卷伏尔泰著作集[2]。

1763年7月14日，鲍斯韦尔在与约翰逊的谈话中，提及斯密关于诗歌的评价，得到的回应是："先生，我曾经跟斯密待在一起，彼此并无好感；但是如果我知道他有像您告诉我的那样热爱韵文，我一定会与他拥抱的"[3]。除了《欢乐颂》（L'Allegro）和《沉思颂》（Il Penseroso）以外，其他弥尔顿的短诗在斯密看来都不值一提，他无法想象为什么约翰逊[4]会认为德莱顿致安妮·基利格鲁夫人

---

[1] ii.54–78

[2] Mizuta

[3] *BLJ* i. 427–8

[4] 在《德莱顿传》（Life of Dryden）一书中。

的颂歌可以与《亚历山大之宴》(*Alexander's Feast*) 相提并论。关于蒲柏所翻译的《伊利亚特》，斯密赞同人们"将它称之为是蒲柏的荷马史诗；因为这不是荷马的荷马史诗。译文完全没有半点希腊文的庄严和简洁"。然而，斯密喜欢蒲柏的诗歌，并熟记了许多他喜欢的篇章。斯密并不喜欢蒲柏的个性，认为其"过于做作"，并把《致阿巴斯诺特博士的书信》(*Epistle to Dr Arbuthnot*) 描绘为一部"完美的伪善之作"。斯密对于德莱顿的评价很高，他"高度赞扬"了他的《伊索寓言》。阿梅克斯提到了休谟所给予的评论：

> [德莱顿的] 戏剧，除了几个场景外，完全被邪恶，或蠢行，或两者加一块儿给破坏了。他的翻译似乎过多的都是匆忙遽就的产物；甚至他寓言里的故事也未能做到精挑细选，其诗歌化的表达也不够准确，尽管充满激情[1]。

356　斯密给予了一个无法驳斥的回击："读一首好诗歌要远比读一千卷的文学评论，更能帮助我们了解诗歌。"斯密关于或被称为"奥古斯都诗歌"的评论，就是以笛福的诗节来结尾的"这些诗节，正如斯密所认为的，体现了英语诗歌真正的精神"。

　　斯密对于他所处时代其他风格的诗歌做何评价呢？他不认为比蒂在《游吟诗人》(*The Minstrel*) 中独具特色的浪漫倾诉可以被称之为"诗歌"，斯密不认同文中的组织结构，尽管他承认其中一些"诗节系列"是"令人愉快的"。斯密认为格雷的颂歌可以作为"杰出抒情诗的标杆"[2]，但是艾伦·拉姆齐的田园式喜剧《温柔的牧羊人》(*The Gentle Shepherd*) 并不受斯密的赏识，他更喜欢维吉尔的《牧歌》(*Eclogues*) 和瓜里尼的《忠诚的牧师》(*Il Pastor Fido*)，"他喜形于色地谈起这两部作品"。当阿梅克斯为拉姆齐辩护，声称他是自乔治·布坎南以来苏格兰人中"唯一不矫情的诗人"。斯密对此并不以为然："像一位绅士那样写作是一个诗人的职责所在。我并不喜欢那种平庸的文体，一些人认为这种文体可以很恰当地被称为一种自然而简单的语言"。他继续用同样的语气宣称在珀西的《英诗

---

[1]　History of England，1778/1983：vi.543

[2]　cf. *TMS* III.2.19

辑古》（*Reliques of Ancient English Poetry*）中"一些尚可容忍的诗歌被淹没在了一堆垃圾之中"。他问阿梅克斯是否读过叙事诗《亚当·贝尔》（*Adam Bell*）、《克莱姆》（*Clym of the Cleugh*）和《威廉》（*William of Cloudeslie*），在获悉他读过这些诗作之后，问道"那么，您觉得这样的作品是值得出版的吗？"斯密的文学鉴赏品位似乎在他阅读新古典英语文学作品的过程中就已经形成了，而他也并不准备扩大他的文学欣赏范围，除了他对奥西恩诗歌表示一些赞赏，进而爱屋及乌对当时潜移默化地影响了欧洲文学的游吟诗人诗歌有所青睐[1]。

谈话涉及了一些尖刻的评论和轶事，说戈德史密斯喜欢"嫖妓和饮酒"、还爱说谎，这引发了斯密对"评论性刊物"的公开谴责。斯密宣称"很难想象在伦敦人们是以怎样的鄙夷态度来看待它们的"。阿梅克斯告诉斯密一则关于伯克的不大可能是真实的传闻，斯密说这一传闻必定是来自"一些杂志的报道"，并补充说他认为这样的杂志又比评论性刊物更为恶劣。他并不打算将《绅士杂志》排除在他所谴责的对象范围之外，并宣称他"从未阅读过任何评论性期刊，甚至也不知道其出版商的名字"。这一说法颇为奇怪，因为斯密认识格里菲思和罗斯，他们是《每月评论》的创办者，而威廉·斯特拉恩作为出版商之一也与这一期刊有所关联。而且，由斯摩莱特主编的《批评评论》，其创始人阿奇博尔德·哈密尔顿也是斯特拉恩的经理人[2]。或许斯密是对评论性刊物中关于他的那些评论感到气馁，但是至少在 1776 年，斯密是非常急切地想要读到关于他作品的评论的，这一点在 6 月 27 日他写给卡德尔的信中表达得很清楚："我还没有收到任何来自您的信件，回答我就我作品销售情况的询问。请寄给我任何您能找到的相关评论"[3]。

在一封 1780 年 10 月写给他丹麦朋友安德列亚斯·霍尔特的信中，斯密总结了他的"现状"，这是斯密所坚持的自传体写作的一部分。斯密指出海关专员的职务干扰了他"文学事业"的进度，将延迟他所计划的"几部作品"的出版，为此他深感遗憾。其中的一部作品他向霍尔特描述的是与"模仿艺术相关"，1776—1777 年《国富论》出版后，斯密在科卡尔迪一直忙于这一作品的写作[4]。   357

[1] Campbell and Skinner, 1982b；213；Gaskill, 1991

[2] *BLJ* iii. 475–6；Cochrane, 1964；103, 121, 131

[3] Klemme, 1991：279

[4] *Corr.* No. 208

这或许是与 1785 年仍"在准备中"的"文学所有各分支的哲学史"相关联的一部分，以《哲学论文集》[1] 中所留存下来的片段为代表。其他受到海关职责拖延的写作是《国富论》和《道德情操论》的修改版，以及在 1759 年《道德情操论》的结尾中所承诺要写作的关于"法律和政府"的著作。那一时期斯密所故意回避的一个学术计划是负责《自然宗教对话录》一书的出版，尽管这一计划是休谟临终遗言的一部分。

在 18 世纪 50 年代，休谟就已经开始并大部分完成了《自然宗教对话录》一书的写作，在这一过程中，休谟获得了吉尔伯特·埃利奥特的帮助。在休谟临终之前，又对这一著作重新进行了润色和修改。这一著作描述了一场精心组织的论战，论辩的主题是上帝的存在及其特性，参与论辩的三方是：有神论者克利安瑟斯；患有精神分裂症的神学家德梅亚，他一会儿是有神论者一会儿又是理性主义者；怀疑论者菲罗。休谟将斯密指定为他学术遗嘱的执行人，并要求他负责出版《自然宗教对话录》一书，接着又将一小份遗产留给斯密，以作为斯密出版该著作所付出劳动的报酬[2]，但是，休谟在临死前意识到斯密对是否应遵从他的要求感到犹豫不决。正如上文所提及的，这一对休谟而言很重要的事情，困扰了几周后就将辞世的休谟。在遗嘱的附加条款中，休谟请求如果他的侄子小大卫·休谟在他死后五年内还未能将这一著作出版，斯密就负责出版这一著作[3]。然而，斯密并没有接受这一遗愿，直白地告诉斯特拉恩："出于各种原因的考虑，我决定不参与任何与这些对话录的出版相关的事宜[4]。

那么让斯密如此顾忌的，到底又是哪些原因呢？休谟死后，斯密于十月写了一封信给斯特拉恩，从这一封未署名的书信草稿中，我们可以找到一些线索：

> 我非常感谢您能如此欣然就同意与《对话录》分开、单独地 [出版]《我的一生》(连同我所添加的部分一起) 一书。我甚至自鸣得意地认为这样的安排不仅有利于我的安宁，也有利于您的利益。如果先出版《对话录》，其引起的抗议会在一段时间内有损 [休谟] 新版著作的销售。当这些

---

[1]　*EPS*

[2]　*Corr.* No.157

[3]　*Corr.* No.165，205 n.1

[4]　*Corr.* No.172

抗议稍微平息之后,《对话录》的出版或许会随后使得休谟新版著作销售更快[1]。

这只是这封信件的草稿之一,还有一份更早一些的草稿则并没有上面所引的这一段话语[2],从中我们似乎可以看出这封信的写作颇令作者为难。或许连斯密自己也无法满意地给出一个解释,为什么他无法负责出版《对话录》。休谟认为必须让斯密清楚《对话录》是他最好的作品之一:"在修改时(15 年来我都未曾做过修改),我发现再没有比这一作品写得更为小心和巧妙的了。您当然可能没印象了。"[3]斯密很可能曾向休谟提起过他对《对话录》内容方面所持有的保留意见,而并没有关注这一著作的行文。事实上,斯密向斯特拉恩承认这一文本"写得很好"。因而,我们不得不探讨斯密对《对话录》内容所做的理解,以确定斯密所指的他的"安宁"以及次之,他对于斯特拉恩"利益"的考虑到底是什么意思。

358

在斯密所使用的语境下,"宁静"一词可能有两层主要意思。一层意思是斯密对自己声誉的关注,作为一名哲学家和学者斯密为自己赢得了声誉,使他得以宁静地享受人们因此而给予他的敬重。斯密很可能将《对话录》一书看成了是对天启主义宗教和自然主义宗教两者非常成功的攻击[4]。而因为其中牵涉到的金钱报酬问题,又使得斯密更加不愿意承担起负责出版这一著作的责任。斯密选择的居住地是苏格兰,那时苏格兰的宗教热情依然高涨,而他也或许还记得他的导师弗兰西斯·哈奇森和威廉·利奇曼都曾因为持有非正统的宗教观点而与格拉斯哥长老会发生冲突;他的保护人凯姆斯勋爵因为出版了类似的宗教观点,被苏格兰教会会员大会委员会除名,或许还有可能为此丢了他法官的职位;而生前休谟也因为他所谓的无神论而被逐出了教会[5]。

这些事件确实是发生在 20 多年前了,但是,斯密以致斯特拉恩书信的形式细致描写了休谟病入膏肓时的情形,并作为斯密对休谟《我的一生》内容上的补

---

[1] *Corr.* No. 177B

[2] No. 177A

[3] 1776 年 8 月 15 日;*Corr.* No. 165

[4] Mossner,1977,1978

[5] Ross,1972:156

充而出版，却激起了基督教徒强烈的抗议。斯密修改了《斐多篇》(*Phaedo*) 中的最后一句话语，作为休谟的墓志铭，这一做法彻底把他们激怒了[1]。将休谟与苏格拉底联系在一起，把他看成是俗世中真正具备美德和智慧的人，这一做法在英格兰所激起的最为激烈的愤怒以《致亚当·斯密的一封信》[2] 为代表。该书于1777 年[3] 由牛津大学的克拉里登 (Clarendon) 出版社匿名出版，负责这一出版的人物是乔治·霍恩，他当时的地位至少是曼德琳学院院长[4]，后来他官拜诺威奇主教一职。霍恩颇具辩才，也曾对休谟进行过攻击。书中最具攻击力的论证，或许是霍恩引用了休谟年轻时一时气盛所承认的怀疑主义哲学（在第五页）："在三到四小时的娱乐后，我回头再看这些思想，它们显得如此冰冷僵硬、牵强附会、荒谬可笑，以至于我内心再也无法加以认同。"[5] 霍恩用了大量篇幅谴责斯密倡导无神论、否认有因果报应的来世，但是，他一定没有关注斯密在《道德情操论》（一直保留到了 1790 年那一版）中关于赎罪和加尔文主义惩罚替代理论的论述。苏格兰"每位清醒的基督徒"对于斯密致斯特拉恩的书信所感到的震撼，在轶事收集者拉姆齐那里有很多相关的记录[6]。霍恩之流的攻击，使得斯密于 1780 年 10 月说出了以下这段讥讽性的话语："在我看来，仅仅是一纸毫无恶意的文章，其中我只是偶尔写到了我们已故朋友休谟先生的离世情况，却给我带来了猛烈的攻击，其猛烈程度十倍于我对大不列颠王国整个商业体系所做的攻击。"[7] 或许可以认为正是出于这样的一些原因，斯密才希望能够宁静地生活，不要有更多的牧师和主教发表对他与休谟之间关系的公开谴责。

   然而，值得我们做更多思考的，是斯密如此看重的"宁静"的第二层主要意思。这第二层意思就是斯密心灵的宁静或思想上的安宁。斯密之所以拒绝卷入《对话录》一书的出版事宜，或许是因为他没有或没能着手去理解书中的内容。一言以蔽之，如果斯密无法对怀疑论者费罗的观点——即费罗推翻了从宇宙显而易见的设计意图出发可以证明神的存在这种观点——做出回应，那么斯密自己的

359

[1]　*Corr.* No. 178：quoted Ch. 17

[2]　A Letter to Adam Smith , LL. D. on the Life, Death, and Philosophy of His Friend David Hume Esq. By One of the People Called Christians

[3]　4th edn., 1784

[4]　Aston, ODNB–O, 2004

[5]　*Treatise* I.4.9

[6]　ed. Allardyce, 1888：i.466–7

[7]　*Corr.* No. 208

哲学体系将得到削弱。斯密的哲学解释中包含了用带有目的指向的自然或神这样的语言来表达的最终解释，这样的一种有神论的变体是斯密对社会现象的解释不可或缺的组成部分。斯密当然区别了直接动力因和最终动力因，但是，斯密强调目的是为展示直接动力因的运行机制服务的，斯密试图展示直接动力因如何达成了功利主义的"自然之造物主"所意图达到的有益后果[1]。如果这一中心被抽离，斯密必定会觉得他的整个理论体系受到了重创。我们或许可以将斯密个人的道德哲学看成是一种"思辨式的功利主义"或"终极的仁慈"，而这将不无痛苦地受到《对话录》一书内容的挑战。从《对话录》中怀疑主义对有神论所发起的挑战这一角度来看，斯密在《道德情操论》最后一版中所添加的文字或许可以被看成是斯密的一种自我引导：

> 对这种博爱的心灵而言……怀疑这世界也许并没有天父的存在本身，必定是所有沉思中最令人感伤忧郁的……再怎么样的幸运成功所带来的光芒，也无法驱散如此可怕的观念会在他的想象中所投射下的阴影。[2]

切不可就此匆忙下一定论：斯密为了保护自己的观点而阻挠《对话录》一书的出版。正如上文所提及的，斯密认为斯特拉恩毫无疑问将会出版这一著作，他提供了审慎的关于该书出版时机的建议，以加快休谟其他作品的销售。但结果却是斯特拉恩拒绝出版《对话录》，1779年，休谟当时只有19岁的侄子，担当起了这一著作的出版责任。这一著作的出版并没有引发任何"抗议"，而休·布莱尔理所当然地认为，这一著作所提到的"原则"，在休谟生前所出版的著作中都已有所涉及[3]。因而斯密似乎错误估计了公众对于《对话录》的反应，正如他也并没有践行自己在《法学讲义》中关于遗愿的教益："我们会从牢记朋友的临终遗言和执行他们的最后指令中，自然而然得到一种愉悦，这一场合的庄严肃穆会深深地烙印在我们的脑海中。"[4] 在斯密的晚年，他将自己的注意力专注在建立一个

---

[1] *TMS* III.5.7

[2] VI. ii. 3.2

[3] *HL* ii. 454

[4] （B）165

"实用的道德体系"之上[1]，这一体系旨在通过建立一种由"完美的审慎、严格的正义、合宜的仁慈"所组成的平衡，指导人们如何度过具有德性的一生[2]。在不同的情境中，通过听从无偏旁观者的指令实现这些美德不同组成部分的合宜组合，而无偏旁观者这一概念的最终表现形式，与其说更多地与公共舆论相关，还不如说与个人良心更相关[3]。从斯密对待休谟临死前的请求这些事实来看，斯密似乎更多地听从了审慎的建议，而不是设想的无偏旁观者的意见，而无偏旁观者才是赖以决定什么时候相比于审慎的考虑，仁慈应该占据上风的关键。

360

这一事件必须与 1751 年休谟想要在格拉斯哥大学任职时，斯密没有积极帮忙联系起来看。当时斯密希望的是休谟，而不是任何其他人，能成为他的同事，但是他判断格拉斯哥大学的"利益"会要求其尊重公众的舆论，而公众的舆论是不会赞同任命休谟的[4]。总而言之，斯密在所有这些事件中的表现，表明斯密并不是他自己在"实用道德体系"（《道德情操论》最后一版增补）中所描绘的那种"审慎之人"。这种"审慎之人"对自己的健康、财富、地位、声誉等践行低等的自我关注式的审慎，只能赢得人们对他的"冷漠的尊敬"。而我们也不能说斯密为了他最好朋友的利益而践行了"高等的审慎"，将"最好的头脑"和"最好的心肠"结合在了一起，而"构成了非常接近于……圣人的个性"[5]。或许我们的结论可以是，斯密这里所展现的是一种介于两者之间的审慎，这一审慎似乎从未影响到休谟以及其他圈内朋友对斯密所怀有的热烈情感。

然而，为了给斯密一个公道，我们必须指出斯密身上并没有"[低等]审慎之人"的一种倾向，即很冷淡地看待"那些以喧闹和欢乐的谈话为特色的活跃社团。这些社团的生活方式或许会过于频繁地干扰他有节制的生活规律，打断他坚持不懈的勤奋，或中断他苛刻严格的节俭"。卡莱尔见证了斯密加入这种由知识界人士所组成的活跃的俱乐部，如拨火棍俱乐部，亚当·弗格森之所以这样命名，是因为这一俱乐部的作用就是要激起人们对苏格兰民兵组织问题的关注。斯密自己也曾提及与贝尼姆·马格南博士的原型——亚历山大·韦伯斯特 "非常愉快地

[1] *Corr*. No. 287

[2] *TMS* 6th edn. 6，VI.iii.1

[3] Raphael and Macfie，*TMS* intro. 16

[4] *Corr*. No. 10

[5] Vi.i.7–15

共餐"。韦伯斯特是一位虔诚的加尔文教徒、人口学专家，而正如斯密所描述的这是一位"非常享受也很会制造……欢乐和喧闹的人"[1]。而斯密自己也并不见得就很有节制，从一封书信的内容中我们可见一斑，这位书信作者宣称在凌晨两点钟，斯密还在滔滔不绝地发表演讲，诺斯勋爵后来在下议院对这一演讲做出了回应[2]。然而，对任何制造快乐方面的名声而言，卡莱尔认为斯密"完全无法在生日宴会中制造快乐的气氛"，而他认为自己则在这方面出类拔萃；但是同时他并没有指责斯密过分的审慎，而是选择坚定地断言："他怀有无尽的仁慈。"[3]

　　另外一位想要将斯密吸引到文学界的，是斯密的朋友、当时也算是同事亨利·麦肯齐氏。沃尔特·斯科特将麦肯齐氏赞誉为"苏格兰的阿狄森"，因为他成功地复兴了杂志期刊文章的写作艺术。斯密或许是与休谟一起认识麦肯齐氏的，麦肯齐氏喜欢提及他年轻时就读过休谟所写的"专栏"。作为苏格兰高地的一名后裔，麦肯齐氏在爱丁堡长大，他的父亲是一位爱丁堡著名的医生。他读完高中之后，就到爱丁堡大学就读，在那里他受到了罗伯逊和休·布莱尔的影响。1765 年他被送往伦敦学习税务法庭程序，回国后，作为一名律师从事法律事务，最终成为皇家律师，处理许多爱丁堡的海关事务。在爱丁堡，麦肯齐氏与一些专业人士建立了稳固的友谊，其中绝大多数是律师，但也有一些牧师，这些人在自己的作品中继续发展了苏格兰启蒙运动中的一些主题，如将道德心理学与社会经济发展联系起来。麦肯齐氏的第一本大发行量、匿名出版的小说《性情中人》（*The Man of Feeling*）（1771）大获成功。这一小说可以与理查森的《克拉丽莎》（*Clarissa*）（1748）、卢梭的《新爱洛伊丝》（*Julie, ou La Nouvelle Heloise*）（1761）、斯特恩的《感伤之旅》（*Sentimental Journey*）（1768）和歌德的《少年维特的烦恼》（*The Sorrows of Young Werther*）（1774）相提并论，它们为情感小说或感性小说在欧洲的风靡做出了主要贡献。斯密关于人类价值观念的情感基础理论，当然与这些小说的审美层面相关，尽管其斯多亚学派思想的理论框架控制了这些小说中过度情感化的倾向[4]。麦肯齐氏继续着作为小说家的写作生涯，写

361

---

[1]　*Corr.* No.252

[2]　*Corr.* No.197

[3]　1973：142，213–16，250

[4]　Patey，1984；Mullan，1990；Boyle，1992

了《世俗之人》（*The Man of the World*）（1773）和《朱莉娅》（*Julia de Roubigne*）（1777）两本著作，这标志着麦肯齐氏对人物情感理解的进一步加深。然而，从某种角度来说，麦肯齐氏在斯密待在爱丁堡期间为两本期刊所写的道德说教文章，远比他的小说更为成功[1]。这些文章分别刊登在1779年1月到1780年5月27日的第110各期的《镜子》上，和1785年2月5日至1786年1月6日第101各期的《闲人》上[2]。斯密的藏书中也收藏了麦肯齐氏的小说和系列杂志文章[3]。

将艺术看成是道德的镜子的思想有很长的历史渊源，哈姆雷特关于表演的台词也使得这一思想对我们并不陌生："表演的目的无论是刚开始还是现在，过去是、现在仍是自然的镜子，展示她容貌的优点，嘲讽她自己的形象，反映了时代的阶段、特点、形成过程和面临的压力。"[4] 休谟和斯密将这一思想进行了很有创意的延伸，认为"人类的心灵"[5]和"社会"[6]构成了个人的镜子，在其中他们看到对他们情感的赞同和非议，从而学会评价他们的个性和操行或是言行。麦肯齐氏与志同道合的一帮朋友组成了"镜子俱乐部"，这一俱乐部本身就是由律师和学者所组成的另一个被称为"住棚节之宴"团体的一个分支，"住棚节之宴"则以亨利·邓达斯为核心，经常在议会广场的珀维斯（Purves's）酒馆聚会[7]。这些学会的整体目标都是为了促进苏格兰文化的发展。更具体地说，镜子俱乐部将自己看成是苏格兰土地拥有者阶层美德的传承者和促进者。俱乐部聚会讨论当时的道德问题，并就哪些文章值得出版达成共识。

麦肯齐氏努力地想要让斯密为俱乐部的期刊供稿，正如他在一份回顾性的叙述中所提到的：

> 我曾非常认真地向亚当·斯密提出请求，希望他能为《镜子》供稿，并坦承了自己在其中的角色，提到我还得到了他的一些学生和朋友的协助（克雷格勋爵[即法官 William Craig]曾是斯密的得意门生）。他差不多已经答应

---

[1] Mackenzie, 1927；Thompson, 1931；Dwyer, 1987：26–7；Mullan, 1987

[2] Drescher, 1971：283

[3] Mizuta

[4] iii.ii.17–21

[5] *Treatise* II.ii.5

[6] *TMS* III 1.3

[7] Dwyer, 1987：24；Fry, 1992：49, 57

了我的请求；但是随后他告诉我，他试着去写一篇文章却没有成功。"我的写作方式"，他说，"无法胜任那样一类杂志的风格；我的写作方式过于依赖演绎和推理"。

麦肯齐氏还将文章交给斯密做评论。比如，在向斯密约稿后两天，他将出版于 362 《镜子》第 42—44 期的非常有名的文章《拉罗什的故事》（*Story of La Roche*）交给了斯密。在这一篇小说中，麦肯齐氏充满情感地叙述了一位来自瑞士的牧师和他美丽女儿的故事，在某种程度上秉承了卢梭和斯特恩的传统；但是更为有意思的是，他在想象中让一位历史人物还魂，与他们相遇。这就是年轻的休谟，"一位英格兰 [sic] 的哲学家，他的著作一直以来广受欧洲人的欢迎和推崇"，他因为"在自己的祖国很失意"而流亡国外。斯密评论说："我亲爱的先生，没有人能对文中的任何一个字提出反对意见；这是一篇令人赞赏的文章；但是非常奇怪的是，尽管我与休谟先生过从甚密，以前却从未听说过这一轶事。"麦肯齐氏本人在某种程度上也是"审慎之人"，他并没有让斯密了解真相，以免得罪斯密。在他的《轶事集》（*Book of Anecdotes*）中，麦肯齐氏承认这是"一种含蓄地造假"[1]。1780 年 5 月 23 日，斯密还就两份麦肯齐氏交给他的《镜子》系列结尾篇草稿发表了评论。他明确地表达了对第一份文稿的偏爱，认为它比第二份要"有趣十倍"，而第二份则被他严厉批评为"远要平淡和冷漠的多"[2]。

麦肯齐氏在帮助约翰·洛根发展起文学事业的过程中，得到了斯密的协助[3]；洛根是"住棚节之宴"团体的一位成员，担任南利斯牧师，但是因为与他作品出版相关的丑闻而被迫离职，其作品包括了诗歌、时事小册子以及历史题材作品。斯密对洛根的诗剧《兰尼米德》（*Runnamede*）（写于 1783 年）的评价不高，尽管这一诗剧中包含先进的政治自由观点。但是，在 1799—1781 年两个学年，洛根在爱丁堡圣玛丽教堂所讲授的"关于宇宙历史的一些讲座"，得到了斯密高度的肯定。尽管洛根以片段的形式呈现了其历史学思想，但是其中包含了重要的洞见，而斯密也必定对这些洞见做出了回应。在关于促进爱丁堡大学学术发展的规划中，洛根理所当然地认为斯密会与约翰·霍姆和弗格森一起站在他这

---

[1] NLS MS 2537, fo. 6；Drescher，1971：280

[2] *Corr*. No. 204

[3] *Corr*. No. 215

一边，反对"罗伯逊博士的朋友们"那一方[1]。洛根的第二个讲座课程以《论亚洲政府、风俗、精神》(*Dissertation on the Government，Manners，and Spirit of Asia* (1782)) 为题得以出版，值得注意的是，书中延续了孟德斯鸠及弗格森在《文明社会史论》中的分析方法，分析了欧洲东印度公司所遇到的各国的不同文化和政府。处于一个沃伦·黑斯廷斯遭到腐败弹劾的时代，洛根试图理解"亚洲精神"所带来的腐化的影响，这种影响在罗马道德学家那里得到了很好的阐述，罗马道德学家对亚洲所带来的影响心怀忧虑，认为这种影响正在逐步削弱罗马帝国。洛根与镜子俱乐部的其他成员一样，大量地以《道德情操论》中的道德概念作为其价值体系的基础，而且他还在布道中，宣扬了斯密的同情共感和"看不见的手"的学说[2]。

363 　　1785 年 9 月 29 日，当时洛根已经接管了他父亲的印刷和出版公司，斯密这样向安德鲁·斯特拉恩描述洛根："一位具有非凡的学识、品位、创造性的牧师；但是他不会轻易屈服于苏格兰的清教徒精神。"接着，斯密推荐洛根作为"所有有关品位、历史、道德和抽象哲学著作"的评论者[3]。洛根最终因为酗酒而早逝，在此之前他作为一名学者在伦敦小有名气，担任了《英格兰评论》(*English Review*) 的编辑，这一杂志成为传播苏格兰启蒙思想的媒介。洛根个性复杂，会忍不住在出版上耍耍手腕，比如，《古代历史一览》(*A View of Ancient History*) (1788—1791) 一书，他向斯密断言是出自阿克斯布里奇一个异教徒学会会长的手笔，但是这一著作似乎是由本人执笔的[4]。他的朋友中包括了温和派牧师的主要成员：与斯密同时代的布莱尔和卡莱尔，以及斯密以前的学生托马斯·萨默维尔和塞缪尔·查特斯。有人很推崇他作为诗人的才华，但是哪些诗歌是洛根所作而哪些诗歌是他的一位朋友迈克尔·布鲁斯所著则存在争议。布鲁斯英年早逝，他的诗歌就由洛根负责编辑。但是，可以确定的是他确实参与了便于记忆的圣经章句的诗译工作，一些圣经的诗译现在仍在苏格兰的教堂传唱，比如"啊！教堂里的神，您的双手喂给您的子民以食物"。斯密很可能是在亨利·麦肯齐氏的介绍下结识的这位作家，他似乎受到了创作这一教会歌曲的历史学家的苛责，将他

---

[1]　EUL MS La.II.419

[2]　Dwyer，1987：22–4

[3]　*Corr.* No. 247

[4]　*Corr.* No.273

贬为一位"厚颜无耻的剽窃者、虚伪的朋友、末了酗酒的无赖"[1]。

洛根职业生涯的夭折或许是由于其怀有的抱负将其才能过于分散到不同领域，以及一系列的身份转换——出生于中产阶级家庭，即遵循严苛的基督教原教旨主义的家庭，就任温和派牧师，再到伦敦期刊出版社的职业作者——所带来的情感和道德上的压力所导致的。与洛根职业生涯的夭折形成对比的是，老一辈学者所取得的成功。1783 年，亨利·麦肯齐氏曾在写给一位名叫威廉·卡迈克尔的人的信中，回顾了老一辈学者所取得的成就。麦肯齐氏认为"黄金时代"已经随着休谟和凯姆斯的离世（1782 年 12 月 27 日）而消逝了。罗伯逊被描述为在出版了《美洲史》（*History of America*）（1777）之后，就安于享乐了。弗格森仍然很活跃，刚刚出版了《罗马共和国兴衰史》（*History of the Progress and Termination of the Roman Republic*）（1783），但是结果令人失望，因为缺少"主题层面整体性的和哲学性的观点，而这是孟德斯鸠以来的现代历史与古代历史的主要区别所在"。布莱尔最终出版了他的《修辞学和文学讲义》（*Lectures on Rhetoric and Belles Lettres*）（1783），但是这一著作"似乎并不具备这一时代在形而上学方面所要求的那种原创性和深度"，其销售并没有达到书商的预期，也完全不能与现在已经出版到了"第九或第十版"的《布道》（*Sermons*）（1778 年第一版）一书同日而语。但是，还是有一位人物确实出类拔萃：

> 斯密博士，我认为无论是从天分还是学识来看，都是我们这一时代首屈一指的作者。他现在正在着手《道德情操论》以及《国富论》两本著作的修改工作。这两本著作的新版（即将于春天出版）将会有相当程度的改动和提高。他手头还有关于文学和评论主题的几篇文章，一些已经完成，但是大部分我想还未完全收尾。当他选择公之于世时，我确信是绝不会有损他原先作为一位作者的声誉的[2]。

作为精通文学人士，麦肯齐氏受伦敦苏格兰高地学会的委托，负责关于奥西恩诗歌真实性报告的编辑工作[3]。这些诗歌的原创者麦克弗森，宣称这些作品是他

364

---

[1]　Patrick，1927：117

[2]　NLS MS 646，fos. 1–11

[3]　1805；Manning，2007

"翻译过来的"（1760，1762，1763），但是斯密的朋友、批评家、修辞学家休·布莱尔指出，这些作品过于符合了人们对狩猎时代原始诗歌的期望了，而这一观点也得到了斯密的赞同[1]。麦肯齐氏的报告，无疑揭露了一些詹姆斯·麦克弗森帮手们的信息，他们为他提供了被盗用的传统材料，如麦克弗森的堂兄弟拉克兰·麦克弗森，他是一位优秀的盖尔语诗人，与苏格兰高地和赫布里底群岛居民保持着良好的联系；尤恩·麦克弗森，诺伊德特的校长，对经典盖尔语文化有着渊博知识的学者，具备翻译古代文本的能力[2]。

1783 年，斯密正在思考或已经着手了《道德情操论》和《国富论》的一些重大修改工作，还有"另外两部篇幅巨大的著作"正在"准备之中"，斯密在 1785 年这样向拉罗斯福哥公爵描述[3]。这些"篇幅巨大的著作"的性质以及为什么最终没能完成的一些原因将在本书的最后一章加以讨论。从斯密的书信中，我们可以对《道德情操论》和《国富论》修改版的销售情况有所了解。1780 年 10 月 25 日，斯密要求卡德尔将几本《国富论》第二版（1778）送给丹麦的总领事皮特·安刻尔和他以前的导师安德列亚斯·霍尔特，当时丹麦贸易和经济委员会委员，斯密与他们是在图卢兹相识的。还有一本送给了弗朗茨·德里贝，他继霍尔特之后在丹麦经济贸易部的挪威秘书处任职，他还将《道德情操论》的第一版翻译成了丹麦文。信中，斯密向卡德尔开玩笑说："我恐怕我不仅仅会是《国富论》第二版最好的也几乎会是唯一的顾客了"，但是他仍希望知道"销售的进展情况"[4]。第二天，斯密在给威廉·斯特拉恩的一封相似的书信中，用同样自嘲的语气说："我怀疑我现在几乎是向您购买我自己作品的唯一顾客了"[5]。

正如上文已经提到的，同一天，斯密致信霍尔特，谈论他们在法国分别后他的生活情况。斯密提到他为《国富论》第二版做了一些修改，指出这些修改没有一个会"在最少的程度上，影响到整体的原则或体系规划"。他已经修改，或者正在着手修改一些事实，如从 1757 年开始对年收入超过 100 英镑的职位征税的细节[6]；他改善了一些地方的语言表达或使这些表达更地道，比如用"wear

---

[1] *LJ*：ED，27
[2] Ross，2008；Trevor–Roper，2008：Part II
[3] *Corr*.No.248
[4] *Corr*. No.206
[5] *Corr*. No. 207
[6] V.ii.i.7

and tear" 这一词组的正常语序替换了 "tear and wear" [1]。而且，斯密提供了更多的信息和更多的脚注，如在论述意大利城市走向繁荣富裕的过程中，讨论了被 "马基雅弗利著作中的英雄之一卡斯特罗西奥·卡斯特拉卡尼" 从卢卡驱除出去的家庭，将丝织业引入了威尼斯 [2]。斯密这里提到的是马基雅弗利以一位著名雇佣兵的传记方式所进行的写作练习，作为他正式开始写作《佛罗伦萨史》（*History of Florence*）的序曲 [3]。书中关于威尼斯经济发展插曲的叙述，斯密引用了韦托雷·桑迪的《威尼斯共和国史》（*Principi di storia civile della Repubblica di Venezia*）（1755—1756）作为来源，这一著作与马基雅弗利的著作（1768 年版）都收录在了斯密的藏书中 [4]。

365

在信中，斯密继续向霍尔特描述了关于《国富论》的一些评论以及他对这些评论的看法。早期的评论中最为尖锐的批评之一来自日期为 1776 年 9 月 25 日的《[托马斯] 波纳尔总督致斯密的一封信》（*A Letter from Governor [Thomas] Pownall to Adam Smith*）。这封信的作者于 1757—1759 年担任马萨诸塞总督，1760 年被任命为南加利福尼亚总督，但并未就任。从 1767 年到 1780 年，他一直担任议员，尽管被一位下议院的旁听者轻蔑地贬低称 "稍稍有些发福，[他] 一有机会就嚷嚷不已"。他很明智地指出了不列颠在北美事务中的不当处理，并要求采取实际可行的措施来结束与北美人民之间的冲突。比如，1778 年 3 月他极力主张允许北美独立，以换取联邦协议的签署 [5]。

波纳尔对斯密的政治经济体系作为 "牛顿主义伦理学"（moral Newtonianism）的一种形式有很清楚的认识，他认为如果斯密所提出的主要几点都能得到纠正的话，《国富论》或许就可以成为规定的教材，"我们大学" 授课可以以此为基础 [6]。《[托马斯] 波纳尔总督致斯密的一封信》中主要的批评是针对斯密关于价格、贸易模式、进口限制以及殖民贸易垄断等的构想。斯密想让霍尔特相信，在《国富论》的第二版中，他已经避免了所有波纳尔提出的反对意见，但是并没有多少

---

[1]　IV. ix.7

[2]　III.iii.19

[3]　Skinner, 1981：79

[4]　Mizuta

[5]　*HP* iii.318；ODNB

[6]　*Corr.* app. A

证据支持这种说法[1]。然而，至少在一处，斯密扩充了自己的解释，明显针对的是波纳尔对他的理论所提出的挑战——即在最终的分析中，劳动构成了价值的标准——的一种回应[2]。发现波纳尔对他所做出的回应并不满意，斯密也并没有感到太惊讶，"因为作者们都不大愿意修改他们已经发表了的观点"。

另一位评论家，斯密描写为一位"多才多艺的人，也是他的熟人之一"，攻击斯密在《国富论》中所表达的观点，"民兵…… 不论得到何种方式的训练或操练，必定总是远不如一支纪律严明、训练有素的常备军"[3]。斯密认为作者的名字应该是"道格拉斯"，但是霍尔基特和莱恩[4]认为这一小册子的作者是卡莱尔。小册子的标题为《一位爱丁堡绅士就国防问题致信巴克勒公爵，兼评斯密博士《国富论》中相关主题章节》[5]（1778）。卡莱尔也写过关于民兵问题的文章，像斯密一样，他也加入了拨火棍俱乐部，这一俱乐部是在 1760 年《苏格兰的民兵议案》（the Scotch Militia Bill）遭否决之后，为了使这一话题仍然受到人们的关注而成立的。但是，这封 1778 年的书信的措辞，远比那篇被确认为是卡莱尔的作品的风格粗暴得多。另一封与正在考虑的苏格兰民兵组织相关的书信，是写给那些用法律形式将民办组织确立下来的人士的：《致贵族和绅士们的一封信》（Letter to the Lords and Gentlemen）（1760），看起来似乎是由一位"艾尔郡地产持有者"所写[6]。斯密向霍尔特抱怨《致巴克勒公爵书信》的作者并没有读完《国富论》，意思是这位作者并没有意识到斯密对服民兵役的重视，斯密将之看成是一种公民责任感以及男子汉气概的表现形式，而且斯密也宣称，美国的民兵组织或许完全可以与英国的常备军抗衡，只要他们经历足够多的实战训练，获得与常备军同样严明的军纪和"即刻服从"的习惯[7]。

斯密对某位他的熟人用文字的形式，粗鲁地向他发起挑战，并曲解他的意思，表示了自己的担忧，但是更令斯密担忧的一个背景是，斯密的保护人，这封

366

---

[1] *WN* I.ii.1 n.3

[2] I.v.7 and n.15

[3] V. i. a.23

[4] 1971；iii.287

[5] *A Letter from a Gentleman in Edinburgh to his Grace the Duke of Buccleugh on National Defence, with some Remarks on Dr. Smith's Chapter on that subject in his Book, entitled [WN]*

[6] Carlyle, 1973；Winch, 1978：ch.5；Sher, 1985：233–4, 238–41, 257–61, 328, 331–3–list of Carlyle's publication, also Sher, 1989：246–7；J.Roberston, 1985；Raynor, 2008

[7] V.i.a.27

信所致的对象巴克勒公爵，当时活跃于苏格兰的战争事务之中，在低地担任了军事指挥官，以支持他的同盟者苏格兰检察总长亨利·邓达斯律师维持对政府的控制权。巴克勒公爵个人从边境的佃农中征集了一个自愿军团"南部国防军"，以处理美国独立战争期间，苏格兰所发生的紧急情况，包括就军事服从问题而发生的暴力冲突。1778年9月，公爵作为一位协调者，卷入了发生在亚瑟宝座山崖的这样一次暴力冲突之中。当时锡福斯勋爵领导的高地人部队、正规军应征到北美作战，当他们将被派往疾病死亡率高得吓人的印度作战时，他们没有服从而是发动了兵变。第二年四月，公爵接到命令，要求他将国防军派往利斯，打败苏格兰高地警卫团和弗雷泽领导的高地人。这些高地人拒绝加入低地军团"皇家格拉斯哥自愿军"，因为他们曾得到承诺，他们的独特文化会得以保留，他们可以穿着民族服饰，并在说盖尔语的军官指挥下服役。4月29日的《纪事晨报》刊登了一篇文章，抗议这一"公然违背了公共信仰"的做法，断言这"对高地征兵所造成的伤害，是再高的赏金都无法弥补的"。

当时斯密正住在坎农格特，当锡福斯勋爵的叛兵将自己的战友从监狱的禁闭室中释放出来，随后在风笛声的伴奏中向亚瑟宝座行进。而当几乎是手无寸铁的高地人在利斯遭到屠杀，尸体被裹在彩格呢布的披风里转移，最后躺在了耶诗特夫人教堂的院子里时，斯密也就在附近。在《国富论》中，斯密写道，当高地民兵在他们平时所习惯服从的酋长的领导下参战，像鞑靼和阿拉伯民兵一样，他们在"随时准备服从的习惯"方面接近于常备军。但是与鞑靼和阿拉伯民兵不同的是，高地人不是游牧民族，不愿意长途跋涉或长期作战[1]。斯密所处时代的锡福斯勋爵和其他酋长们，随时准备将他们手中的人力资本出售给不列颠政府，以在不断变化的世界中维护自己的声望和权力，他们忽略了自己人民的传统。锡福斯勋爵最终同意将他的人民出售给东印度公司，原本承诺他们将在罗斯郡获准离开，但是，这一承诺并没有得到信守，那些在北美战争结束时要求离开的人，都被丢弃了科罗曼德尔海岸上[2]。这一切——高地人与酋长们之间依附关系的破裂，以及巴克勒公爵利用边境民兵打败了高地人，从而将他们纳入了英格兰所设计的帝国版图之内——会产生怎样的军事影响呢？我们不禁好奇斯密是否曾思考

---

[1] V.i.a.26
[2] Prebble，1977：128，165–9，138–40

过这一问题。

367

至于巴克勒公爵征募他的佃农、授予他们武器组成南国防军这一做法，至少在一个场合下，被证明是一把双刃剑。1782 年末，报纸（包括 12 月 16 日的《公共广告人》以及第二天的《先驱晨报》）都报道了在坎伯兰郡发生了一场"危险的叛乱"，当时大约有 1000 名巴克勒公爵的佃农，其中包括 80 位配备有火枪的国防军，集结在一起，发誓要摧毁横跨内瑟比伊斯科河的城墙，这一城墙位于英格兰和苏格兰边境的詹姆斯·格雷姆爵士的地产上。来自瓦特－格雷姆的骑兵，加上卡莱尔志愿军，被派往与这些叛乱者作战。随后这些叛乱者与当地地方长官举行了会谈，解决了这次冲突。会谈的细节并未公布，但是很可能是与是否允许在河流中捕捞鲑鱼有关。由此，巴克勒公爵和乡绅们无疑都警觉到了人们在争吵中，也会像国家之间那样，准备以武力来解决。

重新回到关于《国富论》第一版的评论这一主题，斯密向霍尔特提到的最后一条批评意见，来自农业专家詹姆斯·安德森，斯密将他描述为一位"非常勤勉、耐劳、诚实的人"。[1] 从他自己的实际耕种经验以及对谷物法的思考出发，安德森试图驳倒斯密对于谷物奖金所持的反对意见。在"写作热情的驱动下"，斯密大胆地提出"谷物所具体的特性，赋予了谷物一个真实的价值，这是任何人类机制所无法改变的"[2]。在《论激发民族工业精神的方式》（*Observations on the Means of Exciting a Spirit of National Industry*）（1777）中安德森提出，斯密在《国富论》一书的其他地方已经承认"无论什么导致了制造业产品的真实价值的下降，都会导致原材料价格的上升，进而导致谷物价格的上升"[3]。因而斯密为使自己的措辞能够前后一致，在《国富论》的第二版做了修改，说谷物具有一种"真实的价值"，是"无法通过仅仅改变其货币价格而加以改变的"。波纳尔总督也反对斯密学说最初的表达方式[4]，他还注意到斯密关于谷物奖金的观点与内克在他的小册子《论谷物贸易法》（*Sur la legislation et le commerce des grains*）（1755）所表达的观点是一致的。

[1] James Anderson 博士结过两次婚，并养育了 13 个孩子；在 Lothians 和 Aberdeenshire 成功地经营了农场；著述颇丰，涉及了农业科学以及如烟囱、太阳热能等其他话题，编辑发行了一些杂志（包括 The Bee），抵制实施穷人地产税；他对美洲危机很感兴趣，并与华盛顿保持着通信往来（Anderson，1863：i.26–9）。

[2] 第一版，IV.v.a.23。

[3] *Corr.* No. 208

[4] *Corr.* app. A, pp. 361–6

　　安德森在这一问题上对斯密所提出的挑战，是与他所发展的地租理论联系在一起的，安德森的地租理论后来成为李嘉图"谷物模型"的一部分。将劳动和资金应用于土地产出谷物，使得总量经济学中的各种关系得以表达，这或许是第一个在分析经济学方面成功拓展了斯密著作的例子[1]。

[1]　O'Brien，1975：126

22. 艰难而困顿的时代

368

我正经的事务:《国富论》新版的修改

在深受危机困扰的北美战争结束及战后,似乎让斯密深受触动的是政府对经济企业所实施的鼓励和限制体系,其中的一些做法"并非仅仅只是一般的荒唐"[1]。斯密作为海关专员的职责就是要实施这一体系,他或许因此而对这一体系所引发的挥霍浪费更感愤怒。斯密的还击似乎是在《国富论》第三版的修改工作中,将注意力主要(尽管不是完全)集中于提供政策建议这一方面,而不是像詹姆斯·安德森在批评中所讨论的那样转向分析性的一面。

至少从 1779 年 1 月开始,斯密似乎就已经在筹划《国富论》第三版的出版了,当时他写信给一位未指明身份的贵族,说他手头已经没有前两版的《国富论》来送人了,每一版他都只剩了一本,是"为日后有空做些修改和添加的标记用的"[2]。斯密致威廉·艾登的信,被认为写于 1780 年 1 月 3 日,这封信表达了斯密对于所设立的各种奖金和限制所持有的强烈意见,这些意见在 1784 年《国富论》新版的增补材料中,再一次得到了重申,其中尤为突出地强调了在与法国的贸易中所施加的限制以及鲱鱼奖金和谷物奖金的荒谬性。

斯密向艾登宣布说,有"三种非常明显的方法"可以帮助增加公共税收。第一种方法,废除"一切给予出口的奖励"。在针对这一做法的控诉中,斯密义正

---

[1] *WN* IV.v.a.37
[2] *Corr.* No.198

严词地指出："当我们的税收连一场保卫战都无法维系时，"如现阶段对于北美人民的敌对情绪，已经蔓延为把法国和西班牙也卷入在内的欧洲冲突，"我们的商人也就不应该抱怨，我们不再浪费纳税人的钱，支撑一些无力发展、日趋萎靡的商业分支"。第二种方法，取消所有进口限制。在这一点上，斯密讨论了对从荷兰进口腌鲱鱼所施加的限制。斯密认为，荷兰腌鲱鱼要远比不列颠的同类产品"优质得多"。斯密建议应对荷兰的产品征收半个几尼的税收，使得荷兰腌鲱鱼在不列颠的销售价格达到 33 至 34 便士，这样对这些产品的消费就"完全限制在了具有较高收入家庭的餐桌上"。斯密充满信心地预言，为了赚取这一高价格，不列颠国内的制造商们会努力提高产品的质量，这样在四到五年时间内，这一产品的质量就会得到提高，而如果维持现状的话，斯密绝望地看到，至少要花费 50 到 60 年的时间，才能做到这一点。

这位具有两年工作经验的海关专员、现实主义的观察者，进而宣称："禁令并不能阻止被禁物品的进口"。人们会用"公平贸易的方式"，继续购买他们所需的物品，并不会有什么限令的意识。接着，斯密讲述了他自己在审阅限制进口物品清单时所感到的窘迫，随后，斯密对照自己身上的穿戴，把自己的领结、手帕以及领子花边等被列入禁令中的物品烧掉了。作为第三种增加税收的方式，斯密推荐废除对羊毛出口的限制，而用征收"高额的税赋"取而代之。这将有效阻止以牺牲养殖者利益为代价，维护制造商利益的做法[1]。

这些就是在 1782 年之前，盘旋在斯密脑海的关于经济事务的思考。正如我们已经提到的，1782 年 3 月到 7 月斯密请了 4 个月的假期，似乎是为了修改《国富论》一书。当年的 12 月 7 日，斯密向他的出版商托马斯·卡德尔坦承，他在伦敦购买了许多书籍，而这"使我荒废了自己的正经事务：《国富论》新版的修改工作"。这一次，斯密对自己的工作进展速度抱有很大信心，他表示在两到三个月之内有希望能够寄出"在许多地方做过修改，并有三到四处相当可观篇幅的增补的第二版；修改主要集中在第二篇；其中会增补一个简短——但我自鸣得意地认为——也是一个完整的所有大不列颠帝国贸易公司的历史。"斯密的意图是，不仅仅要在《国富论》第三版中合适的地方插入修改内容，而且还要将这些修改

---

[1] *Corr.* No.203

内容单独出版，以一先令或半克朗的价格，卖给《国富论》前两版的购买者[1]。

正如在本书第 20 章所提到的，1782 年斯密在伦敦时，很大一部分时间花费在与苏格兰皇家自治市代表大会的代表商谈海关税费标准化以及消除海岸贸易壁垒等问题上了。尽管斯密意识到了自己的建议将会影响海关官员的经济收入，但是，他还是往《国富论》中所表达的自由贸易和自然自由原则方向推动了政策的变革。3 月，诺斯政府垮台，以罗金厄姆侯爵为首、伯克作为财政部生计长官的新内阁上台，并致力于改革。很可能就是这一时期，斯密被召唤或他主动就国家事务进言献策。新内阁想要与北美人民讲和的愿望，得到了广泛的支持，但是罗金厄姆面临的问题是，他所领导的同盟内部存在不和，如他自己的支持者，即伯克和作为国务秘书之一的查尔斯·詹姆斯·福克斯，与另一位国务秘书谢尔本的支持者之间的对立。乔治三世国王更为宠信谢尔本，因为他认为福克斯使得威尔士王子与他自己一样沉迷于声色[2]。

1782 年 4 月，斯密在伦敦"几次"设法告知伯克，想让他告知罗金厄姆，谢尔本正在向亨利·邓达斯献殷勤，而邓达斯本人则有些想要投靠罗金厄姆的意愿。通过邓达斯和谢尔本就可能获得苏格兰议员的支持，从而极大地巩固他在下议院的地位，而邓达斯将获得对印度和苏格兰事务的控制权，从而使伯克想要处置东印度公司或约翰公司腐败的决心受阻或受到牵制[3]。最终，罗金厄姆于 7 月 1 日离世，伯克、福克斯、约翰·卡文迪什勋爵（财政大臣）和弗雷德里克·蒙塔古（财政部长官之一）都提出了辞职，而不愿接受谢尔本为首相。斯密似乎本希望伯克会集结其他人站到谢尔本这一边[4]，但是他也接受了这些内阁大臣的辞职，认为他们是遵循着自己秉承的原则办事。作为政策顾问无疑对斯密具有重要意义，以至于他认为在这一关键时刻，他必须拜访卡文迪什，"对他的礼遇和关注，回报以……最诚挚的谢意"[5]。

这次斯密在伦敦时，除了从事与政治经济学研究相关的活动外，还发展了自己的另外一些兴趣和爱好。同往常一样，斯密住在了查令十字街附近的萨福克街

---

[1] *Corr.*No.222

[2] Wraxall, 1904：471

[3] Burke, *Corr.*, 1963：iv. 448；Fry, 1992：90–1

[4] *Corr.* No.216

[5] *Corr.* No. 217

370

27 号，因而住所附近是剧院、宜人的客栈、时尚有教养人士的住处以及政府的办公大楼。热情好客的乔舒亚·雷诺兹爵士住在莱斯特广场 47 号，而斯密很可能也在那里接受过他的款待。斯密当然参加了皇家艺术学院于 4 月 20 日举办的年度展览晚宴。从 1780 年开始，皇家艺术学院就一直位于萨默塞特宫，当时刚由威廉·钱伯斯爵士负责竣工不久。自从 1768 年开始，雷诺兹就担任了艺术学院院长，在每年的展览上，他都会定期展出自己的作品，以与他的主要竞争对手盖恩斯伯勒展开竞争。1782 年 4 月 27 日的《伦敦纪事》刊登了一系列文章，将当时展览晚宴上到场的嘉宾，描述为是一些"以热爱和资助艺术事业而著称，或是以学术成就而闻名遐迩的贵族和绅士"。雷诺兹希望艺术学院院士、教授们以及其他同事能与这些人建立联系。我们来考虑一个很有意思的问题：晚宴时，斯密会与哪些人物一桌共进晚餐？斯密或许会被安排与推崇他作品的吉本坐到一块，或是他的政治家朋友们伯克、巴雷上校、亨利·邓达斯，但是没人会想象，斯密会与蒙博德勋爵或是研究民歌学者托马斯·珀西（德罗莫尔主教）坐在一起，他们一定会认为斯密在思想上与休谟走得太近了。展览会上，斯密将会欣赏到的主要作品是：雷诺兹的《祭坛后面的儿童》(Children Altar Piece)、战争英雄塔尔列顿上校骑在马背上英姿飒爽的肖像画、瑟洛大法官的肖像画，斯密将怀着复杂的心情观赏这幅画，联想到瑟洛大法官在道格拉斯案的上诉裁决中所起到的作用；本杰明·怀斯特的耶稣升天画；盖恩斯伯勒的威尔士王子肖像画、圣莱杰上校肖像画以及其更为引人注目的风景画；佐法尼的人物画《莫里吉》(Morigi)；洛特伯勒的《采沙场》(Sand-pits)；奥佩的《乡村男孩和女孩》(Country Boy and Girl)(1782 年 4 月 27 日《纪事》的报道)。

离雷诺兹的家不太远就是杰勒德街，俱乐部成员经常在"土耳其中心"酒馆会面[1]。雷诺兹于 1764 年 2 月成立了这一俱乐部，以便让约翰逊能有机会与他志同道合的圈内朋友进行交流，但是随后会员的拓展，并没有完全迎合鲍斯韦尔和约翰逊的趣味，反而更多地服从了伯克和吉本的意愿[2]。斯密出席过几次这一俱乐部举办的晚宴，在议会开会期间，这一俱乐部每两周就举行一次晚宴。在 1782 年 7 月斯密返回爱丁堡之前，参加了最后一次晚宴，当时讨论的主题是：模

---

[1]　*BLJ* v.109，n.5
[2]　参见 Letters，1956：ii. 291。

371　仿所能提供给人们的愉悦。雷诺兹后来告诉当时缺席的俱乐部成员班纳特·兰顿，他发现斯密已经"用心地"就这一美学问题进行了思考。后来雷诺兹与斯密再次谈到了这一话题，雷诺兹告诉斯密，他们的想法不谋而合，以及"我已经零碎地写了许多相关的内容片段，我打算将这些片段组织在一起写篇文章，并请求他帮我看一下。斯密说他不能这么做……[因为他] 也很快就要完成一篇关于这一主题的文章"[1]。

　　1782 年 7 月初，斯密乘坐马车回到了北方，似乎就拖延了关于模仿艺术以及与文学和表达各分支哲学史相关的类似主题的进一步研究和写作。因而，1783 年 3 月 17 日，斯密致信巴克勒公爵的妹妹弗朗西斯·斯科特小姐，感谢她将"关于意大利语和英语诗歌的论文"归还给他；他承诺送上"更为完美的文章，一旦他完成他的计划"，但是他也宣称这要到将来一段时间后才能实现，"因为他现在正全神贯注于另外一件事务"[2]。这里所指的肯定是《国富论》的增添和修改工作，这些所有的增添和修改全部加一起，在第三版《国富论》中占据了十三个章节，总字数达 24，000 字[3]。卡德尔回复了斯密在 1782 年 12 月 12 日所写的一封信，信中斯密告诉他这一工作正在进行之中。卡德尔在回信中写道，他已经与合伙人斯特拉恩讨论了斯密的建议，他们一收到样本就开始印刷，但是因为当年的冬天已经来不及出版该书了，他们将出版工作推迟到了下一年的冬天议会召开会议期间。卡德尔还写道，他"由衷地"同意将新增部分单独出版出售，但是他很不现实地希望能将销售仅限制在那些已经买了《国富论》的顾客中间[4]。

　　在当时，出版商们为寻求出版著作的市场最大化，普遍的做法是利用议会开会期间，伦敦人口增加的时机进行出版。斯特拉恩是一位很活跃的议员，而且卡德尔也知道，《国富论》的内容对那些参与议会事务人员而言，具有特别的吸引力。事实上，斯密增补部分所讨论的，正是当时颇具实效性和争议性的话题，这些话题在一个充满变数的政治环境中得到了热烈的争论。新版的《国富论》将这一时期描述为是处于一个"整体艰难而困顿的时代"[5]。

---

[1]　Boswell，ed. Fifer，1976；126

[2]　*Corr.* No. 225

[3]　*WN* i. 62

[4]　*Corr.* No. 223

[5]　IV. v. a. 37

因而，增补的内容之一不列颠贸易公司的完整历史，正如斯密在信中向卡德尔所提及的，关注了东印度公司所面临的问题，其在飞扬跋扈的行事中，陷入了重重危机。伯克本来希望罗金厄姆能够处理这些问题，因而，1783 年 2 月他在谢尔本政府垮台后复职，与美国人签订了和平协议，并起草了一份《印度议案》，试图让议会控制公司的运行。斯密令人遗憾地做出了错误的预测，认为这一议案会在上议院获得通过，就像它在下议院大获全胜一样[1]。最终，1783 年 12 月，上议院在国王的教唆下，驳回了这项议案。国王正确地做出了判断，认为这一将英属印度殖民地的保护权转移给议会大多数的议案，会遭到全国人民的反对[2]。发起这一议案的福克斯 – 诺斯联盟遭到解散，而国王要求小皮特组成新的内阁。小皮特在第二年初所举行的大选中，获得了下议院的大多数选票。

亨利·麦肯齐氏是众多为1784年那一届议会所实施的立法和举措喝彩者之一，这些立法和举措旨在促进金融、外交以及帝国事务的全国性复兴，其中包括下文将要讨论的对东印度公司的控制。麦肯齐氏明确地将斯密的著作与复兴的一个方面，即建立英国与法国之间有利的贸易关系的动议，联系了起来：

> 在这些国家之间存在着一场禁令和高关税战争，这使得它们之间互相消费的绝大多数物品的贸易，都落入了走私者之中。一位作者，他的头脑要远比任何一位同时代的作者，更多地做到了天赋受到智慧的淬炼、而智慧又受到了知识的启迪；其著作在很大程度上改变了人类关于贸易限制的看法，向我们展示了恢复贸易的自然自由，一国的剩余商品可以公平地与另一国的剩余商品进行交换，会给我们带来多少益处。法国和英国更深切地感受到了他学说的正义性；正是 1783 年和平环境下所通过的一项条文，敦促两个国家采取举措签订一个贸易协定。

麦肯齐氏接着汇报说，斯密的朋友、通信者威廉·艾登在 1786 年初被派往巴黎，与法国商谈贸易协定事宜，并于 1768 年 9 月 20 日成功签订了协定。麦肯齐氏的观点完全可以得到更有利的论据的支撑，即斯密在《国富论》中所做的另

372

---

[1] *Corr.* No.233
[2] Cannon，1969

一处增补，"对法国所施加的贸易限制的荒谬性"[1] 的讨论，为这一动议的实施打下了基础。完全有可能的是，皮特曾阅读过斯密所阐述的关于英法之间贸易的思想。[2] 然而，皮特确实阅读过麦肯齐氏的"1784 年议会回顾"，或至少麦肯齐氏是这样宣称的，不仅如此，皮特还"急切地修改和纠正"了这一文章，以确保它表达了他所领导政府的立场[3]。因而，我们或许可以相信，皮特认同这一说法，即斯密成功地转变了人们关于自由贸易可取性的看法。

从 1783 年 5 月 22 日斯密致斯特拉恩的一封信中，我们可以获悉斯密在这一方面所做出的更多努力。在信的开头，斯密抱怨了在海关的任职，对他的研究工作所造成的干扰。然而，他也受益于这一职位，因为他可以请求当时福克斯－诺斯政府的财政部长官雷格·库珀爵士为他提供关于奖金体系——即政府通过支付现金促进某些制造业以及出口的发展——运作的记录。斯密这样描述自己的著作：

> [第三版的《国富论》] 或许将见证我的离世，因而我应该让它在我身后，保持我所能做到的最为完美的状态。主要将在第二篇做些添加：反对谷物奖金、鲱鱼奖金的一些新观点；关于重商体系的新的结尾一章；关于几乎所有持有皇家特许状的贸易公司的简短历史，我认为这将揭露这些贸易公司的荒谬性和有害性。我希望在收到财政部正在准备的记录后，能在大概一个月之内将这些完成。

373　斯密继续写道，他"必须亲自为出版的著作纠错 [即校对]"，他让斯特拉恩在其著作印刷出来后，就利用他作为议员免费邮寄的特权将校样邮寄给他。我们的作者是如此急切地想要对第三版《国富论》的质量加以控制，以至于他写道，他准备在明年冬季伊始就前往伦敦，亲自参与自己著作的出版工作。他让斯特拉恩代他向卡德尔以及《每月评论》的编辑们威廉·罗斯和拉尔夫·格里菲思问好，并表达说他渴望能够再到"帕克霍斯（Packhorse）用餐"，"帕克霍斯"是当时一

---

[1] IV.iii.a.1, c.12–13
[2] Pitt 的同事 Lord Grenville 在 1800 年 10 月 24 日致首相的信中写道，大概在 1784 年，他和 Pitt 一起阅读了 *WN*，"都深深地为书中关于政治经济学的观点所折服"：Jupp（1985：47–8）以档案局资料为基础，W.D. Adams MSS，30/58/3/85。
[3] Mackenzie，1808：vii.257–8

家学者们经常光顾的酒店或客栈[1]。

10月6日，斯密再次致信斯特拉恩，说他的增补与修订"现在即使不能说是已经全部完成了"，至少也可以说很快就将完成了，但是他仍然等着库珀在二月份谢尔本政府倒台后不久许诺给他的财政部记录。斯密提到他本打算再请四个月的假期，参与《国富论》新版的出版工作，但是他的一位威尔士侄子（至今未曾证实其身份）向他借200英镑，否则将不得不去当雇佣军。斯密替他解了困，简短地在信中说"这把我原本想要用来支付旅行花费的钱给夺走了"。这样的叙述是与杜格尔·斯图尔特所收集到的关于斯密的信息相符合的，即斯密对自己的可观收入并不吝啬，而是将其大量花费在了善行上[2]。接着，斯密向卡德尔推荐了两本值得出版的手稿。其中之一是由达尔梅尼（Dalmeny）牧师托马斯·罗伯逊所著的《音乐史》（于1784年出版），斯密认为罗伯逊的理论很有启发性，或许是与斯密自己在模仿艺术一文中关于音乐的分析有所关联。另一手稿是斯密以前在格拉斯哥大学的学生塞缪尔·查特斯的《布道集》（1786年出版），查特斯是休·布莱尔圈内的一位温和派牧师，他强调对同情共感的培养，以忧郁和多愁善感的文体为特色，可以与奥西恩·麦波申的情感倾诉以及亨利·麦肯齐氏的小说相提并论[3]。在这封致斯特拉恩书信的结尾，斯密表达了希望福克斯－诺斯联盟能够获得成功的愿望。他认为这一联盟"包括了我们国家最值得敬重、最能干的人物，以及两大贵族的首领"。斯密还大胆地提出，他们以前的对立"极大程度地削弱了……政府的力量，最终导致了帝国的瓦解"。斯密对于皇室以及公众的意见完全缺乏政治远见，认为"反对党"（即皮特所领导的议员们），"冬季会惯常会出现的愚蠢和狂妄"，"将更有效地促使国王与他的新大臣和解"，其产生的影响要比他们迄今为止在政府中的作为所能够产生的影响还要大[4]。

到11月20日，关于奖金的记录仍未被送到斯密手中，尽管库珀在两周前的一封信中，承诺将把记录送到斯特拉恩那里。斯密请求斯特拉恩再次拜访库珀，拿到这些记录，他对斯特拉恩主动提出帮他解决在伦敦的食宿表示感谢。斯密宣称到1784年1月6日，他就又有资金了，大概是他会领到作为海关专员的一季

---

[1]　*Corr*.No.227

[2]　Account, V.4 n.

[3]　Somerville, 1861：50, 166–7, 195, 227；Dwyer, 1987：14, 17, 22, 58, 60, 174

[4]　*Corr*. No.231

度薪水，而到那一天他就出发前往伦敦。他会住到他的老朋友、剧作家约翰·霍姆的家中，但是如果这样不方便的话，他在萨福克街再租房子，房子要在二楼，租金不超过一个星期两几尼。卡德尔已经告知斯密，由于听说查尔斯·詹姆斯·福克斯已经在下议院给予《国富论》很高的评价[1]，他们应该立即着手新版《国富论》的出版工作。但是，斯密认为再拖延6个星期并不要紧。如果斯特拉恩不这么认为，他就会接受卡德尔的建议。斯密认为这两位出版搭档的意见是一致的，觉得写信给斯特拉恩或是卡德尔是一回事。从书信附言中的最后评论"我想这应该会是我最后一次前往伦敦了"[2]中，我们是否可以察觉出斯密精神上的某种疲惫感？斯密这时已经60岁了，这在当时就已经算是高龄了。

我们并没有任何资料显示，财政部的记录最终如何到达在爱丁堡的斯密手中，但是，他似乎是在1783年冬或1784年春，在爱丁堡研究了这些记录，他也并没有像他说过的那样，在一月份前往伦敦。或许是他在海关的公务，或许是他母亲的病情拖延了他的行程。四月，伯克的来访又占据了斯密的时间。伯克来到苏格兰是正式就任格拉斯哥大学荣誉校长一职，在前一年11月份伯克继邓达斯之后，被推举到了这一职位。斯密与伯克之间关系相当亲密，伯克据说认为斯密的举止"尤其令人愉快"，而斯密则被描述为宣称这位他多年好友是"我认识的人中唯一在并没有事先交流过的情况下，在经济问题上与我有着完全一样的想法"[3]。然而，他们在关于穷人问题上的见解并不一致[4]。

毫无疑问，斯密可能对伯克作为立法者的作为是持有批评意见的，因而在《国富论》的第一版中，斯密就伯克所谋划的、旨在提高但基本上维持谷物出口奖金的议案，发表了负面的评论，而这一问题在筹备第三版的过程中仍然困扰着斯密。就实施的法律某些内容而言[5]，斯密写道："停止发放奖金的价格，应当要再低很多，或者说应该允许以高得多的价格出口。因而，在这些方面此项法律似乎劣于以往的制度。"[6]针对他没有取消对谷物奖金的批评，据说伯克的回应是避而不谈，这也是伯克为人所共知的处事风格之一。他很清楚地区分了

---

[1] *Corr.* No.232，Corrected Rashid，1992

[2] *Corr.* No. 232

[3] Bisset，1800：ii.429

[4] Himmelfarb，1984：66–73

[5] 13 Geo. III，c. 43，1772

[6] IV.v.b.52–3

斯密作为理论家，想要以几何般的精度来建模自己学说体系的倾向（正如杜格尔·斯图尔特所认识到的），和他自己作为让议会通过一项法律的实践者角色之间的区别：

> 哲学家有特权以几何般的精确度来制作自己的草图；但是工程师为了克服摩擦和阻力所带来的不规则性，必须经常牺牲机器的对称性和简单性[1]。

斯密承认了这一说法的合理性，在《国富论》的第二版（1778）中增添了一个对伯克的立法更为公允的评论：

> 但是，尽管它有这些不足之处，我们或许可以用我们评价梭伦法律的话语来评价它：它本身虽然不是最好的，但确是当时的利益、偏见和趋势所能容忍的最好的法律。它或许为未来更好的法律的出现铺平了道路[2]。

375

在 1790 年《道德情操论》的最后一版中，斯密在新增的"论好品德"一篇中，讨论了"热衷于体系的人"的话题，清楚地表明伯克提出《谷物奖金法令》的做法符合他自己的见解：

> 某种一般性的，甚或是系统性的关于什么是尽善尽美的政策与法律体制的理念，对于引导政治家所持的思想和见解无疑是必要的 [这也正是《国富论》的写作动机]。但是，如果不顾一切反对意见，坚持建立，而且是坚持即刻建立这一理念似乎所要求做到的每一件事情，则一定经常是极度自大傲慢的表现。

与 1778 年版的《国富论》一样，斯密在《道德情操论》的最后一版中援引了梭伦作为立法者的例子，声称他尽管没有建立最好的法律体系，但是实施了"他的人民所能容忍的最好的法律"体制[3]。

---

[1] Horner, 1957：98；Viner, 1965：23–3

[2] IV. v. b. 53

[3] VI.ii.2.16，18

　　这就是斯密与伯克之间交流的大致情况，伯克于 1784 年 4 月 6 日或 7 日到达爱丁堡。在那里他得到斯密和一位密友安德鲁·德尔泽尔的款待。德尔泽尔是爱丁堡大学的希腊语教授，其关于希腊语语法和文学的精准知识深深地吸引了晚年的斯密[1]。他们将伯克带到劳德戴尔伯爵八世的继承人梅特兰勋爵在爱丁堡的住所。梅特兰当时是一位冉冉上升的辉格党政治家，但是他后来加入共和党，接着又转向了托利党，最终还为经典经济增长和发展理论做出了具有原创性的贡献[2]。在反复无常的福克斯发表了针对斯密的贬损性评论后，梅特兰为斯密进行了辩护，但是他并非是《国富论》不加批判的拥护者，如果与他就经济问题进行交流，很可能将会是生动热烈、有理有据的。他是福克斯《印度法案》坚定的支持者，也是伯克所领导的弹劾沃伦·黑斯廷斯的行动的组织者之一。4 月 8 日星期四，杜格尔·斯图尔特也加入了他们的行列，他们出发前往劳德戴尔在中洛锡安郡的哈顿庄园，那里离东考尔德四英里远，位于通往格拉斯哥的路上。哈顿庄园由劳德戴尔伯爵的弟弟查尔斯·梅特兰建于 17 世纪末，1952 年被大火烧毁，而到 1955 年则大致都被拆毁了[3]。

　　斯图尔特记录了这群人在哈顿庄园的部分谈话，其中涉及当时的政治人物：伯克将老皮特贬低为是“世界上最没有原则的人之一”，他对小皮特的批评同样尖刻，伯克将他与《汤姆·琼斯》（Tom Jones）小说中的伪善道学家布利非先生相提并论。福克斯则被描述为就像是菲尔丁小说中的那位好心肠的感性的男主角。伯克则被描述为除了使用 18 世纪仍在用的威廉·莉莉文艺复兴时期的拉丁语法外，就“绝没有什么可以被称为是一位古典学者”的了。然而，伯克非常熟悉英语诗歌，能够背诵“大量斯潘塞的诗歌”。伯克讲述了许多由老皮特的妹妹安妮·皮特夫人所转述的轶事，她“极其”厌恶自己的兄弟老皮特。伯克很遗憾没有学鲍斯韦尔的做法，在告别这位夫人时就将这些轶事记录下来。晚宴后，伯克说了一大堆关于威廉·多德斯韦尔的好话，多德斯韦尔被 1765—1766 年间执政的罗金厄姆政府任命为财政大臣。多德斯韦尔具有渊博的金融方面的知识，而斯密或许很尊重他在这一领域内的见识，因为就在斯密成为汤申德的政策顾问前，多德斯韦尔还是汤申德在财政部的前任。一连好几年，多德斯韦尔都是下议院罗金

376

---

[1]　*Corr.* No.229

[2]　Maitland，1804；O'Brien，1975：229–30

[3]　McWilliam，1978：229–30

厄姆辉格党派的领导人，他在北美事务中所提倡的温和路线，肯定很合斯密的心意，伯克认为他的唯一缺点是"总是无神论不离口"。

斯图尔特关于哈顿庄园对话的记录，以斯密具有个人特色的不容置疑的插入语，以及伯克在斯密离开后对斯密作品的评价，作为结尾：

> 伯克：但是"多德斯韦尔的无神论只是一种愚蠢的想法，我相信他的灵魂现在一定与上帝同在。
>
> 斯密：以上帝的名义，我对此确信无疑。

"接着斯密连夜就赶往了爱丁堡。伯克高度评价了斯密的《国富论》：对以往经济学家所有有价值的观点做了一个精到的摘要，也提供了许多很有价值的纠正性的评论。"

斯图尔特的印象是尽管伯克在《年鉴》（*Annual Register*）（1759）中写的书评恭维有加，但是"他对《道德情感论》的评价极为冷淡"[1]。

达尔泽尔汇报说，伯克对当时正在进行的大选结果感到很沮丧，因为同盟政府有几乎160位盟友丢掉了他们的席位——他们被称为福克斯的殉难者。伯克告知梅特兰如果他还想仍然担任官职，就得放弃辉格党人的身份，但是斯密加入了讨论，预言说两年后政治局势又会发生逆转的。伯克已经担任议员几乎有20年时间了，而没有担任职位才几个月，他俏皮地说："哎呀，我已经有19年，斯密先生，再加上站在您这边的两年，整整21年站在了少数人这一边，毫无疑问现在早该是我站到在大多数人这一边的时候了。"[2]斯密对于伯克的党派仍会重返权力舞台的乐观期待，表明他仍然忠实于罗金厄姆辉格党派残存的政治力量。事实的结果却是，皮特在政治舞台上一直活跃了20年。从法国大革命产生的联想使得伯克有些惊慌失措，他最终采取了一种保守立场，与他的政治盟友们分道扬镳。梅特兰这时仍是坚定的福克斯支持者，他带头谴责伯克为叛变者[3]。

复活节前的星期五，斯密重新加入了在哈顿庄园的一伙人，他们继续动身前往格拉斯哥，在当天晚上他们与约翰·米勒教授一起吃了晚饭。人们认为是米勒

---

[1]　EUL DC.6.III

[2]　Innes，in Dalzel，1862：i.42

[3]　BL Add. MSS 32, 567

教授影响了梅特兰，使他成为政治上的激进分子。4月10日星期六，举行了格拉斯哥大学名誉校长的就职仪式，伯克发表了"适宜这一场合的、非常有礼貌和优雅的演讲"[1]。斯密以前的学生阿奇博尔德·亚瑟，具有牧师资格并担任代理道德哲学教授，在大学的教堂进行了布道，然后在大厅举行了一个学术晚宴。第二天，斯图尔特和达尔泽尔回到了爱丁堡，准备他们第二天所要讲授的课程，而斯密和梅特兰则继续带着伯克到了在斯密看来是不列颠最好的湖泊——洛蒙德湖[2]，接着他们前往卡伦参观著名的钢铁工厂（详情参见第9章）。

4月15日星期四，他们在潘缪尔大楼用餐，达尔泽尔又与他们待在了一起。伯克风趣而令人愉快的谈话，给达尔泽尔留下了深刻的印象："我们从他那里听到了大量的政坛轶事，以及关于在世的和已故的政治人物生动的描绘。不管这种描绘是否公正客观（这当然是应该打个问号的），却总是非常引人入胜的。"[3]

这次值得纪念之旅就这样结束了；但是斯密仍然与政治家们保持着很多联系，因为在这次大选的过程中他多年的好朋友安德鲁·斯图尔特与其保护人哈密尔顿公爵不知怎么闹翻了，从拉纳克郡竞选中退了出来。斯图尔特负责哈密尔顿家族的法律事务，其中就包括为哈密尔顿家族处理著名的道格拉斯案件。斯图尔特希望他在爱丁堡的私人朋友们，尤其是斯密，能够充分了解这一事件的始末。他将相关的信件送到约翰·戴维森那里，让他转交给斯密。接着，5月7日，斯密建议将这些文件展示给他们圈内另一位友人，苏格兰最高民事法庭法官斯坦菲尔德勋爵（布特伯爵的姻亲）过目，并坚决不让外界知道这一切[4]。斯图尔特对东印度公司的事务极为感兴趣，1772年他连同亚当·弗格森和斯密被提名为调查东印度公司事务委员会委员[5]。尽管最终这一所谓的提名不了了之，但是因为斯图尔特于1779年还担任了诺斯政府的贸易大臣，并作为议会的幕后协调者而活跃于政治舞台，他很可能是斯密关于议会权力、经济立法和印度事务内部消息的来源之一。

但是在伯克的来访所带来的快乐和激励以及大选所带来的激动人心之后，对

---

[1] *Annual Register*, 1784, disputed by Rae, 1965：389–90
[2] Clayden, 1887：92
[3] Innes, 1862：i. 42
[4] *Corr*. No.236
[5] *Corr*.Nos.132, 133

斯密而言随之而来的，却是一个极为悲伤的事件，他的母亲于 5 月 23 日离开了人世。6 月 10 日斯密在给斯特拉恩的信中提到了这件事，在信中斯密提及他已收到了新的《国富论》第三版校对稿，评论说他本希望这些"增添内容"手稿的校对稿至少是通过邮寄的方式寄给他的，但是现在却是通过更廉价的驿车送达他那里：

> 我本应该立即就写信确认收到了这些相当不错的校对稿；但是当时我刚刚料理完我那可怜老母亲的丧事；尽管一位 90 多岁老人的离世毫无疑问是最符合自然规律，因而也是预料之中，且早有准备的事情；但是我还是要对您说我曾对别人说过的话：最终离我而去的人，她是多么地爱我，无论过去还是将来，无人能出其右；我又是多么地爱她、尊敬她，超过对任何其他们说的爱和尊敬，甚至到此刻我仍不禁觉得她的离去对我是如此沉重的一个打击。

斯密在那段时间是如此情绪低落，以至于拉姆齐汇报说，这位"可怜的人就像那些失去了希望的人那样得悲哀"，似乎再也无法恢复精神了，甚至可能会就此死去（1888：i.468）。但是，斯密恢复了心灵的宁静，在信中，他对斯特拉恩每况愈下的健康状况表示了关心，并说他已经看过《国富论》的校对稿了，发现只是有一些标点符号需要改正（*Corr*. Nos. 237，239）。

7 月，斯密似乎仍在校对稿件，因为 7 月 15 日弗朗索瓦·赛维尔·沙伊德豪尔（Francois Xavier Schwediauer），一位游历广泛并有良好社会关系的奥地利医生和企业家，从爱丁堡写信给他在伦敦的朋友杰里米·边沁： [378]

> 我与之有深交的斯密博士，完全是我们的同道中人。他在忙于修改新版的《国富论》。我们在这里有一个全都是由哲学家所组成的俱乐部，亚当·斯密博士、卡伦、布莱克、高恩先生等都是其会员，因而我每周能与这些最有见识、令人愉快、好相处的同伴相聚一次（Bentham，*Corr*.，1971：iii.294–5）。

整体上，边沁以及他那圈子内的人，将斯密看成是他们所从事的关于"道德和立法"事业的同盟者，认为《国富论》这一著作在政治经济领域为他们整个"人性科学"计划做出了一大贡献。但是,边沁在他的《为最大化辩护》(*Defence of a Maximum*)中认为斯密在某些方面,如抵制政府的干涉方面,又走得太远了(Long,1977:191)。

而在另一个问题上,斯密又走得不够远,即关于控制利率的问题。在这一问题上,边沁公然地采取了激进的立场:"我所持有的一个传统准则是利率,应该像爱情和宗教以及其他许多美好的事物一样,自由而不受约束"。1785年边沁前往俄罗斯,随身带走了一本前一年11月20日出版的《国富论》第三版。1787年他正在写作《为高利贷辩护》一书,在其中日期为3月份的书信中,驳斥了斯密关于维持高利率并对投机商人——即投机性质的公司和经济计划发起人——加以限制的观点[1]。在得知皮特提议要对利率加以限制后,边沁寻求了苏格兰血统的林肯殿出庭律师乔治·威尔逊的帮助,以便在伦敦出版自己的著作。1787年4月24日威尔逊在回复边沁关于这一主题的信中,鼓励他继续写完自己的著作,尽管他并未听说皮特曾提出这样的建议。接着,威尔逊评论了深受边沁圈子里的人欢迎的进步迹象:宗教法庭的改革,海关的巩固,以及继《艾登条约》(*the Eden Treaty*)之后,向法国开放口岸。在威尔逊看来(他似乎与亨利·麦肯齐氏英雄所见略同),这些变化部分地是与《国富论》得到了人们的认同相关的:

> 事实上,最近十年以来,在所有的政治经济领域,公众的观点都发生了显著的转变。这或许在某种程度上应该归功于斯密著作的流传,但是更多的是因为那些与美国之间所发生的政治事件和贸易事件,令古老的王室颜面扫地"[2]。

威尔逊确实在1787年末负责出版了《为高利贷辩护》一书,1788年7月6日,他给边沁寄去了《每月评论》中一则表示赞赏的新书预告[3],其中将这一著作描绘为"具有最美水色的政治宝石"。在1789年12月4日写给边沁的另一封信中,威尔逊向他汇报说,斯密已经承认了边沁对限制利率观点的驳斥是有道理的:

---

[1]　*WN* I.ix.5,I.x.b.42–3;II.iii.26;II.iv.15

[2]　Bentham,*Corr.*,1971:iii.533

[3]　78:361–70

> 我们有没有告诉过您亚当·斯密博士去年夏天在苏格兰对议会委员威
廉·亚当所说的话？斯密博士的原话是这样的："《为高利贷辩护》的作者是
一位非常杰出的人，尽管他狠狠地批评了 [斯密]，但是这些批评展开得非
常漂亮，以至于 [他] 无法抱怨。"斯密似乎承认了您是对的。[1]

边沁写了"致斯密博士的一封信"[2] 作为了《为高利贷辩护》第二版（1790）的
前言，其中对这种说法进行了评论，但是他很小心地补充说，斯密自己并没有
与他讲起这种思想上的转变。很有意思的一个猜想是，如果斯密活过了1790年，
他或许会改变自己所持有的降低利率和将投机者等同于挥霍者的立场。

毫无疑问边沁在《为高利贷辩护》中宣称，他在驳斥斯密关于"法律制定
的政策决定利率"时，是在以其人之矛攻击其人之盾[3]。他的意思是《国富
论》的意图是要展示不管政府制定怎样的政策，经济增长都能实现，因而，经
济增长并不是这些政策所引发的结果。这样的一种阐释也可以被应用于对利率
控制的理解，"审慎的投资者们"与这种控制斗争，不同程度地成功维持了经济
的增长[4]。

我们不得不赞同边沁对于《国富论》所做出的解读，甚至也很容易就在《国富
论》第三版中，读出斯密对绝大多数经济立法所带来的负面影响的强调。第三版中
的"增补"部分最终由以下更为简短的篇章所组成：通过回顾为控制英国与殖民地
及其他各国商品（如葡萄酒）的往来贸易而制定的复杂的法律，揭露退税制度动机
的荒谬[5]；分析了想要通过奖金体制促进鲱鱼业发展的失策做法[6]；同样揭露了谷
物奖金所带来的不好影响[7]；评论了英法贸易中所设置的限制的荒谬性[8]。

《国富论》第三版的增补部分，还有两个具有相当篇幅、自成一体的篇章。
其中之一是"关于重商主义体系的结论"一章。这一章的观点是：立法机关在设
计"商业规章"时，"完全忽视"了消费者的利益，而以牺牲一些其他种类生产

---

[1] Quoted Rae，1965：423–4
[2] *Corr.*No.402
[3] *Corr.*No.388
[4] *Corr.* No. 391
[5] IV.iv.3–11
[6] IV. v.a.28–37 and app.
[7] IV. v.a.28–37.8–9
[8] IV.iii.a.1，c.12–13

者为代价，照顾了生产者、商人和制造业者的利益，尤其是制造业者的利益[1]。另一添加的章节是"为便利特殊商业部门所必需的公共工程和机构"[2]。在这里斯密考察了股份公司和受管制公司，主要关注那些涉及对外贸易的公司，并以约翰公司的垄断作为案例，分析了政府政策的失败及其对市场竞争力等所造成的牵制，而能够促进印度经济增长的正是这种市场竞争力，税收征收者对公司的蹂躏只会造成经济的停滞不前和衰退[3]。

斯密在1763年4月6日法学讲义中，很清楚地呈现给了他的学生，他从享有特权的东印度公司及相似的股份公司的发展历史中，所得出的经济学说的基本
380 观点。斯密宣称，这样的公司垄断"阻止了自由竞争（a free concurrence），自由竞争能将每种商品的价格下降到它们的自然价格水平上"。相比于自由贸易，这些公司会将更少的他们所经营的商品引入国内，并以更高的价格出售，而能够得到这种商品供应的消费者或制造商也就更少，所有这一切都会对国家的财富产生不利的影响[4]。[5]

在第一版《国富论》的第四篇，斯密对重商主义进行了攻击，斯密将"论殖民地"一章中的主要篇幅献给了"论欧洲从美洲的发现以及从通过好望角到达东印度的通道的发现所获得的利益"这一部分[6]。斯密判断在美洲的殖民给欧洲带来的享受增加以及产业的扩大，是通过欧洲不同国家在自己的不同领地，设法对臣服的殖民地人民维持垄断才得以实现的。然而，斯密注意到这些好处在南美洲已经消失殆尽。在南美，金矿银矿的开采已经使得矿井枯竭、西班牙和葡萄牙的殖民者破产。另一方面，在北美，就那里操英语的定居者而言，来自西班牙和法国的军事威胁已经解除，他们通过获得大量的土地、不断增加的人口以及低税收体制和常规的司法管理而逐步走向繁荣。1776年，斯密承认，英属殖民地正在对母国的至高无上地位构成挑战，正在寻求终结英国在船运和货品方面垄断权的途径，这一意愿也得到了斯密的支持。

---

[1] IV. viii，尤其是最后一段。
[2] V.i.e
[3] Anderson and Tollison，1982
[4] *LJ*（A）：vi.87–p.363
[5] 使用"concurrence"这一术语，而不是"competition"，表明斯密关于这一话题的思想的来源之一可能是 Turgot 在 *Encyclopedie* 的条目 Foire（t.vii, 1757年1月：由斯密为 GUL 购买，1785–60；Scott, 179）。
[6] IV.viii.c

在斯密看来，在荷属的东印度殖民地和英属的印度殖民地，重商主义都建立了另一种垄断，通过专营的股份公司运作。而对这种专营公司，斯密的描述是"每一方面无不令人厌恶；对设立这种公司的国家来说，总是会造成或多或少的不便，而对不幸落入它们统治之下的国家而言，则是毁灭性的"[1]。斯密在《国富论》的第一版中，对英属印度殖民地政府的评论是：这是一个"非常奇特的"政府，因为"每一个成员……都想要离开这个国家，从而尽快地和这个政府脱离关系。从他带着自己的全部财富离开它之日起，就对它的利益毫不关心了，即使整个国家被地震吞噬了，他们也会完全无动于衷"[2]。斯密很清楚地意识到从印度带回来的财富会被这些"从印度回来的富豪"（"Nabobs"）投资到地产和商业中，他们会通过控制议会的议席来追求权力。结果就是产生了一个精力充沛、资源丰富的东印度公司游说团，这一游说团保护垄断，并抵制想要解除垄断、抑制对印度人民的经济、政治摧残的任何努力。

斯密要在《国富论》第三版，为东印度公司写一部挖苦嘲讽性"历史"[3]的想法，或许一部分来自于1773年他在伦敦与"印度朋友"的交往。当时，他希望通过这些朋友能为他的私人医生威廉·卡伦的小儿子，在东印度的商船上找到一个职位[4]。这些朋友无疑会用各种不同的方式参与到对伦敦和印度的东印度公司进行改革的努力中去。他们会有根有据地描述在英属印度殖民地所发生的一切，一些人会强调并谴责自己国家的政府在印度事务中的倒行逆施。显而易见，斯密希望在《国富论》的第一版中出版自己关于贸易自由化会带来的好处所持有的观点，以帮助改变处理北美危机议员们的想法，并说服他们更多地去理解殖民地人民想要享有经济和政治自由的自然诉求。但是这并未能实现，不列颠为了维持对北美殖民地的经济控制，发动了一场凶残而代价昂贵的战争，导致的后果却是永远失去了这一殖民地。斯密很可能想要擦亮立法者们的眼睛，不要在印度问题上犯同样的错误，尤其是通过谴责东印度公司对贸易垄断的绝对控制，以及坚持要求应该给予印度人民公正的待遇，而不是让他们成为英国残忍和贪婪的牺牲品。这样或许可以避免不列颠第二帝国在海外企业和投资的进一步挫败。在重新

381

---

[1] 同上，第108段。

[2] 同上，第106段。

[3] 1784；V.i.e.26

[4] 参见上文第16章。

发起对东印度公司的攻击中，斯密丝毫没有理会米基（1779）评论《国富论》的第一版时，针对其中关于该公司的评价所提出的苛责。

1600 年，伊丽莎白女王颁布特许状设立东印度公司。随后 17 世纪上半叶东印度公司的这段"历史"，斯密用笼统的语言，将其勾勒为专营特权开始生效的一个时期。公司的经营并没有受到无照经营私商的干扰，通过伦敦开展转口贸易。现代研究表明，到 1700 年时，公司的经营业务已经扩展到了往不列颠进口印度白棉布、印花棉布、精美瓷器、丝绸、靛蓝染料、茶叶和硝石（用于制造火药），并将不列颠的精纺棉布和金属制品出口印度[1]。这一时期对专营权的利用是适度的，正如斯密实事求是地陈述：每股 50 英镑的股票价格"并不是很高，公司的业务也并没有如此广泛，以至于会为严重的玩忽职守和挥霍浪费提供借口，或为严重的贪污腐败提供掩护"。但是到 17 世纪后半叶，人们对自由的原则有了更深入的理解，对于未经议会议案确认的一张皇家特许状，是否能够赋予一项专营特权的怀疑日益增强。无照经营私商成倍增加，到 1698 年，原先的或老的东印度公司陷入了严重财务危机。一个新的东印度公司建立了起来，而且一些私人贸易者被允许用自己的股本，独立在印度进行贸易。然而，据称随后导致的新老公司之间以及两者与私人贸易者之间的竞争，毁掉了新老两家公司。这一论证思路是这样的：在印度，竞争使得来自不列颠的货物价格走高，以至于超出了人们的购买能力；而在不列颠，印度进口的商品在市场上积压过多，以至于无利可图。然而，斯密指出，不列颠的民众可以从更为廉价的印度商品的大量供应中获益，而他对不列颠商品在印度供应的增加会抬高价格这一说法，表示了怀疑。斯密推理说，需求的增加，尽管在短期内或许会抬高价格，但是从长远看，必定会使价格走低。斯密的结论是"[东印度公司]所抱怨的悲惨后果是消费的低廉和给予生产的鼓励，而这正是政治经济学的伟大研究所致力促进的两大结果"。这些关于竞争所带来的恶果的叫嚣，最后以 1708 年新老两家公司合并为东印度贸易联合商人公司（The United Company of Merchants trading to the East Indies）。从而把其从所有竞争者中解救了出来，在不列颠与印度次大陆及中国的贸易中完全确立了其垄断地位，确保了公司所经营业务的有限成功，并在股票持有人之间进行了适度的股息分红。

382

---

[1] O'Rourke, Prados de la Escosura, and Daudin, 2008

同时，由于莫卧儿王朝帝国无可挽回地走向了衰弱，不列颠与法国之间为对印度的控制权问题而展开的竞争加剧。东印度公司原来将自己的贸易港口大多限制在了马德拉斯（1639年获得）、孟买（1664年凯瑟琳公主嫁妆的一部分）以及加尔各答（1696年增加），后来卷入了"卡纳蒂克战争（南部印度，现在卡纳塔克邦的一部分），以及印度皇子们的政治斡旋中"。这些都是为了回击彭地治利贸易港法国总督约瑟夫·弗朗索瓦·迪普莱所采取的一系列野心勃勃的政策措施。迪普莱从1741年开始就致力于拓展法国的领地，他当时大胆截留了他负责上交给印度公司财政部的当地税款。关于他劫掠的传闻，使得不列颠的总督们也在他们控制的领地内，采取了相似的做法。随着不列颠和法国在全球争夺殖民地冲突的不断升级，战争成败瞬息万变。马德拉斯先是被输给了东印度公司，接着1748年，又凭借结束了奥地利王位继承战争的《亚琛条约》，回到了法国人手中。在斯密看来，大概就是在这些时候，"战争和征服精神似乎就占据了在印度的[东印度公司]职员的心灵，从此就再也没有消失过"。

斯密从未提及一位东印度公司"会计"出身的将军——罗伯特·克莱夫的名字，以及那场他于1757年6月23日，以几乎很小的代价，赢得的由小冲突演变而来的战役。当时孟加拉行政长官在加尔各答附近胡格利河河岸的普莱西，驻扎了大规模的军队，克莱夫主要是通过在其部队内部造成物资短缺，取得了胜利。斯密所处时代过去很久以后，这一事件在不列颠的民间传说中，被描述为世界上最伟大的战役之一。然而，斯密正确地指出了，在与英法"七年战争"这一历史时期，当时在普莱西事件之后，整个孟加拉都处于不列颠的控制之下，这正是东印度公司实现其雄心壮志——获得的领地和财富要远远超过法国——的关键时期。

斯密关于东印度公司的"历史"的余下部分，描述了新获得的"富饶而广阔的领地"每年高达300万英镑的税赋，以及持股者的股息所占的比例从6%增加到了10%。皇室先是索取了公司领地内的收入和土地税收，接着免除了其支付的40万英镑来加以平衡，最后与公司协商先不将股息所占比例提高到12.5%，这样保证债务的偿还进展顺利。斯密说，公司所宣称的从土地、关税和贸易利润的净年收入，应该能够允许其每年新增60.8万英镑交给皇室，并仍能留下大量偿还债务的钱，以便及时地偿还到期债务。然而，1773年东印度公司的债务不但没有减少，反而增加了应付财政部的欠款40万英镑、无法支付海关税收的欠款、对英格兰银行的大笔欠款，以及一笔 "鲁莽承兑" 从印度向他们开具的汇票，总数达 120 万英镑。结果，股息分红的比重减少到了 6%（其中免除了东印度公司支付给皇室的 40 万英镑），还要求不列颠政府贷款 140 万英镑以免公司破产。斯密的结论是 "[公司的] 财富的巨额增加，似乎只是为它的职员提供了进行更大程度的挥霍浪费的借口和更严重程度的贪污渎职行为的掩护，而这些程度的加深，似乎要远高于财富的增长幅度"[1]。克莱夫在孟加拉的军事和政治成功，带来的长期结果是，将巨大的税收负担压在了农民的身上，并让贪赃舞弊的印度人和东印度公司官员一夜暴富，却同时也败坏了他们的道德。而且，农村的贫穷，更加加深了饱受骇人听闻的 1770 年孟加拉受饥荒蹂躏的人们的苦难[2]。

议会对在印度官员的所作所为以及在欧洲与印度的业务状态进行了调查，结果发现了 1772—1773 年间公司所面临的财政困难程度。这导致了诺斯政府《1773 年调整法令》（*Regulating Act of 1773*）的出台，变革了在印度的政府管理组织方式。过去完全彼此独立的马德拉斯、孟买和加尔各答，被统一到了设在加尔各答的总督一职的领导下，这一职位由沃伦·黑斯廷斯担任。克莱夫发现了黑斯廷斯的管理才能。黑斯廷斯还对印度的宗教、历史、文学及哲学有着浓厚的兴趣。由四位助理行政官组成的委员会协助他的工作，第一任四位助理行政官都由议会提名。但是他们整体与黑斯廷斯对立，不支持他在自己的政府管理中启用印度人的做法。同样设立在加尔各答的，还有一个管辖英属印度殖民地的高级司法法庭，由三位法官和一位审判长所组成，他们的人选都由皇室任命。这一法庭早期的法官中，最为著名的是黑斯廷斯的一位朋友，著名的东方文化研究者和语言学家威廉·琼斯爵士。琼斯是第一位发现希腊语及拉丁语与梵文之间存在联系的语言学家，并推动了对梵文及其文学的进一步理解。斯密将会在约翰逊博士的俱乐部中与其相遇，在斯密的藏书中有一本琼斯所翻译的《亚洲语言……诗歌集》（*Poems...from Asiatick Languages*）[3]。人们希望根据 1773 法令重新组织的东印度公司，在股东和董事所组成的董事会结构上的变化，会使得他们能更有尊严和更稳妥地行使自己的职责。但是斯密的评价是令人沮丧的："然而无论做出任何改变，似乎都不可能使这些董事会在任何方面适于统治一个大帝国，即使只是参与

---

[1]　*WN* II.749–51

[2]　P.J.Marshall，Bengal：*The British Bridgehead*（Cambridge University Press，1988）：78–83，144

[3]　1772，Mizuta

这种统治；因为他们的大部分成员对于这个帝国的繁荣必定是毫无兴趣，对于可能会促进它的繁荣的事情也不会认真考虑"[1]。

斯密认为，专注于为扩张英属殖民地而进行毁灭性的战争和征服的东印度公司的董事和股东们，远不能通过从事市场这一另类"战争"来胜任为国内外带来双赢的贸易商人这一角色。斯密描绘了一幅国家的财富是如何真正得以创造的画面：

> 在一个市场上购入，以便在另一市场上售出并获取利润，而在这两个市场上都存在着竞争者；不仅要关注需求的偶然变化，而且还要关注竞争，即存在多方供应商的货品供应，远要更为频繁的变化，并运用自己的机敏和判断力使各类货品的数量和质量均能适合于所有这些情况，这是一种战争，其战机瞬息万变，没有毫不松懈地保持警惕和关注，几乎是完全无法成功地赢得这种战争的，而股份公司的董事们是无法被寄予这样的期望的[2]。

斯密关于东印度公司"历史"的叙述结束在了1784年，他认为1773年所做的调整并没有结束其在印度管理的混乱状态。尽管因为"一时的良好行为"为加尔各答金库增加了超过300万英镑的收入，"然后占领了印度一些最富裕和最肥沃的地区，扩大了他们的统治或掠夺的范围；而所有这一切遭到了浪费和毁坏"[3]。斯密看到了拥有占领偏远地区堡垒和要塞权力的股份公司，也经常行使或被授予宣战和媾和的权力。而东印度公司行使这一权力所带来的恶，斯密直言不讳地描述为，"他们通常是如此不公正地、如此随心所欲地、如此残酷无情地行使这一权力，最近的一些事件使得这一点人所共知"[4]。以1757年6月克莱夫领导的孟加拉战役的胜利开道，一路欺瞒诓骗、背信弃义无不用其极，东印度公司才逐步走向了发展壮大，而在整整100年之后，这一无限膨胀的东印度公司在印度兵变的暴行面前，也不得不屈服，英属殖民地也最终成了总督领导下的英国皇室的

384

---

[1] *WN* V.i.26

[2] *WN*，V.i.e.30

[3] V.i.e.28

[4] V.i.e.29

附属国[1]。[2]

考虑到斯密在《国富论》第四版（1786）的"告读者书"中所宣称的，第四版中"没有任何变动"——其中确实只能找到几处很细微的改动，而1789年的第五版也是如此——这说明第三版是斯密对自己著作的最后修改。斯密当然也极为慎重地对待了第三版的校对和增补。而且，在第四版中还增加了索引，这是斯密的朋友休·布莱尔和威廉·罗伯逊，在这一著作第一版出版时，就要求斯密增补的[3]。1784年11月18日，斯密确认收到了"自己著作索引的一部分"，但信中并没有说明是否是他自己编撰了这一索引；还是在他的指导下，由文书助手如亚历山大·吉利斯完成的；或是像埃德温·坎南所猜想的，是由对苏格兰银行业常规做法有专业了解的另一个人所完成的[4]。

或许要提供索引是后来才想到的一个念头，因为这封斯密书信的日期，离

---

[1] Sutherland, 1952；James, 1998：28–60；William Dalrymple, 2006

[2] 在1784年版的 WN，亚当·斯密作为一位政治经济学家和道德伦理学家提出了关于英属印度殖民地的警告。小皮特政府所通过的 the India Act of 1784，就是对这一警告或相似意见所做出的一种回应。这一法令将 HEIC 领地，处于一种双重政府的管理之下：the court of directors 继续保留他们的官职任免权，而关于印度事务的行政执行权则被授予了一个新组建的机构 the Board of Control，由政府内阁成员之一担任这一机构的主席，并对议会负责。斯密的朋友 Henry Dundas 曾在这一委员会任职（1793–1801年就任这一委员会主席），他被认为推动了英属印度殖民地自由贸易的发展。Hastings 于1784年辞职，从1788年到1793年他面临着议会对他提出的弹劾审判，Burke 是这场审判的主要发起者。尽管最终 Hastings 被判无罪，但是了解了更多真相的英国民众，要求在印度殖民地实行更高的司法正义标准。新任的 Governor–General Cornwallis 任职时间是从1786年到1793年，他将 HEIC 中的商业部门和政治部门互相分离开来，这一举动符合斯密的主张，并为专业的 India Civil Service（ICS）的出现打下了基础。东印度公司的官员从1805年开始在东印度公司大学接受教育，Thomas Malthus 是那里的政治经济学教授，他将 WN 作为了教科书。在兵变后，皇室接管了英属印度殖民地，WN 还成了 ICS 招考考试的指定参考书。然而，当时对于 WN 的主流解读被描绘为是教条主义的，强调所谓的斯密放任自由经济学，产生的影响是拒绝不列颠官员干预谷物或其他食物市场，甚至在遭受严重饥荒时也不例外，这种状况一直持续到到印度独立（S.Ambirajan,1978），这样只能任农民们无情地遭受着"高税负、吸血的利率、让人喘不过气的债务、低价抛售良田"的折磨，而无所作为（Eric Stokes, 1982：50–5；J. S. Narayan Rao, 1993：264–5）。然而，随着印度知识分子思想的西化，他们开始更为全面地接受斯密的经济学思想（A. K. Dasgupta, 1981）。但在其独立后，印度摒弃了斯密的自由市场学说，开始接受各式的本土保护主义经济（Gandhi；A.S.& J. S. Mathur, 1962），或是接受旨在让千百万印度人摆脱赤贫状态、达到一定的生活水平的计划经济或混合经济（Nehru；M. L. Dantwala, 1969）。跟世界其他地方一样，这些努力所获得的成功有限，印度还是以这种或那种方式解放了市场（正如斯密所设想的），以让越来越多的人可以享有各种经济方面的机会。在不列颠对印度实施统治时期，不列颠的官僚们或许钳制了斯密所积极主张的自由、正义、公平有利于人类幸福的言论，或是将其改头换面了，但是印度的主要经济学家似乎坚定地拥护这些价值观，如 Partha Dasgupta（*Human Well–being and the Natural Environment*，2004年修改版）和 Amartya Sen（*Inequality Reexamined*, 2004），他们与斯密一样，对于忽视贫穷和弱势群体利益的做法充满愤慨，但是并不一定认同斯密所提出的自利是人类行动普遍动机这一说法。他们继续斯密的事业，即试图揭示负责任的经济发展模式的特点和原则。

[3] *Corr.* Nos. 151，153

[4] *WN* ed. Cannan, 1950：vol.i, p.xvi

1784 年 11 月 22 日《国富论》在伦敦出版，只有四天时间。早在 8 月 10 日，斯密就期待着自己著作的出版了，并告诉卡德尔将赠送本送给以下这些人物[1]："装订精美，封面烫金"的一本送给伦敦一位"喜好看书"的夫人——路易莎·麦克唐纳夫人。她是贝德福德（Bedford）辉格党领导人高尔伯爵二世的女儿，结婚时，她带去了一笔丰厚的嫁妆。而她的丈夫就是当时刚被皮特政府任命为副检察长的阿奇博尔德·麦克唐纳。斯密对麦克唐纳爵士有着特别的好感[2]，并与他一起计划，如何为他的岳父谋得首相一职。其他几本"硬纸板封面"的《国富论》送给以下老朋友：斯坦霍普伯爵和他的继承人马洪勋爵；亚历山大·韦德伯恩，其在 1780 年担任首席法官大人期间，被授予了拉夫伯勒勋爵的封号；谢菲尔德勋爵，当时正在贸易委员会任职，是吉本"最好的朋友"和代理人；以及库珀·格雷爵士，他为《国富论》的增补提供了财政部关于奖金发放账目的相关记录[3]。11 月 6 日斯密收到了几位接受赠与者的感谢信，他要求将其他几本送给谢尔本和拉罗斯福哥公爵圈子内的成员：年轻的公爵，他的妹妹沙博伯爵夫人以及邦贝勒斯侯爵[4]。

385

第三版的《国富论》除了在这些"大人物"间流传外，当时的读者也可以买到，因为斯特拉恩让发行量在前两个版本发行量的基础上翻了一番，增加到了1,000 册。在今天，这一版本完全可以被称为 1976 年格拉斯哥版本《国富论》的"母本"[5]。

---

[1] *Corr.* No. 240

[2] *Corr.* No. 163

[3] *Corr.* No.241

[4] *Corr.* No.240

[5] I.63–64

23. 为立法者留下的遗产

应该用何种方式逐步恢复完美的自由和正义自然体系这一问题，我们必须留给将来的政治家和立法者给出答案。

《国富论》第三版出版那年的夏天，斯密对这一著作的法语版能否出版很感兴趣。他知道通过法语，可以让更多国家的读者读到自己的作品，包括西班牙和意大利的读者；而在《国富论》出版后不久，很快就有了德语译本和丹麦语译本，欧洲和美洲的立法者们也很快就知道了斯密掷地有声的反对垄断、赞同自由贸易的观点。

1784 年 6 月 19 日，斯密致信卡德尔，请求帮他找到一本《国富论》的法语译本，斯密听说莫雷莱神父已经完成了一个法语译本[1]。莫雷莱确实翻译了《国富论》，但是却从未将之出版[2]。1778—1779 年，由一位"M***"（从未能发现其全名）翻译的法语版《国富论》在海牙匿名出版。尽管这一译本于 1789 年在阿姆斯特丹再次出版发行，但其质量低劣，主要在法国以外地区销售，因而从未能渗入法国市场。得知阿迈洪主编的《重农主义期刊：论农业、商业、艺术及财政》[3] 文稿短缺，布拉韦神父（the Abbe Blavet）于 1779 年 1 月到 1780 年 12 月期间，将自己的《国富论》译稿分期刊登在了这一杂志上。1781 年这些文稿在巴黎装订成书，总共发行了 20 本，而作者本人也收到了一本，书中题有"亚

---

[1] *Corr.* No.239

[2] 1821：i.243

[3] *Physiocratic Journal de l'agriculture, du commerce, des arts et des finances*

当·斯密的卑微仆人布拉韦神父敬赠"字样[1]。1782 年 7 月 23 日，斯密确认收到了这一礼物，并表示说深受译文的吸引，至少在粗粗地阅读后，觉得译文完全忠实了原文的内容[2]。莫雷莱神父因手上还有未出版的《国富论》译稿，很可以理解地宣称："布拉韦与其说是忠实于斯密的著作，还不如说是在中伤可怜的斯密"[3]。随后，未经授权的布拉韦译本于 1781 年匿名在瑞士的伊韦尔东出版，1786 年在巴黎出版。1788 年巴黎再次出现了这一译本剽窃版的重版。最后，布拉韦，当时被尊称为"公民"，于 1800—1801 年，出版了经过大量修改的《国富论》法语译本。在这一译本的前言中，布拉韦发布了一个不实的说法，即伏尔泰甚至在《道德情操论》出版前就宣称说，斯密是一位杰出人士，法国无人能与其相提并论[4]。

　　第三位法文翻译者并未被 1788 年布拉韦版的再次出版吓住，开始在 1790 年发行自己《国富论》第四版（1786）的译文[5]。这就是诗人安托万·鲁谢，他除了懂得英文外（他曾凭借自己的英文能力翻译了汤姆森的《四季》），没有任何其他特殊的资质能胜任斯密作品的翻译工作。他是恐怖统治时期的牺牲品，1794 年先于罗伯斯庇尔两天被推上断头台处以极刑。斯密的藏书中有鲁谢译文的第一卷和第三卷[6]，其中有向读者承诺随后将出版一卷孔多塞所著的注释。孔多塞是 1794 年法国大革命的另一位牺牲者，这些注释从未能够出版，但是丹尼尔·迪亚特金（1993）认为，我们或许可以从出版在 1790 年《人类知识》（*Bibliotheque de lhomme*）[7] 的《国富论》摘要中，对这些注释的基本内容有所了解。这一出版物标榜自己提供"针对法国及国外关于一般政治、司法、金融、'警政'[斯密意义上的]、农业和贸易，以及自然权力和公共法律等方面著作的详尽分析"。它的管理团队包括了孔多塞；前法国驻士麦那领事佩斯内尔；重要政治家勒·沙普利埃，曾任国民大会主席，于 1794 年被推上了断头台；以及"其他一些知识分子"。迪亚特金将这一摘要描述为鲁谢译文的"拼凑物"，他还指出摘要内容表明，孔多

387

[1] Mizuta

[2] *Corr*. No. 218

[3] 1821：i.244

[4] Ch.12，n.8

[5] Carpenter，1995

[6] Mizuta

[7] vols.iii，iv

塞及合写人并没有抓住《国富论》的"分析核心",因为摘要一笔带过了《国富论》中的核心章节,即第一篇中的第 5、6、7、8、9 章,这些章节讨论的是价格、价值、劳动、工资及利润等,只是简单地提了一句"我们不一一复述斯密先生的这些观点。这些内容必须通过阅读原著才能了解,而且只读一遍也还不足以了解这些思想的实质"。[1]

孔多塞是杜尔哥的门徒兼朋友,也像杜尔哥一样经常光顾朱莉·莱斯皮纳斯举办的沙龙,斯密也于 1766 年参加过这一沙龙。当杜尔哥于 1774 年担任了法国总审计长后,他召集了达朗贝尔和孔多塞到一委员会任职,这一委员会旨在调查法国河流的使用及滥用情况,后来孔多塞接受任命,负责管理铸币厂[2]。在孔多塞看来,《国富论》可能是对重农主义者和杜尔哥,在诸如资金的形成与流通等问题上观点的一种强化,他或许甚至还会认为,斯密对魁奈固执已见地认为农业是唯一具有生产性部门的观点的攻击是有益的。近几年,人们对孔多塞的进步观有了更好的了解,认为他将道德理解与科学技术进步在工业中的应用联系在了一起,旨在改善人类生活。他所持的与斯密相似的观点,即教育能够有效地解决由劳动分工带来的对人类人格的摧毁,也得到了更多的认同。更重要的是,孔多塞原先被认为信奉"冷酷的、暴虐的启蒙",被证明是一种误读,事实上,他试图要告诉人们"将所谓普遍永恒的学说强加于人是最为危险的专制"[3]。

在孔多塞的家中,很可能曾经就斯密"有德性的人"这一概念展开过讨论,

---

[1] Faccarello (1989) 以 Jerome de Lalande 所著的 "Notice historique sur la vie et les ouvrages de Condorcet", Mercure francais, 1796 年 1 月 20 日:p. 156 为依据,提醒说 Condorcet 可能是让 Le Chapelier & de Peyssonel 在 Bibliotheque de l' homme public 所出版的 WN 概要中使用了他的名字,但是文中的语言仍是由 Roucher 措辞的;Lluch (1989) 讨论了 Carlos Martinez de Iruja 翻译的据称是 Condorcet 所写的 WN 摘要 (Compendio de la obra intitulada Riqueza de las Naciones, hecho por el Marques de Condorcet, 1792, 1803, 1814),指出斯密的名字并没有被附在上面,或许是因为署名为斯密所著的 WN 被告上了西班牙的 the Holy Tribunal,并在第二年被禁止出版,而 Condorcet 作为侯爵,不管他的政治倾向如何,以他的名义出版还是被允许的。虽然 WN 的西班牙语译者完全看懂了这一英文原著的意思,但是他还是觉得有充分的理由建议说"看不见的手"不得不翻译成西班牙语中的"政府的手",因为在西班牙并不存在受追求利润动机驱动的起到调整供需作用的市场机制。西班牙语的 WN 摘要,相比于删减了书中对于天主教的攻击部分的删节版 WN 原文翻译 (于 1794 年由 Alonso Ortiz 在 Valladolid 出版),更好地呈现了斯密的思想:参见 Lasarte (1976:17—127);在意大利,斯密的经济学思想最先是通过启蒙杂志中的文章 (如 Vicenza 的 Giornale enciclopedico) 以及在各学会中的辩论而为人所知的,随后 1790 年才出现了 Blavet 版的 WN 意大利语译本,但是最初的法语译本还是流传很广:Gioli (1993:225—49)。关于这一话题的整体介绍,参见 Palyi (1928/1966:180—233);Simon Schama 追溯了荷兰早期如何接受或选择性地利用了斯密经济政策思想,尤其荷兰州长 Rutger Jan Schimmeplenninck 和财务大臣 Isaac Jan Alexander Gogel (1992:258—61, 385—7, 500—3)。

[2] Marquet, 1989;Schama, 1989:83

[3] Rothschild, 2002:196

因为他的妻子索菲·格劳奇（1786 年孔多塞战胜了情敌——不是斯密的朋友拉罗斯福哥公爵就是拉斐德——赢得了他妻子的芳心）大概就在他们刚结婚的那段时间，开始着手翻译《道德情操论》。她在大革命的动乱期间完成了翻译，据说这也是法语中能找到的最好译本。这一译本加上斯密关于《语言起源》的文章，再连同格劳奇自己的原创作品，即写给孔多塞私人医生、思想家卡巴尼斯的《八封论同情书信》（*Eight Letters on Sympathy*），一起于 1798 年得以出版[1]。

388

从 1776 年起孔多塞担任了巴黎科学院的终身秘书一职，他与欧洲的知识界人士保持着良好的联系。他寄给了斯密他出版于 1785 年的一本著作，这是一本产生了重大影响的关于社会团体及多数决定论的数学分析性著作《论不同观点决定可能性分析的应用》（*Essai sur l'application de l'analysis a la probabilite des decisions rendues a la pluralite des*vois）[2]。这本书上题有"作者敬赠尊敬的亚当·斯密先生惠存"[3]。斯密的藏书中，还有孔多塞于 1786 年在伦敦出版的《杜尔哥传》（*Vie de Turgot*），以及 1789 年出版的四个小册子[4]。这些小册子都是法国大革命早期关于宪政的辩论，孔多塞在其中扮演了一个很活跃的角色。据叙阿尔夫人声称，孔多塞妻子所怀有的政治抱负对孔多塞产生了积极的推动作用[5]。斯密似乎在 1790 年，将这些小册子寄给了麦康诺奇家族的某个人，也许就是艾伦·麦康诺奇教授，他当时在爱丁堡大学讲授公共法律课程，秉承了斯密《法学讲义》中的精神。

这些专业人士对法国大革命的进展非常关心，正如斯密的朋友杜格尔·斯图尔特，他利用夏天去巴黎游览的机会，观察了 1788 年和 1789 年在巴黎所发生的事件。他因为持有同情革命者的立场而受到批评。同时代的人写道，在当时的爱丁堡大学，安德鲁·德尔泽尔谈论着古希腊自由，而斯图尔特支持的是斯密的学说，谈论的是一般意义上的自由："人们不安地关注他们的言论。尤其是斯图尔特，尽管他是如此的洁身自好和与世无争，以至于并不会受到公开的指责，却仍是巨大的隐秘恐慌的对象"[6]。

---

[1] Manuel, 1965：57–8；Staum, 1980；Lagrave, 1989

[2] Daston, 1988；Crepel, 1989：65–118；Baker, in Crepel, 1989：515–24；and 1990：165–6

[3] Mizuta

[4] Mizuta

[5] Manuel, 1965：57

[6] Cockburn, 1856：85

　　杜邦·盖兹瓦特是法国大革命开始阶段的领导人之一，像孔多塞一样，也是一位贵族，还是重农主义者们和杜尔哥的伙伴。杜邦于 1788 年 6 月 19 日致信斯密，并附上了一个小册子，支持《艾登协定》中所提出的贸易自由。他这样做是想对《国富论》这一著作表示敬意，他宣称斯密极大地加速了"有用的革命"的到来，这一革命为法国带来了一个"好宪政"，进一步发扬光大不列颠和美利坚合众国所拥护的学说[1]。杜邦从自己对斯密所怀有的敬意出发，联系了当时其他经济学同仁对斯密的敬重之情。然而，从《人类知识》上孔多塞所著的《国富论》摘要来看，刚开始法国人并没有接受《国富论》学说中真正具有革命性的内容：在某些历史条件下，竞争和市场机制能够改善人类的命运，而并不需要政治宪政方面精致而抽象的改良。

　　另一位深深卷入立宪活动中的国民大会议员是杰曼·加尼尔，他也像孔多塞和杜邦一样受到了恐怖统治的威胁，逃到瑞士避难，1794 年在那里开始翻译《国富论》，以寻求慰藉。他的译本成为被普遍接受的法语译文，其中有他自己添

389　加的注释和解释，并在 1843 年版中，补充了以下经济学家的注释：萨伊、布朗基、麦卡洛克、马尔萨斯、詹姆斯·密尔、李嘉图和西斯蒙弟，旨在探讨斯密思想中所具有的不同纬度。这一版本奠定了《国富论》在欧洲经济思想发展中所起到的引领作用（ed. Daniel Diatkine，1991）。加尼尔的译文随后被 1995 年波莱特·塔伊布的译文以及 2000 年杰-米歇尔·塞尔韦的译文所替代。除了《国富论》译文外，加尼尔还在 1802 年《国富论》法文版（Recherches）的"译者前言"（Preface du traducteur）中提供了颇有影响的导读及批判性的鉴赏。这一"译者前言"后来被译成了英文题为《加尼尔评斯密学说》（*Garnier's View of the Doctrine of Smith*），并被拿来与法国其他经济学家的观点做比较，与他所著的《斯密博士著作研究方法谈》（*Method of Facilitating the Study of Dr. Smith's Work*）互为补充[2]，而这也成了格拉斯哥斯克林杰（J.&J. Scrymgeour）出版的 1805 年版《国富论》的最大特色之一[3]。尽管加尼尔的《评斯密》（*View*）和《研究方法》（*Method*）经常重印，并被广泛地作为帮助理解《国富论》的工具，但是这两部作品模糊了重农主义者与斯密的经济学说之间的区别，并在某种程度上曲解

---

[1]　*Corr*.No.27：更进一步的相关讨论参见下文第 24 章。

[2]　Ross, 1998：xxxii–xxxiii, 204–24

[3]　#87，Main Bibliography, Chronological, in Tribe and Mizuta，2002

了斯密的思想。对斯密的思想进行更为忠实的解读的，是斯密的早期追随者（但
绝非是盲从者）杰－巴普蒂斯特·萨伊。他年轻时在英格兰待了两年，学习英语
和贸易方法。他获得了一本《国富论》第五版（1789），并把它作为床头书。在
出版自己的著作《经济论文集》（*Traite d'economie*）（1803）之前，萨伊花了13
年时间阅读、注释《国富论》[1]。萨伊以萨伊定律而闻名世界，即供应会自己创
造需求，这一定律在20世纪80年代，一度受到了里根主义经济学思想的推崇。
萨伊还对劳动分工这一概念进行了提炼，挑战了斯密"劳动是创造财富的唯一要
素"这一思想，提出了"通过破解自然法则，人类学会了如何利用自然为生产性
目的服务"。据称，他超前于他同时代的人认识到了机器是"工业社会的首要特
征"，并进而引出了"法国式社会政治思考方式"，即将"工业要素"提升为理解
现代社会的关键。还有一种说法认为，法国的经济自由主义者受到这些思想的激
励，开始相信《国富论》"不得不被一个更为系统、严格、完整的理论体系所替
代，而这里萨伊已经提供了一个权威的榜样"[2]。然而，时至今日这一论断并没
有得到全世界的认同，所谓的不够系统化的《国富论》，继续吸引着各国人民的
注意力，他们用各自不同的语言，发表着关于它的评论，并从中为多种不同经济
体制的发展，找到了许多发人深省的洞见[3]。

　　《国富论》在德国的遭遇与在法国相似：尽管对这一著作非常感兴趣，但是
对其中学说的把握，最开始还是经历了一段不确定期，随后，才就学说在思想上
所提出的挑战，做出深入的回应[4]。在德国，《国富论》接受过程可以划分以下
几个阶段：翻译；书评；普及；随后应用于解决德语国家的实际问题，具有原创
性的政治经济学思想开花结果[5]。德语的第一个译本，同时也是任何欧洲语言的
第一个译本，译者是约翰·弗里德里希·席勒，诗人弗里德里希·席勒的堂兄弟。
在席勒的翻译过程中，还得到了克里斯琴·奥古斯特·维克曼的协助。这一译本
于1776—1778年，以两卷本的形式在莱比锡出版，当时的莱比锡已经成为德国

---

[1]　Ross, 1998：xxxi–xxxxii, 188–203
[2]　Faccarell and Steiner, 2002：103–4
[3]　参见 Tribe and Mizuta, 2002：120–209。
[4]　Waszek, 1985；1988：ch.2；1993
[5]　Tribe, 2002：120–52；see the titles in the Thoemmes Press series：Adam Smith Early German Responses, also
　　Ross, 1998：xxvii–xxx

390　主要的图书贸易中心。译者席勒在第二卷的前言中，将斯密称为他的"朋友"[1]；因为在 18 世纪 70 年代，他在美因茨开办书店之前，曾担任了莱比锡当时非常重要的出版社——魏德曼出版社在伦敦的代理人。可能斯密在《国富论》出版前以及出版后不久，即 1773—1776 年和 1777 年，待在伦敦期间，与席勒有着私人往来。斯密的藏书中有两本席勒译本第一卷留存下来[2]，格拉斯哥大学所保留的那一本，封面上有着乔治三世国王姓名的字母缩写，或许这一本书是国王本人亲自送给斯密的，向他表明他在德国的熟人们是知道这一著作的。尽管 1792 年，德语译本增加了第三卷，以《国富论》第三版（1784）中的增补和修改为基础，这样整个译本就完整无缺了，但结果却是叫好不叫座，评论反映很好，书的销售却不尽人意。

　　第二个《国富论》德语译本，由克里斯琴·加夫所译，情况则要好很多。加夫曾在莱比锡大学做过哲学史方面的深入研究，并于 1768—1772 年在那里短暂执教。加夫开始所做的是关于弗格森的《文明社会史论》的研究，这为其打下了良好的基础，让他对苏格兰启蒙运动中的作者们，包括哈奇森、休谟、里德、凯姆斯和斯密有了广泛的了解。显然是由于健康的原因，他辞去了教职，但是他或许还想继续自己作为哲学家的事业。作为这一事业的开端，他翻译并评论了弗格森的《道德哲学原理》（*Institutes of Moral Philosophy*）一书，备受推崇，并部分翻译了凯姆斯的《批评的基础》一书，也加了注释，这两本译本都于 1772 年首次出版。他定居布雷斯劳，准备于 1794—1796 年间，以三卷本的形式，出版优秀的《国富论》第四版（1786）译文，这一版中融入了斯密在第三版中所做的最后一次主要修改和增补。加夫作为一位重要哲学家的声誉（尽管最终康德的声名使其相形见绌），为斯密的著作赢得了广泛的关注。加夫的朋友、莱比锡邮政局长奥古斯特·多里昂，为加夫译本的出版所做的贡献，也不应被忽视。他在加夫生病期间接手了这一计划，负责将其出版，并为出版后随即取得的成功，深感欣慰。多里昂在 1799 年出版的第二版前言中写道，加夫原本想要做内容分析一览表作为第一卷的附录，因病无法完成，因而，他就翻译了杜格尔·斯图尔特所著的《亚当·斯密生平及著述》作为替代，为《国富论》的解读，提供一个关于作

---

[1]　Ross，1988：167-8

[2]　Mizuta

者生平及其学术背景的有用介绍。

一些关于《国富论》的书评，既有关于英文原著的也有关于德文译文的，进一步传播了斯密的学说。比如，乔治·赛多利斯为《哥廷根文摘》撰文，向当时所有教授发出挑战，让他们与斯密的"不朽之作"一争高下。接着他自己接受了这一挑战，写了一本非常成功的《政治经济学手册》（*Handbuch der Staatswirthschaft*）（1796），后来修改为《国民财富要素》（*Elements des National-Reichthums*）（1806），其中为普通大众读者提供了一个组织清晰的《国富论》摘要。另一本具有相似性质的著作是奥古斯特·费迪南·利德丝所著的《国家工业和政治经济论》（*Uber Nationalindusti ie und Staatswirthschaft*）（1800—1804）。这一著作效仿斯密的做法，通过旅行者关于处于不同历史发展阶段的社会的描述，来阐述经济学说。两位将斯密的学说普及化的作家则表明，他们对于斯密政治经济学体系所赖以建立的理论基础是有所了解的，如詹姆斯·斯图尔特爵士及休谟作品中的思想：约翰·戈特利布·布勒的 *Geschichte der Theorie der Staatswirthschaft*（1803—1804）；克里斯琴·雅各布·克劳斯的休谟《政治论文集》（*Political Discourse*）译文（1800），及在哥尼斯堡大学的讲座，这些讲座最终产生了一个关于《国富论》的很有理解力的修订版，以题为《国家经济》（*Staatswirthschaft*）出版[1]。

18世纪90年代，德国教授中最先使用斯密学说讲授政治经济学的包括：哥廷根大学的赛多利斯教授，哥尼斯堡大学的克劳斯教授，哈雷大学的利德维希·海因里希·雅各布[2]。大概是在同一时期，杜格尔·斯图尔特也在爱丁堡大学讲授这一课程。斯图尔特吸引了来自苏格兰以外的学生，包括两位将来的不列颠首相：帕默斯顿勋爵和约翰·卢梭勋爵。他们从斯图尔特关于《国富论》的阐述中，获得了应该如何切入分析经济事务的角度，并对《国富论》中所提出的政策性建议有很透彻清晰的理解，这反映在不列颠改革时期他们所制定的立法中[3]。相似地，赛多利斯的学生中也有一些人物对变化中的德国产生了影响。普鲁士的政治家斯坦因和哈尔德韦克曾在哥廷根大学就读，似乎就是部分地受到了斯密学说的激励，他们展开了一个改革计划，其中包括废除贸易垄断、解放农奴、将封

391

---

[1] 作者死后出版，1808—11。

[2] Rzesnitzek and Thal, 1976；Thal, 1979；Tribe, 1988：169–72；Ross, 1988：172–85

[3] Semmel, 1970；Winch, 1983：25–61

建制土地转换为完全保有土地制。他们引领普鲁士走上了一条现代化工业强国的道路，得到了在哥尼斯堡大学接受过教育的行政公务人员的支持，如舍恩和施勒特，他们听过克劳斯关于《国富论》的授课[1]。当然我们不应据此就得出结论，普鲁士的改革是由组织严密、意见完全统一的一伙人所展开的，有证据表明斯坦因和哈尔德韦克之间彼此抱有很深的成见[2]。

然而，与这些部分地受到了斯密经济学思想影响而展开的社会改革齐头并进的，还有理论上的进展，德国学者们将《国富论》与他们自己本国经济学者的研究传统联系了起来，对经济学应主要研究的问题有了清楚的界定和系统综合的规划。在这一点上不得不提到两位学者的名字，一位是卡尔·海因里希·劳尔，他的著作《政治经济教科书》（*Lehbuch der politischen Oekonomie*）（1826—1837）先后出版了多个版本，19世纪绝大多数著名的德国经济学家都从中汲取了营养；另一位是夫里德里克·本尼迪克特·威廉·赫尔曼，《关于劳动生产力、资本、价格、利润和收入的国民经济调查》（*Staatswirthschaftliche Untersuchungen uber Vermogen Wirthschaft，Produktivitat der Arbeiter，Capital，Preis，Gewinn，Einkommen und Verbrauch*）（1832）的作者，这一著作解除了斯密的学术遗产被解读为教条化的自由主义的威胁。据称，赫尔曼自己的主要成就在于，强调价格理论中需求的作用，并向边际效用理论迈进，但他对自己思想的原创性持有非常谦虚的观点，他宣称：“任何在经济学中有所建树的学者，从这一学科的主要学说角度来看，都不得不将自己看成是亚当·斯密的门徒”[3]。

斯密自己对德国的关注，却完全无法与其对法国的关注相提并论。在1756年《致〈爱丁堡评论〉创刊人的一封信》中，斯密表达了对于“仅仅只要求简单的判断，再加上劳动和勤勉，而不需要大量的我们称之为品位或天分的学科”上所取得的思想成就的轻蔑。然而，他准确地指出了当时他写这封信时，德国的“有识之士”中存在的一个非常普遍的问题，即他们更喜欢磨炼自己的法语水平，而不是他们自己的语言——德语的水平（第三段）。比如弗雷德里克大帝，当时就没有时间用德文写作。然而，毫无疑问德国对《道德情操论》以及后来的《国富论》做出了深有同感的回应，再加上对苏格兰启蒙运动中其他人物著作的回

[1] Winkle，1988

[2] Fulbrook，1990：99

[3] Recktenwald，1976：277—87；Waszek，1993：170

应，以及意识到斯密和他知识界的同仁们形成了一个卓尔不群的哲学流派，一定成功地鼓励了德国学者努力用德语来恰当地表达自己的思想。这无疑也是加夫所从事的事业的主要特点。接着，对于苏格兰人著作的反思，尤其是对于亚当·斯密的著作的反思，必定也极大地激励了德国的思想家们拓展自己的思想视野，用自己的语言表达思想，并发展一套具有自己特色的政治经济学及其他社会科学研究方法，在黑格尔和马克思轰轰烈烈的学术事业——对"文明社会"的分析和批判——中达到了高潮。[1]

说德语的奥地利政治哲学家、作家约瑟夫·尼克拉·文迪施·格拉茨伯爵（Count Joseph Niclas Windisch–Gratz），是一位品行高洁而富有的知识分子，他直接向斯密本人寻求帮助。年轻时，文迪施·格拉茨曾是约瑟夫国王二世朝廷上显赫一时的大臣，于 1770 年陪同玛丽－安托瓦内特（Marie–Antoinette）前往巴黎与后来成为路易十六国王的皇太子成婚。后来，他远离了这位仁爱而专制的国王，因为他认为国王的改革过于残酷无情（Allgemeine Deutsche Biographie）（1898：B.43）。他的思想与孔多塞相似，他们都对学说和观点的数学化表达有着浓厚的兴趣。康德对他的"哲学天才"表示了敬意，认为他的这一才能是与他"作为一个世界人的崇高态度"结合在一起的（to F.H.Jacobi，1789 年 8 月 30 日：Kant，1967：157）。

1785 年 5 月 10 日，文迪施·格拉茨从布鲁塞尔致信斯密，请求他帮忙说服爱丁堡皇家学会与巴黎科学院及一个德国学会一起，作为他所设计的一个竞赛的评委。这一竞赛的目的是要用尽可能清晰的方式，确立描述事件的措辞，以此来规避财产转移中的欺诈行为和法庭冲突，而又不至于有损自然自由。他已经用

---

[1] Hegel（1942；1991）；一些人认为 the Philosophy of Right 是 Stein 关于普鲁士国家的理想状态，但是，黑格尔在其中探索了家庭、政治团体，以及文明社会中自由的现状，在这一处于商业阶段的文明社会，Hegel 看到了竞争和劳动组织导致了对工人的压迫（paras.243–8，回应了 Ferguson 和斯密所提出的劳动分工所导致的破坏性结果）。Hegel 还从 Ferguson 和斯密关于"自然的"人类行为会带来意料之外的结果和自发的秩序的论述中，改编出了他的"理性的狡黠"（"cunning of Reason"）概念。1843 年，马克思开始了他伟大的社会学思考，批评了黑格尔哲学，并在费尔巴哈的影响下，摒弃了苏格兰启蒙运动所推动的用来解释法律关系和政府形式的"人类心灵的整体发展"这一概念，而是关注"生活中的物质基础，这一物质基础的整体就是黑格尔效仿十八世纪的英国人和法国人，所提出的'文明社会'这一说法下所囊括的内容"。马克思的下一个观点，——即"政治经济学提供了文明社会的解剖图"（*Preface to Critique of Political Economy*，1859）——让我们看到了他为什么不得不研究亚当·斯密，以及为什么在他关于异化（alienation）的讨论中，我们能看到斯密思想和黑格尔思想的影响，转引自 McLellan（1972：140）；还可参见 pp.209—65，其中讨论的主题之一就是 *1844 Paris Manuscripts* 中所引证的斯密思想及其提出的"异化"学说——正是在这些论文中，马克思赞赏地引用了恩格斯的名言：斯密是"经济学中的马丁·路德"。

拉丁文写了一个计划，分发给欧洲的有识之士（Ad Lectorem，London，1785：Bodleian Lib.，Vet. AS d.430），其中包括康德和孔多塞。他向斯密汇报说，孔多塞和拉普拉斯（Laplace）已经代表巴黎学院同意了他的请求，但是，他却遭到了伦敦皇家学会的粗暴拒绝，而且柏林研究院也将不予理会。他还写到他之所以向研究院而不是向大学提出这一请求，是因为他所寻求的解决方法不是法律意义上的，而是出自逻辑和几何角度考虑的，因而他认为向科学界提出的请求，无疑应该与研究院联系在一起。4 月 30 日巴黎研究院的一个委员会，向它的上级组织递交了一份由孔多塞起草的报告，高度肯定了竞争的价值以及法官使用多重投票来达成一致决定的明智做法。但是这一建议并未产生任何影响（或从研究院的记录再没有提及此事看来，是这么回事），孔多塞在 1785 年 10 月 9 日的《巴黎日志》（*Journal de Paris*）上，发表了一封热情洋溢的书信（pp.1162—1163），试图让人们关注这一议题。孔多塞争辩说，已经在思考要实现世界语计划的莱布尼兹，是不会同意文迪施·格拉茨的方法是不可能解决问题的，而且"不可能"这一单词本身就"几乎毫无哲学意义"。在孔多塞看来，科学的方法可以被用于解决问题；即使最后被证明确实无法解决问题，也是一种解决，因为这对其他人是一种警告，告诫他们不要再重蹈覆辙[1]。从孔多塞为这场竞赛所做的努力中，我们或许仍可发现他对于世界语计划和赋予社会科学以数学式的严谨所抱有的雄心壮志，这一雄心壮志同样体现在了 1785 年他寄给斯密的关于概率和投票的著作中。

5 月 27 日，斯密就文迪施·格拉茨的请求写了回信，代表他的同事同意担任竞赛的裁判[2]。7 月 4 日他又紧接着写了另一封信，声称与巴黎研究院的主流意见一致，他个人关于这一问题的回答是，这一问题无法得到完全解决，甚至差不多地加以解决也是不可能的，而这也得到了他几位同事的认同[3]。斯密提出了三条理由：第一，他知道"虚荣和随性"会使财产转移的条件具有无限多的变化可能。斯密写道，我们都知道字母表的 24 个字母随意组合，就可以变化多端，而在很早以前，"人类的虚荣和随性"就已经发明了远比 24 个字母多得多的依附于财产转移的条件。第二，斯密写道，各国根据各自的实在法，对财产转移的条件有不同的表达方式，只有那些对任何国家的实在法都很熟悉的人，才能发明一套

393

[1]　Baker，1975：226–7，447

[2]　Czech Republic，Klatovy，Statni oblastni archive，Familienarchiv Windisch–Gratz，Karton 246，No.32

[3]　MS copy，Aldourie Castle，Dores，Inverness

为所有人都接受的表达方式。而他认为发明这样一套全世界都有效的表达方式是不可能的。第三，斯密指出，每个国家都有大量的这方面约定俗成的表达方式汇编，这是"许多代人前仆后继的智慧和经验"的结晶。他认为没有一个人或一个社会能够真的改良这些汇编的集子，苏格兰人称之为"文体书籍"。也没有人心里盘算着一个复杂的协议，却希望能在这些集子中直接找到一份完全合适的表格，只需往里面填上名字和日期就可以了。任何这类协议，都需要一位精明能干的律师，了解协议各方的意图，利用自己的才干在协议中将各方意思表达清楚。

在斯密看来，这些文体书籍就像是画画的人看着绘画大师的作品，应该被模仿而不是抄袭。他补充说，如果文迪施·格拉茨想要从更清晰、更简洁、更全面的角度来提高他自己国家的文体书，那么竞赛有可能会提高地方上的司法实施。但是如果竞赛的设计者"致力于一个远要更为宏大的效用目标"，那么竞赛恐怕就会毫无意义了，这样斯密从历史角度出发结束了自己立场的阐述，反对莱布尼茨和孔多塞所支持的普遍主义。

斯密不认为爱丁堡皇家学会担任竞赛裁判，需要金钱上的补助，因为他预期让会员们做裁判，并不会给他们带去太多的麻烦。他更进一步的观点是，现世的人中并没有谁有足够的资质，能够为这一问题提供答案。而那些不够资质的竞赛参与者，可能是"一些无知、贫穷而又自以为是的冒牌学者，他唯一的目的就是要欺骗您和大众，并抢夺您的金钱"。斯密同意接受从原先拉丁文翻译过来的法文的竞赛事宜描述，但是他觉得这份材料的传播就足够了，而不需要刊登报纸广告。斯密承认"在我力所能及的范围内，我总是无法忍受让自己的名字出现在报纸上，但是，令我伤心的是，我并不是总能做到这一点"，从中我们可以再次看到斯密保守性格的展现。

7月12日，文迪施·格拉茨再次从布鲁塞尔致信斯密，告诉说他已经收到了斯密5月27日的来信，将他在6月7日和22日所写的关于法语比赛日程表的内容做了一个大概的介绍，并把爱丁堡皇家学院的名字加入关于这一竞赛的宣传资料中。幸存至今的还有文迪施·格拉茨于1787年7月2日和10月30日写给斯密的其他信件。文迪施·格拉茨在信中并没有任何明确的表示，准备接受斯密在这一问题的睿智见解。文迪施·格拉茨在信中首先提到了已经有两个参赛方案送到了他手中，其中之一已经被送到了孔多塞那里，巴塞尔研究院已经同意对这些参赛方案做出评判。他希望裁判们尽快做出裁决，这样即使连任何过得去的解决方案都没有找到，他也可以换一种方式再提出自己的问题。孔多塞想要他放弃截止日期的做法。在第二封信中，文迪施·格拉茨抱怨来自维也纳和布拉格的那些参赛方案完全没抓住重点，并要求在 1788 年 1 月前给出一个判定结果。

从 1786 年 1 月 17 日到 1788 年 1 月 26 日斯密写给文迪施·格拉茨的更多书信，保存在克拉托维档案馆中。首先，斯密让文迪施·格拉茨放心，他已经分发了比赛日程表，尽管他对于"这一问题能够得到解决的可能"，个人持有保留意见，但是如果真的找到了解决方案，那一定会令他高兴无比。接着斯密汇报说，爱丁堡皇家学会的委员会（由斯密自己、亨利·麦肯齐氏和威廉·克雷格组成）被指定对提交的三份论文进行评价，结果发现没有一个能够解决问题，但是，其中有一份论文令人称道，值得公众加以关注。斯密恳求不再继续保持通信：那些"不计其数、让他不堪重负的杂事，再加上年迈的岁数和非常羸弱的健康状况"使得他无法继续维持这样的通信。他说爱丁堡皇家学会的秘书亚历山大·弗雷泽·泰特勒，会向文迪施·格拉茨传达爱丁堡皇家学会的报告和最后的裁决，并也会寄给孔多塞一份。1788 年 2 月 20 日，泰特勒撰写了书信，1788 年 8 月 11 日他再次写信，很有礼貌地提出爱丁堡皇家学会拒绝继续担任这一比赛的评委[1]。

似乎是在 1790 年所设的另一个截止日期过去后，一位名叫托尔内（Torner）的瑞典数学家所提交的论文，被认为值得颁予奖励[2]。然而，令人遗憾的是，"虚荣和随性"继续对人们施加着影响，关于遗产的诉讼也继续有增无减。

斯密的晚年，在一些把他作为某种权威向他求助的场合，斯密的建议通常不得不是负面的，或至少是无法提供任何有用的帮助的。在 1782 年，麦金农族酋长寻求斯密的帮助，安排出版其关于防御工事的专著，并寄上了一张 5 英镑的钞票支付出版费用。斯密同意看过这些文章的亨利·麦肯齐氏的看法，"以这些文章目前的状况来看，它们的出版不会给 [麦金农] 带来任何我们希望出版著作能够为您带去的荣誉"。斯密采取了措施，以保证这一专著不会遭到剽窃，这也是作者所担忧的，并返还了 5 英镑的钞票[3]。

在 1780 年至 1783 年期间，苏格兰的知识界发生了一场危机，斯密是其中的旁观者而不是参与者，但是这一次危机还是给他带去了痛苦，因为他有好朋友直

[1] Klatovy Archive；RSE Transactions，1787；i.39；1788；ii.24

[2] Raynor and Ross，1998；171—87

[3] *Corr*.No.219

接卷入了其中。引起危机的关键问题是：谁才是苏格兰思想界的领导者？争斗双方中一方是苏格兰古物研究学会，成立于 1780 年 11 月至 12 月之间，而另一方是设在爱丁堡的哲学学会，其在 18 世纪 30 年代成立之初，并不引人注意，而从18 世纪 40 年代末开始，作为科学研究的推动者，获得了不断的发展动力，但是仍然保持了其对古物研究的兴趣，并主要在爱丁堡的思想精英阶层中，吸收了其大部分会员[1]。哲学学会的秘书威廉·卡伦医生及其德高望重的会员、苏格兰教会温和派领导人罗伯逊校长是这一组织的主要发言人，学会效仿的是欧洲各国研究院的做法，并光荣地获得了皇家特许状。

古物研究学会的领导人是立场坚定、颇具辩才的巴肯伯爵十一世[2]。巴肯伯爵在政治问题和文化问题上的热情态度，令一些人很不以为然，他曾在圣安德鲁大学、爱丁堡大学、格拉斯哥大学（在那里他曾是斯密的学生：第 9 章）接受过良好的教育，还是伦敦古物研究学会和伦敦皇家学院的会员。巴肯和他的同事们受到了古玩癖名家，如罗伯特·西博尔德爵士（法夫郡历史专家、皇家地理学家、国王詹姆斯七世和二世的御用医生）著作的启发[3]。他们的主要目标是研究"古物"，苏格兰这一古老国家在历史长河中所留下的丰富宝藏，从艺术作品、历史文物到法律制度，以及更为宽泛的她的自然史和文明史。这一研究会最早的会员之一是学识渊博、思想激进、表现活跃的出版商威廉·司麦莉[4]。司麦莉在爱丁堡大学修完了艺术和医学课程，但是却没有足够的金钱购买学位。尽管没有官方认可的名分，他于 1768—1771 年几乎独自一人负责出版了第一版《英国大不列颠百科全书》。1775 年，他谋求爱丁堡大学自然历史学教授一职，未获成功，尽管他在这一领域的专业学识无人可以与其匹敌。这一职位最终由牧师约翰·沃克博士担任，而众所周知，他与罗伯逊校长以及苏格兰教会温和派有着很深的渊源。当司麦莉被任命为古物研究学会自然历史资料管理员时，沃克觉得很气恼，在巴肯的支持下，提出要在研究学会大厅讲授一门课程作为回应。当古物研究学会提出申请要求被授予皇家特许状时，爱丁堡大学进行了反对，加入反对行列的还有律师协会，律师协会担心研究学会在苏格兰历史记录收集方面，抢占了他们

396

---

[1] Allan，2003：8–11

[2] Cant，1981；E.V.Macleod，ODNB，2008

[3] Withers，ODNB，2006

[4] Kerr，1811；S.W.Brown，ODNB，2008

的先机。

双方都提出苏格兰作为一个小国，并不具有足够的文化资源，维持两个相互竞争的学术机构。爱丁堡大学的教授们于是提出合理建议，希望乔治三世国王建立一个统一的"皇家学会"，负责维持苏格兰所有的高级研究工作。双方各执己见，情绪开始激动，据说巴肯伯爵和罗伯逊博士之间爆发了一场"激烈的私人冲突"[1]。不断有试图让卡伦和罗伯逊一方感到难堪的事件发生，如1784年1月7日一篇不够光明磊落的报纸文章（《先驱晨报》）断言"苏格兰皇家学会是由罗伯逊牧师组织起来反对古物研究学会的，目的是对抗巴肯伯爵和斯图尔特博士所开展的各种运作"。稍后的一位人物是居住在爱丁堡的历史学家、针砭时弊的记者吉尔伯特·斯图尔特[2]。他为司麦莉所拥有的《爱丁堡时评杂志》（1773—1776）撰写文稿，使其成为不列颠最具有煽动性的杂志。斯图尔特很高兴能成为爱丁堡专业机构的肉中刺，他一直对罗伯逊抱有积怨，认为罗伯逊在1768年阻挠了他就任爱丁堡大学公共法律教授一职。他还可能是《先驱报》中一篇杂文的作者，文中写道：

> 现在引人注目的是，[皇家]学会中出现了与历史学家[罗伯逊]对立的一派：在学会的第一次会议上，艾伦·麦科诺基就封建体系做了一次演讲。在演讲中，他给予斯图尔特博士极高的褒扬，而当着罗伯逊博士本人的面，对他发起了攻击。[罗伯逊]很是震惊和讶异，当人们期望他能完全接受这些驳斥时，他提出要在下次会议中为自己辩护；因而很可能皇家学会将无法维持多长时间了。

并没有更多关于这一杂文的消息了，可能是斯图尔特所设计的恶作剧，他或许知道麦科诺基在他以与《法学讲义》相同方式讲授的关于自然法和国家法的课程中，有关于封建主义的章节[3]，而斯密和罗伯逊之间被认为因为《查尔斯五世统治史》[4]引言中的剽窃问题而关系紧张。无论如何，伦敦当局找到了一个皆大

---

[1] Shapin，1974：27–9
[2] Zachs，1992；and ODNB，2008
[3] Ch.8
[4] Ch.7

欢喜的解决方法，在 1783 年 5 月 6 日同一天，同时授予了这两个团体皇家特许状。古物研究学会在国王前任导师比特伯爵的领导下，翻开了新的历史篇章。巴肯作为研究学会副主席，一直活跃到了 1790 年，而他孜孜以求的研究工作也一直持续到了晚年。从他所从事的研究计划及完成的文章（1812）来看，他的研究对象包括了苏格兰的肖像画和文学传记，其中展现出了非同寻常的学术视野、聪明智慧及开拓创新精神[1]。爱丁堡皇家学会的首任主席则由斯密以前的学生巴克勒公爵担任，开启了其卓有成效的研究和出版事业。司麦莉保持了他在这两个学会中的会员身份，并于 1782—1784 年写作了《古物研究学会史》（*Historical Account of the Society of Antiquaries*），1792 年编辑了《会刊》（*Transaction*）第一卷，1793 年成为研究学会秘书。他为自己赢得了令人羡慕的博学而能干的出版商的声誉。尽管他的财务技巧或许并不是一流的，但是他的出版社出版了苏格兰启蒙运动中最主要作者的作品，包括休谟、斯密、罗伯逊、弗格森、比蒂、布莱克、哈顿、凯姆斯勋爵、黑尔斯勋爵和蒙博德勋爵的作品，以及后代苏格兰人无比热爱的罗伯特·彭斯的诗歌。

397

斯密成为爱丁堡皇家学会会员，因为所有哲学学会会员（斯密似乎在 1782 年就已加入这一组织）都被接纳为了会员。学会中有两个分部：物理部和文学部。在文学部中，斯密是四位部长之一，其他三位分别是罗伯逊、休·布莱尔以及财政大臣戈登男爵，戈登曾在 1777 年被要求从科卡尔迪收集与亚当·弗格森的养老金案相关的关键书信往来，并带往伦敦[2]。

1784 年 2 月 16 日为了筹备文学部的第四次会议，斯密被要求宣读旨在证明"特洛伊并没有被希腊人占领"的论文。论文作者约翰·马克劳林是数学家科林·马克劳林的儿子，显然当时他正在阅读《戴奥·圣克里索斯托第十一篇辩论词》（*Eleventh Discourse of Dio Chrysostom*），这是一篇针对特洛伊人的诡辩词，否认他们的城市已经被占领。斯密高兴地承认，他"完全不知道"马克劳林所引用的文献来源，他说他赞同对任何与特洛伊战争相关史实的历史真实性持怀疑态度，但是他并不会赞同"海伦是个诚实的女人"诸如此类的观点会具有历史真实性[3]。

---

[1] 参见兰姆博士（Dr J.G.Lamb）学位论文的参考文献，1963。

[2] *Corr*. app. E，h；Ch.15

[3] *Corr*. app.E，s.

我们并不能就此宣称，斯密对深入钻研古物学有多大热忱。当亚历山大·弗雷泽·泰特勒这位最早的古物研究学会会员之一，递交给斯密一篇关于苏格兰城堡玻璃化的论文时，斯密评注说对于这一话题，他"一无所知"，并建议作者与"研究化学的朋友们"布莱克博士和哈顿博士进行商谈。这两位博士已经提出他们关于玻璃化的观点，认为这并不是偶然形成的（这与泰特勒的观点一致），而是在建造好的城墙上大量堆积木头所导致的[1]。

1789 年 7 月 20 日星期一，诗人塞缪尔·罗杰斯出席了一次爱丁堡皇家学会会议，斯密在谷物奖金问题上的对手詹姆斯·安德森在这次会上致辞。而这一次安德森的主题是关于债权人法律的修订，但是他的文章读起来"冗长而枯燥"，罗杰斯汇报说："斯密专员先生都睡着了。"[2]

斯密对获得兄弟单位伦敦皇家学院出版的《会刊》表现出了更多的热情，1767 年斯密已经正式成了伦敦皇家学院的会员之一。但是，我们并不清楚斯密这样做是出于对其中的科学内容感兴趣，还是只是作为一位藏书爱好者出于收藏的爱好（Mizuta）。在他关于外部感官的文章中（p.57）确实利用了这些藏书资料，斯密引用了威廉·切泽尔登关于一位盲童视力得以恢复的著名病历。这位盲童尽管已经通过触觉熟悉了周围的物件，但是恢复视力后不得不通过视觉重新熟悉这些物件，从而回答了莫利纽克斯向洛克所提出的关于感官感知的疑问[3]。

一项需要利用斯密的判断力，而斯密也准备接受的任务，是将出版过有意义的著作作者的研究工作向纵深推进。因而，斯密在获得财政部的允许后，为古物研究者乔治·查默斯提供了关于苏格兰进出口的详细记录，查默斯当时正在撰写一本题为《不列颠相对实力评价》（*Estimate of the Comparative Strength of Britain*）的著作，介绍 1785 年的经济社会概况。查默斯还想要得到苏格兰的人口数据，斯密在 1785 年 11 月 10 日写给他的书信中，向他提供了苏格兰教会"精英派"领导人亚历山大·韦伯斯特博士所编撰的关于 1755 年人口状况"似乎是准确的记录"。韦伯斯特当时正在制订计划为牧师的遗孀和小孩提供抚恤金，归功于他在教会事务中的威望（这一威望并未因为他随和的脾性而有所削弱），当时他已经获得了来自教区的相应数据的回馈。

---

[1]   *Corr*.No.254

[2]   Clayden，1887：96

[3]   Royal Society of London，1727–8：xxxv.447–50，451–2

斯密写道，自己在 1775 年，已经引用过韦伯斯特的"记录"，大概就是在斯密写《国富论》的过程中，并接受了苏格兰的人口数是 125 万这一数据。然而，他又提到，韦伯斯特在 1784 年临死前不久，曾告诉他说当时的估计人口数太低了，150 万可能更准确一些。斯密补充说，这一估计数据的修改，并不会让他改变《国富论》中所表达的对"政治算术"（数据）的评价不高的观点[1]，但是，却让他曾赞扬韦伯斯特为"我所认识的人中，在政治算术领域最有技巧的一位"这一评价，大打折扣"[2]。随后，斯密在 12 月 22 日给查默斯的信中，继续用批评的语气批判了理查德·帕莱斯博士所做出的"估计"。帕莱斯是位新教徒牧师，在道德哲学、政治学、经济学等领域都有所著述，斯密直言不讳地将他贬为一位"好拉帮结派的公民，非常肤浅的哲学家，完全算不上能干的计算者"[3]。

提到韦伯斯特关于苏格兰人口所做出的最后估计这回事，斯密在 1786 年 1 月 3 日的信中汇报说，他已经与现任的抚恤金情况收集者、他的雇员，也曾经是韦伯斯特的雇员讨论过这一问题，他们两都认为这一修改后的数据是来自于韦伯斯特的"突发奇想"，并没有建立在认真的调查基础上。他们提到 1779 年曾为首相诺斯提供了一本韦伯斯特编写的"记录"，韦伯斯特在其中加了一个注释，指出尽管"在大型的贸易和制造业城镇及乡村人口数"自 1755 年以来有了显著的增加，但是高地和岛屿，甚至是苏格兰低地，由于"农场的扩展"，人口数在这几年反而出现了锐减；因而苏格兰的总人口数并未增长。斯密认为查默斯可以从诺斯那里借阅韦伯斯特关于人口数的"记录"，并将其描述为是"伟大的珍品"，尽管他对其准确性已经有了"一点动摇"，因为他现在觉得这些数据有些"依据不足"[4]。查默斯对斯密推崇备至，并关注了斯密在对外贸易这一问题上所持有的观点：

> 这一主题在亚当·斯密博士那里得到了充分而详细的阐述。斯密博士完全称得上是先是强化了我们的道德规范，最近又开启了我们心智的这么一位

---

[1] IV.v.b.30
[2] *Corr.* No.249
[3] *Corr.* No.251
[4] *Corr.* No.252

伟大人物[1]。

399　查默斯的这一著作重印了多版，是斯密作为经济政策评论者的声誉得以广为人知的另外一个渠道。查默斯或许考虑过将斯密加入他要写的传记人物系列中去，其中已经包括了笛福、汤姆·佩恩、学者编辑托马斯·拉迪曼[2]。他或许是出于写传记的目的，从大卫·卡兰德那里收集了斯密的趣闻轶事，本书在上文中也有所引用[3]。

　　斯密在晚年因为重拾了一份往日的友谊而欣喜不已，这就是他与牧师詹姆斯·斯图尔特·蒙蒂思博士之间的友谊，他们在牛津大学时就已相识。1785 年 2 月 22 日斯密写信给蒙蒂思，告诉他如果最好能到爱丁堡亲自督管他儿子在大学里所受的教育。他将爱丁堡大学称赞为"目前拥有比我所知的其他类似组织，更优秀的师资"，或许是考虑到罗伯逊、布莱克、卡伦和罗伯逊都仍在那里任教；但是他又确实加了一句"可能很快师资会比现在更好"[4]。或许从这里我们可以看出斯密对亚当·弗格森所持有的批判态度，或许斯密和休谟一样，认为弗格森 1767 年所出版的《文明社会史论》肤浅而缺乏原创性[5]。弗格森于 1785 年放弃了爱丁堡大学道德哲学教授的教席，由更具有思想原创性和包容性的杜格尔·斯图尔特取而代之。

　　最后小蒙蒂思在 1788 年被送到了格拉斯哥大学，很可能是因为约翰·米勒愿意在他家为小蒙蒂思提供食宿，而小蒙蒂思的父亲又不能住离家邓弗里斯郡的克洛斯本城堡太远[6]。查尔斯·蒙蒂思似乎有话语障碍，斯密对此很上心，1789 年在格拉斯哥为其找了一位语言老师安吉尔先生，帮助蒙蒂思治愈了这一语言障碍[7]。斯密的继承人大卫·道格拉斯，当时也在格拉斯哥大学就读，就住在米勒家蒙蒂思隔壁的一间房间里[8]。另一位与他们在一起的年轻人是亨利·乔治·赫伯特，他是斯密以前的学生波切斯特·亨利·赫伯特勋爵的继承人。斯密在 1788

---

[1]　Chalmers，1782：76；Mizuta

[2]　Duncan，1956：6

[3]　EUL La. II. 451/2, fos.429–34

[4]　*Corr.*No.243

[5]　Raynor，2009

[6]　*Corr.* No.281

[7]　*Corr.*No.284

[8]　*Corr.* No.289

年 9 月 23 日的信中，对蒙蒂思的父亲说："我赞成您选择格拉斯哥大学，而不是爱丁堡大学"，因此即便有杜格尔·斯图尔特加盟的爱丁堡大学，也还是未能战胜斯密对于母校所怀有的强烈感情。

就是在这一封信中，斯密动情地写到了自己为表姐妹珍妮·道格拉斯不久于人世而感到的哀伤，道格拉斯悉心照顾了斯密母子多年[1]。蒙蒂思博士尽其所能地安慰了斯密，从乡下给他送来了野味。蒙蒂思博士在爱丁堡时，斯密邀请他睡在大卫·道格拉斯的卧室，从中我们可以看出他和斯密之间无间的友情以及潘缪尔大楼有限的住宿条件。蒙蒂思与斯密一起经常光顾一个俱乐部，或许是在格莱斯马克酒店聚会的牡蛎俱乐部，并参加斯密的星期天晚宴[2]。

斯密晚年的另一个特色是关心家庭成员的升迁问题。我们读到了 1775 年 12 月中旬斯密写给刚由诺斯任命为苏格兰检察总长的亨利·邓达斯的书信，邓达斯很有可能会成为"哈利第九世"或苏格兰总督。斯密想要为自己的一位表亲罗伯特·斯基恩上校竞选法夫郡议员获得支持。斯基恩于 1767—1780 年担任了高地公路督查一职，被认可为议会中讨论公路议案方面的权威，但是斯密对他的推荐是这样写的："他是我见过的最好的儿子、兄弟和叔伯；我完全相信他也会忠诚地支持那些给予他支持的人"[3]。1785 年 9 月，斯密将另一位表亲，担任马德拉斯机构总工程师的帕特里克·罗斯上校，推荐给了印度总督康沃利斯勋爵的秘书亚历山大·罗斯上校。接着 1786 年 12 月，他又为埃德蒙·伯克的一位堂兄弟而恳求罗斯上校的眷顾。这就是威廉·伯克，驻印度军队的副会计长，"您再也不会找到一个比他更诚实的人了：合群、随和、天性纯良、非常率直和开放……"斯密向亚历山大·罗斯上校提及他曾经在布里斯托尔伯爵的家中与康沃利斯总督见过一面，这里所指的应该是于 1775 年离世的外交官兼政治家布里斯托尔伯爵二世，但是他并没有奢望康沃利斯总督会就此记得他[4]。

为了威廉·伯克的事，斯密违背了自己不再去麻烦康沃利斯总督秘书的决心，1787 年 6 月 13 日不得不为一位叫罗伊兹的先生再次这样做。罗伊兹先生是斯密在科卡尔迪的朋友罗伯特·瓦特的女婿。尽管斯密并不认识罗伊兹本人，他还是

400

---

[1] *Corr.* app. E, p

[2] *Corr.* Nos.284，288

[3] *Corr.* No. 148

[4] *Corr.* No.264

受当时的拉夫伯勒·亚历山大·韦德伯恩勋爵的委托出面为罗伊兹说情[1]。1787年初，斯密还继续为帕特里克·罗斯向邓达斯写了信，希望其能在英属印度殖民地得到公平的对待。英属印度殖民地的相关事务，也已经被加入到苏格兰检察总长的卷宗夹中。邓达斯考虑要对东印度公司的董事会采取不利行动，但是3月21日，他写信给斯密说这或许会给罗斯带去毁灭性的危险，因而他将这一纠正事态发展的责任，交给了马德拉斯的总司令阿奇博尔德·坎贝尔爵士。在这封信的结尾，邓达斯写道，他很高兴斯密向海关委员会申请了休假，并说他同意皮特和威廉·温德姆·格伦维尔（后来的格伦维尔男爵一世）的意见，希望斯密能到伦敦度假。他邀请斯密住到他的温布尔登别墅："您会有很舒适的房间，而我公务也轻松了很多，每天晚上都会有时间与您一起讨论您所有的著作"[2]。

从1787年1月初开始一直到7月30日，斯密就没有出席过任何海关委员会的会议，正是在这段时间斯密前往了伦敦，这一烟雾弥漫、散发着恶臭，日益欣欣向荣的"贸易城市"，也是"不变的王宫所在地"[3]。伦敦的市民鱼龙混杂，包括了轿夫（他们也充当砖匠和健壮的运煤工人）以及漂亮但不幸的妓女[4]。其人口数已经接近了1801年第一次官方人口普查所估计的90万[5]。斯密身体健康状况的好转以及邓达斯盛情的邀请，可能是促成这次伦敦之行的原因所在。3月6日斯密写信给约翰·道格拉斯主教（与斯密同为贝列尔学院斯内尔奖学金获得者），说他正处于"重大危机期"，传统上认为63岁是人的一生中可以预料的最后的、也是最为危险的一个关口[6]。他还补充说他的健康状况"大不如往常了"。1786—1787年冬，威廉·罗伯逊告知吉本，斯密的慢性肠梗阻已经威胁到了他的生命[7]，在杜格尔·斯图尔特看来[8]，正是这一病因最终导致了斯密的死亡。然而，斯密在给道格拉斯的书信中最后说道，他"每天……状况日趋好转"，希望"能用高超的航海技术……平安绕过生命中的危险岬角"。

401   4月15日前夕，斯密的状况好转，允许他动身前往伦敦，很可能是乘坐马

[1] *Corr.* No.270

[2] *Corr.* No.267

[3] *WN* III.iii.12

[4] i.ix.6.41

[5] Schwartz, 1983：4

[6] *Corr.*No.266

[7] Rae, 1965：402

[8] V.7

车花了六天时间才到达了伦敦。那年冬天也待在爱丁堡的罗伯特·彭斯，于4月15日写信给他和斯密共同的朋友邓洛普夫人说，"斯密博士刚刚在我收到您给他的来信的前一天早上，动身前往了伦敦"。这位诗人从未与斯密会过面，尽管自1783年起，他已经知道斯密的作品了，但是斯密被认为曾经为彭斯推荐了一个年薪30英镑的盐务官员职位，为他提供了经济上的支持[1]。

一到伦敦，憔悴的斯密就接受了膀胱颈口炎症的治疗，并成功地由约翰·亨特切割了痔疮。亨特是国王的御用外科医生，斯密曾经在18世纪70年代，与吉本一起旁听过他关于解剖学的讲座[2]。然而6月10日，吉本的一位朋友表示，他仍然非常担心斯密的健康状况：

> [当您回来时]您就会在阿道菲剧院附近碰见可怜的亚当·斯密了。我之所以说他可怜，是因为他似乎非常虚弱，离他整个事业的终结也为期不远了；他最近刚由约翰·亨特给他做了几个重要的手术，他似乎好了一点，但是我恐怕他身体这架机器已经几乎被耗尽了[3]。

在遥远的俄国，另一位哲学家边沁，也从苏格兰律师乔治·威尔逊的口中，得知了斯密在伦敦的相关消息。7月14日，他写道，斯密的医生们认为他正在康复中，他的健康状况完全可以让他在政府部门效力：

> 他与内阁之间有很多联系；公共部门的职员们接到命令，要求他们为斯密提供各种文件，如果有必要的话，雇佣额外的人手为他誊写。我很气恼皮特竟然会想到如此正确的一件事，向处于如此现状中的斯密咨询意见；但是如果任何斯密的计划真能实行的话，我还是会深感安慰的[4]。

当时皮特所领导的内阁，正在深入系统地推进金融和商业改革，有证据表明《国

---

[1] Burns, 1931：i.83；Synder, 1932：232, n.8
[2] London, Royal Coll. of Surgeons, Hunter–Baillie papers, vol.i, fo.40；Gibbon, 1956：ii.138；Brock, 1983：78, nn.119, 120
[3] 转引自 Fay, 1956：141。
[4] Bentham, *corr.*, 1971：iii.550

富论》是改革思想的来源之一[1]。我们上文已提到，当邓达斯邀请斯密住到他的温布尔登别墅时，他表示他、皮特和格伦维尔会一起与斯密讨论其"著作"。皮特和格伦维尔是表亲，上文已交代他们大概在三年前一起读过《国富论》，因而对这样的一个机会是有所准备的。

邓达斯在给斯密的信中，提及了"公务"现在"已经轻松很多"。但在 1787 年初，议会开展了大量与法国缔结商业协定[2]相关的活动，并对税收进行了详细的审查，以便通过增加税收，逐步减少因与美国的战争而急剧增加的国家债务。格伦维尔所效力的贸易和控制委员会，在这些问题的处理中发挥了尤其重要的作用。在格伦维尔所做的笔记中，有一篇与公共债务相关的评论[3]。这一评论的观点被描述为[4]与斯密针对"未设偿债基金的大不列颠债务"的严厉批评非常相似[5]。我们注意到查尔斯·汤申德在 1766 年为减少国债创建偿债基金时，显而易见是征询了斯密的意见的（Corr. No.302）。在《国富论》中，斯密对这种基金的管理方法持有保留意见："它尽管是为偿还旧债设立的，但是非常有利于举借新债。"[6] 然而，皮特却觉得这一机制很有吸引力，选择了一种理查德·帕莱斯博士（Dr Richard Price）在他的《向公众求助，论国债》（Appeal to the Public, on the Subject of the National Debt, 1772）中所描述的方法加以管理[7]。

格伦维尔更倾向于维护斯密的学说并支持自由市场政策。因而，1800 年他反对实行谷物和面粉的价格控制，认为这会导致这些商品像在法国那样的供应稀缺。格伦维尔长着硕大的脑袋和宽广的臀部，很容易就被人夸张漫画化，反对他的人给他起了个绰号"妖怪勋爵"。但格伦维尔很自信，他拥护斯密所持有的自由市场立场，以至于有两次他还就这一主题给皮特上了一课。一次是关于一个议案，这一议案提出将伦敦面粉公司合并，以控制面包的供应和价格；而另一次则是不让议会在谷物短缺时期出手干预。格伦维尔的立场是为启蒙运动一直秉持的原则——即谷物贸易自由——辩护，而皮特则对拿破仑战争时期过高的食物价格

---

[1] Ross, 1998：xxiv–xxv, 152–60

[2] 由威廉·艾登负责签订了《艾登协定》。

[3] BL Mrs O. Fortescue MSS, Lord Grenville, Commentaries, ch. 3：13–30

[4] Jupp, 1985：56–7

[5] WN.V. iii.11–13

[6] WN V.iii.28

[7] Reilly, 1978：113

所引起的痛苦更为敏感，认为短期内采取价格限制和奖金措施是有必要的[1]。尽管这几次都并没有成功地改变皮特的想法，格伦维尔的自由贸易立场还是更为深刻地影响了当时更为年轻的一代辉格党议员，如弗朗西斯·霍纳、大卫·李嘉图、亨利·布鲁克·帕内尔爵士，他们都曾各自深入阅读过《国富论》，并在后来19世纪30年代由格雷勋爵和墨尔本勋爵所领导的改革运动中，做出了自己的贡献。贸易委员会及其他一些机构在这一时期所实行的一些政策，体现了亚当·斯密的某些思想学说[2]。

在爱丁堡流传着一种说法，斯密在伦敦逗留期间，有一次，皮特、格伦维尔、亨利·阿丁顿和威廉·威尔伯福斯也到邓达斯的温布尔登别墅做客，而斯密最后一个走进了聚会的房间。房间里的同伴都站起来迎接斯密，斯密请求他们坐下。据说皮特说道："不，我们会一直站着直到您坐下为止，因为我们都是您的学生。"[3] 斯密事先得知了皮特对他的良好评价，尽管他自己对于罗金厄姆辉格党残余仍忠心耿耿，他还是改变了立场，对皮特政府赞赏有加。在1786年11月14日写给一位具有改革思想的议员亨利·博福伊的回信中，斯密写道：

> 我想皮特先生对我再小的一丝赞许，都会让我深感荣幸。您可以放心，我并不会因为与皮特先生一些对手长期以来坚定的友谊，而对在他的政府施政大纲中所体现出来的勇气、活力、正直及公共精神视而不见[4]。

阿丁顿后来继格伦维尔之后，于1789—1801年成为下议院议长，随后成为代理首相，直到皮特于1804年再次获得对政府事务的控制权。据说他从温布尔登别墅聚会回家后，就创作了诗歌"致《国富论》的作者及其他若干人等：记1787年6月斯密的伦敦一行"：

> 我热忱地欢迎您，及您那睿智而充满爱国情怀的篇章
> 优美地谱写了通向富裕和和平的道路

[1] Ross，1998：xxv–xxvi，161–4
[2] Jupp，1985：103，281，427，445–7
[3] Kay，1842：i.75；Rae，1965：405
[4] Piero Sraffa Collection B5/3，Trinity College，Cambridge

力求将充满敌意的怒火克制、软化

并用利益的纽带将全人类团结一致：

从孤寂的避世处逶迤而出，在他的脚下

无限膨胀的垄断恶魔被人弃如敝屣：

您的声望，誉满全球，

不列颠的骄傲和希望之交融。

伟大的灵魂不断向前挺进，错误的阴霾散去，

完善并实现这一光荣的计划；

将眼光放远至整个宇宙，

折断每根将人与人隔离的藩篱

该受诅咒的战争旗帜将永无飘扬之日，

而贸易会让熙熙攘攘的世界和谐有序！

1790 年初，斯密读到了这一充满激情的诗歌，而想到斯密这一伟人也是一位有见地的诗歌评论家，欧内斯特·莫斯纳就曾指出这一诗歌"结尾或许过于仓促"[1]。

　　威尔伯福斯试图从斯密那里，为发展苏格兰高地海岸渔村的计划，获得一些实际帮助。这一计划与他的名字通常会被联系在一起的反奴隶制运动毫无瓜葛，尽管斯密曾强有力地谴责奴隶制。威尔伯福斯向负责实行这一计划的学会负责人汇报了斯密粗暴的拒绝：

　　　　斯密博士带着某种他特有的冷漠，向我评论说，他从这一计划中除了看到花在这上面的每个先令都会打水漂外，再也看不到其他结果了，但是同时异常坦率地指出，公众并不会成为主要的受害者，因为他认为每个人都会紧紧地捂住自己的钱包[2]。

博福伊（Beaufoy）想要创建不列颠渔业学会的热情，也遭到斯密当头泼了一盆冷水，斯密指出，高地的渔民们没有能力负担学会所需的租金和回报。斯密还

---

[1]　1969：20–1
[2]　Wilberforce，1840：i.40

提出了关于这一类计划他最关心的一个问题，即机构问题，他警告博福伊："您必须考虑到绝大多数您的代理人、监督者、主管人，会对穷人施加最严酷的压迫，并对[学会发起人]进行最恶劣的欺骗"（1787年1月29日信件）。在依据托马斯·特尔福德的计划所真正建立起来的所有渔站中，只有在威克的普尔特尼镇——以斯密的老朋友威廉·普尔特尼爵士名字命名——获得了成功，从而驳斥了斯密的怀疑[1]。

另一位在斯密那里受到了同样质疑回应的慈善家，是大卫·威廉斯牧师，18 404 世纪80年代他在伦敦卡莱尔大楼创建了一个"科学及修辞学研究院"，并开设了关于洛克、卢梭、孟德斯鸠、休谟、斯图尔特、斯密的"政治学说"的讲座。1789年他出版了这些讲稿，并将这一著作献给了威尔士王子，他强烈请求威尔士王子让斯密担任其导师：

> 聘任这位来自苏格兰阴郁海岸的不列颠哲学家、政治家吧——每天将您的半小时指导时间交给这位见解深刻的"国民财富历史学家"；与他一起深入思考这架值得敬重的、但又处于无序状态的机器，或许有一天，您会被要求让这一机器进行正常运作[2]。

并没有相关的记录告诉我们普林尼对这一提议做何反应，但是威廉斯还想要从事一项慈善事业，并向当时的几位伟大人物征求意见。在这些人物中，富兰克林给予了他一些鼓励；而伯克则大为认同，他建议设立一个文学基金资助陷入困境的作家们。威廉斯认为，斯密所提出的观点——即学者并不是具有生产性的劳动者[3]——阻碍了他的计划的实施。因而，他请求在伦敦梅尔维尔将军的家中，对斯密进行一次采访。梅尔维尔将军是1737年斯密在格拉斯哥大学的校友，随后出任了西印度总督一职。斯密听完了威廉斯的叙述，带着"谦逊的不自信，这似乎是斯密的个性使然，而他身体的虚弱又增强了这种不自信的表现"。在威廉斯的记录中，采访是这样进行的：

---

[1] Youngson，1973：133
[2] Dybikowski，1993：165，n.30
[3] *WN* II.iii.2

当我说完后，他也似乎无话可说了。沉默一会儿后，我请求他允许我向他提问，如果他的关于学者的观点是正确的话，我怎样才能提出我的主张。

他说："我的观点无关要紧"。

"暂时接受您谦逊的说法，但是您将这陈述为是政治经济学的一条准则。"

"我想可能是这样的。"

"在被承认为是具有生产性的各行各业中，发明先进的生产方式，难道不是为了增加、甚至成倍地增加生产吗？"

"啊，农场主是这样的。"

"不，在所有这样的情况中，那个想出办法的人的功劳难道不是与那个用体力加以执行的人的功劳一样不容置疑的吗？使用铁锹的人的贡献和铁锹本身的贡献都应是不容置疑的。"

他笑了。

威廉斯想要继续这一争论，但是斯密似乎"因为身体的虚弱"，再加上同伴在这一话题上的喋喋不休，而显出了痛苦的神色。在威廉斯要离开之前，斯密说："如果我们有时间互相听对方的解释，我们的意见或许并没有分歧。您为什么不将您的计划告诉年轻的首相 [皮特] 呢？您的计划似乎是一个非常重要的政治提案。"[1]

皮特很友好地接待了威廉斯，尽管他并没有采纳这一计划。然而，在皮特内阁于1792年2月所制定的整体政策方针中，他确实将斯密的学说牢记在了心间。当时他做了一次著名的演讲，回顾了不列颠在美国独立战争之后经济上的复苏和增长[2]。

皮特的主要竞争对手福克斯或许是最早在议会的辩论中提到斯密名字的议员[3]，而他及他所领导的辉格党，有时也会因为皮特没有遵循斯密所提供的精准指导而加以责难。然而，正是皮特向斯密所提出的"简单而明显的"财富增长原理——即如果能够避免公共灾难以及政府"错误的、有害的"干预，财富自然会得到增长——致以了最为慷慨的敬意：

405

---

[1] Williams, 1980：43–5

[2] Willis, 1979；Crowley, 1990

[3] 1783 年 11 月 11 日。

这一原理尽管简单而又显而易见，甚至在远古时代必定也已经在不同程度上为人所察觉，但是我怀疑这一原理并未能得到充分的发展和详尽的阐述，直到在我们这一时代一位学者作品的发表，很不幸这一学者已经故去（我指的是著名的关于国民财富专著的作者）。我认为这位学者对细节明察秋毫，哲学思考艰深透彻，能够为每一个与商业史或与政治经济学相关的问题，提供最好的答案[1]。

尽管皮特很清楚法国"现在纷乱不断"，但是他还是认为可以"很合理地"期待欧洲会维持 15 年左右的和平时期，为不列颠迈向繁荣昌盛、并加速国债偿还基金的积累提供机会。但是紧随法国革命之后的世界性战争，打破了这一希望。然而，格伦维尔勋爵仍活到了战后，并向格雷勋爵和整个辉格党派宣讲，应该回到经济建设的正途上来，实现第一任皮特政府早期所推行的全面的贸易自由政策，当时他与斯密保持着直接联系，深受启发。

1787 年 7 月斯密在离开伦敦前往爱丁堡之前，所做的最后行动之一就是向邓达斯提出请求，希望能推动他第二个表亲罗伯特·道格拉斯军旅生涯的发展。罗伯特当时在卢特兰郡军团担任中尉，是斯密的继承人大卫·道格拉斯的长兄。另一位他们的弟弟查尔斯，由于在刚组建的军团中服役，已经被晋升为上尉[2]，在打围城战时，罗伯特正在直布罗陀。而在战时，将他从团里调离给他一个连被认为并不合适："因而，他的服役非但没能让他得到提拔，反而是阻止了他的晋升。"信中还提到了罗伯特其他兄弟在军队中的任职：威廉担任的是禁卫队上校，而约翰在工兵部队服役。斯密关于军队事务的兴趣和知识，当然部分地可能是来自这些表亲。斯密在信中一直围绕着保护人体制问题，在信末他向邓达斯建议，应该考虑让其外科医生约翰·亨特继任现在由罗伯特·阿代尔所担任政府的两个医疗职位："切尔西医院（Chelsea Hospital）是两者中更好的一个职位；但是两个职位都是最好的；对我们的朋友约翰而言，担任再好的职位都是不为过的。"[3]

1787 年 11 月，斯密获得了一个让他无比愉悦的荣誉，当月的 15 日他当选为格拉斯哥大学的名誉校长。在 11 月 20 日写给戴维森校长表示接受这一荣誉 406

[1] Pitt the Younger, 1817: i.358–9
[2] MacLeod's 73rd
[3] *Corr.*No.272

的回信中，斯密写道"再没有任何其他晋升的消息能够给我带来如此实实在在的满足感了"，他感到了无以言表的"衷心的喜悦"。然而，这一提名在开始时遭到了反对。抱着跟教授们的决定做对的想法，弗朗西斯·杰弗里（当时是格拉斯哥大学二年级的学生，后来成为第二次创办《爱丁堡评论》的创建者和编辑之一）在格拉斯哥格林公园发表演讲，煽动学生反对让斯密作为候选人，但是这一反对意见后来又撤回了[1]。斯密向戴维森表示，他可以在任何方便的时间到格拉斯哥就职：

> 约翰·米勒提到了圣诞节。我们海关委员会在圣诞节大概会有五到六天的假期。但是，我一向出勤正常，因而我想自己有权在任何时候请上一个星期的假期[2]。

1787 年 12 月 19 日斯密宣誓就职，并任命他以前的学生、人文学教授威廉·理查森为副校长。他们俩都连任了 1788 年 11 月 27 日开始的第二任[3]。在这两次就任中，斯密似乎都没有发表校长就职演讲，而在 1788 年 5 月 5 日理查森写给塞缪尔·罗斯的信中，提到了斯密对自己所接受的荣誉的反应，并描写了这位新校长向文学学会宣读的关于模仿艺术的论文，宣读时间大概是斯密第一次就任之前或之后的一个星期：

> 我们选举斯密作为名誉校长已经生效。他与我们一起待了一个星期。没有任何荣誉会颁发得比这一荣誉更有价值，因为没有任何其他荣誉能使一位德高望重的学者如此幸福。作为文学学会的会员之一，斯密向我们宣读了一篇论文，长达两小时。主题是关于模仿艺术，而文章的主旨是要阐述模仿艺术之所以会令人愉悦的普遍原理。他讨论了雕塑、绘画和音乐——还将涉及诗歌和舞蹈。是的，舞蹈，因为他认为舞蹈是一种模仿艺术；我想这就意味着要证明希腊悲剧与音乐芭蕾舞剧其实并无二致[4]。

---

[1]　Cockburn, 1842：i.12–14

[2]　*Corr.* No.274

[3]　GUA 26687

[4]　GUL MS Gen./6

约翰·米勒是听过这一论文宣读的另一名听众，或是至少知道这次论文的宣读。1790 年 8 月 10 日，他写信给斯密的继承人大卫·道格拉斯说："[斯密] 打算就模仿艺术主题而写的论文，他在格拉斯哥文学学会宣读了其中的两部分，而第三部分当时还未完成。"[1] 收录在《哲学论文集》的这一关于模仿艺术的论文，其第三部分也仍然是一个不完整的片段，但是片段中确实已经暗示了斯密对希腊悲剧合唱队中舞蹈的作用所持的观点[2]，尽管没有明确宣称他们就是音乐芭蕾剧。

关于与格拉斯哥大学相关的其他事务，斯密曾于 1788 年 7 月 16 日向戴维森校长汇报说，他就学院租约问题的法律事宜，与苏格兰经济法庭的官员们进行了友好的磋商和处理。在信末，斯密就继他之后就职的逻辑学教授离世的消息，发表了评论："我为克洛感到难过；尽管他已经安享了天年，而我也敢说他对自己所享有过的那一份人生乐趣是完全满意和知足的。"[3] 这里体现了一种斯密年轻时候曾研读过的斯多亚主义哲学思想，也正是这种思想使得斯密能够镇定自如地面对自己日益临近的人生之大限。让他感到心安的是，自己的政治经济学思想已经在《国富论》第三版中得到了令他自己满意的阐述，并正在受到包括不列颠首相在内的立法者认真而用心的关注。

407

---

[1] GUL MS Gen. 1035/178

[2] iii.7

[3] *Corr.* No.278

24. 风烛残年

408   　　我想我所能做到的最好的事，就是让自己已经出版的那些作品，能够在我身后以最佳、最完美的状态留存于世。

　　1787 年在伦敦医生们的关注下，斯密的健康状况得到了很大程度的恢复，而罗伯逊在 1788 年 2 月 27 日写给吉本的信中也提到："我们差一点就失去了我们的朋友斯密先生，现在他已经几乎完全恢复了。"[1] 斯密将自知并不能维持多久的健康，主要贡献于《道德情操论》第六版的准备工作，这一版《道德情操论》被评价为"几乎是一本有着全新内容的新书"[2]。在这一版中，斯密认为正是时候为立法者提供道德上的而非经济上的建议，因为当时革命活动及反革命活动如火如荼地开展着，而在不列颠，也是山雨欲来风满楼，新旧体制交替，旧体制不够完备，新体制又未能完全形成。同时，斯密也回到了苏格拉底向每一时代每位人所提出的问题：我们应该怎样度过美好的一生？斯密意识到涌向西方社会的新财

---

[1] 转引自 Fay，1956：141

[2] David Raphael（2007a：7）记录了为什么他和他同事 Alec Macfie 选择第六版作为他们所编辑的 *TMS* 文本的主要理由："这一著作的第六版与前几版有显著不同，几乎已是一本新书。如果以第一版的话题顺序作为基础，怎样才能自然地将第六版所涉及的话题衔接进去（大概不得不增加大量的注释）？几乎使 *TMS* 成为一本"新书"的第六版增补内容包括以下这些：

Part I，Section iii

Ch.III—Of the corruption of our moral sentiments，which is occasioned by this disposition to admire the rich and the great，and to despise or neglect persons of poor and mean condition

Part III

Ch.I—Of the Principle of Self-approbation and Self-disapprobation

II—Of the love of Praise，and of that of Parise-worthiness；and of the dread of Blame，and of that of

富，以及那些拥有这些财富，或拥有获得这些财富能力（他们或许是通过了解斯密所倡导的新经济学说而获得了这一能力）的新生代领导者们所树立的榜样，威胁到了传统道德的确定性。斯密似乎认识到了完全有必要重新敦促人们认识道德情感的重要性，同时阐明他所设计的分析美德本质的"体系"及我们所具备的能让我们感受美德的心灵力量。此外，斯密也还有日常事务需维系，海关公务能让他从艰深的学术思考中得到暂时解脱，而家庭生活和社交活动也让斯密乐在其中。

1785年4月，斯密在获悉《国富论》第四版将得以出版后，向卡德尔表示自己对此深感满意。《国富论》第四版出版于下一年，而1789年又出版了第五版，但是这两版都只包括了一些出版商所做的修改，因而作者本人负责修改的最后一版无疑就是1784年的第三版。在开始他的道德哲学著作的修改计划时，斯密是这样谦逊地表示的："如果《道德情操论》需要一个新的版本，我要做几处无足轻重的改动，到时我会把这些寄给您。"[1]

这些"改动"之一，就是在《道德情操论》"论善恶不分的体系"[2]一章中，删掉了涉及拉罗斯福哥公爵的那一部分。从《道德情操论》第一版到第五版，拉罗斯福哥公爵这位著名行事准则的提出者，就一直与曼德维尔的名字联系在一起，作为"善恶不分的"道德体系的始作俑者，他们的体系似乎抹杀了美德和败德之间存在着的任何区别。在《道德情操论》中，斯密对于曼德维尔所提出的道德体系态度比较复杂，尽管曼德维尔的体系与斯密的道德实在论相冲突，但是斯密同时又不得不承认自利作为一种驱动力所发挥的作用。而且，斯密已经在《国富论》的第三篇和第四篇中，概述了欧洲文明史，其中贵族和天主教会精英们对奢侈品的趣味和炫耀，却推动了社会其他阶层人们所享有的自由发展。斯密对这

409

Blame–worthiness

    III—Of the Influence and Authority of Conscience

    Part VI

    Of the Character of Virtue

    Part VII, of Systems of Moral Philosophy

    Section ii

    Ch.—Of those Systems, which make Virtue consist in Propriety—subsection iii.15–50：（关于斯多亚主义的扩充讨论）

[1] *Corr.* No. 244

[2] VII.ii.4.6

一现象给出的解释是"看不见的手"。斯密在《道德情操论》和《国富论》中都引入了这一概念，解释人们在追求显而易见的自利目标时，会产生广泛而有利的结果[1]。在《道德情操论》的第一版至第五版中，斯密都没有表达任何拉罗斯福哥公爵是曼德维尔思想的先驱这样的观点，而是满足于将这位法国人的文体描写为具备"优雅与精妙的严谨"，区别于曼德维尔的"生动、幽默，同时又粗野、不雅的口才"。在一封 1778 年 3 月 3 日拉罗斯福哥公爵八世（斯密曾与他在巴黎会面）至斯密的书信中，拉罗斯福哥公爵八世很有礼貌地抗议了斯密对他曾祖父的相关论述[2]。斯密在随后 5 月 15 日的回信中（现已丢失）显然做出了承诺，他会在《道德情操论》中做相应的改动[3]，但是在第五版（1781）中，斯密并未兑现自己的诺言。斯密在 1785 年 11 月 1 日致这位年轻贵族的信中，再次提及了自己的这一承诺，说他希望"在下个冬季结束前"能将之兑现[4]。当 1789 年 5 月杜格尔·斯图尔特偕同他的门生梅特兰勋爵前往法国时，他为斯密带了一个口信给拉罗斯福哥公爵，表达了"在同一句话中提及他先人的名字与曼德维尔博士的名字，而深感抱歉"，并宣称在《道德情操论》的随后版本中，会对此加以修改[5]。

《道德情操论》第六版所做的其他修改则要更为复杂，在"很长时间的沉默"后，1788 年 3 月 15 日，斯密给卡德尔写了另一封信，谈及了计划的进展：

> 回到苏格兰之后，我虚弱的健康状况以及海关委员会的任职耗费了我如此多的神气，以至于尽管在条件许可的情况下我已经尽了最大努力专心写作，但用于写作的时间还是不多，也不够稳定，因而，我计划的进展并不尽人意。我现在已经请了四个月的假期，正专心致志地开展我的计划。我修改的对象是《道德情感论》的各个部分，我已经做了许多增补和修改，其中最主要也是最重要的增补，是关于义务感的第三篇和关于道德哲学历史的最后一篇。我想我已处于风烛残年了，我毫无把握是否能活着完成其他几本我计划中的，并也已经取得了一些进展的著作。我是一个写作速度非常非常慢的

---

[1] Hundert 1994 222–3

[2] *Corr.* No.194

[3] *Corr.*No.199

[4] *Corr.*No.248

[5] Stewart III.10 Note

人，我所写作的内容总是要写了又改、改了又写，至少达五六次以上，才会让自己稍觉满意；尽管现在，我想，我已经能控制自己写作的进度了，但是要我能够把它寄给您，也要到六月份了。

斯密在这封信中向我们清晰地呈现了他的写作习惯，信末斯密提出将《道德情操论》的增补内容赠送给卡德尔，并且他也不想同时再出版另一版本的《道德情操论》。他还要求知道《国富论》的销售情况[1]，回答一定是会令斯密满意的，因为第二年就出版了第五版。

马尔西利奥·兰德里亚尼是一位 1788 年在不列颠游历的意大利游客，想要学习如何将科学发明应用于工业，他被安排由斯密关照。8 月 16 日，他向一位通信者汇报说，他的指导者正在为《道德情操论》的修改工作而忙碌，"清除其中的一些尽管已经用合适的定义加以澄清，但仍然令读者困惑的一些表达"。这种清除的痕迹在《道德情操论》的最后一版中，并不非常清晰，但是其中讨论神的惩罚一节，必定给前五版的一些读者在理解斯密关于这一主题的学说造成了困扰，而斯密自己也必定觉得这部分需要加以修改。斯密已经指出"所有不同的古代哲学流派"都持有这一信条，即"神既不会憎恨也不会伤害人类"，然而，斯密还是用具有加尔文主义风格的话语表达说，那些卑鄙邪恶的人最终不得不通过"忏悔、悲痛、羞辱、痛悔"来平息被正当地激怒了的上帝的怒火，并且在这一点上，神的启示是与"自然最初的预期"相吻合的。在第六版，斯密删除了关于"卑鄙邪恶的人"的讨论，在说明了我们认为上帝的正义会要求在来世惩罚那些恃强凌弱的人之后，他紧接着接上了一句带有明显休谟特色的语句：

> 因此，这世界曾经得见的每一种宗教，以及每一种迷信，都有天堂和地狱之说；一处是为惩罚邪恶者而提供的，而另一处则是为奖赏公正者而设[2]。

兰德里亚尼的书信中还提到了更为有意思的一点，他认为斯密在《道德情操

---

[1]　*Corr.*No.276

[2]　II.ii.3.12；*TMS* app.II；1992a

论》中所使用的研究方法，是以哈奇森和休谟的相关研究——即概念间的联想如何影响了道德情感的产生——为基础的。[1]

但是，事情发展的结果却是整整过了一年之后，斯密才准备好了再次向卡德尔通报《道德情操论》新版的筹备工作，斯密向他抱怨修改《道德情操论》的工作大大损害了他的健康，以至于他不得不回到"海关正常上班……我或许可以说，这样做主要是为了放松一下自己，这是一项要容易得多的工作"。很可能是斯密的旧疾疑病症又复发了，而海关职位的日常工作就成了一种治疗的方式。显而易见的是，修改工作变得出乎意料地庞大：

除了我已经向您提及过的增补和修改外，我在紧随第五篇之后，又插入了一个全新的第六篇，在《德性的性质》标题下，阐述了一个实际的道德体系。这一版本将会有七大篇内容，由洋洋洒洒的八开本两大卷所组成。然而，我再怎么努力，要将整个手稿整理成能够寄给您的有序状态，恐怕也要到仲夏时节里。我对这样的拖延深感惭愧；但是这一修改工作还是让我着迷[2]。

1789 年 5 月在伦敦，杜格尔·斯图尔特拜访卡德尔及威廉的儿子、也是他出版事业的继承人安德鲁·斯特拉恩，告诉他们斯密要求《道德情操论》中新增补的内容不像《国富论》的第三版中的增补那样单独出版。当卡德尔宣称这一决定让他很为难时，斯图尔特却抢先声明说斯密已经做出了决定，并且修改内容本身的特点也决定了不可能单独出版。卡德尔接着提出要求，是否可以在新版的《告读者书》中将这一情况加以说明，但最终还是没有这样做[3]。

在第六版的《告读者书》中，斯密确实说他将"大部分散的关于斯多亚哲学的段落"集中在了第七篇中，但是他这样说未免言过其实了，因为整本书中还是有其他多处提到了斯多亚主义哲学家及教益，这表明了这一哲学流派对斯密思想的影响之深[4] [5]。然而，不得不承认的是，尽管一些伊壁鸠鲁的思想要素被融合

---

[1] NLS MS 14 835 fos.68–9Pugliese 1924；Ross and Webster，1981

[2] *Corr.*No.287

[3] *Corr.* Appendix E，Letter q

[4] *TMS* 5–6

[5] 在一个关于 Raphael (2007a) 和 Montes (2004) 的评论中，Eric Schliesser——他曾与 Montes 一起在 Ethics (2008 年 4 月：569—75) 编辑了一期年轻学者的文章（New Voices on Adam Smith, 2006）——试图证明 Montes

进了斯密的折中道德哲学中[1]，但是斯密直到他生命的最后都依然维持他那绝对的断言，即伊壁鸠鲁道德哲学"这一理论体系无疑和我在前面努力想要建立的那个体系是完全不一致的"[2]。

在《道德情操论》第六版中，新增的一个讨论主题是自杀，斯多亚主义——事实上所有的古代哲学流派——都是允许自杀的[3]。斯密将讨论扩展到了北美土著人宁愿自杀也不愿成为战俘的行为。拉斐尔和麦克菲指出斯密关于自杀所持有的看法，受到了休谟于 1777 年出版的关于这一主题并长期遭到查禁的文章以及另一篇关于灵魂永恒的文章的启发。而且，这两篇文章在 1783 年得以再次出版[4]，连同这两篇文章一起出版的，还有两封摘录自卢梭作品《新爱洛依丝》(La Nouvelle Heloise)（1756）的讨论自杀的书信。一篇关于 1783 年的这次再版的评论刊登在了《每月评论》上[5]，作者被认为是威廉·罗斯，休谟和斯密把他当成自己的朋友。这位评论人维护的是基督教的正统教义（一些人怀疑整体而言罗斯并不持有这样的立场），认为休谟的这些为自杀辩护的言论"令人替他感到羞耻"，并总结如下：

推翻了 Raphael & Macfie（TMS Glasgow edition，1976）就将斯密思想做"斯多亚主义化"解读所做的论证。在 Schliesser 看来，这种解读直到最近都占据主导地位，其论证主要包括三点：(a) 斯密的伦理学和自然神学主要是斯多亚主义的；(b) 从根本上来说，TMS 和 WN 是统一的，其联接点就在于斯密为自利作为一种审慎的德性所做的道德辩护，而审慎的德性之所以成立则与斯多亚主义自制的美德存在着联系；(c) 同情共感是斯密解释道德判断的核心，而道德行为的动机则完全是另一回事，其中包含了各种各样的动机，也包括自爱在内，在 TMS 中这一概念被推向了前台。在 Schliesser 看来，与 Raphael& Macfie 不同，Montes（2004）认为(a) 自制并不仅仅与斯多亚主义相关，因为斯密的自制概念取自 Xenephon 的 Memorabilia（转引自 TMS）中所阐述的苏格拉底式德性 enkratia，以及柏拉图和亚里士多德将 sophrosune 作为一种主要的德性所做的分析；(b) 斯密区分了"高级"审慎和"低级"审慎，Raphael & Macfie 所认为的是审慎这一德性将 TMS 和 WN 联系在了一起，他们所指的必定是低级审慎，斯密将之与伊壁鸠鲁哲学联系在了一起；(c) 一旦否认相互的同情共感（在斯密看来，这种同情共感总是令人愉悦的）可以是行为动机，就很难将斯密所阐述的种种伦理学学说理解为在其行为的道德判断中，动机起到了至关要紧的作用。总而言之，这些不同的观点都是要强调斯密是一位折中的道德哲学思想家，而斯密对这一主题历史所达到的了解程度是任何前人都未曾企及的。然而，更为重要的是，Montes-Schliesser 没有意识到 Raphael & Macfie 并没有宣称 TMS 和 WN 是一体的，而只是指出它们之间存在着联系，是对伦理和经济领域的行为进行了相似的动机分析，而对其所导致的行为的分析却有着完全不同的侧重。而且，在 Raphael-Macfie 所刻画的道德蓝图中，同情共感作为一种心理机制，在人们产生有道德地（或无道德地）行事冲动过程中起到了一定的作用。

[1] Ch.11 n.6
[2] VII.ii.2.13
[3] VII.ii.1.27–34
[4] London，M.Smith
[5] 1784（70），427–8

如果一位喝醉了的、放荡不羁的酒鬼，将这些令人恶心的思想在他那些纵酒狂欢的同伴们面前宣扬，或许还是情有可原；但是，如果有人胆敢在清醒的民众面前，在有着完全的理智和得体的举止的人们面前，提出这样的学说，我们想没有人会认为他有任何权利要求获得严肃的回应，我们只会带着轻蔑的沉默听他大放厥词[1]。

斯密或许在《道德情操论》的第六版中，对这种想要诋毁休谟所持观点的企图，做出了回应。斯密或许也知晓，在路易十六统治末期，法国所发生的那些耸人听闻的自杀案例，比如，拉穆瓦尼翁的自杀。拉穆瓦尼翁是洛梅尼·德·布里安政府内的一位重要大臣，于1789年春自杀身亡。据官方报道这是一次狩猎意外，但是这一事件的可疑之处在于其发生的时机，刚好就在政府因为信用危机而垮台之后不久[2]。

自杀在斯多亚学派看来或许是对自制力的最高考验，而《道德情操论》第三卷最后增补部分，其讨论的主要主题之一便是：自制这一美德与情感的交互作用是道德形成过程的一部分。就情感而言，斯密似乎是回应了当时法国文化中对这一主题的关注[3]。因而在第六版所添加的关于"不该受的谴责"的章节中，斯密以他待在图卢兹期间，引起了他关注的卡拉斯案件为例，描述了那位因被认定谋杀了自己的儿子，而被不公正地处以极刑的父亲所感受到的极大痛苦。斯密觉412 得，从这位无辜者的临终之言中，我们可以感受到他正经受着"对于施加在他身上的不公……的愤恨"以及"想到这一惩罚或许会让他死后的名声蒙羞时的恐惧"的折磨。根据斯密的说法，卡拉斯在被施以了车刑，行将被投入火堆烧死时，对那位照料他的法师说："我的神父，难道您真能使自己相信我是有罪的吗？"[4]

在第三卷所增补的另一章节中，斯密承认，对家人所遭受的不幸欠缺感受能力，是远比这种感受能力的过分发达更违逆合宜感的。斯密联想到自己所处时代

---

[1] p.428

[2] Schama，1989：171-8

[3] Schama（1989：149-62）主要通过讨论卢梭作品 *Emile* 和 *La Nouvelle Heloise* 所具有的文化重要性，将 sensibility 阐述为"天生的强烈的情感感受能力"，将具有"un coeur sensible"看成是"德性的前提"；还可参见 Emmet Kennedy（1989：105-39），其中探讨了戏剧、音乐、当时的视觉艺术，以及写作中的 sensibility。

[4] *TMS* III.2.11

的情感文学，如李察逊的《克拉丽莎》（Clarissa），探讨了对于人类痛苦的残忍和漠视这一主题[1]，斯密认为这些情感文学作品的创作者，是要比"斯多亚学派式漠然"（stoical apathy）学说的倡导者们，更值得我们去聆听的：

> 那些善于描写爱情和友谊，以及所有其他私人与家庭情感的细腻美妙之处的诗人与罗曼史作家，例如莱辛、伏尔泰、李察逊、毛利渥克斯和李科钵尼等等，在这方面是要比芝诺、克里希布斯或爱比克泰德等斯多亚学派哲学家更好的老师（III.3.14）。

《道德情操论》的最后一版中这一句话语的插入，促使人们去探究斯密的道德哲学与18世纪法国情感主义小说之间可能存在的联系，而法国情感主义小说则被认为反映了伊壁鸠鲁学说中对于爱情和友谊的强调[2]。然而，斯密还是坚决地将自制置于为度过有德性的一生而做出的努力的核心位置。

斯密道德哲学中后来所做的增补，还有一处值得讨论，即斯密宣称"对有钱有势者的钦佩这一天性"可以被认为是"我们的道德情感所以会败坏的一个最为普遍的原因"。财富与显贵是我们所尊敬的"自然目标"，这有助于通过社会"地位差别"维护社会秩序。有钱有势者也可能会因为这而不必受到世人对他们的愚蠢和恶行的批评。我们倾向于钦佩并进而模仿有钱有势者，追随他们所引领的"时尚"，而这正是我们道德败坏的根源之所在。我们的虚荣驱使着我们去获得某些当时时髦的恶行之名，尽管我们内心或许是谴责这一恶行的，也会驱使我们假装藐视某些美德，尽管我们内心或许对这些美德心怀敬意（I.iii.3）。在全新增补的第六篇中，再次提起了伴随虚荣而产生的道德败坏这一主题，同时还讨论了与虚荣、甚至自傲联系在一起的那种已成为常态的不满。在斯密看来，公正的旁观者所提供的不偏不倚的自我评价能对这些加以遏制[3]。

公正的旁观者概念在《道德情操论》修改后的第三篇中，得到了最为充分和精细的阐述。在这一部分斯密区分了"外面的人"（man without）和"里面的人"（man within）：前者是指道德判断中遵循的标准是以什么将会受到社会的谴

---

[1] Mullan，1990

[2] Leddy，2006

[3] VI.iii.37–53

责，什么将会受到社会的表扬为基础的；后者在道德判断中是以他认为他人的行为中哪些值得表扬，而哪些应受到谴责为基础的。因而，在斯密的晚年，他表现出了更多的对公众观点的怀疑[1]，寻求一种个人的、独立的良心标准。然而，斯密确实承认"里面的人"也会因为"软弱而无知的人们的判断感到震惊和困惑"[2]。

413

斯密认为在"社会中下层人们的生活中"，通往美德的路和通往富贵的路，在大多数场合，"幸运地"倾向于是重合的，因而，这一阶层人们的道德不容易被扭曲。再进一步阐述，斯密提出在这些阶层中"真材实料的专业技能，加上审慎、公正、坚定以及自我克制的品行，很少是不会获得成功的"。此外，这样的品行总是仰赖街坊邻居和同辈们的口碑，而如果没有"一定程度的惯常的品行"是无法赢得这一口碑的。在斯密看来，这是绝大部分人所处的境况，"对社会的良善的道德而言是幸事"。当斯密转而观察上流社会的生活时，他发现他们的成功取决于"无知、愚蠢或骄傲自大的上级长官怪诞荒谬的垂青宠幸"。在社会的这一阶层，"战士、政治家、哲学家或立法者所具备的实在而阳刚的美德"反而不如时髦人士的雕虫小技。然而，这一阶层中具备自制力的人，比如路易十三统治时期的苏利公爵，则会责骂宫廷中的丑角们，提醒国王通向美德之路[3]。

当斯密在发展他关于道德哲学的新思想时，他完全有可能去关注法国事态的演变。当斯密在法国时，就已经注意到了那里穷人的悲惨境遇[4]；为修建道路而强迫人们劳动的苛政；令人苦恼的加诸一些人身上的人头税以及加诸另一些人身上的财产税；过高的盐税；对付由于农业税赋体制而进行走私的过程中的浪费和残忍："那些认为人民的流血相比于国王的税赋而言是不值一提的人，或许才会同意这样的一种征税方法。"而且，斯密还为法国的税赋改革提出了切实可行的建议，但是他认为特权在法国已是如此根深蒂固，以至于任何改革都无法得以实施[5]。斯密似乎也很清楚，波旁王朝统治下法国所实行的社会和政治体制已使民怨沸腾，而民愤的核心就是民众被政府违反传统权利和习俗的做法所激怒这样一

---

[1] Glasgow *TMS*，p.16

[2] III.2.32；Raphael，1975

[3] I.iii.3.6

[4] *WN* I.ix.9；Imitative Arts

[5] *WN* V.i.d.19；V.ii.k..75–7

种保守的情感[1]。斯密也接触到了那些试图寻求变革，而最终利用民众的暴力来达成这一目的的人所提出的革命思想的主要来源。1784 年 10 月，斯密在爱丁堡招待了地质学家本杰明·法哈斯·德·圣丰德，这位客人后来报告说"法国所有最优秀的作家在他的藏书中都占据着突出的位置。他喜欢我们的语言"。这些最优秀的作者之一便是德阿尔让松侯爵，他在其作品《论法国政府》（*Considerations sur le gouvernement de la France*）[2] 中倡导了一种"王权民主"，将世袭的贵族制看成是法国罪恶的源泉，认为解决的方法就是国王摆脱凡尔赛宫腐败的宫廷生活，在选举产生的地区性议会和全国性代表机构的协助下，在巴黎管理整个国家[3]。斯密自己用最为崇敬的话语向圣丰德谈起严苛批评了古代政体的批评家伏尔泰和卢梭，高度认同了前者讽刺所具有的力量，以及后者所怀有的激情和信念。正如上文已提到的，斯密认为《社会契约论》最终会为卢梭所遭到的迫害复仇雪耻[4]。是否可以就此得出结论：斯密在他生命的最后阶段，一直关注并评论着法国大革命早期阶段的事态发展，正如斯密作品的德国编辑沃尔瑟·埃克斯坦所敏锐指出的那样[5]。

　　在 1788 年 7 月 16 日杜邦·内穆尔致斯密的一封信中，杜邦无疑向这一事件乃至革命时代的到来，乐观地致以了欢呼敬意[6]。这位斯密于 1766 年结交的重农主义学派朋友，曾经协助法国总审计官卡洛纳设计了一个财政和宪政方面的改革计划，准备通过 1787 年知名人士大会的召开加以推行。然而，知名人士大会并不同意在政府并没有接纳代表意见的情况下，征收新的税赋。在这次僵局中，卡洛纳遭到了免职，而他的继任者洛莫尼·布里耶纳强行通过巴黎最高法院将这些税收登记注册，并于 1788 年 5 月剥夺了法国所有最高法院的主要司法权，从而使得反对意见沸反盈天。杜邦向斯密表明这一切并没有什么大不了的，并告诉他法国的这些政治风暴并不一定像它们看起来的那样有害。它们会使我们习惯于反思人们所享有的利益和权力，还会使管理和被管理的社会阶级趋向成熟。他宣称法国正在向建立一个良好的宪政大步迈进，到一定时候这将会为不列颠宪政的

414

[1]　Garrioch，1986；Sonenscher，1989；Farge，1994

[2]　1764；Mizuta

[3]　Schama，1989：112-3

[4]　Saint Fond，1907：ii.245-6

[5]　1926：i. xlii. f；Glasgow *TMS*，18-19

[6]　*Corr*.No.277

完善做出贡献。他的观点是自由放任主义的优良学说，先是在美国、法国、英格兰广受关注，一段时间之后，最终将会传播到其他国家。在信末，杜邦进一步断言斯密在很大程度上加速了这一有益的革命的发生，这里大概是指《国富论》的出版，并称法国的经济学家们并不会否认这一点。斯密的回复已经无迹可寻了，但是我们或许可以推测，这位坦承自己有一种"悲伤、不祥的预感"的善良的亚当·斯密[1]，对这场法国政治大动荡的揭幕深感忧虑，而让自己的名字与这大动荡产生关联也是绝不会让他感到开心的。

　　最近，这一观点受到了人们的质疑，即认为斯密在《道德情操论》第六版新增补的七段文字中[2]，对法国大革命的爆发做出了一个含蓄的判断，这七段文字讨论的是致力于国家改革的"热衷于体系精神的人"的干扰，会威胁到政治的稳定[3]。反对意见充分利用了斯密承认他是一位"速度非常缓慢的作者"，宣称他会将自己所写的任何内容都修改至少十来次，才会让他对结果"稍觉满意"这一事实[4]，以及斯密对将自己不是十分满意的作品留在身后，深怀担忧。另外还需考虑在内的是斯密修改《道德情操论》第六版的工作时间表：最早是在 1785 年 4 月，斯密宣布正在准备做"一些修改"[5]；1788 年 3 月 15 日，提及了在第三篇和最后一篇做了许多增补[6]。而 1789 年 3 月 31 日[7]，斯密宣称著作的修改已经损害了他的健康，并汇报说他已经"插入一个全新的第六篇，在《德性的性质》标题下讨论了一个实际的道德体系"。斯密还预测要等到仲夏才能将手稿理顺寄给他的出版商[8]，但是一直到 1789 年 11 月 18 日，他才写信给卡德尔说"他的著作现在终于写到了最后一句，完全完成了"[9]。

　　然而，从写作时间来看，这几个段落可能是在 1787 年 3 月 31 日和 1789 年 11 月 18 日之间增补到《道德情操论》新版中的。但是这些内容是否指向的就是法国的政治危机，这一在当时广受外部世界关注的事件呢？1788—1799 年冬，

415

---

[1] *Corr.*No.286

[2] VI.ii.2.12–18

[3] Lock，2007：37–48

[4] *Corr.* No.276，15 March 1788

[5] *Corr.* No.244

[6] *Corr.* No.276

[7] *Corr.* No.287

[8] *Corr.* No.287

[9] Klemme，1991：279

法国的乡村发生了饥荒，国家面临破产，以政府法令的形式强行推行改革。1789年5月议会召开，6月受到由西耶斯神父领导的第三等级议会的诱骗，改称为国民大会，9月宣布自己是永久性的，并开始就创建一套宪法而展开辩论。杜邦是其中的一位议员，曾经两次担任大会主席，并经常承担大会秘书一职。7月14日巴黎的民众把自己武装起来，涌向大街，导致了具有象征意义的巴士底监狱陷落。皇室的卫兵们拒绝服从国王的命令，从10月开始他和他的家人就被革命群众控制了起来。不列颠的报纸报道了许多这类消息，从1788年6月的巴黎最高法院因为拒绝登记皇室法令而被"罢免"[1]，到随后国民大会的创建及其开展的辩论[2]。但是，政治局势极端多变、反复无常，到底谁能领导这场革命还未有定论。难道斯密会将自己对这一场法国政治大灾难的迅即反应，直接引入他的道德信仰声明中，更何况他对这一事件或许所知非常有限？

值得注意的是，《道德情操论》第六版中新增的在政治上受到攻击的段落，并没有涉及与政治动乱相关的民众暴力这一主题，而这正是法国大革命从很早阶段开始就具有的特征[3]。这些段落选择的是关注不同类型的政治领袖。其中一种是品德高尚的人物，他们渴望成为"一个伟大国家的改革者和立法者"，"他们

---

[1]　*Scots Magazine*，vol.50：299

[2]　关于1789年发生在法国的令人震惊的事件的报道，就像美国独立战争时期所发生的事件一样，激起了公众对于新闻的急切热望，苏格兰新闻界主要通过从 *London Gazette* 中摘取完整的报道来予以满足。The Scots *Magazine*（vol.51，1789：295）报道了6月22日 the Estates-General 被拒绝进入凡尔赛宫大厅，代表们聚集在网球场，并在那里宣誓要重新修订宪法。这一本杂志7月份那一期（p.351），报道了巴士底监狱的沦陷，狱长被砍首，而在9月那一期，则刊登了宣布 the National Assembly 为一长久机构的宣言（p.603）。7月25日，Edinburgh Evening Courant 就让不列颠人民深感讶异的这一点—即法国人"原先无条件地接受奴隶制…突然，一眨眼睛，却受到了最无畏的自由主义和爱国主义精神的激励"—发表了评论。9月17日，Caledonian Mercury 为 Courier de Londres 刊登了一则广告，称赞其为读者"提供了当时那一时代所发生的重大事件中，各种偶发的和重要的信息"。1790年1月23日，Mercury 宣称已经尽可能"充分地"记叙了"邻国的革命和政治斗争，并为读者们提供了"Mirabeau 式和 Necker 式正确的推理和优雅的高谈阔论"。这些英文和外文的报纸和其他出版资料可以通过私人的或集体的订购，或图书馆流动资料的阅读以及咖啡屋和书店等渠道获得（Meikle，1912：43）。斯密完全有机会对法国大革命初始阶段的事态细节有充分了解，但是由于斯密典型的政治上谨慎的作风，使得他对于宪政和政治领导人做了哲学上的一般化处理。The Minute Book of the Curators of the Faculty of Advocates Library 记录了1789年3月11日图书馆馆员曾被要求致信 Monsieur de Boffe "为图书馆购买在法国关于这一问题 [法国大革命] 持不同观点各方最权威的作品，这样的小册子，M.de Boffe 的开价并没有超过8英镑或10英镑，如果做一个文集需要更多的钱，请告知……1789年12月24日……M.de Boffe 将被要求提供 the French National Assembly 议程"（Minute Book of the Faculty of Advocates，1783–1798，(eds.) Angus Stewart，QC, and Dr David Parratt，Advocate，Edinburgh：The Stair Society，2008：88–9，n.136）。苏格兰那一时期激进的或忠于旧政权的报纸，在关于法国大革命公众舆论的形成过程中所起的作用，详见 Bob Harris，2008：ch.2—Newspapers，Revolution and War。

[3]　Lock，2000：44

的公益精神完全是由博爱和仁慈所唤起的"。他们尊重"甚至是个人的既得权力和特权，而对于国家所构成的那些主要的阶级与团体的既得权力和特权，他所给予的尊重就更多了"。他们"会让自己满足于缓解那些如果没有动用巨大的暴力便往往无法消灭的滥权行为"[1]。第二种是以"心怀不满的那一派党徒"的领袖们为例的，他们提出"看似可行的改革计划"，宣称这一计划不仅将缓解"目前大家抱怨"的种种困苦，而且也将杜绝这种种困苦的重现。这类领袖们主张改变"原来的政府体制，尽管在这一体制的统治下，伟大帝国的子民们已经整整好几个世纪，一直享有着和平、安全，甚至是荣誉"[2]。

一种合理的理解是把不列颠而不是法国，看成是这两类领袖代表人物的活动舞台，因为在不列颠就可以找到典型的这两类领袖形象[3]。小威廉·皮特可以被看成是并不迫切要求进行宪政改革，而只让自己满足于在现行的政治框架下，做一些适度的变动。查尔斯·詹姆斯·福克斯则可以被看成是"心怀不满的"辉格党派的领袖，他想要推行翻天覆地的变革。当然，斯密早期曾经支持福克斯和罗金厄姆辉格党人的立场，极力主张认为不让美洲殖民地居民享有自由是不正当的，斯密也像他们一样赞成讲和。不仅如此，1783年，斯密还用充满赞赏的语气，提到了福克斯关于《东印度法案》的处理。《东印度法案》由伯克起草，并于同年11月在下议院获得通过："福克斯先生在引进和支持这一法案时所表现出来的果断的判断和决心，为他赢得了无上的荣耀"[4]。

然而，在诺斯－福克斯政府垮台后，皮特于1784年就任了首相一职，从他对于财政事务的处理以及与法国所缔结的贸易协议来看，他在某种程度上确实使他自己看起来像是斯密的"门生"。在福克斯这一方，他宣称政治经济学是"所有科学中最没有意义的"，并说他觉得斯密"很乏味"[5]。相么的，皮特研读《国富论》，并认同斯密作为政治经济学家的才干。正如上文已提到的[6]，斯密承认他与皮特的政治对手之间存在着长久的友谊，但是明确无误地表达了他对

---

[1] VI.ii.2.16

[2] VI.ii.2.15

[3] Lock，2000：46

[4] *Corr.* No.233

[5] J.B.Trotter，1806：36；L.G.Mitchell，1992：185

[6] Ch.23

皮特领导的第一届政府所表现出的优秀品质的崇敬之情[1]。18 世纪 80 年代末，福克斯在议会中对皮特所提出的财政和经济改革[2] 很不以为然，这一定不会给斯密留下什么好印象。福克斯的追随者中，有好几派人主张推行彻底的政治改革，这使得把福克斯看成是准备危及国家的"心怀不满的那一派党徒"的领袖更显得合理。而且，福克斯也参与了 1788 年 11 月的摄政危机。当时乔治三世国王旧病复发，大家以为是精神病，其实可能只是卟啉症[3]。福克斯煽动人们，要求给予威尔士王子完全的皇室权力，当时威尔士王子或许是偏向他而不是皮特作为首相的人选，而皮特则寻求要限制王子的权威，希望国王能够恢复健康，到 1789 年 2 月国王也确实恢复了健康。在 1789 年 3 月 25 日致亨利·邓达斯的一封信中，斯密因为皮特在这一时期坚定的立场而给予他过分恭维的赞扬，这也意味着是对福克斯的一种指责："您年轻朋友 [即皮特] 言行中所展现出的坚定、合宜和审慎是会让王国内的每位明智和有思想的人给予很高的评价的"[4]。然而，巴肯勋爵记录下来的他的看法是当 1787 年斯密从伦敦回来时，对"托利党和皮特而不是辉格党和福克斯"政府更怀有好感，而这一好感在随后逐渐减弱，他原有的情感又复燃了，但是与这些政治家都没有保持太多的联系[5]。因而很难清楚地断言，斯密更偏向于他所处时代的政治家中的哪一位。

斯密所描绘的第三种政治领袖是那些"热衷于体系"的领袖，他们如此迷恋于"自己的那一套理想的政府规划所虚构的美丽，以致无法容忍现实与那一套理想的任何部分出现丝毫偏离"。他想象"他可以像棋手安排棋盘上的每颗棋子那样，轻而易举地安排一个大社会里的各个成员"。他不能容忍任何反对意见，并在坚持建立"那个 [完美的] 理念可能会要求的"每一部分时，表现出"无以复加的自大傲慢"。这一类就是"主权国的君主们"，他们在所有的政治投机者中是"显然最具危险性"的。他们改革的主要目标"就是削弱贵族阶层的权威，拿走各个城市和省份的特权，并使国内最伟大的那些个人和最有势力的那些阶级，变得和那些最软弱的与最无足轻重的个人和阶级一样无力反抗他们的命令"[6]。在

417

[1] Smith to Beaufoy，1784 年 11 月 14 日，Sraffa Coll.，Trinity Coll.Libr.，Cambridge

[2] L.G.Mitchell，1992：175

[3] MacAlpine and Hunter，1969；Warren，BBC News，2004 年 7 月 14 日；Warren，2005

[4] *Corr.* No.286

[5] Rae，1895/1965：410

[6] VI.ii.2.17–18

18 世纪的不列颠或法国大革命早期，似乎找不到一个类似的对应的领袖例子，尽管或许可以与之形成遥远呼应的是路易十五统治中的专制主义倾向（斯密曾有过第一手的观察经历），而在路易斯十四的统治中则更明显一些。

那么在斯密所处时代众多的"主权国的君主们"之中，谁"显然是所有的政治投机者中最具危险性"的呢？其中相对应的一些例子是斯密所处时代的"仁慈的专制主义者"，而在这些君主中，更为符合的则是奥地利的约瑟夫二世国王[1]。他不同于其他的这类统治者，如普鲁士的弗雷德里克二世、俄国的凯萨琳二世以及西班牙的查尔斯三世，因为他从 1780 年到 1790 年在他专制统治期间，快速而残酷地实行了他的法律、政治、宗教、社会及经济改革，从而建立了哈布斯堡帝国。这些改革实施的重点区域就在奥属荷兰。1781 年，约瑟夫国王亲自视察了这一地区，这是 200 年来他的家族的第一次视察。约瑟夫国王在微服私访地进行了考察后，决定必须立即结束这里的腐败之风，废除过时的习俗。他即刻着手废除世袭特权，将事务的决定权从地方贵族的手中转移到了皇室委员会手上，从而削弱了"贵族的权威"，试图"不顾任何反对，立即"实施他"自己关于完美的政策和法律的理念"，实际上是创建了一个高度中央集权的世俗政府。为了与启蒙思想保持一致，约瑟夫国王在 1781 年 11 月 12 日发布声明，推行广泛的宗教信仰自由，并试图将牧师的培训规范化，而这使天主教牧师产生了敌对情绪。不仅如此，这位哈布斯堡帝国国王废除了手工业行会，以便开放城镇的经济发展机会，但是这又使他与日俱增的敌人数目变得更为可观。意料之中的是，约瑟夫二世所推行的政策及其强行实施于 1788—1789 年激起了一场武装暴乱。当斯密正在为《道德情操论》做增补的时候，《苏格兰杂志》上报道了这一场动乱，这无疑不应只被当作一种巧合。[2] 这位奥地利主权国的君主所实施的政治行动表明，他是一位"最具有革命性"的热衷于体系精神的人，因为他试图独断专行地自上而下强行推行改革，并准备用武力来为其开道。最后于 1789 年年中，发生了保守的"布拉班特革命"，革命的支持者决定要将奥地利人赶出南荷兰地区。约瑟夫不

---

[1] Lock, 2000：44–45

[2] *Scots Magazine*（vol.49：351）报道了 1787 年 7 月在 Austrian Netherlands 所发生的"大动乱"；p.352——一次"混乱的在 Antwerp 的 20,000 人集会"；vol.50，1788 年 8 月；p.406——"由于国王的苛政，Brabant 发生了一场叛乱"。在同月，在 Brussels 一群民众聚集在一起，抗议 Brussels 关闭了一座神学院。这使得 *Scots Magazine* 杂志主编发表评论说："如此残暴荒淫的措施只会使剩下不多的忠于旧政权者感到寒心。"

得不取消他所推行的改革，于 1790 年 2 月在幻想彻底破灭和极度的失望中饮恨而终 [1]。[2]

还应该提及的是我们在斯密的书信中，找到了斯密对"热衷于体系的人"很具体的回应。这位"热衷于体系的人"，短暂地在丹麦行使了一阵未受任何约束的权力，在没有进行任何磋商的情况下，动用这一权力自上而下地强行推行改革，从哥本哈根到非常落后的丹麦地区以至邻国挪威。这就是约翰·弗雷德里克·施特林泽，一位接受过哈雷大学教育的医生，并在那里接触到了开放和自由的启蒙思想，尤其是伏尔泰、卢梭等法国哲学家的思想。1758 年，他出任汉堡附近阿尔托纳的医疗官员，受到了丹麦侍臣们的关注，这些侍臣被国王克里斯蒂安七世的总管们免了职。克里斯蒂安七世是一位精神疾病患者，这些侍臣将施特林泽引荐给了国王，认为如果他能成功地医治国王的疾病，他们就可以重新获得在宫廷上的影响力。国王发现施特林泽的治疗很有效，就于 1767—1768 年在他的陪同下，经由汉诺威出访了巴黎和伦敦。在出访的过程中，克里斯蒂安接触了伏尔泰等其他一些知识分子，深为他们的政治社会思想所吸引。施特林泽通过成功缓解国王的病情，而获得了对国王的一种控制。作为丹麦伯爵和国务内阁大臣的他，几乎是被授予了完全的政治控制大权，他所发布的命令可以立即生效，而只需在事后报呈国王签字。

到 1772 年 1 月，施特林泽拥有这项权力已达 10 个月，在这期间他签发了超过一千个法令，这些法令以启蒙思想家们所倡导的有条不紊的方式，在丹麦的许多方面推行了改革 [3]。施特林泽推行改革的目的，旨在撤销商业管制以增加国家财富，维护和平的政策方针，并依据重商主义学说实现政府机构的现代化和中央化管理。他坚定地信奉个人自由，结束了对新闻出版的审查制度和司法中的刑讯逼供。他用内阁替代了枢密院，限制了地主阶级的权力和特权，削减了公务员的薪水和养老金，还减少了给予工业的津贴，所有这一切使他成了许多人忌恨的对象。他对于农业或农民的命运几乎没有任何作为 [4]。在他改革计划实施的早期，

[1] J. Roegiers and N.C.F.van Sas in J. C. H.Blom and E.Lamberts，eds.，2006：288–85；Beales，2009

[2] 这一讨论 Austrian Netherlands 所发生的革命的文章作者，分别来自比利时和荷兰，他们或许对 Josepn II 的改革怀有一种民族偏见。更为正面和公平的描述参见 Beales（2009），在这一著作中，作者认为 Joseph II 的政治才能深刻地影响了其所管辖的整个王国，这些领地现在分属 15 个现代国家。

[3] Lis Froding，2001

[4] Asser Amdisen，2002，revd. Michael Bregnsbo，2002 年 12 月

他与来自英国的冰雪聪明的王后卡洛琳·马蒂尔达交好。马蒂尔达是乔治三世国王的妹妹，在她 16 岁时，他哥哥把她送到了丹麦，她为丹麦王室生育了一位皇位继承人弗雷德里克王太子，随后遭到了性能力有严重问题的克里斯蒂安国王的冷落。王后与施特林泽之间产生了充满激情的婚外恋情，她为他生育了一个孩子。言论的自由成了丹麦人用来向施特林泽表达不满情绪的工具，一是因为其推行的改革速度过快、涉及范围过广，而更为重要的原因是他对特殊利益集团的漠视，以及在与卡洛琳·马蒂尔达之间的不伦关系中对传统道德的漠视。施特林泽并没有组织忠诚的护卫队贴身保护他自己或王后的人身安全，也未能组建一个党派支持他推行改革。

最终，孀居的王后朱丽安·玛丽和一位受到排挤的顾问赫格－古尔德贝格发起了反对施特林泽的宫廷政变，促使其垮台。1772 年 1 月 17 日一大早，施特林泽和王后遭到了逮捕，据说刑讯逼供使得施特林泽承认了自己的滥用职权以及与王后之间的不正当关系。不列颠的报纸大肆渲染报道了这一事件，就像乔治三世兄弟们的其他风流韵事一样[1]。在一个摆样子的公审后，施特林泽和一位克里斯蒂安国王的廷臣勃兰特，以冒犯君主罪被判处了死刑。俄国的凯萨琳女王、不列颠国王、伏尔泰及其他一些哲学家，都写信请求缓期执行死刑，但是遭到了孀居王后玛丽的拒绝。4 月 28 日，施特林泽和勃兰特被公开地、以令人发指的残忍方式处以了极刑，而第二天晚上发生骚乱的民众，也没有得到任何制止。王后这一边也供认了她与施特林泽之间的不伦关系，这导致了她婚姻的废除，她的孩子们也从她身边被带离，而她被迫流亡汉诺威的策勒，从此再也没有见过他们，直至 1775 年在策勒离世。

1780 年 10 月 26 日，斯密给当时丹麦贸易和经济委员会委员安德列亚斯·霍尔特写了一封篇幅很长的自传体式书信，斯密是 1764 年在图卢兹与霍尔特相识的[2]。在信中，斯密就施特林泽时代的结束做出了以下的评论："您 [霍尔特] 所提及的贵国政府管理上的重大变革，我总认为是带着巨大的审慎和克制来实行的，对于国家的持存具有不可或缺的必要性。"[3] 或许报纸的报道和霍尔特的叙述，都没有告诉斯密发生的所有细节：施特林泽和勃兰特被戴上镣铐，严加看

---

[1] Stella Tillyard, 2006

[2] Ch.13

[3] *Corr.* No.208

管；对他们严刑逼供，以获得他们的供词；在他们被斩首前，砍断了他们的右手；切割下了他们身上的各种器官，包括生殖器；用马车载着这些游街示众。但是斯密一定对这些细节也了解一二，才会做出这样的判断，认为反对施特林泽统治的革命是"带着巨大的审慎和克制"来实行的，具有"不可或缺的必要性"，这实在是一种令人反感的道德粉饰。事情发展的结果是，克里斯蒂安的继承人弗雷德里克六世，在1784—1808年担任摄政王期间，恢复了许多施特林泽所推行的改革计划[1]。

斯密当然会对政府和宪政体系抱有一种专业上的兴趣，我们可以相信或推测他一定密切关注了这些体系在丹麦、北美、英属印度以及奥属荷兰的创建和崩塌，或许还可以联系斯密在《道德情操论》第一版中最后所许下的承诺，即要提供"法律和政府的一般原理，以及那些原理在不同的时代与社会发展阶段所经历过的各种不同的变革的说明"[2]，以及斯密在1785年陈述说他所提到过的这些"著作"之一正在筹备中[3]。我们没有任何直接证据能证明斯密对于18世纪80年代末法国所发生的事件有多少了解，但是杜邦1788年6月19日的来信，肯定会让斯密对信中所提及的内容颇费一番思量。而且，同年11月5日，威廉·罗伯逊也曾在爱丁堡布道，纪念所谓的1688年"光荣革命"100周年，并明确地将这一根本性的政治变革与美国革命和法国的大动荡联系在了一起[4]。亨利·布鲁厄姆是《爱丁堡评论》第二次创刊时的创刊人之一、激进派议员，并在1832年那一届政府中出任大法官一职，正是这一届政府通过了拖延很久的议会《改革法》（Reform Act）。他回忆说，当他还是十岁小男孩时，他听到罗伯逊校长在那一次布道中，提到了欧洲大陆发生的事件，把它们看成是"随后远要更多的类似事件的先驱，而他已经看到了类似事件提前所投射下来的影子"，到那时"如此一个泱泱大国成百上千万的民众"将"从专制政府的铁蹄下解脱出来"[5]。至于这一解脱，法国革命者认为应该以宪法的形式保证其神圣不可侵犯，1789年8月26日，国民大会采纳了《人权和公民权宣言》（the Declaration of the Rights of Man and

420

---

[1] Enquist/Nunnnall，2001；Lars Bisgaard et al.，2004

[2] 1759：551

[3] *Corr.* No.248

[4] co-ed. Doris & R.B.Sher，Chicago：1979；Ap.B

[5] 转引自 Meikle 1912：41-2。

Citizen）作为宪法的第一组成部分。这一做法广泛地激发了民众的期待，希望推行参与性民主体制，即刻缓解当时所面临的社会危机等。然而，在采取了这样的理论立场后不久，代表们开始限制当选官员们的特权和资质，想要维护有产者的权利。当时由于倡导纯粹民主而开始在国民大会中赢得关注和支持的罗伯斯庇尔宣称，这样的限制措施破坏了平等原则[1]。而这也是革命者所面对的更多混乱和困惑的来源之一。

国民大会建立之初，代表们所专注解决的问题是：为法国所处的崭新时代创建宪法。严谨的理论家西耶斯，将卢梭关于人民主权这一观点进一步推演，得出了符合逻辑的结论，但是在代表权问题上，他与卢梭的观点背道而驰。西耶斯认为代表权并不一定是一种有害的制度，而是通过讨论和投票在唯一的全国性立法机构——议院，理性地表达人民意愿的一种方式。西耶斯通过对重农主义者、亚当·斯密以及苏格兰历史学派的其他成员如休谟和罗伯逊的著作中关于社会代表制和文明社会的进程相关的思想的反思，形成了他自己的关于代表制政府，以及通过拖延权或否决权废除归属于贵族和君主的世袭特权等观点。他将欧洲社会看成是"巨大的工场"，其中绝大多数成员专心致志于自己的工作，以至于他们只能通过选举"远比他们更有能力了解整体利益，并从这一角度解读他们意愿的代表"参与政府的管理。1789 年 10 月 2 日西耶斯在一次演讲中，明确地将亚当·斯密的经济理论往政治方向进行了演绎，他断言代表制政府是必需的，因为"劳动分工也适合应用于政治事务的处理中，就像它适合应用于各种生产性劳动中一样"[2]。

事情发展的结果是，西耶斯并没有说服代表们接受他所提出的完全代表制政府形式，11 日代表们进行投票，接受了国王搁置这一讨论的否决投票。之后，路易十六只是自愿"同意"《人权宣言》及当时已经达成一致意见的宪法条款。而要最终使国王"接受"以彰显大众意愿为基础的君主立宪制，则还要通过在凡尔赛宫举行的妇女游行以及 10 月 5 日—6 日强迫皇室成员迁往巴黎等社会行动的开展。然而，伴随着事态的这一发展，一系列令人生畏的问题像多米诺骨牌一样摆在了人们的面前：如果这一次宪法的创建是一个崭新的开始，那么又有什么可以

---

[1] Baker, 1990：253–71

[2] Baker, 1990：245–51

阻止这一宪法再次受到挑战、否决，并作为大众意愿或国家主权的进一步表达再次将之重建呢？而且，社会行动又将扮演什么角色呢：难道这种社会行动就不会再次受到煽动，强迫对这一宪法进行部分地或整体地修改？后来发生的恐怖统治的种子这时就已深埋在侃侃而谈的国民大会代表的争论及他们为自己国家所选择的政府形式之中[1]。

潘恩是对这些关于立宪的争论所取得的成就持乐观看法的人之一，他还希望英格兰人民会效仿法国的例子。潘恩并不认同斯密的朋友埃德蒙·伯克在 1790 年 11 月 1 日出版的《关于法国大革命的反思》（*Reflections on the Revolution in France*）中，对于国民大会废除特权和垄断的做法所提出的批评。潘恩回忆了《国富论》中作为政治经济学系统阐述的一部分，对于这些机制所发起的攻击。他宣称伯克的问题在于，他缺乏斯密那样创建体系的能力，因而无法提出合理的组织模式，将主要学说及其在法国新政体中的应用都囊括在内。[2]

潘恩不可能仔细阅读了斯密在《道德情操论》新增的第六篇中，所增补的关于政治变化和政体建设的分析，这些分析是斯密经过深思熟虑，最早在 1789 年 3 月 31 日，最迟在同年的 11 月 18 日所做出的。如果说斯密的这些分析是以一种冷静而超然的态度，针对整个法国大革命时代，尤其是针对法国当下所发生的事件做出的回应，应该不会让人觉得过于牵强。斯密以一句与革命理想主义多少有些相悖的主题句，开始讨论当时由政体创建而引发的争论："我们的爱国之情似乎并非源自于我们对全人类的爱"[3]。斯密似乎找到了一个合适的机会，讨论爱国之情这一斯多亚主义话题，以阐述自己一直以来对政治生活和组织所持有的观点。同时，当斯密在给出他关于政体的定义时，也与法国的政体之争进行了对话：

所谓一个具体国家的政体，乃是取决于这一国家内部被分成了哪些不同的社会阶级与团体，以及那些阶级与团体被分别分配给了哪些权力、特权和

---

[1] Baker，1990：271–305

[2] Paine（1984：157，Rights of Man，pt.i）。1796 年，出版商 A. Joersson 发行了一本题为 *Adam Smith of an Inquiry into the Wealth of Nations and Thomas Paine Author of the Decline and Fall of the English System of Finance*，据称是在德国出版，但是更可能是在法国。这一著作所要阐述的主题是斯密的学说在 Paine 的著作中受到了歪曲。这一著作或许是第一本详细的关于 *WN* 的评论。

[3] VI.ii.2.4

豁免权。[1]

这样的表述反映了孟德斯鸠在《论法的精神》中所阐述的观点，代表了可以一直追溯到亚里士多德的《政治学》（*Politics*）的一种传统[2]。斯密认为一个政体的稳定取决于几个社会阶级和团体相互之间的调整，以便一个阶级不会侵犯另一个阶级。既然首先要考虑的是国家的持存和繁荣，因为这是阶级和团体所依存的根本所在，那么出于国家利益的考虑，就或许必然会对这些阶级和团体所享有权力和特权加以限制。这可能会激起那些对自己的阶级抱有可以理解的偏心的成员的抵制。就这种偏心本身而言，并非一无是处，因为它"牵制了创新精神"并维持了阶级和团体之间的平衡。而且，尽管这种偏心会妨碍政府进行一些"在当时看来也许是很流行且很受欢迎的"改革，但是与此同时，这种偏心也有利于整个体制的稳定和持存。毫无疑问，这样的观点对于贵族阶层所享有的特权而言，是一种保守主义立场，贵族们对自己所享有的"权力和豁免权"当然会怀有偏心。相应地，斯密会期望由这一阶层的成员出任无论是战时还是和平时期的国家领袖，从而确保国家能做到趋利避害、繁荣昌盛[3]。

422

斯密接着回到了热爱祖国这一主题，这或许与美国独立战争和法国革命不断地诉诸爱国主义不无关系。斯密认为热爱祖国涉及了两种情操：一是对已建立政体的敬重，二是想要促进同胞民众福祉的意愿。第一种情操为公民之为公民下了一个定义，即尊重法律、服从民政长官的领导；而第二种情操则定义了怎样才算是好市民，即致力于促进社会的安全和繁荣。在和平时期，这两大原则并行不悖，但是在一个国家由于公众的不满和某些团体之间极端的对立而导致社会秩序崩塌之时，这些原则之间就会发生冲突。斯密承认即使是一位明智的人或许也会支持革命，以改变"就其现状而言，显然已经无法维护公共安宁的政体或政府形式"。而1788—1799年法国社会的骚乱和暴乱，正是在这种情况下发生的。

斯密似乎所欣赏的正是1789年夏，法国三级会议代表们所面临的情境，他们聆听着穆尼耶和拉利－德兰代尔的演讲，面对的一方面是盎格鲁血统的美国人所创建的政体模型，另一方面是受到卢梭思想激励的政治家所提出的政体设想，

---

[1] vi.ii.2.8

[2] Baker, 1990：255

[3] VI.ii. 2.9.–10

如萨尔和格雷戈尔，甚至是才华横溢的西耶斯，而在西耶斯的政治学说中融合了卢梭及《国富论》中斯密的某些思想：

> 一位真正的爱国者，要判断什么时候他应该支持、并且尽力重建旧体制的权威，以及什么时候他应该对比较大胆、但是通常也比较危险的创新精神让步，也许常常需要他发挥最高的政治智慧[1]。

斯密就对外战争的领袖和国内斗争——或用斯密的用语，国内党争——的领袖做了比较判断，如果我们仔细阅读这一部分，就可以看出斯密这里的讨论已经不再局限于不列颠的背景范围了。对外战争中所获得的荣耀是比党派争斗中的胜利"更为纯粹和辉煌的"，但是取得成功的党派领袖，如果他能适度的对革命暴力加以节制，那么他为国家所做的贡献，就有可能比一场对外战争的胜利更大。我们或许可以将美国背景中的华盛顿，对应于斯密抽象地加以描写呈现的这类重建了一个政体的人物。华盛顿从一个党派（爱国者派）的可能领导人，转而成了能为他的同胞谋得长治久安的稳定体制的创建者，从而成为"美国之父"。斯密同时代的一些苏格兰人，正是这样看待华盛顿的，如巴肯勋爵，他与这位美国将军和总统有书信往来，并一直替他庆祝生日[2]；彭斯，他对华盛顿为自己人民的自由而战的精神推崇备至[3]。

新版《道德情操论》这一部分内容背后体现了一种共和国情结，或许还有对1789年法国代表们的一些同情。这些代表齐聚一堂，商讨如何才能让他们的祖国走向一个更好的未来，正义、平等、自由都能得到有效的维护，并为实现国家的长治久安和繁荣昌盛提供条件。这些代表和斯密或许仍然还对最高法院与波旁皇族长期以来斗争的细节记忆犹新，以及皇室就最高统治权的归属问题所发表的贬低所有其他阶层的声明，所带来的屈辱。这一声明是由路易十五于1766年在鞭策会议上所宣读的，由吉尔伯特·德·沃伊津斯为国王撰写，当时发表这一演讲时，斯密正在巴黎：

423

---

[1] VI.ii.2.11–12

[2] Cant，1981：9

[3] 1968，ii.732–4

似乎有人忘了至高无上的统治权，仅仅归我一个人所有，公共法令完全应该由我来颁布，而国家的权力和利益（一些人竟敢认为是独立于君主的单独机体）必定是与我的权力和利益统一在一起的，也只能由我来掌管负责[1]。

斯密清楚地意识到，如此疯狂的傲慢自大必将导致国家暴动。他也意识到了需要"最高的政治智慧"才能处理好这种暴动所带来的后果。当他写完新版《道德情操论》的"最后一句话"时，法国的问题仍处于吉凶未卜的状态。

在 1789 年 11 月 18 日斯密致卡德尔的信中，首先告知他已经写完了"最后一句话"，接着说海关委员会的同事大卫·里德会将他的著作带往伦敦，并进行校对，以免去他亲自"前往伦敦的花费和劳顿"。然后，斯密对卡德尔提出了责备，因为他主动提出要与爱丁堡的出版商威廉·克里奇分享这一著作的出版权：

我觉得您没有任何权力做出这一提议。我只想要将增补的内容作为礼物送给斯特拉恩和您；而不是包括其他任何人。如果这一著作想要在爱丁堡出版的话，明天它就可以拿去出版社了。但是我绝对不赞成这样做。我甚至一定会在协议中注明，至少要在伦敦销售了几百本这一著作后，才允许其在爱丁堡开始销售。我可以向您保证，就目前这里学术派别之争的现状来看，这样做无论是对您的利益还是我的安宁而言，都有着远比您所能意识到的更为重要的意义[2]。

我们自然会问：为什么斯密会因为那里"学术派别斗争的现状"，而如此反对在爱丁堡出版这一著作呢？他对于卡德尔的"利益"和他自己的"安宁"的关注或许可以提供我们答案。正如上文已经提及的，同样的措辞也出现在了 1776 年斯密告知不愿意卷入《自然宗教对话录》一书出版事宜的书信草稿中。在那一封信中，斯密向斯特拉恩的决定表示了感谢，斯特拉恩决定出版休谟简短的自传《我的一生》，并附上斯密假借 1776 年 11 月 9 日一封书信的形式，对休谟临终前状

---

[1] Schama，1989：104；Baker，1990：225–8

[2] Klemme，1991：279–80

态所进行的描写，但是与《自然宗教对话录》一书分开出版[1]：“我甚至自鸣得意地认为，这样的安排对于我的安宁及您的利益而言，都会是不无裨益的。”[2] 在这封书信草稿中，斯密还表明了自己对《自然宗教对话录》的出版，可能会引起的“抗议”所怀有的担忧。最终，《自然宗教对话录》的出版，却并没有引起基督徒们对休谟怀疑主义和所谓无神论的强烈抗议。

如果新版《道德情操论》在爱丁堡出版，到底什么样的学术派别之争会伤害到斯密，既然旧版《道德情操论》中某些与承认灵魂永恒信条相关的章节，已经被认为是立场不够明确，而新版在讨论死后神的奖励与惩罚的性质时，斯密又采用了更强烈的休谟式语气？答案无疑是苏格兰教会中普通派或精英派作者们，1788—1789 年他们在攻击罗伯逊校长时，就已经露出了狰狞的面目。当时罗伯逊校长主张缓解天主教对人们宗教信仰的控制，而由于 18 世纪 80 年代温和派牧师在教会中势力的下降，罗伯逊被迫放弃了这一立场，与此同时，斯密也放弃了与苏格兰神职人员之间的联盟。斯密必定也意识到了《道德情操论》中新增补的内容，加大了对某些已有批评的力度，如对于“卑鄙下流的一些阴谋小团体进行党派斗争的热情”会破坏“自然的宗教信仰情操”的批评[3]。或许斯密指望这一新版在伦敦所获得的成功，会减弱爱丁堡的传媒可能会对他发起的任何攻击的力量[4]。精英派之所以会被认为是一个“学术派别”，是因为他们从事了出版业务。他们想要支持美国危机中的革命爱国者派，也被认为会站在法国的革命者一方[5]。从克里奇的政治立场角度来看，斯密并不会反对他参与《道德情操论》第六版的出版工作，因为他一直都是作为保守主义者而为人所知，斯密新版中对于政体和革命变化也持有相似的观点[6]。斯密当然不喜欢抛头露面，他在 1785 年 7月 4 日明确地向温迪施 - 格拉茨表示：“只要是我的能力范围之内的，我都会阻止我的名字见诸报端，但是，令我感到遗憾的是，我并非总是有能力做到这点”[7]。

我们一定不能就此把斯密的生活想象成是整天为他的著作劳神，担心着公众

[424]

---

[1]　*Corr.* No.178

[2]　*Corr.* No.177A

[3]　III.5.13；cf.the new passage，III.3.43

[4]　Sher，1985：289–97；Donovan，1987；1990；Fry，1992a：71–6

[5]　来自 D.D. Raphael 评论。

[6]　pace Sher 2002：17

[7]　MS copy Aldourie Castle，Inverness

会如何看待其出版，以及利用海关委员会无数繁琐的日常事务，从专注的复杂抽象的形而上学思考中暂时放松一下。斯密还享有别开生面的社交生活，尤其是招待从其他国家来到爱丁堡的访客，正如上文已经提到的，其中包括地质学家圣丰德。圣丰德对火山岩研究非常入迷，对于苏格兰高地和岛屿中的火山岩很感兴趣，同时对这一地区的盖尔语文化也颇有兴致。斯密断定这位客人喜欢音乐，承诺说 1784 年 10 月 19 日星期二带他去"听一种会让你无法形成任何概念的音乐"，并补充说如果这位客人到时能告知对于这种音乐的印象，他将不胜高兴。然而，斯密有所不知的是，圣丰德已经听过斯密所指的这种风笛音乐了。上一年的九月份，他在高地游览，在他待在奥班期间，每晚都会有一位风笛手伫立在他下榻的旅店窗下，吹奏"一种我从未曾接触过的，但是却让我觉得很难听的音乐"，打扰他在地质考察后非常需要的休息[1]。圣丰德甚至无法支开这位风笛手，因为他认为这是正在向一位外国人致以独特的敬意。

或许是出于礼貌，圣丰德并没用向斯密提及这一点。在约定时间的早上九点，斯密如约前来接他，把他带到了爱丁堡大会厅，里面绅士淑女济济一堂。大厅的正中间坐着来自盖达希尔塔的绅士们，斯密认出这些人是一年一度的"古代"风笛音乐演奏比赛的"当然裁判"。每一位参赛者先是表演自选曲目，接着是表演同一指定曲目，奖项将被授予其中演奏最佳者。当大厅一端的折叠门打开时，圣丰德吃惊地看到一位以高地服饰盛装出席的演奏者，在大厅来回踱步，"用一种能够刺伤耳膜的乐器，吹奏着最为吵闹、最为杂乱的噪音"。

斯密请求圣丰德仔细倾听音乐，结束后向他描绘这些音乐所留给他的印象。1782 年斯密曾经写过一篇关于模仿艺术的文章[2]，到伦敦时，还与乔舒亚·雷诺兹爵士讨论过或许是与绘画有关的"模仿"美学理论。两年后，斯密很可能是在进行他关于器乐的一个调查。斯密认为器乐并不真正地"模仿"外在的对象或内心的状态，而是创造一种情感上的印象[3]。开始，圣丰德无法分辨出音乐中的任何"曲调或意图"，只是震惊于第一位参赛者的戎装打扮，"他的身体和手指都做出了惊人的努力，才将乐器上的不同簧片同时吹奏起来"，发出"令人无法忍受的喧嚣之声"。圣丰德将风笛手所演奏的曲调描绘为 "一种奏鸣曲，分成三部

425

---

[1]　1907：i. 319

[2]　*EPS*

[3]　"Imitative Arts"，ii.31–2

分"。在连续听完八位演奏者的演出后,圣丰德开始怀疑"协奏曲"的第一部分是与"战争中的行军及操练相关;第二部分与浴血奋战相关,音乐家通过嘈杂的声音和快速的节奏加以表达"。风笛手接着没有任何过渡就"开始了一种行板乐曲的演奏……他变得很忧伤,沉浸在了自己的悲伤中;乐器奏出的声音哀怨而萎靡,似乎正在哀悼从战场上被抬走的牺牲者。正是这一部分使得美丽的苏格兰女士们热泪盈眶"。

圣丰德所听到的正是苏格兰中部和南部高地最好的风笛手的演出,他们相互竞争的比赛曲目是风笛中的"大音乐"(ceol mor),这种音乐不同于"小音乐"(ceol beag),如进行曲、斯特拉斯贝舞曲、里尔舞曲、漫步舞曲、快步舞曲或角笛舞曲。然而,圣丰德对在他看来音乐中"吓人的音量、刺耳的音色以及不协调的和声"感到困惑和厌恶[1],他也坦言他不可能会推崇其中的任何一位风笛手:"我认为他们都是属于同一水准的;也就是说他们彼此都是一样的糟糕。"[2] 尴尬地面对着一个他完全陌生的音乐传统,为了描述这种音乐,圣丰德转而求助于一种他所熟悉的音乐形式,即由三部分组成的协奏曲。圣丰德自认为找到了一个类似的音乐风格,包容了他在这一风笛音乐(piobaireachds)中所发现的所有要素。这便是由波西米亚籍奥地利作曲家、小提琴手海因里希·伊格纳茨·弗朗茨·范·比伯所创作的《巴塔利亚》(La Battalia)(1673)协奏曲,这一曲目由三把小提琴、四把中提琴、两把低音提琴和通奏低音进行配乐。维也纳古乐合奏团[3]节目单上是这样描述这一协奏曲曲目特点的:火枪手们放浪形骸的狂欢,行军、战役、受伤者的哀恸,所有这一切都通过曲调得以模仿,向酒神致以了敬意,由比伯创作于1673年。圣丰德或许并没有对比伯的协奏曲有多少直接的了解,而只是听说或曾有人告诉过他,苏格兰的小提琴音乐创作受到了这一协奏曲的启发和影响。在詹姆斯·奥斯瓦德所著的《苏格兰人口袋书》(Caledonian Pocket Companion)[4]中,也出现了"高地战役"和"高地挽歌"等标题,这与风笛音乐在形式特征上有些相似[5]。而且,"战役"乐章组成部分提示性的标题为

426

[1] Donaldson, 2008b: 80
[2] Saint Fond, 1907: 246–51
[3] 1968, 1969, 1971/2005
[4] c.1747–69
[5] Donaldson, 2000: 80; Oswald, 2006: iii.26, ii.19

"发动战役""准备撤退"以及"首领的挽歌"[1]。"首领的挽歌"乐章开始时的乐旨，似乎就来自比伯的协奏曲中的"挽歌"部分。

然而，对于比赛中所演奏曲调的陌生，使得圣丰德想要将它们同与这一曲调相似的巴洛克协奏曲或小提琴音乐联系起来的做法并没有多少帮助。一首风笛音乐是以回旋曲作为其基本形式的：主旋律（或基调 urlar）之后紧跟着就是变奏曲，变奏曲又通常包括"第一变奏曲"（siubhal ordaig）及随后的第二变奏曲（leumluath）、第三变奏曲（taorluath）和第四变奏曲（crunluath）[2]，从而产生一种有规律的、符合规则要求的乐曲形式，与 18 世纪作家们在原始或"浪漫"的音乐中，所找到的野性和即兴的曲调，完全不是一回事。圣丰德对这一乐曲之所以能打动"美丽的苏格兰女士"的原因进行了推理。他说这一乐曲留给他的印象，与其留给其他观众的印象是如此大相径庭，以至于他只能想象身边的人所被激起的生动的情感，更多地不是来自于曲调本身，而是来自于概念间的联想将他们与那些被有力唤起的历史事件记忆联系在了一起[3]。

至于圣丰德和斯密在这次比赛中所听到的音乐，1784 年 10 月的《苏格兰杂志》[4] 报道了参赛的风笛手及他们的演奏曲目。一等奖被授予了来自佩思郡福汀格尔的老约翰·麦格雷戈，他演奏的曲目是《大桥的桥尾》（*Ceann na Drochaid Mhoire*）[5]。据报道，这一曲目竟然是由斯凯岛著名风笛音乐世家麦克里蒙家族的一位成员，在 1431 年因弗罗奇战役中所谱写的[6]，在这次战役中，唐纳德·巴洛赫·麦克唐纳领导岛上的居民击败了皇家军队。这一中规中矩的音乐，以庄严的基调开场，反映的是人们处于生死存亡关键时刻的情形，接着以逐渐生动的变奏曲向前推进，唤起听众对于徒手肉搏战的兴奋之情，结尾又返回重述了基调，即对在战争中经受着考验的生命意义的沉思。另一首在比赛中表演的曲目是哀婉动人的挽歌《唯一儿子或独生子的挽歌》（*Cumhadh an Aon Mhic*）[7]。这据说也是一位麦克里蒙家族成员在 18 世纪，为纪念自己所遭受的丧子之痛而创作的作

---

[1] 配乐和评论：David Johnson，1997：138–42。

[2] Donaldson，2005：28

[3] 1907：ii.250–51

[4] 46：552–3

[5] Donaldson，ed.，2008a

[6] Donald MacDonald，1822：111–15

[7] Donaldson，ed.，2007

品，但是这一作品是如此地引人入胜，以至于一直以来，一提起这一风笛音乐，人们都把它解读为是对人类所承受的痛苦和损失的一种表达。高地的其他一些特色和独特文化也激起了圣丰德的热情。因此，在旅途中，他继续研读奥西恩诗歌及地质研究，有时还能将这两者结合起来，如当他参观斯塔法岛屿的芬戈尔洞穴时[1]。芬戈尔洞穴里呈现着奇妙地相互连接的六边形玄武岩柱子，与北爱尔兰的安特里姆郡的巨人之路相似，也与它一样都是由火山岩喷发所形成的景观，巨人之路在 18 世纪晚期，成了名噪一时的观光胜地。圣丰德坦承，他并不知道风笛演奏比赛这一习俗的历史有多古老，他猜想大概在苏格兰的玛丽女王时代，这一习俗就已经被传入了爱丁堡。如果他得知事实真相，一定会吃惊不已：这一赛事实际上是在伦敦高地学会的赞助下，于 1781 年首次在法尔克可发起，并于 1784 年经由苏格兰高地学会传入爱丁堡，而这两个学会分别才于 1778 年和 1784 年得以创办。一直到 1745、1746 年，盖尔人在人们头脑中的刻板印象就是衣衫褴褛的无赖和暴动造反的二世党人，风笛演奏大赛的主办方设计了一系列环节，试图改变人们的这一刻板印象，如诗人邓肯·邦·麦金太尔获奖作品《致盖尔人及伟大的风笛音乐》（*Ode to the Gaelic and the Great Pipe*）朗诵会、高地舞蹈节目表演、苏格兰褶裥短裙和彩格呢民族服饰穿戴及盛装打扮的风笛手展示等。主办方希望能以高贵的武士形象代表苏格兰的民族精神[2]，这也是所有苏格兰人的梦想所在，无论是高地居民还是低地居民，也在斯密经济学中所描绘的商品生产和市场竞争中不断得以展现。

圣丰德离开苏格兰四年之后的 1788 年，斯密招待了一些来自西班牙的绅士，法来多利大学的名誉校长及其两位同伴，他们为"寻求思想上的启迪和提高"外出游历，激励他们这么做的或许是卡洛斯三世国王所表现出来的对启蒙思想的兴趣。斯密并没有把他们带到风笛演奏比赛现场，而是引荐给了一位"被认为是我们这些人中最优秀的现代语言学家"[3]，这里指的很可能是罗伯逊校长，他研读过西班牙语，撰写了著作《查尔斯五世统治史》（1769）和《美洲史》（1777）。

年轻的英格兰诗人塞缪尔·罗杰斯曾到爱丁堡游玩，记录下了斯密生命最后一年中一些有趣的谈话和活动细节。他是在普赖斯博士（其著作出现在了斯密的

[1]   1907：ii.ch.iv.

[2]   Cheape，2008：131–2

[3]   *Corr*.No.282

私人藏书中）和博学的《不列颠百科全书》编辑科皮斯博士的推荐下，拜访了斯密。普赖斯博士和科皮斯博士都是罗杰斯父亲主张唯一神论者圈子里的朋友，他们的推荐为罗杰斯在斯密心中增添了不少分量，此外，罗杰斯还出版了不厚的题为《致迷信及其他诗作》（*An Ode to Superstition and other Poems*）（1786）的处女作。1789 年 7 月 15 日星期三，斯密在吃早餐时接待了罗杰斯，当时斯密正在吃一盘草莓，斯密宣称这是他最喜欢的食物。他指责爱丁堡是一座寄生于法庭税收收入的城市，这与他自己所提出的理论是一致的，即在这样的城市里，"低等阶层的人"是"懒散、放荡和贫穷的"，而与之相对的那些在"以商业和制造业为主的城镇"中的低等阶层，斯密认为他们是"勤劳、清醒和节俭的"[1]。

巴士底监狱陷落的消息，当然是直到 7 月 12 日罗杰斯离开后才传到爱丁堡的，但是，斯密一直关注着法国事态的发展，并谴责英国政府拒绝将粮食运往法国，声称这一数量的粮食微不足道，还不够爱丁堡一天的消耗量。斯密评论说，爱丁堡的房子与巴黎的房子一样，都是高高地累积在老城镇的房产或住房基础上；但是他很早就已经说过老城区给爱丁堡带来了坏声誉，无疑是因为其过于肮脏，也正如上文已经提及的，他希望能够迁往新建的乔治广场居住。

当罗杰斯问斯密，他是否认识约翰逊博士的朋友、当时在爱丁堡的皮奥齐夫人时，斯密回答说不认识，但是他认为她已经"因为跟怪人为伍而名声受损"。她的同伴中行为最怪异的就要数约翰逊博士本人了，其怪异行为在鲍斯韦尔截至 1786 年出版的三个版本的《赫布里底群岛游记》（*Journal of a Tour to the Hebrides*）中得到了充分的展现，而斯密也在一次争吵中与他相识：

> 他可以，如果他想的话，成为雄辩学派中曾经使用武器的最伟大雄辩家；但是他只在谈话中发挥这一本领；有时他凭自己所拥有的本领，也能在对话中取胜；他太有责任心了，以至于不会特意地写出来，以免让自己所犯的错误成为永久的错误，产生有害的影响。他对自己的高人一等有着清楚的意识。他的脑袋，有时还有他的全身，会像瘫痪的症状那样摇摆起来：他看起来经常受到痉挛或强制性收缩的困扰，其性质与所谓的风湿性

428

---

[1] *WN* ii.iii.12

舞蹈病症状相似[1]。

7月17日星期五，斯密邀请罗杰斯到牡蛎俱乐部一起用餐。一同就餐的还有布莱克和数学家约翰·普莱费尔，普莱费尔写作了一本百科全书式的年代学著作，并刚刚将婆罗门（Brahmins）天文学向爱丁堡皇家学院进行了汇报[2]（Mizuta）。但是，在这一次就餐过程中，谈话完全被前西印度商人罗伯特·博格掌控着，他在经济话题方面很有见识，但是一味沉溺于发表令人乏味的长篇大论。

7月19日星期天，罗杰斯与罗伯逊一起用完了早餐，并在迟些时候前去听了罗伯逊在老格瑞范尔教区所做的布道。下午他又听了布莱尔在圣基拉斯大教堂所进行的讲道，随后与皮奥齐夫人一起喝了咖啡。当教堂的钟声敲响，下午的礼拜仪式即将开始之前，他前去拜访了斯密，却发现斯密正在潘缪尔大楼门口，准备坐着他的轿子出去透透气。斯密邀请罗杰斯当天回来跟他一起用晚饭，并在第二天再过来吃晚饭，及与亨利·麦肯齐氏会面。当天一起吃饭的人与在牡蛎俱乐部那一次用餐的同伴差不多，只是博格没有到场。席间谈话转向了《朱尼厄斯书信集》（*Junius Letters*）（1769—1772年期间出版的政治檄文）的作者身份问题。斯密讲述了由吉本转告他的一个故事，说这一秘密已经揭晓，因为有一次"单次演讲哈密尔顿"（即议员威廉·杰勒德·哈密尔顿）曾告诉里士满公爵一封朱尼厄斯所写的"极为犀利的书信"已经刊登在那一天的《公共广告人》上了。当公爵找到报纸看时，发现的却是因为没有刊登这一书信而表示的道歉。哈密尔顿的名字就这样与这些书信联系在了一起，而那些书信也没有再出现。现代的学者一般持有的观点是，《朱尼厄斯书信集》极有可能是菲利普·弗朗西斯所写。弗朗西斯后来成为沃伦·黑斯廷斯的政敌，并与伯克一起发起了对他的弹劾[3]。

谈话接着转到了法国作家，尤其是伏尔泰和杜尔哥身上。正是在这一次，斯密无法忍受罗杰斯将某位"聪明但肤浅的作者"称为"另一位伏尔泰"，而猛地一击桌子，用尽力气大声宣布说："先生，世界上只有一位伏尔泰。"至于杜尔哥，斯密告诉罗杰斯他是一位卓越优秀、绝对诚实可靠、心地善良的人，他对人性并不精通，没有看到人性中自私、愚蠢和偏狭的一面。斯密提到了休谟曾经向

429

---

[1]　BLJ v.18
[2]　BLJ v.18
[3]　HP ii. 467–8

他泄露的杜尔哥的座右铭："只要是对的都可以做。"

7月20日星期一，罗杰斯再次来到了潘缪尔大楼，这一次的主要客人是亨利·麦肯齐氏。其他客人包括缪尔先生，据说他来自哥廷根，正如上文已提及的，那里的人们对于斯密的思想有着相当浓厚的兴趣；和古物学家、自然主义者约翰·麦高恩，他担任御玺官员，是珀西主教的朋友，并与他保持着通信往来。席间，充满活力的麦肯齐氏主导着谈话，谈论关于苏格兰高地流行的千里眼这一话题，1773年约翰逊博士前往参观斯凯岛时，就对这一话题深感困惑[1]。麦肯齐氏讲述了一位古怪的房东为了安抚房客，竟宣称自己就拥有千里眼。

谈话接着转向妇女作家这一话题。其中值得关注的作家之一就是夏洛特·史密斯。史密斯凭借着两部作品《埃米琳达》（*Emmelinde*）（1788）和《埃塞琳德》（*Ethlinde*）（1789）的出版而成功地开始了她作为小说家的职业生涯。她所写的素材大多取自生活在城堡和林地的多愁善感的女士们，尽管在以描写风景取胜的小说这一方面，她未能胜过安·拉德克利夫[2]。第二位他们讨论的作家是汉纳·摩尔，约翰逊断言说"在她面前评论一句诗歌，就像在汉尼拔面前谈论战争艺术一样危险"[3]。她与加里克一家人关系不错，主要写作悲剧，但在1779年大卫·加里克死后，就宣布不再写作剧本，关于这一点约翰逊博士说"令世界上的快乐失色不少"[4]。后来她将自己的精力转向了从事新教会事业，并试图让工人阶级摆脱法国大革命的影响[5]。谈话中还提到了女诗人安·霍姆的作品，她是斯密的外科医生约翰·亨特的妻子。

麦肯齐氏之所以引入这一话题，或许是与他作为伦理学家为《闲人》和《镜子》两份杂志撰稿的兴趣有关，但是斯密也会对此做出回应。作为一名伦理学家，斯密通常强调的是自制和审慎这类具有男性特质的美德，但是在他晚年，斯密倾向于认同更具女性特质的美德——仁慈，这一美德体现为"母性的温柔"和"家庭成员之间的情义"。斯密似乎对感性文学中所展现出来的想象力印象深刻，在这一方面女性作家做出了显著贡献，正如上文已经提及斯密在第六版《道德情

---

[1] *BLJ* v. 159–60

[2] Roper, 1978：125–7

[3] *BLJ* iv. 149 n.3

[4] *BLJ* i.82

[5] Roberts, 1834；Thompson, 1968：60–1；Gaul, 1988：47–9

操论》的增补部分所指出的。在那里斯密提到了那些可以被认为是比斯多亚主义倡导者更好的老师的作者名字，斯密从这一角度将里科博尼夫人与理查森以及法国的小说家，如马里沃，联系在一起[1]。

在这一次就餐过程中，罗杰斯表达了对布莱尔在布道中关于"对他人事务的好奇心"一段文字的钦佩之情。斯密主动表达了自己对布莱尔的评价。在斯密看来，布莱尔是有些"名过其实"了，但是斯密缓和了这一话语的语气，承认如果他的朋友对自己的布道和文学评论受到如此过分的欢迎而无动于衷的话，他要么是圣人，要么就不是人。

斯密的友善给罗杰斯留下了深刻印象："他是一位非常友好和易相处的人。430 如果我接受他所有的邀请的话，我每天的中饭晚饭就都会与他一起吃。"斯密似乎完全忘记了他和这位诗人之间年龄上的差距，这位诗人当时才 23 岁。斯密无所顾忌地告诉他自己所知道的信息和见解。罗杰斯将斯密的行为方式描写为"很亲切"，比如，他会问："我们应该邀请谁与我们共进晚餐呢？"罗杰斯并没有在斯密身上看到其他人所强调的心不在焉。在罗杰斯看来，与罗伯逊相比，斯密似乎更是一位食人间烟火的普通人[2]。

[1]　*TMS* III.3.14
[2]　BL Add. MSS 32 566；Dyce，1856：45；Clayden，1887：90，96

25. "巨大转变"（人生大限）

　　　　　　但是我原打算要做更多的。

　　直到生命的最后，斯密一直都乐于与年轻人打交道——或许他们让他看到了通向永恒的窗口。斯密非常友善地接待了他年轻的表妹莉迪亚·玛丽安娜·道格拉斯。莉迪亚 19 岁时，在没有得到她父亲海军上将查尔斯·道格拉斯爵士，即巴特一世的允许下，就于 1788 年 11 月 10 日与牛津大学新学院研究员理查德·布林厄姆牧师结了婚。查尔斯爵士是一位杰出的海军军官，1776 年 5 月他成功地把魁北克从美国人的围攻中解放了出来，1782 年他又在多米尼加海域领导英军取得胜利，打破了法国的封锁线。莉迪亚声称，在她的父亲作为司令官驻军哈利法克斯期间，她与她的继母，也是她父亲的第三任妻子珍妮·贝里或格鲁（Jane Baillie or Grew），相处的很不愉快。她的故事或许引起了斯密的同情，但是查尔斯爵士在遗嘱中将她排除在外，并于 1789 年 3 月，在他们还没来得及和好之前，死于中风。莉迪亚就遗嘱有效性向最高民事法院提起诉讼，1792 年判决这一遗嘱无效，但是在 1796 年上议院受理上诉时，这一判决又被重新推翻了，上议院的判决书由斯密时任上议院议长的朋友、拉夫伯勒大法官亚历山大·韦德伯恩负责起草[1]。

　　当斯密以前的学生亨利·赫伯特，当时的波切斯特勋爵，把他儿子送到格拉

---

[1] *Corr.* Nos. 284，285；Scott，1937：307，n.1；Cases on Appeal from Scotland，15 March 1796；Cunningham Douglas of Strathendry Genealogy，Seventh Generation

斯哥大学就读时，斯密也鼓励他把儿子安置在另一位学生乔治·贾丁教授的家中。斯密还在爱丁堡的家中，热情款待了小赫伯特[1]。在 1788 年 9 月 23 日致波切斯特勋爵的信中，斯密用一种情深意切的方式，描述了他的表姐妹兼多年管家珍妮特·道格拉斯很快即将离世：

> 可怜的道格拉斯小姐将不久于人世，或许是几天，最多也就几个星期。她未能诊断出来的肠疾（我想她向我们隐瞒这一病情好几年了）已经逐渐耗尽了她的体力，令她骨瘦如柴。她已经卧床好几个星期了，连翻身都很困难。然而，她仍然如往日般明辨是非、专注地指导着家里的事务，等待着近在咫尺的巨大转变的到来，满怀耐心、毫无恐惧，也没有任何遗憾。她保持着一如既往的幽默和诙谐。她死后，我会成为苏格兰最孤苦无依的人之一。

斯密自己在面对死亡时，也同样体现了这种斯多亚学派的精神，这或许是他们家族的一个传统。将死亡称为"巨大转变"，当然也是斯多亚学派的一种思想，没有任何证据表明斯密寄希望于来世。斯密的确在《道德情操论》第六版新增讨论卡拉斯案件部分，表示"唯有宗教才能提供有效的慰藉"，安慰那些在这一世界遭受严重司法误判的人，宗教向他们呈现了"另一个世界的景象；那个世界比目前的世界更为正直、仁慈、公平；在那里时机一到就会宣告他们的清白无辜，给予他们的美德以最终的奖赏"[2]。然而，在另一处增补内容中，斯密解释了为什么"宗教"要呈现这样的一幅画面，其语气却类似于休谟《宗教自然史》（*Natural History of Religion*）一书的风格；值得一提的是，施魏德豪尔在 1784 年 9 月 14 日致边沁的信中评论说，斯密是"已故休谟的一位密友，他与休谟信奉着一样的学说"[3]。

斯密晚年对此所持有的观点是：我们认为（我们的强调）"上帝的正义"会要求通过来世的奖励和惩罚纠正现世的种种不公[4]。而在增补的内容中，斯密还描写了宗教狂热主义者将"天国留给了僧侣与修道士"，或那些在"言行举止"

432

---

[1] *Corr.* app.E，r

[2] *TMS* III.2.12

[3] Bentham, *Corr.*, 1977：iii. 306

[4] II.ii.3.12

上与他们相似的人，而将地狱留给"所有在对人类生活……有所助益的各种技艺中，有过发明、改良、卓越表现的人"。斯密一针见血地得出结论，这使得关于来世以及来世的奖赏和惩罚的"值得人们尊敬的教条"，沦为了"轻蔑和嘲讽"的对象[1]。

斯密预料自己在珍妮特离开人世后，就会在情感上无所依傍，这表明珍妮特已经部分地填补了深受斯密爱戴的母亲去世后所留下的情感空白。至于斯密生活中曾经出现过的其他女士，杜格尔·斯图尔特告诉我们在斯密年轻时，曾经爱上了一位美丽而有才能的年轻姑娘，但是不知是什么原因导致了他们并未能结合，但是，显然此后两人都决定终生不婚[2]。有轶事记录，斯密晚年曾与这位姑娘再次相遇，他向她灿烂地微笑，他的表妹据说当时说了一句："亚当，难道这不就是你亲爱的珍妮吗？"但是这一微笑与其说表示了特殊的好感，还不如说是一种普通的友好表示，而这一次重逢也并没有任何下文发展[3]。在法国时，斯密曾为一位名叫尼科尔的英国妇女暗自销魂，而当时一位法国伯爵夫人，也向斯密发起了追求攻势，最后无果而终。但是就我们所知，斯密似乎完全满足于自己的单身汉生活状态。

斯密的健康状况一直不佳，正如上文所提到的，有迹象表明斯密患有某种身心失调症，或许可以很恰当地称之为"疑病症"。当斯密专心致志地进行研究和写作时，此病就容易发作。在斯密最后居住爱丁堡的 12 年间，他更频繁地向人抱怨这一病症的发作，而他所遭受到的痛苦也似乎主要来自腹部[4]。1790 年 1 月 21 日，斯密写信给他的继承人大卫·道格拉斯，告诉他"我的手抖得愈加厉害了"，使得他无法写作[5]。2 月 6 日，斯密在他的仆人、詹姆斯·贝尔德和詹姆斯·邓达斯（御玺官员大卫·厄斯金的雇员）的见证下，立下了遗嘱[6]。这一遗嘱的内容后来让人们吃惊不小。

433　　2 月 9 日，斯密致信罗伯特·卡伦，解释他无法前往参加卡伦父亲威廉的葬礼，他的父亲是斯密长达 40 多年的医生兼朋友。斯密写道："腹部的不适使我如

---

[1]　III.2.35

[2]　*EPS* Stewart, n.K

[3]　Mackay, 1896：209

[4]　*Corr.* Nos.214, 238, 290

[5]　*Corr.* No.291

[6]　SRO Warrants of register of deeds：RD 13/130 Box 465, 1974 8/2

此虚弱，以至于我已经无法承受任何的劳累，甚至从我家走到海关大楼我都已吃不消"（*Corr*. No. 292）。然而，他还是提起精神，向巴克勒公爵说情，希望能从亨利·邓达斯（Henry Dundas）那里，为卡伦的女儿们争取一笔抚恤金。巴克勒公爵立即着手处理了这一事情，2月24日他回信斯密，告诉他皮特和邓达斯正负责处理此事。他还邀请斯密前往达尔基思庄园小住，因为他确信"乡村的空气和适度的运动"会对他的身体有利。信中还表达了他对斯密的亲切挂念之情[1]：

> 我有多么关心与您相关的任何事情，自是毋庸多言的。如果我对您的健康和幸福没有如此刻般的挂念的话，那么我就是忘恩负义了。我们之间的友谊延续多年，从我们认识那一刻始，就未曾有过片刻的中断。我希望能很快就收到您的回信。

2月，巴肯勋爵拜访了斯密，希望能在明年的二月份更多地与斯密碰面，因为他正打算回到爱丁堡居住。斯密回答说，到时他或许还会活着，但是，状况也定会大不相同了："我觉得我身体这架机器已经七零八落了，因此到时我大概不会比木乃伊强到哪里去。"巴肯勋爵很希望能在斯密临终前探望他一次，斯密坦承："成为木乃伊的时候已经近在咫尺，我可以感受得到。"[2]

当春天来临的时候，斯密已经恢复到能在4月9日星期五主持海关委员会会议了。在这一次会议上他和约翰·亨利·科克伦向苏格兰财政部官员递交了代理课税收税官的任命书。他们要求总审计官上交海关税、消费税、印花税的净征收额账目表，以及发生于1788年4月5日至1790年4月5日之间相关事件的报告。他们还删除了4月8日的会议记录，这次会议将一位名叫彭尼斯的盐务税收官员撤了职。然后，他们检查并签署了海关及盐务税收官员的任命，报送财政部；要求勒威克港和斯托纳威港准备关于煤炭奖金、外国货物证书、公司债券以及马恩岛货物的相关报告，提交下议院，并另备一份送到财政部秘书乔治·罗斯处[3]。这些就是斯密作为海关专员最后所处理的公务，因为似乎自此之后，他就再也没有参加过海关委员会的会议了。

---

[1] *Corr*. No. 293

[2] The Bee，1971：3：166

[3] SRO CEI/23：pp.284–5

5 月 16 日，斯密致信卡德尔，要求卡德尔代表库珀先生（或许是一位即将出版著作的作者）将一些论文寄给他，并一同寄上最新一期《皇家学会会刊》。他还要求卡德尔告知他《道德情操论》"新版所获得的或好或坏的评论"消息，并补充说："您尽可以实情相告，因为我已经对无论是赞扬或毁谤，都几乎完全无动于衷了。"[1] 5 月 25 日，斯密收到了卡德尔的一封来信，他"带着极大的满足读完了这封信"，[2] 信中或许是叙述了他的著作所得到的良好反馈，另有十二本样书寄到了斯密手中，其中一本有些残缺。

34

很令人惊讶的是，我们竟还听到斯密提及了要前往伦敦的计划：

> 我本希望自己这时已经踏上了前往伦敦的旅程。但是身体恢复速度如此缓慢，经常受到旧病复发的干扰，以至于我能够进行这一旅行的希望日渐渺茫[3]。

斯密的朋友伤心地意识到，斯密很快即将踏上的旅程是那无人能得以返还的死亡之旅。亨利·麦肯齐氏于 6 月 21 日写信给他的姻亲詹姆斯·格兰特爵士（议会议员、格兰特家族酋长），信中说到爱丁堡刚刚失去了一位最优秀的女士——蒙博德爵士的女儿，或许几个星期之后，又会失去一位最杰出的绅士——亚当·斯密："他现在已经毫无恢复的希望了，而在三个星期前，我们还在为他有可能恢复健康而欣喜不已。"[4] 学问渊博的出版商威廉·斯麦莉，在 6 月 27 日写给当时在伦敦的帕特里克·克拉森的信中确认了这一点：

> 可怜的斯密！我们肯定很快就将失去他了；当他离开的那一刻，会让千万人感到锥心的悲痛。斯密先生的精神很平稳；而有时他尽力想在朋友们面前表现轻松一些，我恐怕这对他的身体也没有什么好处。他神智清晰、明白。他想要保持愉快的情绪，但是自然掌控着一切。他的身体极度虚弱，因为他的胃已无法为身体提供充足营养；但是作为一个男子汉，他表现出了完

---

[1] *Corr*.No.294
[2] *Corr*.No.294
[3] *Corr*.No.295
[4] 转引自 Rae，1965：432

全的耐心和顺从[1]。

想到斯密已是临死之人，亚当·弗格森摈弃前嫌，不再理会其中的是非曲直，前去探望了斯密，恢复了他们中断已久的友谊。1790 年 7 月 31 日一封写给约翰·麦克弗森爵士（一位"奥西恩" 麦克弗森的亲属，在印度经历了波折重重的生涯后，成为威尔士王子的密友）的信中，弗格森描述了这次会面，当时他自己也由于 1780 年的一次中风，而身体虚弱。他写道：

> 您的老朋友斯密已经不在人世了。我们都知道几个月来他都处于奄奄一息的状态，尽管正如您所知道的，当他身体健康时，我们之间的关系有点尴尬，但看到他憔悴的神色，我自己的脸色也变得很难看，没有多想就向他走了过去。我一直关注着他，直到他最后离世[2]。

弗格森在前往潘缪尔大楼探望的路上，一定也相当引人侧目。在大夏天，他却穿得很暖和，身上披着衬有毛皮里子的披风，头上戴着毛毡帽，看着很像是一位"来自拉普兰的哲学家"[3]。

当大限临近时，斯密对自己的学术文稿越来越焦虑；由于他自己已经没有足够的力气烧毁这些文稿，因而他多次请求布莱克和哈顿，让他们帮忙烧毁这些文稿，在遗嘱中斯密将他们指定了这些文稿的保护人。一次斯密再次提出这一请求时，他的另一位朋友里德尔也在场。他记录说斯密当时为自己做得太少而深感遗憾，还说道："但是我原打算要做更多的；我文稿中的一些素材，本可以得到很好利用的，但是，现在都已为时过晚。"[4] 这一请求，在斯密 1787 年最后一次动身前往伦敦前，就已经提出过，而布莱克和哈顿则以保证会按照斯密的遗嘱执行为由，拒绝即刻就焚烧手稿。但是，这样的答复并不能消除斯密对于自己文稿的焦虑，7 月 11 日星期日，他请求其中的一位朋友立即烧毁了多卷手稿，只留下了可能出版的"一些独立的文稿"。布莱克和哈顿或是任何其他斯密亲密的朋友，

435

[1] Kerr，1811：i.295
[2] EUL MS；Rae，1965：433
[3] Cockburn，1856：49
[4] Stewart，1854–60：x.74

都并不清楚这些被付之一炬的文稿内容，但是斯图尔特猜想，这些文稿中可能包括了斯密在爱丁堡所讲授的文学和修辞学讲义，以及组成斯密在格拉斯哥大学道德哲学课程的自然神学讲义和法学讲义[1]。

幸免于付之一炬命运的那些"独立的文稿"与《天文学史》一起，构成了《哲学论文集》的内容。《天文学史》文稿大概就是 1773 年 4 月 16 日斯密指定休谟为学术执行人的信中，斯密所描写的"薄薄的对开本"中的文章。在这一封信中，斯密罗列了他的所有"学术手稿"的详细清单，包括他随身带往伦敦的那些文稿：《国富论》手稿，书桌上"零散的文稿"（我们猜想就是后来《哲学论文集》中的文章），"天文学史"，"写字台玻璃折叠门"后的"大概十八本薄薄的对开本"手稿[2]。斯密并没有具体描述后面这几卷文稿的具体内容，他要求休谟在他万一离世时，"不要细看"就将之烧毁。我们大概可以估计截至 1790 年，斯密拥有总共超过 18 卷的文稿。

至于这些文稿的内容，我们不一定局限于斯图尔特的猜测，而是可以将目光转向斯密于 1785 年 11 月 1 日致拉罗斯福哥公爵的书信，在这一封信中斯密谈及了当时正进行的写作计划。从信中的内容来看，这些手稿中有一些很可能是关于"文学、哲学、诗歌、辩术等不同分支的思想史"，包括了文学及修辞学讲义和哲学史讲义。其他几卷则是关于"法律和政府的历史和理论"的手稿，其中包括法学讲义，这些手稿旨在履行《道德情操论》结尾以及《道德情操论》第六版《告读者书》中再次提及的要撰写这一主题"著作"的诺言。斯密告诉拉罗斯福哥公爵，撰写这些巨著的素材"大部分已经收集完毕，这两部著作的其中一些章节，也已条理基本清晰"[3]。

那么为什么斯密如此坚持让他的学术遗嘱执行人，先是休谟，然后是布莱克和哈顿，一定要烧毁这些手稿呢？从《国富论》的写作过程和《道德情操论》最后几个版本的修改来看，斯密是个慢工出细活型的写作者，他必须付出巨大的努力，才能以让自己满意的方式表达自己想说的话语。他所计划的这些"巨著"仍处于"筹备过程"之中，因而是"不适合出版的"，正如斯特拉恩在休谟死后计

---

[1] Stewart，V.8 and n.

[2] *Corr*.No.137

[3] *Corr*.No. 248

划出版休谟书信集时，斯密所表达的立场一样[1]。在这里我们可以看到斯密审慎的作风以及他对自己学术声誉的关注。斯图尔特所提出的观点中，还有另一点值得我们关注：斯密还怀有一个"更为高尚的动机"。斯密担心未完成的作品没有将伦理学和政治学的重要观点表达到位，从而非但不能澄清反而是遮蔽了对人类具有重要意义的真理[2]。尽管这里斯图尔特只是泛泛而谈，但是他很可能具体指向了法国大革命时期。当时，正如我们上文已经提及的，斯图尔特的自由原则学说遭到了质疑。他或许认为，处于这样一个革命时期，斯密也会像他一样，希望能够做到审慎周全。然而，斯密所关注的是死后的声誉，而斯图尔特担忧的是如何在一个高压统治时代生存下去，晚近的一些评论家详细阐述了这一不同之处[3]。

　　不管怎样，在那个久远的七月星期天，斯密在潘缪尔大楼让人烧毁了自己的文稿，满足了自己想要保护身后声誉或伦理学和政治学真知灼见的传播，之后，斯密觉得自己身体完全吃得消，可以如往日般平和地欢迎朋友们前来用晚餐了。当时相当数量的斯密朋友来到了他家，但是他并没有足够的力气坐着陪他们吃完晚餐，因此，在晚餐结束前，斯密就告退回到了床上躺着。亨利·麦肯齐氏是这样记录斯密告退时所说的话语的："各位，我很享受大家的陪伴，但是，我想我还是不得不离开，前往另一世界了。"[4]哈顿的记录则有些不同："我想我们不得不将这次会议推延至另一地方举行了。"[5]麦肯齐氏的版本有一种文学色彩，而哈顿的版本可能性更大。斯密是否会接受任何基督教正统意义上的来世生活概念，是很值得怀疑的，而很明显他的牧师朋友们，如罗伯逊或布莱尔，当时也不会给斯密进行什么临终忏悔。他很可能会用一种充满同情共感和想象的方式说休会至"另一地方"再举行，以帮助他的同伴们克服他的即将离去，会给他们带去的震惊和痛苦。7月17日星期六大概午夜时分，这一最后的时刻终于来临了。这一斯图尔特描写为"慢性肠梗阻"，而斯密以斯多亚式自制忍耐着的"慢性而痛苦的"疾病，最终导致了这一刻的到来[6]。约瑟夫·布莱克和詹姆斯·哈顿这两位医学人

436

---

[1]　*Corr.*No.181

[2]　v.8

[3]　Rothschild，1992，2002：66–8；Winch，1996：36–30

[4]　Clayden，1887：168

[5]　V.8 n.，p.328

[6]　SRO CE 1/23：p.369

员，也是斯密的密友、学术遗嘱执行人，在亚当·斯密离世时，就在他的身边[1]。

7月22日星期四中午，斯密被埋葬在了坎农格特教区墓地，由詹姆斯·哈密尔顿负责操办葬礼[2]。为了向斯密所留下的"宝贵记忆"致敬，斯密海关委员会的同事们，决定从听到斯密死讯的星期一开始，一直到葬礼结束，暂停召开任何会议。四天之后，斯密"非常值得尊敬的朋友"，也是斯密在法夫郡长达十年左右的邻居，罗伯特·贝特森致信《每月评论》的编辑拉尔夫·格里菲思：

> 我无限遗憾地告知您，我们值得尊敬的朋友斯密博士，现在已经不在人世了。他奄奄一息一直到星期六午夜，精疲力竭地吐出了最后一口气。直到最后一刻，斯密神智都是清醒的，但是最后两天，仅仅因为虚弱，他已几乎无法说话。整个世界有理由感到遗憾，斯密在临死前几天，让人烧毁了九卷或十卷文稿。斯密认为这些文稿还未最后写完，无法出版。乔治·福克纳[斯威夫特逝世后，其作品的编辑]对待可怜的斯威夫特的做法，令许多作者害怕会在死后步其后尘。斯密只有两卷或三卷的文稿幸存了下来。我不知道这些文稿会得到怎样的处理。我恐怕斯密的遗嘱会受到许多人的非议。他将除了400英镑以外的所有遗产，都留给了一位年轻的小伙子，是他母亲的一位甥孙，他一直对斯密非常孝顺，接受教育要在法律界发展，并好多年都是由斯密为他支付学费。剩下的400英镑，斯密留给了一位穷亲戚。他忠实的仆人得到的实在是太少了，而他年龄已经太大，也无法从斯密海关专员同事那里得到丰厚的抚恤金[3]。

437　1790年2月6日斯密所立遗嘱中的安排，对大卫·道格拉斯十分有利，于7月22日被登记在了爱丁堡的"委员会和会议记录"之中，当然这是一份非常严肃的文件。斯密将自己所有"可以继承的或可以移交的不动产或个人财产"都遗赠给了他的继承人，其中包括斯密珍贵的藏书[4]。然而，遗嘱中并没有将这一藏书作为

---

[1] Stewart V.7, 19

[2] SRO Canongate Kirk Session Records，CH2/122/62，119748

[3] Oxford，Bodleian MS Add.c 890

[4] 在水田洋（Hiroshi Mizuta）所著的《目录》一书引言中有过描述，2000。

独立条目提及[1]。大卫·道格拉斯将为葬礼花费、所有合法债务，以及斯密所赠予的遗产负责。财产中的主要开支是将400英镑遗赠给一位"近亲"，雷切尔·麦吉尔和她的丈夫圣安德鲁大学文明史教授休·克莱格霍恩。或许这一笔遗产帮助支付了克莱格霍恩前往欧洲的旅行，这是后来其所从事的英国特务职业生涯的序曲，后来在将锡兰移交给大英帝国的过程中，他起到了主要的推动作用[2]。幸存下来的斯密手稿和作品，将在布莱克和哈顿的建议下，由大卫·道格拉斯"遵循[斯密所留下的]口头的或书面的指示"加以执行。亚当·罗兰律师，这位爱丁堡皇家学会会员、斯科特小说《盖曼纳令》（1815）中主人公保罗·普莱德尔的原型，担任了斯密遗嘱的法律代理人。

当法律程序完成后，大卫·道格拉斯成为斯密遗嘱的唯一执行人，而遗嘱也于1791年1月21日编录进了"爱丁堡遗嘱登记簿"。在总的遗产条目上，还加入了一条由"威廉·福布斯爵士及詹姆斯·亨特银行"所出具的650英镑期票[3]。没有提及以任何遗嘱的形式给斯密仆人詹姆斯·贝尔德的遗赠。

斯密生前的生活虽然热情好客，但很有节制，因而他的朋友们对他遗产的菲薄深感不解，尽管并没有人像贝特森所担心的那样非议遗嘱所做的安排。我们可以相信斯密一定给他的继承人留下了指示，要求他好好地照顾他的仆人，并将自己收入的很大一部分，慷慨地拿出来从事了秘密的慈善事业，因而使得他最后的遗产不够丰厚。上文已经提及的一个例子是，1783斯密给一位"威尔士的侄子"200英镑，使得他不必出售其军衔[4]。斯图尔特获得了第一手资料，让他更坚定地认为，斯密以一种低调的方式，做出了一些极为慷慨的慈善行为：

> 一位斯密的近亲、也是他最为亲密的朋友之一罗斯小姐——已故帕特里克·罗斯阁下之女——向我提及了一些斯密先生非常感人的慈善行为，在这些事例中，他无法做到让自己的善行完全不为人所知。斯密在其中所表现出的慷慨程度，大大超过了以他的财产人们会期待的程度；其中涉及的具体细

---

[1] SRO Durie vol.251/1,fo.195

[2] *Corr*.No.283 n.1

[3] SRO CC8/128/2,1974 8/3

[4] *Corr*.No.131

节，同样会让人对斯密情感的细腻以及他心灵的慷慨大度心生敬意[1]。

在当时人们的书信往来中，还可以找到一些关于斯密逝世的评论。8 月 20 日，斯坦利，后来的斯坦利勋爵，在写给爱丁堡一位叫斯科特博士的书信中写道：

438

> 在收到您来信的前几天，我听说了斯密逝世的消息。他以一位好人的方式应得的方式离开了这一世界，直到最后，他一直践行着自己所宣讲的哲学理念。很少有人能像斯密那样获得朋友们如此高的评价。我非常频繁地参加斯密每个星期五晚上在爱丁堡的聚会，斯密总是那样的彬彬有礼和平易近人。这一聚会，你是否记得，被称为"斯密先生的俱乐部"。每当斯密先生阐述任何严肃话题时，人们总会带着最大的敬重和信服悉心聆听。事实上，他从不与人争论，在聚会中我也从未听到任何关于学术话题的争辩；人们只会就一个话题展开讨论。斯密先生听的多说的少；当他真的加入讨论时，他沉静镇定的举止，与哈顿博士的生动活泼、普莱费尔的缺乏自信以及麦肯齐氏令人愉快的风趣幽默，形成了鲜明的对比[2]。

萨缪尔·罗米利是一位参与当时法律改革的年轻律师，被归于以谢尔本勋爵为首的辉格党自由主义者那一派，很推崇斯密精深的学术思想。在 8 月 20 日同一天，他写信给一位法国女士，回应其向他提出的想要一本《道德情操论》最新版：

> 我很吃惊，甚至有一点愤慨，看到［斯密的逝世］在这里所引起的波澜不惊。几乎很少有人注意到了这一消息，而在约翰逊博士逝世［1784 年］后整整超过一年时间，充斥我们视野的全都是对他的赞颂——传记、书信集、轶事集——即便到现在，还有两本关于他的传记即将面世[3]。事实上，我们或许对公众并未能公平对待亚当·斯密作品，不应感到过于吃惊，因为斯密自己也并未能公正地看待它们，而总是认为《道德情操论》远比［《国富论》］杰出。[4]

---

[1] V.4 n.,p.326
[2] Private owner：David Christie,Europaische Schule,Kirchberg,Luxemburg
[3] 大概是指 1791 鲍斯韦尔版和 1792 年亚瑟·墨菲（Arthur Murphy）版。
[4] Romilly，1840：i.403

大概是在 1790 年 7 月 14 日（当时他与"法国大革命的朋友们"一起庆祝巴士底监狱沦陷一周年）和 11 月 4 日（当时他正计划纪念 1689 年英国大革命）之间的一个时候，理查德·普莱斯向一位姓名不详的朋友描述了自己因斯密的逝世而感到的震动，他将斯密看成"具有一流能力的作者"。斯密曾经寄给普莱斯一本《道德情操论》第六版，在《告读者书》中，普莱斯注意到了斯密承诺要再撰写一本关于"法律和政府一般原则"的著作，以及斯密附加说明"年迈的岁数"使得他想令他自己满意地实现这一诺言的希望微乎其微：

> 这之后不久，死亡终止了他所有的努力；而这很快也将发生在我们每个人身上。那些能够像斯密一样，在生命临终时反思，自己这一生是为一个很有价值的目标而活，是为启发民智、为传播和平、自由、美德的福祉而活的人是幸福的。斯密真是最具才干的作者之一，而他个人的品格，就我所知和所听说的，也是无可指责的。我们在关于人类道德善恶概念的起源这一话题上，有着不同的理解，但是学者之间这样的分歧是在所难免的；这样的分歧也有利于更为彻底地就某些重要观点展开探讨，并在最终获得更为清晰的真理。斯密博士在他逝世前一年多，身体就已经日渐虚弱，我也不知道他所患疾病的具体名称。他正式出版的著作，只有关于伦理学和国民财富两本。我还得到消息说，斯密没有给后人留下任何在他死后出版著作的机会，或许除了几篇短文外。为了彻底断绝手稿在自己死后会被出版的可能，斯密烧毁了许多卷文稿。爱丁堡大学的道德哲学教授杜格尔·斯图尔特先生将在《爱丁堡哲学会刊》上，讲述斯密的生平，在这一过程中穿插关于斯密伦理学和国民财富著作的评论。[1]

罗米利对于公众漠视斯密逝世消息的愤慨，会在看完刊登在报纸和杂志上的通告后，更愤愤难平。在爱丁堡的《墨丘利》和《广告人》上，提供了由两小段组成的讣告，而其中主要的内容似乎就是，斯密小时候曾遭吉卜赛人绑架的轶事[2]。7 月 24 日，《泰晤士报》报道了斯密的死讯，并于 8 月 6 日刊登了一篇由

439

---

[1] Philadelphia，American Philosophical Soc. MS
[2] Rae，1965：436

十一个段落组成的文章，充斥其中的都是些轶事趣闻和尖酸刻薄的评论。年轻时的斯密被描绘成一位"难对付的学生"，他的身心状况如此糟糕，以至于神色木讷、言辞不知所谓。斯密对教会职业生涯的反感，被归结为"在宗教问题上成为伏尔泰的门徒"。斯密之所以能在英语发音及使用和古典学识方面，优于那些接受苏格兰本土教育的人士，被仅仅归因于斯密在牛津大学所受到的训练。斯密的思想发展，也被呈现为是通过研究法国百科全书编撰者们的著作，才得以完成的。斯密将休谟推崇为世界上最伟大的哲学家，并认为约翰逊博士缺乏常识，他的这些观点被认为是一种偏见。这些偏见加上他自己的长处，使得他成为一位"非常受欢迎的教授"。在深受党派纷争困扰的格拉斯哥大学，斯密站到了受富有商人欢迎的那一派人一边。从与他们的谈话中，尤其是与约翰·格拉斯福德的交谈中，斯密获得了"提高他的讲课所必需的"现实素材。因为自己是在一个商业化的城镇执教，斯密将"道德哲学教授的教席改成了贸易与金融教授教席"。这一重大的变革是在斯密出版了他的"新颖而又奇特的《道德情操论》之后完成的"。《国富论》在出版伊始，被说成并不受人欢迎，后来销售额的增加，仰仗的是福克斯在下议院毫无新意地引用了这一著作，再加上"我们国家的实际情况、我们的战争、债务、税收等等，使得讨论这样一些话题的著作受到了关注，而这些话题很不幸地在欧洲绝大多数国家，都成了过于热门的话题"。斯密的政治经济学体系，被宣称与彼得罗·维里伯爵的政治经济学体系是一回事，当然斯密的书架上确实有两本彼得罗·维里所著的《政治经济学研究》（*Meditazioni sull' economica politica*）（1771）[1]，一本是迪安·约西亚·塔克翻译的，另一本则是休谟翻译的。《国富论》中的阐述材料，被说成主要是从《百科全书》获取的。而斯密所获得的唯一功劳就是"组织编排"，并将这些学说进行了更为详细的论证，提供了更有说服力的证据。斯密因而被认为值得给予"主要的赞誉或责难的，就是宣扬了一种倾向于将国民财富与国家繁荣混为一谈的学说体系"[2]。这一文章刊登在了7月31日星期六的《圣詹姆斯纪事》上，还被再次刊登在了8月9日的《神谕》和《公共广告人》以及1790年8月的《绅士杂志》上。

　　亨利·科伯恩记录说，当时年纪大一点的一辈，全力关注的是法国大革命，

---

[1]　Mizuta

[2]　转引自 Fay, 1956：33–5。

而年轻一代则在讨论拉瓦锡的"新化学"及其"如此适合亚当·斯密祖国的经济学说"。他继续说道：

> 在我看来，中年的那一代人对这位经济学科的奠基人 [第一次提出这一说法] 所知甚少，他们只知道他最近还担任海关专员，并写了一本很有见地的著作。年轻人，我指的是爱丁堡持具有自由主义思想的年轻人，则以他的思想为支柱。斯密同休谟、罗伯逊、米勒、孟德斯鸠、弗格森和狄洛英（De Lolme）一起，为这些年轻人提供了他们所需的大部分精神食粮[1]。

同时，斯密周围的朋友们以自己的方式纪念斯密，遵从斯密的愿望，着手准备出版没有被烧毁的那些手稿。在 8 月 10 日约翰·米勒写给大卫·道格拉斯的信中，第一次提到了斯图尔特关于他已经离去的朋友的《亚当·斯密……生平》。在信中，米勒对出版斯密身后著作的想法表示欢迎，说："如果斯图尔特需要任何有关斯密先生在格拉斯哥大学期间的专业才干或任何您所提到的具体细节方面的信息，我会非常乐意提供的。"[2] 信守自己的承诺，米勒在 12 月寄给了斯图尔特"关于斯密博士的一些具体细节"。1792 年 8 月 17 日，斯图尔特向卡德尔汇报说："斯密先生的论文，连同关于他的生平叙述，会在今年初冬准备好出版。"[3]12 月21 日，卡德尔为《哲学论文集》的出版向亨利·麦肯齐氏（建议出版该书的"枢密院"成员之一）提供了以下条款：

> 第一版将以四开本的方式出版一千本，我们将为之支付三百英镑，而如果该书再版的话，我们同意再支付二百英镑。参考我们与斯密先生 [就《国富论》的出版] 所达成的协议，我们当时的做法是与作者分享这一版本的收益，当该著作出版后我们支付给作者 14 年的知识产权三百英镑，如果作者寿命很长，能够活到第二个 14 年，我们就再支付三百英镑（斯密确实活到了这一寿命）……如果您也没有异议的话，我们想选在伦敦印刷出版。

440

---

[1] Cockburn，1856：45–6
[2] GUL MS Gen. 1035/178
[3] NLS MS 5319，fo.34

卡德尔在信尾添加了一个附言，想要斯密的一幅肖像："我很想要将他的肖像添加进去[1]，但是却并未能找到。

在 1793 年 1 月 21 日和 3 月 18 日的爱丁堡皇家学会会议上，斯图尔特宣读了他的《亚当·斯密……生平》。在临近结尾，斯图尔特间接地回答了卡德尔想要斯密肖像的请求，指出斯密从来未曾坐下来让人画过肖像，除了詹姆斯·塔西为他制作的圆形徽章，上面的斯密一种身着当时服饰，而另一种身着古装，都呈现了"他准确体型轮廓以及常见的相貌神态"[2] [3]。在这两次会议中间，斯图尔特于 3 月 13 日致信卡德尔说，他的《亚当·斯密……生平》已经准备就绪，可以

---

[1]　GUL MS Gen.1035/177

[2]　V.17

[3]　The Scottish National Portrait Gallery 收藏有一幅匿名艺术家所创作的油画（Muir–Romanes 肖像），据说可以追溯到 c.1800；在 Scottish Museum of Antiquities 收藏有同一日期的一幅油画，署名为 "Ty.[=Tyron]Collopy"，或许是以 Tassie 的徽章图案为基础：Fay（1956：162–5，app. by A. L. Macfie）。Macfie 认为 Muir 的肖像（Fay 著作中扉页上的图案）展现了斯密"最本质的一些品质、力量及友善"，这些在 Collopy 的肖像中并没有得到体现。Macfie 将 Collopy 的肖像描述为是一位"严谨而讲究细节的老绅士""一本正经"地创作而成。由于 Macfie 关于 Muir–Romanes 肖像的评价是令人信服的，因而 1995 年版的本传记将这一肖像作为了封面，而这一版的则更为清晰。Macfie 在上文已提及的附录中提供了关于斯密令人印象深刻的半身雕像（1851 年），这一雕像有一位颇受 Queen Victoria 青睐的雕塑家 Baron Carlo Marochetti 创作（1851 年）。在科卡尔迪的市政大楼里有一个大理石的这一雕像，而在牛津大学 Balliol College 的 the Common Room 则有尺寸更小一些的这一雕像的铜质版。以俯瞰 Stirling Bridge 的引人注目的纪念碑顶端 William Wallace 的铜质雕像而为人所知的 David Watson Stevenson，为市政厅的内部贡献了一座用大理石做成的斯密半身塑像（1888）。格拉斯哥大学的 the Hunterian Museum 有一座比真人身高还大的大理石斯密雕像（c.1867），这一雕像呈现了一个学生眼中或许会有的理想化的斯密形象。这一雕像由奥地利雕塑家 Baron Joseph Gasser 创作，他负责创作了欧洲一些皇室成员和圣人的雕像，并为 Vienna 大学制作了 Heroditus 和 Aristarchus 的半身雕像。2008 年 7 月 4 日，一座由苏格兰最著名的雕塑家 Alexander Stoddart，用他那"英雄现实主义风格"所创作的十英尺高的亚当·斯密铜质雕像，在爱丁堡由诺贝尔得主 Vernon L.Smith 揭幕。在 the High Kirk of St Giles 附近的 the Old Mercat Cross 一块巨大的砂岩底座上矗立着一座斯密的雕像，俯瞰着 the Canongate。这一雕像表现的斯密年龄更大一些，带着假发，身穿十八世纪学袍，脸上的神色有些严峻。在 Royal Mile 对面，就是今天的 City Chambers，原先的海关大楼就位于这里，斯密一生中最后 12 年就作为海关专员效力于此。在 High Street 的另一边很合宜地矗立着另一座由 Stoddart 创作的大卫·休谟的铜像（1997 年揭幕），这位斯密的密友和学术盟友。雕像中的休谟穿着一件款外袍，摆出古代哲学家的坐姿。苏格兰的居民和到过那里的游客或许还熟悉 1996 年 Clydesdale Bank 发行的绿色的 50 英镑纸币上斯密的形象。这一斯密的形象就是上文描述过的 Muir–Romanes 的肖像为基础的。纸币的另一面是一个合成的画面，画面上有 18 世纪的工程及农业机械，背景是科卡尔迪海港。考虑到英格兰银行由一位苏格兰人 Sir William Paterson 创建于 1694 年，历任的银行总裁和董事想要在钱币用图像纪念一位苏格兰人还是经历了很长时间的努力才办到的。然而，2007 年 3 月 13 日，Chief Cashier Andrew Bailey 引入了新系列的蓝紫相间的 20 英镑面值纸币，这一面值的纸币使用最为广泛。在这一纸币的一面是以 1787 年 Tassie 所制作的奖章中洞悉世态的亚当·斯密形象为基础的，旁边是一幅制造钉子的示意图，取自 d'Alembert 所编撰的《百科全书》iv（1764），附有文字说明："制钉业中的劳动分工（其导致了工作产量的巨大增加）"（I.i.3.5）。在纸币的另一面是当时执政的不列颠女王 H.M.Queen Elizabeth 的侧面像，伊丽莎白是国王乔治三世的直系后人，斯密在世时有一半时间是乔治三世在位统治，而他也对斯密的著作有所了解。女王边上是位于 Threadneedle Street, London, EC3 的英格兰银行图像。

"立即"交付出版，提到由于无论是《爱丁堡皇家学会会刊》还是《哲学论文集》都无法在"这一季"出版，因此询问自己的《亚当·斯密……生平》能否考虑单独出版："主要还是因为我的文章扩充到了相当的篇幅，以至于我怀疑《会刊》将不得不以节选的方式加以出版。"[1]

1794 年《亚当·斯密……生平》一文未做任何删减，如期刊登在了《爱丁堡皇家学会会刊》第三卷上。稍微做了修改的这一文章，也作为首篇，再次刊登在了最终由卡德尔和戴维斯出版社于 1795 年在伦敦出版的《哲学论文集》中。斯图尔特曾经坦承："我讨厌传记"，但是，在他为爱丁堡皇家学会撰写的三篇传记类文章中，他似乎更偏爱为亚当·斯密所写的这一篇，而不是另外两篇分别为威廉·罗伯逊和托马斯·里德所写的传记[2]。

事实上，斯图尔特作为斯密活动圈子内的一员，并与斯密一样也是苏格兰道德哲学教授，传承和宣扬着同样的学术传统，因而是撰写斯密回忆录的不二人选，他自己必然也会对这项任务心生一种亲切感。他收集了关于斯密生平和背景的有用素材，保存下了一些珍贵的资料，如 1755 年论文的摘要，其中呈现的主要思想，向上承接了斯密在爱丁堡所做的讲座，向下启示了《国富论》的写作内容。斯图尔特为《国富论》和《道德情操论》提供了敏锐的评论，展示了斯密同时代的人是怎样理解这些著作的。而最具意义的是，他在这两本著作之间找到了一种统一性，找到了一种"具体的研究方式"，而这种研究方式在斯密的《天文学史》和《语言的起源》等文章中得到了进一步的体现。正如我们上文已经提及的，斯图尔特将这种研究方式称为"理论史或揣测史"，并将之与休谟为宗教所提供的"自然史"画上了等号。斯图尔特的评论为斯密思想发展的路径，提供了真正的洞见，斯密是要"从人类天生的秉性或社会环境出发，推导出他所描绘的观点和机制的来源"[3]。而就政治经济学及其斯密在其中所做出的杰出贡献，斯图尔特也具备了足够广博的见识，能对斯密思想的原创性及其思考和分析能力给出自己的评价。

因此，斯图尔特对于斯密的描述刻画，充满深情而又全面公允，然而，或许是过于温文尔雅而又缺少有血有肉的细节描写，而无法完全迎合现代读者的趣

441

[1]　NLS MS 5319, fos. 35–6

[2]　1854–60: vol.x, p.lxxv n.1

[3]　II.52

味。在后来的斯密传记撰写人中，约翰·雷[1]之所以广受好评，想必是因为其提供了斯密在为人和治学方面，远要更为全面的叙述和描写，而斯科特（1973）则付出精力成功地找到了与斯密职业生涯相关的细节信息和文件，从而大大加深了我们对斯密的了解。罗伊·坎贝尔和安德鲁·斯金纳（1982）提供了一份关于斯密职业生涯的准确概述，同时在有用的时间框架上，简洁地呈现了斯密主要思想的发展。而更晚近一些，詹姆斯·巴肯继著作《天才云集》（*Crowded with Genius*）（2004）[2]之后，撰写了一本传记式的争辩性概述：《真实的亚当·斯密：生平及思想》（*The Authentic Adam Smith：His Life and Ideas*）（2006）。

《哲学论文集》自然令斯密的朋友们都非常感兴趣，无论是出于对斯密声誉的关心，还是对读者将怎样看待他们所理解的这类性质文章的好奇。约翰·米勒认为，斯密的"天分"在那些已经被烧毁的文章中得到了展现，但是，他还认为这些文章或许"在结构上有些不均衡"。1790年8月10日米勒就这一点致信大卫·道格拉斯，他也提到了其中关于模仿艺术的两篇文章，斯密已经在格拉斯哥文学学会上进行了宣读（我们从威廉·理查森致塞缪尔·罗斯的信中得知，这是在1787年12月），但是第三篇在当时还未完成，他希望现在他或许能够看到一个完整的版本。米勒继续说道："在斯密所有的著作中，我对您提到的关于形而上学的著作最为好奇。我想要看看斯密的论证能力是如何被应用来阐述真正意义上的休谟式哲学"[3]。

至于斯密向文学学会宣读的论文内容，我们或许可以猜想大概就是《论所谓模仿艺术中模仿的本质》（*Of the Nature of that Imitation which takes place in what are called The Imitative Arts*）第一、二部分的早期手稿。而关于舞蹈的第三部分非常简短，米勒或许想要看到一个完整版的这一部分。另一篇简短的文章题为"论音乐、跳舞和诗歌之间的密切关系"（Of the Affinity between Music, Dancing, and Poetry），布莱克和哈顿在斯密的论文中找到这一篇文章时，却没有发现任何标识指明其所属的位置。但是因为这似乎是与"模仿艺术"系列相关，他们就把它放在了这一系列之后出版[4]。斯图尔特认为斯密在1764—1766

442

---

[1] 1895；Guide 1965
[2] 主要以爱丁堡的知识分子为对象，生动描述了苏格兰启蒙运动。
[3] GUL MS Gen. 1035/178
[4] *EPS* 209

年待在法国期间，收集了论证自己关于模仿艺术思想的素材，并从这一角度出发研究了戏剧，计划出版自己的研究成果[1]。我们猜想 1777—1785 年期间斯密正在研究美学理论：他已经在考虑于 1782 年出版一篇关于"模仿"这一主题的论文[2]；1784 年 10 月，斯密设计了一个实验，安排一位法国地质学家欣赏风笛演奏会，以便观察他对模仿性质音乐的反应[3]；1785 年 11 月斯密向年轻的拉罗斯福哥公爵宣布[4]，他正在写作的两本"巨著"进展顺利——其中一本就是"人文科学和优雅艺术"的"哲学史"[5]。亚历山大·韦德伯恩（拉夫伯勒勋爵）是斯密关于模仿艺术文章的写作过程，以及为此所做的"改动"[6]的见证者之一。斯密关于英语和意大利语诗歌的文章，则是以草稿片段的形式留存了下来，这一手稿所用纸张上的水印，并不能证明这一文章是 1780 年之前写的；1783 年 3 月 17 日，斯密致信巴克勒公爵的妹妹弗朗西斯·斯科特小姐，感谢她归还了自己的文章，因而我们知道当时他正在关注这一主题[7]。所有这些文章都表明，斯密很熟悉当时就美学问题和批评理论所展开的争论。斯图尔特认为斯密对于文学，尤其是戏剧，得出了有些吊诡的结论，因为在解释我们之所以能从艺术中获得愉悦的原因时，斯密过于坚持了一个"基本原则"，即所谓的"模仿难度"[8]。

关于"真正意义上的休谟式哲学"，在斯密关于外部感官的文章中并没有体现。这一文章受到了贝克莱的《视觉新论》（New Theory of Vision）[9]的启发，其中包含了来自理想主义哲学的观点。但是，正如约翰·怀特曼所指出的[10]，当斯密在写这一篇文章时，要么是还没有看过或是还没有理解贝克莱的《人类知识原理》（Principles of Human Knowledge）（1710）一书的意义。在某种程度上，斯密《论外部感官》这一文章或许是反休谟思想的[11]。然而，在剩下的其他三篇文章中，即《天文学史》、《古代物理学》和《古代逻辑学和形而上学》，都能找到休

---

[1] III.13–15

[2] *Corr*.No.208

[3] Ch.24

[4] Corr. No.248

[5] *EPS* Editors' Advertisement，1795

[6] GUL MS Gen.1035/179

[7] GUL MS Gen. 1035/226；Corr. No.225；EPS 217，n.1

[8] III.14–15

[9] 1709：S.60

[10] Glasgow edn. *EPS*，p.133

[11] Kevin L. Brown，1992：335

谟思想的影响。这三篇文章会使我们联想到斯密先是在爱丁堡，随后在格拉斯哥大学所讲授的关于哲学历史的讲座。最重要的是，关于天文学史的文章，通过关注想象在建构外部世界常识概念中所起的作用，阐述了"引领并指导着哲学研究的原则"[1]。就这一方面而言，这些文章为休谟所致力于创建的"关于人性本质的科学"做出了贡献。休谟的自然主义在另一方面表现为怀疑论，这在斯密的文章中体现为他将哲学定义成了"一门旨在揭示各种隐而不现的联系的科学，这些联系将各种自然外在表现连接在了一起"[2]。大卫·道格拉斯在学生时代就住在米勒家里，在斯密那里接受了早期教育后，就受到了米勒的教诲，而米勒在格拉斯哥大学期间曾经也是斯密的学生，因而，米勒在斯密的一篇"形而上学的文章"中寻找休谟思想的影响这一做法本身，就是证明休谟对斯密思想所产生的影响及提供的灵感的重要证据。

米勒描述了斯密所讲授的课程，加深了我们对斯密思想特色的了解，米勒还为我们提供了斯密打算撰写的另一部著作的相关信息。这一著作主题就是"论希腊共和国和罗马共和国"，或许是被作为"关于法律和政府的历史和理论"，这一1785 年斯密在致拉罗斯福哥公爵的信中所提到的第二部"巨著"的一部分。当时已经出版的这一主题著作包括了弗格森的《罗马共和国兴衰史》（1783）和吉本的《罗马帝国衰亡史》，米勒这样评论斯密的这一写作计划：

> 尽管已经有很多关于这一主题的文章出版，但是我仍相信斯密先生的思考，会为我们提供关于这些国家内政事务方面，更多、更重要的新观点，而这些国家的几个政策体系也会得到更为自然的呈现。[3]

也许米勒期待斯密能提供一部古代共和国"自然史"，详细描述它们的兴盛和衰亡，并反思"人类自然秉性"在其中的运作，而正是这些"人类自然秉性"也同样被应用于解释天文学体系、道德哲学体系及商业社会体系。

然而，后人也只能满足于《哲学论文集》中那些关于"人文科学和优雅艺术连续史"的文章片段。1795 年《哲学论文集》第一版在伦敦出版，同年，都柏林

---

[1] Raphael，1977

[2] 'Astronomy' iii.3

[3] Stewart II.53

也出版了一个版本，但只允许其在英格兰境外销售。1799 年，詹姆斯在巴塞尔又出版了新的一版《哲学论文集》，作为"英语经典文集"系列丛书之一。尽管这一版本并没有注明这一著作最早的编辑者布莱克和哈顿的名字，但是其中包含了斯图尔特所著的《斯密……生平叙述》一文，却很好地说明了这一点。1797 年共和国制下的巴黎出现了由日内瓦哲学教授皮埃尔·普雷沃斯特所翻译的法文版《哲学论文集》，他与爱丁堡皇家学会一直保持着通信往来。普雷沃斯特将杜格尔·斯图尔特于 1796 年寄给他的斯密致《爱丁堡评论》创刊人书信的法文翻译也包括在了里面，并为这些文章提供了颇有价值的注释，尤其是关于美学话题文章中的注释[1]。卡德尔想要在书中附上斯密肖像的愿望，在这一版中得以实现。这一版有一幅漂亮的或许是有些美化的斯密版画肖像，以塔西圆形徽章中身着当时服饰的斯密肖像为基础，并由伯努瓦·路易斯·普雷沃斯特负责制作。

塔西所设计的两个圆形徽章上斯密的半身雕塑像，从头顶到躯干底部有三英寸高，标识日期都为 1787 年。或许是斯密于 1787 年在伦敦时，曾在莱斯特广场 20 号，短时间坐着让艺术家为他制作雕像，或是塔西前往爱丁堡，制作了这一徽章[2]。徽章上斯密戴着丝袋假发的这一形象，或许很好地展现了亚当·斯密日常的侧面轮廓和面部特征[3]。从另一"身穿古代服饰"的肖像（正面像）来看，斯密从他母亲那里继承了某些家族的面部特征，至少对比 1778 年斯密母亲肖像看来是这样的。我们还了解到塔西是将斯密与"古代杰出人士"，如塞内卡、奥勒留和西塞罗相提并论，将他们的半身肖像陈列在了 18 世纪的英国各图书馆内[4]。这样的一种定位很适合斯密：从根本上来说，斯密是一位伦理学家，他的个性中深深地打上了罗马斯多亚主义的烙印，但是，正如第 11 章所讨论的，他也将现代伦理学的要素融入了他的"体系"之中。

正如塔西所认为的，亚当·斯密是一位坚定而果敢的人。他计划并完成了从人类情感出发解释道德判断的形成，接着探讨了财富的本质及现代商业社会是如何获得财富的。他"努力奋斗"想要推进另外两大"巨著"的写作，但是年老和体弱使他无法完成这一计划。他已完成的著作所取得的成功，是完全可以与他

444

---

[1] *EPS* 28–9，218

[2] Holloway，1986：6–8

[3] 插图 20

[4] Haskell and Penny，1982：50–1

开展写作计划时的决心相当的[1]。卡德尔为亨利·麦肯齐氏提供了 1000 册《哲学论文集》的出版合同，遵照了《国富论》出版合同的条款。通过德语、法语、丹麦语、西班牙语和意大利语的译本，有更为广大的读者群接触到了斯密的著作[2]。即使知道自己获得了如此巨大的成功，斯密似乎仍然保持着一贯如初的谦逊和自省。

但是塔西所描绘的这位果敢的思想家斯密，还有另外的一面。"朱庇特"·卡莱尔曾指出小道消息喜欢在斯密甚至在"大庭广众"下走神这一点上大做文章；休谟懊恼地指责斯密的"懒散和喜欢独处"；斯密的书信中也有许多对身体不适的抱怨，以及时不时会产生的对死亡的悲观预期，斯密也承认自己拥有"忧郁、悲观的心灵"[3]，和时而会爆发的"火暴"脾气，但在一般情况下得到了很好的控制。这些身心失调现象的一种解释是斯密患有疑病症，其症状包括长期的突然情绪低落、对健康的焦虑、打不起精神，这些被认为是高度专注于一系列抽象概念研究而带来的心理问题。在斯密的一生中，他尝试了各种各样的方法来缓解这些症状：在牛津大学时喝过焦油水，在科卡尔迪尝试过海水浴和植物研究，1760年在卡伦医生的建议下进行了骑马锻炼。在晚年，斯密所求助的方法是勤勤恳恳地履行作为海关专员的职责，及在"星期五俱乐部"和潘缪尔大楼周日晚宴上，招待同伴。

自然似乎并没有在说话方式上对斯密另加青睐，因为我们读到的记录是他刺耳的声音，几乎可以称得上是口吃的缺陷，还有似乎在演讲的谈话方式[4]。斯密的朋友们对这些表示理解，宽容他的脾气个性。斯图亚特指出，"他们经常合谋实施一些小计谋，以便斯密能参与到那些最有可能令他感兴趣的讨论中来"。当斯密在聚会中以他特有的原创方式，就他相对而言并不熟悉的话题展开详细论述，或是在理由相对而言并不充分的情况下，提出极端的观点或判断，一旦遭到任何反驳，斯密就会立马打住，他的朋友们对此乐不可支。当面对陌生人时，斯密的举止显然有时是很窘迫的，因为他知道自己习惯性走神的毛病，或许小心提防着；而且，斯密对于合宜性有着非常深入的思考和见解，但却又并不具备完美

[1] Ch. 17，n.10

[2] Ross，1998；Tribe and Mizuta，2002

[3] *Corr.* No.286

[4] Carlyle，1973：141

的能力达到这种合宜性。在所有关于斯密个性和特点的描述中，最为重要的品质是斯密的善意，尤其在与年轻人的相处中得到了展现。塞缪尔·罗斯在为他父亲威廉（斯密的老朋友，他们的友谊开始于1759年《每月评论》上刊登其关于《道德情操论》的公告）的过世而悲伤不已时，写信给一位亲戚说"斯密专员对我是非同一般的亲切"[1]。差不多是同样的意思，斯图尔特写道，斯密"在与他爱的人待在一起时，一种无法形容的慈善微笑会让他的面容熠熠生辉"[2]。

将亚当·斯密的癖好习性及总的来说似乎已经克服的疑病症搁置一边，我们可以断定斯密是一位好人，或至少在同时代最有权利对他做出判断的那些人看来是这样的。我们或许可以认为斯密在审慎和想要让自己享有心灵宁静这一方面犯有过错，比如斯密并没有仁慈地答应休谟临终前想要他负责出版《自然宗教对话录》的请求。

然而，或许还可以提出一个关于斯密智慧的问题：斯密给后世留下了怎样的思想和道德遗产呢？尽管《道德情操论》提供了同情共感在对他人的道德判断形成过程中所发挥的效用方面的洞见，并创建了公正旁观者这一充满创见、但是直到最近一直受到不当忽略的概念，从而更好地理解和阐明了自我道德判断的形成，但却一直并没有被认为是该领域一部里程碑式著作。然而，越来越多的迹象表明，这一著作中的伦理学学说正受到当代哲学家的认真关注。1976年，拉斐尔（D. D. Raphael）与亚历克·麦克菲一起开展了关于《道德情操论》基础性的研究工作，并出版了一版值得信赖的《道德情操论》[3]；在这一基础工作之上，拉斐尔最近又出版了两本《道德情操论》研究专著《正义概念》（*Concepts of Justice*）（2001）和《公正旁观者》（*The Impartial Spectator*）（2007），清晰地阐明了斯密道德判断学说的中心思想。近年来，还有其他一些伦理学家，显著地增进了我们对于斯密著作的理解，如查尔斯·格里斯沃尔德（1996，1999，2006，2009）、斯蒂芬·达沃尔、塞缪尔·弗莱沙科（1996，2003（*WN*），2007）和赖安·汉利（2009）。还可以参见收录在弗里克和舒特（2005）编辑的《亚当·斯密道德哲学》中的文章所提供的评论。尽管麦克菲和拉斐尔强调斯密道德哲学思想中斯多亚主义的影

---

[1] GUL MS Accession No. 4467，to Edward Foss，1786 年 7 月 19 日。

[2] Stewart V.12–17

[3] 1991 年修改后再版。

响[1]，但是现在有研究苏格兰启蒙运动的学者，开始关注斯密对伊壁鸠鲁思想的接受程度。[2]

毫无疑问，《国富论》被证明是这一领域永恒不朽的经典之作。一直到今天，全球各地各个流派的经济学家[3]都会将这一著作作为他们学科的奠基之作加以援引，尽管他们引用的时候经常具有高度的选择性，有时甚至会曲解，但是他们确实从中找到了一个关于市场社会运行机制理论分析和实例阐述的宝库。然而，值得注意的是《国富论》出版后不久，其学说就遭到了尖锐的批评。在其出版还未满30年，乐善好施但彻底破产了的银行家亨利·桑顿在他的《不列颠票据信用的性质及影响探究》（*An Inquiry into the Nature and Effects of the Paper Credit of Great Britain*）（1802）中，猛烈地攻击了斯密的货币理论，主要集中在三个问题上：斯密对于货币供应这一概念的理解有限；斯密的"真实票据"学说无法充分解释交换体系中的票据；斯密在流通速度问题上有失察之嫌[4]。然而，在马尔萨斯和李嘉图所做贡献的基础上，《国富论》中的分析在很大程度上界定了"古典经济学"的研究范畴，一直到杰文斯和马歇尔在19世纪对其做出修正。[5]在政策制定方面，斯密著作也起到了一定的推动作用，因为立法者注意到了书中所提出的建议，相继实施了海关和税收改革、自由贸易、教育普及等一系列做法（Robbins，1952；Coats，1971；and 1992：i.119–83）。不仅如此，查尔斯·达尔文这位19世纪生物学（这一具有相当独立性的学科）核心思想家，以及他的追随者们，对斯密看不见的手的理论和自然选择理论之间的关系非常感兴趣[6]。当然关于斯密强调或者说是显著强调，自利或自爱是进行经济交换的唯一动机这一

---

[1] 他们在 GUL Special Collection 中的通信表明克菲比拉斐尔更强调这一点：由内文·莱迪（Neven Leddy）提供的信息。

[2] Voltaire and the Eighteenth Century 系列中有一卷题为 *Epicurus in the Enlightenment*, 由 Neven Leddy & Avi S. Lifschitz 主编，出版于2009年，收集了2006年在牛津大学举办的探讨"启蒙策略中的伊壁鸠鲁学说（和缺失）"研讨会会议论文。其中包括了 Leddy 的"在苏格兰和法国将斯密解读为是伊壁鸠鲁式启蒙的评论家，这意味着斯密努力将伊壁鸠鲁学说的要素融合到自己的体系之中"。Leddy 还在2007年圣安德鲁斯大学举办的关于"苏格兰启蒙道德哲学中的伊壁鸠鲁学说"这一主题的专题讨论中，递交了一篇关于"斯密论伊壁鸠鲁和斯密作为伊壁鸠鲁学说信奉者"的论文，并在 Adam Smith Review, vol.4（2008）这一关于"斯密及斯密思想来源"的专题论文集，出版了关于"十八世纪法国小说背景下的斯密道德哲学"的论文：158–180。

[3] Cheng-chung Lai（赖建诚），2000；Carpenter，2002；eds. Tribe and Mizuta，2002

[4] Murphy，2009：197–201

[5] 参见 Jevons & Marshall in Keynes（1963）；以及关于斯密的评论参见 Winch（1971；1978；1993；1996；2006）和 Blaug（1992）。

[6] Shermer，2007；Carey，2009

点一直就有争议。之所以会有这一争议，部分原因来自于斯密强烈坚持在经济领域实行"明显的和简单的自然自由体系"，而在历史上，这被解读为是对自由企业资本主义体系的一种倡导。因而，对斯密"看不见的手"观点进行拙劣效仿的一些说法，被用来为 19 世纪商人的侵略性的，或在某种程度上是，毫无节制的攫取辩护。比如，1877 年美国总统竞选中以微弱劣势败北的候选人，就在一次招待一群百万富翁的晚宴上致辞说：

> 毫无疑问，你们一定会在某种程度上，坚信你们是在为自己工作这一错觉，但是我很高兴地宣布你们事实上是在为大众而工作。[掌声] 当你们正在为自己自私的目的谋划时，至高无上、英明智慧的上帝会促使你们绝大多数的这些行为符合大众的利益。拥有巨额财富的人在实质上，如果不是在事实上，是大众的代理人。

发表上述讲话的候选人就是在与卢瑟福·海耶斯的竞争中败北的塞缪尔·蒂尔登[1]。1929 年的股灾，以及随后的经济大萧条，使这样一种观点饱受质疑。凯恩斯所重新阐述的经济学，连同福利国家思想和计量经济学，被认为才是真正的科学，从而似乎将亚当·斯密的经济哲学思想推出了人们的视野。

毫无疑问，斯密事实上从未真正完全地淡出人们的视野。这里要提到的是日本学者所做出的贡献，从 19 世纪 60 年代开始，日本学者中就兴起了一股研究热潮，将斯密理解为西方思想史发展过程中做出重要贡献的关键人物之一。这些研究产生了一系列相关的翻译（从 1884 年开始就有 9 本译著）和评论，其中包括了对斯密所有著作的翻译和评论，这些著作在日本被理解为是相互补充，相辅相成的，这样日本学者就建立了自己的伦理学和经济思想基本原则。面对着 20 世纪大行其道的军事帝国主义和马克思主义革命，日本政府通过坚持这些原则，促进了一个和平的、商业化的、民主社会的发展[2]。

在西方，一些奥地利学派学者[3]和芝加哥大学的经济学家[4]对斯密经济学说

---

[1] 转引自 Lux，1990：78–9

[2] Mizuta，2002：198–208，in（eds.）Tribe and Mizuta

[3] Ludwig von Mises，F.A.von Hayek：Cubeddu，1996；Caldwell，2003

[4] Jacob Viner，Milton Friedman，George Stigler：Reder，1982

中对自由竞争市场、企业家、自由贸易在经济中所发挥的关键作用的强调，持一种批判性的认识，尽管他们对斯密学说本身的忠诚度不一。而且，詹姆斯·布坎南和戈登·塔洛克（从 20 世纪 60 年代到 80 年代两人都在弗吉尼亚州大学任教）受到斯密经济学说和奥地利学派思想的启发，发展了他们具有开创性的公共选择理论以及对寻租型政府的揭露。在苏格兰，从 20 世纪 30 年代开始，经济学的教授们就[1]一直对斯密本人及他的学说保持着浓厚的兴趣。在 20 世纪 60 年代，苏格兰经济学会提出出版斯密作品全集，以纪念《国富论》出版 200 周年[2]，这一计划最终于 1983 年以格拉斯哥版斯密全集的出版宣告完成[3]。在另一方面，随着对苏格兰启蒙运动所取得成就的研究不断深入，必定会为挖掘斯密博大精深的头脑在不同领域所做出的贡献提供线索。从 1985 年开始，每年一本的《十八世纪苏格兰研究学会简报》（*Newsletter of the Eighteenth–Century Scottish Studies Society*）提供了大量关于斯密著作的书评，其中绝大部分都认同了斯密的启蒙背景。不仅如此，约翰·波科克深入研究了政治话语中他所称之为"公民人本主义"（civic humanism）的传统，这必然会要求他关注斯密的作品以及斯密与这一传统之间并不明确的关系。这导致了一场鼓舞人心的辩论，辩论的焦点是：对斯密而言，自然法学学派与"公民人本主义"两者孰轻孰重？[4] 这一辩论带来的结果之一就是人们对斯密自已的道德哲学和政治经济学概念，及其留给后人的遗产有了更为准确的认识[5]。

对斯密所阐述的自由企业经济增长理论所展开的批判，有时甚至是从批评斯密本人开始的，赋予了斯密另一种生命。罗纳德·米克曾经告诉他的经济学学生们，19 世纪 40 年代马克思之所以成了一名共产主义者，就是因为过多地思考了《国富论》中的某些章节，这些章节关注了工人们受到来自不诚实的商人和制造商以及懒散的地主阶层的剥削和压迫[6]。米克则认为马克思的《1844 年经济哲学手稿》中对斯密作品的解读，加剧了《资本论》中对于自由市场体系的愤怒声

---

[1] W.R.Scott，Alexander Gray，A.L.Macfie，Ronald Meek 和 Andrew Skinner

[2] Raphael，2007；Skinner，2008

[3] Index added，2001

[4] Hont and Ignatieff，1983：p.vii；Haackonssen，1995

[5] Griswold，Broadie，and Rothschild and Sen in Haakonssen（ed.），2006

[6] cf.I.viii.13；I.xi.p.8

讨[1]。马克思自己解决了他与他所敬重的斯密经济学思想之间的关系问题：马克思区别了斯密理论中的"esoteric"（深层）要素和"exoteric"（表层）要素，马克思认为前者是与自己的体系联系在一起的，而后者则从资产阶级的立场出发描写了竞争[2]。

埃米莉·罗特希尔德（2002）则把目光投向了在马克思之前，斯密本人及与斯密同时代的其他政治经济学家，如孔狄亚克等人身上所具有的左翼立场。他们为受到少数特权阶层压迫和剥削的贫苦人们代言，要求他们也应分享部分社会福利，因为社会作为一个整体所取得的经济增长，在很大部分是以这些人们的技能、辛勤工作和发明创造为基础的。塞缪尔·弗莱沙科（2005）和伊恩·麦克莱因（2006）在他们研究斯密平等主义立场的本质和程度时，也讨论了斯密的左翼倾向这一主题。

另一种研究的切入角度是探讨斯密所持有的"自爱在经济领域中会导致公众福利"这一观点的历史渊源。埃德温·坎南认为这一观点只是重申了曼德维尔贻害无穷的观点，即私人的恶德是公共的美德[3]。在这一解读的基础上，琼·罗伯逊继续指出，这样的一种观点导致了以一种"思想体系结束了所有的思想体系，因为这取消了道德问题。只需每个个体以自我为本位地行事，就可以达成所有人的福利"[4]。肯尼思·勒克司（1990）进一步阐述了罗宾逊的观点，指责斯密将自利（或自爱）作为经济交换的唯一动机，而把仁慈彻底排除在外，是犯了一个根本性错误。像罗宾逊一样，勒克司为了支持自己的这一批评，也引用了《国富论》中著名的这段话：我们不应期望自己的饭食来自于"屠夫、酿酒师和面包师的恩惠。我们不是向他们乞求仁慈，而是诉诸他们的自利心；我们从不向他们谈论自己的需要，而只是谈对他们的好处"[5]。在勒克司看来，斯密将自己一生最后思想上的精力，花费在修改和增补《道德情操论》上，就又犯了一个错误。斯密本应该把精力花在《国富论》的修改上，对自爱进行界定修饰，以缓和这一情感在消费者和生产者这一世界上得到彻底释放后，所蕴含着的巨大贪婪和毁灭性。

---

[1] 1867–94；Meek，1977：8–9

[2] Thal，1990

[3] *WN*，ed. Cannan，1950：vol.i，p.xlvi

[4] 1964：53

[5] *WN* I.ii.2

斯密似乎把坏事看成了好事，将自利理解为经济发展所必需的动力来源，而污染肆虐、生态失调、对受压迫者的掠夺都成了无法避免的必然结果，这样的一位智者在当代西方语境下，居于怎样的位置？罗宾逊认为斯密就其实质而言，是与曼德维尔一致的，勒克司也支持这一观点，认为尽管斯密做过否认声明，但是，斯密还是受到了曼德维尔在这世上所发出的"噪音"的过深影响[1]，基本上也接受"人就其本质而言是自私的"这一观点。勒克司对斯密所下的判断是：斯密从意图上看是好人，并在某种程度上，从其言行看也是好人，但是其个性中的"愤世嫉俗和天真烂漫"使得他的学说发生了很大的偏离[2]。20 世纪 80 年代末，在不列颠和美国，自由企业经济学说复苏，并与《国富论》有着千丝万缕的联系，勒克司或许是想要这样的背景下，揭露亚当·斯密思想的不足。[3] 勒克司这样写了之

---

[1] *TMS* vii.ii.4.13–14

[2] Lux，1990：86–92，94–5，104–7；相似看法，McCloskey，1990：143

[3] (a) 20 世纪 70 年代见证了英国政府和美国政府疲于应付经济滞涨问题，即经济发展停滞不前和通货膨胀同时并存的问题，而这一问题似乎是当时占据主流的侧重需求管理的凯恩斯经济思想所无法应对的。在各自国家选举政府首脑的过程中，1979 年撒切尔在英国、1980 年里根在美国，通过竞选演讲和宣言正式宣布要部分向他们所理解的斯密经济思想回归，将通过解放市场、生产者和消费者来抑制经济衰退，作为他们就任后的当务之急。他们吸收了一系列来自研究斯密思想与政策形成之间关系的协会、教育机构以及"智囊团"所阐述的经济思想：Foundation for Economic Affairs（UK）；Adam Smith Institute （UK，参见 I.McLean,2006：135–8，1994 年 ASI 公开出版了一本"Conservative Smith"）；Center for Policy Studies（UK： Sir Keith Joseph 创建）；the Mont Pelerin Society （国际组织）：由 Friedrich von Hayek 创建；以及 Hillsdale College National Leadership Seminars （USA）。英国和美国的领导人成了朋友和盟友，他们自由地进行交流，一起分享如 Milton Friedman 这样的顾问所提供的建议。Friedman 积极倡导斯密，尽管带着他自己货币主义者的偏见。政府间在探讨经济政策方面的合作，也得到了鼓励，以 1981 年在白宫举办的美国内阁和英国内阁联合会议为代表。

(b) 为了实现自己的政策预期目的，Reagan 倡导一种新闻记者 Jude Wanniski（1975）所提出来的"供给"经济学，将亚当·斯密视为这一经济学说的先驱（Thomas Karier，1997）。这一经济学说背后的理念可以一直追溯到古典经济学中的所谓萨伊定律，即"一种产品一旦为其他产品提供了它的价值所能提供的最大程度的市场，那么这一产品就被创造出来了"（A.L.Malabre,1994）。Reagan 的政策包括撤销对石油工业的管制；允许联邦储备金委员会主席 Paul Volker（1979 年由 Jimmy Carter 任命，1983 年 Reagon 再次任命）提高利率，降低货币供应的增速、抑制通胀；降低了边际税，以便更多的收入能被用于消费和投资，进而增加供应。当时政府的宣传口号是"水涨船自然都会高"，经济观察员们都会倾向于同意，在经历了 20 世纪 80 年代初的经济衰退和高失业率后，美国从 1983 年到 1990 年享受了"Seven Fat Years"。然而，与此同时，Reagon 以前所未有的程度扩大了军费预算，应对来自苏联对于美国的威胁。Reagan 并没有通过税收来支付这些军费开支，而是以外债做担保的财政赤字为基础。一些分析家认为苏联体制被与美国之间的军备竞争给拖垮了，而另一些分析家则宣称共产主义体制本身无论如何都会自行瓦解，但是，在这一点上，Reaganomics 通过实行这种公共债务政策（为亚当·斯密所深恶痛绝）让美国的后代子孙深深地卷入了外债之中（J.Chait，2007）。Reagan 于 1987 年任命 Alan Greenspan 为联邦储备金委员会主席（老布什总统、克林顿总统、小布什总统相继做了同样的任命，直到 2005 年），Greenspan 被宣称为是"市场机动性和自由竞争"的捍卫者（Economists' Forum，*Financial Times*，2008 年 3 月 17 日），他认为斯密最早建构了"市场经济 [于斯密所处时代开始成形] 如何运作的全球化视角"（Adam Smith Lecture，科卡尔迪，2005 年 2 月 6 日）。然而，至于他是否仔细研读过 WN 或 TMS 还是一个问题。当然，在 2007–8 年的房地产泡沫中，Greenspan 于 2004 年建议房地产市

后，在 20 世纪 90 年代出现了全球性滥用斯密学说名义的做法，而在下一个十年，

场的消费者应该解决利率不固定的房贷，当时联邦基金的利率是 1%，而在随后的两年 Greenspan 就让他们承受飙升至 5.25% 的利率，这似乎完全违背了斯密在其两本著作中所提倡的审慎的美德。2004 年夏就已有房地产市场泡沫即将破裂的预言（"Is a Housing Bubble About to Burst？"，Business Week，7 月 19 日）。但是，Greenspan 确实在他的回忆录 The Age of Turbulence：Adventures in a New World（2007）中，批评了布什总统、切尼副总统和国会（当时国会共和党占多数）背叛了他们政党在财政赤字和政府开支方面所持有的原则。Greenspan 并没有像 Nuriel Roubini——这位分析新兴经济体崩塌原因专家——那样宣称这些崩塌的新兴经济体历史上都有一个共同特点，就是容忍大数目的由外债支撑的现行财政赤字，并怀疑美国或许将是下一个重蹈覆辙的国家（2004，2006）。随后，Fareed Zakaria（2009）提出美国经济并未如此岌岌可危，因为还有其他想要赶超美国，却远要更为落后的超级大国存在：比如，中国、印度和巴西（pp.43-44）。他指出了根据 World Economic Forum 所公布的数据，美国经济现仍具有令人赞叹的实力：在"世界上最具竞争力的经济实体"排名中，"创新能力居首位、科技发展水平居第九位、公司投资于科研开发的费用居第二位、研究机构水平居第二位"。中国在任何一项这些指标中都未能进入前三十强，而印度只是在其中一个指标上位居第十，即市场规模（p.41）。

(c) Thatcher 担任不列颠联合王国首相期间，我们注意到她所施行的政策主要受到了 Sir Keith Joseph 思想的影响。Joseph 是 Thatcher 的首席顾问，推崇亚当·斯密的思想学说，于 1979 年就任工业部部长。就任后他所采取的行动之一，就是向老资历的政府文职人员派发包括 TMS 和 WN 在内的阅读清单。或许正是从斯密那里，Joseph 学会了一个策略：如何用一个常见的比喻将自己的思想表达到位。在他于 1976 年 4 月所做的 Stockton 讲座中，就运用了一个很好的比喻。Joseph 想要突出强调公有经济施加于私有经济身上的压力，他将前者比喻为骑手，后者为马匹。Joseph 宣称在 20 世纪 50 年代，GNP 的五分之三来自于直接创造财富的国民经济部分，而公有经济和接受财政补贴的国民经济部分则占五分之二；到 20 世纪 70 年代，后一部分占据了 GNP 的三分之二，而私人经济部分则只占据了三分之一。正如 Sir Keith 所说的"骑手重量现在是马匹重量的两倍"（Joseph，1976：9-10）。Thatcher 政府所采取的经济改革，与 Reagan 政府相似，同样放缓了通胀发展速度、限制了货币的供应。直接税收的削减意味着有更多的资金，可以用于经济上的投资以及使产业现代化。政府通过出售公有经济和国有化产业，逐步从市场中退出，并严格限制教育及福利支出，其中包括卫生保健支出。经济变得强劲有力，为自由企业提供了更多的机会，但是制造业出口急剧下降，部分原因是由于间接税收的增加。同时还付出了高昂的社会成本代价，如医院和大学风气败坏、失业率惊人上升，到 1982 年失业人数上升至 3,600,000（Anthony Seldon & Daniel Collings，1999；John Campbell，2000，2003）。工会试图通过罢工进行反抗，但是 Thatcher 成功地引入了新法律，对工会的权力和影响加以限制。在另一方面，Thatcher 利用自己作为化学家所接受的教育，将公共的注意力吸引到了环境所面临的威胁：不断增加的温室气体排放、臭氧空洞及酸雨等（致皇家学会的演讲，1988 年 9 月 27 日）。然而，1989-1990年，对 Thatcher 政府所实施的政策抗议加剧，当时 Thatcher 政府试图用人头税替代地方税（"亚当·斯密研究学会"发言人提出了这一政策建议），这一政策激起了大范围的抗议甚至是暴乱（"Violence flares in poll tax demonstration"，BBC News Archive,1990 年 3 月 31 日）。1990 年，Thatcher 由于内阁同僚的反水而下台，他们不同意 Thatcher 对于欧洲经济一体化的抵制，并认为她的支持率太低，已无法赢得下一次的大选。Thatcher 所倡导的自由企业政策有时会被与斯密的学说联系在一起。1988 年，Thatcher 曾声称"苏格兰人远在我之前就已经发明了 Thatcherism"（转引自 McLean，2006：98，n.4），North of the Tweed 激烈地否认了这一说法。Thatcher 对于"看不见的手"的运作的描述，或许更多地反映了 Thatcher 自己争强好斗的个性，而不是斯密在这一暗喻中所隐含的思想：[它]并不能克服突发的干扰运动。资本主义，自它存在之日起，就一直经历着萧条和衰退、泡沫和气泡；没有人能绕过这一经济发展的循环，或许也根本就没人会怀有这样的愿望；而人所共知的 Schumpeter 所谓的"具有创造性破坏力的飓风"，仍然会时不时地强力登陆造访。为这种现象哀叹，就像是为令人心旷神怡的自由之风本身哀叹一样。（Thatcher，2002：462）

毫无疑问，Thatcher 对于环境的审慎，无疑是会得到斯密赞同的，但是她想要推进的改革，被认为给穷人带去了更多的愁苦，而使富人更富、有权力的人更有权，这就意味着道德情感的败坏（Subroto Roy，2006）。Andrew Gamble（1994）和 Simon Jenkins（2007）讨论了所谓在 Thatcher 和她的"儿子们"（首相 John Major、Tony Blair、Gordon Brown）手中丧失的经济和其他方面自由，尽管 Brown 被宣称为是"Social-Democratic Smith"的倡导者（McLean,2006：138-48）。然而，Brown 对于在大不列颠联合王国推进社会民

又将斯密学说与主要由联合国组织发起的试图让"无法正常运转的国家"实行更

主可能抱有的希望，被 2007–8 年席卷全世界的金融危机彻底粉碎了，这一次金融危机与美国发生的次债危机和银行危机相关，重创了全球的信贷体系，使之发展完全停滞。Brown 政府被迫于 2008 年，将银行体系中的主要组成部分国有化，以进行挽救：二月首先从贷款发放方 Northern Rock 开始（Reinhart & Rogoff, 2009b：xl），九月的 Bradford & Bingley，再到十月的 the Royal Bank of Scotland Group。当然这些企业集团已与创建于 1727 年、亚当·斯密生前所熟悉的机构截然不同。2008–9 年银根紧缩使得 Brown 政府失去了公众的支持。在 2010 年 5 月 6 日的大选中，工党被由 David Cameron 领导的保守党打败，但是保守党并未能在下议院获得绝对多数席位。他们与 Nick Clegg 领导的自由民主党组成了一个联合政府。5 月 11 日，Brown 辞去首相一职，Cameron 和 Clegg 在就职时，宣要通过削减开支和提高税收来恢复不列颠财政。在风云变幻的政治形势面前，人们已经几乎遗忘了 Brown 所推行的财政改革及其对不列颠国内外贫困人群的关注，但是他们确实弘扬了斯密关于政府职能的学说。

(d) 引发美国次债危机的主要要素是缺乏管制的市场、为不切实际的利润和工资所提供的低息贷款，以及拥有自己房子的美国梦（自己的房子必须拥有奢侈的家具、配备有最先进的家用器具、位于最高尚的社区附近）。杠杆金融，即以债务为基础的金融形式，逐步升级以支付购房开支。以房屋抵押为基础的贷款激增，为了控制风险，有价证券保险这样一种金融把戏得以运用，对冲基金如雨后春笋般冒出来购买风险基金，将风险转嫁到易受骗的投资者身上。征信所给予含有"有毒废物"的（即含有没有市场的资产）债券三 A 级的评价。建立在并不稳固的房地产根基之上的债之塔摇摇欲坠（Charles R. Morris, 2008；Stephen Fay (2010)，Times Literary Supp.,23 Apr.,7–8）。2008 年秋，房地产信贷巨头 Fannie Mae 和 Freddy Mac 无法负担他们财务上的债务，发出了危机开始的信号。美国政府别无选择，只有介入。2008 年 9 月 7 日，财政部长 Henry Paulson 对房地产信贷巨头 Fannie Mae 和 Freddy Mac 实施"监管"（conservatorship），这一宣布得到了于 2006 年就任的、联邦储备金监察小组 Greenspan 的继任者 Ben Bernanke 的支持。这样的一项行动耗费了纳税人 2000 亿美元（Report on Business, Globe and Mail,8 Sept. 2008：B1,B4,B7）。然而，接下来布什政府却并没有采取进一步行动，对市场加以干预。9 月 15 日星期一 Paulson 没有采取任何对策，阻止华尔街 Lehman Brothers 投资银行公司提出破产议案，Lehman Brothers 在次贷市场中扮演了非常重要的角色，也深深卷入了对冲基金的运作中，被公众嘲笑为是"常识性的巨大失败"（McDonald and Robinson,2009）。于是，正如 George Soros（2008–9：157）所描述的，全球经济经历了"相当于"20 世纪 30 年代"经济大萧条期间的银行体系崩溃"危机。9 月 18 日，Paulson 向国会匆忙递交了一份仓促完成的长达三页的一揽子救市计划，在 Emergency Economic Stabilization Bill 中加以昭示，授权财政部花费 7000 亿美元购买陷入困境的资产（尤其是以房贷为基础的债券），向银行注入资金，恢复对信贷市场的信心。这一提案得到了参议院的认可，但是在众议院提出两次后才得以通过，10 月 3 日签署立法为 Troubled Assets Relief Program（TARP）。400 亿美元的资金即刻被提供给了保险业巨头 American International Group（AIG），这一公司在 Lehman 公司的倒闭中，蒙受了巨大损失，面临债务拖欠。后来 AIG 通过谈判以更宽松的条件，获得了更大一笔 1125 亿美元的紧急援助资金。当 Lehman 公司所签发的商务票据成为废纸一张时，支撑其的一个独立货币市场，不得不停止按票面价值赎回基金。银行储户产生了恐慌心理，到 9 月 18 日，出现了货币市场基金出逃，接着，在股市引发了恐慌，美联储不得不为所有的货币市场基金提供支持，暂停了股票的卖空行为，即通过出售预期将贬值的股票以获利的行为。这些措施在一定程度上缓解了股票市场所面临的压力，但这都只是暂时的权宜之计。2008 年 10 月，议会就拯救美国银行展开了辩论，提出要拯救银行系统，必须花钱向其注入货币资本，而不是缓解其不良资产，但是这一政策并未获得立即的施行，金融系统的状况进一步恶化，美联储解决这一问题的方法，采取的是零散分开对待的方式。

(e) 与此同时，国际货币基金组织于 10 月 11 日在华盛顿召开会议，而在次日欧洲国家领导人退出了会议，在巴黎进行会面。在这次会面中，他们达成一致意见，确保不会再有任何主要金融机构被允许破产，但是每个国家可以有自己的方式加以落实。美国政府遵循了相似的对主要金融机构的保障，得到了金融部门紧急援助资金的支持，到 2008 年 11 月 19 日，援助资金高达 13, 000 亿美元。在 11 月 18 日，议会委员会委员向 Paulson 递交了证据，证明了向银行发放的 1, 600 亿美元左右的援助，到目前为止并没有对冰冻的信贷市场发挥作用。这些货币似乎并没有被投入到发放新的贷款，而是用于银行之间的合并和购买，或是回馈业主和投资者。同一天西欧国家承诺向金融部门提供高达 28, 000 亿美元的紧急援助资金（包括不列颠联合王国的 5, 000 亿英镑），但是欧洲政府对股东的红利设置了更为严格的限制，而对主管的回报只是做了含糊的规定为合理的经济体制（尤其关注了这些国家的市场改革）的做法联系在了一起。[1]

（数据及评论来自 Anderson、Cavanagh、Redman，Institute for Policy Studies,24 Nov.2008：2–6）。使用纳税人的钱补偿在风险生意行为中做出错误判断的主管以及希望从中获利的投资者的做法，是亚当·斯密所诅咒的对象。在欧洲，那些无法为这些机构提供保障的国家，如冰岛，感到了非常严重的金融压力，而在东欧国家货币和政府债券市场也极度混乱。紧接着，发生了全球性的经济危机余波影响，甚至波及中国和印度，这两个超级大国被认为在经济实力方面开始与美国形成竞争。当 10 月、11 月和 12 月的数据出炉并加以分析后，引发了更为深刻的恐慌，担心世界将面临更为深入的经济衰退，甚至可能是经济大萧条。

(f) 这一切与亚当·斯密又有什么关系呢？一种说法是政府和重要金融机构的管理者听从了 Chicago School of Economics 成员具有诱惑力的观点，他们对不受约束的市场在创造整体财富方面的有效性高唱赞歌。这一观点的发起者据称是资本主义"之父"亚当·斯密。当然，这一关于斯密的说法是错误的，首要的原因是这一观点完全忽略了斯密思想中讲究伦理道德的一面。不负责任的不干预市场是"挥霍者和投机者"所持的观点，而这些人是斯密所憎恶的。相似的，也同样存在伦理道德上的瑕疵的是奇希望于美联储从 1987 年到 2006 年所推出的"低息贷款"，认为从财政部的印刷所源源不断的流出的货币，会让美国走出困境。而且，美国政府远没有鼓励生产、储蓄和人民的投资（这些都是亚当·斯密所倡导的创造和维持财富的过程），而是陷入了巨大的贸易赤字、经常往来账户不负责任地深陷赤字之中，从中国和其他东亚国家进口各种服务以满足欲壑难填的美国消费者的需求（Charles R. Morris, 2008）。而且，从 2003 年开始，美国政府通过大举外债（主要是从中国借贷）为伊拉克战争提供资金，从而使原本已经令人恐怖的债务负担雪上加霜。或许 2008 年 11 月美国大选，选举了 Barack Obama 为总统是美国乃至全世界之幸，因为他试图激励他的人民通过节俭和努力工作来提高自己的生活水平，并奉行和平政策，包括从伊拉克撤军。一位同僚确认 Obama 将 *TMS* 和 *WN* 都列入了他在 2008 年为 *New York Times* 提供的值得一读的著作书单中。Obama 就任总统后一段时间，却在自己国家遭到了猛烈的攻击和激烈的反对，这些反对声音认为 Obama 并没有为自己的人民带来希望，而只是提供了一种名叫"希望"（hopium）的鸦片制剂，鼓励人们梦想政治会发生正面的转向，却并没有提出合理的金融及其他政策，也更谈不上采取有效措施将这些政策付诸实践。同时，也有人宣称 Obama 所领导的政府稳定了金融系统，为经济复苏提供了必需的前提条件（*The Economist*, 网络版，2009 年 11 月 4 日）。而且，Obama 政府通过国会立法，满足了提高医疗保险的迫切社会需求。毫无疑问，立法者和选民将不得不当起为此而必须支出的税收。如果诺贝尔和平奖的颁发具有任何指示意义的话，至少说明世界上有很重要的一部分人认为，Obama 是一位全心全意地采取具体措施为世界带来和平的领导人。说到对 Obama 这样的一种印象，Archbishop Desmond Tuto 举了一个实例，Obama 总统结束了美国与阿拉伯世界多年以来的敌对状态，并向阿拉伯世界的人民提供了援助。而位于维也纳的国际原子能机构主席 Mohamed ElBaradei，评论说 Obama 卓有成效地领导了核武器不扩散运动，"展现出了坚定的立场：外交斡旋、相互尊重、沟通对话是解决冲突最为有效的方法"（Karl Ritter and Matt Moore,Yahoo！News, 2009 年 10 月 9 日，网络版）。Obama 经历了 2009 年人们对他医疗计划的激烈反对后，需要应对的下一个问题除了阿富汗战争的扩大外，还有 2010 年春夏，由于墨西哥湾严重的石油泄漏而给人民及环境所造成的巨大破坏。任何斯密所处时代的领导人，或我们这一时代的领导人，都未曾面临过这种挑战，但是斯密式的审慎和节制在 Obama 进行权衡定夺之际，一定会发挥作用。

[1]　(a) 随着 1989 年苏联解体、随后苏联这一国家与美国及联盟冷战的结束，斯密的经济学思想及其声名的传播，在某种意义上成了这一时代的一个国际性话题。超级大国的附庸国不再接受这些超级大国的援助和支持，而联合国连同其他全球性的经济政策机构，如世界银行组织、国际货币基金等，负责了在经历着，或曾经经历过内战的国家重建和平。鉴于这些国家相关的法律、秩序和经济发展都已崩溃，因而它们被认为已经"不能正常运转"了（World Bank, 1998）。最近的一项研究（Roland Paris, 2006 rpt）列出了 1989—1999 年期间所开展的十四项这类使命：Namibia（1989），Nicaragua（1989），Angola（1991），Cambodia（1991），El Salvador（1991），Mozambique（1992），Liberia（1993），Rwanda（1993），Bosnia（1995），Croatia（1995），Guatemala（1997），East Timor（1999），Kosovo（1999），Sierra Leone（1999）。21 世纪初，在联合国的支持下，又履行了两次类似使命：the Ivory Coast（2003）和 Liberia（2003）。继几次外国入侵战争后，还履行了几次类似的使命：在美国和北约组织联合控制下的 Afghanistan（2002）；在美国及其同盟国控制下的 Iraq（2003）。

(b) 这些使命是以为长久和平创造条件的快速"自由化"为前提的。"自由化"在两方面展开：在政治方面，实现民主化——定期选举负责任的政府、通过宪法法律对政府权力的行使加以限制，尊重基本的公民自由；

449　这里要阐述本传记的主旨所在：任何对斯密以及斯密所倡导的学说，做简单

在经济方面，向市场经济迈进，市场经济体制通常被与斯密学说联系在一起，包括了政府干预的最小化、追求各自利益的私人投资者、生产者、消费者自由的最大化。这一双重的"自由化"计划从美国总统 Woodrow Wilson 所倡导的政策措施中获得了一些灵感，也受到了启蒙思想家如亚当·斯密（自由市场经济）、Tom Paine（民主政府）、Jeremy Bentham（裁军）的启迪，旨在恢复一战后的世界和平。二战后联邦德国和日本的军事政府以及随后的联合政府也树立了良好的榜样。首先，联邦德国于 1948 年 6 月进行了有效的货币改革，用坚挺的 Deutschmark 替代了严重贬值的 Reichsmark，这一改革由联邦德国美英占领区政府发起。几天后，这一政府的经济顾问 Ludwig Erhard（Mierejewski，2004）自行取消了从纳粹政府顺延下来的配给制和价格控制。黑市消失，出售的商品重新出现在了商店橱窗。1949 年 5 月，同盟国同意创建德国联邦共和国，坚定的民主拥护者 Konrad Adenauer 成了第一任政府总理。他选择了 Ludwig Erhard 出任金融部长，Erhard 被认为是 the Ordoliberals 的成员之一，这一社团拥护斯密的某些学说，号召建立"社会主义市场经济"体制，他们认为这一体制应该具有的特色是"在强有力的社会、政治、道德机构支持下的竞争和……自由浮动的价格机制"（Wilhelm Ropke，转引自 Yergin and Stanislaw，2002：16）。Erhard 在这些思想的引导下，领导西德人民在 20 世纪 60 年代取得了 Wirtschaftswunder 经济成功。而 Erhard 反对经济控制的立场，也被认为为战后的欧洲解放了资金、提供了市场。日本人跟德国人一样，以一种高度管制的方式，处理战争所带来的破坏和后果，而军事占领区政府，主要在美国人的控制下，大力促进经济发展，以期有助于军事管制的解除和民主化的实施。当日本在 1950—1953 年朝鲜战争期间，主权得以恢复后，并没有效仿德国，而是在通产省（MITI）的指导下，选择了具有高度控制性的经济形式。1960 年，大权在握的通产省领导 Hayato Ikeda，就任首相，发起了一个收入增倍、增加交通和通讯基础设施投入的计划，并取得了经济上显著的增长。不利的一面是，民族保护主义抑制了国内的创新和竞争。Ikeda 政府想要实现贸易自由以对抗不利局面的企图，遭到了激烈的反对，结果只能这不利局面延续。正如第 25 章所讨论的，历史上日本社会科学学者一直对斯密的经济学说及伦理学说很感兴趣。他们将从中找到指引，建立一个重视竞争并将其作为创新激励机制，同时尊重社会正义的文明社会。

(c) 相关记录表明，近 20 年针对"无法正常运转的国家"所实施的援助，无疑是喜忧参半的。尤其市场自由化这一目标的实施引发了意料之外的，这些后果与政治上的自由化相冲突。正如斯密尽力强调的，市场有效运行的基础是公平竞争，但是要实现公平竞争，不得不依靠一些框架性机构，这些机构能够使合同顺利得到履行、并为交易制定规则、为经济运行提供和平环境、确保胜出者安全无虞及失败者有东山再起的机会。在任何这些机构过于薄弱或缺失的地方，经济竞争的影响会恶化社会中的暴力倾向。而且，作为接受世界银行和国际货币基金组织为确保和扶持市场经济增长而发放的贷款的条件之一，要求受惠国开展一系列的结构性改革：私有化国有工业、减少或取消补贴、清除自由贸易和投资壁垒、劳动力自由流动、减少政府开支，这最后一项经常意味着不得不裁减政府部门公务人员数目。这些改革的实施经常会加剧当事国家经济上的不稳定性，两个尤为突出的例子就是卢旺达和共产党领导的南斯拉夫解体后成立的各政体。危机中的这些国家，有一类，如克罗地亚和纳米比亚，在政治上和经济维度上都获得了成功的重建，因为在这些国家，交战团体都撤离了，而其他团体之间则都可以和平相处。第二类，如柬埔寨和利比里亚，都发生了政客颠覆民主化过程的事件，这些政客大权在握，维护了一种专政下的和平。但我们可以期待的是有多大的压迫，就会有多大的反抗。第三类，如安哥拉、卢旺达、波斯尼亚，政治自由化的过程导致了新的暴力，因为选举上的胜出，增强了最具侵略性团体手中的权力，他们寻求通过暴力将自己的意志强加到对手身上。第四类，如尼加拉瓜、萨尔瓦多、危地马拉、莫桑比克，成功的市场改革所创造的财富，被一小部分人垄断，结果，处于不利地位的人群诉诸颠覆现有政权及盗抢等不法手段，以图分享经济增长所取得的成果。

(d) 以上这些例子提供了许多教训，供 UNO 和其他发展援助计划实施者，及培养他们的大学经济学院和商业学校用心汲取，而 WN 也当然提到了这一点，即经济上的成功和政治上的稳定息息相关，必须建立能保证一个国家长治久安的稳定机构。这些机构包括：能够保护公民安全、确保国家有序运行的国防部门；确保法律的实施及合理、完备的实施程序的司法系统；教导下一代由个人构成的社会的最高价值标准，并提供方法上的指导以促进社会繁荣和进步的教育体系；为公众提供为现代社会所需，但私人企业无法提供的物品和服务的公共工厂和服务体系（包括卫生健康——斯密想到了疾病控制这一项：WN V. i.f.60——Kennedy，2005：228）；以及一个公平、平衡、及时、平等并得到负责任管理的税收体系，为这些国家机构及其所提供的不可或缺的服务提供资金。

(e) 继续上文就无法正常运转的国家及对它们的援助所展开的讨论，这里有一个悬殊的数据差异：美国及欧

化的处理，都会是似是而非的。与哈奇森的学生和休谟的好友身份相符，斯密是一位孜孜不倦的人性探究者，尤其是人类的情感范畴，之后涉及了情感的表达方式、科学事业、建立于人性基础上的社会、经济和政治体制，有时斯密的这些学说充满了远见卓识，有时又似乎少得可怜。具有自信的智慧，但是又有"忧郁、悲观的心灵"要素，缓和了启蒙运动中关于社会进步的乐观情绪，斯密诉诸人类的想象力，描述了在商业和制造业社会相对的早期阶段，人们可能会如何在对自己和他人都正义的条件下生活。斯密的研究还指向了要明确在这样一个正义的框架下，人们会如何追求他们的利益以满足基本的需求和审慎的财富积累，这里的财富并不仅限于物质层面的财富。斯密将我们看成是典型的追求"改善自己生活状况"的人类，尽管斯密认为自利在必需的交换中起到了核心的作用，但是并没有运用一些花样诡计将过分的自爱转化为值得赞扬的动机。

洲国家准备用于解冻自己国家冻结贷款的资金高达 4.1 万亿美元，而与之形成对比的是，这些富有国家仅允诺 900.67 亿（其中一部分还是空头支票）用于援助贫穷国家的发展，再加上承诺 130.1 亿用于减轻温室效应，贫穷国家受温室效应影响最严重（数据来自 Anderson，Cavanagh，and Redman，24 Nov. 2008：7-11）。关于发展援助计划，世界银行组织的"行动计划"包括增加资助资金，以平衡金融恐慌所带来的影响，其中包括需全额偿还并计息的贷款。2005 年 7 月 8 日，八国峰会成员国承诺为 18 个负债最严重的国家，减轻债务负担，但作为回报，这些国家必须承诺将公共服务体系私人化，经济自由化，而这些措施在很多方面比债务负担更具危害性，正如上文所讨论的（BBC 报道）。在 2002~2004 年期间，位于地球南部的发展中国家，每年平均向发达国家的银行和金融机构支付 4560 亿美元的利息，还加上每年上交 1300 亿美元盈利给北部发达国家的母公司。这些货币本应该有一部分是要留在发展中国家，作为亚当·斯密提出的财富创造所必需的储蓄和投资。至于环境保护方面的资金，2008 年 7 月在上次八国峰会于日本召开前夕，超过 130 个发展中国家签署了一份声明，要求将这一问题纳入"联合国气候变化框架公约"，这一公约被认为比世界银行组织更易接近、更负责任、更能适应发展中国家的需求和愿望。而且，世界银行组织的记录显示，这一组织发放的大量贷款被提供给了石油、天然气和煤炭的开采（这些都会对环境造成极其严重的威胁），而没有被用于支持旨在开发"清洁能源"的发展计划。亚当·斯密希望能够分析出国家财富得以增长的方式，斯密这里的"国家"是复数的，而我们应深以为耻的是，尽管斯密成功地提出了自己的学说，我们这些世界上最富有的国家却找不到方法，成功地改善我们最贫穷的人类同胞的命运。总部位于日内瓦的世贸组织，有时也受到与世界银行组织一样的谴责，其实行的政策侵犯人权，保护富有国家，阻止贫穷国家正当地要求分享世界财富的努力。然而，就保护知识产权和维护竞争而言，为 WTO 的宗旨及所实施的措施辩护的一方则认为，这些对于 WTO 的谴责是不合理的，并断言 WTO 维护了公民自由进入市场并自由抵制专制政府不合理做法的权力（Anderson and Wager，2006）。在本书第二版的前言中，提到了 Dambisa Moyo 的著作"Dead Aid"（2009）及其为人们更好地理解援助计划所做出的贡献。Moyo 激进的提议——要在发出警告后五年之内，停止这样的现金援助，让非洲国家自己在世界债券市场沉浮，寻求风险投资基金促进经济增长——得到采纳的可能性并不大，但是，我们还是希望能有越来越多的人意识到：国外资金的流入并不能解决发展中国家所面临的问题，而只会激化这些问题。同样的，国际援助应该为许多地区维护和平和安全的这一基本需要提供资金，以及提供基本的工农业技术培训、公平贸易程序、负责任的政府管理。最后，或许参与发展援助计划的经济学家们应该记取亚当·斯密阐述经济学宗旨的明智之言："[它] 要达成两个目标，一是给人们提供足够的收入或给养，或更合适的一种说法是，使人们能够为自己提供足够的收入或给养；二是为国家或联邦提供足够的岁入，支付公共服务所需的开支"（*WN* Book Ⅳ，Introduction）。

斯密研究出发的前提就是：

> 无论人被认为多么自私，他的本性中显然还存在某些秉性使他关心别人的际遇，视他人之幸福为自己之必需，尽管除了目睹别人之幸福所感到的快乐之外，他一无所获。

为了连贯地理解斯密所宣扬的学说，我们必需将这一《道德情操论》的开篇第一句话，与《国富论》中斯密在驳斥了被误导的政府干预市场的做法后，所说的话联系起来：

> 每一个人，只要他不违背正义的法律，就有完全的自由按自己的方式追求他自己的利益，用他的劳动和资本和任何其他人或其他阶层的人的劳动和资本展开竞争[1]。

简而言之，斯密是说他人的幸福于我们是必需的，而我们的经济自由，事实上就跟其他自由一样，在行使过程中要照顾到对他人的正义问题。经济自由中的核心部分，即参与竞争，与对正义的尊重并行不悖。斯密认为竞争可以防止垄断的发生，实现资源最佳分配，并通过价格机制实现市场上供需的最佳平衡。至于经济自由的行使，斯密意识到公众的偏见和私人利益总是会使得这一自由不够完美："诚然期望在不列颠完全实现贸易自由，就像期望在这里能创建'理想国'和'乌托邦'一样荒谬"[2]。这里所传达的无疑只是一种常识，而非一种教条主义的鼓吹。

考虑到斯密所处的时代之后，西方资本主义的蓬勃发展，我们还应该责备斯密的自由经济学说视野狭窄呢？为什么斯密没有预期到马克思所描绘的"积累的激情和享乐的欲望之间浮士德式的冲突"，这一冲突迫使资本家创建了一支"工业储备军"，即应对市场变化所必需的大量的失业或未充分就业的工人？马克思的批评当然是对《国富论》中所宣扬的关于财富的正面信息的一种永久挑战：

450

---

[1] IV.ix.51
[2] *WN* IV.ii.43

"财富积累的一端，因而也是同时是苦难、艰苦劳作、残忍、智力退化的积累，而在另一端则是利用资本就生产出了自己产品的那一阶层。"[1]

但是或许斯密比马克思对商业和制造业社会有着更为深入的洞见。斯密当然意识到了由于劳动分工而使工人在智力上所遭受的严重损害，并对此进行了谴责，提出用公共开支让民众接受教育是解决这一问题的方法[2]。马克思嘲笑了这一想法，认为这一解决方法只会以"顺势疗法的剂量"得到执行[3]。然而，在那些自由市场要素盛行的社会中，教育极少盛行，而马克思主义革命在改善人们物质生活和精神生活方面，通常也乏善可陈。

斯密也确实没有预期到如下这种种（在自由市场社会中）行为：国际同业联盟肆无忌惮地运作；价格垄断托拉斯；资金不足运行着的企业；风险对冲基金；次级抵押贷款交易中轻易的分割；信用违约互换；不可靠的财产抵押商业纸质延伸产品；利用庞氏骗局欺诈投资人[4]；股票市场上的内幕交易等等，但是斯密的确对商人和制造业者的"吵闹和诡辩"以及炙诈提出了明确的警告。斯密同样有力地谴责了那种在权贵和统治阶级身上必须加以克制的想要制服和压迫他人的野心："一切归于自己，不留给他人任何东西，似乎是世界上所有时代的人类掌权者们可鄙的处世格言。"[5]而且，在面对着一个到处都是愚蠢、欺诈和压迫的世界，斯密提出的忠告是要自制，而不克己。所有这一切会让坦诚的读者产生一个印象，这并不是一个愤世嫉俗的斯密而是一个非常现实的斯密。他决定将自己的最后岁月奉献给道德哲学这一做法本身，就毫无疑问地说明斯密个性完全应该用天真幼稚的反义词来加以形容。斯密在《道德情操论》第六版中所发展的一个新主题是：由于我们崇拜权贵富人，看不起或忽视贫穷的、地位低下的人，因而会导致道德情感的腐化[6]。毫无疑问，这是一种因为看到在西方世界新财富得到不断的创造和传播而产生的富有远见的忧虑，在斯密所处时代，财富的创造和传播过程速度开始加快，而在今天我们所处的时代，由于全球化的结果[7]，再加上我

---

[1]　1954：i.645

[2]　*WN* V.i.f.50，61

[3]　1954：i.362

[4]　如"伯纳德·马多夫事件"：Kurland，2008 年 12 月 18 日。

[5]　*WN* III.iv.10

[6]　*TMS* 1790：I.iii.3.3

[7]　Yergin and Stainslaw，2002：381-3

们给予公众舞台上所有伟大人物——身居高位的政治家，各行业和商业的成功人士，以及社会、军事和宗教的领导人，事实上这些人完全有可能虽然外表不可一世，内心却腐化堕落——的关注，情况更是有过之而无不及。斯密认为与这种错置的崇拜相伴而行的，还有对那些与贫穷和不幸抗争着的人不合理的漠视。斯密的建议是我们应该通过合宜地、审慎地、仁慈地，而更重要的是，公正地对待他人，抵制这种腐化堕落。然而，斯密确实承认仁慈相比于自爱而言，只是一束"虚弱的火花"，但是他认为最能促进德行的是公正的旁观者，或"理性、原则、良心"[1]。或许斯密在这里想要凭借其智慧、逻辑以及对我们情感的敏锐感受，让我们更多地对美德而不是财富心生渴望，从而让我们成为真正的文明社会一员，致力于维护全人类的公平、自由和正义；从中我们不得不说让我们看到了斯密所展现的恢弘大度的情操及现实主义精神。

451

---

[1]　*TMS* III.3.4

插图 12. 亚当·斯密作为"世界公民深深地融入进了爱丁堡和伦敦的上层社会之中"（斯图尔特），1787。由詹姆斯·塔西制作的徽章（苏格兰国家肖像陈列馆，爱丁堡）。

索引

参考文献

The aim of this list is to identify sources for this bibliography. There is the special problem of identifying material in books and pamphlets in Adam Smith's own library that were his sources. The answer adopted has been to give the notation [Mizuta] to titles mentioned in the biography, which are included in *Adam Smith's Library: A Catalogue,* prepared by Hiroshi Mizuta (Clarendon Press: Oxford, 2002). The *Catalogue* includes notes about passages in Smith's writings associated with his books.

I. MANUSCRIPTS

A. Britain

1. Aberdeen

AUL, Birkwood Papers (Thomas Reid), 2131.3(III) (9), (10), (19), (20), (21), (25); 3.I.28—comments on *TMS*; 2131.4.II—inaugural lecture, Glasgow, 10 Oct. 1764; 2131.4.III—moral philosophy lecture.

City Archives: Burgh Register of Sasines, B1/1/62, AS's sale of tenement of foreland, Castlegate.

2. DORES, Inverness:

Aldourie Castle (Col. A. E. Cameron), Count Windisch-Grätz to AS, 10 May, 12 July 1785; 2 July, 30 Oct. 1787.

3. Cambridge

Trinity College Libr., MS, Piero Sraffa Collection: B3/1: Adam Ferguson to AS, 14 Oct. 1754; B5/1, As to William Strahan, 23 Jan. 1778.

4. Edinburgh

    a. City Chambers

    Town Council Minutes, 6 June 1770: AS made burgess.

    b. Edinburgh Univ. Library

    Corr. of Allan Maconochie, Lord Meadowbanks, A–C, Letter from Patrick Clason, 29 Mar. 1772.

    MS Gen. 874/IV/29–30. Letter from 9th Earl of Dundonald to Dr Joseph Black, 17 February.

    1786 (recto), Black's draft reply, incorporating Smith's views, 22 Feb. (verso)

    Customs Board printed letter, 2 Sept. 1784, co-signed AS.

    MS Gen. 874/IV/29–30

    MS letter Adam Ferguson/Sir John Macpherson, 31 July 1790.

    MS Dc.1.42, Nos. 5, 25, dialogues by Adam Ferguson.

    MS Dc.5.126, Membership of Poker Club.

    MS Dc.5.126*, Poker Club Attendance.

    MS Dc.6.III, Dugald Stewart's memorial about a jaunt with Burke and AS, 1784.

MS La.II.997, Alexander Ross/Robert Simson, 5 Feb. 1745.

La.II.419, No. 2, John Logan/Alexander Carlyle, 25 Jan. 1780.

c. HM Register House:

i. *National Archives of Scotland*

NAS0203 GD110/963/7: James Oswald of Dunnikier/Sir Hugh Dalrymple, 15 Aug. 1747.

NAS 0203 GD224/47/2, Mr Townshend's History of the Funds, AS's calculations.

NAS 0203 GD224/522/3/90: comment of 3rd Duke of Buccleuch regarding indusrial improvement, 1809

NAS02023 GD224/296/1: Charles Townsend/3rd Duke of Buccleuch—10 Apr. 1764 (London), 22 Apr. 1765 (London), 10 June 1765 (Adderbury), 23 July 1765 (Adderbury), 30 Dec. 1765 (London), 13 May 1766, 10 June 1766 (London), 16 October 1766 (London)

NAS02023 GD224/1040/62/8–10: three receipts in the hand of and signed by Adam Smith at Toulouse (22 May1764), Toulouse (13 November 1764), and Paris (3 March 1766), recording payments by the Duke of Buccleuch to him of £125, being each one quarter of his allowance or pension of £500 per annum, during the time of his attendance upon His Grace in foreign countries.

NAS02023 GD224/1040/62/3/00002: 'Le Gr[and] Vic[aire] Ecossais/ 3rd Duke of Buccleuch, including a part addressed to Adam Smith, [endorsed in Smith's hand]' Received Sep[tember] 25th 1766

NAS0203 GD/446—Strathendry Papers.

NAS02023 GD446-46-8-00001: Discharge by Adam Smith to Major Robt. Douglas for his mother's tocher, 22 December 1750.

Burn-Callander Papers, Preston Hall, Lothian: Corr. of John Callander, 7 July 1773 on.

Clerk of Penicuik MSS, John Clerk of Eldin's life of Robert Adam.

Hope of Raehills-Johnstone Papers, Bundle 269, Robert Dundas/Lord Hopetoun, 13 Feb. 1759; Hopetoun/Lord Findlater, 17 May 1759; William Ruat/Hopetoun, ?25, 26 May 1759; Bundle 897, William Leechman/Ruat, 19 Nov. 1764.

Service of Heirs, C22/60, AS retoured heir of father, 29 Mar. 1724; Register of Deeds, DUR vol. 251/1, of. 195, registered disposition by AS in favour of cousin, David Douglas, 11 July 1790; Canongate Kirk Session Records, CH2/122/62, burial of AS, 22 July 1790; Edinburgh Register of Testaments, CC8/128/2, registered testament of AS.

ii. *National Register of Archives for Scotland*

1454, Blair Adam Papers (Mr Keith Adam), Section 4/Bundle 3, William Adam/ brother John, 23 Jan. 1775; 4/3/20, William Adam/?, 1775.

(S) 631, Bute (Loudon Papers), Bundle A/1319, letter from father AS, 6 Sept. 1720.

d. West Register House

Board of Customs:

Minute Books 1778–91, CE1/15–23.

Letter Books, CE56/2/5A-F (Dunbar outport), CE53/2/1–2 (Montrose), CE62/2/1–2 (Inverness), CE62/2/3–63/4/1 (Kirkcaldy).

e. National Library of Scotland

MS 646, fos. 1–11, Letter (copy) from? Henry Mackenzie to Mr Carmichael, 1781.

MS 1005, fos. 14–16, John Home/Col. James Edmonstoune, 18 Feb. 1772.

MS 2537, Henry Mackenzie's Book of Anecdotes.

MS Acc. 4811, Minute Book of Kirkcaldy Kirk session, 1736–47.

MS 5319, of. 34, Dugald Stewart/Thomas Cadell, 17 Aug. 1792; fos. 35–6, 13 Mar. 1793.

MS 11,009, 9 letters Gilbert Elliot of Minto/David Hume, from c.1761 to 11 July 1768.

MS 14,835, fos. 68 ff., Marsilio Landriani/Giacomo Melzi, 16 Aug. 1788, and Aug. 1788 to Marchese Longo.

MS 16,577, of. 221, Alexander Dunlop/Charles Mackie, 15 Feb. 1739.

MS 16,696:74, John Home (the poet)/Lord Milton, Aug. 1756.

Hume MSS (old nos.) iii.35, Isaac Barré/DH, 4 Sept. 1765 iv.34–7, from Abbé Colbert du Seignelay de Castlehill: 4 Mar., 22 Apr. 1764; 26 Feb., 10 Apr. 1765.

vi.36, Andrew Millar/DH, 22 Nov. 1766; 38, John Millar/DH, [1776].

vii.67, William Strahan/DH, 12 Apr. 1776.

Saltoun MSS, Andrew Fletcher/Lord Milton, 9 Jan. 1752.

5. Glasgow

GUA:

26640, 26642, 26643, 26645, 26649, 26650, 26757, 26687: Minutes of University Meetings, 1751–64, 1787, and related documents.

GUL:

MS Bf. 73.-e.34, Theses Philosophicae...Joanne Lowdoun Praeside, Glasguae: Robert Saunders, 1708.

Buchan MSS, Isabella, Lady Buchan/Lord Buchan, 8 Mar. 1763.

Cullen MSS III:3, William Cullen's address on Dr John Clerk, Edinburgh Royal Infirmary, 24 June 1752.

Cullen MSS 242: AS to Willian Cullen, 31 August 1773

MS Murray 49, 210, 225: John Loudon's dictates on Logic, 1690s.

MS Gen. 71, 406, Compends of Logic from Loudon's teaching, 1710s.

MS Gen. 146/1–30, Corr. Robert Simson/Matthew Stewart.

MS Gen. 451, AS's burgess ticket, Glasgow, 3 May 1762, signed by Provost Andrew Cochrane.

MS Gen. 520/6, William Richardson/Samuel Rose, 6 May 1788.

MS Gen. 1018/5, 12, Letters from Francis Hutcheson to Thomas Drennan.

MS Gen. 1035/2, Father AS's journal of voyage from Leith to Bordeaux.

MS Gen. 1035/21, 22, 31, Corr. of father AS, 1710s.

MS Gen. 1035/23, William Smith/father AS, 4 Apr. 1712.

MS Gen. 1035/33, father AS/Lilias Drummond Smith, 11 Apr. 1713.

MS Gen. 1035/43, 47, Dispositions, father AS to son, Hugh Smith, 30 Aug. 1718, 13 Nov. 1722.

MS Gen. 1035/44, 48, 50, 124, 125, father AS's accounts, 1713–22.

MS Gen. 1035/51, Marriage contract, father AS/Lilias Drummond, 13 Nov. 1710.

MS Gen. 1035/55, 56, Dr John Clerk/James Oswald, 24, 28 Jan. 1723.

MS Gen. 1035/61, 62, Inventories of father AS's books, and furniture, 20 Feb. 1723.

MS Gen. 1035/63, 69, 70, Corr. anent Hugh Smith, 1724.

MS Gen. 1035/71, Account: executors of father AS, 13 May 1735.

MS Gen. 1035/115, 119, 120 (sentinel), 123, Papers anent courts martial in Scotland, 1704–16.

MS Gen. 1035/152 (y), Walter S. Laurie, Camp on Charles Town Heights, 23 June 1775, and Characters of the Boston Patriots.

MS Gen. 1035/177, Thomas Cadell/Henry Mackenzie, 21 Dec. 1792.

MS Gen. 1035/178, John Millar/David Douglas, 10 Aug. 1790.

MS Gen. 1035/179, Alexander Wedderburn, Lord Loughborough/David Douglas, 14 Aug. 1790.

MS Gen. 1035/218, AS's deed of sale of Aberdeen property.

MS Gen. 1035/219, AS's Quaestor's accounts for books bought for GUL, 1758–60.

MS Gen. 1035/221, État des habit linge et effet appartenant à Monsieur Smith.

MS Gen. 1035/222, AS's burgess ticket, Musselburgh, 26 Sept. 1767.

MS Gen. 1035/228, Prices of corn, cattle, etc. in Scotland from the earliest accounts to the death of James V.

MS Gen. 1035/231, Observations sur les Revenues et les dépences de la Républiques de *Gênes* [Genoa].

MS Gen. 1097/11, Funeral expenses of father AS.

MS Access. 4467, Samuel Rose/Edward Foss, 17 July 1786.

Mitchell Library:

Buchan MSS, Baillie 32225, fos. 47–51, James Wodrow/Lord Buchan, June 1808; fos. 53r–54v, James Wodrow/Lord Buchan, 28 May 1808; fos. 55r–6v, Samuel Kenrick/Wodrow, 27 Apr. 1808 (copy); fos. 57r–58v, James Wodrow/Lord Buchan, 5 May 1808; fos. 59r–60v, James Wodrow/Lord Buchan, 4 May 1808.

Strathclyde University, Anderson Library:

Anderson MSS, John Anderson/ Gilbert Lang, 27 Dec. 1750.

MS 35.1, pp. 368–292, John Anderson's Commonplace Book, extracts from student's notes of early version of *LJ*.

Anderson MSS No. 2, pp. 1–32, Archibald Arthur, Essay on the Inducements to the Study of Natural Philosophy, May 1770.

6. Kirkcaldy

Town House, Kirkcaldy Council Records, 1/1/3, 1718–46; Town Council Minutes, 1/1/7, 1769–93; Burgh Court Book, 1/6/14, 1725–45; 1/6/17, 1766–92.

7. London

BL:

Add. MSS 32,566, anecdotal material about Samuel Rogers.

32,567, about Lord Maitland.

32,574, Notebooks of Revd John Mitford, Vo. XVI, report of the finding of AS's fragment on justice.

48800; 48802A, B; 48803; 48806; 48809; 48810; 48815: William Strahan's Printing Ledgers, 1738–91.

Bentham MSS, Corr., George Wilson/Bentham, 4 Dec. 1789.

Egerton MS 2181, of. 6, John Douglas's 'Remembrance' of his Balliol tutor, George Drake.

Mrs O. J. Fortescue MSS, Lord Grenville's 'Commentaries' on WN, ch. 3, pp. 13–30.

Dr Williams's Library:

MS 24.157, Corr. Samuel Kenrick/James Wodrow, Nos. 14 (20 Dec. 1751), 16 (21 Jan. 1752), 60 (16 Mar. 1778), 92 (22 Feb. 1785).
James Wodrow/Samuel Kenrick, MS 24.157 (16)a (16 Jan. 1752)

HLRO, Journals of the House of Lords:

xxxi.535b (23 Mar. 1767), Act to enable the Duke of Buccleuch as minor to make a marriage settlement.
xxxv.445b (4 Apr. 1778) tax on servants.
xxxv.767b (1 June 1779) tax on houses given up.
xxxvi.23–5 (21–23 Dec. 1779) Irish Trade Bill.
xxxvii.156–170 (13–19 Aug. 1784) Act for the more effective prevention of Smuggling.

London University:

Goldsmiths' Library of Economic Literature, MS, État actuel des finances, with AS's bookplate.

Royal College of Surgeons:

Hunter Baillie Papers, vol. i, of. 40, Gibbon/William Hunter.

PRO:

Chatham Papers, 30/48, vol. 31, of. 11, Alexander Dalrymple/Lord Shelburne, 24 Nov. 1760.
Treasury, T1/589, CAPS 29555, Report on memorial anent warehousing, co-signed by AS, 18 June 1783.
Treasury, T1/589, xiv/0173, Report from Commissioners of Excise concerning smuggling, 4 Dec. 1783.
Treasury, T1/619, CAPS 29555, Letter from Scottish Board of Customs concerning smuggling, co-signed by AS, 7 Apr. 1785.
W. D. Adams MSS 30/58/3/84, Lord Grenville/Pitt, 24 Oct. 1800, recollecting they read WN together c.1784.

8. Manchester

John Rylands Library, Benson Coll., William Leechman/George Benson, 9 Mar. 1743/4.

9. Oxford

Balliol College:

Admissions: 4 July 1740, AS admitted as Commoner.
Battel Books, 1740–6,
Caution Money Book, 1640–1750: entry in Smith's hand, acknowledging the return of his friend John Douglas's deposit, 28 May 1744.
Graduation records, 5 May 1744: Com. Smith admissus est Jurista [student of law]
Latin Register 1682–1781: MS Certificate of AS's nomination as Snell Exhibitioner, 11 Mar. 1740. Consent to admission, 4 July 1740. Warner Exhibition presentation by Warner Trustees: 2 November 1742. Snell Exhibition resignation, written from Edinburgh, 4 February 1749 [he went out of residence at Balliol in August 1746].
MSS, College Lists, College Minutes, 1739–68.

Bodleian Library:

MS Add. c890, Robert Beatson/Ralph Griffiths, 26 July 1790.

Vet. AS d.430, *Ad Lectorem*, London, 1785—concerning Windisch-Grätz's competition for a universally applicable and foolproof property transfer deed.

Queen's College MSS 442 (1), 475, fos. 93 ff.: questions for completion of Oxford degrees compiled by Provost Joseph Smith.

University Matriculation Records: AS matriculated 7 July 1740.

University Archives: SP 70, 18 January 1743/4: Adam Smith e Collegio Ball' Commensalis addmissus fuit in facultate Juris Civilis, Licentia sub Chirographo Praefecti Collegii sui prius significata.

B. Czech Republic

Klatovy, Statni oblastni archiv, Familienarchiv Windisch-Grätz, Karton 245, Nos. 1, 2: Alexander Fraser Tytler/W-G, 20 Feb. 1788, 11 Aug. 1788.

C. France

Montpellier:

Archives départmentales de l'Hérault, Archives Civiles: Série D. 199, Articles C4.668–C6.890.

Bibliothèque Municipale, MS 25561.39: Jean Segoudy, 'Histoire de Montpellier' (typescript 1969).

Paris:

Bibliothèque Nationale, Fond Français MS 6680, S. P. Hardy (libraire parisien), 'Mes loisirs, ou Journal des évènements tels qu'ils parviennent à ma connaissance [1764–89]'.

Toulouse:

Archives départementales, Haut-Garonne, Archives Civiles, Série C, MS C.2407 (Registre): *Procès-verbaux des États de Languedoc, 1497–1789* (Toulouse) ii.645–9, 1764–5.

Bibliothèque Municipale, Annales des Capitoules.

D. Luxemburg

Kirchberg, Europäische Schule (Mr David Christie), J. T. Stanley, later Lord Stanley/Dr Scott of Edinburgh, 20 August 1790.

E. Switzerland

Berne, Bürgerbibliothek MSS, Letters from Lord Kames to Daniel Fellenberg: 1 Feb. 1763, 20 Apr. 1773.

Coppet, Château de, Necker Papers.

Geneva, Bibliothèque Publique et Universitaire.

MSS of Charles Bonnet (1720–93)

Charles Bonnet/H. B. Merian, 2 Sept. 1785—AS's relationship with Hume.

Patrick Clason/Bonnet, 9 July 1787–account of AS in London, successfully cut for haemorrhoids *à un point effrayant* by John Hunter. Pitt the Younger is seeing AS often and Clason suspects he will keep AS in London to be his mentor.

Corr. of Dr Théodore Tronchin (1709–81)
Corr. of François Louis Tronchin to sister Bette and to/from father Dr Tronchin, 1762–4.

F. USA

Ann Arbor, University of Michigan, William L. Clements Library, Buccleuch MSS, GD224/296/1, 11 letters Charles Townshend/3rd Duke of Buccleuch, 1761–7.
New Haven, Yale University Library, Boswell Papers, Lord Hailes/Boswell, 13 Feb. 1763.
New York, Pierpont Library, Pulteney Corr. v. 6, Adam Ferguson/William Pulteney.

San Marino, Calif., Huntington Library:

Loudon Papers, LO 8612, Margaret Douglas [Smith] to Lord Loudon, 29 June 1730;9409–12, 9407–12, Corr. of father AS.
Montagu Corr., MO 480, 489: James Beattie/Elizabeth Montagu, 23 Apr. 1776, Hugh Blair/Montagu, 8 June 1776.
Pulteney Papers, PU 1806, David Hume, Advertisement, as preface for Charles Smith, *A Short Essay on the Corn Trade and Corn Laws* (Edinburgh 1758 rpt.).
Philadelphia, American Philosophical Society, Benjamin Vaughan/Lord Shelburne, 23 Jan. 1781; B P93, Richard Price/?, 1790.

G. Japan

Tokyo: Chuo Univ. Library.
Annotated Edinburgh Review 1756, No. 2: David Hume's marginalia copy of 19 pp. in British Libr. Reading Room: RP.5286.

II. ONLINE RESOURCES

(Free access or through university or college subscriptions)
Burney Collection of 17th and 18th Century English, Scottish, and Irish Newspapers.
COPAC—access to catalogues of some of largest research libraries in the UK, including the British Library, National Library of Scotland, Aberdeen University Library, Edinburgh University Library, Glasgow University Library, St Andrews University Library.
Eighteenth Century Collections Online—titles printed in Great Britain, also important works from the Americas.
Electronic Enlightenment—web of correspondence between thinkers and writers of the eighteenth century (includes expanded corpus of letters from and to Adam Smith).
National Archives of Scotland electronic catalogue.
Open Library beta—goal of displaying a page on the web for every book ever published.
Oxford Dictionary of National Biography—covers latest biographical information about Smith and his contemporaries. Cited in the text by authors of entries: *ODNB*-Online (2004–9) can be consulted by entering the names of subjects in the search box of your web site.
Oxford Scholarship Online covers recent OUP books on Smith.
Wikipedia—free Online enclopedia founded in January 2001—information has to be checked against current scholarly sources.

III. EIGHTEENTH-CENTURY NEWSPAPERS AND PERIODICALS

Allgemeine Literatur-Zeitung.
L'Année littéraire.
Annual Register.
The Bee.
Bibliothek der schönen Wissenschaften und der freyen Künste.
Bibliothèque de l'homme public.
Bibliothèque des sciences et des beaux arts.
Caledonian Mercury.
Critical Review.
Edinburgh Advertiser.
Edinburgh Courant.
Edinburgh Mercury.
Edinburgh Review.
Edinburgh Weekly Magazine.
English Review.
Éphémérides du citoyen.
European Magazine and London Review.
L'Europe savante.
Frankfurter Gelehrte Anzeigen.
Gazetteer and New Daily Advertiser.
Gentleman's Magazine.
Giornale enciclopedico.
Glasgow Courier.
Glasgow Journal.
Glasgow Mercury.
Göttingische Anzeigen von gelehrten Sachen.
Hibernian Magazine.
Journal de l'agriculture.
Journal encyclopédique.
Journal littéraire.
Journal de Paris.
Journal des Savants.
L'Europe savante.
London Chronicle.
London Magazine.
London Oracle and Public Advertiser.
The Lounger.
Mémoires de l'Academie des Belles Lettres.
Mercure Français.
The Mirror.
Monthly Review.
Morning Herald.
Münchner Gelehrte Anzeigen.
New Evening Post.
Philological Miscellany.
St James's Chronicle.
Scots Magazine.
Teutsche Merkur.

The Times.
Whitehall Evening Post.

IV. WRITINGS OF ADAM SMITH

1. Manuscripts

a. Corr. (found after 2nd edn. published, 1987)

Adam Ferguson/AS, 14 Cct. 1754: Trinity Coll., Cambridge, Piero Sraffa Coll. B3/1.

AS/William Cullen, Aug. 1773: GUL Cullen MS 242.

AS/Thomas Cadell, 27 June 1776, 18 Nov. 1789: Staatsbibliothek, Preussischer Kulturbe-
sitz, Berlin, Sig. Sammlung Darmstädter 2g 1776 (1).

AS/Lord Stanhope, 15 Apr. 1777: Far Eastern Books, Tokyo (28 Feb. 1995).

AS/William Strahan, 23 Jan. 1778: Trinity Coll., Cambridge, Piero Sraffa Coll., B5/1.

AS/Count Windisch-Grätz, 27 May 1785, 17 Jan. 1786, 26 Jan. 1788: Klatovy, Czech
Republic, Statni oblastni archiv—Familienarchiv Windisch-Grätz, Karton 246.

AS/Count Windisch-Grätz, 4 July 1785: Aldourie Castle, Dores, Inverness (Col. A. E.
Cameron).

AS/Henry Beaufoy, 14 Nov. 1786, 29 Jan. 1787: Piero Sraffa *Collection* B5/3, 4, Trinity
College, Cambridge.

b. Documents

Smith's Thoughts on the State of the Contest with America, Feb., 1778: Ann Arbor, Mich.,
William L. Clements Library, Rosslyn MSS.

Report to the Lords of Treasury on uniform table of Customs fees, etc., 24 May 1782:
PRO, Kew, Treasury T1/570 CAPS 29552.

Will, 6 Feb. 1790: SRO, Warrants of Register of Deeds: RD13/130 Box 464.

c. Texts

Fragment of lecture on justice (pre-1759): GUL MS Gen. 1035/227.

ED of *WN* (pre-April 1763): SRO, Duke of Buccleuch's Muniments, GD224/33/4.

Fragments (FA, FB) of *WN* (1760s): GUL MS Gen. 1035/229.

LJ(A), 1762–3: GUL MS Gen. 94/1–6.

LRBL, 1762–3: GUL MS Gen. 95/1, 2.

LJ(B), 1763–4/1766: GUL MS Gen. 109.

'Of the Affinity between certain English and Italian Verses', 1783: GUL MS Gen.
1035/226.

d. Missing

Paper enumerating Smith's leading principles, both political and literary, 1755: Stewart,
IV.25.

Diary kept by Adam Smith in France, 1764–6: sold by Mr Orr, Bookseller, George St.,
Edinburgh, *c.* 1920–5 (Scott, 1940: p. 273).

e. Doubtful

Thoughts Concerning Banks, and the Paper Currency of Scotland (Edinburgh, Nov. 1763);
Scots Magazine (Dec. 1763) (Gherity, 1993).

V. PRINTED BOOKS AND ARTICLES

1748, 2 Dec. 'Preface to Poems on Several Occasions', by William Hamilton. Glasgow: Robert and Andrew Foulis; (repr. 1758), with a dedication by Smith to 'Mr. William Craufurd, Merchant in Glasgow'.

1755, 1 Jan.–July. Review, 'A Dictionary of the English Language by Samuel Johnson', Edinburgh Review No. 1.

1755, July–1756, Jan. 'A Letter to the Authors of the Edinburgh Review', No. 2.

1759. *The Theory of Moral Sentiments*. London: A. Millar; Edinburgh: A. Kincaid; and J. Bell.

1759/1986. *TMS*. Facsim edn. (eds. Wolfram Engels et al.) Düsseldorf/Frankfort: Verlag Wirtschaft und Finanzen GambH.

1761. 2nd edn., rev.

1761. *The Philogical Miscellany*, vol. I [contains Smith's First Formation of Languages, pp. 440–79]. London: T. Beckett and P.A. DeHondt.

1767. 3rd edn., enlarged as *TMS*. To which is added 'A Dissertation on the Origin of Languages'.

1774. 4th edn., retitled *TMS*; or, 'An Essay towards an Analysis of the Principles by which Men naturally judge concerning the conduct and Character, first of their Neighbours, and afterwards of themselves'.

1781. 5th edn.

1791. 6th edn., considerably enlarged and corrected, 2 vols.

1809. 12th edn., *TMS Enriched with a Portrait and Life of the Author*. Glasgow: R. Chapman.

2002. *TMS* [based on 6th edn.], ed. Knud Haakonssen, Cambridge, MA: Cambridge Univ. Press.

2010. *TMS*, ed. Ryan Patrick Hanley, intro. Amartya Sen. Penguin Classics edn. Copy text Smith's 6th edn. of 1790.

1761. *Considerations concerning the first formation of Languages, and the different genius of original and compounded Languages, in Philological Miscellany*. London: printed for the Editor [William Rose] and sold by T. Beckett & P. A. Dehondt. i.440–79.

1776. *An Inquiry into the Nature and Causes of the Wealth of Nations*, 2 vols. London: W. Strahan & T. Cadell.

1778. 2nd edn. rev.

1784. 3rd edn. with 'Additions and Corrections' and index, 3 vols.

1786. 4th edn.

1789. 5th edn.

1791. 6th edn.

1805. *An Inquiry...Nations*, 3 vols.: 1st post-copyright edn. of *WN*, includes a 'Life of Adam Smith' [some facts additional to Stewart's Account], and 'Garnier's View of the Doctrine of Smith, compared with that of the French Economists', trans. of 1st 2 parts of Garnier's 1802 *Préface*. Edinburgh: J. & J. Scrymgeour, Edinburgh Press, and Mundell & Son, & Arch. Constable & Co.

1795. *Essays on Philosophical Subjects...To Which is prefixed An Account of the Life and Writings of the Author*, by Dugald Stewart, ed. Joseph Black and James Hutton. London: T. Cadell Jun. & W. Davies; Edinburgh: W. Creech.

1896. *Lectures on Justice, Police, Revenue and Arms, Delivered in the University of Glasgow by Adam Smith, Reported by a Student in 1763*, ed. Edwin Cannan. Oxford: Clarendon Press.

1950. *The Wealth of Nations*, ed. Edwin Cannan, 6th edn., 2 vols. 1904. London: Methuen, pb.

1963. *Lectures on Rhetoric and Belles Letters delivered in the University of Glasgow by Adam Smith, Reported by a Student in 1762–63*, ed. John M. Lothian. London: Nelson.

3. Works

1811–12. *The Works of Adam Smith. With an Account of his Life and Writings by Dugald Stewart.* 5 vols. London: T. Cadell & W. Davies; Edinburgh: W. Creech.

1976–87. *The Glasgow Edition of the Works and Correspondence of Adam Smith.* Oxford: Clarendon Press. (Citations from this edition are given in the biography according to the scheme in the Abbreviations, prelims above); also *Index*, compiled by K. Haakonssen and A.S. Skinner, 2001)

4. Translations

i. French

TMS (see in Tribe and Mizuta, 2002: Faccarello and Steiner, 61, 64; also eds., 321–34).

1764. *Métaphysique de l'âme: ou théorie des sentiments moraux. Traduite de l'angloise de M. Adam Smith... par M.*[Marc-Antoine Eidous] 2 t. Paris: Briasson.

1774–7. *Théorie des sentiments moraux; traduction nouvelle de l'anglois de M. Smith, ancien professeur de philosophie à Glasgow; avec une table raisonnée des matières contenues dans l'ouvrage*, par M. l'abbé Blavet. Paris: Valade.

1798. *Théorie des sentiments moraux*; traduite de l'édition 7ième [1792] par Sophie de Grouchy, Marquise de Condorcet, avec Considérations sur la première formation des langues, et un appendice, '[Huit] Lettres à Cabanis sur la sympathie'. Paris: F. Buisson.

WN (see Carpenter 1995: 8–11, and 2002; in Tribe and Mizuta 2002: Faccarello and Steiner, 62, 66; also eds., 334–54).

1778–9. *Recherches sur la nature et les causes de la richesse de nation.* Anonymous translator [identified on the title-page as 'M***']. 4 t. A La Haye [Reissued, Amsterdam, 1789].

1779 Jan.–1780 Dec. Recherches...nations [printed in] *Journal de l'agriculture, du commerce, des arts et des finances*, Paris: Anon. [translation by 'l'abbé J.-L. Blavet]. Paris.

1781. *Recherches...nations.* Anon. [Blavet] 20 copies of 3 t. Paris [set from *Journal de l'agriculture* issue].

1781. *Recherches...nations.* Anon [Blavet]. 6 t. Yverdon.

1786. *Recherches...nations.* Anon [Blavet]. 6 t. London and Paris: Poinçot [sheets of Yverdon edn. reissued].

1788. *Recherches...nations.* Anon. Blavet]. 2 t. London and Paris: Duplain [pirated edn. covered by a 'permission simple'].

1790–91. *Recherches... nations*, traduites de l'anglois de M. Smith, sur la quatrième édition [1786], par M. Roucher; et suivies d'un volume de notes [which never appeared] par M. le marquis de Condorcet, de l'Académie Françoise, et secrétaire perpétuel de l'Académie des Sciences. 4 t. Paris: Buisson. [Further issues: 1791, 4. t, Avignon: Niel; 1792, 5 t., Neuchatel: Fauche-Borel; 1794, 5 t. revsd. by Roucher, in part, Paris: Buisson; 1806, 5 t., Paris: Bertrand].

1800–1801. *Recherches... nations* [revsd., Citoyen Blavet named as translator]. 4 t., Paris: Buisson.

1802. *Recherches... nations*. Traduction nouvelle, avec Préface du traducteur et des notes et observations, par G. Garnier. 5 t. Paris: Agasse. Avec portrait en buste [1810, 5 t. corrected, Paris: Agasse; 1822, 6 t.: t. 5 & t. 6—notes, Paris: Agasse].

1843. *Recherches sur la nature et les causes de la richesse des nations.* French translation by the Comte Germain Garnier, completely revised and corrected and prefixed with a biographical notice by Blanqui. With commentaries by Buchanan, G. Garnier, McCulloch, Malthus, J. Mill, Ricardo, Sismondi; to which is added notes by Jean-Baptiste Say and historical explanations by Blanqui. 2 vols. Paris.

1995. *Enquête... nations*, 4t. trans. Paulette Taieb [from 1776 edn.], Paris: Presses universitaires de France.

2000–2. *Recherches... nations*, éd. Philippe Judel et Jean Michel Servet [in progress, 2 vols. so far, Books I–IV], Paris: Economica.

EPS (see in Tribe and Mizuta, 2002: Faccerello and Steiner, 63, 64; eds., 355).

1797. *Essais philosophiques, par Adam Smith, Docteur en droit, de la Société Royale de Londres, de celle d'Edimbourg, etc. etc. Précédes d'un précis de sa vie et de ses écrits*; par Dugald Stewart, de la Société Royale d'Edimbourg. Traduits de l'anglais par P. Prevost, professeur de philosophie; Genève de l'Académie de Berlin, de la Société des Curieux de la Nature, et de la Société d'Edimbourg. Première partie. Paris: Agasse. (Avec portrait en buste, B.L. Prevost, sculp.)

Languages

1796. *Considérations sur la première formation des langues, et le différent génie des langues originales et composées. Traduit par A. M. H. B[oulard]*. Paris.

ii. German (see Tribe and Mizuta 2002: 379–81)

TMS

1770. *Theorie der moralischen Empfindungen*, nach der 3. Aufl. [1767] über. von Christian Günther Rautenberg. Braunschweig: Meyerische Buchhandlung.

1791. *Theorie der sittlichen Gefühle*, übers. von Ludwig Theobul Kosegarten. 2 Bde. [2nd vol. contains the additions to edn. 6, 1790, and an account of Kant's moral philosophy], Leipzig.

1926. *Theorie der ethischen Gefühle*, übers. von Walther Eckstein [from ed. 6 but including variants in earlier edns.]. 2 Bde., Leipzig [reissues: Hamburg 1977, 1985, 1994].

WN

1776–8. *Untersuchungen der Natur und Ursachen von Nationalreichthümern.* Aus dem Englischen, übers. von J. F. Schiller u. C. A. Wichmann. 2 vols., Leipzig: Weidmanns Erben u. Reich [a 3rd vol. was published in 1792, with corrections and additions from WN ed. 3, 1784].

1794–6. *Untersuchung über die Natur und die Ursachen des Nationalreichthums.* Aus dem Engl. d. 4. Aufl. [from 4th edn. 1786], neu übers. von Christian Garve, 4 in 2 vols. Breslau: W. G. Korn. [1796–99, 4 vols. Frankfurt and Leipzig; 1799 and 1810, 3 vols. ed. by A. Dörrien, Breslau and Leipzig: Korn; 1814, new edn. of Garve translation, 3 vols., ed. by A. Dörrien, Vienna: B.P. Bauer].

1963–83. *Eine Untersuchung über das Wesen und die Ursachen des Reichtums der Nationen.* Übers. und eingeleitet von Peter Thal, 3 Bde.; Band 2: 1975, Band 3: 1983, Berlin (Ost).

1974. *Der Wohlstand der Nationen. Eine Untersuchung seiner Natur und seiner Ursachen.* Nach der 5 Auflage (lezter Hand), London, 1789, übers. und hg. von Horst Claus Reck-tenwald, München: C. H. Beck; ab 1978 revidierte Taschenbuch-Ausgabe bei Deut-scher Taschenbuch Verlag.
1999–2000. *Eine Untersuchung über Wesen und Ursachen des Reichtums der Völker.* Übers. nach der Glasgow-Edition (Vol. 2, revsd. edn. 1979) von Monika Streissler und hg. von Erich W. Streissler, 2 Bde., Düsseldorf: Verlag Wirtschaft und Finanzen.

VI. SECONDARY SOURCES

Aarsleff, Hans (1982). *From Locke to Saussure: Essays on the Study of Language and Intellectual History.* London: Athlone Press.
Adam, William (1980). *Vitruvius Scoticus,* 1812, fac. edn., intro. James Simpson. London: Paul Harris.
Addison, W. Innes (1901). *The Snell Exhibitions from the University of Glasgow to Balliol College, Oxford.* Glasgow: J. Maclehose.
——(1913). *The Matriculation Albums of the University of Glasgow, 1728–1858.* Glasgow: J. Maclehose.
Aldrich, Henry (1691, many rpts. to 1841). *Artis Logicae Compendium.* Oxford: Oxford Univ. Press.
Alekseyev, Mikhail P. (1937). 'Adam Smith and His Russian Admirers of the Eighteenth Century', in Scott (1937: app. vii).
Alexander, Gregory S., and Skąpska, Grażyna (eds.) (1994). *A Fourth Way? Privatization, Property, and the Emergence of New Market Economies.* New York: Routledge.
Allais, Maurice (1992). 'The General Theory of Surpluses as a Formalization of the Underlying Theoretical Thought of Adam Smith, His Predecessors and His Contem-poraries', in Michael Fry (ed.), *Adam Smith's Legacy.* London: Routledge.
Allan, David (2000). 'A Reader Writes: Negotiating the Wealth of Nations in an Eighteenth-Century English Commonplace Book', *Philological Quarterly,* vol. 81.
——(2003). 'The Scottish Enlightenment and the Politics of Provincial Culture: The Perth Literary and Abtiquarian Society, ca. 1784–1790', *Eighteenth-Century Life,* vol. 27, no. 3: 1–30. Project Muse — http://muse.jhu.edu
——(2006). *Adam Ferguson.* Aberdeen: AHRC Centre for Irish and Scottish Studies, University of Aberdeen.
Allen, Revd Dr (1750). *An Account of the Behaviour of Mr James Maclaine, from the Time of his Condemnation to the Day of Execution, October 3, 1750.* London: J. Noon & A. Millar.
Allestree, Richard (1704). *The Whole Duty of Man.* London: Printed by W. Norton for E. and R. Pawlet.
Allgemeine Deutsche Biographie (1875–1912). 56 vols.
Alvey, James E. (2004). 'Context and Its Relevance for Adam Smith's Theological and Teleological Views, the Foundation of His Thought'. Discussion Paper No. 04.01. Dept. of Applied and International Economics, Massey Univ. New Zealand.
Ambirajan, S. (1978). *Classical Political Economy.*
Amdisen, Asser (2002). *Til nytte og fornøjelse Johann Friedrich Struensee (1737–1772).* Københaven: Academisk Forlag.
Amos, Aida, (2007). 'Economy, Empire, and Identity: Rethinking the Origins of Political Economy in Sir James Steuart's Principles of Political Economy'. PhD Dissertation. Univ. of Notre Dame, IA, USA: Graduate Program in Economic. http://etd.nd.edu/ ETD-db/theses/available/etd-04192007-193027/unrestricted/RamosA042007.pdf

Anderson, Gary M. (1988). 'Mr Smith and the Preachers: The Economics of Religion in WN', *Journal of Political Economy*, 96: 1066–88.

——Shughart, William F., II, and Tollison, Robert D. (1985). 'Adam Smith in the Customhouse', *Journal of Political Economy*, 93: 740–59.

——and Tollison, Robert D. (1982). 'Adam Smith's Analysis of Joint Stock Companies', *Journal of Political Economy*, 90: 1237–55.

——and——(1984). 'Sir James Steuart as the Apotheosis of Mercantilism and His Relation to Adam Smith', *Southern Economic Journal*, 51: 464–7.

Anderson, R. G. W. (1986). 'Joseph Black', in Daiches et al. (1986: 93–114).

Anderson, Robert D., and Khosla, S. Dev (1994). *Competition Policy as a Dimension of Economic Policy: A Comparative Perspective*. Ottawa: Bureau of Competition Policy, Industry Canada.

——and Hannu Wager (2006), 'Human Rights, Development, and the WTO: The Cases of Intellectual Property and Competition Policy', *Journal of International Economic Law*. Published Online, 12 Aug.: doi:1093/jiel/jg1022

Anderson, Sarah, Cavanagh, John, and Redman, Janet (24 Nov. 2008). 'How the Bailouts Dwarf Other Global Crisis Spending'. Washington, DC: Institute for Policy Studies.

Anderson, William (1863). *The Scottish Nation*. 2 vols. Edinburgh: Fullarton.

Ando, Takaho (1993). 'The Introduction of Adam Smith's Moral Philosophy to French Thought', in Mizuta and Sugiyama (1993: 207–9).

Andrew, Brad (2004). 'All Trade Is Not Created Equal: The Dynamic Effects of the Eighteenth-century Tobacco Trade Between Glasgow and the Chesapeake'. http://www.usc.es/estaticos/congresos/histec05/b2_andew.pdf

Anikin, Andrei (1988). *Russian Thinkers: Essays on Socio-Economic Thought in the 18th and 19th Centuries*, trans. Cynthia Carlile. Moscow: Progress Publishers.

——(1990). *Der Weise aus Schottland: Adam Smith*, trans. Günther Wermusch. Berlin: Verlag der Wirtschaft.

Antonini, Annibale (1735). *Dictionnaire italien, latin, et françois…À Paris, chez Jacques Vincent*. [Mizuta]

——(1743). *Dictionnaire…Seconde partie*. À Paris, chez Prault, fils.

——(1758). *Grammaire italienne, practique et raisonnée*. Nouvelle edn., revue et corrigée par M. Conti. À Paris, chez Prault, fils.

Anon. (1658). *The Whole Duty of Man*.

Anon. (1809). *Life of Smith*, prefacing *TMS* 12th edn. Glasgow: R. Chapman.

Appleby, Joyce Oldham (1980). *Economic Thought and Ideology in Seventeenth-Century England*. Princeton, NJ: Princeton Univ. Press.

Appolis, Émile (1937). *Les États de Languedoc au XVIIIe siècle*.

Aristotle (1962). *Nicomachean Ethics*, trans. and intro. Martin Ostwald, Library of Liberal Arts. New York: Macmillan; London: Collier Macmillan.

Arnot, Hugh (1788). *The History of Edinburgh*, 2nd edn. Edinburgh.

Arthur, Revd Archibald (1803). *Discourses on Theological and Literary Subjects, and Account of His Life by William Richardson*. Glasgow: University Press.

Aston, Nigel (2004a). 'George Horne, Bishop of Norwich'. *ODNB-O*.

——'Robert Spearman', *ODNB-O*.

——(2005). 'William Parker', *ODNB-O*.

Austen, Jane (2000). *Juvenalia. The Cambridge Edition of the Works of Jane Austen*, (ed.) Peter Sabor. Cambridge: Cambridge Univ. Press.

Bacon, Matthew (1739–59, 1766). *New Abridgment of the law of England*. London: H.M. Law-Printers.

Bagehot, Walter (1899). 'Adam Smith as a Person', in Richard Holt Hutton (ed.), *Biographical Studies*. London: Longmans, Green.

Bailyn, Bernard (1973). 'The Central Themes of the American Revolution: An Interpretation', in Kurtz and Hutson (1973: 9–13).

——(1992). *The Ideological Origins of the American Revolution*. Cambridge, MA: Harvard Univ. Press.

Baker, Keith (1975). *Condorcet: From Natural Philosophy to Social Mathematics*. Chicago, IL: Univ. of Chicago Press.

——(1989). 'L'Unité de la pensée de Condorcet', in Crépel et al. (1989: 515–24).

Baker, Keith (1990). *Inventing the French Revolution: Essays on French Political Culture in the Eighteenth Century*. Cambridge: Cambridge Univ. Press.

Bakhtin, Mikhail Mikhailovich (1975/1981). *The Dialogic Imagination: Four Essays*, ed. Michael Holquist, trans. Caryl Emerson and Michael Holquist. Austin, TX: Univ. of Texas Press.

Balguy, John (1728–9/1976). *The Foundation of Moral Goodness*, 2 vols. London: John Pemberton. Facsim edn. New York/London: Garland.

Banke, Niels (1955). 'Om Adam Smiths Forbindelse med Norge og Danmark', *Nationaløkonomisk Tidsskrift*, 93: 170–8 (trans. Mogens Kay-Larsen, 1967).

Barfoot, Michael (1990). 'Hume and the Culture of Science in the Early Eighteenth Century', in Stewart (1990c: 151–90).

——(1991). 'Dr William Cullen and Mr Adam Smith: A Case of Hypochondriasis?', *Proceedings of the Royal College of Physicians of Edinburgh*, 21: 204–14.

Barker, Emma (2005). *Greuze and the Painting of Sentiment*. Cambridge: Cambridge Univ. Press.

Barker, G .F. R., rev. Marianna Birkeland (2005). 'Hugh Campbell, 3rd earl of Loudon'. *ODNB-O*.

Barker-Benfield, G. J. (1992). *The Culture of Sensibility: Sex and Society in Eighteenth-Century Britain*. Chicago, IL: Univ. of Chicago Press.

Barrington, Daines (1766). *Observations on the Statutes chiefly from the Magna Carta to the twenty-first of James the First*, chap, XXVII, 3rd edn. London: W. Bowyer and J. Nichols.

Barton, J. L. (1986). 'Legal Studies', in Sutherland and Mitchell (1986: 593–605).

Bazerman, Charles (1993). 'Money Talks: The Rhetorical Project of the *Wealth of Nations*', in Henderson et al. (1993: 173–99).

BBC (1990). 'On This Day' Archive, 31 March: 'Violence Flares in Poll Tax Demonstration'.

Beaglehole, J. C. (1968). *The Exploration of the Pacific*, 3rd edn. Stanford, CA: Stanford Univ. Press.

——(1974). *The Life of James Cook*. Stanford, CA: Stanford Univ. Press.

Beales, Derek (2009). *Joseph II, vol.2: Against the World, 1780–1790*. Cambridge: Cambridge Univ. Press.

Beard, Geoffrey (1981). *Robert Adam's Country Houses*. Edinburgh: John Bartholemew.

Beattie, James (1770). 'An Essay on the Nature and Immutability of Truth', in *Opposition to Sophistry and Skepticism*. Edinburgh: A. Kincaid & J. Bell.

——(1771, 1774). *The Minstrel*. London. E. & C. Dilly.

Becker, Carl L. (1964). 'Benjamin Franklin', in *The American Plutarch*, ed. Edward T. James, intro. Howard Mumford Jones. New York: Scribner's.

Bejaoui, René (1994). *Voltaire avocat: Calas, Sirven et autres affaires*. Paris: Tallandier.

Bentham, Jeremy (1968–89). *Correspondence*, ed. Timothy L. S. Sprigge et al. 9 vols. London: Athlone Press; Oxford: Clarendon Press.

Berkeley, Edmund, and Berkeley, Dorothea S. (1974). *Dr John Mitchell*. Durham, NC: Univ. of N. Carolina Press.

Berkeley, George (1901). *Works*, ed. Alexander Campbell Fraser. 4 vols. Oxford: Clarendon Press.

Berry, Christopher J. (2006). 'Smith and Science', in (ed.) Haakonssen (2006), 112–135.

Biber, Heinrich Ignaz Franz von (2005). CD 1: *Sonatae*. Battalia. Concentus Musicus. Wien.

Bien, David (1962). *The Calas Affair: Persecution, Toleration, and Heresy in Eighteenth-Century Toulouse*. Princeton, NJ: Princeton Univ. Press.

Bisgaard, Lars et al. (2004). *Danmarks Konger ag Dronniger*. Copenhagen.

Bisset, Robert (1800). *Life of Burke*, 2nd edn. London: George Cawthorn.

Black, R. D. Collison (ed.) (1986). 'Ideas in Economics', *Proceedings of Section F (Economics) of the British Association for the Advancement of Science*, Strathclyde, 1985. London: Macmillan.

Blackstone, Sir William (1765–9/2002). *Commentaries on the Laws of England*. Facsim. edn. Chicago, IL: Univ. of Chicago Press.

Blaicher, Günther, and Glaser, Brigitte (eds.) (1994). *Anglistentag 1993 Eichstätt*. Tübingen: Niemeyer.

Blair, Hugh (1765). *A Critical Dissertation on the Poems of Ossian, the Son of Fingal*, 2nd edn. London: T. Beckett & P. A. de Hondt.

—— (1781–94). *Sermons*. 4 vols. London: W. Strahan.

—— (1812). *Lectures on Rhetoric and Belles Letters*, 12th edn. 2 vols. London: T. Cadell et al.

Blaug, Mark (ed.) (1991). *François Quesnay* (Pioneers in Economics, 1.). Cheltenham: Edward Elgar.

—— (1992). *The Methodology of Economics, or How Economists Explain*, 2nd edn. Cambridge: Cambridge Univ. Press.

Blum, Carol (1986). *Jean-Jacques Rousseau and the Republic of Virtue*. Ithaca, NY: Cornell Univ. Press.

Bobbitt, Philip (2008). *Terror and Consent: Wars of the Twenty-first Century*. London: Knopf/Penguin.

Bolgar, R. R. (1977). *The Classical Heritage and Its Beneficiaries*. Cambridge: Cambridge Univ. Press.

Bonar, James (1932). *A Catalogue of the Library of Adam Smith*, 2nd edn. London: Macmillan.

Bond, R. C. (1984). 'Scottish Agricultural Improvement Societies, 1723–1835', *Review of Scottish Culture*, 1: 70–90.

Bongie, L. L. (1958). 'David Hume and the Official Censorship of the "Ancien Régime"', *French Studies*, 12: 234–46.

—— (1965). *David Hume: Prophet of Counter-Revolution*. Oxford: Clarendon Press.

Bonnefous, Raymonde et al. (eds.) (1964). *Guide littéraire de la France*. Paris: Hachette.

Bonnyman, Brian (2009). 'Interest and Improvement: Political Economy, Agrarian Patriotism and the Improvement of the Buccleuch Estates'. Paper read at the Eighteenth-Century Scottish Studies Conference, Univ. of St Andrews. July.

Book of the Old Edinburgh Club (priv. ptd. 1924).

Boswell, James (1950–). *Yale Editions of the Private Papers and Correspondence*:
   (a) *Trade Edition of Journals*, ed. F. A. Pottle et al.: (1950) *London Journal, 1762–3*. (1952) *Boswell in Holland, 1763–4*. (1952) *Portraits*, by Sir Joshua Reynolds. (1953) *Boswell on the Grand Tour: Germany and Switzerland, 1764*. (1955) *Boswell on the Grand Tour: Italy, Corsica, and France, 1765–6*. (1957) *Boswell in Search of a Wife, 1766–9*.

(1960) *Boswell for the Defence, 1769–74*. (1961) *Boswell's Journal of a Tour to the Hebrides with Samuel Johnson, LL.D*. (1963) *Boswell: The Ominous Years, 1774–6*. (1970) *Boswell in Extremes, 1776–82*. (1977) *Boswell, Laird of Auchinleck, 1778–82*. (1981) *Boswell: The Applause of the Jury, 1782–5*. (1986) *Boswell: The English Experiment, 1785–9*. (1989) *Boswell: The Great Biographer, 1789–95*. New York: McGraw-Hill; London: Heinemann (some different dates).

(b) *Research Edition of Boswell's Corr.*: (1966) *Corr. of JB and John Johnson of Grange*, ed. R. S. Walker. (1969) *Corr. and Other Papers Relating to the Making of the 'Life of Johnson'*, ed. Marshall Waingrow. (1976) *Corr. of JB with Certain Members of the Club*, ed. C. N. Fifer. (1986) *Corr. of JB with David Garrick, Edmund Burke, and Edmond Malone*, ed. P. S. Baker et al. New York: McGraw-Hill. General Editor: Claude Rawson: (1993) *General Corr. of JB 1766–9*, ed. R. C. Cole et al. (forthcoming) *Boswell's Estate Corr. 1762–95*, ed. N. P. Hankins and John Strawthorn. (forthcoming) Corr. between JB and William Johnson Temple, ed. Thomas Crawford.

(c) *Research Edition of Papers*: (forthcoming) *An Edition of the Original Manuscript of Boswell's 'Life of Johnson'*, ed. Marshall Waingrow. Edinburgh: Edinburgh Univ. Press/ New Haven, Conn.: Yale Univ. Press.

——(1992). *The Journals of JB 1762–95*, sel. and intro. John Wain. London: Mandarin.

Bouguer, Pierre (1749). *La Figure de la terre determinée par les observations de MM. Bouguer et de la Condamine, avec une relation abrégée de ce voyage par P. Bouguer*. Paris: Jombert.

Bourgeois, Susan (1986). *Nervous Juyces and the Feeling Heart: The Growth of Sensibility in the Novels of Tobias Smollett*. New York: Peter Lang.

Bouwsma, William J. (1988). *John Calvin: A Sixteenth-Century Portrait*. New York: Oxford Univ. Press.

Boyle, Nicholas (1992). *Goethe: The Poet and the Age, i: The Poetry of Desire: 1749–1790*. Oxford: Oxford Univ. Press.

Brack, Jr., O. M. (1968). 'The Ledgers of William Strahan,' in *Editing Eighteenth Century Texts*, ed. D. I. B. Smith. Toronto: Univ. of Toronto Press: 59–77.

——(ed.) (2004). 'The Macaroni Parson and the Concentrated Mind: Samuel Johnson's Writings for the Reverend William Dodd', *Twenty-First Annual Dinner of the Samuel Johnson Soc. of Southen California*. Priv. ptd. Tucson, Arizona: Chax Press.

——(2007), (ed.) *Tobias Smollett, Scotland's First Novelist: New Essays in Memory of Paul-Gabriel Boucé*. Newark: Univ. of Delaware Press.

Braudel, Fernand (1982). *The Wheels of Commerce*, trans. Siân Reynolds. London: Fontana.

——(1988). *The Identity of France, i: History and Environment*, trans. Siân Reynolds. New York: Harper & Row.

——(1991). *The Identity of France, ii: People and Production*, trans. Siân Reynolds. London: Fontana.

Bregnsbo, Michael (2007). *Caroline Mathilde—Magt 09. Skoebne*. Denmark. Aschehoug dansk Forlag.

Brertendt, Stephen D., and Graham, Eric J. (2003). 'African Merchants, Notables and the Slave Trade of Old Calabar: Evidence from the national Archives of Scotland', *History in Africa*, Oct.: 30.

Brewer, John, and Porter, Roy (eds.) (1993). *Consumption and the World of Goods*. London: Routledge.

Broadie, Alexander (ed.) (2003). *The Cambridge Companion to the Scottish Enlightenment*. Cambridge: Cambridge Univ. Press.

——(2006). 'Sympathy and the Impartial Spectator', in Haakonssen (2006: 158–88).

Brock, C. H. (ed.) (1983). *William Hunter, 1718–1783: A Memoir by Samuel Foart Simmons and John Hunter*. Glasgow: Glasgow Univ. Press.

Brock, William R. (1982). *Scotus Americanus: A Survey of the Sources for Links between Scotland and America in the 18th Century*. Edinburgh: Edinburgh Univ. Press.

Brown, A. H. (1974). 'S. E. Desnitsky, Adam Smith, and the Nakaz of Catherine II', *Oxford Slavonic Papers*, n.s., 7: 42–59.

——(1975). 'Adam Smith's First Russian Followers', in Skinner and Wilson (1975: 247–73).

Brown, A. L. and Michael Moss (1996). *The University of Glasgow, 1451–1996*. Edinburgh: Edinburgh University Press.

Brown, Iain Gordon (1987). 'Modern Rome and Ancient Caledonia: The Union and the Politics of Scottish Culture', in Hook (1987).

——(1989). Building for Books: *The Architectural Evolution of the Advocates' Library, 1689–1925*. Aberdeen: Aberdeen Univ. Press.

Brown, Kevin L. (1992). 'Dating Adam Smith's Essay "Of the External Senses"', *Journal of the History of Ideas*, 53: 333–7.

Brown, Maurice (1988). *Adam Smith's Economics: Its Place in the Development of Economic Thought*. London: Croom Helm.

Brown, Richard Maxwell (1973). 'Violence and the American Revolution', in Kurtz and Hutson (1973: 81–120).

Brown, Stephen (1995). *A Database, Descriptive Bibliography, an Annotated Index to the MSS of William Smellie*. Edinburgh: National Museums of Scotland.

Brown, Vivienne (1993). 'Decanonizing Discourses: Textual Analysis and the History of Economic Thought', in Henderson et al. (1993: 64–84).

——(1994). *Adam Smith's Discourse: Canonicity, Commerce, and Conscience*. London: Routledge.

Brucker, Johann Jakob (1742–6). *Historia Critica Philosophiae*, 6 v. Leipzig.

Brühlmeier, Daniel (1988). *Die Rechts- und Staatslehre von Adam Smith und die Interessentheorie der Verfassung*. Berlin: Duncker & Humblot.

Brunton, George and Haig, David (1836). *An Historical Account of the Senators of the College of Justice from Its Institution MDXXXII*. Edinburgh: Edinburgh Printing Co.

Bryant, Christopher G. A. (1993). 'Social Self-Organisation, Civility and Sociology: A Comment on Kumar's "Civil Society" [1993]', *British Journal of Sociology*, 44: 397–401.

Buchan, 11th Earl of, David Steuart Erskine (1812). *The Anonymous and Fugitive Essays*, vol. I. Edinburgh: J.Ruthven & Co. et al.

Buchan, James (2004). *Crowded with Genius: The Scottish Enlightenment—Edinburgh's Moment of the Mind*. New York: Perennial ppk. HarperCollins.

——(2006). *The Authentic Adam Smith: His Life and Ideas*. New York: Enterprise/Norton.

Buchanan, David (1975). *The Treasure of Auchinleck*. London: Heinemann.

Buffon, Georges-Louis Leclerc de (2007). *Œuvres*, ed. Stéphane Schmitt and Cédric Crémière. Paris: Gallimard.

Burke, Edmund (1757/1958). *A Philosophical Enquiry into the Origin of our Ideas of the Sublime and Beautiful*, ed. J. T. Bolton. New York: Columbia Univ. Press.

——(1958–70). *Correspondence*, ed. Thomas W. Copeland et al. 9 vols. Cambridge: Cambridge Univ. Press; Chicago, IL: Univ. of Chicago Press.

Burns, Robert (1931). *Letters*, ed. J. De Lancey Ferguson. 2 vols. Oxford: Clarendon Press.

——(1968). *The Poems and Songs of Robert Burns*, ed. James Kinsley. Oxford: Carendon Press.

Business Week (Summer, 2004). 'Is a Housing Crisis about to Burst?' 19 July.

Burt, Edward (1815). *Letters from a Gentleman in the North of Scotland [c.1730].* 2 vols. London: Gale, Curtis, & Fenner. Repr. Edinburgh: Donald, 1974.

Burton, John Hill (ed.) (1849). *Letters of Eminent Persons Addressed to David Hume.* Edinburgh & London: William Blackwood.

Butler, Joseph (1726). *Fifteen Sermons Preached at the Rolls Chapel.* London: J. & J. Knapton.

——(1736). *Analogy of Religion.* London: J. & P. Knapton.

Cadell, Patrick, and Matheson, Ann (1989). *For the Encouragement of Learning: Scotland's National Library, 1689–1989.* Edinburgh: HMSO.

Cairns, John W. (1992). 'The Influence of Smith's Jurisprudence on Legal Education in Scotland', in Jones and Skinner (1992: 168–89).

Caldwell, Bruce (2003). *Hayek's Challenge: An Intellectual Biography of F. A. Hayek.* Chicago, IL: Univ. of Chicago Press.

Calvin, John (1559/1989). *Institutes of the Christian Religion,* trans. Henry Beveridge. Rpt. Grand Rapids, MI: Eardmans.

Campbell, John (1868). *Lives of the Lord Chancellors of England.* 10 vols. London: John Murray.

——(2000, 2003). *Margaret Thatcher,* vol. 1: *The Grocer's Daughter,* 2000; vol. 2: *The Iron Lady,* 2003. London: Jonathan Cape.

Campbell, R. H. (1961). *Carron Company.* Edinburgh: Oliver & Boyd.

——(1966). 'Diet in Scotland: An Example of Regional Variation', in T. C. Barker et al. (eds.), *Our Changing Fare.* London: MacGibbon & Kee.

——(1990). 'Scotland's Neglected Enlightenment', *History Today,* 40: 22–8.

——(1992). *Scotland since 1707: The Rise of an Industrial Society.* Edinburgh: Donald.

——and Skinner, Andrew S. (eds.) (1982a). *The Origins and Nature of the Scottish Enlightenment.* Edinburgh: Donald.

——and——(1982b). *Adam Smith.* London: Croom Helm.

Campbell, T. D. (1971). *Adam Smith's Science of Morals.* London: Allen & Unwin.

——and Ross, I. S. (1981). 'The Utilitarianism of Adam Smith's Policy Advice', *Journal of the History of Ideas,* 42: 73–92.

——and——(1982). 'The Theory and Practice of the Wise and Virtuous Man: Reflections on Adam Smith's Response to Hume's Deathbed Wish', *Studies in Eighteenth-Century Culture,* 11: 65–75.

Cannon, John Ashton (1969). *The Fox–North Coalition: Crisis of the Constitution, 1782–4.* Cambridge: Cambridge Univ. Press.

Cant, Ronald Gordon (1981). 'David Stewart Erskine, 11th Earl of Buchan: Founder of the Society of Antiquaries of Scotland', *The Scottish Antiquarian Tradition,* ed. A. S. Bell. Edinburgh: John Donald, pp. 1–30.

——(2002). *The University of St Andrews: A Short History,* 4th edn. St Andrews: Strathmartin Trust.

Carey, Toni Vogel (2009). 'Accounting for Moral as for Natural Things', Conference on the Philosophy of Adam Smith, Balliol College, Oxford. January.

Carlyle of Inveresk, Alexander (1760). *The Question Relating to a Scots Militia Considered.* Edinburgh: G. Hamilton & J. Balfour. Repr. in Mizuta (1977: 28–54).

——(1910). *The Autobiography of Dr Alexander Carlyle of Inveresk,* ed. John Hill Burton. London: T. N. Foulis.

——(1973). *Anecdotes and Characters of the Times,* ed. James Kinsley. London: Oxford Univ. Press.

Carlyle, Thomas (1881). *Reminiscences,* ed. J. A. Froude. 2 vols. London: Longmans.

Carpenter, Kenneth E. (1995). 'Recherches sur la nature et les causes de la richesse des nations d'Adam Smith et politique culturelle en France,' *Économies et Sociétés, Œconomia, Histoire de la pensée économique*, Série P.E. no. 24, 10: 5–30.

——(2002). *The Dissemination of the Wealth of Nations in French and in France*. New York: Bibliographical Society of America.

Chait, Jonathan (2007). *The Big Con: How Washington Got Hoodwinked and Hijacked by Crakpot Economists*. Boston, MA: Houghton Mifflin.

Chalmers, George (1782). *An Estimate of the Comparative Strength of Britain... To which is added an essay on population, by the Lord Chief Justice Hale*. London: C. Dilly et al.

Chamberlayne, John (1737/1741). *Magnae Britanniae Notitia; or, The Present State of Great Britain*. London: D. Midwinter et al.

Chambers, Ephraim (1741). *Cyclopedia: or, a universal dictionary of arts and sciences*, 4th edn., corrected and emended. 2 vols. London: D. Midwnters et al.

Chambers, Robert (1827). *Picture of Scotland*. Edinburgh: William Tait.

——(1912/1967). *Traditions of Edinburgh*. Edinburgh: Chambers.

Charlevoix, Pierre-François Xavier de (1744). *Histoire et description générale de la nouvelle France*. Paris: Rollin.

Charvat, William (1936/1961). *The Origins of American Critical Thought 1810–1835*. New York: Barnes.

Cheape, Hugh (2008). *Bagpipes: A National Collection of a National Instrument*. National Museums Scotland. Edinburgh: NMS Enterprises Ltd.

Checkland, S. G. (1975). 'Adam Smith and the Bankers', in Skinner and Wilson (1975: 504–23).

Cheng-chung Lai (2000). *Adam Smith Across Nations: Translations and Receptions of the Wealth of Nations*. Oxford: Oxford Univ. Press.

Chernow, Ron (2008). 'The Lost Tycoons', *New York Times*, Opinion NYTimes.com. 27 Sept., 1–2.

Cheselden, William (1727–8). 'Case of a Blind Boy', *Royal Society of London, Philosophical Transactions*, 35: 447–52.

Chitnis, A. C. (1982). 'Provost Drummond and the Origins of Edinburgh Medicine', in Campbell and Skinner (1982a: 86–97).

Choix des Mémoires de l'Academie Royale des Inscriptions et Belles-Lettres (MDCCLXXVII). Tome Second. À Londres: Chez T. Becket et P. Elmsly.

Christian Observer (1831). Letter to the Editor: 'On the Death-bed of Hume the Historian'.

Christie, John R. R. (1987). 'Adam Smith's Metaphysics of Language', in A. E. Benjamin, G. N. Cantor, and J. R. R. Christie (eds.), *The Figural and the Literal*. Manchester: Manchester Univ. Press.

Clark, Colin, and Kenrick, Donald (1999). *Moving On: the Gypsies and Travellers of Britain*. Univ. of Hertfordshire Press.

Clark, Ian D. L. (1963). 'Moderates and the Moderate Party in the Church of Scotland 1752–1805'. PhD thesis, Univ. of Cambridge.

Clark, Jeremy C. D. (1994). *Language of Liberty 1660–1832: Political Discourse and Social Dynamics in the Anglo-American World*. Cambridge: Cambridge Univ. Press.

Clarkson, Thomas (1808). *History of the Abolition of the Slave Trade*. 2 vols. London: Longman.

Clayden, P. W. (1887). *Early Life of Samuel Rogers*. London: Smith, Elder.

Coase, R. H. (1988). *The Firm, the Market and the Law*. Chicago, IL: Univ. of Chicago Press.

Coats, A. W. Bob (ed.) (1971). *The Classical Economists and Economic Policy.* London: Methuen.

—— (1992). *On the History of Economic Thought*; i: *British and American Economic Essays*; ii: *Sociology and Professionalization of Economics*; iii: *Historiography and Methodology of Economics.* London: Routledge.

Cobb, Mathew (2007). 'Buffon, the Enlightenment Sensation', *TLS*, 19 Dec. *Times* Online.

Cobban, Alfred (1973). *Aspects of the French Revolution.* St Albans: Paladin.

Cobbett, William (ed.) (1806–12) and Hansard, T. C. (ed.) (1812–20). *The Parliamentary History of England, 1066–1803.* London.

Cochrane, J. A. (1964). *Dr Johnson's Printer: The Life of William Strahan.* London: Routledge & Kegan Paul.

Cockayne, Edward Sheppard et al. (2000). *The Complete Peerage of England, Scotland, and Ireland, etc.* Gloucester: Alan Sutton Publishing rpt. 2nd edn. 6 v. v. 14 of original as appendix.

Cockburn, Henry, Lord (1842). *Life of Lord Jeffrey.* 2 vols. Edinburgh: Adam & Charles Black.

—— (1856). *Memorials of His Time.* Edinburgh: Adam & Charles Black.

Coe, Richard N. (1972). *Lives of Haydn, Mozart and Metastasio by Stendhal.* London: Calder & Boyars.

Coke, Lady Mary (1889–96). *The Letters and Journals.* 4 vols. Edinburgh [priv. ptd].

Colden, Cadwallader (1972). *The History of the Five Indian Nations* [facsim. edn.] Toronto: Coles.

Coleman, D. C. (1988). 'Adam Smith, Businessmen, and the Mercantile System in England', *History of European Ideas*, 9: 161–70.

Colley, Linda (1989). *Lewis Namier.* London: Weidenfeld & Nicolson.

—— (1992). *Britons: Forging the Nation 1707–1837.* New Haven, CT: Yale Univ. Press.

Collier, Paul (30 Jan. 2009). 'Review of Dambisa Moyo, Dead Aid', *The Independent.* Accessed online: 27 May 2009.

Collini, Stefan, et al. (eds.) (1983). *That Noble Science of Politics: A Study in Nineteenth-Century Intellectual History.* Cambridge: Cambridge Univ. Press.

Condorcet, Marquis de (1989). *Cinq mémoires sur l'instruction publique [1791]*, intro. and notes by C. Coutel and C. Kintzler. Paris: Edilig.

Cone, Carl B. (1968). *The English Jacobins: Reformers in Late 18th Century England.* New York: Scribner's.

Confession of Faith, and the Larger and Shorter Catechism, First agreed upon by the Assembly of Divines at Westminster (1671). Edinburgh.

Corbett, Edward P. J. (1965). *Classical Rhetoric for the Modern Student.* New York: Oxford Univ. Press.

Coseriu, Eugenio (1970). 'Adam Smith und die Anfänge der Sprachtypologie', *Tübinger Beiträge zur Linguistik*, 3: 15–25.

Coutts, James (1909). *A History of the University of Glasgow from Its Foundation in 1451 to 1909.* Glasgow: James Maclehose.

Cowen, D. L. (1969). 'Liberty, Laissez-faire and Licensure in Nineteenth-century Britain', *Bulletin of the History of Medicine*, 43: 30–40.

Craig, John (1806). 'Account of the Life and Writings of the Author', prefixed to John Millar, *The Origin of the Distinction of Ranks*, 4th edn. Edinburgh: Blackwood; London: Longmans.

Craig, Sir Thomas of Riccarton (1934). *The Jus feudale, with the Book of the feus.* 2 vols. trans. Lord Clyde. Edinburgh: W. Hodge & Co.

Craveri, Benedetta (1987). *Mme Du Deffand et son monde*. Paris: Seuil.

——(2005). *The Age of Conversation*, trans. Teresa Waugh. New York: New York Review of Books.

Crawford, Robert (1992). *Devolving English Literature*. Oxford: Clarendon Press.

Cregeen, Eric (1970). 'The Changing Role of the House of Argyll in the Scottish Highlands', in N. T. Phillipson and Rosalind Mitchison (eds.), *Scotland in the Age of Improvement*. Edinburgh: Edinburgh Univ. Press.

Crépel, Pierre et al. (eds.) (1989). *Condorcet: mathématicien, économiste, philosophe, homme politique*. Paris: Minerve.

Crocker, Lester G. (1967). 'Charles Bonnet,' *Encyclopedia of Philosophy*, ed. Paul Edwards et al. New York: Macmillan/Free press, i. 345–6.

Cropsey, Joseph (1957). *Polity and Economy: An Interpretation of the Principles of Adam Smith*. The Hague: Martinus Nijhoff.

——(1979). 'The Invisible Hand: Moral and Political Consideration', in Gerald P. O'Driscoll, Jr. (ed.), *Adam Smith and Modern Political Economy*. Iowa City, IA: Iowa State Univ. Press.

Cross, A. G. (1980). *Russians in Eighteenth-Century Britain*. Newtonville, MA: Oriental Research Partners.

Crowley, John E. (1990). 'Neo-Mercantilism and WN: British Commercial Policy after the American Revolution', *Historical Journal*, 33: 339–60.

Cubeddu, Raimondo (1993). *The Philosophy of the Austrian School*, trans. Rachel Costa (née Barritt). New York/London: Routledge.

Cullen, William (1784). *First Lines of the Practice of Physic*, 4th edn. 4 vols. Edinburgh: Elliot & Cadell.

Culpeper, Nicholas (1671). *A Directory for Midwives; or, A Guide for Women in their Conception, Bearing, and Suckling their Children*. London: George Sawbridge.

Cunningham, Rory (2005). T/S 'Descent of Douglasses of Strathendry and Related Families', based on NAS, General Register House, NAS, GD/446: Strathendry Papers.

Currie, J. D. (1932). *History of Scottish Medicine*, 2nd edn. London: Bailliere, Tindale & Cox.

Currie, James (1831). *Memoir*. 2 vols. London: Longman.

Daiches, David (1964). *The Paradox of Scottish Culture: The Eighteenth-Century Experience*. London: Oxford Univ. Press.

——(1969). *Scotch Whisky: Its Past and Present*. London: André Deutsch.

——(1986). *A Hotbed of Genius: The Scottish Enlightenment*, ed. David Daiches, Peter Jones, and Jean Jones. Edinburgh: Institute for Advanced Studies in the Humanities, Edinburgh Univ. Press.

Dalrymple, William (2006). *The Last Mughal: The Fall of a Dynasty, 1857*. London/New York/Berlin: Bloomsbury.

Dalzel, Andrew (1794). 'Account of John Drysdale', *RSE Transactions*, 3, app. ii, pp. 37–53.

——(1862). *History of the University of Edinburgh*. 2 vols. Edinburgh: Edmonston & Douglas.

Dantwala, M. L. (1969). 'The Economic Ideology of Nehru', in Ashok V. Bhuleshkar (ed.), *Indian Economic Thought and Development*. Bombay: Poupular Prakashan, 11–16.

Darnton, Robert (1979). *The Business of the Enlightenment: A Publishing History of the Encyclopédie, 1775–1800*. Cambridge, MA: Bellnap Press.

Darwall, Stephen (1999). 'Sympathetic Liberalism: Recent Work on Adam Smith', *Philosophy and Public Affairs*, 28.2: 139–64.

Dascal, Marcello (2006). 'Adam Smith's Theory of Language', in Haakonssen (2006: 79–111).

Dasgupta, A. K. (1981). 'How One May View the Development of Economic Theory'. *The Indian Economic Journal*, 28.3 (Jan.–Mar. 1981): 1–15.

—— (2004 revsd.). Human Well-being and the Natural Environment. Oxford: Oxford University Press.

Daston, Lorraine (1988). *Classical Probability in the Enlightenment*. Princeton, NJ: Princeton Univ. Press.

Davie, George Elder (1961). *The Democratic Intellect: Scotland and Her Universities in the Nineteenth Century*. Edinburgh: Edinburgh Univ. Press.

—— (1965). 'Berkeley's Impact on Scottish Philosophers', *Philosophy*, 40: 222–34.

—— (1967a). 'Anglophobe and Anglophile', *Scottish Journal of Political Economy*, 14: 295–6.

—— (1967b). 'Hume, Reid and the Passion for Ideas', in George Bruce (ed.), *Edinburgh in the Age of Reason*. Edinburgh: Edinburgh Univ. Press, 23–39.

Davis, H. W. (1963). *A History of Balliol College*, rev. R. H. C. Davis and Richard Hunt, supplemented by Harold Hartley et al. Oxford: Blackwell.

Dawson, Deidre (1991). 'Is Sympathy so Surprising? Adam Smith and French Fictions of Sympathy', *Eighteenth-Century Life*, 15: 147–62.

—— (1991–2). 'Teaching Sensibility: Adam Smith, Rousseau, and the Formation of the Moral Spectator', *Études Écossaises Colloquium Proc. T/S*. Grenoble.

Defoe, Daniel (1927). *A Tour Thro' the Whole Island of Great Britain (1724–7)*, ed. G. D. H. Cole. 2 vols. London: Peter Davies.

De Maria, Robert D. (ed. and intro.) (2005). 'Adam Smith Reviews Samuel Johnson's Dictionary of the English Language (1755)', Fifty-Ninth Annual Dinner of The Johnsonians, Twenty-Second Annual Dinner of The Samuel Johnson Soc. of Southern Californa. [Priv. ptd].

Descartes, René (1641/1990). *Meditationes de Prima Philosophia. Meditations on First Philosophy*, ed. George Hefferman. Bilingual edn. Notre Dame, IN: Notre Dame IN Univ. Press.

Devine, T. M. (1975). *The Tobacco Lords: A Study of the Tobacco Merchants of Glasgow and Their Trading Activities c. 1740–90*. Edinburgh: Donald.

—— (ed.) (1978). *Lairds and Improvement in the Scotland of the Enlightenment*. Glasgow: Dept. of Scottish History, Glasgow Univ.

Devine, T. M. (1985). 'The Union of 1707 and Scottish Development', *Scottish Economic and Social History*, 5: 23–40.

—— (ed.) (1989). *Improvement and Enlightenment*. Edinburgh: Donald.

—— (1994a). *The Transformation of Rural Scotland: Social Change and the Agrarian Economy, 1660–1815*. Edinburgh: Edinburgh Univ. Press.

—— (1994b). *Clanship to Crofters' War: The Social Transformation of the Scottish Highland*. Manchester: Manchester Univ. Press.

—— (1995). *Exploring the Scottish Past: Themes in the History of Scottish Society*. East Linton: Tuckwell Press.

—— (1999). *The Scottish Nation 1700–2000*. London: Penguin.

—— (2003). *Scotland's Empire 1600–1815*. London: Penguin.

—— and R. Mitchison (eds.) (1988). *People and Society in Scotland*, vol. i, *Economic and Social History of Scotland, 1760–1830*. Edinburgh: John Donald.

—— and G. Jackson (eds.) (1995). *Glasgow*, vol. i, *Beginnings to 1830*. Manchester: Manchester Univ. Press.

—— and J. R. Young (eds.) (1999). *Eighteenth-Century Scotland: New Perspectives*. East Linton: Tuckwell Press.

—— C. H. Lee, and G. C. Peden (eds.) (2005). *The Transformation of Scotland: The Economy Since 1700*. Edinburgh: Edinburgh Univ. Press.

Devlin-Thorp, Sheila (ed.) (1981). *Scotland's Cultural Heritage, ii: The Royal Society of Edinburgh: Literary Fellows Elected 1783–1812*. Edinburgh: Univ. of Edinburgh, History of Science and Medicine Unit.

Diderot, Dennis and Alembert, Jean le Rond d' (eds.) (1751–72). *Encyclopédie ou Dictionnaire raisonné des sciences, des arts et des metiers*: 17 vols. of text and 11 of plates. Paris/ Neuchâtel: Chez Briasson et al. (Online (2008) under the PhiloLogic3 search engine, ARTL project, Electronic Text Services, Univ. of Chicago).

Di Folco, John (1978). 'The Hopes of Craighall and Land Investment in the Seventeenth Century', in Devine (1978: 1–10).

Diatkine, Daniel (1993). 'A French Reading of WN in 1790', in Mizuta and Sugiyama (1993: 213–23).

Dickinson, P. C. M. (1967). *The Financial Revolution in England: A Study in the Development of Public Credit*. London: Macmillan.

Dodgshon, R. A. (1980). 'The Origins of the Traditional Field Systems', in M. A. Parry and T. R. Slater (eds.), *The Making of the Scottish Countryside*. London: Croom Helm; Montreal: McGill-Queen's Univ. Press.

Dodgshon, R. A. and Butlin, R. A. (eds.) (1978). *An Historical Geography of England and Wales*. London: Academic Press.

Doig, Andrew (1982). 'Dr Black, a Remarkable Physician', in A. D. C. Simpson (ed.), *Joseph Black: A Commemorative Symposium*. Edinburgh: Royal Scottish Museum.

Donaldson, William (2005). *Pipers: A Guide to the Players and Music of the Highland Bagpipe*. Edinburgh: Birlinn.

——(2007). *Only Son, Lament for the*. Accessed online: www.pipesdrums.com 2007 Set Tunes.

——(2008a). *The End of the Great Bridge*. Accessed online: www.pipesdrums.com 2008 Set Tunes.

——(2008b) *The Highland Pipe and Scottish Society 1750–1950: Transmission, Change and the Concept of Transition*. Edinburgh: John Donald/Birlinn.

Donovan, A. L. (1975). *Philosophical Chemistry in the Scottish Enlightenment*. Edinburgh: Edinburgh Univ. Press.

Donovan, Robert Kent (1987). *No Popery and Radicalism: Opposition to Roman Catholic Relief in Scotland 1778–1782*. New York: Garland.

——(1990). 'The Church of Scotland and the American Revolution', in Sher and Smitten (1990: 81–99).

Dorward, David (1979). *Scotland's Place Names*. Edinburgh: Blackwood.

Dougall, J. (1937). 'James Stirling', *Journal of the Glasgow Mathematical Association*, 1.

Douglas, Sir Robert (1813). *The Peerage of Scotland*, rev. J. P. Wood, 2nd edn. Edinburgh: G. Ramsay.

Drescher, Horst W. (1971). *Themen und Formen des periodischen Essays in späten 18. Jahrhundert: Untersuchungen zu den schottischen Wochenschriften The Mirror und The Lounger*. Frankfurt am Main: Athenäum.

Duclos, R. (1802). *Dictionnaire Bibliographique, historique et critique des livres rares*. 3 vols. Paris: Delalain; Gênes: Fantin, Gravier.

Dull, Jonathan R. (1985). *A Diplomatic History of the American Revolution*. New Haven, CT: Yale Univ. Press.

Duncan, Douglas (1965). *Thomas Ruddiman: A Study in Scottish Scholarship in the Early Eighteenth Century*. Edinburgh: Oliver & Boyd.

Duncan, W. J. (1831). *Notes and Documents Illustrative of the Literary History of Glasgow*. Glasgow: Maitland Club.

Du Pont de Nemours, Pierre-Samuel (1782). *Mémoires sur la vie et les ouvrages de M. Turgot, Ministre d'État*. [Paris:] Philadelphia.

——(1787) *Œuvres posthumes de M. Turgot, ou Mémoires de M. Turgot sur les administrations provinciales, mis en parallèle avec celui de M. Necker, suivi d'une lettre sur ce plan [par Dupont de Nemours], et des observations d'un républicain... [par J.-P. Brissot]*. Lausanne.

——(1788). *Lettre à la Chambre de Commerce de Normandie; sur la Mémoire qu'elle a publié relativement au Traité de Commerce avec Angleterre*. Rouen/Paris: Moutard.

Durie, A. J. (1978). 'Lairds, Improvement, Banking and Industry in Eighteenth-Century Scotland: Capital and Development in a Backward Country—A Case Study', in Devine (1978: 21–30).

——(2004). 'Andrew Cochrane', *ODNB*.

Durkan, John and Kirk, James (1977). *The University of Glasgow 1451–1577*. Glasgow: Univ. of Glasgow Press.

Dutil, Leon (1911). 'L'État économique de Languedoc à la fin de l'ancien régime (1750–1789)' Thèse de doctorat-ès-lettres. Paris.

Dutt, A. K. and Jameson, K. P. (eds.) (2001). *Crossing the Mainstream: Ethical and Methodological Issues in Economics*. Notre Dame: Univ. of Notre Dame Press.

Dwyer, John (1987). *Virtuous Discourse: Sensibility and Community in Late Eighteenth-Century Scotland*. Edinburgh: Donald.

——et al. (eds.) (1982). *New Perspectives on the Politics and Culture of Early Modern Scotland*. Edinburgh: Donald.

——and Sher, Richard B. (eds.) (1991). 'Sociability and Society in Eighteenth-Century Scotland', *Eighteenth Century Life*, 15: 194–209.

Dybikowski, James (1993). *On Burning Ground: An Examination of the Ideas, Projects and Life of David Williams*. Oxford: Voltaire Foundation.

Dyce, Alexander (ed.) (1856). *Recollections of the Table-Talk of Samuel Rogers*. New York: Appleton.

Economist, The (2009). Lexington. 'One year of The One', 29 Oct./4 Nov. Accessed online; (2010a): 17–23 Apr.: 76—'Shumpeter, The Catchphrase that Conquered the World [Emerging Markets]'; (2010b): 86—'Economics Focus: George Soros Tries to Set Economics Free'; 22–26 May. 60—'The New Scorekeeper'—reforming fiscal forecasts.

Edmonds, David and Eidenow, John (2006). *Rousseau's Dog: Two Great Thinkers at War in the Age of Enlightenment*. London: Faber and Faber.

Egret, Jean (1975). *Necker: Ministre de Louis XVI*. Paris: Champion.

Ehrman, John (1969). *The Younger Pitt*. 2 vols. London: Constable.

Emerson, Roger L. (1973). 'The Social Composition of Enlightened Scotland: The Select Society of Edinburgh, 1754–1764', *Studies on Voltaire and the Eighteenth Century*, 114: 291–321.

——(1979a). 'The Philosophical Society of Edinburgh, 1737–1747', *British Journal for the History of Science*, 12: 154–91.

——(1979b). 'American Indians, Frenchmen, and Scots Philosophers', *Studies in Eighteenth-Century Culture*, 9: 211–36.

——(1981). 'The Philosophical Society of Edinburgh, 1748–1768', *British Journal for the History of Science*, 14: 133–76.

——(1984). 'Conjectural History and Scottish Philosophers', *Historical Papers/Communications Historiques*, 63–90.

——(1986). 'Natural Philosophy and the Problem of the Scottish Enlightenment', *Studies on Voltaire and the Eighteenth Century*, 242: 243–91.

Emerson, Roger L. (1988). 'Sir Robert Sibbald, Kt., the Royal Society of Scotland and the Origins of the Scottish Enlightenment', *Annals of Science*, 45: 41–72.

——(1990). 'Science and Moral Philosophy in the Scottish Enlightenment', in Stewart (1990c: 11–36).

Emerson, Roger L.(1992). *Professors, Patronage and Politics: The Aberdeen University in the Eighteenth Century*. Aberdeen: Aberdeen Univ. Press.

——(1994).'The "Affair" at Edinburgh and the "Project" at Glasgow: The Politics of Hume's Attempt to Become a Professor', in M. A. Stewart and John P. Wright (eds.), *Hume and Hume's Connexions*. Edinburgh: Edinburgh Univ. Press, 1–22.

——(2007). 'Archibald Campbell, 3rd Duke of Argyll (1682–1761): The Great Patron of the Scottish Enlightenment', *2000: The European Journal*, viii, no. 2 (Dec. 2007): 1–2.

——(2008). *Academic Patronage in the Scottish Enlightenment*. Edinburgh: Edinburgh Univ. Press.

Endres, A. M. (1991). 'Adam Smith's Rhetoric of Economics: An Illustration Using "Smithian" Compositional Rules', *Scottish Journal of Political Economy*, 38: 76–95.

Erskine, Patrick (1708). *Theses Philosophicae...Joanne Lowdoun Praeside*. Glasgow: Robert Saunders.

Etzioni, Amitai (1994). *The Spirit of Community: Thoughts, Responsibilities, and the Communitarian Agenda*. New York: Crown.

——(2001). *Next: The Road to the Good Society*. New York: Basic Books.

Evans, H., and Evans, M. (1973). *John Kay of Edinburgh: Barber, Miniaturist and Social Commentator, 1742–1826*. Aberdeen: Aberdeen Univ. Press.

Eyre-Todd, George (1934). *History of Glasgow, iii: From the Revolution to the Passing of the Reform Acts 1832–33*. Glasgow: Jackson, Wylie.

Faber, Eva (2005). 'The [Count Karl von] Zinzendorf Papers: The Diary and Other Sources'. Paper read at the Eighteenth-Century Scottish Studies Society and Hungarian Society for Eighteenth-Cenury Studies Joint Conference—Empire, Philosophy and Religion—Central European University, BudapestFabian, Bernhard (1994). Selecta Anglicana: buchgeschichtliche Studien zur Aufnahme der englischen Literatur in Deutschland im achtzehnten Jahrhundert. Wiesbaden: Harrassowitz Verlag.

——(in progress, 2009) ed. with E. Fattinger and G. Klingenstein. *Diary of Count Karl von Zinzendorf*.

Faccarello, Gilbert (1989). 'Présentation, économie', in Crépel et al. (1989: 121–49).

——and Steiner, Philip (2002). 'The Diffusion of the Work of Adam Smith in the French Language,' in Tribe and Mizuta (2002: 61–119).

Falconer, William (1789). *A Universal Dictionary of the Marine*. London: T. Cadell.

Fallows, James (1994). *Looking at the Sun: The Rise of the New East Asian Economic and Political Systems*. New York: Pantheon.

Farge, Arlette (1994). *Fragile Lives: Violence, Power and Solidarity in Eighteenth-Century Paris*, trans. Carol Shelton. Oxford: Polity.

Fattinger, Elisabeth (2005). 'Count Karl von Zinzendorf and His British Travel Acquaintances'. Paper read at ECSSS and HECSS Joint Conference (see Faber 2005).

Fay, C. R. (1956). *Adam Smith and the Scotland of His Day*. Cambridge: Cambridge Univ. Press.

——(2010). *Times Literary Supplement*, 23 Apr., 7–8: revs. of books on the credit crunch—. John Cassidy, *How Markets Fall: The Logic of Economic Calamities*, London: Allan Lane; Scott Patterson, *The Quants: How a New Breed of Math Whizzes Conquered Wall Street and Nearly Destroyed It*, New York: Random House; Hank Paulson, *On the Brink: Inside the Race to Stop the Collapse of the Global Financial System* New York:

Business Plus; Andrew Ross Sorkin, *Too Big to Fail: Inside the Battle to Save Wall Street*, London: Allan Lane; Gillian Tett, *Fool's Gold: How Unrestrained Greed Corrupted a Dream, Shattered Global Markets and Unleashed a Catastrophe*, New York: Little, Brown, pprbk.

Fechner, Roger J. (1993). 'Adam Smith and American Academic Moral Philosophers in the Age of Enlightenment and Revolutions', in Mizuta and Sugiyama (1993: 181–97).

Fénelon, François (1722). *Dialogues concerning Eloquence*, trans. William Stevenson. London.

Ferguson, Adam (1756). *Reflections Previous to the Establishment of a Militia*. London: R. & J. Dodsley. Rpt. in Mizuta (1977: 1–27).

——(1767/1966). *An Essay on the History of Civil Society*, ed. and intro. Duncan Forbes. Edinburgh: Edinburgh Univ. Press.

——(1773). *Institutes of Moral Philosophy*, 2nd rev. edn. London: W. Strahan.

——(1776). *Remarks on a Pamphlet Lately Published by Dr Price... in a Letter from a Gentleman in the Country [Adam Ferguson]*. London: T. Cadell.

——(1783). *The History of the Progress and Termination of the Roman Republic*. 3 vols. London: W. Strahan & T. Cadell; Edinburgh: W. Creech.

——(1792). *Principles of Moral and Political Science*. 2 vols. London: A. Strahan & T. Cadell; Edinburgh: W. Creech.

——(1986). *The Unpublished Essays of Adam Ferguson*, ed. W. M. Philip. 2 vols. London: Weeks and Son.

——(1995). *Correspondence*, ed. Vicenzo Merolle, intro. Jane B. Fagg. 2 v. London: Pickering and Chatto.

——(2005). *The Manuscripts of Adam Ferguson*, ed. Vincenzo Merolle; Robin Dix and Eugene Heath (contrib. eds.). London: Pickering & Chatto.

——(2007). *Adam Ferguson: History, Progress and Human Nature*, ed. Eugene Heath and Vincenzo Merolle. London: Pickering & Chatto.

——(2009). *Adam Ferguson: Philosophy, Politics and Society*, ed. Eugene Heath and Vincenzo Merolle. London: Pickering & Chatto.

Ferguson, William (1968). *Scotland 1689 to the Present*. Edinburgh London: Oliver & Boyd.

Ferreras, Juan de (1751). *Histoire générale d'Espagne: enrichi de notes historiques et critiques*, trans. Vaquette d'Hermilly, Zacharias Chatelain, Anne-Marguerite-Gabrielle de Beauvau-Craon [duchesse de Lévis-Mirepoix], Jean-Baptiste Charvin. À Paris et se vend à Amsterdam: chez Z. Chatelain.

Fetter, Frank W., (ed.) (1957). *The Economic Writings of Francis Horner in the Edinburgh Review*. London: London School of Economics and Political Science.

Fieser, James (2004). 'David Hume (1711–1776): Life and Writings', *The Internet Encyclopedia of Philosophy*, 6–7. Accessed online: 30 Nov. 2008.

Financial Times (17 March 2008). Economists' Forum.

Findlay, J. T. (1928). *Wolfe in Scotland*. London: Longmans.

Fleischacker, Samuel (1991). 'Philosophy in Moral Practice: Kant and Adam Smith', *Kant-Studien*, 82: 249–69.

——(1999). *A Third Concept of Liberty: Judgment and Freedom of Thought in Kant and Adam Smith*. Princeton: Princeton Univ. Press.

——(2003). *On Adam Smith's Wealth of Nations: A Philosophical Companion*. Princeton: Princeton Univ. Press.

——(2007). *A Short History of Distributive Justice*. Cambridge, MA: Harvard Univ. Press.

Fleming, John (1962). *Robert Adam and His Circle in Edinburgh and Rome*. London: John Murray.

——and Honour, Hugh (1977). *The Penguin Dictionary of the Decorative Arts*. London: Penguin.

Fleming, Revd Thomas (1791). 'Parish of Kirkcaldy', *[Old] Statistical Account of Scotland*, ed. Sir John Sinclair. Edinburgh.

Fletcher of Saltoun, Andrew (1749). *The Political Works*. Glasgow: Printed by Robert Urie for G. Hamilton & J. Balfour, Edinburgh.

Flinn, Michael (ed.) (1977). *Scottish Population History from the 17th Century to the 1930s*. Cambridge: Cambridge Univ. Press.

Fontana, Biancamaria (1985). *Rethinking the Politics of Commercial Society: The Edinburgh Review 1802–1832*. Cambridge: Cambridge Univ. Press.

Fontenelle, Bernard Le Bovyer de (1728). *A Week's Conversation on the Plurality of Worlds*, trans. William Gardiner, 2nd edn. London: A. Bettesworth.

Forbes, Duncan (1982). 'Natural Law and the Scottish Enlightenment', in Campbell and Skinner (1982a: 186–204).

Force, Pierre (2003). *Self-Interest before Adam Smith: A Genealogy of Economic Science*. Cambridge: Cambridge Univ. Press (review by Eric Schliesser and reply by Force, Adam Smith Rev., vol. 3 (2007), 203–11).

Fordham, Douglas (2006). 'Allan Ramsay's Enlightenment; or, Hume and the patronizing portrait', *The Art Bulletin*, Sept. Accessed online.

Fox-Genovese, Elizabeth (1976). *The Origins of Physiocracy: Economic Revolution and Social Order in Eighteenth-Century France*. Ithaca, NY: Cornell Univ. Press.

France, Peter (1990). 'The Commerce of the Self', *Comparative Criticism: A Yearbook*, 12: 39–56.

Fraser, Antonia (1970). *Mary Queen of Scots*. London: Panther.

Fraser, Sir William (1878). *The Scotts of Buccleuch*. vols. 1 (1200–1810), 2 (1100–1811). Edinburgh (available as eBook & CD-ROM: TannerRitchie Publishing).

Frêche, Georges (1974). *Toulouse et la région Midi-Pyrénées au siècle des lumières (vers 1670–1789)*. Paris: Cujas.

Freeholder of Ayrshire, A (1760). *The Question relating to a Scotch Militia considered, in a Letter to the Lords and Gentlemen who have concerted the form of law for that establishment*. Edinburgh London: J. Tower.

Fricke, C. and Schütt, H.-P. (eds.) (2005). *Adam Smith als Moralphilosoph*. Berlin: de Gruyter.

Friedman, Milton (1974). 'Schools at Chicago', *University of Chicago Magazine*. Chicago: Chicago Univ. Press.

——(1981). *The Invisible Hand in Economics and Politics*. Singapore: Institute of Southeast Asian Studies.

——(1982). *Capitalism and Freedom*. Chicago: Chicago Univ. Press.

——and Friedman, Rose (1980). *Free to Choose*. New York: Harcourt Brace Jovanovich.

Fry, Howard T. (1970). *Alexander Dalrymple (1737–1808) and the Expansion of British Trade*. Toronto: Univ. of Toronto Press.

Fry, Michael (1992a). *The Dundas Despotism*. Edinburgh: Edinburgh Univ. Press.

——(ed.) (1992b). *Adam Smith's Legacy: His Place in the Development of Modern Economics*. London: Routledge.

Fulbrook, Mary (1990). *A Concise History of Germany*. Cambridge: Cambridge Univ. Press.

Gamble, Andrew (1994). *The Free Economy and the Strong State*. New York: New York Univ. Press.

Garrioch, David (1986). *Neighbourhood and Community in Paris 1740–1790*. Cambridge: Cambridge Univ. Press.

Garrison, James W. (1987). 'Mathematics and Natural Philosophy', JHI 48: 609–27.

Gaskell, Philip (1964). *A Bibliography of the Foulis Press*. London: Hart-Davis.

Gaskill, Howard (ed.) (1991). *Ossian Revisited*. Edinburgh: Edinburgh Univ. Press.

Gaul, Marilyn (1988). *English Romanticism: The Human Context*. New York: Norton.

Gellner, Ernst (1996). *Conditions of Liberty: Civil Society and Its Rivals*. London: Penguin.

George III (1927). *Correspondence...from 1760 to 1783*, ed. Sir John Fortescue, ii. London: Macmillan.

Gherity, James A. (1992). 'Adam Smith and the Glasgow Merchants', *History of Political Economy*, 24: 357ff.

——(1993). 'An Early Publication by Adam Smith', *History of Political Economy*, 25: 241–82.

——(1994). 'The Evolution of Adam Smith's Theory of Banking', *History of Political Economy*, 26: 423–41.

Giannone, Pietro (1729–31). *The Civil History of the Kingdom of Naples*. 2 vols., trans. Capt. James Ogilvie. London: W. Innys, A. Millar et al.

Gibbon, Edward (1994). *The History of the Decline and Fall of the Roman Empire*. 3 vols. London: Allen Lane–The Penguin Press.

——(1950). *Autobiography*. Oxford: Oxford Univ. Press.

——(1956). *Letters*, ed. J. E. Norton. 3 vols. London: Cassell.

Gibson, A., and Smout, T. C. (1989). 'Scottish Food and Scottish History', in R. A. Houston and I. D. Whyte (eds.), *Scottish Society 1500–1800*. Cambridge: Cambridge Univ. Press.

Gibson, John (1777). *The History of Glasgow*. Glasgow: R. Chapman & A. Duncan.

Gifford, John (1988). *Fife: The Buildings of Scotland*. Harmondsworth: Penguin.

——(1989). *William Adam 1689–1748*. Edinburgh: Mainstream.

—— McWilliam, Colin, Walker, David, and Wilson, Christopher (1988 rpt.). Edinburgh: *The Buildings of Scotland*. Harmondsworth: Penguin.

Gillespie, Stuart and Hardie, Philip (eds.) (2008). *The Cambridge Companion to Lucretius*. Cambridge: Cambridge Univ. Press.

Gioli, Gabriella (1993). 'The Diffusion of the Economic Thought of Adam Smith in Italy, 1776–1876', in Mizuta and Sugiyama (1993: 225–49). [Glasgow: *The Rising Burgh: 1560 to 1770s*. http://theglasgowstory.com/index.php

Globe and Mail (2008a). 'Conservatorship of Fanny Mae and Freddy Mac announced by Henry Paulson, US Treasury Secretary'. 7 Sept.

—— (2008b). 'Report on Business: Cost of Fanny Mae and Freddy Mac'. 8 Sept.: pp. B1, B4, B7.

Godechot, J., and Tollon, B. (1974). 'Ombres et lumières sur Toulouse (1715–1789)', in Philippe Wolff (ed.), *Histoire de Toulouse*. Toulouse: Édouard Privat.

Godley, A. D. (1908). *Oxford in the Eighteenth Century*. London: Methuen.

Goethe, J. W. von (1774/1962 pk.). *The Sorrows of Young Werther*, trans. Catherine Hutter. New York: Signet.

Gomes, A. W. (1993). 'De Jesu Christo Sevatore: Faustus Socinus on the Satisfaction of Christ', *The Westminster Theological Journal*, 55. 2: 209–31.

Graham, Eric J. (2003, Sept./Oct.). 'The Slaving Voyage of the Hannover of Port Glasgow 1719–20', *History Scotland*, 3(5).

Graham and Brehrendt (2003). see Brehrendt and Graham (2003, Oct.).

Graham, Henry Gray (1899). *Social Life of Scotland in the Eighteenth Century*. 2 vols. London: Adam & Charles Black.

Graham, Henry Gray(1908). *Scottish Men of Letters in the Eighteenth Century*. London: Adam & Charles Black.

Grampp, William D. (2000). 'What Did Smith Mean by the Hidden Hand', *Journal of Political Economy*, 108.31: 441–65.

Grant, James (1876). *History of the Burgh Schools of Scotland*. London: Collins.

Gray, John M. (ed.) (1892). 'Memoirs of the Life of Sir John Clerk of Penicuik...From His Own Journals, 1676–1755', in John M. Gray (ed.), *Publications of the Scottish History Society*, xiii. Edinburgh: Constable.

Greenspan, Alan (2005). Remarks by Chairman Alan Greenspan. Adam Smith Memorial Lecture. Kirkcaldy, Scotland.

——(2007). *The Age of Turbulence: Adventures a New World*. New York: The Penguin Press.

Griswold, Charles L.(1991). 'Rhetoric and Ethics: Adam Smith on Theorizing about Moral Sentiments', *Philosophy and Rhetoric*, 24: 213–37.

——(1996). 'Adam Smith on Stoicism, Aesthetic Reconciliation, and Imagination', *Man and World*, 29.2: 187–213.

——(1999). *Adam Smith and the Virtues of Enlightenment*. Cambridge: Cambridge Univ. Press.

——(2006). 'Imagination: Morals, Science, and Arts', in Haakonssen (2006: 22–56).

——(2009). 'Tales of the Self: Adam Smith's Response to Rousseau', T/S paper delivered at Philosophy of Adam Smith Conference, Balliol College, Oxford.

Groenewegen, P. D. (1969). 'Turgot and Adam Smith', *Scottish Journal of Political Economy*, 16: 271–87.

——(2002). *Eighteenth-Cenury Economics: Smith, Turgot, Quesnay. Routledge Studies in the History of Economics*. New York: Taylor & Francis, Inc.

Grotius, Hugo (1670). *De jure belli ac pacis*. Amsterdam: J. Blau.

——(1735). *De jure belli ac pacis*, ed. J. Barbeyrac. Amsterdam: Jansson-Waesberg.

——(1738/2005). *The Rights of War and Peace*, Prolegomena to 1st edn. 1625, 3 v., ed. and intro. Richard Tuck. Indianapolis: Liberty Fund.

——(1745). *De veritate religionis Christianae*, ed. J. Le Clerc. Glasgow: R. Ure.

——(2012 expected). *The Truth of the Christian Religion*, ed. Maria Rosa Antognazza. Indianapolis: Liberty Fund.

Guicciardini, Niccolò (2005). 'The Auctoris Praefatio to Newton's Principia: Geometry and Mechanics in the Newtonian Mathematical School', in Emilio Mazzi and Emanuele Ronchetti. (2005: 115–25).

Guignes, Joseph de (1756–8). *Histoire générale des Huns, Turcs, Mongols et des autres Tartares occidentaux*. 4 v. in 5. Paris: Desaint & Saillant.

Gurses, Derya (2005). 'Academic Hutchinsonians and Their Quest for Relevance', *History of European Ideas*, 31.3: 408–27.

Gutting, Gary (1991). *Michel Foucault's Archaeology of Scientific Reason*. Cambridge: Cambridge Univ. Press.

Guttmacher, M. S. (1930). 'The Views of Adam Smith on Medical Education', *Johns Hopkins Hospital Bulletin*, 47: 164–75.

Haakonssen, Knud (1981). *The Science of a Legislator: The Natural Jurisprudence of David Hume and Adam Smith*. Cambridge: Cambridge Univ. Press.

——(ed.) (1988). *Traditions of Liberalism*. Sydney: Centre for Independent Studies.

——(1990). 'Natural Law and Moral Realism: The Scottish Synthesis', in Stewart (1990c: 61–85).

——(1996). *Natural Law and Moral Philosophy: From Grotius to the Scottish Enlightenment.* Cambridge: Cambridge Univ. Press.

—— (ed.) (2006). 'Intro.: The Coherence of Smith's Thought', and with Donald Winch, 'The Legacy of Adam Smith' *The Cambridge Companion to Adam Smith.* Cambridge: Cambridge Univ. Press, 1–21, 336–94.

Hailes, Sir David Dalrymple, Lord (1776). *Annals of Scotland.* 2 vols. in 1. Edinburgh.

Haldane, A. R. B. (1952). *The Drove Roads of Scotland.* Edinburgh: Nelson.

——(1970). 'The Society of Writers to Her Majesty's Signet', *Journal of the Law Society of Scotland,* 15.

Halévy, Elie (1955). *The Growth of Philosophical Radicalism,* trans. Mary Morris. Boston, MA: Beacon Press.

Halkett, Samuel and Laing, John (1971). *Dictionary of Anonymous and Pseudonymous Publications,* ed. J. Kennedy et al. 8 vols. New York: Haskell House.

Hall, A. Rupert (1980). *Philosophers at War: The Quarrel Between Newton and Leibniz.* Cambridge: Cambridge Univ. Press.

——and Trilling, L. (1976). *The Correspondence of Isaac Newton.* Cambridge: Cambridge Univ. Press.

Hamilton, Henry (1963). *An Economic History of Scotland in the Eighteenth Century.* Oxford: Clarendon Press.

Hamilton of Bangour, William (1850). *Poems and Songs,* ed. James Paterson. Edinburgh: Thomas George Stevenson, Bookseller.

Hamilton, Sir William (1853). *Discussions on Philosophy and Literature, Education and University Reform* (chiefly from the Edinburgh Review), 2nd edn. London: Longman.

Hamilton, Willis D. (1997). *Dictionary of Miramichi Biography.* Saint John, NB, Canada: Privately published.

Hampson, Norman (1978). *Danton.* London: Duckworth.

Hancock, David (1996). *Citizens of the World: London Merchants and the Integration of the British Atlantic Community.* Cambridge: Cambridge Univ. Press.

Handley, James E. (1953). *Scottish Farming in the Eighteenth Century.* London: Faber & Faber.

Hanley, Ryan Patrick (2006). 'From Geneva to Glasgow: Rousseau and Adam Smith on the Theater and Commercial Society', *Studies in Eighteenth-Century Culture,* 35: 177–202.

——(2008). 'Commerce and Corruption. Rousseau's Diagnosis and Smith's Cure', *European Journal of Political Theory,* 7: 137–58.

——(2009). *Adam Smith and the Character of Virtue.* Cambridge: Cambridge Univ. Press.

Hann, C. M. (ed.) (1990). *Market Economy and Civil Society in Hungary.* London: Taylor & Francis.

Harmin, Claire (2008). 'Partiality and Prejudice: The Young Jane Austen's "Hatred of All Those People Whose Parties or Principles Do Not Suit With Mine"', *Times Literary Supplement,* 1 Feb.: 14–15.

Harris, Bob (2008). *The Scottish People and the French Revolution.* London: Pickering & Chatto Publishers.

Harris, James A. (2008). 'Editing Hume's Treatise', *Modern Intellectual History,* 5.3: 633–41.

Harris, Joseph (1757–8). *An Essay on Money and Coins.* Parts I and II. London: G. Hawkins.

Harris, R. D. (1979). *Necker, Reform Statesman of the Old Regime.* Berkeley, CA: Univ. of California Press.

Harris, Tim (2007). 'James Scott, Duke of Monmouth and First Duke of Buccleuch', *ODNB-O*.

Haskell, Francis, and Penny, Nicholas (1982). *Taste and the Antique: The Lure of Classical Sculpture 1500–1900*. New Haven, CT: Yale Univ. Press.

Haskell, Thomas L., and Teichgraeber, Richard F., III (eds.) (1993). *The Culture of the Market: Historical Essays*. Cambridge: Cambridge Univ. Press.

Hatch, Gary Layne (1994). 'Adam Smith's Accusation of Plagiarism Against Hugh Blair', *Eighteenth-Century Scotland*, 8: 7–10.

Hay, Douglas et al. (eds.) (1977). *Albion's Fatal Tree: Crime and Society in Eighteenth-Century England*. Harmondsworth: Penguin.

Haym, Niccola Francesco (1803). *Biblioteca italiana: ossia notizia de libri rari italiani*. 2 vols. Milan: Giovanni Silvestri.

Hazen, Allen T. (1969). *A Catalogue of Horace Walpole's Library, with Horace Walpole's Library by W. S. Lewis*. 4 vols. Oxford: Oxford Univ. Press.

Heath, Sir Thomas L. (1955). *Introduction to Euclid's Elements*, ed. Isaac Todhunter. London: Dent.

Hegel, Georg Wilhelm Friedrich (1942). *Philosophy of Right*, trans. with notes T. M. Knox. Oxford: Clarendon Press.

——(1991). *Elements of the Philosophy of Right*, ed. Allen W. Wood, trans. H. B. Nisbet. Cambridge: Cambridge Univ. Press.

Heirwegh, Jean-Jacques and Mortier, Roland (1983). 'Les duchés de Luxembourg et de Bouillon', in Hervé Hasquin (ed.), *La Vie culturelle dans nos provinces (Pays-Bas autrichiens, principauté de Liège et duché de Bouillon) au XVIIIe siècle*. Brussels: Crédit Communal de Belgique.

Henderson, Willie et al. (eds.) (1993). *Economics and Language*. London: Routledge.

Henry, John (2004). 'John Keill', *ODNB-O*.

Herbener, Jeffrey M. (ed.) (1993). *The Meaning of Ludwig von Mises: Contributions in Economics, Sociology, Epistemology, and Political Philosophy*. Auburn, AL: Ludwig von Mises Institute.

Henderson, Willie, Dudley-Evans, Tony, and Backhouse, Roger (eds.) (1993). *Economics and Language*. London: Routledge.

Hetherington, Sir Hector et al. (1985). *The University of Glasgow Through Five Centuries, 1951*. Glasgow: Glasgow Univ. Press.

Hill, John (1807). *An Account of the Life and Writings of Hugh Blair*. London: T. Cadell & W. Davie; Edinburgh: J. Balfour.

Himmelfarb, Gertrude (1984). *The Idea of Poverty: England in the Early Industrial Age*. New York: Knopf.

Hirschman, Albert O. (1977). *The Passions and the Interests: Political Arguments for Capitalism Before Its Triumph*. Princeton, NJ: Princeton Univ. Press.

Hirshfeld, Alan (2001). *Parallax: The Race to Measure the Cosmos*. New York: Henry Holt.

Holcombe, Kathleen (1995). 'Thomas Reid in the Glasgow Literary Society', in Hook and Sher (1995: 95–110).

Holdsworth, Sir William (1966). *A History of English Law, xii: The Eighteenth Century: The Professional Development of the Law*. London: Methuen/Sweet & Maxwell.

Hollander, Samuel (1973). *The Economics of Adam Smith*. Toronto: Univ. of Toronto Press.

Holloway, James (1986). *James Tassie 1735–1799*. Edinburgh: National Galleries of Scotland Trustees.

Home, John (1822). *Works. With an Account of His Life and Writings by Henry Mackenzie.* 3 vols. London: Hurst, Robinson; Edinburgh: A. Constable.

Hont, Istvan (2005). *Jealousy of Trade: International Competition and the National State in Historical Perspective.* Cambridge, MA: Bellknap Press of Harvard Univ. Press.

——(2008). 'The "Rich Country—Poor Country" Debate Revisted: The Irish Origins and French Reception of the Hume paradox', in Carl Wennerlind and Margaret Schabas (2008).

——and Ignatieff, Michael (eds.) (1983). *Wealth and Virtue: The Shaping of Political Economy in the Scottish Enlightenment.* Cambridge: Cambridge Univ. Press.

Hook, Andrew (ed.) (1987). *The History of Scottish Literature, ii: 1660–1800.* Aberdeen: Aberdeen Univ. Press.

——(2008). *Scotland and America: A Study of Cultural Relations, 1750–1835.* Glasgow: Zeticula/Humming Earth.

——and Sher, Richard B. (eds.) (1995). *The Glasgow Enlightenment.* Edinburgh: Canongate Academic.

Hope, Vincent (1989). *Virtue by Consensus: The Moral Philosophy of Hutcheson, Hume, and Adam Smith.* Oxford: Clarendon Press.

Horn, D. B. (1967). *A Short History of the University of Edinburgh, 1556–1889.* Edinburgh Univ. Press.

Horne, Revd George (1777). *A Letter to Adam Smith, LLD. on the Life, Death, and Philosophy of his Friend David Hume, Esq. By One of the People Called Christians.* Oxford.

Horner, Francis (1957). *Economic Writing,* ed. Frank W. Fetter. London: London School of Economics and Political Science.

House, Jack (1965). *The Heart of Glasgow.* London: Hutchinson.

——(1975). *The Lang Toun.* Kirkcaldy: Kirkcaldy Town Council.

Houston, R. A. (1985). *Scottish Literacy and the Scottish Identity.* Cambridge: Cambridge Univ. Press.

——(1989). 'Scottish Education and Literacy, 1600–1800: An International Perspective', in Devine (1989: 43–61).

——(1994). *Social Change in the Age of the Enlightenment: Edinburgh, 1660–1760.* Oxford; Clarendon Press.

Howard, Alison K. (1959). 'Montesquieu, Voltaire and Rousseau in Eighteenth Century Scotland: A Check List of Editions and Translations of Their Works Published in Scotland before 1801', *The Bibliotheck,* 2: 40–63.

Howarth, W. D. (1989). 'The Danton/Robespierre Theme in European Drama', in Mason and Doyle (1989: 21–34).

Howell, William Samuel (1971). *Eighteenth-Century British Logic and Rhetoric.* Princeton, NJ: Princeton Univ. Press.

Hudson, Nicholas (1988). *Samuel Johnson and Eighteenth-Century Thought.* Oxford: Clarendon Press.

——(1992). 'Dialogue and the Origins of Language: Linguistic and Social Evolution in Maudeville, Condillac, and Rousseau', in Kevin Cope (ed.), *Compendious Conversations.* Frankfurt am Main: Peter Lang.

Hume, David (1739–40/2000). *A Treatise of Human Nature,* and Abstract, ed. David Fate Norton and Mary J. Norton, intro. David Fate Norton. Oxford Philosophical Texts. Oxford. Oxford Univ. Press.

——(1741). *Essays, Moral and Political* Vol. 1. Edinburgh: R. Fleming and A. Alison for A. Kincaid, bookseller [Mizuta].

Hume, David (1942). *Essays, Moral and Political*, Vol. 2. Edinburgh: printed for A. Kincaid by R. Fleming and A. Alison.

——(1748). *A True Account of the Behaviour and Conduct of Archibald Stewart, Esq; late Lord Provost of Edinburgh. In a Letter to a Friend*. London: M. Cooper.

——(1748/2000). *Philosophical Essays concerning Human Understanding* [Mizuta] [from 1758, *An Enquiry concerning Human Understanding*], ed. Tom L. Beauchamp. *Clarendon Edn. of the Works of David Hume*. Oxford: Clarendon Press.

Hume, David (1751/1998). *An Enquiry concerning the Principles of Morals*, ed. Tom L. Beauchamp, Clarendon edn. Oxford: Clarendon Press.

——(1752). *Political Discourses*. Edinburgh: Printed by R. Fleming for A. Kincaid and A. Donaldson.

Hume, David (1757). *Four Dissertations. I. The Natural History of Religion. II. Of the Passions. III. Of Tragedy. IV. Of the Standard of Taste*. London: A. Millar. [Mizuta]. Original from Oxford Univ. Digitized 4 Oct. 2007. Accessed online.

——(1766). *Exposé succinct de la contestation... entre M. Hume et M. Rousseau, avec piéces justicatives*, trans. J.-B. A. Suard, ed. Jean Le Rond d'Alembert. Paris.

——(1778/1983). *The History of England*. 6 vols., Foreword by William B. Todd. Indianapolis: Liberty Fund.

——(2000). *The History of England*. Variorum edn., ed. Frits L. van Holthoon. Intelex Corp., Virginia. Accessed online: http://www.nlx.com/titles/titlhumh.htm, incorporating changes, 1750s to 1778.

——(1783). *Essays on Suicide and The Immortality of the Soul, ascribed to the late David Hume, Esq... to which is added Two Letters on Suicide, from Rousseau's Eloisa*. London: M. Smith.

——(2007). Marginalia.

Hundert, Edward G. (1994). *The Enlightenment's Fable: Bernard Mandeville and the Discovery of the Society*. Cambridge: Cambridge Univ. Press.

Hurtado-Prieto, Jimena (2006). 'The Mercantilist Foundation of Dr Mandeville's Licentious System', in Montes and Schliesser (2006: 221–46).

Hutcheson, Francis (1730/1993). 'De naturali hominum socialitate', ed. and trans. | T. Mautner, in *Two Texts on Human Nature*. Cambridge: Cambridge Univ. Press.

——(1742/1745—2007). *Philosophia moralis institutio compendiaria, with A Short Introduction to Moral Philosophy*, ed. Luigi Turco. Indianapolis: Liberty Fund.

——(1969). *Collected Works*, fac. ed. and Bernhard Fabian. Hildesheim: Georg Olms.

——(2003). *An Essay on the Nature and Conduct of the Passions and Affections, with Illustrations on the Moral Sense*, ed. and intro. Aaron Garrett. Indianapolis: Liberty Classics.

——(1725 1st edn., 2004; 2nd edn., 2008). *An Inquiry into the Original of Our Ideas of Beauty and Virtue*, ed. intro. Wolfgang Leidhold. Indianapolis: Liberty Fund.

——(2006). *Logic, Metaphysics, and the Natural Sociability of Mankind*, ed. James Moore and Michael Silverthorne, texts trans. from Latin by Michael Silverthorne, intro. James Moore. Indianapolis: Liberty Fund.

——(2011 expected). *A System of Moral Philosoph*, ed. Knud Haakonssen. Indianapolis: Liberty Fund.

——(2011 expected). *The Correspondence and Occasional Writings of Francis Hutcheson*, ed. James Moore and M. A. Stewart. Indianaplis: Liberty Fund.

Hutchison, Terence (1976). 'Adam Smith and *WN*', *Journal of Law and Economics*, 19: 507–28.

——(1988). *Before Adam Smith: The Emergence of Political Economy, 1662–1776*. Oxford: Blackwell.

Hyslop, Beatrice (1936). *Guide to the General Cahiers of 1789*. New York: Columbia Univ. Press.

Ignatieff, Michael (1986). 'Smith, Rousseau and the Republic of Needs', in T. C. Smout (ed.), *Scotland and Europe 1200–1850*. Edinburgh: Donald.

——and Hont (1983), in Hont and Ignatieff (1983).

Index Librorum prohibitorum...Pii septimi (1757/1819). Ed. by Alex. Angelicus Bardani, [preface by] Benedictus XIV. Romae: ex typographia Camerae Apostolicae.

Ingrao, Bruno and Israel, Giorgio (1990). *The Invisible Hand*, trans. Ian McGilvray. Cambridge, MA: MIT Press.

Innes, Cosmo (1862). 'Memoir of Dalzel', in Dalzel (1862).

——(1872). *Lectures on Scotch Legal Antiquities*. Edinburgh: Edmonston & Douglas.

Iser, Wolfgang (1972/1974). *The Implied Reader*, trans. David Henry Wilson. Baltimore: Johns Hopkins Univ. Press.

Jacob, Margaret C. (1991). *Living the Enlightenment: Freemasonry and Politics in Eighteenth-Century Europe*. New York: Oxford Univ. Press.

Jacobs, Jane (1984). *Cities and the Wealth of Nations: Principles of Economic Life*. Harmondsworth: Penguin.

James, Lawrence (1997). *Raj: The Making & Unmaking of British India*. London: Abacaus.

Jammes, Paul (1976). *Dix-huitième siècle*, Catalogue 227. Paris: Librairie Paul Jammes.

Jardine, George (1825). *Outlines of Philosophical Education, Illustrated by the Method of Teaching the Logic in the University of Glasgow*, 2nd edn. Edinburgh: Oliver & Boyd.

Jardine, Nicholas (1987). 'Scepticism in Renaissance Astronomy: A Preliminary Study', in R. H. Popkins and Charles B. Schmitt (eds.), *Scepticism from the Renaissance to the Enlightenment*. Wiesbaden: Otto Harrosswitz.

Jenkins, Simon (2007). *Thatcher and Sons: A Revolution in Three Acts*. London: Penguin Books.

Joersson, S. A. (1796). *Adam Smith Author of an Inquiry into the Wealth of Nations and Thomas Paine Author of the Decline and Fall of the English System of Finance. Germany*, 2nd edn. London: repr. for D. I. Eaton.

Jogland, Herta H. (1959). *Ursprünge und Grundlagen der Soziologie bei Adam Ferguson*. Berlin: Duncker & Humblot.

Johnson, David (1997). *Scottish Fiddle Music in the 18th Century: a Musical Collection and Historical Study*, 2nd edn. Edinburgh: Mercat Press.

Johnson, Samuel (1775/1985). *A Journey to the Western Islands of Scotland* ed. with intro. and notes J. D. Fleeman. Oxford: Oxford Univ. Press.

——(1810–11). *Works. New edn. with an Essay on his Life and Genius by Arthur Murphy*. 14 vols. London: J. Nichols et al.

Jones, Jean (1986). 'James Hutton', in Daiches et al. (1986: 116–36).

——(1990). *Morals, Motives & Markets: Adam Smith 1723–90: A Bicentenary Exhibition Catalogue*. Edinburgh: Royal Museum of Scotland/Adam Smith Bicentenary Committee.

Jones, John (1988). *Balliol College: A History 1263–1939*. Oxford: Oxford Univ. Press.

——(2005a). *Balliol College: A History*, 2nd edn. rvsd. Oxford: Oxford Univ. Press.

——(2005b). 'Charles Godwin', *ODNB-O*.

——(2005c). 'Joseph Sandford', *ODNB-O*.

——and Sander, Anne (January, 2009). 'Catalogue of an Exhibition arranged for a Conference of the International Adam Smith Society'.

Jones, Peter, 1 (1982). 'The Polite Academy and the Presbyterians, 1720–1770', in Dwyer et al. (1982: 156–78).

Jones, Peter, 2 (1985). *Lord Grenville: 1759–1834*. Oxford: Clarendon Press.

Jones, Peter, 3, and Jones, Jean (eds.) (1986). *A Hotbed of Genius: The Scottish Enlightenment 1730–1790*. Edinburgh: Edinburgh Univ. Press.

Jones, Peter (ed.) (1988). *Philosophy and Science in the Scottish Enlightenment*. Edinburgh: Donald.

——(ed.) (1989). *The 'Science of Man' in the Scottish Enlightenment: Hume, Reid and Their Contemporaries*. Edinburgh: Edinburgh Univ. Press.

——(1992a). 'The Aesthetics of Adam Smith', in Jones and Skinner (1992b: 56–78).

——and Skinner, Andrew S. (eds.) (1992b). *Adam Smith Reviewed*. Edinburgh: Edinburgh Univ. Press.

Joseph, Sir Keith (April, 1976). *Monetarism Is Not Enough: Stockton Lecture*. London: Centre for Policy Studies.

Jupp, Peter (1985). Lord Grenville: 1759–1834. Oxford: Clarendon Press.

Justinus (1996). *Epitome of the Philippic History of Pompeius Trogus*. vol. 1, books 11–12, trans. John Yardley. Oxford: Clarendon Press.

Kames, Lord Henry Home (1747). *Essays upon Several Subjects concerning British Antiquities*. Edinburgh: A. Kincaid; (1797) Edinburgh: Printed by T. MacCliesh & Co.

——(1751). *Essays on the Principles of Morality and Natural Religion*. Edinburgh: A. Kincaid & A. Donaldson (1758) 2nd. edn.; (1779) 3rd edn. London: J. Murray; Edinburgh: J. Bell.

——(1758). *Historical Law-Tracts*. London: A. Millar; Edinburgh: A. Kincaid & J. Bell; (2011 expected) ed. Mary Catherine Moran. Indianapolis: Liberty Fund.

——(1760). *Principles of Equity*. London: A. Millar; Edinburgh: A. Kincaid & J. Bell; (2011 expected) ed. Michael Lobban. Indianapolis: Liberty Fund.

——(1762). *Elements of Criticism*. 2 vols. Edinburgh: A. Kincaid & J. Bell; (2005) ed. Peter Jones. Indianapolis: Liberty Fund.

——(1774). *Sketches of the History of Man*. 2 vols. London: W. Strahan & T. Cadell; Edinburgh: W. Creech; (2007) ed. James A. Harris, 3 vols. Indianapolis: Liberty Fund.

——(1776). *The Gentleman Farmer*. Edinburgh: W. Creech.

——(1993). *Collected Works*. London: Routledge/Thoemmes.

——(2005). ed. with intro. Mary Catherine Moran. *Several Essays Addded Concening the Proof of a Deity*. Indianapolis: Liberty Fund. Accessed online: http://oll.libertyfund.org/title/1352/66282 22 Oct. 2008.

Kant, Immanuel (1900–). *Gesammelte Schriften*, edn. Königlich Preußischen [later Deutschen] Akademie der Wissenschaften. Berlin: Georg Reimer [later Walter de Gruyter].

——(1967). *Philosophical Correspondence*, ed. and trans. A. Zweig. Chicago, IL: Chicago Univ. Press.

Karier, Thomas (1997). *Great Experiments in American Economic Policy: From Kennedy to Reagan*. Westport, CT: Praeger.

Kay, John (1842). *A Series of Original Portraits and Character Etchings*. 2 vols. Edinburgh: Hugh Paton.

Keane, John (ed.) (1988). *Civil Society and the State: New European Perspectives*. London: Verso.

Keill, John (1705). *Introductio ad veram physicam*, 2nd edn. Oxford: Bennet.

——(1718). *Introductio ad veram astronomiam*. Oxoniae/Londini: E Theatro Sheldoniano, Imprensis Hen. Clements.

Kemp, Peter (ed.) (1979). *Oxford Companion to Ships and the Sea*. London: Oxford Univ. Press.

Kennedy, Emmet (1989). *A Cultural History of the French Revolution*. New Haven, CT: Yale Univ. Press.

Kennedy, Gavin (2005). *Adam Smith's Lost legacy*. Houndmills, Basingstoke, Hants./NY: Palgrave Macmillan.

——(2008). *Adam Smith as a Moral Philosopher and His Political Economy*. Houndsmill, Basingstoke, Hants. NY: Palgrave Macmillan.

——(2009). 'Adam Smith and the Invisible Hand: From Metaphor to Myth', *Economic Journal Watch*, 6. 2: 174–96.

Kenyon, J. P. (ed. and intro.) (1969). *Halifax: The Complete Works*. Harmondsworth: Penguin.

Kerr, Robert (1811). *Memoirs of the Life, Writing, and Correspondence of William Smellie*. 2 vols. Edinburgh: John Anderson.

Keynes, John Maynard (1963). *Essays in Biography*. New York: Norton.

Kidd, Colin (1993). *Subverting Scotland's Past*. Cambridge: Cambridge Univ. Press.

'Kirkcaldy Links Market—a History' (2008a). Accessed online.

'Kirkcaldy Links Market' (2008b). National Fairground Archive. Univ. of Sheffield. Accessed online.

Kitchin, A. H. and Passmore, R. (1949). *The Scotsman's Food: An Historical Introduction to Modern Food Administration*. Edinburgh: Livingstone.

Klein, Lawrence E. (1994). *Shaftesbury and the Culture of Politeness: Moral Discourse and Cultural Politics in Early Eighteenth-Century England*. Cambridge: Cambridge Univ. Press.

Klemme, Heiner F. (1991). 'Adam Smith an Thomas Cadell: Zwei neue Briefe', *Archiv für Geschichte der Philosophie*, 73: 277–80.

——(2003). 'Scepticism and Common Sense', in Broadie (2003: 117–35).

Knapp, Lewis Mansfield (1949). *Tobias Smollett: Doctor of Men and Manner*. Princeton, NJ: Princeton Univ. Press.

Kobayashi, Noburu (1967). 'James Stewart, Adam Smith and Friedrich List', Science Council of Japan, Division of Economics, Commerce and Business Administration, Economics Series No. 40.

Krammick, Isaac (1990). *Republicanism and Bourgeois Radicalism*. Ithaca, NY: Cornell Univ. Press.

Kuhn, Thomas (1970). *The Structure of Scientific Revolutions*, 2nd edn. Chicago, IL: Univ. of Chicago Press.

Kumar, Krishnan (1993). 'Civil Society: An Inquiry into the Usefulness of an Historical Term', *British Journal of Sociology*, 44: 375–95.

Kurland, Gabriel (16 Dec. 2008). 'The Madoff Affair: Greed's Victory Over Common Sense'. Accessed online.

Kurtz, Stephen G., and Hutson, James H. (eds.) (1973). *Essays on the American Revolution*. New York: Norton.

Lafitau, Joseph-François (1977). *Customs of the American Indians Compared with the Customs of Primitive Times*, ed. and trans. William N. Fenton and Elizabeth L. Moore. Toronto: Champlain Society.

Lagrave, Jean-Paul de (1989). 'L'Influence de Sophie de Grouchy sur la pensée de Condorcet', in Crépel et al. (1989: 434–42).

Lakatos, Imre (1970). 'Falsification and the Methodology of Scientific Research Programmes', in I. Lakatos and A. Musgrove (eds.), *Criticism and the Growth of Knowledge*. Cambridge: Cambridge Univ. Press.

Lamb, J. C. (1963). 'David Stuart Erskine, 11th Earl of Buchan: A Study of His Life and Correspondence'. University of St Andrews PhD thesis.

Landsman, Ned C. (1990). 'Witherspoon and the Problem of Provincial Identity in Scottish Enlightenment Culture', in Sher and Smitten (1990: 29–45).

——(1991). 'Presbyterians and Provincial Society: The Evangelical Enlightenment in the West of Scotland, 1740–1775', in Dwyer and Sher (1991: 194–209).

Lane, Robert E. (1991). *The Market Experience*. Cambridge: Cambridge Univ. Press.

Lange, Oskar (1946). 'The Scope and Method of Economics', *Review of Economic Studies*, 13(1): 19–32.

La Rochefoucauld, François VI, duc de (1665). *Réflexions ou sentences et maximes morales*. À Paris: Chez Claude Barsin.

Lasarte, Javier (1976). *Economica y hacienda al final del antiquo regimen: dos estudios*. Madrid.

Latsis, S. J. (1976). 'A Research Programme in Economics', in Latsis (ed.), *Method and Appraisal in Economics*. Cambridge: Cambridge Univ. Press.

Laugier, Lucien (1979). *Turgot ou le mythe des réformes*. Paris: Albatros.

Laurent-Hubert, M. (1987). 'L'essai sur les moeurs et l'esprit des nations; une histoire de la monnaie' [par Voltaire], dans *Le Siècle de Voltaire. Hommage à René Pomeau*, éd. C. Mervaud. Oxford. 2 vols. ii. 577–91.

Law, Alexander (1965). *Education in Edinburgh in the Eighteenth Century*. London: Athlone Press.

——(1984). 'Scottish Schoolbooks of the Eighteenth and Nineteenth Centuries', pt. ii, *Studies in Scottish Literature*, 19: 56–71.

Leddy, Nevin B. (2008). 'Adam Smith's Moral Philosophy in the Context of Eighteenth-Century French Fiction', *Adam Smith Review*, 4: 158–80.

——(2009a). 'Adam Smith's Moral Philosophy in the Context of Eighteenth-Century Fiction: Epicurus, Sympathy, and the Roman D'analyse'. DPhil thesis, Dept. of History, Univ. of Oxford.

——(2009b). 'Adam Smith's Critique of the French Enlightenment: Rousseau, Diderot and the Encyclopedia Project', in (eds.) Leddy and Lifschitz (2009).

——and Lifschitz, Avi (eds.) (2009). 'Epicurus in the Enlightenment: Mode d'emploi'. SVEC.

Lee, Stephen M. (2008). 'William Eden, First Baron Auckland', *ODNB-O*.

Lee-Warner, E. (1901). *The Life of John Warner, Bishop of Rochester 1637–1666*. London: Mitchell & Hughes.

Leechman, William (1755). *Preface to Francis Hutcheson, A System of Moral Philosophy*. Repr. in *Works* (1969).

Lehrer, Keith (1991). *Thomas Reid*. London: Routledge.

Leigh, Ralph A. (1986). 'Rousseau and the Scottish Enlightenment,' *Political Economy*, 5: 1–21.

Lenman, Bruce (1977). *An Economic History of Modern Scotland 1660–1976*. London: Batsford.

——(1980). *The Jacobite Risings in Britain: 1689–1746*. London: Eyre Methuen.

Lenman, Leah (2000). 'Defamation in Scotland, 1750–1800', *Continuity and Change*, 15: 209–34.

Lescure, A.-M. de (1869–71). *Nouveaux mémoires du maréchal duc de Richelieu 1696–1788*. 4 vols. Paris: Dentu.

Leslie, Charles Robert and Taylor, Tom (1865). *Life and Times of Sir Joshua Reynolds*. London: John Murray.

Leslie, Sir Robert (1797). 'Review of EPS', *Monthly Review*: v. 22: 57–68; v. 23: 18–33, 152–66.

Lieberman, David (2006). 'Adam Smith on Justice, Rights, and Law', in Haakonssen (2006: 214–45).

Lindgren, J. R. (1969). 'Adam Smith's Theory of Inquiry', *Journal of Political Economy*, 77: 897–915.

Lindsay, Ian G., and Cosh, Mary (1973). *Inveraray and the Dukes of Argyll*. Edinburgh: Edinburgh Univ. Press.

Lluch, Ernest (1989). 'Condorcet et la diffusion de la Richesse des nations en Espagne', in Crépel et al. (1989: 188–95).

Lobel, Mary D., and Crossley, Alan (1969). *A History of the County of Oxford, ix: Bloxham Hundred. (The Victoria History of the Countries of England.)* Oxford: Oxford Univ. Press for the Institute of Historical Research. Accessed online: on http://www.british-history.ac.uk/report.aspx?compid=1019012 17 Jan. 2009.

Lochhead, Marion (1948). *The Scots Household in the Eighteenth Century*. Edinburgh: Moray Press.

Lock, F. P. (1999). *Edmund Burke*, v. i: 1730–1784; (2006). v. ii: 1784–1797. Oxford: Clarendon Press.

——(2007). 'Adam Smith and the 'Man of System': Interpreting *TMS* VI.ii.2.12-18', *Adam Smith Review*, 3: 37–48.

Locke, John (1690/1700, 4th edn./1988 rpt.). *Essay concerning Human Understanding*, ed. and intro. Peter H. Nidditch. Oxford: Clarendon Press.

——(1991). *Locke on Money*. The Clarendon Edn. of the Works of John Locke, vol. 1, ed. Patrick Hyde Kelly. Oxford: Clarendon Press.

Lockhart of Carnwarth, George (1995). *'Scotland's Ruine': Memoirs of the Union*, ed. Daniel Szechi. Aberdeen: Assoc. for Scottish Literary Studies.

Lomonaco, Jeffrey (2002). 'Adam Smith's "Letter to the Authors of the *Edinburgh Review*"', *JHI*, 63(4), Oct.: 659–76.

Long, A. A. (2002). *Epictetus: A Stoic and Socratic Guide to Life*. Oxford: Oxford Univ. Press; Rev. Stephens (2002).

——and Sedley, D. N. (1988). *The Hellenistic Philosophers, i: Translation of Principal Sources with Philosophical Commentary*. Cambridge: Cambridge Univ. Press.

Long, Douglas G. (1977). *Bentham on Liberty*. Toronto: Univ. of Toronto Press.

——(2006). 'Adam Smith's Politics', in Haakonssen (2006: 288–318).

Lowe, Adolph (1975). 'Adam Smith's System of Equilibrium Growth', in Skinner and Wilson (1975: 415–54).

Lubasz, Heinz (1995). 'Adam Smith and the "Free Market"', in Stephen Copley and Kathryn Sutherland (eds.), *Smith's Wealth of Nations: New Interdisciplinary Essays*. Manchester: Manchester Univ. Press.

Lucretius Carus, Titus (1975). *De rerum natura*, trans. W. H. D. Rouse, revsd. Martin Ferguson-Smith. Loeb Classical Libr. No. 181. Cambridge, MA: Harvard Univ. Press.

——(2008). *The Nature of Things*, trans. A. E. Stallings, intro. Richard Jenkyns. London: Penguin Paperback.

Lux, Kenneth (1990). *Adam Smith's Mistake: How a Moral Philosopher Invented Economics and Ended Morality*. Boston, MA: Shambala.

Lynch, Michael (1994). *Scotland: A New History*. London: Pimlico.

McCloskey, Donald N. (1990). *If You're So Smart: The Narrative of Economic Expertise*. Chicago, IL: Univ. of Chicago Press.

——(1993). *Knowledge and Persuasion in Economics*. New York: Cambridge Univ. Press.

MacAlpine, Ida and Hunter, Richard (1969). *George III and the Mad Business*. London. Allen Lane.

McCulloch, J. R. (1855). *Sketch of Life and Writings of Adam Smith, LL.D.* Edinburgh: privately printed by Murray & Gibb.

McDonald, A. H. (1978). 'Eutropius', *The Oxford Classical Dictionary*, 2nd edn. Oxford: Oxford Univ. Press.

MacDonald, Alexander (1751). *Ais-eiridh na sean chanoin Albannaich [The Resurrection of the Ancient Scottish Tongue]*. Edinburgh.

MacDonald, Donald (1822). *The Ancient Martial Music of Caledonia, called Piobaireachd.* Edinburgh: Alexander Robertson. Available on CD from Ceol Sean, 432 Maggie Dr., Springfield, Ill., USA IL 62711.

McDonald, Laurence G. and Robinson, Patrick (2009). *A Colossal Failure of Common Sense: The Inside Story of the Collapse of Lehman Brothers.* New York: Crown Publishing Group/Random House, Inc.

Macfie, A. L. (1961). 'Review of C. R. Fay, The World of Adam Smith (1960)', *Economic Journal*, 61: 151.

——(1967). *The Individual in Society: Papers on Adam Smith.* London: Allen & Unwin.

——(1971). 'The Invisible Hand of Jupiter', *JHI*, 32: 595–9.

McIntosh, J. R. (1989). 'The Popular Party in the Church of Scotland'. PhD thesis, Univ. of Glasgow.

Mackay, A. J. G. (1896). *A History of Fife and Kinross.* Edinburgh: Blackwood.

McKean, Charles, and Walker, David (1982). *Edinburgh: An Illustrated Architectural Guide.* Edinburgh: RIAS Publications.

MacKechnie, Hector (ed.) (1936). *An Introductory Survey of the Sources and Literature of Scots Law.* Edinburgh: Stair Society.

Mackenzie, Henry (ed.) (1805). *Report of the Committee of the Highland Society of Scotland, appointed to Inquire into the Nature and Authenticity of the Poems of Ossian, with a Copious Appendix, containing some of the principal Documents on which the Report is founded.* Edinburgh: Constable; London: Hurst, Ress and Orme.

——(1808). 'A Review of the Principal Proceedings of the Parliament of 1784', in *Works*, vii. Edinburgh: Archibald Constable & Co./William Creech et al.

——(1927). *Anecdotes and Egotisms, 1745–1831*, ed. Harold W. Thompson. London: Oxford Univ. Press.

Mackie, J. D. (1948). 'The Professors and Their Critics', *Proceedings of the Royal Philosophical Society of Glasgow*, 72: 37–58.

——(1954). *The University of Glasgow 1451 to 1951.* Glasgow: Jackson.

McKindrick, Neil, Brewer, John, and Plumb, J. H. (eds.) (1982). *The Birth of a Consumer Society: The Commercialization of Eighteenth-Century England.* Bloomington, IN: Univ. of Indiana Press.

Maclaurin, Colin (1968). *An Account of Sir Isaac Newton's Philosophical Discoveries (1748)*, 1st edn. fac. and intro. by L. L. Laudan. New York: Johnson Reprint.

McLean, Iain (2006). *Adam Smith, Radical and Egalitarian.* Edinburgh: Edinburgh Univ. Press.

McLellan, David (1972). *Marx before Marxism.* Harmondsworth: Pelican.

Macleod, Alistair M. (1990). 'The Invisible Hand: Milton Friedman and Adam Smith'. TS, Vancouver Smith Symposium.

Macleod, E. V. (2006). 'David Steuart Erskine, 11th Earl of Buchan', *ODNB*.

McLynn, Frank (1991). *Charles Edward Stuart: A Tragedy in Many Acts.* Oxford: Oxford Univ. Press.

McMahon, Christopher (1981). 'Morality and the Invisible Hand', *Philosophy and Public Affairs*, 10: 247–77.

Macmillan, Duncan (1986). *Painting in Scotland: The Golden Age, 1707–1843*. London: Phaidon.

McNeill, Carol (2004). *Kirkcaldy Links Market*. Fife Council: Community Services.

Macpherson, James (1760). [Ossian]. *Fragments of Ancient Poetry, collected in the Highlands of Scotland and translated from the Galic or Erse language by James Macpherson*. Edinburgh: G. Hamilton and J. Balfour.

——(1762). *Fingal, an ancient epic poem...composed by Ossian, the son of Fingal. Translated...by Macpherson*. London: T. Becket and P.A. De Hondt.

——(1763). *Temora, an ancient epic poem...composed by Ossian. Translated...by Macpherson*. London: T. Becket and P.A. De Hondt. [Mizuta.]

——(1765). *The Works of Ossian*. 2 vols, trans. Macpherson. London: T. Becket and P.A. De Hondt.

——(1996). *The Poems of Ossian and Related Works*, ed. Howard Gaskill. Edinburgh Univ. Press.

Macpherson, John (ed.) (1980). *The Minute Book of the Faculty of Advocates*, ii: 1713–1750. Edinburgh: The Stair Society.

M'Ure, John (1736). *A View of the City of Glasgow*. Glasgow.

McWilliam, Colin (1978). *Lothian except Edinburgh: The Buildings of Scotland*. Harmondsworth: Penguin.

Mack, Mary P. (1962). *Jeremy Bentham: An Odyssey of Ideas 1748–1792*. London: Heinemann Educational.

Maitland, James, 8th Earl of Lauderdale (1804). *Inquiry into the Nature and Origin of Public Wealth*. Edinburgh: Constable.

Malabre, Alfred L., Jnr. (1994). *Lost Prophets: An Insider's History of the Modern Economists*. Boston, MA: Harvard Business School Press.

Mandelbrote, Scott (2004). 'John Hutcheson', *ODNB*-O.

Mandeville, Bernard (1924/1988 photo. repro.). *Fable of the Bees, or Private Vices, Public Benefits*. 2 vols., with commentary and notes by F. B. Kaye. Indianapolis: Liberty Classics.

Manning, Susan (2007). 'Henry Mackenzie's Report on Ossian: Cultural Authority in Transition', *Modern Language Quarterly*, 68: 517–39.

Manuel, Frank E. (1965 pk.). *The Prophets of Paris: Turgot, Condorcet, Saint-Simon, Fourier, Comte*. New York: Harper.

Marchak, M. Patricia (1991). *The Integrated Circus: The New Right and the Global Economy*. Montreal/Kingston: McGill-Queen's University Press.

Marcus Aurelius Antoninus (2008). *The Meditations of the Emperor Marcus Aurelius*, trans. and ed. Francis Hutcheson and James Moor, intro. James Moore and Michael Silverthorne. Indianapolis: Liberty Fund. Accessed online: http://oll.libertyfund.org/title/2133/193222 17 Oct. 2008.

Marivaux, Pierre Carlet de Chamblain de (1781). *Œuvres complètes*. 12 vols. Paris: Vve Duchesne.

Marquet, Louis (1989). 'Condorcet et la création du système métrique décimal', in Crépel et al. (1989: 52–62).

Marshall, David (1984). 'Adam Smith and the Theatricality of Moral Sentiments', *Critical Inquiry*, 10: 592–613.

Marshall, Gordon (1980). *Presbyteries and Profits: Calvinism and the Development of Capitalism in Scotland, 1560–1707*. Oxford: Clarendon Press.

Marshall, P. J. (ed.) (1981). *The Writings and Speeches of Edmund Burke, v: India, Madras and Bengal 1774–1785*. Oxford: Clarendon Press.

Marshall, P. J. (ed.) (1988). *Bengal: The British Bridgehead*. Cambridge: Cambridge Univ. Press.

Marshall, Rosalind Kay (1973). *The Days of Duchess Anne*. London: Collins.

——(2004). 'Caroline Townshend, [née Campbell], suo jure Baroness Greenwich, countess of Dalkeith', *ODNB-O*.

Martinez de Iruja, Carlos, Marques de Casa (1792/1803/1814). *Compendio de la obra intitulada Riqueza de las Naciones, hecho por el Marqués de Condorcet*. Madrid: Imprim. Real.

Maruzen (1990). *Bicentenary Adam Smith Catalogue*. Tokyo: Maruzen.

Marx, Jacques (1976). *Charles Bonnet contre les lumières, 1738–1850*. 2 vols. Oxford: Oxford Univ. Press.

Marx, Karl (1859). 'Preface to Critique of Political Economy', in Marx and F. Engels (eds.), *Selected Works*. Moscow: Foreign Languages Publishing House, 1935.

Marx, Karl (1954). *Capital: A Critical Analysis of Capitalist Production*, trans. from 3rd German edn. by Samuel Moore and Edward Aveling, ed. Frederick Engels. 2 vols. Moscow: Foreign Languages Publishing House.

Mason, Amelia Gere (2002). 'The Women of the French Salons. Project Gutenberg Text'. Accessed online.

Mason, H. T. and Doyle, W. (eds.) (1989). *The Impact of the French Revolution on European Consciousness*. Gloucester, UK/Wolfeboro, NH: Allan Sutton.

Mathias, Peter (1983). *The First Industrial Nation: An Economic History of Britain 1700–1914*, 2nd edn. London: Methuen.

Mathur, J. S. and Mathur, A. S. (1962). *Economic Thought of Mahatma Ghandhi*. Allahabad: Chaitnya Publishing House.

Matthew, W. M. (1966). 'The Origin and Occupations of Glasgow Students, 1740–1839', *Past and Present*, 33: 74–94.

Maupertuis, M. (1738). *The Figure of the Earth, Determined from Observations Made by Order of the French King, at the Polar Circle*. London: T. Cox, A. Millar et al.

May, Henry E. (1978). *The Enlightenment in America*. New York: Oxford Univ. Press.

Mazza, Emilio, and Ronchetti, Emanuele (eds.) (2005). *Instruction and Amusement: La ragioni dell'Illuminismo*. Padova: Il Poligrafo.

Meek, Donald E. (1990). 'The Gaelic Ballads of Scotland: Creativity and Adaptation', in Howard Gaskill (ed.), *Ossian Revisited*. Edinburgh: Edinburgh Univ. Press.

Meek, Ronald L. (1962). *The Economics of Physiocracy*. London: Allen & Unwin.

——(ed.) (1973a). *Turgot on Progress, Sociology and Economics*. Cambridge: Cambridge Univ. Press.

——(ed.) (1973b). *Precursors of Adam Smith*. London: Dent.

——(1976). *Social Science and the Ignoble Savage*. Cambridge: Cambridge Univ. Press.

——(1977). *Smith, Marx, and After: Ten Essays in the Development of Economic Thought*. London: Chapman & Hall.

——and Kuczynski, Marguerite (eds.) (1972). *Quesnay's Tableau économique*. London: Macmillan.

——and Skinner, Andrew S. (1973a). 'The Development of Adam Smith's Ideas on the Division of Labour', *Economic Journal*, 83: 1094–1116.

Meikle, Henry W. (1912). *Scotland and the French Revolution*. Glasgow: Maclehose.

Mémoire et consultation sur une question du droit des gens (1763). Paris: P. Simon.

Mickie, A. J. (1779/2000). 'A Candid examination of the reasons for depriving the East India Company of its charter, contained in "The history and management of the…Company, from its commencement to the present time". Together with strictures on some of the self-contradictions and historical errors of Dr Adam Smith in his reasons for the abolition of the said Company', in *Adam Smith: Critical Assessments*, ed. Hiroshi Mizuta.

Middendorf, John (1961). 'Dr Johnson and Adam Smith', *Philological Quarterly*, 40: 281–96.

Mierzejewski, Alfred C. (2004). *Ludwig Erhard: A Biography*. Chapel Hill: Univ. of North Carolina Press.

Millar, John (1779). *Origin of the Distinction of Ranks*, 3rd edn. London: J. Murray.

——(2006). *Origin of the Distinction of Ranks*, ed. and intro. Aaron Garrett. Indianapolis: Liberty Fund.

——(1796). *Letters of Crito*. Edinburgh. Serially published in *Scots Chronicle*, May–Sept.

——(1803). *An Historical View of the English Government: From the Settlement of the Saxons in Britain to the Revolution in 1688*; to which are Subjoined some Dissertations Connected with the History of Government from the Revolution to the Present Time, ed. John Craig and James Mylne, 3rd edn. 4 vols. London: Mawman.

——(2006). *Historical View of the English Government*, ed. Mark Salber Phillips and Dale R. Smith and intro. Mark Salber Smith. Indianapolis: Liberty Fund.

Minowitz, Peter (1994). *Profits, Priests, and Princes: Adam Smith's Emancipation of Economics from Politics and Religion*. Cambridge: Cambridge Univ. Press.

Minto, Countess of (1868). *A Memoir of the Rt. Hon. Hugh Elliot*. Edinburgh: Edmonston & Douglas.

Mitchell, Harvey (1987). 'The "Mysterious Veil of Self-Delusion" in Adam Smith's *TMS*', *Eighteenth-Century Studies*, 20: 405–21.

Mitchell, L. G. (1992). *Charles James Fox*. Oxford: Oxford Univ. Press.

Mitford, Nancy (1958/1960 rpt.) *Madame de Pompadour*. Harmondsworth, Middlesex: Penguin.

——(1960). *Voltaire in Love*. Harmondsworth, Middlesex: Penguin.

Mizuta, Hiroshi (ed.) (1977). 'Scottish Militia Tracts', with Intro., *Nagoya Reprints of the Scottish Enlightenment*, No. 3.

——ed. (1998). *Adam Smith: Early German Responses*. X vols. Bristol: Thoemmes Press.

——ed. (2000). *Adam Smith: Critical Responses*. 6 vols. London: Routledge, Taylor & Francis Group.

——(2002a). *Adam Smith's Library: A Catalogue*. Oxford: Clarendon Press.

——(2002b). 'Translations of Adam Smith's Works in Japan', in Tribe and Mizuta (2002b: 198–208).

——and Sugiyama, Chuhei (eds.) (1993). *Adam Smith: International Perspectives*. London: Macmillan.

——and Tribe (eds.) (2002b). *A Critical Bibliography of Adam Smith*. London: Pickering and Chatto.

Momigliano, Arnaldo (1990). *The Classical Foundations of Modern Historiography*. Berkeley, CA: Univ. of California Press.

Monboddo, James Burnett (1774–92). *Of the Origin and Progress of Language*. 6 vols. Edinburgh: A. Kincaid & W. Creech.

——(1779–99). *Antient Metaphysics*. 6 vols. Edinburgh: J. Balfour.

[Monro, Alexander and Hume, David (eds.)] (1754). *Essays and Observations, Physical and Literary*. Edinburgh: G. Hamilton & J. Balfour.

Montes, Leonidas (2004). *Adam Smith in Context: A Critical Reassessment of Some Central Components of His Thought*. Houndsmills: Palgrave Macmilan.

Montes, Leonidas (2008). 'Adam Smith as an Eclectic Stoic', *Adam Smith Review*, 4: 30–56.

—— (2006). *New Voices on Adam Smith*. London/New York: Routledge.

Montesquieu, Charles-Louis de Secondat, baron de la Brède et de (1724/1968). *Considérations sur les causes de la grandeur des Romains et de leur décadence*, chronologie et préface Jean Ehrard. Paris: Garnier-Flammarion.

—— (1748). *De l'esprit des lois*, 2 t. Geneva: Barillot. (1989), trans. and ed. Anne M. Cohler, Basia Carolyn Miller, and Harold Samuel Stone. Cambridge: Cambridge Univ. Press.

—— (1758). *Œuvres*, 3 t. Nouvelle édn., révue, corrigé, et augmenté par l'auteur. Amsterdam Leipsick: Arkstée et Merkus.

Moore, James (1990). 'The Two Systems of Francis Hutcheson: On the Origins of the Scottish Enlightenment', in Stewart (1990c: 37–59).

—— (2008). 'Francis Hutcheson', *ODNB*.

Moore, James and Silverthorne, Michael (1983). 'Gershom Carmichael and the Natural Jurisprudence Tradition in Eighteenth-Century Scotland', in Hont and Ignatieff (1983: 73–87).

—— and —— (eds.) (2002). *Natural Rights on the Threshold of the Scottish Enlightenment: The Writings of Gershom Carmichael*. Indianapolis: Liberty Fund.

Morellet, Abbé A. (1821). *Mémoires*, ed. Pierre-Édouard Lémontey. 2 vols. Paris: Ladvocat.

Morrell, Jack (2004). 'Sir John Leslie', *ODNB*.

Morison, Samuel Eliot (1964). *John Paul Jones: A Sailor's Biography*. New York: Time.

Morris, Charles R. (2008). *The Trillion Dollar Meltdown: Easy Money, High Rollers, and the Great Credit Crash*. New York: Public Affairs Lrd./Perseus Books Group.

Moss, Michael S. (1996). See A. L. Brown and M. S. Moss.

Mossner, Ernest Campbell (1960). ' "Of the Principle of Moral Estimation: A Discourse between David Hume, Robert Clerk, and Adam Smith": An Unpublished MS by Adam Ferguson', *JHI*, 21: 222–32.

—— (1963). 'Adam Ferguson's "Dialogue on a Highland Jaunt" with Robert Adam, William Clerghorn, David Hume, and William Wilkie', in Carroll Camden (ed.), *Restoration and Eighteenth-Century Literature: Essays in Honour of Alan D. McKillop*. Chicago, IL: Univ. of Chicago Press.

—— (1965). 'Review of John M. Lothian (ed.), Adam Smith, *LRBL* (1963)', *Studies in Scottish Literature*, 2: 203–4.

—— (1969). *Adam Smith: The Biographical Approach*. David Murray Lecture Series. Glasgow: Univ. of Glasgow.

—— (1977). 'Hume and the Legacy of the Dialogues', in G. P. Morice (ed.), *David Hume: Bicentenary Papers*. Edinburgh: Edinburgh Univ. Press.

—— (1978). 'The Religion of David Hume', *JHI*, 39: 653–64.

—— (1980). *The Life of David Hume*, 2nd edn. Oxford: Clarendon Press.

Moyo, Dambisa (2009). *Dead Aid*. London: Penguin/Allan Lane.

Mullan, John (1987). 'The Language of Sentiment: Hume, Smith, and Henry Mackenzie', *History of Scottish Literature*, 2: 273–89.

—— (1990). *Sentiment and Society: The Language of Feeling in the Eighteenth Century*. Oxford: Clarendon Press.

Muller, Jerry Z. (1993). *Adam Smith in His Time and Ours: Designing the Decent Society*. New York: Free Press/Macmillan.

—— (2003). *The Mind and the Market: Capitalism in Western Thought*. New York: Anchor Books.

Murdoch, Alexander (1980). *'The People Above': Politics and Administration in Mid-Eighteenth-Century Scotland*. Edinburgh: Donald.

—— (2004). 'Henry Scott, 3rd duke of Buccleuch', *ODNB-O*.

—— (2006a). 'John Campbell, 2nd duke of Argull', *ODNB-O*.

—— (2006b). 'Archibald Campbell, 3rd duke of Argyll', *ODNB-O*.

Mure, William (ed.) (1883). *Selections from the Mure Family Papers Preserved at Caldwell*, 2/i. Glasgow: Maitland Club.

Murphy, Antoin E. (1986). *Richard Cantillon: Entrepreneur and Economist*. Oxford: Oxford Univ. Press.

—— (1997). *John Law: Economic Theorist and Policy-Maker*. Oxford: Clarendon Press.

—— (ed.)(2000). *Du Tot: Histoire du Système de John Law (1716–1720)*. Paris: INED/PUF.

—— (2009). *The Genesis of Macroeconomics: New Ideas from Sir William Petty to Henry Thornton*. Oxford: Oxford Univ. Press.

Murison, David (1982). *The Scottish Year*. Edinburgh: Mercat Press.

Murray, David (1924). *Early Burgh Organization in Scotland*. Glasgow: Maclehose, Jackson.

—— (1927). *Memories of the Old College of Glasgow*. Glasgow: Jackson, Wylie.

Myers, M. L. (1976). 'Adam Smith's Concept of Equilibrium', *Journal of Economic Issues*, 10: 560–75.

Nadel, George H. (1967). 'Pouilly's Plagiarism', *Journal of the Warburg and Courtauld Institutes*, 30: 438–44.

Namier, Sir Lewis and Brooke, John (1964). *Charles Townshend*. London: Macmillan.

Nangle, Bernard (1934). *The Monthly Review, First Series 1749–1789: Indexes of Contributors and Articles*. Oxford: Clarendon Press.

—— (1955). *The Monthly Review, Second Series 1790–1815*. Oxford: Clarendon Press.

New Statistical Account of Scotland (1845). Edinburgh. Blackwood.

Nicholls, James C. (ed.) (1976). 'Mme Riccoboni's Letters to David Hume, David Garrick, and Sir Robert Liston, 1764–1783', *SVEC* 149.

Nicolaisen, W. F. H. (1976). *Scottish Place-Names: Their Study and Significance*. London: Batsford.

Nicholson, Eirwen E. C. (2004). 'Anna Scott, duchess of Monmouth and suo jure duchess of Buccleuch', *ODNB-O*.

Nightingale, Andrea Wilson (2006). *Spectacles of Truth in Classical Greek Philosophy*. Cambridge: Cambridge Univ. Press.

Nissen, Walter (1989). *Kulturelle Beziehungen zwischen den Universitätsstäden Halle/ Wittenberg und Göttingen im Zeitalter der Aufklärung*. Göttingen: Sparkasse Göttingen.

Norton, David Fate (1992). 'Salus populi suprema lex', in Smyth (1992: 14–17).

Norton, David Fate (1976). 'Francis Hutcheson in America', *Studies on Voltaire and the Eighteenth Century*, 154: 1547–68.

—— and Stewart-Robertson, J. C. (1980; 1984). 'Thomas Reid on Adam Smith's Theory of Morals', *JHI*, 41: 381–98; 45: 309–21.

O'Brian, D. P. (1975). *The Classical Economists*. Oxford: Clarendon Press.

—— (1976). 'The Longevity of Adam Smith's Vision: Paradigms, Research Programmes and Falsifiability in the History of Economic Thought', *Scottish Journal of Political Economy*, 23: 133–51.

O'Brian, Patrick (1988). *Joseph Banks: A Life*. London: Collins Harvills.

O'Connell, Maurice R. (1965). *Irish Politics and Social Conflict in the Age of the American Revolution*. Philadelphia: Univ. of Pennsylvania Press.

O'Connor, J. J. and Robertson, E. F. (1998). 'James Stirling'. Accessed online: http://www-history.mcs.st-andrews.ac.uk/Biographies/Stirling.html

O'Connor, J. J. and Robertson, E. F. (2000). 'Edmond Halley'. Accessed online: http://www.-history.mcs.st-andrews.ac.uk/Biographies/Halley.html

O'Rourke, Kevin H., Prados de la Escurso, Leandro, and Daudin, Guilluame (May 2008). 'Trade and Empire, 1700–1800'. Working Papers in Economic History, Universisad Carlos III de Madrid. Accessed online: http://e-archivo.uc3m.es/dspace/bitstream/10016/2617/1/wp%2008-09.pdf

Oncken, August (1897). 'The Consistency of Adam Smith', *Economic Journal*, 7: 443–50.

Oswald, James (2006–7). *The Caledonian Pocket Companion*, ed. J. Purser and N. Parkes, c.1747–69, Books 1–12. CD-ROM. 2 vols., facsim. and modern edns. East Drayton: Fiddle Tunes.

Packer, J. L. (2002). 'What did the Cross Achieve—The Logic of Penal Substitution', *Celebrating the Saving Work of God*. London: Paternoster. Accessed online: http://www.thehighway.com/cross_Packer.html

Packham, Catherine (2002). 'Vitalism and Smith's *Wealth of Nations*' *JHI*, 63. 3: 465–81.

Pagden, Anthony (ed.) (1990) *The Languages of Political Theory in Early Modern Europe*. Cambridge: Cambridge Univ. Press.

Paine, Tom (1984) *Common Sense, The Rights of Man, and Other Essential Writings*, intro. Sidney Hook. New York: Meridian.

Palyi, M. (1928/1966). 'The Introduction of Adam Smith on the Continent', in John M. Clarke et al. (eds.), *Adam Smith, 1776–1926*. New York: Kelley.

Paris, Roland (2006 rpt.). *At War's End: Building Peace After Civil Conflict*. Cambridge: Cambridge Univ. Press.

Parker, Geoff (2005). 'Editorial Policy and the Institution of Criticism in Smith's *Edinburgh Review* (1755–56) and Smollett's *Critical Review* (1756–63)'. Edinburgh Univ. Institute for Advanced Studies.

Patey, Douglas Lane (1984). *Probability and English Literary Form: Philosophic Theory and Literary Practice in the Augustan Age*. Cambridge: Cambridge Univ. Press.

Paton, Thomas S. (1853). *Reports of Cases Discussed in the House of Lords, Upon Appeal from Scotland, from 1753 to 1813*. London: III. 448–62.

Patrick, Millar (1927). *The Story of the Church's Song*. Edinburgh: Scottish Churches Joint Committee on Youth.

Paul, Sir James Balfour (ed.) (1922). *Diary of George Ridpath, Minister of Stichel, 1755–61*. Edinburgh: Scottish History Society.

Penchko, N. A. (ed.) (1962). *Dokumenty i materialy po istorii Moskovskogo Universiteta vtoroy poloviny* [Documents and Materials for the History of Moscow University], XVIII veka, ii. 1765–6.

Perrot, Jean-Claude (1992). *Une histoire intellectuelle de l'économie politique XVIIe–XVIIIe siècles*. Paris: Édition de l'École des Hautes Études en Sciences Sociales.

Persky, Joseph (1989). 'Adam Smith's Invisible Hands', *Journal of Economic Perspectives*, 3: 195–201.

Petter, Helen Mary (1974). *The Oxford Almanacks*. Oxford: Clarendon Press.

Phillips, Mark Salber (1993). 'Adam Smith and the Narrative of Private Life', Hume Society/Eighteenth-Century Scottish Studies Society Conference paper, T/S. Ottawa.

——(2006). 'Adam Smith, Belletrist', in Haakonssen (2006: 57–78).

Phillipson, Nicolas (2008). 'Sir John Dalrymple of Cousland', *ODNB-O*.

——(forthcoming). *Adam Smith: An Enlightened Life*. London: Allen Lane.

Pitt, William (the Younger) (1817). *Speeches… in the House of Commons*, ed. W. S. Hathaway, 3rd edn. 3 vols. London: Longman, Hurst, Rees, Orme, & Brown.

Plank, Frans (1987). 'The Smith–Schlegel Connection in Linguistic Typology: Forgotten Fact or Fiction?' *Zeitschrift für Phonetik, Sprachwissenschaft und Kommunikationsforschung*, 40: 198–216.

——(1992). 'Adam Smith: Grammatical Economist', in Jones and Skinner (1992: 23–38).

Plato (1871/1937). *The Dialogues*, 2 vols. ed. and trans. Benjamin Jowett. New York: Random House.

Pocock, J. G. A. (1965). 'Machiavelli, Harrington, and English Political Ideologies in the Eighteenth Century', *William and Mary Quarterly*, 3rd ser., 22: 549–83.

——(1986). 'The Varieties of Whiggism from Exclusion to Reform', *Virtue, Commerce, and History*. Cambridge: Cambridge Univ. Press.

——(1989). 'Edmund Burke and the Redefinition of Enthusiasm', *The French Revolution and the Creation of Modern Political Culture, iii: The Transformation of Political Culture*, ed. François Furet and Mona Ozouf. Oxford: Pergamon Press.

——(1999). *Barbarism and Religion*, v. ii., *Narratives of Civil Government*—review of contribution of Giannone, Hume, Smith, and Robertson to the tradition of philosophical or civil history.

Poiret, Pierre (1707). *De Eruditione Triplici*. Amsterdam: Westen.

Polanyi, Karl (1957). *The Great Transformation*. Boston, MA: Beacon Press.

Porquerol, Élisabeth (ed.) (1954). *Véritable vie privée du maréchal de Richelieu, contenant ses amours et intrigues*. Paris: Le Club de Meilleur Livre.

Porter, Michael (1990). *The Comparative Advantage of Nations*. New York: Free Press.

Porter, Roy (1990). *English Society in the Eighteenth Century*, rev. edn. Harmondsworth: Penguin.

Pottle, F. A. (1965). 'Boswell's University Education', *Johnson, Boswell and Their Circle: Essays Presented to L. F. Powell*. Oxford: Oxford Univ. Press.

——(1966). *James Boswell: The Earlier Years 1740–1769*. New York: McGraw-Hill.

——(1981). *Pride and Negligence*. New York: McGraw-Hill.

Pouilly, Lévesque de (1747). *Théorie des sentimens agréables, où, après avoir indiqué les règles que la nature suit dans la distribution du plaisir, on établit les principes de la théologie naturelle et ceux de la philosophie morale*, 2ième édn. Genève: Barillot et fils.

——(1971). *Théorie des sentimens agréables*, préface de Jean Jacob Vernet. Genève/Paris: Slatkine rpt.

——(1995). 'Théorie des sentimens agréables'. Numérisation électronique BNF: collection Données textualles.

——(1749). *The Theory of Agreeable Sensations*. London: W. Owen.

Pownall, Thomas (1776/1987). 'A Letter from Governor Pownall to Adam Simth', in *Smith's Correspondence*, ed. Mossner and Ross, Appendix A; 337–76.

Pratt, Samuel Jackson (1777). *Supplement to the Life of David Hume, Esq.* London: J. Bew.

Prebble, John (1977). *Mutiny: Highland Regiments in Revolt 1743–1804*. Harmondsworth: Penguin.

Preble, G. H., Lt. USN (1859). 'Gen. Robert Melville', *Notes and Queries*, 1st ser., 11: 247–8.

Precipitation and Fall of Messrs Douglas, Heron and Company, late Bankers in Air with the Causes of their Distress and Ruin investigated and considered by a Committee of Inquiry appointed by the Proprietors (1778). Edinburgh.

Prevost, Pierre (1805). *Notice de la vie et des écrits de George-Louis Le Sage de Genève*. Geneva: J. J. Paschoud.

Priestley, Joseph (1762). *A Course of Lectures on the Theory of Language and Universal Grammar*. Warrington: W. Eyres.

Priestley, Joseph (1769). *Rudiments of Grammar*, new edn. London.

——(1774). *Examination of Dr Reid's Inquiry into the Human Mind on the Principles of Common Sense, Dr Beattie's Essay on the Nature and Immutability of Truth, and Dr Oswald's Appeal to Common Sense in behalf of Religion*. London: J. Johnson.

Prior, Sir James (1853). *Life of Burke*, 5th edn. London: Bohn.

Pufendorf, Samuel (1724). *De Officio Hominis…supplemented by G. Carmichael*. Edinburgh.

——(2002). *The Whole Duty of Man, According to the Law of Nature*, trans. Andrew Tooke et al. (1735), ed. and intro. Ian Hunter and David Saunders; *Two Discourses and a Commentary by Jean Barbeyrac*, trans. David Saunders. Indianapolis: Liberty Fund.

——(2011 expected). *Of the Law of Nature and Nations*, ed. Knud Haakonssen. Indianapolis: Liberty Fund.

Pugliese, S. (1924). 'I viaggi di Marsilio Landriani', *Archivio storico lombardo*, ser. 6, 1: 145–85.

Quarrie, P. (1986). 'The Christ Church Collection Books', in Sutherland and Mitchell (1986: 493–506).

Quintilianus (1720). *M. Fabii Quinctiliani de institutione oratoria libri duodecim, cum notis… virorum doctorum, summa cura recogniti et emendati per Petrum Burmannum. Lugduni Batavorum apud Joannum de Vivie*.

Rae, John (1895/1965). *Life of Adam Smith*. London: Macmillan. Repr. New York: Augustus M. Kelley with Jacob Viner's *Introductory Guide*.

Ramsay of Ochtertyre, John (1888). *Scotland and Scotsmen in the Eighteenth Century*, ed. A. Allardyce. 2 vols. Edinburgh and London: William Blackwood.

Ramos, Aida (2007). 'Economy, Empire, and Identity: Biograpthy of Sir James Steuart-Denham', PhD thesis, Notre Dame Univ. Accessed online.

Rankin, R. A. (1995). 'Robert Simson'. http://www-history.mcs.st-andrews.ac.uk/Biographies/Simson.html

Rao, J. S. Narayan (1993). 'Adam Smith in India', in Mizuta and Sugiyami (1993: 261–78).

Raphael, D. D. (1972–3). 'Hume and Adam Smith on Justice and Utility', *Proceedings of the Aristotelian Society*. London: Aristotelian Society.

——(1975). 'The Impartial Spectator', in A. S. Skinner and T. Wilson (eds.), *Essays on Adam Smith*. Oxford: Clarendon Press.

——(1976). 'Adam Smith as a Professor'. TS paper, Edinburgh IPSA Congress.

——(1977). '"The True Old Humean Philosophy" and Its Influence on Adam Smith', in G. P. Morice (ed.), *David Hume Bicentenary Papers*. Edinburgh: Edinburgh Univ. Press.

——(1980). *Justice and Liberty*. 2 vols. London: Athlone Press.

——(1985). *Adam Smith*. Oxford: Oxford Univ. Press.

——(1988). 'Newton and Adam Smith', *Queen's Quarterly*, 95: 36–49.

——(1990). 'Adam Smith's Moral Philosophy'. Nagoya Smith Symposium 1990, lecture TS.

——(1992a). 'Adam Smith 1790: The Man Recalled; The Philosopher Revived', in Peter Jones and A. S. Skinner (eds.), *Adam Smith Reviewed*. Edinburgh: Edinburgh Univ. Press.

——(1992b). 'A New Light', in Smyth (1992: 2–3).

——(1994). 'Adam Ferguson's Tutorship of Lord Chesterfield', *SVEC* 323: 209–23.

——(2001), *Concepts of Justice*. Oxford: Clarendon Press.

——(2007a). *The Impartial Spectator: Adam Smith's Moral Philosophy*. Oxford: Clarendon Press.

——(2007b). 'The Theory of Moral Sentiments: The Glasgow Edition 1976', Interview by Vivienne Brown, *Adam Smith Review*, vol. 3: 1–11.

——Raynor, D. R., and Ross, I. S. (1990a). '"This Very Awkward Affair": An Entanglement of Scottish Professors with English Lords', *SVEC* 278: 419–63.

——and Sakamoto, Tatsuya (1990b). 'Anonymous Writings of David Hume', *Journal of the History of Philosophy*, 28: 271–81.

Rapin-Thoyras, Paul de (1743–47). *The History of England*, trans. into English, with additional notes, by N. Tindal, 3rd edn., vols. 1–2 (1743). London: John and Paul Knapton; vols. 3, 1744, and 4, 1747, missing from Smith's book in EUL: Mizuta.

Rashid, Salim (1982). 'Adam Smith's Rise to Fame: A Reexamination of the Evidence', *The Eighteenth Century: Theory and Interpretation*, 23: 70–9.

——(1990). 'Adam Smith's Acknowledgements, Neo-Plagiarism and WN', *Journal of Libertarian Studies*, 9: 1–24.

——(1992a). 'Adam Smith and the Market Mechanism', *History of Political Economy*, 21: 129–52.

——(1992b). 'Charles James Fox and the Wealth of Nations', *History of Political Economy*, 24: 493–7.

Rasmussen, Dennis C. (2008). *The Problems and Promise of Commercial Society*. University Park, PA: Penn State Press.

Raynal, Jean (1759). *Histoire de la ville de Toulouse*.

Raynor, David R. (1982a). 'Hume's Critique of Helvétius' De l'esprit', *Studies on Voltaire and the Eighteenth Century*, 215: 223–9.

——(ed.) (1982b). *Sister Peg: A Pamphlet Hitherto Unknown by David Hume*. Cambridge: Cambridge Univ. Press.

——(1984). 'Hume's Abstract of Adam Smith's *TMS*', *Journal of the History of Philosophy*, 22: 51–79.

——(1987a). 'Hume and Robertson's History of Scotland', *British Journal for Eighteenth-Century Studies*, 10: 59–63.

——(1987b). 'Hutcheson's Defence Against a Charge of Plagiarism', *Eighteenth-Century Ireland*, 2: 177–81.

——(1996). 'Adam Smith: Two Letters to Henry Beaufoy, MP', *Scottish Journal of Political Economy*, 41(5): 179–89.

——(2007). 'Ferguson's Reflections Previous to the Establishment of a Militia', in Edinburgh Edn. of Thomas Reid. Edinburgh: Edinburgh Univ. Press. *Adam Ferguson. History, Progress and Human Nature*. London: Pickering and Chatto.

——(2009). 'Why Did David Hume Dislike Ferguson's Essay on the History of Civil Society', in Eugene Heath and Vincenzo Merolle (eds.), *Adam Ferguson: Philosophy, Politics and Society*. London: Pickering and Chatto, 45–72 and 179–88.

——and Skinner, Andrew S. (1994). 'Sir James Steuart: Nine Letters on the American Conflict, 1775–1778', *William and Mary Quarterly*, 3rd ser., 51: 755–76.

——and Ross, I. S. (1998). 'Adam Smith and Count Windisch-Grätz: New Letters', *SVEC* 358: 171–87.

Réaumur, René-Antoine Ferchault de (1734–42). *Mémoires pour servir à l'Histoire des Insectes*. 6 vols., 267 plates. Paris: Imprimérie Royale.

Recktenwald, Horst Claus (1976). *Adam Smith: Sein Leben und sein Werk*. Munich: C. H. Beck.

Reder, Melvin (1982). 'Chicago Economics: Permanence and Change', *Journal of Economic Literature*, 20: 1–38.

Reid, John (1683). *The Scots Gard'ner*. Edinburgh.

Reid, Thomas (1967). *Philosophical Works*. 2 vols. Hildesheim: Georg Olms.

——(1990). *Practical Ethics, Being Lectures and Papers on Natural Religion, Self-Government, Natural Jurisprudence, and the Law of Nations*, ed. and intro. Knud Haakonssen. Princeton Univ. Press. Also (2005), vol. 7, Edinburgh Edn. of Thomas Reid. Edinburgh: Edinburgh Univ. Press.

——(1995). *Thomas Reid on the Animate Creation: Papers Relating to the Life Sciences*, ed. Paul Wood, vol. 1, Edinburgh Edn. of Thomas Reid. Edinburgh: Edinburgh Univ. Press.

——(1997). *An Inquiry into the Human Mind on the Principles of Common Sense*, ed. Derek Brookes. Vol. 2. Edinburgh Edn. of Thomas Reid. Edinburgh: Edinburgh Univ. Press.

——(2002a). *Essays on the Intellectual Powers of Man*, ed. Derek Brookes and Knud Haakonssen. Vol. 3. Edinburgh Edn. of Thomas Reid. Edinburgh: Edinburgh Univ. Press.

Reid, Thomas (2002b). *Correspondence*, ed. Paul Wood. Vol. 4. Edinburgh Edn. of Thomas Reid. Edinburgh: Edinburgh Univ. Press.

——(2005). *Thomas Reid on Logic, Rhetoric and the Fine Arts*, ed. Alexander Brodie. Vol. 4. Edinburgh Edn. of Thomas Reid. Edinburgh: Edinburgh Univ. Press.

Reilly, Robin (1978). *Pitt the Younger 1759–1806*. London: Cassell.

Reinhart, Carmen M. and Rogoff, Kenneth S. (2009a). The Aftermath of Financial Crises', *American Economic Review*, American Economic Association, 92.2: 466–72.

————(2009b). *This Time Is Different; Eight Centuries of Financial Folly*. Princeton and Oxford: Princeton Univ. Press.

Report on Business (8 Sept. 2008). 'Cost of Fanny Mae and Freddy Mac Bailout', *Globe and Mail*, pp. B1, B4, B7.

Ricardo, David (1821/1929). *The Principles of Political Economy and Taxation*, 3rd edn. London: Dent.

Riccoboni (née Laboras de Mezières), Mari Jeanne (1818). *Œuvres*, 6 t., Paris; also (1826), 9 t., Paris.

Richardson, J. S. and Beveridge, James (1973). *Linlithgow Palace*, 2nd edn. Edinburgh: HMSO.

Richardson, Samuel (1747–8/1985). *Clarissa, or The History of a Young Lady*, ed. and intro. Angus Ross. Harmondsworth, Middlesex: Penguin Books.

Ridpath, George (1922). *Diary*, ed. and intro. Sir James Balfour Paul. Edinburgh: Constable.

Rigg, J. M. rev. Alter, J.-M. (2005). 'James Oswald of Dunnikier', *ODNB*-O.

Riley, P. W. J. (1964). *The English Ministers and Scotland 1707–1727*. London: Athlone Press.

Ritter, Karl and Moore, Matt (2009). 'Gasps as Obama Awarded Nobel Peace Prize', 9 Oct. *Yahoo! News*. Accessed online.

Robbins, Caroline (1959). *The Eighteenth-Century Commonwealthman*. Cambridge, MA: Harvard Univ. Press.

Robbins, Lionel (1952). *The Theory of Economic Policy in English Classical Political Economy*. London: Macmillan.

Roberts, William (1834). *Memoirs of…Mrs Hanna More*, 2nd edn. 4 vols. London: Thomas Ditton.

Robertson, John (1983). 'The Scottish Enlightenment at the Limits of Civic Tradition', in Hont and Ignatieff (1983: 141–51).

——(1985). *The Scottish Enlightenment and the Militia Issue*. Edinburgh: John Donald.

——(1990). 'The Legacy of Adam Smith: Government and Economic Development in *WN*', in Richard Bellamy (ed.), *Victorian Liberalism: Nineteenth-Century Political Thought and Practice*. London: Routledge.

——(2006 rpt.), *The Case for the Enlightenment: Scotland and Naples 1680–1760*. Cambridge: Cambridge Univ. Press.

Robertson, William (1818). *Works. With an Account of his Life and Writings by the Revd. Alex Stewart*. 12 vols. Edinburgh: Peter Hill et al.

Robinson, Joan (1964). *Economic Philosophy*. Harmondsworth: Pelican.

Robison, John (1969). 'Narrative (1796) of Mr Watt's Invention of the improved Engine', in Eric Robinson and A. E. Musson (eds.), *James Watt and the Steam Revolution: A Documentary History*. London: Adams & Dart.

Roche, Daniel (1978). *Le Siècle des lumières en province: académies et académiciens provinçiaux 1680–1789*. Paris: Mouton.

Roethlisberger, Marcel (1974). 'The Tronchin Collection at Geneva', *The Burlington Magazine*, 116.858, Sept.: 552–4.

Roegiers, J. and van Sas, N. C. H. (2006). 'The South, 1780—1841', in J. C. H. Blom and E. Lamberts (eds.), *History of the Low Countries*. Oxford/New York: Berghahn Books, paperback, 288–95.

Rollin, Charles (1759). *The Method of Teaching and Studying the Belles Lettres*. 4 vols. Edinburgh: A. Kincaid et al.

Romilly, Sir Samuel (1840). *Memoirs*. 2 vols. London: Murray.

Roper, Derek (1978). *Reviewing before the Edinburgh, 1788–1802*. London: Methuen.

Rorty, Richard (1984). 'The Historiography of Philosophy: Four Genres', in R. Rorty, J. B. Schneewind, and Q. Skinner (eds.), *Philosophy in History*. Cambridge: Cambridge Univ. Press.

[Rose, William] (1784). 'Hume Essays on Suicide [1783 rpt.]', *Monthly Review*, 70: 427–8.

Rosenberg, Nathan (1960). 'Some Institutional Aspects of *WN*', *Journal of Political Economy*, 18: 557–70.

——(1975). 'Adam Smith on Profits: Paradox Lost and Regained', in A. S. Skinner and Thomas Wilson (1975: 377–89).

——(1990). 'Adam Smith and the Stock of Moral Capital', *History of Political Economy*, 22: 1–17.

——(1994). *Exploring the Black Box: Technology, Economics, and History*. Cambridge: Cambridge Univ. Press.

Rosie, Alison (2004). 'Francis Dougls [née Scott], Lady Douglas', *ODNB-O*.

Ross, I. S. (1964). 'Hutcheson on Hume's Treatise: An Unnoticed Letter', *Journal of the History of Philosophy*, 4: 69–72.

——(1965). 'A Bluestocking Over the Border: Mrs Elizabeth Montagu's Aesthetic Adventures in Scotland, 1766', *Huntington Library Quarterly*, 28: 213–33.

——(1972). *Lord Kames and the Scotland of His Day*. Oxford: Clarendon Press.

——(1974). 'Educating an Eighteenth-Century Duke', in G. W. S. Barrow (ed.), *The Scottish Tradition: Essays in Honour of R. G. Cant*. Edinburgh: Scottish Academic Press, 178–97.

——(1984a). 'The Physiocrats and Adam Smith', *British Journal of Eighteenth-Century Studies*, 7: 177–89.

——(1984b). 'Adam Smith as Rhetorician', *Man and Nature: Proceedings of the Canadian Society for Eighteenth-Century Studies*, 2: 61–73.

——(1984c). 'Adam Smith and Education', *Studies in Eighteenth-Century Culture*, 13: 173–87.

Ross, I. S. (1987). 'Aesthetic Philosophy: Hutcheson and Hume to Alison', in Andrew Hook (ed.), *The History of Scottish Literature, ii: 1660–1800*. Aberdeen: Aberdeen Univ. Press, 248–51.

——(1992). 'Adam Smith and the "Noblest Prospect"', *Literaure in Context: Festschrift for Horst W. Drescher*. Frankfurt: Peter Lang, 39–51.

——(1995). *The Life of Adam Smith*, 1st edn. Oxford: Clarendon Press.

——(ed.) (1998). *On the Wealth of Nations: Contemporary Responses to Adam Smith*. Bristol: Thoemmes Press.

——(2000). 'The Natural Theology of Lord Kames', in Paul Wood (ed.), *The Scottish Enlightenment: Essays in Interpretation*. Rochester: Univ. of Rochester Press/Boydell & Brewer, Inc., 335–50.

Ross, I. S. (2003). '"Great Works on the Anvil" in 1785: Adam Smith's Projected Corpus of Philosophy', *Adam Smith Review*, 1: 40–59.

——(2004). SS. 30. 'Rechtsphilosophie: 1. James Dalrymple, 1st Viscount Stair; 2. Henry Home, Lord Kames'. SS.31. 'James Burnett, Lord Monboddo', *Grundriss der Geschichte der Philosophie, Die Philosophie des 18 Jahrhunderts, Band 1, Gross Britannien und Nordamerika, herausgegeben von H. Holzhey u. V. Mudroch*. Basel: Schwabe Verlag, 526–626.

——(2005a). 'Aspects of Hume's Treatment of the Problem of Evil,' in Rudolf Freiburg and Susanne Gruss (eds.), *'But Vindicate the Ways of God to Man': Literature and Theodicy*. Tübingen: Stauffenburg Verlag, 141–52.

——(2005b). 'Italian Background to Smith's Wealth of Nations: Historiography and Political Economy', in Mazza and Ronchetti (2005: 267–87).

——(2005c). 'The Adventures of Pickle the Spy: Echoes in History and Literature', in S. Soupel, K. Cope, and A. Pettit (eds.), *Adventure: Essays on the Daring and Bold as a Pre-Modern Idiom*: Actes du colloque de décembre 1998. Paris: Centre du Monde Anglophon, Université Paris III.

——(2005d). 'Adam Ferguson', 'John Ramsay McCulloch', im Dietmar Herz u. Veronika Weinberger (Hrsg.), *Lexikon ökonomischer Werke*. Stuttgart: Verlag Wirtschaft u. Finanzen im Schäffer-Poeschel Verlag, 131–3, 313–6.

——(2007a). 'Dr Johnson in the Gaeltacht, 1773', in G. Ross Roy (ed.), Lucie Roy (assoc. ed.), *Studies in Scottish Literature*, vols. xxxv–xxxvi. Columbia, SC: Dept. of English, Univ. of South Carolina, Columbia, 108–30.

——(2007b). 'The Intellectual Friendship of David Hume and Adam Smith', in Mazza and Ronchetti (2007: 345–63).

——(2007c). '"More Dull, But By No Means so Dangerous as that of Mr Hume": Smollett's "Continuation" of le bon David's History of England', in Brack, Jr. (2007: 217–39).

——(2008). 'The Emergence of David Hume as a Political Economist: A Biographical Sketch', in Carl Wennerlind and Margaret Schabas (eds.), *David Hume's Political Economy*. London and New York: Routledge, 31–48.

——(2010). 'Adam Smith's Smile: His Years at Balliol College, 1740–46, in Retrospect', *Adam Smith Review*, 5: 250–9.

——(forthcoming). *Adam Smith Review*.

——and Webster, A. M. (1981a). 'Adam Smith: Two Letters', *Scottish Journal of Political Economy*, 28: 206–9.

——and T. D. Campbell (1981b). 'The Utilitarianism of Adam Smith's Policy Advice', *Journal of the History of Ideas*, 42: 73–92.

——and ——(1981c). 'Reflections on Adam Smith's Response to Hume's Deathbed Wish', *Studies in Eighteenth-Century Culture*, 11: 173–87.

——(intro.) and Cunningham, Rory G. (ed.), (2006). '"Two Essays on Self-Deceit & Good Humour", 1738: An Unpublished Text by Henry Home, Lord Kames', *Eighteenth-Century Scotland: Newsletter of the Eighteenth-Century Scottish Studies Society*, No. 20, Spring: 12–16.

Ross, W. D. (1959). *Aristotle: A Complete Exposition of His Work and Thought*. New York: Meridian.

Rothbard, Murray N. (1988). *Ludwig von Mises: Scholar, Creator, Hero*. Auburn, AL: Ludwig von Mises Institute.

——(1993). 'Mises and the Role of the Economist in Public Policy', in Herbener (1993: 193–208).

Rothschild, Emma (1992). 'Adam Smith and Conservative Economics', *Economic History Review*, xlv: 74–96.

——(2002). *Economic Sentiments: Adam Smith, Condorcet, and the Enlightenment*. Cambridge, MA: Harvard Univ. Press.

——and Sen, Amartya (2006). 'Adam Smith's Economics', in Haakonssen (2006: 319–65).

Roubini, Nouriel and Setser, Brad (2004). *Bailouts or Bail-Ins: Responding to Financial Crises in Emerging Economies*. Washington, DC: Institute for International Economics.

——and Uzan, Marc (2006). *New International Financial Architecture*. 2 vols. Cheltenham, Gloucester: Elgar Mini.

Roughead, William (ed.) (1909). *Trial of Captain Porteous*. Glasgow: William Hodge.

Rousseau, Jean-Jacques (1959). *Œuvres complètes, i: Les Confessions; Rousseau juge de Jean-Jacques; et autres textes autobiographiques*, ed. Bernard Gagnebin, Marcel Raymond, and Robert Osmont. Paris: Gallimard.

——(1963). *Émile [1762]*, trans. Barbara Foxley. London: Dent.

——(1963). *Julie ou La nouvelle Héloïse*, ed. and Intro. René Pomeau. Paris: Garnier.

——(1965–89). *Correspondance complète*, ed. R. A. Leigh (completed Robert Wokler), 52 v. Oxford: Voltaire Foundation.

——(2002). *The Social Contract [1762] and The First [1750] and Second [1755] Discourses*, ed. and intro. Dunn, Susan; Essays by Gita May, Robet N. Bellah, David Bromwich, and Conor Cruise O'Brien. New Haven: Yale Univ. Press.

Rowse, A. L. (1975). *Oxford in the History of England*. New York: Putnam's.

Roy, Subroto (1991). *Philosophy of Economics: On the Scope of Reason in Economic Inquiry*. London: Routledge.

——(ed.) and Clarke, John (2006). *Margaret Thatcher's Revolution: How It Happened and What It Meant*. London & New York: Continuum.

Royal Commission on Historical Monuments in England (1939). *An Inventory of the Historical Monuments in the City of Oxford*. London: HMSO.

Royal Society of Edinburgh (1787, 1788). *Transactions*, i, ii.

Rule, John (1992). *The Vital Century: England's Developing Economy 1714–1815*. London: Longman.

Russell, Iain F. (2008). 'John Glassford', *ODNB-O*.

Ruwet, Joseph et al. (eds.) (1976). *Lettres de Turgot à la duchesse d'Enville (1764–75 et 1777–80)*. Louvain: Bibliothèque de l'Université.

Rzesnitzek, Friedrich, and Thal, Peter (1967). 'Die Begründung der bürgerlichen Nationalökonomie und Finanzwissenschaft an der Universität Halle-Wittenberg durch Heinrich von Jakob', in Hans Hübner and Burchard Thaler (eds.), *Martin-Luther Universität Halle-Wittenberg 1817–1967: Festschrift anlässlich des 150. Jahrestages der Vereinigung der Unversitäten Wittenberg und Halle*. Halle (Saale): Universität Halle-Wittenberg, 139–59.

Sacke, G. (1938). 'Die Moskauer Nachschrift der Vorlesungen von Adam Smith', *Zeitschrift für Nationalökonomie*, 9: 351–6.

Saint Fond, Benjamin Faujas de (1907). *A Journey Through England and Scotland to the Hebrides in 1784*. Revsd. edn. of the English edn. (1799) with *Notes and a Memoir of the Author by Sir Archibald Geikie*. 2 v. Glasgow: Hugh Hopkins.

Sakamoto, Tatsuya and Tanaka, Hideo (eds.) (2003). *The Rise of Political Economy in the Scottish Enlightenment*. London: Routledge.

Samuels, Warren J. (ed.) (1976). *The Chicago School of Political Economy*. East Lansing: Michigan State Univ. Graduate School of Business Administration.

Sandbach, F. H. (1975). *The Stoics*. London: Chatto & Windus.

Saunders, Margaret H. B. (1992). *Robert Adam and Scotland*. Edinburgh: HMSO.

Sauvy, Alfred et al. (eds.) (1958). *François Quesnay et la physiocratie*. 2 vols. Paris: Institut National d'Études Démographiques.

Savile, Sir George (1762). *Argument Concerning the Militia*. London.

Say, Jean-Baptiste (1840). *Cours complet d'économie politique pratique*, 2nd edn. 2 vols. Paris: Guillaumin.

Schabas, Margaret (2006). *The Natural Origins of Economics*. Chicago, IL: Univ. of Chicago Press.

Schama, Simon (1989). *Citizens: A Chronicle of the French Revolution*. Toronto: Vintage Books.

——(1992). *Patriots and Liberators: Revolution in the Netherlands 1780–1813*, 2nd edn. London: Fontana.

Schliesser, Eric (2006). 'Adam Smith's Benevolent and Self-interested Conception of Philosophy', in Montes and Schliesser (2006: 328–57).

——(2008a). 'Review of Raphael (2007) and Montes (2004)', *Ethics*, April: 569–75.

——(2008b). 'Hume's Newtonianism and Anti-Newtoninism', *The Stanford Enclyclopedia of Philosophy*, Winter edn., Edward N. Zalta (ed.). http://plato.stanford.edu/archives/win2008/entries/hume-newton/

Schreyer, Rüdiger (1989). 'Pray What Language Did Your Wild Couple Speak, When They First Met?' in Peter Jones (ed.), *The Science of Man in the Scottish Enlightenment: Hume, Reid, and Their Contemporaries*. Edinburgh: Edinburgh Univ. Press.

Schroeder, Paul W. (1994). *The Transformation of European Politics 1763–1848*. Oxford: Clarendon Press.

Schumpeter, Joseph (1954). *History of Economic Analysis*. New York: Oxford Univ. Press.

Schwartz, Richard B. (1983). *Daily Life in Johnson's London*. Madison, WI: Univ. of Wisconsin Press.

Scotland, James (1969). *The History of Scottish Education*. 2 vols. London: Athlone Press.

Scott, P. H. (ed.) (1979). *1707: The Union of Scotland and England*. Edinburgh: Chambers.

Scott, Sir Walter (1818). *Heart of Midlothian*. London.

——(n.d.). 'Review [1824] of The Works of John Home', in *Essays on Chivalry, Romance and the Drama*. London: Frederick Warne.

Scott, W. R. (1900). *Francis Hutcheson: His Life, Teaching and Position in the History of Philosophy*. Cambridge: Cambridge Univ. Press.

——(1935–6). 'Adam Smith at Downing Street, 1766–7', *Economic History Review*, 6: 79–89.

——(1937). *Adam Smith as Student and Professor*. Glasgow: Jackson.

——(1940). 'Studies Relating to Adam Smith during the Last Fifty Years', ed. A. L. Macfie, *Proceedings of the British Academy*.

Seddon, Keith (2005). *Epictetus' Handbook and the Tablet of Cebes. Guides to Stoic Living*. London/New York: Routledge.

Segoudy, Jean (1969). 'Histoire de Montpellier'. TS, pt. iii: 'Montpellier ville royale, sous la dynastie des Bourbons.'

Seldon, Anthony, and Collings, Daniel (1999). *Britain Under Thatcher*. London: Longmans.

Semmel, Bernard (1970). *The Rise of Free Trade Imperialism*. Cambridge: Cambridge Univ. Press.

Sen, Amartya (2004). *Inequality Reexamined*. Cambridge, MA: Harvard Univ. Press.

Seward, William (1797). *Anecdotes of Some Distinguished Persons*. London: T. Cadell & W. Davies.

Shackleton, Robert (1972). 'The Greatest Happiness of the Greatest Number: The History of Bentham's Phrase', *Studies on Voltaire and the Eighteenth Century*, 90: 1461–82.

Shaftesbury, Anthony, 3rd Earl of Shaftesbury (1732/2001). *Characteristics of Men, Manners, Opinions, Times*. 3 vols. Foreword by Douglas Den Uyl. Indianapolis: Indianapolis' Liberty Fund. [Vol. 2 contains An Inquiry concerning Virtue and Merit].

Shapin, Steven (1974). 'Property, Patronage, and the Politics of Science: The Founding of the Royal Society of Edinburgh', *British Journal for the History of Science*, vii: 1–36.

Sharp, L. W. (1962). 'Charles Mackie: The First Professor of History at Edinburgh University', *Scottish Historical Review*, 41: 23–45.

Shaw, John Stuart (1983). *The Management of Scottish Society 1707–1764: Power, Nobles, Lawyers, Edinburgh Agents and English Influences*. Edinburgh: Donald.

Sheldon, R. D. (2007a). 'Charles Smith', *ODNB-O*.

——(2007b). 'Practical Economics in Eighteenth-Century England: Charles Smith on the Grain Trade and the Corn Laws, 1756–72', *Historical Research*. Accessed online: OnlineEarly Articles

Shelton, George (1981). *Dean Tucker and Eighteenth-Century Economic and Political Thought*. London: Macmillan.

Shepherd, Christine M. (1975). 'Philosophy and Science in the Arts Curriculum of the Scottish Universities'. PhD, Univ. of Edinburgh.

——(1990). 'The Arts Curriculum at Glasgow University, 1680–1725'. Eighteenth-Century Scottish Studies Conference paper, Univ. of Strathclyde.

Sher, Richard B. (1982). 'Moderates, Managers and Popular Politics in Mid-Eighteenth-Century Edinburgh: The Drysdale "Bustle" of the 1760s', in Dwyer et al. (1982: 179–209).

——(1985). *Church and University in the Scottish Enlightenment: The Moderate Literati of Edinburgh*. Princeton, NJ: Princeton Univ. Press.

——(1989). 'Adam Ferguson, Adam Smith, and the Problem of National Defence', *Journal of Modern History*, 61: 240–68.

——(1990a). 'Professors of Virtue: The Social History of the Edinburgh Moral Philosophy Chair', in Stewart (1990: 87–126).

——(1990b). '1688 and 1788: William Robertson on Revolution in Britain and France', in Paul Dukes and John Dunkley (eds.), *Culture and Revolution*. London: Pinter, 98–109.

——(1995). 'Commerce, Religion in the Enlightenment in Eighteenth-Century Glasgow', in Devine and Marshall (1995: 312–59).

——(2000). 'Science and Medicine in the Scottish Enlightenment: The Lessons of Book History', in Paul Wood (2000).

——(2002). 'Early Editions of Adam Smith's Books in Britain and Ireland, 1759–1804', in Tribe and Mizuta (2002: 13–26).

——(2003). 'New Light on the Publication and Reception of the Wealth of Nations', *Adam Smith Review*, 1: 3–29.

Sher, Richard B. (2004). 'George Muirhead', *ODNB-O*.

——(2006). *The Enlightenment and the Book: Scottish Authors and Their Publishers in Eighteenth-Century Britain, Ireland, and America*. Chicago, IL/London: Univ. of Chicago Press.

——(2009). 'Poker Club', *ODNB-0*.

——and Sher, Doris B. (eds.) (1979). 'William Robertson's Sermon Commemorating the Glorious Revolution, 1788', T/S, in app. B: R. B. Sher, *'Church, University, Enlightenment: The Moderate Literati of Edinburgh, 1720–1793'*. PhD diss., University of Chicago.

Sher, Richard B. and Smitten, Jeffrey R. (eds.) (1990). *Scotland and America in the Age of Enlightenment*. Princeton, NJ: Princeton Univ. Press.

Sherbo, Arthur (1992). 'Some Early Readers in the British Museum', *Transactions of the Cambridge Bibliographical Society*, 6.

Shermer, Michael (2007). *Why Darwin Matters*. New York: Henry Holt & Co.

Sherwood, Jennifer, and Pevsner, Nikolaus (2002). *The Buildings of England: Oxfordshire*. New Haven/London: Yale Univ. Press.

Shreyer, Rüdiger (1989). ' "Pray what language did your wild Couple speak, when they first met"—Language and the Science of Man in the Scottish Enlightenment', in Jones (1989: 149–77).

——(1996). *'Adam Smith', Lexikon Grammaticorum*. Tübingen: Niemeyer,

Shy, John (1973). 'The American Revolution: The Military Conflict Considered as a Revolutionary War', in Kurtz and Hutson (1973: 121–56).

Sibbald, Sir Robert (1710/1803). *The History... of Fife and Kinross*, ed. R. Tullis. Cupar: Tullis.

Simpson, John (1990). 'Some Eighteenth-Century Intellectual Contacts between Scotland and Scandinavia', in Grant G. Simpson (ed.), *Scotland and Scandinavia*. Edinburgh: Donald.

Simpson, M. C. T. (1979). 'Books Belonging to Adam Smith in EUL', *The Bibliotheck*, 9: 187–199.

Sinclair, Archdeacon John (1875). *Sketches of Old Times and Distant Places*. London: John Murray.

Sinclair, Sir John (1831). *Correspondence*. 2 vols. London: H. Colburn & R. Bentley.

Skinner, Andrew S. (1979). *A System of Social Science: Papers Relating to Adam Smith*. Oxford: Clarendon Press. (2nd edn. (1996) revsd., updated, and 4 new chs added on Smith's essays on the exercise of human understanding, and his relationship with Hutcheson, Hume, & Steuart-Denham).

——(1981). 'Sir James Steuart: Author of a System', *Scottish Journal of Political Economy*, 28: 20–42.

——(1983). 'Adam Smith: Rhetoric and the Communication of Ideas', in A. W. Coats (ed.), *Methodological Controversy in Economics: Historical Essays in Honour of T. W. Hutchison*. London: JAI Press Inc.

——(1986). 'Adam Smith: Then and Now', in Black (1986: 16–42).

——(1988). 'Sir James Steuart: Economic Theory and Policy', in Peter Jones (ed.), *Philosophy and Science in the Scottish Enlightenment*. Edinburgh: Donald.

——(1990a). 'The Shaping of Political Economy in the Enlightenment', *Scottish Journal of Political Economy*, 37: 145–65.

——(1990b). 'Adam Smith and America: The Political Economy of Conflict', in Sher and Smitten (1990: 148–62).

——(1992a). 'Smith and Physiocracy: The Development of a System'. TS revision of ch. 4, 'A System of Social Science' (1979).

——(1992b). 'Adam Smith: Ethics and Self-Love', in Jones and Skinner (1992: 142–67).

——(1993). 'The Shaping of Political Economy in the Enlightenment', in Mizuta and Sugiyama (1993: 113–39).

——(1995). 'Pufendorf, Hutcheson and Adam Smith: Some Principles of Political Economy', *Scottish Journal of Political Economy*, 42: 165ff.

——(2003). 'Economic theory', in Broadie (ed.), *The Cambridge Companion to the Scottish Enlightenment*. Cambridge: Cambridge Univ. Press, 178–204.

——(2008). 'An Inquiry into the Nature and Vauses of the Wealth of Nations: The Glasgow Edition 1976', Interview by Vivienne Brown. *Adam Smith Review*, 4: 209–214.

——and Wilson, Thomas (eds.) (1975). *Essays on Adam Smith*. Oxford: Clarendon Press.

Skinner, Quentin (1981). *Machiavelli*. Oxford: Oxford Univ. Press.

——(1976). see Wilson and Skinner (1976).

——(1988). 'A Reply to My Critics', in James Tully (ed.), *Meaning and Context: Quentin Skinner and his Critics*. Cambridge, MA: Polity Press.

Skoczylas, Anne (2001). *'Mr Simson's Knotty Case': Divinity, Politics, and Due Process in Early Eighteenth-Century Scotland*. Montreal/Kingston: McGill-Queen's Univ. Press.

Smart, Alastair (1992). *Allan Ramsay: Painter, Essayist and Man of the Enlightenment*. New Haven, CT: Yale Univ. Press.

Smellie, William (1771). 'Language', *Encyclopedia Britannica*, vol. ii. Edinburgh: Andrew Bell and Colin Macfarquhar.

——(1782, Part I; Part II, 1784). 'An Historical Account of the Society of Antiquaries of Scotland', *Transactions of the Royal Society of Antiquaries*. Edinburgh.

——(ed.) (1792). *Transactions of the Society of Antiquaries of Scotland, Archaeologica Scotica*. vol. I. Accessed online.

——(1800). *Literary and Characteristical Lives of J. Gregory, Home of Kames, Hume and Smith*. Edinburgh.

Smelser, Neil J., and Swedberg, Richard (eds.) (1994). *The Handbook of Economic Sociology*. Princeton, NJ: Princeton Univ. Press.

Smith, Charles (1758). *A Short Essay on the Corn Trade and Corn Laws*. Edinburgh rpt.

Smith, Charlotte (2005–7). *Works*, 14 vols. in 3 Parts. London: Pickering & Chatto.

[Smith, John] Anon. (1722). *A Short Account of the Late Treatment of the Students of the University of Glasgow*. Dublin.

Smith, R. S. (1957). 'WN in Spain and Hispanic America, 1780–1830', *Journal of Political Economy*, 65: 104–25.

Smitten, Jeffery R. (1990). 'Moderation and History: William Robertson's Unfinished History of British America', in Sher and Smitten (1990: 163–79).

Smout, T. C. (ed.) (1978). 'Journal of Kalmeter's Travels in Scotland 1719–20', in R. H. Campbell (ed.), *Scottish Industrial History: A Miscellany*. Edinburgh: Scottish History Society.

——(1983). 'Where Had the Scottish Economy Got to by the Third Quarter of the Eighteenth Century?' in Hont and Ignatieff (1983: 45–72).

——and Fenton, A. (1965). 'Scottish Agriculture before the Improvers: An Exploration', *Agricultural History Review*, 13: 73–95.

Smyth, Damian (ed.) (1992). 'Francis Hutcheson', *Fortnight*, 308, supplement.

Snyder, F. B. (1932). *The Life of Robert Burns*. New York: Macmillan.

Socinus, Faustus (1594). *De Jesu Christo Servatore*. Kraków. Rptd. Bibliotheca Fratrum Polonorum, ed. Andreas Wiszowaty, vol. 2 Irenopolis (Amsterdam).

Somerville, Thomas (1861). *My Own Life and Times, 1741–1814*, ed. W. L. Edinburgh: Edmonston & Black.

Sonenscher, Michael (1989). *Work and Wages: Natural Law, Politics, and the Eighteenth-Century Trades.* Cambridge: Cambridge Univ. Press.

Soros, George (2008–9). *The Crash of 2008 and What It Means. The New Paradigm for Financial Markets.* New York: Public Affairs/Perseus Books Group.

Sotheby's Catalogue (15 Dec. 1987). *English Literature and History.* London: Sotheby.

Speeches Delivered at the Official Meetings of the Imperial Moscow University by the Russian Professors thereof, Containing Their Short Curriculum Vitae (1819). Moscow: Association of the Lovers of Russian Letters.

Spengler, J. J. (1978). 'Smith versus Hobbes: Economy versus Polity', in F. R. Glahe (ed.), *Adam Smith and WN: 1776–1976 Bicentennial Essays.* Boulder: Colorado Associated Univ. Press.

Spink, J. S. (1982). 'Lévesque de Pouilly et David Hume', *Revue de littérature comparée*, 56: 157–75.

Spinoza, Baruch (1985). *The Collected Works of Spinoza*, vol. 1, ed. E. Curley. Princeton, NJ: Princeton Univ. Press.

Sprat, Thomas (1667/1958). *History of the Royal Society*, ed. Jackson I. Cope and Harold W. Jones. St Louis: Washington Univ.

Stair, James Dalrymple, Viscount of (1759). *The Institutions of the Law of Scotland*, 3rd edn. corrected, enlarged, with notes. Edinburgh.

Staum, Martin S. (1980). *Cabanis: Enlightenment and Medical Philosophy in the French Revolution.* Princeton, NJ: Princeton Univ. Press.

Stephens, William O. (2002). Rev. Long (2002). *Bryn Mawr Classical Review.* Accessed online: http://ccat.sas.upenn.edu/bmcr/2002/2002-11-03.html

Sterne, Laurence (1760–7/1940). *The Life and Opinions of Tristram Shandy, Gentleman*, ed. and intro. James Aiken Wark. New York: The Odyssey Press.

Sterne, Laurence (1768/1968). *A Sentimental Journey Through France and Italy by Mr Yorick*, ed. and intro. Ian Jack. Oxford English novels. Oxford: Oxford Univ. Press.

Steuart, Sir James (1767/1966). *An Inquiry into the Principles of Political Œconomy: Being an Essay on the Science of Domestic Policy in Free Nations*, ed. and intro. Andrew S. Skinner. 2 vols. Edinburgh: Oliver & Boyd.

——(1805/1967). *The Works: Political, Metaphysical and Chronological*, ed. Sir James Steuart, Bart. 6 vols. London: T. Cadell and W. Davies. Repr. New York: Augustus M. Kelley.

Stevenson, David (1988). *The Origins of Freemasonry: Scotland's Century, 1590–1710.* Cambridge: Cambridge Univ. Press.

Stevenson, J. B. (1985). *The Clyde Estuary and Central Region.* Edinburgh: HMSO.

Stewart, Dugald (1854–60). *Collected Works*, ed. Sir William Hamilton. 11 vols. Edinburgh: Blackwood.

Stewart, Joan Hinde (1976). *The Novels of Mme Riccoboni. North Carolina Studies in Languages and Literatures.* Chapel Hill, NC: Univ. of North Carolina Press.

Stewart, M. A. (1985). 'Berkeley and the Rankenian Club', *Hermathena*, 139: 25–45.

——(1987a). 'George Turnbull and Educational Reform', in Jennifer Carter and Joan Pittock (eds.), *Aberdeen and the Enlightenment.* Aberdeen: Aberdeen Univ. Press.

——(1987b). 'John Smith and the Molesworth Circle', *Eighteenth-Century Ireland*, 2: 89–102.

——(1990a). 'James Moor and the Classical Revival'. TS, Eighteenth-Century Scottish Studies Society Conference, Univ. of Strathclyde.

——(1990b). 'The Origins of the Scottish Greek Chairs', in E. M. Craik (ed.), *'Owls to Athens': Essays... Presented to Sir Kenneth Dover.* Oxford: Clarendon Press.

——(ed.) (1990c). *Studies in the Philosophy of the Scottish Enlightenment.* Oxford: Clarendon Press.

——(1991). 'The Stoic Legacy in the Early Scottish Enlightenment', in M. J. Osler (ed.), *Atoms, Pneuma, and Tranquility.* Cambridge: Cambridge Univ. Press.

——(1992). 'Abating Bigotry and Hot Zeal', in Smyth (1992: 4–6).

——(1995). 'The Kirk and the Infidel' An inaugural lecture delivered in 1994 at Lancaster University. Lancaster.

——(2002). 'Two Species of Philosophy: The Historical Significance of the First Enquiry', in Peter Miilican (ed.), *Reading Hume on Human Undestanding.* Oxford: Oxford Univ. Press.

——(2005). 'Hume's Intellectual Development', in M. Frasca-Spada and P. J. E. Kail (eds.), *Impressions of Hume.* Oxford: Clarendon Press, 11–58.

——and Wright, John P. (eds.) (1995). *Hume and Hume's Connexions.* Edinburgh: Edinburgh Univ. Press.

Stewart, Mary Margaret (1970). 'Adam Smith and the Comtesse de Boufflers', *Studies in Scottish Literature,* 7: 184–7.

Stewart-Robertson, J. C. (1983). 'Cicero Among the Shadows: Scottish Prelections of Virtue and Duty', *Rivista critica di storia della filosofia,* 1: 25–49.

Stigler, George J. (1975), 'Smith's Travels on the Ship of State', in Skinner and Wilson (1975).

——(1977). 'The Successes and Failures of Professor Smith', in M. J. Artis and A. R. Nobay (eds.), *Studies in Modern Economic Analysis.* Oxford: Blackwell.

Stimson, Shannon C. (1989). 'Republicanism and the Recovery of the Political in Adam Smith', in Murray Milgate and Cheryl B. Welch (eds.), *Critical Issues in Social Thought.* London: Academic Press.

Stokes, Eric (1982). 'The Agrarian Relations: Northern and Central India', in Dharma Kumar (ed.), *The Cambridge Economic History of India, v. 2, 1957–1970.* Hyderabad: Orient Longman, 36–86.

Stones, L. (1984). 'The Life and Career of John Snell (c.1629–1679)', *Stair Society Miscellany,* 2: 148–85.

Strang, John (1857). *Glasgow and Its Clubs,* 2nd edn. London Glasgow: R. Griffin.

Streminger, Gerhard (1989). *Adam Smith.* Reinbek bei Hamburg: Rowohlt.

——(1994). *David Hume: sein Leben und sein Werk.* Paderborn: Ferdinand Schöningh.

Stuart, Lady Louisa (1985). *Memoire of Frances, Lady Douglas (1985),* ed. Jill Rubenstein. Edinburgh: Scottish Academic Press.

Sudo, Yoshiaki (1995). 'An Unpublished Lecture of Hugh Blair on the Poems of Ossian'. *Hiyoshi Review of English Studies.* Yokohama: Keio Univ., 160–94.

Sutherland, L. S. (1952). *The East India Company in Eighteenth-Century Politics.* Oxford Univ. Press.

——and Mitchell, L. G. (eds.) (1986). *The History of the University of Oxford: The Eighteenth Century.* Oxford: Clarendon Press.

Swedberg, Richard (1994). 'Markets as Social Structures', in Smelser and Swedberg (1994: 255–82).

Szenberg, Michael (ed.) (1993). *Eminent Economists: Their Life Philosophies.* Cambridge: Cambridge Univ. Press.

Tait, James, rev. Lloyd, Campbell F. (2008). 'George Jardine', *ODNB-O.*

Tanaka, Hideo (1993). 'Lord Kames as Economist: Hume–Tucker Controversy and the Economic Thought of Kames', *Kyoto University Economic Review,* 63: 33–50.

Tanaka, Hideo (2003). See Sakamoto and Tanaka (2003).

Tanaka, Shoji (2005). 'Theology and Moral Philosophy: A Key to Solving a New Adam Smith Problem', *The Bulletin of Yokahoma City Univ.*, 56–3: 331–52.

Tanaka, Toshihiro (ed.) (1989). *The Scottish Enlightenment and Economic Thought in the Making: Studies of Classical Political Economy*, i [in Japanese]. Tokyo: Nihon Keizai Hyoronsha.

Tanaka, Toshihiro (ed.) (1990). *The Formation and Development of Classical Political Economy: Studies of Political Economy*, iii [in Japanese]. Tokyo: Nihon Keizai Hyoronsha.

——(1992). *David Hume and the Scottish Enlightenment: A Study in the History of Eighteenth Century British Economic Thought* [in Japanese]. Kyoto: Koyoh Shobo.

Taylor, Charles (1989). *Sources of the Self: The Making of Modern Identity*. Cambridge, MA: Harvard Univ. Press.

Taylor, Eva G. R. (1966). *Mathematical Practitioners of Hanoverian England*. Cambridge: Cambridge Univ. Press.

Taylor, John (1832). *Records of My Life*. 2 vols. London: Bull.

Taylor, Norman W. (1967). 'Adam Smith's First Russian Disciple', *Slavonic Review*, 45: 425–38.

Teichgraeber, R. F., III (1986). *'Free Trade' and Moral Philosophy*. Durham, NC: Duke Univ. Press.

——(1987). '"Less Abused than I Had Reason to Expect": The Reception of *WN* in Britain, 1776–90', *Historical Journal*, 30: 337–66.

——(1988). '*WN* and Tradition: Adam Smith before Malthus'. TS, ASECS Meeting, Knoxville, TN.

Terry, Charles Sanford (ed.) (1922). *The Forty-Five: A Narrative of the Last Jacobite Rising by Several Contemporary Hands*. Cambridge: Cambridge Univ. Press.

Thal, Peter (1979). 'Bürgerliche Elemente in Denken deutscher Ökonomen des 17. und 18. Jahrhunderts', *Jb. F. Wirtschaftsgeschichte*, iii. 165–83.

——(1990). 'Esoteric and Exoteric Elements in Adam Smith's Economic Thinking: Consequences for the Reception of His Theories Today', Vancouver Smith Symposium 1990, lecture TS.

Thal, Peter and Rzesnitzek (1967). See Rzesnitzek and Thal (1967).

Thatcher, Margaret (27 Sept. 1988). Speech to the Royal Society. Public Statement on Chemical Threat to Environment, Speech Archive, Margaret Thatcher Foundation.

——(2002). *Statecraft*. London: Harper and Collins.

Theophrastus (2004). *Characters*, ed. and trans. James Diggle. Cambridge: Cambridge Univ. Press.

Thirkell, Alison (n.d.). *Auld Anster*. Anstruther: Buckie House Gallery.

Thom, William (1764). *Motives which have determined the University of Glasgow to desert the Blackfriars Church and betake themselves to a Chapel*. Glasgow.

Thomas, Peter D. G. (2004). 'Charles Townshend', *ODNB-O*.

Thompson, E. P. (1968). *The Making of the English Working Class*. Harmondsworth: Pelican.

——(1993). *Customs in Common: Studies in Traditional Popular Culture*. New York: The New Press.

Thompson, Harold W. (1931). *A Scottish Man of Feeling: Some Account of Henry Mackenzie... and of the Golden Age of Burns and Scott*. Oxford: Oxford Univ. Press.

Thomson, Derick S. (1952). *The Gaelic Sources of Macpherson's Ossian*. Edinburgh: Oliver & Boyd.

——(1963). '"Ossian", Macpherson and the Gaelic World of the Eighteenth Century', *Aberdeen University Review*, 40.

——(1974). *An Introduction to Gaelic Poetry*. London: Gollancz.

——(1979). Foreword to repr. of *Macpherson's Fragments*, 2nd edn. Dundee.

——(1983). *The Companion to Gaelic Culture*. Oxford: Blackwell.

Thomson, John (1832). *Life, Lectures and Writings of William Cullen*. 2 vols. Edinburgh: Blackwood.

Tillyard, Stella (2007). *A Royal Affair: George III and his Troublesome Siblings*. London: Vintage Books.

Todd, William B. (1974). 'David Hume: A Preliminary Bibliography', in Todd (ed.), *Hume and the Enlightenment: Essays Presented to Ernest Campbell Mossner*. Edinburgh: Edinburgh Univ. Press; Austin: Univ. of Texas Humanities Research Center.

Todhunter, Isaac (ed.) (1955). *Euclid's Elements*, intro. Sir T. L. Heath. London: J. M. Dent.

Tomasson, Katherine (1958). *The Jacobite General*. Edinburgh: Blackwood.

Tortajada, Ramón (1995). *The Economics of James Steuart*. London/NY: Routledge.

Trapp, Michael (2006), Rev. of Seddon (2005) in *Bryn Mawr Classical Review*, 7/11 November. Accessed online.

Trenchard, John and Thomas Gordon (1720–3/1995). *Cato's Letters, of Essays on Liberty, Civil and Religious, and Other Important Topics*. 2v. ed. Ronald Hamowy. Indianapolis, IN: Liberty Fund.

Trentmann, Frank (2008). *Free Trade Nation: Commerce, Consumption and Civil Society in Modern Britain*. Oxford: Oxford Univ. Press.

Trevor-Roper, Hugh (2008, posthumous). *The Invention of Scotland: Myth and History*, ed. Jeremy Cater. New Haven/London:Yale Univ. Press.

Tribe, Keith (1988). *Governing Economy: The Reformation of German Economic Discourse 1750–1840*. Cambridge: Cambridge Univ. Press.

——and H. Mizuta (eds.) (2002). *A Critical Bibliography of Adam Smith*. London: Pickering & Chatto.

Tronchin, Henry (1906). *Théodore Tronchin (1709–81): un médecin au XVIIIe siècle* d'après des documents inédits. Paris: Plon.

Trotter, John Bernard (1806). *Circumstantial details of the long illness of… the Right Hon. C. J. Fox: togther with strictures on his public and private life*. London: Jordan and Maxwell.

Tucker, Thomas (1656/1881). 'Report upon the Settlement of the Revenues of Excise and Customs in Scotland', in J. D. Marwick (ed.), *Miscellany of the Scottish Burgh Records Society*. Edinburgh.

Tully, James (1991). Intro. to Samuel Pufendorf, *On the Duty of Man and Citizen*. Cambridge: Cambridge Univ. Press.

Turco, Luigi (2003). 'Moral sense and the foundation of morals', in Broadie (2003: 136–56).

Turgot, A. R. J. (1844). *Œuvres*, ed. Eugène Daire. 2 vols. Paris: Guillaumin. Accessed online—vol. 1: http://gallica.bnf.fr./scripts/ConsultationTout.exe?E=o&O=N005728 vol 2: as for vol. 1, but ending N005729

Turnbull, Gordon (1994). 'Boswell in Glasgow: Adam Smith, Moral Sentiments and the Sympathy of Biography', in Hook and Sher (1995).

Turner, G. L. E. (1986). 'The Physical Sciences', in Sutherland and Mitchell (1986: 672 ff.).

Turnock, David (1982). *The Historical Geography of Scotland Since 1707*. Cambridge: Cambridge Univ. Press.

Tweddle, Ian (2003). *James Stirling's Methodus Differentialis: Annotated Translation of [the] Text*. London/New York: Springer Verlag.

Tweedie, C. (1922). *James Stirling*. Oxford: Clarendon Press.

Tytler, A. F., Lord Woodhouselee (1807). *Memoirs of the Life and Writings of the Honourable Henry Home of Kames*, 1st edn. Edinburgh: William Creech. (See also Supp. 1809 and 2nd edn., 3 v., 1814.)

Uglow, Jenny (2003). *The Lunar Men: The Friends Who Made the Future*. London: Faber and Faber prbk.

Van den Heuval, Jacques (1975). *Voltaire: L'Affaire Calas et la Traité sur la Tolérance, avec autres affaires: édition présentée, établie et annotée*. Paris: Gallimard.

Veitch, John (1869). *Memoir of Sir William Hamilton, Bart*. Edinburgh and London: Blackwood.

Vickers, Brian (1971). 'Review of Howell (1971)', *TLS*, 5 Aug.

—— (1985). 'The Royal Society and English Prose Style: A Reassessment', in B. Vickers (ed.), *Rhetoric and the Pursuit of Truth: Language Change in the Seventeenth and Eighteenth Centuries*. Los Angeles: Univ. of California, William Andrews Clark Memorial Library.

Vickers, Douglas (1976). *Adam Smith and the Status of the Theory of Money*, in Andrew S. Skinner and Thomas Wilson (1976: 482–503).

Viner, Jacob (1958). *The Long View and the Short*. Glencoe, IL: Free Press.

—— (1960). 'The Intellectual History of Laissez Faire', *Journal of Law and Economics*, 3: 45–69.

—— (1965). 'Introductory Guide', in Rae (1965).

—— (1966). 'Adam Smith and Laissez Faire', in *Adam Smith, 1776–1926*, fac. of 1928 edn. New York: Augustus M. Kelley.

—— (1972) *The Role of Providence in the Social Order: An Essay in Intellectual History*. Princeton, NJ: Princeton Univ. Press.

Vivenza, Gloria (1984). *Adam Smith e la cultura classica*. Pisa: Pensiero Economico Moderno.

—— (2001). *Adam Smith and the Classics: The Classical Heritage in Adam Smith's Thought*, trans. Clive Cheesman and Nicola Gelder. Oxford: Oxford University Press.

—— (2007). 'Adam Smith as a Teacher on Classical Subjects', *Adam Smith Review*, 3: 96–118.

Viroli, Maurizio (1990). 'The Concept of Ordre and the Language of Classical Republicanism in Jean-Jacques Rousseau', in Pagden (1990: 159–78).

Voges, Friedhelm (1985). 'Moderate and Evangelical Theology in the Later Eighteenth Century: Differences and Shared Attitudes', *Records of the Scottish Church History Society*, 32: 141–57.

Voltaire (1755). *Histoire de la dernière guerre*. Amsterdam: Prieur [piracy].

—— (1756). *L'Orphelin de la Chine, tragédie*. London: Jean Nourse.

—— (1784–89). *Œuvres complètes*. 72 t. éd. Beaumarchais. Paris: Kehl.

—— (1877–85). *Œuvres complètes*. 52 t. éd. Louis Moland. Paris: chez Garnier. [Online: Voltaire électronique—PhiloLogic].

—— (1957). *Œuvres Historiques*, 2 t., ed. René Pomeau. Paris: Gallimard.

—— (1975). L'Affaire Calas, Traité sur la Tolérance, et autres affaires. Édition de Jacques Van den Henvel. Pairs: Gallimard.

—— (1990). *Essai sur les mœrs et l'esprit des nations*. 2 t. éd. Intro. René Pomeau. Paris: Bordas; (1759) trans. Thomas Nugent, 4 v. London: printed for Jean Nourse.

—— (2007). *Correspondence and related documents*, ed. Theodore Besterman et al. 51 vols. Oxford: Voltaire Foundation. Accessed online: Electronic Enlightenment.

Walker, Bruce, and Ritchie, Graham (1989). *Exploring Scotland's Heritage: Fife and Tayside*. Edinburgh: HMSO.

Wallis, Helen et al. (1975). *The American War of Independence 1775–1783: A Commemorative Exhibition*. London: British Museum Publications.

Walmsley, Peter (1990). *The Rhetoric of Berkeley's Philosophy*. Cambridge: Cambridge Univ. Press.

Walpole, Horace (1937–83). *Correspondence*, ed. W. S. Lewis et al. 48 vols. New Haven, CT: Yale Univ. Press.

Wanniski, Jude (1975). *The Way the World Works*. New York: Basic Books.

Warren, Martin (2004). 'Medical Mysteries: George III: Mad or Misunderstood'. BBC One, 14 July. Accessed online.

——(2005). 'George III's Madeness Fuelled by Arsenic'. *New Scientist* Print Edition, 30 July. Accessed online.

Waszek, Norbert (1984). 'Two Concepts of Morality: Adam Smith's Ethics and its Stoic Origin', *Journal of the History of Ideas*, 45: 591–606.

——(1985). 'Bibliography of the Scottish Enlightenment in German', *SVEC* 230: 283–303.

——(1988). *The Scottish Enlightenment and Hegel's Account of Civil Society*. Dordrecht: Kluwer Academic.

——(1993). 'Adam Smith in Germany, 1776–1832', in Mizuta and Sugiyama (1993: 163–80).

Watanabe, Kunihiro (1990). 'Steuart's Response to the Current Forth–Clyde Canal Problem', in Tanaka (1990).

Watson, J. Steven (1960). *The Reign of George III, 1760–1815*. Oxford: Clarendon Press.

Watson, Mark (1990). *Jute and Flax Mills in Dundee*. Tayport: Hutton Press.

Webster, Alison (1988). 'Adam Smith's Students', *Scotia: American-Canadian Journal of Scottish Studies*, 12: 13–26.

Weinbrot, Howard D. (1993). *Britannia's Issue: The Rise of British Literature from Dryden to Ossian*. Cambridge: Cambridge Univ. Press.

Weinstein, Jack (2009). 'The Two Adams: Ferguson and Smith on Sympathy and Sentiment', in *Adam Fergusson: A Reassessment: Philosophy , Politics and Society*, ed. Eugene Heath and Vincenzo Merolle.

Werhane, Patricia H. (1991). *Adam Smith and His Legacy for Modern Capitalism*. New York: Oxford Univ. Press.

West, E. G. (1976). *Adam Smith: The Man and His Works*. Indianapolis: Liberty Press.

Weulersse, G. (1910/1968). *Le Mouvement physiocratique en France de 1756 à 1770*. New York: Johnson Reprint.

Whatley, C. A. (1984). *'That Important and Necessary Article': The Salt Industry and Its Trade in Fife and Tayside c.1570–1850*. Dundee: Abertay Historical Society.

——(1986). 'Sales of Scottish Marine Salt', *Scottish Economic and Social History*, 6: 4–17.

Whitrow, G. J. (1988). *Time in History: The Evolution of Our General Awareness of Time and Temporal Perspective*. Oxford: Oxford Univ. Press.

Whittington, G. and Whyte, Ian D. (eds.) (1983). *A Historical Geography of Scotland*. London: Academic Press.

Whyte, Ian and Whyte, Kathleen (1991). *The Changing Scottish Landscape 1500–1800*. London: Routledge.

Whyte, Ian D. (1979). *Agriculture and Society in Seventeenth Century Scotland*. Edinburgh: Donald.

Wilberforce, Robert Isaac and Wilberforce, Samuel (eds.) (1840). *The Correspondence of William Wilberforce*. London: John Murray.

Wilkinson, J. (1988). 'The Last Illness of David Hume', *Proceedings of the Royal College of Physicians of Edinburgh*, 18: 72–9.

Williams, David (1980). *Incidents in My Own Life*, ed. with an account of his published writings by Peter France. Falmer: Univ. of Sussex Library.

Williams, Mari E. W. (2004). 'James Bradley', *ODNB-O*.

Williams, Neville (1959). *Contraband Cargoes: Seven Centuries of Smuggling*. London: Longmans, Green.

Williamson, Elizabeth, Riches, Anne, and Higgs, Malcolm (1990). *Glasgow: The Buildings of Scotland*. London: Penguin.

Willis, Kirk (1979). 'The Role in Parliament of the Economic Ideas of Adam Smith, 1776–1860', *History of Political Economy*, 11: 505–44.

Wilson, Charles (1971). *England's Apprenticeship 1603–1763*. London: Longman.

Wilson, Thomas and Andrew S. Skinner (eds.) (1976). *The Market and the State: Essays in Honour of Adam Smith*. Oxford: Clarendon Press.

Winch, Donald (1969). *Economics and Policy: A Historical Study*. London: Hodder and Stoughton.

——(1971). *The Emergence of Economics as a Science*. London: Collins.

——(1978). *Adam Smith's Politics*. Cambridge: Cambridge Univ. Press.

——(1983). 'The System of the North: Dugald Stewart and His Pupils', in Collini et al. (1983: 25–61).

——(1988). 'Adam Smith and the Liberal Tradition', in Haakonssen (1988: 83–104).

——(1993). 'Adam Smith: Scottish Moral Philosopher as Political Economist', in Mizuta and Sugiyama (1993: 85–112).

——(1996). *Riches and Poverty: An Intellectual History of Political Economy in Britain, 1750–1834*. Cambridge: Cambridge Univ. Press.

Windham, William (1866). *Diary*, ed. Mrs H. Baring. London.

Winkel, Harald (1988). 'Zur Entwicklung der Nationalökonomie an der Universität Königsberg', in Norbert Waszek (ed.), *Die Institutionalisierung der Nationalökonomie an deutschen Universitäten*. St Katharinen: Scripta Mercaturae.

Winslow, Carl (1977). 'Sussex Smugglers', in Hay et al. (1977: 119–66).

Withers, Charles W. J. (2006). 'Sir Robert Sibbald', *ODNB*.

Wodrow, Robert (1843). *Analecta, or Materials for a History of Remarkable Providences, 1701–31*, ed. M. Leischman. 4 vols. Edinburgh: Maitland Club.

Wokler, Robert (2001). *Rousseau: A Very Short Introduction*. Oxford: Oxford Univ. Press.

Wood, John Cunningham (ed.) (1983–4). *Adam Smith: Critical Accounts*. 4 vols. London: Croom Helm.

Wood, Paul B. (1984). 'Thomas Reid, Natural Philosopher: A Study of Science and Philosophy in the Scottish Enlightenment'. PhD diss., Univ. of Leeds.

——(1990). 'Science and the Pursuit of Virtue in the Aberdeen Enlightenment', in Stewart (1990c: 127–49).

——(1993). *The Aberdeen Enlightenment: The Arts Curriculum in the Eighteenth Century*. Aberdeen: Aberdeen Univ. Press.

Wood, Paul (ed.) (2000). *The Scottish Enlightenment: Essays in Reinterpretation*. Rochester: Univ. of Rochester Press.

Woolley, A. R. (1972). *The Clarendon Guide to Oxford*, 2nd edn. Oxford: Oxford Univ. Press.

Wootton, David (1990). 'Hume's "Of Miracles": Probability and Irreligion', in M. A. Stewart (1990c: 191–229).

World Bank (1998). *Post-Conflict Reconstruction: The Role of the World Bank*. Washington, DC: World Bank.

Wraxall, Sir N. William (1904). *Historical Memoirs of My Own Time*. London: Kegan Paul, Trench, Trubner.

Wright-St Clair, Rex E. (1964). *Doctors Monro: A Medical Saga*. London: Wellcome Historical Medical Library.

Yaffe, Gideon, and Nichols, Ryan (2009) 'Thomas Reid', *Stanford Encyclopedia of Philosophy*, Spring edn. ed. Edward N. Zalta. http://plato.stanford.edu/archives/spr2009/entries/reid/

Yergin, Daniel and Stanislaw, Joseph (2002). *The Commanding Heights: The Battle for the World Economy*. New York: Free Press.

Yolton, John (1986). 'Schoolmen, Logic and Philosophy', in Sutherland and Mitchell (1986: 565–91).

Youngson, A. J. (1966). *The Making of Classical Edinburgh*. Edinburgh: Edinburgh Univ. Press.

——(1973). *After the Forty-Five: The Economic Impact on the Scottish Highlands*. Edinburgh: Edinburgh Univ. Press.

Zachs, William (1992). *Without Regard to Good Manners: A Biography of Gilbet Stuart, 1743–87*. Edinburgh: Edinburgh Univ. Press.

Zakaria, Fareed (2009). *The Post-American World*. London: Penguin Books.

Zaretsky, Robert, and Scott, John T. (2009). *The Philosophers' Quarrel: Rousseau, Hume, and the Limits of Human Understanding*. New Haven: Yale Univ. Press.

Zinzendorf, Ludwig Graf von (1879). *Ludwig und Karl grafen und herren von Zinzendorf, (heraus.) Eduard Karl Gaston grafen von Pettenegg*. Wien: Braumüller.

图书在版编目（CIP）数据

　　亚当·斯密传／（英）罗斯著；张亚萍译．-- 杭州：
浙江大学出版社，2013.3
　　（启真·思想家）
　　书名原文：The life of Adam Smith
　　ISBN 978-7-308-11287-1

　　Ⅰ.①亚…Ⅱ.①罗…②张…Ⅲ.①亚当·斯密
（1723～1790）- 传记Ⅳ.①K835.615.31

　　中国版本图书馆 CIP 数据核字（2013）第 054254 号

亚当·斯密传

[英] 罗斯 著　　张亚萍 译

责任编辑	叶　敏
营销编辑	李嘉慧
装帧设计	王小阳
出版发行	浙江大学出版社
	（杭州天目山路 148 号　邮政编码 310007）
	（网址：http://www.zjupress.com）
制　作	北京百川东汇文化传播有限公司
印　刷	北京中科印刷有限公司
开　本	710mm×1000mm　1/16
印　张	48.5
字　数	614千
版 印 次	2013年5月第1版　2015年5月第2次印刷
书　号	ISBN 978-7-308-11287-1
定　价	98.00元